2022年版

共通テスト
過去問研究

英語

☑ 共通テストってどんな試験？

　大学入学共通テスト（以下，共通テスト）は，大学への入学志願者を対象に，高校における基礎的な学習の達成度を判定し，大学教育を受けるために必要な能力について把握することを目的とする試験です。一般選抜で国公立大学を目指す場合は原則的に，一次試験として共通テストを受験し，二次試験として各大学の個別試験を受験することになります。また，私立大学も9割近くが共通テストを利用します。そのことから，共通テストは50万人近くが受験する，大学入試最大の試験になっています。以前は大学入試センター試験がこの役割を果たしており，共通テストはそれを受け継ぐものです。

☑ どんな特徴があるの？

　共通テストの問題作成方針には「思考力，判断力，表現力等を発揮して解くことが求められる問題を重視する」とあり，「思考力」を問うような目新しい出題が見られます。たとえば，日常的な題材を扱う問題や複数の資料を読み取る問題が，以前のセンター試験に比べて多く出題されています。また，英語では，センター試験の「筆記」が「リーディング」に改称されたほか，リスニングで「1回読み」の問題が出題された等の変更がありました。ただし，高校で履修する内容が変わったわけではありませんので，出題科目や出題範囲はセンター試験と同じです。

☑ どうやって対策すればいいの？

　共通テストで問われるのは，高校で学ぶべき内容をきちんと理解しているかどうかですから，普段の授業を大切にし，教科書に載っている基本事項をしっかりと身につけておくことが重要です。そのうえで出題形式に慣れるために，共通テストやセンター試験の過去問を有効に活用しましょう。共通テストでは思考力が重視されますが，思考力を問うような問題はセンター試験でも出題されてきました。共通テストの問題作成方針にも「これまで問題の評価・改善を重ねてきた大学入試センター試験における良問の蓄積を受け継ぎつつ」と明記されています。本書では，共通テストの内容を詳しく分析し，センター試験の過去問を最大限活用できるよう編集しています。

　本書が十分に活用され，志望校合格の一助になることを願ってやみません。

Contents

共通テストの基礎知識……………………………………………………… 003

共通テスト対策講座……………………………………………………… 011

   リスニングテスト……………… 012　　リーディングテスト …………… 034

センパイ受験生の声……………………………………………………… 059

共通テスト実戦創作問題　リスニング①・②／リーディング①・②

- 解答・解説編
- 問題編（別冊）

＜共通テスト＞

リスニングテスト／リーディングテスト

2021 年度　本試験（第 1 日程）　　本試験（第 2 日程）

第 2 回試行調査　　　　　　　　　第 1 回試行調査

＜センター試験＞

リスニングテスト　本試験　5 年分（2016〜2020 年度）

筆記試験　　　　　本試験　6 年分（2015〜2020 年度）

　　　　　　　　　追試験　1 年分（2020 年度）

   マークシート解答用紙　リスニング・リーディング　各 2 回分

＊ 2021 年度の共通テストは，新型コロナウイルス感染症の影響に伴う学業の遅れに対応する選択肢を確保するため，本試験が以下の 2 日程で実施されました。
　第 1 日程：2021 年 1 月 16 日（土）および 17 日（日）
　第 2 日程：2021 年 1 月 30 日（土）および 31 日（日）

＊ 実戦創作問題は，教学社が独自に作成した，共通テスト対策用の本書オリジナル問題です。

＊ 第 2 回試行調査は 2018 年度に，第 1 回試行調査は 2017 年度に実施されたものです。

共通テストについてのお問い合わせは…

独立行政法人　大学入試センター

志願者問い合わせ専用（志願者本人がお問い合わせください）03-3465-8600

9：30〜17：00（土・日曜，祝日，12 月 29 日〜1 月 3 日を除く）

https://www.dnc.ac.jp/

共通テストの
基礎知識

> 本書編集段階において，2022年度共通テストの詳細については未定ですので，ここで紹介する内容は，2021年3月時点で文部科学省や大学入試センターから公表されている情報，および2021年度共通テストの「受験案内」に基づいて作成しています。変更等も考えられますので，各人で入手した2022年度共通テストの「受験案内」や，大学入試センターのウェブサイト（https://www.dnc.ac.jp/）で必ず確認してください。

 共通テストのスケジュールは？

A 2022年度共通テストの本試験は，1月15日（土）・16日（日）に実施される予定です。
「受験案内」の配布開始時期や出願期間は未定ですが，共通テストのスケジュールは，次のようになっています。1月なかばの試験実施日に対して出願が10月上旬とかなり早いので，十分注意しましょう。

9月初旬	「受験案内」配布開始	志願票や検定料等の払込書等が添付されています。
10月上旬	出願	（現役生は在籍する高校経由で行います。）
1月なかば	共通テスト 自己採点	2022年度本試験は1月15日（土）・16日（日）に実施される予定です。
1月下旬	国公立大学の個別試験出願	私立大学の出願時期は大学によってまちまちです。各人で必ず確認してください。

共通テストの出願書類はどうやって入手するの？

A 「受験案内」という試験の案内冊子を入手しましょう。

「受験案内」には，志願票，検定料等の払込書，個人直接出願用封筒等が添付されており，出願の方法等も記載されています。主な入手経路は次のとおりです。

現役生	高校で一括入手するケースがほとんどです。出願も学校経由で行います。
過年度生	共通テストを利用する全国の各大学の窓口で入手できます。 大手予備校に通っている場合は，そこで入手できる場合もあります。

 ## 受験する科目の決め方は？

A 志望大学の入試に必要な教科・科目を受験します。

右ページに掲載の 6 教科 30 科目のうちから，受験生は最大 6 教科 9 科目を受験することができます。どの科目が課されるかは大学・学部・日程によって異なりますので，受験生は志望大学の入試に必要な科目を選択して受験することになります。

共通テストの受験科目が足りないと，大学の個別試験に出願できなくなります。第一志望に限らず，出願する可能性のある大学の入試に必要な教科・科目は早めに調べておきましょう。

● 科目選択の注意点

地理歴史と公民で 2 科目受験するときに，選択できない組合せ

共通テストの基礎知識　005

● 2022 年度の共通テストの出題教科・科目 （下線はセンター試験との相違点を示す）

教　科	出題科目	備考（選択方法・出題方法）	試験時間（配点）
国　語	『国語』	「国語総合」の内容を出題範囲とし，近代以降の文章（2 問 100 点），古典（古文（1 問 50 点），漢文（1 問 50 点））を出題する。	80 分（200 点）
地理歴史	「世界史 A」「世界史 B」「日本史 A」「日本史 B」「地理 A」「地理 B」	10 科目から最大 2 科目を選択解答（同一名称を含む科目の組合せで 2 科目選択はできない。受験科目数は出願時に申請）。『倫理，政治・経済』は，「倫理」と「政治・経済」を総合した出題範囲とする。	1 科目選択60 分（100 点）2 科目選択*¹解答時間 120 分（200 点）
公　民	「現代社会」「倫理」「政治・経済」『倫理，政治·経済』		
数学 ①	「数学 I」『数学 I ・数学 A』	2 科目から 1 科目を選択解答。『数学 I・数学 A』は，「数学 I」と「数学 A」を総合した出題範囲とする。「数学 A」は 3 項目（場合の数と確率，整数の性質，図形の性質）の内容のうち，2 項目以上を学習した者に対応した出題とし，問題を選択解答させる。	<u>70 分</u>（100 点）
数学 ②	「数学 II」『数学 II ・数学 B』『簿記・会計』『情報関係基礎』	4 科目から 1 科目を選択解答。『数学 II・数学 B』は，「数学 II」と「数学 B」を総合した出題範囲とする。「数学 B」は 3 項目（数列，ベクトル，確率分布と統計的な推測）の内容のうち，2 項目以上を学習した者に対応した出題とし，問題を選択解答させる。	60 分（100 点）
理科 ①	「物理基礎」「化学基礎」「生物基礎」「地学基礎」	8 科目から下記のいずれかの選択方法により科目を選択解答（受験科目の選択方法は出願時に申請）。A　理科①から 2 科目B　理科②から 1 科目C　理科①から 2 科目および理科②から 1 科目D　理科②から 2 科目	【理科①】2 科目選択*²60 分（100 点）【理科②】1 科目選択60 分（100 点）2 科目選択*¹解答時間 120 分（200 点）
理科 ②	「物理」「化学」「生物」「地学」		
外国語	『英語』『ドイツ語』『フランス語』『中国語』『韓国語』	5 科目から 1 科目を選択解答。『英語』は，「コミュニケーション英語 I」に加えて「コミュニケーション英語 II」および「英語表現 I」を出題範囲とし，「リーディング」と「リスニング」を出題する。「リスニング」には，聞き取る英語の音声を 2 回流す問題と，<u>1 回流す</u>問題がある。	『英語』*³【リーディング】80 分（<u>100</u> 点）【リスニング】解答時間 30 分*⁴（<u>100</u> 点）『英語』以外【筆記】80 分（200 点）

*1 「地理歴史および公民」と「理科②」で2科目を選択する場合は，解答順に「第1解答科目」および「第2解答科目」に区分し各60分間で解答を行うが，第1解答科目と第2解答科目の間に答案回収等を行うために必要な時間を加えた時間を試験時間（130分）とする。
*2 「理科①」については，1科目のみの受験は認めない。
*3 外国語において『英語』を選択する受験者は，原則として，リーディングとリスニングの双方を解答する。
*4 リスニングは，音声問題を用い30分間で解答を行うが，解答開始前に受験者に配付したICプレーヤーの作動確認・音量調節を受験者本人が行うために必要な時間を加えた時間を試験時間（60分）とする。

どのような問題が出題されるの？

A 2022年度の共通テストについては「問題作成方針」※が発表されています。その中に「センター試験における良問の蓄積を受け継ぎつつ」とあるように，共通テストはセンター試験がベースになっています。また，2017・2018年度に行われた試行調査の問題作成の方向性もほぼ同じ内容でしたので，共通テストの対策をするうえで，**共通テストの過去問**だけでなく，**試行調査やセンター試験の問題**が大いに参考になります。本書の「共通テスト対策講座」では2021年度の共通テストを詳細に分析し，試行調査やセンター過去問の効果的な活用法も紹介しています。

共通テストでは，多くの科目でセンター試験よりも**問題文の分量が増加**しました。そのため，共通テストの問題は難しく感じられるかもしれません。しかし，**過度に不安になる必要はありません**。各教科の基礎をしっかりと身につけ，センター試験の過去問も十分に活用して，共通テストに臨んでください。

なお，**数学と国語**では，試行調査実施段階では**記述式問題**が導入される予定でしたが，試行調査実施後に**見送り**が発表されました（※）。そのため，試行調査で出題された**記述式問題については，共通テストでは出題されません**ので，ご注意ください。

※2020年1月29日，および，2020年6月30日に公表されています。

「受験案内」の配布時期や入手方法，出願期間などの情報は，大学入試センターのウェブサイトで公表される予定です。各人で最新情報を確認するようにしてください。

試験データ

※2020年度まではセンター試験の数値です。

共通テストや最近のセンター試験について，志願者数や平均点の推移，科目別の受験状況などを掲載しています。

● 志願者数・受験者数等の推移

	2021年度	2020年度	2019年度	2018年度
志願者数	535,245人	557,699人	576,830人	582,671人
内，高等学校等卒業見込者	449,795人	452,235人	464,950人	473,570人
現役志願率	44.3%	43.3%	44.0%	44.6%
受験者数	484,114人	527,072人	546,198人	554,212人
本試験のみ	482,624人	526,833人	545,588人	553,762人
追試験のみ	1,021人	171人	491人	320人
再試験のみ	10人	—	—	—
本試験＋追試験	407人	59人	102人	94人
本試験＋再試験	51人	9人	17人	36人
受験率	90.45%	94.51%	94.69%	95.12%

※2021年度受験者数は特例追試験（1人）を含む。なお，2021年度の内訳は以下のとおり。
本試験：第1日程（1月16日・17日）と第2日程（1月30日・31日）の合計人数
追試験：第2日程（1月30日・31日）の人数
再試験：第2日程（1月30日・31日）の人数

● 志願者数の推移

● 科目ごとの受験者数の推移（2018〜2021 年度本試験）　　　　（人）

教科	科目	2021 年度①	2021 年度②	2020 年度	2019 年度	2018 年度
国　語	国　　　語	457,305	1,587	498,200	516,858	524,724
地理歴史	世 界 史 A	1,544	14	1,765	1,346	1,186
地理歴史	世 界 史 B	85,690	305	91,609	93,230	92,753
地理歴史	日 本 史 A	2,363	16	2,429	2,359	2,746
地理歴史	日 本 史 B	143,363	410	160,425	169,613	170,673
地理歴史	地　　理　A	1,952	16	2,240	2,100	2,315
地理歴史	地　　理　B	138,615	395	143,036	146,229	147,026
公　民	現 代 社 会	68,983	215	73,276	75,824	80,407
公　民	倫　　　理	19,955	88	21,202	21,585	20,429
公　民	政 治・経 済	45,324	118	50,398	52,977	57,253
公　民	倫理, 政治・経済	42,948	221	48,341	50,886	49,709
数学 数学①	数　　学　Ⅰ	5,750	44	5,584	5,362	5,877
数学 数学①	数 学 Ⅰ・A	356,493	1,354	382,151	392,486	396,479
数学 数学②	数　　学　Ⅱ	5,198	35	5,094	5,378	5,764
数学 数学②	数 学 Ⅱ・B	319,697	1,238	339,925	349,405	353,423
数学 数学②	簿 記・会 計	1,298	4	1,434	1,304	1,487
数学 数学②	情 報 関 係 基 礎	344	4	380	395	487
理科 理科①	物 理 基 礎	19,094	120	20,437	20,179	20,941
理科 理科①	化 学 基 礎	103,074	301	110,955	113,801	114,863
理科 理科①	生 物 基 礎	127,924	353	137,469	141,242	140,620
理科 理科①	地 学 基 礎	44,320	141	48,758	49,745	48,336
理科 理科②	物　　　理	146,041	656	153,140	156,568	157,196
理科 理科②	化　　　学	182,359	800	193,476	201,332	204,543
理科 理科②	生　　　物	57,878	283	64,623	67,614	71,567
理科 理科②	地　　　学	1,356	30	1,684	1,936	2,011
外国語	英 語（R※）	476,174	1,693	518,401	537,663	546,712
外国語	英 語（L※）	474,484	1,682	512,007	531,245	540,388
外国語	ド イ ツ 語	109	4	116	118	109
外国語	フ ラ ン ス 語	88	3	121	102	109
外国語	中　　国　語	625	14	667	665	574
外国語	韓　　国　語	109	3	135	174	146

• 2021 年度①は第 1 日程，2021 年度②は第 2 日程を表す。
※英語の R はリーディング（2020 年度までは筆記），L はリスニングを表す。

共通テストの基礎知識（試験データ）　009

● 科目ごとの平均点の推移（2018〜2021 年度本試験）

(点)

教　科		科　目	2021 年度①	2021 年度②	2020 年度	2019 年度	2018 年度
国　語		国　　　語	58.75	55.74	59.66	60.77	52.34
地 理 歴 史		世 界 史 A	46.14	43.07	51.16	47.57	39.58
		世 界 史 B	63.49	54.72	62.97	65.36	67.97
		日 本 史 A	49.57	45.56	44.59	50.60	46.19
		日 本 史 B	64.26	62.29	65.45	63.54	62.19
		地 理 A	59.98	61.75	54.51	57.11	50.03
		地 理 B	60.06	62.72	66.35	62.03	67.99
公　民		現 代 社 会	58.40	58.81	57.30	56.76	58.22
		倫　　　理	71.96	63.57	65.37	62.25	67.78
		政 治 ・ 経 済	57.03	52.80	53.75	56.24	56.39
		倫理, 政治・経済	69.26	61.02	66.51	64.22	73.08
数 学	数 学 ①	数 学 Ⅰ	39.11	26.11	35.93	36.71	33.82
		数 学 Ⅰ・A	57.68	39.62	51.88	59.68	61.91
	数 学 ②	数 学 Ⅱ	39.51	24.63	28.38	30.00	25.97
		数 学 Ⅱ・B	59.93	37.40	49.03	53.21	51.07
		簿 記 ・ 会 計	49.90	—	54.98	58.92	59.15
		情 報 関 係 基 礎	61.19	—	68.34	49.89	59.35
理 科	理 科 ①	物 理 基 礎	75.10	49.82	66.58	61.16	62.64
		化 学 基 礎	49.30	47.24	56.40	62.44	60.84
		生 物 基 礎	58.34	45.94	64.20	61.98	71.24
		地 学 基 礎	67.04	60.78	54.06	59.24	68.26
	理 科 ②	物 理	62.36	53.51	60.68	56.94	62.42
		化 学	57.59	39.28	54.79	54.67	60.57
		生 物	72.64	48.66	57.56	62.89	61.36
		地 学	46.65	43.53	39.51	46.34	48.58
外 国 語		英 語 （R※）	58.80	56.68	58.15	61.65	61.87
		英 語 （L※）	56.16	55.01	57.56	62.84	45.34
		ド イ ツ 語	59.62	—	73.95	76.10	68.41
		フ ラ ン ス 語	64.84	—	69.20	69.32	67.41
		中 国 語	80.17	80.57	83.70	75.44	77.45
		韓 国 語	72.43	—	73.75	63.12	66.27

• 各科目の平均点は 100 点満点に換算した点数。
• 2021 年度①の「公民」および「理科②」の科目の数値は，得点調整後のものである。
　得点調整の詳細については大学入試センターのウェブサイト内にある「令和 3 年度試験」「得点調整
について」で確認してください。
• 2021 年度②の「—」は，受験者数が少ないため非公表。

010　共通テストの基礎知識（試験データ）

● 数学①と数学②の受験状況（2021年度）　　（人）

受験科目数	数 学 ①		数 学 ②				受験者数
	数学Ⅰ	数学Ⅰ・数学A	数学Ⅱ	数学Ⅱ・数学B	簿記・会計	情報関係基礎	
1科目	3,394	33,488	79	330	581	72	37,944
2科目	2,399	324,356	5,154	320,604	721	276	326,755
計	5,793	357,844	5,233	320,934	1,302	348	364,699

● 地理歴史と公民の受験状況（2021年度）　　（人）

受験科目数	地理歴史						公 民				受験者数
	世界史A	世界史B	日本史A	日本史B	地理A	地理B	現代社会	倫理	政治・経済	倫理,政経	
1科目	814	36,755	1,470	71,254	1,131	111,715	20,658	5,979	17,439	14,199	281,414
2科目	738	49,232	907	72,513	834	27,290	48,538	14,063	28,002	28,967	135,542
計	1,552	85,987	2,377	143,767	1,965	139,005	69,196	20,042	45,441	43,166	416,956

● 理科①の受験状況（2021年度）

区分	物理基礎	化学基礎	生物基礎	地学基礎	延受験者計
受験者数	19,214 人	103,375 人	128,278 人	44,462 人	295,329 人
科目選択率	6.5%	35.0%	43.4%	15.1%	100.0%

- 2科目のうち一方の解答科目が特定できなかった場合も含む。
- 科目選択率＝各科目受験者数／理科①延受験者計×100

● 理科②の受験状況（2021年度）　　（人）

受験科目数	物理	化学	生物	地学	受験者数
1科目	16,060	11,872	15,400	417	43,749
2科目	130,633	171,281	42,757	969	172,820
計	146,693	183,153	58,157	1,386	216,569

● 平均受験科目数（2021年度）　　（人）

受験科目数	8科目	7科目	6科目	5科目	4科目	3科目	2科目	1科目
受験者数	7,021	272,915	21,924	24,496	41,943	100,843	13,025	1,947

平均受験科目数
5.62

- 理科①（基礎の付された科目）は，2科目で1科目と数えている。
- 上記の数値は本試験・追試験・再試験・特例追試験を含む。

共通テスト
対策講座

「大学入試センター試験」に代わるテストとして，2021年1月から「大学入学共通テスト」がスタートしました。ここでは，2021年1月に実施された2回の本試験と2017・2018年度に実施された試行調査（プレテスト）をもとに共通テストについてわかりやすく解説するとともに，具体的にどのような対策をすればよいか考えます。

✔ **リスニングテスト　012**
共通テスト徹底分析／ねらいめはココ！／センター過去問の上手な使い方／リスニング力のアップ

✔ **リーディングテスト　034**
共通テスト徹底分析／ねらいめはココ！／センター過去問の上手な使い方／リーディング力のアップ

武知 千津子　Takechi, Chizuko
岡山生まれ。大阪外国語大学（現・大阪大学）英語科卒。幼少時に英語のシンプルでシステマチックな仕組みに魅せられて以来，その「魔力」の虜。ひとりでも多くの受験生にその魔法をかけようと奮闘している。アイルランドの音楽と現代英文学，F1 レースをこよなく愛する予備校講師。共通テスト対策の講座なども担当。著書に『東大の英語リスニング 20 カ年』『阪大の英語 20 カ年』（ともに教学社）などがある。

リスニングテスト

共通テスト徹底分析

共通テストでは，どんな問題が出題されるでしょう？ まず，2021年度の英語リスニングテストの問題を詳しく分析してみましょう。

 ## 出題形式の比較

以下に，共通テストと2020年度センター試験を比較し，共通点と相違点をまとめました。

解答形式		共通テスト (2021年度本試験第1日程)			センター試験 (2020年度本試験)				
	全問マーク式	解答数	配点	放送回数	全問マーク式	解答数	配点	放送回数
解答時間	30分	37	100		30分	25	50	
第1問	短い発話	7	25	2	短い対話	6	12	2
第2問	短い対話	4	16	2	短い対話	7	14	2
第3問	短い対話	6	18	1	少し長め・長めの対話	6	12	2
第4問	モノローグ	9	12	1	長めのモノローグ・討論	6	12	2
第5問	長めのモノローグ	7	15	1	—			
第6問	長めの対話・議論	4	14	1	—			

共通点
- ✔ 全問マーク式
- ✔ 解答時間 30分

相違点
共通テストは
- ✔ 配点が100点に
- ✔ 大問数が増加
- ✔ 放送回数が1回の問題も出題

リスニングテストでは，上記の「相違点」にあるとおり，大問数が増加した上に「1回読み」の問題が加わりました。これまでよりもいっそう**高度な聞き取り能力**が試されます。新しい試験が導入された初期には，細部での形式変更が生じるかもしれません。多少の変化にも対応できるだけの入念な準備が必要です。

出題内容

		詳細	放送英文の内容 （第1日程）	放送英文の内容 （第2日程）
第1問	A	短い発話を聞いて同意文を選ぶ		
	B	短い発話を聞いて内容に近いイラストを選ぶ		
第2問		短い対話と問いを聞いてイラストを選ぶ		
第3問		短い対話を聞いて問いに答える		
第4問	A	モノローグを聞いて図表を完成させる	学生の学外での活動・DVDの割引率	4都市の夏と冬の気温変化・バスの運行予定変更のお知らせ
	B	複数の情報を聞いて条件に合うものを選ぶ	ミュージカルの評価	インターン先の選択
第5問		講義の内容と図表の情報を使って問いに答える	デンマークの幸せな暮らし方・仕事と生活のバランス	生態系保全におけるブルーカーボン生態系の潜在力・生態系別の有機炭素貯留量比較
第6問	A	対話を聞いて要点を把握する	留学での滞在先	手書きの手紙についての賛否
	B	複数の意見を聞いて問いに答える	レシートの電子化	選挙の投票に行くかどうか

問題設定・英文の種類

　共通テストでは，大学進学後の生活や講義などの学生生活に関連した場面設定が多く見られました。イラストや表，グラフを伴う問題はセンター試験にもありましたが，数は多くなっています。また，「放送を聞きながらメモをとり，内容を比較して解答する」，「放送内容で直接述べられていないが関連する資料を選ぶ」など視覚情報の使われ方がより高度になっていると言えます。会話では，登場する人物がセンター試験では最大で3人でしたが，共通テストでは4人による会話もありました。いずれの変化も，**受験生が実際に経験しそうな場面，実生活に近い状況**を設定したものと考えられます。実用的な英語が身についているかどうかが問われていると言えます。

014　英語（リスニングテスト）

🔍 問題の分量

　解答時間は 30 分で，センター試験から変更はありませんが，**聞き取る英文の量は増加**しています。解答時間が同じなのに量が増えるのは，１回しか読まれない問題があるからです。「出題形式の比較」の項（→p. 012）に挙げた表にあるとおり，長めの英文が１回読みだということに注意が必要です。

🔍 難易度

　聞き取る英文の総量が多くなっていることに加え，Question が問題冊子に書かれておらず放送で聞き取る問題や，１回の放送で必要な情報を聞き取らなければならない問題が含まれていることから，これまでより難しいと感じる人が多いでしょう。また，聞く，メモをとる，内容を比較・判断するという，複数の作業を同時に行うことも求められます。

　しかし，現実の生活を考えると，日常会話に繰り返しはなく，話はどんどん進んでいきます。講義でも繰り返しはなく，先生の話を聞きながらノートをとり，授業内容を理解するという複数作業が必要です。「実用的な英語の力」が求められるということが，内容面だけでなくこうした出題形式にも現れているのです。つまり，日本語で日ごろ行っていることを，英語でも求められていることになります。

　以上のことから，**センター試験よりも難度は高くなっている**と言えます。

🔍 試行調査との違い

　リスニングは，共通テストに向けて 2017・2018 年度に行われた試行調査と**ほぼ同じ形式**でした。過去問がまだ１年分しかないので，独特な形式に慣れるために試行調査も練習に利用できます。また**センター試験の問題も，１回だけ聞いて解答する**などして大いに活用しましょう。

ねらいめはココ！

以下に，リスニングテストで押さえておくべき問題のタイプを示します。

1 同意文を選ぶ問題

　聞こえてくる短い英文から，発話している人物やその英文に登場する人物がしていること・したこと，あるいは発話の意図や主旨をつかむことが求められます。聞く量が少ないため一見簡単そうに思えますが，会話ではないので前後関係から推測することはできません。聞こえてきたそばから正確に内容をつかめる力が必要です。耳についた単語だけで推測するのでは正しく理解するのは困難です。ただ，英文は2回読まれますので，あわてず集中して細部まで聞き取りましょう。

例題　(2021年度本試験（第1日程）第1問A　問4)

　英語を聞き，それぞれの内容と最もよく合っているものを，四つの選択肢（①〜④）のうちから一つ選びなさい。

① David gave the speaker ice cream today.
② David got ice cream from the speaker today.
③ David will get ice cream from the speaker today.
④ David will give the speaker ice cream today.

放送内容

M : I won't give David any more ice cream today. I gave him some after lunch.

　出だしの won't を want と聞き間違えてしまうと，まったく逆の内容と受け取ってしまいます。このあと any more や gave と言っていることに気づけば修正が可能かもしれませんが，そもそも want だと思っていると more しか印象に残らず，gave にもあまり注意が向かないかもしれません。

　一連の文の内容を正確にとらえるには，細かい単語の発音の違い（won't [wóunt] と want [wánt / wɔ́ːnt]）をしっかり聞き分けられるようにしておく必要があります。音声は一瞬で流れていきますから，日頃からまず1語レベルでの正しい発音を意識し，文の中で他の語と連なった音の中で出てきても，小さな違いに気づけるようにしておきましょう。

2 短い発話を聞いて内容に近いイラストを選ぶ問題

短い英文を聞き，その内容を適切に表しているイラストを選ぶ問題です。1 と同程度の短い文ですが，**文法的な理解**が求められます。英文は 2 回読まれます。

> **例題**　（第1回試行調査B　第1問B　問6）
> 　聞こえてくる英文の内容に最も近い絵を，四つの選択肢（①～④）のうちから一つ選びなさい。
>
>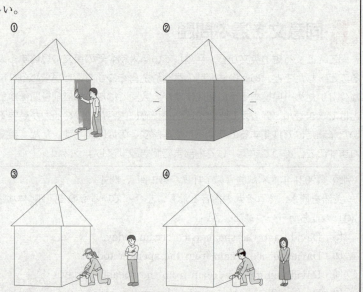
>
> <mark>放送内容</mark>
>
> W : The man is going to have his house painted.

　なるべく事前にイラストに目を通して，「違い」を確認しておきましょう。この**例題**の場合，家の状態（塗られている最中／既に塗られている／これから塗る）がどのように表現されるか，動作主が誰かに注意する必要があると予測できます。

　耳に残るのは最後の painted でしょう。「塗装した」という訳が浮かぶかもしれません。しかし，ここでは have *A done*「*A*を〜させる，してもらう」という表現の中で使われています。現在完了の have *done A* とは意味がまったく異なりますね。さらに have の前には is going to があります。あわせると，「これから〜してもらうつもりだ」となります。行為の中心となる paint という単語だけでなく，これらの表現を聞き取ってその意味を即座に「計算できる」必要があります。文法・語法の知識があるだけでなく，音声だけで反応できるようになることを意識した取り組みが求められます。

3 Question の聞き取りも必要な問題

　短い対話を聞き，そのあとに流れる Question にしたがって適切なイラストを選ぶ問題です。質問が何なのかはあらかじめわかりませんが，対話の場面の説明とイラストが問題冊子にありますから，聞き取るべき項目はある程度推測できます。話が進むごとに新しい情報が述べられますから，それらを積み重ねると最終的にどうなるのか，対話の展開をたどる力が求められます。英文は2回読まれます。

例題　（第2回試行調査　第2問　問1）
　対話の場面が日本語で書かれています。対話とそれについての問いを聞き，その答えとして最も適切なものを，四つの選択肢（①～④）のうちから一つ選びなさい。

居間でクリスマスツリーの置き場所について話をしています。

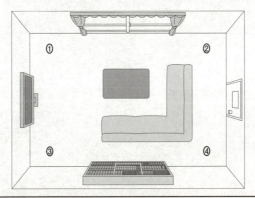

放送内容

M : How about there, near the bookshelf?
W : I'd prefer it by the window.
M : OK. Right here, then?
W : No, that's too close to the TV. I think the other corner would be better.

Question : Where does the woman want to put the Christmas tree?

018　英語（リスニングテスト）

　　Question の聞き取りについては，事前にできるだけ問題冊子の情報（対話の場面とイラスト）に目を通しておくことがポイントです。この**例題**の場合は「クリスマスツリーの置き場所」が問われるだろうと思いながら聞けば，会話の内容もより理解しやすくなります。対話中には near the bookshelf／by the window／Right here／close to the TV／the other corner と，場所を表す語句が発言ごとに出てきます。それらとイラストを照らし合わせながら，最終的な置き場所を特定しましょう。話についていくのには基本的な語句の知識があれば十分でしょう。

　　試行調査や 2021 年度本試験では放送は 2 回ありましたが，1 回目の放送で，会話の展開を追うだけでなく，Question までしっかり聞き取れるように訓練しておくとよいでしょう。

4 講義の問題

　大学の授業を想定した講義が2つの部分に分けて読まれます。最初の部分は、センター試験のリスニングテスト第4問よりやや多めの分量、あとの部分はごく短い補足程度です。前半は講義を聞きながら、講義内容をまとめた「ワークシート」を完成させ、講義の全般的な内容に関する質問に答える問題です。後半は、問題冊子に示された図やグラフから読み取れる情報と講義全体の内容からどのようなことが言えるかを選ぶ問題です。

　英文は1回しか読まれませんが、事前に状況や問いを読む時間が約60秒間設けられています。

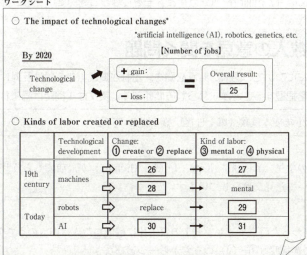

例題　（第2回試行調査　第5問　問1(a)）

状況
　あなたはアメリカの大学で、技術革新と職業の関わりについて、ワークシートにメモを取りながら、講義を聞いています。

ワークシート

○ The impact of technological changes*
　　　　　　　　　　　*artificial intelligence (AI), robotics, genetics, etc.

○ Kinds of labor created or replaced

　ワークシートの空欄　25　にあてはめるのに最も適切なものを、六つの選択肢（①～⑥）のうちから一つ選びなさい。

① a gain of 2 million jobs　　② a loss of 2 million jobs
③ a gain of 5 million jobs　　④ a loss of 5 million jobs
⑤ a gain of 7 million jobs　　⑥ a loss of 7 million jobs

020　英語（リスニングテスト）

放送内容

What kind of career are you thinking about now? Research predicts developments in artificial intelligence, robotics, genetics, and other technologies will have a major impact on jobs. By 2020, two million jobs will be gained in the so-called STEM fields, that is, science, technology, engineering, and mathematics. At the same time, seven million other jobs will be lost. ～以下略～

　放送が始まる前に与えられる約60秒の間に「ワークシート」にできるだけ目を通しておきましょう。英語で記されているので，いきなりメモしようとしても何をどう書けばよいのか一見しただけではわかりづらいからです。また，あらかじめ目を通しておくことで何を聞き取るべきなのかがわかります。この**例題**の場合は，ワークシートと選択肢の情報から，技術革新によって，By 2020「2020年までに」，Number of jobs「職業の数」がどれだけ増えるか／減るかを聞き取る必要があるということが読み取れます。1回読みの問題なので，事前の準備が大切です。

　そして，講義が始まれば，+gain のところには「2 million／200万」，－loss のところには「7 million／700万」とメモをしながら聞いていきましょう。

5　複数人の意見を聞く問題

　あるテーマについての四人の発言を聞き，だれが賛成（あるいは反対）意見を述べているのかを把握することが求められる問題です。英文は1回だけ読まれます。

例題　（2021年度本試験（第1日程）第6問B 問36）

> **状況**
> 　四人の学生（Yasuko, Kate, Luke, Michael）が，店でもらうレシートについて意見交換をしています。

　会話が終わった時点で，レシートの電子化に**賛成した人**は四人のうち何人でしたか。四つの選択肢（①～④）のうちから一つ選びなさい。

① 　1人
② 　2人
③ 　3人
④ 　4人

共通テスト対策講座　021

放送内容　　　　　　　　　〜前略〜

Yasuko : I recently heard one city in the US might ban paper receipts by 2022.

Luke : Really, Yasuko? But how would that work? I need paper receipts as proof of purchase.

Michael : Right. I agree. What if I want to return something for a refund?

Yasuko : If this becomes law, Michael, shops will issue digital receipts via email instead of paper ones.

Kate : Great.

Michael : Really? Are you OK with giving your private email address to strangers?

Kate : Well ... yes.

Luke : Anyway, paper receipts are safer, and more people would rather have them.

Yasuko : I don't know what to think, Luke. You could request a paper receipt, I guess.

Kate : No way! There should be NO paper option.

Michael : Luke's right. I still prefer paper receipts.

　比較的長い会話が続く中で，それぞれの発言者の立場・意見を聞き取っていく必要があります。人数が多いので，だれが話しているのかをつかむのが困難です。女性のあとに女性，男性のあとに男性が発言している場合は比較的わかりやすいですが，女性のあとに男性（あるいはその逆）の場合，どちらの男性（女性）だったか混乱しがちです。ほとんどの場合，次の発言者が名前を呼んでいることから判断できるので，話されている内容をメモしたあとで，だれの発言か確認するという聞き方が必要です。発言者が変わったときには「だれ？」に気をとられすぎず，まずは発言内容に集中しましょう。

　内容は単なる日常会話ではなく，ある程度専門性・社会性のあるテーマについての会話です。会話の音声教材は，討論になっているものがあれば積極的に活用し，１回聞くだけで発言内容をつかむように練習しましょう。講義の問題にも言えることですが，最初は１回で聞き取るのが難しいと感じる人は多いと思います。聞き取れなかった部分を何度も聞き，自分でもネイティブの音声をまねて音読するようにして，細部まで聞き取れる「耳」を鍛えましょう。

022　英語（リスニングテスト）

センター
過去問の上手な使い方

共通テストは，センター試験とは異なる点もありますが，実はセンター試験と変わらない点も多く，共通テスト≒センター試験＋αと言ってもよいため，センター試験の過去問演習は共通テスト対策の土台・基礎作りになります。

　ここまで述べてきたとおり，共通テストのリスニングテストでは，センター試験とは異なる形式の問題も出題されています。しかし，センター試験で問われてきたことがまったく出なくなるわけではありません。どちらも高校までに勉強してきたことが身についているかどうかを試すという目的は同じです。共通テストは，センター試験で問われてきたことを，さらに実用的な英語の運用力を試す形に発展させたものです。良問揃いのセンター過去問を最大限に活用して，共通テストを攻略しましょう！

🔍 センター試験 筆記試験 第1問
発音・アクセント問題

> **例題1**　（2017年度本試験 第1問A 問2）
> 　次の問いにおいて，下線部の発音がほかの三つと異なるものを，①〜④のうちから一つ選べ。
> 　① att<u>ach</u>　　② <u>ch</u>annel　　③ <u>ch</u>orus　　④ mer<u>ch</u>ant
>
> **例題2**　（2020年度本試験 第1問B 問1）
> 　次の問いにおいて，第一アクセント（第一強勢）の位置がほかの三つと異なるものを，①〜④のうちから一つ選べ。
> 　① allergy　　② objective　　③ physical　　④ strategy

　センター試験では，筆記試験の第1問として発音・アクセント問題が出題されていました。共通テストでは，大問としては出題されませんが，発音・アクセントに注意を向けるのに活用できます。ふだん単語を覚えるときには，どうしても訳や意味に意識が向きますから，音の側面を確認するのに役立てましょう。いずれの問題でも，異なるものを選ぶというより，選択肢の単語すべての正しい発音・アクセントがわかるかどうかを確かめてみてください。**例題1の② channel** は日本語では「チャンネル」と言っていますが，実際の音は［チャノー］のように，**例題2の①**は「アレルギー」ではなく［アラジー］のように聞こえます。つづりを目で見て意味がわかるというだけではリスニングでは通用しません。音と意味が直結するように，センター試験の筆記試験第1問を是非活用してください。

対話を聞いて問いに答える問題

センター試験 リスニングテスト 第1問・第3問A

例題1 （2016年度本試験 第1問 問1）

問いについて対話を聞き，答えとして最も適切なものを，四つの選択肢（①～④）のうちから一つ選びなさい。

Which is the new school flag?

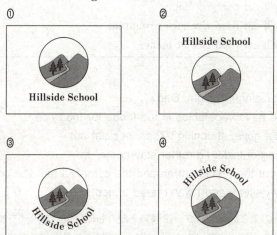

放送内容

W : Have you seen the new school flag?
M : The one with the name around the logo?
W : Yes, but the name is under it instead of above it.
M : Yeah, it's great!

　共通テストの第2問では，対話の内容に適する図を選ぶ問題が出題されました。センター試験第1問にも，図を選ぶものが含まれています。対話の分量もほぼ同じで，2回読みであることも共通です。共通テストでは，Question も聞き取る必要がある点が異なりますが，Question が問題冊子に書かれていない代わりに，対話の場面が日本語で書かれていますので，同形式・同難度の練習問題として十分に活用できます。

024　英語（リスニングテスト）

例題2　（2018 年度本試験 第 3 問 A 問 14）

　問いについて対話を聞き，答えとして最も適切なものを，四つの選択肢（①〜④）のうちから一つ選びなさい。

What will they do about dinner?
①　They'll eat curry at a restaurant.
②　They'll eat curry at home.
③　They'll eat fried rice at a restaurant.
④　They'll eat fried rice at home.

放送内容

W : What's for dinner tonight, Dad?
M : Hmm, we have vegetables in the fridge for fried rice.
W : You're not going shopping? Then let's eat out.
M : It's pouring outside. I'd rather stay home.
W : What about the restaurant around the corner? I feel like curry.
M : OK, they deliver, and I won't need to cook.

　共通テストの第 3 問とセンター試験第 3 問 A も似たような形式です。共通テストでは 1 回読みで出題されていますが，代わりに対話の場面が問題冊子に日本語で書かれています。多少の違いはありますが，会話の性質や分量は同様なので，センター過去問も 1 回目で解答するように練習すれば十分共通テスト対策になります。しっかり活用しましょう。

　正解の根拠は会話の前半で話されていることもあります。会話の結論だけに注意を向けるのではなく，冒頭から注意して，会話の流れを追うようにしましょう。

> センター試験 リスニングテスト 第3問B
視覚情報を含む問題

例題　(2019年度本試験 第3問B 問18)

　長めの対話を一つ聞き，答えとして最も適切なものを，四つの選択肢（①〜④）のうちから一つ選びなさい。

> 対話の場面
> 博物館の入場券売り場で，来館者が展示について質問をしています。

The City Museum

Permanent Exhibitions

Greek and Roman Art
Hours: 10:00–17:00
　　　(Friday: 11:30–20:00)
Lecture: 12:00/14:00
　　　(Monday, Friday & Sunday)

The Age of Dinosaurs
Hours: 10:00–17:00
Lecture: 11:00/13:00
　　　(Monday, Friday & Sunday)

Special Exhibitions

East Asian Pottery
Hours: 10:00–17:00
　　　(Closed Monday)
Additional Fee: $22

Butterflies of the Amazon
Hours: 10:00–17:00
　　　(Closed Friday)
Additional Fee: $15

Which lecture will the man go to first?

① 11:00 lecture at The Age of Dinosaurs
② 12:00 lecture at Greek and Roman Art
③ 13:00 lecture at The Age of Dinosaurs
④ 14:00 lecture at Greek and Roman Art

026　英語（リスニングテスト）

放送内容

M : Morning. One adult, please.

W : That'll be 20 dollars for the permanent exhibitions, and 一.

M : Ah, what are the permanent ones?

W : One is Greek and Roman Art, and the other is the Age of Dinosaurs. The two special exhibitions cost extra.

M : What are they?

W : Butterflies of the Amazon and East Asian Pottery.

M : Maybe I'll go to both of them.

W : Oh, sorry. I forgot to mention that the butterfly exhibition is closed today.

M : Too bad. Then, I guess I'll check out the Greek sculptures first.

W : They're in the Greek and Roman Art section, but it's not open yet. However, you might enjoy the dinosaur exhibition. There's a lecture in 15 minutes.

M : Good. I'll do that.

〜以下略〜

　共通テストでは，第4問，第5問，第6問Bで，放送内容と視覚情報を照らし合わせながら解答する問題が出題されました。センター試験第3問Bがこの形式と似ています。共通テストのほうが視覚情報をどう用いるかがやや複雑ですが，練習材料として十分活用できます。その際，放送内容のメモをとることを実践してみましょう。また，共通テスト第4問B，第6問Bではメモをとるシートが問題冊子に印刷されていますし，第5問ではメモ内容自体が問題の一部になっています。メモをとることで「聞きながら書く」という複数の作業を同時に行う訓練になります。

　なお，共通テストでは第4〜6問は1回読みです。もちろん，最初は聞きながらメモをとる作業に慣れるために繰り返し聞いてもかまいませんが，最終的に1回で聞き取れることを目指して取り組みましょう。

共通テスト対策講座 027

Q センター試験 リスニングテスト 第4問B
討論（3人の会話）を聞いて問いに答える問題

例題 （2018年度本試験 第4問B 問23）

　長めの会話を一つ聞き，答えとして最も適切なものを，四つの選択肢（①～④）のうちから一つ選びなさい。

What is Justin most concerned about?
① Academic preparations
② Cultural aspects
③ Personal safety
④ Travel arrangements

放送内容

Tokiko : Thanks for coming to the meeting. The international programs office has asked us to put together a booklet for students going abroad. Since all of us have studied abroad, they think our suggestions will help other students get ready. Justin, what do you think we should include?

Justin : Well, Tokiko, we need to focus on practical items first. For instance, sometimes it takes a while to get passports and visas. We could suggest they start that process early. Also, they'll need a health check and travel insurance. Karen, did you have something to add?

Karen : Yeah, I'm thinking about cultural aspects. Don't they need to know some history or study about the society and learn the local customs long before they leave? Maybe they should consider these things in order to choose a country of destination.

Tokiko : That's right, Karen. Preparing to live there has to come first. Also, what they pack in their suitcases depends a lot on where they go. （中略）

Justin : OK, but there are still other things to do before you actually pack. What about airline tickets? Getting tickets early can save money, and there'll be more choices of dates. So I think that also needs to be on the list.

～以下略～

共通テストでは第6問に，あるテーマに関する話し合いや討論が出題されました。センター試験では第4問Bが類似した形式で，3人の会話になっています。共通テストは第6問Aが2人の対話で，第6問Bには4人の発言者がいますが，複数人の意見や立場を聞き取るのに，センター過去問が十分活用できます。共通テストは1回読みですから，センター試験の問題を利用するときにも，できるだけ1回で聞き取るように心がけて，実戦的な力を養うことを目指してください。

また，センター試験筆記試験の意見の要約問題（2018〜2020年度は第3問B，2016・2017年度は第3問C）を解くことも対策になります。一読して主張のポイントをつかむ練習をし，3人以上による会話・討論に慣れることを心がけましょう。

リスニング力のアップ

どんな問題にあたる場合でもまず基本的な「聞き取る力」が必要です。リスニング力を身につけるためのポイントと，具体的な学習方法を見ていきましょう。

ナチュラルスピードに慣れる

　与えられる音声は，自然なスピード（ナチュラルスピード）になっています。特にゆっくりしゃべったり，間を取ったりはしていません。したがって，普段リスニング練習に使う素材は，あくまでナチュラルスピードで話されているものを選択しましょう。本書の音声専用サイトでは，**音声のスピードを 0.8 倍・1.0 倍・1.2 倍・1.5 倍の 4 段階で調整**することができます。1.0 倍のスピードで聞き取れない場合は，0.8 倍で練習を始めてください。すでに 1.0 倍で聞き取れる場合には，1.2 倍や 1.5 倍のスピードで耳を慣らしておくと，本番では音声がゆっくりと聞こえてきます。

✓「ナチュラル」とは？

　「ナチュラルスピード」というと「早口である」と思いがちですが，実際には，単にしゃべる速さの問題ではありません。発音における特徴が重要なのです。たとえば got it on の発音は，「ガッティットン」と言うとナチュラルに聞こえます。以下にネイティブの発音の特徴をまとめました。「字面」とは違うことに留意しておきましょう。
①**つながる**＝2 つ（以上）の単語がひと連なりに発音される
◇ an umbrella は「アン・アンブレラ」ではなく「アナンブレラ」
②**消える**＝ある単語の末尾の音が次の単語にいわば「飲み込まれて」しまう
◇ first store は「ファースト・ストア」ではなく「ファーストア」
③**変音する（その 1）**＝なめらかに発音していると字面とは違う音になる
◇ have to は「ハヴ・トゥ」ではなく「ハフタ」
④**変音する（その 2）**＝ t の音が r 化したり n 化したりする　※アメリカ英語
◇ water は「ウォーター」ではなく「ワラー」（t が r 化）

多様な英語に慣れる

　読み上げ音声は，プロの方が録音に携わっていると思われますが，それでも人それぞれのしゃべり癖（音の連なりが強い，特定の子音が強いあるいは弱いなど）はあります。さらに，共通テストでは，アメリカ英語だけでなく，イギリス英語で読まれる場合もあります。こういった多様な英語の出題は，実際の学生生活や社会生活を想定してのことだと思われます。できれば複数の音源を活用して，ナレーターの国籍や個人差で戸惑わないようにしておきましょう。

「1回読み」に慣れる

　センター試験の過去問では，すべての問題が2回読まれていましたが，共通テストでは，1回読みの問題が含まれます。放送1回で必要な情報を聞き取る訓練をしておきましょう。英検などの資格検定試験では，1回読みで出題されていますので，練習素材として活用することができます。

　なお，本書の音声専用サイトでは，センター試験の過去問すべてに1回読みで挑戦できる「トライモード」を用意しています。どの問題も1回で聞き取る練習をしておけば，本番も怖くありません。

さまざまな教材を活用する

☑ 対話問題の素材

　対話問題の練習用素材は，NHKのラジオ講座が最も手軽です（インターネットでも聞けます）。テキストとしては『ラジオ英会話』（NHK出版）などが適当でしょう。純粋に耳だけでとらえる練習をする必要がありますので，テレビよりも，ラジオやCDのほうがお勧めです。市販のCD付き英会話本にも利用できるものがありますが，完全なナチュラルスピードの音声（たとえば『ENGLISH JOURNAL』（アルク）など）は，試験問題を前提としていない，一般人のそのままの発話であるため，スピードが速すぎたり，語彙が大学受験で必要なレベルを超えていたりするので注意が必要です。

※ラジオ番組に関しては，番組の改編による変更の可能性がありますのでご了承ください。

✅ モノローグ問題の素材

　モノローグ問題の練習用素材は、『速読英単語 必修編 CD』（Z会）などを利用するとよいでしょう。また、出題されるモノローグは、基本的に「**起⇒承⇒転⇒結**」あるいは「**序論⇒本論⇒結論**」という文章展開の構造をもっています。リーディングの学習で文章の論旨を追う練習をしておくことも大切です。

✅ 3人以上の会話・討論問題の素材

　TOEICのリスニングテストでは3人の会話が使われているものの、数多くの音声素材を見つけるのは難しいかもしれません。しかし、各発言者の主張をそれぞれしっかり聞き取る訓練を積んでおけば対応できますから、2人の対話の練習用素材でも十分に役立ちます。

　なお、『東大の英語リスニング20カ年』（教学社）は、収録されている内容が討論・講演・3人以上の会話です。やや分量は多いですが、少しずつ分けて聞き、耳を慣らすのに活用できると思います。設問に答えることより、聞いて内容がわかるかどうかを試すのに使うとよいでしょう。

📖 聞くだけでなく声に出す

　「リスニング」というと、とにかく「聞くこと」が重要だと思ってしまいがちですが、実は、「**自ら発音すること**」がリスニング力アップに不可欠です。というのも、自分が発音したことのない言葉は、なかなか聞き取れないものだからです。

　「聞き取ること」と「発音すること」は、表裏一体と考えることができます。発音を身体で覚えている段階までくると、音声を聞いたときの理解が飛躍的に増します。

リスニングのトレーニング方法

では、実際にトレーニングをしていきましょう。徐々にステップアップしていきます。

ステップ①
音声を聞いてからテキストを音読する

テキストを見ながら音声を聞き、音声を止めて自分で同じように発音します。最初は1文ずつの短い単位で行いましょう。テキストを読むというより、聞いた音声をそのまま発音、つまり「ネイティブの真似」をします。文全体の「緩急のリズム」に慣れることが目標です。なめらかに1文が言えるまで繰り返しましょう。

ステップ②
音声を聞きながら同時に音読する

あとについて音読するのではなく、テキストを見ながら同時に音読します。**ナチュラルスピード**についていけるようになることが目標です。ここでは内容理解はできなくても構いません。大切なのは音読しながら耳を働かせておくことです。読むことに一生懸命になって音声を無視しないようにしましょう。内容が理解できない箇所があったらあとで訳を見て、音と意味とを結びつけておきましょう。

ステップ③
テキストを見ずに、音声に続いて発音する

テキストは見ずに、流れる音声に続いて発音していきます。耳に入った音をすぐ再現することになります。これもまずは音に集中して、内容が理解できない箇所はあとで調べます。対話では、どちらか1人の発言だけを再現することから始めてもいいでしょう。途中で詰まってもあと戻りはせず、次に耳に入ったところから再現していってください。

ステップ④
聞くことだけに集中する

ここまでくれば、すでに音声を聞きながら内容理解もほとんど同時にできるようになっているはずです。モノローグに関しては、ポイントとなる箇所を**メモする練習**をしましょう。

ステップ⑤
語彙を増やす

　リスニングもリーディングと同様，まずは語彙が豊富であることが前提となります。リスニングの場合は，特に，**発音・アクセント**を正確に覚えておかなければ役に立ちません。日ごろ単語を覚える際に，発音・アクセントを正確に身につけていくことが重要な基礎力となります。また，読解問題などを解いたあとに，英文をもう一度**音読**するようにしましょう。

　上記のトレーニング法のステップ①〜④はいわゆるシャドーイングにあたります。『決定版 英語シャドーイング』（コスモピア），『攻略！ 英語リスニング 徹底シャドウイングでマスター！ 長文リスニング』（NHK 出版）など，シャドーイングの教材は数多く市販されています。具体的な練習材料として活用してみてください。

✔ 英語のリズムをつかもう！

　人が何か発言する際には「伝えたいこと」が強調されるものです。伝えたい言葉は他に比べて「ゆっくり」「強く」発音される傾向にあるのです。たとえば，2021 年度本試験第 1 日程第 3 問の問 13（食料品の片付けに関する会話）では，boxes / in the back / cans in front of them という，品物と位置関係が解答するのに欠かせない情報（キーワード）ですが，そのいずれも「ゆっくり」「強く」発音されています。こうした英語のリズムに慣れておくと，細部が聞き取りにくくてもポイントとなる箇所が「浮き上がって」聞こえるようになってきます。結局，「聞き取れる」というのは，「1 語たりとも聞き逃さない」というのではなく，このリズムに乗って「ポイントとなる語を拾っていく」ということなのです。

リーディングテスト

共通テスト徹底分析

リスニングテスト同様，リーディングテストについても，まずは共通テストとセンター試験を分析するところから始めましょう。

出題形式の比較

以下に，共通テストのリーディングテストと 2020 年度センター試験の筆記試験を比較し，共通点と相違点をまとめました。

	共通テスト (2021 年度本試験第 1 日程)			センター試験（2020 年度本試験）		
設問文	すべて英語			日本語（ただし各小問の質問文は英語）		
解答形式	全問マーク式	解答数	配点	全問マーク式	解答数	配点
試験時間	80 分	47	100	80 分	54	200
第 1 問	短文の読解	5	10	発音・アクセント	7	14
第 2 問	資料・短文の読解	10	20	文法・語法・語彙・整序	19	47
第 3 問	随筆的な文章の読解	8	15	文脈把握	6	33
第 4 問	説明的な文章・資料の読解	6	16	説明的な文章・資料の読解	8	40
第 5 問	伝記的な文章の読解	9	15	物語文の読解	5	30
第 6 問	説明的な文章・資料の読解	9	24	説明的な文章の読解	9	36

共通点
- 全問マーク式
- 試験時間 80 分
- 大問数 6 題

相違点
共通テストは
- 設問文がすべて英語
- すべて読解問題
- 配点が 100 点に

共通テストのリーディングテストでは，上記のとおり設問文はすべて英語でした。日本語が混ざっている紙面に比べると，英語しかない紙面は「威圧感」がありますし，英語を読む量が増加します。「目と頭が休まる暇のない問題冊子」だということも覚えておきましょう。

🔍 出題内容

		第1日程		第2日程	
		英文の内容	文章の種類	英文の内容	文章の種類
第1問	A	忘れもの	携帯電話メッセージ	キャンプ旅行の持ち物	携帯電話メッセージ
	B	ファンクラブの入会案内	ウェブサイト	英語のスピーチコンテストの案内	チラシ
第2問	A	学園祭バンドコンクールの審査	コメントと総合評価	再利用可能ボトルについての調査結果	調査結果
	B	放課後の活動時間短縮	オンラインの公開討論	サマープログラムの講座案内	授業内容の詳細と受講生のコメント
第3問	A	英国のホテルの検討	ウェブサイト	遊園地について	ブログ
	B	ボランティアの募集	学校のニュースレター	伝説のミュージシャン	音楽雑誌の記事
第4問		姉妹校からの生徒をもてなすスケジュール案	メールのやり取り	日本の観光産業について	メール
第5問		馬のようにふるまう雄牛アストンについての講演の準備	記事＋プレゼン用スライド	謎多き写真家についての発表の準備	記事＋プレゼンメモ
第6問	A	アイスホッケーの安全性の確保に関する発表の準備	記事＋プレゼン用ポスター	ある英国劇団の新たな試み	オンラインマガジンの記事
	B	さまざまな甘味料	教科書の文章	口腔衛生を保つことの大切さを訴える発表の準備	記事（説明的な文章）＋プレゼンメモ

問題設定・英文の種類

　共通テストの問題では、リスニングテストと同様、高校や大学での学生生活に関連した場面設定が多く見られました。英文の種類も、ブログやインターネット上のレビューなど、日常的なものが出題されています。**実生活で使える英語力**を試すのがねらいでしょう。

問題の分量

　センター試験では、例年、読む英語の分量が4200語程度だったのに対し、共通テストではおよそ1200語程度の増加がみられました。大問数は6題で同じですが、センター試験で問われていた発音・アクセント問題や文法・語彙問題がなくなり、「リーディング」の名のとおりすべて**一定量の文章を読む読解問題**になったためです。設問文もすべて英語ですからかなりの増加です。

難易度

　共通テストではセンター試験第2問Aで出題されていた個々の語句や文法事項を直接問う問題はなくなりましたが、そうした「暗記事項」は、文章を読みながら自然に運用できるくらいの習熟度が前提となります。「日本語で読む」のに近いレベルで英語が読めることが求められますから、その意味で共通テストはセンター試験よりも難度が高くなったと言えるでしょう。

　また、前述したように共通テストでは読まなければならない**英語の分量が大幅に増加**しました。センター試験以上に時間との戦いになるでしょう。

　なお、問題はCEFRのA1からB1に相当するレベルで出題されます。CEFRは、Common European Framework of Reference for Languages: Learning, teaching, assessmentの略で、「外国語の学習・教授・評価のためのヨーロッパ共通参照枠」のことです。CEFRでは、目標の目安とできるよう、「具体的に何ができるか」を基準にA1～C2までの6つのレベルが設定されています。各レベルでどのようなことが「できる」とされているのかはインターネットで調べられますので、一度目を通しておくとよいでしょう。

試行調査との違い

　ほとんど試行調査と同じ形式でしたが，以下の2つがより多く出題され，特徴的な問題と言えるかもしれません。

　まず，「推測問題」と呼べるものです。これは，本文で述べられていることからどんなことが導けるかを判断するものと，本文で述べられていることから，今後起こると考えられることを判断するものとがあります。前者にあたるのが第1日程では第2問A問5や第4問問5です。後者は第1日程では第1問A問2，第2問B問5，第3問B問3です。いずれも，**本文の複数の箇所を考え合わせて総合的に判断する必要が**あります。

　もう一つは，起きた出来事の順序に項目を並べる「時系列問題」と呼べるものです。第2回試行調査では第5問問1で出題され，類似した問題が共通テスト第1日程・第2日程とも，第5問問3で出題されました。それ以外に，少し単純な形ではありますが，第1日程第4問問2も時系列問題と言えるものです。

　逆に，試行調査では出題されていたもので，共通テストでは見られなかったのが，「複数選択肢問題」です。第2回試行調査では，正解個数を示さずに当てはまるものをすべて選ぶ問題が第4問問3，第5問問2・問4で出題されましたが，共通テストでは，複数の解答を選ぶ場合，正解個数が示されたものが出題されました。

038　英語（リーディングテスト）

ねらいめはココ！

リスニングテスト同様，リーディングテストについても，共通テストや試行調査の分析に基づき，押さえておくべきタイプの問題を示します。

1 fact「事実」と opinion「意見」を区別する問題

　第1回試行調査では，第2問A問4で「以下のどれが個人的な意見ではなく事実であるか（複数選択可)」という問題が出題されました。第2回試行調査でも，第2問A問4で「（意見ではなく）事実を選べ」，第2問A問5および第2問B問2・問3では反対に「（事実ではなく）意見を選べ」という設問が出題されました。共通テストでも同様の問題が出題され，第1日程では，第2問A問3で「事実」，問4で「意見」，第2問B問2・問4で「事実」を問う問題，第2日程では，第2問A問3で「意見」，問4で「事実」，第2問B問3で「事実」，問4で「意見」を問う問題が出題されました。fact「事実」と opinion「意見」を区別することは，英文の内容を正確に読み取るために必要な力と言えます。

例題 （2021年度本試験（第1日程）第2問A 問3）

A　As the student in charge of a UK school festival band competition, you are examining all of the scores and the comments from three judges to understand and explain the rankings.

Judges' final average scores				
Qualities Band names	Performance (5.0)	Singing (5.0)	Song originality (5.0)	Total (15.0)
Green Forest	3.9	4.6	5.0	13.5
Silent Hill	4.9	4.4	4.2	13.5
Mountain Pear	3.9	4.9	4.7	13.5
Thousand Ants	(did not perform)			

Judges' individual comments	
Mr Hobbs	Silent Hill are great performers and they really seemed connected with the audience. Mountain Pear's singing was great. I loved Green Forest's original song. It was amazing!
Ms Leigh	Silent Hill gave a great performance. It was incredible how the audience responded to their music. I really think that Silent Hill will become popular! Mountain Pear have great voices, but they were not exciting on stage. Green Forest performed a fantastic new song, but I think they need to practice more.
Ms Wells	Green Forest have a new song. I loved it! I think it could be a big hit!

Judges' shared evaluation (summarised by Mr Hobbs)

Each band's total score is the same, but each band is very different. Ms Leigh and I agreed that performance is the most important quality for a band. Ms Wells also agreed. Therefore, first place is easily determined.

To decide between second and third places, Ms Wells suggested that song originality should be more important than good singing. Ms Leigh and I agreed on this opinion.

問3　One <u>fact</u> from the judges' individual comments is that 　8　.

① all the judges praised Green Forest's song
② Green Forest need to practice more
③ Mountain Pear can sing very well
④ Silent Hill have a promising future

まず選択肢自体を見てみましょう。③の very well「とても上手に」や④の promising「前途有望な，見込みのある」は評価を表す語で，人によって異なるもの，つまり意見だと気づけるはずです。②の need to practice more「もっと練習する必要がある」は一見事実のようにも思えますが，「まだ上手ではない」という評価ですから，人によって印象は異なります。残る①の「すべての審査員がグリーンフォレストの曲をほめた」が「事実」かどうか，審査員のコメントを確認しま

040　英語（リーディングテスト）

しょう。Mr Hobbs は I loved Green Forest's original song，Ms Leigh は Green Forest performed a fantastic new song，Ms Wells は Green Forest have a new song. I loved it! と言っていますね。ほめる内容自体はそれぞれの審査員の考えに基づいた意見ですが，「全員がほめた」ことは事実です。「なんとなく」賛同できる内容を事実と思ってしまったり，選択肢全体の内容ではなく，そこに含まれる語句の訳だけで意見と思ってしまったりしないように注意しましょう。

2 文章を読み比べる問題

　第1回試行調査第4問では，資料のグラフをもとにしたレポート2種類，第2回試行調査第4問では，資料のグラフを伴う記事とそれに対する意見が本文として出題されました。共通テストでは，第1日程・第2日程ともに第4問で類似の形式が出題されました。文章の内容はメールのやり取りですが，添付された表やグラフを参照しながら考える形式です。いずれも解答のために2つの異なる文章を読み比べる必要があります。

例題 （第2回試行調査 第4問 問1）

You are doing research on students' reading habits. You found two articles.

Reading Habits Among Students　　　　　　　　**by David Moore**
　　　　　　　　　　　　　　　　　　　　　　　　　　　　　July, 2010

　Reading for pleasure is reading just for fun rather than for your school assignment or work. There is strong evidence linking reading for enjoyment and educational outcomes. Research has shown that students who read daily for pleasure perform better on tests than those who do not. Researchers have also found that reading for fun, even a little every day, is actually more beneficial than just spending many hours reading for studying and gathering information. Furthermore, frequent reading for fun, regardless of whether reading paper or digital books, is strongly related with improvements in literacy.

　According to an international study, in 2009, two-thirds of 15-year-old students read for enjoyment on a daily basis. The graph shows the percentage of students who read for enjoyment in six countries. Reading habits differed across the countries, and there was a significant gender gap in reading in some countries.

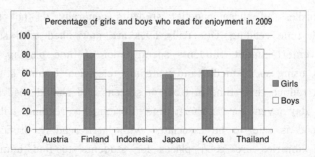

　In many countries, the percentage of students who read for enjoyment daily had decreased since the previous study in 2000. Back in 2000, on average, 77% of girls and 60% of boys read for enjoyment. By 2009, these percentages had dropped to 74% and 54%, respectively.

　In my opinion, many students today do not know what books they should read. They say that they have no favorite genres or series. That's why the percentage of students who read for pleasure daily has been decreasing. Parents and teachers should help students find interesting books in order to make reading for pleasure a daily routine.

Opinion on "Reading Habits Among Students"　　　　　by Y. T.
August, 2010

　As a school librarian, I have worked in many different countries. I was a little sad to learn that fewer students around the world read for enjoyment daily than before. According to David Moore's article, approximately 60% of female students in my home country reported they read for enjoyment, and the gender gap is about 20%. I find this disappointing.

　More students need to know the benefits of reading. As David Moore mentioned, reading for pleasure has good effects on students' academic skills. Students who regularly read many books get better scores in reading, mathematics, and logical problem solving. Also, reading for enjoyment has positive effects on students' mental health. Research has shown a strong relationship between reading for fun regularly and lower levels of stress and depression.

042　英語（リーディングテスト）

Regardless of these benefits, students generally do not spend enough time reading. Our daily lives are now filled with screen-based entertainment. Students spend a lot of time playing video games, using social media, and watching television. I think students should reduce their time in front of screens and should read books every day even for a short time. Forming a reading habit in childhood is said to be associated with later reading proficiency. School libraries are good places for students to find numerous resources.

問1　Neither David Moore nor the librarian mentions 　21　.

① gender differences in reading habits
② problems connected with reading digital books
③ the change in reading habits among students
④ the importance of reading regularly in childhood

2つの文章に共通に述べられていること，どちらにも述べられていないことなど，文章の細部にわたる事柄が問われます。**先に設問に目を通し，読み取るべきポイントを頭に入れておくとメリハリのある読み方ができます。**例題は選択肢にもざっと目を通しておけば，読み返しを減らせますね。文章自体の表現や構造はそこまで複雑なものではありませんので，すばやく正確に読み取る力が求められます。

共通テスト対策講座　043

3 複数の選択肢を選ぶ問題

　第1回試行調査第5問B問2，第2回試行調査第4問問3，第5問問2・問4には，あてはまる選択肢をすべて選ぶ問題が出題されました。第1回試行調査第2問A問4では「意見ではなく事実」にあたるものをすべて選ぶという問題も出題されました。共通テストでは，あてはまるものの数が不明な問題はなく，第1日程では第5問問4，第6問B問3，第2日程では第5問問2，第6問B問4で，「あてはまるものを2つ選べ」という形式で類似問題が出題されました。選択する数がはっきりしているので，解答しやすくなりましたが，本文全体をしっかりと読まなくてはならない点は同じです。

例題　（2021年度本試験（第1日程）第5問 問4）

Using an international news report, you are going to take part in an English oral presentation contest. Read the following news story from France in preparation for your talk.

〜前略〜

　Soon after, Sabine was offered a pony. At first, she wasn't sure if she wanted to have him, but the memory of her horse was no longer painful, so she accepted the pony and named him Leon. She then decided to return to her old hobby and started training him for show jumping. Three-oh-nine, who she had renamed Aston, spent most of his time with Leon, and the two became really close friends. However, Sabine had not expected Aston to pay close attention to her training routine with Leon, nor had she expected Aston to pick up some tricks. The young bull quickly mastered walking, galloping, stopping, going backwards, and turning around on command. He responded to Sabine's voice just like a horse. And despite weighing 1,300 kg, it took him just 18 months to learn how to leap over one-meter-high horse jumps with Sabine on his back. Aston might never have learned those things without having watched Leon. Moreover, Aston understood distance and could adjust his steps before a jump. He also noticed his faults and corrected them without any help from Sabine. That's something only the very best Olympic-standard horses can do.

〜以下略〜

Your Presentation Slides

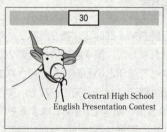

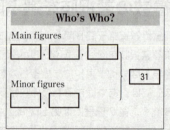

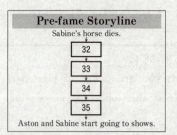

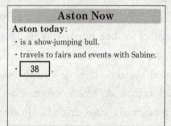

問4 Choose the two best items for the **Aston's Abilities** slide. (The order does not matter.) 36 ・ 37

① correct his mistakes by himself
② jump side-by-side with the pony
③ jump with a rider on his back
④ pick up tricks faster than a horse
⑤ pose for photographs

前述のとおり，本文全体をていねいに読む必要はありますが，このような問題があることを見越して，本文を読み始める前に選択肢に目を通しておきましょう。読み取りポイントがわかり，読み返しをしなくて済みます。上記の**例題**では，選択肢に紛らわしいものはなく，本文に述べられている・いないの判断は容易です。

共通テスト対策講座　045

　なお，複数の解答を選ぶ問題の難度は試行調査のほうが高いですが，だからこそよい練習になります。過去問が少ない状況ですから，しっかり活用しましょう。
　本書では，共通テストの試行調査および実戦創作問題の解説で，負荷が高めの「あてはまる選択肢をすべて選ぶ」タイプの問題に㊑マークを付けています。

4 推測問題

　「試行調査との違い」の項でも述べたとおり，本文で述べられていることからどんなことが導けるかを考えたり，起こりうる事態を推測する問題が，共通テストでは比較的多く見られました。
　本文の記述から，どんなことが導けるかを判断するものは，第1日程では第2問A問5や第4問問5です。本文で述べられていることから，今後起こると考えられることを判断するものは第1日程では第1問A問2，第2問B問5，第3問B問3です。
　いずれも，本文の複数の箇所を考え合わせて総合的に判断する必要があります。第1日程第2問B問5を例に，具体的に見てみましょう。

例題　（2021年度本試験（第1日程）第2問B　問5）

B　You've heard about a change in school policy at the school in the UK where you are now studying as an exchange student. You are reading the discussions about the policy in an online forum.

New School Policy 〈Posted on 21 September 2020〉
To : P. E. Berger　　From : K. Roberts

Dear Dr Berger,

〜中略〜

　I would like to express one concern about the change you are proposing to the after-school activity schedule. I realise that saving energy is important and from now it will be getting darker earlier. Is this why you have made the schedule an hour and a half shorter? Students at St Mark's School take both their studies and their after-school activities very seriously. A number of students have told me that they want to stay at school until 6.00 pm as they have always done. Therefore, I would like to ask you to think again about this sudden change in policy.

Regards,
Ken Roberts　　Head Student

046　英語（リーディングテスト）

Re : New School Policy 〈Posted on 22 September 2020〉
To : K. Roberts　　From : P. E. Berger

Dear Ken,

〜中略〜

　The new policy has nothing to do with saving energy. The decision was made based on a 2019 police report. The report showed that our city has become less safe due to a 5% increase in serious crimes. I would like to protect our students, so I would like them to return home before it gets dark.

Yours,
Dr P. E. Berger　　Head Teacher

問5　What would you research to help Ken oppose the new policy?　[15]

① The crime rate and its relation to the local area
② The energy budget and electricity costs of the school
③ The length of school activity time versus the budget
④ The study hours for students who do after-school activities

> 　ケンは，放課後の在校可能時間短縮の理由をエネルギーの節約だと考えていましたが，バージャー先生の回答には犯罪率が高まっていることが理由だと述べられています。新しい方針に反対するためには，市の犯罪率の上昇が学校がある地域にも影響を及ぼすかどうかを調べる必要があります。
> 　このように，どこか1箇所だけでは判断できないため，やり取りを丁寧に読み，総合的に判断することが求められます。

5　時系列問題

　起きた出来事を順序どおりに並べる問題は，第2回試行調査第5問問1で，共通テストでは第1日程・第2日程とも第5問3で出題されました。いずれもプレゼンテーションのスライドやメモをまとめる形式です。 **3** で述べた「複数の選択肢を選ぶ問題」と同様，本文を読み始める前にプレゼン資料に目を通しておくと，本文を読み進めながら解答していけます。

過去問の上手な使い方

リーディングテストにおいても、センター試験の過去問はおおいに学習の役に立ちます。以下、具体例を挙げます。

　リーディングテストにおいては、形式が異なるため、一見するとセンター試験とはまったく異なる出題であるように思われるかもしれません。しかしながら、短文の空所補充や語句整序といった形式では問われなくなったというだけで、読解問題を解くための下地となるのは、あくまで、**語彙・文法・語法の知識**です。リスニングテストの項でも述べたように、センター試験で問われてきたこととまったく違う英語力が求められるわけではありませんので、センター試験の過去問を上手に活用して、スムーズに読解するための基礎力をつけましょう。

🔍 センター試験 筆記試験 第2問A
文法・語法問題

> 　次の問いの［　　］に入れるのに最も適当なものを、それぞれ下の①～④のうちから一つずつ選べ。
>
> **例題1** （2018年度本試験 第2問A 問4）
> It's [　　] my understanding why he decided to buy such an old car.
> ① against　　② behind　　③ beneath　　④ beyond
>
> **例題2** （2020年度本試験 第2問A 問3）
> My plans for studying abroad depend on [　　] I can get a scholarship.
> ① that　　② what　　③ whether　　④ which

　文法・語法問題は共通テストでは大問として出題されないため「語法の知識は必要ない」と思っていないでしょうか？ 確かに、語彙や文法などの知識を直接問う出題は2021年度の共通テストでは見られませんでした。しかし、正しい知識が身についていなくては、大量の文章をすばやく読むことはできません。例題は、難なく答えられましたか？ **例題1**は、何が入るかわからなければ、文章中にこの表現が出てきたときに文全体の意味がわからないということを意味します。**例題2**は、なぜその答えが正解なのか説明できなければ、英文の構造のルールが把握できてお

048　英語（リーディングテスト）

らず，正しい解釈からもずれた理解をしてしまう可能性があるということになります。共通テストもセンター試験も，高校までで学んだ事柄が十分身についているかどうかが試されるという点では同じです。

　センター試験の第2問Aのタイプの出題が，一読してすぐに正解できるということは，**語彙力や文法力が，共通テストに必要な水準に達している**ということです。一般的な単語集は，大学の個別試験の読解問題を意識して作られています。もっと基本的で，なおかつ文章中で大切な役割を果たす語句や表現を修得できているかを確認するのに，センター試験の過去問はおおいに役立つはずです。センター試験の第2問B・Cもあわせて解いておけば，いっそう基本的表現や文構造の確認ができるでしょう。

🔍 センター試験 筆記試験 第4問B
資料読解問題

例題 （2018年度本試験 第4問B 問2・問3）

B 次の料理教室に関する広告を読み，次の問い（問1〜4）の 37 〜 40 に入れるのに最も適当なものを，それぞれ下の①〜④のうちから一つずつ選べ。

問2 Tony is going to participate in the French Course and use the discount coupon provided. He will also buy an apron-and-towel set from the school. How much will he pay in total? 38

① $270　　　② $275　　　③ $285　　　④ $300

問3 Ed hopes to expand the variety of food he can cook for his family. He has no free time on weekends or mornings. Which cooking course would he most likely take? 39

① Chinese
② Italian
③ Japanese
④ Sunday Family Breakfast

Papa Bear Cooking School:
Cooking Courses for Fathers

Papa Bear Cooking School was established in 1992 by Ralph Bearison. He recognized that many fathers liked to cook but often didn't have enough time to prepare meals. He hoped to share his interest in cooking meals in a short time that would taste good and be good for their families. At Papa Bear Cooking School, you can learn to create a variety of meals under the guidance of professional cooks, making you the envy of your family and friends. The following cooking courses start in the first week of May.

Cooking Course	Day	Time	Course Fee
Italian	Tuesday	10:00 – 12:00	$150
French	Wednesday	9:00 – 12:00	$250
Japanese	Thursday	15:00 – 18:00	$250
Chinese	Saturday	17:00 – 19:00	$200
Sunday Family Breakfast*	Sunday	8:00 – 10:00	$150

*Children aged 10 to 15 are welcome to join their fathers in the Sunday Family Breakfast Course for $100 per child.

➢ All courses are 10 weeks long.
➢ Fees include all ingredients.
➢ Cooking knives, silverware, such as forks and spoons, and plates will be provided by the school.

What to Bring
➢ An apron and towels (You can rent an apron-and-towel set for $6 per week or purchase a new set at our store for $50.)
➢ An empty stomach!

Check out our Papa Bear Cooking School website for details of our facilities and other cooking courses.

> 10% Off
> Course Fee
> Papa Bear
> Cooking School

050 英語（リーディングテスト）

　広告やポスターから必要な項目を読み取る問題です。どこにどのようなことが書かれているかをすばやく見極め，必要な情報を入手することが求められています。共通テストでも，第1日程・第2日程とも第1問Bで同じような問題が出題されています。

　広告やポスター（共通テストではウェブサイト上の入会案内とスピーチコンテストの案内チラシ）は，一連の文章よりも情報の示し方が簡潔です。ポイントは，解答する上で「何の情報が必要か」を確認することです。先に問いに目を通すと，**例題**の問2は「講座の受講料」と「エプロンとタオルの代金」，問3は「講座の開かれる曜日と時間帯」が書いてある箇所を見つける必要があるとわかりますので，広告内のどこが該当するか，すばやく探しましょう。

　共通テストでは，必要な情報を拾い出すのに，センター試験よりやや手間をかける必要のある出題となっています。また，共通テスト第1日程第3問A問2では，所要時間を計算して比較する問題が出題されました。センター試験でも簡単な計算が必要な問題があります。まずはセンター試験の過去問で，**必要な情報を探す練習**を重ねましょう。

共通テスト対策講座　051

🔍 2015年度センター試験 筆記試験 第5問
文章を読み比べる問題・推測問題

例題　（2015年度本試験 第5問 問4）

　次の文章は，Anna の父親が担任の岡本先生に宛てて送ったメールと，岡本先生からの返信である。これらを読み，下の問い（問1～5）の 42 ～ 46 に入れるのに最も適当なものを，それぞれ下の①～④のうちから一つずつ選べ。

From : Jeff Whitmore 〈JeffW @ ××××××.com〉
To : Kenji Okamoto 〈okamoto @ ××××××.com〉
Date : January 10, 2015
Subject : Request for advice

Dear Mr. Okamoto,

　My name is Jeff Whitmore, and my daughter, Anna, is one of your students. As you know, we just moved back to Japan six months ago after living in Chicago for three years. Although she had attended schools in Japan before we went to Chicago, it's Anna's first year at a Japanese junior high school. My wife and I are a little worried about her, and we're hoping that it would be okay to ask you for advice.

　She's getting good grades and likes her classes and teachers. In particular, she has a penchant for numbers and loves her math class. She often talks about your fun English class, too. However, after almost half a year, it doesn't seem like she's made any friends. Last week, she said that she usually reads by herself during breaks between classes while other girls are hanging out and chatting. Anna also mentioned that she walks to school alone every day. This is very different from how she was in the US.

〜以下略〜

Sincerely,
Jeff Whitmore

From : Kenji Okamoto 〈okamoto @ ××××××.com〉
To : Jeff Whitmore 〈JeffW @ ××××××.com〉

052 英語 (リーディングテスト)

Date : January 11, 2015
Subject : Re : Request for advice

Dear Mr. Whitmore,

It's always nice to hear from a parent of one of my students, and I'll be happy to help you if I can. I've talked with Anna one-on-one on several occasions and find her to be a delightful person who is confident and friendly. Actually, I'm surprised to hear about your concerns as she seems to get along well with other students in the class. Probably, she'll soon form close friendships, but I do have a few ideas for you to consider that may help her do this.

〜以下略〜

Best regards,
Kenji Okamoto

問4　Unlike Mr. Whitmore, Mr. Okamoto thinks that Anna 45 .

① is isolated from other students in her class
② spends a lot of time reading in school
③ will have trouble getting good grades
④ will make friends without any special help

　2010〜2015 年度センター試験には，同じ出来事や物事に関する 2 人の人の報告や意見を読み，問いに答える問題が出題されていました。複数人の説明や意見の共通点・相違点を読み取って判断する問題は，共通テストでは第 1 日程第 2 問 A・B で出題されました。この**例題**では，2 人の意見の違いは比較的読み取りやすいですから，もう少し複雑な読み取りを必要とする共通テストへのウォーミングアップとして活用しましょう。

　なお，この**例題**は，本文の記述からどんなことが導けるかが求められる推測問題です。また，推測問題のうち，「今後起こると考えられることを判断するもの」に関しては，センター試験の筆記だけでなく，リスニングの第 2 問で出題されていた「適切な応答文を選ぶ問題」も活用できます。

共通テスト対策講座　053

センター試験 筆記試験 第5問・第6問
物語・説明的な文章の読解問題

例題　(2018年度本試験 第6問A 問2)
　次の文章を読み，下の問いに答えよ。なお，文章の左にある(1)〜(6)はパラグラフ (段落) の番号を表している。

(1)　History teaches us that technology and associated discoveries have changed how we understand the world. Many technological devices provide additional range and power to our natural capacities, such as our five senses. Among these devices, many enable us to see things that we cannot see with the naked eye. This change from invisible to visible has led to tremendous growth in our comprehension of the world and has strongly influenced our ways of thinking.

(2)　In the 17th century, a scientist noticed that by holding two lenses together in a certain way he could make an object appear larger. He used this technique to construct the first simple telescope. Using these archaic telescopes, early scientists were able to describe the surface of the Moon in detail and to see that Jupiter had at least four such satellites. Since that time, people have developed various devices that expand our range of sight, thus revealing facts about the universe that lies beyond the Earth. The telescope continues to offer us new views concerning things beyond our immediate reach.

(3)　Later, the microscope was developed using principles similar to the telescope. The microscope allows us to study objects we normally cannot see because they are too small. Looking through a microscope opened up an entirely new world to scientists. Before the invention of the microscope, they couldn't see the structures of human tissues or cells in plants and animals. When they saw these things, they became aware that some things that they had thought were whole and could not be divided, actually consisted of smaller components. These were only visible with the assistance of microscopes. Today, electron microscopes allow us to investigate even smaller items, such as molecules. These advances have altered our concepts regarding the composition of things in the world.

(4)　The invention of the camera also made the invisible world visible. In

054 英語（リーディングテスト）

the world, everything is changing. Some things change faster than we can see. The camera is a tool that gives us the power to freeze change at different points in time. Series of pictures have revealed how birds move in flight and athletes run. The camera can also help us see changes that are so gradual that we usually don't notice them. For example, by comparing photos of the same scene taken months or years apart, we can gain insights into how societies change. There are many other ways besides these in which the camera has changed our perceptions of the world.

(5) In the late 19th century, machines that used the newly discovered X-rays revolutionized the way in which we looked at things. Rather than seeing only the surface of an object, we gained the ability to look into it or through it, bringing the inner elements of many things into our range of view. This capability proved practical in the workplace, useful in laboratories and museums, and instructive in universities. One of the most important applications was in medicine. Doctors often had difficulty diagnosing illnesses or finding problems inside the body. X-rays allowed them to look into their patients, identify where there were problems, and cure them. This use of X-rays brought new understandings and methods for diagnosis and treatment.

〜以下略〜

A 次の問い（問1〜5）の $\boxed{46}$ 〜 $\boxed{50}$ に入れるのに最も適当なものを，それぞれ下の①〜④のうちから一つずつ選べ。

問2 According to paragraph (3), what did people learn by using microscopes? $\boxed{47}$

① Cells were too small to be seen with microscopes.
② Materials were made up of smaller things.
③ Molecules were the smallest components.
④ Sets of lenses decreased the size of items.

　センター試験と比べて，共通テストでは読む英語の分量が大幅に増加しました。センター試験第5・6問に相当する量の文章にいくつも目を通す必要があります。したがって，まず，この分量の**文章を一気に読んでいける力**を培う必要があります。

共通テスト対策講座　055

　センター試験第5・6問の文章を読み通すだけでも練習になりますが，各問題を解けば，内容を理解できているかどうかについて，はっきりと試せます。第6問では最後に文章全体にわたる段落要旨に関する設問が出題されてきましたが，そこに至るまでの設問も，それぞれの段落ごとのまとめになっています。そのつど段落ごとの話題に注意を払いながら読んでいきましょう。**説明的な文章**は，読者が理解しやすいように文章の構成を工夫してあります。ただ漫然と読み進めるのではなく，各段落の有機的な関係を意識して，メリハリのある読み方をしましょう。

🔍 センター試験 筆記試験 第6問
時系列や順序を問う問題

例題　（2018年度本試験 第6問B）
　次の文章を読み，下の問いに答えよ。なお，文章の左にある(1)〜(6)はパラグラフ（段落）の番号を表している。
B　次の表は，本文のパラグラフ（段落）の構成と内容をまとめたものである。
　　51 〜 54 に入れるのに最も適当なものを，下の①〜④のうちから一つずつ選び，表を完成させよ。ただし，同じものを繰り返し選んではいけない。

Paragraph	Content
(1)	Introduction
(2)	51
(3)	52
(4)	53
(5)	54
(6)	Conclusion

① Examining the interiors of things
② Exploring the universe of small things
③ Looking at instants during a series of changes
④ The use of lenses to look out into space

　例題（2013〜2020年度は同形式）は，「ねらいめはココ！」の **5** で挙げた共通テストの「時系列問題」と類似しています。このような似た形式の問題は，よい練習になります。設問形式が違っていても，共通テストと難度がほぼ同レベルの文章を豊富に読めるのがセンター試験の過去問です。したがって，物語であれ説明的な文章であれ，内容にかかわらず読み通せる力を試し，伸ばすのに，センター試験の筆記試験で出題されていた長文読解の過去問をおおいに利用してください。

リーディング力のアップ

　すばやく正確に読む力を伸ばすのにはどうすればよいのか，多くの受験生のみなさんが頭を悩ませていることでしょう。語彙力・文法の理解という基礎をしっかりと固め，多くの文章を読むという，王道の対策以外に，何か有効な方法はあるでしょうか。

📖 言語学習は「音」が要（かなめ）

　黙読で意味が取れないとき，声に出して読んでみるということをしたことがありませんか？　ここで思い出してほしいのは，**言語は「音声が基本」**だということです。人は，黙読しているとき，頭の中で音声に変換しながら理解しているものです。日本語で書かれたものを読むのが英語より容易なのは，「目から入る文字の音への変換」→「その音と意味との結びつけ」→「内容の理解」というプロセスが，日本語でのほうがすばやくできるからです。母語である日本語は生まれてからずっと聞き続けているのですから当然ですね。

📖 音読の効果

　すらすら読めない文章をすらすら理解するのは難しいと思いませんか？　上記のとおり，文字→音→意味のプロセスがうまくいかないからです。英語の文章の音読は，単独で意味がわかりやすい名詞，動詞，形容詞といった「目立つ語」だけでなく，**前置詞や冠詞などの機能語**と呼ばれる「目立たない語」もすべてチェックしていくことになります。また，「目立つ語」でも，それが a dog なのか the dogs なのか，is studying なのか is studied なのか has studied なのか，音読すれば自ずと意識することになります。実は文章の内容を理解するのには，単語集レベルのばらばらな語の意味だけではなく，それがどのような形をしているのかということ，また，単語集には載らない機能語がどのように使われているかということを，きちんと拾い出す力が必要です。音読をすることで，目立たないかもしれないけれども重要な細部にしっかり意識が向くようになります。たくさんの音声を聞き，いろいろな英文を自分でも声に出して読むことを日ごろから重ねておけば，必ずや読む速度が速くなるでしょう。

「同時通訳」読みのススメ

　すらすら読めるということは，「切れ目」がつかめている，つまり，目の前の1語だけでなく，もう少し先の語句まで目配りし，「まとまり」を意識できるようになっているということです。試しに，下記の英文を「まとまり」ごとに日本語に直してみましょう。次の文を，スラッシュごとに声に出して日本語に訳してみてください。

Vending machines are / so common / in Japan / that you can find / one / almost anywhere / you go.（2020年度センター試験 本試験 第6問冒頭）

いかがですか？　たとえば次のような日本語訳（A）だと少々不安です。

A．「自動販売機／とても普通／日本／あなたは見つけられる／ひとつ／ほとんどどこでも／あなたは行く」

問題点は大きく言えば2つあります。
① 「てにをは」が出ていない
　　たとえば「自動販売機は」などの助詞を明確にしないと，頭の中は単語の羅列になってしまいます。日本語は助詞で各語句の関係を表します。それが不明確だと文として意味をなしません。しっかり「てにをは」を言いましょう。もし言えないとしたら，文中での役割が見えていない，文意を意識できていないということです。
② 前の情報を繰り込めていない
　　so common のところにきた時点で that を予測する，あるいは that が見えた時点で so … that ～「とても…なので～」の構文だという「計算」ができるような読み方をする必要があります。また代名詞 one を「ひとつ」と訳すこと自体はまちがっていないのですが，a vending machine を表していることが繰り込めているかいないかでは大きな差になります。

次のような読み方（B）ができていれば，内容をつかめていることになります。

B．「自動販売機は／とても普通だ／日本では／だからあなたは見つけられる／自動販売機を／ほとんどどこでも／あなたが行くところどこでも」

　「速読」とは，目を戻さずに前へ前へと読んでいけることですが，その際Aのような読み方では——1文では大差ないかもしれませんが——文章が長くなるほど頭の

中はばらばらな単語が渦巻いているだけになってしまいます。ぜひ，「てにをは」をはっきりさせる，前の情報と後の情報を有機的に結びつけるという2点を意識して，まず声に出して訳を言ってみましょう。初めはゆっくりで構いません。日本語とは異なる語順のまま，述べられている内容が思い描けているか確認しながら進んでください。「てにをは」が言えない，前とのつながりがわからない，と思ったら，そこが未消化部分です。**語法・文型・構文などを再確認しましょう。**慣れてくれば，声に出さなくても細部まで見逃さない正しい把握ができるようになるはずです。

📖 リーディング対策として，リスニングテストも活用！

　共通テストでは，センター試験よりもリスニングテストの分量が増えましたから，日頃から音声を意識して学習しておけば，リスニング対策にもリーディング対策にもなって，一石二鳥でしょう。

　目を戻さずにどんどん先へ先へと読んでいけるようになることが，すばやい読解には欠かせません！　リスニングテストにおいては，まさしく話はどんどん先に進んでいきますね。どんどん進んでいく内容を，耳で追いかける訓練，すなわち聞くと同時に理解する訓練を積むことは，リーディングテストのためのトレーニングにもなっていると言えるでしょう。

　リスニング力が，リーディング力を土台から押し上げるはずです。今まで音声教材をあまり使っていなかったという人は，日常の勉強にぜひ**「聞く時間」**と**「音読する時間」**を取り入れ，耳と口をフル活用した英語学習を心がけてください。

 本書に掲載のリスニングテストの音声は，すべてWEBにて配信しております。英語学習にお役立てください！

センパイ受験生の声

2021年から共通テストがスタートしましたが，先輩方がセンター試験攻略のために編み出した「秘訣」の中にも，共通テストで引き続き活用できそうなものがたくさんあります。これらをヒントに，あなたも攻略ポイントを見つけ出してください！

 ## リスニングテスト

 英語に耳を慣らす！

当然のことながら，リスニング力は実際に「聞く」ことで培われます。しかも，英語に耳が慣れてくるまでには長い時間が必要です。本書の音声専用サイトなどを利用して，早めの対策を心がけましょう。

> 毎日英語を聞いて，耳を慣らすことが大切です。私はラジオで英語を聞いたり，過去問を解いたりしました。聞き流すのではなく，集中して聞くことが重要です。　　　　　　　　　　Y. O. さん・大阪大学（工学部）

> 少し速い音声に慣れておくことをおすすめします。速さを変えることができるスマホアプリなどを利用し，何度も聞くことで，試験で余裕が生まれて高得点につながります。　　　　　　　K. O. さん・広島大学（理学部）

✅ 実際に自分で発音してみる！

リスニングテストといえば聞くほうばかりに注意がいってしまいがちですが，自分の口で発音するというのも実はとても効果があります。自分が発音できない音は聞き取ることもまた難しいからです。

> リスニングは音読あるのみです。音読教材を1つ決めたら繰り返し音読しましょう。これは英語長文の速読にも役立ってくるので一石二鳥です。
> R. N. さん・北海道大学（教育学部）

✅ 問題を解くうえでのテクニック

あらかじめ出題形式を把握し，それに沿った対策を立てておくことも重要です。リスニングテストならではのテクニックも存在します。

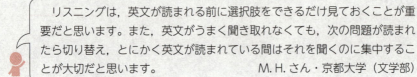

> リスニングは，英文が読まれる前に選択肢をできるだけ見ておくことが重要だと思います。また，英文がうまく聞き取れなくても，次の問題が読まれたら切り替え，とにかく英文が読まれている間はそれを聞くのに集中することが大切だと思います。
> M. H. さん・京都大学（文学部）

> 長めの英文を聞いて答える大問ではメモが必須となってきます。英文を聞きながらメモをとる練習をしておくことをおすすめします。
> Y. T. さん・早稲田大学（文化構想学部）

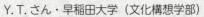

✅ センター過去問の活用法

センター試験と共通テストでは，配点や問題数に違いはあるものの，出題形式に共通点も多く，その性質が大きく変わったわけではありません。ただ問題を解くだけではなく，音声を何度も聞く，音声に合わせて音読するなど，過去問を最大限に活用して，リスニング力UPにつなげましょう。

> 聞き取れなかったところは，聞けるようになるまで繰り返し聞き，慣れてきたらシャドーイングを行うといいと思います。
> N. K. さん・名古屋大学（法学部）

> 過去問や問題集を利用して英語に耳を慣らしましょう。1.5倍速や2倍速で英文を聞くのも有効です。また，音源に合わせながらの音読も効果的だと思います。
> S. N. さん・熊本大学（医学部）

リーディングテスト

✓ まずは基本の単語・文法力！

英語学習の基本は，やはり単語や文法を覚えることです。リーディングテストでは語彙・文法問題が単独では出題されなくなったとはいえ，読解において単語・文法の知識は必要不可欠です。決しておろそかにせず，まずは基礎・基本を固めましょう。

> 英語において一番大事なのは，何よりも語彙力だと思います。語彙力の基礎があれば，その先の応用力のつき方は格段に違います。基礎力は一度つけても，やらなければ必ず忘れてしまいます。最後の最後まで続けることをおすすめします。
> S. T. さん・弘前大学（教育学部）

> 英語は単語力と文法力を確実に身につけることが大事です。正確に覚えるのはもちろんのこと，試験時間が短いので，すぐに答えが頭に浮かぶようにしないと使い物になりません。そのためには基礎基本をしっかり勉強した上で，何度も何度も過去問を解くしかありません。
> A. Y. さん・首都大学東京（現・東京都立大学　経済経営学部）

✓ 解く順番や時間配分を考える！

試験時間はセンター試験と同じですが，リーディングテストでは圧倒的に「読む」量が増えました。速読の練習をするとともに，解答順や時間配分を工夫しましょう。

> 長文を読むスピードが英語の点数にそのまま結びつきます。速読の練習を正しく行うことが，高得点を取る近道だと思います。長文をたくさん読めば英語力は自然とつくと思います。
> 田口樹さん・金沢大学（理工学域）

> 英語はとにかく時間との勝負なので，ある程度単語を覚えて英文が読めるレベルに達したら，時間配分を意識しながらどんどん過去問を解いていくのがいいと思います。
> Y. K. さん・神戸大学（工学部）

> 解く順番がポイントです。長文を連続して読むことで集中力がもつのかどうか，最初からやって時間が足りるのかどうかなど，考えながら演習するといいと思います。
> H. S. さん・電気通信大学（情報理工学域）

解き方のヒント

効率よく正解にたどり着くためには，速読だけではなく，いろいろなアプローチも必要です。なかなか点数が伸びないときには，センパイ受験生の意見を参考にして，解き方を工夫してみましょう。

> まず一番最初に設問を読んで，何を把握しなければいけないのかを念頭において本文を読むと，無駄な時間を無くし，より正確に問題を解くことができると思います。また，解答の根拠となる文章に下線を引いておくと，見直しをしやすくなります。　　　　　M. H. さん・京都大学（文学部）

> 試験時間を10分短く設定し70分で解ききれるように訓練しました。問題には「引っ掛かりやすい選択肢」も潜んでいるので，解く際には「解答の根拠」を見つけることを徹底しました。　Y. H. さん・筑波大学（医学群）

> 選択肢にはそれらしい答えが混ぜられていることが多いですが，消去法で選択していくと必ず正答が残ります。長文読解問題は，パラグラフごとに内容をメモし，その全体を読んでから問題に取りかかると全体像が把握しやすいので誤答しにくいと思います。　　　C. M. さん・愛媛大学（医学部）

独特の出題形式に慣れよう！

リーディングテストの問題は，メールやインターネットの記事など，いろいろな題材が用いられています。加えて，イラストや図表の読み取りも必要になってくるでしょう。試験本番で戸惑わないように，問題演習を通じて出題形式にしっかり慣れておきましょう。

> 特有の解き方や形式に慣れることがとても大切だと思うので，過去問や予想問題集を用いて自分なりの時間配分が見つかるまでできるだけ多くの問題を解いてみるといいと思います。　　M. M. さん・東京学芸大学（教育学部）

> たくさん問題を解いて独特の出題形式に慣れること！　時間配分を間違えると点数が取れなくなるので，要注意です。また，マークミスを減らすためにも，日頃からマークシートに解答することをおすすめします。
> 　　　　　　　　　　　米村雪乃さん・東京外国語大学（国際日本学部）

共通テスト

実戦創作問題

　共通テストは，まだ演習用の素材が少ないのが現状です。そこで，独自の分析に基づき，本書オリジナル模試を作成しました。試験時間・解答時間を意識した演習に役立ててください。共通テストでは，文脈把握力や資料を読み取る力など総合的な英語の力が試されます。出題形式に多少の変化があっても落ち着いて取り組める実戦力をつけておきましょう。

✔ リスニング　実戦創作問題①	問題…　　3	解答…　25
✔ リスニング　実戦創作問題②	問題…　65	解答…　87
✔ リーディング　実戦創作問題①	問題…127	解答…153
✔ リーディング　実戦創作問題②	問題…185	解答…213

問題作成	Ross Tulloch
解説執筆	山中 英樹，鎌倉 友未
検証・校閲	武知 千津子，長島 恵理，秋田 真澄，Oliver Dammacco
音声作成	一般財団法人 英語教育協議会（ELEC）
イラスト	山本 篤，プラネット・ユウ（西郷 和美）

共通テスト　実戦創作問題①
リスニング

解答時間 30 分　配点 100 点

◎音声は下記の音声専用サイトで配信しています。

●音声専用サイトはこちら
akahon.net/kte/

実戦創作問題①

4 共通テスト 実戦創作問題①：英語（リスニング）

英　　語（リスニング）

$\left(\text{解答番号}\boxed{\ 1\ }\sim\boxed{\ 37\ }\right)$

第1問 （配点 24）

第1問はAとBの二つの部分に分かれています。

A 　第1問Aは問1から問4までの4問です。それぞれの問いについて，聞こえてくる英文の内容に最も近い意味のものを，四つの選択肢 $\left(\text{①}\sim\text{④}\right)$ のうちから一つずつ選びなさい。<u>2回流します。</u>

問1 　 $\boxed{\ 1\ }$

① The speaker came by bus.
② The speaker came by bus and taxi.
③ The speaker didn't take a bus or a taxi.
④ The speaker took a taxi.

問2 　 $\boxed{\ 2\ }$

① The speaker cannot clean her room today.
② The speaker cannot meet her friends today.
③ The speaker's friends will come to her room.
④ The speaker will clean her room today.

問3 　3

① Akemi bought a new bicycle.
② Akemi didn't go to school today.
③ Akemi rode her bicycle home.
④ Akemi went home by car.

問4 　4

① The speaker is a doctor.
② The speaker's father is a firefighter.
③ The speaker's father wants him to be a doctor.
④ The speaker wants to be a firefighter.

これで第1問Aは終わりです。

B 第1問Bは問1から問3までの3問です。それぞれの問いについて，聞こえてくる英文の内容に最も近い絵を，四つの選択肢(①〜④)のうちから一つずつ選びなさい。2回流します。

問1 5

①

②

③

④

問2 　6

① ②

③ ④

問3 ７

①

②

③

④

これで第１問Bは終わりです。

第2問　（配点　12）

　第2問は問1から問4までの4問です。それぞれの問いについて，対話の場面が日本語で書かれています。対話とそれについての問いを聞き，その答えとして最も適切なものを，四つの選択肢 (①〜④) のうちから一つずつ選びなさい。2回流します。

問1　配達物を置く場所について話をしています。　8

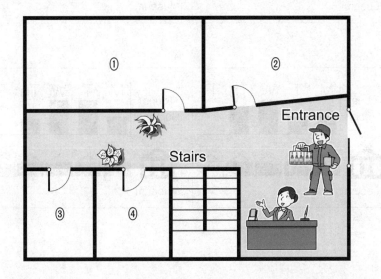

問2　博物館に行く日について相談をしています。　9

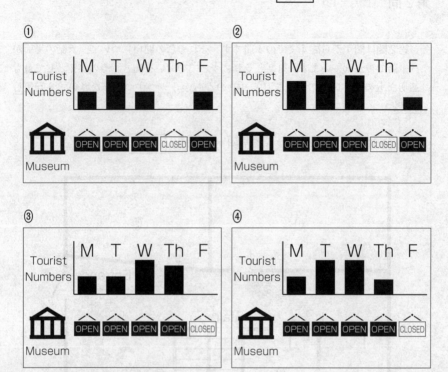

共通テスト　実戦創作問題①：英語（リスニング）　**11**

問3　自転車屋さんでどの自転車を買うか話をしています。　　10

①

②

③

④

問4 どのレストランで食事をするかについて話をしています。 | 11 |

①

②

③

④

これで第2問は終わりです。

第3問 (配点 16)

第3問は問1から問4までの4問です。それぞれの問いについて，対話の場面が日本語で書かれています。対話を聞き，問いの答えとして最も適切なものを，四つの選択肢(①〜④)のうちから一つずつ選びなさい。(問いの英文は書かれています。) 1回流します。

問1　夫婦が映画について話をしています。

What is the couple going to see? 　12

① *Future Force* at 1:00 PM
② *Future Force* at 2:00 PM
③ *Max's Adventure* at 1:00 PM
④ *Max's Adventure* at 2:00 PM

問2　男性が診療所で受付の女性に話しかけています。

What will the man do?　13

① Drive to a shopping center.
② Sit in a waiting room.
③ Wait in his car.
④ Walk around the shopping center.

14   共通テスト 実戦創作問題①：英語（リスニング）

問3   女性が通行人に話しかけています。

What will the woman do ?   14

① Follow the man.
② Look for a bridge.
③ Take a train.
④ Walk to a bookstore.

問4   友人同士が自分たちの先生について話をしています。

What do the two friends agree about ?   15

① Last month's lessons were fun.
② Their teacher is very interesting.
③ They are looking forward to next month.
④ They enjoy history more now.

これで第3問は終わりです。

第 4 問　(配点　12)

第4問はAとBの二つの部分に分かれています。

A　第4問Aは問1・問2の2問です。話を聞き、それぞれの問いの答えとして最も適切なものを、選択肢のうちから選びなさい。<u>1回流します。</u>

問1　男の子が学校からの帰り道での出来事について話しています。話を聞き、その内容を表したイラスト①〜④を、聞こえてくる順番に並べなさい。

$\boxed{16} \rightarrow \boxed{17} \rightarrow \boxed{18} \rightarrow \boxed{19}$

①

②

③

④

16　共通テスト 実戦創作問題①：英語（リスニング）

問2　あなたは，学校で開催される卓球大会の運営を手伝っています。準備する飲み物の数についての説明を聞き，下の表の四つの空欄 20 ～ 23 にあてはめるのに最も適切なものを，五つの選択肢（①～⑤）のうちから一つずつ選びなさい。選択肢は2回以上使ってもかまいません。

① No drinks　　　② 10 drinks　　　③ 14 drinks
④ 18 drinks　　　⑤ 20 drinks

High School	Drinks needed
South High School	20
East Village High School	21
Greene Hill High School	
City Central High School	22
North Shore High School	23

これで第4問Aは終わりです。

共通テスト 実戦創作問題①：英語（リスニング）　**17**

B　第4問Bは問1の1問です。四人の説明を聞き，問いの答えとして最も適切なものを，選択肢のうちから選びなさい。メモを取るのに下の表を使ってもかまいません。**1回流します。**

状況
　あなたは大学（グリーンデール大学）に入学後のアルバイトを探しています。アルバイトを選ぶにあたり，あなたが考えている条件は以下のとおりです。

条件
A．給料が最低賃金よりも高い。
B．大学と自宅の近くである。
C．時間の融通が利く。

	A. Pay	B. Convenient location	C. Flexible hours
① Pancake King			
② Joe's Burgers			
③ Style Girlz			
④ XBC Manufacturing			

問1　アルバイト採用担当者四人が，それぞれの職場について説明するのを聞き，上の条件に最も合うアルバイト先を，四つの選択肢（①～④）のうちから一つ選びなさい。　24

① Pancake King
② Joe's Burgers
③ Style Girlz
④ XBC Manufacturing

これで第4問Bは終わりです。

第5問 (配点 20)

第5問は問1(a)〜(c)と問2の2問です。講義を聞き，それぞれの問いの答えとして最も適切なものを，選択肢のうちから選びなさい。状況と問いを読む時間(約60秒)が与えられた後，音声が流れます。1回流します。

状況
あなたはアメリカの大学で，大学の教科書の価格について，ワークシートにメモを取りながら，講義を聞いています。

ワークシート

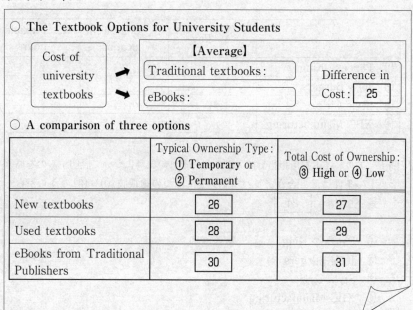

共通テスト 実戦創作問題①：英語（リスニング）　**19**

問1　(a)　ワークシートの空欄　25　にあてはまるのに最も適切なものを，六つの選択肢（①～⑥）のうちから一つ選びなさい。

① $35　　　② $65　　　③ $100

④ $130　　⑤ $135　　⑥ $165

問1　(b)　ワークシートの表の空欄　26　～　31　にあてはまるのに最も適切なものを，四つの選択肢（①～④）のうちから一つずつ選びなさい。<u>選択肢は2回以上使ってもかまいません。</u>

① Temporary　　　② Permanent
③ High　　　　　　④ Low

問1　(c)　講義の内容と一致するのはどれか。最も適切なものを，四つの選択肢（①～④）のうちから一つ選びなさい。　32

① Thanks to eBooks, students can purchase huge private libraries of books over time.

② The cost of buying traditional textbooks is becoming a bigger and bigger burden for students.

③ Traditional books have several advantages over eBooks that technology will not overcome.

④ Universities are working with publishers to make more profit from selling books.

問2は次のページにあります。

問2 講義の続きを聞き，下の図から読み取れる情報と講義全体の内容から，どのようなことが言えるか，最も適切なものを，四つの選択肢 (①〜④) のうちから一つ選びなさい。 33

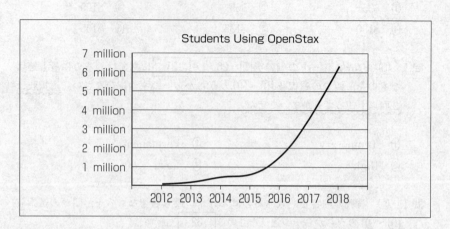

① The cost of producing textbooks is increasing.
② The price of traditional textbooks may come down soon.
③ The quality of traditional textbooks will improve.
④ The teachers at universities prefer traditional textbooks.

これで第5問は終わりです。

共通テスト 実戦創作問題①：英語（リスニング）　21

第6問　(配点　16)

第6問はAとBの二つの部分に分かれています。

A　　第6問Aは問1・問2の2問です。二人の対話を聞き，それぞれの問いの答えとして最も適切なものを，四つの選択肢 (①～④) のうちから一つずつ選びなさい。（問いの英文は書かれています。） <u>1回流します。</u>

状況
二人の高校生が，卒業後の予定について話しています。

問1　What is Jack's main point?　 34

① Volunteering will give him experience he can use in his job.
② Volunteering will help him choose a career.
③ Volunteering will make him attractive to universities.
④ Volunteering will teach him about working with other people.

問2　What is Kaede's main point?　 35

① It is important to volunteer in a meaningful role.
② Jack should not volunteer for selfish reasons.
③ People with special skills make the best volunteers.
④ This is not a good time for Jack to volunteer.

これで第6問Aは終わりです。

22　共通テスト 実戦創作問題①：英語（リスニング）

B　　第6問Bは問1・問2の2問です。英語を聞き，それぞれの問いの答えとして最も適切なものを，選択肢のうちから選びなさい。<u>1回流します。</u>

<u>状況</u>

　Professor Buxton がソーシャルメディア（social media）について講演した後，質疑応答の時間がとられています。司会（Moderator）が聴衆からの質問や意見を受け付けています。Edd と Stacy が発言します。

問1　四人のうち，ソーシャルメディアに反対の立場で意見を述べている人を，四つの選択肢 (①〜④) のうちから<u>すべて</u>選びなさい。　| 36 |

① Edd
② Moderator
③ Professor Buxton
④ Stacy

共通テスト 実戦創作問題①：英語（リスニング） **23**

問2　Professor Buxton の意見を支持する図を，四つの選択肢 $(① \sim ④)$ のうちから一つ選びなさい。 37

①

Academic Achievements

Positive

Social Media Users　Non-Users

②

Top 5 Countries for Social Media Use

1	United Arab Emirates	99%
2	Taiwan	89%
3	South Korea	85%
4	Singapore	79%
5	Hong Kong	78%

③

People with Heart Disease

General Population

Sleep Deprived People

④

Average Number of Social Media Networks People Use

4.1

2.3

16-34　Age　35-64

これで第6問Bは終わりです。

共通テスト 実戦創作問題①：英語（リスニング）

問題番号 （配点）	設問		解答番号	正解	配点	チェック
第1問 (24)	A	問1	1	④	3	
		問2	2	④	3	
		問3	3	④	3	
		問4	4	④	3	
	B	問1	5	①	4	
		問2	6	④	4	
		問3	7	①	4	
第2問 (12)		問1	8	②	3	
		問2	9	②	3	
		問3	10	③	3	
		問4	11	③	3	
第3問 (16)		問1	12	③	4	
		問2	13	③	4	
		問3	14	③	4	
		問4	15	④	4	

（注）
*1 全部正解の場合のみ点を与える。
*2 過不足なく解答した場合のみ点を与える。

問題番号 （配点）	設問		解答番号	正解	配点	チェック
第4問 (12)	A	問1	16	①	4*1	
			17	④		
			18	②		
			19	③		
		問2	20	②	1	
			21	②	1	
			22	①	1	
			23	⑤	1	
	B	問1	24	④	4	
第5問 (20)		問1	25	⑤	3	
			26	①	3*1	
			27	③		
			28	②	3*1	
			29	③		
			30	①	3*1	
			31	④		
			32	②	4	
		問2	33	②	4	
第6問 (16)	A	問1	34	②	4	
		問2	35	④	4	
	B	問1	36	①, ③	4*2	
		問2	37	③	4	

自己採点欄

100点

26 　共通テスト 実戦創作問題①：英語（リスニング）〈解答〉

放送内容 《試験の説明》

　これからリスニングテストを始めます。

　この試験では，聞き取る英語を2回流す問題と1回だけ流す問題があります。なお，選択肢は音声ではなく，すべて問題冊子に印刷されています。

第1問A 　短い発話を聞いて同意文を選ぶ問題

放送内容 《第1問Aの説明》

　第1問A　第1問Aは問1から問4までの4問です。それぞれの問いについて，聞こえてくる英文の内容に最も近い意味のものを，四つの選択肢（①〜④）のうちから一つずつ選びなさい。聞き取る英文は2回流します。

　では，始めます。

問1 　　1 　　正解は④

---

① 話者はバスでやって来た。
② 話者はバスとタクシーでやって来た。
③ 話者はバスにもタクシーにも乗らなかった。
④ 話者はタクシーに乗った。

放送内容 《目的地までの交通手段》

M : I missed the bus, so I had to take a taxi to get here.

訳 　男性：私はバスに乗り遅れたため，ここに来るのにタクシーに乗らなければならなかった。

後半の I had to take a taxi to get here「ここに来るのにタクシーに乗らなければならなかった」より，話者がタクシーに乗ったことがわかるため，④が正解。had to の部分は文字通りの「ハド・トゥ」ではなく「ハットゥ」と聞こえるため，わかりづらいかもしれない。また，前半の I missed the bus「バスに乗り遅れた」より①，②の選択肢が不適であることから解答を絞ることができる。

共通テスト 実戦創作問題①：英語（リスニング）〈解答〉 **27**

問2　　2　　正解は④

① 話者は今日，部屋の掃除ができない。
② 話者は今日，友人たちに会うことができない。
③ 話者の友人たちが部屋に来るだろう。
④ 話者は今日，部屋を掃除するつもりだ。

放送内容 《今日の予定》

W : I need to clean my room today, but I will do it after I go out with my friends.

訳　女性：私は今日，部屋を掃除する必要があるが，友人たちと一緒に出かけた後にそうするつもりだ。

前半の I need to clean my room today「今日，部屋の掃除をする必要がある」と，後半の I will do it「そうするつもりだ」より④が正解。do it は動詞句 clean my room の代用である。後半の but I will do it は聞き取りづらいかもしれない。しかし，after が主節との区切りではっきりと読まれており，after I go out with my friends「友人たちと出かけた後に」は聞き取りやすい。ここから②，③が不適であることがわかるので，④の掃除をするか，①の掃除をしないかの2択に解答を絞れる。

問3　　3　　正解は④

① アケミは新しい自転車を買った。
② アケミは今日，学校に行かなかった。
③ アケミは家まで自転車に乗って帰った。
④ アケミは車で帰宅した。

放送内容 《自転車の故障》

W : Akemi's bicycle broke on the way to school. Her mother picked her up in the car after school.

訳　女性：アケミは学校に行く途中，自転車が壊れてしまった。放課後，母が車で彼女を迎えに行った。

◇ pick A up「A を迎えに行く」

第2文の Her mother picked her up in the car「母が車で彼女を迎えに行った」より，自転車を使えなくなったアケミが母親の車で迎えに来てもらったことがわかる。よって④が正解。放送英文の in the car が選択肢では by car となっていることに注意。交通手段は〈by ＋乗り物〉で表すが，乗り物に冠詞 the や所有格が付く場合は

28 共通テスト 実戦創作問題①：英語（リスニング）〈解答〉

〈in＋the/所有格＋乗り物〉となる。第1文の on the way to school「学校に行く途中」に引っ張られると，④の went home「帰宅した」が内容にそぐわないように思えるかもしれないが，第2文の文末の after school「放課後」がかなりはっきりと聞こえるので，ここから母の車に乗って帰宅したと判断できる。

問4 　④ 　正解は④

① 話者は医者である。
② 話者の父親は消防士である。
③ 話者の父親は彼に医者になってほしいと思っている。
④ 話者は消防士になりたがっている。

放送内容 《将来の夢》

M：My father is a doctor at a big hospital, but <u>I would like to be a firefighter</u> when I leave school.

訳 男性：僕の父は大病院の医者だが，<u>僕は</u>学校を卒業したら<u>消防士になりたいと思っている</u>。

選択肢の主語がそれぞれ The speaker と The speaker's father であること，各選択肢に職業（a doctor と a firefighter）が含まれていることから，2人の人物とそれぞれの職業の関係を中心に聞き取る必要がある。前半の My father is a doctor「僕の父は医者だ」より②は不適。話者に関しては後半で I would like to be a firefighter「僕は消防士になりたいと思っている」と述べているため，①は不適，同時に④が正解となる。③については，父親が息子に医者になってほしがっているという内容はないため，不適となる。

第1問B 短い発話を聞いて内容に近いイラストを選ぶ問題

> 放送内容 《第1問Bの説明》
> 第1問B　第1問Bは問1から問3までの3問です。それぞれの問いについて，聞こえてくる英文の内容に最も近い絵を，四つの選択肢（①～④）のうちから一つずつ選びなさい。聞き取る英文は2回流します。
> では，始めます。

問1　5　正解は①

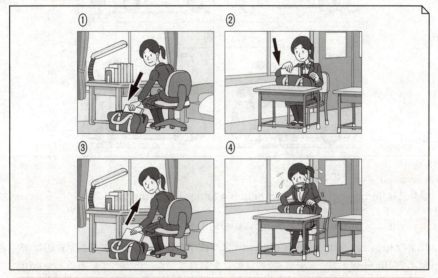

> 放送内容 《教科書の所在》
> W : She put her textbook in her bag before she left for school in the morning.

訳　女性：彼女は朝，学校へ向かう前にかばんに教科書を入れた。

イラストから，女の子が教科書またはノートをどうしたかに注意して聞き取る必要があると予測できる。また，女の子の部屋でのことか，教室内でのことかにも注意して聞き取ろう。前半の She put her textbook in her bag より，教科書をかばんに入れている状況である①，②に絞る。後半の before she left for school「学校へ向かう前に」より自宅での出来事であると判断し，①が正解。実際には，前半の「入れる」を表す put ～ in の in が聞き取りづらく，①か③かで判断に迷う人もいるだろう。

③のように物を取り出す場合は take A out of B「B から A を取り出す」という形を用いるので，その知識から答えを絞ることもできる。

問2　6　正解は④

放送内容　《親子の約束》

M : He forgot his promise to help his father wash the car.

訳　男性：父が洗車するのを手伝うという**約束を，彼は忘れていた**。

後半の help his father wash the car「父が洗車するのを手伝う」の情景は①だが，前半で He forgot his promise「彼は約束を忘れていた」と言っていることから①は不適。主語の He と his father の関係を考えれば，He は息子である。約束を忘れていたのは息子なので，車の近くに息子の姿のない④が正解となる。放送英文は息子を主体にした表現となっているが，イラストは父親を主体にした描写になっていることに注意。

問3　|7|　正解は①

放送内容　《飛行機への搭乗》

W : She got to the airport in time for her flight.

訳　女性：彼女は搭乗予定の飛行機に間に合うように空港に到着した。

◇ in time for 〜「〜に間に合って」

She got to the airport「彼女は空港に到着した」より，女性が空港にいる情景となっている①，②に絞られる。続く in time for her flight「搭乗予定の飛行機に間に合って」から，腕時計を見ながら笑顔で空港の前にいる①が適切であると考える。

第2問 短い対話と問いを聞いてイラストを選ぶ問題

> 放送内容　《第2問の説明》
>
> 　第2問　第2問は問1から問4までの4問です。それぞれの問いについて，対話の場面が日本語で書かれています。対話とそれについての問いを聞き，その答えとして最も適切なものを，四つの選択肢（①～④）のうちから一つずつ選びなさい。聞き取る対話と問いは2回流します。
> 　では，始めます。

問1　 8 　正解は②

> 放送内容　《配達物の置き場所》

M : I've brought some drinks for the party. Where should I leave them?
W : Can you put them in <u>the room in front of the stairs</u>? That's where we'll have the party.
M : Um .... <u>The room with a plant by the door</u>?
W : <u>No</u>, sorry. <u>The other one</u>.

Question : Where should the man put the drinks?

訳　男性：パーティー用の飲み物をお持ちしました。どこに置きましょうか？
　　　女性：<u>階段の前の部屋</u>に置いてもらえますか？　そこがパーティー会場なんです。
　　　男性：えぇと…。<u>ドアのそばに植物がある部屋</u>ですか？
　　　女性：<u>いいえ</u>，ごめんなさい。<u>もう一方の部屋</u>です。

　　　質問：男性は飲み物をどこに置いたらよいですか。

イラストの選択肢がすべて部屋を指しているため、どの部屋の話をしているか、場所を表す語に注意して聞き取るとよい。女性の1つ目の発言 Can you put them in the room in front of the stairs?「階段の前の部屋に置いてもらえますか？」から①、②に絞る。続く男性の2つ目の発言 The room with a plant by the door?「ドアのそばに植物がある部屋ですか？」は①の部屋を指すが、この質問に対し、女性が2つ目の発言で No と答えていることから②が正解。続く The other one. の one は room を指し、「もう一方の部屋です」という意味である。

大きなポイントとなるのは、女性の1つ目の発言から、部屋の位置の説明となる in front of the stairs「階段の前の」が聞き取れるかどうかである。特に in front of の in が直前の the room とひと続きに読まれており、聞き取りづらくなっている。ただし、front of ははっきりと発音されているので、これが大きな手がかりとなる。③、④の部屋の位置は Stairs の横なので next to the stairs となる。よって、front of が聞き取れた段階でこれらが不適であると判断できる。

問2　9　正解は②

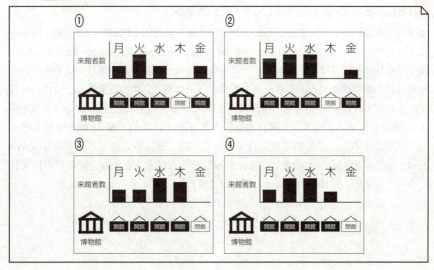

34 共通テスト 実戦創作問題①：英語（リスニング）〈解答〉

> 放送内容 《博物館を訪問する日》
>
> W : When should we go to the museum?
> M : There will be many tourists tomorrow and Wednesday. We should
> avoid those days.
> W : How about Thursday?
> M : It's closed on Thursdays. We could go on Friday, though.
>
> Question : Which graph shows the correct situation?

訳 女性：博物館にはいつ行くべきかしら？
男性：明日と水曜日は観光客が多いだろうね。これらの曜日は避けたほうがいい
　　　よ。
女性：木曜日はどうかしら？
男性：木曜日は閉館日なんだ。でも，金曜日なら行けるよ。

質問：どの図表が状況を正しく表していますか。

イラスト上部の棒グラフが来館者の人数を，下部が博物館の開館状況を表している。
まず，男性の１つ目の発言 There will be many tourists tomorrow and Wednes-
day.「明日と水曜日は観光客が多いだろうね」より，明日がどの曜日かは不明だが，
水曜日は来館者が多いとわかる。この情報から①は不適。次に，男性の２つ目の発言
It's closed on Thursdays.「木曜日は閉まっている」の It は話題の中心である the
museum を指す。よって，木曜日を意味する Th の下に CLOSED のプレートのイ
ラストが描かれている②が正解となる。また，続く男性の２つ目の発言第２文 We
could go on Friday, though.「でも，金曜日なら行けるよ」から，金曜日が閉館日
となっている③，④は不適であると確認できる。

問3　10　正解は③

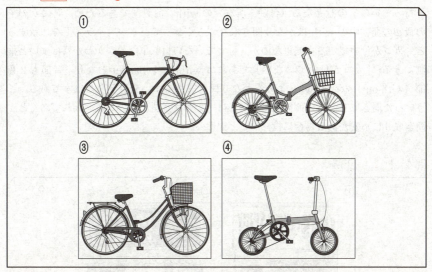

> 放送内容　《自転車選び》
>
> M : We looked at some different bicycles today. Which one do you want?
> W : I liked <u>the one with a basket on the front</u>.
> M : <u>The one with the small wheels</u>?
> W : <u>No, the one with large wheels</u>.
>
> Question : Which bicycle does the girl want?

訳　男性：今日はいろんな自転車を見たね。どの自転車がほしい？
　　女性：前にカゴの付いたものが気に入ったわ。
　　男性：タイヤが小さいやつ？
　　女性：いいえ，タイヤが大きいやつよ。

　　質問：女の子はどの自転車をほしがっていますか。

女の子の1つ目の発言 I liked the one with a basket on the front. の one は bicycle を指す。「前にカゴの付いたものが気に入ったわ」よりカゴが付いている自転車である②，③に絞る。イラストより②，③の違いはタイヤの大きさ。男性の2つ目の発言 The one with the small wheels?「タイヤが小さいやつ？」が指すのは②。しかし，女の子はこれに対して2つ目の発言で No と答えているため③が正解。続く the one with large wheels「タイヤが大きいやつよ」もヒントとなる。

ポイントとなる with a basket や with the small wheels の with は「〜のある，〜を持っている」の意となる〈付随・所有〉の with。前置詞であるため，特に女の子の最初の発言中の with はかなり聞き取りづらくなっているが，イラストを比較すると，カゴが付いている自転車なのか，付いていない自転車なのかがわかればよいと推測できる。「カゴが付いていない」であれば without a basket となり，音節も2音節（with-out）なので with よりもかなり聞き取りやすい発音となるはずである。こういった聞き取りづらい前置詞については，その反意語などの知識を入れておくと，聞き取りに不安がある場合に役立つことがある。

問4 11 正解は③

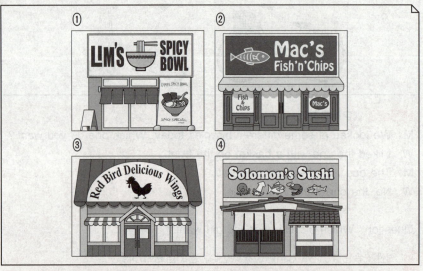

放送内容 《外食先》

W : How about this place? It looks delicious.
M : I don't like noodles very much.
W : I see. Then, this place might be good.
M : No, I'm afraid I don't like seafood, either.

Question : Which is the best restaurant for the people to visit?

訳 女性：このお店はどう？　おいしそうよ。
男性：僕は麺類があまり好きじゃないんだよね。
女性：わかったわ。じゃあ，この店がいいかもしれないわね。

共通テスト 実戦創作問題①：英語（リスニング）〈解答〉　**37**

男性：いや，残念だけどシーフードも苦手なんだ。

質問：2人が訪れるのに最適な飲食店はどれですか。

◇I'm afraid（that）S V「残念ながら…」　◇not 〜 either「〜もまたない」

飲食店の看板から，2人の食べ物の好みについてしっかり聞き取ることが必要だと推測できる。また，この問題では「この店がいい」という意見は出てこないため，消去法で考える。女性の1つ目の発言 How about this place?「このお店はどう？」のthis place は続く男性の1つ目の発言 I don't like noodles very much.「僕は麺類があまり好きじゃないんだよね」より，麺類を提供する店，つまり①を指すとわかる。さらに女性の2つ目の発言 Then, this place might be good.「じゃあ，この店がいいかもしれないわね」の this place は続く男性の2つ目の発言 No, I'm afraid I don't like seafood, either.「いや，残念だけどシーフードも苦手なんだ」より，シーフードを含む料理を提供する店である②，④のどちらかとわかる。質問は2人が行くのに最適な飲食店であるため，男性の苦手な料理を出す①，②，④は不適となり，③が正解となる。

38　共通テスト　実戦創作問題①：英語（リスニング）〈解答〉

第3問　短い対話を聞いて問いに答える問題

放送内容　《第3問の説明》

　第3問　第3問は問1から問4までの4問です。それぞれの問いについて，対話の場面が日本語で書かれています。対話を聞き，問いの答えとして最も適切なものを，四つの選択肢（①〜④）のうちから一つずつ選びなさい。聞き取る対話は1回流します。
　では，始めます。

問1　　12　　正解は③

> 問　夫婦は何を見るつもりですか。
> ①　午後1時からの『フューチャーフォース』
> ②　午後2時からの『フューチャーフォース』
> ③　午後1時からの『マックスの冒険』
> ④　午後2時からの『マックスの冒険』

放送内容　《映画鑑賞》

W：Which movie do you want to see, *Max's Adventure* or *Future Force*?
M：I don't know, but I don't want to stay out late. Let's choose one that starts at one o'clock or two o'clock at the latest.
W：Well, we can see *Max's Adventure* at one or *Future Force* at two.
M：*Future Force* sounds like a science fiction movie. I'd prefer to watch the other one.

訳　女性：『マックスの冒険』と『フューチャーフォース』だったら，あなたはどちらの映画を見たい？
　　男性：わからないけど，遅い時間帯まで外出していたくはないな。遅くとも1時か2時に始まるやつにしようよ。
　　女性：そうねぇ，1時の『マックスの冒険』か，2時の『フューチャーフォース』なら見られるわよ。
　　男性：『フューチャーフォース』はSF映画のようだね。僕はもう一つのほうを見たいな。

◇ stay out「外出中である」　◇ at the latest「どんなに遅くとも」
女性の1つ目の発言 Which movie do you want to see, *Max's Adventure* or *Future Force*? より，選択肢の *Future Force* と *Max's Adventure* は映画の題名で

共通テスト 実戦創作問題①：英語（リスニング）〈解答〉 **39**

あるとわかる。また，時間が選択肢に含まれているので，時間の表現に注意して聞き取る。女性の2つ目の発言 we can see *Max's Adventure* at one or *Future Force* at two「1時の『マックスの冒険』か，2時の『フューチャーフォース』なら見られるわよ」より，②と③に絞られる。男性の2つ目の発言 *Future Force* sounds like a science fiction movie. I'd prefer to watch the other one.「『フューチャーフォース』は SF 映画のようだね。僕はもう一つのほうを見たいな」の第2文にある the other one が，これから2人が見る映画である。よって，*Future Force* ではないほう，すなわち③が正解。

問2 　13 　正解は③

> 問 男性はこれからどうするつもりですか。
> ① ショッピングセンターまで車で行く。
> ② 待合室で座って待つ。
> ③ 車の中で待つ。
> ④ ショッピングセンターを歩いて回る。

放送内容 《待ち時間のつぶし方》

M : My appointment is at 1:00 PM. Should I sit in the waiting room?
W : It's a bit crowded, so you don't have to. I can call your mobile phone when it's time for your appointment. You can walk around the shopping center. <u>Some people like to listen to the radio in their cars.</u>
M : I see. Well, <u>I'm a bit tired, so I'll do that.</u>

訳 男性：午後1時に予約しているのですが。待合室で座って待っていたほうがいいですか？
女性：少し混みあっていますので，待合室にいなくても結構です。ご予約の時間になりましたら，お客様の携帯電話に私からお電話差し上げます。ショッピングセンターを歩いて回ってもよろしいですし，**お車の中でラジオを聞いてお待ちいただいている方もいますよ。**
男性：わかりました。では，**少し疲れているので，そうさせてもらいますよ。**

男性の1つ目の発言第2文 Should I sit in the waiting room?「待合室で座って待っていたほうがいいですか？」という質問に対し，女性は発言の第1文で you don't have to と答えている。don't have to の後ろには sit in the waiting room が省略されているため，「待合室で待つ必要はない」の意。ここで②は除外できそうである（ただし，最終判断は会話を最後まで聞いてからにすること）。さらに女性の発言の第3・4文 You can walk around the shopping center. Some people like to listen

40 共通テスト 実戦創作問題①：英語（リスニング）〈解答〉

to the radio in their cars.「ショッピングセンターを歩いて回ってもよろしいです
し，お車の中でラジオを聞いてお待ちいただいている方もいますよ」で，男性が待ち
時間をつぶす方法として③，④の選択肢が登場している。男性の2つ目の発言第2文
で I'm a bit tired, so I'll do that「少し疲れているので，そうさせてもらいますよ」
と答えているので，この do that にあたる選択肢を選ぶ。女性が最後に提案したのは
listen to the radio in their cars であるため，③が正解。男性の I'm a bit tired, so
「少し疲れているので」もまた④を不適とするヒントとなる。

問3　　14　　正解は③

問	女性はこれからどうするつもりですか。		
①	男性について行く。	②	橋を探す。
③	電車に乗る。	④	書店まで歩いて行く。

放送内容　《書店までの道案内》

W : I'm looking for Bernie's Rare Book Store. Is it around here?

M : Well, it's not far, but it's too far to walk. <u>You should take a train</u>.

W : Really? It looks close on this map. I thought I could walk.

M : I see what you mean. It's far because you have to walk all the way to
this bridge.

W : Oh! The bookstore is on the other side of the river. <u>I'd better take
your advice</u>.

訳　女性：バーニーズ古書店を探しているんですが。この辺りですか？
男性：うーん，遠くはないのですが，徒歩で行くには遠すぎます。<u>電車に乗った
ほうがいいですよ。</u>
女性：本当ですか？　この地図では近そうに見えるんですが。歩いて行けると思
っていました。
男性：あなたの言いたいことはわかりますよ。この橋までずっと歩いて行かなけ
ればならないので，遠いんですよ。
女性：あぁ！　書店はこの川の対岸にあるんですね。<u>あなたのアドバイス通りに
したほうがよさそうですね。</u>

◇ close「近い」　◇ all the way to ～「～までずっと，はるばる～まで」
◇ the other side of ～「～の反対側」　◇ take *one's* advice「～の忠告に従う」
道を尋ねる女性に対し，男性は1つ目の発言第2文で You should take a train.「電
車に乗ったほうがいいですよ」とアドバイスしている。女性は最後の発言最終文で
I'd better take your advice.「あなたのアドバイスに従ったほうがよさそうですね」

共通テスト 実戦創作問題①：英語（リスニング）〈解答〉　**41**

と述べていることから，女性が次に取る行動は③となる。

take your advice「あなたの忠告に従う」から，「～に従う」の意味を持つ①を選ばないように注意。follow *one's* advice なら「（人）の忠告に従う」の意味になるが，①のように〈follow＋人〉の場合は「（人）の後について行く，（人）を尾行する」といった意味になる。

④は男性の1つ目の発言第1文後半の it's too far to walk「歩いて行くには遠すぎる」より不適。too ～ to *do* 構文は不定詞句の部分を否定的に取る。また，女性の2つ目の発言最終文 I thought I could walk.「歩いて行けると思っていた」に walk とあるが，これに対して男性は It's far「遠いですよ」，walk all the way to …「…までずっと歩いて行かなければならない」と，書店までの道のりの遠さをさらに説明している。④はあてはまらない。

問4　　15　　正解は④

> 問 友人2人が同意している点はどこですか。
> ① 先月の授業はおもしろかった。
> ② 彼らの先生は大変おもしろい。
> ③ 彼らは来月を楽しみにしている。
> ④ 現在，歴史が前よりも楽しいと思っている。

> **放送内容**　《歴史の先生に対する生徒の評価》
>
> M : Our teacher, Mr. Harper, is really interesting. I'm starting to like history more.
>
> W : Do you think it's because of Mr. Harper?
>
> M : Yeah, his stories are a lot of fun.
>
> W : I disagree. I didn't think he was interesting last month. I think the history we are studying now is interesting. I'm enjoying it more now, too.
>
> M : We'll know next week, when the topic changes.

訳 男性：僕たちの担当のハーパー先生は本当におもしろいね。歴史がもっと好きになり始めているよ。

女性：ハーパー先生のおかげだとあなたは思っているの？

男性：あぁ，彼の話はとても楽しいよ。

女性：私はそうは思わないわ。先月，彼のこと，おもしろくないと思ったもの。今私たちが勉強している歴史の分野がおもしろいんだと思うわ。私も今は前よりも歴史が楽しいと思っているもの。

男性：来週にはわかるよ，授業のテーマが変わるからね。

男性の1つ目の発言第2文 I'm starting to like history more.「歴史がもっと好きになり始めているよ」に対し，女性はハーパー先生がおもしろいという男性の意見は支持できないとしているものの，2つ目の発言最終文で I'm enjoying it more now, too.「私も今は前よりそれ（歴史）が楽しいと思っている」と同意を表す too を用いて述べていることから，④が正解。

①は女性の2つ目の発言第2文 I didn't think he was interesting last month.「先月，彼のことをおもしろくないと思った」より不適。

②は男性の1つ目の発言第1文 Our teacher, Mr. Harper, is really interesting.「僕たちの担当のハーパー先生は本当におもしろいね」にはあてはまるが，これに対し，女性は2つ目の発言第1・2文で I disagree. I didn't think he was interesting last month.「私はそうは思わないわ。先月，彼のこと，おもしろくないと思ったもの」と反論をしているため，2人は同意していない。

③の next month「来月」という語は会話中に登場しない。

第4問A モノローグを聞いて図表を完成させる問題

放送内容 《第4問Aの説明》

　第4問A　第4問Aは問1・問2の2問です。話を聞き，それぞれの問いの答えとして最も適切なものを，選択肢のうちから選びなさい。聞き取る英語は1回流します。
　では，始めます。

問1　16 → 17 → 18 → 19 　　正解は①→④→②→③

共通テスト 実戦創作問題①：英語（リスニング）〈解答〉　43

放送内容　《落とし物》

Yesterday, on my way home from school, <u>I found a purse on the ground</u>. I decided to take it to a police station, so I checked the map on my phone. I found one and started walking. <u>On the way, I saw a lady walking in front of me</u>. She was in front of me all the way to the police station. <u>We both went inside. I sat down and waited while she spoke to the police officer</u>. When she finished, I told the police officer about the purse. <u>He</u> realized it was the lady's and <u>ran out to call her</u>.

訳　　昨日，学校からの帰宅途中に**財布が地面に落ちているのを見つけた**。僕はそれを交番に届けることにし，携帯電話で地図を調べた。交番を見つけて，歩き始めた。**その道中，女性が僕の目の前を歩いているのが見えた**。彼女は僕が交番に行くまでの道すがらずっと僕の目の前にいた。**僕らは２人とも交番の中に入った。彼女が警察官に話しかけている間，僕は座って待っていた**。彼女が話し終えると，僕はその警察官に財布について話をした。**彼は**その財布が女性のものだとわかり，**走って外へ出て彼女を呼んだ**。

16　　正解は①
第１文後半 I found a purse on the ground「財布が地面に落ちているのを見つけた」より，道端に落ちている財布を見つけた男の子のイラストである①が正解。

17　　正解は④
第４文 On the way, I saw a lady walking in front of me.「その道中，女性が僕の目の前を歩いているのが見えた」より，女性の後ろを歩いている男の子のイラストである④を選ぶ。また第５文 She was in front of me all the way to the police station. でも in front of me と同じ表現が繰り返されているためヒントとなる。

18　　正解は②
第６文 We both went inside. の We both は男の子とその前をずっと歩いていた女性を指す。また，inside は男の子の目的地である the police station「交番」の中へということである。続く第７文 I sat down and waited while she spoke to the police officer.「彼女が警察官に話しかけている間，僕は座って待っていた」より，交番内で警察官とやりとりをしている女性と待っている男の子を描写している②が正解。

19　　正解は③
最終文 He realized it was the lady's and ran out to call her.「彼はその財布が女性のものだとわかり，走って外へ出て彼女を呼んだ」の He は the police officer を指す。警察官が交番から走り出るイラストである③が正解。

44　共通テスト 実戦創作問題①：英語（リスニング）〈解答〉

問2　20　21　22　23　正解は②，②，①，⑤

① なし　　　　　② 10本　　　　　③ 14本
④ 18本　　　　　⑤ 20本

高校	必要な飲み物の数
サウスハイスクール	20
イーストビレッジハイスクール	21
グリーンヒルハイスクール	
シティセントラルハイスクール	22
ノースショアハイスクール	23

放送内容　《卓球大会で配付する飲み物の準備》

　We have to supply drinks for teams that will come for the tournament. Can you complete this order form? Remember, <u>we need two drinks for each team member</u>. OK, <u>South High School is only sending five players</u>. And ... <u>East Village High School has the same number</u>. Greene Hill High School will send seven players. <u>City Central said that they're not sending a team this year</u>. <u>North Shore High School</u> has a big team. <u>They're sending nine people</u>. Oh, just a minute. <u>Add one more to that</u>. Their manager is coming with them.

訳　大会に参加予定のチームに飲み物を提供しなければなりません。この注文書に記入してもらえますか？　**チームのメンバー1人につき飲み物が2本必要ですので，注意してください。**それでは，**サウスハイスクールから派遣予定の選手は5人のみ**です。そして…**イーストビレッジハイスクールも同じ人数です。**グリーンヒルハイスクールからは7人の選手が来ます。**シティセントラルは，今年はチームを派遣しないそうです。ノースショアハイスクール**は大人数のチームで，**9人来る予定**です。あぁ，ちょっと待ってください。**それにもう1人加えてください。**マネージャーも同行予定です。

◇supply「～を供給する，～を提供する」　◇tournament「大会」
◇complete「～を完成させる」　◇order form「注文書」
◇Remember, S V.「～ということに注意してください」
◇send「～を派遣する」
◇just a minute「少し待って」　◇add A to B「A を B に加える」

共通テスト 実戦創作問題①：英語（リスニング）〈解答〉 **45**

| 20 | 正解は②

South High School については第 4 文 South High School is only sending five players「サウスハイスクールから派遣予定の選手は 5 人のみ」より参加者数は 5 人だが，第 3 文 we need two drinks for each team member「チームのメンバー 1 人につき飲み物が 2 本必要」より 5 人×2 本＝10 本となり，②が正解となる。

| 21 | 正解は②

East Village High School については，第 5 文 East Village High School has the same number「イーストビレッジハイスクールも同じ人数」とある。直前の第 4 文の South High School の人数を受けてのものなので，同じ数となる 10 本が正解。よって②を選ぶ。East Village High School に続く第 6 文では seven players と聞こえるが，これは主語が Greene Hill High School であるため，数字だけ聞いて③を選ばないように注意。

| 22 | 正解は①

City Central High School については第 7 文 City Central said that they're not sending a team this year.「シティセントラルは，今年はチームを派遣しないそうです」より参加者はゼロとなるため，①が正解。

| 23 | 正解は⑤

North Shore High School については，第 9 文 They're sending nine people「9 人来る予定」までだと 9 人×2 本＝18 本で④となるが，最終 2 文で Add one more to that. Their manager is coming with them.「それにもう 1 人加えてください。マネージャーも同行予定です」と述べられているため，参加人数は 10 人となり，10 人×2 本＝20 本で⑤が正解。

第4問B 複数の情報を聞いて条件に合うものを選ぶ問題

放送内容 《第4問Bの説明》

第4問B 第4問Bは問1の1問です。四人の説明を聞き，問いの答えとして最も適切なものを，選択肢のうちから選びなさい。

メモを取るのに下の表を使ってもかまいません。状況・条件及び問いが問題冊子に書かれているので，読みなさい。聞き取る英語は1回流します。

では，始めます。

問1 　24　正解は④

| ① パンケーキキング | | ② ジョーズバーガー | | |
| ③ スタイルガールズ | | ④ XBC製作所 | | |

	A. 給料	B. 便利な場所	C. 時間の融通が利く
① パンケーキキング			
② ジョーズバーガー			
③ スタイルガールズ			
④ XBC製作所			

放送内容 《アルバイト先の候補》

1. Pancake King is a great place to work. We pay three dollars more than the minimum, and we give you a uniform. You can usually work at whatever time suits you. <u>I see you live in Greendale. That's pretty far</u>, but we'll pay for your bus fare.

2. A lot of students from Greendale University work here at Joe's Burgers. It's very convenient for them. I know that you live nearby, too. We understand students' schedules change, so you can take time off work when you need to. <u>We pay the minimum for someone your age.</u>

3. At Style Girlz, we only have a few staff members, so <u>it'll be difficult for you to take time off</u>. <u>If you're going to come from your home</u> in Greendale, <u>it might take a long time to get to work unless you have a car</u>. We pay well — four dollars over the minimum.

4. I think you'll like XBC Manufacturing. It's a hard job. On the other hand, <u>you can generally work hours that suit you</u>. <u>We're right near</u>

共通テスト 実戦創作問題① : 英語（リスニング）〈解答〉 **47**

Greendale University and your home, so that'll be convenient. Um...
the pay is better than at most other places. We offer three dollars over
the minimum.

訳
1. パンケーキキングは仕事をするにはとびきりの場所です。バイト代は最低賃
金より3ドル多く支払いますし，制服も支給します。通常は，いつでもあな
たの都合に合う時間帯で働けます。グリーンデールにお住まいのようですね。
距離的にはかなり遠いですが，バス代をお出ししますよ。

2. ここ，ジョーズバーガーでは，グリーンデール大学の学生が多く働いていま
す。彼らにとって大変便利なのです。しかも，あなたは近くに住んでいるん
ですよね。学生の予定は変わるものだと思っていますので，必要なときは休
みを取ることができますよ。あなたの年齢であれば，最低賃金を支払ってい
ます。

3. スタイルガールズには，数名のスタッフしかいないので，休みを取るのは難
しくなるでしょう。グリーンデールにある自宅から通うのであれば，車を持
っていないと職場に来るのにかなり時間がかかるかもしれません。お給料は
いいですよ。最低賃金に加えて4ドルです。

4. あなたにはきっとXBC製作所を気に入ってもらえると思います。大変な仕
事ではあります。一方，たいていはあなたの予定に合う時間で働くことがで
きます。うちの製作所はグリーンデール大学とあなたの家からすぐ近いとこ
ろにありますので，便利ですよ。うーん，お給料は他のほとんどの職場より
もいいです。最低賃金より3ドル多い額を支給しています。

◇ minimum「最低賃金」　◇ uniform「制服」
◇ suit「〈物・事が〉（人）に好都合である，〜に合う」
◇ pretty「かなり」　◇ fare「運賃」　◇ convenient「便利な」
◇ nearby「近くに」　◇ take time off「休みを取る」
◇ unless「もし〜でなければ」　◇ on the other hand「一方」
◇ generally「ほとんどの場合は」　◇ right「ちょうど，すぐ」
◇ offer「〜を提示する，〜を与える」

条件A．Pay「給料」に関しては，聞き取りに際して金銭関連の表現（pay, dollars,
minimum など）に注意する。
条件B．Convenient location「便利な場所」については，条件欄に「大学と自宅の
近く」とあるので，場所に関連する語（university, home, far, near, 地名など）
や通勤手段に関する表現に注意する。
条件C．Flexible hours「時間の融通が利く」については，勤務時間に関する表現

（time suits you や work hours that suit you）と，休みを表すフレーズ（take time off）に注意して聞き取るとよい。

①は，1の最終2文 I see you live in Greendale. That's pretty far, …「グリーンデールにお住まいのようですね。距離的にはかなり遠いです…」より，条件B（大学と自宅の近くである）に合わない。条件に関する情報が登場する順番が条件A→条件C→条件Bとなっており，条件Cにあたる第3文（You can usually …）が聞き取りづらくなってはいるものの，不正解の根拠となる条件Bに関する事柄が最後にはっきりと読まれている。第3文が聞き取れなくてもあわてないこと。

②は，2の最終文 We pay the minimum「最低賃金を支払っています」より条件A（給料が最低賃金よりも高い）にあてはまらない。

③は，3の第1文後半の it'll be difficult for you to take time off「休みを取るのは難しくなるでしょう」より，条件C（時間の融通が利く）に合わない。また，第2文 If you're going to come from your home …, it might take a long time to get to work unless you have a car.「…自宅から通うのであれば，車を持っていないと職場に来るのにかなり時間がかかるかもしれません」も，条件B（大学と自宅の近くである）にあてはまらない。

④は，4の第3文後半の you can generally work hours that suit you「たいていはあなたの予定に合う時間で働くことができます」より，条件C（時間の融通が利く）にあてはまる。また，第4文 We're right near Greendale University and your home, so that'll be convenient.「うちの製作所はグリーンデール大学とあなたの家からすぐ近いところにありますので，便利です」より，条件B（大学と自宅の近くである）を満たしている。最終文の We offer three dollars over the minimum.「最低賃金より3ドル多い額を支給しています」より，条件A（給料が最低賃金よりも高い）も満たしている。よって，**④が正解**。

	A. 給料	B. 便利な場所	C. 時間の融通が利く
① パンケーキキング	最低賃金＋3ドル	×	○
② ジョーズバーガー	最低賃金	○	○
③ スタイルガールズ	最低賃金＋4ドル	×	×
④ XBC製作所	最低賃金＋3ドル	○	○

共通テスト 実戦創作問題①：英語（リスニング）〈解答〉 **49**

第5問 講義の内容と図表の情報を使って問いに答える問題

放送内容 《第5問の説明》

第5問 第5問は問1(a)～(c)と問2の2問です。講義を聞き，それぞれの問いの答えとして最も適切なものを，選択肢のうちから選びなさい。

状況と問いが問題冊子に書かれているので，読みなさい。聞き取る英語は1回流します。

では，始めます。

ワークシート

○大学生の教科書の選択肢

大学の教科書の価格	→	【平均】 従来の教科書：	価格差： 25
	→	eBook：	

○3つの選択肢の比較

	典型的な所有形態： ①一時的 ／ ②恒久的	所有するのにかかる費用の総額： ③高い ／ ④安い
新品の教科書	26	27
中古の教科書	28	29
教科書の出版社が出しているeBook	30	31

放送内容 《高額な大学の教科書を入手する方法》

Today, I'm going to talk about the cost of university textbooks. The average cost of textbooks for one class at university is about $150. Of course, there's often an option to purchase an electronic version of the book. I'll call them eBooks from now on. EBooks can cost as little as $15. That's a big difference. You should note that the cost of traditional textbooks has increased by about 80 percent in the last 10 years. This is a big problem when we consider that students' incomes aren't increasing at the same rate.

50　共通テスト 実戦創作問題①：英語（リスニング）〈解答〉

Of course, you have a choice to make when buying a textbook. If you buy one from the college bookstore, it'll be new and, therefore, very expensive. However, because it was recently published, you'll be able to sell it next year. So, you can get some of your money back. In that case, you'll only own the book for a short time. Few people choose to keep their textbooks, anyway.

You can save money by buying a used book. Sometimes they can be half the price of a new book, but that still isn't cheap. Unfortunately, however, you cannot always sell them. Publishers update books every couple of years, so it will probably be out of date. This means you'll have to keep the book unless you decide to throw it away, so you are unlikely to save much money buying a used book.

The third option is eBooks. They're much cheaper, but their prices are rising, too. The publishers usually only let you use them for a year. After a year has passed, they're automatically erased from your device.

訳　今日は，大学の教科書の価格について話をします。大学の授業 1 講座に必要な**教科書の平均価格は約 150 ドルです**。もちろん，その教科書の電子版を購入するという選択肢もあります。今からその電子版の教科書のことを eBook（電子書籍）と呼びますね。**eBook の価格はたった 15 ドルほどです**。かなりの差があります。ここで留意すべきなのが，**従来の教科書の価格は過去 10 年で約 80 パーセント値上がりしている**という点です。**学生の収入が同じ割合で増えているわけではない**ということを考慮に入れると，これは大きな問題なのです。

　もちろん，教科書を購入する際には選択することができます。大学の書店で教科書を購入すると，**新品なので大変高価になります**。しかしながら，最近出版されたものなので，**来年になればその本を売りに出すことができます**。そのため，いくらかはお金が戻ってきます。**その場合，その教科書を短期間だけ所有するということになります**。いずれにしろ，教科書を自分の手元にとっておくという選択をする人はあまりいません。

　古本を購入してお金を節約することもできます。古本は新品の半額になることもありますが，**それでもまだ安くはありません**。それにもかかわらず，残念なことに，**古本を売ることは必ずしも可能であるとは限りません**。数年おきに出版社が本を改訂するため，古本だとおそらく内容が古くなってしまうことでしょう。ということは，捨てると決めない限りは**その古本を手元に置いておかなければならない**ので，古本を買っても，おそらくはあまりお金の節約にならないということです。

共通テスト 実戦創作問題①：英語（リスニング）〈解答〉 **51**

　　３つ目の選択肢が <u>eBook</u> です。<u>eBook はずっと安価ですが</u>，その価格もま<u>た上がりつつあります。普通，出版社は eBook の閲覧可能期間を１年間のみと</u><u>しています。１年が過ぎると，自動的に端末から消去されます。</u>

（第１段）◇ option「選択肢」　◇ purchase「～を購入する」

◇ electronic version「電子版」　◇ from now on「今から」

◇ as little as ＋数詞「たった～」

◇ note that S V「～ということに留意する，注意する」

◇ at the same rate「同じ速度で，同じ割合で」

（第２段）◇ a choice to make「するべき選択」　◇ get *A* back「*A* を取り戻す」

◇ in that case「その場合」　◇ own「～を所有している」

（第３段）◇ not always「必ずしも～するとは限らない」

◇ every＋複数名詞「～ごとに」　◇ out of date「時代遅れの，旧式の」

（第４段）◇ pass「(時間) が過ぎる」　◇ erase「～を消去する」

問１(a)　<u>25</u>　正解は⑤

① 35 ドル	② 65 ドル	③ 100 ドル
④ 130 ドル	⑤ 135 ドル	⑥ 165 ドル

ワークシートの空所 <u>25</u> の直前に Difference in Cost「価格差」とあるため，左の Traditional textbooks と eBooks それぞれの平均価格を聞き取る必要があると予測できる。選択肢中の単位が全て ＄ (dollars) となっているため，価格にあたる数値と dollars という語を含む文に特に注意を払って聞き取る。

第１段第２文 The average cost of textbooks … is about $150.「…教科書の平均価格は約 150 ドルです」および同段第５文 EBooks can cost as little as $15.「eBook の価格はたった 15 ドルほどです」より，差額は $150(Traditional textbooks) − $15 (eBooks) ＝ $135 となるため⑤が正解。

Traditional textbooks という語が価格に関する情報となる第１段第２～６文 (The average cost … a big difference.) に一切出てこないが，上記の通り，dollars と数値に注意を払って聞き取れば，第１段第２文の「150 ドル」，第５文の「eBooks は 15 ドル」という情報は聞き取れるはず。続く第６文で That's a big difference.「かなりの差があります」とまとめていることから，前者の 150 ドルが Traditional textbooks の価格であると判断できる。

ワークシート中の Traditional textbooks「従来の教科書」という表現は，第１段第７文 You should note that the cost of <u>traditional textbooks</u> has increased by about 80 percent … で初めて登場するが，この文の 80 という数字に惑わされて $80 (Traditional textbooks) − $15(eBooks) ＝ $65 で②を選ばないように注意。

52　共通テスト 実戦創作問題①：英語(リスニング)〈解答〉

問1(b)

① 一時的	② 恒久的	③ 高い	④ 安い

第2段第1文 Of course, you have a choice to make when buying a textbook.
「もちろん，教科書を購入する際には選択することができます」の a choice to make
はワークシート中の表の題名 A comparison of three options「3つの選択肢の比
較」の three options から1つを選ぶことである。

26　正解は①　　27　正解は③

まず，26 と 27 の左に New textbooks とあることに注目。new と聞こえる第
2段第2文 If you buy one from the college bookstore, it'll be new「大学の書店
で教科書を購入すると，新品である」が聞き取りの際のポイントである。これに続く
第2文後半の therefore, very expensive「そのため大変高価になります」より，
Total Cost of Ownership「所有するのにかかる費用の総額」にあたる 27 には③
を入れる。なお，同段第4文（So, you can get …）に「（本を売ったら）お金が戻
ってくる」とあるが，some「いくらかの，若干の」しか戻ってこないため，お金が
戻ったとしても，費用は「高い」と判断できる。
また，Typical Ownership Type「典型的な所有形態」については，第2段第3文
However, because it was recently published, you'll be able to sell it next year.
「しかしながら，最近出版されたものなので，来年になればその本を売りに出すこと
ができます」，および第5文 In that case, you'll only own the book for a short
time.「その場合，その教科書を短期間だけ所有するということになります」より，
新品の本の場合は短期間所有した後，古本として売れることがわかる。よって 26
は①が正解。同段最終文（Few people …）「教科書を自分の手元にとっておくとい
う選択をする人はあまりいません」からも，新品の教科書の場合は古本で売るのが普
通であるとわかる。

28　正解は②　　29　正解は③

第3段第1文 You can save money by buying a used book.「古本を購入してお金
を節約することもできます」より，28 と 29 はこれ以降に解答の根拠がある。a
used book が聞き取りのきっかけになる。第1文 You can save money からは古本
なら安くつくように思えるが，続く第2文後半で but that still isn't cheap「（古本
は）それでもまだ安くはありません」と述べられるため 29 は③が正解。同段最終
文（This means …）後半 you are unlikely to save much money buying a used
book「古本を買っても，おそらくはあまりお金の節約にはならないということです」
も，③を選ぶヒントとなる。

本の所有期間については，第3段第3文後半 you cannot always sell them「古本を売ることは必ずしも可能であるとは限りません」より，古本は再度古本として売ることが難しいことがわかる。また，同段最終文で This means you'll have to keep the book unless you decide to throw it away「ということは，捨てると決めない限りはその古本を手元に置いておかなければならないということです」と述べられる。これらより 28 は②が正解。

30 正解は①　　31 正解は④
eBooks については，第4段第2文に They're much cheaper「eBook はずっと安価です」とあるので， 31 は④が正解。cheaper「より安い」の比較対象は述べられていないが，ワークシートの表の題名が A comparison of three options で，その1つが eBooks なのだから，比較対象が表中の New textbooks と Used textbooks であることは明らかである。第2文はさらに but their prices are rising, too「eBook の価格も上がりつつあります」と続くものの，第1段第2文（The average cost …）および第5文（EBooks can cost …）から従来の教科書よりもずっと安いことがわかる。
所有期間については第4段最終2文（The publishers usually …）「普通，出版社はeBook の閲覧可能期間を1年間のみとしています。1年が過ぎると，自動的に端末から消去されます」より，eBooks はずっと所有できないとわかるので 30 は①が正解。

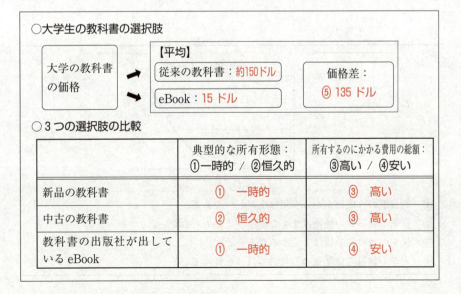

問1 (C) 32　正解は②

① eBookのおかげで，学生たちは時間をかけて個人の蔵書を大量に購入できる。
② 学生にとって従来の教科書を購入する費用の負担がますます大きくなりつつある。
③ 科学技術をもってしても乗り越えられない，eBookを上回る利点が従来の本にはいくつかある。
④ 本を売ることでより多くの利益を得るために，大学は出版社と協力している。

第1段第7文（You should note …）「ここで留意すべきは，従来の教科書の価格は過去10年で約80パーセント値上がりしているという点です」より，従来の教科書の価格が高くなっていることがわかる。続く最終文（This is a big problem …）後半の students' incomes aren't increasing at the same rate「学生の収入が同じ割合で増えているわけではない」は，第7文の従来の教科書の価格高騰の割合と比較しての話なので，学生にとっては経済的な負担が増えてきていることがわかる。よって②が正解。

①は eBook に関する話題がメインとなる第4段参照。第3文（The publishers usually …）「普通，出版社は eBook の閲覧可能期間を1年間のみとしています」の部分が purchase huge private libraries of books over time の「徐々に個人の蔵書を増やす」という内容に矛盾している。
③の，従来の本の eBook に勝る利点に関する話題は述べられていない。
④の，大学と出版社が，利益を得るために協力しているという描写もない。

問2　33　正解は②

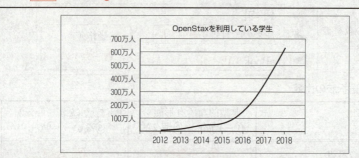

① 教科書の作成にかかる費用は上昇しつつある。
② 従来の教科書の価格はまもなく下がるかもしれない。
③ 従来の教科書の質はよくなるだろう。
④ 大学の教員らは従来の教科書のほうを好んでいる。

共通テスト 実戦創作問題①：英語（リスニング）〈解答〉　55

放送内容　《オープン教材の普及による教科書の価格への影響》

　As with all things, competition is what forces prices down. <u>If a competitor was able to produce a good enough textbook more cheaply, publishers would have to lower their prices</u>. At the moment, though, eBooks too are increasing in price. This university has started using a new kind of publisher called OpenStax. <u>OpenStax textbooks are eBooks and they're completely free</u>. This graph shows how many students have been using them nationally.

訳　あらゆる物事と同様に，競争が価格を引き下げてくれます。**もしライバル企業がより安い価格で優れた教科書を作ることができれば，出版社は自社の商品の価格を下げなければならなくなるでしょう。**しかし今のところ，eBook もまた値上がりしつつあります。この大学では OpenStax という新たな出版社を利用し始めました。**OpenStax の教科書は eBook で，それらは全て無料です。**このグラフはそれらを利用している全国の学生数を表しています。

◇ as with ～「～と同様に，～のように」　◇ competition「競争，競争者」
◇ competitor「競争相手，ライバル」　◇ good enough「十分によい，優れた」
◇ cheaply「安価で」　◇ lower「～を下げる，～を落とす」
◇ completely「完全に」　◇ nationally「全国的に，全国で」

グラフの題名 Students Using OpenStax「OpenStax を利用している学生」の OpenStax が何を指すかを聞き取ることがポイント。この名称は第 4 文（This university has …）の a new kind of publisher called OpenStax「OpenStax という新しい出版社」で初めて登場し，続く第 5 文の OpenStax textbooks are eBooks and they're completely free.「OpenStax の教科書は eBook で，それらは全て無料なのです」でその特徴が述べられる。グラフからは題名および縦軸の数値より OpenStax の利用者数が急増していることが見て取れる。これだけでも，このグラフが①「教科書製作費の上昇」，③「従来の教科書の質の上昇」，④「大学教員の教科書の好み」を表してはいないことがわかる。

前半の講義に大学の教科書が高額だという内容があったこと，第 2 文（If a competitor …）「もしライバル企業がより安い価格で優れた教科書を作ることができれば，出版社は自社の商品の価格を下げなければならなくなるでしょう」が高額な教科書の価格が競争によって下がる可能性を示していること，a competitor「競争相手」の具体例が eBook を無料で提供する出版社 OpenStax であることを併せて考えると，グラフの情報が示すこととしては，②**が正解**となる。

56 共通テスト 実戦創作問題①：英語（リスニング）〈解答〉

第6問A 対話を聞いて要点を把握する問題

放送内容 《第6問Aの説明》

　第6問A　第6問Aは問1・問2の2問です。二人の対話を聞き，それぞれの問いの答えとして最も適切なものを，四つの選択肢（①〜④）のうちから一つずつ選びなさい。聞き取る対話は1回流します。

　では，始めます。

放送内容 《大学進学前にボランティア活動へ参加することに対する賛否》

Kaede : Jack, I heard you're planning on spending a year volunteering before going to university.

　Jack : That's right, Kaede. <u>I need some time to decide what I want to study</u>.

Kaede : <u>It sounds like you're just killing time</u>.

　Jack : That's not true. By killing time, you mean wasting time. I think studying something I'm not interested in at university and working in a field I dislike would be a waste of time.

Kaede : I thought you wanted to be an architect.

　Jack : Well, <u>I'm not sure</u>. <u>I'm going to try volunteering in different fields to see which one I like</u>.

Kaede : <u>I think you're looking for an easier option</u>. You can't volunteer to be an architect, so you'll never know whether you like it or not.

　Jack : The experiences will be useful. Besides, a lot of companies like to hire people with volunteer experience.

Kaede : True, but <u>it'll be hard to pass the university entrance exam after you stop studying for a year</u>.

訳　カエデ：ジャック，あなた，大学に進学する前に1年間，ボランティア活動をして過ごすつもりだそうね。

　　ジャック：その通りだよ，カエデ。<u>自分が勉強したいことを決めるのに少し時間が必要なんだ。</u>

　　カエデ：<u>ただ暇つぶしをしているだけのように聞こえるわ。</u>

　　ジャック：それは違うよ。暇つぶしって，時間を無駄にしてるってことだよね。僕は関心のないことを大学で学んで，好きでもない分野で仕事をすることこそ時間の無駄だって思うよ。

共通テスト 実戦創作問題①：英語（リスニング）〈解答〉　**57**

カエデ：あなたは建築家になりたがっていると私は思ってたわ。

ジャック：うーん，**よくわからないんだよ。僕は様々な分野でボランティア活動をしてみて，どの分野が自分の好みなのかを確かめるつもりなんだよ。**

カエデ：**あなたは，より楽な選択肢を探しているんだと思うわ。**ボランティア活動をして建築家になることはできないんだから，それが好きか否かを知ることは決してできないわよ。

ジャック：ボランティアの経験はきっと役に立つよ。それに，ボランティア経験のある人を雇用したいという企業はたくさんあるんだよ。

カエデ：確かにそうだけど，**1年間勉強するのをやめた後に大学の入学試験に受かるのは難しいわよ。**

◇ kill time「暇つぶしをする」　◇ waste「～を無駄にする」　◇ field「分野」
◇ dislike「～を嫌う」　◇ architect「建築家」　◇ I'm not sure.「よくわからない」
◇ option「選択肢」　◇ whether ～ or not「～か否か」
◇ besides「さらに，その上」　◇ hire「～を雇う」

問1　　34　　正解は②

> 問　ジャックの話の要点は何ですか。
> ① ボランティア活動をすることで，仕事で使える経験を得られる。
> ② ボランティア活動は，自分が進路を選択するのに役立つ。
> ③ ボランティア活動をすることで，自分が大学にとって魅力的に映る。
> ④ ボランティア活動を通して，他の人々と協力することを学ぶことができる。

大学進学前の1年間，ボランティア活動に参加する理由として，ジャックは1つ目の発言第2文で I need some time to decide what I want to study.「自分が勉強したいことを決めるのに少し時間が必要なんだ」と述べている。また，カエデの3つ目の発言（I thought you …）で建築家になりたかったはずではないのか，と問いただされたのに対し，ジャックは Well, I'm not sure.「うーん，よくわからないんだよ」と答えている。これらから，大学で勉強したいことが決まっていないことがわかる。さらに，ジャックの3つ目の発言第2文 I'm going to try volunteering in different fields to see which one I like.「僕は様々な分野でボランティア活動をしてみて，どの分野が自分の好みなのかを確かめるつもりなんだよ」より，ジャックがボランティア活動を通して，自分が大学で学びたい分野や将来就く職業を決めていきたいと考えていると判断できる。よって**②**が正解。

①はジャックの最後の発言（The experiences will …）「ボランティアの経験はきっと役に立つよ。それに，ボランティア経験のある人を雇用したいという企業はたくさんあるんだよ」に一致しているようにも思われるが，①後半の experience he can

58 共通テスト 実戦創作問題①：英語（リスニング）〈解答〉

use in his job「仕事で使える経験」をボランティアを通して得られるとは述べていないため，不適。

③はジャックの最後の発言より，ボランティア経験が有利に働く可能性があるのは大学進学時ではなく，就職の際だと判断できるため，不適。

④については本文中で述べられていない。

問2　　35　　正解は④

> 問　カエデの話の要点は何ですか。
> ①　有意義な役割でボランティア活動をすることが大切である。
> ②　ジャックは利己的な理由でボランティア活動をするべきではない。
> ③　特別な技能を持つ人は最高のボランティアになる。
> ④　今はジャックがボランティア活動をするのにちょうどよい時期ではない。

カエデの2つ目の発言 It sounds like you're just killing time.「そんなの，ただ暇つぶしをしているだけのように聞こえるわ」，および4つ目の発言第1文 I think you're looking for an easier option.「あなたは，より楽な選択肢を探しているんだと思うわ」から，ボランティア活動をするというジャックの選択に否定的であることがうかがえる。よって，ボランティア活動に対して肯定的な選択肢①，③は不適。さらに，カエデの最後の発言 it'll be hard to pass the university entrance exam after you stop studying for a year「1年間勉強するのをやめた後に大学の入学試験に受かるのは難しいわよ」から，大学入学前の1年間はボランティア活動をするのに適切な時期ではないと指摘しているとわかる。よって，④が正解。

②はジャックの選択に否定的な選択肢ではあるが，カエデはジャックの動機を selfish「利己的」などとは述べていないため，不適。

共通テスト 実戦創作問題①：英語（リスニング）〈解答〉 **59**

第6問B 複数の意見（会話や議論）を聞いて問いに答える問題

放送内容 《第6問Bの説明》

第6問B　第6問Bは問1・問2の2問です。英語を聞き，それぞれの問いの答えとして最も適切なものを，選択肢のうちから選びなさい。

状況と問いが問題冊子に書かれているので，読みなさい。聞き取る英語は1回流します。

では，始めます。

放送内容 《SNSの利用にまつわる議論》

Moderator : Professor Buxton, <u>your suggestion that social networking services are ruining our society</u> will probably get some very strong reactions.

Professor Buxton : Well, studies show that <u>social networking makes us unsatisfied with our lives</u> because we compare our lifestyles with our friends' on social media.

Moderator : Yes, I'm sure our lives look much more exciting in social media than in real life. I'd like to hear some questions or comments from the audience members. Um... yes, you, sir.

Edd : Hi. My name's Edd. <u>I've stopped using social media because I was wasting too much time on it. So, I agree that it's bad for us</u>, but I did find that it helped me connect to friends more easily. I liked knowing what everyone was doing.

Professor Buxton : Of course, it's worse for some people than others. Some people are very envious by nature while others are not. Can I ask how many social networks you were using?

Edd : I was on three, but I have friends who are on more than that.

Moderator : Thank you Edd. Hello, miss. Do you have a comment or a question?

Stacy : My name's Stacy, and I have a question. I understand

60　共通テスト 実戦創作問題①：英語（リスニング）〈解答〉

that social media causes some emotional issues, but does it also cause any physical problems?

Professor Buxton：I didn't speak much about it, but there are some negative physical outcomes for some people. Some people lose sleep using or thinking about social media. A lack of sleep can lead to serious medical conditions such as heart disease.

Stacy：I read that it can harm our ability to concentrate. Is that true?

Professor Buxton：That's true, but it's because we're always comparing ourselves to our friends. It probably doesn't cause any physical damage to our brains.

訳

司会者：バクストン教授，SNS が社会を崩壊させつつあるというあなたの提言は，おそらく大変強い反応を招くでしょうね。

バクストン教授：そうですね，インターネット上で人との繋がりを構築することにより，我々は自分の生活に不満を持つようになるということが研究からわかっています。ソーシャルメディア上で自分の暮らしぶりと友人のそれを比較するためです。

司会者：はい，確かに我々の生活は実生活においてよりも，ソーシャルメディア内でのほうがずっと刺激的に見えるようですね。聴衆のみなさんからの質問や意見を聞いていきたいと思います。では…はい，そちらの方，お願いします。

エド：こんにちは。僕の名前はエドです。僕はソーシャルメディアの使用を止めました。というのも，それにあまりにも時間を使いすぎていたからです。ですから，ソーシャルメディアが我々にとって悪いものであるということには賛成です。しかし，ソーシャルメディアによって友人と連絡をより取りやすくなるということは実感しました。みんなが何をやっているのかを知るのは好きでした。

バクストン教授：もちろん，一部の人たちには，他の人たち以上に，SNS は悪い影響を及ぼします。もともと妬み深い人もいれば，そうでない人もいますからね。いくつのソーシャルメディアを利用していたのか，お尋ねしてもいいですか？

エド：僕は 3 つ利用していましたが，それ以上の数を利用している友人もいます。

共通テスト 実戦創作問題①：英語（リスニング）〈解答〉 **61**

司会者：ありがとう，エド。こんにちは，お嬢さん。意見か質問がありますか？

ステイシー：私の名前はステイシーです。1つ質問があります。ソーシャルメディアが感情面での問題を引き起こすことは理解していますが，身体面で何か問題を引き起こすこともあるのですか？

バクストン教授：それについて，私はあまり話しませんでしたが，人によっては身体に悪い影響があります。ソーシャルメディアを利用したり，それについて考えたりすることで眠れなくなる人もいます。睡眠不足は心臓病などの深刻な疾患につながる可能性があります。

ステイシー：集中力に悪影響を及ぼすと本で読みましたが，それは本当ですか？

バクストン教授：本当ですが，それは我々が自分と友人を常に比較してばかりいるからです。ソーシャルメディアが脳に対し，物理的な損傷を与えることはおそらくありません。

◇ suggestion「提言」 ◇ ruin「～を崩壊させる，～を台無しにする」
◇ reaction(s)「反応，反発」
◇ (be) unsatisfied with ～「～に満足していない，～に不満を持った」
◇ compare A with〔to〕B「AとBを比較する」 ◇ waste「～を無駄にする」
◇ did do「(動詞強調) 確かに～した，本当に～した」
◇ envious「うらやんで，嫉妬して」 ◇ by nature「生まれつき，もともと」
◇ outcome「結果，結末」 ◇ lose sleep「眠れなくなる，睡眠不足になる」
◇ lack of ～「～の不足，～の欠如」 ◇ lead to ～「～につながる」
◇ medical condition「疾患，病状」 ◇ harm「～に害を及ぼす」

問1 36 正解は①，③

| ① エド | ② 司会者 | ③ バクストン教授 | ④ステイシー |

ソーシャルメディアに対して否定的な意見を持つ人を選ぶ問題。司会者の1つ目の発言中の social networking services are ruining our society「SNS が社会を崩壊させつつある」は否定的な意見となっているが，これは司会者の意見ではないことに注意。直前の that により your suggestion と同格関係となっており，your はバクストン教授を指すため，この that 節内の内容はバクストン教授の提言である。また，バクストン教授は1つ目の発言で social networking makes us unsatisfied with our lives「インターネット上で人との繋がりを構築することにより，我々は自分の生活に不満を持つようになる」という研究結果を話題に挙げている。したがって，③ Professor Buxton はソーシャルメディアに否定的な意見を持っていると言える。

また，聴衆の1人のエドの1つ目の発言に注目。第3文（I've stopped using …）で自分は時間の無駄と感じてソーシャルメディアの利用を止めたと述べ，さらに第4文で，はっきりと I agree that it's bad for us と述べていることから，バクストン教授と同様に①Edd も否定的であることがわかる。
②司会者は全体を通して質疑応答の進行をしているにすぎない。ソーシャルメディアに対する意見に近いものとしては，2つ目の発言で I'm sure our lives look much more exciting in social media than in real life「確かに我々の生活は実生活においてよりもソーシャルメディア内でのほうがずっと刺激的に見えるようですね」と述べているが，否定的な意見とは言い切れないため，不適。
④ステイシーは，1つ目の発言でソーシャルメディアの身体への影響について質問し，2つ目の発言でソーシャルメディアが集中力に悪影響を及ぼすかどうかを質問している。どちらも質問にすぎず，否定的な意見を持っているとは言い切れないため，不適。

問2　37　正解は③

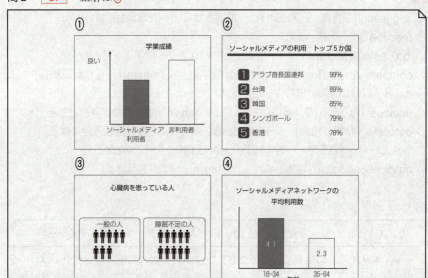

各グラフの題名とグラフ内の数値に事前に目を通しておき，会話中でそのグラフに関係するキーワードが出てくるかどうかで判断する。
①は学業成績の良し悪しに関する語が本文中で全く使われていないので不適。②はソーシャルメディア利用率の高い国や地域の名前，またランキング横にある数値を指す語が本文中で使われていないため，不適。
③は睡眠不足の人のほうが，心臓病になる割合が高いことを示す図であることから，

共通テスト 実戦創作問題①：英語（リスニング）〈解答〉 **63**

ソーシャルメディアの身体への影響が話の中心となるステイシーの1つ目の発言第2文（I understand that …）後半 does it also cause any <u>physical problems</u> 以降に根拠があると考えられる。グラフに目を通しておけば，physical problems という語を聞き取るきっかけにできるだろう。ステイシーのこの質問に対して，バクストン教授は3つ目の発言（I didn't speak …）でソーシャルメディアの利用による睡眠不足と睡眠不足に由来する心臓病の可能性について言及している。③はこの内容と合致している。③の右枠内の Sleep Deprived People の deprived が deprive「～を奪う」の過去分詞であることから「睡眠不足の人々」を指し，バクストン教授の3つ目の発言第2文中の Some people lose sleep および第3文中の A lack of sleep の言い換えになっていることに気付けるかどうかがポイント。バクストン教授の発言の中で，negative physical outcomes「身体への悪影響」や lose sleep「眠れなくなる」，serious medical conditions「深刻な疾患」，heart disease「心臓病」といった語句がはっきりと聞こえることも手がかりとなる。

③以外の選択肢には Social Media や Social Media Networks といった，この質疑応答のテーマに関係するキーワードが含まれている。そういった語が含まれていない③は，一見関係なさそうに思えるが，グラフの中身をよく見ると，その他の選択肢がバクストン教授の意見とは全く関係のない資料であることがわかる。このことに気付けるかどうかも重要である。

④はグラフ下の数値が年齢を表すが，ソーシャルメディアネットワーク利用者の年齢層に関しては言及がない。また，題名にある Average Number of Social Media Networks People Use「ソーシャルメディアネットワークの平均利用数」に関しては，バクストン教授が2つ目の発言最終文（Can I ask …）でエドに以前利用していたソーシャルネットワークの数を尋ね，エドは2つ目の発言（I was on three, …）で自分と友人の利用数を答えているものの，バクストン教授はこれについての意見を述べていないし，平均値についても語られていない。問題文にある「Professor Buxton の意見を支持する図」とは言えないため，不適。

共通テスト　実戦創作問題②
リスニング

解答時間 30 分　配点 100 点

◎音声は下記の音声専用サイトで配信しています。

●音声専用サイトはこちら
akahon.net/kte/

実戦創作問題②

66　共通テスト 実戦創作問題②：英語（リスニング）

英　　語（リスニング）

$$\left(\text{解答番号}\boxed{1}\sim\boxed{37}\right)$$

第 1 問　（配点　24）

第1問はAとBの二つの部分に分かれています。

A　第1問Aは問1から問4までの4問です。それぞれの問いについて，聞こえてくる英文の内容に最も近い意味のものを，四つの選択肢 $\left(\text{①}\sim\text{④}\right)$ のうちから一つずつ選びなさい。**2回流します。**

問1　　<u>1</u>

① The speaker did not wear a coat today.
② The speaker left home early today.
③ The speaker took her coat out of the closet.
④ The speaker was feeling cold today.

問2　　<u>2</u>

① The speaker will go to see his friend's band.
② The speaker will perform in a band on the weekend.
③ The speaker will take a swimming lesson this weekend.
④ The speaker will take his friend to a concert.

問3　3

① Roger completed his homework before school.
② Roger did not finish his homework in time.
③ Roger missed his train yesterday morning.
④ Roger was ill, so he stayed home yesterday.

問4　4

① The speaker will attend a party at Helen's house.
② The speaker will hold a party for Helen.
③ The speaker will invite Helen to her party.
④ The speaker will not go to Helen's party.

これで第1問Aは終わりです。

B　第1問Bは問1から問3までの3問です。それぞれの問いについて，聞こえてくる英文の内容に最も近い絵を，四つの選択肢(①〜④)のうちから一つずつ選びなさい。2回流します。

問1　| 5 |

問2 6

①

②

③

④

問3 | 7 |

①

②

③

④

これで第1問Bは終わりです。

第2問 (配点 12)

第2問は問1から問4までの4問です。それぞれの問いについて，対話の場面が日本語で書かれています。対話とそれについての問いを聞き，その答えとして最も適切なものを，四つの選択肢 (①～④) のうちから一つずつ選びなさい。2回流します。

問1 車の駐車位置について話をしています。 8

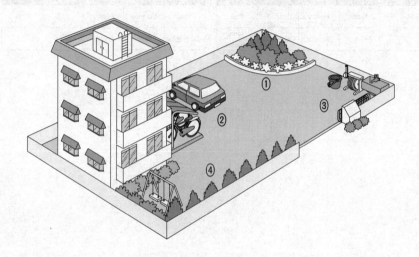

72 共通テスト 実戦創作問題②：英語（リスニング）

問2　男の子の試験の日程について話をしています。　9

①

Monday	Tuesday	Wednesday	Thursday	Friday
Math	History	French	P. E	
Science	English	Geography	Home Economics	

②

Monday	Tuesday	Wednesday	Thursday	Friday
	Science	History	P. E	French
	Math	English	Home Economics	Geography

③

Monday	Tuesday	Wednesday	Thursday	Friday
	Math	History	French	P. E
	Science	English	Geography	Home Economics

④

Monday	Tuesday	Wednesday	Thursday	Friday
French	Science	History	P. E	
Geography	Math	English	Home Economics	

問3　学園祭のポスターについて話をしています。　10

①

②

③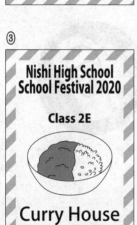

④

問4 スマートフォンのアプリについて話をしています。　11

①

②

③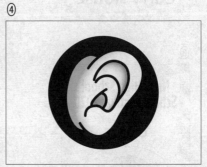

④

これで第2問は終わりです。

共通テスト 実戦創作問題②：英語（リスニング）　**75**

第3問　（配点　16）

　第3問は問1から問4までの4問です。それぞれの問いについて，対話の場面が日本語で書かれています。対話を聞き，問いの答えとして最も適切なものを，四つの選択肢（①～④）のうちから一つずつ選びなさい。（問いの英文は書かれています。）<u>1回流します。</u>

問1　カップルが今日の予定について話をしています。

What are the speakers going to do this morning ?　| 12 |

　① Visit a cinema and a furniture store.
　② Visit a furniture store and a restaurant.
　③ Visit a library and a cinema.
　④ Visit a restaurant and a bookstore.

問2　男性がバスに乗り合わせた人に話しかけています。

What will the man do ?　| 13 |

　① Check a bus schedule.
　② Speak with another passenger.
　③ Wait for another bus.
　④ Walk to the hospital.

76 共通テスト 実戦創作問題②：英語（リスニング）

問3 レストランの従業員が新しいメニューについて話し合っています。

What does the man say about the menu? 14

① It has some interesting items.
② It is very popular.
③ It should be updated.
④ It was created at a staff meeting.

問4 友人同士が読み終わった本について話をしています。

What do the two people agree about? 15

① The book should have been shorter.
② The book was very interesting.
③ The cover looked a little boring.
④ The movie was much more exciting.

これで第3問は終わりです。

第４問　(配点　12)

第４問はＡとＢの二つの部分に分かれています。

A　第４問Ａは問１・問２の２問です。話を聞き，それぞれの問いの答えとして最も適切なものを，選択肢のうちから選びなさい。1回流します。

問１　男の子がスーパーマーケットに行ったときの出来事について話しています。話を聞き，その内容を表したイラスト（①〜④）を，聞こえてくる順番に並べなさい。

　　　16 → 17 → 18 → 19

①

②

③

④

78 共通テスト 実戦創作問題②：英語（リスニング）

問2　あなたは，留学中にスーパーマーケットでアルバイトをしています。値引きについての説明を聞き，下の表の四つの空欄 20 ～ 23 にあてはめるのに最も適切なものを，五つの選択肢（①～⑤）のうちから一つずつ選びなさい。選択肢は2回以上使ってもかまいません。

①　10 %　　②　15 %　　③　20 %　　④　25 %　　⑤　30 %

Goods	Discount
Juices	20
Milk	21
Vegetables	
Bread	22
Ice-cream	23
Pasta	

これで第4問Aは終わりです。

共通テスト 実戦創作問題②：英語（リスニング）　**79**

B 　第4問Bは問1の1問です。四人の説明を聞き，問いの答えとして最も適切なものを，選択肢のうちから選びなさい。メモを取るのに下の表を使ってもかまいません。<u>1回流します</u>。

<u>状況</u>
　あなたは大学入学後にどのクラブに入るかを考えています。クラブを選ぶにあたり，あなたが考えている条件は以下のとおりです。

<u>条件</u>
A．クラブ活動にかかる費用が安い。
B．ミーティングへの参加が強制されない。
C．初心者歓迎。

	A. Cheap	B. No Pressure	C. Beginners Welcome
① Brass Band Club			
② Theater Club			
③ Baseball Club			
④ Running Club			

問1　部員四人が，それぞれのクラブについて説明するのを聞き，上の条件に最も合うクラブを，四つの選択肢（①～④）のうちから一つ選びなさい。　24

① Brass Band Club
② Theater Club
③ Baseball Club
④ Running Club

これで第4問Bは終わりです。

80 共通テスト 実戦創作問題②：英語(リスニング)

第5問 （配点 20）

　第5問は問1(a)～(c)と問2の2問です。講義を聞き，それぞれの問いの答えとして最も適切なものを，選択肢のうちから選びなさい。状況と問いを読む時間（約60秒）が与えられた後，音声が流れます。1回流します。

状況

　あなたはアメリカの大学で，ソーシャルメディアと従来のメディアから情報を得る方法について，ワークシートにメモを取りながら，講義を聞いています。

ワークシート

○ The Growth of Social Media as a News Source

Social Media Use（Japan）

2014：

2015：

＞　Growth： 25

○ A comparison of traditional and social media as news providers.

	Medium	Distribution： ① free or ② paid	How reliable are they？ ③ more or ④ less
Social Media	Online Content	26	27
Traditional Media	Newspapers and Magazines	28	29
	Online Content	free / paid	more
	Broadcast TV	30	31

問1 (a) ワークシートの空欄 25 にあてはめるのに最も適切なものを，六つ
の選択肢 (①〜⑥) のうちから一つ選びなさい。

① up by 5 %　　　　　　② down by 5 %

③ up by 16 %　　　　　　④ down by 16 %

⑤ up by 21 %　　　　　　⑥ down by 21 %

問1 (b) ワークシートの表の空欄 26 〜 31 にあてはめるのに最も適切な
ものを，四つの選択肢 (①〜④) のうちから一つずつ選びなさい。選択肢は2
回以上使ってもかまいません。

① free　　　　② paid　　　　③ more　　　　④ less

問1 (c) 講義の内容と一致するものはどれか。最も適切なものを，四つの選択肢
(①〜④) のうちから一つ選びなさい。 32

① Convenience and cost influence our choices when it comes to news.

② New rules are necessary to ensure that people get accurate news.

③ People are becoming more careful about where they get news from.

④ Social networking is making people more knowledgeable about the
news.

問2は次のページにあります。

問2 講義の続きを聞き，下の図から読み取れる情報と講義全体の内容から，どのようなことが予測できるか，最も適切なものを，四つの選択肢(①～④)のうちから一つ選びなさい。 33

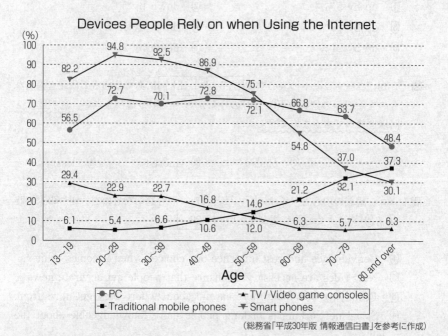

（総務省「平成30年版 情報通信白書」を参考に作成）

① People will lose interest in smartphones in their old age.
② Social media will probably continue to grow as a news source.
③ Social networks will start charging people to view news articles.
④ The number of people who trust information on TV will decrease significantly.

これで第5問は終わりです。

共通テスト 実戦創作問題②：英語（リスニング） **83**

第6問 （配点 16）

第6問はAとBの二つの部分に分かれています。

A 　第6問Aは問1・問2の2問です。二人の対話を聞き，それぞれの問いの答えとして最も適切なものを，四つの選択肢（①～④）のうちから一つずつ選びなさい。（問いの英文は書かれています。） 1回流します。

状況
　二人の大学生が，車を所有すべきかについて話しています。

問1　What is Rod's main point? 　34

① A camping trip will be an interesting summer activity.

② A car would give him more convenience.

③ He should volunteer for an environmental group.

④ He would like to try a different job.

問2　What is Aki's main point? 　35

① Buying a car will be a waste of money.

② Changing university courses will be very hard.

③ They should take some summer courses.

④ Using trains, buses, and taxis can be expensive.

これで第6問Aは終わりです。
---

84 共通テスト 実戦創作問題②：英語(リスニング)

B 　　第6問Bは問1・問2の2問です。英語を聞き，それぞれの問いの答えとして最も適切なものを，選択肢のうちから選びなさい。<u>1回流します</u>。

状況

　Professor Kidd が遺伝子組み換え食品（genetically modified food）について講演した後，質疑応答の時間がとられています。司会（Moderator）が聴衆からの質問や意見を受け付けています。Wally と Sandra が発言します。

問1　四人のうち，遺伝子組み換え食品に反対の立場で意見を述べている人を，四つの選択肢（①～④）のうちから<u>**すべて**</u>選びなさい。　　36

① 　Moderator

② 　Professor Kidd

③ 　Sandra

④ 　Wally

問2 Professor Kidd の意見を支持する図を，四つ選択肢 (①〜④) のうちから一つ選びなさい。 | 37 |

①
Top 5 Genetically Modified Crops in the USA
1 Cotton
2 Sugar Beet
3 Soybean
4 Corn
5 Canola

②

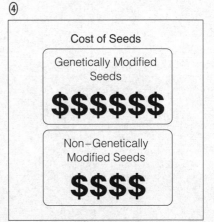

③

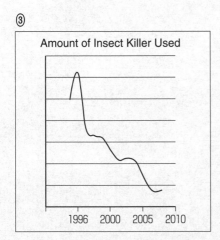

④

Cost of Seeds

Genetically Modified Seeds
$$$$$

Non-Genetically Modified Seeds
$$$

これで第6問Bは終わりです。

共通テスト 実戦創作問題②：英語（リスニング）

問題番号 (配点)	設問		解答番号	正解	配点	チェック
第1問 (24)	A	問1	1	①	3	
		問2	2	①	3	
		問3	3	①	3	
		問4	4	④	3	
	B	問1	5	③	4	
		問2	6	②	4	
		問3	7	③	4	
第2問 (12)		問1	8	②	3	
		問2	9	③	3	
		問3	10	②	3	
		問4	11	①	3	
第3問 (16)		問1	12	③	4	
		問2	13	④	4	
		問3	14	②	4	
		問4	15	①	4	

(注)
＊1　全部正解の場合のみ点を与える。
＊2　過不足なく解答した場合のみ点を与える。

問題番号 (配点)	設問		解答番号	正解	配点	チェック
第4問 (12)	A	問1	16	④	4＊1	
			17	③		
			18	②		
			19	①		
		問2	20	④	1	
			21	④	1	
			22	①	1	
			23	②	1	
	B	問1	24	④	4	
第5問 (20)		問1	25	①	3	
			26	①	3＊1	
			27	④		
			28	②	3＊1	
			29	①		
			30	①	3＊1	
			31	③		
			32	①	4	
		問2	33	②	4	
第6問 (16)	A	問1	34	②	4	
		問2	35	①	4	
	B	問1	36	③	4＊2	
		問2	37	③	4	

88　共通テスト 実戦創作問題②：英語（リスニング）〈解答〉

放送内容 《試験の説明》

　これからリスニングテストを始めます。

　この試験では，聞き取る英語を2回流す問題と1回だけ流す問題があります。な
お，選択肢は音声ではなく，すべて問題冊子に印刷されています。

第1問A　短い発話を聞いて同意文を選ぶ問題

放送内容 《第1問Aの説明》

　第1問A　第1問Aは問1から問4までの4問です。それぞれの問いについて，
聞こえてくる英文の内容に最も近い意味のものを，四つの選択肢（①～④）のうち
から一つずつ選びなさい。聞き取る英文は2回流します。

　では，始めます。

問1　　1　　正解は①

① 話者は今日コートを着なかった。
② 話者は今日早く家を出た。
③ 話者はクローゼットからコートを出した。
④ 話者は今日寒く感じていた。

放送内容 《外出時の様子》

W：The weather was warm today. I left my coat in the closet.

訳 女性：今日は暖かかった。私はコートをクローゼットに置いてきた。

第2文 I left my coat in the closet.「私はコートをクローゼットに置いてきた」よ
り話者が今日コートを着ていなかったことがわかるため，①が正解。〈leave＋物＋at
／in／on＋場所〉で「（物）を（場所）に置いていく，（物）を（場所）に置き忘れ
る」の意。〈leave＋場所〉で「（場所）を離れる，（場所）を出発する」の意味がある
が，本問では left my coat と目的語に「物」がきていることに注意。left があるか
らといって②を選ばないようにしたい。③は第2文の my coat in the closet よりコー
トはクローゼット内にあるとわかるため不適。④は第1文の The weather was
warm today.「今日は暖かかった」より不適。

共通テスト 実戦創作問題②：英語（リスニング）〈解答〉 **89**

問2 　 2 　 正解は①

① 話者は友人のバンドを見に行くつもりだ。
② 話者は週末にバンドで演奏をするつもりだ。
③ 話者は今週末，水泳のレッスンを受けるつもりだ。
④ 話者はコンサートに友人を連れて行くつもりだ。

放送内容 《週末の予定》

M：My friend asked me to watch her band on the weekend, so I canceled my swimming lesson.

訳 男性：友人が週末に彼女のバンドを見てほしいと僕に頼んできたので，僕は水泳のレッスンをキャンセルした。

文中の so の前後には因果関係〈理由，so 結果〉が生まれる。よって My friend asked me to watch her band「友人が彼女のバンドを見てほしいと僕に頼んできた」という理由で I canceled my swimming lesson「僕は水泳のレッスンをキャンセルした」という結果になったことがわかる。他の予定をキャンセルしてバンドを見るのを優先したということになるので，**①が正解**。前半の watch her band の her は My friend's を言い換えたもの。watch なので，②の The speaker will perform in a band「話者がバンドで演奏する」は当てはまらない。また，③は後半の so I canceled my swimming lesson より不適。④は前半で My friend asked me … と友人が話者にバンドを見に来るよう依頼していることから不適。

問3 　 3 　 正解は①

① ロジャーは学校に行く前に宿題を終わらせた。
② ロジャーは宿題を終わらせるのが間に合わなかった。
③ ロジャーは昨日の朝，電車に乗り遅れた。
④ ロジャーは病気だったので，昨日は家にいた。

放送内容 《宿題提出に至る顛末》

M：Roger had a lot of homework yesterday. <u>He had to finish it</u> on the train <u>on the way to school</u>.

訳 男性：ロジャーには昨日，宿題がたくさんあった。**彼は学校に行く途中に電車の中でそれを終わらせなければならなかった。**

◇ on the way to ～「～へ行く途中に」
◇ complete「～を仕上げる，～を完成させる」　◇ in time「間に合って」

90 共通テスト 実戦創作問題②：英語(リスニング)〈解答〉

第2文 He had to finish it「彼はそれを終わらせなければならなかった」の it は a lot of homework を指す。また，同文中の on the way to school「学校に行く途中に」より，学校に到着する前に宿題を終わらせたと判断できる。had to finish が completed に言い換えられている①が正解。had to *do*「〜しなければならなかった」には「しなければならなかったので実際にした」の意味が含まれる。よって②は不適。③，④は本文中で述べられていない。

問4　4　正解は④

① 話者はヘレンの家でのパーティーに参加する予定だ。
② 話者はヘレンのためにパーティーを開く予定だ。
③ 話者はヘレンを自分のパーティーに招待する予定だ。
④ 話者はヘレンのパーティーには行かない予定だ。

放送内容　《パーティーへの参加の可否》

W : Helen invited me to her party. <u>I wish I could go.</u>

訳　女性：ヘレンは私を彼女のパーティーに招いてくれた。<u>行けたらいいのになぁ。</u>

第1文 Helen invited me to her party. の her は Helen's を指すため，②，③は不適。第2文 I wish I could go.「行けたらいいのになぁ」は仮定法過去の文であるため，実際には行くことができないという意味が含まれている。よって①は不適，④が正解である。

第1問B 短い発話を聞いて内容に近いイラストを選ぶ問題

> 放送内容 《第1問Bの説明》
>
> 　第1問B　第1問Bは問1から問3までの3問です。それぞれの問いについて，聞こえてくる英文の内容に最も近い絵を，四つの選択肢（①〜④）のうちから一つずつ選びなさい。聞き取る英文は2回流します。
> 　では，始めます。

問1　5　正解は③

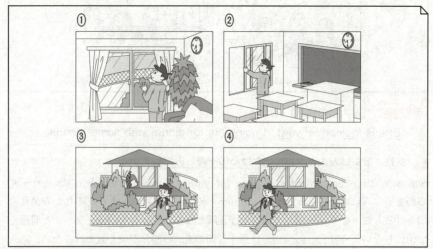

> 放送内容 《窓の閉め忘れ》
>
> M：He forgot to close his window when he left home in the morning.

訳　男性：彼は朝，家を出るときに窓を閉め忘れた。

イラストで共通している点は男の子と窓であることから，窓の状況に注意して聞き取る。また，教室の窓についてのことなのか，それとも家の窓についてのことなのかを聞き取る必要もある。前半の He forgot to close his window には forget to do「〜し忘れる」の表現が入っていることから，窓が閉まっている様子のわかる①，④は不適。さらに，his window と when he left home「家を出るときに」より，家の窓を閉め忘れたとわかるため，③が正解。

問2　6　正解は②

> 放送内容　《友人との食事》
> W：<u>She is looking forward to going out for dinner</u> with some friends.

訳　女性：<u>彼女は友人と夕食に出かけるのを楽しみにしている。</u>

She is looking forward to going out for dinner の look forward to *doing*「〜するのを楽しみにする」, go out for dinner「夕食に出かける」より, これから夕食に出かけるところをイメージしている②が正解となる。She is looking for … と間違えて①にしないよう注意。forward は第 1 音節の for の部分が強く読まれるため, look for 〜「〜を探す」に聞こえた人がいるかもしれない。③は実際の食事中の描写なので不適。④は吹き出しの中のイメージ図が自宅になっており, また女性が自分で調理している様子がうかがえるため go out for dinner に合わない。

問3　7　正解は③

放送内容　《通学手段》

M：His house is too far away for him to walk to school.

訳　男性：彼の家はあまりにも遠い場所にあるので，彼は徒歩で通学ができない。

too ～ (for A) to *do*「～すぎて（A が）…できない」の表現が入っており，徒歩で通学が不可能であることがわかるため，通学手段として電車を利用しているイラストの③が正解となる。③のイラストにある「電車」にあたる語は英文に含まれておらず，さらに，英文にある His house や (walk to) school にあたる情報がイラストには描かれていないため，注意が必要な問題である。

また，耳に残りやすい表現のみから判断してしまうと，far away と school から，遠い土地での休暇を学校で想像している①，His house と walk to school から，家から学校まで歩いて登校している②，walk to school の walk を work と間違えると，学校で教師として働くことを夢見ている④を選んでしまいかねない。

第 2 問　短い対話と問いを聞いてイラストを選ぶ問題

放送内容　《第2問の説明》
　第2問　第2問は問1から問4までの4問です。それぞれの問いについて，対話の場面が日本語で書かれています。対話とそれについての問いを聞き，その答えとして最も適切なものを，四つの選択肢（①〜④）のうちから一つずつ選びなさい。聞き取る対話と問いは2回流します。
　では，始めます。

問1　　8　　正解は②

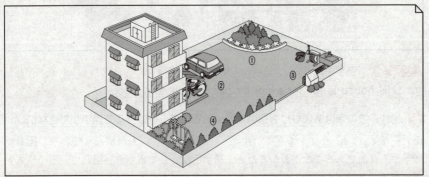

放送内容　《女性の車の駐車位置》
M : You can't leave it there. It's in front of the gate.
W : OK. Can I park by the garden, then?
M : You'd better not. Mr. Tanaka waters his flowers every morning.
W : I see. I'll park behind the other car. Let me know if you need me to move it.

Question : Where does the woman say she will park her car?

訳　男性：そこには置かないでくれるかな。門の前だから。
　　女性：了解。じゃあ，庭のそばに駐車してもいい？
　　男性：そこには停めない方がいいな。タナカさんが毎朝，花に水やりをするんだ。
　　女性：わかったわ。もう一台の車の後ろに停めるわね。動かす必要があれば知らせてね。

　　質問：女性はどこに自分の車を停めると言っていますか。

共通テスト 実戦創作問題②：英語（リスニング）〈解答〉　**95**

イラストではマンションの敷地内の場所が選択肢となっているため，１回目の聞き取りの際から場所を示す表現に注意しておく。男性の１つ目の発言 You can't leave it there. It's in front of the gate.「それをそこには置かないでくれるかな。門の前だから」の there は第２文の in front of the gate を指し，③の位置はダメだと男性は主張している。it が何かは，この時点では不明だが，女性の１つ目の発言第２文 Can I park by the garden, then?「じゃあ，庭のそばに駐車してもいい？」より，it は女性の車を指すことが推測できる。女性は①の位置について駐車許可を求めるが，男性は２つ目の発言で①の場所に対しても You'd better not. と答えていることからダメだとわかる。You'd better not の後に park が省略されている。女性は２つ目の発言第２文で I'll park behind the other car.「もう一台の車の後ろに停めるわね」と述べていることから，女性が車を駐車する位置は the other car の後ろとなる②が正解。

問2　　9　　正解は③

①

月曜日	火曜日	水曜日	木曜日	金曜日
数学	歴史	フランス語	体育	
理科	英語	地理	家庭科	

②

月曜日	火曜日	水曜日	木曜日	金曜日
	理科	歴史	体育	フランス語
	数学	英語	家庭科	地理

③

月曜日	火曜日	水曜日	木曜日	金曜日
	数学	歴史	フランス語	体育
	理科	英語	地理	家庭科

④

月曜日	火曜日	水曜日	木曜日	金曜日
フランス語	理科	歴史	体育	
地理	数学	英語	家庭科	

放送内容　《試験の日程》

W : Your math test is tomorrow, isn't it?

M : No, we don't have any tests tomorrow. The tests start on Tuesday.

W : I see. So, the math test is the day after tomorrow, then?

M : That's right. I have math—then science right afterward. It'll be a hard day.

Question : Which is the correct schedule?

訳　女性：あなたの数学の試験は明日よね？

男性：いや，明日，試験は１つもないよ。試験は火曜日から始まるんだ。

女性：そうなのね。じゃあ，数学の試験は明後日ってことね？

男性：そうさ。数学の試験と，それからすぐ後に理科の試験だよ。大変な日にな

ると思うよ。

質問：どれが正しいスケジュールですか。

男性の1つ目の発言 No, we don't have any tests tomorrow. The tests start on Tuesday.「いや，明日，試験は1つもないよ。試験は火曜日から始まるんだ」より，試験日程表のうち火曜日から科目名の埋まっている②，③に絞る。さらに，男性は2つ目の発言で I have math—then science right afterward.「数学の試験と，それからすぐ後に理科の試験だよ」と答えているため，火曜日の時間割が数学→理科の順になっている③が正解。

問3　10　正解は②

放送内容　《学園祭用のポスターについての議論》

M : What do you think of our poster for the school festival?
W : The color and design are great, but the picture doesn't seem right.
M : Should we use a bowl without a pattern?
W : I like the pattern. It's just that the picture shows vegetables, and there aren't any in the curry recipe.
M : Good point. I'll ask them to change it right away.

W：Great. I can't wait to see it.

Question：Which poster are the speakers looking at？

訳 男性：学園祭用のポスターについてどう思う？
女性：色とデザインはとてもいいんだけど，絵が合っていないように思えるわ。
男性：模様の付いていないカレー皿にした方がいいかな？
女性：模様はいいと思うの。絵には野菜が描かれているけれど，（実際の）カレーのレシピには野菜が全く入っていないってだけのことよ。
男性：確かにそうだね。すぐに変更するよう頼んでみるよ。
女性：いいわね。待ち遠しいわ。

質問：話者らはどのポスターを見ていますか。

◇ right「合っている，適切な」 ◇ a bowl「どんぶり，椀」 ◇ a pattern「模様」
◇ Good point.「それはいい指摘だね，いい点をついているね」
◇ right away「すぐに，ただちに」

男性の2つ目の発言 Should we use a bowl without a pattern？「模様の付いていないカレー皿にした方がいいかな？」に対し，女性は I like the pattern.「模様はいいと思うの」と答えているため，②，④のポスターについて話しているとわかる。続く女性の2つ目の発言第2文 It's just that the picture shows vegetables, and there aren't any in the curry recipe.「絵には野菜が描かれているけれど，（実際の）カレーのレシピには野菜が全く入っていないってだけのことよ」より，カレーの具として野菜の絵が描かれている②が正解となる。

男性の2つ目の発言 a bowl without a pattern の bowl が深めの皿を表す語で本問ではカレー皿を指すことと，pattern が皿に描かれている模様を指すことを理解できるかどうかがポイント。イラストの違いとして，皿に模様が描かれていない①，③と，描かれている②，④の違いを先にチェックしておくこと。また，②，③では深めの皿になっていることを押さえておく。このような深皿は dish ではなく，bowl と言うことを知っていれば聞き取りに役立つ。

問4 11 正解は①

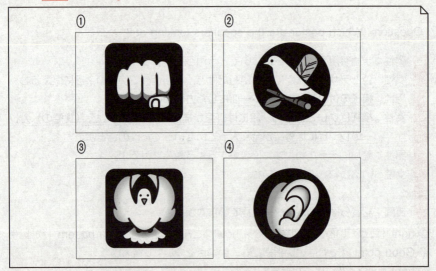

> 放送内容 《お勧めのアプリ》
>
> M : I want to try that smartphone application you recommended.
> W : Sure, you can use it on my phone. Here.
> M : Thanks. Is it one of these ones on the main screen?
> W : Yes. It has a square icon with round corners.
> M : That means it must be this one or this one.
> W : Right. Umm, not the one with a bird on it. The other one.
>
> Question : What application will the man try?

訳 男性：君が勧めてくれたスマホのアプリを試してみたいんだけど。
女性：もちろん，私のスマホで使ってみるといいわ。どうぞ。
男性：ありがとう。ホーム画面上のこれらのアプリの1つだっけ？
女性：えぇ。角が丸っこくなってる四角のアイコンよ。
男性：それなら，これかこれで間違いないね。
女性：そうね。うーんと，鳥の絵が付いたものではないわね。もう1つの方よ。

質問：男性が試してみようとしているアプリはどれですか。

女性のスマホを使って男性がアプリを試そうとしている状況。イラストより，アイコンの形と図柄に関する情報を聞き取ればよいとわかる。女性の2つ目の発言第2文

It has a square icon with round corners.「角が丸っこくなってる四角のアイコンよ」より，①と③に絞る。さらに，女性の3つ目の発言第2文 Umm, not the one with a bird on it.「うーんと，鳥の絵が付いたものではないわね」より①が正解となる。one と it はどちらも application を指す。この女性の発言は速くて聞き取りにくいかもしれないが，not と bird がはっきり聞こえることと，続く The other one. から，bird でない方を選ぶこともできる。

アイコンの形を表す表現として，女性の2つ目の発言中の round に引っ張られて②，④に絞らないよう注意。round や round shape は②，④のような丸い形を表す表現であるが，対話中の round は直後の corners「角」にかかる形容詞で「丸みを帯びた」の意味である。

第3問 短い対話を聞いて問いに答える問題

> **放送内容** 《第3問の説明》
>
> 　第3問　第3問は問1から問4までの4問です。それぞれの問いについて，対話の場面が日本語で書かれています。対話を聞き，問いの答えとして最も適切なものを，四つの選択肢（①〜④）のうちから一つずつ選びなさい。聞き取る対話は1回流します。
>
> 　では，始めます。

問1　　12　　正解は③

> 問　話者らは今日の午前中に何をするつもりですか。
> 　① 映画館と家具店に行く。　　　　② 家具店とレストランに行く。
> 　③ 図書館と映画館に行く。　　　　④ レストランと書店に行く。

> **放送内容** 《2人の午前の予定》
>
> W : I'd like to go to the furniture store this morning to choose a new sofa.
> M : Can we do that tomorrow? I have nothing to read, so I'd like to borrow a book this morning.
> W : OK. Well, how about seeing a movie after you choose a book?
> M : That sounds good. Where should we have lunch?

> 訳　女性：今日の午前中，新しいソファを選びに家具店に行きたいわ。
> 　　男性：それは明日にできないかな？　読むものが何もないから，今日の午前中は本を借りに行きたいんだ。

100 共通テスト 実戦創作問題②：英語（リスニング）〈解答〉

女性：わかったわ。じゃあ，あなたが本を選んだ後に映画を見るのはどう？
男性：それがいいね。どこで昼食をとろうか？

選択肢が全て行く場所になっていることに注目しておく。女性の1つ目の発言 I'd like to go to the furniture store this morning「今日の午前中に家具店に行きたい」に対し，男性はまず Can we do that tomorrow？「それは明日にできないかな？」と提案し，次に I'd like to borrow a book this morning「今日の午前中は本を借りに行きたい」と述べている。女性はこれに対して OK. と承諾していることから，家具店へは明日行くことと行き先の1つが本を借りる場所の a library「図書館」だとわかる。よって，③が正解。また，女性の2つ目の発言第2文の Well, how about seeing a movie after you choose a book？「じゃあ，あなたが本を選んだ後に映画を見るのはどう？」という提案に，男性は That sounds good. と同意しており，もう1つの行き先は a cinema「映画館」となることも答えを絞るヒントとなる。

問2 　13　正解は④

> 問 男性はこれからどうするつもりですか。
> ① バスの時刻表を確認する。　　② 他の乗客と話す。
> ③ 別のバスを待つ。　　　　　　④ 病院まで歩いて行く。

放送内容　《バスの乗り過ごし》

M : Excuse me. I've never taken this bus before. I'm going to Redland Hospital. Where should I get off？

W : You missed your stop, I'm afraid. <u>You should get off at the next stop. It's only a 10-minute walk from there.</u> I think it'll be faster than waiting for another bus to come.

M : <u>I'll do that.</u> Thanks.

訳　男性：すみません。このバスに今までに乗ったことがないんです。レッドランド病院に行きたいんですが，どこで降りたらいいでしょうか？
女性：残念ですが，乗り過ごしてますね。<u>次のバス停で降りたらいいですよ。そこからなら徒歩で10分しかかからないので。</u>他のバスが来るのを待っているよりもその方が早いと思いますよ。
男性：<u>そうします。</u>ありがとう。

◇ get off「降りる」　◇ miss *one's* stop「（バス停や駅を）乗り過ごす」
降りるべきバス停を尋ねた男性に対し，女性は乗り過ごしていると言い，You should get off at the next stop. It's only a 10-minute walk from there.「次のバ

ス停で降りたらいいですよ。そこからなら徒歩で 10 分しかかからないので」とアドバイスしている。there は the next stop「次のバス停」を指す。男性は 2 つ目の発言で I'll do that.「そうします」と答えているので, これから次のバス停で降りて, 目的地の病院まで歩いて行くと考えられる。よって, ④が正解。

女性の発言最終文 I think it'll be faster than waiting for another bus to come. で聞こえてくる単語を用いた③を選ばないように注意。it は直前の文の内容を受け,「そこ（次のバス停）から歩くこと」を意味しており, 他のバスを待つより歩いた方が早いとアドバイスしている。

①は本文中に言及なし。②は, そのようなことを次にするとは考えられない。

問3 　14　　正解は②

問	男性はメニューについてどう言っていますか。

①　面白い品が載っている。　　②　とても人気がある。

③　最新のものにすべきである。　④　スタッフ会議で作成された。

放送内容 《レストランスタッフの会話》

W : We've had a lot more people in the restaurant since we introduced the new menu.

M : Yes. A lot of people have been saying great things about it.

W : We might need to get some more tables for the dining room if this continues.

M : I know. We should suggest that at the next staff meeting.

W : I'll put it on the agenda.

訳　女性：新メニューを導入して以来, レストランのお客さんが以前よりずっと増えたわ。

男性：あぁ。**多くの人が新メニューを褒めてくれているよ。**

女性：この状況が続くようなら, 食堂用にテーブルをいくつか買い足す必要があるかもしれないわね。

男性：そうだね。次のスタッフ会議で提案した方がいいね。

女性：私はそれを議題に載せるつもりよ。

◇ a lot ＋比較級「ずっと～な」　a lot は比較級の強調。

◇ introduce(d)「～を導入する」

◇ say great things about ～「～を褒める, ～のことを良く言う」

◇ the〔an〕agenda「議題」　◇ put A on the agenda「A を議題に載せる」

女性が 1 つ目の発言で We've had a lot more people in the restaurant since we introduced the new menu. 「新メニューを導入して以来，レストランのお客さんが以前よりずっと増えたわ」と述べたのに対して，男性は Yes. と同意し，続けて A lot of people have been saying great things about it. 「多くの人がそれ（＝the new menu）を褒めてくれているよ」と述べている。よって，say great things about it（＝the new menu）が very popular に言い換えられている②が正解である。

say great things about it は「それについて素晴らしいことを言っている」，すなわち，「それ（＝新メニュー）を褒めている」の意。great things の部分のみに注目し，これをメニューに掲載されている食べ物と解釈して①にしないように注意。

③の update は「～を最新の状態にする，～を改定する」の意。女性の1つ目の発言に the new menu とあるが，introduced the new menu が過去形であることから，すでに新メニューを導入して改定されていることがわかる。

④の a staff meeting は男性の2つ目の発言第2文 We should suggest that at the next staff meeting. で登場するが，この that は直前の女性の発言中にある to get some more tables for the dining room「食堂用にテーブルをいくつか買い足すこと」を指しており，メニューとは関係がない。

問4　15　正解は①

> 問　2人が同意している点はどこですか。
> ① その本はもっと短い方がよかった。
> ② その本はとても面白かった。
> ③ 表紙が少しつまらなそうに見えた。
> ④ その映画の方がずっと面白かった。

放送内容　《本の感想》

M : I didn't really like that book we had to read for our English class.
W : Really？ I thought it was quite good, but it was a bit too long.
M : I thought so, too. I was bored in parts of it.
W : The cover made it look much more exciting than it really was.
M : Yeah, I started looking forward to it when I saw that.

訳　男性：英語の授業で読まないといけなかったあの本だけど，僕はあまり好きじゃなかったな。
　　女性：本当？　私はなかなかいいと思ったけど，少し長すぎたわね。
　　男性：僕もそう思ったんだ。本のところどころで退屈したよ。
　　女性：表紙を見る限りでは，実際よりもずっと面白そうに見えたのにね。

共通テスト 実戦創作問題②：英語（リスニング）〈解答〉　**103**

■ 男性：そうそう，表紙を見たときには楽しみにしていたんだけどなぁ。

◇ not really「あまり〜ない」　◇ quite「かなり，なかなか」　◇ a bit「少し」
◇ bored「退屈した，飽き飽きした」　◇ in parts of 〜「〜の一部分において」

選択肢の主語が異なる点と，主語への評価がプラスマイナスで分かれていることに注目しておく。話題の中心は，男性の1つ目の発言中に登場する that book we had to read for our English class「英語の授業で読まないといけなかったあの本」である。book の直後に（目的格）関係代名詞 which〔that〕が省略されている。男性は I didn't really like と述べているので，悪い印象を持っているとわかる。これに対し，女性は1つ目の発言で I thought it was quite good「なかなかいいと思った」と良い評価をしているものの，but it was a bit too long「でも少し長すぎたわね」と悪い点も指摘している。この発言に対し，男性は2つ目の発言で I thought so, too.「僕もそう思ったんだ」と同意を示していることから，本に関する2人の意見で一致している点は「本が長すぎる」という点であることがわかる。よって，①が正解。should have *done* は「〜すべきだったのに（実際にはそうではなかった）」の意。ここでは「本はもっと短くあるべきだったのに（実際には長すぎた）」という意味。②は男性の1つ目の発言 I didn't really like that book … に当てはまらない。③の The cover については，女性の2つ目の発言に The cover made it look much more exciting than it really was.「表紙を見る限りでは，実際よりもずっと面白そうに見えたのにね」とあり，男性もこの意見に同意しているので不適。④の much more exciting というフレーズは，女性の2つ目の発言 The cover made it look <u>much more exciting</u> than it really was. に含まれているが，主語の The cover は話題の中心である本の「表紙」のことで，選択肢にある The movie ではない。ちなみに it は that book を指し，it really was の後には exciting が省略されている。直訳すると「その本の表紙がそれ（＝本）を実際（にその本が面白い程度）よりもずっと面白く見せた」となる。

第4問A　モノローグを聞いて図表を完成させる問題

放送内容　《第4問Aの説明》

　第4問A　第4問Aは問1・問2の2問です。話を聞き，それぞれの問いの答えとして最も適切なものを，選択肢のうちから選びなさい。聞き取る英語は1回流します。

　では，始めます。

問1　　正解は④→③→②→①

放送内容　《鍵の行方》

　I rode my bicycle to the supermarket this morning. I had some bottles for recycling in the basket. When I got to the supermarket, I left the bottles at the recycling station and went inside to do my shopping. When I came out, I put my shopping bags in the basket and rode home. However, I couldn't get into my house because I couldn't find my keys. I left my shopping at the front door and rode back to the supermarket. I was looking for my keys all the way back. When I got to the supermarket, I checked the recycling station and I found my keys under all the bottles.

共通テスト 実戦創作問題②：英語（リスニング）〈解答〉　**105**

訳　今朝，僕は自転車に乗ってスーパーに行った。自転車のカゴにはリサイクル用のペットボトルを数本入れていた。スーパーに到着すると，リサイクル品集積所にそのペットボトルを置いて，中に入って買い物をした。外に出ると，自転車カゴに買い物袋を入れて，自転車で帰宅した。しかし，鍵が見つからなかったので家に入ることができなかった。玄関先に買ったものを置いて，自転車でスーパーまで戻った。（スーパーに）戻る道すがら僕はずっと鍵を探していた。スーパーに到着し，リサイクル品集積所を確認すると，鍵が全てのペットボトルの下にあるのを見つけた。

◇ get to ~「~に到着する」　◇ the〔a〕recycling station「リサイクル品集積所」
◇ shopping「買い物／買ったもの」　◇ get into ~「~の中に入る」
◇ the front door「玄関」　◇ all the way「ずっと，はるばる」

16　正解は④
第1文 I rode my bicycle to the supermarket「僕は自転車に乗ってスーパーに行った」より，男性が自転車に乗っている様子の描かれている②か④に絞る。イラストの違いは自転車カゴの中身の有無。第2文 I had some bottles for recycling in the basket.「自転車のカゴにはリサイクル用のペットボトルを数本入れていた」より④が正解。

17　正解は③
第3文 When I got to the supermarket, … and went inside to do my shopping.「スーパーに到着すると…中に入って買い物をした」より，スーパーの中で買い物をしている様子の③を選ぶ。
①のイラストには第3文中に登場する the recycling station「リサイクル品集積所」が描かれているが，イラスト中の男性が手に持っている鍵に関する情報は第3文までには全く出てこないので，①はもっと後の場面だと判断する。

18　正解は②
第6文 I left my shopping at the front door and rode back to the supermarket.「玄関先に買ったものを置いて，自転車でスーパーまで戻った」より，自転車カゴに何も入っていない自転車に乗っている男性が描かれている②が正解となる。

19　正解は①
最終文の I checked the recycling station and I found my keys「リサイクル品集積所を確認して，鍵を見つけた」より，リサイクル品集積所で手に鍵を持っている男性のイラストである①が正解。

106 共通テスト 実戦創作問題②：英語（リスニング）〈解答〉

問2　20　21　22　23　　正解は④，④，③，②

① 10％　　② 15％　　③ 20％　　④ 25％　　⑤ 30％

商品	割引
ジュース	20
牛乳	21
野菜	
パン	22
アイスクリーム	23
パスタ	

【放送内容】 《スーパーのセール準備》

　Today, I'd like you to make a poster for the front of the store. We're offering discounts in the different sections. Make sure you write the correct discounts for each section. First, <u>we're offering 20 percent off on all baked goods</u>. There's <u>25 percent off on all fruit and vegetables</u>. Umm ... <u>the same discount applies to all drinks</u>. Let me see. Oh, yeah, <u>we're giving them 15 percent off on all desserts, too.</u>

【訳】　今日は店頭用のポスターを作ってもらいたいと思っています。さまざまな売り場で値下げをすることになっています。売り場ごとに必ず正しい割引率を記入してください。まず，<u>焼いたパンやお菓子は全て 20 パーセント割引とします。</u>果物と野菜は全品 <u>25 パーセント割引</u>です。あと…<u>飲料類にも全品同じ割引率を適用しましょう。</u>ちょっと考えさせてくださいね。あぁ，そうですね，<u>デザート類も全て 15 パーセント割引にしましょう。</u>

◇ offer「～を提供する」　◇ make sure S V「必ず～するよう注意する」
◇ apply to ～「（規則などが）～に適用される」

20　正解は④　　21　正解は④

Juices「ジュース」および Milk「牛乳」にあたるのは，第 6 文文末の drinks「飲料類」である。the same discount applies to all drinks「飲料類にも全品同じ割引率を適用しましょう」の the same discount は直前の第 5 文中の 25 percent off を指すため，どちらも④が正解となる。

共通テスト 実戦創作問題②：英語（リスニング）〈解答〉 **107**

22 正解は③

Bread「パン」は，放送英文中では baked goods「焼いたパンやお菓子」と言い換えられている点に注意。baked goods を含む第4文 First, we're <u>offering 20 percent off</u> on all baked goods. より，③が正解。

23 正解は②

Ice-cream「アイスクリーム」はデザート類なので，最終文参照。we're giving them <u>15 percent off on all desserts</u> より②が正解。

第4問B   複数の情報を聞いて条件に合うものを選ぶ問題

放送内容 《第4問Bの説明》

　第4問B　第4問Bは問1の1問です。四人の説明を聞き，問いの答えとして最も適切なものを，選択肢のうちから選びなさい。

　メモを取るのに下の表を使ってもかまいません。状況・条件及び問いが問題冊子に書かれているので，読みなさい。聞き取る英語は1回流します。

　では，始めます。

問1　24　正解は③

① 吹奏楽部	② 演劇部	③ 野球部	④ ランニング部
	A．安い	B．プレッシャーがない	C．初心者歓迎
① 吹奏楽部			
② 演劇部			
③ 野球部			
④ ランニング部			

108 　共通テスト 実戦創作問題②：英語（リスニング）〈解答〉

放送内容 《大学での部活選び》

1：The brass band club meets almost every day. <u>Most of the members were in a brass band in high school, so it might be hard for beginners to contribute</u>. Also, you need to supply your own instrument. <u>That might be expensive if you don't already have one</u>.

2：The theater club is a lot of fun. We're just a group of people who really love acting. <u>It doesn't cost anything to be a member</u>. <u>Our acting coach is a volunteer, and we get a free room from the university</u>. <u>You will have to attend every meeting, though</u>.

3：I'm sure you'd love the baseball club. We rarely play against other teams, so <u>you can just join us when you have some free time</u>. <u>Anyone is welcome to join even if you don't know the rules</u>. We have some old gloves and bats so <u>you won't have to spend any money</u>.

4：The running club meets every Saturday morning. <u>You should be able to run at least 10 kilometers</u>. We often lead groups of people around the local running trails. <u>If you don't come and help, it could be a big problem</u>. <u>It's not expensive</u> — you just need some running shoes.

訳 1：吹奏楽部はほぼ毎日活動をしています。<u>部員のほとんどは高校時代に吹奏楽部に所属していた人なので，初心者が活躍するのは難しいかもしれません。</u>また，自分の楽器は自分で準備する必要があります。<u>まだ自分の楽器を持っていない場合は，高くつくかもしれませんね。</u>

2：演劇部はとても楽しいですよ。私たちは，演じることが本当に大好きな人たちがただ集まったようなサークルです。<u>部員になってもお金は全くかかりません。</u>演技指導の先生はボランティアでやってくれていますし，大学から無料の部屋を借りています。<u>ミーティングには毎回出席しなければなりません</u>けどね。

3：きっと野球部がとても気に入ると思いますよ。他のチームと対戦することはめったにありませんので，<u>時間があるときに参加するだけでもいいんです。</u><u>ルールを知らなくても，参加してくれるならどんな人でも歓迎しますよ。</u>中古のグローブとバットがあるので，<u>お金がかかることは全くありませんよ。</u>

4：ランニング部は毎週土曜日の午前中に活動しています。<u>少なくとも 10 キロは走れなければなりません。</u>私たちは，集団の先頭に立って地域のジョギングコースを走ることがよくあります。その<u>お手伝いに来ていただけないようなら，大変困ります。</u>ランニングシューズが必要なだけで，<u>お金がかなりかかるということはありません。</u>

共通テスト 実戦創作問題②：英語（リスニング）〈解答〉 **109**

◇ meet「集まる，（会が）開かれる」 ◇ contribute「寄与する，戦力になる」
◇ supply「〜を提供する」 ◇ an instrument「楽器」 ◇ theater club「演劇部」
◇ acting coach「演技指導者」 ◇ 〜, though.「（文中・文尾で）でも，しかし」
◇ I'm sure S V「きっと〜するだろう」 ◇ rarely「めったに〜ない」
◇ play against 〜「〜と対戦する」 ◇ at least「少なくとも」
◇ lead「〜の先頭に立って行く，〜を指導する」 ◇ the〔a〕trail「道」

条件A．Cheap「安い」に関しては，聞き取りに際して金銭関連の表現（expensive, free, cost, spend など）に注意しておく。部活に必要な準備物とその費用の情報から判断する箇所である。

条件B．No Pressure「プレッシャーがない」に関しては，should や have to *do*, need to *do* といった強めの表現に注意して聞き取ることで，入部後に強制されることの有無を把握し，気軽に参加できる雰囲気かどうかを判断する。

条件C．Beginners Welcome「初心者歓迎」については，beginners や welcome といった語に注意して聞き取る。経験の有無に関する情報も判断の材料になる。

①は，1 の第2文 Most of the members were in a brass band in high school, so it might be hard for beginners to contribute.「部員のほとんどは高校時代に吹奏楽部に所属していた人なので，初心者が活躍するのは難しいかもしれません」より，条件C（初心者歓迎）に当てはまらない。また，最終文 That might be expensive if you don't already have one.「まだ自分の楽器を持っていない場合は，高くつくかもしれませんね」から条件A（安い）にも該当しない。

②は，2 の第3文の It doesn't cost anything「お金は全くかかりません」および第4文 Our acting coach is a volunteer, and we get a free room from the university.「演技指導の先生はボランティアでやってくれていますし，大学から無料の部屋を借りています」より，条件A（安い）に当てはまる。しかし，最終文の You will have to attend every meeting, though.「ミーティングには毎回出席しなければなりませんけどね」より，ミーティングへの参加が毎回強制であるとわかり，条件B（プレッシャーがない）に合わない。

③は，3 の第2文後半 you can just join us when you have some free time「時間があるときに参加するだけでもいいんです」より，かなり気軽に参加できる部活であることがわかる。さらに，入部後に必ずやらなければならないことが述べられていない点からも，条件B（プレッシャーがない）に当てはまる。続く第3文 Anyone is welcome to join even if you don't know the rules. の anyone「誰でも」や even if you don't know the rules「ルールを知らなくても」といった表現から，野球の経験が皆無でもよいとわかるので，条件C（初心者歓迎）も満たしている。さらに，最終文後半の you won't have to spend any money「お金がかかることは全く

110 共通テスト 実戦創作問題②：英語（リスニング）〈解答〉

ありません」が条件A（安い）を満たしているため，**③が正解**。

④は，4の最終文 It's not expensive「お金がかなりかかるということはありません」から，条件A（安い）は満たしているとわかる。ただし，第2文 You <u>should</u> be able to run at least 10 kilometers.「少なくとも10キロは走れなければなりません」より，条件C（初心者歓迎）に当てはまらない。さらに，この第2文と第4文 If you don't come and help, it could be a big problem.「お手伝いに来ていただけないようなら，大変困ります」から，条件B（プレッシャーがない）にも当てはまらない。

		A．安い	B．プレッシャーがない	C．初心者歓迎
①	吹奏楽部	×	?	×
②	演劇部	○	×	?
③	野球部	○	○	○
④	ランニング部	○	×	×

共通テスト　実戦創作問題②：英語（リスニング）〈解答〉　111

第5問　講義の内容と図表の情報を使って問いに答える問題

放送内容　《第5問の説明》

第5問　第5問は問1(a)〜(c)と問2の2問です。講義を聞き，それぞれの問いの答えとして最も適切なものを，選択肢のうちから選びなさい。

状況と問いが問題冊子に書かれているので，読みなさい。聞き取る英語は1回流します。

では，始めます。

ワークシート

○情報源としてのソーシャルメディアの成長

ソーシャルメディアの利用（日本）

2014年：

2015年：

＞　伸長： 25

○ニュース提供者としての従来のメディアとソーシャルメディアの比較

	伝達媒体	配信・配布： ①無料 / ②有料	信頼度： ③高い / ④低い
ソーシャル メディア	オンライン コンテンツ	26	27
従来の メディア	新聞や雑誌	28	29
	オンライン コンテンツ	無料 / 有料	高い
	テレビ放送	30	31

放送内容　《情報を得る手段の変化》

In many countries, social media is becoming more popular than traditional news sources such as newspapers and television broadcasts. The growth in social media as a news source could be a result of increased use of smartphones and tablets. Today we will compare social media with traditional media and discuss some advantages and disadvantages.

Depending on the country, the reliance on social media for news varies.

Japanese still rely on print media more than people of many other nations. Nevertheless, a study conducted in 2015 showed that even the Japanese are starting to adopt social media as a news source. While only 16 percent of people in Japan got their news from social media in 2014, in just 12 months, that number grew to 21 percent.

The change may be due to factors such as the economic benefits and convenience of social media compared with traditional media. Newspapers are relatively cheap, but their cost can add up over time. Recently, some traditional newspapers and magazines have started charging readers for access to online content. Social networking services, on the other hand, do not charge users because they do not have the printing and distribution expenses that newspaper and magazine publishers do. Like social networking services, most broadcast television stations earn money through advertising and do not charge viewers to see the news.

A big difference between the two sources of news is how much we trust them. Surveys show that people tend to trust news on broadcast stations much more than news on social networks. Social networks are also far less trusted than printed newspapers and magazines.

訳　ソーシャルメディアは多くの国で，新聞やテレビ放送といった従来の情報源よりも一般的なものになりつつあります。ソーシャルメディアが情報源として成長したのは，スマートフォンやタブレットの利用が増加した結果でしょう。今日は，ソーシャルメディアと従来のメディアを比較し，長所と短所について議論をしていきたいと思います。

　ソーシャルメディアから入手する情報を信頼する度合いは，国によりさまざまです。他の多くの国の人々と比べると，日本人はいまだに活字媒体の方により大きな信頼を置いています。それにもかかわらず，2015 年に実施された研究では，日本人でさえも情報源としてソーシャルメディアを受け入れ始めているということがわかりました。ソーシャルメディアから情報を入手する日本人の割合は，2014 年にはたった 16 パーセントでしたが，ほんの 12 カ月でその数値は 21 パーセントにまで伸びたのです。

　この変化は，従来のメディアと比べると，ソーシャルメディアには経済的な利点があり，便利であるといった要因によるものなのかもしれません。新聞は比較的安価ですが，その利用が長期にわたるとコストはかさむことがあります。最近では，昔ながらの新聞や雑誌の一部は，オンラインコンテンツを閲覧できるサー

ビスを有料で読者に提供し始めています。**一方 SNS の場合，新聞社や雑誌社が支払っているような印刷や流通にかかる経費の負担がないので，利用者に料金を請求することはありません。**SNS と同様に，ほとんどのテレビ局は広告を通して収入を得ているので，ニュースを見る視聴者には料金がかかりません。

この2つの情報源の大きな違いは，**それぞれのメディアへの信頼度です。**調査によると，**人々はソーシャルネットワーク上の情報よりもテレビ局が提供する情報の方にはるかに高い信頼を置く傾向がある**ということがわかっています。**また，ソーシャルネットワークは，印刷された新聞や雑誌よりも信頼度はずっと低いのです。**

（ワークシート）◇ medium「伝達媒体」

（第1段）◇ popular「一般化した」

◇ news source(s)「情報源，ニュースソース」

◇ television broadcast(s)「テレビ放送」

（第2段）◇ depending on ～「～次第で，～に応じて」

◇ reliance（on ～）「（～への）信頼，依存」 *cf.* rely on *A* for *B*「*B* について *A* に依存する，頼る」

◇ vary「異なる」 ◇ print media「活字媒体」

◇ nevertheless「それにもかかわらず」

◇ adopt「～を受け入れる，～を採用する」

（第3段）◇ due to ～「～に起因して，～が原因で，～のせいで」

◇ factor(s)「要因」 ◇ economic benefit(s)「経済的利益，経済的恩恵」

◇ relatively「比較的」 ◇ add up「（額・量が）大きなものになる」

◇ over time「時間が経つと，長期にわたれば」

◇ charge *A* for *B*「*A*（人）に *B* の分の料金を課す」

◇ access to ～「～へのアクセス，～を利用できること」

◇ distribution「流通，配布」 ◇ expense(s)「費用，出費」

（最終段）◇ survey(s)「調査」

◇ far＋比較級「はるかに～，ずっと～」 far は比較級を強調。

問1(a)　| 25 |　正解は①

| ① 5％上昇 | ② 5％減少 | ③ 16％上昇 |
| ④ 16％減少 | ⑤ 21％上昇 | ⑥ 21％減少 |

ワークシートの空所| 25 |は Growth「伸長」の項目である。ワークシートや選択肢の表現から，Social Media Use (Japan)「ソーシャルメディアの利用（日本）」が2014年から2015年でどのように変化したのかを聞き取る問題であると判断できる。

114 共通テスト 実戦創作問題②：英語（リスニング）〈解答〉

また，選択肢すべてに％と up / down という語が含まれることから，percent（％）
という語，利用率にあたる数値を表す数字，年を表す 2014（twenty-fourteen）や
2015（twenty-fifteen）という語に注意して聞き取る。

2015 という語は第 2 段第 3 文前半 Nevertheless, a study conducted in <u>2015</u> … で
登場するが，この文にはソーシャルメディア利用率に関する情報は含まれていない。
続く第 4 文前半 While only 16 percent … in 2014「ソーシャルメディアから情報を
入手する日本人の割合は，2014 年にはたった 16 パーセントでした」より 2014 年の
普及率は 16％，同文後半 in just 12 months, that number grew to 21 percent
「ほんの 12 カ月でその数値は 21 パーセントにまで伸びました」より 2014 年の 12 カ
月後となる 2015 年の利用率は 21％であるとわかる。利用率の差は 21％ － 16％ ＝
（＋）5％となるので①が正解。選択肢の by は「～の差で」の意。放送英文では 2015
年という表現がそのまま使われず，2014 年の情報に続く in just 12 months で表さ
れている点に注意。また，grew to 21 percent の部分だけで⑤にしないこと。grow
to ～ は「（成長して）～になる」の意。「～分増える」と差を表す場合は grow by ～
となる。

問 1 (b)

① 無料	② 有料	③ 高い	④ 低い

ワークシート中の表題より traditional media「従来のメディア」と social media
「ソーシャルメディア」が比較されているとわかるので，comparison「比較」に近い
表現が登場する部分をしっかり聞き取る。まず，第 1 段最終文に compare social
media with traditional media が登場するが，これはこの講義のテーマを示す 1 文
で，具体的な比較が始まるのは第 3 段第 1 文の The change may … of <u>social media
compared</u> with <u>traditional media</u>. 以降である。 26 ， 28 ， 30 は，Distribu-
tion「配信・配布」が free「無料」か paid「有料」かについてであるから，料金に
関する情報を聞き取る必要があるとわかる。

表右端の How reliable are they？「どれだけ信頼できるか（信頼度）」については，
最終段第 1 文（A big difference …）中の how much we trust them の trust「～
を信頼する」が reliable「信頼できる」の関連語であるため， 27 ， 29 ， 31
に関する情報は最終段から聞き取ることになる。

26 正解は①

第 3 段第 4 文 Social networking services, on the other hand, do not charge
users …「一方 SNS は…利用者に料金を請求しない」より①が正解。

共通テスト 実戦創作問題②：英語（リスニング）〈解答〉 115

| 27 | 正解は④

最終段第2文の people tend to trust news on broadcast stations much more than news on social networks「人々はソーシャルネットワーク上の情報よりもテレビ局が提供する情報の方にはるかに高い信頼を置く傾向がある」より，Social Media への信頼度は低いとわかる。さらに同段最終文の Social networks are also far less trusted than printed newspapers and magazines.「また，ソーシャルネットワークは，印刷された新聞や雑誌よりも信頼度はずっと低いのです」とあることから④が正解とわかる。

| 28 | 正解は②

第3段第2文の Newspapers are relatively cheap より有料であることがわかる。さらに，同段第4文（Social networking services, …）後半の they do not have the printing and distribution expenses that newspaper and magazine publishers do「それら（SNS）は，新聞社や雑誌社が支払っている印刷や流通にかかる経費負担がない」も，無料の SNS と対比させる形で新聞や雑誌が有料であることを示している。よって，②が正解となる。

| 29 | 正解は③

最終段最終文 Social networks are also far less trusted than printed newspapers and magazines.「また，ソーシャルネットワークは，印刷された新聞や雑誌よりも信頼度はずっと低いのです」より，新聞や雑誌の情報への信頼度の方が高いと言える。よって③が正解。

| 30 | 正解は①

Broadcast TV「テレビ放送」に関することなので，同じ語を含む第3段最終文を注意して聞くとよい。Like social networking services, most broadcast television stations … do not charge viewers to see the news.「SNS と同様に，ほとんどのテレビ局は…ニュースを見る視聴者には料金がかかりません」より，①が正解。

| 31 | 正解は③

最終段第2文の people tend to trust news on broadcast stations much more than news on social networks「人々はソーシャルネットワーク上の情報よりもテレビ局が提供する情報の方にはるかに高い信頼を置く傾向がある」より，③が正解。

116　共通テスト　実戦創作問題②：英語（リスニング）〈解答〉

○情報源としてのソーシャルメディアの成長

ソーシャルメディアの利用（日本）

2014年：16%
2015年：21%
→ 伸長：① 5%上昇

○ニュース提供者としての従来のメディアとソーシャルメディアの比較

	伝達媒体	配信・配布： ①無料 / ②有料	信頼度： ③高い / ④低い
ソーシャル メディア	オンライン コンテンツ	① 無料	④ 低い
従来の メディア	新聞や雑誌	② 有料	③ 高い
	オンライン コンテンツ	無料 / 有料	高い
	テレビ放送	① 無料	③ 高い

問1 (c)　32　正解は①

① ニュースのこととなると，利便性と費用が私たちの選択に影響を与える。
② 人々が正確なニュースを確実に手に入れることができるようにするためには，新しい規定が必要である。
③ 人々はどこからニュースを入手するかに関して，より慎重になりつつある。
④ インターネットを通じて社会的なネットワークを構築することで，人々はニュースにより詳しくなっている。

第1・2段では，情報源としてソーシャルメディアを利用する人が急増していることが述べられ，第3段第1文では The change may be due to factors such as the economic benefits and convenience of social media … と，人々が情報源にソーシャルメディアを選択する理由に economic benefits「経済的な利点」と convenience「利便性」が挙げられている。以上より①が正解となる。

③の where they get news from「どこから情報を得るか」はまさに講義のテーマであるものの，becoming more careful「より慎重になっている」とは述べられていない。

②と④は本文中に言及なし。ensure that S V「～ということを確実にする」 accurate「正確な」 knowledgeable about ～「～に精通している，～に詳しい」

問2 33   正解は②

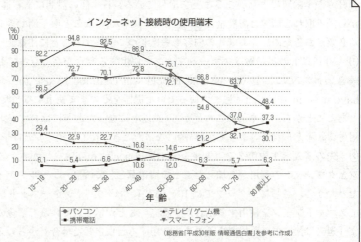

① 高齢になったとき，人々はスマートフォンへの関心を失うだろう。
② ソーシャルメディアはおそらく情報源として成長し続けるだろう。
③ ソーシャルネットワークはニュース記事の閲覧を有料にし始めるだろう。
④ テレビの情報を信頼する人々の数は大幅に減るだろう。

> **放送内容** 《年齢層ごとのインターネット接続機器の違い》
>
> At the beginning of this lecture, I touched on the connection between smartphones and social media. Now, take a look at the following graph which shows the devices people of different ages rely on when using the Internet. We can see how device preferences are different between age groups. <u>If we assume people will continue to use the devices they have used in the past</u>, what can we predict for the future?

訳　この講義の冒頭で，スマートフォンとソーシャルメディアの関連について触れましたね。では，さまざまな年代の人がインターネットを使用するときに使っている機器を示す次のグラフを見てください。年齢層により，機器の好みが異なることがわかります。<u>過去に使っていた機器をそのまま使用すると仮定した場合</u>，今後どのようなことが予測できるでしょうか？

◇ take a look at ~「~を見る」　◇ preference(s)「好み，好みによる選択」
◇ age group「年齢層」　◇ assume「~と仮定する」　◇ in the past「過去に」
◇ predict「~を予測する」　◇ for the future「将来的に，今後」

118　共通テスト　実戦創作問題②：英語（リスニング）〈解答〉

グラフおよび第2・3文より，このグラフはインターネットに接続する際に使う機器の好みが年齢層により異なることを示している。日本語の設問にある通り，「下の図から読み取れる情報と講義全体の内容から，どのようなことが予測できるか」を考える必要があるため，先の講義の内容も考慮しつつ解答することに注意。

① 50代以下の年齢層はスマートフォンを使用する割合が高くなっており，講義の続きの最終文には If we assume people will continue to use the devices they have used in the past「過去に使っていた機器をそのまま使用すると仮定した場合」とあることから，将来的にこの層が60歳以上になったときにはスマートフォンを使用すると考えられる。よって，「高齢になったとき，関心を失う」とは予測できない。

② 先の講義第1段第2文（The growth in social media …）から，スマートフォンとタブレットの利用が増加したことで情報源としてのソーシャルメディアが普及したとわかる。さらに，グラフでは10～50代について，インターネット接続機器としてスマートフォンを使用する割合が一番高いことが示されている。講義の続きの最終文「過去に使っていた機器をそのまま使用すると仮定した場合」から考えると，将来的にはより多くの世代でスマートフォンを介してインターネットを使用する傾向になると予測できる。それに伴い情報源としてソーシャルメディアを使用することも増えると考えられるので，②が正解となる。先の講義全体から，ソーシャルメディアは発達途上のメディアであることがわかるので，その点にも矛盾しない。

③ ソーシャルネットワークが記事の閲覧を有料化するかどうかを，グラフや講義の続きから判断することはできない。また，先の講義第3段第4・最終文（Social networking services, …）にSNSとテレビは無料で，新聞や雑誌は有料であると言及はされているものの，今後有料化する可能性については先の講義全体でも述べられていないため不適。

④ グラフでは，テレビの割合はどの年齢層でもかなり低くなっているものの，このグラフはあくまでもインターネット接続機器としてテレビを利用している割合を示すものであり，情報源としての信頼度に関連したものではない。さらに，先の講義最終段第2文（Surveys show that …）の「人々はソーシャルネットワーク上のニュースよりもテレビ局が提供する情報の方にはるかに高い信頼を置く傾向がある」からも将来的にテレビの情報を信頼する人の数が大幅に減るとは考えにくいため不適。

共通テスト 実戦創作問題②：英語（リスニング）〈解答〉 **119**

第6問A 対話を聞いて要点を把握する問題

> **放送内容** 《第6問Aの説明》
>
> 　第6問A　第6問Aは問1・問2の2問です。二人の対話を聞き，それぞれの問いの答えとして最も適切なものを，四つの選択肢（①～④）のうちから一つずつ選びなさい。聞き取る対話は1回流します。
>
> 　では，始めます。

> **放送内容** 《車を所有すべきかどうか》
>
> Rod : Aki, I'm thinking of buying a car with the money I made working over the summer.
>
> Aki : Why Rod? You don't have a garage or anywhere to keep a car.
>
> Rod : I'll rent a garage nearby. I know you really don't want me to get a car because they're bad for the environment.
>
> Aki : There is that, too. But I don't understand why you need a car. You can walk to both your university and your job from here.
>
> Rod : That's true, but I want to use it on the weekend to go camping.
>
> Aki : You'd have to pay for parking, maintenance, and fuel. Why not just use trains, buses, and taxis? It'll be cheaper in the end.
>
> Rod : Public transportation around here isn't very good. I want to be able to go anywhere I want whenever I want.
>
> Aki : I think you'll be too busy making money to pay for your car, and you won't be able to enjoy it.

訳　ロッド：アキ，僕は夏の間にバイトして貯めたお金で車を買おうと思ってるんだ。

　　　アキ：ロッド，どうして？　ガレージも車を置いておく場所もないのに。

　　　ロッド：近くにガレージを借りるつもりだよ。車は環境に悪いから，君が僕に本当は車を所有してほしくないってことはわかってるよ。

　　　アキ：それもあるわ。だけど，なぜあなたに車が必要なのかが理解できないのよ。ここからは大学にもバイト先にも歩いて行けるのよ。

　　　ロッド：その通りなんだけどね，週末にキャンプに行くのに車を使いたいんだよ。

　　　アキ：駐車場代に維持費，燃料費も払わなければいけなくなるのよ。電車やバスやタクシーを使うんじゃダメなの？　きっとその方が結局は安くつくのに。

　　　ロッド：この辺りの公共交通機関はあまりよくないんだよ。行きたいと思いたっ

120 共通テスト 実戦創作問題②：英語（リスニング）〈解答〉

> たときにいつでも，自分の思う場所どこにでも行けるようになりたいのさ。
>
> アキ：車のためのお金を稼ぐのに忙しすぎて，カーライフを楽しめなくなると思うわ。

◇ work over the summer「夏休み中にバイトをする」

◇ anywhere「（否定文で）どこにも／（肯定文で）どこへでも」

◇ rent「～を賃借する」 ◇ nearby「近くで」

◇ maintenance「保持，整備，管理」 ◇ fuel「燃料」

◇ Why not *do*?「なぜ～しないの？，～してはどうですか？」

◇ in the end「最後には，結局は」 ◇ whenever S V「～するときにいつでも」

◇ be busy *doing*「～するのに忙しい」

問1 　34 　 正解は②

> 問 ロッドの話の要点は何ですか。
> ① キャンプに行くことは面白い夏のレジャーになるだろう。
> ② 車があると，自分の生活はもっと便利になるだろう。
> ③ 自分は環境保護団体に志願すべきである。
> ④ 自分は違う仕事に挑戦してみたい。

ロッドの主張は「自分の車を持ちたい」ということである。その理由はロッドの3つ目の発言中の I want to use it on the weekend to go camping「週末にキャンプに行くのに車を使いたい」と，ロッドの4つ目の発言第2文 I want to be able to go anywhere I want whenever I want.「行きたいと思いたったときにいつでも，自分の思う場所どこにでも行けるようになりたい」の2つである。車を持つことで自分の好きなようにできるという部分が②の more convenience という表現に当てはまる。give *A* (more) convenience は「*A*（人）に（より優れた）利便性を与える」の意。

①の camping という語は，ロッドの3つ目の発言 That' true, but I want to use it on the weekend to go camping. に含まれるが，on the weekend「週末に」車を使用したいと述べているだけで，キャンプが summer activity「夏のレジャー」になるとは述べられていないため不適。また，キャンプに行きたいという主張に対しては，アキが3つ目の発言第2・3文（Why not just use …）で公共交通機関の方が安くつくという利点を反論に用いているのに対し，ロッドは4つ目の発言で上記の通り，車の利便性を主張していることからも，①が主な主張内容であるとは考え難い。③と④は言及されていない。また，③に含まれる environmental に近い語はロッドの2つ目の発言第2文 I know … for the environment. に登場するが，これはアキ

共通テスト 実戦創作問題②：英語（リスニング）〈解答〉　**121**

が車の所有に反対する理由をロッドが予測したもので，an environmental group「環境保護団体」に志願したいという内容ではない。

問2　　35　　正解は①

> 問　**アキの話の要点は何ですか。**
> ①　車の購入はお金の無駄になるだろう。
> ②　大学の課程を変更することはとても大変だろう。
> ③　彼らは夏期講習を受講すべきである。
> ④　電車やバス，タクシーを利用すると高くつく可能性がある。

アキの3つ目の発言第1文 You'd have to pay for parking, maintenance, and fuel.「駐車場代に維持費，燃料費も払わなければいけなくなるのよ」および第3文 It'll be cheaper in the end.「きっとその方が結局は安くつくのに」（It は直前文の use trains, buses, and taxis を指す）より，車を所有すると後からお金がいろいろとかかると主張していることがわかる。また，アキの4つ目の発言 I think you'll be too busy making money to pay for your car, and you won't be able to enjoy it.「車のためのお金を稼ぐのに忙しすぎて，カーライフを楽しめなくなると思うわ」からも，車を所有するとお金がかかるという主張が聞き取れる。よって，車を買うのはお金の無駄だという①が正解。

②，③についてはアキの会話中で触れられていない。

④の trains, buses, and taxis という表現はアキの3つ目の発言第2文 Why not just use <u>trains, buses, and taxis</u>？ に含まれるが，第3文で It'll be cheaper in the end. と続くことから，can be expensive の部分が当てはまらない。

122　共通テスト 実戦創作問題②：英語（リスニング）〈解答〉

第6問B　複数の意見（会話や議論）を聞いて問いに答える問題

放送内容　《第6問Bの説明》

　第6問B　第6問Bは問1・問2の2問です。英語を聞き，それぞれの問いの答えとして最も適切なものを，選択肢のうちから選びなさい。

　状況と問いが問題冊子に書かれているので，読みなさい。聞き取る英語は1回流します。

　では，始めます。

放送内容　《遺伝子組み換え食品に対する賛否》

　　　　Moderator : Thank you, Professor Kidd. It was a very educational talk about the benefits of genetically modified food. Your enthusiasm for the research is really clear.

Professor Kidd : Indeed. Genetically modified soybeans and corn are feeding millions of people around the world, and I'm proud to be involved.

　　　　Moderator : I'd like to offer our audience a chance to ask questions or express their opinions. Please put your hand up if you have something to say. Um ... yes, you sir. Can you give us your name and your comment or question?

　　　　　　Wally : Sure. My name's Wally. I'd like to congratulate the professor on his work. The improvements in food quality and supply are changing our way of life. In the past, many people had to worry a lot more about whether or not they would have enough to eat.

Professor Kidd : That's right. Not only that, we're working to protect the environment. <u>Because our crops have good resistance to insects, we don't need to use as many chemicals to protect them</u>.

　　　　　　Wally : Well, I wish you all the best with your research.

　　　　Moderator : Thanks, Wally. Hello, miss. Please introduce yourself and give us your question or comment.

　　　　　Sandra : Thank you. My name's Sandra. Professor Kidd, <u>I think there are too many risks with genetically modified food</u>.

共通テスト 実戦創作問題②：英語（リスニング）〈解答〉　**123**

Moderator : Risks？

Sandra : Yes. I heard about a woman who had a bad allergic reaction after eating genetically modified corn.

Moderator : That sounds serious. Professor Kidd？

Professor Kidd : It's true. That did happen. However, that corn was not supposed to be eaten by humans. It was used in tacos, and the manufacturer made an error.

Moderator : Unfortunately we're out of time. I hope we can ...［Fades out］

訳

司会者：ありがとうございます，キッド教授。遺伝子組み換え食品の利点に関して，大変ためになるお話でした。この研究に対するあなたの熱意が大変よく伝わってきました。

キッド教授：もちろんです。遺伝子組み換えを行った大豆やトウモロコシは世界中の何百万もの人々の食料となっていますので，私は（この研究に）関わることができて誇らしく思っています。

司会者：聴衆のみなさんよりご質問やご意見をいただきたいと思います。何かおっしゃりたいことがある方は挙手をお願いします。ええ…では，あなた。お名前とご意見もしくはご質問をどうぞ。

ウォリー：はい。私の名前はウォリーです。教授に研究についてお祝いの言葉を贈りたいと思います。食料の品質と供給が改善することで，私たちの生き方にも変化が起きています。昔は，食べ物が十分にあるか否かについて，多くの人々が（今よりも）はるかに多く心配しなければなりませんでした。

キッド教授：その通りです。それだけでなく，我々は環境を保護するためにも研究を行っているのです。<u>我々が研究している穀物は虫に対して耐性がしっかりとあるので，従来ほど多くの化学薬品を使わずとも穀物を守ることができるのです。</u>

ウォリー：なるほど，研究の成功を祈っています。

司会者：ありがとう，ウォリー。こんにちは，そちらの女性。自己紹介をしてご質問かご意見をどうぞ。

サンドラ：ありがとうございます。私の名前はサンドラです。キッド教授，<u>私は遺伝子組み換え食品にはあまりにも多くの危険性があると考えています</u>。

司会者：危険性？

サンドラ：はい。ある女性が，遺伝子組み換えのトウモロコシを食べた後にひ

124 共通テスト 実戦創作問題②：英語（リスニング）〈解答〉

　　　　　　　　どいアレルギー反応を起こしたというのを聞いたことがあります。
　司会者：それは深刻なお話ですね。キッド教授，いかがですか？
キッド教授：その話は本当です。実際にそのようなことが起こりました。しかし
　　　　　　ながら，そのトウモロコシは人間が食用としてよいものではなかっ
　　　　　　たのです。そのトウモロコシはタコスに使用されており，そのタコ
　　　　　　スの製造業者が間違えてしまったのです。
　司会者：残念ながら，お時間となってしまいました。できれば…

◇ educational「ためになる，教育的な」　◇ genetically「遺伝子（学）的に」
◇ modified は modify「～を修正する」の過去形・過去分詞形。
◇ genetically modified food「遺伝子組み換え食品」　◇ enthusiasm「熱意」
◇ indeed「確かに，本当に，もちろん」　◇ feed「～に食物を与える，～を養う」
◇ involved「関係して」　◇ offer *A B*「*A* に *B* を申し出る，提供する」
◇ express *one's* opinion(s)「意見を述べる」
◇ congratulate *A* on *B*「*A*（人）を *B* のことで祝福する」　◇ supply「供給」
◇ a lot＋比較級「ずっと～，はるかに～」　a lot は比較級の強調。
◇ resistance「抵抗力，耐性」
◇ don't need to *do*₁ ～ to *do*₂…「…するために～する必要はない，～せずとも…
　できる」
◇ I wish you all the best with ～「～の成功を祈っています」
◇ allergic reaction「アレルギー反応」
◇ did＋動詞の原形「実際に～した」　助動詞の did を動詞の前に置いて，文の内容
　が事実であると強調している。
◇ be supposed to *do*「～することになっている」　◇ manufacturer「製造業者」
◇ make an error「間違いを犯す」　◇ out of time「時間がなくなって」

問1　　36　　正解は③

① 司会者	② キッド教授	③ サンドラ	④ ウォリー

①　遺伝子組み換え食品に関する司会者の意見を含んだ発言はないので不適。司会者
の1つ目の発言（Thank you, Professor …）は，賛成派のキッド教授の研究への熱
意を称賛しており，賛成のニュアンスを含んでいるように思えるかもしれないが，遺
伝子組み換え食品によりひどいアレルギー反応を起こしてしまった女性の例をサンド
ラから聞いた後の5つ目の発言では，反対派のサンドラの意見に同調するような
That sounds serious. という発言もある。よって，賛成・反対のどちらとも言い難
い。
②　司会者の1つ目の発言第1・2文 Thank you, Professor Kidd. It was a very

educational talk about the benefits of genetically modified food. から，キッド教授が遺伝子組み換え食品の利点について話したとわかる。続くキッド教授の1つ目の発言第2文 Genetically modified soybeans … I'm proud to be involved.「遺伝子組み換えを行った大豆やトウモロコシは世界中の何百万もの人々の食料となっていますので，私は（この研究に）関わることができて誇らしく思っています」からも，キッド教授は遺伝子組み換え食品に対して賛成の意見を持っていると考えられる。
③ サンドラの1つ目の発言第3文のI think there are too many risks with genetically modified food「私は遺伝子組み換え食品にはあまりにも多くの危険性があると考えています」が反対の意見と判断できるため，③は正解となる。
④ ウォリーは1つ目の発言第3文（I'd like to congratulate …）および2つ目の発言（Well, I wish you all the best …）で教授の研究に対して祝福や励ましの言葉をかけているため，教授の意見に賛成していると考えられる。教授は①の解説にある通り，遺伝子組み換え食品に賛成しているので，ウォリーも賛成とみなすことができる。また，ウォリーは1つ目の発言第4文で The improvements in food quality and supply「食料の質や供給の改善」と，遺伝子組み換え食品をプラスに取っていることからも賛成と判断できる。ウォリーの1つ目の発言第5文（In the past, …）の many people … worry a lot more がはっきりと聞こえるが，これらの語だけで反対意見と判断しないように。

問2　37　正解は③

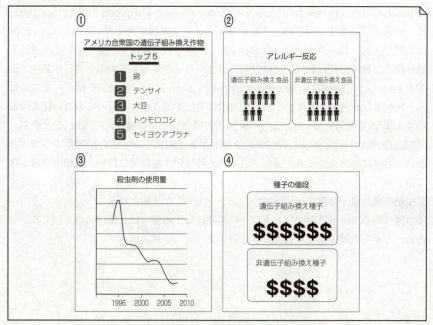

126　共通テスト 実戦創作問題②：英語（リスニング）〈解答〉

各図のタイトルや数値に事前に目を通し，その図に関係するキーワードが会話中に出
てくるかどうかで判断する。

①のタイトルにある Genetically Modified Crops「遺伝子組み換え作物」は質疑応
答のテーマであり，キッド教授の1つ目の発言にも Genetically modified <u>soybeans</u>
<u>and corn</u> とランキング内にある作物名が登場する。しかし，アメリカ合衆国で生
産・流通している遺伝子組み換え作物のランキングに関する情報は会話中に含まれて
おらず，キッド教授の意見を支持するとは言えないため，不適。

②の図の中にある Genetically Modified Food「遺伝子組み換え食品」という語は質
疑応答のテーマである。タイトルにある Allergic Reactions「アレルギー反応」につ
いては，サンドラの2つ目の発言 I heard about a woman who had a bad <u>allergic</u>
<u>reaction</u> after eating genetically modified corn. に含まれているが，内容は，ある
女性が遺伝子組み換えトウモロコシを食べたせいでアレルギー反応を起こしたという
ものである。キッド教授はこれを事実だと認めているが，そのトウモロコシは人間の
食用ではなかったと言っているのみである。遺伝子組み換え食品とアレルギーの関係
に対するそれ以上の言及はない。なお，図では右側の Non-Genetically Modified
Food「非遺伝子組み換え食品」の方がアレルギー反応を起こす人の数が多くなって
いるが，教授は遺伝子組み換え食品の方がアレルギー反応を起こす人は少ないという
主張もしていないし，そのような意見を持っているとは判断できない。

③のグラフのタイトルにある Insect Killer「殺虫剤」という語は会話中には登場し
ていないが，キッド教授の2つ目の発言第3文 Because our crops have good re-
sistance to <u>insects</u>, we don't need to use as many <u>chemicals</u> to protect them.
に，insects「虫」と chemicals「化学薬品」という単語が含まれている。our crops
は教授が遺伝子組み換えを行った穀物を指し，前半は「我々が研究している（遺伝子
組み換えを行った）穀物は，虫に対して耐性がしっかりとあるので」という意味。後
半の as many chemicals to protect them の them は our crops を指す。文末には
as＋比較対象が省略されており，比較対象は遺伝子組み換えを行っていない従来の穀
物であると考えられる。not as ～ as …「…ほど～ない」が入っていることから，
「従来（の穀物）ほど多くの化学薬品を使わずとも穀物を守ることができるのです」
という意味になる。つまり，遺伝子組み換え作物の生産開始に伴い，使用する殺虫剤
の量が減ったというのが教授の意見とわかる。よって，1996年から2010年にかけて
殺虫剤の使用量が急激に減少していることを表す③が正解となる。

④の図にある Seeds「種子」およびその値段に関する発言は会話中に全く出てこない
ため，キッド教授の意見を判断できない。よって，不適。

共通テスト

実戦創作問題①

リーディング

解答時間 80分
配点 100点

実 戦
創作①

128　共通テスト 実戦創作問題①：英語(リーディング)

英　語(リーディング)

（解答番号　1　〜　43　）

第1問　（配点　10）

A　Your school will host some visitors from a school in Malaysia. You are one of the school's cultural exchange leaders. You receive an e-mail from one of your teachers asking you to make some preparations for the visit.

To：Cultural Exchange Leaders
From：Lea Freeman
Date：March 23
Subject：Visit

Dear cultural exchange leaders,

　　The school has been asked to host a group of students from Malaysia. There will be 15 students in the group, and they will join different classes in the second grade. We are looking for some families for the visitors to stay with while they are here. I hope you can help with that. Also, I would like you to plan some activities for the students while they are here. Can you find out if there is anything special they want to do in Japan? You can send an e-mail to their leader. Her name is Cindy Chang and her e-mail address is cc@drysdalecollege.edu.my.

Regards,

Ms. Freeman

共通テスト 実戦創作問題①：英語（リーディング）　**129**

問1　The teacher wants you to help ☐1☐ .

① arrange a party to welcome some guests
② explain some plans in English
③ find homes for the visitors to stay at
④ prepare desks and chairs for the visitors

問2　The teacher also wants you to find out ☐2☐ .

① how long the visitors will spend at your school
② what subjects the visitors are good at
③ what the visitors would like to do in Japan
④ when the visitors would like to visit Japan

B You were looking at the website of your local music store and found the following information in English.

International Music Festival:
Music, Peace, and Love

Murakami Music Store has agreed to help the city organize an international music festival. The festival, which has never been held here before, will take place from October 23 to October 25. At the moment, we are looking for local volunteers to help us prepare for the festival and let others know about it. Volunteers will need to attend the following meetings.

Meeting Schedule

June 3	First Meeting. ● Self-introduction from Murakami Music Store president, Jun Murakami. ● Information about what is needed to hold the festival and the budget for the organizing committee.
June 10	Talk about where to build the main stage.
June 17	Talk about which schools, parks, and local stadiums we can ask to lend us space for mini concerts.
June 24	Discussions of how to attract musicians from around the world and what kinds of music we will include.
July 1	Planning of advertising. We want to bring people from near and far.
July 8	Report on results of our efforts. Discussion of changes to plans.
July 15	Party to thank volunteers for their help.

● Everyone who helps us prepare will be given a Murakami Music Store members' card, which they can use to get 20% off the price on everything in our store.

● We are very sorry, but our meeting space only has room for 25 people. If more than 25 people offer to help, we may have to say no to some of them.

共通テスト 実戦創作問題①：英語（リーディング）　131

問1　The purpose of this notice is 　3　.

① to bring shoppers to a local music store
② to find people to help organize a new event
③ to make more people interested in music
④ to recommend that people support local musicians

問2　At some meetings on the schedule, people are going to 　4　.

① discuss possible places for performances
② interview musicians about their music
③ play music from different cultures
④ suggest ways to collect money for an event

問3　People who attend the meetings will 　5　.

① be able to save money when they shop at Murakami Music Store
② be paid to work at the events during the festival
③ get to perform with some famous musicians from other places
④ wear special shirts to make people interested in the festival

第2問 (配点 20)

A A teacher from your university will take some international students on a trip to Tokyo. As the university's international exchange leader, you are invited to join them. The students have been given three travel plans to choose from.

Our Trip to Tokyo	
Mori Travel	On Friday, we'll get on a 3:00 PM bus at City Bus Terminal. Then, we'll travel for 16 hours and arrive in Tokyo at 7:00 AM. We'll spend the day visiting Japanese gardens and looking at the view from Tokyo Sky Tree. At night, we will stay at a capsule hotel. We'll leave Tokyo at 7:00 PM on Sunday and get home at about 11:00 AM on Monday. This is the cheapest plan.
Kubota Ryokou	We'll leave the local airport at 7:00 AM on Saturday arriving at Tokyo Haneda Airport at 9:00 AM. We then take a bus to Asakusa to see kabuki — a theater performance that has been enjoyed in Japan for hundreds of years. We'll have dinner at a sushi restaurant in a historical village and stay at an old Japanese hotel. We'll fly back at noon on Sunday and get home by 4:00 PM. This is the most expensive plan.
Tabiten	On Saturday, we'll catch a Shinkansen for Tokyo at 6:30 AM and arrive there at 11:00 AM. We'll go straight to Harajuku to see the latest Japanese fashions. Then, we'll go to a television studio to see the making of a variety show. We'll have dinner at a stylish sushi restaurant nearby and return by Shinkansen the next morning. We should be back home by 2:00 PM on Sunday.

Text Messages from Exchange Students	
Katie Love Saturday, August 17, 4:30 PM	I'd like to go on the Kubota Ryokou trip, but I want to spend longer in Tokyo. Can't we leave a little later on Sunday afternoon?
Todd Rivers Monday, September 2, 7:24 PM	Thanks for arranging this wonderful trip, Midori. It was sad that Takahiro couldn't come with us. I was looking forward to spending more time with him. Anyway, I left some clothes in the hotel. I hope they send them to me.

問1 A student who wants to attend the tour focusing on modern Japanese culture might ask [6].

① how they will travel
② what they will eat
③ when they will leave
④ where they will stay

問2 If you want to learn about traditional Japanese culture, you will choose the tour [7].

① that costs the most
② that leaves the earliest
③ that Mr. Rivers recommends
④ that returns on Monday

問3 Students who have a lot of time but little money will choose the tour [8].

① that allows them to see the latest fashions
② that includes live performances
③ that leaves on Friday afternoon
④ that Ms. Love prefers

問4 One **opinion** (not a fact) about one of the plans is that [9].

① other people will not be interested
② the price is too high
③ the travelers will stay outside Tokyo
④ the trip is too short

問5 One **fact** (not an opinion) about the trip is that [10].

① a student came back without some of his clothes
② it was sad that a classmate could not come
③ Midori arranged a wonderful trip
④ the trip was more expensive than expected

B Your English teacher gave you an article to help you prepare for a debate in the next class. A part of the article along with one of the comments is shown below.

New Bicycle Lanes

By Randy Gere, Sunbury   23 MARCH 2019

Sunbury City will spend 24 million tax dollars to provide 300 kilometers of bicycle lanes around the city. In recent years, the number of cyclists has increased and as a result, so has the number of accidents and traffic delays.

Even though many experts predict that accidents and traffic problems will decrease when the bicycle lanes are completed, a lot of drivers are against them. Drivers don't agree with using tax to create bicycle lanes because drivers already pay a yearly fee to use the roads. They think that bicycle riders should pay a yearly fee to use bicycle lanes, too.

The people promoting the planned bicycle lanes explain that they believe more people should ride bicycles. Therefore, their plan is to spend money on things that make bicycle riding more attractive. In fact, the plan goes further than this. The city is considering asking drivers who enter the city center to pay a fee. Their goal is to have fewer cars in the city with more people using buses, trains, and bicycles.

Fewer cars also means that fewer road repairs and fewer new roads will be needed. City leaders say that it will save money and the environment. It could even result in a fitter and stronger community.

---

12 Comments

Newest

Sam Wells 26 March 2019 6:56 PM
I like this article. It shows the point of view of both sides. I agree with providing benefits for cyclists. However, we cannot ask drivers to pay to enter the city. It is not fair to charge drivers more because some of them may have no choice but to drive.

問1　According to the article, experts are in favor of the plan because 11 .

① tourists will be attracted to the town
② it will make the city quieter
③ it will make the roads safer
④ construction will cause traffic delays

問2　Your team will support the debate topic, "More Bicycle Lanes Should be Provided". In the article, one **opinion** (not a fact) helpful for your team is that 12 .

① promoting bicycles could help create a healthier society
② more accidents have been occurring lately
③ bicycle lanes will bring business to small stores
④ traffic in the city is getting slower and slower

問3　The other team will oppose the debate topic. In the article, one **opinion** (not a fact) helpful for that team is that 13 .

① car users are required to pay before they can use the road
② drivers should not have to contribute to pay for bicycle lanes
③ it will be very expensive to provide more buses and trains
④ the government should be more concerned with safety

問4　In the 3rd paragraph of the article, "In fact, the plan goes further than this" suggests that Sunbury City will 14 .

① build more places for people to leave their bicycles
② create more bicycle roads than the original plan
③ find other ways to make driving less popular
④ start a bicycle sharing system for local people

問5　According to his comment, Sam Wells ┌ 15 ┐ the plan stated in the article.

① has no particular opinion about
② partly agrees with
③ strongly agrees with
④ strongly disagrees with

第3問 (配点 10)

A You found the following story in a blog written by a female exchange student in your school.

Cheerleading Club
Sunday, April 22

　　I'm Cindy Rosen. At my high school in the United States, I was a member of the cheerleading team. So, even though I was excited to come to Japan, I was very sad that I would have to give up cheerleading.

　　My host family and the students in this school are so friendly that I didn't feel homesick at all. What I did miss was my cheerleading team. When I mentioned this to my classmates, they suggested starting a cheerleading team here at Nishi High School. I was surprised to learn that there were many teams in Japan. There are even contests. With the help of one of our teachers, we started the Nishi High School cheerleading team. I have the most experience, so I am a kind of coach for the team. We are getting better and better. Soon, the team will take part in its first competition.

I will go home to California on May 4, but I will be happy knowing that a cheerleading team I helped start is still active in Japan. I know Japan has changed me a lot, and I hope that I have made a small change in Japan.

問1　The writer of the blog did not expect that ⬜16⬜ .

① her teacher would support their plan
② there were cheerleading teams in Japan
③ she would make friends so quickly
④ the school was near her new home

問2　The cheerleading competition ⬜17⬜ .

① has been won by Nishi High School in the past
② is being held in Momo City for the first time this year
③ was organized by the teachers at Nishi High School
④ will be held after the writer returns to her country

138 共通テスト 実戦創作問題①：英語(リーディング)

B You found the following report written by a girl who has been studying in Australia for one year.

Which seat should I take?
Akari Nakashima (Exchange Student)

Before coming to Australia, I was worried that my English would not be good enough. It was my first trip abroad, and when we arrived at the airport, I started to think about turning around and going home on the next plane.

In the bus on the way to meet our host families, I was almost panicking. However, as soon as I met my host family, I knew everything would be OK. They were so kind and helpful. They spoke slowly and waited patiently while I tried to speak English. I felt much better. I was surprised when they told me that I would have to spend an hour in the car each morning because their home was so far from the school.

The next day was Monday, so I got in the car to go to school. I sat in the back seat, and I noticed that my host mother, who was driving, looked annoyed. I didn't understand at all. During the trip, we started talking and I thought everything was fine. But, after school, when I got in the back seat to go home, she looked annoyed again. She asked, "Why did you get in the back of the car? Do you think I'm your driver?" I didn't know what to say. In Japan, we usually ride in the back when we get in someone's car. I explained that and she smiled and said, "Even in Japan, I'm sure you ride beside family members." I was so happy that I cried. Not only did she accept me as a family member, but she was also not really angry at me. It was just a cultural difference. I learned that Australian people usually ride in the front, even in taxis.

Now, we ride in the front of the car together every morning. Thanks to our long talks in the car, my English is getting better and better.

問1 According to the story, Akari's feelings changed in the following order : concerned → ☐18☐ .

① confused → nervous → pleased → surprised → relieved
② confused → surprised → nervous → relieved → pleased
③ nervous → relieved → pleased → surprised → confused
④ nervous → relieved → surprised → confused → pleased
⑤ relieved → pleased → nervous → surprised → confused
⑥ surprised → nervous → relieved → pleased → confused

問2 Akari's host mother was annoyed because ☐19☐ .

① Akari forgot to thank her for taking her to school in the morning
② Akari had not prepared well enough for her stay in Australia
③ she did not think Akari was trying hard enough to understand Australian culture
④ she thought that Akari was treating her like a driver rather than a family member

問3 From this story, you learned that ☐20☐ .

① Akari's English has improved because of her long rides to school each morning
② Akari's school wanted her to stay with a very friendly family because her English was poor
③ Akari was given the wrong information before she left Japan for Australia
④ Akari was the first Japanese exchange student to visit the Australian school

第4問 (配点 16)

You are doing research on films. You found an article and a letter.

Who tells us what to watch?   by Haydn Wypych   July, 2018

These days, more and more people rely on online reviews to decide what products they will purchase, what services they will order, and even what films they will watch. These reviews are written by other customers, so we tend to trust them more. There is a lot of evidence that shows that online reviews are influencing what we buy, and therefore, what manufacturers make. If a product gets positive reviews and sells well, other manufacturers will create similar products.

This may also be true for film and television. A recent study of online film reviews showed that about 80 percent of online movie reviews are written by men. This imbalance is a problem because men tend to prefer science fiction and horror films, while women enjoy romance and musicals. Naturally, men will have a lower opinion of films that they are not interested in. As a result, some films' ratings may look worse.

Some women may mistakenly believe that films in their favorite genre are of poor quality even though they are quite good. The graph below shows how some genres are becoming less popular while others are becoming more popular.

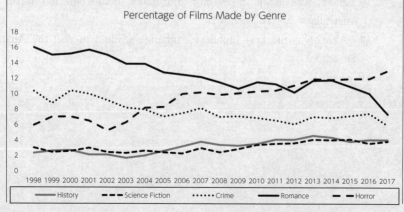

We and the people in the movie business have to recognize that this trend is based on false data. We also have to find a way to make movie reviews represent the opinions of women more. Otherwise, we may see some genres disappear completely. It would be sad for filmmakers and the general public if this were ever to happen.

Opinion on "Who tells us what to watch ?"   by M. J.

August, 2018

I would like to thank Mr. Wypych for drawing attention to a problem that exists in the movie industry. I am a film writer and director and I have been finding it very difficult to make my movie. The production companies do not want to pay for my film because it is in one of the genres declining in popularity. Sadly for me, it is the one with the most rapid rate of decline. In truth, more women watch films than men do. However, because women don't write reviews, their favorite genres are getting made less than other genres.

The film companies are businesses, so I don't think they care why some genres are becoming less popular. They probably only care about how much money they can make from a film. I understand this and I am not trying to fight against it. Indeed, my career depends on getting as many people as possible to see my movies.

I only wish that Mr. Wypych had come up with a suggestion to fix this problem. Perhaps we should ask the websites that publish reviews of films to make sure they use an equal number of reviews by men and by women. Another idea would be to reward women for writing reviews. We could offer them discount movie tickets or free previews of films in return for writing reviews.

問1　Neither Haydn Wypych nor the film director mentions ⃞21⃞ .

① how much it costs to make movies for women
② the effect of user reviews on buyers
③ ways in which we can solve the balance problem
④ whether men or women watch more films

142　共通テスト　実戦創作問題①：英語（リーディング）

問2　The film the director wants to make is in the ☐ 22 ☐.

① crime genre
② horror genre
③ romance genre
④ science fiction genre

問3　According to the article and letter, women ☐ 23 ☐. (You may choose more than one option.)

① are less interested in science fiction films than men are
② do not enjoy watching films as much as men do
③ only write reviews of films that they like
④ tend not to write as many reviews as men

問4　Mr. Wypych states that ☐ 24 ☐, and the film director states that ☐ 25 ☐. (Choose a different option for each box.)

① film companies are only concerned about financial matters
② it is cheaper to produce films for women than for men
③ manufacturers are influenced by online reviews of products
④ the quality of modern films is getting worse and worse
⑤ women do not read online reviews before choosing what to watch

問5　Based on the information from both the article and the letter, you are going to write a report for homework. The best title for your report would be ☐ 26 ☐.

① More Balanced Movie Reviews Could Save Some Genres
② Support the Film Industry: See Films at the Cinema
③ We Need More Female Directors in the Movie Business
④ Why Women Like to Watch Musicals

共通テスト 実戦創作問題①：英語（リーディング）　**143**

第5問　（配点　20）

Your group is preparing a poster presentation entitled "Hero Maker" using information from the magazine article below.

In recent years, there have been a large number of successful movies about superheroes. Among them, the ones produced by Marvel Entertainment have been the most popular. Well-known heroes such as Spider-Man, the Hulk, Thor, Captain America, and the X-Men all came from Marvel Comics — a company owned by Marvel Entertainment. The team of writers at Marvel Comics was led by a man named Stan Lee, and he was partly responsible for the creation of all these characters.

He was born in New York City in 1922. His original name was Stanley Martin Lieber. In his youth, he had many jobs, but his dream was always to become a writer. When he was 15 years old, Lee entered an essay competition sponsored by a major newspaper. He won the competition for three weeks in a row. The newspaper suggested that he take up writing professionally and Lee claims that that suggestion probably changed his life.

In 1939, when he was just 17 years old, he got a job at Timely Comics. The company was owned by his cousin's husband. Lee's job was to bring the writers ink, deliver their lunch, and erase the pencil marks from their drawings. Two years later, the comic book's editor, Joe Simon, quit the company, and Lee was asked to replace him. Despite his young age, he was embarrassed to be involved with writing comic books at first. He didn't want his name to be connected with them, so he used the name Stan Lee rather than his real name.

The Second World War started and Lee had to join the army. It made it impossible for him to come to the Timely office every day. However, he continued to work on the comics and communicated with the staff by mail.

He eventually returned from the war and worked as the editor at Timely until 1972, when he took over as the publisher. During this period, Timely Comics changed its name to Marvel Comics and became the second most successful comic book publisher in the world behind its main rival DC Comics.

One reason for the success of Marvel Comics was the kind of heroes it featured. Generally, comic book heroes were all perfect. However, Lee's heroes had weaknesses. All of his heroes had to overcome their emotional weaknesses and personal problems while fighting crime.

Another thing that probably helped them find more readers was that the stories contained situations based on events that were actually happening around the world. For example, Iron Man was attacked by soldiers in Vietnam. This made them meaningful to college students and adults.

In the 1990s, Lee left the management of Marvel Comics to his former assistant. However, he continued to work as a representative. In 2010, he started an organization to help improve people's creative skills, including reading, comprehension and storytelling. He also spent time building his own company called POW! entertainment. From 1998 to 2019, Stan Lee took very small acting jobs in over 40 films and television shows based on Marvel characters. He died in 2018 at the age of 95.

Hero Maker

■ The life of Stan Lee

Period	Events
1922	Lee was born in New York City, New York
1930s and beyond	27 → 28 → 29 → 30 → 31

Stan Lee

■ About Marvel

▶ Marvel heroes were different from those in other comics in that 32
▶ Marvel become the second most successful comic book publisher in the world.
▶ Older readers liked Marvel Comics because : 33

■ Stan Lee's later years

▶ Lee continued to represent Marvel.
▶ Lee spent the last years of his life 34

共通テスト 実戦創作問題①：英語（リーディング） **145**

問1 Members of your group listed important events in Lee's life. Put the events into the boxes | 27 | ~ | 31 | in the order that they happened.

① A new manager took over from Lee
② Lee became the editor of Timely Comics
③ Lee joined the army
④ Lee won several writing contests
⑤ Timely Comics changed its name to Marvel Comics

問2 Choose the best statement(s) to complete the poster. (You may choose more than one option.) | 32 |

① they had difficulties in their personal lives.
② they showed concern for the natural environment.
③ they solved problems using their intelligence.
④ they were all created by one person.
⑤ they were always less than perfect.
⑥ they were given their powers by aliens.

問3 Which of the following statements is best suited as a reason? | 33 |

① The characters had been used for many years.
② The stories featured real political situations.
③ They included some romantic scenes between characters.
④ They were longer and more complicated than other comics.

問4 Choose the best statement(s) to complete the poster. (You may choose more than one option.) | 34 |

① advising business leaders in the entertainment industry.
② appearing in films based on the characters he created.
③ establishing his own company.
④ speaking to college students about career planning.
⑤ spending time with members of his family.
⑥ starting an organization to help improve people's reading skills.

146　共通テスト 実戦創作問題①：英語（リーディング）

第6問　(配点　24)

A　You are preparing for a group presentation on environmental problems for your class. You have found the article below.

[1]　　There is a plan to build a giant wall around the city of Jakarta in Indonesia. It is not to keep attackers out or people in. The wall will be built to protect the city from the ocean. Some parts of Jakarta are sinking up to 20 centimeters each year! To make matters worse, sea levels are rising due to global warming. Scientists predict that one-third of the city could be underwater by 2050.

[2]　　So, why is the land sinking? This is a man-made problem. There are 10 million people living in Jakarta and they all need water to survive. The city has been pumping water out of the ground to support its massive population. They have been taking so much water out of the ground that the land is now sinking.

[3]　　Building a wall around the city may solve part of the problem. However, unless Jakarta can get water from somewhere else, the land will continue to sink and the wall will go down with it. This is a huge problem for Jakarta, but it is also a warning for the rest of the world — in particular, the San Joaquin Valley, Central Arizona, Bangkok, and Mexico City. These places will have to come up with their own solutions soon enough.

[4]　　One place where this problem has been faced and overcome is the Central Valley in California. The land there has sunk nine meters. The government stopped pumping groundwater and practiced water management to ensure the long term availability of water from their lakes and rivers. It seems like Jakarta should be able to learn from this example. However, their situation is far more complicated. Jakarta has 13 large rivers, which is more than enough to supply its water needs. The problem is that they are all polluted.

[5]　　There seem to be two solutions left. One is to recycle water as they do in Singapore, and the other is to move. The idea of moving an entire city is almost impossible to imagine. It is a very

unpopular idea and politicians do not want to talk about it. The cost would be huge, but the cost of the wall is also huge. The city's engineers claim that it will cost them $42 billion to build the wall, and in a few years, they might have to spend even more to make it higher.

[6]   No one knows how quickly the sea level will rise. So, even if they stop taking water from the ground, they will still be faced with this huge risk. In the end, the solution may be a combination of recycling, wall building, and cutting pollution. Jakarta is facing an expensive future, but if they do nothing, it could be even more expensive. The cost of disaster recovery can be four to ten times as high as disaster prevention. Jakarta is not the first city to face this kind of environmental challenge, and it will not be the last. Other cities should keep an eye on Jakarta and learn from their successes and mistakes.

問1　Jakarta will have a wall built around it because ⬚ 35 ⬚.

① it wants to stop people from bringing in garbage
② it wants to protect the population from tsunami
③ the land is dropping below sea level
④ too many people are trying to enter the city

問2　According to the article, California's solution ⬚ 36 ⬚.

① caused new environmental problems for it to overcome
② should be studied carefully by the city leaders in Jakarta
③ was based on strategies they learned from other countries
④ will not work in Jakarta because the rivers are too dirty

148 共通テスト 実戦創作問題①：英語（リーディング）

問3　In paragraph [3], the author calls the situation in Jakarta a warning because ☐ 37 ☐.

① we all share the blame for the problems the people in Jakarta are suffering from

② building a wall now will be much cheaper than building one later

③ the people of Jakarta must move away before a natural disaster occurs

④ the same challenges will be faced by people in many other cities in the future

問4　Which of the following statements best summarizes the article ? ☐ 38 ☐

① Ground water is a renewable resource that more cities should take advantage of.

② Investing in technology will allow us to continue to enjoy our convenient lifestyles.

③ The city of Jakarta is causing environmental problems that affect people around the world.

④ The environmental problems we create for ourselves will cost us dearly in the future.

B　You are studying different European countries. You are going to read the following article from 2019 to understand the situation in Norway.

Norway has been among the top ten oil producers in the world, so it is surprising that it has a larger percentage of electric vehicles than any other country. In 2019, about 48 percent of the new cars sold in Norway were electric vehicles. This is almost double the number of electric vehicles sold in 2018.

The change is simply because of a government policy. Norway started taxing vehicles powered by gasoline and diesel. At the same time, it announced that electric cars would not be taxed. Furthermore, drivers of electric cars have been receiving discounts on the fees charged to use certain highways and ferries. The government has set a goal of ending the sale of gasoline engines by around 2025, so the percentage of electric vehicles is about to increase even more.

As a result, car brands such as Tesla, Nissan, Hyundai, and BMW, which all sell fully electric vehicles, have experienced a big improvement in sales. On the other hand, companies which only offer cars with traditional or hybrid engines, have seen a significant drop in sales. Hybrid vehicles do not satisfy the government requirement because they require a gasoline engine as well as an electric engine to move. Of course, manufacturers whose sales have dropped are now planning to release electric vehicles in Norway.

Norway earns a lot of money from selling oil and gas. The sale of these resources has made Norwegians, on average, some of the richest people in the world. So, even though the population of Norway is relatively small, it is an important market for luxury brand cars such as Tesla. Norway's very progressive attitude is having an effect on large companies and will probably inspire other nations to promote policies aimed at protecting the environment. Indeed, Norway is already pushing Indonesia and Brazil to protect their rainforests.

Some critics point out that Norway's environmental policies regarding electric vehicles are in conflict with their export policies. In 2019, the country increased its investment in oil mining by 13 percent. Furthermore, they are digging wells in 53 new locations in the Norwegian Sea. They plan to reach near their highest ever level of oil production by 2023. Critics argue that if Norway was truly concerned about the environment, it would find other ways to support its economy.

The Norwegian government is proud that 98 percent of the nation's electricity comes from sources such as hydropower and wind power, rather than from burning fuels in power generators. While that is true, they are still contributing to global warming by making a profit from the sale of oil. Whether that oil is burned in Norway or other parts of the world is not important. Pollution does not recognize national borders.

問1 According to the article, which two of the following tell us about the situation in Norway in 2019? (**Choose two options.** The order does not matter.) 　39　・　40　

① Manufacturers of gasoline-powered cars are leaving Norway.
② More people are relying on public transportation than before.
③ The Norwegian government has an influence on people's choice of car.
④ Norwegian people are wealthy by world standards.
⑤ Sales of hybrid vehicles have been increasing.

問2 Out of the following four graphs, which best illustrates the predictions for Norway? 　41　

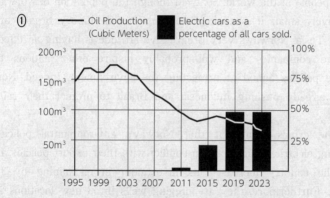

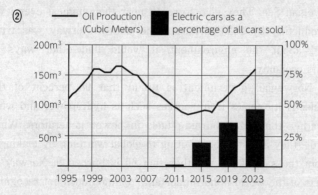

③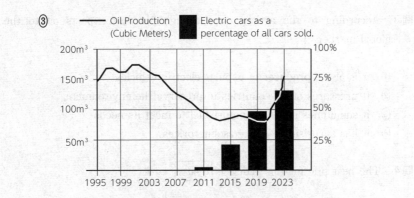

④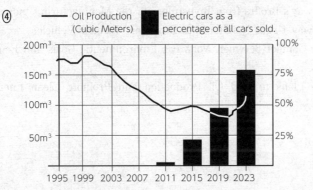

152 共通テスト 実戦創作問題①：英語(リーディング)

問3 According to the article, even though Norway exports oil to the global market, [42].

① it is also a producer of popular electric vehicles
② it pressures other countries to preserve the environment
③ it sometimes needs to import fuel to meet its needs
④ it has surprisingly high gasoline prices

問4 The best title for this article is [43].

① Norway's Profits from Investment in the Manufacturing Industry
② Norway Urges Neighbors to Buy More Electric Vehicles
③ The Conflict between Norway's Environmental Goals and Economic Needs.
④ The Plans to End Oil Production and Promote Clean Energy in Norway.

共通テスト 実戦創作問題①：英語（リーディング）

問題番号 （配点）	設問		解答番号	正解	配点	チェック
第1問 （10）	A	問1	1	③	2	
		問2	2	③	2	
	B	問1	3	②	2	
		問2	4	①	2	
		問3	5	①	2	
第2問 （20）	A	問1	6	④	2	
		問2	7	①	2	
		問3	8	③	2	
		問4	9	④	2	
		問5	10	①	2	
	B	問1	11	③	2	
		問2	12	①	2	
		問3	13	②	2	
		問4	14	③	2	
		問5	15	②	2	
第3問 （10）	A	問1	16	②	2	
		問2	17	④	2	
	B	問1	18	④	2	
		問2	19	④	2	
		問3	20	①	2	

問題番号 （配点）	設問	解答番号	正解	配点	チェック
第4問 （16）	問1	21	①	3	
	問2	22	③	3	
	問3	23	①, ④	4*1	
	問4	24	③	3*2	
		25	①		
	問5	26	①	3	
第5問 （20）	問1	27	④	5*2	
		28	②		
		29	①		
		30	⑤		
		31	①		
	問2	32	①, ⑤	5*1	
	問3	33	②	5	
	問4	34	②, ③, ⑥	5*1	
第6問 （24）	A	問1	35	③	3	
		問2	36	④	3	
		問3	37	④	3	
		問4	38	④	3	
	B	問1	39 – 40	③ – ④	3*2	
		問2	41	③	3	
		問3	42	②	3	
		問4	43	③	3	

（注）
1 *1は，過不足なく解答した場合のみ点を与える。
2 *2は，全部正解の場合のみ点を与える。
3 ―（ハイフン）でつながれた正解は，順序を問わない。

自己採点欄

100点

154 共通テスト 実戦創作問題①：英語（リーディング）〈解答〉

第1問

A　メールの読み取り

> 訳 《マレーシアの生徒との文化交流》
> 　あなたの学校はマレーシアの学校からの来訪者をもてなすことになっています。あなたは学校の文化交流リーダーのうちの一人です。教師の一人から訪問の受け入れ準備を要請するメールを受け取りました。
>
> ---
>
> 宛先：文化交流リーダー
> 発信元：リー=フリーマン
> 日付：3月23日
> 件名：来訪
>
> 文化交流リーダーの皆様へ
>
> 　当校にマレーシアからやって来る生徒たちをもてなすよう依頼がきています。15名の団体で，2年生の各クラスに入ってもらいます。滞在中，生徒たちに宿泊してもらう家庭を探しています。ぜひとも協力をお願いします。また滞在中，生徒たちのために何らかの活動を計画してもらえたらと思っています。日本で彼らがやりたいと思うような何か特別なことがあるかどうか調べてもらえないでしょうか？　マレーシアの生徒たちのリーダーにメールで連絡することができます。名前はシンディ=チャンで，メールアドレスは cc@drysdalecollege.edu.my となります。
>
> 敬具
>
> フリーマン

語句・構文

▶ host「～をもてなす，接待する」

共通テスト 実戦創作問題①：英語（リーディング）〈解答〉 **155**

問1 [1] 正解は ③

「教師はあなたに____のを手伝ってもらいたい」

第3文（We are looking …）で，マレーシアからやって来る生徒たちに宿泊して
もらう家庭を探していると述べられているので，③「**来訪者に宿泊してもらう家庭
を見つける**」が正解。

① 「来客を歓迎するパーティーの準備をする」
② 「英語でいくつかの企画を説明する」
④ 「来訪者たちの机とイスを準備する」

問2 [2] 正解は ③

「教師はまた，あなたに____を調べてもらいたい」

第6文（Can you find …）で，マレーシアの生徒たちが日本でやりたいと思う何
か特別なことがあるかどうか調べてもらえないかと依頼している。したがって，③
「**来訪者たちが日本でやりたいこと**」が正解。

① 「来訪者がどのくらいの時間を学校で過ごすのか」
② 「来訪者がどの科目が得意なのか」
④ 「来訪者がいつ日本を訪れたいのか」

156 共通テスト 実戦創作問題①：英語（リーディング）〈解答〉

B ウェブサイトの読み取り

訳 《国際音楽祭ボランティアの募集》
　あなたは地元の楽器店のウェブサイトを見ていて，英語で書かれた以下の情報を見つけました。

国際音楽祭：
音楽・平和・愛

　ムラカミ楽器店は，市が国際音楽祭を企画運営するのを支援することになりました。この街での音楽祭の開催は初めてとなり，10月23〜25日に開催されます。現在，音楽祭の準備および告知を支援してくれる地元のボランティアを探しています。ボランティアの方々には以下のミーティングに出席していただくことになります。

ミーティングスケジュール

6月 3日	第1回目のミーティング • ムラカミ楽器店社長のムラカミ ジュン氏の挨拶 • 音楽祭の開催に必要なものと，組織委員会の予算に関する報告
6月10日	メインステージの設営場所についての話し合い
6月17日	どの学校，公園，地元の競技場にミニコンサートの会場を借りる要請ができるのかについての話し合い
6月24日	世界中のミュージシャンたちをどのようにして招致し，どのようなジャンルの音楽にするのかについての話し合い
7月 1日	宣伝計画。近隣および遠方から人々に来てもらえるように
7月 8日	取り組みの結果についての報告。計画の変更点についての話し合い
7月15日	支援してくれたボランティアの方々への感謝のパーティー

- 準備を手伝っていただいた全ての方に，店の全ての商品が20パーセント割引となるムラカミ楽器店のメンバーズカードが配られます。
- 申し訳ありませんが，会議室の広さが25名までのスペースとなっています。25名を超える申し込みがあった場合，お断りしなければならない場合があります。

語句・構文

▶ organize「（行事など）を準備する」
▶ budget「予算」
▶ committee「委員会」
▶ attract「〜を呼び寄せる」

共通テスト 実戦創作問題①：英語（リーディング）〈解答〉　**157**

問1　3　正解は②
「この掲示の目的は　　　である」
第3文（At the moment, …）で，音楽祭の準備を支援してくれるボランティアを探していると述べられている。また，第2文（The festival, which …）に「この街での音楽祭の開催は初めて」と述べられているので，②「**新しいイベントの準備を手伝ってくれる人を見つけること**」が正解。
①「買い物客を地元の楽器店に連れて来ること」
③「より多くの人々に音楽に興味を持ってもらうこと」
④「地元のミュージシャンを支援するよう人々に勧めること」

問2　4　正解は①
「スケジュールにあるいくつかのミーティングでは，　　　予定である」
6月10日のミーティングではメインステージの設営場所，6月17日のミーティングではミニコンサートの会場について話し合う予定となっているので，①「**演奏が可能な場所について話し合う**」が正解。
②「ミュージシャンたちに彼らの音楽についてインタビューする」
③「様々な文化の音楽を演奏する」
④「あるイベントのためのお金を集める方法を提案する」

問3　5　正解は①
「ミーティングに出席する人たちは　　　」
ミーティングスケジュールの下の注意書きに，音楽祭の準備を手伝った人たちには，ムラカミ楽器店の商品が20パーセント割引となるメンバーズカードが配られるとあるので，①「**ムラカミ楽器店で買い物をするとき，お金を節約することができる**」が正解。
②「音楽祭の期間中のイベントでの作業に対してお金が支払われる」
③「他の地域の有名なミュージシャンたちと演奏することができる」
④「人々に音楽祭への興味を持ってもらうために特別なシャツを着る」

第2問

A 旅行プランとメールの読み取り

> 訳 《東京旅行のプラン》
> あなたの大学の先生が何人かの留学生を東京への旅行に連れていきます。あなたは大学の国際交流リーダーとして、この旅行に招待されています。学生たちには3つの旅行プランが提案されています。

東京旅行	
モリトラベル 	金曜日、市内のバスターミナルから午後3時のバスに乗車。その後、16時間移動し、午前7時に東京に到着。日本庭園を訪れ、その後、東京スカイツリーからの景色を楽しみます。夜はカプセルホテルに宿泊。日曜日の午後7時に東京を出発し、月曜日の午前11時頃に帰ってきます。これが最も費用が安いプランです。
クボタ旅行 	土曜日の午前7時に地元の空港を出発し、午前9時に東京の羽田空港に到着。その後、歌舞伎——日本で数百年にわたり楽しまれてきた演劇——を鑑賞するため浅草行きのバスに乗車。歴史ある地域の寿司屋で夕食を食べ、古くからある日本旅館に宿泊。日曜日の正午の飛行機で戻り、午後4時までに帰ってきます。これが最も費用が高いプランです。
タビテン 	土曜日の午前6時30分の東京行きの新幹線に乗車し、午前11時に東京に到着。そのまま原宿に行き、最新の日本のファッションを見て回ります。その後、テレビ局に行き、バラエティー番組の収録を見学。近くにあるかっこいい寿司屋で夕食をとり、翌朝、新幹線で帰ります。日曜日の午後2時までには戻ってきます。

交換留学生からのメール	
ケイティ=ラブ 8月17日土曜日 午後4時30分	クボタ旅行のプランで行きたいですが、東京でもっと長い時間を過ごせたらと思います。日曜日の午後、もう少し遅く出発できないですか？
トッド=リバーズ 9月2日月曜日 午後7時24分	ミドリ、この素晴らしい旅行を手配してくれてありがとう。タカヒロが一緒に来られなかったのは残念。彼といつもより多くの時間を過ごせるのを楽しみにしていたんだけど。それはそうと、ホテルに服を忘れてしまいました。ホテルから私のところに送ってくれると助かります。

共通テスト 実戦創作問題①：英語（リーディング）〈解答〉　**159**

語句・構文

▶ capsule hotel「カプセルホテル」
▶ theater performance「演劇」

問1　　6　　正解は④

「現代の日本文化に触れることに焦点を絞った旅行に参加したい学生は，□□□を尋ねるかもしれない」

最新の日本のファッションなど，現代の日本文化に触れるプランはタビテンのプラン。タビテンのプランでは宿泊場所について言及されていないので，**④「どこに泊まるのか」** が正解となる。

① 「どのように移動するのか」
② 「何を食べるのか」
③ 「いつ出発するのか」

問2　　7　　正解は①

「伝統的な日本文化を学びたいのであれば，□□□ツアーを選ぶだろう」

歌舞伎を鑑賞し，古くからある日本旅館に宿泊するクボタ旅行のプランが伝統的な日本文化を学ぶプランとなる。このプランは最も費用が高いと述べられているので，**①「最も費用がかかる」** が正解。

② 「最も早い時間に出発する」
③ 「リバーズさんが勧めている」
④ 「月曜日に戻ってくる」

問3　　8　　正解は③

「時間はたくさんあるが，お金があまりない学生は，□□□ツアーを選ぶだろう」

移動時間は長いが，費用が最も安いのはモリトラベルのプラン。このプランでは金曜日の午後3時に出発すると説明されているので，**③「金曜日の午後に出発する」** が正解となる。

① 「最新のファッションが見られる」
② 「生の公演を鑑賞することを含む」
④ 「ラブさんが好む」

160　共通テスト 実戦創作問題①：英語(リーディング)〈解答〉

問4 　9　 正解は④

「プランの一つに関する**意見**（事実ではない）は□□□である」

留学生のケイティ=ラブからのメールでは，クボタ旅行のプランで行きたいが，東京にもう少し長く滞在したいので，帰りの出発時間を遅らせることはできないかと問い合わせている。したがって④「**旅行が短すぎる**」が正解となる。

①「他の人は興味を持たないだろう」

②「価格が高すぎる」

③「旅行者たちは東京以外の場所に泊まるだろう」

問5 　10　 正解は①

「旅行に関する**事実**（意見ではない）は□□□である」

留学生のトッド=リバーズからのメールに，ホテルに服を忘れてしまったという内容が述べられているので，①「**ある学生が何枚かの服を持たずに帰ってきてしまった**」が正解となる。

②「あるクラスメートが来られなくて残念だった」 トッド=リバーズの意見なので不適。

③「ミドリは素晴らしい旅行を手配した」 トッド=リバーズの意見なので不適。

④「旅行は予想以上に価格が高かった」 本文中に旅行の価格が予想以上に高かったという事実は述べられていない。

共通テスト 実戦創作問題①：英語（リーディング）〈解答〉 **161**

B 記事とコメントの読み取り

訳 《自転車専用レーン整備の記事》

あなたの英語の先生が次の授業での討論の準備の参考になるように，ある記事を
あなたに渡してくれました。この記事の一部分とコメントの一つが以下に示されて
います。

新たな自転車専用レーン

サンベリー市のランディ=ギア
2019 年 3 月 23 日

[第1段] サンベリー市は 2400 万ドルの税金を使って，300 キロにおよぶ自転車
専用レーンを市内に整備する。近年，自転車に乗る人の数が増え，その結果，事故
や交通の遅れが増加しているのだ。

[第2段] 自転車専用レーンが完成すれば，事故や交通の問題が減ると多くの専門
家たちが予想しているにもかかわらず，多くのドライバーはこれに反対している。
車のドライバーたちは道路の年間使用料金をすでに払っているので，自転車専用レ
ーンを整備するために税金を使うことには賛同していないのだ。彼らは自転車に乗
る人が，自転車専用レーンの年間使用料金も払うべきだと考えている。

[第3段] 計画されている自転車専用レーンを推進している人たちは，今よりも多
くの人たちが自転車に乗るべきだという考えであると説明している。したがって，
彼らの計画は，自転車に乗るのがより魅力的になるようなことにお金を使うことな
のである。実際には，その計画はさらにその先に進んでいる。（サンベリー）市は，
市内の中心部に入る車のドライバーに料金を請求することを考えている。彼らの目
標は，より多くの人々にバスや電車や自転車を使ってもらい，市内の車をより少な
くすることなのだ。

[第4段] また，車が少なくなると，道路の修理や新たな道路建設の必要性も少な
くなる。市の幹部たちは，それはお金の節約になり，環境保護にもなると語ってい
る。これによって，より健全な地域社会へとつながる可能性さえもあるのだ。

12 件のコメント

最新

サム=ウェルズ 2019 年 3 月 26 日 午後 6 時 56 分
よい記事ですね。この記事では両者の見解が示されていますね。私は自転車に乗る
人たちに恩恵を与えることには賛成です。しかし，市内に入る際にお金を払うよう
車のドライバーに要求することはできないと思います。一部の車のドライバーは車

162 共通テスト 実戦創作問題① : 英語(リーディング)〈解答〉

を運転する以外に選択肢がないかもしれないのに，彼らにより多くの金額を請求するのは不公平です。

語句・構文

［第1段］▶ so + 助動詞 + A「A もまた〜である」

［第2段］▶ yearly fee「年間料金」

［第3段］▶ attractive「魅力的な」

［第4段］▶ result in 〜「〜という結果になる」

［コメント］▶ charge A B「A に B を請求する」
　　　　　　▶ but「〜以外」

問1 11 正解は③

「この記事によると，専門家たちは（新たな自転車専用レーンの）計画に賛成である。なぜなら からである」

第2段第1文（Even though many …）では，自転車専用レーンが完成すれば，事故や交通問題が減ると多くの専門家たちが予想していると述べられているので，③「それによって，道路がより安全になる」が正解。in favor of 〜「〜に賛成して」

① 「観光客を街に呼び寄せられる」

② 「それによって，街がより静かになる」

④ 「建設工事によって，交通の遅れが生じる」

問2 12 正解は①

「あなたのチームは『より多くの自転車専用レーンが整備されるべきである』という討論の議題を支持する予定である。記事の中で，あなたのチームにとって役に立つ意見（事実ではない）は ということである」

第4段最終文（It could even …）では，「それは，より健全な地域社会へとつながる可能性さえある」という意見が述べられている。主語の it は第4段第1文（Fewer cars also …）の市内の車を少なくすることを指しており，そのための方策として自転車専用レーンの整備が計画されているので，①「自転車を促進することは，より健全な社会を創造する手助けとなる可能性がある」が最も適切。

② 「最近，以前よりも多くの事故が起こっている」 意見ではなく事実なので不適。

③ 「自転車専用レーンは小さな店に商機をもたらす」 意見ではあるが，本文中でこのような見解は示されていない。

④ 「市内の交通がますます遅くなっている」 意見ではなく事実なので不適。

共通テスト 実戦創作問題①：英語（リーディング）〈解答〉　**163**

問3　13　正解は②

「他方のチームは討論の議題に反対する予定である。記事の中で，このチームにとって役に立つ**意見（事実ではない）**は□□□ということである」

第2段第2文（Drivers don't agree …）では，車のドライバーは道路の使用料金をすでに払っているため，自分たちが使わない自転車専用レーンの整備に税金を使うことには賛同していないという内容が述べられている。したがって，②「**車のドライバーは自転車専用レーンのための費用を負担する必要はないはずだ**」が正解となる。

①「車の使用者は，道路を使用する前に，料金を支払うことを求められている」意見ではなく事実なので不適。

③「今よりも多くのバスや電車を備えるには非常に費用がかかる」 このような内容は書かれていない。

④「行政はもっと安全に配慮すべきだ」 意見と言えるが，このようなことは書かれていない。

問4　14　正解は③

「記事の第3段において，『実際には，その計画はさらにその先に進んでいる』が示唆しているのは，サンベリー市は□□□だろうということである」

第3段第4文（The city is …）では，市は市内の中心部に入る車のドライバーに料金を請求することを検討していること，同段最終文では，市内の車の数を少なくすることが彼らの目標であると述べられている。したがって③「**車の運転の人気がなくなるようにする他の方法を見つける**」が正解。

①「人々が自転車を置ける場所をもっとつくる」

②「当初の計画よりも多くの自転車専用道路をつくる」

④「地元の人々のための自転車の共同利用システムを開始する」

問5　15　正解は②

「サム＝ウェルズのコメントによれば，彼は記事で述べられている計画□□□」

サム＝ウェルズのコメントでは，自転車に乗る人たちに恩恵を与えることには賛成だが，市内に入る車のドライバーにお金を請求することはできないと述べられているので，②「**〜に部分的に賛成している**」が正解となる。

①「〜について特に意見はない」

③「〜に強く同意している」

④「〜に強く反対している」

第3問

A　ブログの読み取り

訳　《高校のチアリーディング部での経験》
　あなたは自分の学校の女子交換留学生によって書かれたブログの中で，以下の話を見つけました。

チアリーディング部
4月22日，日曜日
[第1段]　私はシンディ=ローゼンです。アメリカの高校で，私はチアリーディングチームの一員でした。だから，日本に来るのはワクワクしていましたが，チアリーディングを中断しなければならなくなるのはとてもつらかったです。
[第2段]　ホストファミリーとこの学校の生徒はとても優しいので，全くホームシックにはなりませんでした。本当に恋しかったのはチアリーディングチームでした。このことをクラスメートに言うと，この西高校でチアリーディングチームを始めればいいと提案してくれました。私は日本に多くのチームがあることを知って驚きました。競技大会さえもあるのです。一人の先生の助けを借りて，私たちは西高校チアリーディングチームをスタートさせました。一番経験があったので，私はチームではコーチのような役割をしています。私たちはどんどんよくなってきています。もうすぐ，チームは初めての大会に参加します。

[第3段]　私は5月4日にカリフォルニアに帰ってしまいますが，自分が立ち上げを手伝ったチアリーディングチームが日本で活動を続けているのを嬉しく思っていることでしょう。日本に来て私は大きく変わったので，私も日本でちょっとした変化を起こせていたらと願っています。

共通テスト 実戦創作問題①：英語（リーディング）〈解答〉　**165**

語句・構文

［第1段］▶ even though ～「たとえ～でも」

［第2段］▶ miss「～がなくて寂しく思う」

　　　　▶ competition「競技会」

問1　　16　　正解は②

「ブログを書いた人は□□□とは思っていなかった」

第2段第4文（I was surprised …）で，日本に多くのチアリーディングのチームがあると知って驚いたと述べられているので，②**「日本にチアリーディングのチームがある」**が正解となる。

① 「担任の先生が自分たちの計画を支援してくれる」

③ 「これほど早く自分に友達ができる」

④ 「学校が自分の新しい家の近くにある」

問2　　17　　正解は④

「チアリーディングの大会は□□□」

第3段第1文（I will go …）から，シンディは5月4日にカリフォルニアに帰るとわかる。チアリーディングの大会ポスターでは，開催日が5月8日になっているので，④**「ブログを書いた人物が自分の国に帰国した後に開催される」**が正解となる。

① 「これまでに西高校が優勝したことがある」

② 「百々市で今年初めて開催されている」

③ 「西高校の教師たちによって設立された」

166　共通テスト 実戦創作問題①：英語（リーディング）〈解答〉

B　レポートの読み取り

訳 《車の中でどこに座るかという異文化体験》

　あなたはオーストラリアで一年間学んでいる女子によって書かれた以下のレポートを見つけました。

どの席に座るべきか？

ナカシマ アカリ（交換留学生）

［第1段］　オーストラリアに来る前，私は自分の英語が十分なレベルに達していないのではないかと心配していました。初めての海外で，空港に着いたときには，Uターンして，次の飛行機で家に帰ろうかと考え始めていました。

［第2段］　ホストファミリーに会いに行く途中のバスの中では，ほとんどパニック状態になっていました。しかし，ホストファミリーに会うと，すぐに何一つ問題ないとわかりました。彼らはとてもやさしく，私を助けてくれました。ゆっくり話をしてくれて，私が英語を話そうとしているときには，我慢強く待ってくれました。気分がだいぶ楽になりました。ホストファミリーの家は学校からとても離れた所にあるので，毎朝車で1時間かかると伝えられたときには驚きました。

［第3段］　次の日は月曜日だったので，学校へ行くため私は車に乗りました。私は後部座席に座ったのですが，車を運転するホストマザーがムッとしているように見えました。理由は全くわかりませんでした。移動中，私たちは話し始めたので，私は何も問題ないと思っていました。しかし，放課後，家に帰る際に後部座席に乗ったとき，彼女がまたムッとした表情をしました。「なぜ車の後ろの席に座るの？」と彼女は尋ねました。「私のことを運転手だと思っているのかしら？」私は何と言っていいのかわかりませんでした。日本では，誰かの車に乗るときは，普通，後ろの席に乗車します。私がそのことを彼女に説明すると，彼女は微笑んで「たとえ日本でも，あなたは家族の隣に座ると思うけど」と言いました。私は嬉しくて泣いてしまいました。彼女は私を家族の一員として受け入れてくれただけでなく，私に本当に腹を立てているわけでもありませんでした。この出来事はただの文化的な違いでした。オーストラリアの人は，タクシーであっても，普通は前の席に乗車するということを学びました。

［第4段］　今では，毎朝，一緒に前の席に乗っています。車の中で長時間，話をしているので，私の英語はどんどん上達しています。

語句・構文

［第3段］▶ annoyed「ムッとして，腹を立てて」

共通テスト 実戦創作問題①：英語(リーディング)〈解答〉 **167**

問1　18　正解は④

「本文によると，アカリの感情は次の順番で変化した：心配→____」

第1段ではオーストラリアに来る前，アカリは自分の英語が十分なレベルに達していないのではないかと心配していたと述べられている（concerned：心配）。第2段では，ホストファミリーに会いに行く途中，ほとんどパニック状態（nervous：緊張，動揺）だったとあるが，実際に会うと安心した様子が読み取れる（relieved：安心した）。しかしその後，学校までは車で1時間かかると聞いて驚いた様子が述べられている（surprised：驚き）。続く第3段前半では，学校へ行く際，アカリが車の後部座席に乗ったとき，ホストマザーがムッとした表情をしたが，理由が全くわからなかったとあり（confused：困惑），第3段後半では，誤解が解けた後のホストマザーの言葉を聞いてアカリはとても嬉しかった（pleased：喜び）ので，正解は④。

問2　19　正解は④

「アカリのホストマザーはムッとしていた，なぜなら____からである」

ホストマザーがムッとしている様子は第3段で述べられている。同段第6・7文（She asked, "Why …）では，ホストマザーが，後部座席に座るアカリに対して自分のことを運転手だと思っているのかと聞いているので，④「**彼女はアカリが自分のことを家族の一員ではなく，運転手のように扱っていると思った**」が正解となる。

①「朝，学校へ送ってもらったことに対してアカリがホストマザーにお礼を言うのを忘れた」

②「アカリがオーストラリアに滞在する準備を十分にしていなかった」

③「アカリがオーストラリアの文化を理解しようと十分に努力しているとは思えなかった」

問3　20　正解は①

「この話から，____ということがわかった」

第4段第2文（Thanks to our …）で，毎朝学校に行く車の中で，長時間話をしているので，アカリの英語は上達していると述べられている。よって，①「**学校まで毎朝，車で長時間移動していたので，アカリの英語力は向上した**」が正解。

②「アカリは英語が下手なので，アカリの学校は，彼女には優しい家庭に滞在してほしかった」

③「アカリはオーストラリアに向けて日本を出発する前，間違った情報を与えられていた」

④「アカリは，そのオーストラリアの学校を訪れた最初の日本人の交換留学生だった」

第4問

説明的な文章・グラフの読み取り

> 訳 《レビューと映画制作の関係》
> あなたは映画について調べています。あなたはある記事と手紙を見つけました。

何を見るべきかを伝えているのは誰なのか？　ハイドン=ヴィプィフ　2018年7月

[第1段]　近頃，どの製品を購入するのか，どのようなサービスを注文するのか，さらにはどの映画を見るのかを決める際にも，オンライン上の批評を頼りにする人たちが増えてきている。それらの批評は他の客によって書かれているので，私たちはそれらをより信用する傾向がある。オンライン上の批評は，私たちが購入するものに対して影響を及ぼし，そして，それゆえに，メーカーが作るものにも影響を及ぼしていることを示す多くの証拠がある。ある製品がよい批評を得て，よく売れれば，他のメーカーも似たような製品を作ることになるのだ。

[第2段]　これは映画やテレビにもあてはまるかもしれない。オンライン上の映画批評に関する，最近のある調査では，オンライン上の映画批評の約80パーセントが男性によって書かれたものであった。女性は恋愛映画やミュージカルを楽しむが，男性はSF映画やホラー映画を好む傾向があるので，このバランスの悪さは問題である。必然的に，男性は自分たちが興味のない映画には低い評価の意見を持つことになる。結果として，一部の映画の評価がより悪く見えてしまう可能性があるのだ。

[第3段]　自分の好きなジャンルの映画が非常に優れていても，それらがよくない出来だと誤解してしまう女性もいるかもしれない。以下のグラフは，どのように，一部のジャンルの人気がなくなる一方で，その他のジャンルが人気を得ているかを示している。

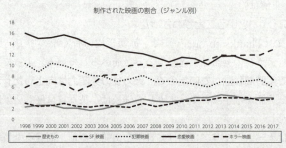

[第4段]　私たち，さらに映画業界の人々は，この傾向が誤ったデータに基づくものだということを認識しなければならない。また，映画の批評がもっと女性の意見を代弁したものになるような方法を考えなければならない。そうでなければ，一部

のジャンルが完全になくなってしまう可能性もある。もしそのようなことが起これば、映画製作者や一般の人々にとって悲しいこととなるだろう。

「何を見るべきかを伝えているのは誰なのか？」についての意見　　　　　　　M. J.
2018 年 8 月

［第5段］　映画業界に存在する問題に関心を向けていただき、ヴィプィフさんには感謝いたします。私は映画の脚本家兼監督ですが、自分の映画を作るのが非常に難しくなっていると感じています。私の映画は人気がなくなってきているジャンルの一つなので、制作会社は私の映画にお金を出したくないと考えています。残念なことに、私の映画は最も急激に人気が下がっているジャンルのものなのです。実際のところ、男性よりも女性のほうが映画を多く見ています。しかし、女性は批評を書かないので、彼女たちの好きなジャンルは、他のジャンルよりも減らされているのです。

［第6段］　映画会社は企業なので、一部のジャンルの人気が落ちている理由に興味を持っているとは思えません。おそらく彼らはある映画でどれくらい収益が得られるのかだけ気にかけているのでしょう。このことは理解できますし、それに関して言い争うつもりもありません。実際、私の仕事はできるだけ多くの人々に自分の映画を見てもらうことにかかっています。

［第7段］　ただ、私はヴィプィフさんがこの問題を解決する提案をしてくれていたらよかったと思います。映画の批評を掲載するウェブサイトには、必ず男性と女性の批評の数が同じになるよう依頼したほうがいいでしょう。もう一つのアイデアとしては、批評を書くことに対して、女性に謝礼を与えることでしょう。批評を書いてもらったことに対する見返りとして、映画のチケットの割引をしたり、無料で映画の試写会に招待したりすることもできるでしょう。

語句・構文

［第1段］▶ review「批評」
　　　　▶ purchase「〜を購入する」
　　　　▶ manufacturer「製造業者、メーカー」
［第2段］▶ imbalance「不均衡、バランスの悪さ」
　　　　▶ rating「評価、（番組の）人気度」
［第3段］▶ genre「ジャンル、種類」
［第4段］▶ business「業界、企業」
　　　　▶ represent「〜を表す」
［第5段］▶ draw attention to 〜「〜に関心を向ける、〜に注目する」
　　　　▶ director「（映画などの）監督」

170 共通テスト 実戦創作問題①：英語（リーディング）〈解答〉

▶ rate of decline「減少率」

[第7段] ▶ come up with 〜「〜を提案する，〜を思いつく」
▶ fix「（問題など）を解決する，改善する」
▶ publish「〜を掲載する」
▶ make sure 〜「必ず〜するようにする」
▶ preview「試写会」
▶ in return「お返しに，お礼に」

問1　　21　　正解は①

「ハイドン=ヴィプィフも映画監督も□□□については言及していない」

両者ともに，女性向けの映画の製作費について述べている部分はないので，①「女性向けの映画を製作するのにどのくらいの費用がかかるのか」が正解となる。

② 「購入者に対する，利用者の批評の影響」　第1段でハイドン=ヴィプィフは，他の客によるオンライン上の批評が私たちの購入するものに影響を及ぼしているという内容を述べている。

③ 「バランスの問題を解決する方法」　第7段第2文（Perhaps we should …）以降で映画監督が解決法を提案している。

④ 「男性と女性のどちらがより多くの映画を見るか」　第5段第5文（In truth, more …）で，映画監督が男性よりも女性のほうが映画を見ていると述べている。

問2　　22　　正解は③

「この映画監督が作りたい映画は□□□である」

第5段第3・4文（The production companies …）では，この監督の映画は人気が落ちているジャンルの一つで，最も急激に人気が下がっているジャンルであると述べられている。グラフから，最も急激に人気が下がっているのは恋愛映画であると読み取れるので，③「恋愛のジャンル」が正解。

① 「犯罪のジャンル」
② 「ホラーのジャンル」
④ 「SFのジャンル」

問3　　23　　複　正解は①，④

「この記事と手紙によると，女性は□□□（2つ以上の選択肢を選んでもよい）」

第2段第3文（This imbalance is …）では，女性は恋愛映画やミュージカルを楽しむが，男性はSF映画やホラー映画を好む傾向があると述べられているので，①「男性よりもSF映画に興味がない」が正解。また，第2段第2文（A recent study …）では，オンライン上の映画批評の約80パーセントが男性によって書か

れているとあるので，④**「男性ほど批評を書かない傾向がある」**も正解となる。第5段最終文も参照。

②「男性ほど映画を見るのを楽しんでいない」

③「自分が好きな映画の批評を書くだけである」

問4 <u>24</u> <u>25</u> 正解は③，①

「ヴィブィフさんは<u>24</u>と述べ，そして映画監督は<u>25</u>と述べている（それぞれの空所には異なる選択肢を選びなさい）」

第1段第3文（There is a …）では，オンライン上の批評が私たちの購入するものに影響を及ぼしており，それゆえに，メーカーが作るものにも影響を与えている証拠が数多くあると述べられている。したがって<u>24</u>は③**「メーカーは製品に関するオンライン上の批評に影響される」**が適切。また，第6段第2文（They probably only …）では，映画会社はある映画でどれくらい収益が得られるのかだけ気にかけているという内容が述べられているので，<u>25</u>は①**「映画会社は金銭的な問題に関心があるだけである」**が正解となる。

②「男性向けの映画を作るよりも，女性向けの映画を作ったほうが，費用がかからない」

④「現代の映画の質はますます悪くなっている」

⑤「女性は何を見るか選ぶ前に，オンライン上の批評を読まない」

問5 <u>26</u> 正解は①

「記事と手紙両方からの情報に基づいて，あなたは宿題のレポートを書くつもりだ。あなたのレポートに最適な題名は<u>　　</u>だろう」

両者とも，オンライン上の映画批評は男性によって書かれたものが多いと，そのバランスの悪さを指摘している。また，女性による批評が少ないため，女性の好きなジャンルの映画が減ってきていることを懸念しているので，①**「よりバランスのとれた映画批評が一部のジャンルを救うだろう」**が最も適切。

②「映画業界への支援：映画館で映画を見よう」

③「映画業界は，より多くの女性監督を必要としている」

④「なぜ女性はミュージカルを見るのが好きなのか」

172 共通テスト 実戦創作問題①：英語（リーディング）〈解答〉

第5問

伝記的な文章の読み取り・要約

訳 《ポスター発表のための準備》
　あなたのグループは，以下の雑誌の記事の情報を利用し，「ヒーロー・メーカー」というタイトルのポスター発表をする準備をしている。

[第1段]　近年，スーパーヒーローたちが登場する映画が数多くヒットしている。その中でも，マーベル・エンターテインメントによって製作された映画は最も人気を集めてきた。スパイダーマン，超人ハルク，マイティ・ソー，キャプテン・アメリカ，X-メンといった，よく知られたヒーローたちは，全てマーベル・コミック──マーベル・エンターテインメントの子会社──から誕生した。マーベル・コミックの作家たちのチームはスタン=リーという名の人物が率いており，これら全てのキャラクター制作における責任の一端を彼が担っていた。

[第2段]　彼は1922年，ニューヨーク市で生まれた。彼の本名はスタンリー=マーティン=リーバー。若い頃，彼は数多くの仕事を経験したが，彼の夢はずっと作家になることだった。15歳のとき，リーは大手新聞社がスポンサーを務める作文コンテストに応募した。そのコンテストで彼は3週連続の優勝を果たした。新聞社は彼にプロとして執筆することを勧め，リーはこの提案がおそらく彼の人生を変えたと断言している。

[第3段]　1939年，彼がちょうど17歳のとき，タイムリー・コミックスでの仕事に就いた。その会社は彼のいとこの夫が所有していた。リーの仕事は作家たちにインクを持って行ったり，昼食を運んだり，漫画の原稿に残った鉛筆の跡を消すことだった。2年後，漫画本の編集長のジョー=サイモンが会社を辞めたため，リーが彼の後を引き継ぐよう言われた。彼は若かったが，漫画本を書くことに関わるのが最初は恥ずかしかった。彼は自分の名前を漫画と結びつけられるのが嫌だったので，本名ではなく，スタン=リーという名前を使ったのである。

[第4段]　第二次世界大戦が始まり，リーも従軍しなければならなくなった。それによって，タイムリーの職場に毎日来ることができなくなった。しかし，彼は郵便でスタッフたちと連絡を取り，漫画の仕事を続けた。

[第5段]　やがて戦争から戻り，発行責任者に就任する1972年まで彼はタイムリーの編集長として働いた。この間，タイムリー・コミックスは名称をマーベル・コミックに変更し，主なライバル会社であるDCコミックスに次いで，世界で2番目に大きな漫画の出版社となった。

[第6段] マーベル・コミックが成功した理由の一つは、登場するヒーローたちの性質であった。一般的に漫画のヒーローたちは皆、欠点を持たない。しかし、リーが生み出すヒーローたちは弱さを持ち合わせている。彼の生み出したヒーローたちは皆、犯罪と戦いながら、自分たちの感情面の弱さや個人的な問題を克服しなければならなかった。

[第7段] マーベル・コミックのヒーローたちが多くの読者を獲得する手助けとなったもう一つの理由はおそらく、実際に世界中で起こっていた出来事に基づく状況がストーリーに盛り込まれていたという点である。例えば、アイアンマンはベトナムで兵士たちに襲われている。そのおかげで、大学生や大人たちにとって、そういったストーリーが意味深長なものになっていたのである。

[第8段] 1990年代、リーはかつての補佐役にマーベル・コミックの経営を任せた。しかし、彼はマーベル・コミックの代表として仕事を続けていた。2010年、彼は人々の読解力、理解力、物語る力といった創造に関わる技術の向上を手助けするための団体を立ち上げた。彼はまたPOW！エンターテインメントという自身の会社を築き上げることにも時間を費やしていた。1998年から2019年まで、スタン＝リーはマーベルのキャラクターたちを基にした40本を超える映画やテレビ番組で非常に目立たない役を演じていた。彼は2018年、95歳で亡くなった。

ヒーロー・メーカー

■ **スタン＝リーの生涯**

時期	出来事
1922年	リーがニューヨーク州ニューヨーク市で生まれた
1930年代以降	27 → 28 → 29 → 30 → 31

スタン＝リー

■ **マーベルについて**

▶ マーベルのヒーローは他の漫画のヒーローと 32 という点で異なっていた。

▶ マーベルは世界で第2位の漫画の出版社となった。

▶ 年齢層の高い読者は、以下の理由からマーベル・コミックが好きだった：
33

■ **スタン＝リーの晩年**

▶ リーはマーベルの代表を続けていた。

▶ リーは、 34 をして人生の晩年を過ごした。

174 共通テスト 実戦創作問題①：英語（リーディング）〈解答〉

語句・構文

［第1段］▶ creation「創作」
［第2段］▶ essay competition「作文コンテスト」
　　　　▶ sponsor「～のスポンサーを務める」
　　　　▶ in a row「連続して」
　　　　▶ take up ～「～を始める」
［第3段］▶ erase「～を消す」
　　　　▶ drawing「スケッチ，線画」
　　　　▶ editor「編集長，編集者」
　　　　▶ replace「～の跡を継ぐ」
　　　　▶ embarrassed「恥ずかしい思いをした，照れくさい，きまり悪い」
　　　　▶ be involved with ～「～に関係する」
［第4段］▶ work on ～「～に取り組む」
［第5段］▶ eventually「結局，ついに」
　　　　▶ take over（as）「（～として）引き継ぐ」
　　　　▶ publisher「出版社，発行責任者」
［第6段］▶ feature「～を特色にする，～を特集する」
［第7段］▶ meaningful「意味深長な，重要な」
［第8段］▶ leave *A* to *B*「*A* を *B* に任せる」
　　　　▶ former「前の，かつての」
　　　　▶ representative「代表者」
　　　　▶ organization「団体，組織」
　　　　▶ acting job「俳優業」

問1　 27 　 28 　 29 　 30 　 31 　 正解は④，②，③，⑤，①
「あなたのグループのメンバーがリーの生涯の重要な出来事を列挙した。出来事を起こった順に 27 ～ 31 の空所に入れなさい」
第2段第4・5文（When he was …）で，リーが15歳のとき，大手新聞社がスポンサーを務める作文コンテストで3週連続優勝したと述べられているので， 27 は④「リーは作文コンテストで数回優勝した」が適切。また，第3段第4文（Two years later, …）では，タイムリー・コミックスの仕事に就いて2年後，当時の編集長が会社を辞めたため，リーがその後を引き継ぐように言われたとあるので， 28 は②「リーがタイムリー・コミックスの編集長になった」が正解。さらに第4段第1文（The Second World …）では，第二次世界大戦が始まり，リーも従軍しなければならなくなったとあるので， 29 は③「リーが陸軍に入隊した」が正解となる。第5段第2文（During this period, …）には，リーが戦争か

ら戻った後，タイムリー・コミックスという名称がマーベル・コミックに変わったという内容が述べられているので，30は⑤「タイムリー・コミックスはその名称をマーベル・コミックに変更した」が適切。第8段第1文（In the 1990s, …）では，1990年代になり，リーはかつての補佐役に経営を任せたとあるので，31は①「新たな経営者がリーの後を引き継いだ」が正解となる。

問2　32　複　正解は①，⑤

「ポスターを完成させる最も適切な文章を選びなさい（2つ以上の選択肢を選んでもよい）」

マーベル・コミックのヒーローたちが他の漫画のヒーローたちと異なる点を選ぶ問題。2つ以上の選択肢があてはまる可能性があり，あてはまる選択肢は全て選ぶ必要がある。

① 「彼らは私生活において困難な問題を抱えていた」　第6段最終文（All of his …）で，マーベル・コミックのヒーローたちは自分の個人的な問題を克服しなければならなかったと説明されているので正解。

② 「彼らは自然環境への懸念を示していた」　本文中で述べられていない。

③ 「彼らは自分たちの知能で問題を解決していた」　本文中にない。

④ 「彼らは全てある一人の人物によって生み出されていた」　第1段最終文（The team of …）では，全てのキャラクター制作における責任の一端をリーが担っていたとは述べられているが，彼一人で全てのキャラクターを生み出していたわけではないので不適。

⑤ 「彼らは常に完全ではなかった」　第6段第2・3文（Generally, comic book …）で一般的な漫画のヒーローには欠点がないが，マーベル・コミックのヒーローたちは弱さを持ち合わせていると述べられているので正解。less than＋形容詞「まったく～ではない」

⑥ 「彼らは異星人によって力を与えられていた」　本文中にこのような内容が述べられている部分はない。

問3　33　正解は②

「理由として最適なのは次のうちどれか」

第7段第1・2文（Another thing that …）では，マーベル・コミックのヒーローが多くの読者を獲得した理由として，実際に世界で起こった出来事に基づく状況がストーリーに盛り込まれていたことが挙げられ，同段第2文（For example, …）では，アイアンマンがベトナムで兵士に襲われると書かれている。さらに同段最終文（This made them …）では，そのことがストーリーを大学生や大人たちにとって意味深長なものにしたという内容が述べられているので，②「そのストー

リーが実際の政治情勢を取り上げていた」が最も適切。アイアンマンの例はベトナム戦争のことで，政治情勢を示している。

① 「そのキャラクターたちが長年使われていた」

③ 「登場人物同士の恋愛のシーンが含まれていた」

④ 「マーベル・コミックは他の漫画よりも話が長くて複雑だった」

問4　34　(複)　正解は②，③，⑥

「ポスターを完成させる最も適切な文章を選びなさい（2つ以上の選択肢を選んでもよい）」

リーが人生の晩年をどのように過ごしたのかを選ぶ問題。2つ以上の選択肢があてはまる可能性があり，あてはまる選択肢は全て選ばなければならない。

① 「エンターテインメント業界のビジネスリーダーたちにアドバイスをした」　本文中にこのような内容が述べられている部分はない。

② 「自分が作ったキャラクターを基にした映画に登場した」　第8段第5文（From 1998 to …）で，マーベルのキャラクターを基にした映画やテレビ番組で，リーが目立たない役を演じていたとあるので正解。

③ 「自分自身の会社を設立した」　第8段第4文（He also spent …）より，リーがPOW！エンターテインメントという自身の会社を築き上げたとわかるので正解。

④ 「キャリアプランについて大学生に話をした」　本文中にこのような内容が述べられている部分はない。

⑤ 「家族の人たちと一緒に過ごした」　リーの晩年における家族との時間については，本文で言及されていないので判断できない。

⑥ 「人々の読解力向上を手助けする団体を立ち上げた」　第8段第3文（In 2010, he …）で，リーが人々の読解力など創作に関わる技術の向上を手助けするための団体を立ち上げたと述べられているので正解。

第6問

A　説明的な文章の読み取り

訳　《環境問題に関するグループ発表の準備》

　あなたは授業で環境問題に関するグループ発表を行う準備をしています。あなたは以下の記事を見つけました。

---

［1］　インドネシアのジャカルタ市の周囲に巨大な壁を建設する計画がある。攻撃してくる者たちの侵入を防いだり，人々を閉じ込めておいたりするためではない。その壁は海から街を守るために建設される予定なのである。ジャカルタの一部の地域は毎年 20 センチも地盤が下がっているのだ！　さらに悪いことに，地球温暖化の影響で海面が上昇している。科学者たちは，2050 年までにジャカルタ市の 3 分の 1 が水に浸かってしまう可能性があると予測している。

［2］　ところで，なぜ土地が沈んでいるのか？　これは人間が生み出した問題である。ジャカルタには 1000 万人の人々が暮らしているが，誰もが生きていくために水を必要としている。多くの人口を支えるため，この街は地下から水をくみ上げてきた。あまりに多くの地下水をくみ上げてきたため，今になって土地が沈んでいるのだ。

［3］　街の周囲に壁を造ることで，問題の一部は解決できるかもしれない。しかし，ジャカルタがどこか他の場所から水を得られない限り，地面は沈み続け，それとともに壁も沈んでしまうだろう。これはジャカルタにとって非常に大きな問題だが，世界の他の地域──特に，サン・ホアキン渓谷，アリゾナの中部，バンコク，メキシコシティ──への警鐘でもある。これらの場所はそれぞれの解決策を早急に考えなければならなくなるだろう。

［4］　この問題に直面し，それを克服した場所がカリフォルニアのセントラル・バレーである。その土地は 9 メートル沈んでしまった。行政は地下水をくみ上げることをやめ，湖や川から長期間にわたり確実に水が得られるよう水の管理を実施した。ジャカルタもこの事例から学ぶことができるように思える。しかし，ジャカルタの状況はそれよりもはるかに複雑だ。ジャカルタには 13 の大きな川があり，必要な水を供給するには十分すぎる。問題はそれらの川が全て汚染されているということだ。

［5］　2 つの解決策が残されていると思われる。一つはシンガポールで行われているように水をリサイクルすることで，もう一つは移転することである。街全体を移転させるという考えはなかなか想像できない。非常に評判の悪い発想で，政治家た

178 共通テスト 実戦創作問題①：英語（リーディング）〈解答〉

ちはその案については議論したくないと思っている。そのコストは莫大なものになるだろうが，壁を建設するコストもまた膨大なものである。市の技術者たちは，壁の建設には 420 億ドルの費用がかかると主張しており，数年後には，壁をさらに高くするため，さらに費用を支出しなければならない可能性もある。

［6］ 海面がどれくらいのスピードで上昇するのかは誰にもわからない。したがって，たとえ地下から水をくみ上げるのをやめたとしても，依然として，この大きなリスクに直面することとなるだろう。結局，解決策は，水のリサイクル，壁の建設，汚染の削減を同時に行うことかもしれない。ジャカルタは費用のかかる未来に直面しているが，何もしなければ，さらに大きな費用がかかることになるだろう。災害から復興するコストは災害を防止するコストの 4 〜10 倍になることもある。ジャカルタはこういった環境に関する難題に直面する最初の都市ではないし，最後の都市になることもないだろう。他の都市はジャカルタから目を離さず，その成功と失敗から学ばなければならない。

語句・構文

［第1段］▶ sink「沈む」
　　　　　▶ to make matters worse「さらに悪いことに」
　　　　　▶ due to 〜「〜のせいで」
　　　　　▶ predict「〜を予測する」
［第2段］▶ pump「〜をくみ上げる」
　　　　　▶ massive「膨大な」
［第3段］▶ the rest of 〜「〜の残り」
　　　　　▶ come up with 〜「〜を思いつく」
［第4段］▶ ensure「〜を確実にする」
　　　　　▶ term「期間」
　　　　　▶ availability「利用できること」
　　　　　▶ complicated「複雑な」
［第5段］▶ entire「全体の」
　　　　　▶ even「さらに（比較級の強調）」
［第6段］▶ combination「組み合わせ，合同」
　　　　　▶ prevention「防止策」
　　　　　▶ challenge「難題」

問1　　35　　正解は③

「ジャカルタは市の周囲に壁を建設しようと計画している。なぜなら□□□からである」

ジャカルタが市の周囲に壁を建設しようとしている理由は第1段第3～最終文（The wall will …）で述べられている。地盤が下がり，さらに地球温暖化の影響で海面が上昇しているため，街が水に浸かってしまう可能性があると説明されているので，③「土地が海面より下に沈みつつある」が正解。

① 「ジャカルタは人々がごみを持ち込むのを防ぎたい」
② 「ジャカルタは津波から住民を守りたい」
④ 「あまりにも多くの人々が市内に入ってこようとしている」

問2 　36 　正解は④

「この記事によると，カリフォルニアの解決策は，□□□」

第4段で，ジャカルタが抱える問題と同様の問題を克服した場所としてカリフォルニアのセントラル・バレーが紹介されている。同段第3文（The government stopped …）で，カリフォルニアは，地下水をくみ上げることをやめ，湖や川から水を得られるようにして，この問題を解決したと説明されている。これがカリフォルニアの解決策である。同段最終文（The problem is …）では，ジャカルタの問題点として河川が全て汚染されている点が指摘されており，この方法はうまくいかないと考えられる。したがって④「河川があまりにも汚れているので，ジャカルタではうまくいかない」が正解。

① 「克服すべき新たな環境問題を引き起こした」
② 「ジャカルタ市の指導者たちによって慎重に研究されるべきだ」
③ 「他の国から学んだ戦略を基にしていた」

問3 　37 　正解は④

「第3段で，筆者はジャカルタの状況を警鐘と呼んでいる。なぜなら□□□からである」

第3段第3文（This is a …）のbut以下では，具体的な地域名や都市名を挙げ，ジャカルタが直面している問題は，世界の他の地域への警鐘だと述べられている。同段最終文（These places will …）では，そういった地域はそれぞれの解決策を早急に考えなければならないとあり，ジャカルタと同じような問題がそれらの地域に起こる危険があると読み取れる。よって④「将来，他の多くの都市の人々が同じ難題に直面するだろう」が適切。

① 「私たちは皆，ジャカルタの人たちが苦しんでいる問題に対して共同責任を負っている」
② 「今，壁を建設するほうが，後で建設するよりもはるかに費用が安い」
③ 「ジャカルタの人々は，自然災害が起こる前に，転居しなければならない」

180 共通テスト 実戦創作問題①：英語（リーディング）〈解答〉

問4 　38 　正解は④

「この記事を最もよく要約したものは以下のうちどれか」

本文全体を通して，地下水のくみ上げすぎによる地盤沈下と，地球温暖化による海面上昇によって，街が水に浸かってしまう危険があるという，ジャカルタの問題について説明されている。また，壁の建設や水のリサイクルなどの問題解決策には多額の費用がかかると述べられているので，④「自分たち自身が生み出した環境問題について，将来的に高い代償を払うことになる」が最も適切。cost *A* dearly「*A* にとって高くつく」

① 「地下水はより多くの都市が利用すべき再生可能な資源である」

② 「科学技術への投資によって，私たちは便利なライフスタイルを享受し続けられるだろう」

③ 「ジャカルタの街は，世界中の人々に影響を及ぼす環境問題を引き起こしている」

共通テスト 実戦創作問題①：英語（リーディング）〈解答〉　**181**

B　説明的な文章の読み取り・グラフの選択

〔訳〕　《ノルウェーの葛藤》

　あなたは様々なヨーロッパの国々について調べている。ノルウェーの情勢を理解するため 2019 年の以下の記事を読むところである。

[第1段]　ノルウェーは世界のトップ 10 カ国に入る石油産出国であり続けてきたので，この国が他のどの国よりも電気自動車の普及率が高いのは驚きである。2019 年のノルウェーにおける新車販売の約 48 パーセントが電気自動車であった。これは 2018 年の電気自動車の販売数の約 2 倍である。

[第2段]　この変化は単純に政府の政策のおかげである。ノルウェーはガソリン車およびディーゼル車に課税するようになった。同時に，電気自動車には課税しないことを発表した。さらに，電気自動車のドライバーは，特定の道路やフェリーを使用する際にかかる料金の割引を受けている。政府は 2025 年頃までには，ガソリン車の販売を終了させるという目標を掲げているため，電気自動車の割合はより一層増加していくだろう。

[第3段]　結果として，電気自動車を数多く販売するテスラ，日産，ヒュンダイ，BMW といった自動車ブランドが，販売数を大きく伸ばしてきた。一方，従来のエンジンやハイブリッドエンジンを搭載した車だけを売っている会社は，売り上げを大きく落とした。ハイブリッド車は動力として電気エンジンだけでなく，ガソリンエンジンも必要なため，政府が定めた必要条件を満たしていないのである。もちろん，売り上げが落ちたメーカーは，現在ノルウェーで電気自動車を発売する計画を立てている。

[第4段]　ノルウェーは石油と天然ガスの売り上げで巨額のお金を稼いでいる。それらの資源を売ることで，平均するとノルウェーの人々は世界で最も豊かな人々の仲間入りをした。したがって，ノルウェーの人口は比較的少ないにもかかわらず，テスラのような高級ブランド車にとって，ノルウェーは重要な市場となっているのである。ノルウェーの非常に先進的な考え方は大企業に影響を与えており，おそらく他の国々に対しても環境保護を目的とする政策の推進を喚起することになるだろう。実際，すでにノルウェーはインドネシアやブラジルに熱帯雨林を保護するよう働きかけている。

[第5段]　一部の批評家は電気自動車に関するノルウェーの環境政策は，自らの輸出政策と矛盾していると指摘している。2019 年，ノルウェーは石油採掘への投資を 13 パーセント増やした。さらに，彼らはノルウェー海で，53 の新たな場所に油井を掘っている。2023 年までには，これまでの最高レベルに迫る石油生産量に達

182 共通テスト 実戦創作問題①：英語（リーディング）〈解答〉

すると計画している。批評家たちはノルウェーが真に環境について懸念しているのであれば，自国の経済を支える他の方法を見つけているだろうと主張している。

［第6段］　ノルウェー政府は自国の電力の98パーセントが，化石燃料を燃やすことによる発電ではなく，水力発電や風力発電に拠るものであることを誇りにしている。それが真実であるとしても，やはり彼らは石油を売ることで利益を得て，地球温暖化に貢献している。その石油がノルウェーで燃やされるのか，世界の他の地域で燃やされるのかは重要ではない。汚染が国境を識別することはないのである。

語句・構文

［第1段］▶ double「〜の2倍の」

［第2段］▶ announce「〜と発表する」
　　　　▶ be about to *do*「まさに〜しようとする」

［第3段］▶ hybrid vehicle「ハイブリッド車」
　　　　▶ requirement「必要条件」
　　　　▶ manufacturer「メーカー，製造業者」

［第4段］▶ on average「概して，平均して」
　　　　▶ relatively「比較的」
　　　　▶ luxury「豪華な」
　　　　▶ inspire *A* to *do*「*A*を促して〜させる」
　　　　▶ push *A* to *do*「*A*に強いて〜させる」

［第5段］▶ critic「批評家」
　　　　▶ regarding「〜に関する」
　　　　▶ in conflict with 〜「〜と矛盾して」
　　　　▶ investment「投資」
　　　　▶ oil mining「石油採掘」
　　　　▶ dig「〜を掘る」
　　　　▶ well「油井（石油採取のための井戸）」

［第6段］▶ hydropower「水力電気」
　　　　▶ power generator「発電機」
　　　　▶ contribute to 〜「〜に貢献する，〜の一因となる」
　　　　▶ national border「国境」

問1　 39 　 40 　㊡　正解は③，④

「記事によると，以下のうちどの2つが2019年のノルウェーの状況を述べているか（2つの選択肢を選びなさい。順序は問わない）」

第2段第1文（The change is …）では，ノルウェーで電気自動車の販売が伸び

ているのは単純に政府の政策のおかげだと述べられている。同段第 2～4 文 (Norway started taxing …) では，その政策の説明として，税制の変更などの具体例を挙げ，人々が電気自動車を選びやすくなっている状況が説明されているので，③「ノルウェー政府は人々の車の選択に影響を与えている」が適切。また，第 4 段第 2 文 (The sale of …) では，石油と天然ガスのおかげで，平均するとノルウェーの人々は世界で最も豊かな人々であると述べられているので，④「世界基準で見て，ノルウェーの人々は裕福である」も正解となる。
① 「ガソリン車を製造するメーカーはノルウェーから撤退しつつある」
② 「以前よりも多くの人が公共交通機関に頼るようになっている」
⑤ 「ハイブリッド車の売り上げが伸びている」
いずれも本文中にこのような内容が述べられている部分はない。

問 2　　41　　正解は③
「以下の 4 つのグラフのうち，ノルウェーの今後の予測を最もよく説明しているのはどれか」

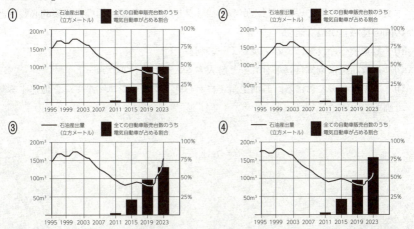

第 1 段第 2 文 (In 2019, …) では，2019 年にノルウェーで売れた新車の 48 パーセントが電気自動車だったとあるので，②のグラフの 2019 年の電気自動車の割合は不適。第 2 段最終文 (The government has …) の so 以下では，電気自動車の割合は一層増加していくとあるので，2019 年から 2023 年にかけて電気自動車の割合が伸びていない①も不適。さらに第 5 段第 4 文 (They plan to …) では，ノルウェーが 2023 年までにこれまでの最高レベルに迫る石油生産量に達することを計画していると述べられているので③のグラフが正解となる。

184　共通テスト 実戦創作問題①：英語(リーディング)〈解答〉

問3　42　正解は②

「記事によると，ノルウェーは世界の市場に石油を輸出しているにもかかわらず，
□□□□」

第4段最終文（Indeed, Norway is …）で，ノルウェーがインドネシアやブラジ
ルに熱帯雨林を保護するよう働きかけているとあるので，② 「ノルウェーは他の国
に環境を保護するよう迫っている」が正解。

① 「ノルウェーは人気のある電気自動車の生産国でもある」

③ 「ノルウェーは自国の需要を満たすため，時々，燃料を輸入する必要がある」

④ 「ノルウェーでは驚くほどガソリンの価格が高い」

問4　43　正解は③

「この記事の最も適切なタイトルは□□□□」

一方では環境に優しい電気自動車を促進し，自国の電力は化石燃料ではなく，水力
発電や風力発電から調達しているノルウェーだが，他方では自国の経済を支えるた
めに石油生産量を増やし，結果的には地球温暖化を引き起こしているという内容が
本文では述べられている。したがって③ 「ノルウェーの環境目標と経済的必要性と
の間の葛藤」が最も適切。

① 「製造業への投資によるノルウェーの利益」

② 「近隣諸国に電気自動車をもっと購入するよう促すノルウェー」

④ 「ノルウェーにおける，石油生産を終わらせ，クリーンエネルギーを促進する計
画」

実 戦
創作②

共通テスト

実戦創作問題②

リーディング

解答時間 80 分
配点 100 点

186　共通テスト 実戦創作問題②：英語(リーディング)

英　語(リーディング)

(解答番号 1 ～ 43)

第1問 (配点 10)

A Your English teacher has sent the class members an e-mail about their summer holiday homework assignment.

To：Class 2C
From：Gail Dwyer
Subject：Homework Assignment
Date：August 3

Dear class,

　There will be a test when you come back to school at the end of the summer vacation. The test is out of 100. You can get 30 points by learning some words. The other 70 points is for performing a play. Before you go on vacation, I would like you to make teams with two or three other students from your class. I will also give you a short play that you should learn and practice with your classmates. To get a good score, you must remember and give a nice performance in the English class.

Sincerely,

Ms. Dwyer

共通テスト 実戦創作問題②：英語（リーディング）　**187**

問1　The teacher wants you to ☐1☐.

① come to school during your vacation

② make groups with a few classmates

③ take some notes about a test

④ write down your plans for the holidays

問2　To pass the test, you must ☐2☐.

① perform a play in front of the whole school

② practice singing a song with some friends

③ learn script and act for other students

④ write a report about your summer vacation

188 共通テスト 実戦創作問題②：英語（リーディング）

B   A local university is offering some classes for high school students to take in the evenings.

Special Evening Courses for High School Students
Get Skills for Your Future!

Pacific International University is providing some special English language evening courses for high school students. This is a good opportunity to practice English while learning new things. Teachers from different countries will teach courses on a variety of topics. If you would like to take part in the lessons, you should contact the university at 555-9492. You need to pass an English test in order to take part. You can take a practice test on the website to see whether or not your English is good enough.

The courses will be held at a conference center near Central Station. Please look at the list of courses and the schedule below.

August 2, 9, 16, 23, 30	**Short Film Course**. Learn to make short films using cheap equipment.
August 4, 11, 18, 25, 30	**Furniture Building Course**. Learn to build comfortable furniture from unwanted pieces of wood. On the evenings of August 11, 18, and 25, the group will meet at Nishi High School to use its woodworking equipment.
August 6, 13, 20, 27, 30	**Video Game Programming Course**. Learn to design games using software.
August 7, 14, 21, 28, 30	**Costume Making Course**. Learn to produce costumes for Halloween or just for fun.

- On the final day of each course, participants will be required to fill out a survey to show what they thought of the lessons.
- All of the courses except the Furniture Building Course are completely free. Participants in the Furniture Building Course will be charged 3,000 yen because we will rent space at a nearby high school.

To register, click <u>HERE</u> and fill out an application form by June 5.

問1　The purpose of the notice is to find 　3　.

① people who can teach English courses
② people who want to travel to different countries
③ students who are interested in studying at night
④ students who need help studying for a test

問2　All of the courses will 　4　.

① be taught by the staff of Pacific International University
② charge people a participation fee
③ teach students how to create something new
④ use some equipment borrowed from Nishi High School

問3　On August 30, people will 　5　.

① indicate how satisfied they are with the experience
② receive an update to the schedule for their course
③ take a test to check their English ability level
④ write a review of the course for the university website

190 共通テスト 実戦創作問題②：英語(リーディング)

第2問 (配点 20)

A

---

www.BrandyBytes.com

QUICK AND EASY RECIPES

This recipe was created by one of our editors to help people save money by using up some of the left over ingredients from previous meals. Even though this recipe is for nachos, it is not really a traditional dish. We can call it a BrandyBytes.com original.

Spicy Baked Black Bean Nachos

Ingredients (serves about 4)

A	×1 olive oil	1 small onion	×1/4 salt
	×1/2 chili powder	450ml can black beans	300ml can diced tomatoes
	×1/2 cumin	×1/4 garlic powder	
B	250ml corn tortilla chips	120ml cheddar, shredded	1 chopped Roma tomato
	×1/3 pickled red onions	×1/4 sour cream	

Note：This recipe is quite flexible, so it is possible to leave out or substitute many of the ingredients listed here.

Instructions

For steps one, two, and three, use ingredients from **A**.

1. Set the oven to 180℃. (usually takes about 15 minutes to warm up)
2. Chop the onion, add it to a pan with the olive oil and fry on a high heat for about five minutes.
3. Add other ingredients from **A** to the pan and mix together for another 10 minutes.

The following steps require ingredients from **B**.

4. Put the tortilla chips on a baking tray and cover them with the mixture from step three. Then, you can add the cheese.
5. Bake the chips and the mixture in the oven for about 10 minutes. After you take it out, you can sprinkle the pickled red onions, chopped Roma tomatoes, and sour cream on top.
6. Serve it hot to your hungry family.

共通テスト 実戦創作問題②：英語（リーディング） **191**

REVIEW & COMMENTS

Sandra Harper *January 15, 2019 at 9:24*

I have prepared this dish a few times. It's always popular when a group of friends comes over.

Max Baxter *February 3, 2019 at 10:03*

What a great recipe! I didn't even need to go shopping. I'll be recommending this to my friends.

問1　This recipe would be good for people who 　6　.

① are looking for a cool summer dish
② are on a diet
③ like classical Mexican food
④ want to try something new

問2　If you follow the instructions, the dish should be ready to eat in about 　7　.

① fifteen minutes
② half an hour
③ one hour
④ two to three hours

問3　This recipe is not suitable for young children to try cooking because 　8　.

① it has some unusual ingredients
② it takes a very long time to prepare
③ the instructions are very easy
④ the oil will become very hot

192 共通テスト 実戦創作問題②：英語（リーディング）

問4 According to the website, one **fact** (not an opinion) about this recipe is that it is ⬚9⬚.

① best eaten by hand
② designed to be inexpensive to make
③ necessary to buy special ingredients
④ often recommended by readers

問5 According to the website, one **opinion** (not a fact) about this recipe is that it ⬚10⬚.

① can be cooked by beginners
② is good for serving at parties
③ is popular with children
④ was created by an editor

B Your English teacher gave you an article to help you prepare for a debate in the next class. A part of this article with one of the comments is shown below.

No Homework on Weekends for Quezon City Students

By Rod Park, Manila

6 November 2019

A new rule has been suggested for schools in the town of Quezon City, Philippines. The rule will make it illegal for teachers to give students in kindergarten, elementary school, junior high school, and high school homework on the weekends.

It does not seem fair to claim that well-meaning teachers are doing something wrong. After all, they probably just want their students to succeed. However, there are some very good reasons why the rule has been suggested.

Some research in South Africa has shown that homework is making students and their parents too busy. It is affecting their family time.

When it comes to homework, you may not get what you expect. The study also found that it actually makes students less interested in learning. The people in favor of the rule also pointed out Finland's success. In Finland, students have no homework, yet they are currently rated number six in the world in math and science. Silke Jasso, a writer for the news website, *Rare*, writes that it is unusual for teachers to assign homework on the weekends, and the ones who do are not very nice people.

The rule will also stop students in kindergartens and elementary schools from taking textbooks home. This means that schools will have to provide special lockers for the students to keep their books in.

21 Comments

Newest

Freda Sanchez 12 November 2019・8:13 PM

The argument about family time is very important. I think that we should do something to protect family time. Perhaps a restriction on the amount of homework rather than a complete ban would be better. I don't understand why they only compare Quezon City to Finland. Why not compare Quezon City to Japan? Japanese students get a lot of homework and yet they are ranked fourth. In Singapore, students get even more homework than Japanese students, and they are ranked first.

問1　According to the rule described in the article, ⎣ 11 ⎦ .

① elementary schools in Quezon City will have to give students lockers

② high schools in Quezon City will not be allowed to give students homework on weekdays

③ some students will be allowed to move to schools that suit them better

④ teachers must stay at school in the afternoons to help students with their homework

194 共通テスト 実戦創作問題②：英語（リーディング）

問2 Your team will support the debate topic, "Teachers should limit the amount of homework." In the article, one **opinion** (not a fact) helpful for your team is that ☐ 12 ☐.

① many students take part in different clubs after school these days
② parents do not know enough to help their children with homework
③ students can choose for themselves whether or not to do homework
④ teachers who give students homework to do on weekends are unkind

問3 The other team will oppose the debate topic. In the article, one **opinion** (not a fact) helpful for that team is that ☐ 13 ☐.

① by doing homework students learn to answer questions more quickly
② homework may teach us other things such as responsibility
③ students can remember better if they practice what they learn after school
④ teachers who give homework are likely to just want their students to learn more

問4 In the 3rd paragraph of the article, "you may not get what you expect" means that ☐ 14 ☐.

① people are all different, so we cannot all follow the same rules
② people should be realistic when they make plans
③ the effect of some actions may be the opposite of what you imagine
④ we should be grateful for whatever people do for us

問5 According to her comment, Freda Sanchez ☐ 15 ☐ the rule stated in the article.

① has no particular opinion about
② partly agrees with
③ strongly agrees with
④ strongly disagrees with

共通テスト 実戦創作問題②：英語(リーディング)　**195**

第3問　(配点　10)

A　You found the following story in a blog written by an exchange student in your school.

My Host Family
Sunday, September 15

　　Since I came to Sakura High School in May, I've been staying with a wonderful Japanese family. My host father is very kind, but he gets home from work very late in the evening. Sometimes, he comes home after I have gone to bed. My host mother is a nurse, and she usually gets home at around 7:00 P.M. My host sister is at university, and she has her own apartment in Tokyo. My host brother's name is Hide, and he goes to Sakura High School with me. He's in the third grade. He's studying to enter university now, so he stays at school until about 7:00 P.M. on weekdays. I have to come home by myself, and I usually get home before 6:00 P.M. In Japan, students sometimes even go to school on Saturday, but it finishes at noon. I take the train with Hide on those days.

　　Next week, Hide will go to Tokyo to take a university entrance test. If my host father has time, he will drive us there. He and my host sister will show me around Tokyo while Hide takes the test. If not, Hide will go alone, and his sister will help him get to the university on time.

September 21

問1 From Monday to Friday, 16 .

① the writer enjoys spending time with his host father after school
② the writer gets home before any other family member
③ the writer's host brother stays at school until late because his father is a teacher
④ the writer's host mother meets him at the station after school

問2 The writer of the blog probably 17 .

① stayed home while Hide went to take the test
② visited Tokyo on Saturday to take a test
③ was shown around Tokyo by his host sister
④ met his host father in Tokyo

B Your mother, Junko, shows you a diary entry from when she was an exchange student in the USA.

+·+·+·+·+·+·+·+·+·+·+·+·+·+·+·+·+·+·

July 22nd

I've been sad recently because I haven't made many friends at school. On Monday, a girl named Tina invited me to join her at the county fair. I wasn't expecting her to invite me, so it seemed very sudden.

The county fair is a kind of festival in the United States. There're rides and games. Farmers show their animals and products there, too. I'd never been to one, but it sounded like fun, and I was looking forward to it. I took a bus and got off at Central Bus Station. I didn't know the way from there, but I thought I heard a group of boys say that they were going to the fair, so I decided to follow them. They walked for about two kilometers and then started to enter a building. I knew it wasn't the fair so I got a little worried. I didn't want to be late and miss my meeting with Tina, so I asked the boys where the fair was. They looked surprised. One of them said, "The fair is on the other side of the station." Then he asked, "Why have you been following us?" I explained that I thought they were going to the fair. He smiled and gave me some directions.

I walked as fast as I could, but I got to the fair 20 minutes late. Tina wasn't waiting for me. I didn't know what to do, and I started crying. Just then, a ticket seller walked up to me. She asked if I was Junko. When I told her I was, she said that Tina had called the ticket office and asked her to tell me that she was sick and could not come. Of course, I hoped Tina was OK, and I was thankful to the ticket seller for finding me, but most of all, I was happy that my friendship with Tina hadn't been hurt.

+·+·+·+·+·+·+·+·+·+·+·+·+·+·+·+·+·+·

198 共通テスト 実戦創作問題②：英語（リーディング）

問1 According to the story, your mother's feelings changed in the following order : ⬜18⬜ .

① lonely→anxious→excited→surprised→glad
② lonely→excited→surprised→glad→anxious
③ lonely→glad→anxious→surprised→excited
④ lonely→glad→surprised→anxious→excited
⑤ lonely→surprised→excited→anxious→glad
⑥ lonely→surprised→glad→anxious→excited

問2 The ticket seller ⬜19⬜ .

① didn't think Junko had enough money
② had been contacted by Tina
③ had seen Tina enter the fair
④ wondered why Junko was crying

問3 From this story, you learned that Junko ⬜20⬜ .

① got off the bus at the wrong stop on her way to the fair
② had not understood what some boys were planning to do
③ kept Tina waiting for too long and failed to make a friend
④ was unpopular because she did not know about American culture

第 4 問 （配点 16）

You are doing research on how children's lifestyles are changing. You found an article with a letter to the editor.

Leading Active Lives   by Rudy Alexander
                                                         August, 2018

The results of a survey titled "The Active Lives of Children and Young People" was recently published in England. It shows the activity levels of young people between September 2017 and July 2018. The country's Chief Medical Officer recommends that children get at least 60 minutes of physical activity every day. Currently, only 17.5 percent of children are getting the recommended amount. Furthermore, there is an imbalance between the genders with girls getting much less physical activity than boys. The results of the survey are important because studies show that active children are healthier physically and psychologically.

Sports Minister Mims Davies said, "We know that an active child is a happier child." He explained that more needs to be done to ensure that young people live healthy, active lives.

There seems to be a connection between family income and activity levels. Only 26 percent of children in wealthy families get less than 30 minutes of activity every day, compared with as many as 39 percent of children in poorer families.

Tim Hollingsworth is the chief executive of an organization called Sports England. He has asked schools, parents, the government, and even private businesses in the sports and leisure industry to work hard to increase childhood activity. He states, "We know that lots of factors affect children's behavior and there is no single answer to the problem. Listening to young people and what they want is the best starting point." In March, his organization plans to release a report with some suggested solutions for the problem.

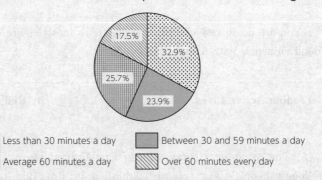

The Amount of Time Children Spend Active Outdoors (England)

- 32.9% Less than 30 minutes a day
- 23.9% Between 30 and 59 minutes a day
- 25.7% Average 60 minutes a day
- 17.5% Over 60 minutes every day

Opinion on "Leading Active Lives" by G. H.
September, 2018

I moved to Japan from England many years ago, so it was interesting for me to find out what life is like for children in England now. I think everyone will agree that children need to spend more time playing with their friends outdoors. I am a mother of two 8-year-olds. I have spoken about this with many other parents here in Japan. It seems obvious that video games are the cause. Almost all of the other parents say that they give their children video games only because their children's friends have video games. They believe that their children will be lonely if they don't have games. It seems that the only way to make a change is for everyone to agree to limit or block children's access to games at the same time. We need to make a decision as a society.

In Japan, studies have shown that 70% of children don't play outside at all. I read about a survey that showed that the amount of time we spend in nature as children affects how happy we are as adults. I think the current situation will have a lasting effect on Japan's future. We need to make a change soon.

問1 Neither Rudy Alexander nor the parent mentions ⬚21⬚ .

① how an organization plans to respond to the survey data
② how much outdoor activity adults participate in every week
③ what factors affect children's activity levels
④ why children are playing outside less

問2 According to the article and letter, there is evidence that Japanese children ⬚22⬚ .

① have more friends to play with than English children do
② play video games less often than English children do
③ spend less time outdoors than English children do
④ spend longer studying than English children do

問3 According to the article, outdoor activity generally makes people ⬚23⬚ . (You may choose more than one option.)

① feel nervous
② healthier mentally
③ more cheerful
④ spend more money

問4 Rudy Alexander states that ⬚24⬚ , and the parent states that ⬚25⬚ . (Choose a different option for each box.)

① children are required to take part in some outdoor activities at school
② children in rich families spend more time indoors than other children
③ children should spend more time with their friends
④ excessive video game use is not a problem that individuals can solve on their own
⑤ males tend to be more physically active than females are

202　共通テスト 実戦創作問題②：英語(リーディング)

問5　Based on the information from the article and the letter, you are going to write a report for homework. The best title for your report would be "　26　."

① Finding Cheap Ways for Families to Spend More Time Together
② How Parents Can Make Outdoor Activities Safer for Their Children
③ The Importance of Encouraging Children to Spend More Time Outdoors
④ Using Video Games to Teach Children About Nature

第5問　(配点　20)

Your group is preparing a poster presentation entitled "The Roswell Incident," using information from the magazine article below.

Roswell is a small town in New Mexico in the United States. It is famous for its connection to a UFO story. Many people believe that the "Roswell Incident" is a case of a crashed alien spaceship and that the US government is hiding the existence of alien life.

The story starts on July 7, 1947, when a man named William Brazel found some debris from a secret US Army Air Forces (USAAF) project. The debris was parts of equipment the government was sending into the upper atmosphere to listen to the activities of the Soviet Union. The government wanted to learn about the atomic bomb tests that the Soviet Union was carrying out.

William Brazel took the debris into the town of Roswell, which was about 75 miles north. When he got there, he told the police about the debris, and the police reported it to the Roswell Army Air Field (RAAF). The US Army Air Forces did not want to explain what they were really doing, so they simply told the newspapers that a "flying disk" had crashed on a farm near Roswell. However, later that day, they changed the story and announced that a weather balloon had crashed. They showed reporters the debris, which appeared to be from a weather balloon.

The Roswell Daily Record was a local newspaper. At first, it printed a story claiming that the debris had come from a UFO. It later printed a correction explaining that the US Army Air Forces claimed the debris was just a weather balloon. Neither story was completely true, but the reporters did not know that at the time.

Almost everyone forgot about the story for 31 years. It came into the news again soon after a very popular movie about aliens visiting the earth was shown in cinemas. After the movie was released, the number of new reports of UFOs increased significantly. A newspaper called the National Enquirer suddenly reported the original Roswell Daily Record article from 1947, but it failed to publish the correction with information from the US Army Air Forces claiming that it was a weather balloon.

People started talking about the incident again. There were suggestions that the unsatisfying explanation from the government was evidence of aliens. Some people claimed to have witnessed the event and said that they had seen a burning aircraft in the sky on that day in July 1947. A man named Glenn Dennis told a story about his friend. He said that she was a nurse at RAAF. He said that she had seen doctors examining the bodies of three creatures. They looked like humans but had small bodies with huge heads and very thin arms and legs.

In 1995, a video of the scene described by Glenn Dennis was released by a business person named Ray Santilli. Many experts viewed the video and claimed that it was fake. Santilli later admitted that he had created the video, but insisted that there was also real video evidence. He explained that the real video was in such poor condition that he had had to recreate it.

To this day, many people still debate whether or not the incident at Roswell was a crashed alien spaceship or debris from a secret government spy program.

204 共通テスト 実戦創作問題②：英語（リーディング）

The Roswell Incident

◆ **Important Events**

Period	Events
1947	27 ↓ 28
Over the following decades	29 ↓ 30 ↓ 31

ROSWELL
CITY LIMITS
ELEV.3570

◆ **About the Original Incident**

▶At the time of the incident, the official explanation from the USAAF claimed that　32　.

◆ **The Renewed Interest in the Incident**

▶An article published in the National Enquirer was titled "　33　."

▶Since the National Enquirer article :　34

問1　Members of your group listed important events connected to the Roswell Incident. Put the events into the boxes　27　~　31　in the order that they happened.

① A fake video of doctors inspecting aliens was produced.

② A film about an encounter with aliens became popular.

③ More and more people claimed to have seen UFOs.

④ Reporters were told that a weather balloon had crashed.

⑤ Some pieces of a secret government project were delivered to the police.

共通テスト　実戦創作問題②：英語（リーディング）　**205**

問2　Choose the best statement to complete the poster. ☐32

① a farmer had made up a story about some mysterious debris to attract attention
② aliens had been captured by local farmers in the Roswell region
③ a newspaper was trying to sell more copies by publishing an untrue story
④ some scientific equipment had crash-landed on a farm near Roswell

問3　Which of the following is most likely to have been the title of the article published in the National Enquirer? ☐33

① Doctors Examine Aliens at RAAF
② Flying Saucer Captured in Roswell Region
③ Government Weather Balloon Crashes on Roswell Farm
④ Scientists Communicate With Alien Visitors

問4　Choose the best statement (s) to complete the poster. (<u>You may choose more than one option.</u>) ☐34

① A man has told a story of a friend who saw doctors examining aliens at an airfield.
② More UFOs have been found near the Roswell Army Air Field.
③ People have been debating what really happened on that farm near Roswell.
④ Ray Santilli has sent reporters a copy of a video which contained real aliens.
⑤ Some people have said that they had seen a UFO on fire in 1947.
⑥ The town of Roswell has changed its name to avoid connection with the incident.

206　共通テスト 実戦創作問題②：英語（リーディング）

第6問 （配点 24）

A You are preparing for a group presentation on names in Thailand. You have found the article below.

What's in a Thai Name?

[1]　While Thais have first names and surnames like people all over the world, this has not always been the case. In fact, it is quite a recent change. It was only in 1913 that it became necessary for Thai people to have surnames. Until then, most people only had given names. Thais had to distinguish between people with the same name by mentioning who their parents were or where they lived.

[2]　In 1913, the king of Thailand, Rama VI, wanted to keep a record of the births, deaths, and marriages of the people of Thailand. He made this process possible by insisting that everyone have a surname. The rule he introduced also forced that each family had to have a different name from any other family in the kingdom. This meant that a huge number of names would be necessary. In order to avoid having duplicate names, some families added the name of the area in which they lived to their family names. As a result, many Thai names became very long.

[3]　This can be problematic for Thai people living outside Thailand, where surnames are typically much shorter. According to writer Lydia Mack, whose original Thai surname was Siriprakorn, there are always questions after a self-introduction. People often ask, "How do you spell that?", or "Can you pronounce that again?" Filling out forms can also be difficult as many forms do not offer enough space for Thai people to write their names.

[4]　In contrast with many of its surrounding countries, Thailand follows the Western European pattern of putting the given name before the surname. The given name is, however, rarely used in daily life. Instead, most Thai people go by their nicknames. Generally, only very close friends, family members, and employers know people's real given names.

[5] In the rest of the world, people usually get nicknames as they grow up, but Thai people are generally given their nicknames at birth. Sometimes children are given unattractive nicknames such as *Mah*, which means dog, or *Moo*, which means pig. These names are used to make the child unattractive to evil spirits, therefore protecting them. However, some people give their children nicknames according to recent fashions or popular products. So, there are Thai people with nicknames such as Big Mac and Google. These can seem strange to people from other countries.

[6] Thai people are able to change their names and it is common to do so for a number of reasons. One of the most common reasons is to avoid bad luck. Many people believe that they can escape from an evil spirit that is causing trouble in their life by changing their names. Another reason why people change their names is because of marriage or divorce. In 2002, women were given the right to choose whether or not to take their husband's family name after marriage. Until then, they had to change their surname to their husband's.

[7] Thailand is certainly a country with a fascinating culture, and this extends to the very interesting names of its citizens. It is just one more thing that makes Thailand a wonderful place to visit.

問1 According to the article, what is true about Thai names? (You may choose more than one option.) | 35 |

① They cannot be changed for any reason.
② They had to be unique to each family.
③ Even nicknames must be approved by the government.
④ The given name goes before the surname.
⑤ It is not necessary to include a surname.
⑥ They can be given to people even after they die.

208 共通テスト 実戦創作問題②：英語（リーディング）

問2 According to the article, one common reason for changing names in Thailand is ▢36▢ .

① to avoid misfortune
② to get rid of an embarrassing name
③ to show respect for someone
④ to start a new life

問3 In Paragraph [6], an update to the law means that women ▢37▢ .

① are allowed to request a divorce from their husbands
② are no longer required to adopt their husband's family names
③ can choose the given names of their children
④ must attend a special ceremony to get rid of evil spirits

問4 Which of the following statements best summarizes the article?
▢38▢

① Some countries have rules that force Thai people to change their names when they immigrate.
② Thailand needs to consider more effective ways of keeping detailed records on its citizens.
③ There is a growing number of people in Thailand who are eager to change the country's rules regarding names.
④ Thailand has an unusual naming system, which can have some positive and negative consequences.

B You are studying marketing. You are going to read the following article to understand how influencers work.

Before the Internet, businesses had only a few ways to promote their goods and services. These were print, television, and radio advertising. Other than these, businesses generally had to rely on word-of-mouth. Of course, in recent years, online advertising has become a new option. We have all seen advertisements on web pages and waited for commercials to finish so that we can continue watching YouTube videos.

The growth of social networking and sites like YouTube, which allow people to create and publish their own videos, has led to something called "the influencer phenomenon". Influencers are people who have a lot of followers on social media. The people with the most followers and "likes" are generally famous sportspeople, entertainers, or politicians. When influencers approve of a product, they often send a Tweet, an Instagram message, or "like" it on Facebook, and many of their fans buy the same product. Nowadays, companies are paying huge amounts of money to individuals rather than advertising companies, and they say it is worth it.

Indeed, in 2016, global spending on online advertising exceeded the amount spent on television advertising for the first time, and that trend is expected to continue with the gap between the television and online advertising growing to over 80 billion by 2020. However, this does not mean the end of traditional television advertising. Spending on television advertising has been growing steadily, too. This spending has most likely been due to the strong decline in newspaper advertising.

Naturally, with so much money on offer from advertisers, more and more people are trying to become influencers. Some are attracting followers through competitions and other activities. Such people are not attractive to advertisers because, although they have many followers, the people who follow them are not really interested in what the "influencer" has to say. Instead, advertisers want to build relationships with influencers who share quality content and have a

210 共通テスト 実戦創作問題②：英語（リーディング）

clear message for their followers. Being an influencer is becoming a career choice, and as it is with any job, standards of professionalism, expectations of quality, and methods of evaluation will be developed over time.

There is a danger for advertisers that did not exist with traditional advertising models. If influencers behave badly, they can harm a company's image. Also, if they promote too many products or lose the respect of followers, their value will be lost. Recently, companies have been making agreements with influencers in order to try to avoid any unwanted consequences.

As social media continues to evolve and grow, it is likely that the power of good influencers will, too. Social media users will become more aware of the difference between good and bad influencers. Likewise, business owners will learn to find influencers who best suit their products and represent the values of their company.

問1 In the article, the writer calls this new situation a phenomenon because ⬚39⬚.

① advertisers are able to save a huge amount of money on advertising
② companies are promoting their products in a remarkable new way
③ products that no one even thought of are becoming more popular
④ very few people expected the Internet to offer so many business opportunities

問2 Out of the following four graphs, which illustrates the situation the best? ⬚40⬚

①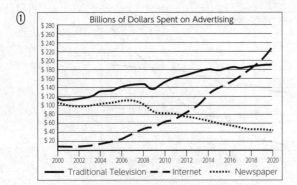

②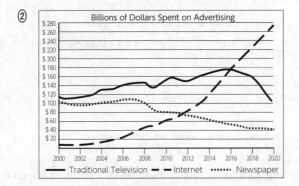

③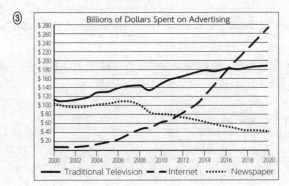

④
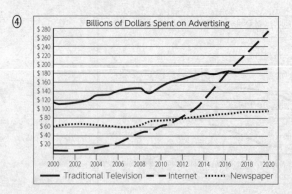

問3 According to the article, which two of the following tell us about the current situation for advertisers? (Choose two options. The order does not matter.) 41 · 42

① Fewer people are paying attention to professional influencers these days.
② Influencers are charging more depending on the size of the company.
③ It is becoming clear that some businesses cannot be helped by influencers.
④ The number of followers is not a good measure of the value of an influencer.
⑤ There is a risk when attaching their reputation to someone outside the company.

問4 The best title for this article is 43 .

① How to Become Popular on Social Media
② The End of Traditional Advertising
③ The History of Online Videos
④ The Power of "Like"

共通テスト 実戦創作問題②：英語（リーディング）

問題番号 （配点）	設問		解答番号	正解	配点	チェック
第1問 (10)	A	問1	1	②	2	
		問2	2	③	2	
	B	問1	3	③	2	
		問2	4	③	2	
		問3	5	①	2	
第2問 (20)	A	問1	6	④	2	
		問2	7	②	2	
		問3	8	④	2	
		問4	9	②	2	
		問5	10	②	2	
	B	問1	11	①	2	
		問2	12	④	2	
		問3	13	④	2	
		問4	14	③	2	
		問5	15	②	2	
第3問 (10)	A	問1	16	②	2	
		問2	17	①	2	
	B	問1	18	⑤	2	
		問2	19	②	2	
		問3	20	②	2	

問題番号 （配点）	設問	解答番号	正解	配点	チェック
第4問 (16)	問1	21	②	3	
	問2	22	③	3	
	問3	23	②, ③	4*1	
	問4	24	⑤	3*2	
		25	④		
	問5	26	③	3	
第5問 (20)	問1	27	⑤	5*2	
		28	④		
		29	②		
		30	③		
		31	①		
	問2	32	④	5	
	問3	33	②	5	
	問4	34	①, ③, ⑤	5*1	
第6問 (24)	A	問1	35	②, ④	3*1
		問2	36	①	3	
		問3	37	②	3	
		問4	38	④	3	
	B	問1	39	③	3	
		問2	40	③	3	
		問3	41 – 42	④ – ⑤	3*2	
		問4	43	④	3	

（注）
1 *1は，過不足なく解答した場合のみ点を与える。
2 *2は，全部正解の場合のみ点を与える。
3 ―（ハイフン）でつながれた正解は，順序を問わない。

第1問

A Eメールの読み取り

> 訳 《夏休みの宿題》
>
> あなたの英語の先生がクラスの生徒に夏休みの宿題に関するメールを送信しました。
>
> ---
>
> 宛先：2年C組
> 発信元：ゲイル゠ドワイアー
> 件名：宿題
> 日付：8月3日
>
> クラスのみなさんへ
>
> 　夏休みが終わり，再び学校に登校する際にはテストがあります。テストは100点満点です。単語を覚えれば30点は取ることができます。残りの70点は，ある劇を演じてもらいます。休みに入る前に，クラスの他の生徒たち2～3人とチームを作ってもらいたいと思います。また，クラスメートと一緒に覚えて練習してもらう短い劇についてもお伝えします。よい点数を取るためには，暗記をして英語の授業でしっかりと演技をしなければなりません。
>
> 敬具
>
> ドワイアー

語句・構文

▶ play「演劇，芝居」

共通テスト 実戦創作問題②：英語（リーディング）〈解答〉 **215**

問1　1　正解は②

「教師はあなたたちに□□□ことをしてもらいたい」

第5文（Before you go …）で，休みに入る前にクラスの他の生徒たち2〜3人とチームを作ってもらいたいと述べられているので，②**「数人のクラスメートとグループを作る」**が正解。

① 「休みの間に学校に来る」

③ 「テストについてメモを取る」

④ 「休みの間の計画を書き留める」

問2　2　正解は③

「テストに合格するためには，□□□ことをしなければならない」

第4文（The other 70 …）より，テストでは劇の発表に対して70点の配点があることがわかる。最終文（To get a …）では，よい点を取るためには，暗記をして，英語の授業でしっかりと演技をしなければならないと述べられているので，③**「台本を覚えて他の生徒に向けて演技をする」**が正解。

① 「全校生徒の前で劇を演じる」　英語の授業で劇をするだけで，全校生徒の前で演技をするわけではない。

② 「何人かの友達と歌を歌う練習をする」

④ 「夏休みについてのレポートを書く」

216 共通テスト 実戦創作問題②：英語（リーディング）〈解答〉

B ウェブサイトの読み取り

訳 《夜間特別講座の参加者募集》
ある地元の大学が，高校生たちが夜間に受講できるクラスを開いています。

高校生のための夜間特別授業
将来のためのスキルを手に入れよう！

太平洋国際大学では高校生のための英語の特別授業を夜間に開講します。これは新しいことを学びながら，英語の練習をする素晴らしい機会です。様々な国の先生たちが，様々な項目に関する授業を担当します。授業に参加したい場合は，大学の電話番号 555-9492 に連絡してください。参加するためには英語のテストに合格する必要があります。自分の英語力が十分であるかどうか確認できるよう，ウェブ上で模擬試験を受けることができます。

講座は中央駅近くの会議場で開催されます。以下の講座の一覧表とスケジュールをご覧ください。

8月 2・9・16・23・30日	**短編映画講座。**安価な機器を使って短編映画の作り方を学ぼう。
8月 4・11・18・25・30日	**家具製作講座。**不要な木材で快適な家具の作り方を学ぼう。8月11・18・25日の夜は，木工作業の設備を使わせてもらうため，西高校に集合してもらいます。
8月 6・13・20・27・30日	**ゲームのプログラミング講座。**ソフトを使ってゲームの設計を学ぼう。
8月 7・14・21・28・30日	**衣装製作講座。**ハロウィンの衣装や遊び感覚で衣装作りを学ぼう。

• 各講座の最終日，参加者の方には講座の感想をアンケート用紙に書いてもらいます。
• 家具製作講座を除いて，すべての講座は無料です。家具製作講座の参加者の方は，近隣の高校で場所を借りるため 3,000 円が必要となります。

登録するには，ここをクリックし，6月5日までに申込書に入力してください。

共通テスト 実戦創作問題②：英語（リーディング）〈解答〉　**217**

語句・構文

- ▶ take part in ～「～に参加する」
- ▶ costume「衣装」
- ▶ register「登録する」
- ▶ equipment「機器，設備」
- ▶ participant「参加者」
- ▶ application form「申込書」

問1 　3　 正解は③

「この掲示の目的は□□□を見つけることである」

第1・2文（Pacific International University …）で，新しいことを学びながら英語の練習にもなる，高校生のための特別授業を夜間に開講することが告知されている。したがって，③**「夜間，勉強することに関心がある生徒」**が正解。

① 「英語の講座を教えることができる人」

② 「様々な国に旅行をしたい人」

④ 「テスト勉強の手助けが必要な生徒」

問2 　4　 正解は③

「すべての講座は□□□であろう」

短編映画講座では短編映画を作り，家具製作講座では家具を作り，ゲームのプログラミング講座ではゲームを設計し，衣装製作講座では衣装を作ることになっているので，③**「生徒に何か新しいものの作り方を教える」**が正解。

① 「太平洋国際大学の職員に教えてもらえる」　第3文（Teachers from different …）で，様々な国の先生が講座を担当すると述べられているが，太平洋国際大学の職員かどうかはわからないので判断できない。

② 「参加費を請求する」　スケジュールの下の注意書きに，家具製作講座を除くすべての講座は無料とあるので不適。

④ 「西高校から借りた設備を使う」　各講座の説明部分から，西高校から借りた設備を使うのは家具製作講座のみなので不適。

問3 　5　 正解は①

「8月30日，参加者は□□□だろう」

スケジュールの下の注意書きで，各講座の最終日，参加者には講座の感想をアンケート用紙に書いてもらうと述べられている。各講座のスケジュールでは最終日がすべて8月30日となっているので，①**「講座を体験してどれくらい満足したかを示す」**が正解。fill out *A*〔fill *A* out〕「*A*に記入する」

② 「自分が参加した講座スケジュールの最新版を受け取る」

③ 「英語力のレベルを確認するためのテストを受ける」

④ 「大学のウェブサイトに講座の振り返りを書く」

第2問

A　レシピとコメントの読み取り

訳　《ナチョスのレシピ》

www.BrandyBytes.com

手早く簡単にできるレシピ

このレシピは，前に作った料理の余り物の食材を使い切ることで，お金が節約できるように編集者の一人が考案しました。このレシピはナチョスのレシピですが，実は伝統的な料理ではありません。これは BrandyBytes.com のオリジナル料理と言ってよいでしょう。

香ばしく焼いた黒いインゲン豆のナチョス

材料（約4人分）

A	オリーブオイル 1杯	小さめのタマネギ1個	塩 $\frac{1}{4}$ 杯
	チリパウダー $\frac{1}{2}$ 杯	黒いインゲン豆の缶詰 450ml	角切りトマトの缶詰 300ml
	クミン $\frac{1}{2}$ 杯	ガーリックパウダー $\frac{1}{4}$ 杯	
B	トウモロコシのトルティーヤチップ 250ml	細切りチェダーチーズ 120ml	刻んだローマトマト1個分
	ピクルスにした赤タマネギ $\frac{1}{3}$ 杯	サワークリーム $\frac{1}{4}$ 杯	

注意：このレシピは非常に融通が利くので，ここに載っている材料の多くは省いたり，他のもので代用したりすることもできます。

作り方

ステップ1，2，3ではAの材料を使ってください。

1．オーブンを180℃に設定します（通常，温まるまで15分ほどかかります）。
2．タマネギを刻んで，オリーブオイルをひいたフライパンに入れ，強火で約5分炒めます。
3．Aのその他の材料をフライパンに入れて，さらに10分，混ぜ合わせていきます。

以下のステップではBの材料が必要になります。

4．トルティーヤチップをオーブン用の天板の上に置いて，ステップ3で混ぜ合わせた材料を上からかけます。さらにチーズを加えます。

5．約 10 分間，それをオーブンで焼きます。オーブンから取り出して，ピクルスにした赤タマネギ，刻んだローマトマト，サワークリームを上に散らします。

6．温かいうちに，お腹をすかせた家族に出してあげましょう。

〜〜〜〜〜〜〜〜〜〜〜〜〜〜〜〜〜〜〜〜〜〜〜〜〜〜〜〜〜〜〜〜〜〜〜〜〜

レビューとコメント

サンドラ=ハーパー　2019 年 1 月 15 日 9 時 24 分

　この料理を何度か作りました。お友達のグループが訪ねて来た時はいつも人気です。

マックス=バクスター　2019 年 2 月 3 日 10 時 3 分

　すばらしいレシピだ！　買い物に行く必要さえなかった。友達にも薦めてみるよ。

語句・構文

▶ use up *A*〔use *A* up〕「*A* を使い果たす」

▶ ingredient「材料」

▶ nachos「ナチョス」　トルティーヤにチーズなどをのせて焼くメキシコ料理。

▶ leave out *A*〔leave *A* out〕「*A* を入れない」

▶ substitute「～を代用する」　ここでは，substitute *A* with *B*「*B* で *A* を代用する」の with *B* の部分が省略されている。なお，substitute は，substitute *A* for *B*「*B* の代わりに *A* を使う」の形でよく用いる。

▶ chop「～を刻む」

▶ sprinkle「～を振りかける」

問 1　　6　　正解は④

「このレシピは，□□□□人たちに役に立つだろう」

冒頭のレシピの紹介部分では，この料理が伝統的なものではなく，BrandyBytes.com のオリジナル料理と言ってよいと述べられているので，④**「何か新しいものを試してみたい」** が最も適切。

① 「夏に食べる冷たい料理を探している」

② 「ダイエット中の」

③ 「伝統的なメキシコ料理が好きな」

問 2　　7　　正解は②

「作り方に従えば，その料理はおよそ□□□で食べる準備ができるはずである」

作り方のステップ 1 でオーブンを温めるのに約 15 分かかるとあるが，その間にステップ 2（約 5 分）とステップ 3（約 10 分）の作業を行うことができる。ステップ 5 ではオーブンで約 10 分焼くとあり，他の作業にも多少の時間がかかるとすると，②**「30 分」** が最も適切。

① 「15 分」　　　　③ 「1 時間」　　　　④ 「2 ～ 3 時間」

220　共通テスト 実戦創作問題②：英語（リーディング）〈解答〉

問3 　8　 正解は④

「このレシピは幼い子供が料理するのには適していない，なぜなら　　からだ」

作り方のステップ2に，オリーブオイルをひいたフライパンを使って強火で炒める
作業が含まれているので，④「油がとても熱くなる」が最も適切。

① 「珍しい材料を使う」

② 「準備にとても長い時間がかかる」

③ 「作り方の指示がとても簡単である」

問4 　9　 正解は②

「ウェブサイトによると，このレシピに関するある**事実**（意見ではない）は，　　
ということである」

冒頭のレシピの紹介部分を見ると，料理の余り物の食材を使うことから，お金がそ
れほどかからないとわかる。さらに材料の下の注意書きの部分では，このレシピで
は掲載されている材料を入れない，あるいは別のもので代用できるとあるので，②
「作るのにそれほど費用がかからないように考えられている」が最も適切。マック
ス＝バクスターのコメントの第2文（I didn't even …）も参照。

① 「手で食べるのが一番よい」 本文にない意見。

③ 「特別な材料を買う必要がある」 本文の内容と一致しない事実。

④ 「読者によって頻繁に薦められている」 本文の内容と一致しない事実。マック
　 ス＝バクスターは薦めたいとは言っているものの，I'll と未来形が使われており，
　 often の根拠が薄弱。

問5 　10　 正解は②

「ウェブサイトによると，このレシピに関するある**意見**（事実ではない）は，　　
ということである」

サンドラ＝ハーパーのコメントで，友達のグループが訪ねて来た時，この料理がい
つも人気だと意見として述べられているので，②**「パーティーで出すのがよい」**が
正解となる。

① 「初心者が作ることができる」 本文で述べられていない。

③ 「子供に人気がある」 本文で述べられていない。

④ 「編集者によって考案された」 本文中の内容と一致する事実。

共通テスト 実戦創作問題②：英語（リーディング）〈解答〉　**221**

B　記事とコメントの読み取り

訳 《週末の宿題禁止の記事》

　あなたの英語の先生が次の授業での討論の準備の参考になるように，ある記事をあなたにくれました。この記事の一部分とそれに対するコメントの一つが以下に示されています。

ケソン市の生徒の週末の宿題がなくなる

マニラのロッド=パークより
2019 年 11 月 6 日

[第1段]　フィリピンのケソン市という街の学校で新たなルールが提案された。そのルールでは，教師が幼稚園，小学校，中学校，高校の生徒たちに週末に宿題を出すことが違法となるのだ。

[第2段]　善意ある教師が間違ったことをしていると断言するのは公平であるようには思われない。結局のところ，おそらく教師たちは生徒たちに成果を上げてほしいと思っているだけなのだ。しかし，このルールが提案されたもっともな理由もいくつかあるのだ。

[第3段]　南アフリカのある調査では，宿題のせいで生徒やその親があまりにも忙しくなっていることがわかっている。宿題が家族の時間に影響を及ぼしているのだ。宿題に関して言えば，期待していることが得られないかもしれない。その調査では，実際に，宿題のせいで，学ぶことに対する生徒たちの興味が薄れていることもわかっている。このルールに賛成している人々はフィンランドの成功も指摘している。フィンランドでは，生徒たちに宿題は出されないが，現在，数学と科学で世界 6 位にランキング入りしている。ニュースウェブサイト Rare のライターであるシルケ=ジャッソは，教師が週末に宿題を出すのは普通ではなく，そのようなことをしている教師はあまり人柄がよい人物とは言えないと記している。

[第4段]　またこのルールでは，幼稚園と小学校の生徒は，教科書を家に持って帰ってはいけないことになっている。これにより，学校は生徒たちが教科書を入れておく専用のロッカーを設置しなければならなくなる。

222 共通テスト 実戦創作問題②：英語（リーディング）〈解答〉

21 件のコメント

最新

フリーダ=サンチェス 2019 年 11 月 12 日・午後 8 時 13 分

家族の時間についての主張は非常に重要だと思います。私たちは家族の時間を守るために何かしなければなりません。おそらく，宿題の量を制限する方が完全に禁止するよりも良いでしょう。ケソン市とフィンランドだけを比較している理由が理解できません。なぜケソン市と日本の比較はないのでしょうか？ 日本の生徒たちには多くの宿題が出されますが，4 位にランクインしています。シンガポールの生徒には，日本の生徒よりもさらに多くの宿題が出され，彼らは 1 位に輝いています。

語句・構文

［第 1 段］▶ illegal「違法な」

［第 2 段］▶ well-meaning「善意の」

［第 3 段］▶ when it comes to ～「（話題が）～のことになると」

▶ in favor of ～「～に賛成して」

▶ be rated ～「ランクインする」

▶ assign「（宿題など）を課す，割り当てる」

［第 4 段］▶ stop *A* from *doing*「*A* に～させない」

［コメント］▶ compare *A* to *B*「*A* を *B* と比較する」

問1 　11　 正解は①

「この記事で説明されているルールによると，　　　」

第 4 段（The rule will …）に，ケソン市の新たなルールでは，幼稚園と小学校の生徒は教科書を家に持って帰ってはいけないので，学校は生徒たちが教科書を入れておくロッカーを設置しなければならないとある。したがって，①「ケソン市の小学校は生徒たちにロッカーを与えなければならなくなるだろう」が正解。

② 「ケソン市の高校では，平日に生徒たちに宿題を出すことは許されない」「平日に」が間違い。

③ 「一部の生徒たちは，より自分に合った学校へ移ることが許される」

④ 「教師は生徒の宿題を手伝うため午後は学校にいなければならない」

共通テスト 実戦創作問題②：英語（リーディング）〈解答〉　**223**

問2　　12　　正解は④

「あなたのチームは『教師は宿題の量を制限すべきである』という討論の議題を支持する予定である。記事の中で，あなたのチームにとって役に立つ**意見（事実ではない）**は□□□ということである」

第3段最終文（Silke Jasso, a …）では，教師が週末に宿題を出すのは普通ではなく，そのようなことをする教師はあまり人柄がよい人物とは言えないというあるライターの見解が紹介されている。したがって，④「**週末に生徒がやらなければならない宿題を出す教師は思いやりがない**」が正解となる。

①「最近，多くの生徒が放課後に様々な部活に参加している」　事実に当たるが，本文では述べられていない。

②「親に子供の宿題を手伝うだけの十分な知識がない」　事実に当たるが，本文で述べられていない。

③「宿題をするかしないかは生徒が自分自身で選ぶことができる」　事実に当たるが，本文で述べられていない。

問3　　13　　正解は④

「他方のチームは討論の議題に反対する予定である。記事の中で，このチームにとって役に立つ**意見（事実ではない）**は□□□ということである」

第2段第1・2文（It does not …）では，週末の宿題が禁止となる新しいルールが提案されている中，善意ある教師が間違っていることをしていると断言するのは不公平で，おそらく彼らは生徒たちに成果を上げてほしいと思っているだけかもしれないと述べられている。したがって，④「**宿題を出す教師は，生徒たちにより多くのことを学んでほしいだけなのだろう**」が正解となる。

①「宿題をすることで，生徒たちは問題を解くスピードが速くなる」　事実に当たるが，本文で述べられていない。

②「宿題によって責任感のような他のことを教えられるかもしれない」　意見と言えるが，本文で述べられていない。

③「放課後に学んだことを実践すれば，生徒はよりしっかりと記憶できる」　意見と言えるが，本文で述べられていない。

224 共通テスト 実戦創作問題②：英語（リーディング）〈解答〉

問4　14　正解は③

「記事の第3段において，『期待していることが得られないかもしれない』は□□□ということを意味している」

該当箇所は宿題に関する説明部分で，関係代名詞の what が名詞節を形成し，get の目的語になっている。直後の第3段第4文（The study also …）では，宿題のせいで学ぶことに対する生徒たちの興味が薄れているとあり，本来学習にプラスの効果があるべき宿題がマイナスの効果を及ぼしていることを示唆している。よって③「一部の活動の効果は，想像していたものの反対になるかもしれない」が正解。

① 「人は皆違うので，皆が同じルールに従うことはできない」

② 「計画を立てるときには，現実的であるべきだ」

④ 「人々がしてくれるどのようなことにも感謝すべきである」

問5　15　正解は②

「フリーダ=サンチェスのコメントによれば，彼女は記事で述べられているルール□□□」

フリーダ=サンチェスのコメントの第3文（Perhaps a restriction …）より，家族の時間を守るため宿題の量を減らすことには賛成だが，完全な禁止には反対しているので，②「〜に部分的に賛成している」が正解となる。

① 「〜について特に意見はない」

③ 「〜に強く同意している」

④ 「〜に強く反対している」

第3問

A ブログの読み取り

> 訳 《ホストファミリーのこと》
> あなたは自分の学校の交換留学生によって書かれたブログの中で，以下の話を見つけました。

私のホストファミリー
9月15日，日曜日
［第1段］ 5月に桜高校に来てから，私は素晴らしい日本の家族の家にいます。ホストファーザーはとても優しいですが，夜，とても遅い時間に仕事から帰ってきます。私が寝た後に帰ってくることも時々あります。ホストマザーは看護師で，いつも午後7時くらいには家に帰ってきます。ホストシスターは大学に在籍し，東京に自分のアパートがあります。ホストブラザーの名前はヒデで，私と一緒に桜高校に通っています。彼は3年生です。今，彼は大学に入るために勉強をしていて，平日は午後7時くらいまで学校に残っています。私は一人で家に帰らなければならないのですが，いつも午後6時前には家に着きます。日本では，生徒が土曜日でも学校へ行くことがありますが，正午には終わります。そういった日はヒデと一緒に電車に乗ります。

［第2段］ 来週，ヒデはある大学の入学試験を受けるために東京に行きます。ホストファーザーに時間があれば，東京まで私たちを車で送ってくれます。ヒデが試験を受けている間，彼とホストシスターが東京を案内してくれます。もしホストファーザーに時間がなければ，ヒデが一人で東京まで行き，彼が時間通りに大学に到着できるようホストシスターが助けてくれることになっています。

9月21日

226 共通テスト 実戦創作問題②：英語（リーディング）〈解答〉

> **語句・構文**

[第2段] ▶ entrance test「入学試験」 entrance examination とも言う。
　　　　 ▶ show *A* around *B*「*A*（人）に *B*（場所）を案内する」
　　　　 ▶ on time「時間通り」

問1 16 正解は②

「月曜日から金曜日まで，□□□□」

第1段ではホストファーザーは帰ってくるのがいつも遅く，ホストマザーも帰ってくるのが午後7時くらいだと述べられている。ホストブラザーのヒデについては，平日は午後7時まで学校に残っているとある。同段第9〜最終文（I have to …）で，筆者はいつも午後6時前に家に着くが，土曜日に学校がある時は，ホストブラザーのヒデと一緒に電車で帰ってくると述べられている。したがって，月曜日から金曜日まで筆者が一番早く家に帰ってくることがわかるので，②「**筆者は他の家族よりも先に家に帰ってくる**」が正解となる。

① 「筆者は学校が終わった後，ホストファーザーと一緒に楽しい時間を過ごしている」

③ 「筆者のホストブラザーは，彼の父親が教師をしているので，遅くまで学校に残っている」

④ 「筆者のホストマザーは学校が終わった後，駅で筆者を迎えてくれる」

問2 17 正解は①

「ブログの筆者は，おそらく□□□□」

第2段では，ホストファーザーに時間があれば，車でヒデと筆者を東京に連れて行ってくれるが，時間がなければヒデ一人で行くとある。イラストを見ると，一人の少年が車ではなく電車で東京駅に行き，そこで女性に会っている様子が描かれており，少年がヒデで，女性がホストシスターであると考えられる。よって，ホストファーザーには時間がなく，ヒデ一人で東京に行ったのだと判断できる。そうすると，筆者は東京に行っていないことになるので，①「**ヒデがテストを受けに行っている間，家にいた**」が正解となる。

② 「テストを受けるため，土曜日に東京を訪れた」

③ 「ホストシスターに東京を案内してもらった」

④ 「東京でホストファーザーに会った」

B 日記の読み取り

> 訳 《母親のアメリカ留学体験》
>
> あなたの母親のジュンコが，交換留学生でアメリカにいた時に書いた日記の内容をあなたに見せています。

✛・✛
7月22日

[第1段] 学校で友達があまりできないので，最近は悲しかった。月曜日にティナという名前の女の子がカウンティフェアに一緒に行かないかと誘ってくれた。彼女が私を誘ってくれるとは思っていなかったので，思いがけないことだった。

[第2段] カウンティフェアはアメリカの一種のお祭りだ。乗物やゲームがある。農場の人たちが，そこで動物や生産品も見せてくれる。私は一度も行ったことがなかったが，とても面白そうだったので，楽しみにしていた。バスに乗り，セントラル・バス・ステーションでバスを降りた。そこからの道がわからなかったが，男の子たちのあるグループがフェアに行くというのが聞こえた気がしたので，彼らについて行くことにした。彼らは2キロほど歩いて，ある建物の中に入ろうとした。そこがフェアの場所ではないとわかったので，少し不安になった。到着が遅れてティナと会えなくなるのがいやだったので，私はその男の子たちにフェアの場所を尋ねた。彼らは驚いた様子だった。彼らの一人が「フェアはバス・ステーションの反対側だよ」と言った。そして「なぜ僕たちについてきたの？」と彼は尋ねた。私は彼らがフェアに行くと思っていたことを説明した。彼は笑顔で道順を教えてくれた。

[第3段] 私はできるだけ速く歩いたが，20分遅れでフェアに到着した。ティナは私を待ってくれてはいなかった。私はどうしたらいいかわからず，泣き出してしまった。ちょうどその時，チケットの販売員が私の方へ歩み寄ってきた。彼女は私がジュンコかどうか尋ねた。自分がジュンコであることを告げると，ティナがチケット売り場に電話をかけてきて，体調が悪くてフェアに来られなくなったことを私に伝えてほしいと連絡があったと話してくれた。もちろん，ティナの体調が大丈夫であることを願ったし，私を見つけてくれたことをチケット販売員に感謝したが，何より，ティナとの友情が壊れたわけではなかったのがうれしかった。

✛・✛

語句・構文

[第1段] ▶ county「郡」
　　　　 ▶ fair「品評会，バザー，フェア」

[第2段] ▶ ride「（遊園地などの）乗物」

228　共通テスト 実戦創作問題②：英語（リーディング）〈解答〉

問1　　18　　正解は⑤

「話によると，あなたの母親の感情は次の順番で変化した：□□□□」

第1段第1文（I've been sad …）では，学校で友達があまりできないので悲しいとあり（**lonely**：寂しい），同段最終文（I wasn't expecting …）では，ティナという女の子が自分を誘ってくれたが，それは思いがけないことだったと述べられている（**surprised**：驚き）。第2段第4文（I'd never been …）では，カウンティフェアに行くことになり，とても面白そうで楽しみにしている様子が述べられているが（**excited**：ワクワクしている），同段第8文（I knew it …）では，フェアに向かう途中，明らかに違う場所に来てしまい少し不安になったと続いている（**anxious**：不安な）。さらに第3段最終文（Of course, I …）では，ティナとの友情が壊れたわけではなかったのが何よりうれしかった（**glad**：うれしい）とあるので，正解は⑤となる。

問2　　19　　正解は②

「チケットの販売員は□□□□」

第3段第6文（When I told …）で，ティナがチケット売り場に電話をして，体調が悪く，フェアに行けなくなったことをジュンコに伝えてほしいと連絡していたことがわかる。したがって，②「**ティナから連絡をもらっていた**」が正解となる。

① 「ジュンコが十分なお金を持っていると思っていなかった」
③ 「ティナがフェアに入場するのを見た」
④ 「なぜジュンコは泣いているのだろうと思った」

問3　　20　　正解は②

「この話から，あなたは，ジュンコは□□□□ということがわかった」

第2段第6〜8文（I didn't know …）では，ジュンコが男の子たちのグループについて行くとフェアとは違う場所に来てしまった様子が述べられ，同段第13文（I explained that …）では，なぜ自分たちについてきたのかを尋ねられたジュンコが，男の子たちがフェアに行くと思っていたと説明している。以上の点から，ジュンコは男の子たちが実際はどこに向かっているのかわかっていなかったことが読み取れるので，②「**男の子たちがどのような予定だったのか理解していなかった**」が正解。

① 「フェアに行く途中，間違った停留所でバスを降りた」
③ 「あまりにも長くティナを待たせたので，友達になれなかった」
④ 「アメリカの文化について知らなかったので，評判がよくなかった」

第 4 問

説明的な文章・グラフの読み取り

訳 《子供の屋外での活動時間》

　あなたは子供のライフスタイルがどのように変わりつつあるのかについて調べています。あなたは（記事に対する）編集部への手紙つきで掲載された，ある記事を見つけました。

活動的な生活を送ること　　　　　　　　　　　　　　ルディ＝アレクサンダー

2018 年 8 月

［第 1 段］　「青少年の活動的な生活」というタイトルの調査結果が最近イングランドで発表された。そこには，2017 年 9 月から 2018 年 7 月までの若者たちの活動レベルが示されている。イングランドの主席医務官は，子供たちが毎日少なくとも 60 分の身体的活動を行うことを推奨している。現在，推奨されている時間に達しているのは子供たちのわずか 17.5 パーセントにすぎない。さらに，男子よりも女子の方が，はるかに身体的活動が少なく，男女間で不均衡が生じている。活動的な子供は身体的な面と精神的な面から，より健全であることが研究によってわかっているため，この調査結果は重要である。

［第 2 段］　スポーツ担当大臣のミムス＝デイビスは「活動的な子供は，そうでない子供よりも幸福度が高い子供だということがわかっています」と語る。若者たちがより健康的で活動的な生活を確実に送れるようにするためには，やらなければならないことがまだ多くあると彼は説明している。

［第 3 段］　家庭の所得と活動レベルの間には関連があるように思われる。毎日 30 分未満の活動しかしない子供の割合は，裕福な家庭ではわずか 26 パーセントであるのに比べ，貧しい家庭の子供では 39 パーセントに達する。

［第 4 段］　ティム＝ホリングスワースはスポーツ・イングランドと呼ばれる組織の最高責任者である。彼は学校，親，政府，さらにはスポーツ関連やレジャー産業の民間企業にさえも，子供たちの活動を増やすような取り組みに力を入れてほしいと要請してきた。「多くの要因が子供たちの行動に影響を及ぼしており，この問題に対してただ一つの答えがあるわけではありません。若者たちの声や彼らが望んでいることに耳を傾けることが最良の第一歩なのです」と彼は述べている。3 月には，彼の組織が，この問題に対して提案された，いくつかの解決策を記した報告書を公開する予定である。

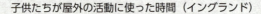

子供たちが屋外の活動に使った時間（イングランド）

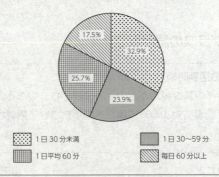

「活動的な生活を送ること」についての意見　　　　　　G. H. より
　　　　　　　　　　　　　　　　　　　　　　　　　　2018 年 9 月

[第 5 段]　私は何年も前にイングランドから日本にやって来たので，現在のイングランドの子供たちがどのような生活を送っているのかがわかり，興味深いことでした。子供には，もっと外で友達と遊ぶ時間が必要だという意見には誰もが賛同していると思います。私は 8 歳になる双子の母親です。この問題に関しては，ここ日本で多くの親御さんたちと話をしてきました。テレビゲームがその原因であることは明らかなようです。ほとんどすべての親御さんは，子供の友達が持っているという理由だけで，子供にゲームを与えていると言います。自分の子供もゲームを持っていないと寂しいだろうと考えているのです。変化を起こす唯一の方法は，子供がゲームをするのを制限するか，遮断することに，全員が一斉に同意することだと思われます。社会として決断する必要があるのです。

[第 6 段]　日本では，70 パーセントの子供たちが外で全く遊ばないことが調査によってわかっています。子供の時に自然の中で過ごす時間が，大人になった時にどれだけ幸福感を感じられるのかに影響を及ぼしているという調査を読みました。現在の状況は日本の未来に永続的な影響を及ぼすと思います。すぐに変えなければなりません。

語句・構文

[第 1 段] ▶ physical「身体的な」　　　▶ imbalance「不均衡」
　　　　　▶ psychologically「精神的に」
[第 2 段] ▶ ensure「～を確実にする」
[第 3 段] ▶ as many as ~「～も（数の強調）」
[第 4 段] ▶ chief executive「最高責任者」
[第 5 段] ▶ what S is like「S がどのようなものか」
　　　　　▶ access「（利用する）権利」
[第 6 段] ▶ current「現在の」　　　　▶ lasting「永続的な」

共通テスト 実戦創作問題②：英語（リーディング）〈解答〉 231

問1 　21 　正解は②

「ルディ=アレクサンダーも投稿した親も□□□については言及していない」

全体を通して子供のライフスタイルについての意見であり，大人の屋外活動について言及している部分は両者ともにない。よって，②「大人が毎週どれくらい屋外活動に参加しているのか」が正解となる。

① 「ある組織が，この研究データに対してどのように対応する予定でいるか」 第4段最終文（In March, his …）で，スポーツ・イングランドという組織が，子供たちの活動的な生活に関わる問題の解決策をいくつか発表する予定であると述べられている。

③ 「どのような要因が子供の活動レベルに影響を及ぼしているか」 第3段第1文（There seems to …）で，ルディ=アレクサンダーが家計の所得と子供の活動レベルとの関連について言及している。

④ 「子供たちが外で遊ぶことが少なくなった理由」 第5段第5文（It seems obvious …）で，投稿した親が，子供が外で遊ぶ時間が少なくなった理由としてテレビゲームを挙げている。

問2 　22 　正解は③

「この記事と手紙によると，日本の子供たちは□□□という証拠がある」

第6段第1文（In Japan, studies …）で，日本では70％の子供たちが外で全く遊ばないという調査結果について言及されている。イングランドについては，グラフを見ると外で遊ぶ時間が1日30分未満の子どもたちは32.9％である。全く外で遊ばないイングランドの子供の割合は不明だが，少なくとも32.9％よりも小さく，また約70％は1日30分よりも長く外で遊んでいると言えるため，イングランドの子供よりも日本の子供の方が，外で活動する時間は短いと言える。したがって，③「イングランドの子供たちよりも外で過ごす時間が少ない」が正解。

① 「イングランドの子供たちよりも一緒に遊ぶ友達が多い」

② 「イングランドの子供たちよりもテレビゲームをしない」

④ 「イングランドの子供たちよりも勉強をする時間が長い」

問3 　23 　複 　正解は②，③

「この記事によると，一般的に屋外での活動は人々を□□□にする（2つ以上の選択肢を選んでもよい）」

第1段最終文（The results of …）では，活動的な子供は身体的な面と精神的な面から，より健全であることがわかっているとあるので，②「精神的により健全な」が正解となる。また第2段第1文（Sports Minister Mims …）では，活動的な子供はより幸福度が高い子供であるという内容が述べられているので，③「より

232 共通テスト 実戦創作問題②：英語（リーディング）〈解答〉

機嫌のよい」も正解となる。cheerful「陽気な，快活な」

① 「緊張を感じる」　　　　　　　④ 「より多くのお金を使う」

問4 | 24 | 25 |　正解は⑤，④

「ルディ=アレクサンダーは| 24 |と述べ，そして投稿した親は| 25 |と述べている（それぞれの空所には異なる選択肢を選びなさい）」

第1段第5文（Furthermore, there is …）では，男子よりも女子の方が，はるかに身体的活動が少ないと述べられているので，| 24 |は⑤「**女性よりも男性の方が体をよく動かす傾向がある**」が適切。また第5段第5文（It seems obvious …）では，子供が外で遊ぶ時間が少なくなったのはテレビゲームが原因であるという親の意見が述べられ，同段最終2文（It seems that …）では，この状況を変えるための唯一の方法は，子供たちがゲームをするのを制限するか遮断することに，全員が一斉に同意することだと指摘し，社会としての決断が必要だとしている。したがって，この問題は一人だけで解決できるものではないという考えが読み取れるので，| 25 |は④「**テレビゲームをやりすぎてしまうことは個人が単独で解決できる問題ではない**」が正解となる。

① 「子供たちは学校で何らかの屋外活動に参加することが求められている」

② 「裕福な家庭の子供たちは，他の子供たちよりも屋内で過ごす時間が長い」 第3段より，裕福な子供たちの方が屋外で過ごす時間が長いと言える。

③ 「子供たちはもっと長い時間，友達と一緒に過ごすべきである」 第5段第2文（I think everyone …）の内容に近いが，テーマである outdoors「屋外で」が抜けている。

問5 | 26 |　正解は③

「記事と手紙からの情報に基づいて，あなたは宿題のレポートを書くつもりだ。あなたのレポートに最もよい題名は『　　　』だろう」

両者とも，子供たちが屋外で過ごす時間が少なくなっていることを懸念しており，彼らがもっと屋外で活動的な時間を過ごす必要があると訴えていることが読み取れる。したがって，③「**子供たちにより多くの時間を屋外で過ごすよう促すことの重要性**」が最も適切。

① 「家族がより多くの時間を一緒に過ごせる，費用のかからない方法を見つけること」

② 「親が子供たちのために屋外活動をより安全なものにする方法」

④ 「自然について子供たちに教えるためにテレビゲームを使うこと」

共通テスト 実戦創作問題②：英語（リーディング）〈解答〉　**233**

第 5 問

ある出来事に関する説明的な文章の読み取り・要約

> 訳 《ポスター発表のための準備》
> 　あなたのグループは，以下の雑誌の記事の情報を利用し，「ロズウェル事件」と
> いうタイトルのポスター発表をする準備をしています。

[第 1 段]　ロズウェルはアメリカ合衆国ニューメキシコ州にある小さな街である。
この街はある UFO の話との関連で有名だ。多くの人々が，「ロズウェル事件」は
地球外生命体の宇宙船が墜落した事例であり，アメリカ政府は地球外生命体の存在
を隠していると信じている。

[第 2 段]　話はウィリアム=ブレイゼルという名の男が，アメリカ陸軍航空軍
（USAAF）による秘密プロジェクトの残骸を見つけた 1947 年 7 月 7 日に始まる。
その残骸は，ソビエト連邦の活動を検知するため，政府が大気圏上層に打ち上げて
いた装置の一部だった。政府はソビエト連邦が行っていた原子爆弾の実験について
情報を得たかったのだ。

[第 3 段]　ウィリアム=ブレイゼルは，その残骸を約 75 マイル北のロズウェルとい
う街に持って行った。街に到着し，彼がその残骸について警察に話すと，警察はロ
ズウェル陸軍飛行場（RAAF）に報告した。アメリカ陸軍航空軍は自分たちが実際
に行っていたことを明らかにしたくなかったので，新聞社には「空飛ぶ円盤」がロ
ズウェル近郊の農場に墜落したとだけ伝えたのである。しかし，その同日中に話を
変え，気象観測用の気球が墜落したと発表した。彼らはその残骸を記者たちに見せ
たが，それらは気象観測用気球の残骸であるように見えた。

[第 4 段]　Roswell Daily Record 紙は，地方新聞であった。当初，残骸は UFO
のものだと主張する記事が掲載された。その後，アメリカ陸軍航空軍が，残骸は単
なる気象観測用気球のものだったと主張していると説明する訂正記事が掲載された。
どちらの話も全くの真実というわけではなかったが，当時，記者たちにはそれがわ
からなかったのである。

[第 5 段]　31 年間，ほとんどの人々がこの話を忘れていた。地球外生命体が地球
にやってくるという人気映画が映画館で公開されるとすぐに，この話は再びニュー
スの種となった。映画が公開された後，UFO に関する新たな報告の数が大幅に増
えることになった。National Enquirer 紙という新聞は，1947 年の Roswell Daily
Record 紙の最初の記事を突然掲載したが，アメリカ陸軍航空軍がそれは気象観測
用の気球だったと主張したことを載せた訂正記事は掲載しなかった。

［第6段］この事件に関して再び議論が巻き起こった。政府の不十分な説明こそが地球外生命体が存在することの証明だと提唱する人たちもいた。その出来事を目撃したと主張する人もいて，彼らは1947年7月のあの日に空で炎上する飛行体を見たと話した。グレン=デニスという名の男は自分の友人について語った。彼の友人の女性はRAAFで看護師をしていたと彼は言った。彼女は医師たちが3体の生物の体を調べているのを見たという。その生物は人間のように見えたが，体は小さく，巨大な頭部と非常に細い腕と脚をしていた。

［第7段］1995年，グレン=デニスが説明していた場面の映像が，レイ=サンティリという名の実業家によって公開された。多くの専門家たちはその映像を視聴し，それが偽物だと断言した。後にサンティリは，その映像は自分が作ったものだと認めたが，証拠となる本物の映像もあると主張した。彼は本物の映像の状態が悪すぎたため，それを再現しなければならなかったのだと説明した。

［最終段］今日まで，ロズウェル事件が地球外生命体の宇宙船が墜落したものなのか，あるいは政府による秘密のスパイ活動の残骸なのかどうか，依然として多くの人々が議論している。

ロズウェル事件

◆重要な出来事

時期	出来事
1947年	27 28
その後の数十年間	29 30 31

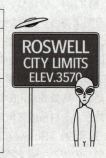

◆元々の事件について

▶その事件当時，USAAFによる公式説明は 32 と主張していた。

◆事件に関して新たに高まった関心

▶National Enquirer紙が掲載した記事は 33 というタイトルであった。

▶National Enquirer紙の記事以来， 34 。

共通テスト 実戦創作問題②：英語（リーディング）〈解答〉 **235**

語句・構文

［第1段］▶ incident「事件」
   ▶ case「事例，事件」
   ▶ alien「地球外の，宇宙人の」
［第2段］▶ debris「残骸，破片」
   ▶ equipment「装置」
   ▶ carry out ～「～を行う」
［第3段］▶ weather balloon「気象観測用の気球」
   ▶ appear to be ～「～のように見える」
［第4段］▶ correction「訂正」
［第5段］▶ come into the news「ニュースの種になる」
   ▶ significantly「著しく，かなり」
   ▶ fail to *do*「～しない，～しそびれる，～できない」
［第6段］▶ witness「～を目撃する」
   ▶ aircraft「飛行体，航空機」
［第7段］▶ scene「場面，シーン」
   ▶ fake「偽物の」
   ▶ such … that ～「とても…なので～，～ほど…」
   ▶ recreate「～を再現する，～を作り直す」
［最終段］▶ debate「～を議論する」

問1 　27 　28 　29 　30 　31 　　正解は⑤，④，②，③，①

「あなたのグループのメンバーはロズウェル事件に関連した重要な出来事を列挙した。 27 ～ 31 に，出来事を起こった順に入れなさい」

第2段第1文（The story starts …）で，1947年7月ウィリアム=ブレイゼルが，アメリカ陸軍航空軍による秘密プロジェクトの残骸を見つけたとあり，第3段第1・2文（William Brazel took …）では，彼がその残骸をロズウェルという街に持って行って，警察に話をしたと述べられている。したがって， 27 は⑤「政府の秘密計画に関するいくつかの破片が警察に届けられた」が適切。

続く第3段最終2文（However, later that …）では，見つかった残骸は気象観測用気球のものだと話を変え，記者たちはその残骸を見せられたとあるので， 28 は④「記者たちは気象観測用気球が墜落したと伝えられた」が正解。

さらに第5段第2文（It came into …）では地球外生命体が地球にやってくるという人気映画が公開されたという内容が述べられているので， 29 は②「地球外生命体との遭遇を扱った映画が人気となった」が正解となる。

また第5段第3文（After the movie …）では，UFOについての新たな報告の数

236 共通テスト 実戦創作問題②：英語（リーディング）〈解答〉

が大幅に増えたとあるので，30 は③「UFO を目撃したと主張する人が増えた」が適切。

第7段では，グレン＝デニスという人物が説明していた場面の映像が公開されたが，偽物だったという内容が述べられている。その場面とは，第6段最終2文（He said that she had …）の，医師たちが，体が小さく巨大な頭部と非常に細い腕と脚をした3体の生物の体を調べていた場面のことなので，31 は①「地球外生命体を調べる医師たちの偽の映像が作られた」が正解となる。

問2　32　正解は④

「ポスターを完成させるのに最も適切な文を選びなさい」
ロズウェル事件が起こった時のアメリカ陸軍航空軍（USAAF）による公式説明を選ぶ問題。

① 「ある農業従事者が注目されるために不思議な残骸についての話をでっちあげた」　事件当時の様子でこのような内容が述べられている部分はない。make up ～「～を作り上げる，（話を）でっち上げる」

② 「ロズウェル地方の地元の農業従事者によって地球外生命体が捕まえられた」本文中にこのような内容が述べられている部分はない。

③ 「虚偽の話を掲載することで，ある新聞社がより多くの部数を売ろうとした」USAAF がこのような内容を公式に説明したと述べられている部分はない。なお第4段最終文（Neither story was …）では，Roswell Daily Record 紙が掲載した2つの記事はどちらも真実というわけではなかったが，記者たちにはそれがわからなかったとあり，多くの部数を売るために虚偽の話を掲載したわけではない。copy「（新聞，本などの）部，冊」

④ 「何らかの科学的装置がロズウェル近郊の農場に不時着した」　第3段第3・4文（The US Army …）では，事件直後，USAAF が flying disk「空飛ぶ円盤」がロズウェル近郊の農場に墜落したと伝え，その後，それが気象観測用の気球だったと発表したとある。flying disk, weather ballon は some scientific equipment に該当するので，これが正解。crash-land「不時着する」

問3　33　正解は②

「National Enquirer 紙に発表された記事のタイトルであった可能性が最も高いのは以下のうちどれか」
第5段最終文（A newspaper called …）では，National Enquirer 紙は1947年の Roswell Daily Record 紙の最初の記事を掲載したが，気象観測用の気球だったという訂正記事は掲載しなかったとある。第4段第2文（At first, it …）より，Roswell Daily Record 紙の最初の記事では，発見された残骸が UFO のものだと

伝えられていたことがわかるので，②「**ロズウェル地方で捕らえられた空飛ぶ円盤**」が最も適切。

① 「ロズウェル陸軍飛行場で医師が地球外生命体を検査」
③ 「政府の気象観測用気球がロズウェルの農場に墜落」
④ 「科学者たちが宇宙からの訪問者と意思疎通」

正解の選択肢に含まれる Flying Saucer は「空飛ぶ円盤」の意味。もし saucer の意味を知らなくても，誤りの選択肢から消去法で処理したい。

問4　　34　　複　　正解は①，③，⑤

「**ポスターを完成させるのに最も適切な文を選びなさい（2つ以上の選択肢を選んでもよい）**」

第5段で登場する National Enquirer 紙に記事が掲載されて以降，どのようなことが起こったのか選ぶ問題。複数の選択肢が当てはまる可能性があり，当てはまる選択肢はすべて選ばなければならない。

① 「飛行場で医師たちが地球外生命体を調べているのを見たという友人の話をある男が語った」　第6段第4～最終文（A man named …）で，グレン=デニスという名の男が，ロズウェル陸軍飛行場で医師たちが奇妙な生物を調べているのを目撃した看護師の友人について語っているので正解。

② 「ロズウェル陸軍飛行場の近くでより多くの UFO が見つかっている」　第6段第3文（Some people claimed）でロズウェル事件の当日に，空で炎上する飛行体を見たと主張する人が出てきたとは述べられているが，National Enquirer 紙の記事が発表された後，実際に UFO が見つかっているわけではないので不適。

③ 「ロズウェル近郊の農場で実際に何が起こったのかについて人々は議論している」　最終段で，今日に至るまで，ロズウェル事件の真相について多くの人々が議論しているとあるので正解。

④ 「レイ=サンティリは本物の地球外生命体が映っている映像のコピーを記者たちに送った」　第7段第3文（Santilli later admitted …）を見ると，レイ=サンティリは地球外生命体が映った本物の映像があると言っているものの，そのコピーを記者たちに送ったという内容はないので不適。

⑤ 「一部の人たちが 1947 年に炎上する UFO を目撃したと語った」　第6段第3文（Some people claimed …）後半の内容に一致。burning が on fire に，aircraft が UFO に言い換えられている。

⑥ 「ロズウェルの街は事件とのつながりを避けるため，その名称を変更した」　本文中にこのような内容が述べられている部分はない。

238　共通テスト 実戦創作問題②：英語（リーディング）〈解答〉

第6問

A　記事の読み取り

訳 《タイ人の名前に関するグループ発表の準備》
　あなたはタイ人の名前に関するグループ発表を行う準備をしています。あなたは以下の記事を見つけました。

タイの人々の姓名はどのようになっているのか？

［1］　タイの人々は世界の人々と同じように名（ファーストネーム）と姓を持っているが，このことはこれまでずっとそうであったわけではない。実際，それはつい最近になって変わったことなのである。タイの人々が姓を名乗る必要が出てきたのは1913年になってやっとのことであった。それまで，大半の人々は名だけしか持っていなかった。タイの人々は，親が誰なのか，あるいはどこに住んでいるのかについて言及することで，同じ名前の人を区別しなければならなかったのである。

［2］　1913年，タイの国王ラーマ6世はタイの人々の出生，死亡，婚姻の記録を残したいと考えていた。彼はすべての人々が姓を持つように要求することで，この記録作業を可能にした。また彼が導入した規定では，それぞれの家族は国内の他の家族とは違う名前にしなければならなかった。これは膨大な数の名前が必要になることを意味した。名前が重複するのを避けるため，自分たちが住んでいる地域名を姓に付け加える家族もいた。その結果，タイの人々の名前の多くは非常に長くなったのである。

［3］　タイ国外では通常，姓の長さがはるかに短いため，国外で暮らすタイ人にとっては，これが問題となる可能性がある。タイでの本当の姓がSiriprakornである作家のリディア=マックによると，自己紹介をした後，必ず質問されるという。「どのようなスペルなのですか？」あるいは「もう一度発音してもらえますか？」と頻繁に尋ねられるのだ。また，多くの書類には，タイ人が名前を書く十分なスペースがないため，その記入が難しいこともある。

［4］　周辺国の多くとは対照的に，タイは姓の前に名を置く西洋方式に従っている。しかし，日常生活において名が使われることはめったにない。代わりに，タイの人々の大半はニックネームで通っている。一般的に，その人の本当の名を知っているのは，非常に近い友人や家族や雇用主だけである。

［5］　世界のその他の地域では，通常，成長に伴ってニックネームがつけられるが，タイの人々には，ほとんどの場合，生まれた時にニックネームがつけられる。イヌを意味するMahやブタを意味するMooのような魅力的ではないニックネームを

共通テスト 実戦創作問題②：英語（リーディング）〈解答〉 **239**

つけられる子供も時々いる。そういった名前は，悪霊に子供が魅力的に映らないようにして，悪霊から子供を守るために使われている。しかし，最近流行のものや人気製品に合わせて子供にニックネームをつける人たちもいる。したがって，Big Mac や Google といったニックネームのタイ人もいる。そういったニックネームは他の国の人たちにとっては奇妙に思えるかもしれない。

［6］　タイの人々は自分の名前を変えることができるのだが，多くの理由から，それは一般的なこととなっている。最もよくある理由の一つは不運を避けるためである。名前を変えることで，人生において問題を引き起こす悪霊から逃れられると多くの人々が信じている。名前を変えるもう一つの理由は，結婚や離婚のためである。2002 年には，結婚後，夫の名字を名乗るかどうかを選ぶ権利が女性たちに与えられた。それまで，自分の姓を夫の姓に合わせて変えなければならなかったのである。

［7］　タイは間違いなく魅力的な文化を持った国で，それは国民の非常に興味深い名前にまで及んでいる。それはタイを訪れるべき素晴らしい国にしている，もう一つの要因となっている。

語句・構文

［第1段］▶ surname「姓，名字」
　　　　▶ the case「事実，実情」　この意味の場合，通例は be the case の形で使う。
　　　　▶ given name「（姓に対する）名」
　　　　▶ distinguish between ~「~の間の区別をする」

［第2段］▶ duplicate「二重の，重複する」

［第3段］▶ problematic「問題のある」
　　　　▶ pronounce「~を発音する」
　　　　▶ fill out A〔fill A out〕「A に記入する」
　　　　▶ a form「申し込み用紙」

［第4段］▶ in contrast with ~「~と対照的に」
　　　　▶ rarely「めったに~ない」
　　　　▶ go by ~「~（という名前）で通る」

［第5段］▶ the rest of ~「~のそのほかの部分，~の残り」
　　　　▶ unattractive「魅力的ではない」
　　　　▶ evil spirit「悪霊」
　　　　▶ fashion「流行のもの」

［第6段］▶ a number of ~「多くの~」　~ は複数形名詞。
　　　　▶ divorce「離婚」

［第7段］▶ extend to ~「~にまで及ぶ」

240 共通テスト 実戦創作問題②：英語（リーディング）〈解答〉

問1　　35　　復　　正解は②，④

「この記事によると，タイの名前について当てはまることはどれか？（2つ以上の
選択肢を選んでもよい）」

タイの名前について正しく述べているものを選ぶ設問である。それぞれの選択肢が
本文に沿っている内容か，間違っている内容か，あるいは記載されていない内容か
を確認することで解答を絞る。

① 「いかなる理由があっても名前を変えることはできない」　第6段第1文（Thai
people are …）より，様々な理由によって名前を変えることができるとわかる
ので誤り。本文と反対の内容である。

② 「それぞれの家族ごとに名前が異なっていなくてはならない」　第2段第3文
（The rule he …）より，家族ごとに姓が異なっていなくてはならないとわかる
ので正しい。

③ 「ニックネームであっても，政府によって承認されなければならない」　ニック
ネームについては第4・5段で言及されているが，このような内容は述べられて
いない。

④ 「名が姓の前に置かれる」　第4段第1文（In contrast with …）から，名が姓
の前に置かれるとわかるので正しい。

⑤ 「姓を含めることは必須ではない」　第2段第2文（He made this …）より，
すべての人が姓を持つことになったとわかるので誤り。本文と反対の内容である。

⑥ 「死んだ後でも，人々に名前を付けてよい」　このようなことはどこにも述べら
れていない。名前と生死に関連する語としては第5段第1文に their nicknames
at birth があるものの，出生時にニックネームをつけられるという内容なので，
選択肢とは関係がない。

問2　　36　　正解は①

「この記事によると，タイで名前を変えるよくある理由の一つは　　　である」

タイの人々が名前を変える理由は第6段で述べられており，同段第2文（One of
the …）で，最もよくある理由の一つとして「不運を避けるため」が挙げられてい
る。したがって，① 「不運を避けるため」が正解。bad luck が misfortune に言い
換えられている。

② 「恥ずかしい名前から解放されるため」

③ 「誰かに敬意を示すため」

④ 「新たな人生を始めるため」

共通テスト 実戦創作問題②：英語（リーディング）〈解答〉 **241**

問3 　37　 正解は②

「第6段において，法律の改正で，女性は□□□」

第6段最終2文（In 2002, women …）に，「2002年には，結婚後，夫の名字を名乗るかどうかを選ぶ権利が女性たちに与えられた」「それまで，自分の姓を夫の姓に合わせて変えなければならなかった」とある。法改正後に女性は自分の姓を選べるようになったことがわかるので，② **「夫の家族の姓を選ぶよう求められることはもはやない」** が正解。

① 「夫との離婚を要求することが許されている」

③ 「自分の子供の下の名前を選ぶことができる」

④ 「悪霊を取り除くため特別な儀式に出なければならない」

問4 　38　 正解は④

「この記事を要約したものとして最もよいものは以下のうちどれか」

本文全体を通して，タイ独特の姓名制度について説明されており，第3段では，名前が長くなってしまうせいで，自己紹介の時や書類に名前を記入する際に面倒な事があるというマイナスの内容が述べられている。最終段では，名前にもタイの魅力的な文化が現れていて，それがこの国を訪れるべき素晴らしい国にしているというプラスの側面について言及している。タイ人の名前には正負2つの側面があると言っているので，④ **「タイには独特の命名制度があり，好ましい結果と好ましくない結果を生む可能性がある」** が最も適切。

① 「タイの人々が移住する時，彼らの名前を変更するよう強制する規定を持っている国がある」

② 「タイは国民の詳細な記録を残すためのより効率的な方法を考える必要がある」

③ 「タイでは名前に関する国のルールを変えたいと願っている人たちが増えている」

242　共通テスト 実戦創作問題②：英語（リーディング）〈解答〉

B　説明的な文章の読み取り・グラフの選択

訳 《インフルエンサーの影響力》

　あなたはマーケティングについて調べています。インフルエンサーがどのような働きをしているのかを理解するため，以下の記事を読むところです。

[第1段]　インターネットが登場する前，企業が自社の商品やサービスを宣伝し売り込む方法はほんのわずかしかなかった。それらは印刷物，テレビ，ラジオによる広告である。それ以外には，通常，企業は口コミに頼らなければならなかった。もちろん近年では，オンライン広告が新たな選択肢になっている。ウェブページ上の広告を目にしたり，YouTube の映像の続きを見るために，コマーシャルが終わるまで待ったりという経験は皆したことがあるだろう。

[第2段]　ソーシャルネットワーキングや YouTube のようなサイトが普及し，自分たちの映像を作って公開できるようになった結果，「インフルエンサー現象」と呼ばれるものが生まれた。インフルエンサーとはソーシャルメディア上で多くのフォロワーを獲得している人たちのことである。非常に多くのフォロワーや「いいね」を獲得している人々は，たいてい，有名なスポーツ選手や芸能人や政治家たちである。インフルエンサーたちは，ある製品が気に入ると，よくツイッターやインスタグラムに投稿したり，フェイスブックで「いいね」をしたりする。すると，彼らのファンの多くが同じ製品を購入するのだ。最近，企業は広告会社よりも個人に巨額のお金を払っており，そうする価値があると口にしている。

[第3段]　実際，2016 年には，全世界のオンライン広告への支出がテレビ広告で使われた金額を初めて上回ったが，この傾向は続き，2020 年までにテレビ広告とオンライン広告の差は 800 億ドル以上に開くと予想されている。しかし，これは従来のテレビ広告がなくなるということではない。テレビ広告への支出も着実に増えている。この支出は，新聞広告への支出が大幅に減少していることが原因となっている可能性が非常に高い。

[第4段]　広告主からは大金が提示されるため，当然，インフルエンサーになろうとする人が増えている。競争や他の活動を通してフォロワーを引きつけている人たちもいる。そういった人たちは，多くのフォロワーを抱えているかもしれないが，彼らをフォローしている人たちはその「インフルエンサー」が言うことに本当に興味を持っているわけではないので，広告主にとって彼らは魅力的な存在ではない。それよりもむしろ，広告主は品質の高いコンテンツを発信し，フォロワーに対して明確なメッセージを持っているインフルエンサーとの関係を構築したいと思っているのだ。インフルエンサーになることは，職業の1つの選択肢になりつつあり，あ

らゆる職業に付随することだが，プロ意識の水準，クオリティに対する期待，評価方法は，時間と共に高まっていくものなのである。

［第5段］　広告主にとって，従来の広告モデルには存在しなかった脅威がある。もしインフルエンサーの振る舞いが悪いと，企業イメージが悪くなる可能性があるのだ。また，あまりにも多くの製品の販売を促進したり，フォロワーからの関心がなくなったりすれば，彼らの価値も失われてしまう。最近では，望ましくない結果を避けようと，企業がインフルエンサーたちと契約を結ぶようになってきている。

［第6段］　ソーシャルメディアは進化し，成長し続けているので，優秀なインフルエンサーの力も大きくなるだろう。ソーシャルメディアを使っている人たちは，優れたインフルエンサーとそうでないインフルエンサーの違いが今以上にわかるようになるだろう。同様に，企業のオーナーたちも自社の製品に最もふさわしく，企業価値を象徴してくれるインフルエンサーを見つけ出すようになるだろう。

語句・構文

［第1段］▶ promote「～の宣伝，売り込みをする」
　　　　▶ word-of-mouth「口コミ」
　　　　▶ so that S can *do*「S が～するために」
［第2段］▶ approve of ～「～をよいと認める」
　　　　▶ rather than ～「～よりむしろ」
［第3段］▶ exceed「～を上回る」
　　　　▶ with *A doing*「A が～して（付帯状況）」
　　　　▶ steadily「着実に」
　　　　▶ due to ～「～が原因で」
［第4段］▶ advertiser「広告主」
　　　　▶ competition「競争」
　　　　▶ quality content「質の高いコンテンツ」
　　　　▶ a career choice「職業選択」
　　　　▶ professionalism「プロ意識」
　　　　▶ expectation「期待」
　　　　▶ evaluation「評価」
［第5段］▶ respect「関心，尊敬」
　　　　▶ consequence「結果」
［第6段］▶ evolve「進化する」
　　　　▶ it is likely that～「～である可能性が高い」
　　　　▶ likewise「同様に」
　　　　▶ represent「～を象徴する，～を表す」

問1　39　正解は②
「記事では，筆者はこの新たな状況を，現象と呼んでいる。なぜなら□□□からである」
第2段第1文（The growth of …）で，ソーシャルネットワーキングなどの普及で，インフルエンサー現象が生まれたとある。また同段最終2文（When influencers approve …）では，インフルエンサーがよいと認めた製品を購入する人がいるため，企業が広告会社よりも彼らに巨額のお金を払うようになっていると述べられている。これらより，②「今までにない新たな方法で企業が自社製品を宣伝し売り込んでいる」が正解となる。
① 「広告主が広告に使うお金を大幅に節約できる」
③ 「誰も考えもしなかった製品の人気がより高まっている」
④ 「インターネットが非常に多くのビジネスチャンスを与えてくれると期待した人はほとんどいなかった」
いずれも，本文中にこのような内容が述べられている部分はない。

問2　40　正解は③
「以下の4つのグラフのうち，状況を最もよく表しているのはどれか」

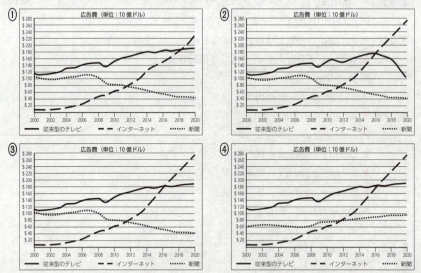

第3段第1文（Indeed, in 2016, …）前半部で，2016年にオンライン広告への支出がテレビ広告で使われた金額を上回ったとあるので，①は不適。また同段最終2文（Spending on television …）では，テレビ広告への支出も着実に増えており，新聞広告への支出が大幅に減少していると説明されているので，テレビ広告への支出

共通テスト 実戦創作問題②：英語（リーディング）〈解答〉　**245**

が減っている②，新聞広告への支出が増えている④も不適。したがって，③のグラフが正解となる。

問3　41　42　正解は④，⑤

「記事によると，以下のうち，どの2つが広告主の現在の状況を述べているか（2つの選択肢を選びなさい。順序は問わない）」

第4段第2～4文（Some are attracting …）で，「たとえ多くのフォロワーを抱えているインフルエンサーでも，広告主にとって魅力的ではない場合もある」，「広告主は良質のコンテンツを発信し，フォロワーに明確なメッセージを伝えるインフルエンサーとの関係を構築したい」という内容が述べられている。したがって，④「フォロワーの数はインフルエンサーの価値を測る正しい尺度ではない」が正解となる。また第5段第1・2文（There is a …）では，広告主にとっての脅威として，インフルエンサーの立ち振る舞いが悪いと，企業イメージが悪くなる可能性があるという点が挙げられているので，⑤「社外の人間に自社の評判を委ねる際には，リスクが伴う」も正解となる。

①「最近，プロのインフルエンサーに注目している人たちが少なくなっている」
②「インフルエンサーは会社の規模に応じて，より多くの金額を請求している」
③「インフルエンサーは，一部の企業の役には立たないことが明らかになりつつある」

問4　43　正解は④

「この記事に最も適切なタイトルは＿＿＿である」

本文全体を通して，ソーシャルメディアで多くのフォロワーや“いいね”を獲得しているインフルエンサーたちについて説明されている。優秀なインフルエンサーの影響力は大きく，自社製品の宣伝のため，企業から多くのお金が彼らに支払われることもあるという内容が述べられているので，④「『いいね』の力」が最も適切。正解の④が抽象的な内容でやや難しいが，他の選択肢の内容は本文で述べられていないので，消去法でも解答できるだろう。

①「ソーシャルメディア上で人気になる方法」　ソーシャルメディア上で人気になる具体的な方法が主題ではないので不適。
②「従来の広告の終焉」　第3段では，オンライン広告への支出がテレビ広告への支出を上回ったと述べられているが，同段第2文（However, this does …）で「従来のテレビ広告がなくなるということではない」と述べられている。テレビ広告への支出も増えているので不適。
③「オンライン動画の歴史」　このような内容は書かれていない。

Smart Start シリーズ
共通テスト
スマート対策

3訂版

受験を意識し始めてから試験直前期まで取り組める**分野別対策問題集**

3STEPで万全の対策ができる

STEP 1 共通テストがわかる!
共通テストを**徹底分析!** まずは**敵を知る**ことから始めよう。

STEP 2 実力をつける!
分野別の演習問題を多数収録し,**基礎固め&苦手克服**に最適。

STEP 3 総仕上げができる!
実戦問題として**共通テスト本試験**を収録!

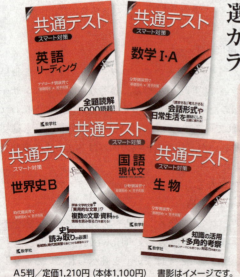

選択科目もカバーしたラインナップ **全15点**

2021年6月より順次刊行

① 英語(リーディング)※ ※音声無料配信
② 英語(リスニング)※ ※音声無料配信
③ 数学Ⅰ・A　④ 数学Ⅱ・B
⑤ 国語(現代文)
⑥ 国語(古文・漢文)
⑦ 日本史B　⑧ 世界史B
⑨ 地理B　⑩ 現代社会
⑪ 物理　⑫ 化学
⑬ 生物
⑭ 化学基礎・生物基礎
⑮ 生物基礎・地学基礎

A5判／定価1,210円(本体1,100円)　書影はイメージです。

詳細は akahon.net でチェック

解答・解説編

Keys & Answers

解答・解説編

リスニングテスト

<共通テスト>
- 2021 年度　本試験(第 1 日程)
- 2021 年度　本試験(第 2 日程)
- 第 2 回　試行調査
- 第 1 回　試行調査

<センター試験>
- 2020 年度　　本試験
- 2019 年度　　本試験
- 2018 年度　　本試験
- 2017 年度　　本試験
- 2016 年度　　本試験

リーディングテスト (センター試験では筆記試験)

<共通テスト>
- 2021 年度　本試験(第 1 日程)
- 2021 年度　本試験(第 2 日程)
- 第 2 回　試行調査
- 第 1 回　試行調査

<センター試験>
- 2020 年度　　本試験・追試験
- 2019 年度　　本試験
- 2018 年度　　本試験
- 2017 年度　　本試験
- 2016 年度　　本試験
- 2015 年度　　本試験

リスニングの音声は下記の音声専用サイトで聞くことができます。

赤本ウェブサイト
akahon.net/kte/
→詳細は問題編をご覧ください。

✓ 解答・配点に関する注意

　本書に掲載している正解および配点は，大学入試センターから公表されたものをそのまま掲載しています。

英語

英語（リスニング）

問題番号 (配点)	設問		解答番号	正解	配点	チェック
第1問 (25)	A	問1	1	②	4	
		問2	2	④	4	
		問3	3	③	4	
		問4	4	②	4	
	B	問5	5	②	3	
		問6	6	①	3	
		問7	7	③	3	
第2問 (16)		問8	8	②	4	
		問9	9	④	4	
		問10	10	①	4	
		問11	11	①	4	
第3問 (18)		問12	12	①	3	
		問13	13	②	3	
		問14	14	③	3	
		問15	15	④	3	
		問16	16	①	3	
		問17	17	②	3	

問題番号 (配点)	設問		解答番号	正解	配点	チェック
第4問 (12)	A	問18	18	①	4*	
		問19	19	②		
		問20	20	③		
		問21	21	④		
		問22	22	①	1	
		問23	23	②	1	
		問24	24	①	1	
		問25	25	⑤	1	
	B	問26	26	②	4	
第5問 (15)		問27	27	②	3	
		問28	28	①	2*	
		問29	29	②		
		問30	30	⑤	2*	
		問31	31	④		
		問32	32	④	4	
		問33	33	①	4	
第6問 (14)	A	問34	34	③	3	
		問35	35	③	3	
	B	問36	36	①	4	
		問37	37	②	4	

（注）＊は，全部正解の場合のみ点を与える。

◎解答時間は30分ですが，解答開始前にICプレーヤーの作動確認・音量調節の時間がありますので，試験時間は60分となります。
「音量調整用音声」は音声専用サイトで確認できます。

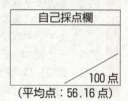

2　2021年度：英語（リスニング）/本試験（第Ⅰ日程）〈解答〉

放送内容　《音声確認》

　これから音量を調節します。

　英語の音声を約30秒間流します。その間にあなたが聞きやすい音量に調節してください。

　この英語は，問題そのものではありませんので，内容を把握する必要はありません。

　音声の最後でイヤホンを外すよう指示します。指示があったら，すぐに外し，机の上に置いてください。

　それでは音量の調節を始めます。

M : We're almost at the top of the mountain.

W : Whew! I hope there's a nice view.

M : There's a view of the valley and a small lake. It's beautiful.

W : Great! I want to get a good picture.

M : It's such a nice morning. I'm sure the view will be clear.

W : Ah, here we are. Oh, no! Where's the valley?

M : There's too much fog. We can't see anything.

W : Well, let's have some lunch first. Maybe the fog will clear later.

M : OK. Let's do that.

W : What did you bring for lunch?

M : Oh, I thought you brought our lunch.

　これで音量の調節は終わりです。

　この後，監督者の指示で試験を始めますが，音量は，試験の最中，いつでも調節できます。

　なお，次の再生ボタンも，「作動中ランプ」が光るまで長く押し続けるボタンですから注意してください。

　では，イヤホンを耳から外し，静かに机の上に置いてください。

訳　男性：もう少しで山の頂上だ。

　　女性：ふう！　眺めがいいといいわね。

　　男性：谷間と小さな湖が見える。すばらしいよ。

　　女性：最高ね！　いい写真を撮りたいわ。

　　男性：こんなにいい朝なんだ。視界がクリアなのは間違いないさ。

　　女性：ああ，着いたわ。えっ，なんてこと！　谷間はどこなの？

　　男性：霧が多すぎる。何も見えないな。

　　女性：そうね，まずは昼食にしましょうか。もしかしたら後になって霧が晴れるかもしれないわ。

　　男性：そうだね。そうしよう。

　　女性：昼食には何を持ってきたの？

　　男性：ああ，僕は君が僕たちの昼食を持ってくると思っていたよ。

2021年度：英語（リスニング）／本試験（第１日程）〈解答〉　**3**

放送内容　《試験の説明》

　これからリスニングテストを始めます。

　この試験では，聞き取る英語が２回流れる問題と１回流れる問題があります。第
１問と第２問は２回，第３問から第６問は１回です。なお，選択肢は音声ではなく，
すべて問題冊子に印刷されています。

　では，始めます。４ページを開いてください。

第1問 A　短い発話を聞いて同意文を選ぶ問題

放送内容　《第１問Ａの説明》

　第１問Ａ　第１問Ａは問１から問４までの４問です。英語を聞き，それぞれの内
容と最もよく合っているものを，四つの選択肢（①〜④）のうちから一つずつ選び
なさい。

問1　　1　　正解は②

① 話者はまったくジュースが欲しくない。
② 話者はジュースをいくらか求めている。
③ 話者はジュースを相手に出している。
④ 話者はまったくジュースを飲もうとしない。

放送内容　《ジュースのおかわり》

　<u>Can I have some more juice?</u> I'm still thirsty.

訳　　<u>もう少しジュースをもらえますか？</u>　まだのどが渇いています。

◇ some more juice「（すでに飲んだのに加えて）もう少しのジュース」　疑問文で
　any ではなく some を使っているのは，yes の返事を期待しているため。
「もう少しジュースをもらえるか」とあるので，**②**が正解。

問2　　2　　正解は④

① 話者はその浜辺を見つけたいと思っている。
② 話者はその浜辺について知りたいと思っている。
③ 話者はその浜辺の地図を見たいと思っている。
④ 話者はその浜辺を訪れたいと思っている。

4 2021年度：英語（リスニング）/本試験〈第 I 日程〉〈解答〉

放送内容 《週末のお出かけ》

<u>Where can we go</u> this weekend? Ah, I know. <u>How about Sunset Beach</u>?

訳　今週末は<u>どこへ行こうか</u>？　ああ，そうだ。<u>サンセットビーチはどうかな</u>？

◇ How about ~?「～はどうですか？」　提案・勧めを表す。

第 1 文に「どこへ行こうか」とあり，その案として「ビーチはどうか」と言っているので，④が正解。

問3　　3　　正解は③

① ユウジは千葉に住んでいる。
② ユウジは千葉で勉強している。
③ ユウジは来週仕事を始める。
④ ユウジは来週卒業する。

放送内容 《新天地への引っ越し》

<u>To start working in Hiroshima next week</u>, Yuji moved from Chiba the day after graduation.

訳　<u>来週広島で仕事を始めるために</u>，ユウジは卒業の翌日，千葉から引っ越した。

「来週広島で仕事を始める」とあることから，③が正解。なお，後半の moved from Chiba を聞き取れれば，①，②は不正解と判断でき，さらに the day after graduation まで聞き取れれば④も不正解だとわかる。

問4　　4　　正解は②

① デイビッドは今日，話者にアイスクリームをあげた。
② デイビッドは今日，話者からアイスクリームをもらった。
③ デイビッドは今日，話者からアイスクリームをもらう。
④ デイビッドは今日，話者にアイスクリームをあげる。

放送内容 《食べてよいアイスクリームの量》

I won't give David any more ice cream today. <u>I gave him some</u> after lunch.

訳　今日はもうデイビッドにアイスクリームはあげません。<u>昼食後にいくらかあげた</u>ので。

◇ not … any more A「もうこれ以上の A は…しない」

「昼食後にいくらか（アイスクリームを）あげた」とあるので，②が正解。

第1問B　短い発話を聞いて内容に近いイラストを選ぶ問題

> 放送内容　《第1問Bの説明》
> 第1問B　第1問Bは問5から問7までの3問です。英語を聞き，それぞれの内容と最もよく合っている絵を，四つの選択肢（①〜④）のうちから一つずつ選びなさい。
> では，始めます。

問5　5　正解は②

> 放送内容　《人々の服装》
> Almost everyone at the bus stop is wearing a hat.

訳　バス停にいる人たち**ほとんどみんな帽子をかぶっている**。
almost everyone「ほとんどみんな」とあるので，5人中4人が帽子をかぶっている②が正解。

問6　6　正解は ①

放送内容《Ｔシャツの柄》

Nancy already has a lot of striped T-shirts and animal T-shirts. Now she's buying another design.

訳　ナンシーはすでに縞柄のＴシャツと動物柄のＴシャツをたくさん持っている。今，彼女は別のデザインのものを買おうとしている。

「縞柄と動物柄」とは「別のデザイン」のＴシャツを手に持っている ① が正解。

問7　□7□　正解は③

放送内容　《絵の題材》
The girl's mother is painting a picture of herself.

訳　女の子の母親は自画像を描いている。

「描いている」の主語が「女の子の母親」で，絵は of herself「自分自身の」とあるので，③が正解。

第 2 問　短い対話と問いを聞いてイラストを選ぶ問題

> 放送内容　《第 2 問の説明》
>
> 　第 2 問　第 2 問は問 8 から問 11 までの 4 問です。それぞれの問いについて，対話の場面が日本語で書かれています。対話とそれについての問いを聞き，その答えとして最も適切なものを，四つの選択肢（①〜④）のうちから一つずつ選びなさい。
> では，始めます。

問 8　8　正解は ②

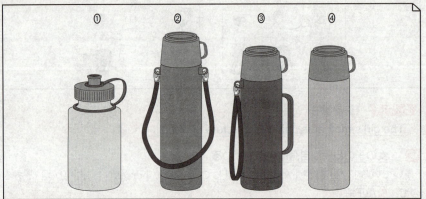

> 放送内容　《マリアの水筒》
>
> M : Maria, let me get your water bottle.
> W : OK, mine has <u>a cup on the top</u>.
> M : Does it have <u>a big handle on the side</u>?
> W : <u>No, but it has a strap</u>.
> Question : Which water bottle is Maria's?

訳　男性：マリア，君の水筒を取ってあげるよ。
　　女性：ええ，私のは<u>上にカップ</u>がついているわ。
　　男性：<u>横に大きな取っ手</u>がついている？
　　女性：<u>いいえ，でもストラップはついているの。</u>
　　質問：どの水筒がマリアのものか。

◇ handle「取っ手」

女性の最初の発言の「上にカップがついている」，男性の 2 番目の発言「取っ手はついているか」に対する，女性の 2 番目の発言の「いいえ，でもストラップはついている」から，②が正解。

問9　9　正解は④

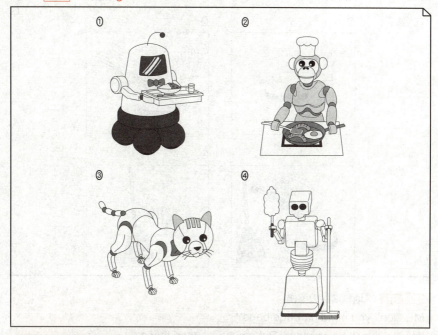

放送内容　《ロボットコンテストでの投票》

W : What about this animal one?
M : It's cute, but robots should be able to do more.
W : That's right. Like <u>the one that can clean the house</u>.
M : Exactly. <u>That's the best</u>.

Question : Which robot will the man most likely vote for?

訳　女性：この動物のはどう？
　　男性：かわいいね，でもロボットはもっと多くのことができるべきだな。
　　女性：そうね。<u>家の掃除ができるもの</u>のようにね。
　　男性：そのとおりだよ。<u>あれがいちばんいいね</u>。

　　質問：どのロボットに，男性は投票する可能性が最も高いか。

女性が2番目の発言で「家の掃除ができるロボット」に言及すると，男性は2番目の発言で That's the best.「あれがいちばんいい」と言っている。④が正解。

問10 　10　 正解は①

> 放送内容　《地域清掃の準備》
>
> M : Don't you need garbage bags?
> W : No, they'll be provided. But maybe I'll need these.
> M : Right, you could get pretty dirty.
> W : And it's sunny today, so I should take this, too.
>
> Question : What will the daughter take?

訳　男性：ゴミ袋はいらないかな？
　　女性：いらないわ，配ってくれるでしょう。でもたぶんこれはいるわね。
　　男性：そうだね，すごく汚れるかもしれないからね。
　　女性：それに今日は晴れているから，これも持っていくべきね。

　　質問：娘は何を持っていくか。

男性の最初の発言で「ゴミ袋はいらないか」と尋ねているのに対して，女性の最初の発言第1文で「いらない」と答えているので，ゴミ袋が描かれている②，③は除外できる。女性の2番目の発言に「晴れているから，これも持っていくべき」とあるので，帽子を持っていくと考えられる。①が正解。また，女性の最初の発言第2文に「これ（ら）はたぶんいる」とあるのに対して，男性の2番目の発言で「とても汚れるかもしれない」とある。these「これ（ら）」となっていることで，手袋（2つで1組）を指していると考えられる。

問11 　11　 正解は①

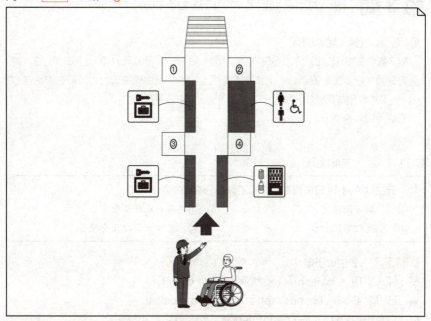

放送内容　《エレベーターの場所》
M : Excuse me, where's the elevator?
W : Down there, next to the lockers across from the restrooms.
M : Is it all the way at the end?
W : That's right, just before the stairs.

Question : Where is the elevator?

訳　男性：すみません，エレベーターはどこにありますか？
　　女性：あちらになります，お手洗いの向かいにあるロッカーの横ですよ。
　　男性：この通路の突き当りですか？
　　女性：そうです，階段のすぐ手前です。

　　質問：エレベーターはどこにあるか。
◇ all the way「（道のりの）ずっと」　◇ at the end「突き当りに，端に」
女性の最初の発言の「お手洗いの向かいにあるロッカーの横」，また，男性の2番目の発言の「突き当りか」という問いに対して女性の2番目の発言で「そうです，階段のすぐ手前」と答えていることから，①が正解。

12 2021年度：英語（リスニング）/本試験（第Ⅰ日程）〈解答〉

第3問 短い対話を聞いて問いに答える問題

放送内容 《第3問の説明》

　第3問　第3問は問12から問17までの6問です。それぞれの問いについて，対話の場面が日本語で書かれています。対話を聞き，問いの答えとして最も適切なものを，四つの選択肢（①～④）のうちから一つずつ選びなさい。
　では，始めます。

問12　□12□　正解は①

問	先生は4月14日に何をしなくてはならないか。		
①	会議に出席する	②	リハーサルをする
③	生徒たちに会う	④	ミュージカルを見る

放送内容 《先生の予定》

M : Hello, Tina. What are you doing these days?

W : Hi, Mr. Corby. I'm busy rehearsing for a musical.

M : Really? When's the performance?

W : It's April 14th, at three. Please come!

M : I'd love to! Oh... no, wait. There's a teachers' meeting that day, and I can't miss it. But good luck!

W : Thanks.

訳　男性：やあ，ティナ。最近はどうしていますか？
　　女性：あら，コービー先生。ミュージカルのリハーサルで忙しくしています。
　　男性：本当に？　上演はいつですか？
　　女性：4月14日の3時です。来てください！
　　男性：ぜひとも！　あ…いやちょっと待って。その日は職員会議があって，欠席はできませんね。でも，幸運を祈っていますよ！
　　女性：ありがとうございます。

女性の2番目の発言で「（ミュージカル上演は）4月14日」と言っているのに対して，男性は3番目の発言で「その日は職員会議で，欠席できない」と答えている。①が正解。

2021年度：英語(リスニング)／本試験(第１日程)〈解答〉　**13**

問13　　13　　正解は②

> 問　最初に片付けるのは何か。
>
> ①　袋　　　　　　　　　　　②　箱
>
> ③　缶詰　　　　　　　　　　④　容器

放送内容　《食料品の収納》

M : Where do these boxes go?

W : Put them on the shelf, in the back, and then put the cans in front of them, because we'll use the cans first.

M : How about these bags of flour and sugar?

W : Oh, just leave them on the counter. I'll put them in the containers later.

訳　男性：この箱はどこに入れるの？
　　　女性：棚にしまって，奥の方にね。それからその手前に缶詰を置いてね。最初に缶詰を使うだろうから。
　　　男性：この小麦粉と砂糖の袋はどうするの？
　　　女性：ああ，それはカウンターの上に置いておいてくれたらいいわ。あとで容器に移し替えるから。

◇ flour「小麦粉」

男性の最初の発言で「箱」の置き場所を尋ねているのに対して，女性は最初の発言で「棚の奥に」と答え，続いて「その手前に缶詰」とある。男性の２番目の発言で「袋はどうするか」と問いかけているのに対して，女性の２番目の発言で「カウンターの上に置いておく」とある。以上から，棚の奥にしまう箱を最初に片付ける必要があるとわかる。**正解は②**。女性の２番目の発言から，④については片付ける対象ではない。男性の最初の発言にある boxes をしっかり聞き取り，女性の最初の発言 we'll use the cans first の the cans first だけで判断せず，そこまでの流れを正確につかむこと。

問14　　14　　正解は③

> 問　会話によると，どれが正しいか。
>
> ①　男性はメールに関して誤りを犯していなかった。
>
> ②　男性は女性にメールを送った。
>
> ③　女性は男性からメールを受け取らなかった。
>
> ④　女性は間違ったメールを受け取った。

14 2021年度：英語(リスニング)/本試験(第1日程)〈解答〉

放送内容 《メールの誤送信》

W : I didn't know the meeting was canceled. Why didn't you tell me?

M : Didn't you see my email?

W : No. Did you send me one?

M : I sure did. Can you check again?

W : Just a minute.... Um... <u>there's definitely no email from you</u>.

M : Uh-oh, <u>I must have sent it to the wrong person</u>.

訳 女性：会議が中止になったなんて知らなかったわ。どうして伝えてくれなかったの？

男性：僕のメール，見なかった？

女性：見ていないわ。送ってくれたの？

男性：間違いなく送ったよ。もう一回調べてみてくれる？

女性：ちょっと待ってね…。うーん…<u>あなたからのメールがないのは確かよ</u>。

男性：うわ，<u>違う人に送ってしまったようだな</u>。

◇ definitely「(否定文で) 絶対に (〜ない)」

◇ must have *done*「〜したに違いない」

メールをチェックし直した女性が，3番目の発言で「あなたからのメールは絶対にない」と言ったのに対して，男性は3番目の発言で「違う人に送ってしまったに違いない」と答えている。③が正解。

問15 | 15 | 正解は④

> 問 女性は弟の計画についてどう考えているか。
>
> ① 彼は，訪問の時期を決める必要はない。
> ② 彼は，桜の花のためにもっと早く来るべきだ。
> ③ 桜の木は，彼が来る頃には咲き始めているだろう。
> ④ 彼が来る頃には，天候はそれほど寒くないだろう。

放送内容 《訪問の時期》

M : I've decided to visit you next March.

W : Great! That's a good time. <u>The weather should be much warmer by then</u>.

M : That's good to hear. I hope it's not too early for the cherry blossoms.

W : Well, you never know exactly when they will bloom, but <u>the weather will be nice</u>.

2021年度：英語(リスニング)/本試験〈第1日程〉〈解答〉　**15**

> 訳　男性：今度の3月に姉さんのところに行くことにしたよ。
>
> 　　女性：いいわね！　いい時期よ。**その頃には天候はずっと暖かくなっているだろうからね。**
>
> 　　男性：それはよかった。桜の花には早すぎないといいんだけれどな。
>
> 　　女性：そうね，いつ咲くか確実にはわからないけれど，**天候はいいでしょうね。**

女性の最初の発言と2番目の発言で，「天候はずっと暖かくて，よい」と述べられている。**④**が正解。

問16　16　正解は①

> 問　男性はなぜ機嫌が悪いのか。
>
> ①　彼はチケットを手に入れることができなかった。
> ②　彼はチケットを買うのが早過ぎた。
> ③　女性が彼のチケットを買わなかった。
> ④　女性は彼が買う前にチケットを買った。

> **放送内容**　《チケットの購入》
>
> W : Hey, did you get a ticket for tomorrow's baseball game?
>
> M : Don't ask!
>
> W : Oh no! You didn't? What happened?
>
> M : Well... when I tried to buy one yesterday, they were already sold out. I knew I should've tried to get it earlier.
>
> W : I see. Now I understand why you're upset.

> 訳　女性：ねえ，明日の野球の試合のチケットは買った？
>
> 　　男性：聞かないでくれ！
>
> 　　女性：まあ！　買わなかったの？　何があったの？
>
> 　　男性：うーん…**昨日買おうとしたら，もう売り切れだったんだよ。**もっと早く買うようにすべきだったってわかったんだ。
>
> 　　女性：なるほど。なんで機嫌が悪いのかそれでわかったわ。

◇ should've *done*「～すべきだった（が，しなかった）」

男性の2番目の発言に「買おうとしたらすでに売り切れだった」とある。**①**が正解。

16 2021年度：英語(リスニング)／本試験(第Ⅰ日程)〈解答〉

問 17　　17　　正解は②

> 問　女性は何をしたか。
> ①　彼女は首相の名前を忘れた。
> ②　彼女はある男性を他の誰かと間違えた。
> ③　彼女は男性にその俳優の名前を言った。
> ④　彼女は最近古い映画を見た。

放送内容　《人違い》

W : Look! That's the famous actor—the one who played the prime minister in that film last year. Hmm, I can't remember his name.

M : You mean Kenneth Miller?

W : Yes! Isn't that him over there?

M : I don't think so. Kenneth Miller would look a little older.

W : Oh, you're right. That's not him.

訳　女性：見て！　あれって有名な俳優よね——去年のあの映画で首相を演じた俳優。えーっと，名前が思い出せないわ。

　　男性：ケネス=ミラーのこと？

　　女性：そう！　向こうにいるあの人，彼じゃない？

　　男性：違うんじゃないかな。ケネス=ミラーならもっと年がいっているよ。

　　女性：ああ，そうね。あれは彼じゃないわね。

女性の最初の発言で「あれは有名な俳優だ」と，ある男性のことを指して言っているが，女性の最後の発言で「あれは彼ではない」と認めている。②が正解。

第4問A モノローグを聞いて図表を完成させる問題

> 放送内容 《第4問Aの説明》
> 　第4問A　第4問Aは問18から問25の8問です。話を聞き，それぞれの問いの答えとして最も適切なものを，選択肢から選びなさい。問18から問21の問題文と図を，今，読みなさい。
> 　では，始めます。

問18～21　　18　19　20　21　　正解は①，②，③，④

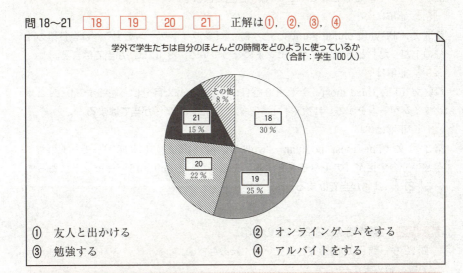

① 友人と出かける　　　　② オンラインゲームをする
③ 勉強する　　　　　　　④ アルバイトをする

> 放送内容 《学生の学外での活動》
> 　One hundred university students were asked this question: How do you spend most of your time outside of school? They were asked to select only one item from five choices: "going out with friends," "playing online games," "studying," "working part-time," and "other." The most popular selection was "going out with friends," with 30 percent choosing this category. Exactly half that percentage of students selected "working part-time." "Playing online games" received a quarter of all the votes. The third most selected category was "studying," which came after "playing online games."

訳　100人の大学生が次のような質問をされた。「学外では自分のほとんどの時間をどのように使っているか？」　彼らは5つの選択肢から1つだけ選ぶように言われた。選択肢は「友人と出かける」，「オンラインゲームをする」，「勉強する」，「アルバイトをする」，「その他」である。最も多く選ばれたのは「友人と出かけ

18　2021年度：英語（リスニング）／本試験（第Ⅰ日程）〈解答〉

る」で，30 パーセントがこの区分を選んだ。**そのちょうど半分の学生が「アル**
バイトをする」を選んだ。「オンラインゲームをする」は全投票の４分の１だっ
た。３番目に多く選ばれた区分は「勉強する」で，「オンラインゲームをする」
に次ぐものだった。
◇ work part-time「アルバイトをする，パートタイムで働く」

　18　　正解は①
第３文（The most popular …）に「最も多く選ばれたのは『友人と出かける』で，
30 パーセント」とあるので　18　には①が当てはまる。
　19　　正解は②
第５文（"Playing online games" …）に「『オンラインゲームをする』は全投票の４
分の１だった」とあり，25 パーセントになっている　19　には②が当てはまる。
　20　　正解は③
最終文（The third most …）に「３番目に多く選ばれた区分は『勉強する』で，『オ
ンラインゲームをする』に次ぐ」とあるので，　20　には③が当てはまる。
　21　　正解は④
第３・４文（The most popular …"working part-time."）に「30 パーセントのちょ
うど半分の学生が『アルバイトをする』を選んだ」とあり，15 パーセントになって
いる　21　には④が当てはまる。

放送内容　《第４問Ａ，問 22〜25 の説明》
　問 22 から問 25 の問題文と表を，今，読みなさい。
　では，始めます。

問 22〜25　　22　　23　　24　　25　　正解は①，②，①，⑤

タイトル	発売時期	値下げ
ギルバートの思い出の一年	1985	
★２匹の犬と一人の少年	1997	22
その間私を忘れないで	2003	23
★うちの庭のサル	2007	24
別世界への旅	2016	
記憶の中に凍結された瞬間	2019	25

2021年度：英語（リスニング）／本試験（第1日程）〈解答〉　**19**

① 10 パーセント　　　② 20 パーセント　　　③ 30 パーセント
④ 40 パーセント　　　⑤ 値下げなし

放送内容　《DVD の割引率》

　We've discounted some DVD titles. Basically, the discount rate depends on their release date. The price of any title released in the year 2000 and before is reduced 30%. <u>Titles that were released between 2001 and 2010 are 20% off.</u> Anything released more recently than that isn't discounted. Oh, there's one more thing! <u>The titles with a star are only 10% off, regardless of their release date</u>, because they are popular.

訳　　DVD の一部を値下げしました。基本的に，割引率は発売時期によります。2000 年以前に発売されたものはどれでも，その値段は 30 パーセント引きです。<u>2001 年から 2010 年に発売されたものは，20 パーセント引きです。</u>それよりも最近に発売されたものはどれも値引きはしません。ああ，もう一つあります！　<u>星印のついたものは，発売時期に関係なく，10 パーセントしか値引きしません。</u>人気のあるものですから。

◇ regardless of ～「～とは関係なく，～にかかわらず」

---

[22]　正解は①

最終文（The titles with a star …）に「星印のついたものは，発売時期に関係なく，10 パーセントしか値引きしない」とあるので，①が正解。

[23]　正解は②

この DVD は 2003 年発売である。第 4 文（Titles that were released …）に「2001 年から 2010 年に発売されたものは，20 パーセント引き」とある。②が正解。

[24]　正解は①

星印がついており，[22]と同様，①が正解。

[25]　正解は⑤

この DVD は 2019 年発売である。第 5 文（Anything released …）に「それ（＝2010 年）よりも最近に発売されたものはどれも値引きしない」とある。⑤が正解。

20 2021年度：英語（リスニング）/本試験（第1日程）〈解答〉

第4問B 複数の情報を聞いて条件に合うものを選ぶ問題

放送内容 《第4問Bの説明》

　第4問B　第4問Bは問26の1問です。話を聞き，示された条件に最も合うものを，四つの選択肢（①〜④）のうちから一つ選びなさい。状況と条件を，今，読みなさい。

　では，始めます。

問26　26　正解は②

問	⬜️ が，あなたが最も選ぶ可能性の高いミュージカルである。			
	ミュージカルのタイトル	条件A	条件B	条件C
①	そんなこと言うんてヘンっ！			
②	ダーリン，私を笑わせないで			
③	サムとキースの爆笑アドベンチャー			
④	愉しさに「楽しさ」を			

放送内容 《ミュージカルの評価》

1. I love *It's Really Funny You Should Say That!* I don't know why it's not higher in the rankings. I've seen a lot of musicals, but none of them beats this one. It's pretty serious, but it does have one really funny part. It's performed only on weekdays.

2. You'll enjoy *My Darling, Don't Make Me Laugh*. I laughed the whole time. It's only been running for a month but already has very high ticket sales. Actually, that's why they started performing it on weekends, too.

3. If you like comedies, I recommend *Sam and Keith's Laugh Out Loud Adventure*. My friend said it was very good. I've seen some good reviews about it, too, but plan carefully because it's only on at the weekend.

4. Since you're visiting New York, don't miss *You Put the 'Fun' in Funny*. It's a romance with a few comedy scenes. For some reason, it hasn't had very good ticket sales. It's staged every day of the week.

訳 1. 僕は『そんなこと言うなんてヘンっ！』が大好きだよ。なぜ**ランキングがもっと高くない**のかわからないな。ミュージカルはたくさん見てきたけれど，これにかなうのはないよ。**かなり硬い**けれど，本当に面白いところが一つあるから。やっているのは**平日だけ**だよ。

2. 『ダーリン，私を笑わせないで』は楽しいと思うよ。**僕はずっと笑ってた**。公演が始まって１カ月しかたっていないのに，もう**チケットはすごく売れた**んだ。実は，そういうわけで**週末も公演するようになった**んだよ。

3. **コメディが好きなら**，『サムとキースの爆笑アドベンチャー』がおすすめよ。私の友達はとてもよかったって言ってたわ。私も**いくつかいい論評を見た**わよ。でも計画は注意して立ててね。**週末しかやっていない**から。

4. ニューヨークに行くんだから，『愉しさに「楽しさ」を』は見逃さないでね。いくつか笑える場面のある**恋愛劇**よ。何かの理由で，**チケットの売り上げは今のところそれほどよくない**の。毎日公演があるわ。

◇ beat「〜に勝る」　◇ run「(劇などが) 上演される」　◇ be on「上演されている」

①は「硬い」内容なので，条件Aは×。「ランキングが高くない」ので条件Bも×。「平日のみ公演」なので，条件Cは○。

②は「ずっと笑っていた」とあるので条件Aは○。「チケットはすごく売れた」ので条件Bも○。「週末も公演するようになった」とあるので，平日は当然公演がある。条件Cも○。

③は「もしコメディが好きなら」として挙げられているので，条件Aは○。「いくつかいい論評を見た」とあるので，条件Bも○。「週末しかやっていない」とあるので，条件Cは×。

④は「恋愛劇」とあるので，条件Aは×。「チケットの売り上げはそれほどよくない」とあるので，条件Bも×。「毎日公演がある」とあるので，条件Cは○。

以上を表にまとめると以下のようになる。条件のすべてが合っている②が正解。

ミュージカルのタイトル	条件A	条件B	条件C
① そんなこと言うなんてヘンっ！	×	×	○
② ダーリン，私を笑わせないで	○	○	○
③ サムとキースの爆笑アドベンチャー	○	○	×
④ 愉しさに「楽しさ」を	×	×	○

22 2021年度：英語（リスニング）/本試験（第1日程）〈解答〉

第5問 講義の内容と図表の情報を使って問いに答える問題

放送内容 《第5問の説明》

　第5問　第5問は問27から問33の7問です。最初に講義を聞き，問27から問32に答えなさい。次に続きを聞き，問33に答えなさい。状況・ワークシート，問い及び図表を，今，読みなさい。

　では，始めます。

ワークシート

○　世界幸福度報告
・目的：幸福と健康　　〔 27 〕　　を推進すること
・スカンジナビア諸国：一貫して世界で最も幸福（2012年以降）
　なぜ？　⇒　デンマークの「ヒュッゲ」という生活様式
　↓　　2016年世界中に広まる
○　ヒュッゲの解釈

	ヒュッゲの一般的イメージ	デンマークの本当のヒュッゲ
何を	28	29
どこで	30	31
どのような	特別な	日常的な

放送内容 《デンマークの幸せな暮らし方》

What is happiness? Can we be happy and promote sustainable development? Since 2012, <u>the *World Happiness Report* has been issued by a United Nations organization to develop new approaches to economic sustainability for the sake of happiness and well-being</u>. The reports show that Scandinavian countries are consistently ranked as the happiest societies on earth. But what makes them so happy? In Denmark, for example, leisure time is often spent with others. That kind of environment makes Danish people happy thanks to a tradition called "hygge," spelled H-Y-G-G-E. Hygge means coziness or comfort and describes the feeling of being loved.

2021年度：英語（リスニング）/本試験（第Ⅰ日程）〈解答〉 **23**

This word became well-known worldwide in 2016 as an interpretation of mindfulness or wellness. Now, hygge is at risk of being commercialized. But hygge is not about the material things we see in popular images like candlelit rooms and cozy bedrooms with hand-knit blankets. Real hygge happens anywhere—in public or in private, indoors or outdoors, with or without candles. The main point of hygge is to live a life connected with loved ones while making ordinary essential tasks meaningful and joyful.

Perhaps Danish people are better at appreciating the small, "hygge" things in life because they have no worries about basic necessities. Danish people willingly pay from 30 to 50 percent of their income in tax. These high taxes pay for a good welfare system that provides free healthcare and education. Once basic needs are met, more money doesn't guarantee more happiness. While money and material goods seem to be highly valued in some countries like the US, people in Denmark place more value on socializing. Nevertheless, Denmark has above-average productivity according to the OECD.

訳 　幸福とは何でしょうか？　幸せでありながら持続可能な発展を進めていけるのでしょうか？　2012年以降，幸福と健康のための経済的持続可能性に対する新しい取り組みを考えるために，ある国連機関から「世界幸福度報告」が発表されています。その報告は，スカンジナビア諸国が一貫して，世界で最も幸福な社会に位置づけられていることを示しています。しかし，何が彼らをそんなに幸せにしているのでしょうか？　たとえば，デンマークでは，よく人と一緒に余暇を過ごします。そのような環境がデンマークの人たちを幸せにしているのですが，これは「ヒュッゲ」と呼ばれる伝統のおかげです。つづりはH-Y-G-G-Eです。ヒュッゲは，居心地のよさや快適さを意味し，愛されているという気持ちを表します。

　この言葉は，精神的な充実や心身の健康を説明するものとして，2016年に世界中で知られるようになりました。現在，ヒュッゲには商業化されるという危険性があります。しかし，ヒュッゲは，ロウソクで照らされた部屋や手編みのブランケットのある心地よい寝室といった，よくあるイメージに見られるような物質的なものに関することではありません。本当のヒュッゲは，公的な場でも私的な場でも，屋内でも屋外でも，ロウソクがあろうとなかろうと，どこでも起こります。ヒュッゲの要点は，日々の欠かせない仕事を意味があり楽しいものにしながら，愛する人たちとつながった暮らしを送ることです。

　おそらく，デンマークの人たちがちょっとした「ヒュッゲ」的なものを生活の

24 2021年度：英語（リスニング）/本試験（第Ⅰ日程）〈解答〉

中できちんと見出すのがより上手なのは，基本的必需品のことで何も心配がないからでしょう。デンマークの人々は，収入の30パーセントから50パーセントを喜んで税金に払います。こうした高い税金には，無料の医療や教育を与えてくれる十分な福祉システムという見返りがあるのです。いったん基本的な必要が満たされれば，より多くのお金がより幸福であることを保証することにはなりません。お金や物質的な品物は，アメリカ合衆国のような国で高く評価されるようですが，デンマークの人々は，人と交流することのほうにもっと価値を置いています。それでも，OECDによるとデンマークは平均的な生産性を上回っているのです。

◇ sustainable「持続可能な」 ◇ for the sake of ～「～（の利益）のために」
◇ pay for ～「～という報い〔報酬〕を受ける」

問27 　27　　正解は②

① （幸福と健康）を上回る持続可能な発展目標
② （幸福と健康）を支える持続可能な経済
③ （幸福と健康）のための持続可能な自然環境
④ （幸福と健康）に挑む持続可能な社会

空所は「世界幸福度報告」の「目的」にあたる箇所。第1段第3文（Since 2012, …）に「幸福と健康のための経済的持続可能性に対する新しい取り組みを考えるために…『世界幸福度報告』が発表されている」とある。②が適切。なお，放送英文では，for the sake of happiness and well-being「幸福と健康のための」と説明されているが，選択肢では supporting happiness and well-being「幸福と健康を支える」と言い換えられている点に注意。

問28～31

① 品物 　　　　　② 人間関係 　　　　　③ 任務
④ いたるところで 　⑤ 屋内で 　　　　　⑥ 屋外で

　28　正解は① 　　29　正解は②

空所は，ヒュッゲが何に関するものなのか，よくあるイメージとデンマークでの本当のヒュッゲの違いをまとめた箇所。第2段第3文（But hygge is not …）に「（ヒュッゲは）よくあるイメージに見られるような物質的なものに関することではない」とあるので，　28　には①が当てはまる。第2段最終文（The main point …）に「ヒュッゲの要点は…愛する人たちとつながった暮らしを送ること」，第3段第5文（While money and …）後半に「デンマークの人々は，人と交流することのほうにもっと価値を置いている」とあることから，　29　には②が適切。

2021年度：英語（リスニング）/本試験（第1日程）〈解答〉　**25**

| 30 | 正解は⑤ | 31 | 正解は④ |

空所は，ヒュッゲがどこで生まれるか，よくあるイメージとデンマークでの本当のヒュッゲの違いをまとめた箇所。第2段第3文（But hygge is not …）に「ロウソクで照らされた部屋や手編みのブランケットのある心地よい寝室といった，よくあるイメージ」とあることから，30 には⑤が適切。第2段第4文（Real hygge happens …）に「本当のヒュッゲはどこでも起こる」とあるので，31 は④が正解。

○　**世界幸福度報告**

・目的：幸福と健康〔②を支える持続可能な経済〕を推進すること

・スカンジナビア諸国：一貫して世界で最も幸福（2012年以降）

　　なぜ？　⇒　デンマークの「ヒュッゲ」という生活様式

　　↓　2016年世界中に広まる

○　**ヒュッゲの解釈**

	ヒュッゲの一般的イメージ	デンマークの本当のヒュッゲ
何を	①品物	②人間関係
どこで	⑤屋内で	④いたるところで
どのような	特別な	日常的な

問32　| 32 | 正解は④ |

① デンマークの人々は，生活水準を維持するために，高い税金に反対している。

② デンマークの人々は，基本的な必需品に人づきあいほどお金を使わない。

③ デンマークの人々の収入は，ぜいたくな生活を奨励するほど十分多い。

④ デンマークの人々は，その福祉システムのおかげで，意味のある生活を送れる。

第3段第1文（Perhaps Danish people are better …）に「デンマークの人たちがちょっとした『ヒュッゲ』的なものを生活の中できちんと見出すのがより上手なのは，基本的必需品のことで何も心配がないからだ」とあり，「基本的必需品のことで何も心配がない」理由として同段第3文（These high taxes pay …）に「高い税金には，無料の医療や教育を与えてくれる十分な福祉システムという見返りがある」とある。④が一致する。

問33 [33] 正解は①

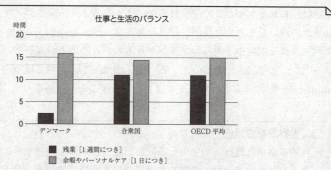

① デンマークの人々は，生産性を維持しながらも残業はより少ない。
② デンマークの人々は，収入が保証されているにもかかわらず，より多く働くことを楽しむ。
③ OECD諸国の人々は，より多く残業するので，生産性がより高い。
④ 合衆国の人々は，お金のかかる生活様式をしているが，余暇の時間は最も多い。

放送内容 《仕事と生活のバランス》

　Here's a graph based on OECD data. People in Denmark value private life over work, but it doesn't mean they produce less. The OECD found that beyond a certain number of hours, working more overtime led to lower productivity. What do you think?

訳　ここにOECDのデータに基づいたグラフがあります。デンマークの人々は，仕事よりも個人の生活を重視していますが，**それは彼らが他より生産するものが少ないということではありません**。OECDは，一定の時間を超えると，さらに残業することは生産性の低下につながるということを発見しました。あなたはどう思いますか？

◇ value A over B「BよりもAを重視する」

　グラフから，デンマークの人々の残業時間が合衆国やOECD平均よりはるかに少ないことがわかる。先の講義の最終文（Nevertheless, Denmark has …）にデンマークの生産性が平均以上であることが述べられており，講義の続きの部分の第2文（People in Denmark …）には「デンマークの人々は…他より生産するものが少ないということではない」とある。①が正解。

2021年度：英語（リスニング）/本試験（第Ⅰ日程）〈解答〉　**27**

第6問A　対話を聞いて要点を把握する問題

放送内容　《第6問Aの説明》

　第6問A　第6問Aは問34と問35の2問です。二人の対話を聞き，それぞれの問いの答えとして最も適切なものを，四つの選択肢（①〜④）のうちから一つずつ選びなさい。状況と問いを，今，読みなさい。

　では，始めます。

放送内容　《留学での滞在先》

Jane：Are you all right, Sho? What's wrong?

Sho：Hey, Jane. It turns out a native French-speaking host family was not available... for my study abroad program in France.

Jane：So you chose a host family instead of the dormitory, huh?

Sho：Not yet. I was hoping for a native French-speaking family.

Jane：Why?

Sho：Well, I wanted to experience real spoken French.

Jane：Sho, there are many varieties of French.

Sho：I guess. But with a native French-speaking host family, I thought I could experience real language and real French culture.

Jane：What's "real," anyway? France is diverse. Staying with a multilingual family could give you a genuine feel of what France actually is.

Sho：Hmm. You're right. But I still have the option of having a native speaker as a roommate.

Jane：In the dormitory? That might work. But I heard one student got a roommate who was a native French speaker, and they never talked.

Sho：Oh, no.

Jane：Yes, and another student got a non-native French-speaking roommate who was really friendly.

Sho：Maybe it doesn't matter if my roommate is a native speaker or not.

Jane：The same applies to a host family.

訳　ジェーン：大丈夫，ショウ？　どうしたの？

　　　ショウ：やあ，ジェーン。フランス語が母語のホストファミリーの都合がつかなかったってわかってね…フランス留学のことなんだけれど。

　　ジェーン：じゃあ，寮じゃなくてホストファミリーを選んだのね？

28 2021年度：英語（リスニング）/本試験〈第Ⅰ日程〉〈解答〉

　ショウ：**まだ決めたわけじゃないよ。**フランス語が母語のホストファミリーが
　　　　　いいなって思っていたんだ。

ジェーン：どうして？

　ショウ：だって，本当の話し言葉のフランス語を経験したかったんだよ。

ジェーン：ショウ，フランス語にもいろいろあるのよ。

　ショウ：そうだろうね。でも，フランス語が母語のホストファミリーのところ
　　　　　にいれば，本当の言語や本当のフランス文化が経験できると思ったん
　　　　　だ。

ジェーン：それはそうとして，「本当の」って，どういうこと？　フランスは多
　　　　　様なのよ。**複数の言語を話す家族のところに滞在すれば，実際にフラ
　　　　　ンスがどういうものか本物の雰囲気がわかるかもよ。**

　ショウ：うーん。君の言うとおりだな。でもまだ，ルームメイトをネイティブ
　　　　　スピーカーにするっていう選択肢もあるよね。

ジェーン：寮で？　それはうまくいくかもしれないわ。だけど，**ある学生は，フ
　　　　　ランス語が母語の人とルームメイトになって，まったく口をきかなか
　　　　　った**って聞いたわよ。

　ショウ：えー，それはだめだなあ。

ジェーン：そうよ，で，**別の学生は，フランス語が母語じゃないけれど，とても
　　　　　人懐っこい人とルームメイトになった**んだって。

　ショウ：**たぶん，ルームメイトがネイティブスピーカーかどうかなんて，どう
　　　　　でもいいんだろうね。**

ジェーン：**ホストファミリーも同じよ。**

◇ What's wrong?「どうしたの？」　様子がおかしい人に事態を尋ねる決まり文句。
◇ It turns out (that) 〜「〜だと判明する，わかる」　◇ available「利用できる」
◇ instead of 〜「〜ではなくて，〜の代わりに」　◇ genuine「本物の，真正の」
◇ feel「感触，雰囲気」　◇ apply to 〜「〜に当てはまる」

問34　34　正解は③

> 問　ジェーンの言いたいことの要点は何か。
>
> ①　フランス語が母語のホストファミリーが，最善の経験を与えてくれる。
> ②　フランス語が母語ではない寮のルームメイトが，より勉強になる。
> ③　ネイティブスピーカーと暮らすことを最優先にすべきではない。
> ④　寮は，最善の言語経験を与えてくれる。

ジェーンの5番目の発言第3文（Staying with a multilingual …）に「複数の言語
を話す家族のところに滞在すれば，実際にフランスがどういうものか本物の雰囲気が

わかる」，ジェーンの6番目の発言第3文（But I heard …）・7番目の発言（Yes, and another …）に「ある学生は，フランス語が母語の人とルームメイトになって，まったく口をきかなかった」「別の学生は，フランス語が母語ではないが，とても人懐っこい人とルームメイトになった」とある。フランス語のネイティブスピーカーにこだわる必要がないことを繰り返し述べており，③が正解。

問35 　35　 正解は③

> 📖 ショウはどのような選択をする必要があるか。
> ① 言語課程と文化課程のどちらを選ぶべきか
> ② 留学するかしないかのどちらを選ぶべきか
> ③ ホストファミリーと寮のどちらに滞在すべきか
> ④ フランス語が母語の家族のところに滞在すべきかどうか

ジェーンの2番目の発言（So you chose …）の「寮ではなくホストファミリーを選んだのか」という問いに対して，続くショウの発言で Not yet.「まだ決めたわけではない」とある。ショウの最後の発言（Maybe it doesn't …）に「ルームメイトがネイティブスピーカーかどうかは，どうでもよいのだろう」，続くジェーンの発言に「ホストファミリーも同じだ」とあり，ネイティブスピーカーと暮らすことにこだわりがなくなったショウには，滞在先を寮にするかホストファミリーにするかを決めることが残っている。③が正解。

30 2021年度：英語（リスニング）/本試験（第Ⅰ日程）〈解答〉

第6問 B 複数の意見（会話や議論）を聞いて問いに答える問題

放送内容 《第6問Bの説明》

　第6問B　第6問Bは問36と問37の2問です。会話を聞き，それぞれの問いの答えとして最も適切なものを，選択肢のうちから一つずつ選びなさい。状況と問いを，今，読みなさい。

　では，始めます。

放送内容 《レシートの電子化》

Yasuko : Hey, Kate! You dropped your receipt. Here.

Kate : Thanks, Yasuko. It's so huge for a bag of chips. What a waste of paper!

Luke : Yeah, but look at all the discount coupons. You can use them next time you're in the store, Kate.

Kate : Seriously, Luke? Do you actually use those? It's so wasteful. Also, receipts might contain harmful chemicals, right Michael?

Michael : Yeah, and that could mean they aren't recyclable.

Kate : See? We should prohibit paper receipts.

Yasuko : I recently heard one city in the US might ban paper receipts by 2022.

Luke : Really, Yasuko? But how would that work? I need paper receipts as proof of purchase.

Michael : Right. I agree. What if I want to return something for a refund?

Yasuko : If this becomes law, Michael, <u>shops will issue digital receipts via email</u> instead of paper ones.

Kate : <u>Great</u>.

Michael : Really? Are you OK with giving your private email address to strangers?

Kate : Well... yes.

Luke : Anyway, <u>paper receipts are safer</u>, and <u>more people would rather have them</u>.

Yasuko : <u>I don't know what to think</u>, Luke. You could request a paper receipt, I guess.

Kate : No way! <u>There should be NO paper option</u>.

Michael : <u>Luke's right. I still prefer paper receipts</u>.

2021年度：英語(リスニング)/本試験(第1日程)〈解答〉 **31**

訳 ヤスコ：ちょっと，ケイト！　レシートを落としたわよ。はい，どうぞ。

ケイト：ありがとう，ヤスコ。ポテトチップ1袋にしては，大きなレシートね。紙の無駄だわ！

ルーク：そうだね，でもこの諸々の割引クーポンを見なよ。次に店に来たらそれが使えるよ，ケイト。

ケイト：ルーク，本気なの？　本当にそういうのを使うの？　無駄が多いわよ。それにレシートには有害な化学物質が含まれているかもしれないのよ，マイケル，そうでしょ？

マイケル：そうだよ，それはリサイクルできないということになる可能性があるね。

ケイト：ほらね。紙のレシートは禁止すべきだわ。

ヤスコ：アメリカのどこかの市が2022年までに紙のレシートを禁止するかもしれないって，最近聞いたわ。

ルーク：ヤスコ，本当に？　でもそれってどうやったら上手くいくんだろう？　僕は買った証拠に紙のレシートがいるなあ。

マイケル：そうだよ。僕は賛成。何か返品して返金してもらいたかったらどうなるの？

ヤスコ：マイケル，これが法律になったら，店は紙のレシートの代わりに，<u>メールでデジタルレシートを発行するのよ</u>。

ケイト：<u>すごーい</u>。

マイケル：そうなの？　個人のメールアドレスを知らない人に教えるのって，君は大丈夫？

ケイト：うーん…大丈夫よ。

ルーク：いずれにしても，<u>紙のレシートのほうが安全</u>だし，<u>そっちがいいと言う人のほうが多い</u>よ。

ヤスコ：<u>私，どう考えればいいかわからないわ</u>，ルーク。あなたは紙のレシートをくださいって言うのよね。

ケイト：とんでもないわ！　<u>紙の選択もできるなんてだめよ</u>。

マイケル：<u>ルークが正しいよ</u>。僕はまだ紙のレシートのほうがいいな。

◇purchase「購入」　◇issue「～を発行する」

◇no way「とんでもない，冗談じゃない」

問36 36 正解は①

| ① 1人 | ② 2人 | ③ 3人 | ④ 4人 |

レシートの電子化の話は，ヤスコの3番目の発言（If this becomes law, …）で初めて出てくる。直後のケイトの4番目の発言は「すごい」と肯定的な反応になっている。ケイトの最後の発言第2文（There should be …）でも「紙の（レシートの）選択はあるべきではない」と述べている。ケイトはレシートの電子化に賛成している。ルークの最後の発言（Anyway, paper receipts …）には「紙のレシートのほうが安全だ」とあり，マイケルの最後の発言（Luke's right. …）では「ルークが正しい。僕はまだ紙のレシートのほうがいい」とある。ルークとマイケルはレシートの電子化に反対していることがわかる。ヤスコはレシートの電子化の話を出した本人だが，最後の発言（I don't know …）で「どう考えればいいかわからない」と述べており，賛否は明らかにしていない。以上から，明らかにレシートの電子化に賛成しているのはケイト1人である。①が正解。

問37 37 正解は②

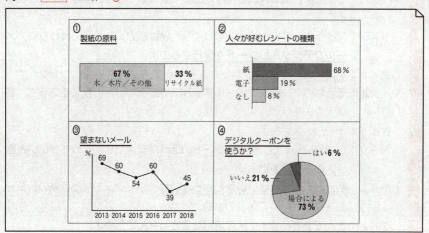

ルークの最後の発言（Anyway, paper receipts …）後半に「そっち（＝紙のレシート）がいいと言う人のほうが多い」とある。②が正解。

英語（リスニング） 本試験（第2日程）

問題番号 (配点)	設問		解答番号	正解	配点	チェック
第1問 (25)	A	問1	1	④	4	
		問2	2	③	4	
		問3	3	④	4	
		問4	4	②	4	
	B	問5	5	②	3	
		問6	6	④	3	
		問7	7	②	3	
第2問 (16)		問8	8	①	4	
		問9	9	②	4	
		問10	10	④	4	
		問11	11	④	4	
第3問 (18)		問12	12	③	3	
		問13	13	③	3	
		問14	14	②	3	
		問15	15	②	3	
		問16	16	③	3	
		問17	17	④	3	

問題番号 (配点)	設問		解答番号	正解	配点	チェック
第4問 (12)	A	問18	18	①	4*	
		問19	19	④		
		問20	20	②		
		問21	21	③		
		問22	22	⑤	1	
		問23	23	⑥	1	
		問24	24	①	1	
		問25	25	③	1	
	B	問26	26	①	4	
第5問 (15)		問27	27	④	3	
		問28	28	①	2*	
		問29	29	②		
		問30	30	⑤	2*	
		問31	31	④		
		問32	32	②	4	
		問33	33	④	4	
第6問 (14)	A	問34	34	③	3	
		問35	35	④	3	
	B	問36	36	①	4	
		問37	37	①	4	

（注）＊は，全部正解の場合のみ点を与える。

◎解答時間は30分ですが，解答開始前にICプレーヤーの作動確認・音量調節の時間がありますので，試験時間は60分となります。
「音量調整用音声」は音声専用サイトで確認できます。

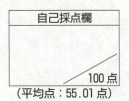

自己採点欄 ／100点
（平均点：55.01点）

34 2021年度：英語（リスニング）/本試験（第2日程）〈解答〉

放送内容 《試験の説明》

これからリスニングテストを始めます。

この試験では，聞き取る英語が2回流れる問題と1回流れる問題があります。第1問と第2問は2回，第3問から第6問は1回です。なお，選択肢は音声ではなく，すべて問題冊子に印刷されています。

では，始めます。4ページを開いてください。

第1問A　短い発話を聞いて同意文を選ぶ問題

放送内容 《第1問Aの説明》

第1問A　第1問Aは問1から問4までの4問です。英語を聞き，それぞれの内容と最もよく合っているものを，四つの選択肢（①〜④）のうちから一つずつ選びなさい。

問1　　1　正解は④

① 話者は参加する部員の数を知りたがっている。
② 話者は部活のミーティングの頻度を知りたがっている。
③ 話者は部の部屋番号を知りたがっている。
④ 話者はミーティングの時間を知りたがっている。

放送内容 《部活のミーティングの時間》

<u>When</u> does our club <u>get together</u> today? <u>At three?</u>

訳　　今日，うちの部は<u>いつミーティングをする</u>ことになってるの？　　<u>3時</u>？
◇ get together「集まる，会合する」　◇ meet「集まる」
第1文の When と第2文の At three? から時間を確認しているとわかる。よって the time of the meeting とある④が正解。get together が the meeting につながる。

2021年度：英語(リスニング)/本試験(第2日程)〈解答〉　**35**

問2　2　正解は③

① 話者は青いネクタイを1本しか持っていない。
② 話者は赤いネクタイを1本しか持っていない。
③ 話者は青いネクタイを（複数）持っている。
④ 話者は赤いネクタイを（複数）持っている。

> 放送内容　《ネクタイ》
>
> I'd like to wear a red <u>tie</u> to work, but I only have blue ones.

訳　仕事には赤い**ネクタイ**をして行きたいが，**青いものしか持っていない**。

末尾の blue ones は前半の a red tie に対応しており，ones＝ties であることから，③が正解。blue の直前の only に引っ張られて，ネクタイ1本を指す①を選ばないように注意。②，④の red は I'd like to wear a red tie の would like to *do*「～したい」が，選択肢の The speaker <u>has</u> …「話者が…（現在すでに）持っている」に当てはまらない。

問3　3　正解は④

① 話者はケビンにEメールをくれるよう頼んでいる。
② 話者はケビンからのEメールを読んでいる。
③ 話者はケビンのEメールアドレスを知っている。
④ 話者はケビンのEメールアドレスを入手したがっている。

> 放送内容　《ケビンのEメールアドレス》
>
> <u>Would you tell</u> me Kevin's <u>email address, please</u>?

訳　ケビンのEメールアドレスを教えていただけませんか？

◇ ask *A* for *B*「*A* に *B* をくれるよう頼む」

Would you ～（, please）? は話者が相手にお願いする表現であること，<u>tell</u> me Kevin's <u>email address</u> からEメールアドレスを教えてほしいことがわかるので，④が正解。ケビンのアドレスを聞き手から教えてもらおうとしている状況であり，①のようにケビンから直接メールをもらおうと頼んでいるわけではない。

36 2021年度：英語（リスニング）/本試験（第2日程）〈解答〉

問4 4 正解は②

① 話者はヨウコにあげるケーキを焼き終えるだろう。
② 話者はヨウコへのプレゼントを包み終えるだろう。
③ ヨウコはケーキをもらえないだろう。
④ ヨウコはプレゼントを受け取らないだろう。

放送内容 《誕生日パーティーに遅刻する理由》
  I baked Yoko's birthday cake, but I haven't finished wrapping her present yet. So I'll be late for her party.

訳 ヨウコにあげるバースデーケーキは焼いたが，彼女へのプレゼントの包装がまだ終わっていない。なので，僕は彼女のパーティーに遅れて行くだろう。

選択肢には主語が The speaker と Yoko の2種類あり，いずれの選択肢も動詞に will が付いていることから，2人の動向（もうしたこと，まだしていないこと）に注意して聞き取る。I baked Yoko's birthday cake は過去形なので①は不適。I haven't finished wrapping her present yet. より，プレゼントの包装を終えていないのでこれからする可能性があると言える。また，第2文 So I'll be late for her party.「だからパーティーには遅れて行く」からも，プレゼントの包装をしてから出発するから遅刻する，ということが予測できる。よって②が正解。

第1問B 短い発話を聞いて内容に近いイラストを選ぶ問題

放送内容 《第1問Bの説明》

　第1問B　第1問Bは問5から問7までの3問です。英語を聞き，それぞれの内容と最もよく合っている絵を，四つの選択肢（①〜④）のうちから一つずつ選びなさい。
　では，始めます。

問5　[5]　正解は②

放送内容 《看板》

This sign says you <u>can swim</u> here, <u>but</u> you <u>can't camp or barbecue</u>.

訳　この看板には，ここで<u>遊泳はできるが，キャンプとバーベキューはできない</u>，と書いてある。

　🚫（禁止のマーク）の有無に注意して聞き取る。you can swim here より②，③に絞る。but you can't camp or barbecue の not A or B は「A も B も（両方とも）〜ない」の意。よって②が正解。not と or を別々に考えて「キャンプかバーベキューのどちらかができない」ので③，と判断しないように注意。

問6　6　正解は④

> 放送内容　《厨房での会話》
> The chef is telling the waiter to take both plates to the table.

訳　料理人が接客係に，料理を2つともテーブルに運ぶよう言っている。

イラスト内の吹き出しがwaiterについているもの，chefについているものがあるので，どちらがどちらに対して話しているかを聞き取る。また，吹き出し内の料理の数が1つと2つ（単数・複数）で異なることにも注目しておきたい。The chef is tellingより②，④に絞り，both plates「料理を両方とも」より④が正解。

問7　７　正解は②

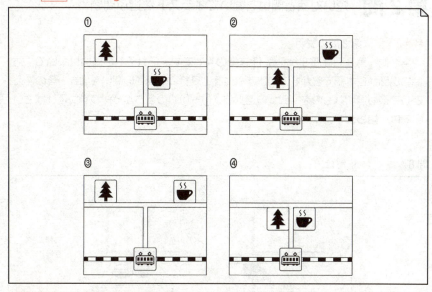

> 放送内容　《3つの場所の位置関係》
> The park is not as far from the station as the café is.

訳　公園は駅からの距離が**カフェほどは遠くない**。

電車のマークはすべての選択肢で同じ位置にあるが，木のマークとカップのマークは選択肢により位置がそれぞれ異なるので，2つの場所の駅からの位置関係を問われると予測を立てたい。文頭の The park＝木のマーク，と瞬時に判断するのは困難だったかもしれないが，the station＝電車のマーク，the café＝カップのマークということは明らか。The park is not as far from the station「公園は駅から遠くはない」から，公園が駅に比較的近い位置にある②，④に絞りたい。続く as the café is の部分の解釈が重要。not as ～ as … は「…ほど～でない」という意味なので，「公園はカフェほどは遠くない」と解釈し，カフェの方が遠くにある**②が正解**。not as far as … を「…と同じくらい遠くはない（＝同じくらいの距離）」と間違って解釈して④を選ばないよう注意。「…と同じくらい～」の意味となる as ～ as … は not がついても単純に「…と同じくらい～ない」という意味にはならない。

第2問 短い対話と問いを聞いてイラストを選ぶ問題

> 放送内容 《第2問の説明》
> 　第2問　第2問は問8から問11までの4問です。それぞれの問いについて，対話の場面が日本語で書かれています。対話とそれについての問いを聞き，その答えとして最も適切なものを，四つの選択肢（①〜④）のうちから一つずつ選びなさい。
> では，始めます。

問8　8　正解は①

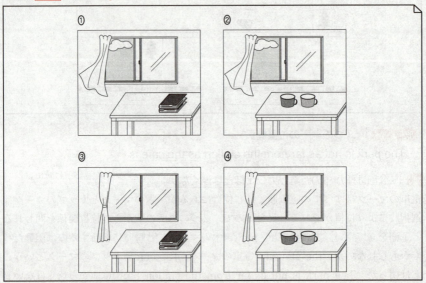

> 放送内容 《部屋の様子》

W : Can you take the cups off the table and put the books there instead?
M : Done! Shall I close the window?
W : Umm, leave it open.
M : Yeah, we need some fresh air.

Question : Which picture shows the room after the conversation?

訳　女性：テーブルからカップをどけて，代わりにその場所に本を置いてくれない？
　　男性：できたよ！　窓を閉めようか？
　　女性：うーん，開けたままにしておいて。

男性：わかった，新鮮な空気を入れたほうがいいよね。

質問：この会話の後の部屋の状態を示しているのはどの絵か。

◇ off 〜「〜から離れて」　◇ take A off B（場所）「B（場所）から A を取り去る」

女性の1つ目の発言前半は，off the table の部分が聞き取りづらいかもしれないが，take the cups から②，④に注目したい。後半は，文末の instead が「カップの代わりに」の意味で，本をテーブルの上に置くよう頼んでいる。これに男性が Done!「できた！」と答えているので，②，④が元の状態，本がテーブルの上にある①，③が後の状態となる。続く男性の発言 Shall I close the window? に女性は leave it open と答えていることから，もともと窓は開いていたと判断でき，部屋の様子が②➡①になったことがはっきりする。質問は the room after the conversation「この会話の後の部屋の状態」なので，①が正解。会話の前の状態（②）を問われる可能性もあるため，質問を最後まで聞いてから解答すること。

問9　9　正解は②

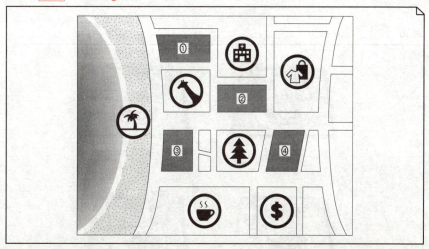

放送内容　《家族旅行で滞在する場所》

M：Let's stay near the beach.
W：But I'd rather be near the shopping mall.
M：What about the hotel between the zoo and the mall?
W：Great, and it's across from the park.

Question：Where will they stay?

訳 男性：浜辺の近くに泊まろうよ。
女性：でも，私はショッピングモールの近くの方がいいわ。
男性：動物園とショッピングモールの間のホテルはどうだい？
女性：いいわね，そこなら公園の向かい側だしね。

質問：彼らはどこに滞在するつもりか。

◇ would rather *do*「〜したい」　◇ What about 〜?「〜はどうですか？」
◇ across from 〜「〜の（真）向かい側に」

男性の1つ目の発言 Let's stay near the beach. および女性の1つ目の発言 I'd rather be near the shopping mall. から男性は浜辺に近い①か③，女性はショッピングモールに近い②か④の場所をそれぞれ希望しているとわかる。男性は2つ目の発言で「動物園とショッピングモールの間」となる②を提案し，女性は Great と答えていることから，2人の意見は②で一致している。between the zoo and the mall の the mall は the shopping mall を指すが，それに気付けなかった場合でも，女性の最後の発言より，公園から道路を挟んだ向かい側にある②を選びたい。

問10　10　正解は④

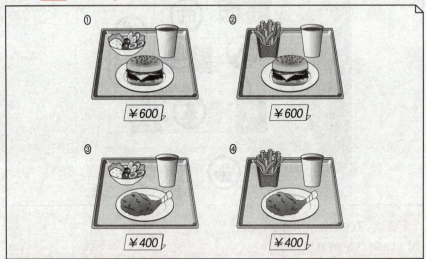

放送内容　《今日のランチ》
W：How about the hamburger lunch?
M：Actually, I'm trying to save money this month.
W：Umm, perhaps the chicken lunch is better, then.

M：Well, I don't want salad, so this one's perfect!

Question：Which meal will the man most likely choose?

> 訳 女性：ハンバーガーランチにしない？
> 男性：実は今月，お金を節約しようと思ってるんだよね。
> 女性：うーん，じゃあ，チキンランチの方がいいかもね。
> 男性：そうだなぁ，サラダはいらないから，これが一番いいや！
>
> 質問：男性はどの食事を選ぶ可能性が最も高いか。

◇ save「〜を節約する，〜を貯める」 ◇ most likely「〜する可能性が最も高い」

①，②のハンバーガーランチを勧める女性に対する男性の返答 Actually, I'm trying to save money this month. は，③，④のチキンランチと比べると値段の高い①，②を拒否していると判断できる。男性の2つ目の発言 I don't want salad から，男性はサラダのついていない④を最終的に選ぶことになる。よって④が正解。

問11 11 正解は④

放送内容 《家族写真》

M：Who's the boy with the dog, Ayaka?
W：My nephew. Next to him is his twin sister.
M：Is the woman next to her your sister?
W：No, she's my aunt, Tomo.

Question：Which person in the photo is Tomo?

44 2021年度：英語（リスニング）／本試験（第2日程）〈解答〉

訳 男性：犬を抱いている男の子は誰なの，アヤカ？
　　女性：私の甥っ子よ。その隣にいるのは彼の双子の妹なの。
　　男性：彼女の隣にいる女性は君のお姉さん？
　　女性：いいえ，彼女は私の叔母のトモよ。

　　質問：写真の中のどの人物がトモか。

男性の1つ目の発言 Who's the boy with the dog, Ayaka? に対し，女性（Ayaka）が My nephew. と答えているので，犬を抱えている②はアヤカの甥。続く Next to him is his twin sister. より，②の左右にいる①か③が甥の姉妹となるが，his twin sister「双子の妹」なので②の甥と同じ背の高さの③が双子の妹のはず。続く男性の2つ目の発言 Is the woman next to her your sister?「彼女の隣にいる女性は君のお姉さん？」の her は直前の his twin sister となる③を指すので，the woman next to her は④の人物の話。これに対し，女性は No, she's my aunt, Tomo. と答えているので，④はアヤカの叔母のトモである。質問はトモがどの人物であるか，なので④が正解。

2021年度：英語(リスニング)/本試験(第2日程)〈解答〉 **45**

第3問 短い対話を聞いて問いに答える問題

放送内容 《第3問の説明》

　第3問　第3問は問12から問17までの6問です。それぞれの問いについて，対話の場面が日本語で書かれています。対話を聞き，問いの答えとして最も適切なものを，四つの選択肢（①～④）のうちから一つずつ選びなさい。

　では，始めます。

問12　　12　　正解は③

問 友人2人ともがしようと思っていることは何か。
① 海外で仕事を探す。　　　　　② 旅行のためにお金を貯める。
③ 働いてお金を稼ぐ。　　　　　④ 雑誌に投稿する。

放送内容 《卒業後の進路》

M : What would you like to do after graduation?

W : Travel! But first I'm going to deliver newspapers until I save enough to go around the world. And you?

M : I want to be a famous writer someday, but right now, I need money, too. Maybe I can work for a magazine!

訳 男性：卒業した後，君は何をしたいの？
　　女性：旅行よ！　でも，世界中に行けるだけの**お金を貯めるまで**，まずは**新聞配達をするつもり**。あなたは？
　　男性：僕はいつか有名作家になりたいん**だけど，今のところ，僕もお金が必要なんだ**。たぶん，僕は雑誌社で働くかな！

問いの both friends に注意。対話をする2人に共通する予定を選ぶ。女性の発言第2文「でも…お金を貯めるまで，まずは新聞配達をするつもり」より，②と③に絞る。さらに，男性は最後の発言で，有名作家になりたいと述べているものの，but right now, I need money, too「けど，今のところ，僕もお金が必要なんだ」から，2人に共通するのは「お金が必要」という点。Maybe I can work for a magazine! も，男性も働いてお金を稼ぐことを示している。男性は旅行をしたいとは述べていないので，③が正解。

46 2021年度：英語（リスニング）／本試験〈第2日程〉〈解答〉

問13　13　正解は③

問　この会話の後，ポールは何を最初にする可能性が高いか。
① 自分のブログに新しい投稿を加える。
② カレンのブログにコメントをする。
③ 自分のブログから写真を削除する。
④ カレンのブログにある写真を見る。

放送内容　《ブログの写真》

W : Hey, Paul. I saw the funny photo you posted on your blog yesterday.
M : What? I posted that by mistake, but I thought I deleted it.
W : No, you didn't. It's still on your blog.
M : Are you serious, Karen? That's really embarrassing. I don't want people to see that photo of me.

訳　女性：ねえ，ポール。昨日あなたがブログに投稿していたおもしろい写真，見たわよ。
男性：なんだって？　間違って投稿しちゃったんだけど，削除したと思ってたよ。
女性：いいえ，していなかったわよ。まだあなたのブログに載ってるわ。
男性：本当かい，カレン？　そりゃあ本気で恥ずかしいやつだな。あの僕の写真を人には見られたくないんだよね。

カレンの1つ目の発言第2文の「あなた（＝ポール）がブログに投稿していたおもしろい写真」について，ポールの1つ目の発言第2文（I posted that …）はスピードが速く，ついていきづらいかもしれないが，mistake と deleted から，間違っていたから消したはず…という点は伝わるはず。続くカレンの No, … It's still on your blog. から，写真がまだポールのブログ上にあるとわかる。ポールの最後の発言第2文 That's really embarrassing.「そりゃあ本気で恥ずかしいやつだな」より，ポールはすぐに写真を消すはずである。よって③が正解。

問14　14　正解は②

問　女性はどの車が好みか。
① 黒色の車　　② 青色の車　　③ 緑色の車　　④ 白色の車

放送内容　《車選び》

M : I like both the blue one and the black one. How about you?
W : I see the blue car, but where's the black one? Do you mean that dark green one with the white seats?

2021年度：英語(リスニング)／本試験(第2日程)〈解答〉　47

M : Yes. Do you like that one?

W : Well, it's OK, but I like the other one better.

訳　男性：僕は青いのも黒いのも好きだな。君は？

　　女性：青い車は見えるけど，黒いのはどこにあるの？　あの白い座席の深緑色の
　　　　　やつのこと？

　　男性：そうだよ。君はあの車，いいと思う？

　　女性：うーん，悪くはないわね。だけど，私はもう一つの方がいいかな。

男性が好きな車の the blue one and the black one に対し，女性は「青い車は見え
るけど，黒いのはどこにあるの？」「…深緑色のやつのこと？」と述べていることに
注意。男性はこの質問に Yes. と答えているので，男性が黒と思っていた車が，実は
深緑色の車であるとわかる。よって，2人が比較している車は②と③である。男性の
2つ目の発言末尾の that one は直前の that dark green one を指し，女性は Well,
it's OK, but I like the other one better.「（深緑の車は）悪くないけど，もう一つの
方がいい」と答えている。比べていたのは青と深緑なので，②が正解。

問15　15　正解は②

問　会話によると，どれが正しいか。

① ジェーンとマイクは4年前に卒業した。

② ジェーンとマイクは以前，クラスメートだった。

③ ジェーンは（相手のことを）マイクだとなかなか気付けなかった。

④ マイクの髪型は少し変わった。

放送内容　《旧友との再会》

W : You're Mike Smith, aren't you?

M : Hey, Jane Adams, right?

W : Yes! I haven't seen you for ages.

M : Wasn't it five years ago, when our class graduated?

W : Yes, almost six.

M : Well, I'm glad you recognized me. I haven't changed?

W : No, I recognized you immediately. You haven't changed your hairstyle at
　　all.

訳　女性：あなた，マイク＝スミスよね？

　　男性：おや，ジェーン＝アダムスだね？

　　女性：そうよ！　すごく久しぶりね。

　　男性：僕らのクラスが卒業したのは5年前じゃなかった？

48　2021年度：英語（リスニング）/本試験（第2日程）〈解答〉

女性：ええ，もう6年近くになるわ。

男性：いやぁ，僕だって気付いてくれてうれしいよ。僕は変わってないかな？

女性：ええ，あなただってすぐにわかったわ。髪型が全く変わってないもの。

◇ for ages「長い間」　◇ recognize「～が誰であるかわかる」

◇ not ～ at all「全く～ない」

男性の2つ目の発言 Wasn't it five years ago, when our class graduated?「僕らの
クラスが卒業したのは5年前じゃなかった？」より，2人が以前同じクラスだったと
わかるので，②が正解。女性の2つ目の発言末尾の for ages を four years と間違え
て①を選ばないように注意。続く男性（Wasn't it five years ago, …?）と女性（Yes,
almost six.）の発言より，卒業したのは5～6年前である。③は女性の最後の発言第
1文，④は女性の最後の発言第2文に，それぞれ合わない。

問16　16　正解は③

> 問　この後，女の子は何をする必要があるか。
> ①　ピーターに彼の教科書を貸してくれるよう頼む。
> ②　アレックスに連絡を取り，教科書を譲ってくれるよう頼む。
> ③　教科書を手に入れる別の方法を見つける。
> ④　もう一度同じ講座を受講する。

放送内容　《教科書の入手》

W : The textbook is sold out at the bookstore. Do you know where I can get
one?

M : Actually, I didn't buy mine. I got it from Peter. He took the same course
last year.

W : So, who else took that course?

M : Alex!

W : Yeah, but I know he gave his book to his sister.

訳　女性：その教科書，書店では売り切れているの。どこか手に入る場所，知らな
い？

男性：実は，僕の教科書は買ったものじゃないんだ。ピーターからもらったのさ。
彼は昨年，同じ講座を受けていたからね。

女性：じゃあ，他に誰かその講座を受けていた人は？

男性：アレックスがいるよ！

女性：そうね，でも彼，教科書は妹にあげたみたいなの。

男性の1つ目の発言第2文 I got it from Peter. から，ピーターの本は男性の手にあ

るので，①は不適。女性の最後の発言 I know he（＝Alex）gave his book to his sister. から，アレックスに頼んでももらえないので，②も不適。残った選択肢で彼女にできそうなことは③のみ。④は once again から，女性が過去にその講座を受講していることが前提となるが，そのような情報はない。

問17　17　正解は④

> 問　男性は部屋をとる前に何をするつもりか。
> ①　午後3時前にホテルに電話をする。
> ②　彼が以前にとった予約を取り消す。
> ③　ホテルで昼食をとる。
> ④　ホテルの外で少し時間をつぶす。

放送内容　《ホテルの追加予約》

M : Good morning. My flight's been cancelled. I need to stay another night. Is there a room available?

W : Yes, but not until this afternoon. If you come back later, we'll have one ready for you.

M : What time?

W : About 3 o'clock?

M : OK. I'll go out for lunch and come back then.

訳　男性：おはよう。乗る予定だった便が欠航になってね。もう一晩，泊まらないといけなくなったんだけど，空いている部屋はあるかな？
　　女性：ございますが，本日の午後まではご利用いただけません。後ほどまたお越しいただければ，お部屋をご準備できます。
　　男性：時間は？
　　女性：3時頃でいかがでしょうか？
　　男性：わかった。外で昼食をとってから，また戻ってくるよ。

◇ flight「飛行機の便」　◇ available「利用可能な」

男性の1つ目の発言最終文 Is there a room available? が Can I get a room? と解釈できるため，問いの get a room と対応するのはこの箇所である。これに対する女性の返答「後ほどまたお越しいただければ，お部屋をご準備できます」から，すぐに部屋をとることはできないとわかる。男性の最後の発言の go out for lunch の部分が，男性がホテルの部屋をとる前にする行動となる。go out for 〜 は「〜を求めて外出する」という意味なので，outside the hotel とある④が正解。③は at the hotel からホテル内で過ごすことになるので，不適である。

第4問A　モノローグを聞いて図表を完成させる問題

> **放送内容**　《第4問Aの説明》
> 第4問A　第4問Aは問18から問25の8問です。話を聞き，それぞれの問いの答えとして最も適切なものを，選択肢から選びなさい。問18から問21の問題文と図を，今，読みなさい。
> では，始めます。

問18〜21　　18　　19　　20　　21　　正解は ①，④，②，③

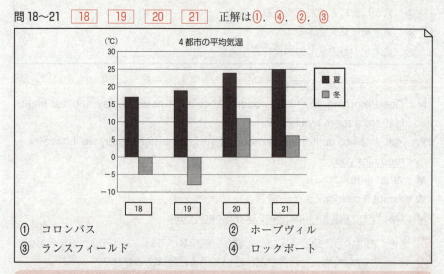

① コロンバス　　　　　　② ホープヴィル
③ ランスフィールド　　　④ ロックポート

> **放送内容**　《4都市の夏と冬の気温比較》
> Here are the average summer and winter temperatures of four cities in North America: Columbus, Hopeville, Lansfield, and Rockport. <u>The temperature of Lansfield in the summer was</u> much higher than I expected—<u>the highest in fact.</u> <u>By comparison, Rockport</u> had a much cooler summer than Lansfield and <u>experienced the coldest winter among the four cities.</u> <u>Columbus was a bit cooler than Rockport in the summer</u>, while its winter was a few degrees warmer. <u>Hopeville</u> changed the least in temperature and <u>was just a bit cooler than Lansfield in the summer.</u>

> **訳**　これは北アメリカの4つの都市のコロンバス，ホープヴィル，ランスフィールド，ロックポートの夏と冬の平均気温です。<u>ランスフィールドの夏の気温は</u>想像以上に高く，<u>事実，最も高い気温でした。</u><u>それに比べ，ロックポートは</u>夏，ランスフィールドよりもずっと涼しく，<u>冬の気温は4つの都市中，最低でした。</u>コロ

ンバスはロックポートに比べ，夏は少し涼しい一方，冬は2～3℃高めでした。ホープヴィルは気温の変化が最も少なく，夏はランスフィールドよりも気温が少しだけ低くなっていました。

第2文 The temperature of Lansfield in the summer was … the highest in fact. 「ランスフィールドの夏の気温は…事実，最も高い気温でした」より，夏の棒グラフの数値が最も高い 21 に③を入れる。

第3文 By comparison, Rockport … experienced the coldest winter among the four cities. 「それに比べ，ロックポートは…冬の気温は4つの都市中，最低でした」より，冬の棒グラフの数値が最も低い 19 は④が正解。

第4文 Columbus was a bit cooler than Rockport in the summer 「コロンバスはロックポートに比べ，夏は少し涼しい」より，夏の棒グラフがロックポートの 19 よりも低くなっている 18 に①が入る。

最終文 Hopeville … was just a bit cooler than Lansfield in the summer. 「ホープヴィルは…夏はランスフィールドよりも気温が少しだけ低くなっていました」から，夏の棒グラフがランスフィールドの 21 より少し低い気温になっている 20 に②を入れる。

放送内容 《第4問A，問22～25の説明》

問22から問25の問題文と表を，今，読みなさい。

では，始めます。

問22～25 22 23 24 25 正解は⑤，⑥，②，③

バス	行き先	出発予定時刻	到着予定時刻	現在の運行状況
A2	シティセンター	10：10	11：00	＜ 22 ＞
A6	シティセンター	10：40	11：40	＜ 23 ＞
B7	イースタンアベニュー	10：30	11：05	＜遅れ＞ 変更後の出発予定時刻：24
C10	メインストリート	10：10	11：00	＜追加の停留所＞ シティセンターへの到着予定時刻：25

52 2021年度：英語（リスニング）/本試験（第2日程）〈解答〉

①	10：10	②	11：00	③	11：10
④	11：35	⑤	運休	⑥	定刻通り

放送内容 《バスの運行予定変更のお知らせ》

　Attention, please! There are some changes to the regular bus schedule. The A 2 bus leaving for City Center is canceled. Those passengers going to City Center should now take the C10 bus to Main Street. It'll continue on to City Center after leaving Main Street, which takes 10 additional minutes. The A 6 bus, which goes to City Center, is running normally. Finally, the B 7 bus to Eastern Avenue will leave half an hour late. We're sorry for any inconvenience.

訳　皆様にお知らせします！　バスの通常ダイヤに変更がございます。**シティセンター行きのA2バスは運休となります**。シティセンターに行かれるお客様は，**メインストリート行きのC10バスをご利用ください。このバスはメインストリートを出発後，シティセンターまで続けて運行し，追加の所要時間は10分です。**シティセンター行きの**A6バスは通常通り運行しております**。最後に，イースタンアベニュー行きの**B7バスは30分遅れで出発いたします**。ご不便をおかけして大変申し訳ございません。

◇ leaving for 〜「〜行きの」　◇ continue on to 〜「〜まで続けて行く」
◇ additional「追加の」

　22　正解は⑤
第3文 The A 2 bus leaving for City Center is canceled.「シティセンター行きのA2バスは運休となります」より⑤が正解。

　23　正解は⑥
A6バスが登場するのは第6文。The A 6 bus, … is running normally.「A6バスは…通常通り運行しております」より，on time「定刻通り」となる⑥が正解。

　24　正解は②
B7 bus と聞こえるのは第7文。Finally, the B 7 bus … will leave half an hour late.「B7バスは…30分遅れで出発いたします」より，表のB7バスの行のScheduled departure「出発予定時刻」である10：30に30分を足し，11：00の②を選ぶ。half an hour「30分」という表現の理解と，leave「出発する」を表の中のdeparture「出発」という表現に結びつけて考えることができるかが問われている。

2021年度：英語（リスニング）/本試験（第2日程）〈解答〉 53

25 　正解は③

C10 bus と聞こえるのは第4文（Those passengers …）最後の the C10 bus to Main Street である。続く第5文で It'll continue on to City Center after leaving Main Street, which takes 10 additional minutes. の下線の部分が聞こえれば，表の右端 Current status「現在の運行状況」の〈ADDITIONAL STOP〉Arrival time at City Center：の部分について述べられており，10 additional minutes から「10分追加」すればよいとわかる。通常ダイヤでのメインストリートへの到着予定時刻11：00に10分を足して11：10となる③を選ぶ。

第4問B　複数の情報を聞いて条件に合うものを選ぶ問題

放送内容 《第4問Bの説明》

　第4問B　第4問Bは問26の1問です。話を聞き，示された条件に最も合うものを，四つの選択肢（①〜④）のうちから一つ選びなさい。状況と条件を，今，読みなさい。

　では，始めます。

問26 　26 　正解は①

問　あなたは ☐ でのインターンシップを選ぶ可能性が最も高い。

インターンシップ	条件A	条件B	条件C
① ホテル			
② 語学学校			
③ 公共図書館			
④ ソフトウェアの会社			

放送内容 《インターン先の選択》

1 ．Our hotel's internship focuses on creating a new website. The work will be done in late August. Interns will help set up the website, which should take about half a month. You can stay at our hotel or come from home.

2 ．The internship at our language school starts in early summer when the

54　2021年度：英語（リスニング）/本試験（第2日程）〈解答〉

exchange program starts. Many international students visit us, so <u>we need to help these students get around</u>. <u>Interns should stay at the dormitory for about ten days</u> while assisting with the program.

3．Public library interns help with our reading programs. For example, <u>they prepare for special events and put returned books back on the shelves</u>. <u>Interns must work for more than two weeks</u>. You can join anytime during the summer, and <u>housing is available</u>.

4．<u>We're a software company looking for students to help develop a smartphone application</u>. They are required to participate in brainstorming sessions, <u>starting on the 15th of July, and are expected to stay until the end of August</u>. <u>Participants should find their own place to stay</u>.

訳　1．<u>当ホテルのインターンシップでは，新しいウェブサイトの制作を主に行ってもらいます</u>。作業の終了は8月下旬の予定です。実習生にはウェブサイト立ち上げの補助をしてもらいますが，<u>半月ほどかかるはずです</u>。<u>皆さんには，当ホテルに宿泊してもらってもいい</u>ですし，自宅から通ってもらっても構いません。

　　2．うちの語学学校のインターンシップは交換留学プログラムが始まる初夏に始まります。多くの留学生が語学学校に来ますので，<u>この学生たちがいろいろな場所に行く手助けをする必要があります</u>。実習生の皆さんにはこのプログラムをお手伝いしてもらいながら，<u>約10日間，寮で生活してもらいます</u>。

　　3．公共図書館での実習生には，読書プログラムの補助をしてもらいます。例えば，<u>特別な催しに向け準備をしたり，返却された本を棚に戻したりといった作業になります</u>。<u>実習生には2週間以上働いてもらう</u>ことになっています。夏の間であれば参加はいつでも可能ですし，<u>住宅も利用可能です</u>。

　　4．<u>当方はソフトウェアの会社で，スマートフォン用のアプリ開発をお手伝いしてくれる学生を探しています</u>。学生の皆さんにはブレーンストーミング会議に必ず出席してもらい，<u>7月15日から始め，8月末まで続けてもらいます</u>。<u>滞在先につきましては，自分で見つけていただく</u>ことになっています。

◇ focus on ～「～に集中する」　◇ set up ～「～を設立する」
◇ get around「あちこちに移動する」
◇ be required to *do*「～することが求められる」
◇ brainstorming「ブレーンストーミング（グループ内でアイデアを出し合う問題解決法）」
◇ session「会議」　◇ be expected to *do*「～することになっている」

①は第1文の creating a new website の「ウェブサイトの制作」が条件A，第3文（Interns will …）の which should take about half a month「半月ほどかかるはず」が条件C，最終文 You can stay at our hotel が条件Bに合う。よって①が正解。②は最終文 stay at the dormitory for about ten days「寮に10日間滞在」が条件B・Cを満たすが，業務内容にあたる第2文 help these students get around「留学生のお手伝い」が条件Aを満たすかはっきりしないため，不適。③は，最終文後半の housing is available「住宅も利用可能」が条件Bに当てはまるが，第2文 they prepare for special events and put returned books back on the shelves. の業務内容にコンピューターの知識は不要。条件Aに当てはまらず，不適。条件Cについては，第3文 work for more than two weeks「2週間以上勤務」が該当箇所だが，「2週間程度で終わること」が可能かは不明。④は第1文の help develop a smartphone application「アプリ開発の補助」は条件Aに当てはまるが，第2文 starting on the 15th of July, and are expected to stay until the end of August. の「期間が7月15日〜8月末まで」が，2週間程度という条件Cに当てはまらない。また，最終文 Participants should find their own place to stay. が滞在先に関する条件Bにも当てはまらないため，不適。

インターンシップ	条件A	条件B	条件C
① ホテル	○	○	○
② 語学学校	?	○	○
③ 公共図書館	×	○	?
④ ソフトウェアの会社	○	×	×

第5問 講義の内容と図表の情報を使って問いに答える問題

放送内容 《第5問の説明》

第5問　第5問は問27から問33の7問です。最初に講義を聞き，問27から問32に答えなさい。次に続きを聞き，問33に答えなさい。状況・ワークシート，問い及び図表を，今，読みなさい。

では，始めます。

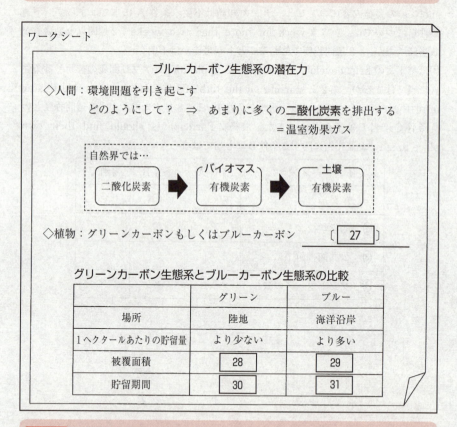

放送内容 《生態系保全におけるブルーカーボン生態系の潜在力》

OK. What is blue carbon? You know, humans produce too much CO_2, a greenhouse gas. This creates problems with the earth's climate. But remember how trees help us by absorbing CO_2 from the air and releasing oxygen? Trees change CO_2 into organic carbon, which is stored in biomass.

2021年度：英語（リスニング）/本試験（第2日程）〈解答〉　**57**

Biomass includes things like leaves and trunks. The organic carbon in the biomass then goes into the soil. This organic carbon is called "green" carbon. But listen! Plants growing on ocean coasts can also take in and store CO_2 as organic carbon in biomass and soil—just like trees on dry land do. That's called "blue" carbon.

Blue carbon is created by seagrasses, mangroves, and plants in saltwater wetlands. These blue carbon ecosystems cover much less surface of the earth than is covered by green carbon forests. However, they store carbon very efficiently—much more carbon per hectare than green carbon forests do. The carbon in the soil of the ocean floor is covered by layers of mud, and can stay there for millions of years. In contrast, the carbon in land soil is so close to the surface that it can easily mix with air, and then be released as CO_2.

Currently the blue carbon ecosystem is in trouble. For this ecosystem to work, it is absolutely necessary to look after ocean coasts. For example, large areas of mangroves are being destroyed. When this happens, great amounts of blue carbon are released back into the atmosphere as CO_2. To avoid this, ocean coasts must be restored and protected. Additionally, healthy coastline ecosystems will support fish life, giving us even more benefits.

訳　では，ブルーカーボンとは何でしょう？　ご存じのとおり，人間はかなりの量の二酸化炭素，つまり温室効果ガスを排出しています。このことが地球の気候に問題を引き起こしているのです。しかし，樹木が大気中の二酸化炭素を吸収し，酸素を放出することで我々人間に役立ってくれている仕組みを覚えていますか？樹木は二酸化炭素を有機炭素に変え，その有機炭素はバイオマス中に貯留されます。バイオマスには木の葉や木の幹といったものがあります。バイオマス中の有機炭素はその後，土壌へと入っていきます。この有機炭素が「グリーン」カーボンと呼ばれるものです。ですが，よく聞いてください！　海洋沿岸域に生育する植物もまた，ちょうど陸地にある樹木がそうするように，二酸化炭素を取り込み，その二酸化炭素をバイオマス中や土壌中の有機炭素として貯留することができるのです。これが「ブルー」カーボンと呼ばれるものです。

　ブルーカーボンは，海藻やマングローブ，そして塩性湿地に生育する植物により生成されます。これらのブルーカーボン生態系が占める地表面積は，グリーンカーボンを担う森林面積に比べ，ずっと少ないのですが，ブルーカーボンは炭素を大変効率よく貯留します。ブルーカーボンが1ヘクタールあたりに貯留する炭

58 2021年度：英語（リスニング）/本試験〈第2日程〉〈解答〉

素量は，グリーンカーボンを担う森林が貯留する炭素量よりもはるかに多いのです。海底の土に含まれる炭素は泥の層に覆われているため，何百万年にもわたって土の中に留まることができます。対照的に，陸地の土壌中の炭素はその地表に大変近い部分に存在しているため，炭素が簡単に大気に溶け込み，二酸化炭素として放出されてしまうのです。

　現在，ブルーカーボン生態系は窮地に陥っています。この生態系が機能するには，海洋沿岸域を整備することが不可欠です。例えば，マングローブ林の大部分が破壊されつつあります。こうなると，多量のブルーカーボンが大気中に再度，二酸化炭素として放出されてしまいます。この事態を避けるには，海洋沿岸域を元の状態に戻し，保護しなければなりません。さらに，沿岸部の生態系が健全な状態になれば，魚類の生命を維持していくことにもなり，我々人間にさらに多くの恩恵がもたらされることになるでしょう。

◇ greenhouse gas「温室効果ガス」 ◇ absorb「〜を吸収する」
◇ change *A* into *B*「*A* を *B* へと変える」
◇ organic carbon「有機炭素」 ◇ store「〜を貯留する」
◇ biomass「バイオマス（生物由来の再利用可能な有機資源）」 ◇ trunk「幹」
◇ ocean coast「海洋沿岸域」 ◇ take in 〜「〜を取り込む」
◇ dry land「（海に対する）陸地」 ◇ seagrass「海藻」
◇ saltwater wetland「塩性湿地（海水に覆われる湿地）」 ◇ ecosystem「生態系」
◇ surface of the earth「地表」 ◇ efficiently「効率よく」
◇ hectare「ヘクタール（単位）」 ◇ ocean floor「海底」 ◇ layer「層」
◇ mud「泥」 ◇ millions of 〜「何百万もの〜」 ◇ in contrast「対照的に」
◇ absolutely「絶対的に」 ◇ atmosphere「大気」 ◇ avoid「〜を避ける」
◇ restore「〜を復元する」 ◇ coastline「沿岸部」

問27 　27 　正解は④

① （グリーンカーボンもしくはブルーカーボン）という有機炭素を分解する
② 炭素を（グリーンカーボンもしくはブルーカーボン）という二酸化炭素に変える
③ 酸素を生成し，その酸素を（グリーンカーボンもしくはブルーカーボン）として放出する
④ 二酸化炭素を取り込み，それを（グリーンカーボンもしくはブルーカーボン）として貯留する

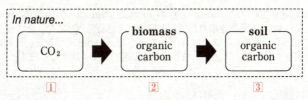

第1段第6文 Trees change CO₂ into organic carbon, which is stored in biomass. が上記 1 ➡ 2, 第8文 The organic carbon in the biomass then goes into the soil. が 2 ➡ 3 を指すことを確認。続く第9文 This organic carbon is called "green" carbon. から, 2 と 3 の organic carbon が green carbon だと判断できる。

さらに, 第11文 Plants growing on ocean coasts can also take in and store CO₂ as organic carbon in biomass and soil「海洋沿岸域に生育する植物もまた…二酸化炭素を取り込み, その二酸化炭素をバイオマス中や土壌中の有機炭素として貯留することができる」は, 1 ➡ 2 ➡ 3 の流れを繰り返すものであり, 同段最終文で That's called "blue" carbon. と述べられているので, blue carbon も green carbon と同じ流れでできるということがわかる。

これらより, CO₂ を take in「取り込む」➡ store「貯留する」の流れを含む ④ が正解。① は break down「〜を分解する」, ② は CO₂ called (green or blue carbon)「グリーンカーボンもしくはブルーカーボンと呼ばれる二酸化炭素」, ③ は release it (= oxygen) as (green or blue carbon)「酸素をグリーンカーボンもしくはブルーカーボンとして放出する」の部分がそれぞれ内容に不一致。

問28〜31

① より広い	② より狭い	③ 同じ
④ より長い	⑤ より短い	⑥ 不明

28 正解は① **29** 正解は②

空所左の Area of coverage から cover する area = 面積に関する情報と考え, ①, ②, ③, ⑥ に絞りたい。第2段第2文 These blue carbon ecosystems cover much less surface of the earth than is covered by green carbon forests. 「これらのブルーカーボン生態系が占める地表面積は, グリーンカーボンを担う森林面積に比べ, ずっと少ない」より, 面積は Green > Blue となる。much less の much は less「より少ない」(little の比較級) の強調表現。much less という表現は, 不慣れだと, 多いのか少ないのか一瞬わからなくなるという人も多いので, リスニングでは要注意。また, 表の Area of coverage という表現が放送文には含まれていないため, cover, surface, earth の部分から面積であると気付きたい。

> **NOTE** 比較級を含む文は，比較級 (much less) と than 以降の比較対象 (than … green carbon forests) さえ聞き取れれば，主語を聞き逃したとしても，後から全体の文脈で主語がわかることが多い。また，不等号の向きに迷いが出そうなら，比較級と than 以降の比較対象だけメモしておき，解答時間内に落ち着いて解釈しなおすとよい。

30　正解は⑤　　31　正解は④

空所左の Period of storage は store する period＝貯留期間。第2段第4文「海底の土に含まれる炭素は…何百万年にもわたって土の中に留まることができる」および第5文「対照的に，陸地の土壌中の炭素はその地表に大変近い部分に存在しているため，炭素が簡単に大気に溶け込み，二酸化炭素として放出されてしまう」より，貯留期間は Green ＜ Blue となる。同段第4文の stay や for millions of years「何百万年も」という表現から，貯留期間が長いということはわかるが，Green と Blue，どちらの話かよくわからなかった場合でも，続く第5文文頭の In contrast「対照的に」という表現から，第5文が第4文の carbon とは別の方の話であることがわかる。さらに，第5文中の the carbon in land soil が海中ではなく地上の炭素，つまり Green を指すと気付ければ，正解を導ける。

ブルーカーボン生態系の潜在力

◇人間：環境問題を引き起こす

　　どのようにして？　⇒　あまりに多くの**二酸化炭素**を排出する
　　　　　　　　　　　　　　＝温室効果ガス

自然界では…
二酸化炭素 → バイオマス 有機炭素 → 土壌 有機炭素

◇植物：④二酸化炭素を取り込み，それをグリーンカーボンもしくはブルーカーボンとして貯留する

グリーンカーボン生態系とブルーカーボン生態系の比較

	グリーン	ブルー
場所	陸地	海洋沿岸
1ヘクタールあたりの貯留量	より少ない	より多い
被覆面積	① より広い	② より狭い
貯留期間	⑤ より短い	④ より長い

問32 32 正解は②

① なくてはならないブルーカーボン生態系は，破壊されてしまい，替えがきかない。
② 海洋沿岸部の生態系は，さらなる二酸化炭素の放出を防ぐために保護されるべきである。
③ 海洋全体の生態系を取り戻すことが気候問題の解決につながるだろう。
④ ブルーカーボンの循環を向上させるには，魚類の生命を維持していくことが重要である。

最終段第5文 To avoid this, ocean coasts must be … protected.「この事態を避けるには海洋沿岸域を…保護しなければならない」の this は，直前の第3・4文（For example, large …）のマングローブの破壊により大量のブルーカーボンが二酸化炭素として大気中に放出される事態を指す。この内容は②に一致する。
①blue carbon ecosystems … cannot be replaced「ブルーカーボン生態系は…替えがきかない」は講義の中で言及なし。
③the ecosystem of the entire ocean「海洋全体の生態系」の部分が講義の中で言及なし。
④Supporting fish life と improving the blue carbon cycle の関係が，最終段最終文「海洋沿岸部の生態系が健全な状態になれば，魚類の生命を維持していくことになる」と逆になってしまっているため，不適。

問33 33 正解は③

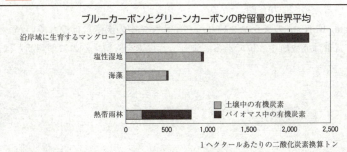

① 塩性湿地では，バイオマスよりも土壌からの方が二酸化炭素が排出されやすい。
② 海洋沿岸部に生息するマングローブでは，バイオマスよりも泥の層からの二酸化炭素排出量の方が少ない。
③ 海藻は，バイオマス中よりも土壌中の方が長期間にわたり炭素をより効率よく貯留できる。
④ 熱帯雨林は，そのバイオマスが理由で，炭素を貯留するには理想的である。

62 2021年度：英語（リスニング）/本試験〈第2日程〉〈解答〉

放送内容 《生態系別の有機炭素貯留量比較》

Look at this graph, which compares blue and green carbon storage. Notice how much organic carbon is stored in each of the four places. The organic carbon is stored in soil and in biomass but in different proportions. What can we learn from this?

訳　ブルーカーボンとグリーンカーボンの貯留量を比較したこのグラフを見てください。4つの場所それぞれに貯留されている有機炭素の量に注目してください。有機炭素は土壌中とバイオマス中のどちらにも貯留されますが，その割合は異なります。このことから何がわかりますか？

◇ storage「貯留（量）」　◇ notice「～に注目する」　◇ proportion「割合」

①グラフの題名（Global Averages for Blue and Green Carbon Storage）から，このグラフは「（有機）炭素の貯留量」を比較したものであると判断できる。よって release CO_2 more easily と，CO_2 の排出のしやすさを比較している①は不適。

②は release less CO_2 が CO_2 排出量を比較しているため，不適。①の解説参照。

③は offer more efficient long-term carbon storage「長期にわたり炭素をより効率よく貯留できる」より，グラフで比較されている炭素貯留量に関する記述である点が一致している。グラフの上から3つ目の棒グラフ（Seagrasses）を確認すると，土壌中の有機炭素の量の方がバイオマス中よりも圧倒的に多いことが読み取れる。また，前半の講義の第2段第1文 Blue carbon is created by seagrasses … で，ブルーカーボンを生成するものの一つに Seagrasses は挙げられており，同段第3・4文（However, they store …）に，ブルーカーボンを効率よく長期間貯留することも述べられているため，③が正解。

④Tropical Forests のグラフを確認。バイオマス中の炭素量は最も多いが，全体的な炭素貯留量は4カ所中3位である。よって，炭素を貯留するのに理想的とは言えない。

2021年度：英語（リスニング）／本試験（第2日程）〈解答〉 **63**

第6問A 対話を聞いて要点を把握する問題

放送内容 《第6問Aの説明》

　第6問A　第6問Aは問34と問35の2問です。二人の対話を聞き，それぞれの問いの答えとして最も適切なものを，四つの選択肢（①～④）のうちから一つずつ選びなさい。状況と問いを，今，読みなさい。

　では，始めます。

放送内容 《手書きの手紙についての賛否》

Carol : What are you doing, Bob?

Bob : I'm writing a letter to my grandmother.

Carol : Nice paper! But isn't it easier just to write her an email?

Bob : Well, perhaps. But I like shopping for stationery, putting pen to paper, addressing the envelope, and going to the post office. It gives me time to think about my grandma.

Carol : Uh-huh. But that's so much trouble.

Bob : Not really. Don't you think your personality shines through in a handwritten letter? And it makes people happy. Plus, it has cognitive benefits.

Carol : What cognitive benefits?

Bob : You know, handwriting is good for thinking processes, like memorizing and decision making.

Carol : Really? I'm a more fluent writer when I do it on a computer.

Bob : Maybe you are, but you might also sacrifice something with that efficiency.

Carol : Like what?

Bob : Well, mindfulness, for one.

Carol : Mindfulness?

Bob : Like taking time to do things with careful consideration. That's being lost these days. We should slow down and lead a more mindful life.

Carol : Speaking of mindful, I wouldn't mind some chocolate-chip ice cream.

訳 キャロル：ボブ，何をしているの？

　　ボブ：祖母に手紙を書いているんだよ。

　キャロル：素敵な紙ね！　でも，Eメールを書くだけの方が楽じゃない？

64 2021年度：英語〈リスニング〉/本試験〈第2日程〉〈解答〉

> ボブ：うーん，そうかもね。でも，僕は文房具を買いに行って，筆を執って，封筒に宛先を書いて，郵便局に行くっていうのが好きなんだよ。**そうすることで祖母のことを考える時間ができるからね。**
>
> キャロル：ふぅん。**でも，それってすごく面倒よね。**
>
> ボブ：たいしたことないよ。**手書きの手紙**の方が個性が出ると思わない？**それに，手書きの手紙をもらえば，人は幸せな気持ちになるよ。**しかも，手書きで手紙を書くことには，認知面での効果も期待できるんだ。
>
> キャロル：認知機能に対してどんな効果があるの？
>
> ボブ：あのね，手で文字を書くことは暗記をしたり意思決定をしたりといった思考の過程によい影響を与えるんだよ。
>
> キャロル：本当？　私はコンピューターで書いた方が流暢に書けるわ。
>
> ボブ：君はそうだろうけど，ひょっとするとその効率のよさのせいで何かを犠牲にしてしまっているかもしれないよ。
>
> キャロル：例えば？
>
> ボブ：そうだな，一つには，マインドフルネスかな。
>
> キャロル：マインドフルネス？
>
> ボブ：**時間をかけて慎重に検討しながら物事に取り組む**，みたいなものさ。この頃では失われつつあるものだよね。僕たちはペースを落として，もっとマインドフルな生活を送るべきだよ。
>
> キャロル：マインドフルと言えば，私はチョコチップアイスを食べたいわ。

◇ shop for ~「~を買いに行く」　◇ put pen to paper「筆を執る」
◇ shine through「はっきりと現れる」　◇ cognitive「認知の」
◇ decision making「意思決定」　◇ fluent「流暢な」
◇ sacrifice「~を犠牲にする」　◇ efficiency「効率,性能」　◇ for one「一つには」
◇ consideration「熟慮,考察」　◇ lead a ~ life「~な生活を送る」
◇ speaking of ~「~と言えば」　◇ wouldn't mind ~「~が欲しいのですが」

問 34　|34|　正解は③

> 問　キャロルの話の要点は何か。
> ① Eメールは冷たく，あまり個人的でない。
> ② 手書きの文字は読みづらい。
> ③ ペンで手紙を書くことは面倒である。
> ④ 手紙には個性が出る。

手書きで手紙を書くことのよさを伝えるボブに対し，キャロルは3つ目の発言第2文（But that's so …）で「でも，それってすごく面倒よね」と反論していることから，

③が正解。so much trouble が③では troublesome に言い換えられている。①はキャロルの発言中に，Eメールを否定的にとらえた発言がないため不適。②はキャロルが手書きの手紙を支持しない理由に hard to read「読みづらい」を挙げていない。④はボブの3つ目の発言第2文（Don't you think …）「手書きの手紙の方が個性を発揮できると思わない？」に近い内容であり，キャロルの話の要点ではない。

問35　 35 　正解は④

> 問　次の文章のうち，ボブが同意するであろうものはどれか。
> ① 手紙を書くことには時間がかかりすぎる。
> ② キーボードを使って手紙を書くと性格がよくなる。
> ③ キーボードを使って手紙を書くのは，手書きで手紙を書くのと同じくらいよいものだ。
> ④ 手書きで手紙を書くことは心のこもった行いである。

ボブは2つ目の発言最終文（It gives me …）で「（手書きの手紙を書くことで）祖母のことを考える時間ができる」と述べ，最後の発言では手書きの手紙について taking time … consideration「時間をかけて慎重に検討しながら物事に取り組む」ものとしている。これらが④の a heartfelt act に近い意味になる。また，ボブの3つ目の発言第3文 And it makes people happy. の it は第2文の a handwritten letter「手書きの手紙」を指し，ボブは手書きの手紙により人々を幸せな気持ちにできると述べている。これらから④に同意すると考えられる。前出の a handwritten letter が④の Writing a letter by hand と同じ意味になっている。

第6問B　複数の意見（会話や議論）を聞いて問いに答える問題

放送内容　《第6問Bの説明》
　第6問B　第6問Bは問36と問37の2問です。会話を聞き，それぞれの問いの答えとして最も適切なものを，選択肢のうちから一つずつ選びなさい。状況と問いを，今，読みなさい。
　では，始めます。

放送内容　《選挙の投票に行くかどうか》
Brad：Hey, Kenji. Did you vote yet? The polls close in two hours.
Kenji：Well, Brad, who should I vote for? I don't know about politics.
Brad：Seriously? You should be more politically aware.

66 2021年度：英語（リスニング）/本試験（第2日程）〈解答〉

Kenji : I don't know. It's hard. How can I make an educated choice? What do you think, Alice?

Alice : The information is everywhere, Kenji! Just go online. Many young people are doing it.

Kenji : Really, Alice? Many?

Brad : Either way, you should take more interest in elections.

Kenji : Is everybody like that? There's Helen. Let's ask her. Hey Helen!

Helen : Hello, Kenji. What's up?

Kenji : Are you going to vote?

Helen : Vote? We're only twenty. Most people our age don't care about politics.

Alice : Being young is no excuse.

Helen : But unlike older people, I'm just not interested.

Brad : Come on, Helen. Let's just talk. That might change your mind.

Alice : Brad's right. Talking with friends keeps you informed.

Kenji : Really? Would that help?

Brad : It might, Kenji. We can learn about politics that way.

Alice : So, Kenji, are you going to vote or not?

Kenji : Is my one vote meaningful?

Alice : Every vote counts, Kenji.

Helen : I'll worry about voting when I'm old. But do what you want!

Kenji : OK, I'm convinced. We've got two hours. Let's figure out who to vote for!

訳 ブラッド：やあ，ケンジ。君はもう投票した？　投票所はあと2時間で閉まるよ。

ケンジ：いやー，ブラッド，誰に投票したらいいんだよ？　政治についてはよくわかってもいないのに。

ブラッド：本気で言ってる？　君はもっと政治意識を持つべきだよ。

ケンジ：どうだろうねえ。政治って難しいしね。よく理解した上で決めるなんて，どうやったらできるのさ？　アリス，君はどう思う？

アリス：情報なんてどこにでもあるわよ，ケンジ！　とにかく，インターネットを開いてみなさいよ。そうしている若者なんてたくさんいるわ。

ケンジ：本当なの，アリス？　そんなにたくさん？

ブラッド：いずれにしろ，君はもっと選挙に関心を持ちなよ。

ケンジ：みんなそんな感じなの？　ヘレンがいるじゃないか。彼女に聞いてみよう。やあ，ヘレン！

ヘレン：こんにちは，ケンジ。どうしたの？

　　ケンジ：君は投票に行くの？

　　ヘレン：投票？　<u>私たち，まだ20歳よ。私たちと同じ年の人はほとんどが政治に興味なんてないわ</u>よ。

　　アリス：若いってことは言い訳にはならないわ。

　　ヘレン：でも，<u>お年寄りの人たちと違って，私は全く興味がないのよ。</u>

ブラッド：何言ってるんだよ，ヘレン。とにかく話をしようよ。そうすれば君も考えが変わるかもしれないよ。

　　アリス：ブラッドの言うとおりよ。友達と話すことでいろんなことを知ることができるわ。

　　ケンジ：本当？　それって役に立つの？

ブラッド：役立つかもしれないよ，ケンジ。そんなふうにして一緒に政治について学べばいいじゃないか。

　　アリス：さあ，ケンジ，投票には行くの？　行かないの？

　　ケンジ：僕の一票に意味があるの？

　　アリス：どの票にも価値があるのよ，ケンジ。

　　ヘレン：<u>年を取れば，私も選挙のことが気にかかるようになるとは思うわ。</u>でも，みんな自分のしたいようにするべきよ！

　　ケンジ：よし，わかった。<u>まだ2時間ある。誰に投票するべきか考えよう！</u>

◇ vote「投票する」　◇ the polls「投票所」　◇ politics「政治」
◇ be politically aware「政治意識を持つ」　◇ educated「知識に基づいた」
◇ either way「いずれにしろ」　◇ election「選挙」
◇ care about ～「～に関心を持つ」　◇ excuse「言い訳，口実」
◇ change *one's* mind「心変わりする」
◇ keep *A* informed「*A* に随時情報を与える」
◇ that way「そんなふうに」　◇ meaningful「意味のある」
◇ count「重要である」　◇ convinced「確信した」
◇ figure out ～「～を考え出す」

問36　36　正解は①

| ① 1人 | ② 2人 | ③ 3人 | ④ 4人 |

投票に行ったか問われたケンジは1つ目の発言で I don't know about politics. 「政治についてはよくわからない」と答えているため，積極的とは言えない。ブラッドはそんなケンジに2つ目の発言で You should be more politically aware. 「君はもっと政治意識を持つべきだ」とケンジを批判しているので，積極的と言える。アリスは

政治に関する情報不足を理由にブラッドに反論するケンジに意見を求められ，1つ目の発言で The information is everywhere, Kenji!「情報なんてどこにでもあるわよ，ケンジ！」と，ケンジをさらに追いつめていることから，積極的と言える。ヘレンは3つ目の発言で I'm just not interested. と述べているので，積極的とは言えない。ここまでなら②を選びたいが，ブラッドとアリスに説得されたケンジの最後の発言 We've got two hours. Let's figure out who to vote for!「まだ2時間ある。誰に投票するべきか考えよう！」から，投票したい人を決めて選挙に行く考えに変わっていることがわかる。ケンジが投票に積極的になったと言えるので，①が正解。

> **NOTE** 問いの「会話が終わった時点で，選挙の投票に行くことに積極的でなかった人」という表現に注意。「会話が終わった時点で」➡意見が途中で変わる可能性もあるので，最初の意見だけで判断をしないようにしよう。

問37　37　正解は①

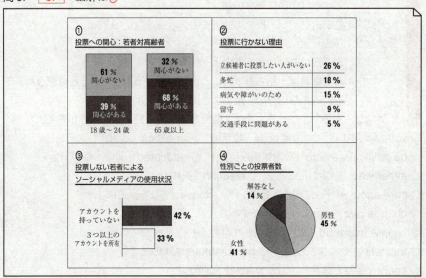

ヘレンの2つ目の発言第2・3文 We're only twenty. Most people our age don't care about politics.「私たち，まだ20歳よ。私たちと同じ年の人はほとんどが政治に関心なんてないわよ」，3つ目の発言 unlike older people, I'm just not interested.「お年寄りの人たちと違って，私は全く興味がないのよ」，4つ目の発言第1文 I'll worry about voting when I'm old.「年を取れば，私も選挙のことが気にかかるようになるとは思うわ」から，若者は政治や選挙に関心がなく，高齢者はある，というのがヘレンの意見だとわかる。若者と高齢者について，投票への関心がある人とない人の割合を比較した①が正解。

第2回 試行調査：英語（リスニング）

問題番号 （配点）	設問		解答番号	正解	配点	チェック
第1問 （24）	A	問1	1	④	3	
		問2	2	①	3	
		問3	3	①	3	
		問4	4	②	3	
	B	問1	5	①	4	
		問2	6	④	4	
		問3	7	③	4	
第2問 （12）		問1	8	②	3	
		問2	9	③	3	
		問3	10	④	3	
		問4	11	③	3	
第3問 （16）		問1	12	①	4	
		問2	13	④	4	
		問3	14	①	4	
		問4	15	①	4	

問題番号 （配点）	設問		解答番号	正解	配点	チェック
第4問 （12）	A	問1	16	③	4*1	
			17	②		
			18	①		
			19	④		
		問2	20	②	1	
			21	③	1	
			22	④	1	
			23	④	1	
	B	問1	24	④	4	
第5問 （20）		問1	25	④	4	
			26	②		
			27	④	4*1	
			28	①		
			29	④		
			30	②	4*1	
			31	③		
			32	④	4	
		問2	33	④	4	
第6問 （16）	A	問1	34	②	4	
		問2	35	③	4	
	B	問1	36	①	4*2	
		問2	37	④	4	

（注）
*1　全部正解の場合のみ点を与える。
*2　過不足なく解答した場合のみ点を与える。

自己採点欄

／100点

※ 2018年11月の試行調査の受検者のうち，3年生の得点の平均値を示しています。
（平均点：58.82点）※

2　第2回 試行調査：英語（リスニング）〈解答〉

> 放送内容 《試験の説明》
>
> これからリスニングテストを始めます。
>
> 　この試験では，聞き取る英語を2回流す問題と1回だけ流す問題があります。な
> お，選択肢は音声ではなく，すべて問題冊子に印刷されています。
>
> 　4ページを開いてください。

第1問A　短い発話を聞いて同意文を選ぶ問題

> 放送内容 《第1問Aの説明》
>
> 　第1問A　第1問Aは問1から問4までの4問です。それぞれの問いについて，
> 聞こえてくる英文の内容に最も近い意味のものを，四つの選択肢（①〜④）のうち
> から一つずつ選びなさい。聞き取る英文は2回流します。
>
> 　では，始めます。

問1　[1]　正解は④

> ①　話者は何も欲しくない。
> ②　話者は紅茶とクッキーの両方を欲しがっている。
> ③　話者はクッキーが欲しい。
> ④　話者は紅茶が欲しい。

> 放送内容 《おかわり》
>
> I've had enough cookies, thanks. Some more tea would be nice.

> 訳　クッキーは十分いただきました，ありがとう。紅茶をもう少しいただければと
> 思います。

◇ have had enough 〜「〜は十分である，〜はもうたくさんだ」

第2文 Some more tea would be nice.「もう少し紅茶が良いだろう」→「紅茶をもう
少しいただければ」より，話者が欲しているのは紅茶のみ。第1文の I've had
enough cookies「クッキーは十分食べた」からもクッキーをこれ以上は欲していな
いことがわかるため，④が正解。

第 2 回 試行調査：英語（リスニング）〈解答〉　**3**

問2　　2　　正解は①

① 話者はパーティーに行くことができない。
② 話者は明日，仕事がない。
③ 話者は行かなければならないパーティーが他にある。
④ 話者の誕生日は明日だ。

放送内容 《パーティーへの参加辞退》

　I'd love to go to your birthday party tomorrow, but I have a lot of work to do.

訳　　明日のあなたの誕生日パーティーにはぜひ参加したいんですが，やらないといけない仕事がたくさんあるんです。

◇ would love to *do*「ぜひ〜したい」

前半では I'd love to … とパーティーにぜひ参加したいと言っているものの，後半で but I have a lot of work to do「しかし，やるべき仕事がたくさんある」と述べていることから，実際には仕事で行けないということを遠まわしに伝えている。よって①が正解。

問3　　3　　正解は①

① ジュンコは雨に濡れた。
② ジュンコは傘を持っていた。
③ ジュンコは雨の中，学校まで走って行った。
④ ジュンコは家にいた。

放送内容 《雨の中の帰宅》

　It started raining after school. Since Junko had no umbrella, she ran home in the rain.

訳　　放課後，雨が降り始めた。ジュンコは傘を持っていなかったので，雨の中，家まで走って帰った。

第2文前半 Junko had no umbrella「ジュンコは傘を持っていなかった」より，②は不適。第2文後半 she ran home in the rain「雨の中，家まで走って帰った」より③，④は不適。傘をささずに帰宅すれば，結果的に雨に濡れてしまうと推測できる。よって①が正解。

4 第2回 試行調査：英語(リスニング)〈解答〉

問4 　4 　正解は②

① 話者は英語の先生である。
② 話者はたくさん勉強しなければならない。
③ 話者は日本以外の国で勉強する必要がある。
④ 話者は海外で英語を教えている。

放送内容 《英語教師になるために》

To become an English teacher, I won't have to study abroad, but I will have to study hard.

訳 　英語の先生になるために，留学する必要はないが，一所懸命に勉強しなければならないだろう。

後半で I will have to study hard「一所懸命に勉強しなければならないだろう」と述べているため，②が正解。放送英文と選択肢では have to→must，study hard→study a lot と言い換えられていることに注意。放送英文はすべて未来の表現（I won't have to … や I will have to …）が使われていることから，話者はこれから英語の先生を目指すということがわかるため，①，④は不適。また，I won't have to study abroad「留学しなくてもよい」より，③も不適。

第1問B　短い発話を聞いて内容に近いイラストを選ぶ問題

> 放送内容　《第1問Bの説明》
> 　第1問B　第1問Bは問1から問3までの3問です。それぞれの問いについて，聞こえてくる英文の内容に最も近い絵を，四つの選択肢（①～④）のうちから一つずつ選びなさい。聞き取る英文は2回流します。
> 　では，始めます。

問1　5　正解は①

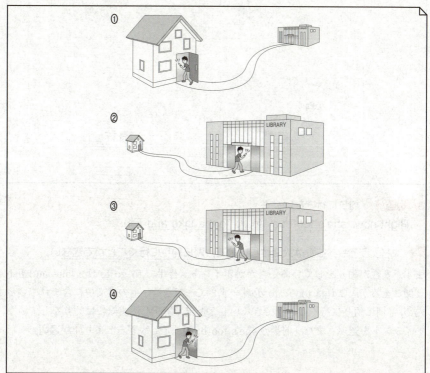

> 放送内容　《着信時の男性の状況》
> 　He got a phone call from Joe <u>as soon as he arrived home from the library</u>.

訳　彼が図書館から帰宅するとすぐにジョーから電話があった。

イラストより，着信があったのが図書館もしくは自宅を出たときか，それともそれぞ

れの場所に到着したときか，という点を聞き取る。放送英文後半に as soon as he arrived home from the library「図書館から家に着いてすぐに」とあることから，①が正解。

問2　6　正解は④

> 放送内容　《釣りに行きたい女性》
> Right now, she's too busy to go to the lake and fish.

訳　ちょうど今，彼女は大変忙しいので，湖に釣りに行くことができない。

まず，女性が釣りをしているか否かがポイント。後半で to go to the lake and fish と聞こえるが，これは too … to do「…すぎて〜できない」の構文中に含まれているため，「湖に釣りに行くことができない」と否定で解釈し，実際には釣りをしていないイラストを選ぶ。また，前半の she's too busy「忙しすぎる」より④が適切。

問3　[7]　正解は③

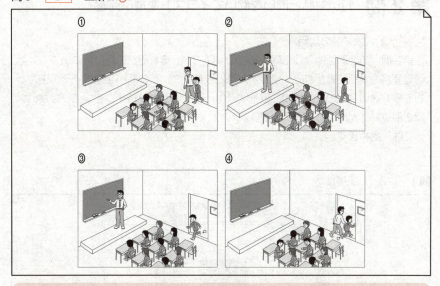

放送内容　《遅刻》

When the boy entered the classroom, the teacher had already started the lesson.

訳　少年が教室に入ったとき，先生はすでに授業を始めていた。

前半の When the boy entered the classroom「少年が教室に入ったとき」より，少年が教室に入る描写のある①，③に絞る。後半の the teacher had already started the lesson「先生はすでに授業を始めていた」から，教師が教壇に立っている様子が描かれている③を選ぶことができる。

第2問 短い対話と問いを聞いてイラストを選ぶ問題

放送内容 《第2問の説明》

　第2問　第2問は問1から問4までの4問です。それぞれの問いについて，対話の場面が日本語で書かれています。対話とそれについての問いを聞き，その答えとして最も適切なものを，四つの選択肢（①〜④）のうちから一つずつ選びなさい。聞き取る対話と問いは2回流します。
　では，始めます。

問1　8　正解は②

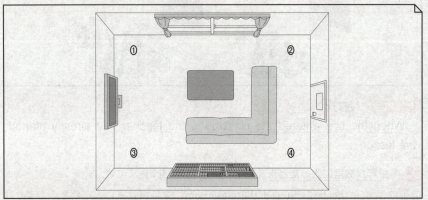

放送内容 《ツリーの置き場所》

M : How about there, near the bookshelf?
W : I'd prefer it by the window.
M : OK. Right here, then?
W : No, that's too close to the TV. I think the other corner would be better.

Question : Where does the woman want to put the Christmas tree?

訳　男性：そこらへんはどうかな？　本棚の近く。
　　女性：私は窓のそばにある方がいいと思うわ。
　　男性：わかった。じゃあ，ここだね？
　　女性：いいえ，それじゃあテレビに近すぎるわ。反対側の角の方がいいと思うわ。

　　質問：女性はクリスマスツリーをどこに置きたがっているか。

本棚の近くはどうかという男性の提案に対し、女性は I'd prefer it by the window. 「窓のそばの方がいい」と述べていることから、①、②に絞る。さらに、女性は2つ目の発言で that's too close to the TV 「それじゃあテレビに近すぎる」とも言っているので、テレビの近くである①は不適となり、②が正解。最終文 I think the other corner would be better. の the other corner 「もう一方の角」は直前のテレビの近くの角に対し、「他方の角」を指している。

問2　9　正解は③

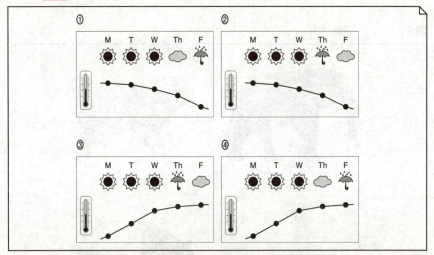

放送内容　《来週の天気》

W : Will it be warm next week?
M : It should be cold at first, then get warmer.
W : I heard it'll be sunny, though, right?
M : Yes, except for rain on Thursday and clouds on Friday.

Question : Which is the correct weather forecast?

訳　女性：来週は暖かくなるかしら？
　　　男性：はじめのうちは寒くて、その後は暖かくなるはずだよ。
　　　女性：私は晴れる予定だって聞いたけど、どうなの？
　　　男性：そうだよ、木曜日が雨なのと、金曜日が曇りなのを除いてはね。

　　　質問：正しい天気予報はどれか。

◇ except for ～「～を除いて」　◇ weather forecast「天気予報」
イラスト上部には月曜日から金曜日までの天気，下部には気温の予報が描かれているため，この2つの情報を聞き取る。男性の1つ目の発言 It should be cold at first, then get warmer.「はじめのうちは寒くて，その後は暖かくなるはず」より気温が上昇している③，④に絞る。また，女性が2つ目の発言で it'll be sunny「晴れる」と述べたのに対し，男性が Yes, except for rain on Thursday and clouds on Friday.「そうだよ，木曜日が雨なのと，金曜日が曇りなのを除いてはね」と述べていることから，木曜日に雨，金曜日に曇りのマークがついている③が正解。

問3　10　正解は④

> 放送内容　《動物の名前》
> M : What was the name of the animal with the small ears?
> W : The one with the long tail?
> M : No, the short-tailed one.
> W : Oh yeah, with the long nose.
>
> Question : Which animal are the speakers talking about?

> 訳　男性：あの耳の小さい動物は何て名前だったっけ？
> 女性：しっぽの長い動物？
> 男性：いや，短いしっぽのやつだよ。

女性：あぁ，鼻の長い動物ね。

質問：話者たちはどの動物について話しているのか。

◇ tail「しっぽ」　◇ short-tailed「しっぽの短い」

動物の体の特徴に注目して聞き取ること。男性の1つ目の発言中の the animal with the small ears「耳の小さい動物」より②，③，④に絞る。それに対し，女性は The one with the long tail？「しっぽの長い動物？」としっぽの特徴について男性に問うが，男性は2つ目の発言で No, the short-tailed one.「いや，短いしっぽのやつだよ」と答えていることから，しっぽの長い③は不適。さらに，女性が最後の発言で with the long nose「鼻の長い動物ね」と加えていることから，④が正解。2度登場する one はいずれも話題の中心となる動物を指す。

問4　11　正解は③

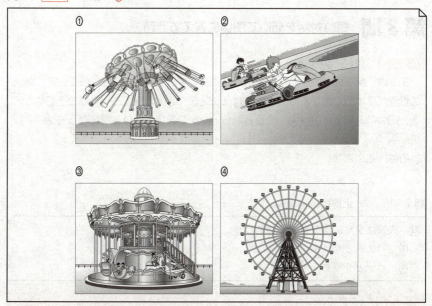

放送内容　《遊園地の乗り物》

W : This place is famous for its roller coaster!
M : Oh ... no, I don't like fast rides.
W : Well then, let's try this!
M : Actually, I'm afraid of heights, too.

Question : Which is the best ride for the man to try?

訳 女性：ここはジェットコースターで有名なのよ！

男性：わぁ…ダメだ，僕は高速の乗り物は苦手なんだ。

女性：それじゃあ，これにしましょうよ！

男性：実はね，僕は高いところも怖いんだ。

質問：男性が挑戦するのに最適な乗り物はどれか。

◇ be famous for 〜「〜で有名な」 ◇ roller coaster「ジェットコースター」

消去法で考えざるを得ない問題。男性の1つ目の発言 I don't like fast rides「高速の乗り物は苦手なんだ」より，スピード感があると推測できる②は不適。さらに，男性の2つ目の発言 I'm afraid of heights, too「高いところも怖いんだ」より，高いところに行かなくてはならないと推測できる①，④も不適。よって，男性が乗れそうなものは残る③のみと推測できる。

第3問 短い対話を聞いて問いに答える問題

放送内容 《第3問の説明》

第3問　第3問は問1から問4までの4問です。それぞれの問いについて，対話の場面が日本語で書かれています。対話を聞き，問いの答えとして最も適切なものを，四つの選択肢（①〜④）のうちから一つずつ選びなさい。聞き取る対話は2回流します。

では，始めます。

問1　　12　　正解は①

問	夫婦は夕食に何を食べるつもりか。		
①	パスタとサラダ	②	パスタとスープ
③	ピザとサラダ	④	ピザとスープ

放送内容 《夕食のメニュー》

W：Would you rather have pizza or pasta for dinner?

M：Well, I had pizza for lunch ... .

W：OK, then pasta. We could have soup with that. Oh, but the neighbor gave us lots of lettuce and tomatoes from her garden, so how about a salad instead of soup?

M：Sure! That sounds good!

第 2 回 試行調査：英語（リスニング）〈解答〉　**13**

> 訳　女性：夕食にピザを食べたい？　それともパスタ？
> 　　　男性：うーん，ピザは昼食に食べたからな…。
> 　　　女性：**わかったわ，じゃあパスタね**。それと一緒にスープを食べてもいいわね。あ，でもご近所さんから庭で採れたレタスとトマトをたくさんもらったから，**スープの代わりにサラダはどう？**
> 　　　男性：**もちろん！　いいね！**

◇ would rather *do*「〜したい」　◇ neighbor「近所の人」　◇ lettuce「レタス」
◇ instead of 〜「〜の代わりに」

選択肢に並ぶ語はすべて放送英文に登場するため，最終的に何を食べることになったのかを流れから聞き取ること。まず，男性の 1 つ目の発言 I had pizza for lunch「ピザは昼食に食べた」に対し，女性が OK, then pasta.「わかったわ，じゃあパスタね」と答えていることから，パスタを含む①，②に絞る。さらに，女性が 2 つ目の発言最終文後半で how about a salad instead of soup？「スープの代わりにサラダはどう？」と問いかけ，男性は最終発言で同意しているため，①が正解となる。

問 2　**13**　正解は④

> 問　男性はどうするつもりか。
> ①　車で送ってくれるよう頼む。　　②　バスに乗る。
> ③　タクシーに乗る。　　　　　　　④　ホテルまで歩いて行く。

放送内容　《ホテルまでの行き方》

M : Excuse me. Could you tell me how to get to the Riverside Hotel from here ?

W : You can take a taxi or a bus. Or you can <u>walk there</u> and enjoy the view. It's not too far.

M : Hmm, it's a nice day, and <u>I need some exercise</u>. I'll do that.

> 訳　男性：すみません。ここからリバーサイドホテルへの行き方を教えていただけませんか？
> 　　　女性：タクシーかバスに乗るといいですよ。もしくは，**そこまで歩いて行って眺め**を楽しんでもいいんじゃないかしら。そんなに遠くはないですよ。
> 　　　男性：うーん，天気がいいし，**私は少し運動しないといけないんです**よね。そうすることにしますよ。

◇ get to 〜「〜に到着する」

14 第2回 試行調査：英語（リスニング）〈解答〉

男性の最後の発言 I'll do that. の that は，直前の女性が案内したホテルまでの行き方3つのどれかを指すため，②，③，④に絞る。男性は最終発言第1文で I need some exercise「少し運動が必要」とも言っているため，体を動かしてホテルまで行く方法，つまり歩くことを選ぶと推測できる。よって④が正解。

問3　[14]　正解は①

問	男性はシャツについてどう感じているか。
①	彼はそれをとても気に入っている。
②	彼はそれを購入したいと思っている。
③	それは自分に似合っていない。
④	それは値段に見合っていない。

放送内容 《お買い得だったシャツ》

W : Hi, Jason. You look great in that shirt.

M : Thanks, Mary. I ordered it online. Actually, it didn't look that nice on the website.

W : Then why did you buy it?

M : Because it was 50% off. But now I think it's really nice.

W : Yeah, it is! You got a good buy.

訳　女性：こんにちは，ジェイソン。そのシャツ，とても似合ってるわね。

男性：ありがとう，メアリー。インターネットで注文したんだ。実は，ウェブサイト上ではそんなに素敵には見えなかったんだけどね。

女性：じゃあ，なんでそれを買ったの？

男性：半額だったからだよ。でも，**今はすごくいいと思ってるよ**。

女性：ええ，本当に素敵よ！　いい買い物をしたわね。

◇ order「～を注文する」　◇ online「オンラインで，インターネットで」
◇ get a good buy「いい買い物をする」

シャツについてプラス・マイナスどちらの感情を抱いているかを聞き取る。質問の主語は the man なので男性の発言に注目すると，男性は2つ目の発言第2文で But now I think it's really nice.「でも，今はすごくいいと思ってるよ」と述べていることから，①が正解と推測できる。また，男性の1つ目の発言第2文 I ordered it online. より，すでに男性はシャツを購入済みのため，②は不適。④ worth the price「値段に見合っている」

第 2 回 試行調査：英語（リスニング）〈解答〉 **15**

問 4　　**15**　　正解は ①

> 問　2 人が同意している点は何についてか。
> ①　映画は本に忠実である。　　②　映画は配役が素晴らしい。
> ③　映画は実話に基づいている。　　④　映画は本よりも良い。

放送内容　《映画の感想》

M : That was a great movie, wasn't it ?
W : Well, it wasn't as good as I expected.
M : Really ? It was a lot like the book, though.
W : Yeah, that's true, but I didn't like the cast very much.
M : Oh, you didn't ? I think all the actors did a great job.

訳　男性：素晴らしい映画だったよね？
　　　女性：うーん，期待していたほど良くはなかったわ。
　　　男性：本当？　だけど，原作の本にかなり近かったよ。
　　　女性：えぇ，確かにね，でも，私は配役があまり好きではなかったのよ。
　　　男性：えぇ？　そうだった？　俳優はみんないい仕事をしていたと思うけどな。

◇ not as ～ as … 「…ほど～でない」　◇ expect「～を期待する，予期する」
◇ be (a lot) like ～「～に（とても）よく似た」　◇ though「でも，けれど」
◇ that's true「確かにそうだ」　◇ cast「配役，キャスト」　◇ actor(s)「俳優」
◇ do a great job「いい仕事をする」

男性が 2 つ目の発言第 2 文で It was a lot like the book「それ（＝映画）は本にかなり近かった」と言ったのに対し，女性も 2 つ目の発言で Yeah, that's true「えぇ，確かにね」と同意を示しているため，**①**が正解。follow「～に従う，まねる」　女性は続いて I didn't like the cast very much「配役があまり好きではなかった」と述べているため，**②**は不適。**③**，**④**は放送英文で触れられていない。**③** be based on ～「～に基づいている」

第4問A　モノローグを聞いて図表を完成させる問題

> 放送内容　《第4問Aの説明》
>
> 　第4問A　第4問Aは問1・問2の2問です。話を聞き，それぞれの問いの答えとして最も適切なものを，選択肢のうちから選びなさい。聞き取る英語は1回流します。
> 　では，始めます。

問1　

> 放送内容　《我が家の猫の脱走》
>
> 　Last Saturday, when my grandmother opened the front door of our house, our family cat, Sakura, ran out to chase a bird. My grandmother tried to catch her, but Sakura was too fast. My family began looking for her. When it got too dark to see, we gave up our search for the night. We were so sad. I placed food and water outside the door in case Sakura came home. The next morning I ran to the door to check the food. The food had been eaten, but Sakura wasn't there. Then suddenly, from behind the bushes, I heard a soft "meow."

訳　この前の土曜日，祖母が正面玄関を開けると，うちの飼い猫のサクラが鳥を追いかけて外に走り出した。祖母が捕まえようとしたが，サクラは動きがあまりにも速かった。私の家族は彼女を捜し始めた。真っ暗になりあたりが見えなくなる

ころ，その晩の捜索を打ち切った。私たちは大変悲しかった。サクラの帰宅に備えて，**私はドアの外にえさと水を置いておいた**。次の日の朝，私はドアのところまで走って行き，えさを確かめた。えさは食べられていたが，サクラはそこにはいなかった。そして突然，**茂みの後ろから「ニャー」という穏やかな鳴き声がした**。

◇ front door「正面玄関」　◇ chase「〜を追い求める」　◇ look for 〜「〜を捜す」
◇ get dark「暗くなる」　◇ give up the search「捜索を打ち切る」
◇ place「〜を置く」　◇ in case SV「〜する場合に備えて」
◇ bush(es)「茂み，やぶ」　◇ meow「『ニャー』という猫の鳴き声」

16　正解は③

第 1 文に when my grandmother opened the front door of our house, our family cat, Sakura, ran out「祖母が正面玄関を開けると，うちの飼い猫のサクラが外に走り出した」とある。③が正解。

17　正解は②

猫が走り出した後，第 3 文で My family began looking for her.「私の家族は彼女（＝サクラ）を捜し始めた」という展開になっているため，②が正解。

18　正解は①

夜になってサクラの捜索をやめたあと，第 6 文に I placed food and water outside the door「私はドアの外にえさと水を置いておいた」とある。①が正解。

19　正解は④

サクラが見つかった表現に近いものとして，最終文に from behind the bushes, I heard a soft "meow"「茂みの後ろから『ニャー』という穏やかな鳴き声がした」とある。④が正解。

18　第 2 回 試行調査：英語（リスニング）〈解答〉

問2　20　21　22　23　正解は②，③，③，④

① 50 ドル　　　　② 70 ドル　　　　③ 100 ドル
④ 150 ドル　　　　⑤ 200 ドル

ツアー		所要時間 （分）	料金
ハイキング	Aコース	30	20
	Bコース	80	21
ピクニック	Cコース	60	
	Dコース	90	22
山登り	Eコース	120	23
	Fコース	300	

放送内容　《ツアー料金》

This is the list of outdoor tours that we offer. I haven't filled in the price column yet, so could you help me complete it? The prices depend on how long each tour is. The price is 70 dollars for tours up to one hour ... and 100 dollars for tours over 60 minutes up to 90 minutes. We charge 50 dollars for each additional hour over 90 minutes.

訳　これが私たちが提供しているアウトドアツアーのリストです。まだ料金欄の記入をしていませんので，それを完成させるのを手伝ってもらえますか？　料金はそれぞれのツアーの所要時間によります。1 時間までのツアー料金は 70 ドルで…60 分から 90 分のツアーは 100 ドルです。90 分を超える場合は 1 時間ごとに 50 ドルずつ追加料金がかかります。

第 2 回 試行調査：英語（リスニング）〈解答〉 **19**

◇ offer「〜を提供する」 ◇ fill in 〜「〜に記入する」 ◇ column「欄」
◇ help *A do*「*A* が〜するのを手伝う」 ◇ complete「〜を仕上げる」
◇ depend on 〜「〜次第である」 ◇ up to 〜「〜まで」 ◇ over「〜以上」
◇ charge「〜を請求する」 ◇ additional「追加の」

---

20 正解は②

ツアー料金は第 3 文に The prices depend on how long each tour is.「料金はそれ
ぞれのツアーの所要時間によります」とある。空所左の Time の欄と放送英文より
判断する。Course A の所要時間は 30 分なので，第 4 文前半 The price is 70 dol-
lars for tours up to one hour「1 時間までのツアー料金は 70 ドル」より②が正解。

---

21 正解は③

Course B の所要時間は 80 分。第 4 文後半の 100 dollars for tours over 60 min-
utes up to 90 minutes「60 分から 90 分のツアーは 100 ドルです」より③が正解。

---

22 正解は③

Course D は 90 分。第 4 文後半の 100 dollars for tours over 60 minutes up to 90
minutes「60 分から 90 分のツアーは 100 ドルです」より③が正解。

---

23 正解は④

Course E は 120 分。最終文に We charge 50 dollars for each additional hour
over 90 minutes.「90 分を超える場合は 1 時間ごとに 50 ドルずつ追加料金がかかり
ます」とあるため，90 分までの料金（第 4 文後半参照）の 100 ドルに加え，30 分超
過となるため，50 ドルの追加料金がかかる。よって④が正解。

20　第2回 試行調査：英語（リスニング）〈解答〉

第4問B　複数の情報を聞いて条件に合うものを選ぶ問題

放送内容 《第4問Bの説明》

第4問B　第4問Bは問1の1問です。四人の説明を聞き，問いの答えとして最も適切なものを，選択肢のうちから選びなさい。

メモを取るのに下の表を使ってもかまいません。状況・条件及び問いが問題冊子に書かれているので，読みなさい。聞き取る英語は1回流します。

では，始めます。

問1　　24　　正解は④

① アダムス寮　② ケネディ寮　③ ネルソン寮　④ ワシントン寮			
	A．共用スペース	B．部屋専用のバスルーム	C．個室
① アダムス寮			
② ケネディ寮			
③ ネルソン寮			
④ ワシントン寮			

放送内容 《4つの寮の特徴》

1. You'd love Adams Hall. It's got a big recreation room, and we have parties there every weekend. You can also concentrate on your studies because everyone gets their own room. <u>The bathrooms are shared</u>, though.

2. I recommend Kennedy Hall. <u>All the rooms are shared</u>, and the common area is huge, so we always spend time there playing board games. There's a bathroom in every room, which is another thing I like about my hall.

3. I live in Nelson Hall. There are private rooms, but only for the seniors. So, <u>you'll be given a shared room with no bathroom</u>. My favorite place is the common kitchen. We enjoy sharing recipes from different countries with each other.

4. You should come to Washington Hall. The large living room allows

第 2 回 試行調査：英語（リスニング）〈解答〉　**21**

you to spend a great amount of time with your friends. Each room has a bathroom. Some rooms are for individual students, and, if you apply in advance, you will surely get one of those.

訳　1．アダムス寮がきっと気に入ると思いますよ。大きな娯楽室があり、そこでは毎週末、パーティーを開いています。全員、自分だけの部屋がありますので、勉強に集中することもできます。ただし、**バスルームは共用となります。**

2．私はケネディ寮をお勧めします。**部屋は全室相部屋**で、共用部分は広いので、私たちはいつもそこでボードゲームをして過ごしています。各部屋にバスルームがあり、そこが私が自分の寮で気に入っているもう一つの点です。

3．私はネルソン寮に住んでいます。個室はありますが、上級生用のみです。なので、**あなたの場合はバスルームのついていない相部屋になります。**私のお気に入りの場所は共用の台所です。私たちはお互いに様々な国のレシピを共有して楽しんでいます。

4．ワシントン寮にぜひ来てください。大きなリビングがあるので、非常に多くの時間を友人と過ごすことができます。**部屋ごとにバスルームがあります。個々の学生用の部屋がいくつかあり、前もって申し込んでおけば、確実に一人部屋を確保できるでしょう。**

◇ hall「寮」　◇ common「共通の、共用の」　◇ private room「個室」
◇ senior(s)「上級生」　◇ allow *A* to *do*「*A* が〜するのを許す」
◇ apply「申し込む」　◇ in advance「前もって」

①は第 3 文後半 everyone gets their own room に「個室」とあるものの、最終文に The bathrooms are shared「バスルームは共用」とあるため、条件 B「各部屋にバスルームがある」に当てはまらない。

②は第 2 文に All the rooms are shared「全室相部屋」とあり、条件 C「個室である」に当てはまらない。

③は第 3 文 you'll be given a shared room with no bathroom「バスルームのついていない相部屋になる」より、「各部屋にバスルームがある」という条件 B および「個室である」という条件 C に合わない。

④は第 3 文 Each room has a bathroom.「部屋ごとにバスルームがある」より条件 B「各部屋にバスルームがある」に合い、最終文 Some rooms are for individual students, and, if you apply in advance, you will surely get one of those.「個々の学生用の部屋がいくつかあり、前もって申し込んでおけば、確実に一人部屋を確保できるでしょう」より条件 C「個室である」に当てはまる。よって**④**が正解。

ちなみに、条件 A「同じ寮の人たちと交流できる共用スペースがある」については、

22　第2回 試行調査：英語(リスニング)〈解答〉

①は第2文（It's got a …），②は第2文後半（and the common area is …），③は第4・最終文（My favorite place …），④は第2文（The large living room …）でそれぞれ述べられているため，すべてが当てはまる。

	A．共用スペース	B．部屋専用の バスルーム	C．個室
① アダムス寮	○	×	○
② ケネディ寮	○	○	×
③ ネルソン寮	○	×	×
④ ワシントン寮	○	○	○

第5問 講義の内容と図表の情報を使って問いに答える問題

> 放送内容 《第5問の説明》
> 第5問　第5問は問1(a)～(c)と問2の2問です。講義を聞き，それぞれの問いの答えとして最も適切なものを，選択肢のうちから選びなさい。
> 状況と問いが問題冊子に書かれているので，読みなさい。聞き取る英語は1回流します。
> では，始めます。

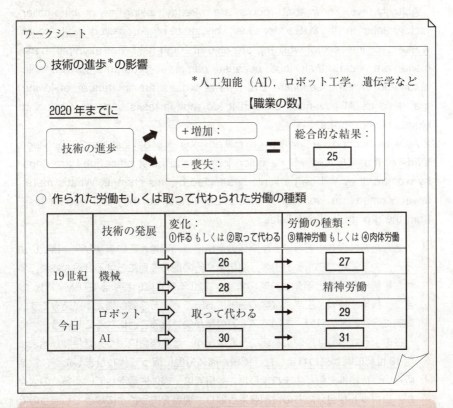

> 放送内容 《技術革命に伴い消える職業》
> What kind of career are you thinking about now? Research predicts developments in artificial intelligence, robotics, genetics, and other technologies will have a major impact on jobs. By 2020, two million jobs will be gained in the so-called STEM fields, that is, science, technology,

engineering, and mathematics. At the same time, seven million other jobs will be lost.

This kind of thing has happened before. Jobs were lost in the 19th century when mass production started with the Industrial Revolution. Machines replaced physical labor, but mental labor like sales jobs was generated. Today, many people doing physical labor are worried that robots will take over their roles and that they will lose their current jobs. This time, the development of AI may even eliminate some jobs requiring mental labor as well.

Actually, we know that robots are already taking away blue-collar factory jobs in the US. Moreover, because of AI, skilled white-collar workers, or intellectual workers, are also at "high risk." For example, bank clerks are losing their jobs because computer programs now enable automatic banking services. Even news writers are in danger of losing their jobs as AI advances enough to do routine tasks such as producing simple news reports.

As I mentioned earlier, seven million jobs will be lost by 2020. Two-thirds of those losses will be office jobs. Since most office jobs are done by women, they will be particularly affected by this change. What's more, fewer women are working in the STEM fields, so they will benefit less from the growth in those fields.

訳　あなた方は現在，どういった関係の進路について考えていますか？　研究によると，人工知能，ロボット工学，遺伝学やその他の技術における発達が職業に多大な影響を及ぼすと予測されています。2020 年までにいわゆる STEM 分野，つまり，科学，技術，工学，数学の分野において 200 万の職が増える見込みです。同時に，その他の分野において 700 万の職が失われることになるでしょう。

　このような事態は以前にも起こっています。産業革命により大量生産が始まった 19 世紀に職が失われました。機械が肉体労働に取って代わりましたが，営業職といった精神労働が生まれました。今日では，肉体労働をしている多くの人々が，ロボットが自分たちの役割を乗っ取り，現職を失うことになってしまうのではないかと心配しています。その上，今回は，AI（人工知能）の進化により精神労働を要する仕事でさえも一部はなくなってしまうかもしれません。

　実際のところ，アメリカではロボットがすでに工場の肉体労働の仕事を奪っているということがわかっています。さらに，AI のせいで，熟練した事務系労働者，つまり知的労働者もまた「高い危険」にさらされています。例えば，今，コ

第 2 回 試行調査：英語（リスニング）〈解答〉 **25**

ンピュータプログラムにより銀行業務の自動化が可能になるので，銀行員たちは
仕事を失いつつあります。簡単なニュース記事を作成するといった定型業務がで
きるほどに AI が進化するにつれて，新聞記者でさえも仕事を失う危機にありま
す。

　先に述べましたように，**700 万の職が 2020 年までに消えていきます。この喪
失の 3 分の 2 は事務仕事となるでしょう。**ほとんどの事務仕事には女性が就いて
いるので，この変化により彼女たちが特に影響を受けることになります。さらに，
STEM 分野で働いている女性はより少ないので，女性がこういった分野の発展
から受ける恩恵が少なくなってしまうのです。

◇ career「職業」　◇ predict「～と予測する」
◇ artificial intelligence：AI「人工知能」　◇ robotics「ロボット工学」
◇ genetics「遺伝学」　◇ have a ～ impact on *A*「*A* に～な影響を与える」
◇ the Industrial Revolution「産業革命」　◇ replace「～に取って代わる」
◇ physical labor「肉体労働」　◇ mental labor「精神労働」
◇ sales job(s)「営業の仕事」　◇ take over ～「～を乗っ取る」
◇ eliminate「～を除去する，排除する」　◇ blue-collar「肉体労働（者）の」
◇ white-collar「サラリーマンの，事務系の」　◇ intellectual「知的な」
◇ banking services「銀行業務」　◇ routine task(s)「定型業務，日常業務」

問 1 (a)　 25 　正解は ④

① 200 万の職業が増加	② 200 万の職業が喪失
③ 500 万の職業が増加	④ 500 万の職業が喪失
⑤ 700 万の職業が増加	⑥ 700 万の職業が喪失

ワークシートの 25 左側の By 2020 と上部の Number of jobs「職業の数」をヒン
トに，2020 年までにどれだけの職業が増え，なくなるかを聞き取る。第 1 段第 3 文
に By 2020, two million jobs will be gained「2020 年までに 200 万の職が増える見
込みです」とあるため，増加は 200 万。ただし，続く同段最終文に At the same
time, seven million other jobs will be lost.「同時に，その他の分野において 700
万の職が失われることになるでしょう」ともある。よって，総合的には 200 万 － 700
万 ＝ － 500 万となる。④**が正解。**

26 第2回 試行調査：英語（リスニング）〈解答〉

問1 (b)

① 作る	② 取って代わる	③ 精神	④ 肉体

26 正解は② **27** 正解は④

19世紀の機械の出現に伴う変化については第2段第3文に Machines replaced physical labor「機械が肉体労働に取って代わりました」とあることから，**26** に②，**27** に④を補う。

28 正解は①

第2段第3文後半 mental labor like sales jobs was generated「営業職といった精神労働が生まれました」より，①が正解。create「〜を作る」が放送英文では was generated「生み出された」という表現になっていることに注意。

29 正解は④

今日，ロボットが取って代わっている労働の種類については第2段第4文参照。Today, many people doing physical labor are worried that robots will take over their roles … 「今日では，肉体労働をしている多くの人々が，ロボットが自分たちの役割を乗っ取り，…と心配しています」と肉体労働者たちの懸念が述べられていることから，④が正解。replace「〜に取って代わる」が放送英文では take over their roles「彼ら（＝肉体労働者）の役割を奪う」と異なる表現になっていることに注意。

30 正解は② **31** 正解は③

今日の AI の進化に伴う変化については，第2段最終文で This time, the development of AI may even eliminate some jobs requiring mental labor as well.「今回は，AI（人工知能）の進化により精神労働を要する仕事でさえも一部はなくなってしまうかもしれません」と AI が精神労働を要する仕事に取って代わると述べられていることから，**30** に②，**31** に③を補う。replace「〜に取って代わる」が放送英文では eliminate「〜を排除する」と表現が変わっているため，注意。

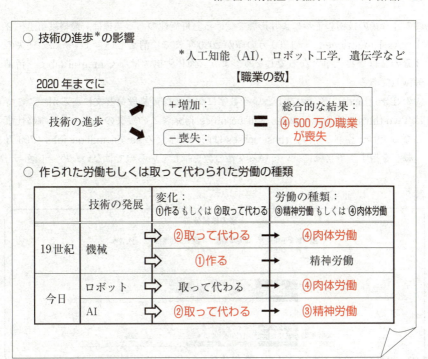

問1 (C)　32　正解は ④

① ロボットのおかげで，機械が肉体労働に取って代わりはじめている。
② 今後の技術の進歩により影響を受けるのは主に肉体労働者だろう。
③ 事務所で働いている女性の3分の2が職を失うことになるだろう。
④ 事務系労働者はAIの進化のせいで，現在の仕事を失う可能性がある。

講義の内容と一致するものを選ぶ問題。第3段第2文（Moreover, because of AI, …）「AIのせいで，熟練した事務系労働者，つまり知的労働者もまた『高い危険』にさらされています」に注目。同段第1文「ロボットがすでに肉体労働の仕事を奪っている」に続いて，事務系労働者もまた同様の危険にさらされている，とつながっていることから，この「高い危険」とは，事務系労働者もまた仕事を失う可能性がある，ということである。よって ④ が正解となる。

① は，第2段第2・3文（Jobs were lost … sales jobs was generated.）参照。機械が肉体労働に取って代わったのは19世紀の産業革命の時代とあるが，選択肢 ① Machines are beginning to replace … では現在進行形となっているため，時制が噛み合わない。

②の「今後の技術の進歩により影響を受ける」可能性のある業種は，最終段第1・2文（As I mentioned …）「700万の職が2020年までに消えていきます。この喪失の3分の2は事務仕事となるでしょう」より，肉体労働ではなく mental labor「精神労働」である。

③の Two-thirds「3分の2」という数字については最終段第2文にあるが，ここでは Two-thirds of those losses will be office jobs.「この喪失の3分の2は事務仕事となるでしょう」とあり，those losses は同段第1文の seven million jobs「700万の職」を指す。事務職に就いている女性の数を指しているのではないため，不適。

問2　　正解は④

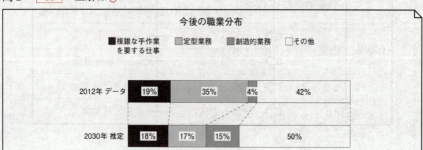

① 複雑な手作業を要する仕事は技術革新のおかげで自動化されるだろう。
② STEM分野の仕事は創造的な業務を必要とするけれども増えることはないだろう。
③ 頭を使う仕事は割合で言うと最も減少するだろう。
④ すべての肉体労働がロボットやAIに取って代わられるとは限らないだろう。

放送内容　《職業の分布予測》

　Let's take a look at the graph of future job changes. Complex manual workers, like cooks and farmers, are different from routine workers in factories and offices. Creative workers include artists and inventors. So, what can we learn from all this?

訳　今後の職業の変化についてのグラフを見てみましょう。調理師や農家といった複雑な手作業を要する労働者は，工場や事務所で定型業務を行う労働者とは区別されています。創造力を要する労働者の中には芸術家や発明家が含まれています。では，これらすべてのことから何がわかるでしょうか？

◇take a look at ~「~を見る」　◇complex「複雑な」
◇manual「手の，手作業の」　◇inventor(s)「発明家」

放送英文およびグラフで physical work「肉体労働」にあたるのは Complex Manual Work「複雑な手作業を要する仕事」と一部の Routine Work「定型業務」であるが，グラフ中の Complex Manual Work の割合は 2012 年も 2030 年推定もほとんど変わらないため，将来的にロボットや AI によって仕事を奪われることはないと予測されている。よって④が正解。

①は，技術革命により仕事が自動化されると，将来的に仕事の割合が減るはずだが，グラフの Complex Manual Work「複雑な手作業を要する仕事」を見ると，2012 年も 2030 年推定も割合に大きな変化はない。よって不適。

②についてもグラフの Creative Work「創造的業務」では将来的に 3 倍以上の増加が見込まれているため，不適。

また，③の Mental work「頭を使う仕事」も Creative Work を指すと考えられる。グラフは増加予測となっているため，不適。

30　第2回 試行調査：英語(リスニング)〈解答〉

第6問A　対話を聞いて要点を把握する問題

放送内容　《第6問Aの説明》

　第6問A　第6問Aは問1・問2の2問です。二人の対話を聞き，それぞれの問いの答えとして最も適切なものを，四つの選択肢（①～④）のうちから一つずつ選びなさい。聞き取る対話は1回流します。

　では，始めます。

放送内容　《ゲームの賛否》

Fred : Are you playing those things again on your phone, Yuki?

Yuki : Yeah, what's wrong with playing video games, Fred?

Fred : Nothing. I know it's fun; it enhances hand-eye coordination. I get that.

Yuki : Oh, then you're saying it's too violent; promotes antisocial behavior —I've heard that before.

Fred : And, not only that, those games divide everything into good and evil. Like humans versus aliens or monsters. <u>The real world is not so black and white.</u>

Yuki : Yeah .... We are killing dragons. But <u>we learn how to build up teamwork with other players online.</u>

Fred : <u>Building up teamwork is different in real life.</u>

Yuki : Maybe. But still, <u>we can learn a lot about how to work together.</u>

Fred : Well, I'll join you when you have a game that'll help us finish our homework.

訳　フレッド：君はまた携帯電話でそんなことして遊んでるのかい？　ユキ。

　　　ユキ：そうよ，ゲームをすることの何が悪いっていうの？　フレッド。

　フレッド：何も。面白いってことは知ってるよ。手と目の連係がよくなるよね。わかるよ。

　　　ユキ：あぁ，じゃあ暴力的すぎるだとか，反社会的な行為を助長するって言いたいんでしょ。それなら以前にも聞いたわ。

　フレッド：いや，それだけじゃなくてね，そういった類のゲームは何でもかんでも善か悪かに分けてしまうだろ。人間対異星人とか，人間対怪物みたいにね。<u>現実世界はそんなに白黒はっきりしてないもんだよ。</u>

　　　ユキ：そうね…。たしかに，竜を倒しているところよ。でも，<u>ネット上でプ</u>

第2回 試行調査：英語（リスニング）〈解答〉　**31**

レーしてる他の人たちとチームワークを構築する方法を学んでるわ。

フレッド：**チームワークの構築は実生活では別物だよ。**

　　ユキ：そうかもね。それでもね，一緒に物事に取り組む方法についてたくさんのことを学べるわ。

フレッド：じゃあ，宿題を終わらせるのに役立つようなゲームがあれば，僕も加わるよ。

◇ enhance「～を高める，増す」　◇ hand-eye coordination「手と目の協調」
◇ violent「暴力的な」　◇ antisocial「反社会的な，犯罪的な」
◇ divide *A* into *B*「*A* を *B* に分ける」　◇ evil「悪」　◇ *A* versus *B*「*A* 対 *B*」
◇ alien(s)「異星人，宇宙人」　◇ build up ～「～を作る」

問1　34　正解は②

> 問　フレッドの話の要点は何か。
> ①　ゲームは上半身の機能を向上させはしない。
> ②　ゲームは現実世界を表してはいない。
> ③　ゲームは利己的な生活様式を促進する。
> ④　ゲームは我々の想像力を広げるのに役立つ。

フレッドは発言全体を通し，ゲームに批判的な意見を述べている。特に，3つ目の発言最終文（The real world is not …）や4つ目の発言（Building up teamwork is …）でゲームの世界と現実世界は全く違うものであるということを強調していることから，②が正解となる。

NOTE　話者の発言の要点は繰り返しに注意！
　話者の発言の要点・主張は，長い会話文中では表現は変われど繰り返されることが多い。テーマに対して肯定的か否定的かを判断すると同時に，似たような表現が繰り返されている場合には，そこが話者が最も伝えたいことであると解釈するとよい。
（例）Fred の話の要点
3つ目の発言最終文：The real world is not so black and white.
4つ目の発言：Building up teamwork is different in real life.
どちらの発言も言い方は異なるが，「現実はゲームの中とは違う」ということを述べている（The real world：real life, not so black and white：different）。

32 第 2 回 試行調査：英語(リスニング)〈解答〉

問 2 　 35 　 正解は③

> 問 **ユキの話の要点は何か。**
> ① 　ゲームの中で善悪の区別をすることは必要である。
> ② 　ゲームをするのにスマートフォンを使うのは間違っている。
> ③ 　ゲームをする人々はゲームを通して協力するスキルを磨くことができる。
> ④ 　ゲームをする人々はゲームの中で自分たちの動物的な性質を表すようになる。

ユキのフレッドへの反論として，3 つ目の発言最終文（But we learn how …）や最後の発言最終文（But still, we can learn …）で，他のプレーヤーとのチームワークの構築や協力の仕方を学べる点を良い点として挙げている。よって③が正解。

第2回 試行調査：英語（リスニング）〈解答〉 **33**

第6問B　複数の意見（会話や議論）を聞いて問いに答える問題

放送内容 《第6問Bの説明》

　第6問B　第6問Bは問1・問2の2問です。英語を聞き，それぞれの問いの答えとして最も適切なものを，選択肢のうちから選びなさい。

　状況と問いが問題冊子に書かれているので，読みなさい。聞き取る英語は1回流します。

　では，始めます。

放送内容 《ゲームに関する講演後の質疑応答》

Moderator : Thank you for your presentation, Professor Johnson. You spoke about how one boy improved his focus and attention through video games.

Professor Johnson : Right. Playing video games can make people less distracted. Furthermore, virtual reality games have been known to have positive effects on mental health.

Moderator : OK. Now it's time to ask our audience for their comments. Anyone ...? Yes, you, sir.

Bill : Hi. I'm Bill. All my friends love video games. But I think they make too clear a distinction between allies and enemies ... you know, us versus them. I'm afraid gaming can contribute to violent crimes. Do you agree?

Professor Johnson : Actually, research suggests otherwise. Many studies have denied the direct link between gaming and violence.

Bill : They have? I'm not convinced.

Professor Johnson : Don't make video games responsible for everything. In fact, as I said, doctors are succeeding in treating patients with mental issues using virtual reality games.

Moderator : Anyone else? Yes, please.

Karen : Hello. Can you hear me? [tapping the microphone]

34 第2回 試行調査：英語（リスニング）〈解答〉

	OK. Good. I'm Karen from Detroit. So, how about eSports?
Moderator :	What are eSports, Karen?
Karen :	They're video game competitions. My cousin made a bunch of money playing eSports in Germany. They're often held in large stadiums ... with spectators and judges ... and big awards, like a real sport. In fact, the Olympics may include eSports as a new event.
Moderator :	... eSports. Professor?
Professor Johnson :	Uh-huh. There are even professional leagues, similar to Major League Baseball. Well, eSports businesses are growing; however, eSports players may suffer from health problems.
Moderator :	I see. That's something to consider. But right now let's hear from [starts to fade out] another person.

訳

司会者：ご講演いただきありがとうございました，ジョンソン教授。<u>ある少年がいかにしてゲームを通して集中力や注意力を向上させたのかをテーマに，お話をしてくださいましたね。</u>

ジョンソン教授：そうですね。<u>ゲームをすることにより人は注意散漫になりにくくなることがあります。さらに，バーチャルリアリティーゲームは精神衛生に好影響を与えるということで知られています。</u>

司会者：わかりました。では，聴衆の皆さまにご意見をいただくお時間となりました。どなたか…？　はい，では，そちらの方。

ビル：こんにちは。私はビルといいます。私の友人はみな，ゲームが大好きです。<u>しかし，彼らは味方と敵…つまり，自分たちと敵の間にあまりにも明確な区別をつけすぎていると私は思うのです。ゲームをすることが暴力的な犯罪の一因になり得るのではないかと思っています。</u>あなたはこれに同意しますか？

ジョンソン教授：実際のところ，研究はそのようには示唆していません。ゲームをすることと暴力行為の間の直接的な関連性は多くの研究で否定されています。

ビル：そうなのですか？　<u>納得いきませんね。</u>

ジョンソン教授：何もかもゲームのせいにしてはいけませんよ。事実，私がお話ししたとおり，<u>医師たちはバーチャルリアリティーゲームを使って精神的に問題のある患者の治療をするのに成功しています。</u>

第2回 試行調査：英語（リスニング）〈解答〉 **35**

司会者：他にどなたかいませんか？　はい，お願いします。

カレン：こんにちは。聞こえますでしょうか？　［マイクを叩きながら］よし。いいですね。私はデトロイトから来ました，カレンです。さて，eスポーツについてはどうですか？

司会者：カレンさん，eスポーツとは何ですか？

カレン：eスポーツとはゲームの競技のことです。私のいとこがドイツでeスポーツをして大金を稼いだんです。この競技は大きな競技場でよく開催されていて…観客や審判もいて…高額の賞金も出て，まるで本当のスポーツのようなものなんです。実際に，オリンピックではeスポーツを新たな種目として取り入れるかもしれないんですよ。

司会者：…eスポーツねぇ。教授？

ジョンソン教授：はいはい。プロリーグもありますよね，野球のメジャーリーグみたいな。そうですね，eスポーツビジネスは成長過程にあります。しかしながら，eスポーツの選手は健康問題で苦しむことになるかもしれませんね。

司会者：なるほど。それは考えものですね。では，他の方からのご意見を聞いてみましょう。

◇ distracted「注意散漫で，取り乱した」　◇ mental health「精神衛生」
◇ make a clear distinction between A and B「A と B の間に明確な区別をつける」
◇ allies：ally「味方，同盟国」の複数形　◇ enemy「敵」
◇ contribute to ～「～の一因となる」　◇ violent「暴力的な」　◇ crime(s)「罪」
◇ deny「～を否定する」　◇ convinced「信じ切っている」　◇ issue(s)「問題」
◇ Detroit「デトロイト（都市名）」　◇ competition(s)「競技，競争」

問1　36　正解は①

① ビル	② カレン	③ 司会者	④ ジョンソン教授

ゲームに反対の立場の人を選ぶ問題。ビルは1つ目の発言の第3文（All my friends …）で，まず「友人はみな，ゲームが大好き」と肯定的なことを述べるが，直後のBut 以降からが，ビルの意見であることに注意しよう。第4・5文（But I think they make … to violent crimes.）でゲーム好きの友人たちが敵味方の区別をつけすぎており，これが暴力的な犯罪につながる恐れがあるのではと述べている。これに対し，ジョンソン教授が研究結果ではゲームと暴力行為に関連性がないと答えているにもかかわらず，ビルはこれにも納得がいかないと2つ目の発言で反論している。これらより，① Bill はゲームに反対意見を述べているといえる。

② カレンは1つ目の発言でeスポーツについての教授の意見を求め，2つ目の発言はeスポーツの説明にとどまっていることから，ゲームへの賛否は述べていない。
③ 司会者は全体を通して聴衆と教授の橋渡し的な役割しか担っておらず，ゲームへの賛否は表明していない。
④ ジョンソン教授のゲームへの賛否については，司会者の1つ目の発言第2文（You spoke about …）や教授の1つ目の発言より，ゲームが与える良い影響について述べていることがわかる。よって，ゲームには肯定的な立場を取っている。

問2　37　正解は④

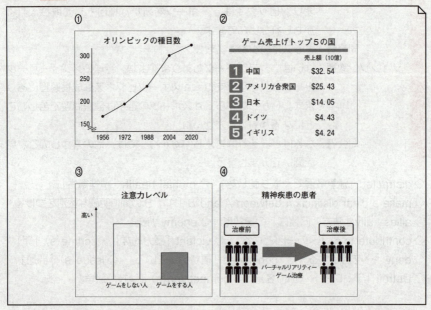

ジョンソン教授の3つ目の発言第2文（In fact, as I said, …）にバーチャルリアリティーゲームを用いた精神疾患治療での成功例についての言及があるため，④が正解となる。

第1回 試行調査：英語（リスニング）

問題番号	設問		解答番号	正解	備考	チェック
第1問	A	問1	1	③		
		問2	2	④		
		問3	3	②		
		問4	4	④		
		問5	5	②		
	B	問6	6	③		
		問7	7	①		
		問8	8	④		
		問9	9	④		
第2問		問10	10	③		
		問11	11	①		
		問12	12	②		
		問13	13	④		
		問14	14	②		
第3問		問15	15	④		
		問16	16	②		
		問17	17	③		
		問18	18	①		
		問19	19	②		

問題番号	設問		解答番号	正解	備考	チェック
第4問	A	問20	20 A	②	*1	
			B	④		
			C	①		
			D	③		
		問21	21 A	①	*1	
			B	③		
			C	②		
			D	②		
	B	問22	22	③		
第5問		問23	23	②		
		問24	24 A	②	*1	
			B	①		
			C	①		
			X	⑤		
			Y	④		
			Z	③		
		問25	25	③		
		問26	26	②		
第6問	A	問27	27	②		
		問28	28	③		
	B	問29	29	①,④	*2	
		問30	30	①		

（注）
*1　全部を正しくマークしている場合のみ正解とする。
*2　過不足なくマークしている場合のみ正解とする。

● 配点は非公表。

自己採点欄

30問

2　第1回 試行調査：英語（リスニング）〈解答〉

放送内容　《試験の説明》

これからリスニングテストを始めます。

　この試験では，聞き取る英語を2回流す問題と1回だけ流す問題があります。なお，選択肢は音声ではなく，すべて問題冊子に印刷されています。

　では，始めます。4ページを開いてください。

第1問A　短い発話を聞いて同意文を選ぶ問題

放送内容　《第1問Aの説明》

　第1問A　第1問Aは問1から問5までの5問です。それぞれの問いについて，聞こえてくる英文の内容に最も近い意味の英文を，四つの選択肢（①～④）のうちから一つずつ選びなさい。聞き取る英文は2回流します。

問1　　1　　正解は③

| ① 私が警察に電話した。 | ② 私は自転車の鍵を持っている。 |
| ③ 警察が鍵を見つけた。 | ④ 警察が鍵を失くした。 |

放送内容　《警察からの電話》

M：The police just called and told me they have the bike key I lost.

訳　男性：警察はちょうど私に電話をしてきて，私が失くした自転車の鍵を持っていると言った。

文頭 The police … called より①は不適。後半の they have the bike key I lost「彼ら（＝警察）が，私が失くした自転車の鍵を持っている」より，「警察が鍵を見つけた」と言い換えてある③が正解。the bike key I lost の部分は the bike key (which) I lost と関係代名詞の省略が起こっており，I lost は the bike key の説明となっている。

問2　　2　　正解は④

| ① 彼女はメニューを要求している。 |
| ② 彼女は台所で料理をしている。 |
| ③ 彼女は料理を出している。 |
| ④ 彼女は注文を取っている。 |

第 1 回 試行調査：英語（リスニング）〈解答〉　**3**

放送内容 《レストランでの注文》

W : <u>Here are your menus</u>. Today's specials are beef and chicken. Can I get you something to drink first？

訳　女性：<u>こちらがメニューでございます</u>。本日のお勧めは牛肉と鶏肉です。先に何かお飲み物をお持ちしましょうか？

第 1 文 Here are your menus. よりメニューを相手に手渡している場面であると判断し，④**を選ぶ**。メニューの説明をしていることからもわかる。take *one's* order「注文を取る」

問3　3　正解は②

① 彼は理科の試験の方がよい点数を取れた。
② 彼は両方の試験で悪い点数を取った。
③ 彼は数学の試験の方が点数が悪かった。
④ 彼は試験に向けて十分に勉強をした。

放送内容 《数学と理科の試験結果》

M : Tom didn't do well on the math exam and did even worse on the science one.

訳　男性：トムは数学の試験でよい点数を取れなかったが，理科の試験はもっと悪い点数であった。

◇ do well［badly］on the exam「テストでよい［悪い］点数を取る」
◇〈even＋比較級〉は比較級の強調表現。「ずっと〜な，もっと〜な」
前半より数学の試験の点数が悪かったことがわかる。後半の did even worse on the science one の one は exam を指し（the math exam：the science one），did even worse の worse は badly の比較級であることから，数学よりも理科の試験の点数の方が悪かったと解釈できる。この 2 つの条件に当てはまるのは②である。

問4　4　正解は④

① 彼女は私たちがその眺めを見られないことを残念に思っている。
② 彼女はその眺めを見逃したことを後悔している。
③ 彼女はその眺めを楽しむべきであった。
④ 彼女は私たちにその眺めを楽しむようにと提案している。

4 第1回 試行調査：英語（リスニング）〈解答〉

放送内容 《川の見どころ》

W：Don't miss the colored leaves along the river in the fall.

訳 女性：秋のその川沿いの紅葉をお見逃しなく。

文頭 Don't miss ～ が「～を見逃してはいけない」という意味の否定命令文となっているが，これは単に「命令」しているという解釈の他に，「ぜひ見てほしい」と相手に対して強く勧める意図で発せられた発話であると解釈することもできる。よって，④が正解。

問5 　5　　正解は②

① 彼は彼女に取扱説明書を求めている。
② 彼は彼女に助けを求めている。
③ 彼は彼女にイタリア人を手伝うよう頼んでいる。
④ 彼は彼女にイタリア語で書くよう頼んでいる。

放送内容 《手伝いの依頼》

M：Mrs. Rossi, I was wondering if you could help me read this manual written in Italian.

訳 男性：ロッシさん，イタリア語で書かれているこの取扱説明書を読むのを手伝ってもらえませんか。

◇ wonder if S could V「S が V してくれないかと思う」
◇ help A（to）do「A が～するのを手伝う」

I was wondering if you could help me read this manual「私がこの取扱説明書を読むのを手伝ってもらえませんか」より，相手に対して助けを求めているとわかる。②が正解。本問では help，manual，Italian の 3 つの語が耳に残るが，これらの語はすべての選択肢に含まれてしまっている。放送文の if you could help me read this manual「私がこの取扱説明書を読むのを手伝ってもらえないか」の部分が，選択肢では ask her for some help「彼女に助けを求める」と言い換えられていることに注意しよう。放送文後半の written in Italian は直前の this manual を修飾して「イタリア語で書かれたこの取扱説明書」と意味をとる。①・② ask A for B「A に B を（くれるよう）求める，頼む」③・④ ask A to do「A に～するよう頼む」

第1問B　短い発話を聞いて内容に近いイラストを選ぶ問題

> 放送内容　《第1問Bの説明》
> 　第1問B　第1問Bは問6から問9までの4問です。それぞれの問いについて，聞こえてくる英文の内容に最も近い絵を，四つの選択肢（①～④）のうちから一つずつ選びなさい。聞き取る英文は2回流します。
> 　では，始めます。

問6　6　正解は③

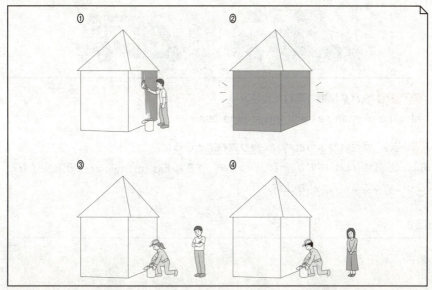

> 放送内容　《家の塗装》
> W : The man is going to have his house painted.

訳　女性：男性は自分の家を塗装してもらうつもりだ。

is going to より「これからすること」であると判断し，③，④に絞る。have his house painted の have は使役動詞で，have A done「A を～してもらう」の意。よって「家を塗装してもらう」となる。主語である The man が「塗る」のではなく，The man が「塗ってもらう」という意味なので，The man ではない人物が家を塗装しようとしているイラストである③が正解。

問7　7　正解は①

放送内容　《バスに乗り遅れた女性》
M : The woman has just missed the bus.

訳　男性：女性はちょうどバスに乗り遅れたところだ。

miss は「(乗り物)に乗り遅れる」の意味。さらに has just missed と現在完了形となっていることから，①が正解。

問8　8　正解は④

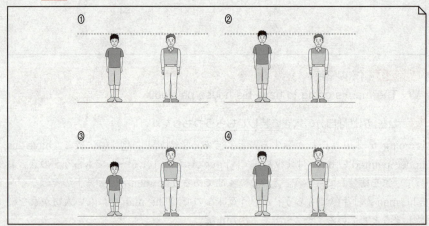

> 放送内容 《少年と父親の身長》
> W : The boy is almost as tall as his father.

訳 女性:少年はもう少しで父と同じ背の高さだ。

男の子と大人の男性,二人の背の高さを比べる英文だと予測できる。〈as+形容詞+as A〉で「A と同じくらい〜」の意味だが,as の前に almost「ほとんど,ほぼ〜の一歩手前」という語が聞こえることから,イラスト中の二人の背の高さがほぼ同じで少年が少し低い④を選ぶ。almost は「一歩手前,もう少しで」という意味のため,②ではないことに気をつけよう。

問9　9　正解は④

> 放送内容 《天候予測》
> M : Jane knew it wouldn't be cold today.

訳 男性:ジェーンは今日,寒くならないとわかっていた。

イラストの天気に注目する。後半の it wouldn't be cold「寒くならないだろう」より,晴れているイラストになっている①,④に絞られる。さらに文頭の Jane knew「〜とジェーンはわかっていた」より,寒くならないとわかっていたと思われる服装,つまり薄着をしている④が正解となる。

第2問 短い対話と問いを聞いてイラストを選ぶ問題

放送内容 《第2問の説明》

　第2問　第2問は問10から問14までの5問です。それぞれの問いについて、対話の場面が日本語で書かれています。対話とそれについての問いを聞き、その答えとして最も適切なものを、四つの選択肢（①〜④）のうちから一つずつ選びなさい。聞き取る対話と問いは2回流します。
　では、始めます。

問10　10　正解は③

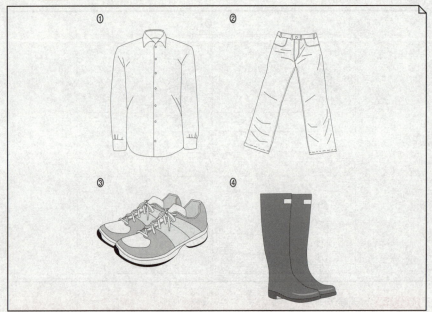

放送内容 《少年の買い物》

W : What did you buy?
M : I looked at some jeans and shirts but got these in the end.
W : Nice! <u>Do you like running</u>?
M : Not really, but the design looked cool.

Question : What did the boy buy?

訳　女性：あなたは何を買ったの？
　　男性：ジーンズとシャツをいくつか見たんだけど，最終的にはこれを買ったよ。
　　女性：素敵ね！　走るのが好きなの？
　　男性：そうでもないんだけど，デザインがかっこよく見えたんだよね。

　　質問：少年は何を買ったのか。

男性が got these in the end「最終的にはこれを買ったよ」と言ったのを受けて，女性が Do you like running？「走るのが好きなの？」とランニングを話題にしていることから，ランニングを目的とした靴を買ったと考えられるため，③が正解となる。got these in the end の部分はかなり聞き取りづらく，話の流れからも理解しづらいかもしれないが，直前に聞こえる jeans「ジーンズ」や shirts「シャツ」といった語の直後に but と逆接の接続詞が続くことから，①，②ではないと判断できる。

問11　11　正解は①

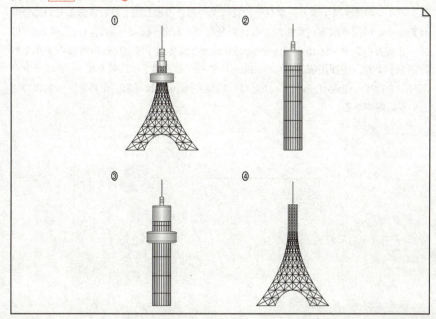

10 第 1 回 試行調査：英語（リスニング）〈解答〉

放送内容 《タワーの外観》

M：Look at that tower！It has such a pointed top！

W：And I like the wide base.

M：What's the disk-shaped part near the top？

W：It's probably a restaurant.

Question：What does the tower look like？

訳 男性：あのタワーを見て！　先端がすっごく尖っているよ！

女性：それに，土台のところが広くなっているのがいいと思うわ。

男性：てっぺんの近くにある円盤状の部分は何かな？

女性：あれはたぶん，レストランよ。

質問：タワーの見た目はどのようなものか。

選択肢 4 つのイラストより，タワーの特に土台部分の形と頂上付近にある丸い部分の有無を中心に聞き取る。女性の 1 番目の発言 the wide base「幅広い土台部分」，男性の 2 番目の発言 the disk-shaped part near the top「頂上付近の円盤のような形の部分」より，①が正解。タワーの top「てっぺん，頂上」に対して base は「土台部分」を指す。disk-shaped の disk は「円盤」，shape は「形」なので「円盤状の」という意味である。

第 1 回 試行調査：英語（リスニング）〈解答〉　11

問12　12　正解は②

放送内容　《アルバイトの面接》
W : Next, can you tell me about your work experience?
M : I've worked as a waiter in a café.
W : But you said <u>you wanted to cook</u>?
M : Yes, <u>I'd like to try it</u>.

Question : What job does the man want?

訳　女性：次に，あなたの職歴について教えてもらえますか？
　　　男性：私はカフェでウェイターとして働いたことがあります。
　　　女性：しかし，**あなたは調理をしたい**と言っていましたよね？
　　　男性：はい，**調理に挑戦してみたい**と考えています。

　　　質問：男性はどの仕事を希望していますか。

聞こえてくる職業関連の語から② cook，③ waiter に絞る。質問は現在形で What job does the man want? と，これからしたいと考えている仕事を問うていることに注意。男性の2番目の発言の I'd like to try it. の it は直前の女性の発言にある to cook「調理」を指しているため，**②が正解**となる。③ waiter については，男性の1

番目の発言 I've worked as a waiter in a café. が現在完了となっており，彼の職歴（女性の1番目の発言：work experience）であるため，不適。

問13　13　正解は④

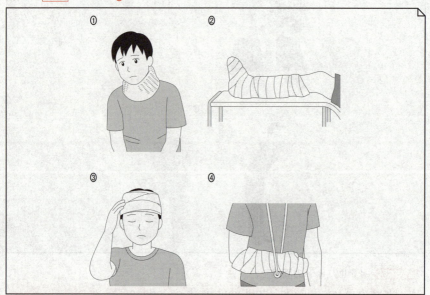

放送内容　《ケガをした患者と医者の会話》
M : How long do I have to wear this?
W : At least six weeks.
M : <u>How will I take notes in class</u>, then?
W : You'll have to talk to your teacher about that.

Question : Which picture shows the patient's condition?

訳　男性：どのくらいの間，これをつけなければならないのですか？
　　女性：少なくとも6週間ね。
　　男性：では，授業中，どうやってメモを取ったらいいんでしょうか？
　　女性：それについては学校の先生に聞いてみないといけないでしょうね。

質問：患者の症状を示している絵はどれか。

イラストよりケガをしている箇所を問われることが推測できる。会話中ではっきりとは述べられていないが，男性の2番目の発言 How will I take notes in class, then?

「では，授業中，どうやってメモを取ったらいいんでしょうか？」より，メモを取るのが困難な状況に陥っているとわかるため，手をケガしていると考えられる。④が正解。

問14　14　正解は②

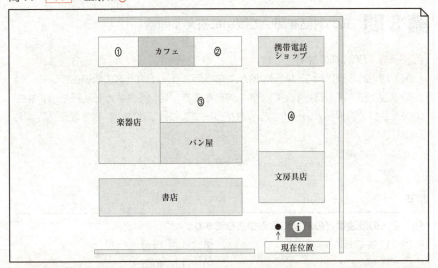

放送内容　《スマホケースの売り場》

M : I'm looking for a smartphone case.
W : Try the cellphone shop.
M : I did, but I couldn't find any.
W : You could try the shop across from the cellphone shop, next to the café.

Question : Where will the customer most likely go next?

訳　男性：スマホケースを探しているのですが。
　　女性：携帯電話ショップに行ってみてください。
　　男性：行ってみたんですが，全く見当たらなかったんですよ。
　　女性：携帯電話ショップの向かい側の，カフェに隣接している店に行ってみてください。

　　質問：客が次に最も行きそうな場所はどこか。

◇ across from 〜「〜の向かいの〔に〕」　◇ next to 〜「〜の隣の〔に〕」

14 第1回 試行調査：英語（リスニング）〈解答〉

イラストが店舗の配列を示す地図で，選択肢が店舗の場所なので，位置に関する情報を中心に聞き取る。女性の最後の発言 the shop across from the cellphone shop「携帯電話ショップの向かい側の店」より②，③，④のどれか。さらに続く next to the café「カフェの隣」より②を選ぶ。

第3問 短い対話を聞いて問いに答える問題

> **放送内容** 《第3問の説明》
>
> 　第3問　第3問は問15から問19までの5問です。それぞれの問いについて，対話の場面が日本語で書かれています。対話を聞き，問いの答えとして最も適切なものを，四つの選択肢（①〜④）のうちから一つずつ選びなさい。聞き取る対話は1回流します。
>
> 　では，始めます。

問15　15　正解は④

> 問　2人の友達はどのバスに乗るつもりですか。
> ①　11時5分　　　　　　　　②　11時15分
> ③　11時20分　　　　　　　④　11時40分

> **放送内容** 《バスの時間》
> M : What time do we have to leave ?
> W : Let me check the schedule ... . What time is it now ?
> M : It's 11:15.
> W : The next bus is in five minutes, and then there's one at 11:40.
> M : I don't think we can make it for the next one. Let's take the one after that.

> **訳** 男性：何時に出発しないといけないかな？
> 女性：時刻表を確認させてね…。今何時？
> 男性：11時15分だよ。
> 女性：次のバスは5分後に来て，それから11時40分に1本あるわ。
> 男性：次のバスには間に合わないと思うよ。その次のバスに乗ろう。

◇ in ～ minutes「～分後に」　◇ make it「間に合う」

②「11時15分」は現在の時間。女性の2番目の発言「次のバスは5分後（＝11時20分）に来て，それから11時40分に1本ある」より③，④に絞る。さらに，男性

第 1 回 試行調査：英語（リスニング）〈解答〉　**15**

の最後の発言「次のバスには間に合わないと思うよ。その次のバスに乗ろう」より④が正解。

NOTE　メモを取ってひっかけの選択肢を見抜こう！

　誤りの選択肢は，スクリプトから聞こえる語句で作られていることが多いので，聞こえた語を含む選択肢を単に選ぶのではなく，聞こえた選択肢の横にキーワードを書いておいて，問題に対応した答えを選んでいくとよい。特に選択肢が時刻や金額などの数字の場合には，情報を整理しながら聞くと混乱が少なくなる。

（例）　① 11：05　　　　　　　　② 11：15　→now
　　　 ③ 11：20　→次　　　　　 ④ 11：40　→その次

問16　 16 　正解は②

> 問　試合では何が起こっているのですか。
>
> ①　The Crabs が負けている。　　② 　The Crabs が勝っている。
> ③　試合は開始が遅れている。　　④ 　試合はちょうど始まったばかりだ。

放送内容　《野球の試合の様子》

M : Oh, you're watching the baseball game, Mom.

W : Yes. It's exciting.

M : I didn't know that it had already started. Are the Crabs ahead?

W : They are right now, yes, although they were losing in the beginning.
　　They caught up with the Porters and they're leading now.

M : I hope they'll win.

訳　男性：あ，野球の試合を見てるんだね，お母さん。

女性：そうよ。面白いわよ。

男性：もう始まってるなんて知らなかった。The Crabs が勝ってる？

女性：そうね，今は勝ってるわ，初めのうちは負けてたんだけど。The Porters
　　　に追いついて，今は（The Crabs が）リードしてるわ。

男性：（The Crabs が）勝つといいな。

◇ ahead「リードして，優勢に」　◇ lose「負ける」
◇ catch up with ～「～に追いつく」

男性の 2 番目の発言 Are the Crabs ahead?「The Crabs が勝ってる？」に対し，女性が The Crabs の現在の様子を伝えている。They are right now, yes, は直前の男性の発言に対し，「勝っている」の意味であり，right now は「今は」と現状を表している。また，女性のこの発言の後半部分の they're leading now「今はリードしてるわ」もヒントとなる。②が正解。

16　第Ⅰ回 試行調査：英語（リスニング）〈解答〉

問17　　17　　正解は③

問　会話から何が推測できますか。
① 少年と少女は体育館に行かないことで同意している。
② 少年と少女はトレーニングをするのが好きである。
③ 少年は今日，運動をしたくない。
④ 少年は昨日からいない。

放送内容　《雨天時の室内練習》

M : Do we have tennis practice today?
W : Yes. We have to work out in the gym when it's raining. That's what we did yesterday, remember?
M : Yeah, my muscles still hurt from yesterday.
W : That'll go away. Let's go.
M : Actually, I think I'm getting a cold.
W : No, you're not. You always say that.

訳　男性：今日，テニスの練習ある？
女性：ええ。雨が降ったら体育館の中でトレーニングをしないといけないのよ。昨日もやったことでしょ，覚えてる？
男性：うん，昨日からいまだに筋肉痛があるよ。
女性：そんなの治るわよ。行きましょう。
男性：実は，風邪をひきかけてるようなんだ。
女性：いいえ，そんなことはないわ。あなたはいつもそう言うんだから。

◇ work out「体を動かす」　◇ gym「体育館」
◇ go away「なくなる，（病気が）治る」
少女が2番目の発言で体育館に行きましょうと誘っているのに対し，少年は「昨日からいまだに筋肉痛があるよ」，「実は，風邪をひきかけているようなんだ」と体調不良を訴えている流れから，体育館に行きトレーニングするのを拒否しようとしている。よって，③が適切である。④ be gone「（人が）いなくなる，（物が）なくなる」

問18　　18　　正解は①

問　男性が最もしそうなことは何ですか。
① その料理を食べ終える。　　② 再び注文をする。
③ 食べ始める。　　　　　　　④ その料理を待つ。

第 1 回 試行調査：英語（リスニング）〈解答〉 **17**

放送内容 《レストランでの注文トラブル》

M : Excuse me. I ordered a tomato omelet, but this is a mushroom omelet.

W : Oh. I'm very sorry. I can bring you a new one.

M : Well ... I've already started eating.

W : If you want what you ordered, I'm afraid it'll be a couple of minutes.

M : Ah, okay. Then I'm fine with this.

訳 男性：すみません。トマトオムレツを注文したんですが，これ，キノコのオムレツなんですけど。

女性：まぁ。大変申し訳ございません。新しいものをお持ちします。

男性：いや…もう食べ始めてしまってるんですよ。

女性：ご注文いただいたものをご所望でしたら，恐れ入りますが，数分お時間をいただくことになります。

男性：あぁ，わかりました。では，これでいいです。

男性は，自分が注文した料理を提供し直してもらうには時間がかかるという情報を得て，最後に Then I'm fine with this.「では，これでいいです」と答えている。this は目の前にある間違った料理を指し，男性はこの間違った料理でよいと言っているので，このままこの料理を食べる流れになるはず。①が正解。③の「食べ始める」は男性の 2 番目の発言「もう食べ始めてしまっている」より不適。また，男性の最後の発言 Ah, okay. を「（時間がかかっても）いいよ」ととらえて④にしないように注意。「時間がかかってもいい」と解釈してしまうと，その後に続く Then I'm fine with this.「では，これでいいです」につながらない。then には「それなら，では」，fine には「十分な，差し支えない，結構な」という意味があることを把握しておこう。

問 19　 19 　正解は②

> 問 学生に何が起こりましたか。
> ① 彼女は質問に答えてもらえなかった。
> ② 彼女の要望は受け入れられなかった。
> ③ 彼女は忠告をしないようにと言われた。
> ④ 彼女は提案をすることができなかった。

18 第1回 試行調査：英語（リスニング）〈解答〉

放送内容 《女子学生の訴え》

W : I'd like to move to an easier class. Would that be possible ?

M : You have to get permission from your teacher. Who is your teacher ?

W : Ms. Allen. She said I should stay in her class for the rest of the year.

M : Then, that's what you'll have to do.

訳　女性：もっと簡単なクラスに移りたいと思っています。可能でしょうか？

男性：先生から許可をもらう必要がありますよ。あなたの担当の先生は誰ですか？

女性：アレン先生です。彼女は私に今年度内は自分のクラスにいるようにと言いました。

男性：では，そのようにしなければならないということですよ。

◇ permission「許可」 ◇ rest「残り」

女子学生は1番目の発言でクラスの変更を希望し，アドバイザーの男性は1番目の発言で「教師の許可が必要」と答えている。教師の許可については女子学生が2番目の発言第2文で She said I should stay in her class for the rest of the year.「彼女は私に今年度内は自分のクラスにいるようにと言いました」と述べていることから，許可が下りていないことがわかる。よって，彼女のクラス変更の希望は通らない，ということになるので，②が正解である。①は女子学生の1番目の発言（質問）に対し，アドバイザーはきちんと答えているため不適。

第4問A モノローグを聞いて図表を完成させる問題

放送内容 《第4問Aの説明》
　第4問A　第4問Aは問20・問21の2問です。それぞれの問いについて，話を聞き，問いの答えとして最も適切なものを，四つの選択肢（①〜④）のうちから選びなさい。聞き取る英語は1回流します。
　では，始めます。

問20　A　B　C　D　正解は②，④，①，③

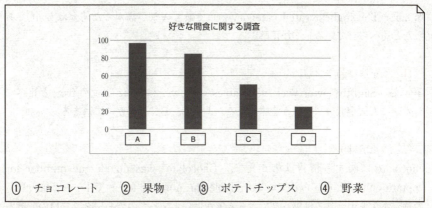

① チョコレート　② 果物　③ ポテトチップス　④ 野菜

放送内容 《大学生の好きな間食に関する調査》
　One hundred North American university students, 50 men and 50 women, were recently surveyed about what their favorite snacks were. There were four types of snacks for students to choose from : chocolate, fruit, potato chips, and vegetables. The highest rated category was "fruit" with 97 students choosing this category. Slightly lower was "vegetables." Surprisingly, the lowest category to be selected was "potato chips" with only 25 students indicating they enjoyed eating this snack. "Chocolate" was double the number for "potato chips." It is encouraging that the university students in this study rated healthy snack choices so highly.

訳　北アメリカ大学の男子学生50名，女子学生50名，計100名の学生に対し，好きな間食に関する調査が最近行われました。学生たちが選ぶ間食にはチョコレート，果物，ポテトチップス，野菜の4種類がありました。最も人気の高かったのは「果物」で，97名の学生がこの部類を選びました。わずかに低かったのは，

20　第Ⅰ回　試行調査：英語（リスニング）〈解答〉

「野菜」でした。驚くべきことに，**最も選ばれることが少なかった部類は「ポテトチップス」**で，たった 25 名の学生しかこの間食を好んで食べると答えなかったのです。**「チョコレート」は「ポテトチップス」の 2 倍の数値**でした。この研究で調査対象となった大学生たちが，健康によい間食の選択肢を非常に高く位置づけたというのは心強いことです。

◇ survey「〜を調査する」　◇ rated「評価された，判断された」
◇ slightly「わずかに」　◇ indicate「〜と述べる」
◇ encouraging「励みになる，明るい話題になる」　◇ choice(s)「選択肢」

　A　　正解は②
第 3 文（The highest rated category …）で最も人気が高かった間食は fruit であったと述べられている。**②が正解。**

　B　　正解は④
第 4 文の Slightly lower was "vegetables." の lower は直前第 3 文の fruit と比べてわずかに人気が低い，という意味となる。よって，**B**には**④**があてはまる。

　C　　正解は①
chocolate に関する情報は第 6 文で，"Chocolate" was double the number for "potato chips." と述べられている。double the number for 〜 で「〜の 2 倍の数」の意。ポテトチップスは第 5 文で最も人気が低いとあることから，グラフ**D**の 2 倍の数値となっている**C**に**①チョコレート**があてはまる。

　D　　正解は③
第 5 文（Surprisingly, the lowest category …）で最も人気の低いものとしてポテトチップスが挙がっていることから，**③が正解。**

第 1 回 試行調査：英語（リスニング）〈解答〉　**21**

問21　| A | B | C | D |　正解は①，③，②，②

チーム
①　青　　　　　②　緑　　　　　③　赤　　　　　④　黄色

姓	名	英語圏での経験の長さ	チーム
ABE	Takahiro	3 年	A
BABA	Maki	4 年	
HONDA	Naoki	なし	B
KITANO	Azusa	1 年	
MORI	Saki	なし	C
NODA	Sho	3 週間	
UENO	Rei	6 か月	D
WATARI	Takeru	2 年	

放送内容　《英語キャンプ参加者のチーム分け》

　We're going to divide the kids into four groups. Here's the name list. The names are ordered alphabetically by the kids' family names. Those kids whose family names start from A to K will be put into Team Red or Team Blue, and those from M to Z will be put into Team Green or Team Yellow. Learners who've lived in an English-speaking country for more than a year should be put into either Team Blue or Team Yellow.

訳　子どもたちを 4 つのグループに分けます。こちらが名簿です。名前は子どもの苗字のアルファベット順に並んでいます。苗字が A から K で始まる子は赤チームもしくは青チームに，M から Z の子は緑チームもしくは黄色チームへと振り分けられます。1 年以上の期間，英語圏に住んだことのある学習者は青チームか黄色チームのどちらかに入ります。

◇ divide *A* into *B* 「*A* を *B* に分ける」　◇ order 「〜をきちんと配列する」
◇ alphabetically 「アルファベット順で」
◇ either *A* or *B* 「*A* か *B* のどちらか一方」

| A |　正解は①　　| B |　正解は③
第 4 文（Those kids whose …）前半の「苗字が A から K で始まる子は赤チームもしくは青チームに」より，ABE と HONDA は，①と③に絞られる。

22　第 I 回 試行調査：英語（リスニング）〈解答〉

　　A　　ABE は，Length of experience in an English-speaking country「英語圏での経験の長さ」が「3 年」なので，最終文「1 年以上の期間，英語圏に住んだことのある学習者は青チームか黄色チームのどちらかに入ります」の条件に該当する。よって，青チームの①が正解。

　　B　　HONDA は，Length of experience in an English-speaking country「英語圏での経験の長さ」が None「なし」なので，最終文「1 年以上の期間，英語圏に住んだことのある学習者は青チームか黄色チームのどちらかに入ります」に該当しない。よって，赤チームの③が正解。

　　C　　正解は②　　　**D**　　正解は②

第 4 文（Those kids whose …）後半の「（苗字の頭文字が）M から Z の子は緑チームもしくは黄色チームへ」より，MORI と UENO は，②と④に絞られる。

　　C　　MORI は，Length of experience in an English-speaking country「英語圏での経験の長さ」が None「なし」なので，最終文「1 年以上の期間，英語圏に住んだことのある学習者は青チームか黄色チームのどちらかに入ります」に該当しない。よって，緑チームの②が正解。

　　D　　UENO は，Length of experience in an English-speaking country「英語圏での経験の長さ」が「6 か月」なので，最終文「1 年以上の期間，英語圏に住んだことのある学習者は青チームか黄色チームのどちらかに入ります」に該当しない。よって，緑チームの②が正解。

第 I 回 試行調査：英語（リスニング）〈解答〉　**23**

第4問B　複数の情報を聞いて条件に合うものを選ぶ問題

放送内容　《第4問Bの説明》

　第4問B　第4問Bは問22の1問です。四人の英語を聞き，問いの答えとして最も適切なものを，四つの選択肢（①～④）のうちから一つ選びなさい。

　下の表を使ってメモを取ってもかまいません。聞き取る英語は1回流します。状況・条件及び問いが問題冊子に書かれているので，今，読みなさい。

　では，始めます。

問22　　22　　正解は③

| 問 | 四人の応募者の録音された自己紹介を聞き，最も条件に合う人物を選びなさい。 |

①　Akiko KONDO
②　Hiroshi MIURA
③　Keiko SATO
④　Masato TANAKA

メモ

応募者	経験	英語のレベル	スケジュール
Akiko KONDO			
Hiroshi MIURA			
Keiko SATO			
Masato TANAKA			

放送内容　《ボランティアスタッフの選考》

1. Hello, this is Akiko speaking. I, um, I just started studying English hard. I want to, uh, improve my speaking skills. I like, uh, I want to practice with people from foreign countries. This job is perfect for that. I have a part-time job on Sunday evenings. Thank you!

2. Hi, I'm Hiroshi, but my friends call me "Hiro." I lived in Canada for 3 years and I'm pretty fluent in English. Currently, I work as an interpreter on weekends. I'd love to help out! Please let me know if you need any other information. Thanks. Bye!

3. Good morning. This is Keiko. I was an exchange student in Australia

24 第 I 回 試行調査：英語（リスニング）〈解答〉

for a year and I'm a volunteer guide for foreign visitors at my school. I'm available most days, but Wednesday evenings I've got band practice. Thank you for your time. Bye.

4. Hi, my name's Masato. My English is good, but it will be my first time doing a volunteer work using English. I'm applying because I hope to gain that kind of experience. I'm free on most weekdays except for Thursdays. Please consider me for this position! Goodbye.

訳 1. こんにちは，私はアキコです。私は，えぇっと，私は懸命に英語を勉強し始めたばかりです。私は自分の会話力を，あの，向上させたいと思っています。私は海外の国から来た人々と練習をするのが好き，いやしたいと思っています。この仕事はそれにもってこいなのです。日曜日の夜はアルバイトがあります。ありがとうございました！

2. こんにちは，私はヒロシですが，友人たちは私を「ヒロ」と呼んでいます。私は3年間カナダに住んだことがあり，英語がかなり流暢です。現在，毎週末，通訳として働いています。私はぜひとも人の助けになりたいと考えています！　他に情報が必要であれば，私にお知らせください。ありがとうございます。では！

3. おはようございます。私はケイコです。私は1年間，交換留学生としてオーストラリアにいたことがあり，学校では海外からの訪問客を案内するボランティアをしています。私はほとんどの日程，対応が可能ですが，水曜日の夜はバンドの練習があります。お時間を取っていただき，ありがとうございます。失礼します。

4. こんにちは，私の名前はマサトです。私は英語が得意ですが，英語を使ったボランティアの仕事をするのは私にとっては初めてのことになります。志望動機は，そういった類の経験を積みたいと考えているからです。木曜日以外の平日はほとんど空いています。私をこの仕事に採用していただけるようご検討をお願いいたします！　失礼します。

◇ fluent「流暢な」　◇ currently「現在」　◇ interpreter「通訳」
◇ help out「（困った時に人を）助ける」　◇ exchange student「交換留学生」
◇ available「都合がつく，忙しくない」　◇ apply「申し込む，応募する」

③ Keiko SATO の発言第3文（I was an exchange …）で「私は1年間，交換留学生としてオーストラリアにいたことがあり，学校では海外からの訪問客を案内するボランティアをしています」と述べており，条件1つ目「観光案内や通訳をしたことのある人」と条件2つ目「外国人観光客に対応できる英語力（中級から上級）のある

第 I 回 試行調査：英語（リスニング）〈解答〉　**25**

人」に当てはまる。また，第４文（I'm available …）「私はほとんどの日程，対応が可能ですが，水曜日の夜はバンドの練習があります」より週末働けるとわかるので，条件３つ目「週末の午後１時から５時まで参加できる人」に当てはまる。③が正解。

① Akiko KONDO の発言第２文（I, um, I just …）で「英語を勉強し始めたばかり」とあり，条件２つ目の「外国人観光客に対応できる英語力（中級から上級）のある人」に当てはまらないため，不適。

② Hiroshi MIURA については第２・３文より英語力と経験については問題がないものの，第３文（Currently, I work …）「現在，毎週末，通訳として働いています」とあり，「週末の午後１時から５時まで参加できる人」という条件３つ目に合わない。

④ Masato TANAKA は第２文（My English is good, …）の後半で「英語を使ったボランティアの仕事をするのは私にとっては初めてのことになります」とあり，条件１つ目の「観光案内や通訳をしたことのある人」に当てはまらないため，不適。

応募者	経験	英語のレベル	スケジュール
① Akiko KONDO	言及なし	×	×
② Hiroshi MIURA	○	○	×
③ Keiko SATO	○	○	○
④ Masato TANAKA	×	○	言及なし

26 第 I 回 試行調査：英語（リスニング）〈解答〉

第5問 講義の内容と図表の情報を使って問いに答える問題

放送内容 《第5問の説明》

第5問　第5問は問23から問26までの4問です。それぞれの問いの答えとして最も適切なものを，選択肢のうちから選びなさい。聞き取る英語は1回流します。

状況と問いが問題冊子に書かれているので，今，読みなさい。

では，始めます。

ワークシート

○今日：新品の服が800億点

　↑　400％増加

　20年前

○なぜ？ → (　　　23　　　　)

○低コストで生産された服の寿命——平均で2.2年

○環境への影響：| 24 |

方法	繊維	影響
焼却	A	X
埋め立て	非天然	Y → 土
	B	分解中にメタン
	C	Z → 地下水

放送内容 《服と環境危機の関係についての講義》

Do you like buying new clothes? Today I'm going to talk about clothing and its connection to the environmental crisis we are facing now. Worldwide, we consume about 80 billion items of new clothing each year. That number is 400% higher than what we were consuming two decades ago. Do you know why? This increase is closely related to the fact that clothes are cheaply produced and sold at low prices. How long do you wear your clothes? The life of such cheaply produced clothing is, on average, 2.2 years. Some clothing stores are trying hard to reuse or recycle the clothes. But unfortunately, tons of clothes still end up being burned or buried as waste.

Burning or burying such a large amount of textile waste adds to our present environmental crisis. Burning non-natural fibers such as polyester and nylon can produce air pollution including a huge amount of CO_2. Burying unwanted clothes also causes a lot of pollution. Do you know how long the buried clothes stay in the ground? Those non-natural fibers are basically plastics made from oil, which means they could take up to a thousand years to become part of the earth once again. In contrast, natural fibers like cotton and silk go back to the earth quickly. However, they produce greenhouse gases, such as methane, as they break down under the ground. In addition, chemicals may have been used to dye or bleach those natural fibers, and the remaining chemicals can eventually reach underground water.

訳　　新しい服を買うのは好きですか？　今日，私は服と私たちが現在直面している環境危機との関わりについて話をします。世界中で，毎年，約800億点の新品の服が消費されています。その数は20年前の消費量と比較すると400％高くなっています。理由がわかりますか？　この増加は，服が安価で生産され，低価格で販売されているという事実に密接に関係しています。あなた方はどのくらいの期間，服を着ますか？　大変安い費用で生産された服の寿命は，平均で2.2年です。そういった服を再利用したりリサイクルすることに尽力している衣料品店もあります。しかし，残念ながら，大量の服がいまだに最終的には焼却処分されたり，廃棄物として埋められたりしています。

そのような大量の繊維くずを燃やしたり埋めたりすることにより，現在の環境危機に拍車がかかっています。ポリエステルやナイロンといった非天然の繊維を燃やすことで，膨大な量の二酸化炭素を含む大気汚染物質を作り出してしまう可能性があります。不要な服を埋めることもまた，多くの汚染の原因となります。埋められた服がどのくらいの間，地中に残るか知っていますか？　こういった非天然の繊維は基本的には石油から作られたプラスチックで，それはつまり，もう一度土に戻るのに最長1000年かかるということです。対照的に，綿や絹といった天然繊維はすぐに土に戻ります。しかしながら，天然繊維は地中で分解される際，メタンのような温室効果ガスを発生させます。さらに，そういった天然繊維

28 第 I 回 試行調査：英語（リスニング）〈解答〉

■ は，染色したり漂白したりするのに化学薬品が使用されている可能性があり，残った化学薬品が最終的に地下水まで到達してしまうこともありえます。

◇ environmental crisis「環境危機」　◇ face「～に直面する」
◇ consume「～を消費する」　◇ closely「密接に」　◇ tons of ～「大量の～」
◇ end up *doing*「最終的に～する」　◇ bury「～を埋める」
◇ textile waste「繊維ごみ」　◇ add to ～「～を増大させる」
◇ non-natural「非天然の」　◇ unwanted「不要な」
◇ take *A* to *do*「～するのに *A*（時間）がかかる」
◇ up to ～「（時間・程度など）に至るまで，（最高）～まで」
◇ in contrast「対照的に」　◇ go back to the earth「土に戻る」
◇ break down「分解される」　◇ chemical(s)「化学薬品」　◇ dye「～を染める」
◇ bleach「～を漂白する，脱色する」

問 23　　23　　正解は ②

①	丁寧に生産された高価な服
②	安く生産された安価な服
③	粗末に生産された長持ちしない服
④	ほどよく生産された長持ちする服

ワークシートの空欄 23 を埋める問題。まず，新品の服の消費が 20 年前より 400 ％増加していることを把握する。空欄の左に Why？とあるため，第 1 段第 5 文の Do you know why？以降をしっかり聞く。同段第 6 文（This increase is closely …）に「この（衣類消費の）増加は，服が安価で生産され，低価格で販売されているという事実に密接に関係しています」とあることから，②が正解。第 6 文後半の clothes are cheaply produced and <u>sold at low prices</u> の部分が，選択肢では cheaply produced and <u>inexpensive</u> clothes と言い換えられている。

問 24

空欄 A ～ C：
① 天然
② 非天然

空欄 X ～ Z：
③ 生産時に使用される化学薬品
④ 分解に多くの年数
⑤ 大気中に二酸化炭素

第 I 回 試行調査：英語（リスニング）〈解答〉　**29**

■ A ■　**正解は②**

第 2 段第 2 文（Burning non-natural fibers such as polyester …）参照。焼却処分については非天然繊維についてのみ言及されている。よって**②**が正解。

■ B ■　**正解は①**

空欄 B の右側の Impacts「影響」の部分にある methane during breakdown「分解中にメタン」に関しては，第 2 段第 7 文 However, they produce greenhouse gases, such as <u>methane</u>, as they <u>break down</u> under the ground. に述べられている。主語の they は第 7 文前後で述べられている natural fibers「天然繊維」を指すことから，**①**が正解。

■ C ■　**正解は①**

空欄 C の右側の Impacts「影響」の部分にある underground water「地下水」に関しては，第 2 段最終文 In addition, chemicals may have been used to dye or bleach those natural fibers, and the remaining chemicals can eventually reach <u>underground water</u>. で触れられており，同文前半に「天然繊維は，染色したり漂白したりするのに化学薬品が使用されている可能性がある」とあるため，**①**が正解。

■ X ■　**正解は⑤**

burning「焼却」の Impacts「影響」に関しては，第 2 段第 2 文（Burning non-natural fibers such as polyester …）の後半で can produce air pollution including a huge amount of CO_2「膨大な量の二酸化炭素を含む大気汚染物質を作り出す可能性があります」とある。**⑤**が正解。

■ Y ■　**正解は④**

burying「埋め立て」の Impacts「影響」は第 2 段第 3 文以降だが，空欄 Y の右にある「→ earth」をヒントに聞き取ると，第 5 文（Those non-natural fibers are …）に「こういった非天然の繊維は基本的には石油から作られたプラスチックで，それはつまり，もう一度土に戻るのに最長 1000 年かかるということです」とあることから，土に戻るのにかなりの年数を要するとわかるため，**④**が正解。本文中の a thousand years が many years に，また become part of the earth が break down「分解される」に選択肢では言い換えられている。

■ Z ■　**正解は③**

underground water「地下水」に関しては，第 2 段最終文 In addition, chemicals may have been used to dye or bleach those natural fibers, and the remaining

30 第Ⅰ回 試行調査：英語（リスニング）〈解答〉

chemicals can eventually reach <u>underground water</u>. で触れられており，染色・漂白に化学薬品が使用されている可能性があるとあることから，**③**が正解。

○今日：新品の服が 800 億点

　↑ 400 ％増加

　20 年前

○なぜ？ → （　**②安く生産された安価な服**　）

○低コストで生産された服の寿命──平均で 2.2 年

○環境への影響： 24

方法	繊維	影響
焼却	**②非天然**	**⑤大気中に二酸化炭素**
埋め立て	非天然	**④分解に多くの年数** → 土
	①天然	分解中にメタン
	①天然	**③生産時に使用される化学薬品** → 地下水

問25　25　正解は③

① ポリエステル製の服よりも，二酸化炭素生成量がより少なく，分解しやすいため，綿製の服の方がよい。

② 有害な化学薬品が土壌に被害を与えうるため，繊維くずは地中に埋めて処理するよりも燃やして処理した方がよい。

③ 多くの服がリサイクルも再利用もされないので，賢く服を購入することが環境保護に寄与するかもしれない。

④ 製造過程で化学薬品が使用されているため，不必要な服の購入は避けるべきである。

講義の主張として正しいものを選ぶ問題。第 1 段第 7・8 文（How long do you wear … on average, 2.2 years.）に「安価で作られる服の寿命が短いこと」が，そして同段第 9 文（Some clothing stores are …）および最終文に「服の再利用やリサイクルをする店もあるが，いまだに大量の服が廃棄物として処理されている」とい

う現状が述べられている。また，第2段ではそういった繊維くずが非天然素材であろうと天然素材であろうと，何らかの形で環境に悪影響を与える，という内容がそれぞれの特徴を挙げて詳しく述べられている。よって，安易な服の購入を避けることが繊維ごみの排出を減少させ，環境保護につながることになるため，③が正解。

問26　26　正解は②

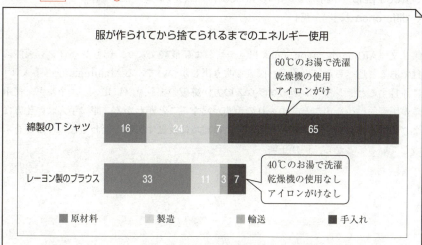

① 綿製のTシャツは化学薬品を使用していない繊維で作られると，より土壌によい。
② どんな服を買ったらよいかについて考えることだけでなく，その服をどう手入れするかについても考えることが重要である。
③ レーヨン製のブラウスはリサイクルでき，その結果，綿製のTシャツよりも長持ちする。
④ 環境に優しいので，天然繊維の服を着るべきである。

放送内容　《服が作られてから捨てられるまでに使われるエネルギー量比較》
　Now let's consider how much energy is used in the life cycle of clothing. Look at this chart comparing a cotton T-shirt and a rayon blouse. Although rayon looks like a non-natural material, it is actually made from wood pulp. Notice the differences between these two types of natural-fiber clothes.

32 第 1 回 試行調査：英語（リスニング）〈解答〉

> **訳**　それでは，服が作られてから捨てられるまでに使われるエネルギー量について考えてみましょう。綿製のTシャツとレーヨン製のブラウスを比較したこの図表をご覧ください。**レーヨンは非天然素材のように見えますが，実際には木材パルプでできています。これら2種類の天然繊維の服**の違いに注目してみてください。

◇ compare「〜を比較する」　◇ rayon「レーヨン製の」
◇ wood pulp「木材パルプ」　◇ notice「〜に注目する」
◇ difference「違い，差」

第3文（Although rayon looks like …）および最終文より，綿もレーヨンも天然素材であると述べられているが，図表で吹き出しがついている Maintenance「手入れ」に注目すると，レーヨン製のブラウスの方が綿製のTシャツに比べ，エネルギー使用量が圧倒的に少ないこと，手入れの手間が異なることがわかる。服の手入れの仕方によりエネルギー使用量が変わり，さらには環境に及ぼす影響も変わるということを示唆していることから，**②**が正解。

第 1 回 試行調査：英語(リスニング)〈解答〉　**33**

第6問A　対話を聞いて要点を把握する問題

放送内容　《第6問Aの説明》

　第6問A　第6問Aは問27・問28の2問です。二人の対話を聞き，それぞれの答えとして最も適切なものを，四つの選択肢（①～④）のうちから一つずつ選びなさい。聞き取る対話は1回流します。

　では，始めます。

放送内容　《修学旅行の行き先》

M : We went to Australia on our school trip.

W : Nice! We only went to Tokyo. I've never been abroad, and I wish I could have gone when I was a high school student.

M : Oh, yeah? In fact, looking back, I wish I had gone somewhere in Japan — like Hiroshima or Nara because I wasn't ready to go abroad yet.

W : What do you mean? You can go to places like that any time. Maybe you wouldn't have had a chance to go abroad otherwise.

M : I wish I had known more about Japan back then. People in Australia asked me a lot of questions about Japan, but it was very hard for me to answer them. Also, I needed more English skills.

W : But, didn't you find that using English in real situations improved your skills? I wish I had had that opportunity.

M : No, not really. The trip was too short to really take advantage of that.

W : In any case, such an experience should be appreciated.

訳　男性：修学旅行でオーストラリアに行ったんだ。

　　　女性：いいわね！　私たちは東京にしか行ってないのよ。私，海外に行ったことがないから，高校生のうちに行ければよかったなぁ。

　　　男性：へぇ，そう？　実際，思い返してみると，僕は広島や奈良みたいな国内のどこかに行ってたらよかったのにって思ってるよ。だってまだ海外に行く準備ができていなかったからね。

　　　女性：どういう意味？　そんな場所，いつでも行けるじゃない。たぶん，それ以外で海外に行く機会なんてなかったでしょうに。

　　　男性：あの時，もっと日本について知っていたらよかったって感じてるんだ。オーストラリアの人々が僕に日本についての質問をたくさんしてきたんだけ

34 第Ⅰ回 試行調査：英語(リスニング)〈解答〉

ど，その質問に答えるのが僕にとってはとても難しかったんだ。それにね，<u>もっと英語力が必要だったよ。</u>

女性：でも，実際の状況で英語を使うことで英語力が向上するって思わなかった？ <u>私はそんな機会が欲しかったなぁ。</u>

男性：いや，そうでもないよ。修学旅行は短すぎて本当にその機会を活かすことはできなかったさ。

女性：とにかく，<u>そんな経験，ありがたく思いなさいよ。</u>

◇ school trip「修学旅行」
◇ I wish I could have *done*「～できていたらよかったのに」
◇ looking back「今思えば，思い返せば」
◇ I wish I had *done*「～していたらよかったのに」
◇ somewhere「どこか」 ◇ be ready to *do*「～する準備ができている」
◇ any time「いつでも」 ◇ otherwise「それ以外で，そうでないと」
◇ opportunity「機会」 ◇ too … to *do*「…すぎて～できない」
◇ take advantage of ～「～をうまく利用する」
◇ in any case「とにかく，いずれにせよ」
◇ appreciate「～を高く評価する，～をありがたく思う」

問27 　27 　正解は②

> 圐 女性の話の要点は何ですか。
> ① 彼女はオーストラリアで英語を使うのが難しいと感じた。
> ② 彼女は修学旅行で海外に行くことに価値があると考えている。
> ③ 彼女は日本以外の場所を旅する機会がもっと欲しいと思っていた。
> ④ 彼女は代わりに広島に行きたかったと思っている。

女性の1つ目の発言第3文（I've never been abroad, …）「私，海外に行ったことがないから，高校生のうちに行ければよかったなぁ」や3つ目最終文（I wish I had …）「私はそんな（＝海外の実際の状況で英語を使う）機会が欲しかったなぁ」，さらに女性の最後の発言「そんな経験，ありがたく思いなさいよ」より，彼女が修学旅行で海外に行くことに非常に魅力を感じていることがわかる。②が正解。

第 I 回 試行調査：英語（リスニング）〈解答〉　35

問28　　28　　正解は③

> 問　男性の話の要点は何ですか。
> ①　彼は日本に関する質問をされるのが嫌だった。
> ②　彼は国内の修学旅行がもっと長い期間であるべきだと感じた。
> ③　彼は自分の修学旅行をありがたく感じることができないと思った。
> ④　彼は奈良の代わりにオーストラリアに行きたかった。

男性の2つ目の発言第2文（In fact, …）「僕は国内のどこかに行ってたらよかったのにって思ってるよ」, 3つ目の発言第1文（I wish I had …）「あの時, もっと日本について知っていたらよかったって感じてるんだ」や最終文（Also, I needed …）「もっと英語力が必要だったよ」より, 海外に行くのは自分には早すぎたと感じていることから, ③が正解。

第6問B　複数の意見を聞いて問いに答える問題

> **放送内容**　《第6問Bの説明》
> 　第6問B　第6問Bは問29・問30の2問です。英語を聞き, それぞれの問いの答えとして最も適切なものを, 四つの選択肢（①～④）のうちから選びなさい。聞き取る英語は1回流します。
> 　状況と問いが問題冊子に書かれているので, 今, 読みなさい。
> 　では, 始めます。

問29　　29　　正解は①, ④

> **放送内容**　《炭水化物の積極的摂取の賛否》
> Student 1
> Test season is in a few weeks, and carbohydrates are the preferred source of energy for mental function. I think rice, potatoes, pasta and bread are good brain food! You are what you eat!
>
> Student 2
> Many people try to reduce the fat in their diet, but instead they should lower the amount of carbohydrates they eat. In one study, people on a high carbohydrate diet had an almost 30% higher risk of dying than people eating a low carbohydrate diet.

36 第1回 試行調査：英語（リスニング）〈解答〉

Student 3

The necessary calories for the body can be taken in from protein and fat, which are included in foods such as meat and nuts. The body requires these for proper functioning. Protein and fat previously stored in the body can be used as a more reliable source of energy than carbohydrates.

Student 4

Well, as an athlete, I need to perform well. My coach said that long distance runners need carbohydrates to increase stamina and speed up recovery. Carbohydrates improve athletic performance. Athletes get less tired and compete better for a longer period of time.

訳 学生1

テスト期間まであと数週間です。そして，炭水化物は精神機能にとって好ましいエネルギー源です。米，ジャガイモ，パスタ，パンは脳にとってよい食べ物だと思います！　人の健康は食べ物次第！

学生2

食事に含まれる脂質を減らそうとしている人が多くいますが，そういった人々は代わりに，炭水化物の摂取量を抑えるとよいです。ある研究では，炭水化物の多い食事を摂っている人は炭水化物の少ない食事を摂っている人と比べると，死亡するリスクが30％近く高かったそうです。

学生3

体にとって必要なカロリーはたんぱく質や脂質から取り入れられ，それらは肉や木の実類といった食べ物に含まれています。体は適切に機能するためにこういった食べ物を必要としています。あらかじめ体に蓄えられたたんぱく質や脂質は炭水化物よりも確実なエネルギー源として使用されます。

学生4

さて，運動選手として，私はよい成績を収めなければなりません。長距離走の選手はスタミナをつけたり，回復のスピードを上げたりするのに炭水化物が必要であると私のコーチは言っていました。炭水化物は運動能力を上げてくれます。運動選手は疲れにくくなり，より長い時間，よりよい状態で競うことができます。

◇ mental function「精神機能」
◇ You are what you eat.「（諺）人の健康や性格は食事で決まる」

◇ diet「食事」　◇ take in ～「～を取り入れる」　◇ protein「たんぱく質」
◇ functioning「機能を果たすこと」　◇ previously「前もって，以前は」
◇ store「～を蓄える」　◇ reliable「信頼できる，確実な」

学生1は発言第1文後半で「炭水化物は精神機能にとって好ましいエネルギー源です」と述べているため，賛成。学生2は発言第2文で炭水化物多量摂取による死亡率の増加について述べているため，反対。学生3は最終文で炭水化物よりもたんぱく質や脂質の方がエネルギー源として確実であると述べているため，反対。学生4は発言第3文で「炭水化物は運動能力を上げてくれます」と述べているため，賛成。よって，賛成意見を述べているのは①学生1，④学生4である。

問30　30　正解は①

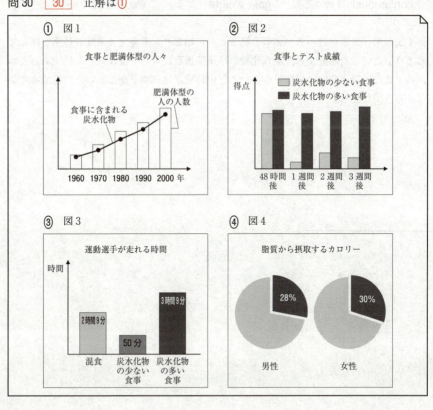

38 第Ⅰ回 試行調査：英語(リスニング)〈解答〉

> 放送内容 《炭水化物多量摂取による悪影響》
>
> 　If I eat a high carbohydrate diet, I tend to get hungry sooner and then eat snacks. Also, I read snacks raise the sugar levels in the blood, and the ups and downs of blood sugar lead to eating continuously. This makes you gain excessive weight.

訳　　炭水化物の多い食事を摂ると，私は比較的早めにお腹がすいてしまい，おやつを食べてしまいがちになります。また，おやつは血糖値を上げ，さらに，血糖値が上がり下がりすることにより，途切れることなく食べ続けてしまうことにつながる，と読んだことがあります。このせいで，過度に体重が増えてしまうのです。

◇ sugar level(s) in the blood「血糖値」　◇ ups and downs「上昇と下降」
◇ continuously「続けて」　◇ gain weight「太る」　◇ excessive「過度の」

第1文前半「炭水化物の多い食事を摂ると」に始まり，最終文「過度に体重が増えてしまう」といった部分から，炭水化物の積極的摂取に対しては反対の意見であるとわかる。また，炭水化物の摂取量が多いことが体重増加につながるという内容であることから，①が正解。

英語(リスニング) 本試験

問題番号 (配点)	設問	解答番号	正解	配点	チェック
第1問 (12)	問1	1	①	2	
	問2	2	③	2	
	問3	3	②	2	
	問4	4	④	2	
	問5	5	③	2	
	問6	6	③	2	
第2問 (14)	問7	7	③	2	
	問8	8	②	2	
	問9	9	③	2	
	問10	10	③	2	
	問11	11	③	2	
	問12	12	①	2	
	問13	13	②	2	

問題番号 (配点)		設問	解答番号	正解	配点	チェック
第3問 (12)		問14	14	③	2	
	A	問15	15	②	2	
		問16	16	②	2	
		問17	17	④	2	
	B	問18	18	②	2	
		問19	19	①	2	
第4問 (12)		問20	20	③	2	
	A	問21	21	①	2	
		問22	22	③	2	
		問23	23	④	2	
	B	問24	24	②	2	
		問25	25	①	2	

自己採点欄 / 50点
(平均点：28.78点)

2 2020年度：英語（リスニング）/本試験〈解答〉

放送内容 《音声確認》

これから音量を調節します。

英語の音声を約 30 秒間流します。その間にあなたが聞きやすい音量に調節してください。

この英語は，問題そのものではありませんので，内容を把握する必要はありません。

音声の最後でイヤホンを外すよう指示します。指示があったら，すぐに外し，机の上に置いてください。

それでは音量の調節を始めます。

M : Let's talk about the newsletter.

W : OK, let's check what we've got so far. We've decided to have one main story and one short story, right?

M : Right. And what about pictures? Should we have one for each story?

W : I'm not so sure about that. Maybe it would be too much. How about just for the main story?

M : That sounds good. Now, what will our stories be? We could do one about the students who visited from Hawaii. Maybe we could use one of the photos they sent us.

これで音量の調節は終わりです。

このあと，監督者の指示で試験を始めますが，音量は，試験の最中いつでも，調節できます。

なお，次の再生ボタンも，「作動中ランプ」が光るまで長く押し続けるボタンですから注意してください。

では，イヤホンを耳から外し，静かに机の上に置いてください。

訳 男性：会報について話そうよ。

女性：ええ，どこまでやったか確認しましょう。メインの記事をひとつと短い記事をひとつ入れることにしたのよね。

男性：うん。で，写真はどうする？　どちらの記事にも1枚ずつ入れた方がいいかな。

女性：それはどうかしら。たぶんそれだと多すぎるわ。メインの記事だけにしたらどうかしら。

男性：それがよさそうだね。じゃあ，どんな記事にする？　ハワイから来た学生の話を記事にできるよ。彼らが送ってくれた写真のうちから1枚が使えるしね。

放送内容　《試験の説明》

これからリスニングテストを始めます。

この試験では，聞き取る英語は2回流します。質問文と選択肢は音声ではなく，すべて問題冊子に印刷されています。

では，始めます。4ページを開いてください。

第1問　短い対話を聞いて問いに答える問題

放送内容　《第1問の説明》

第1問　第1問は問1から問6までの6問です。それぞれの問いについて対話を聞き，答えとして最も適切なものを，四つの選択肢（①〜④）のうちから一つずつ選びなさい。

問1　　1　　正解は①

問　会話と一致している絵はどれですか。

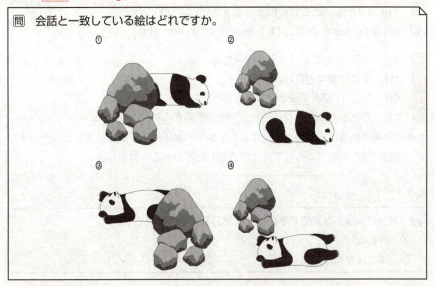

放送内容　《かわいいパンダ》

W : Look! What a cute panda!
M : Which one?
W : He's lying on his stomach like he's sleeping.
M : Oh, I see him! He's kind of hidden behind the rocks.

4　2020年度：英語（リスニング）/本試験〈解答〉

訳　女性：見て！　なんてかわいいパンダなの！
　　男性：どれのこと？
　　女性：うつ伏せで，寝ているみたいなのよ。
　　男性：ああ，見えるよ！　岩の陰にちょっと隠れているね。

lie on *one's* stomach は「うつ伏せになっている」，be hidden は「隠れている」の意。
これらの様子と一致している①が正解。kind of は副詞的に用い「いくぶん」の意。

問2　2　正解は③

問	女性はどの時刻の飛行機の便を選びましたか。			
①	7 時 30 分	② 11 時	③ 14 時	④ 17 時

放送内容　《飛行機の出発時刻》

M：The flight at 7：30 is 15,000 yen.
W：That's too early.
M：The 11 am and 2 pm flights are both 17,000.
W：It's a bit more, but ... I'll take the afternoon one.

訳　男性：7 時 30 分の便は 1 万 5 千円だね。
　　女性：それは早すぎるわ。
　　男性：午前 11 時と午後 2 時の便はどちらも 1 万 7 千円だ。
　　女性：ちょっと高いのね，でも…午後の便にするわ。

女性の最後の発言に「午後の便にする」とある。午後の便に当てはまるのは③か④だ
が，直前の男性の発言から「午後 2 時の便」だとわかる。③が正解。

問3　3　正解は②

問	パンフレットを完成するためにまだ必要なものは何ですか。	
①	挿絵だけ	② 挿絵とレシピ
③	本文，写真，挿絵	④ 本文，写真，レシピ

放送内容　《パンフレットの作成》

W：Is the brochure ready？
M：We have the text and photos. All we need is Dylan's illustrations.
W：Will he send them in time？
M：Hopefully. Oh, we also need Pedro's recipe.

2020年度：英語（リスニング）/本試験〈解答〉 **5**

訳 女性：パンフレットは準備ができているの？
　　男性：本文と写真はできているよ。**あとはディランの挿絵だけ**だ。
　　女性：間に合うように送ってくれるかしら？
　　男性：うまくいけばね。ああ，**ペドロのレシピも要る**な。

途中で「挿絵だけ」と言っているが，最後に「レシピも要る」とある。②が正解。

問4　　4　　正解は④

問　女性はこれから何をしますか。
　① ジムに時間通りに来るように頼む　② ジムのために席を見つける
　③ パーティー会場を開ける　④ パーティーの開会のあいさつをする

放送内容　《パーティーの開会のあいさつ》

M : I'm worried about <u>the opening remarks at the party</u> tomorrow.
W : I heard <u>Jim will do that</u>.
M : He said he'll be late .... <u>Would you mind taking his place</u> ?
W : <u>Not at all</u>.

訳 男性：明日の**パーティーの開会のあいさつ**のことで困っているんだ。
　　女性：**ジムがする**って聞いたわ。
　　男性：時間に間に合わないって言っているんだ…。**彼の代わりをしてくれないか**な？
　　女性：**いいわよ。**

女性の言う that は「パーティーの開会のあいさつ」を指しており，女性はそれをジムの代わりにすることを引き受けている。take *one's* place は「〜の代わりをする」の意。④が正解。

問5　　5　　正解は③

問　男性は何枚の DVD を所有していますか。
　① 120 枚　　② 150 枚　　③ 200 枚　　④ 220 枚

放送内容　《所有している DVD の数》

W : You have so many DVDs !
M : I have <u>a hundred here, but it's only half of my collection</u>.
W : Wow, that's a lot !
M : Actually, I'm thinking of ordering 20 more.

訳　女性：ずいぶんたくさん DVD を持っているのね！
　　男性：**ここにあるのは 100 枚だけれど，コレクションのほんの半分**なんだ。
　　女性：うわー，そんなにたくさん持っているの！
　　男性：実は，もう 20 枚注文しようかと思っているんだよ。

「100 枚で半分」と言っている。③が正解。

問6　6　正解は③

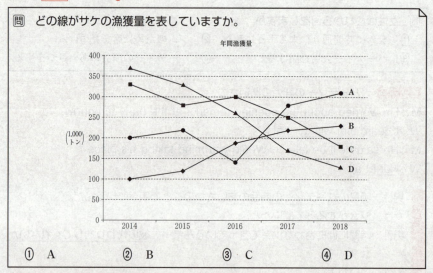

問　どの線がサケの漁獲量を表していますか。

① A　② B　③ C　④ D

放送内容　《サケの漁獲量》

M : **The salmon catch was lower again in 2018**.
W : Yes. It's been a continuous trend in recent years.
M : Well, **not in 2016**.
W : Right. That year was an exception.

訳　男性：**サケの漁獲量は 2018 年にまた低くなっている**ね。
　　女性：ええ。近年の連続的な傾向ね。
　　男性：うーん，**2016 年は違う**な。
　　女性：そうね。その年は例外だわ。

2018 年で「また低くなっている」，つまり 2017・2018 年は下がっているが，2016 年は例外で上がっている。このようになっているのは C の線。③が正解。

2020年度：英語（リスニング）/本試験〈解答〉　7

第2問　短い対話を聞いて適切な応答文を選ぶ問題

放送内容　《第2問の説明》
　第2問　第2問は問7から問13までの7問です。それぞれの問いについて対話を聞き，最後の発言に対する相手の応答として最も適切なものを，四つの選択肢（①〜④）のうちから一つずつ選びなさい。
　では，始めます。

問7　　7　　正解は③

放送内容　《マフィンの材料》
W : This muffin is delicious ! <u>What's in it</u> ?
M : Well, I baked them with fresh <u>blueberries and walnuts</u>.
W : I notice <u>another flavor</u> too. <u>What is it</u> ?

訳　女性：このマフィン，おいしいわね！　何が入っているの？
　　男性：えーっと，生の<u>ブルーベリーとクルミ</u>を入れて焼いたんだ。
　　女性：<u>何か他の風味</u>も感じるわ。何かしら？

① 「ああ，もう焼けているよ」　　② 「ああ，とてもおいしいね」
③ 「ああ，それは秘密だよ」　　④ 「ああ，それはクルミだよ」

ブルーベリーとクルミ以外の材料を尋ねた女性に対して，意味をなす返事になるのは③のみ。

問8　　8　　正解は②

放送内容　《診察時間の問い合わせ》
W : Good afternoon, Seaside Medical Clinic. How may I help you ?
M : My son has been sick since this morning. <u>Can the doctor see him some time today</u> ?
W : Well .... <u>How about 3 o'clock</u> ?

訳　女性：こんにちは。シーサイド診療所です。いかがされましたか？
　　男性：息子が今朝から具合が悪いんです。<u>今日どの時間か，診ていただけますか</u>？
　　女性：そうですね…。<u>3時はいかがでしょう</u>？

8 2020年度：英語（リスニング）/本試験〈解答〉

① 「申し訳ありませんが，私たちが邪魔になるでしょう」
② 「そのときまでに行けるかどうかわかりません」
③ 「長い間お待たせしてすみません」
④ 「それを見てびっくりしています」

診察時間に3時を提案された男性の返事として意味をなすのは②のみ。make it はここでは「目的地にたどり着く，時間に間に合う」の意。

問9　　9　　正解は③

放送内容　《助力への感謝》

M : OK. Thanks for your great ideas! How about lunch?
W : I wish I could, but I've got an important meeting.
M : Oh, too bad. Anyway, <u>I really appreciate your help</u>.

訳　男性：わかりました。すばらしいアイデアをありがとうございます！　昼食はいかがですか？
　　女性：できればご一緒したいのですが，大事な会合がありまして。
　　男性：ああ，それは残念です。ともかく，<u>あなたの手助けには本当に感謝します</u>。

① 「だれでも」　　　　　　　　　② 「何でも」
③ 「いつでも」　　　　　　　　　④ 「どこでも」

anytime は助力を感謝されたときに「いつでもまた手伝いますよ」という含みで「どういたしまして」にあたる返事の決まり文句。③が正解。

問10　　10　　正解は③

放送内容　《忘れ物の確認》

M : I may have left my wallet on the table. It's brown leather. I just had lunch here.
W : <u>I'll check with the manager</u>. <u>What's your name</u>?
M : <u>John Smith</u>.

訳　男性：テーブルに財布を置き忘れてしまったらしいんです。茶色の革製のなんですが。さっきここで昼食をとったばかりで。
　　女性：<u>支配人に確認いたします。お名前は？</u>
　　男性：<u>ジョン＝スミスです。</u>

① 「中に何が入っているのかわかりますか」
② 「それを今提出していただけますか」
③ 「わかりました，すぐに戻ってまいります」
④ 「わかりました，あなたにお任せいたします」

「支配人に確認する」と言っているので，客の名前を確認したあと，店の奥か支配人室に行くと考えられる。客を少し待たせるので，その断りとして③が正解。

問11　11　正解は③

放送内容　《通学手段》

M：Does it take you long to come to school?

W：Yeah, about an hour by train.

M：Really? That's tough. <u>How do you get to the station</u>?

訳　男性：学校に来るのに時間がかかるの?
　　　女性：うん，電車で1時間くらい。
　　　男性：本当に?　それはきついね。<u>駅まではどうやって行くの?</u>

① 「両親のところに立ち寄るの」
② 「私が車であなたを迎えに行くの」
③ 「お父さんが車で送ってくれるの」
④ 「お父さんが彼女を迎えに行くの」

駅まで行く手段を尋ねられた返事として適切なのは③のみ。drop ～ off は「(車を止めて人や物) を降ろす」の意。

問12　12　正解は①

放送内容　《本を読む価値》

M：<u>What are you reading</u>?

W：A novel by an American writer. It's pretty famous, but a little long and complicated.

M：<u>Do you think it's worth reading</u>?

訳　男性：<u>何を読んでいるの?</u>
　　　女性：アメリカの作家の小説よ。すごく有名なんだけれど，ちょっと長くて複雑なの。

10 2020年度：英語（リスニング）/本試験〈解答〉

■ 男性：読む価値があると思う？

① 「読み終わったら言うわ」
② 「それを読もうかなあと思っているところよ」
③ 「正直に言って，読む時間の余裕はないの」
④ 「実は，私にはその価値があるの」

今読んでいる小説は読む価値があるかどうか尋ねられた返事として意味をなすのは①のみ。

問13　|13|　正解は②

放送内容　《がんばりすぎる生徒》

W : You got 90 on your test, Yuto. Well done !
M : Thank you very much, Ms. Hayashi. <u>Actually, I wanted a perfect score</u>.
W : <u>Don't be so hard on yourself.</u>

訳　女性：テストで90点を取りましたよ，ユウト。よくできました！
　　男性：ありがとうございます，ハヤシ先生。<u>実は満点を取りたかった</u>んです。
　　女性：<u>そんなに自分に厳しくしないで。</u>

① 「でも，ひとりではできません」
② 「でも，そうしないではいられません」
③ 「でも，僕も厳しくしてみることができませんでした」
④ 「でも，厳しくしようと思ってもできませんでした」

がんばりすぎている生徒に，そんなに自分に厳しくしないようにと言う教師に対して，But「しかし」と返事をしている生徒が言う内容として意味をなすのは②のみ。

2020年度：英語(リスニング)/本試験〈解答〉 **11**

第3問A 少し長めの対話を聞いて問いに答える問題

> 放送内容 《第3問Aの説明》
>
> 　第3問A　第3問Aは問14から問16までの3問です。それぞれの問いについて対話を聞き，答えとして最も適切なものを，四つの選択肢（①～④）のうちから一つずつ選びなさい。
> 　では，始めます。

問14 　 14 　 正解は③

> 放送内容 《有料の買い物袋》
>
> M : I just came from the grocery store, and <u>they charged me for a shopping bag</u>!
> W : <u>Didn't you know</u>? Some supermarkets do that.
> M : What for?
> W : They want you to bring your own bag to reduce waste.
> M : Oh, I see. It's a good idea.
> W : Yeah, think about the environment.

> 訳　男性：食料品店に行ってきたところなんだけれど，**買い物袋の料金を取られた**よ！
> 　　女性：<u>知らなかったの</u>？　袋の料金を取るスーパーマーケットもあるのよ。
> 　　男性：なんで？
> 　　女性：ゴミを減らすために，自分の買い物袋を持ってきてもらいたいのよ。
> 　　男性：ああ，なるほどね。それはいい考えだ。
> 　　女性：ええ，環境のことを考えないとね。

> 問　なぜ男性はびっくりしたのですか。
> 　① 「自分の買い物袋を持って行かなくてはならなかった」
> 　② 「スーパーマーケットに行かなくてはならなかった」
> 　③ 「買い物袋にお金を払わなくてはならなかった」
> 　④ 「環境のことを考えなくてはならなかった」

男性は，食料品店で買い物袋の料金を取られることを知らなかったとわかる。③が正解。

12 2020年度：英語（リスニング）/本試験〈解答〉

問15　15　正解は②

> 放送内容 《講義で学んだこと》
>
> W : What did you do at the weekend workshop?
>
> M : Let's see .... Oh, I went to the Stacey Jones lecture.
>
> W : Oh. Did you get anything out of it?
>
> M : Yeah, basically <u>she said you need to find your passion in order to experience happiness</u>.
>
> W : Interesting. Have you found yours?
>
> M : Yeah, eating good food!

訳　女性：週末の講習会で何をしたの？

男性：えーっと…。ああ，ステイシー＝ジョーンズの講義に出たよ。

女性：そう。で，何か得るものはあった？

男性：うん，基本的に，<u>幸せを味わうには自分が夢中になれるものを見つける必要があるって言ってた</u>ね。

女性：興味深いわね。自分のは見つかったの？

男性：ああ，おいしいものを食べることさ！

問　男性は講義から何を学びましたか。

①「パッションフルーツの食べ方」

②「幸せを感じる方法」

③「おいしい食べ物を見つける方法」

④「人のやる気を起こさせる方法」

講義で得たものを聞かれて，「幸せを味わうには…」と講義の内容を話している。②が正解。

2020年度：英語（リスニング）/本試験〈解答〉　**13**

問16　16　正解は②

放送内容　《研究所の場所》

W : Excuse me, where's the computer lab?

M : Ahh, in the next building on the fourth floor.

W : Oh .... So, I climbed these stairs for nothing?

M : Yeah, people make this mistake all the time. Don't worry, there's a connecting bridge on this floor.

W : Great! And then just one floor up?

M : Yeah.

W : Thanks!

訳　女性：すみません，コンピュータ研究所はどこでしょうか？

男性：ああ，**隣のビルの4階**です。

女性：まあ…。じゃあ，ここまで階段を上ってきたのは無駄だったんですね？

男性：ええ，しょっちゅうこの間違いをする人がいますよ。心配ありません，**この階に連絡通路があります**から。

女性：よかった！　それから**もう1階上ればいい**だけですよね？

男性：そうです。

女性：ありがとうございました！

問　会話はどこで行われている可能性が最も高いですか。

① 「2階で」　　　　　　　② 「3階で」

③ 「4階で」　　　　　　　④ 「5階で」

女性が行こうとしている研究所は隣のビルの4階。連絡通路を渡ってもう1階上ればよいと言っているので，今いるのは3階である。②が正解。

14 2020年度：英語（リスニング）/本試験〈解答〉

第3問B 長めの対話と視覚情報をもとに問いに答える問題

放送内容 《第3問Bの説明》

　第3問B　第3問Bは問17から問19までの3問です。長めの対話を一つ聞き，問17から問19の答えとして最も適切なものを，四つの選択肢（①〜④）のうちから一つずつ選びなさい。

　対話の場面が問題冊子に書かれているので，今，読みなさい。

　では，始めます。

問17〜19

放送内容 《アルバイト探し》

W : Hey, take a look at these ads for part-time jobs. You haven't got one yet, have you ?

M : No, not yet. Is there anything good ?

W : They're all interesting. How about delivering pizza ?

M : I love pizza, but I don't have a license.

W : Too bad. Then, how about this ? Do you have any experience ?

M : Hmm, that's nice and I have served at a café before —

W : So that's a possibility .... What about the other ones ?

M : Well, I have a bike .... Ah, dog walker .... What is that ?

W : Just what it says — you take someone's dog for a walk.

M : They pay people for that ? Well, my family has only had cats, so —

W : Tough luck. Still it looks like there are two jobs suited for you. What about your schedule ?

M : Well, I have soccer practice every weekday afternoon and on Saturday mornings.

W : Ah, so I guess that narrows your choices ....

訳 女性：ねえ，このアルバイトの広告，見て。まだアルバイト，見つけていないんでしょう？

男性：まだだよ。何かいいの，ある？

女性：どれもいいわよ。ピザの配達はどう？

男性：ピザは大好きだけれど，**免許を持っていない**んだ。

女性：それは残念。じゃあ，これはどう？　何か経験がある？

男性：うーん，よさそうだし，前にカフェで働いたことはあるよ。
女性：それなら可能性があるわね…。他のはどう？
男性：えーっと，自転車は持っている…。**え，犬の散歩係…。それ何？**
女性：書いてある通りよ。誰かの犬を散歩に連れて行くの。
男性：**そんなことで人にお金を払うの？** そうだなあ，うちは猫しか飼ったことがないから…。
女性：運が悪いわね。でも**あなたに合う仕事は2つある**みたいね。あなたのスケジュールはどうなの？
男性：えーっと，**平日は毎日午後に，土曜は午前中にサッカーの練習がある**んだ。
女性：ああ，じゃあ選択肢は絞れるわね…。

対話の場面
　友達同士が，夏休みのアルバイトについて話しています。

夏期アルバイト

ピザ配達員

平日　　　9:00-12:00
もしくは
週末　　　12:00-18:00
要スクーター免許

給仕係

平日　　　12:00-18:00
もしくは
週末　　　9:00-12:00
要経験

自転車メッセンジャー

平日　　　9:00-12:00
もしくは
週末　　　9:00-12:00
要自転車

犬の散歩係

平日　　　12:00-18:00
もしくは
週末　　　12:00-18:00
要経験

16 2020年度：英語（リスニング）/本試験〈解答〉

> 問17　なぜ男性はピザ配達の仕事に就くことができないのですか。
> ① 「方向感覚がないから」
> ② 「自分のスクーターを持っていないから」
> ③ 「宅配ピザが好きではないから」
> ④ 「一つの必要条件を満たしていないから」
> 問18　犬の散歩係の仕事に関して，男性は何をほのめかしていますか。
> ① 「自分のスケジュールに組み込めない」
> ② 「そのような仕事にはなじみがない」
> ③ 「自分の犬の散歩に対して人にお金を払っている」
> ④ 「本当にその仕事をしたいと思っている」
> 問19　男性はどのアルバイトに応募するでしょうか。
> ① 「月曜日から金曜日の自転車メッセンジャー」
> ② 「土曜日と日曜日の自転車メッセンジャー」
> ③ 「月曜日から金曜日の給仕係」
> ④ 「土曜日と日曜日の給仕係」

問17　 17 　正解は④

Pizza Delivery Person「ピザ配達員」の広告のいちばん下に Motor scooter license required「要スクーター免許」とあるが，男性の2番目の発言に I don't have a license.「免許を持っていない」とある。④が正解。

問18　 18 　正解は②

男性の4番目の発言に Ah, dog walker …. What is that？「え，犬の散歩係…。それ何？」，5番目の発言に They pay people for that？「そんなことで人にお金を払うの？」とある。②が正解。

問19　 19 　正解は①

女性の6番目の発言の there are two jobs suited for you「合う仕事は2つある」とは，免許がなくてできない「ピザ配達員」と経験のない「犬の散歩係」を除いた「給仕係」と「自転車メッセンジャー」。男性の最後の発言に I have soccer practice every weekday afternoon and on Saturday mornings「平日は毎日午後に，土曜は午前中にサッカーの練習がある」とある。平日の午前中の仕事がある「自転車メッセンジャー」なら可能。「給仕係」は，平日は午後6時まで，週末は午前中に仕事があるため不可。①が正解。

2020年度：英語（リスニング）/本試験〈解答〉　17

第4問A　長めのモノローグを聞いて問いに答える問題

[放送内容]　《第4問Aの説明》

　第4問A　第4問Aは問20から問22までの3問です。長めの英文を一つ聞き，問20から問22の答えとして最も適切なものを，四つの選択肢（①〜④）のうちから一つずつ選びなさい。

　では，始めます。

問20〜22

[放送内容]　《文化によるお茶と時間の観念の違い》

　The way cultures relate to tea and time is interesting. As an American teacher with experience in both Japan and Nepal, I have noticed similarities and differences concerning tea and time. Both countries have a tea culture. Tea is a part of most meals and a popular drink enjoyed throughout the day. It is also often served at meetings. On the other hand, their views of time are quite different. For example, in Japan, trains and buses generally arrive and leave on time, and run according to schedule. I thought this happened everywhere. Working in Nepal, however, showed me that concepts of time could be quite different. Buses did not run on a schedule; they moved only when they were filled with passengers. As another example, I would arrive at school ready to teach but found myself first having tea with the principal. The lessons started late, but it seemed that the time schedule was not as important as our morning tea and chat. In Japan, I think we would have kept to the schedule and had tea after class. But working in Nepal taught me the value of building the bonds of smooth, lasting relationships ... over tea.

[訳]　さまざまな文化がお茶と時間にどのようにかかわっているかは興味深いものがある。日本とネパールの両国での経験を持つアメリカ人教師として，私はお茶と時間に関する類似点と相違点に気づいている。どちらの国もお茶の文化がある。お茶はほとんどの食事の一部であり，1日中飲まれる人気のある飲み物だ。会議でもお茶が出されることはよくある。一方，日本とネパールの時間に対する考え方はまったく違う。たとえば日本では，電車やバスは一般に定刻に到着し出発して，時刻表通りに運行する。これはどこでも起きることだと思っていた。ところ

18 2020年度：英語（リスニング)/本試験〈解答〉

が，ネパールで仕事をしてみて，時間の観念はまったく違うことがありうるとわかった。バスは時刻表通りに運行していなかった。**バスが乗客で満杯になったときしか動かない**のだ。他の例として，私はすぐ授業をする心構えで学校に行ったものだが，**気づいたらまず校長とお茶を飲んでいた**。**授業が始まるのは定刻より遅くなった**が，時間割は朝お茶を飲んでおしゃべりをすることに比べるとそれほど重要ではないようだった。日本では，時間割をしっかり守りお茶を飲むのは授業のあとだったと思う。でも，**ネパールで仕事をして，お茶を飲みながら，円滑で永続的な人間関係の絆を構築する価値がわかった。**

◇ relate to ～「～に関係がある，～にかかわる」
◇ throughout the day「1 日中」 単位としての「1 日」は a day ではなく the day。
◇ on time「定刻に」
◇ find *oneself doing*「気づいたら～している」
◇ keep to ～「(計画・規則など) に従う，～を固守する」
◇ over tea「お茶を飲みながら」

問 20　話者はネパールのバスに関して何に気づきましたか。
　① 「非常に頻繁に来た」
　② 「時刻表に従っていた」
　③ 「満員になったときに出発していた」
　④ 「乗客にお茶を出していた」

問 21　ネパールでは，なぜ話者の授業は遅れて始まることが多かったのですか。
　① 「彼女は校長とお茶を飲んでいた」
　② 「彼女は授業の準備をしていた」
　③ 「生徒たちがおしゃべりをしていた」
　④ 「生徒たちがお茶を飲んでいた」

問 22　話者は教職経験から何を学びましたか。
　① 「日本では，お茶はコーヒーと同じくらい人気がある」
　② 「お茶の製造方法は，日本とネパールでは非常に異なっている」
　③ 「お茶の時間は，ネパールでは人間関係を築く手助けになる」
　④ 「時間は，日本とネパールで同じように考えられている」

問 20　<u>20</u>　正解は③
第 10 文（Buses did not …）後半に「バスが乗客で満杯になったときしか動かない」とある。③が正解。

2020年度：英語（リスニング）／本試験〈解答〉 **19**

問21 　21 　正解は①

第11・12文（As another example, …）に「気づいたらまず校長とお茶を飲んでいた。授業が始まるのは定刻より遅くなった」とある。①が正解。

問22 　22 　正解は③

最終文（But working in Nepal …）に「ネパールで仕事をして，お茶を飲みながら，円滑で永続的な人間関係の絆を構築する価値がわかった」とある。③が正解。

第4問B　討論を聞いて問いに答える問題

放送内容 《第4問Bの説明》
　第4問B　第4問Bは問23から問25までの3問です。長めの会話を一つ聞き，問23から問25の答えとして最も適切なものを，四つの選択肢（①～④）のうちから一つずつ選びなさい。
　会話の場面が問題冊子に書かれているので，今，読みなさい。
　では，始めます。

問23～25

放送内容 《ギターのレッスンの意義》
Mark：Hi, David .... Hi, Amy. What's up？
David：Hey, Mark. I was just telling Amy about my guitar lessons.
Mark：Oh yeah？ How're they going？
David：Actually, I'm thinking about quitting. They aren't cheap, and my teacher's kind of strict. But <u>even more than that, they're so boring</u>! She makes me practice the same thing over and over to get it right. That's all we do. Amy thinks I should continue though, right, Amy？
Amy：That's right. <u>Your teacher knows what you need to do to make progress</u>. You should trust her. If she thinks you should start with the basics, she's probably right.
David：Yeah, I know. But I'm just not enjoying myself. When I decided to play the guitar, my dream was to have fun playing music with my friends. I want to learn how to play some songs. I don't need to

20 2020年度：英語（リスニング）/本試験〈解答〉

know everything, just enough so I can start enjoying myself.

Mark : I see what you mean, David. If you played in a band, it would increase your motivation to practice. It's a lot of fun playing with other people. I suppose you could quit your lessons and teach yourself how to play.

Amy : I think if you're really serious about learning to play the guitar, you should continue taking lessons. <u>Your teacher will show you the right way to play. If you quit and try to learn on your own, you might develop bad habits that will be hard to change later</u>. It may not be fun now, but just imagine how good you'll be in a few years.

Mark : You know what? Maybe you should stick with it. <u>You can always put together a band while taking lessons</u>.

David : <u>Good idea</u>! That way, I can practice what I learn from my teacher. Are either of you interested in starting a band?

訳
　　　　マーク：やあ，デイヴィッド…。やあ，エイミー。どうしたの？

デイヴィッド：ああ，マーク。エイミーに僕のギターのレッスンのことを話していたところなんだ。

　　　　マーク：そうなの？　どんな調子？

デイヴィッド：実は，やめようかと思っているんだよ。安くはないし，先生がちょっと厳しくて。でも，**それより何より，とても退屈なんだ**！先生はうまくやれるまで同じことを何度も何度も練習させるんだよ。やっていることと言ったらそれだけ。でもエイミーは続けるべきだと思うって。そうだよね，エイミー？

　　　エイミー：そうよ。<u>先生は，上手になるために何をする必要があるかわかっているのよ</u>。先生を信頼すべきだわ。あなたが基本から始めるべきだと先生が思っているのなら，たぶん彼女は正しいわ。

デイヴィッド：うん，わかっているよ。でも，ただ楽しくないんだ。ギターを弾こうって決めたとき，僕の夢は友達と音楽を演奏して楽しむことだったんだ。いくつか曲を演奏する方法を身につけたい。全部知る必要はなくて，ただ楽しめるようになるのに十分なだけでいいんだよ。

　　　　マーク：君の言いたいことはわかるよ，デイヴィッド。バンドで演奏したら，練習するモチベーションが上がるだろうな。他の人たちと一

緒に演奏するのはすごく楽しいからね。レッスンをやめて演奏方法を独学したらどうかな。

エイミー：ギターを弾けるようになることを本当に真剣に考えているんなら，レッスンを続けるべきだと思う。<u>先生は正しい演奏方法を教えてくれるわ。もしやめて自分で学ぼうとしたら，あとで変えるのが難しい悪い癖がつくかもしれないわ。</u>今は楽しくないかもしれないけれど，２，３年後にどれだけうまくなっているか，ちょっと想像してみてよ。

マーク：なあ。たぶんレッスンを続けるべきだよ。<u>レッスンを受けながらバンドを組むことなんていつだってできる</u>だろう。

デイヴィッド：<u>いい考えだね！</u> そうすれば先生から教わることを実践できるし。君たちどちらか，バンドを始めることに興味ないかな？

◇ What's up?「(相手を心配して) どうしたの？」
◇ kind of「いくぶん，どちらかというと」
◇ enjoy *oneself*「楽しく過ごす」
◇ teach *oneself*「独学する」
◇ develop a bad habit「悪い癖〔習慣〕がつく」
◇ stick with 〜「〜を続ける」

問23 自分のギターのレッスンに関するデイヴィッドの主な問題は何ですか。
　① 「料金が高い」　　　　　　② 「便利ではない」
　③ 「あまり厳しくない」　　　④ 「おもしろくない」

問24 エイミーはなぜデイヴィッドが先生についているべきだと思うのですか。
　① 「バンドに参加できるようになるため」
　② 「上手な演奏者になるため」
　③ 「教師になるため」
　④ 「多くの曲を教わるため」

問25 デイヴィッドが次にする可能性が最も高いのは次のどれですか。
　① 「レッスンを続け，バンドを組む」
　② 「レッスンは続けるが，バンドは組まない」
　③ 「レッスンをやめて，バンドを組む」
　④ 「レッスンをやめるが，バンドは組まない」

問23　23　正解は④

デイヴィッドの２番目の発言第３文（But even more …）に「それより何より，と

22 2020年度：英語(リスニング)/本試験〈解答〉

ても退屈」とある。④が正解。

問24 　24 　正解は②

エイミーの最初の発言第2文（Your teacher knows …）に「先生は，上手になるために何をする必要があるかわかっている」，同じく2番目の発言第2・3文（Your teacher will …）に「先生は正しい演奏方法を教えてくれる。もしやめて自分で学ぼうとしたら，あとで変えるのが難しい悪い癖がつくかもしれない」とある。②が正解。

問25 　25 　正解は①

マークが最後の発言第3文（You can always …）で「レッスンを受けながらバンドを組むことはいつでもできる」と言ったのに対して，続くデイヴィッドの最後の発言第1文に Good idea!「いい考えだ！」とあるので①が正解。

2019年度：英語(リスニング)/本試験〈解答〉 **1**

英語(リスニング) 本試験

2019 年度 リスニング

問題番号 (配点)	設 問	解答番号	正 解	配 点	チェック
第1問 (12)	問1	1	②	2	
	問2	2	③	2	
	問3	3	②	2	
	問4	4	③	2	
	問5	5	④	2	
	問6	6	①	2	
第2問 (14)	問7	7	④	2	
	問8	8	②	2	
	問9	9	④	2	
	問10	10	①	2	
	問11	11	③	2	
	問12	12	①	2	
	問13	13	④	2	

問題番号 (配点)	設 問		解答番号	正 解	配 点	チェック
第3問 (12)		問14	14	④	2	
	A	問15	15	④	2	
		問16	16	③	2	
		問17	17	③	2	
	B	問18	18	①	2	
		問19	19	③	2	
第4問 (12)		問20	20	①	2	
	A	問21	21	①	2	
		問22	22	①	2	
		問23	23	②	2	
	B	問24	24	④	2	
		問25	25	③	2	

自己採点欄

50 点

(平均点：31.42 点)

2 2019年度:英語(リスニング)/本試験〈解答〉

> 放送内容 《試験の説明》
> これからリスニングテストを始めます。
> この試験では,聞き取る英語は2回流します。質問文と選択肢は音声ではなく,すべて問題冊子に印刷されています。
> では,始めます。4ページを開いてください。

第1問 短い対話を聞いて問いに答える問題

> 放送内容 《第1問の説明》
> 第1問 第1問は問1から問6までの6問です。それぞれの問いについて対話を聞き,答えとして最も適切なものを,四つの選択肢(①〜④)のうちから一つずつ選びなさい。

問1 ┃1┃ 正解は ②

問 キャラクターの外見はどのようなものでしょうか。

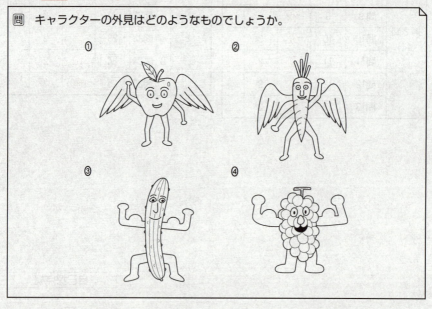

2019年度：英語（リスニング）/本試験〈解答〉　**3**

放送内容 《漫画のキャラクターのデザイン》

M：We need an idea for a new cartoon character.

W：I agree. How about a vegetable ?

M：That sounds OK. But, for a stronger impact, give it wings to fly.

W：Good idea.

訳　男性：新しい漫画のキャラクターを考える必要があるね。

　　女性：そうね。**野菜**はどうかしら。

　　男性：よさそうだね。でも，もっと印象深くするために，飛べる**翼**をつけよう。

　　女性：いい考えだわ。

「野菜」で「翼」がある**②**が正解。

問2　　2　　正解は③

圊　彼らの旅行は何日間ですか。

① 5日　　　　② 7日　　　　③ 8日　　　　④ 10日

放送内容 《旅行の日程》

W：What's the plan for our trip ?

M：Rome for five days, and two or three days in either Vienna or Istanbul.

W：I'd prefer Vienna. Let's stay there for three days.

M：Sure.

訳　女性：旅行の計画はどんなものなの？

　　男性：ローマに**5日**間で，2，3日間はウィーンかイスタンブールだよ。

　　女性：私はウィーンがいいわ。そこに**3日**間滞在しましょうよ。

　　男性：いいよ。

ローマに5日，ウィーンに3日なので，③の「8日」が正解。

問3　　3　　正解は②

圊　**女性は夏の間にどんな活動をしましたか。**

① ハイキングと釣り　　　　② ハイキングとゴルフ

③ サーフィンと釣り　　　　④ サーフィンとゴルフ

4 2019年度：英語（リスニング）/本試験〈解答〉

放送内容 《夏にしたレジャー》

M : I went surfing and fishing over the summer.
W : I wish I had. I went hiking, though.
M : I also played golf with some friends.
W : Really？ So did I.

訳 男性：僕は，夏の間ずっとサーフィンと釣りに行っていたんだ。
女性：私もそうできたらよかったな。でもハイキングには行ったわ。
男性：友達とゴルフもしたよ。
女性：本当？　私もよ。

「ハイキング」に行き，「ゴルフ」もしたので，②が正解。

問4 　4 　正解は③

問 女性はどこに塩を見つけそうでしょうか。
① シンクの横に　　　　　　　　② トースターのそばに
③ ピクニック用のかごの中に　　④ キッチンテーブルの上に

放送内容 《塩の置き場所》

W : Where's the salt we took on the picnic？
M : Maybe on the kitchen table, or by the toaster？
W : I checked there. By the sink, too.
M : Oh！ I didn't put it back.

訳 女性：ピクニックに持って行った塩はどこ？
男性：たぶんキッチンテーブルの上か，トースターのそばじゃない？
女性：そこは見たわ。シンクのあたりもね。
男性：あ！　元に戻していなかったよ。

「ピクニックに持って行った塩」を「元に戻していなかった」のだから，③が正解。

問5 　5　 正解は④

問 女性はいくら払わなくてはなりませんか。
① 1000円　② 2000円　③ 3000円　④ 4000円

放送内容 《テニスコートの予約》
W : We'd like to reserve this tennis court.
M : The hourly rate is 1,000 yen before 12 and 2,000 yen in the afternoon.
W : We'll need it from noon till 2 pm.
M : OK.

訳 女性：このテニスコートの予約をしたいんですが。
男性：1時間の料金は，午前中が1000円，午後は2000円です。
女性：正午から2時まで使います。
男性：承知しました。

「午後1時間2000円」を「正午から2時まで」なので，④「4000円」が正解。

問6 　6　 正解は①

問 会員の現在の意見を最もよく表しているグラフはどれですか。

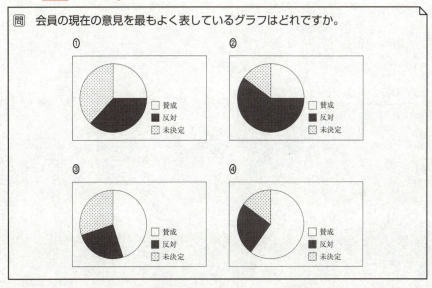

6 2019年度：英語（リスニング）/本試験〈解答〉

> 放送内容　《会員の意見の比率》
>
> M : More members are against our proposal than for it.
> W : But many haven't decided yet.
> M : Right. There's still some hope of getting a majority.
> W : Let's try to persuade them.

> 訳　男性：私たちの提案に賛成している人より反対している人のほうが多いですね。
>
> 女性：でも，まだ決めていない人もたくさんいます。
>
> 男性：そうですね。まだ過半数を取れる望みはありますね。
>
> 女性：まだ決めかねている人たちを説得しましょう。

「賛成の人数」＜「反対の人数」で，「賛成の人数」＋「未決定の人数」＞「反対の人数」になる①が正解。

2019年度：英語（リスニング）／本試験〈解答〉 7

第2問 短い対話を聞いて適切な応答文を選ぶ問題

放送内容 《第2問の説明》
　第2問　第2問は問7から問13までの7問です。それぞれの問いについて対話を聞き，最後の発言に対する相手の応答として最も適切なものを，四つの選択肢（①〜④）のうちから一つずつ選びなさい。
　では，始めます。

問7　　7　　正解は④

放送内容 《スマートフォンの破損》
W : Hey, are you OK? You seem depressed.
M : I dropped my smartphone at the station and the screen cracked.
W : Oh no. Didn't you drop your phone a few months ago?

訳　女性：ねえ，大丈夫？　落ち込んでいるみたいだけど。
　　　男性：駅でスマートフォンを落として画面が割れたんだよ。
　　　女性：あらまあ。2，3カ月前にも落としたんじゃなかった？

① 「君は新しい電話を買ったの？」
② 「君は駅でそれを交換したんじゃなかったっけ？」
③ 「いいや，自分の行くほうを見ていなかったんだ」
④ 「うん。またやっちゃったんだ」

「スマートフォンを落とした」と言う男性に対して，女性は「以前にも落としたのでは？」と尋ねている。落としたことがあるかどうかの返事として適切なのは④のみ。

問8　　8　　正解は②

放送内容 《休暇の申請》
M : I'm thinking about asking the boss for 10 days off from next week.
W : We're quite busy now. I think it might be difficult.
M : My wife really wants to go abroad.

8 2019年度：英語（リスニング）/本試験〈解答〉

訳 男性：来週から 10 日間の休暇を<u>上司にお願いしようか</u>と思っているんだ。

女性：今すごく忙しいのよ。<u>難しいんじゃないかしら</u>。

男性：<u>妻がとても海外に行きたがっている</u>んだよ。

① 「それなら，奥さんがだめと言わなければいいわね」
② 「それなら試してみて上司が何と言うか見てもいいかもね」
③ 「実は，まだ彼女のパスポートを取っていないのよ」
④ 「うーん，私に幅広い選択をさせてくれてもいいんじゃないの」

女性は男性が休暇を願い出るのは難しいと考えている。休暇を取りたい事情を説明した男性に対して彼女が言う内容として意味をなすのは②のみ。

問9　　9　　正解は④

放送内容 《講演の予約》

W : We have a chance to hear a talk by a diplomat from Germany <u>next week</u>.

M : Right here in our school auditorium ?

W : Yes. <u>It's free</u>. <u>There are still some seats left</u>.

訳 女性：ドイツの外交官の講演を聞く機会が<u>来週</u>あるのよ。

男性：この僕たちの学校の講堂で？

女性：そうなの。<u>無料</u>よ。<u>まだ席がいくらか残っている</u>わ。

① 「次はもっと運がいいといいね」
② 「話ってあまり価値がないね」
③ 「それは残念だったね」
④ 「急いだほうがよさそうだね」

「来週」に迫った「無料」の講演の「席は残りがいくらか」だけ。④が適切。

2019年度：英語（リスニング）/本試験〈解答〉 **9**

問10　　10　　正解は①

放送内容　《信号順守》

M：Hey！You're walking so slowly！We'll be late for the game！
W：But the traffic light has started to flash.
M：Come on！We can make it if we run.

訳　男性：ねえ！　歩くの遅いよ！　試合に間に合わないよ！
女性：でも信号が点滅し始めたわ。
男性：何言ってんだよ！　走れば渡れるさ。

① 「だめよ。安全じゃないと思うわ」
② 「だめよ。あなたは試合には行けないわ」
③ 「そうね。渋滞しているみたい」
④ 「そうね。場所を変えられるわ」

信号を気にしている女性が，走って渡ろうとしている男性に対して言う言葉として適
切なのは①のみ。

問11　　11　　正解は③

放送内容　《パーティーへの参加》

W：Remember, tonight is the surprise party for Shota at my house.
M：OK, I'm planning to study at the library until 7, so―.
W：Actually ..., the party starts at 6.

訳　女性：忘れないでね，今夜は私の家でショウタのサプライズパーティーよ。
男性：うん，図書館で7時まで勉強する予定にしているから…。
女性：実はね…，パーティーは6時に始まるの。

① 「彼が来てから出発してもらえるかな」
② 「6時以降に図書館で勉強してもらえるかな」
③ 「もっと早く出たほうがよさそうだね」
④ 「もっと早くパーティーを始められそうだね」

7時まで勉強する予定にしていた男性が，パーティーの開始時間が6時と知って言う
言葉としては③が適切。

10 2019年度：英語（リスニング）/本試験〈解答〉

問12　12　正解は①

放送内容　《ピザの注文》

M : Hello, ABC Pizza. Can I take your order ?

W : I'd like a large seafood pizza delivered.

M : OK. By the way, customers who pick up their order receive 20％ off.

訳　男性：はい，ABC ピザです。ご注文をお伺いします。

女性：ラージサイズのシーフードピザを配達してほしいのですが。

男性：承知しました。ところで，取りに来てくださるお客様は 20 パーセント割引になりますが。

① 「いいですね。30 分後にそちらに行きます」

② 「いいですね。では配達してください」

③ 「ええ，ピザもう 1 枚は要りません」

④ 「ええ，まだ注文が決まっていません」

配達を希望していた女性が，取りに行けば割引だと知って言う言葉としては①が適切。

問13　13　正解は④

放送内容　《バス乗り場の確認》

W : Sir, where can I get the night bus ?

M : Continue on this train to the final station. The bus stop is right above it.

W : Thanks. Is it easy to find ?

訳　女性：すみません。夜行バスにはどこで乗ればいいでしょうか。

男性：この電車で終点まで行ってください。バス停は駅のすぐ上です。

女性：ありがとうございます。簡単に見つかりますか。

① 「はい，始発駅でホームを移るだけです」

② 「はい，違う道を選ぶだけです」

③ 「はい，次の急行の夜行バスに乗るだけです」

④ 「はい，エレベーターでひとつ上の階に行くだけです」

バス停は「終着駅のすぐ上」なので，④が正解。

2019年度：英語（リスニング）/本試験〈解答〉 **11**

第3問A　少し長めの対話を聞いて問いに答える問題

> **放送内容** 《第3問Aの説明》
>
> 　第3問A　第3問Aは問14から問16までの3問です。それぞれの問いについて対話を聞き，答えとして最も適切なものを，四つの選択肢（①〜④）のうちから一つずつ選びなさい。
>
> 　では，始めます。

問14　□14□　正解は④

> **放送内容** 《待ち合わせ時間への遅刻》
>
> W : There you are. Have you been waiting long？
>
> M : Yes, for 30 minutes！ Where've you been？
>
> W : Well, <u>I was waiting on the other side</u>. I didn't see you so I came around here.
>
> M : I've been calling your phone, but I couldn't get through.
>
> W : Sorry, my battery died. Anyway, I'm here now.

訳 女性：そこにいたのね。長いこと待った？

男性：ああ，30分もだよ！　どこにいたの？

女性：えーっと，<u>反対側で待っていた</u>のよ。あなたの姿が見えなかったからこっちに来たの。

男性：君の電話にずっとかけていたのにつながらなかったよ。

女性：ごめんなさい，バッテリーが切れたの。ともかく，もうここにいるわ。

問　女性はなぜ遅れたのですか。

① 「彼女の電話がなくなった」

② 「彼女の時計が遅れていた」

③ 「彼女は（待ち合わせ）時間を忘れていた」

④ 「彼女は別の場所にいた」

女性は「反対側で待っていた」と言っている。④が正解。

12 2019年度：英語（リスニング）/本試験〈解答〉

問15 **15** 正解は④

> **放送内容** 《スカートの縫製》
>
> M：How do you like this traditional fabric I bought in India？
>
> W：It's beautiful！I love the design. What are you going to do with it？
>
> M：I want to have a skirt made for my wife.
>
> W：Oh, I have a friend who could help you.
>
> M：Really？That sounds great.

> 訳 男性：インドで買ったこの伝統的な布地をどう思う？
>
> 女性：きれいね！　柄がいいわ。それで何をするつもりなの？
>
> 男性：**妻のスカートを作ってもらいたいと思っている**んだ。
>
> 女性：あら，**お手伝いできるかもしれない友達がいる**わ。
>
> 男性：本当？　それはいいな。

> 問 女性は次に何をするでしょうか。
>
> ① 「男性がスカートのデザインをするのを手伝う」
>
> ② 「男性がインドに行くのを助ける」
>
> ③ 「布地をいくらか買ってくれる人を紹介する」
>
> ④ 「スカートが縫える人を紹介する」

「妻のスカートを作ってほしい」と思っている男性に対して「手伝える友人を知っている」と言っているのだから，女性はその人物を紹介すると考えられる。④が正解。

問16 **16** 正解は③

> **放送内容** 《休憩に飲むもの》
>
> M：Shall we take a break？
>
> W：Good idea.
>
> M：Do you want coffee or tea？
>
> W：What kind of tea do you have？
>
> M：I have green tea and lemon ginger.
>
> W：Lemon ginger sounds good.
>
> M：Well, actually, I think I need some coffee.
>
> W：You know, on second thought, I'll have the same.

2019年度：英語（リスニング）/本試験〈解答〉　13

訳　男性：ちょっと休憩しない？
　　女性：そうね。
　　男性：コーヒーがいい？　それともお茶かな。
　　女性：どんなお茶があるの？
　　男性：緑茶とレモンジンジャー。
　　女性：レモンジンジャーがいいわ。
　　男性：えーっとね，実は，僕はコーヒーが欲しいんだ。
　　女性：あら，考え直して，同じものにするわ。

問　男性は何を準備するでしょうか。
　① 「コーヒーとレモンジンジャー茶」
　② 「レモンジンジャーと緑茶」
　③ 「2杯のコーヒー」
　④ 「2杯のレモンジンジャー茶」

「コーヒーが欲しい」と言う男性に対して，最終的に女性は「同じものにする」と答えている。③が正解。

第3問B　長めの対話と視覚情報をもとに問いに答える問題

放送内容　《第3問Bの説明》
　第3問B　第3問Bは問17から問19までの3問です。長めの対話を一つ聞き，問17から問19の答えとして最も適切なものを，四つの選択肢（①〜④）のうちから一つずつ選びなさい。
　対話の場面が問題冊子に書かれているので，今，読みなさい。
　では，始めます。

問17〜19

放送内容　《博物館の展示案内》
M : Morning. One adult, please.
W : That'll be 20 dollars for the permanent exhibitions, and一.
M : Ah, what are the permanent ones?
W : One is Greek and Roman Art, and the other is the Age of Dinosaurs.
　　The two special exhibitions cost extra.

14 2019年度：英語（リスニング)/本試験〈解答〉

M : What are they?

W : Butterflies of the Amazon and East Asian Pottery.

M : Maybe I'll go to both of them.

W : Oh, sorry. I forgot to mention that the butterfly exhibition is closed today.

M : Too bad. Then, I guess I'll check out the Greek sculptures first.

W : They're in the Greek and Roman Art section, but it's not open yet. However, you might enjoy the dinosaur exhibition. There's a lecture in 15 minutes.

M : Good. I'll do that.

W : You can see the sculptures after the dinosaurs. The special exhibition on East Asian Pottery is nice, too.

M : OK, I'll go there before the sculptures. Can I pay by credit card?

W : Sure.

訳 男性：おはようございます。大人1枚お願いします。

女性：常設展示は20ドルですが…。

男性：ああ，常設展示は何ですか。

女性：ひとつはギリシア・ローマ美術で，もうひとつは恐竜の時代です。2つの特別展示は追加料金がかかります。

男性：それは何ですか。

女性：アマゾンの蝶と東アジアの陶磁器です。

男性：どちらも行くと思います。

女性：申し訳ありません。申し上げるのを忘れていましたが，本日，蝶の展示は閉まっています。

男性：それは残念。それなら，最初にギリシア彫刻を見に行きます。

女性：それはギリシア・ローマ美術のセクションにありますが，まだ開いておりません。ですが，恐竜の展示はお楽しみいただけるかと思います。15分後に講義がございます。

男性：いいですね。そうします。

女性：恐竜のあとに彫刻をご覧になれます。東アジアの陶磁器の特別展示もすばらしいですよ。

男性：わかりました。彫刻の前にそちらに行ってみます。クレジットカードで支払えますか。

女性：もちろんです。

対話の場面
博物館の入場券売り場で，来館者が展示について質問をしています。

市立博物館

常設展示 　　　　　　　　　　　　特別展示

ギリシア・ローマ美術
時間：10:00-17:00
　　　（金曜日：11:30-20:00）
講義：12:00/14:00
　　　（月曜日，金曜日，日曜日）

東アジアの陶磁器
時間：10:00-17:00
　　　（月曜日休み）
追加料金：22ドル

恐竜の時代
時間：10:00-17:00
講義：11:00/13:00
　　　（月曜日，金曜日，日曜日）

アマゾンの蝶
時間：10:00-17:00
　　　（金曜日休み）
追加料金：15ドル

問17　男性は何曜日に博物館に来ていますか。
　①「月曜日」　　②「水曜日」　　③「金曜日」　　④「土曜日」

問18　男性が最初に行く講義はどれですか。
　①「恐竜の時代の11時の講義」
　②「ギリシア・ローマ美術の12時の講義」
　③「恐竜の時代の13時の講義」
　④「ギリシア・ローマ美術の14時の講義」

問19　男性は合計でいくら支払いますか。
　①「20ドル」　　②「22ドル」　　③「42ドル」　　④「57ドル」

16 2019年度：英語（リスニング）/本試験〈解答〉

問17 [17] 正解は③

女性の4番目の発言に「今日，蝶の展示は閉まっている」とある。展示案内によるとアマゾンの蝶の展示が休みなのは「金曜日」。③が正解。

問18 [18] 正解は①

女性の5番目の発言に「ギリシア・ローマ美術の展示はまだ開いていないが，恐竜の時代の展示は楽しめる。講義は15分後」とある。問17から，男性は金曜日に来館しており，展示案内にギリシア・ローマ美術は「金曜日は11時30分から」とあるので，これより前に始まる講義を聞くと考えられる。11時からの恐竜の時代の講義があてはまる。①が正解。

問19 [19] 正解は③

女性の最初の発言に「常設展示は20ドル」とある。アマゾンの蝶は閉まっていて，見られない。男性の最後の発言に「そこ（＝東アジアの陶磁器の特別展示）に行く」とあり，展示案内に「追加料金22ドル」とある。合計は42ドル。③が正解。

2019年度：英語（リスニング）/本試験〈解答〉　**17**

第4問A　長めのモノローグを聞いて問いに答える問題

放送内容　《第4問Aの説明》

　第4問A　第4問Aは問20から問22までの3問です。長めの英文を一つ聞き，問20から問22の答えとして最も適切なものを，四つの選択肢（①～④）のうちから一つずつ選びなさい。

　では，始めます。

問20～22

放送内容　《初めて自転車に乗ったときのこと》

　I sat nervously on my bicycle. My brothers Brad and Marc were holding on to the handlebars and seat on both sides. I gripped the handles. This was my first time riding without the training wheels. I was scared but ready. <u>My friends could no longer tease me for not being able to ride a bicycle</u>. My brothers assured me that they would not let go. They both shouted, "Ready, set ..." and smiled at each other. At that moment, I realized that <u>they had a plan</u>. They shouted, "Go !" and pushed me forward. Then <u>suddenly, they let go of the bicycle</u>. I screamed. I was pedaling hard but had no control. <u>In horror, I saw our neighbor's garage up ahead and closed my eyes tightly. Crash ! I hit the garage</u>. I found myself on the ground with my head spinning. I was confused but unhurt. My brothers ran to me and helped me up, but they were laughing so hard that they were in tears. I was also in tears, but not because I thought it was funny. Growing up as the only girl with two older brothers was hard, but <u>this experience taught me to be strong and not to give up</u>.

訳　　私は緊張した気持ちで自転車にまたがった。兄のブラッドとマークが，ハンドルとサドルを両側から支えてくれていた。私はハンドルを握った。私が補助輪なしで自転車に乗るのはこれが初めてだった。怖かったが準備はできていた。**もう友達が私を自転車に乗れないといってからかうことはできない**。兄たちは，ちゃんと持っているからねと言ってくれた。2人が一緒に「準備はいいかい。用意して…」と叫ぶと，微笑み合った。その瞬間，私は**彼らに計画がある**のに気づいた。兄たちは「スタート！」と叫ぶと，私を前に押し出した。すると**突然，彼らは自転車から手を放した**のだ。私は悲鳴を上げた。一生懸命ペダルを踏んだが，制御

18　2019年度：英語（リスニング）/本試験〈解答〉

できなかった。**恐怖の中で，隣の家のガレージが目の前に見え，私は目をぎゅっとつぶった。ガシャン！　私はガレージにぶつかってしまった**。気がついたら地面に横たわっていて，頭がくらくらしていた。困惑はしていたが怪我はしていなかった。兄たちは私のところへ走って来て助け起こしてくれたが，涙が出るほど大笑いしていた。私も涙が出ていたが，面白かったからではない。２人の兄がいて女の子は自分だけという中で成長していくのはたいへんなことだったが，この経験は私に強くなること，そして，あきらめないことを教えてくれた。

◇ hold on to *A*「*A* を放さない，しっかり持つ」

◇ tease *A* for *doing*「*A*（人）を〜することでからかう，いじめる」

◇ assure *A* that Ｓ Ｖ「*A*（人）にＳがＶすると言って安心させる，請け合う」

◇ Ready, set, go !「位置について，用意，ドン！」

◇ up ahead「前方に迫って」

◇ with *one's* head spinning「頭がくらくらしている状態で」　with Ｏ Ｃ の付帯状況。

問20　少女にとって自転車の乗り方を覚えることはなぜ重要だったのですか。

① 「友達が彼女をからかわないようにするため」

② 「両親が彼女に自転車を買ってくれるようにするため」

③ 「兄たちと一緒に自転車に乗って出かけられるようにするため」

④ 「自転車に乗って学校に行けるようにするため」

問21　ブラッドとマークが笑ったのはなぜですか。

① 「妹がガレージに突っ込んだ」

② 「妹が冗談を言った」

③ 「妹がゆっくりとペダルを踏んでいた」

④ 「妹がくるくると回っていた」

問22　少女はこの子ども時代の経験を通して何を学びましたか。

① 「たくましく，先へ進み続けること」

② 「ひどい状況の中でもユーモアを見つけること」

③ 「兄たちを支えること」

④ 「一生懸命努力して楽しむこと」

問20　　20　　正解は①

第６文（My friends could …）に「もう友達が私を自転車に乗れないといってからかうことはできない」とある。①が正解。

2019年度：英語(リスニング)/本試験〈解答〉 **19**

問21 21 正解は①

第9文（At that moment, …）・第11文（Then suddenly, …）から，ブラッドとマークは筆者にいたずらをしようとしていたことがわかる。その思惑どおりに第14〜16文（In horror, I saw …）にあるように，筆者は自転車をうまく操作することができずに，ガレージにぶつかってしまう。①が正解。

問22 22 正解は①

最終文（Growing up as …）に「この経験は私に強くなること，そして，あきらめないことを教えてくれた」とある。①が正解。

20 2019年度：英語（リスニング）/本試験〈解答〉

第4問B 討論を聞いて問いに答える問題

放送内容 《第4問Bの説明》

第4問B　第4問Bは問23から問25までの3問です。長めの会話を一つ聞き，問23から問25の答えとして最も適切なものを，四つの選択肢（①〜④）のうちから一つずつ選びなさい。

会話の場面が問題冊子に書かれているので，今，読みなさい。

では，始めます。

問23〜25

放送内容 《保護施設の犬の話》

Ken: Hi, Nicholas. How are you?

Nicholas: Hey, Ken, I'm good. I was just telling Janet that I'm thinking about getting a new pet — a dog — and she was giving me some advice. She thinks I should go to the animal shelter ..., you know, the place where they take animals that are wild or are not wanted. Right, Janet?

Janet: Yeah. I think Nicholas should adopt one of the dogs from the shelter. They are usually given away. And <u>most importantly, all the dogs need a new home and family to love them</u>. But I'm not sure that Nicholas thinks it's a good idea.

Nicholas: Well, Janet, I think it's a kind thing to do, but if I get one from the pet store I can be sure that it's healthy. <u>I also worry that shelter dogs might have some kind of problem. They might bite people or bark too much</u>. What do you think, Ken?

Ken: Yeah, I agree. That might be why they were abandoned.

Janet: Not necessarily, guys. I think many dogs in shelters are well-trained, but unfortunately had to be given up because their families had to move to places that don't allow pets.

Nicholas: Right. But many of the dogs at the shelter are older, and I want a puppy. They're really cute when they're young.

Ken: Well, you might have a better chance of getting a puppy at a pet store, but sometimes there are unwanted puppies taken to shelters as well. And the shelter will make sure that the dogs they give away are in good health.

Janet: Yeah, and dogs can also be quite expensive in pet shops. <u>Why don't we all go to the shelter downtown after school today and take a look</u>? What do you think, guys?

Ken: <u>Yeah</u>!

Nicholas: <u>Sure</u>, I guess we could.

訳　　　ケン：やあ，ニコラス。調子はどう？

ニコラス：やあ，ケン。元気だよ。ちょうどジャネットに新しいペットを買おうと思っているって話していたところなんだ。ペットというのは犬なんだけどね。彼女はいくつかアドバイスしてくれて，動物の保護施設に行ってみるべきだと思うって。知っていると思うけれど，野良の動物や望まれていない動物を引き受けているところだよ。そうだよね，ジャネット。

ジャネット：そうよ。ニコラスは保護施設の犬たちの中から1匹引き取るべきだと思うわ。たいてい無料で引き取れるの。それに<u>いちばん大事なのは，そういう犬にはみんな，新しい家と愛してくれる家族が必要だ</u>っていうことよ。でも，ニコラスはそれがいい考えだと思っているのかしら。

ニコラス：そうだなあ，ジャネット，それが親切なことだとは思うよ。でも，ペットショップで手に入れたら，健康なのは間違いないじゃない。<u>施設の犬は何かしら問題を抱えているかもしれないというのも心配なんだよ。人を噛むとか吠えすぎるとかするかもしれない</u>。ケンはどう思う？

ケン：うん，僕もそう思う。だから捨てられたのかもしれないよね。

ジャネット：そうとは限らないわ。施設にはきちんとしつけがされている犬もたくさんいると思うわ。でも不運なことに，彼らを飼っていた家族がペットを飼えないところに引っ越さなくてはならなかったから，手放さざるをえなかったのよ。

ニコラス：確かにね。でも，施設の犬は年をとっていることが多いよね。僕は子犬が欲しいんだ。子どものときって，本当にかわいいからね。

ケン：そうだなあ。ペットショップのほうが子犬を手に入れられる見込みは高いかもしれないけれど，要らない子犬が施設に連れて来られることもあるよ。それに，施設は譲渡する犬が間違いなく健康でいる

22 2019年度：英語（リスニング）/本試験〈解答〉

ようにしてくれるよ。

ジャネット：そうよ。犬はペットショップだととても値段が高いということもあるわ。**今日，放課後に街の施設にみんなで行って見てみない？　ど**う思う？

ケン：**いいね！**

ニコラス：**いいよ，そうしてみようか。**

◇ give away ～「～をただで与える，渡す」
◇ a chance of *doing*「～する見込み，可能性」
◇ make sure that S V「必ずSがVするように（注意）する」
◇ Why don't we ～?「～しませんか，～しましょう」

問23　ジャネットによると，犬を引き取る主な理由は何ですか。
① 「保護施設の犬には，健康診断が必要である」
② 「保護施設の犬には，愛情に満ちた家庭が必要である」
③ 「保護施設の犬は，捨てられる必要がある」
④ 「保護施設の犬は，訓練される必要がある」

問24　ニコラスが保護施設の犬について抱いている懸念はこれらのうちどれですか。
① 「そうした犬は，幼すぎるかもしれない」
② 「そうした犬は，望まれていないかもしれない」
③ 「そうした犬は，捨てられたのかもしれない」
④ 「そうした犬は，行動に問題があるかもしれない」

問25　この会話の結果はどのようなものですか。
① 「ニコラスはペットショップから幼い犬を買うだろう」
② 「ニコラスは保護施設から比較的年をとった犬を引き取るだろう」
③ 「彼らはみんな動物保護施設を訪れるだろう」
④ 「彼らはみんな街のペットショップを訪れるだろう」

問23　　**23**　　正解は②

ジャネットの最初の発言第4文（And most importantly, …）に「いちばん大事なのは，そういう犬にはみんな，新しい家と愛してくれる家族が必要だ」とある。②が正解。

2019年度：英語(リスニング)/本試験〈解答〉　**23**

問24　24　正解は④

ニコラスの2番目の発言第2・3文（I also worry …）に「施設の犬は何かしら問題を抱えているかもしれないというのも心配だ。人を噛んだり吠えすぎたりするかもしれない」とある。④が正解。

問25　25　正解は③

ジャネットの最後の発言第2文（Why don't we …）に「今日，放課後に街の施設にみんなで行って見てみない？」とあり，続いてケンもニコラスも「いいよ」と言っている。③が正解。

英語(リスニング) 本試験

問題番号 (配点)	設 問	解答番号	正 解	配 点	チェック
第1問 (12)	問1	1	②	2	
	問2	2	③	2	
	問3	3	③	2	
	問4	4	③	2	
	問5	5	②	2	
	問6	6	②	2	
第2問 (14)	問7	7	②	2	
	問8	8	②	2	
	問9	9	④	2	
	問10	10	④	2	
	問11	11	④	2	
	問12	12	②	2	
	問13	13	①	2	

問題番号 (配点)	設 問	解答番号	正 解	配 点	チェック
第3問 (12)		問14	14	②	2	
	A	問15	15	①	2	
		問16	16	③	2	
		問17	17	②	2	
	B	問18	18	④	2	
		問19	19	②	2	
第4問 (12)		問20	20	④	2	
	A	問21	21	④	2	
		問22	22	③	2	
		問23	23	④	2	
	B	問24	24	②	2	
		問25	25	④	2	

自己採点欄 / 50点
(平均点:22.67点)

> 放送内容　《試験の説明》
> これからリスニングテストを始めます。
> この試験では、聞き取る英語は2回流します。質問文と選択肢は音声ではなく、すべて問題冊子に印刷されています。
> では、始めます。4ページを開いてください。

第1問　短い対話を聞いて問いに答える問題

> 放送内容　《第1問の説明》
> 第1問　第1問は問1から問6までの6問です。それぞれの問いについて対話を聞き、答えとして最も適切なものを、四つの選択肢（①〜④）のうちから一つずつ選びなさい。

問1　1　正解は②

問　彼らが見ている写真はどれですか。

①
②
③
④

2018年度：英語（リスニング）/本試験〈解答〉　**3**

放送内容　《写真に写っているもの》

M：Look！This picture is from last spring.

W：What a beautiful garden！

M：Amazing, isn't it？And the skyscrapers in the distance.

W：Uh-huh. By the way, who's the woman beside you？

訳　男性：見て！　この写真はこの前の春のだよ。

女性：きれいな庭ね！

男性：素晴らしいだろ？　それに**遠くの高層ビル**もね。

女性：ええ。ところで，**あなたの隣にいる女の人**は誰なの？

高層ビル，男性，女性が写っている②が正解。skyscraper「高層ビル，摩天楼」

問2　 2 　正解は③

問　彼ら自身のお金のうち，それぞれが払うのはいくらですか。
①　10 ドル　　②　15 ドル　　③　30 ドル　　④　35 ドル

放送内容　《支払いの金額》

W：Our bill is 85 dollars.

M：I have a fifteen-dollar discount coupon.

W：Remember, Mom gave us ten dollars. Let's use that as well.

M：OK, and then we can split the rest.

訳　女性：お会計は 85 ドルね。

男性：**15 ドル割引のクーポン**があるよ。

女性：そういえば，母さんが 10 ドルくれたわよね。**あれも使いましょう。**

男性：いいよ。それで**残りを割り勘に**しようか。

$(85 - 15 - 10) \div 2 = 30$ で，③が正解。

問3　 3 　正解は③

問　女性は自分の新しい仕事について何と言っていますか。
①　従業員は週末が休みである。
②　職場に行くのに時間がかかりすぎる。
③　同僚とうまくいっている。
④　上司が出張で出かけていることがよくある。

4　2018年度：英語（リスニング）/本試験〈解答〉

放送内容　《新しい職場での様子》

M：How's your new job？

W：Well, my boss is OK, and I don't spend much time commuting.

M：But I've heard you often work weekends.

W：Still, I enjoy being with my co-workers.

訳　男性：新しい仕事はどう？

女性：そうね，上司はいい人よ。それに通勤にあまり時間がかからないわ。

男性：でも週末に仕事をしていることがよくあるって聞いたよ。

女性：それでも，同僚の人たちと一緒にいるのは楽しいわ。

「（週末が仕事でも）同僚といるのが楽しい」とある。③が正解。

問4　④4　正解は③

> **問**　男性はどうするつもりですか。
>
> ①　新型をあとで買う。　　②　新型を今買う。
>
> ③　旧型をあとで買う。　　④　旧型を今買う。

放送内容　《携帯電話の購入》

W：Our shop recommends this new phone.

M：Is there anything cheaper？

W：The earlier model's out of stock but will arrive soon. It's half the price.

M：Could you hold one for me？

訳　女性：当店では，こちらの新しい電話をお勧めしております。

男性：もっと安いのはありますか。

女性：以前のモデルは在庫切れですが，もうすぐ入荷します。半分のお値段です。

男性：ひとつ取っておいていただけますか。

以前のモデルが入荷したら，取っておいてほしいとある。③が正解。

問5　⑤5　正解は②

> **問**　女性は，何時だと思っていましたか。
>
> ①　1時20分　　②　1時30分　　③　1時40分　　④　1時50分

放送内容 《時計の遅れ》

M : Let's go! The meeting will start soon.
W : We still have plenty of time. Doesn't the meeting start at 2?
M : Yeah, in ten minutes.
W : Oh, no! My watch is 20 minutes behind.

訳　男性：さあ，行こう！　会議がもうすぐ始まるよ。
　　女性：まだたっぷり時間があるわ。会議は2時から始まるんじゃない？
　　男性：そうだよ，10分後だね。
　　女性：あら，いけない！　私の時計，20分遅れているわ。

会話が行われているのは2時に始まる会議の10分前なので，1時50分。時計は20分遅れているから1時30分を指している。②が正解。

問6　6　正解は②

問　彼らが話していることを表すグラフはどれですか。

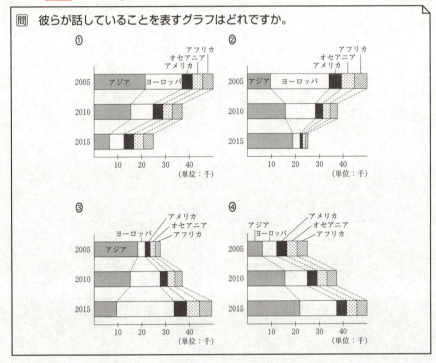

6 2018年度：英語（リスニング）/本試験〈解答〉

放送内容 《調査結果》

W : Our survey shows <u>the number of foreigners visiting our museum has been decreasing</u>.

M : <u>Especially from Europe</u>.

W : But <u>the number from Asia is on the rise</u>.

M : At least that's good news.

訳　女性：私たちの調査では，この博物館を訪れる外国人の数は減少していることがわかりますね。

男性：**特にヨーロッパから**がそうです。

女性：でも，**アジアからの数は増加**していますね。

男性：少なくともそれはよかったです。

「訪れる外国人の数は減少している」ので，①か②に絞られる。ヨーロッパが減少し，アジアが増加している②が正解。

第2問 短い対話を聞いて適切な応答文を選ぶ問題

放送内容 《第2問の説明》

第2問　第2問は問7から問13までの7問です。それぞれの問いについて対話を聞き，最後の発言に対する相手の応答として最も適切なものを，四つの選択肢（①〜④）のうちから一つずつ選びなさい。

では，始めます。

問7　　7　　正解は②

放送内容 《買い物の品》

W : Ah, Marcos, there you are.

M : I just came back from the store.

W : Did you get everything? How about the batteries?

訳 女性：あらマルコス，いたの。

男性：店から帰ってきたばかりだよ。

女性：全部買ってきてくれた？　電池は？

① 「あー，買い物に行くのを忘れていたよ」
② 「あー，念を押して言ってくれたらよかったのに」
③ 「もちろん，電池以外は何でもね」
④ 「もちろん，駅のそばの店だよ」

買い物から戻った男性に，女性が「電池を買ってきてくれたか」をたずねている。この状況に合わないものを除外すると，残るのは②。should have *done* は「〜すべきだった（のにしなかった）」の意。直訳は「あなたは私に思い出させるべきだった」。

問8　　8　　正解は②

放送内容 《レストランでの注文》

M : Ready to order?

W : No, not yet. Do you have any vegetarian meals?

M : They're on the second to the last page.

8 2018年度：英語（リスニング）/本試験〈解答〉

訳　男性：**ご注文はお決まりですか？**
　　女性：**いえ，まだです**。菜食主義者用の料理はありますか？
　　男性：最後から2番目のページにございます。

① 「わかりました。ひとつもないのですか？」
② 「わかりました。もう少し時間をください」
③ 「わかりました。ここにいらっしゃるのは2度目ですか？」
④ 「わかりました。どれがどれか，お尋ねになってもけっこうですよ」

まだ注文の決まらない客が，好みの料理をこれから選ぼうとしている。②が正解。
（Are you）ready to order？は，店員が客に注文を聞くときの定型句。

問9　　9　　正解は④

放送内容　《コンテストの優勝者》
M : What did you think of the drawing contest？
W : To be honest, I'm kind of surprised Hiroshi won.
M : Right. I thought Ayako had a good chance.

訳　男性：絵画コンテストのこと，どう思った？
　　女性：正直なところ，**ヒロシが優勝したのにはちょっとびっくり**ね。
　　男性：**本当に。アヤコが有力だと思っていた**んだけどな。

① 「もちろん，彼らがコンテストに優勝したわ」
② 「あなたならどうする？」
③ 「どうして彼らはやってみないのかしら」
④ 「（そう思っていたのは）あなただけじゃないわ」

2人ともコンテストの優勝者が意外な人物だったと思っている。その流れに合うのは
④。

問10　　10　　正解は④

放送内容　《孫の質問》
W : Grandpa, which runs faster, a lion or a tiger？
M : Well, which do you think is faster, Patty？
W : I'm asking because I don't know.

> 2018年度：英語（リスニング）/本試験〈解答〉 **9**

訳 女性：おじいちゃん，**ライオンとトラだと，どっちが走るのが速いの？**
男性：そうだな，**どっちが速いと思うんだい**，パティ？
女性：**わからないから聞いてるの。**

---

① 「おやおや，おじいちゃんはどっちも知らなかったよ」
② 「おやおや，他の人に教えてあげられるよ」
③ 「うーん，どちらも十分速くはないな」
④ 「うーん，調べてみようか」

孫の質問に，おじいさんはすぐに答えられていない。また，孫も2番目の発言で「わからない」と言っている。2人とも答えを知らないというこの流れに合うのは④。

問11 　11　正解は④

放送内容 《コピーの枚数》

M : Jane, how many copies do we need ?
W : <u>Twenty copies on white paper and twice as many on pink.</u>
M : OK, <u>20 on pink and 40 on white.</u>

訳 男性：ジェーン，コピーは何枚必要なの？
女性：**白い紙のコピーが20枚とピンクがその2倍**よ。
男性：わかった，**ピンク20枚と白が40枚**だね。

---

① 「そうよ，当面はね」
② 「そうよ，白が40枚ね」
③ 「えーっと，白を選ばせてもらえるかしら」
④ 「えーっと，その逆よ」

女性は白が20枚，ピンクがその2倍すなわち40枚と言っているのに対して，男性の返事では枚数が逆になっている。④が正解。the other way around は「反対に，逆の」という意味。

問12 　12　正解は②

放送内容 《地理の授業の成績》

W : So, <u>how was your geography class</u> this term ?
M : All right, Mom. <u>It was fun, and I do like maps.</u>
W : <u>Do you think you'll get a good grade</u> ?

10 2018年度：英語（リスニング）/本試験〈解答〉

> 訳 女性：それで，今学期の<u>地理の授業はどうだったの</u>？
> 男性：よかったよ，お母さん。<u>楽しかったし，地図はすごく好きだし</u>。
> 女性：<u>いい成績は取れそう</u>？

> ① 「授業は楽しいと思うよ」
> ② 「それほど心配はしていないよ」
> ③ 「運のいいことに，テストには地図が出なかったんだ」
> ④ 「あなたがどの学年であってもね」

地図好きの息子は地理の授業を楽しんでいる。よい成績が取れると思うかを尋ねる母親に対する返事として適切なのは②。

問13　13　正解は①

> 放送内容 《パスワードの変更》
> W : Morning, Steve. Is something wrong?
> M : I changed my computer password. Now I can't remember it.
> W : I think <u>you told me yesterday you'd changed it back to what it was before</u>.

> 訳 女性：おはよう，スティーブ。どうかしたの？
> 男性：コンピュータのパスワードを変えたんだよ。で，それが思い出せないんだ。
> 女性：<u>前のに戻したって，昨日私に言った</u>と思うけど。

> ① 「僕，言った？」　　　　② 「それが言った？」
> ③ 「僕たちが言った？」　　④ 「君が言った？」

すべての選択肢 Did S? のあとに続くものは，前述の内容の反復であるために省略されている。女性の you told me yesterday … it was before の部分を受けているので，Did I tell you yesterday …? と，主語は I でなければ意味を成さない。①が正解。Did I? は「そうだっけ？」といった返事。

> NOTE このような，相手の発言を疑問文にした「オウム返しの返事」は，会話ではよくある。この問題では自分の行為の確認だが，相手や第三者の行為に「そうですか」と軽く相槌を打つのに使われることも多い。この場合は，基本的に下げ調子の発音になる。
> 例）"I have been to that amusement park." "Oh, have you?"
> 　　「あの遊園地には行ったことがあるよ」「あ，そうなの？」

2018年度：英語(リスニング)/本試験〈解答〉　**11**

第3問A　少し長めの対話を聞いて問いに答える問題

放送内容　《第3問Aの説明》

　第3問A　第3問Aは問14から問16までの3問です。それぞれの問いについて対話を聞き，答えとして最も適切なものを，四つの選択肢（①〜④）のうちから一つずつ選びなさい。
　では，始めます。

問14　14　正解は②

放送内容　《夕食の相談》

W : What's for dinner tonight, Dad?
M : Hmm, we have vegetables in the fridge for fried rice.
W : You're not going shopping? Then let's eat out.
M : It's pouring outside. I'd rather stay home.
W : What about the restaurant around the corner? I feel like curry.
M : OK, they deliver, and I won't need to cook.

訳　女性：今日の晩ごはんはどうする，お父さん？
　　男性：うーん，冷蔵庫にはチャーハン用に野菜があるよ。
　　女性：買い物には行かないのね？　それなら外食にしようよ。
　　男性：外はどしゃ降りだよ。家にいたいなあ。
　　女性：角を曲がったところのレストランはどう？　**カレーが食べたい気分なの。**
　　男性：いいね，配達してくれるから，料理しなくていいしね。

問　彼らは夕食をどうするつもりですか。
　① 「レストランでカレーを食べるつもりである」
　② 「家でカレーを食べるつもりである」
　③ 「レストランでチャーハンを食べるつもりである」
　④ 「家でチャーハンを食べるつもりである」

「カレーが食べたい」という娘に対して，外出したくない父親は「配達してくれる」と言っている。②が正解。

12 2018年度：英語（リスニング）/本試験〈解答〉

問15　15　正解は①

放送内容 《本の貸出期間の延長》

M : How many books can I borrow from the library?
W : Up to four at a time.
M : For how long?
W : Two weeks, but you can extend the period a week at a time if no one has requested the book.
M : Can I do it online?
W : Sure, but only once for online extensions.

訳　男性：図書館から，何冊借りられますか。
　　女性：一度に４冊までです。
　　男性：期間はどのくらいですか。
　　女性：２週間ですが，どなたからも借りたいという要望がなければ，一度につき１週間，期間を延長できます。
　　男性：オンラインでもできますか。
　　女性：もちろんできますが，オンラインでの延長は１回限りです。

問　オンラインではどのくらいの期間延長ができますか。
　　①「１週間」　　②「２週間」　　③「３週間」　　④「４週間」

オンラインでの延長に制限がかかるのは延長回数だけで，期間には変わりがないので①「１週間」が正解。

問16　16　正解は③

放送内容 《インタビューの内容》

W : Did you do the homework about interviewing someone you admire?
M : Yes. Who did you interview?
W : My aunt. She's a doctor. How about you?
M : My neighbor. He volunteers at an animal shelter.
W : Good for him! How long has he been doing that?
M : Oh, I'll have to ask him.

2018年度：英語（リスニング）/本試験〈解答〉　**13**

訳 女性：尊敬する人にインタビューする宿題はした？
　　男性：したよ。君は誰にインタビューしたの？
　　女性：おばさんよ。お医者さんなの。あなたは？
　　男性：ご近所さん。<u>動物の保護施設でボランティアをしている</u>んだ。
　　女性：すごいわね。<u>どのくらいやっているの？</u>
　　男性：おっと，それは聞かなくちゃいけないね。

問　男性は，隣人について何を調べることになりますか。
① 「その人がどれくらいの間医師をしているか」
② 「その人がどの病院で働いているか」
③ 「その人がいつボランティア活動を始めたか」
④ 「その人が誰のためにボランティアをしているか」

ボランティア活動をしている人へインタビューをした男性に対して，女性が「その人はそれをどのくらいやっているのか」尋ねたところ，男性は「その人に聞かなくては」と答えている。③が正解。

14 2018年度：英語（リスニング）/本試験〈解答〉

第3問B 長めの対話と視覚情報をもとに問いに答える問題

放送内容 《第3問Bの説明》

第3問B　第3問Bは問17から問19までの3問です。長めの対話を一つ聞き，問17から問19の答えとして最も適切なものを，四つの選択肢（①〜④）のうちから一つずつ選びなさい。

対話の場面が問題冊子に書かれているので，今，読みなさい。

では，始めます。

問17〜19

放送内容 《観光のスケジュール》

M : OK, how about <u>a cruise first</u>?

W : Sounds great! <u>It lasts an hour, so we could have lunch after that</u>.

M : This restaurant looks good. <u>It's probably 30 minutes or so from the pier. If we leave right after the cruise, we can get there around noon</u>.

W : Perfect! <u>There's a castle just north of it</u>. What do you think?

M : Yeah ..., I was hoping we could take the kids here to feed the rabbits before heading to the hotel.

W : OK, <u>let's visit the castle tomorrow</u>, then.

M : All right. Oh, there's apple picking. Hmm, it's a shame it's too early in the year.

W : Don't forget, we need to be at the hotel by 5:30 for dinner.

M : Right. Look! <u>How about stopping here? It's on the way from the zoo to the hotel</u>. We could take our annual family photo there.

W : Maybe that's too much for one day.

M : I suppose .... <u>Let's do that tomorrow afternoon</u>.

訳　男性：よし，<u>最初にクルーズ</u>はどうかな。

　　女性：いいわね！　<u>1時間だから，そのあとにお昼ごはんを食べられる</u>わ。

　　男性：このレストランがよさそうだね。<u>たぶん埠頭から30分くらいだ。クルーズのすぐあとに出かければ，正午ごろには着ける</u>よ。

　　女性：完璧！　<u>レストランのすぐ北にお城がある</u>わ。どう思う？

　　男性：そうだなあ…，ホテルに向かう前に，ウサギにエサをやりに，子どもたちをここに連れて行けるといいなと思っていたんだけれど。

女性：いいわよ。じゃあ，お城は明日行きましょう。
男性：そうしよう。おや，リンゴ狩りがあるな。うーん，残念だけどちょっと季節が早すぎるね。
女性：忘れちゃだめよ，夕食があるから5時半にはホテルにいないと。
男性：そうだね。ちょっと見て！　ここに立ち寄るのはどうかな。動物園からホテルへ行く途中にあるよ。そこで毎年恒例の家族写真が撮れるね。
女性：1日でやるには多すぎないかしら。
男性：そうだなあ…。それは明日の午後にしよう。

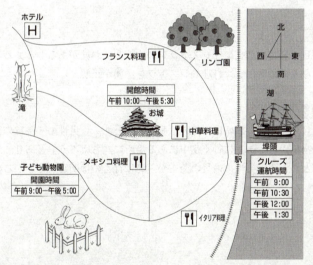

問17　彼らが乗る可能性が最も高いクルーズはどれですか。
① 「午前9時」
② 「午前10時30分」
③ 「午後12時」
④ 「午後1時30分」

問18　彼らが昼食を食べるのに行こうとしているのはどのレストランですか。
① 「中華料理のレストラン」
② 「フランス料理のレストラン」

③「イタリア料理のレストラン」

④「メキシコ料理のレストラン」

問19　彼らは明日どの場所に行く予定を立てていますか。

①「お城と子ども動物園」

②「お城と滝」

③「子ども動物園と果樹園」

④「滝と果樹園」

問17　17　正解は②

女性の最初の発言第2文に「クルーズは1時間でそのあとに昼食」とあり，男性の2番目の発言第2・3文に「レストランまでは30分ほど。クルーズの直後に出かければ正午ごろに到着」とある。11時半ごろに終わる1時間のクルーズということになる。②が正解。

問18　18　正解は④

女性の2番目の発言第2文に「レストランのすぐ北にお城がある」とある。地図から，お城が北になるのはメキシコ料理のレストラン。④が正解。

問19　19　正解は②

女性の3番目の発言に「お城に行くのは明日に」とある。男性の5番目の発言第3・4文に「動物園からホテルに行く途中にある場所に立ち寄ろう」とあり，地図から，それが滝だとわかる。男性の最後の発言から滝に行くのは明日だとわかるので，②が正解。

2018年度：英語（リスニング）/本試験〈解答〉　**17**

第4問A　長めのモノローグを聞いて問いに答える問題

放送内容　《第4問Aの説明》

　第4問A　第4問Aは問20から問22までの3問です。長めの英文を一つ聞き，問20から問22の答えとして最も適切なものを，四つの選択肢（①〜④）のうちから一つずつ選びなさい。

　では，始めます。

問20〜22

放送内容　《交換留学生としての寮生活》

　When I was an exchange student in Japan over 20 years ago, I lived in a dormitory. It was an unforgettable, transforming experience. Several things bothered me during that time, though. Learning Japanese, performing dorm duties, and obeying dorm rules were especially troublesome. For example, there was a curfew, which meant we had to return no later than 10 in the evening. One of the duties was cleaning the floors and the bathroom. I wouldn't have minded, but it had to be done before everyone else got up. Telephone duty was another annoying responsibility. Mobile phones weren't available back then. Amazingly, the only phone was on the first floor, and we took turns answering it. I knew having a phone in each room was too costly, but surely a phone on each floor would've been reasonable. Many of these duties and rules felt like burdens to me. Although it was a huge challenge communicating in a foreign language and dealing with these obstacles, it turned out to be beneficial for me. It forced me to improve my language ability and adapt very quickly. I realize now that overcoming these difficulties helped me grow up and become a more responsible person.

訳　　20年以上前，日本に交換留学生として来たとき，私は寮に住んでいた。それは，忘れることのできない，私を大きく変える経験だった。しかし，その間にいくつかのことが私を悩ませた。日本語を身につけること，寮での義務を果たすこと，寮の規則に従うことがとりわけたいへんだった。たとえば，門限があって，それは夜10時には必ず寮に戻っていなければならないということだった。義務のひとつは，床と浴室の掃除だった。嫌ではなかったが，他の人たちが起床する

18 2018年度：英語（リスニング）/本試験〈解答〉

前にしなければならなかった。電話番はもうひとつのやっかいな責任だった。当時は携帯電話などなかった。驚くべきことだが，唯一の電話は1階にあり，私たちは交替で電話に出た。各部屋に電話を設置すると費用がかかりすぎるのはわかっていたが，各階に1台あってもよかったのはたしかだろう。こうした義務や規則の多くは，私には負担に感じられた。外国語で意思疎通をし，こうした障害に対処するのは大きな課題だったが，結局は私にとってよいことだった。そのおかげで私の言語能力は否応なく改善されたし，とても早く適応できた。こうした困難を克服することは，私が成長し，より責任感のある人間になる手助けになったと，今では身に染みてわかる。

◇ transforming「人を大きく変えるような」 transform「変える」の現在分詞から派生した形容詞。ex. life-transforming「人生の転機となる」

◇ curfew「門限」

◇ turn out to be ～「結果的に～だとわかる，判明する」

問20　掃除に関して，話し手を悩ませたのはどんなことですか。
① 「指示に従うこと」
② 「午後10時になる前に帰って来ること」
③ 「床を掃くこと」
④ 「早く起きること」

問21　寮の電話に関して，話し手の意見はどのようなものでしたか。
① 「携帯電話が許可されるべきだった」
② 「携帯電話がもっと安価であるべきだった」
③ 「電話は各部屋に設置されるべきだった」
④ 「電話は各階に設置されるべきだった」

問22　この話に最もふさわしい表題はどれだと考えられますか。
① 「厳格な日本の寮制度に私はいかに挑んだか」
② 「日本のある寮の規則を私はいかに改善したか」
③ 「日本の寮で暮らしている間に私はいかに成熟したか」
④ 「電話のない日本の寮で私はいかに耐え抜いたか」

問20　 20 　正解は④
第7文（I wouldn't have …）に「（掃除自体は嫌ではなかったが，）他のみんなが起きる前にしなくてはならなかった」とある。④が正解。

2018年度：英語(リスニング)/本試験〈解答〉 **19**

問21 21 正解は④

第11文 (I knew having …) 後半に「各階に１台あってもよかったと思う」とある。
④が正解。

問22 22 正解は③

第13文 (Although it was …) の後半に「（負担に思えたことも）結局は私にとっ
てよいことだった」，最終文に「こうした困難を克服することは，私が成長し，より
責任感のある人間になる手助けになった」とある。③が正解。

20 2018年度：英語（リスニング）/本試験〈解答〉

第4問B 討論を聞いて問いに答える問題

> 放送内容 《第4問Bの説明》
>
> 　第4問B　第4問Bは問23から問25までの3問です。長めの会話を一つ聞き，問23から問25の答えとして最も適切なものを，四つの選択肢（①～④）のうちから一つずつ選びなさい。
> 　会話の場面が問題冊子に書かれているので，今，読みなさい。
> 　では，始めます。

問23～25

> 放送内容 《留学する学生のための小冊子作り》
>
> Tokiko: Thanks for coming to the meeting. The international programs office has asked us to put together a booklet for students going abroad. Since all of us have studied abroad, they think our suggestions will help other students get ready. Justin, what do you think we should include?
>
> Justin: Well, Tokiko, we need to focus on practical items first. For instance, sometimes it takes a while to get passports and visas. We could suggest they start that process early. Also, they'll need a health check and travel insurance. Karen, did you have something to add?
>
> Karen: Yeah, I'm thinking about cultural aspects. Don't they need to know some history or study about the society and learn the local customs long before they leave? Maybe they should consider these things in order to choose a country of destination.
>
> Tokiko: That's right, Karen. Preparing to live there has to come first. Also, what they pack in their suitcases depends a lot on where they go. That's a really fun part—deciding what to take. In my experience I was glad I took light clothing I could wear in layers, rather than heavy, winter clothes.
>
> Justin: OK, but there are still other things to do before you actually pack. What about airline tickets? Getting tickets early can save money, and there'll be more choices of dates. So I think that

also needs to be on the list.

Karen: That's true, Justin, but you really shouldn't buy tickets until you're sure you have permission to live there .... Oh, I know what else we could do! Maybe we can include short essays or personal stories about our experiences and host families. It might help students get mentally prepared.

Tokiko: That's an option .... Well, we're getting there, but we still have a long way to go.

訳

トキコ：ミーティングに来てくれてありがとう。国際交流プログラムの事務室から，海外に行く学生のための小冊子を作ってほしいという依頼があったの。私たちはみんな留学の経験があるから，私たちの提案は他の学生が準備をする手助けになるだろうと事務室は考えているようね。ジャスティン，どんな項目を含めるべきだと思う？

ジャスティン：そうだな，トキコ，まず**実際的な項目**に焦点を置く必要があるね。たとえば，**パスポートやビザを取得する**のにしばらく時間がかかることもあるよ。そういう作業は早めに開始するべきだと提案できるんじゃないかな。それと，**健康診断と旅行保険が必要**だよね。カレン，何か付け加えることがあった？

カレン：ええ，**私は文化的な側面のことを考えている**の。出発のかなり前に，歴史をちょっと知っておいたり，その社会のことを勉強したり，地元の習慣を調べたりしておく必要があるんじゃないかしら。たぶん，行く国を選ぶためには，こういうことを考慮すべきだわ。

トキコ：そのとおりね，カレン。現地で暮らす準備をすることを，最初にしないといけないわね。それから，**スーツケースに詰めるものも，どこへ行くかに大きく左右される**わ。本当に楽しい部分よね──何を持って行けばいいか決めるのは。私の経験だと，**分厚い冬服より，重ね着のできる薄い服を持って行ったのがよかった**わ。

ジャスティン：いいね。でも実際に荷造りする前にやらなくちゃいけないことが他にもあるよ。**航空券**はどう？　早めに航空券を取っておくと，お金の節約になるし，日付の選択の幅も広がるよ。だから，そのこともリストに入れる必要があると思うな。

カレン：本当ね，ジャスティン。でも，現地で暮らす許可が間違いなく出

22 2018年度：英語（リスニング）/本試験〈解答〉

るとわかるまでは航空券は買わない方がいいんじゃないかしら…。あ，まだ他に私たちにできることがあるわ！　私たちの経験やホームステイ先の家族について，短いエッセイや個人的な話を入れてもいいんじゃないかしら。学生が心の準備をする手助けになるかもしれないでしょ。

トキコ：それもありね…。はい，もう一息というところだけれど，まだやることはたくさんあるわ。

◇ put together 〜「〜を作る，組み立てる」
◇ be getting there「目的を達成しつつある，もう一息である」

問 23　ジャスティンが最も気にかけていることは何ですか。
　① 「学業的な準備」
　② 「文化的側面」
　③ 「個人の安全」
　④ 「旅行の手はず」

問 24　荷物に入れるべきものに関するトキコの助言はどのようなことですか。
　① 「旅行の終わりまでもつだけの十分なお金を持って行く」
　② 「目的地の気候を考慮する」
　③ 「スーツケースが重くなり過ぎないようにする」
　④ 「経験を書くための日誌を持って行く」

問 25　この会話の様子を最もよく表しているのは次のどれですか。
　① 「彼らは全員個人的なエピソードを話した」
　② 「彼らははっきりとした結論に至った」
　③ 「彼らは留学の価値を議論した」
　④ 「彼らはそれぞれ異なる点を強調した」

問 23　　23　　正解は④

ジャスティンの最初の発言第 2 文（For instance, sometimes …）に「パスポートやビザの取得」，第 4 文（Also, they'll need …）に「健康診断，旅行保険」，2 番目の発言第 2 〜最終文（What about airline …）に「航空券」のことが挙がっている。いずれも旅行に行くために必要な practical items「実際的な項目」である。④が正解。arrangement「準備，手はず，手配」

問 24　　24　　正解は②

トキコの 2 番目の発言第 3 文（Also, what they …）に「スーツケースに詰めるもの

も，どこへ行くかに大きく左右される」，最終文（In my experience …）に「分厚い冬服より，重ね着のできる薄い服を持って行ったのがよかった」とあり，現地の気候に合わせた服装の準備を示唆している。②が正解。

問25 | 25 | 正解は④
ジャスティンは実際的な旅行の手続きのこと，カレンは文化的なこと，トキコはスーツケースに詰めるものと，注目している点がそれぞれ異なる。④が正解。

英語(リスニング) 本試験

2017年度

問題番号 (配点)	設 問	解答番号	正解	配点	チェック
第1問 (12)	問1	1	③	2	
	問2	2	①	2	
	問3	3	④	2	
	問4	4	①	2	
	問5	5	①	2	
	問6	6	④	2	
第2問 (14)	問7	7	②	2	
	問8	8	②	2	
	問9	9	①	2	
	問10	10	③	2	
	問11	11	①	2	
	問12	12	②	2	
	問13	13	③	2	

問題番号 (配点)	設 問	解答番号	正解	配点	チェック
第3問 (12)	A 問14	14	③	2	
	問15	15	②	2	
	問16	16	③	2	
	B 問17	17	③	2	
	問18	18	①	2	
	問19	19	①	2	
第4問 (12)	A 問20	20	①	2	
	問21	21	③	2	
	問22	22	②	2	
	B 問23	23	②	2	
	問24	24	②	2	
	問25	25	③	2	

自己採点欄

50点

(平均点:28.11点)

2017年度：英語（リスニング）/本試験〈解答〉

放送内容 《試験の説明》

これからリスニングテストを始めます。

この試験では，聞き取る英語は2回流します。質問文と選択肢は音声ではなく，すべて問題冊子に印刷されています。

では，始めます。4ページを開いてください。

第1問 短い対話を聞いて問いに答える問題

放送内容 《第1問の説明》

第1問　第1問は問1から問6までの6問です。それぞれの問いについて対話を聞き，答えとして最も適切なものを，四つの選択肢（①〜④）のうちから一つずつ選びなさい。

問1　□1□　正解は ③

問　女性はどの部屋を選ぶことにしますか。

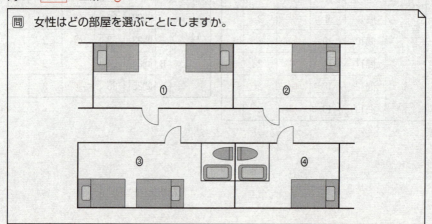

放送内容 《寮の部屋の選択》

M : Here's the dormitory floor plan.
W : I'd like a room with a bathroom.
M : Then, how about this one? It's for two students, though.
W : I don't mind that. I'll take it.

2017年度：英語（リスニング）/本試験〈解答〉　**3**

訳 男性：これが寮の間取り図です。
　　女性：**お風呂とトイレのある**部屋がいいです。
　　男性：それなら，これはどうですか？　**2人部屋**ですが。
　　女性：**それは大丈夫です**。それにします。

風呂・トイレがあり，ベッドが2つある③が正解。

問2　　2　　正解は①

問　少年は運賃にいくら使いましたか。
　　① 5ドル　　　② 10ドル　　　③ 15ドル　　　④ 25ドル

放送内容 《お金の使いみち》

W : What did you do with your $50, Bobby ?
M : Well, Mom, I bought shoes for 35 and spent 10 on Sally's present.
W : And the rest ?
M : I used it for bus fare.

訳 女性：**50ドルはどうしたの，**ボビー？
　　男性：えーっとね，母さん，**35ドルで靴を買って，サリーのプレゼントに10ド
　　　　　ル使った**よ。
　　女性：**残りは？**
　　男性：**バス料金に使った。**

50ドルから，靴に35ドル，贈り物に10ドル使った。50－35－10＝5で，①が正解。

問3　　3　　正解は④

問　男性は今日，何をしますか。
　　① ジムの家に行く。　　　　② 医者のところへ行く。
　　③ 山に行く。　　　　　　　④ 仕事に行く。

放送内容 《今日の予定》

W : It's too hot to stay home. Let's go to the mountains.
M : Sounds great, but Jim's called in sick.
W : So ?
M : I've got to go to the office and fill in for him.

4 2017年度：英語（リスニング）／本試験〈解答〉

訳 女性：家にいるには暑すぎるわね。山に行きましょうよ。
　　男性：いいね。でもジムが電話で病欠の連絡をしてきたんだ。
　　女性：それで？
　　男性：**会社に行って**，彼の代わりをしなくちゃいけないんだ。

欠勤の同僚の代わりに会社に行くと言っている。④が正解。

call in sick「電話で病欠を伝える」　fill in for ～「～の代わりをする」

問4　　4　　正解は①

問 その映画について，女性が気に入らなかったのは何ですか。
　① 長さ　　　　② 演技　　　　③ 特殊効果　　　④ 話の筋

放送内容 《映画の感想》

M : That was a great movie !

W : Yeah, the special effects were cool.

M : I really liked the story and the acting.

W : Me, too. But the movie could've been a bit shorter.

訳 男性：面白い映画だったね！
　　女性：ええ，特殊効果がかっこよかったわ。
　　男性：話の筋と演技がすごくよかったよ。
　　女性：私もそう思うわ。でも，**もう少し短くできた**わよね。

女性の最後の発言に「もう少し短くできた」とある。①が正解。

問5　　5　　正解は①

問 男性には通常，1日に何通のジャンクメールが来ますか。
　① 約30通　　　② 約60通　　　③ 約90通　　　④ 約120通

放送内容 《ジャンクメールの数》

W : How many emails do you usually get a day ?

M : Around 90.

W : That many ?

M : Yeah, but a third of them are junk mail.

訳 女性：1日にどのくらいメールが来るの？
男性：<u>90 くらい</u>だな。
女性：そんなにたくさん？
男性：うん，でも<u>その3分の1はジャンクメール</u>だけどね。

約90通の3分の1なので，約30通。①が正解。

問6　6　正解は④

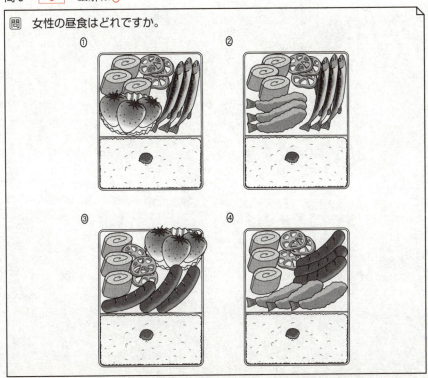

放送内容　《弁当のおかず》

M : Your lunch looks good.
W : Yeah, but yours looks better. It has strawberries.
M : Do you want one？I'll <u>trade a strawberry for one of your sausages</u>.
W : That would be nice.

6 2017年度：英語（リスニング）/本試験〈解答〉

訳 男性：君のお昼ごはん，おいしそうだね。
女性：でしょ，でもあなたのほうがよさそうよ。イチゴがあるのね。
男性：ほしい？ **イチゴをひとつ君のソーセージと交換しようか。**
女性：それはいいわね。

女性の弁当には，ソーセージがあってイチゴはない。④が正解。

2017年度：英語（リスニング）/本試験〈解答〉　7

第2問　短い対話を聞いて適切な応答文を選ぶ問題

放送内容　《第2問の説明》
　第2問　第2問は問7から問13までの7問です。それぞれの問いについて対話を聞き，最後の発言に対する相手の応答として最も適切なものを，四つの選択肢（①〜④）のうちから一つずつ選びなさい。
　では，始めます。

問7　　7　　正解は②

放送内容　《公演の開始時間》
W : I'm looking forward to your dance performance tomorrow night. It starts at 7 o'clock, doesn't it ?
M : Actually, it starts at 5.
W : Oh, I didn't know that.

訳　女性：明日の夜の，あなたのダンス公演が楽しみだわ。**7時に始まるのよね。**
　　男性：実は，**開演は5時**なんだ。
　　女性：あら，**知らなかったわ。**

　① 「君の代わりに行ってもいいかい？」
　② 「来られない？」
　③ 「僕が行ってあげようか？」
　④ 「見たいかい？」

公演の開始時間を勘違いしていた女性に対する問いかけであり，②以外は話の流れとして不自然。②が正解。

問8　　8　　正解は②

放送内容　《スペイン語の能力》
W : Did you understand what that couple was saying in Spanish ?
M : Well, almost all of it.
W : I'm impressed ! Your Spanish seems quite advanced.

8 2017年度：英語（リスニング）/本試験〈解答〉

訳 女性：あの夫婦がスペイン語で話していたことがわかったの？
　　男性：まあ，だいたいね。
　　女性：すごいわね！ <u>スペイン語，すごく上達したみたいね。</u>

① 「たいていの夫婦って，あんなふうなの？」
② 「そう思う？」
③ 「どういたしまして」
④ 「僕も驚かないよ」

スペイン語の上達をほめられた男性の反応として，矛盾しないのは②。③ Don't mention it. はお礼・おわびを言われたときの返答である。②が正解。

問9　9　正解は①

放送内容 《ケガへの対応》

W : I twisted my neck in P.E. class, and it really hurts.
M : Oh, no. Maybe you should <u>leave school early to see a doctor</u>.
W : <u>Would you do that</u>?

訳 女性：体育の授業で首をひねってしまって，とても痛いの。
　　男性：それは大変だ。<u>早退して医者に診てもらう</u>ほうがいいんじゃないかな。
　　女性：<u>あなただったらそうする</u>？

① 「間違いなくそうするな」
② 「僕は倒れたよ」
③ 「そうなるだろうな」
④ 「気の毒にね」

女性の2番目の発言の do that「そうする」は「早退して医者に診てもらう」ことを指し，Would you は仮定法過去であるから，この発言は「あなただったらそうする？」の意。③は主語が It になっている点で不適。①が正解。

問10　10　正解は③

放送内容 《人違い》

M : Oh! What a surprise! It's so good to see you. <u>How have you been</u>?
W : <u>Ah, hello....</u>
M : <u>Don't you remember me</u>? I'm Joe, from Chicago.

　　　　　　　　　　　　　　　　2017年度：英語（リスニング）/本試験〈解答〉　**9**

> 訳 男性：わあ！　びっくりした！　君に会うなんてうれしいねえ。<u>どうしてたの</u>？
> 　　女性：<u>あー，こんにちは…</u>
> 　　男性：<u>僕のこと覚えていないの</u>？　ジョーだよ，シカゴの。

> ① 「あなたは以前，彼に会ったことがないのですか？」
> ② 「どうして私のことを忘れたのですか？」
> ③ 「お間違えじゃないかと思うんですが」
> ④ 「番号をお間違えですよ」

男性は偶然久しぶりに知り合いに会ったと思って挨拶をしている。女性ははっきりしない返事をしており，男性が人違いをしているらしいことがわかる。男性の最初の発言で see you とあるため，電話のかけ間違いを指摘する④は不適切。③が正解。

問11　　11　　正解は①

> 放送内容 《非常時の備え》
>
> W : <u>Do you keep anything ready for emergencies</u>?
> M : Let me think. I have a flashlight, gloves, and um..., some towels in my backpack.
> W : <u>What about water</u>?

> 訳 女性：<u>非常事態が起きたときの備えは何かしている</u>？
> 　　男性：そうだな。懐中電灯と手袋と，それから，えーっと，タオルを何枚かリュックに入れているよ。
> 　　女性：<u>水はどうなの</u>？

> ① 「していないけれど，そうすべきだとはわかっているよ」
> ② 「いらないよ。喉は渇いていないから」
> ③ 「1日に2リットル売らないといけないね」
> ④ 「うん，僕のリュックは防水なんだ」

非常時の備えとして，水は準備しているかという問いに対して，つじつまの合う返答は①。I don't と I should の後には keep water ready あるいは have water in my backpack が省略されている。

10　2017年度：英語（リスニング）/本試験〈解答〉

問12　12　正解は②

放送内容　《大学への出願》

W：Matthew, you wanted to ask me something?

M：Yes, Professor Jones. I'm applying to this university in New Zealand.

W：Wonderful! How can I help you with that?

訳　女性：マシュー，何か私に聞きたいことがあったんですよね？

　　男性：はい，ジョーンズ教授。ニュージーランドのこの大学に出願するつもりなんです。

　　女性：素晴らしいわね！　何を手助けできるかしら？

① 「自分で申し込みをしてもらえますか？」
② 「僕を推薦していただけないかと思いまして」
③ 「私の授業に登録してもらっていいですか？」
④ 「志願書を完成させたほうがいいですよ」

大学への出願に関して，教授に依頼する内容として適切なのは②のみ。

問13　13　正解は③

放送内容　《広告の信頼性》

M：Look! This advertisement says that more than 98% of users like this new product.

W：To be honest, I'm generally skeptical about ads like that.

M：Why? It's based on a survey.

訳　男性：見て！　この広告だと，使った人の98パーセント以上がこの新製品を気に入っているんだって。

　　女性：正直言って，そういう広告って，だいたい怪しいと思うわ。

　　男性：なんで？　調査に基づいているんだよ。

① 「そうね，最新の広告は信用できるわね」
② 「そうね，その製品は世界的によく売れているわ」
③ 「そうね，質問に偏りがあるのかもね」
④ 「そうね，調査は正確みたいね」

製品をほめる広告に懐疑的な女性の発言としてふさわしい流れになるのは③。

2017年度：英語（リスニング）/本試験〈解答〉 **11**

第3問A 　少し長めの対話を聞いて問いに答える問題

放送内容 《第3問Aの説明》

　第3問A　第3問Aは問14から問16までの3問です。それぞれの問いについて対話を聞き，答えとして最も適切なものを，四つの選択肢（①〜④）のうちから一つずつ選びなさい。

　では，始めます。

問14　[14]　正解は③

放送内容 《破れたズボン》

W : I can't believe it !

M : What, Mom ?

W : That hole in your new trousers !

M : I slipped and fell at the station.

W : How many times have I told you not to run there ?

M : But I didn't want to miss the train and be late for school.

W : Anyway, I'm not buying you another pair.

訳
女性：信じられない！

男性：どうしたの，母さん？

女性：あなたの新しいズボンにあいているその穴よ！

男性：駅ですべって転んだんだ。

女性：駅で走っちゃ駄目って，何度言ったかしら？

男性：でも，電車に乗り遅れて学校に遅刻したくなかったんだよ。

女性：ともかく，新しいズボンは買いませんからね。

[問]　**女性はなぜ息子に腹を立てたのですか。**
　① 「彼が穴に落ちた」
　② 「彼が電車に乗り遅れた」
　③ 「彼がズボンを破いた」
　④ 「彼が学校に遅刻した」

女性は2番目の発言でズボンの穴のことに触れ，最後の発言で「新しいズボンは買わない」と言っている。③が正解。another pair は another pair of trousers の意。

12 2017年度：英語(リスニング)/本試験〈解答〉

問15　 15 　正解は②

放送内容 《歯科検診の予約》

M : Happy Teeth Dental Clinic. How may I help you？
W : I'd like to get my teeth checked.
M : OK. The earliest available time is tomorrow afternoon at 2 o'clock.
W : How about the day after tomorrow at 3？
M : We're closed on Thursday afternoons, I'm afraid.
W : Oh..., then, what about Thursday morning？

訳 男性：ハッピー・ティース歯科医院です。どうなさいましたか？
女性：歯科検診をお願いしたいのですが。
男性：わかりました。空いている時間でいちばん早いのは，明日の午後２時です。
女性：**あさっての３時はどうでしょうか？**
男性：申し訳ありませんが，**木曜日の午後は休診**です。
女性：ああ，そうですか…それでは木曜日の午前はどうですか？

> 問　この会話は何曜日に行われていますか。
> ①「月曜日」
> ②「火曜日」
> ③「水曜日」
> ④「木曜日」

女性が２番目の発言で「あさって」の都合を尋ねているのに対し，男性が「木曜日の午後は休診である」と答えている。②が正解。

問16　 16 　正解は③

放送内容 《購入する品物》

W : Hello？
M : Hi, Jennie. I've got the milk and yogurt in <u>my shopping cart</u>. What else do we need？
W : Hang on. Let me <u>look in the kitchen</u>.
M : OK.
W : Um.... Will you get some carrots？ And make sure they're organic.
M : Organic？ Aren't they more expensive？
W : A little bit, but it's worth it.

2017年度：英語（リスニング）/本試験〈解答〉 **13**

訳　女性：もしもし。

　　男性：もしもし，ジェニー。**ショッピングカート**に牛乳とヨーグルトを入れたん
　　　　　だけど。他に何か要るものはある？

　　女性：ちょっと待って。**台所に見に行く**から。

　　男性：いいよ。

　　女性：えーっと。ニンジンを買ってくれる？　ぜったい有機栽培のにしてね。

　　男性：有機栽培の？　他のより高くない？

　　女性：ちょっとね，でもその価値があるわ。

問　それぞれの人は今どこにいますか。
　① 「健康食品店とスーパーマーケット」
　② 「健康食品店と有機栽培農場」
　③ 「家とスーパーマーケット」
　④ 「家と有機栽培食材を使ったレストラン」

電話での会話である。女性の2番目の発言に「台所に見に行く」とあるので，家にいることがわかる。また，男性は最初の発言でショッピングカートに品物を入れたと言っており，スーパーマーケットにいることがわかる。③が正解。

Hang on.「（電話を切らないで）ちょっと待って」

14　2017年度：英語（リスニング）/本試験〈解答〉

第3問B　長めの対話と視覚情報をもとに問いに答える問題

放送内容　《第3問Bの説明》

　第3問B　第3問Bは問17から問19までの3問です。長めの対話を一つ聞き，問17から問19の答えとして最も適切なものを，四つの選択肢（①〜④）のうちから一つずつ選びなさい。

　対話の場面が問題冊子に書かれているので，今，読みなさい。

　では，始めます。

問17〜19

放送内容　《サマー・ボランティア・プログラムへの応募》

M : Have you decided which program to apply for?

W : This one looks really exciting. My brother did something similar in Brazil and Mexico. He helped organize events there without knowing Portuguese or Spanish.

M : Well, you would be a good leader, too.

W : Thanks, but there's a problem with the dates. I can't really go before mid-July.

M : How about this one? That's what I'd like to do.

W : Yeah, it looks good. But I have no teaching experience.

M : Well, I'm pretty lucky. I've been teaching foreign students as a volunteer for two years.

W : That's great!

M : This program would be a good chance to learn about the local history, and it doesn't start till early August.

W : Right, and it would be exciting to gain some new skills.

M : Look! Here's one that starts at the end of July, and it really helps the local people.

W : Actually, I don't think I can lift heavy things.

訳　男性：どのプログラムに応募するか決めた？
　　女性：これがとてもよさそうね。兄がブラジルとメキシコで似たようなことをしたのよ。ポルトガル語もスペイン語もわからないのに，そこでいろんな<u>イベントを計画する手伝い</u>をしたの。

男性：へえ，君もいいリーダーになるだろうな。
女性：ありがとう。でも，日程が合わないのよね。実は，7月半ばより前には行けないの。
男性：これはどう？ 僕がやりたいなと思っているものなんだ。
女性：うん，よさそうね。でも，私，教えた経験がないわ。
男性：ええと，僕はけっこう運がいいな。外国人の学生に，ボランティアで2年間教えているんだ。
女性：すごーい！
男性：このプログラムは，現地の歴史を学ぶいい機会になるし，8月の初めまで始まらないよ。
女性：そうね，それに新しい技能を身につけるのもわくわくするわ。
男性：見て！ 7月の終わりに始まるのがあるよ。実際に現地の人たちの手助けになるよね。
女性：でも，私，重いものを持ち上げられないと思うわ。

対話の場面
　二人の学生が掲示板のポスターを見ながら，どのプログラムに応募するかを話しています。

サマー・ボランティア・プログラム

インドネシアで音楽祭プロデュース

日程：7月1日―8月10日
条件：中級程度の英語
　　　統率力

ボリビアで井戸掘り

日程：7月30日―8月31日
条件：体力
　　　屋外で仕事をする意欲

オーストラリアで日本語教育

日程：8月1日―9月1日
条件：上級レベルの日本語
　　　教授経験

ポーランドで古城修復

日程：8月3日―9月10日
条件：建築・歴史への関心
　　　新しい技能を学ぶ意欲

16　2017年度：英語（リスニング）/本試験〈解答〉

問17　会話の最初で女性が言及しているのはどのプログラムですか。
① 「ボリビアで行われるもの」
② 「ブラジルで行われるもの」
③ 「インドネシアで行われるもの」
④ 「ポルトガルで行われるもの」

問18　男性が申し込みをして出かけて行く可能性が最も高いのはどの国ですか。
① 「オーストラリア」
② 「ボリビア」
③ 「インドネシア」
④ 「ポーランド」

問19　女性が最も行いそうな活動はどれですか。
① 「井戸を掘る」
② 「催しをプロデュースする」
③ 「城を修復する」
④ 「日本語を教える」

問17　　17　　正解は③

女性は最初の発言最終文で，同じようなことをした兄について「いろんなイベントを計画する手伝いをした」と述べている。イベントに関係するのは「インドネシアで音楽祭プロデュース」である。③が正解。

問18　　18　　正解は①

男性が3番目の発言で「僕がやりたいなと思っているもの」に言及すると，女性は「私は教えた経験がない」と答えている。教えるボランティアは，「オーストラリアで日本語教育」である。①が正解。

問19　　19　　正解は③

女性の最初と2番目の発言より，②「催しをプロデュースする」は日程が合わない。3番目の発言で教授経験がないことがわかるので，④「日本語を教える」も不可。最後の発言に「重いものを持ち上げられないと思う」とあり，体力に自信がないことがわかるため①「井戸を掘る」も不可。5番目の発言に「新しい技能を身につけるのもわくわくする」とあることは，「古城修復」の条件に「新しい技能を学ぶ意欲」とあることと合うし，日程も問題ない。③が正解。

2017年度：英語（リスニング）/本試験〈解答〉 **17**

第4問A 長めのモノローグを聞いて問いに答える問題

> 放送内容 《第4問Aの説明》
> 　第4問A　第4問Aは問20から問22までの3問です。長めの英文を一つ聞き，問20から問22の答えとして最も適切なものを，四つの選択肢（①～④）のうちから一つずつ選びなさい。
> 　では，始めます。

問 20～22

> 放送内容 《ジョン＝ウィルソンの業績》
> 　John Wilson was an Englishman who worked to prevent blindness in the developing world. <u>When he was 12 years old, he was blinded in both eyes during an experiment in science class</u>. After that, he went to a school for the blind where he learned Braille, which is the writing system for people who can't see. Then he studied law at Oxford University.
> 　After Wilson graduated, he went to Africa. There, <u>he was shocked to find widespread blindness</u> not caused by accidents, as in his own case, but <u>resulting from the lack of effective treatment for certain diseases</u>. For decades, he led an organization to prevent such blindness in Africa through education, research, and health care. For example, a disease spread by insects blinded 10% of the people in a part of Ghana, but in the 1950s, his organization distributed a drug that nearly eliminated the disease by 1960. In addition, it helped reduce the number of blind children by giving out vitamins and also by <u>performing over three million eye operations</u>. As a result, millions of people who were in danger of becoming blind have been treated, and blindness is less common there now.

> 訳 　ジョン＝ウィルソンは，発展途上国での失明を予防するために働いた英国人だ。**12歳のとき，彼は理科の授業の実験中に両目を失明した**。その後，彼は目の不自由な人たちのための学校へ通い，目の見えない人たちのための書記方法である点字を学んだ。そして，オックスフォード大学で法律を学んだ。
> 　卒業後，ウィルソンはアフリカへ行った。そこで，自分自身の場合のような事故によるのではなく，**特定の病気に対する効果的な治療が行われていないことに**

18 2017年度：英語(リスニング)/本試験〈解答〉

<u>よる失明という事態が広く見られることを知って衝撃を受けた</u>。彼は，教育，研究，医療によって，アフリカにおけるそのような失明を予防するための組織を何十年も指揮した。たとえば，虫により広まる病気のせいで，ガーナのある地域の人たちの 10 パーセントが失明していたが，1950 年代に彼の組織が薬品を配布し，1960 年までにはその病気はほぼ撲滅された。さらに，この組織は，ビタミン剤を配布し，<u>300 万件以上の目の手術を行うことで</u>も，目の不自由な子どもの数を減らすのに貢献した。その結果，失明する危機にさらされていた何百万人もの人たちが治療を受け，今では，現地の失明は以前よりも少なくなっている。

◇ prevent「～を防ぐ，予防する」
◇ blind「～を失明させる」
◇ Braille「点字法」点字法を考案したフランス人 Braille（ブライユ）の名から。
◇ result from ～「～の結果として生じる」
◇ distribute「～を配布・配給する」＝ give out ～

問 20　ウィルソンは，なぜ失明しましたか。
　① 「子ども時代の事故」
　② 「ビタミンの不足」
　③ 「スポーツでの負傷」
　④ 「目の疾患」

問 21　なぜ，アフリカにおける失明はウィルソンに衝撃を与えましたか。
　① 「それが薬剤によって引き起こされた」
　② 「識字率が低下したかもしれない」
　③ 「ほとんどの症例が予防可能だった」
　④ 「知られている治療法がなかった」

問 22　ウィルソンの組織がアフリカで行ったことは次のどれですか。
　① 「何千人もの人たちのために複数の病院を建設した」
　② 「数百万件の目の手術を行った」
　③ 「1960 年に新しい薬を発見した」
　④ 「失明を 10 パーセント減らした」

問 20　　20　　正解は①

第 1 段第 2 文（When he was …）に「12 歳のとき，彼は理科の授業の実験中に両目を失明した」とある。①が正解。

2017年度：英語(リスニング)/本試験〈解答〉 **19**

問21 　21 　正解は③

第2段第2文（There, he was …）に「特定の病気に対する効果的な治療が行われ
ていないことによる失明という事態が広く見られることを知って衝撃を受けた」とあ
る。③が正解。

問22 　22 　正解は②

第2段第5文（In addition, …）後半に「300万件以上の目の手術を行うこと」とあ
る。②が正解。

20 2017年度：英語（リスニング）/本試験〈解答〉

第4問B　討論を聞いて問いに答える問題

放送内容　《第4問Bの説明》

第4問B　第4問Bは問23から問25までの3問です。長めの会話を一つ聞き，問23から問25の答えとして最も適切なものを，四つの選択肢（①～④）のうちから一つずつ選びなさい。

会話の場面が問題冊子に書かれているので，今，読みなさい。

では，始めます。

問23～25

放送内容　《姉妹校に持参する贈り物》

Eiji: OK. The teacher asked us to discuss gifts to take to our sister school in the US. What kind of gifts do you think we should take, Tomomi?

Tomomi: Hmm, <u>what about stationery</u>? I've heard that lots of Americans really like Japanese stationery because there are a lot of cool and useful items. Some have cute cartoon characters on them. Even <u>functional and practical things</u> like pens, staplers, and notebooks have cool designs that might not be available in the US. Yeah, I think stuff like that would be good because it's small, light, and easy to carry.

Eiji: That's a good idea, Tomomi, but don't you think something more traditional would be better—like a kimono? Well, maybe not a kimono because that would be too expensive. But what about chopsticks or fans? Oh, I know. <u>How about ceramic bowls, vases, and those kinds of things</u>? I've seen them for sale in tourist areas, and they seem really popular. Some have pictures of carp, cherry blossoms, or maple leaves on them. Yeah, I think we should take something like that. What do you think, Asako?

Asako: Me? Well, I agree that our presents should reflect Japanese culture. But that kind of traditional stuff you mentioned might be better for older people. I've heard that some American teenagers these days are crazy about Japanese pop culture, especially anime and manga. <u>I like Tomomi's idea of taking pens, but how about adding some folders</u> with popular manga or anime characters on them <u>and some cute erasers</u>? Pottery would be too heavy, but stationery is easy to pack and carry. I'm sure everyone would love it. Oh, maybe not the teachers, though. Let's just get them nice stationery items with traditional designs.

Eiji: Brilliant! Those are really good points, Asako.

Tomomi: OK. It's settled then. Let's go with those ideas!

訳　エイジ：さて。先生が，アメリカの姉妹校に持っていく贈り物について話し合うようにって。どんな贈り物を持っていくのがいいと思う，トモミ？

トモミ：うーん，<u>文房具はどう？</u>　かっこよくて便利なものが多いから，日本の文房具が大好きなアメリカ人が多いって聞いたわ。かわいい漫画のキャラクターがついているのもあるわよね。ペンやホッチキス，ノートみたいな<u>機能的で実用的なもの</u>でも，アメリカにはなさそうな素敵なデザインだし。そうよ，そういうものがいいと思うわ。小さくて軽いし，運びやすいでしょ。

エイジ：それはいい考えだね，トモミ。でも，何かもっと伝統的なもののほうがよくないかな，着物とか。えーっと，たぶん着物は駄目かな，高すぎるよね。でも，お箸とか扇子はどうかな。あ，そうだ。<u>陶製の器とか花瓶とか，そういったものはどうかな</u>。観光地でそういうものを売っているのを見たことがあるし，本当に人気があるみたいだよ。鯉や桜の花や紅葉が描かれているものもあるしね。そうだよ，そういうものを持っていくのがいいんじゃないかな。どう思う，アサコ？

アサコ：私？　そうねえ，贈り物が日本の文化を反映しているべきだというのには賛成よ。でも，あなたが言ったそういう種類の伝統的なものは，年配の人のほうに向いているかもしれないわね。アメリカの最近のティーンエイジャーの中には，日本のポップカルチャーが大好きな人もいるって聞いたわ。特にアニメや漫画ね。<u>ペンを持っていくっていうトモミの考えはいいと思うけれど</u>，人気のある漫画やアニメのキャラクターがついている<u>フォルダーやかわいい消しゴムを加えるのはどうかしら</u>。陶器はちょっと重すぎるんじゃないかと思うけれど，文房具なら荷造りしたり運んだりしやすいわ。きっとみんな気に入ると思うな。あ，でも，もしかしたら先生たちはそうじゃないかもしれない。彼らには，伝統的なデザインの素敵な文房具を買ってあげましょうよ。

22 2017年度：英語(リスニング)/本試験〈解答〉

エイジ：いいねえ！　今言ったこと，ほんとにいい点をついているよ，アサコ。
トモミ：いいわ。それで決まりね。そういう考えでいきましょう。

◇ stationery「文房具」
◇ ceramic「陶製の」
◇ tourist area「観光地」
◇ be crazy about ～「～に夢中である」

問23　トモミが買うことを提案しているのは次のどれですか。
① 「値段の高い贈り物」
② 「実用的な贈り物」
③ 「季節を表す贈り物」
④ 「伝統的な贈り物」

問24　エイジが買うことを提案しているのは次のどれですか。
① 「日本の絵画」
② 「日本の陶器」
③ 「日本の文房具」
④ 「日本のお菓子」

問25　彼らはどんな贈り物に決めますか。
① 「着物，お箸，扇子」
② 「鉛筆，ノート，漫画本」
③ 「ペン，消しゴム，フォルダー」
④ 「ホッチキス，器，絵本」

問23　23　正解は②

トモミの最初の発言第1文に「文房具はどうか」とあり，第4文（Even functional and …）に「機能的で実用的なもの」とある。②が正解。

問24　24　正解は②

エイジの2番目の発言第5文（How about ceramic bowls, …）に「陶製の器や花瓶といったものはどうか」とある。②が正解。

問25　25　正解は③

アサコの発言第5文（I like Tomomi's idea …）に「ペンを持っていくというトモミの考えはいいと思うが…フォルダーやかわいい消しゴムを加えるのはどうか」とあり，エイジとトモミも賛成している。③が正解。

英語(リスニング) 本試験

問題番号(配点)	設問	解答番号	正解	配点	チェック
第1問 (12)	問1	1	③	2	
	問2	2	④	2	
	問3	3	①	2	
	問4	4	②	2	
	問5	5	③	2	
	問6	6	②	2	
第2問 (14)	問7	7	②	2	
	問8	8	①	2	
	問9	9	③	2	
	問10	10	①	2	
	問11	11	④	2	
	問12	12	①	2	
	問13	13	④	2	

問題番号(配点)	設問	解答番号	正解	配点	チェック
第3問 (12)	A 問14	14	④	2	
	A 問15	15	③	2	
	A 問16	16	②	2	
	A 問17	17	④	2	
	B 問18	18	④	2	
	B 問19	19	②	2	
第4問 (12)	A 問20	20	③	2	
	A 問21	21	④	2	
	A 問22	22	②	2	
	A 問23	23	②	2	
	B 問24	24	①	2	
	B 問25	25	③	2	

自己採点欄 /50点
(平均点：30.81点)

放送内容 《試験の説明》
これからリスニングテストを始めます。
この試験では，聞き取る英語は2回流します。質問文と選択肢は音声ではなく，すべて問題冊子に印刷されています。
では，始めます。4ページを開いてください。

第1問　短い対話を聞いて問いに答える問題

放送内容 《第1問の説明》
　第1問　第1問は問1から問6までの6問です。それぞれの問いについて対話を聞き，答えとして最も適切なものを，四つの選択肢（①〜④）のうちから一つずつ選びなさい。

問1　1　正解は③

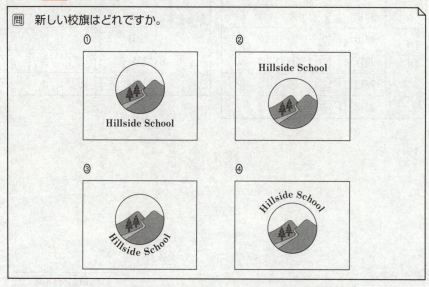

問　新しい校旗はどれですか。

| 放送内容 | 《新しい校旗のデザイン》 |

W : Have you seen the new school flag?

M : <u>The one with the name around the logo</u>?

W : Yes, but <u>the name is under it</u> instead of above it.

M : Yeah, it's great!

| 訳 | 女性：新しい校旗を見た？ |

女性：新しい校旗を見た？

男性：**ロゴの周りに校名が入っているやつ**？

女性：そうよ。でも，**名前はロゴの上ではなくて下**よ。

男性：そうだ，かっこいいよね！

校名がロゴの下を囲むように入っている③が正解。

問2　　2　　正解は④

問	女性は合計で何人の新しい学生を予測していますか。
①　3人　　　　②　7人　　　　③　10人　　　　④　13人

| 放送内容 | 《新入部員の数》 |

M : How many new students have joined the club?

W : <u>Seven the first day, and three since then</u>.

M : How many more do you think will join?

W : I expect <u>three more</u>.

| 訳 | 男性：クラブには新しい学生が何人入りましたか？ |

男性：クラブには新しい学生が何人入りましたか？

女性：**初日に7人と，それ以降に3人**です。

男性：もうあと何人入ると思いますか？

女性：**もう3人**と予測しています。

初日の7人，それ以降の3人で10人入り，これからもう3人入ると予測しているので，「合計で」13人となり，④が正解。

4 2016年度：英語(リスニング)/本試験〈解答〉

問3　　3　　正解は①

問	女性の興味を引かない授業はどれですか。
	①　生物　　②　数学　　③　音楽　　④　物理

放送内容　《授業の好み》

M : How are your classes going?

W : Well, I love math, and music is also fun.

M : What about science?

W : I don't really care for biology, but physics is great.

訳　男性：授業はどんな具合ですか？

女性：そうですね，数学は大好きですし，音楽も楽しいです。

男性：理科についてはどうですか？

女性：生物はあまり好きではありませんが，物理は面白いです。

「あまり好きではない」のは生物。①が正解。

問4　　4　　正解は②

問	レポートを仕上げるのに時間はどれだけ残されていますか。
	①　10分　　②　20分　　③　30分　　④　50分

放送内容　《作業の残り時間》

W : Hurry up!　The report is due soon.

M : I thought you said we still had 50 minutes left.

W : That was half an hour ago!

M : I didn't realize it'd been that long.

訳　女性：急いで！　レポートの締切はもうすぐよ。

男性：君はあと50分あると言ったと思ったけれど。

女性：それは30分前のことよ！

男性：そんなに時間が経っていたとは気づかなかったよ。

30分前に50分残っていたのだから，今は残り20分。②が正解。

2016年度：英語（リスニング）/本試験〈解答〉　5

問5　　5　　正解は③

問 学生は何を知りたがっていますか。
① 電子メールを送るにはどこへ行けばよいか。
② 電話で話せるのはどこか。
③ ロッカーはどこにあるか。
④ 公衆電話はどこにあるか。

放送内容 《携帯電話の扱い》

W : Excuse me. What are you doing?
M : I'm checking my email.
W : Students are supposed to leave their phones in the lockers.
M : Oh, sorry. Where are they?

訳 女性：すみません。何をしているのですか？
　 男性：電子メールをチェックしているんです。
　 女性：学生は，電話をロッカーに入れておくことになっています。
　 男性：ああ，すみません。それはどこにありますか？

携帯電話をロッカーに入れようとしている学生が知りたいのは，その場所。③が正解。

6 2016年度：英語(リスニング)/本試験〈解答〉

問6 　6　 正解は②

> 問　女性はどこに自分の電話番号を書かなくてはなりませんか。
>
> APPLICATION FORM
>
> ①
>
> Address(Home)：
>
> Address(Work)：
>
> ②
> ③　　　④

放送内容　《電話番号の記入位置》

M : Please fill out this form and <u>sign at the bottom right</u>.
W : OK.
M : And the date at the top. Oh, also <u>put your telephone number above</u>
　　<u>your signature</u>.
W : All right.

訳　男性：この用紙に記入して，<u>右下にご署名</u>をお願いします。
　　女性：わかりました。
　　男性：そして日付を上に。ああ，それと，<u>お電話番号を署名の上</u>にお願いします。
　　女性：わかりました。

署名が右下の④なので，電話番号はその上の②に記入することになる。

2016年度：英語（リスニング）/本試験〈解答〉 **7**

第2問 短い対話を聞いて適切な応答文を選ぶ問題

> **放送内容** 《第2問の説明》
>
> 第2問　第2問は問7から問13までの7問です。それぞれの問いについて対話を聞き，最後の発言に対する相手の応答として最も適切なものを，四つの選択肢（①～④）のうちから一つずつ選びなさい。
>
> では，始めます。

問7　　7　　正解は②

> **放送内容** 《辞書の貸し借り》
>
> W : What does the word "xenophobia" mean ?
>
> M : Hmm, <u>why don't you look it up in the dictionary</u> ?
>
> W : <u>Can I borrow yours</u> ?　I forgot mine today.

> **訳** 女性：「ゼノフォビア」っていう単語はどういう意味？
>
> 男性：うーん，<u>辞書で調べてみたらどう</u>？
>
> 女性：<u>あなたのを借りていい</u>？　今日は自分のを忘れたのよ。

> ① 「僕は辞書で調べるほうが好きだな」
> ② 「いいよ，でもちょっと待ってもらえる？」
> ③ 「自分のを使ったらどうだい？」
> ④ 「うん，僕も今日は自分のを持ってくるのを忘れたんだ」

辞書を忘れたので貸してほしいという女性への返事として意味が通るのは②のみ。

問8　　8　　正解は①

> **放送内容** 《ディナーの予約》
>
> M : Hello, <u>I'd like to make a dinner reservation for 7 o'clock tonight</u>.
>
> W : <u>OK</u>, for how many people ?
>
> M : Let's see, <u>there will be eight of us</u>.

> **訳** 男性：もしもし，<u>今夜7時にディナーの予約をしたい</u>のですが。
>
> 女性：<u>かしこまりました</u>。何名様でしょうか？
>
> 男性：えーっと，<u>8人です</u>。

① 「申し訳ございません，大人数様のテーブルは9時まで空いておりませんが」
② 「承知いたしました。今夜8時にお待ちしております」
③ 「申し訳ございません，予約はお受けしておりません」
④ 「平日は5時半から営業しております」

7時に8人で予約を取ろうとしている客への返事として通るのは①のみ。③は「かしこまりました」に矛盾。

問9　　9　　正解は③

放送内容　《偶然会った友達》

M : Guess what? I ran into Emily yesterday and she told me that you ...
W : Uh ... excuse me, but which Emily was it?
M : The one from Toronto.

訳　男性：あのね，昨日エミリーにばったり会ったんだけど，彼女が言うには君は…
　　女性：えーっと…，ごめんなさい，どのエミリーのこと？
　　男性：トロント出身のだよ。

① 「わかったわ。あなたはなぜ走っていたの？」
② 「彼女だと気づかなかったの？」
③ 「ああ，わかったわ。それで彼女はなんて言ったの？」
④ 「なぜ昨日彼女に会わなかったの？」

男性は出会った友達の発言を伝えきれずに女性に質問されている。その質問について男性が答えた後なので，会話の続きとしては③が正解。

問10　　10　　正解は①

放送内容　《好きな音楽》

W : You don't like this kind of music, do you?
M : Not really. How did you know?
W : It was just a guess from your facial expression.

訳　女性：この種の音楽は好みじゃないのね？
　　男性：あまりね。どうしてわかったの？
　　女性：表情からなんとなくそう思っただけよ。

① 「実は，ジャズのほうが好きなんだ」
② 「実は，僕がいつも正しいわけじゃないんだ」
③ 「それを聞くと踊りたくなるよ」
④ 「そうだな，それは僕の大好きな種類だよ」

今聞いている音楽が好みではないという男性の発言として適切なのは①。

問11　11　正解は④

放送内容　《お酒が飲める年齢》

W : Would you like some beer?
M : But, I'm only 20 years old.
W : If you're 20, you can drink alcohol in Japan.

訳　女性：ビールを飲みますか？
　　　男性：でも，私はまだ20歳ですよ。
　　　女性：20歳なら，日本ではお酒を飲めるんですよ。

① 「私はまだ20歳になっていません」
② 「私はまだ21歳になっていません」
③ 「飲めるのは，私の国と同じように18歳だと思っていました」
④ 「飲めるのは，私の国と同じように21歳だと思っていました」

お酒を断るのに「まだ20歳だ」と答えて，「20歳なら飲める」と聞いた男性の返事として適切なのは④。

問12　12　正解は①

放送内容　《パーティーの準備》

W : What else should we get for the party?
M : This fried chicken looks delicious, and it's 30% off.
W : But if we wait till 7:00, they'll discount it to half price.

訳　女性：パーティーには他に何を買っておいたほうがいいかしら？
　　　男性：このフライドチキンはおいしそうだし，30パーセント引きだな。
　　　女性：でも7時まで待てば，半額にしてくれるわ。

10 2016年度：英語（リスニング）/本試験〈解答〉

① 「でも，パーティーは6時半に始まるよ」
② 「でも，店は7時半に閉まるよ」
③ 「そうだね，じゃあ今すぐ買おう」
④ 「そうだね，じゃあ6時まで待とう」

パーティーの料理で，「7時まで待てば半額」という会話の文脈に合うのは①のみ。

問13　13　正解は④

放送内容　《夏休みの終わりの過ごし方》
M：Summer vacation will be over soon.
W：Have you been enjoying yourself?
M：Yeah, Grandma, but I won't be able to sleep much this week.

訳　男性：もうすぐ夏休みも終わるな。
女性：楽しんだかい？
男性：うん，おばあちゃん，でも今週はあまり眠れそうにないよ。

① 「私も（眠れそう）よ」
② 「あなたも（眠れそう）ね」
③ 「私がどうして（眠れそうにないの）？」
④ 「あなたはどうして（眠れそうにないの）？」

夏休みが終わりかけで，眠れそうにないというのはすぐには理由がわからない（おそらく夏休みの宿題がたまっているのだろう）。理由を尋ねる④が正解。

2016年度：英語（リスニング）/本試験〈解答〉　**11**

第3問A　　少し長めの対話を聞いて問いに答える問題

> 放送内容　《第3問Aの説明》
>
> 　第3問A　第3問Aは問14から問16までの3問です。それぞれの問いについて対話を聞き，答えとして最も適切なものを，四つの選択肢（①〜④）のうちから一つずつ選びなさい。
>
> 　では，始めます。

問14　 14 　正解は④

> 放送内容　《母親への誕生日プレゼント》
>
> M : I don't know what to get for my mother's birthday.
>
> W : Flowers are always nice.
>
> M : Well, I don't want to give them again this year.
>
> W : <u>I surprised my mother with lunch at a nice French restaurant</u>, and she loved it.
>
> M : <u>That's what I'll do</u>!　She enjoys good food and wine.

> 訳　男性：母さんの誕生日に何を買えばいいかわからないんだ。
>
> 　女性：お花なら間違いないわ。
>
> 　男性：うーん，今年もまた花を贈るっていうのはいやだな。
>
> 　女性：私はおいしいフランス料理のレストランのランチで母さんをびっくりさせたわ。母さんも喜んだわよ。
>
> 　男性：僕もそうしよう！　母さん，おいしい料理とワインが好きだからね。

> 問　男性は母親の誕生日に何をするつもりですか。
> 　① 「彼女にフランス料理を作る」
> 　② 「彼女にワインをひと瓶贈る」
> 　③ 「彼女に素敵な花を贈る」
> 　④ 「彼女をレストランに連れていく」

母親への誕生日プレゼントで悩む男性に対して，女性が自分の経験としてレストランでの食事の話をすると，男性は「僕もそうしよう」と言っている。④が正解。

12 2016年度：英語（リスニング）/本試験〈解答〉

問15　15　正解は③

放送内容　《新しいシャツの評価》

M : Guess what I bought myself today.

W : Another shirt ?

M : Yes, they had a big sale !

W : Let me see. Are you kidding me ?!

M : What's wrong with it ?

W : <u>You bought one with the same pattern last month.</u>

M : But this one has long sleeves.

W : Anyway, I think you should take it back.

訳　男性：今日僕が何を買ったか当ててごらん。

　　女性：またシャツ？

　　男性：そうだよ。大安売りだったんだ！

　　女性：見せて。ねえ，冗談でしょう?!

　　男性：何がいけないんだい？

　　女性：<u>先月，同じ柄のものを買った</u>じゃない。

　　男性：でもこれは長袖だよ。

　　女性：ともかく，返してきたほうがいいと思うわ。

問　なぜ女性は男性の新しいシャツが気に入らないのですか。

①「それは彼には高価すぎる」

②「それは彼には大きすぎる」

③「それは彼がすでに持っているものと似すぎている」

④「それは彼女のシャツの一つと似すぎている」

女性は「先月同じ柄のを買った」と指摘している。正解は③。

2016年度：英語（リスニング）/本試験〈解答〉　**13**

問16　16　正解は②

放送内容　《新しい歌の入手法》

W : Angel's new song's great !

M : Is the CD already out？　I thought it was coming out next week.

W : Yeah, but the song's available online.

M : Really？　Maybe I should download it now.

W : But if you do that, you won't get the booklet.

M : Oh, I definitely want that !　I'd better wait.

訳　女性：エンジェルの新しい歌はとてもいいわよね！

男性：もうCDが出ているの？　来週発売だと思っていたよ。

女性：そうよ，でもその歌はオンラインで買えるの。

男性：本当？　今ダウンロードしようかな。

女性：だけど，それじゃあ小冊子が手に入らないわ。

男性：ああ，それは絶対ほしいな！　待ったほうがいいね。

問　男性が最もしそうなことは何ですか。
① 「すぐに店でCDを買う」
② 「来週店でCDを買う」
③ 「すぐに歌をダウンロードする」
④ 「来週歌をダウンロードする」

来週発売のCDはもうダウンロードできるが，それでは小冊子が手に入らないので「待ったほうがいい」と男性は言っている。②が正解。

14   2016年度：英語（リスニング）/本試験〈解答〉

第3問B   長めの対話と視覚情報をもとに問いに答える問題

放送内容 《第3問Bの説明》

　第3問B　第3問Bは問17から問19までの3問です。長めの対話を一つ聞き，問17から問19の答えとして最も適切なものを，四つの選択肢（①～④）のうちから一つずつ選びなさい。
　対話の場面が問題冊子に書かれているので，今，読みなさい。
　では，始めます。

問17～19

放送内容 《ピザの注文》

M : I feel like having pizza tonight.
W : Here's a flyer from the new shop.
M : I'd like one with sausage.
W : How about the Sausage Deluxe?
M : Let me see. But it has onions.
W : Oh, you know I can't stand them.
M : It says on the other side that <u>these two are on sale</u>. <u>The Seafood</u> looks delicious.
W : I'm not in the mood for seafood. I'd prefer <u>the other one, Spicy Chicken</u>.
M : Hmm ... but this one looks even better. Oh, it's regular price.
W : <u>Meat Lovers</u>?　<u>OK. The kids will be happy with that</u>. But for the second pizza, I'd like one with lots of vegetables like asparagus or eggplant.
M : They have Grilled Vegetable and Seasonal Vegetable. They're kind of similar, but the Seasonal has asparagus, mushrooms and garlic. <u>The Grilled has eggplant, zucchini and ... onions</u>.
W : Oh no.
M : So, if you don't mind garlic, <u>shall we go with Seasonal Vegetable</u>?
W : <u>Sure</u>. Should I call?

訳 男性：今夜はピザが食べたいな。
　　女性：新しい店のチラシがあるわよ。
　　男性：ソーセージがのっているのがいいな。

女性：ソーセージ・デラックスはどう？
男性：どれどれ。でもタマネギが入っているね。
女性：あら，私がタマネギ嫌いって知っていたのね。
男性：裏にこの2つがお得だって書いてあるよ。シーフードがおいしそうだな。
女性：シーフードの気分じゃないのよね。もう一つのスパイシー・チキンのほうがいいわ。
男性：うーん…，でもこれのほうがもっとよさそうだよ。ああ，でも通常価格か。
女性：ミート・ラバーズのこと？　いいわ。子どもたちは喜ぶわ。でも2枚目はアスパラガスとかナスとか，たくさん野菜がのっているのにしたいわね。
男性：グリル野菜と季節野菜があるよ。ちょっと似ているけれど，季節野菜にはアスパラガスとマッシュルームとガーリックが入っている。グリル野菜のほうはナスとズッキーニと…タマネギだ。
女性：あらまあ。
男性：じゃあ，ガーリックが嫌じゃなければ，季節野菜にしようか？
女性：いいわ。私が電話しましょうか？

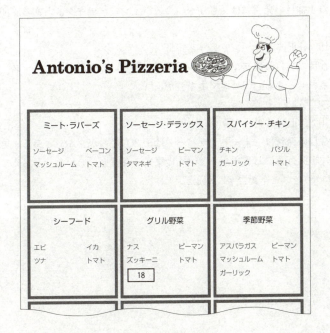

16 2016年度：英語(リスニング)/本試験〈解答〉

問17 割引で買えるピザはどれですか。
① 「ソーセージ・デラックスとミート・ラバーズ」
② 「ソーセージ・デラックスとスパイシー・チキン」
③ 「シーフードとミート・ラバーズ」
④ 「シーフードとスパイシー・チキン」

問18 チラシの 18 には何が入るはずですか。
① 「アスパラガス」
② 「ガーリック」
③ 「マッシュルーム」
④ 「タマネギ」

問19 彼らはどのピザを注文しようとしていますか。
① 「ミート・ラバーズとグリル野菜」
② 「ミート・ラバーズと季節野菜」
③ 「スパイシー・チキンとグリル野菜」
④ 「スパイシー・チキンと季節野菜」

問17 17 正解は④
男性の4番目の発言に「2つがお得」とあり，直後に「シーフード」に言及しており，続く女性の4番目の発言には「もう一つのスパイシー・チキン」とある。④が正解。

問18 18 正解は④
男性の6番目の発言最終文に，グリル野菜にのっている野菜として「ナス，ズッキーニ，タマネギ」とある。④「タマネギ」が正解。

問19 19 正解は②
女性の5番目の発言に「ミート・ラバーズは子どもたちが喜ぶ」とある。男性の最後の発言の「季節野菜にしようか」という提案に，女性も「いいわ」と答えている。②「ミート・ラバーズと季節野菜」が正解。

第4問A　長めのモノローグを聞いて問いに答える問題

【放送内容】《第4問Aの説明》
　第4問A　第4問Aは問20から問22までの3問です。長めの英文を一つ聞き，問20から問22の答えとして最も適切なものを，四つの選択肢（①〜④）のうちから一つずつ選びなさい。
　では，始めます。

問20〜22

【放送内容】《思いがけないお土産》
　Now let me tell you a story. When we lived in Japan many years ago, my American friend Jane came to visit us with her Japanese boss, who wanted to meet my husband. After he left, we decided to open the gift that he had brought. Surprisingly, it was a neatly packed live lobster. I started laughing and shouting, "It's alive! It's alive!" But Jane, who'd just gone to the bathroom, thought I was yelling, "It's a lie! It's a lie!" She thought we were having an argument, so she was afraid to come back into the living room. When she finally returned, she realized that we were not fighting, but laughing at such an unexpected gift.

　We had never cooked a lobster before, so we didn't know what to do. In those days there was no Internet to get information, so we went and asked a neighbor. Meanwhile, we had put the lobster in a sink full of water. When we came home the lobster had become so lively that we no longer had the heart to cook it. We managed to get it back into the box, and we gave it to the neighbor instead.

18 2016年度：英語（リスニング）/本試験〈解答〉

訳　さて，一つ話をさせていただきます。何年も前，私たちが日本に住んでいたころ，アメリカ人の友達のジェーンが，日本人の上司と一緒に訪ねてきました。その上司は私の夫に会いたいということでした。彼が帰ったあと，彼が持ってきてくれたお土産を開けてみることにしました。驚いたことに，それはきれいに包装された，生きたロブスターだったのです。私は笑って，「生きているわ！　生きているわ！」と大きな声で叫び出しました。でも，ジェーンはちょうどお手洗いに行ったところだったのですが，私が「それは嘘よ！　それは嘘よ！」と叫んでいると思ったのです。<u>彼女は，私たちが口論をしていると思い</u>，居間に戻ってくるのを怖がったのです。やっと戻ってきたとき，彼女は私たちがけんかをしていたのではなく，そんな予想外の贈り物に笑っていたのだとわかりました。

　私たちは，それ以前にロブスターを調理したことがなかったので，どうすればよいかわかりませんでした。当時は情報を得ようにもインターネットなどなかったのです。それで，<u>近所の人に聞きに行きました</u>。その間，水で満たした流しにロブスターを入れておきました。帰宅すると，ロブスターはとても元気になっていたので，私たちはもう料理する気持ちがなくなってしまいました。代わりに，なんとかロブスターを箱に戻して，<u>先ほどの近所の人に差し上げました</u>。

◇ live「生きている」 ＊発音注意 [láiv]
◇ yell「大声で叫ぶ」
◇ be afraid to *do*「怖くて～できない，～するのを怖がる」
◇ sink「（台所などの）流し」

2016年度：英語（リスニング）/本試験〈解答〉 19

> 問20 ジェーンが部屋を出ていたとき，彼女は話し手とその夫が何をしていると
> 思いましたか。
> ① 「元気な声を上げている」
> ② 「料理をしている」
> ③ 「けんかをしている」
> ④ 「笑っている」
> 問21 話し手はどのようにしてロブスターの調理法を知りましたか。
> ① 「夫に尋ねることによって」
> ② 「インターネットで調べることによって」
> ③ 「料理本を見ることによって」
> ④ 「近所の人と話をすることによって」
> 問22 話の終わりで，ロブスターはどうなりましたか。
> ① 「調理された」
> ② 「譲り渡された」
> ③ 「夫によって放された」
> ④ 「上司によって家に持ち帰られた」

問20 ┃ 20 ┃ 正解は③
第1段最後から2番目の文に「彼女は私たちが口論をしていると思った」とある。③
が正解。

問21 ┃ 21 ┃ 正解は④
第2段第2文後半に「近所の人に聞きに行った」とある。④が正解。

問22 ┃ 22 ┃ 正解は②
第2段最終文に「近所の人にあげた」とある。②が正解。

第4問B　討論を聞いて問いに答える問題

放送内容　《第4問Bの説明》

　第4問B　第4問Bは問23から問25までの3問です。長めの会話を一つ聞き，問23から問25の答えとして最も適切なものを，四つの選択肢（①〜④）のうちから一つずつ選びなさい。

　会話の場面が問題冊子に書かれているので，今，読みなさい。

　では，始めます。

問23〜25

放送内容　《予算の使い道》

Ichiro: So, Reina, what would you do if we had five million yen to improve our school?

Reina: Hmm. I can think of so many things, Ichiro. <u>One idea would be to put a roof over the bicycle parking area</u>. Don't you hate it when it rains and your bike gets wet? We could also put some picnic tables on the grassy area over by the bike stands. That would give students a place to have lunch or hang out after school. And we could make the entrance look a lot nicer. What about painting it a bright color and buying some plants and flowers?

Ichiro: Well, those are all great ideas, Reina. <u>I especially like putting a roof over the bicycles</u>. But to tell the truth, if we had that much money to spend, I think it'd be better to spend it on one big thing rather than a lot of little things.

Reina: Oh, yeah. Good point, Ichiro.

Ichiro: I think <u>it'd be better if we had free Wi-Fi everywhere in the school</u>. Internet access would help us study more. We could get a lot of information that would help us with our homework, and there are so many educational websites that are usually free. Best of all, we could chat with the students at our sister school in Australia. Don't you agree, Mayuko?

Mayuko: Well, that's a pretty good idea, Ichiro, but <u>the library has internet</u>

access, and most students already have smartphones or tablet PCs. I think it'd be better to buy solar panels instead. That electricity could be used all over the school—we could have hot water in the winter and air conditioning in the summer. Oh, I know! We could make a roof for the bicycles out of the solar panels. That would kill two birds with one stone!

訳　イチロー：じゃあ，レイナ，もし学校を改善するために 500 万円あるとしたら，何をする？

レイナ：うーん，とてもたくさんのことが考えられるのよね，イチロー。**考えの一つは，自転車置き場に屋根をつけること**よ。雨が降って自転車が濡れていたら嫌じゃない？　自転車置き場のそばの芝生のところにピクニック・テーブルを置くこともできるわ。そうすれば，生徒がお昼ご飯を食べたり，放課後に時間を過ごしたりする場所ができるわよね。それから，校門をずっと見栄えよくすることもできるでしょう。鮮やかな色に塗って，何か植物や花を買うのはどうかしら？

イチロー：うん，それ，みんないい考えだね，レイナ。僕は**特に自転車置き場に屋根を設置するのがいい**な。でも，実を言うと，使えるお金がそんなにたくさんあるなら，たくさんの小さなことより，何か一つ大きなことに使うほうがいいと思うんだ。

レイナ：ああ，そうね。いい論点ね，イチロー。

イチロー：**学校中に無料の Wi-Fi があったらもっといいんじゃないかな**。インターネットにアクセスできたら，僕らがもっと勉強するのに役立つよね。宿題の手助けになる情報をたくさん得られるし，たいていは無料の教育的なサイトがたくさんあるしね。何よりいいのは，オーストラリアの姉妹校の生徒とチャットができることだよ。マユコ，そう思わない？

マユコ：そうねえ，とてもいい考えだわね，イチロー。でも，**図書館でインターネットにアクセスできるし，ほとんどの生徒はもうスマートフォンかタブレット PC を持っている**わ。代わりに，**太陽光パネルを買うほうがいいと思う**んだけど。その電気が学校中で使えるわ。冬には温水，夏はエアコンが使えるでしょう。あ，そうだ！　**太陽光パネルで自転車置き場の屋根が作れる**わ。それって一石二鳥よね！

◇ hang out「ぶらぶらと時間を過ごす」

◇ help *A* with *B*「*A* を *B* のことで助ける，*A* の *B* を手伝う」

◇ kill two birds with one stone「一石で二鳥を得る，一挙両得」

22 2016年度：英語〈リスニング〉/本試験〈解答〉

問23　次のどれが討論の中で提案されていますか。
① 「タブレット PC を買うこと」
② 「太陽光パネルを設置すること」
③ 「ピクニック・テーブルを塗装すること」
④ 「生徒を海外に行かせること」

問24　話し手全員が気に入っている改善は何ですか。
① 「自転車置き場の屋根」
② 「校門のそばの花」
③ 「校庭の芝生」
④ 「新しいピクニック・テーブル」

問25　イチローとマユコが異なる意見を持っているのは次のどれについてですか。
① 「図書館の本をもっと買うこと」
② 「エアコンを設置すること」
③ 「学校全体の Wi-Fi の必要性」
④ 「教育的なウェブサイトの価値」

問23　23　正解は②
マユコの発言第2文と第5文に「太陽光パネルを買う，それで自転車置き場に屋根をつける」とある。②が正解。

問24　24　正解は①
レイナが最初の発言第3文で自転車置き場に屋根をつけることを提案し，イチローは2番目の発言第2文で，マユコは発言の第5文でそれぞれ賛成している。①が正解。

問25　25　正解は③
イチローは3番目の発言第1文で「学校中に無料の Wi-Fi があればよい」と言っているのに対して，マユコは発言の第1文後半で「図書館でインターネットにアクセスできるし，ほとんどの生徒がスマートフォンかタブレット PC をもう持っている」と言っている。③が正解。

英語（リーディング） 本試験（第1日程）

問題番号 (配点)	設問		解答番号	正解	配点	チェック
第1問 (10)	A	問1	1	①	2	
		問2	2	②	2	
	B	問1	3	④	2	
		問2	4	④	2	
		問3	5	③	2	
第2問 (20)	A	問1	6	②	2	
		問2	7	②	2	
		問3	8	①	2	
		問4	9	③	2	
		問5	10	⑤	2	
	B	問1	11	④	2	
		問2	12	④	2	
		問3	13	②	2	
		問4	14	②	2	
		問5	15	①	2	
第3問 (15)	A	問1	16	③	3	
		問2	17	②	3	
	B	問1	18	④	3*	
			19	②		
			20	①		
			21	③		
		問2	22	②	3	
		問3	23	②	3	

問題番号 (配点)	設問		解答番号	正解	配点	チェック
第4問 (16)		問1	24	①	2	
			25	⑤	2	
		問2	26	②	3	
		問3	27	②	3	
		問4	28	②	3	
		問5	29	④	3	
第5問 (15)		問1	30	③	3	
		問2	31	③	3	
		問3	32	④	3*	
			33	③		
			34	⑤		
			35	①		
		問4	36 - 37	① - ③	3*	
		問5	38	①	3	
第6問 (24)	A	問1	39	④	3	
		問2	40	③	3	
		問3	41	④	3	
		問4	42	②	3	
	B	問1	43	③	3	
		問2	44	③	3	
		問3	45 - 46	③ - ⑤	3*	
		問4	47	④	3	

(注)
1 ＊は，全部正解の場合のみ点を与える。
2 －（ハイフン）でつながれた正解は，順序を問わない。

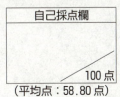

自己採点欄

100点

（平均点：58.80点）

2 2021年度：英語(リーディング)/本試験(第1日程)〈解答〉

第1問

A　メッセージの読み取り

訳　《忘れもの》

　あなたの寮のルームメイトのジュリーが，あなたの携帯電話に依頼のメッセージを送ってきた。

> 助けて！！！
> 昨日の晩，歴史の宿題を USB メモリに保存したの。今日の午後，大学の図書館で印刷するつもりだったんだけど，USB を持ってくるのを忘れちゃった。今日の午後4時までに先生にコピーを提出する必要があるの。私の USB を図書館まで持ってきてくれる？　机の上の歴史の本の上にあると思うわ。本はいりません。USB だけね。♡

> ごめん，ジュリー，見つからなかったわ。歴史の本はあったんだけれど，USB はなかった。机の下まで全部捜したのよ。手元にないのはまちがいない？　念のために，あなたのラップトップを持っていくわね。

> あなたの言う通りだったわ！　持ってた。カバンの底にありました。ほっとしたわ！
> ともかく，ありがとう。☺

語句・構文

▶ bring *A* with *B*（人）「*A* を *B*（人）が携えていく」　with＋人は「手元にある」ことを明示するもの。have it with you も同様。

▶ a copy「写し，コピー」　同時に「（印刷したものの）1部」の意でもある。

▶ just in case「念のため」

問1 　1　 正解は①

「ジュリーの依頼は何だったか」

ジュリーの最初のメッセージ第5文（Can you bring …）に「私の USB を図書館
まで持ってきてくれる？」とある。①「**彼女の USB を持ってくること**」が正解。

② 「彼女の歴史の宿題を提出すること」

③ 「彼女に USB を貸すこと」

④ 「彼女の歴史の宿題を印刷すること」

問2 　2　 正解は②

「ジュリーの2番目のメッセージにどのように返事をするか」

「あなた」のメッセージ第1文（Sorry Julie, …）に，頼まれた USB が見つからな
かったことが述べられている。しかし，ジュリーの2番目のメッセージ第2文（I
did have it.）で，ジュリーが持っていることがわかった。問題は解決したので，
②「**それを聞いて本当によかった**」が適切。

① 「心配しないで。見つかるわ」

③ 「もう一回カバンの中を見て」

④ 「がっかりしているに違いないわ」

B ウェブサイトの読み取り

> 訳 《ファンクラブの入会案内》
> あなたの大好きなミュージシャンが日本でコンサートツアーを行うことになり，あなたはファンクラブに入ろうと考えている。あなたはファンクラブの公式サイトにアクセスする。

タイラー=クイック　ファンクラブ

　タイラー=クイック（**TQ**）ファンクラブの会員だととても楽しいですよ！最新ニュースがいつもわかりますし，わくわくする多くのファンクラブ会員向けイベントに参加できます。新規会員は全員，新規会員パックがもらえます。それには会員証，無料のサイン入りポスター，**TQ** のサードアルバム「**スピーディングアップ**」が入っています。新規会員パックはご自宅に配達され，ファンクラブ入会後約1週間で届きます。

　TQ は世界中で愛されています。どの国からでも加入でき，会員証は1年間有効です。**TQ** ファンクラブには，ペーサー会員，スピーダー会員，ズーマー会員の3種類があります。

　以下の会員オプションから選んでください。

特　典　(♪)	ペーサー (20ドル)	スピーダー (40ドル)	ズーマー (60ドル)
定期メールとオンラインマガジンのパスワード	♪	♪	♪
コンサートツアー日程の先行情報	♪	♪	♪
毎週の TQ のビデオメッセージ	♪	♪	♪
毎月の絵ハガキ		♪	♪
TQ ファンクラブカレンダー		♪	♪
特別サイン会へのご招待			♪
コンサートチケットの20パーセント割引			♪

- ◇ 5月10日より前に入会して，会費の10ドル割引を受け取りましょう！
- ◇ 新規会員パックの郵送には1つ4ドルの送料がかかります。
- ◇ 入会後，最初の1年の終わりには，50パーセント割引で更新か格上げができます。

2021年度：英語(リーディング)/本試験(第1日程)〈解答〉　**5**

ペーサーでもスピーダーでもズーマーでも，**TQ** ファンクラブの会員であることが気に入るでしょう。さらなる情報，あるいは入会は<u>ここ</u>をクリック。

語句・構文

▶ keep up with 〜「〜に遅れずについていく」

▶ take part in 〜「〜に参加する」

問1　3　正解は④

「新規会員パックは　　　」

ファンクラブ紹介の第1段最終文（The New Member's Pack will …）に「ファンクラブ入会後約1週間で届く」とある。④**「届くのに約7日かかる」**が正解。

① 「TQ のファーストアルバムが含まれている」

② 「5月10日に配達される」

③ 「10ドルの配送料がかかる」

問2　4　正解は④

「新しくペーサー会員になると何が得られるか」

特典（What you get）の表の項目1つ目に「オンラインマガジンのパスワード」とあり，これでオンラインマガジンが読めることがわかる。また，項目3つ目に「ビデオメッセージ」があるので，④**「ビデオメッセージとオンラインマガジンの利用」**が正解。

① 「割引のコンサートチケットとカレンダー」

② 「定期的なメールとサイン会への招待」

③ 「ツアー情報と毎月のハガキ」

問3　5　正解は③

「会員になって1年後，　　　ことができる」

「注目！（Check it out!）」の項目の3つ目に「50パーセント割引で更新か格上げができる」とある。③**「半額で会員の立場を更新する」**が正解。

① 「手数料50ドルでズーマーになる」

② 「4ドルで新規会員パックを手に入れる」

④ 「無料で格上の会員になる」

第2問

A 情報の読み取り

訳 《学園祭バンドコンクールの審査》

　ある英国の学園祭バンドコンクールを運営する学生として，あなたはランク付けを理解し説明するために，3人の審査員のつけた点数とコメントをすべて検討しているところである。

審査員たちの最終的な平均スコア					
クオリティー／バンド名	演奏（5.0点）	歌唱（5.0点）	曲の独創性（5.0点）	合計（15.0点）	
グリーンフォレスト	3.9	4.6	5.0	13.5	
サイレントヒル	4.9	4.4	4.2	13.5	
マウンテンペア	3.9	4.9	4.7	13.5	
サウザンドアンツ	〈演奏せず〉				

審査員たちの個別のコメント	
ホッブズさん	サイレントヒルは優れた演奏者たちで，本当に聴衆とつながっているように思えました。マウンテンペアの歌唱はとてもよかったです。グリーンフォレストのオリジナルの曲はとても気に入りました。素晴らしかったです！
リーさん	サイレントヒルは素晴らしい演奏をしました。聴衆が彼らの音楽に応える様子は驚くべきものでした。サイレントヒルは今後人気が出るだろうと本当に思います！　マウンテンペアは声がよかったですが，ステージ上では刺激的ではありませんでした。グリーンフォレストは素晴らしい新曲を演奏しましたが，もっと練習が必要だと思います。
ウェルズさん	グリーンフォレストには新曲があります。とても気に入りました！　大ヒットする可能性があると思います！

2021年度：英語(リーディング)／本試験〈第Ⅰ日程〉〈解答〉 7

> **審査員たちの共有された評価**（ホッブズさんによって要約されたもの）
>
> 　それぞれのバンドの合計点は同じですが，各々は非常に異なっています。リーさんと私は，バンドにとっては演奏が最も重要なクオリティーだということで意見が一致しました。ウェルズさんも賛成でした。したがって，1位は簡単に決まります。
>
> 　2位と3位を決めるために，ウェルズさんは曲の独創性が歌唱のうまさよりも重要ではないかと提案しました。リーさんと私はこの意見に同意しました。

語句・構文

▶ incredible「信じられない（ほど素晴らしい）」

▶ first place「1位」(the がつかないことがよくある)

問1 　**6**　正解は②

「審査員たちの最終的な平均スコア（Judges' final average scores）に基づくと，最も歌が上手だったバンドはどれか」

「審査員たちの最終的な平均スコア」の「歌唱」の欄を見ると，グリーンフォレストは4.6点，サイレントヒルは4.4点，マウンテンペアは4.9点で，サウザンドアンツは演奏をしていない。②「**マウンテンペア**」が正解。

①「グリーンフォレスト」　③「サイレントヒル」　④「サウザンドアンツ」

問2 　**7**　正解は②

「肯定的なコメントも批判的なコメントもしているのはどの審査員か」

リーさんのコメントの最後の2文（Mountain Pear have … to practice more.）に「マウンテンペアは声がよかったが，ステージ上では刺激的ではなかった。グリーンフォレストは素晴らしい新曲を演奏したが，もっと練習が必要だと思う」とある。よって②「**リーさん**」が正解。

①「ホッブズさん」　③「ウェルズさん」　④「誰でもない」

問3 　**8**　正解は①

「審査員たちの個別のコメントから読み取れる一つの**事実**は□□□ことである」

ホッブズさんのコメント第3文（I loved …）に「グリーンフォレストのオリジナルの曲はとても気に入った」，リーさんのコメント最終文（Green Forest …）に「グリーンフォレストは素晴らしい新曲を演奏した」，ウェルズさんのコメント第1・2文（Green Forest … loved it!）に「グリーンフォレストには新曲がある。とても気に入った」とある。①「**審査員全員が，グリーンフォレストの曲をほめた**」が正解。他の選択肢は，各審査員の個人的な意見。

② 「グリーンフォレストはもっと練習する必要がある」

③ 「マウンテンペアは非常にうまく歌える」

④ 「サイレントヒルは将来有望である」

問4 ⬜9⬜ 正解は③

「審査員たちのコメントと共有された評価から読み取れる一つの意見は□□□こと
である」

ホッブズさんのコメント第1文（Silent Hill are …）に「サイレントヒルは優れた
演奏者たちで，本当に聴衆とつながっているように思えた」とある。これはホッブ
ズさん個人が受けた印象であり，③**「サイレントヒルは聴衆と本当につながってい
た」**が正解。他の選択肢は意見とは言えない。

① 「評価を受けた個々のバンドは同じ合計点をもらった」

② 「独創性に関するウェルズさんの提案は，同意をもらった」

④ 「審査員たちのコメントが順位を決定した」

問5 ⬜10⬜ 正解は⑤

「審査員たちの共有された評価に基づく最終的な順位は次のどれか」

「審査員たちの共有された評価」第1段第2文～最終文（Ms Leigh and I … is
easily determined.）に「リーさんと私は，バンドにとっては演奏が最も重要なク
オリティーだということで意見が一致し，ウェルズさんも賛成した」とある。平均
スコアの表で，「演奏」の得点が4.9で最も高いのはサイレントヒル。したがって
1位はサイレントヒルである。「共有された評価」第2段では「ウェルズさんは曲
の独創性が歌唱のうまさよりも重要ではないかと提案し，リーさんと私はこの意見
に同意した」とある。「平均スコア」の表の「曲の独創性」で，グリーンフォレス
トは5.0点，マウンテンペアは4.7点なので，2位がグリーンフォレスト，3位
がマウンテンペアとなる。⑤が正解。

	1位	2位	3位
①	「グリーンフォレスト	マウンテンペア	サイレントヒル」
②	「グリーンフォレスト	サイレントヒル	マウンテンペア」
③	「マウンテンペア	グリーンフォレスト	サイレントヒル」
④	「マウンテンペア	サイレントヒル	グリーンフォレスト」
⑤	「サイレントヒル	グリーンフォレスト	マウンテンペア」
⑥	「サイレントヒル	マウンテンペア	グリーンフォレスト」

B オンライン記事の読み取り

訳 《放課後の活動時間短縮についてのオンライン公開討論》

　あなたは，現在交換留学生として勉強している英国の学校で，学校の方針の変更について聞いた。その方針に関する議論をオンライン公開討論で読んでいるところである。

学校の新しい方針＜2020 年 9 月 21 日掲示＞

P.E. バージャーへ

K. ロバーツより

バージャー先生へ

［第 1 段］　全生徒を代表して，セントマークス校へようこそ。私たちは，先生が実業のご経験のある初めての校長だとお聞きしました。そのご経験が私たちの学校の助けになることを望んでいます。

［第 2 段］　先生が放課後の活動の時間についてご提案されている変更について，一つの懸念を表明したく思います。エネルギーの節約は大切であり，これから暗くなるのが早くなることはわかっています。先生が時間を 1 時間半短くすることにしたのはこれが理由でしょうか？　セントマークス校の生徒は勉強も放課後の活動も非常に真剣に考えています。多くの生徒が，これまでずっとそうだったように，午後 6 時まで学校にいたいと私に言ってきました。それで，先生には，この突然の方針変更について，再考をお願いしたいと思います。

敬具

ケン＝ロバーツ

生徒代表

10 2021年度：英語(リーディング)/本試験(第Ⅰ日程)〈解答〉

Re：学校の新しい方針＜2020年9月22日掲示＞
K.ロバーツへ
P.E.バージャーより

ケンへ
［第3段］　心のこもった投稿を本当にありがとう。重要な懸念，とりわけエネルギー経費のこと，学校での活動に関する生徒たちの意見について，表明してくれましたね。
［第4段］　新しい方針は，エネルギー節約とは無関係です。この決定は，2019年の警察の報告書に基づいてなされました。その報告書は，重大な犯罪が5パーセント増加したために，私たちの市が以前ほど安全ではなくなったことを示していました。私はこの学校の生徒たちを守りたいと思っています。それで，生徒には暗くなる前に帰宅してほしいのです。

草々
P.E.バージャー博士
校長

語句・構文

［第1段］ ▶ on behalf of 〜「〜を代表して」
［第2段］ ▶ take *A* seriously「*A* を真剣に考える，受け止める」
　　　　　▶ a number of 〜「(数) 多くの〜」
［第4段］ ▶ have nothing to do with 〜「〜とは何の関係もない，無関係である」
　　　　　▶ due to 〜「〜のせいで，〜が原因で」

問1　┃11┃　正解は④
「ケンは新しい方針が［　　　］と考えている」
第2段第3文（Is this why …）に「先生が時間を1時間半短くすることにしたのはこれが理由でしょうか」とある。④「放課後の活動の時間を減らす」が正解。
① 「生徒たちをもっと勉強させる可能性がある」
② 「学校の安全を向上させるかもしれない」
③ 「ただちに導入されるべきだ」

2021年度：英語（リーディング）/本試験（第Ⅰ日程）〈解答〉　**11**

問2　12　正解は④

「ケンの討論への投稿で述べられている一つの**事実は**□□□**ということである**」

第2段第5文（A number of students …）に「多くの生徒が，これまでずっとそうだったように，午後6時まで学校にいたいと私に言ってきた」とある。④「**新しい方針を歓迎しない生徒がいる**」が正解。①は「必要だ」，③は「べきだ」から，事実ではなく意見であることは明らか。②は第1段最終文後半（so we hope …）に「先生のご経験が私たちの学校の助けになることを望んでいる」とあるが，これはケンの希望であり，「改善しつつある」かどうか判断できないので，事実とは言えない。

① 「その方針についてはもっと議論が必要だ」

② 「校長の経験が学校を改善しつつある」

③ 「学校は生徒たちの活動について考えるべきだ」

問3　13　正解は②

「方針の目的がエネルギーを節約することだと考えているのは誰か」

第2段第2・3文（I realise that … a half shorter?）でケンは「エネルギーの節約は大切であり，これから暗くなるのが早くなることはわかっている。先生が時間を1時間半短くすることにしたのはこれが理由か」と述べている。一方，第4段第1文（The new policy …）で，バージャー博士は「新しい方針は，エネルギー節約とは無関係だ」と述べている。よって，②「**ケン**」が正解。

① 「バージャー博士」

③ 「市」

④ 「警察」

問4　14　正解は②

「バージャー博士は，彼の新しい方針の根拠を□□□という**事実**に置いている」

第4段最終2文（The report showed … it gets dark.）に「重大な犯罪が5パーセント増加したために，私たちの市が以前ほど安全ではなくなった…生徒には暗くなる前に帰宅してほしい」とある。②「**市の安全が低下した**」が正解。①は同じ箇所から読み取れる内容であるものの，彼の意見であり事実とは言えない。

① 「早く帰宅することが重要だ」

③ 「学校は電気を節約しなくてはならない」

④ 「生徒は保護を必要としている」

問5 15 正解は ①

「ケンが新しい方針に反対する手助けになるように，あなたは何を調べるか」

問4で検討したように，新しい方針は市の安全が低下したことを理由にしている。この根拠が崩れるなら，新しい方針を覆すことができる。① 「犯罪率とそれの地元地域との関連」が正解。

② 「学校のエネルギー予算と電気の経費」

③ 「学校の活動時間の長さ対予算」

④ 「放課後の活動をしている生徒の勉強時間」

2021年度：英語(リーディング)/本試験(第1日程)〈解答〉　**13**

第3問

A　ウェブサイトの読み取り

訳 《英国のホテルの検討》

　あなたは英国のあるホテルに泊まろうと計画している。旅の助言サイトのQ&A
コーナーで有益な情報を見つけた。

私は2021年3月に，キャッスルトンのホーリーツリーホテルに泊まろうと考えて
います。このホテルを推薦しますか？　また，バクストン空港からそこへ行くのは
簡単でしょうか？　　　　　　　　　　　　　　　　　　　　　　　　　（リズ）

- -

回答

はい，ホーリーツリーを強くお勧めします。僕はそこに二度泊まったことがありま
す。料金は高くありませんし，サービスは素晴らしいです！　おいしい無料の朝食
もついています。(アクセス情報は<u>ここ</u>をクリック。)

ホテルまで行ったときの私自身の経験をお話しさせてください。

最初の訪問のときには，地下鉄を使いました。料金が安くて便利です。電車は5分
おきに運行しています。空港からレッド線でモスフィールド駅まで行きました。ビ
クトリア駅に行くのにオレンジ線に乗り換えるのは通常7分ほどかかるはずですが，
道順がよくわからなくて，僕は5分余分にかかってしまいました。ビクトリア駅か
らは，ホテルまでバスで10分でした。

二度目は，ビクトリア駅まで急行バスに乗ったので，乗り換えの心配はありません
でした。ビクトリア駅で，2021年の夏まで，道路補修工事があるという掲示を見
つけました。今は，市バスでホテルまで行くのには，通常の3倍の時間がかかりま
す。もっとも，バスは10分おきに出ています。歩くこともできますが，天気が悪
かったので，僕はバスに乗りました。

滞在を楽しんでください！　　　　　　　　　　　　　　　　　　（アレックス）

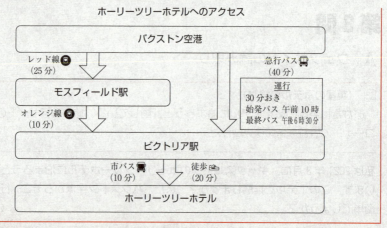

> 語句・構文

[質問] ▶ be considering *doing*「〜しようかと考えている」
[回答] ▶ inexpensive「(質・値打ちの割りに)安い」
　　　 ▶ transfer to 〜「〜に乗り換える」
　　　 ▶ a ten-minute bus ride「バスで10分(の距離)」「数詞＋ハイフン＋単数名詞」で形容詞的に他の名詞を修飾する。*ex.* a five-year-old child「5歳の子ども」　なお、●-year-old これだけで「●歳の人」の意の名詞でも使える。「5歳児たち」は five-year-olds となる。
　　　 ▶ it takes＋時間＋to *do*「〜するのに…かかる」

問1　16　正解は③
「アレックスの回答から、アレックスが□□□ことがわかる」
アレックスの回答第1段第3・4文（It's inexpensive, … free breakfast.）に「料金は高くなく、サービスは素晴らしい。おいしい無料の朝食もついている」とある。
③「そのホテルはお金を払うだけの値打ちがあると考えている」が正解。
①「ホテルの便利な立地を評価している」
②「キャッスルトンへの最初の訪問のときに、ビクトリア駅で道に迷った」
④「2回とも空港から同じルートを使った」

2021年度：英語（リーディング）／本試験（第Ⅰ日程）〈解答〉 **15**

問2　17　正解は②

「あなたは 2021 年 3 月 15 日午後 2 時に，空港から公共交通機関で出発しようとしている。ホテルに到着するのに最も早い方法は何か」

アレックスの回答第 4 段第 2・3 文（At Victoria, … every ten minutes.）に「2021 年の夏まで，道路補修工事があり…市バスでホテルまで行くのには，通常の 3 倍の時間がかかる」とある。よって「ホーリーツリーホテルへのアクセス」の図に「市バスは 10 分」とあるが，これが 30 分になる。

① 「急行バスと市バス」は 40 分＋30 分＝70 分。

② 「急行バスと徒歩」は 40 分＋20 分＝60 分。

③ 「地下鉄と市バス」は 25 分＋10 分＋30 分＝65 分に加え，アレックスの回答第 3 段第 4 文（Transferring to …）に「オレンジ線に乗り換えるのは通常 7 分ほどかかる」とあるので，全体で 72 分。

④ 「地下鉄と徒歩」は 25 分＋7 分＋10 分＋20 分＝62 分。

最も早いのは②。

16 2021年度：英語（リーディング）/本試験（第1日程）〈解答〉

B ニュースレターの読み取り

訳 《ボランティアの募集》

　あなたのクラスメートが，学校のニュースレターに掲載されている，英国からの交換留学生が書いた次のようなメッセージを見せてくれた。

ボランティア募集中！

[第1段]　みなさん，こんにちは。私はロンドンから来た交換留学生のセーラ=キングです。今日はみなさんに，大事なことをお伝えしたいと思います。

[第2段]　サクラ国際センターのことは聞いたことがあるかもしれません。センターは，日本人住民，外国人居住者が互いに知り合う貴重な機会を提供しています。料理教室やカラオケコンテストといった人気のあるイベントが毎月開催されています。しかし，重大な問題があります。建物が老朽化しており，高額の改修が必要になっているのです。センター維持の資金を募る手助けをするために，多くのボランティアが必要です。

[第3段]　私はこの問題について，数カ月前に知りました。町で買い物をしているとき，何人かの人たちが募金運動に参加しているのを見たのです。募金運動のリーダーのケイティに声をかけると，彼女は状況を説明してくれました。私がいくらか寄付すると彼女はありがとうと言ってくれました。彼女は，町長に財政的援助を求めたけれど，彼女らの要求は却下されたと言いました。募金運動を始めるしかなかったということです。

[第4段]　先月，私はセンターで行われた芸術に関する講義に参加しました。そのときもまた，人々が寄付を募っているのを見かけ，手伝うことにしました。通りかかる人たちに寄付をお願いするのに私も加わったとき，彼らは喜んでくれました。私たちは一生懸命取り組みましたが，多くのお金を集めるのには，私たちの人数は少なすぎました。涙ぐんだ表情で，ケイティは私に，もうそれほど長くあの建物を使うことはできないだろうと言いました。私はもっと何かする必要があると感じました。そのとき，他の生徒たちも進んで手助けしてくれるかもしれないという考えが浮かんだのです。ケイティはこれを聞いて喜びました。

[第5段]　さあ，みなさん，サクラ国際センターを救う募金運動を私と一緒にしてください。いますぐ私にメールをください！　交換留学生なので，日本で過ごせる時間は限られていますが，私はそれを最大限に使いたいと思っています。一緒に頑張ることで，本当に変えることができます。

3年A組
Sarah King（sarahk@sakura-h.ed.jp）

セーラ・キング

2021年度：英語（リーディング）/本試験〈第 I 日程〉〈解答〉 **17**

語句・構文

［第2段］ ▶ may have *done*「～した（ことがある）かもしれない」
　　　　　▶ raise funds「資金を調達する」
［第3段］ ▶ ask *A* for *B*「*A* に *B* を求める，*B* をくださいと *A* に言う」
　　　　　▶ have no choice but to *do*「～するほか仕方がない」
［第4段］ ▶ passer-by「通行人」　複数形が passers-by となることに注意。
　　　　　▶ the idea comes to *A* that …「…という考えが *A*（人）に思い浮かぶ」
　　　　　　that 節は the idea の内容を表す同格節。
［第5段］ ▶ today「今すぐ」
　　　　　▶ make the most of ～「～を最大限に利用する」
　　　　　▶ make a difference「違いを生む」　重要な・よい変化をもたらすことを
　　　　　　表す。

問1 　18　　19　　20　　21　　正解は④，②，①，③
「次の出来事（①～④）を起きた順序に並べよ」
　セーラが経験した出来事を語っているのは，第3・4段。第3段第5文（She told
me …）に「彼ら（ケイティをリーダーとした，募金活動をしている人たち）は，
町長に財政的援助を求めた」とあり，これが募金活動より前のことであることは過
去完了で述べられていることからわかる。④「運動をしている人たちは町長に援助
を求めた」が最初。セーラがケイティからこの話を聞いたときに寄付をしているこ
とが第3段第4文（She thanked me …）に述べられており，②「セーラはセンタ
ーにお金を寄付した」が続く。②は第3段第1文の a few months ago より，数カ
月前のことである。第4段第1文（Last month, …）に「先月，私はセンターで行
われた芸術に関する講義に参加した」とあり，①「セーラは，センターのイベント
に参加した」が3番目。そこでまた募金活動をしている人たちを見かけ，ケイティ
と話をしている。第4段最終2文（Then, the idea … hear this.）に「そのとき，
他の生徒たちも進んで手助けしてくれるかもしれないという考えが浮かんだ。ケイ
ティはこれを聞いて喜んだ」とある。③「セーラはケイティにある提案をした」が
これにあたる。よって，④→②→①→③の順になる。

問2 　22　　正解は②
「セーラのメッセージから，サクラ国際センターが　　　　ことがわかる」
　第2段第2文（It provides valuable …）に「センターは，日本人住民，外国人居
住者が互いに知り合う貴重な機会を提供している」とある。②「友情を育てる機会
を提供している」が正解。

18 2021年度：英語（リーディング）／本試験〈第1日程〉〈解答〉

① 「外国人居住者に財政援助をしている」
③ 「地域社会のためのニュースレターを発行している」
④ 「英国に交換留学生を送っている」

問3 　23　 正解は②

「あなたはセーラのメッセージを読んで募金活動の手伝いをしようと決めた。まず何をすべきか」

セーラは，第5段第1文（Now, I'm asking …）で「さあ，みなさん，サクラ国際センターを救う募金運動を私と一緒にしてください」と参加を呼びかけたあと，続く第2文で「いますぐ私にメールをください！」としている。② **「さらなる情報を得るためにセーラに連絡をとる」** が正解。

① 「センターでのイベントを宣伝する」
③ 「学校でボランティア活動を組織する」
④ 「新たな募金活動を開始する」

第４問

メールの読み取り

> 訳 《姉妹校からの生徒をもてなすスケジュール案についてのやり取り》
>
>   あなたの英語の先生のエマが，姉妹校からの生徒をもてなす１日のスケジュールの計画を立てる手伝いを，あなたとあなたのクラスメートのナツキに依頼してきた。あなたは，スケジュール案が書けるように，ナツキとエマのメールのやり取りを読んでいる。

エマ先生へ

[第１段]　来月の 12 人のゲストと出かける日のスケジュールについて，いくつか考えと質問があります。お話しくださったとおり，どちらの学校の生徒も，午前 10 時から私たちの学校の会館でプレゼンテーションを行うことになっています。それで，添付の時刻表を見ていました。彼らはアズマ駅に午前 9 時 39 分に到着し，学校までタクシーで来るのですか？

[第２段]　これまで午後の活動についても話し合ってきました。何か科学に関係するものを見るのはどうでしょうか？　２つの考えがありますが，もしもう１つ必要なら，知らせてください。

[第３段]　来月ウエストサイド水族館で開かれる特別展についてはお聞きでしょうか？　それは海洋性プランクトンから作られる新しい補助食品に関するものです。よい選択だと思います。人気のある施設ですので，訪問に最適な時間は，いちばん混んでいない時間帯でしょう。水族館のホームページで見つけたグラフを添付します。

[第４段]　イーストサイド植物園は，地元の大学とともに，植物から電気を作る興味深い方法を開発しています。都合のよいことに，担当している教授がそのことについて予定の日の午後早い時間にちょっとした講演をすることになっています！出かけてはどうでしょうか？

[第５段]　みんな何かお土産を買いたいと思うのではないでしょうか？　ヒバリ駅の隣にあるウエストモールが最適だと思いますが，お土産を一日中持って歩くのもどうかと思います。

[第６段]　最後に，アズマに訪れる人はみんな，町のシンボル，つまり私たちの学校の隣にあるアズマ記念公園の銅像を見たほうがよいと思いますが，よいスケジュールを思いつきません。また，昼食の計画がどうなっているか教えていただけますか？

敬具

ナツキより

ナツキへ

［第7段］　メールありがとう！　一生懸命考えてくれましたね。質問にお答えすれば，彼らは午前9時20分に駅に到着し，それからスクールバスに乗ります。

［第8段］　午後の主な2つの場所，水族館と植物園はよい考えですね。両校とも，科学教育を重視していますし，このプログラムの目的は，生徒の科学知識を向上させることですからね。ですが，念のため，3番目の案を考えておくのが賢明でしょう。

［第9段］　お土産は一日の最後にしましょう。午後5時にモールに着くバスに乗れます。これで買い物に1時間近くとれて，それでもゲストは夕食をとるのに午後6時半までにはホテルに戻れます。ホテルはカエデ駅から歩いて数分しかかかりませんから。

［第10段］　昼食については，学食がお弁当を用意してくれます。あなたが言っていた銅像の下で食事ができますね。もし雨が降ったら，屋内で食べましょう。

［第11段］　提案をどうもありがとう。あなたたち2人でスケジュール案を作成してくださいますか？

よろしくお願いします。

エマより

添付の時刻表：

列車の時刻表
カエデ ─ ヒバリ ─ アズマ

駅	列車番号			
	108	109	110	111
カエデ	8:28	8:43	9:02	9:16
ヒバリ	8:50	9:05	9:24	9:38
アズマ	9:05	9:20	9:39	9:53

駅	列車番号			
	238	239	240	241
アズマ	17:25	17:45	18:00	18:15
ヒバリ	17:40	18:00	18:15	18:30
カエデ	18:02	18:22	18:37	18:52

添付のグラフ：

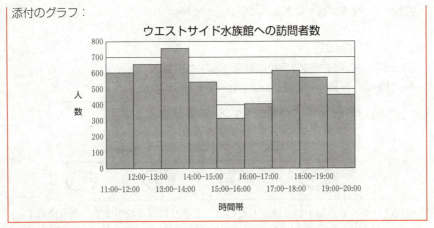

> ### 語句・構文

[第1段] ▶ be supposed to *do*「～することになっている」
　　　　▶ attached「添付された」
[第2段] ▶ How about *doing*?「～するのはどうですか？」
[第4段] ▶ in charge「担当している」
[第5段] ▶ carry *A* around「*A*を持ち歩く」
[第6段] ▶ work out ～「(計画など) を練って作る，解決する」
[第7段] ▶ in answer to ～「～に答えて，反応して」
[第8段] ▶ place emphasis on ～「～を重視する，強調する」
[第10段] ▶ boxed lunch「弁当」
[第11段] ▶ make a draft「草稿を作る」

問1　24　正解は①　　25　正解は⑤
「姉妹校からのゲストは 24 番列車で到着し，25 番列車に乗ってホテルに戻る」
　第7段第3文 (In answer to …) で「彼らは午前9時20分に駅に到着する」と答えている。2つの時刻表のうち，上の表で9時20分にアズマ駅に到着するのは109番。24 は①が正解。
　第9段第2文 (We can take …) と続く第3文 (This will allow …) 前半に「午後5時にモールに着くバス…で買い物に1時間近くとれる」とある。第5段第2文 (I think West Mall, …) に「ヒバリ駅の隣にあるウエストモール」とあること，第9段第3文後半 (our guest can …) に「ホテルはカエデ駅から歩いて数分しかかからないので，夕食をとるのに午後6時半までにはホテルに戻れる」とあることから，下の時刻表を検討すると，ヒバリ駅を18時に出てカエデ駅に18時22分に

到着する239番が当てはまる。 25 は⑤が正解。

問2 26 正解は②
「スケジュール案を完成するのに最適なものはどれか」
　A：水族館　　B：植物園　　C：モール　　D：学校

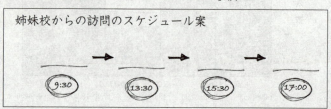

　選択肢はすべて最初がD「学校」なので，2番目以降を検討する。第9段第1・2文（Let's get souvenirs … at 5:00 p.m.）に「お土産は一日の最後に。午後5時にモールに着くバスに乗れる」とある。スケジュールの最後17：00のところにはC「モール」が当てはまる。第3段にはウエストサイド水族館のことが述べられており，同段第4文（Since it's popular, …）に「訪問に最適な時間は，いちばん混んでいない時間帯だ」とある。「ウエストサイド水族館への訪問者数」のグラフを見ると，最も訪問者数が少ないのは15～16時だとわかる。3番目の15：30にA「水族館」が当てはまる。これで②が正しいとわかるが，念のためにスケジュールの2番目にB「植物園」があてはまるか検討すると，植物園のことが述べられている第4段第2文（Luckily, the professor …）に「担当している教授が…予定の日の午後早い時間にちょっとした講演をする」とあり，13：30という時刻と合う。よって正解は②。

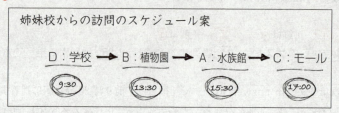

問3 27 正解は②
「雨が降らないかぎり，ゲストは□□で昼食をとる」
　第10段第2文（We can eat …）に「あなたが言っていた銅像の下で食事ができる」とある。この銅像は，第6段第1文（Finally, every visitor …）の「私たちの学校の隣にあるアズマ記念公園の銅像」のこと。②「学校の隣の公園」が正解。
①「植物園」

③「駅の隣の公園」

④「校庭」

問4　28　正解は②

「ゲストは当日，□□□移動はしない」

第7段第3文（In answer to …）に「彼らは午前9時20分に駅に到着し，それからスクールバスに乗る」とあり，電車とバスを利用することがわかる。第9段第3文（This will allow …）最終部分に「ホテルはカエデ駅から歩いて数分しかかからない」とあり，徒歩移動もあることになる。②「タクシーで」が正解。

①「バスで」

③「電車で」

④「徒歩で」

問5　29　正解は④

「3つ目の選択肢として，予定にはどれが最適か」

第8段第1文（The two main afternoon …）に「両校とも，科学教育を重視しており，このプログラムの目的は，生徒の科学知識を向上させることだ」とある。科学教育，科学知識に関係するものとしては④「ヒバリ宇宙センター」が適切。

①「ヒバリ遊園地」

②「ヒバリ美術館」

③「ヒバリ城」

24 2021年度：英語（リーディング）/本試験（第1日程）〈解答〉

第5問

伝記的な文章の読み取り

訳 《馬のようにふるまう雄牛アストンの紹介》

　国際ニュースレポートを使って，あなたは英語の口頭プレゼンテーション・コンテストに参加しようとしている。あなたの講演の準備に，次のフランスからのニュース記事を読みなさい。

[第1段]　5年前，サビーヌ＝ルアス夫人は自分の馬を失った。馬が老齢で死ぬまで，彼女は20年その馬とともに過ごした。当時，彼女は二度と馬は飼えないと感じていた。寂しさから，彼女は近くの乳牛農場で何時間も牛を見て過ごした。そしてある日，彼女は農場主に牛の世話をする手助けをさせてもらえるかどうか尋ねた。

[第2段]　農場主は同意し，サビーヌは仕事を始めた。彼女はすぐに牛たちのうちの1頭と仲よくなった。その牛は妊娠していたので，彼女は他の牛よりも多くの時間をその牛と過ごした。牛の赤ちゃんが生まれたあと，その赤ちゃんはサビーヌのあとをついて回るようになった。残念ながら，農場主はブル，つまり雄牛を乳牛農場で飼っておくことには興味がなかった。農場主はスリーオーナイン（309）と名付けた赤ん坊の雄牛を食肉市場に売ろうと計画した。サビーヌはそんなことをさせてはおかないと決心し，農場主にその子牛と母牛を買い取れるか尋ねた。農場主は同意し，彼女は牛たちを買った。そしてサビーヌは309を町まで散歩に連れて行き始めた。およそ9カ月後，ついにその牛たちを移動させる許可をもらって，彼らはサビーヌの農場に引っ越した。

[第3段]　その後まもなく，サビーヌはポニーをもらった。初めは飼いたいかどうかよくわからなかったが，彼女の馬の思い出はもうつらいものではなくなっていたので，彼女はポニーをもらい受け，レオンと名付けた。そして彼女は昔の趣味を再開することにし，ポニーに障害飛越競技の訓練をし始めた。スリーオーナインは，彼女がアストンという名前につけなおしていたのだが，ほとんどの時間をレオンと過ごし，2頭は本当に仲のよい友達になった。しかし，サビーヌは，アストンが彼女のレオンとのいつものトレーニングにしっかり注意を払うとは思っていなかったし，アストンが技を覚えるとも思っていなかった。その若い雄牛は，命令に応じて，常歩，襲歩，静止，退歩，旋回することをすぐに覚えた。彼は，サビーヌの声に馬とまったく同じように反応したのだ。そして，体重が1300キロあるにもかかわらず，サビーヌを背中に乗せたまま1メートルの高さの馬用のジャンプ柵を飛び越える方法を身につけるのに18カ月しかからなかった。レオンを見ていなければ，

アストンがこのようなことを身につけることは決してなかったかもしれない。さらに，アストンは距離を理解して，ジャンプの前に足運びを調整できた。またサビーヌからの何の手助けもなしに，自分の欠点に気づき，それを修正した。それは，まさに第一級のオリンピック水準の馬にしかできないことである。

[第4段] 現在，サビーヌとアストンは彼の技を見せるために，ヨーロッパ中の週末の定期市や馬のショーに出かけている。サビーヌは「私たちはとてもよい反応をもらっています。たいていは，人々はとても驚いて，彼が大きいので，馬よりもずっと大きいですからね，初めはちょっと怖がることもあります。ほとんどの人は角のある雄牛のそばに近づきすぎるのは好みません。でも，一度彼の本当の性格がわかって，彼が演技しているのを見ると，『ああ，彼は本当にとてもすてきですね』と言ってくれることが多いんです」と言う。

[第5段] 「見てください！」 そしてサビーヌは彼女のスマートフォンにあるアストンの写真を見せる。それからこう続ける。「アストンがとても幼かったころ，彼が人間に慣れるように，私は彼を犬のようにリードにつないで散歩に連れて行ったものです。たぶん，だから彼は人を気にしないのでしょうね。彼はとてもおとなしいですから，子どもたちは特に，彼を見たり，彼のそばによる機会をもらったりするのが本当に好きです」

[第6段] 過去数年にわたって，障害飛越競技をする巨大な牛のニュースが急速に広まり，今ではアストンはオンラインのフォロワーの数が増している大きな呼び物になっている。アストンとサビーヌは，家から 200 キロ，300 キロ離れたところまで出かける必要があることもあり，それは外泊しなくてはならないということだ。アストンは馬匹運搬車で眠らなくてはならないが，それは実際彼には十分大きくはない。

[第7段] 「彼はそれが好きではありません。私は彼と一緒に運搬車で寝ないといけないんです」と，サビーヌは言う。「でも，実は，彼が目を覚まして体の位置を変えるとき，私を押しつぶさないようにとても慎重なんです。彼は本当にとても優しいんです。彼は寂しがることがあって，あまり長いことレオンと離れているのが好きではありません。でもそれ以外はとても幸せですよ」

プレゼンテーション用スライド

30

セントラル高校
英語プレゼンテーション・コンテスト

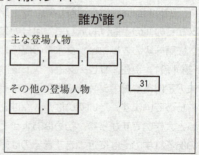

誰が誰？

主な登場人物

☐, ☐, ☐

その他の登場人物   31

☐, ☐

有名になる前の話の筋

サビーヌの馬が死ぬ。

- 32
- 33
- 34
- 35

アストンとサビーヌがショーに出かけ始める。

アストンの能力

アストンはできる：
- レオンの訓練を見ているだけで学習する。
- サビーヌが指示すると常歩、襲歩、静止をする。
- 距離を理解し、自分の一歩の距離を調整する。
- 36
- 37

アストンの今

アストンはこんにち：
- 障害飛越競技をする雄牛である。
- サビーヌと一緒に定期市やイベントに出かける。
- 38

語句・構文

[第1段] ▶ out of loneliness「寂しさから」 out of ~ は原因を表す。

[第3段] ▶ at first「初め（のうち）は」
▶ expect A to do「Aが当然~するものと思う」
▶ 否定文, nor …「~ない，また…もない」 nor のあとは疑問文の語順。
▶ pick up ~「(言語，技など) を見聞きして覚える」
▶ on command「命令に応じて」

[第4段] ▶ once S V「いったんSがVすると」

[第5段] ▶ … so that S will V「SがVするように…」 目的を表す構文。

2021年度：英語(リーディング)/本試験(第 I 日程)〈解答〉 **27**

問1 30 正解は③

「あなたのプレゼンテーションに最も適したタイトルはどれか」

第2段以降，サビーヌと牛のアストンの出会いから，その後の彼らの様子が述べられている。③「馬のようにふるまう雄牛アストンの紹介」が適切。

① 「動物愛護者がポニーの命を救う」

② 「アストンの夏の障害飛越競技ツアー」

④ 「ある農場主と1頭の牛の関係」

問2 31 正解は④

「誰が誰?のスライドに最適な組み合わせはどれか」

全体的にサビーヌと牛のアストンのことが中心に述べられており，「主な登場人物」にこれらが含まれている②と④を検討する。②の「その他の登場人物」は「309と農場主」となっているが，第3段第4文 (Three-oh-nine, …) に「スリーオーナインは，彼女がアストンという名前につけなおしていた」とあり，主な登場人物とその他の登場人物でアストンが重複しており，除外できる。④の「その他の登場人物」は「アストンの母親，農場主」だが，第2段第2・3文 (She quickly developed … with the others.) に「彼女はすぐに牛たちのうちの1頭と仲よくなった。その牛は妊娠していた」とあり，この牛がアストンの母牛である。また，サビーヌがその母牛と出会い，アストンを飼うきっかけを作ってくれたのが農場主であることから，彼らはその他の登場人物としてふさわしいと言える。④「主要人物：アストン，サビーヌ，ポニー／その他：アストンの母親，農場主」が正解。

① 「主要人物：309，アストン，農場主／その他：サビーヌ，ポニー」

② 「主要人物：アストン，アストンの母親，サビーヌ／その他：309，農場主」

③ 「主要人物：アストン，レオン，農場主／その他：アストンの母親，サビーヌ」

問3 32 33 34 35 正解は④，③，⑤，①

「有名になる前の話の筋のスライドを完成するのに，起こった順序で出来事を4つ選べ」

「有名になる前の話の筋」の最初の「サビーヌの馬が死ぬ」は，第1段第1文に述べられている。同段最終文 (Then, one day, she …) に「彼女は農場主に牛の世話をする手助けをさせてもらえるかどうか尋ねた」とあり，第2段第1文でこれが了承されて農場で働き始めたことが述べられている。 32 には④「サビーヌは近所の農場に働きに行く」が適切。その後，第2段第6〜8文 (The farmer planned … she bought them.) で，農場主が309と名付けた雄の子牛を売ろうとしていたのをサビーヌが母牛とともに買い受けたことが述べられている。 33 に

28 2021年度：英語（リーディング）/本試験（第Ⅰ日程）〈解答〉

は③「サビーヌは 309 とその母牛を買う」が当てはまる。第 2 段第 9 文（Sabine then started …）に「サビーヌは 309（＝アストン）を町まで散歩に連れて行き始めた」とあり，[34] には⑤「サビーヌは 309 を散歩に連れて行く」が適切。この後，サビーヌはポニーも飼い始め，その訓練を見ていたアストンが真似をし始めたことが述べられている。第 3 段第 8 文（And despite weighing …）に「（アストンは）サビーヌを背中に乗せてジャンプ柵を飛び越える方法を身につけた」ことが述べられている。[35] には①「アストンがジャンプできるようになる」が当てはまる。②「サビーヌとアストンは一緒に何百キロも旅をする」については，このスライドの最後にある「アストンとサビーヌがショーに出かけ始める」よりも後の出来事なので，除外される。

問 4　[36]　[37]　正解は①，③（順不同）

「アストンの能力のスライドに最適な項目を 2 つ選べ（順序は問わない）」

問 3 で見たように，第 3 段第 8 文（And despite weighing …）に「（アストンは）サビーヌを背中に乗せたまま 1 メートルの高さの馬用のジャンプ柵を飛び越える方法を身につけた」とある。③「騎手を背中に乗せてジャンプする」が正解の一つ。第 3 段最後から 2 文目（He also noticed …）には「サビーヌからの何の手助けもなしに，自分の欠点に気づき，それを修正した」とあり，①「自分の間違いを自分で正す」がこれに当たる。正解は①と③。

②「ポニーと並んでジャンプする」
④「馬よりも早く技を覚える」
⑤「写真用にポーズをとる」

問 5　[38]　正解は①

「アストンの今のスライドを最も適切な項目で完成せよ」

第 6 段第 1 文後半（now, Aston is a …）に「今ではアストンはオンラインのフォロワーの数が増している」とある。①「ファンの数が増えている」が適切。

②「サビーヌを大金持ちにした」
③「とても有名なので，もう人々を怖がらせることはない」
④「1 年のほとんどの夜を馬用のトレーラーで過ごしている」

第6問

A 説明的な文章の読み取り・ポスターの完成

> 訳 《アイスホッケーの安全性の確保》
> あなたはスポーツの安全性に関する授業の学習課題の作業をしており，次の記事を見つけた。それを読んで，自分が気づいたことをクラスメートに発表するためにポスターを作成している。

アイスホッケーをもっと安全に

[第1段] アイスホッケーは，世界中のさまざまな層の人たちが楽しんでいるチームスポーツである。このスポーツの目標は，ホッケーのスティックで「パック」と呼ばれる固いゴムの円盤を動かして，相手チームのネットに入れることである。それぞれ6人の選手の2チームが固くて滑りやすい氷のリンク上で，このペースの速いスポーツに携わる。選手は，パックを空中に打ちながら，時速30キロの速度に達することもある。このような速さなので，選手もパックも，重大な危険の原因になりうる。

[第2段] このスポーツのスピードと氷のリンクの滑りやすい表面のせいで，選手は転んだりぶつかり合ったりしやすく，それがさまざまなけがにつながる。選手を守ろうとして，ヘルメット，グローブ，肩・ひじ・脚用のパッドといった装備が長年にわたって導入されてきた。こうした努力にもかかわらず，アイスホッケーでは，脳しんとうが起こる率が高い。

[第3段] 脳しんとうは，脳の機能の仕方に影響を及ぼす脳の損傷である。それは，頭部，顔面，首，その他の場所に直接・間接に衝撃が加わることで起こり，時には一時的に意識を失うこともある。それほど深刻ではない場合では，しばらく選手がまっすぐ歩けない，はっきりものが見えないといったことがあったり，耳鳴りがしたりすることもある。少し頭痛がするだけだと思い，脳に損傷を負っていることに気づかない人もいる。

[第4段] 損傷の深刻さに気づかないことに加えて，選手たちはコーチがどう思うかを気にする傾向もある。過去においては，コーチたちは，痛みがあるにもかかわらずプレーするタフな選手のほうを好んだ。言い換えると，ケガをした選手は，ケガをしたあとにはプレーをやめるのが理にかなっているのに，多くの選手がそうしなかったということだ。しかし，最近では，脳しんとうが生涯続く重大な影響を及ぼすこともあるとわかってきた。脳しんとうの病歴がある人は，集中したり，眠ったりするのに苦労するかもしれない。さらに，そうした人は，鬱や気分の変化とい

30 2021年度：英語（リーディング）/本試験（第Ⅰ日程）〈解答〉

った心理学的な問題に苦しむことがあるかもしれない。場合によっては，選手たちは嗅覚や味覚の障害を発症することもある。

［第5段］　カナダと合衆国のチームで構成されている北米ホッケーリーグ（NHL）は，脳しんとうに対処するために，より厳格なルールとガイドラインを作ってきた。たとえば，2001年に，NHL はヘルメットに取りつける，顔面を保護するための透明なプラスチックであるバイザーの着用を導入した。初めは，それは選択できるもので，多くの選手は着用しないことを選んだ。しかし，2013年以降は，それは必須になった。加えて2004年，NHL は，意図的に別の選手の頭部を打った選手に，出場停止や罰金といった，より厳しい罰を与え始めた。

［第6段］　NHL はまた，2015年に脳しんとう監視員システムを導入した。このシステムでは，ライブ・ストリーミングとビデオ再生にアクセスできる NHL の審判が，各試合の間，目で確認できる脳しんとうの徴候に目を光らせている。初めは，医療訓練を受けていない2人の脳しんとう監視員が競技場でゲームをチェックしていた。翌年には，医療訓練を受けた監視員が1〜4人加えられた。彼らは，ニューヨークにあるリーグ本部から，各試合をチェックした。ある選手が脳しんとうを起こしていると監視員が思ったら，その選手は試合から外されて，医師による検査を受けるために「安静室」に連れて行かれる。医師から許可が出るまで，その選手は試合に戻ることは許されない。

［第7段］　NHL は，アイスホッケーをより安全なスポーツにするという点で大きく進歩した。脳しんとうの原因と影響についてより多くのことがわかるにつれ，NHL は選手の安全を確保するために，きっとさらなる対策を取るだろう。安全性が高まれば，アイスホッケーの選手とファンの数が増えることにつながるかもしれない。

アイスホッケーをもっと安全に

アイスホッケーとは？
- 選手は相手チームのネットに「パック」を入れることで得点
- 各チームは選手6人
- 氷上で行われるハイスピードのスポーツ

主な問題：高い脳しんとうの発生率

脳しんとうの定義
脳の機能の仕方に影響を及ぼす脳の損傷

影響

短期	長期
・意識の喪失	・集中力に関する問題
・まっすぐ歩くのが困難	・ 40
・ 39	・心理学上の問題
・耳鳴り	・嗅覚・味覚障害

解決策

北米ホッケーリーグ（**NHL**）
- バイザー付きヘルメットを必須とする
- 危険な選手に厳しい罰を与える
- 41 ために，脳しんとう監視員を導入した

まとめ
アイスホッケーの選手は，脳しんとうを起こす危険性が高い。
したがって，NHL は 42 。

語句・構文

[第2段] ▶ make it easy for A to do「Aが〜しやすくする」 it は形式目的語。
　　　　　for A は不定詞の意味上の主語である。
　　　　▶ result in 〜「〜という結果になる」
　　　　▶ in an attempt to do「〜しようとして」
[第3段] ▶ ringing in the ear(s)「耳鳴り」
[第4段] ▶ have trouble doing「〜するのに苦労する」

問1　 39 　正解は④
　「ポスターの 39 に最適な選択肢を選べ」
　空所は「短期的な影響」の一つ。第3段第1文（A concussion is …）最終部分に「一時的に意識を失うこともある」，続く第2文（In less serious cases, …）に「ま

32　2021年度：英語（リーディング）/本試験〈第１日程〉〈解答〉

っすぐ歩けない，はっきりものが見えないといったことがあったり，耳鳴りがしたりすることもある」とある。すでに挙がっている項目を除くと，**④**「はっきりしない視覚」が正解。

①「攻撃的なふるまい」　　②「思考困難」　　③「性格の変化」

問２　40　正解は③

「ポスターの　40　に最適な選択肢を選べ」

空所は「長期的な影響」の一つ。第４段第５文〜最終文（People with a history … and taste disorders.）に「脳しんとうの病歴がある人は，集中したり，眠ったりするのに苦労する…鬱や気分の変化といった心理学的な問題に苦しむ…嗅覚や味覚の障害を発症することもある」とある。すでに挙がっている項目を除くと，**③**「睡眠障害」が正解。④は短期的な影響で，すでに述べられている。

①「失明」　　②「記憶障害」　　④「歩行時のふらつき」

問３　41　正解は④

「ポスターの　41　に最適な選択肢を選べ」

空所があるのは「NHL がとっている解決策」の一つで，「□□□□ために，脳しんとう監視員を導入した」となっている。第６段第２文（In this system, …）に「このシステムでは…NHL の審判が，各試合の間，目で確認できる脳しんとうの徴候に目を光らせている」，同段第６文（If a spotter thinks …）に「ある選手が脳しんとうを起こしていると監視員が思ったら，その選手は試合から外されて」とある。**④**「脳しんとうの徴候を示している選手を特定する」が正解。

①「選手が試合に戻るのを許可する」

②「脳しんとうを起こしている選手を診察する」

③「脳しんとうの原因となる選手に罰金を科す」

問４　42　正解は②

「ポスターの　42　に最適な選択肢を選べ」

空所があるのは「まとめ」の項目で，「アイスホッケーの選手は，脳しんとうを起こす危険性が高い。したがって，NHL は□□□□」となっている。第５段第１文（The National Hockey League …）に「北米ホッケーリーグ（NHL）は，脳しんとうに対処するために，より厳格なルールとガイドラインを作ってきた」とある。**②**「新しいルールやガイドラインを実施してきた」が正解。implement「〜を実行する」

①「選手がもっとタフになってくれることを期待してきた」

③「コーチに医療訓練をした」

④「バイザーの着用を選択制にした」

B　説明的な文章の読み取り

訳　《さまざまな甘味料》

　あなたは保健の授業で栄養学を勉強している。さまざまな甘味料についてもっと知るために，教科書の次の文章を読もうとしている。

[第1段]　ケーキ，キャンディ，ソフトドリンク——私たちのほとんどは甘いものが好きである。実際，若い人たちは英語で何かが「よい」ことを意味するのに「スイート！」と言う。甘さのことを考えるとき，私たちは，植物のサトウキビやサトウダイコンから作られる普通の白砂糖を思い浮かべる。しかし，さまざまな科学的な発見が甘味料の世界を変えた。現在では，他の多くの植物から砂糖を抽出できる。最も明白な例はトウモロコシである。トウモロコシは量が多く，安価で，加工しやすい。高フルクトース・コーンシロップ（HFCS，ブドウ糖果糖液糖／異性化糖）は，通常の砂糖よりおよそ 1.2 倍甘いが，カロリーがかなり高い。科学をもう一歩進めて，過去 70 年の間に，科学者たちはさまざまな人工甘味料を開発してきた。

[第2段]　最近の米国国民健康栄養調査は，平均的アメリカ人のエネルギー摂取の 14.6 パーセントは，「添加された糖分」によるものだという結論を出したが，これは，自然食品から得られたのではない糖分のことを指している。たとえば，バナナは自然食品だが，一方クッキーは添加糖分を含んでいる。添加糖分のカロリーの半分以上は，甘みを加えた飲み物やデザートに由来する。大量の添加糖分は，過剰な体重増加や他の健康問題をはじめ，私たちの体に悪影響を及ぼす可能性がある。こうした理由で，多くの人が，飲み物，軽食，デザートに低カロリーの代用品を選ぶ。

[第3段]　白砂糖に代わる自然のものとしては，赤砂糖，ハチミツ，メープルシロップなどがあるが，これらもカロリーは高い傾向がある。結果として，代替の「低カロリー甘味料」（LCSs）が人気になっているが，これらはたいてい人工的に化学合成したものである。今日最もよく見られる LCSs は，アスパルテーム，エース K，ステビア，スクラロースである。LCSs のすべてが人工的なものであるわけではない。ステビアは植物の葉から作られる。

[第4段]　代替甘味料には，加熱できないものがあり，ほとんどは白砂糖よりはるかに甘いため，料理には使いにくいこともある。アスパルテームとエース K は，砂糖の 200 倍甘い。ステビアは 300 倍甘く，スクラロースはステビアの 2 倍の甘さを持つ。新しい甘味料の中には，もっと強烈に甘いものもある。ある日本の企業は最近「アドバンテーム」を開発したが，これは砂糖の 2 万倍甘い。何かを甘くするのには，この物質のほんのわずかな量しかいらない。

[第5段]　甘味料を選ぶときには，健康問題を考慮することが重要である。たとえ

34 2021年度：英語（リーディング)/本試験(第1日程)〈解答〉

ば，白砂糖をたくさん使ってデザートを作ると，体重増加につながる可能性のある高カロリーの料理になる。まさにこの理由でLCSsの方を好む人たちもいる。しかし，カロリーは別にして，人工的なLCSsを摂取することと，他のさまざまな健康問題とを結びつける研究もある。LCSsの中には，がんを引き起こす疑いのある強い化学物質を含むものや，記憶力や脳の発達に影響を及ぼすことが明らかになっているものもあるので，それらは，とりわけ幼い子ども，妊娠中の女性，高齢者には危険な可能性がある。キシリトールやソルビトールといった，比較的自然に近い代替甘味料もいくつかあり，これらはカロリーが低い。残念ながら，これらは体内をきわめてゆっくり通過するので，大量に摂取するとお腹の調子を悪くすることがある。

［第6段］　こうした情報をすべて知っていても，何か甘いものが欲しいとき，砂糖のようなカロリーの高い通常の甘味料にこだわるか，LCSsを使うか，決めるのは難しい。現在のさまざまな種類のガムやキャンディは一つか複数の人工甘味料を含んでいる。それでも，温かい飲み物に人工甘味料を入れないように心がけている人でも，そうした品物を買うかもしれない。人はそれぞれ，選択できるものを比較検討し，自分が必要とすることや状況に最適の甘味料を選ぶ必要がある。

語句・構文

［第2段］▶ whole food(s)「自然食品，無添加食品」

［第5段］▶ apart from ～「～を除いて，～を別にして」

　　　　▶ suspected of ～「～が疑われる，～の疑いがある」

［第6段］▶ whether to *do*「～すべきかどうか」

問1　　43　　正解は③

「現代科学は□□□によって甘味料の世界を変えたことがわかる」

第1段第4・5文（Scientific discoveries, … many other plants.）に「さまざまな科学的な発見が甘味料の世界を変えた。現在では，他の多くの植物から砂糖を抽出できる」とある。また，同段最終文（Taking science one …）から，科学者たちがさまざまな人工甘味料を開発してきたことがわかる。よって，③「**多様な新しい選択肢を提供すること**」が正解。

①「もっと甘い新しい種類の白砂糖を発見すること」

②「アメリカ人のエネルギー摂取を測定すること」

④「自然環境から新しく開発された多くの植物を使うこと」

2021年度：英語(リーディング)/本試験(第Ⅰ日程)〈解答〉 35

問2 **44** 正解は ③

「あなたは学んだばかりの情報をまとめている。どのように表を仕上げられるか」

甘さ	甘味料
高い	アドバンテーム
	(A)
	(B)
	(C)
低い	(D)

表は甘味料を甘さの強い順に並べたものである。第1段第8文（High fructose corn syrup …）に「高フルクトース・コーンシロップ（HFCS）は，通常の砂糖よりおよそ1.2倍甘い」，第4段第2・3文（Aspartame and Ace-K … of stevia.）に「アスパルテームとエースKは，砂糖の200倍甘い。ステビアは300倍甘く，スクラロースはステビアの2倍の甘さを持つ」とある。甘い順に並べるとスクラロース＞ステビア＞エースK，アスパルテーム＞HFCSとなる。③「⒜**スクラロース ⒝ステビア ⒞エースK，アスパルテーム ⒟HFCS**」が正解。

問3 **45** **46** 正解は ③，⑤ （順不同）

「あなたが読んだ記事によると，次のどれが正しいか（選択肢を2つ選べ。順序は問わない）」

第3段最終文（Not all LCSs …）に，「すべてのLCSs（低カロリー甘味料）が人工的に作られているわけではない。ステビアは植物の葉から作られている」とある。よって③「**植物から代替甘味料を抽出することができる**」が正解。

第4段第1文（Alternative sweeteners can …）および第3文（Stevia is 300 times …）から，前段でLCSsとして挙げられていた物質が，alternative sweetenersと言い換えられていることがわかる。

第5段最終2文（There are a … cause stomach trouble.）に「これら（キシリトールやソルビトールのような比較的自然な代替甘味料）は体内をきわめてゆっくりと通過するので，大量に摂取するとお腹の調子を悪くすることがある」とあり，これに当たるのが⑤「**キシリトールやソルビトールのような甘味料は，すぐに消化されない**」である。③と⑤が正解。②は，第2段第1文（A recent US …）より代替甘味料（alternative sweeteners）ではなく「添加糖分（added sugar）」なので，誤り。

① 「代替甘味料は，体重増加を引き起こすことが証明されている」

② 「アメリカ人はエネルギーの14.6パーセントを代替甘味料から得ている」

④ 「ほとんどの人工甘味料は，料理に使いやすい」

36 2021年度：英語(リーディング)／本試験(第1日程)〈解答〉

問4　　47　　正解は④

「著者の立場を説明するのに，次のどれが最も適切か」

第6段最終文（Individuals need to …）に「人はそれぞれ，選択できるものを比較検討し，自分が必要とすることや状況に最適の甘味料を選ぶ必要がある」とある。

④「著者は，人々が自分にとって理にかなっている甘味料を選ぶことに注意を注ぐことを提案している」が正解。

①「著者は，飲み物やデザートに人工甘味料を使うことに反対する主張をしている」

②「著者は，人工甘味料が従来の甘味料にうまく取って代わったと考えている」

③「著者は，将来の使用のために，もっとずっと甘い製品を発明することが重要だと述べている」

※編集部注　なお，本出題については，日本食品添加物協会が見解を発表している（同協会のウェブサイト「協会はこう考えます」にアップされている）。
　　　　　　　　　　　　　　　　　　　　　　　　　　　　　　　　（2021年3月現在）

英語（リーディング）　本試験（第2日程）

2021年度 リーディング

問題番号 (配点)	設問		解答番号	正解	配点	チェック
第1問 (10)	A	問1	1	①	2	
		問2	2	④	2	
	B	問1	3	③	2	
		問2	4	③	2	
		問3	5	②	2	
第2問 (20)	A	問1	6	③	2	
		問2	7	②	2	
		問3	8	③	2	
		問4	9	①	2	
		問5	10	④	2	
	B	問1	11	①	2	
		問2	12	①	2	
		問3	13	③	2	
		問4	14	①	2	
		問5	15	③	2	
第3問 (15)	A	問1	16	②	3	
		問2	17	②	3	
	B	問1	18	③	3*	
			19	②		
			20	④		
			21	①		
		問2	22	④	3	
		問3	23	③	3	

問題番号 (配点)	設問		解答番号	正解	配点	チェック
第4問 (16)		問1	24	③	3	
		問2	25	④	3	
		問3	26	①	3	
	問4		27	②	2	
			28	①	2	
		問5	29	③	3	
第5問 (15)		問1	30	①	3	
	問2		31-32	①-④	3*	
	問3		33	③	3*	
			34	④		
			35	①		
			36	②		
		問4	37	③	3	
		問5	38	④	3	
第6問 (24)	A	問1	39	②	3	
		問2	40	③	3	
		問3	41	③	3	
		問4	42	④	3	
	B	問1	43	④	3	
		問2	44	③	3	
		問3	45	④	3	
		問4	46-47	③-⑤	3*	

(注)
1 ＊は，全部正解の場合のみ点を与える。
2 －（ハイフン）でつながれた正解は，順序を問わない。

自己採点欄　／100点
（平均点：56.68点）

第1問

A　メッセージの読み取り

> 訳 《キャンプの持ち物》
>
> あなたは友人のシェリーを，あなたの家族の一泊キャンプ旅行に参加するよう誘いました。彼女はメッセージをあなたの携帯電話に送信し，いくつかの質問をしています。
>
> こんにちは！　明日のために荷物をまとめているんだけど，いくつか確認したいの。夜のテントの中は冷えるかな？　ブランケットを持って行く必要があるかな？　先週も教えてもらったのは覚えているけど，ちょっと確認しておきたいことがあるの。何時にどこで会うんだったかな？
>
> シェリー，私がみんなに暖かい寝袋を持って行くんだけど，あなたはダウンジャケットを持って来たほうがいいかもしれないわ。次の日には金山に登るから，歩きやすい靴を持って来てね。朝6時にあなたの家の外まで迎えに行くわ。外にいなかったら電話するね。明日の朝に会いましょう！
>
> ありがとう！　もう待ちきれない！　ジャケットとハイキングブーツを持って行くわ。準備するね！☺

語句・構文

▶ overnight「一晩の」

▶ text message「携帯メール，文字のメッセージ」

▶ pack「～に荷物を入れる」

▶ footwear「（靴や靴下などの）履き物類」

▶ pick *A* up「*A*（人）を（車で）迎えに行く」

2021年度：英語(リーディング)/本試験(第2日程)〈解答〉 **39**

問1 　1　 正解は①

「シェリーはあなたに，　　　　を持って行く必要があるかどうか尋ねている」

シェリーの最初のメッセージの第4文（Do I need …）で「ブランケットを持って行く必要があるかな」と尋ねているので，①「ブランケット」が正解。

② 「ジャケット」

③ 「寝袋」

④ 「ウォーキングシューズ」

問2 　2　 正解は④

「あなたはシェリーが明日の朝に　　　　だろうと予期している」

「あなた」の返答の第3文（We'll pick you …）に「朝6時にあなた（返信先のシェリー）の家の外まで迎えに行くわ」とあるので，このメッセージを見たシェリーは，明日の朝，シェリー自身の家の前で待っていると予測される。正解は④「彼女の家の外であなたを待っている」。

① 「彼女が準備できるとすぐにあなたに電話する」

② 「キャンプ場であなたに会いに来る」

③ 「あなたの家の前まであなたを車で迎えに来る」

40 2021年度：英語（リーディング）/本試験（第2日程）〈解答〉

B チラシの読み取り

訳 《英語スピーチコンテストの案内》

　あなたは先生から英語スピーチコンテストのチラシを受け取りました。あなたは応募したいと思っています。

第7回　ユースリーダー・スピーチコンテスト

　ユースリーダー協会は，年次スピーチコンテストを開催します。その目標は，日本の若者がコミュニケーション能力とリーダーシップの技術を養うのを支援することです。

　今年のコンテストには3つのステージがあります。当協会のジャッジが各ステージの勝者を選びます。グランドファイナルに参加するためには，3つのステージの全てを見事に勝ち進まなければなりません。

グランドファイナル

会場：百周年記念ホール
日時：2022年1月8日
トピック：今日の若者，明日のリーダー

最優秀賞
受賞者は2022年3月にニュージーランドのウェリントンで開催されるリーダーシップワークショップに参加できます。

コンテスト情報：

ステージ	アップロードするもの	詳細	2021年の締切日時
第1ステージ	簡潔な概要	語数：150～200語	8月12日午後5時までにアップロードすること
第2ステージ	あなたのスピーチ動画	動画の長さ：7～8分	9月19日午後5時までにアップロードすること
第3ステージ		地区予選：勝者は現地で発表され，グランドファイナルに進出します	11月21日開催

グランドファイナル　評価情報

内容	身振りと所作	声とアイコンタクト	スライド	ジャッジからの質問への回答
50%	5%	5%	10%	30%

➤ 提出物はオンライン上にアップロードしてください。全ての日時は日本標準時（JST）に準拠します。

➤ 第1ステージと第2ステージの結果は，各ステージの締切の5日後にウェブサイト上で確認できます。

詳しい情報と応募フォームは<u>ここ</u>をクリックしてください。

2021年度：英語(リーディング)/本試験(第2日程)〈解答〉 **41**

語句・構文

▶ flyer「チラシ」
▶ annual「年に一度の」
▶ upload「～を（インターネット上に）アップロードする」
▶ material「(ある内容の) もの」 ここではコンテストに提出するものを指す。
▶ Japan Standard Time (JST)「日本標準時」
▶ application form「応募フォーム」

問1 ③ 正解は③

「第1ステージに参加するために，あなたは□□□をアップロードしなければならない」

「コンテスト情報」欄の第1ステージの項では，「簡潔な概要」の提出を求めている。これを言い換えた③**「スピーチの要約」**が正解。

① 「スピーチの完全原稿」
② 「スピーチのためのスライド一式」
④ 「あなた自身がスピーチしている動画」

問2 ④ 正解は③

「第2ステージの結果を確認できるのは何日からか」

チラシ末尾の ▶ 印の2つ目（You can check …）に，「第1ステージと第2ステージの結果は，各ステージの締切の5日後にウェブサイト上で確認できます」とある。第2ステージの締切は9月19日なので，その5日後の③**「9月24日」**が正解。

① 「9月14日」　　② 「9月19日」　　④ 「9月29日」

問3 ⑤ 正解は②

「グランドファイナルで高いスコアを得るために，あなたは内容と□□□に最も多くの注意を払わなければならない」

「グランドファイナル　評価情報」欄を見ると，「内容 (50%)」と「ジャッジからの質問への回答 (30%)」の割合が特に高いので，②**「ジャッジへの回答」**が正解。

① 「表現と身振り」　　③ 「映像素材」　　④ 「声の調節」

第2問

A 情報の読み取り

訳 《再利用可能ボトルの調査結果》

　あなたは使い捨てボトルと再利用可能なボトルについて，英国における環境キャンペーンの一環としてクラスメートが回答した調査結果を読んでいます。

質問1：使い捨てボトル入りの飲料を週に何本購入しますか？

ボトルの数	生徒の数	週ごとの小計
0	2	0
1	2	2
2	2	4
3	3	9
4	4	16
5	9	45
6	0	0
7	7	49
合計	29	125

質問2：自分用の再利用可能なボトルを持っていますか？

回答の概要	生徒の数	生徒の割合
はい，持っています。	3	10.3
はい，でも使用していません。	14	48.3
いいえ，持っていません。	12	41.4
合計	29	100.0

質問3：再利用可能なボトルを使用していない人は，その理由は何ですか？

回答の概要	生徒の数
再利用可能なボトルを洗うのに時間がかかりすぎる。	24
使い捨てボトルのほうが便利であると思う。	17
使い捨てボトルのほうが色々な味の飲料を購入できる。	14
使い捨てボトルを購入することはあまりお金がかからない。	10
学校の自動販売機で飲料を購入できる。	7
再利用可能なボトルは重すぎると思う。	4
家にたくさんの使い捨てボトルがある。	3
使い捨てボトル入りの水は未開封のまま長期間保存できる。	2
（その他の理由）	4

2021年度：英語(リーディング)/本試験(第2日程)〈解答〉　**43**

語句・構文

▶ single-use「使い捨ての」
▶ purchase「〜を購入する」
▶ subtotal「小計」
▶ flavoured「味付けされた」　アメリカ英語では flavored。
▶ vending machine「自動販売機」
▶ dozens of 〜「多数の〜」　dozen は「12個」。
▶ store「〜を蓄える」

問1　6　正解は③

「質問1の結果は，□□□ということを示している」

選択肢を一つずつ質問1の回答と照らし合わせる。

① 「一人一人の生徒が，週に平均4本未満の使い捨てボトルを買う」　1週間の使い捨てボトル購入数は合計125本。これを生徒の総数29で割ると，一人当たりの平均購入数は約4.31本で，4本を上回るので不適。

以下，②〜④ではボトルの種類が明記されていないが，質問1で尋ねられている使い捨てボトルを指すものとして解説する。

② 「多くの生徒は週に2本未満のボトルを買う」　1週間の購入数が0本の生徒は2人，1本は2人。よって週に2本未満の生徒は29人中4人しかいないので不適。

③ 「半数を超える生徒が週に少なくとも5本のボトルを買う」　1週間の購入数が5本の生徒は9人，6本は0人，7本は7人で，合計で29人中16人。半数を超えているので，これが正解。

④ 「生徒たちは週に125本を超えるボトルを買う」　1週間の購入数は合計125本であり，125本を超えていないので不適。

44 2021年度：英語(リーディング)/本試験(第2日程)〈解答〉

問2　　**7**　　正解は②

「質問2の結果は，半数を超える生徒が　　　ということを示している」

生徒の総数は 29 人で，各選択肢に該当する生徒数は以下の通り。

①「自分の再利用可能なボトルを持っていない」 No, I don't. と答えている 12 人。

②「自分の再利用可能なボトルを持っている」 Yes, I do. と答えている 3 人と，
Yes, but I don't use it. と答えている 14 人の合計で 17 人。

③「自分の再利用可能なボトルを持っているが，使用していない」 Yes, but I
don't use it. と答えている 14 人。

④「自分の再利用可能なボトルを使用している」 Yes, but I don't use it. が「再
利用可能なボトルを持っているが，使用していない」という意味であるのを考慮
すると，Yes, I do. は「再利用可能なボトルを持っていて，それを使用してい
る」という意味であると考えられる。したがって，Yes, I do. と答えている 3 人
が該当する。

以上から，半数を超えているのは②なので，これが正解。

問3　　**8**　　正解は③

「質問3でクラスメートによって表明された一つの意見は，　　　ということである」

①「家に使い捨てボトルをストックしている生徒もいる」と②「飲料を買うための
自動販売機が学校にある」は主観的な要素を含まない「事実」なので不適。③「再
利用可能なボトルを洗うのは長い時間を要する」と④「未開封の使い捨てボトルに
入っている水は長持ちする」では，どちらも時間の「長さ」について言及している。
③については，ボトルを洗うのに要する時間を長いと感じるかどうかは，各個人が
抱く印象に左右される（長いと感じる人もいれば，そうは感じない人もいる）。一
方で④の，「未開封のボトルに入った水が長持ちする」ことについては，たとえば
非常時への備えとして用意する未開封ボトル入りの水は長持ちすると私たちは経験
上知っている。よって，各個人の印象に左右されることではないと言えるだろう。

以上から，③が「意見」として最も適切であると考えられる。

2021年度：英語(リーディング)/本試験(第2日程)〈解答〉　45

問4　　9　　正解は①

「質問3でクラスメートによって表明された一つの**事実**は，使い捨てボトル
は　　　　ということである」

①「**学校で購入することができる**」は主観的な要素を全く含まない「事実」であり，
これが正解。一方で②「使うのに便利である」，③「持ち運べるほど軽い」，④「購
入するには値段が高すぎるということはない（購入可能な範囲内の金額である）」
は各個人が抱く印象や価値観に左右される「意見」なので不適。

問5　　10　　正解は④

「あなたのクラスメートが再利用可能なボトルを使用しない理由として最も適切な
ものは何か」

再利用可能なボトルを使用しない理由を尋ねた質問3の回答の中で，最も多いもの
は「再利用可能なボトルを洗うのに時間がかかりすぎる（24人）」である。この内
容をおおまかに言い換えていると言える④「**それらを扱うのはやっかいである**」が
正解。

①「使い捨てボトルに入った飲料が家にたくさんある」

②「手に入る飲料の種類が（使い捨てボトルに比べて）少ない」

③「それらはクラスメートにとって高額である」

46 2021年度：英語（リーディング）／本試験（第2日程）〈解答〉

B 案内記事の読み取り

訳 《サマープログラムの講座案内》

　あなたは英国のサマープログラムでどの講座を受講するかを決めなければならないので，講座案内と，講座に関する元受講生のコメントを読んでいます。

コミュニケーションと異文化研究

クリストファー=ベネット博士
bennet.christopher@ire-u.ac.uk
電話：020-9876-1234
オフィスアワー：予約のみ

2021年8月3〜31日
火曜，金曜
午後1時〜2時30分
全9回 − 1単位

講座の詳細：異文化を研究し，異文化出身の人々とのコミュニケーションの仕方について学びます。この講座では，学生は異文化間の諸問題に対処するための考えを発表しなければなりません。

目的：受講後は以下のことができるようになるでしょう：
- 異文化間の人間関係を理解する
- 異文化間の様々な問題に対する解決策を提示する
- 議論や発表を通して自分の意見を述べる

教科書：S. スミス（2019）『異文化研究』DNC 社，ニューヨーク

評価：60％以上で合格
- 2回の発表：90％（1回につき45％）
- 出席：10％

受講生の評価（87人が評価）★★★★★（平均：4.89個）

コメント

☺ぜひこの講座を受講しましょう！　クリス（クリストファー=ベネット博士）は素晴らしい先生です。彼は非常に知的で優しいです。講座の難易度はやや高めですが，十分に合格できます。文化の違いについて色々と学ぶことができます。全ての授業に出席するようおすすめします。授業に出席することは私が上手に発表するのにとても役立ちました。

2021年度：英語(リーディング)/本試験(第2日程)〈解答〉　**47**

語句・構文

[指 示 文] ▶ former「かつての」

[講座案内] ▶ office hour「オフィスアワー」　教官室で教官と面会可能な時間。
　　　　　　 ▶ appointment「(人と会う) 約束」
　　　　　　 ▶ credit「(授業の) 履修単位」
　　　　　　 ▶ issue「(主に社会上の) 問題」
　　　　　　 ▶ evaluation「評価」
　　　　　　 ▶ overall「全体として」
　　　　　　 ▶ participation「出席」

[コメント] ▶ challenging「(乗り越えるのが) 困難な」

問1　11　正解は①

「この講座であなたは何をするか」

講座案内の「講座の詳細」欄から，この講座では異文化と異文化間のコミュニケーションについて学び，発表が求められることがわかる。また，「目的」欄の3項目 (express your opinions …) に「議論や発表を通して自分の意見を述べる」とあることからも授業中に議論を行うことがわかる。以上の内容に合う①**「文化に関する様々なトピックについて議論する」**が正解。

② 「多くの異なる国々を訪れる」

③ 「人間関係に関する映画を見る」

④ 「文化に関する期末レポートを書く」

問2　12　正解は①

「この講座は，　　　　学生を対象としている」

講座案内の「講座の詳細」欄に「異文化を研究し，異文化出身の人々とのコミュニケーションの仕方について学びます」とあるので，①**「異文化間の諸問題に関心がある (学生)」**が正解。コメント欄の第5文 (You will learn …) に「文化の違いについて学ぶことができます」とあるのもヒントになる。

② 「上手な発表ができる」

③ 「英国の観光が好きである」

④ 「英語を話せるようになる必要がある」

問3　13　正解は③

「ベネット博士に関する一つの事実は，　　　　ということである」

講座案内の講座名の下にベネット博士の名前 (Dr Christopher Bennet) があることから，この講座の担当教官がベネット博士であるとわかるので，③**「彼 (ベネッ**

ト博士）がこの講座を担当している」が正解。なお，① 「彼は素晴らしい指導力を持っている」，② 「彼は素晴らしい教官である」，④ 「彼は講座を難しくしている」は，いずれもコメント欄の書き手が抱いた印象を反映した「意見」なので不適。

問4　　14　正解は①

「この講座について表明されている一つの意見は，　　ということである」

コメント欄の第4文（The course is …）の後半に「十分に合格できます」という，書き手が抱いた印象を反映した「意見」が書かれているので，① 「履修単位を取得するのは難しくない」が正解。「講座に合格する」ことを，選択肢では「履修単位を取得する」と言い換えていることに注意。

コメント欄の上部にあるように，この講座の満足度の平均値は5点満点中の4.89点であることから，② 「学生の大部分は講座に満足している」は数値データから客観的に読み取れる（個人が抱く印象に左右されない）「事実」なので不適。③ 「出席は最終評価に含まれる」はこの講座に関する客観的な「事実」なので不適。④ 「学生は授業を週に2回受ける」は講座案内の冒頭に「火曜，金曜」とあるから週2回だとわかるが，これもこの講座に関する客観的な「事実」なので不適。

問5　　15　正解は③

「この講座に合格するために，あなたは何をしなければならないか」

講座案内の「評価」欄に「2回の発表：90％」とあるので，③ 「異文化間の諸問題についてよい発表を（複数回）行う」が正解。なお，「評価」欄には合計60％で合格で，「出席：10％」とあることから，授業に欠席することがあっても合格は可能である。したがって① 「全ての授業に出席して議論に参加する」は不適。② 「異文化間の問題を見出し，解決策を議論する」については授業で行う内容かもしれないが，合格の要件ではないので不適。④ 「ベネット博士のオフィスアワーに予約を入れる」

2021年度：英語（リーディング）/本試験（第2日程）〈解答〉　**49**

第3問

A　ブログの読み取り

訳　《遊園地について》
　あなたの英国人の友達であるジャンが新しい遊園地を訪れて，自身の体験をブログに投稿しました。

サニーマウンテンパーク：ぜひ行くべき場所
投稿者：ジャン　2020年9月15日　午後9：37

[第1段]　サニーマウンテンパークが先月ついに開園しました！　とても大きな遊園地で，わくわくするようなアトラクションがいっぱいあり，巨大なジェットコースターもあります（マップを参照）。先週，友人たちととても素晴らしい時間を過ごしました。

[第2段]　ジェットコースターに乗ってみたくて仕方がなかったのですが，まず初めに遊園地の全体像を把握するために電車で遊園地を一周しました。電車の中からピクニックゾーンが見えて，お昼ご飯にうってつけだなぁと思ったのですが，もうすでに人がいっぱいだったので，その代わりにフードコートに行くことに決めました。お昼の前に，ディスカバリーゾーンへ行ってみました。そこで科学系アトラクションを体験することには，待つだけの価値が十分にありました。午後にはマウンテン駅の近くにあるいくつかの乗り物に乗って楽しみました。もちろんジェットコースターにも乗ってみましたが，期待を裏切りませんでした。もっとたくさんのアトラクションを楽しむためにディスカバリーゾーンへ戻る途中で，休憩所に立ち寄って少し休みました。そこでは湖からお城までを見渡せる素敵な景色を楽しみました。最後にショッピングゾーンへ行って，友達や家族のためのおみやげを買いました。

[第3段]　サニーマウンテンパークは素晴らしいです！　今回の初めての訪問が，最後の訪問にならないことは間違いありません。

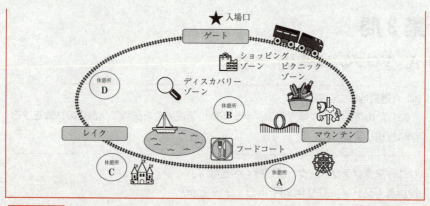

語句・構文

[第1段] ▶ including ～「～を含めた」
[第2段] ▶ instead「その代わりに」　　　　▶ well「かなり」 強調の副詞。
　　　　 ▶ short break「小休止」　　　　　▶ rest stop「休憩所」
　　　　 ▶ souvenir「おみやげ」

問1　16　正解は②

「ジャンの投稿から，□□□ということがわかる」

第2段第5文（It was well …）に，「そこ（ディスカバリーゾーン）で科学系のアトラクションを体験することには，待つだけの価値が十分にありました」とあるので，ジャンは科学系のアトラクションを体験する前に待ったことが読み取れる。正解は②「ジャンは科学系のアトラクションを楽しむためにしばらく待った」。
① 「ジャンはおみやげを買うためにショッピングゾーンへ行くのを飛ばした」
③ 「フードコートはピクニックゾーンよりも混雑していた」
④ 「ジェットコースターはジャンの期待に応えるものではなかった」

問2　17　正解は②

「ジャンと友人は，午後にどの休憩所で休憩したか」

第2段第7文（Of course, we …）と第8文（On our way …）に，ジャンたちはジェットコースターに乗った後で，ディスカバリーゾーンに向かう途中の休憩所に立ち寄ったと書かれている。マップを見ると，ジェットコースターとディスカバリーゾーンの間にあるのは休憩所Bなので，②「休憩所B」が正解。なお，この休憩所Bをマップで見ると，第2段第9文（There, we got …）に「湖からお城までを見渡せる」とあるのにも合致する。

B 雑誌記事の読み取り

訳 《伝説のミュージシャン》

　英国にいるあなたの友人が，お気に入りのミュージシャンをあなたに紹介しました。もっと多くのことが知りたいと思い，あなたは音楽雑誌の中に以下の記事を見つけました。

デイヴ=スター，生きるレジェンド

[第1段]　かつて，ブラックスワンは英国で最も偉大なロックバンドであった。力強いリーダーであるデイヴ=スターがその成功に大きな役割を果たしていた。今なおソロシンガーとして活躍しており，デイヴの素晴らしい才能は様々な世代の若いミュージシャンに影響を与えてきた。

[第2段]　幼い少年の頃，デイヴはいつも歌ったり，おもちゃの楽器を使って演奏したりしていた。おもちゃのドラムをたたいている時ほど幸せな時はなかった。7歳の頃に初めて本物のドラムセットを与えてもらい，10歳までには上手に演奏することができた。14歳までにはギターもマスターしていた。彼がまだ高校生だった頃にブルーバーズのメンバーになり，リズムギターを演奏した。経験を積むために，ブルーバーズは学校行事やコミュニティセンターで，無料で演奏した。このバンドには小規模ながらも熱狂的なファンの一団がいた。

[第3段]　デイヴが大きくブレイクしたのは，彼の18歳の誕生日に，ブラックスワンのドラム奏者になるよう要請されたのがきっかけだった。それからわずか2年で，そのバンドの公演は大規模なコンサート会場でもチケットを完売した。そういうわけで，バンドのリードボーカルが家族との時間を増やすために引退したことは，ショッキングな出来事であった。ところがデイヴは，リードシンガーを引き継ぐこのチャンスに飛びついた。そのことは，彼の大好きな楽器を演奏することがもうできなくなる可能性があることを意味するにもかかわらず。

[第4段]　翌年以降，ブラックスワンはますます成功し，音楽チャートでトップに立ち，さらに多くのファンを獲得した。デイヴは時代を代表するソングライターになり，バンドに貢献していることを誇りに思っていた。ところが，キーボード奏者を加入させたことによって，バンドの音楽は徐々に方向性を変えていった。デイヴの不満は募り，彼とリードギタリストはバンドを去って，新しいグループを立ち上げることに決めた。残念ながら，デイヴの新しいバンドはブラックスワンと同じ水準の成功には届かず，わずか18カ月しか存続しなかった。

52 2021年度：英語(リーディング)／本試験(第2日程)〈解答〉

語句・構文

[第1段] ▶ at one time「かつては」
▶ play a large part in ～「～において大きな役割を果たす」
▶ achievement「業績」
▶ incredible「(信じられないほど) 素晴らしい」
▶ talent「才能」
▶ generations of ～「何世代にもわたる～」

[第2段] ▶ instrument「楽器」
▶ for free「無料で」
▶ a circle of ～「～の一つの集団」

[第3段] ▶ break「躍進」
▶ sell out「完売する」 ここでは「コンサートのチケットを完売する」の意。
▶ quit to *do*「～するために辞める」 to *do* は「目的」を表す副詞用法の不定詞。
▶ take over as ～「～としての役割を引き継ぐ」

[第4段] ▶ top ～「～の首位になる」
▶ gain「～を獲得する」
▶ principal「第一の」
▶ contribution to ～「～への貢献」
▶ become frustrated「欲求不満になる」

問1 [18] [19] [20] [21]　正解は③, ②, ④, ①
「以下の出来事を起こった順に並べなさい」
① 「デイヴはソロアーティストになった」
② 「デイヴはドラム演奏をあきらめた」
③ 「デイヴはギター奏者としてバンドに加入した」
④ 「デイヴは経歴の中での頂点に達した」
第2段第5文 (When he was still …) に，高校時代にリズムギターとしてブルーバーズに加入したとあり，これは③に一致する。第3段に，その後の18歳のときにドラム奏者として加入したブラックスワンで，ドラムの演奏ができなくなるのと引き換えに，引退したリードボーカルの後を継いだとある。これは②に一致する。第4段第1・2文 (In the following … to the band.) には，その翌年からブラックスワンが成功を収め，デイヴは時代を代表するソングライターになったとあり，これは④に一致する。第4段最終文 (Unfortunately, Dave's new …) には，ブラックスワンを脱退した後の新グループは短期間しか続かなかったとあり，ここで本

2021年度：英語（リーディング）/本試験（第2日程）〈解答〉　**53**

文は終了している。ところが，第1段第2文（Still performing as …）に「今なおソロシンガーとして活躍しており」とあるので，①が最後に来るとわかる。以上から，③→②→④→①の順に並べるのが適切である。

問2　　22　　正解は④

「デイヴがブラックスワンのリードシンガーになったのは，　　　　　からである」

第3段第3文（It came as …）に「バンドのリードボーカルが家族との時間を増やすために引退した」とあり，次の第4文（However, Dave jumped …）には「リードシンガーを引き継ぐこのチャンスに飛びついた」とあることから，「それ以前のシンガーが個人的な理由で引退した」ことがきっかけで，デイヴがリードシンガーになったことがわかる。正解は④。

① 「彼はドラムを演奏するよりも歌うことを好んでいた」

② 「彼はバンドの音楽の方向性を変えたいと思っていた」

③ 「他のバンドメンバーたちはもっと成功したいと思っていた」

問3　　23　　正解は③

「この話から，あなたは　　　　　ということがわかる」

選択肢を一つずつ本文と照らし合わせる。

① 「ブラックスワンはロック音楽の方向性の変化の一因になった」　ブラックスワンというバンドがロック音楽を変えたという記述は本文にはない。

② 「ブラックスワンのグッズはコンサート会場で非常によく売れた」　第3段第2文（In just two …）の were selling out at large concert halls は，コンサートホールの「チケットを完売していた」の意味である。グッズの売れ行きに関する記述は本文にはない。

③ 「**デイヴは幼い頃から音楽の才能を発揮した**」　第2段に，デイヴは早くから楽器に親しみ，10代前半でドラムやギターを習得していたとある。これが正解。

④ 「デイヴはリードギタリストに不満を抱いてソロになった」　デイヴがソロアーティストになるきっかけを説明する記述は本文にはない。

第4問

メールの読み取り

> 訳 《日本の観光産業について》
> あなたは日本の観光産業についての発表の準備をしています。あなたは2018年に日本を訪れた人々に関するデータをクラスメートのハンナとリックにメールで送りました。彼らの返信に基づいて、あなたは発表の概要の下書きを作ります。
>
> データ：
>
>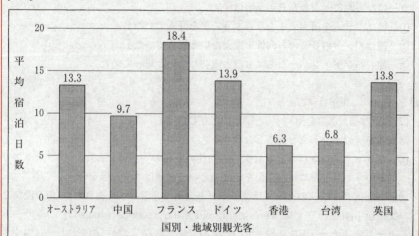
>
> 図1　日本での滞在期間
> （国土交通省観光庁による平成30年統計資料の一部を参考に作成）
>
> 表1
> 日本を訪れている間に支払った金額の平均値
>
> | 国別・地域別観光客 | 食費 | 娯楽費 | 買物代 |
> |---|---|---|---|
> | オーストラリア | 58,878 | 16,171 | 32,688 |
> | 中国 | 39,984 | 7,998 | 112,104 |
> | フランス | 56,933 | 7,358 | 32,472 |
> | ドイツ | 47,536 | 5,974 | 25,250 |
> | 香港 | 36,887 | 5,063 | 50,287 |
> | 台湾 | 28,190 | 5,059 | 45,441 |
> | 英国 | 56,050 | 8,341 | 22,641 |
>
> （一人当たりの支出　単位：円）
> （国土交通省観光庁による平成30年統計資料の一部を参考に作成）

あなたのメールへの返信：

こんにちは。

[第1段] メールありがとう！ これは興味深いデータね。外国から日本に来る観光客が以前に増加したことは知っているけれども、観光客の滞在期間に注意を向けたことはなかったわ。私が思うに、アジアからの観光客の滞在期間が短めなのは、容易に行き来できるからではないかしら。

[第2段] それに表によると、アジア人観光客は、概して、ヨーロッパやオーストラリアからの観光客と比べて、より多くのお金を買い物に使う傾向があるみたいね。これはたぶん、アジアの文化では贈り物をすることが本当に大切なので、アジア人は友達や家族のために贈り物を買いたいと思うからではないかしら。例えば、多くのアジア人観光客が銀座や原宿や秋葉原あたりで買い物をしているのを見たことがあるわ。たぶん、この人たちは宿泊費にそれほど多くのお金を使う必要がないから、より多くのお金を買物代に使えるのではないかしら。私はこれについてお話ができればと思うわ。

[第3段] でもね、アジアからの観光客は、今では買い物ではなくて他の事をするのに興味を持つようになってきていると聞いたことがあるわ。近い将来、この種のデータにおけるいくつかの変化を目にするかもしれないわね！

よろしくね，

ハンナ

追伸：このメッセージはリックにも送ります。

こんにちは。

[第4段] 君のデータを送ってくれてありがとう！ これは僕たちが発表の準備をするのに役立つよ！

[第5段] このデータから、オーストラリア人は娯楽に対して（他の国や地域からの観光客と比べて）最も多くのお金を使っていることに気づいたよ。僕はこれについて発表しようかな。

[第6段] また、先日、日本のテレビで、オーストラリア人が北海道でウィンタースポーツを楽しんでいることに関する番組を見たんだ。あの人たちはいくらお金を使うのだろう。もっと他の情報も探してみるよ。何か情報を見つけたら、僕に教えてね。このことは今後のプロジェクトの役に立つ可能性があるね。

[第7段] それに僕は、観光客がどの国や地域から来たのかによって、滞在期間に大きな違いがあるようにみえるということについては、ハンナと同じ考えだよ。

[第8段] 君はどうするの？ 消費習慣に関してハンナが気づいたことについて話すのはどうかな？ これはとても興味深いと僕は思うな。

56 2021年度：英語(リーディング)／本試験(第2日程)〈解答〉

よろしく，

リック

追伸：このメッセージはハンナにも送ります。

発表用の草稿：

発表のタイトル： ⬚24⬚

発表者　　　　トピック

ハンナ： ⬚25⬚

リック： ⬚26⬚

私：　　滞在期間との関係

比較例：

⬚27⬚ から来た人々は，⬚28⬚ から来た人々と比べて，半分をやや上回る期間しか日本に滞在しないのだが，娯楽に対してわずかに多くのお金を使う。

将来の研究のためのテーマ： ⬚29⬚

語句・構文

[指示文] ▶ email「～を電子メールで送信する」
　　　　 ▶ draft「～の下書きを作成する」
[第1段] ▶ pay attention to ～「～に注意を向ける」
　　　　 ▶ assume that S V「S は V だと想定する」
　　　　 ▶ go back and forth「行き来する」
[第2段] ▶ compared to ～「～と比較して」
　　　　 ▶ I guess S V「S は V だと私は思う」
　　　　 ▶ probably because S V「おそらく S は V だからだ」
　　　　 ▶ accommodation「宿泊施設」
[第3段] ▶ *A* instead of *B*「*B* ではなくて *A*」
[第5段] ▶ present on ～「～について発表する」
[第7段] ▶ agree with … that ～「～ということで…と意見が一致する」
　　　　 ▶ depending on ～「～次第で」
[第8段] ▶ in relation to ～「～に関して」
　　　　 ▶ spending habit「消費習慣，金遣い」

2021年度：英語（リーディング）/本試験（第2日程）〈解答〉　**57**

問1　| 24 |　正解は③

「| 24 |に入れる最も適切なものはどれか」

本問ではハンナ，リック，「私」の発表の統一タイトルが問われているので，3人の発表の内容を確認する。

ハンナは第2段で，アジア人観光客の買物代が他の地域からの観光客よりも多いことについて考察し，同段最終文（I'd like to …）で「私はこれについてお話ができればと思うわ」と述べている。

リックは第5段第1文（I notice from …）で，「オーストラリア人は娯楽に対して（他の国や地域からの観光客と比べて）最も多くのお金を使っていることに気づいた」と述べ，次の第2文（I'll present on …）で「僕はこれについて発表しようかな」と述べている。

「私」の発表のトピックについては草稿に「滞在期間との関係」とあるが，続く「比較例」に「半分をやや上回る期間しか日本に滞在しないのだが，娯楽に対してわずかに多くのお金を使う」とあり，「（支出と）滞在期間との関係」であるとわかる。

このように，3人とも訪日観光客の支出を話題にしているので，③「日本にいる外国人観光客の消費習慣」が最も適切である。

① 「北海道の冬休みに使われるお金」

② 「東京にいる外国人観光客の買物予算」

④ 「日本における娯楽への支出の増加」

問2　| 25 |　正解は④

「| 25 |に入れる最も適切なものはどれか」

ハンナの発表のトピックが問われている。ハンナの発表の内容は問1で見たとおり，アジア人観光客の買物代が他の地域からの観光客よりも多いことに関するものである。④「アジアからの観光客による支出のパターン」はアジア人の（買物代を含む）支出に関するトピックであり，これがハンナの発表内容に最も近い。

① 「日本にいるオーストラリア人観光客の活動」と③「ヨーロッパ文化の贈答習慣」はアジア人を含まないので不適。②「アジア人観光客の日本での食費」は食費に話題を限定して，買物代を含まないので不適。

問3　| 26 |　正解は①

「| 26 |に入れる最も適切なものはどれか」

リックの発表のトピックが問われている。リックの発表の内容は問1で見たとおり，第5段に書かれている「オーストラリア人は娯楽に対して（他の国や地域からの観

光客と比べて）最も多くのお金を使っている」というものである。この内容に最も近い①「オーストラリア人観光客の娯楽に対する関心」が正解。

②「中国人の東京での消費習慣」と④「アジア人が日本で楽しむ様々な体験」はオーストラリアを含まないので不適。

③「オーストラリアにおける北海道に関するテレビ番組」

問4　27　正解は②　28　正解は③

「あなたはリックの提案に同意し，データを見る。27と28に入れる最も適当なものを選びなさい」

第8段第2文（Do you want …）に「消費習慣に関してハンナが気づいたことについて話すのはどうか」という提案がある。ハンナは，第1段でアジア人の滞在期間が短めであることを指摘している。したがって「27から来た人々は，28から来た人々と比べて，半分をやや上回る期間しか日本に滞在しない」27にはアジアの国・地域が入り，27よりも滞在期間が2倍をやや下回るアジア以外の国が28に入る。図1によると，中国の平均宿泊日数が9.7日で，フランスは18.4日なので，27には②「中国」，28には③「フランス」が入る。

また表1によると，中国の娯楽費の平均値が7,998円で，フランスは7,358円なので，「27から来た人々は，28から来た人々と比べて…，娯楽に対してわずかに多くのお金を使う」についても，27は②「中国」，28は③「フランス」で問題ないとわかる。

問5　29　正解は③

「29に入れる最も適切な組み合わせはどれか」

A．「オーストラリア人が日本でウィンタースポーツに使う予算」

B．「東京を訪れる外国人観光客の人数における将来の変化」

C．「北海道を訪れる外国人観光客に人気の食品」

D．「アジア人の訪日観光客は将来何にお金を使うのか」

将来の研究のテーマが問われている。第3段では，アジア人観光客が今では買い物以外に興味を持ち始めており，「近い将来，この種のデータにおけるいくつかの変化を目にするかもしれない」と述べられている。この内容に合うDをまず選ぶ。

次に，第6段では，北海道でウィンタースポーツを楽しむオーストラリア人の出費についてのデータを収集することが「今後のプロジェクトの役に立つ可能性がある」と述べられている。この内容に合うAも選ぶ。

以上から，③A，Dが正解である。

第5問

伝記的な文章の読み取り

> 訳 **《謎多き写真家についての発表の準備》**
> あなたは，もし今でも生きていればインタビューしてみたいと思う人物について発表する予定です。あなたが選んだ人物に関する以下の文章を読み，あなたのメモを完成させなさい。

ヴィヴィアン＝マイヤー

[第1段] これは，写真撮影への熱い思いを亡くなるまで隠していたアメリカ人ストリートフォトグラファーの物語である。彼女は介護者としての人生を歩んでおり，もし彼女の所有物がオークションハウスで売られることがなかったならば，彼女の素晴らしい作品は決して発見されなかったかもしれない。

[第2段] それは2007年のことであった。シカゴにあるオークションハウスが，ヴィヴィアン＝マイヤーという名前の年老いた女性の所有物を売却していた。彼女は倉庫保管料の支払いを停止していたので，その会社は彼女の所有物を売却することに決めた。彼女の所有物——主に古い写真やフィルムのネガ——が，マルーフ，スラッテリー，プローという3人のバイヤーに売却された。

[第3段] ヴィヴィアンの作品は興味深いとスラッテリーは思ったので，2008年7月に彼女の写真を写真共有サイト上で公開した。それらの写真はほとんど注目を集めなかった。それから10月に，マルーフが，自らが選んだヴィヴィアンの写真へのリンクを自身のブログに貼ると，すぐに何千人もの人々がそれらの写真を閲覧した。その写真に関して，マルーフは写真にヴィヴィアン＝マイヤーの名前を見つけていたが，彼女自身については何も発見することができなかった。それからインターネット検索によって，彼は彼女の死を報じる2009年の新聞記事にたどり着いた。マルーフはこの情報を，ヴィヴィアンの生涯についてより多くのことを知るために利用した。そして，ヴィヴィアンの謎めいた生涯と彼女の写真の組み合わせこそが，皆の注目を集めたのである。

[第4段] ヴィヴィアンの生涯の細部について限られたことしかわかっていないのは，2つの理由による。第1に，彼女が生きている間にインタビューをした人はいなかったので，彼女がなぜこれほど多くの写真を撮ったのかを知る人はいなかった。第2に，ヴィヴィアンが介護者として働いた家族へのインタビューから，彼女が非常に内向的な人であったことが明らかになっている。彼女には友人がほとんどいなかった。それに加えて，彼女は自分の趣味を秘密にしていた。

［第5段］　ヴィヴィアンは1926年にアメリカ合衆国で，オーストリア人の父とフランス人の母との間に生まれた。その結婚生活は幸せなものではなく，ヴィヴィアンの母親と父親は何年もの間別居したようだ。その子どもの頃にヴィヴィアンはアメリカとフランスとの間を頻繁に行き来し，時にはフランスで暮らし，時にはアメリカで暮らした。しばらくの間，ヴィヴィアンと母親はニューヨークで，成功した写真家であるジャンヌ＝ベルトランと一緒に暮らした。ヴィヴィアンは青少年期に写真撮影に興味を持ったと思われているが，それは，彼女の最初の写真が1940年代後半に非常にシンプルなカメラを使ってフランスで撮られたからである。彼女は1951年にニューヨークに戻り，それから1956年に介護者としてゲンスバーグ家のために働くため，シカゴへ移った。この仕事は彼女に，写真撮影のためのより多くの自由な時間を与えた。

［第6段］　1952年，26歳のとき，彼女は最初の6×6 cm判のカメラを購入した。シカゴの路上の暮らしを撮った彼女の写真の大半を撮影したのは，このカメラであった。30年以上にわたって，彼女は子どもや高齢者や裕福な人々や貧しい人々の写真を撮った。自分の写真が撮られていることに気づくことさえなかった人もいた。彼女はまた，多数の自画像を撮った。その中には店の窓に映った自分の姿を撮影したものがあった。また，自分の影を撮影したものもあった。ヴィヴィアンがシカゴの暮らしを記録し続けたのは1970年代初期までであり，その頃に新しいスタイルの写真に変わった。

［第7段］　国際的な賞を受賞したドキュメンタリー映画である『ヴィヴィアン＝マイヤーを探して』が，彼女の作品に対する関心をさらに多くの観衆にもたらした。その映画が公開された後に，ヨーロッパやアメリカで展覧会が開催された。彼女のスタイルを最もよく表す写真を選ぶために，展覧会の責任者は次の問いに答えようとした。「ヴィヴィアン＝マイヤーだったら何を写真として残しただろうか？」この問いに答えるために，彼らは彼女の書き置きや，彼女が実際にプリントした写真や，ゲンスバーグ家の人々から報告された彼女の好みに関する情報などを利用した。ヴィヴィアンは，結果ではなく，瞬間を捉えることにはるかに多くの興味を抱いていた。したがって，ヴィヴィアンの作品の背後に潜む謎は，その多くが「現像されない（明らかにされない）」ままであると言えるだろう。

「フィルムのネガ」

「プリントされた像」

プレゼンテーション用メモ：

ヴィヴィアン=マイヤー

写真家ヴィヴィアン

☆ 彼女は介護者として働きながら多くの写真を撮影した。

☆ 彼女が生きている間に彼女にインタビューした人はいなかったので, 私たちは彼女に関してあまり多くのことを知らない。

☆ | 30 |

ヴィヴィアンの作品

☆ 彼女の写真は主に次のようなものに焦点を合わせていた：

・若者や高齢者, 裕福な人々や貧しい人々

・| 31 |

・| 32 |

彼女の作品がどのようにして人々に認められるようになったか

☆ ヴィヴィアンの所有物の倉庫保管料が払われなかった。

☆ | 33 |

☆ | 34 |

☆ | 35 |

☆ | 36 |

☆ 彼女の生涯についての情報と作品が組み合わさって, 人々の関心を高めた。

彼女の作品がどのようにして世界中に知られるようになったか

☆ 彼女の生涯や作品に関する受賞歴のあるドキュメンタリー映画が, 新たな観衆の獲得に役立った。

☆ | 37 |

まだ答えが出ていない「大きな」問題： | 38 |

62 2021年度：英語(リーディング)/本試験(第2日程)〈解答〉

語句・構文

[第1段] ▶ keep ～ secret「～を隠したままにする」
　　　　▶ caregiver「介護者」
　　　　▶ if it had not been for ～「～がなかったならば」
　　　　▶ belongings「所持品」
　　　　▶ work「(集合的に) 作品」
[第2段] ▶ storage fee「倉庫保管料」
　　　　▶ negative「(フィルムの) ネガ」
[第3段] ▶ publish「～を公開する」
　　　　▶ link A to B「A を B に結びつける」　ここでは「A に B へのリンクを貼る」の意。
　　　　▶ right away「直ちに」
[第4段] ▶ besides「その上」
[第5段] ▶ as a young adult「青少年の頃に」　主に 10 代後半の時期を指す。
[第6段] ▶ it was with this that ～「～したのは，これを用いてであった」　with this を強調する強調構文。
　　　　▶ self-portrait「自画像」
　　　　▶ reflection「映し出されたもの」
　　　　▶ the early 1970s, when ～「1970 年代初期は～だった頃である」　when は関係副詞で，「1970 年代初期」がどのような時期かを説明。
[第7段] ▶ bring interest in A to B「A への興味を B に持たせる」　bring O to B「O を B にもたらす」の O に interest in A「A への興味」を置いたもの。
　　　　▶ lead to ～「～に至る」
　　　　▶ exhibition「展覧会」
　　　　▶ those in charge of ～「～の担当者，責任者」
　　　　▶ her preference as reported by ～「～から報告された彼女の好み」この as は「名詞限定の as」。A (名詞) as done「～されるような A (名詞)」
　　　　▶ capture「～をつかまえる」
　　　　▶ one could say ～「～と言えるだろう」
　　　　▶ undeveloped「(フィルムが) 現像されていない」　ここでは「明らかにされていない」という意味を掛けている。

2021年度：英語（リーディング）／本試験（第2日程）〈解答〉　**63**

問1　|30|　正解は①

「|30|に入れる最も適切な文を選びなさい」

第1段第2文（She lived her …）の後半に「もし彼女の所有物がオークションハウスで売られることがなかったならば，彼女の素晴らしい作品は決して発見されなかったかもしれない」という仮定法過去完了の文があることから，実際にはオークションで所有物が売られたことがきっかけで，彼女の作品が発見されたと読み取れる。これを裏返した内容である①**「彼女の作品はオークションで販売されるまで発見されないままだった」**が正解。なお，②「彼女は30代の頃に写真撮影に引きつけられたと思われている」は第5段第5文（It is believed …）に「青少年期に写真撮影に興味を持ったと思われている」とあるのに反する。

③「彼女はどこへでもカメラを持っていき，その写真を他人に見せた」

④「彼女の写真の大部分はニューヨークで撮られた」

問2　|31|　|32|　正解は①，④（順不同）

「|31|と|32|に入れる最も適切な選択肢を2つ選びなさい（順序は問わない）」

ヴィヴィアンの写真が何に焦点を合わせていたかについて，すでにノートに挙がっている「若者や高齢者，裕福な人々や貧しい人々」以外のものが問われている。第6段第1文（In 1952, …）と第7文（Vivian continued to …）に，彼女がシカゴの生活の様子を撮影していたと書いてあるので，①**「ドキュメンタリー調の写真」**が正解。また，同段第4文（She also took …）から第5文（Some were reflections …）に「彼女はまた，多数の<u>自画像</u>を撮った。その中には店の窓に映った<u>自分の姿</u>を撮影したものがあった」と書かれているので，④**「自分自身の写真」**も正解。なお，店の窓そのものに焦点を合わせていたわけではないので⑤「店の窓」は不適である。

②「産業景観」　　　　③「自然景観」

問3　|33|　|34|　|35|　|36|　正解は③，④，①，②

「以下の出来事を起こった順に並べなさい」

ヴィヴィアンが倉庫保管料の支払いを停止してから，彼女の生涯と作品が人々の関心を集めるまでの経緯が問われている。各選択肢の本文中の該当箇所と時期は次の通り。

① 「バイヤーがブログに彼女の写真の一部へのリンクを貼った」　第3段第1・3文（Slattery thought Vivian's … ／ Then, in October, …）より，2008年10月とわかる。

② 「ヴィヴィアンの死についての報道が新聞に載る」　第3段第5文（Then an Internet …）に，2009年とある。

64 2021年度：英語（リーディング）/本試験（第2日程）〈解答〉

③「オークション会社が彼女の古い写真とネガの販売を始めた」 第2段第1文 (It was 2007.) と第3・4文 (She had stopped … Slattery, and Prow.) から，2007年の出来事であることと，倉庫保管料の支払いを停止した後であることがわかる。

④「彼女の作品はインターネット上に公開された」 第3段第1文 (Slattery thought Vivian's …) に，2008年7月とある。

以上から，③→④→①→②の順序が決まる。

問4 　37　 正解は①

「　37　に入れる最も適切な文を選びなさい」

ヴィヴィアンの作品が世界中に知られるようになったきっかけとして，ドキュメンタリー映画以外の要因が問われている。第7段第2文 (The film led …) に「その映画が公開された後に，ヨーロッパやアメリカで展覧会が開催された」とあるので，この展覧会もまた，彼女の作品がヨーロッパやアメリカで知られる一つのきっかけであったと考えられる。したがって①「彼女の作品の展覧会が世界の様々な場所で開催された」が正解。なお，②「路上の様子を特集した彼女の写真集が賞を獲得した」は，賞を獲得したのは彼女を題材にしたドキュメンタリー映画なので，不適。

③「彼女は自身の写真の取り扱い方について詳細な指示を残した」

④「ヴィヴィアンの雇用主の子どもたちが，自分たちの写真を提供した」

問5 　38　 正解は④

「　38　に入れる最も適切な問いを選びなさい」

ヴィヴィアンに関して，まだ答えが出ていないことは何であるかが問われている。彼女に関する不明点について具体的に述べている記述は，第4段にある。第4段第2文 (First, since no …) に「彼女がなぜこれほど多くの写真を撮ったのかを知る人はいなかった」とあり，さらに同段最終文 (Besides, she had …) に「彼女は自分の趣味を秘密にしていた」とある。これらの内容を1文にまとめた④「なぜ彼女はこれほど多くの写真を撮影し，誰にも見せなかったのか？」が正解。

①「写真を撮るのにどのような種類のカメラを使用したのか？」

②「彼女はネガと写真をどこに保管していたのか？」

③「なぜ彼女は介護者になるためにニューヨークを発ったのか？」

第6問

A　説明的な文章の読み取り・要約

訳 《ある英国劇団の新たな試み》

　あなたはアメリカ合衆国に滞在する交換留学生であり，学校の演劇部に所属しています。あなたはクラブの活動をよりよいものにするのを手伝うためにいくつかのアイデアを得る目的で，芸術に関するアメリカのオンラインマガジンの記事を読んでいます。

英国ロイヤル・シェイクスピア・カンパニーに見られる近年の変化

ジョン=スミス

2020年2月20日

[第1段]　私たちは皆異なっている。世界が多種多様な人々で構成されていることを大半の人々は認識してはいるが，多様性——私たちが違いを示したり，あるいはそれを受け入れたりすること——は舞台芸術団体には反映されていないことが多い。こうした理由から，身体障害者と同様に様々な背景をもつ人々のことを映画や劇がもっときちんと表現することに対する需要が高まっているのである。イングランド芸術評議会はこうした需要に応えて，公的資金を受けている全ての芸術団体に対し，この分野において改善するよう促している。これに対して積極的に対応している劇団の一つが，英国ロイヤル・シェイクスピア・カンパニー（RSC）であり，これは世界で最も影響力のある劇団の一つである。

[第2段]　英国のストラトフォード・アポン・エイヴォンに拠点を置くRSCは，ウィリアム=シェイクスピアや他の多くの有名な作家による劇を制作している。最近，RSCは多様性に焦点を合わせて，英国社会の全てを正確に表現しようと試みている。RSCは俳優やスタッフを雇用する際に，彼らの民族的・社会的背景や性別，身体能力のバランスをとるために懸命に取り組んでいる。

[第3段]　2019年夏のシーズンで，RSCは『お気に召すまま』，『じゃじゃ馬ならし』，『尺には尺を』というシェイクスピアの3つの喜劇を上演した。国中から俳優が雇用され，総勢27人の出演者を決めたのだが，その出演者たちは民族的，地理的，文化的に多様な今日の英国の住民を反映していた。全シーズンで性別のバランスをとるために，全ての役のうちの半分は男性の俳優に，もう半分は女性の俳優に割り当てられた。その出演者には，体に障害をもつ3人の俳優（現在では「異なった身体能力をもつ」俳優と呼ばれている）が含まれていた——1人は視覚障害をもち，1人は聴覚障害をもち，もう1人は車いすを使用していた。

66 2021年度：英語（リーディング）/本試験（第2日程）〈解答〉

［第4段］　変化は雇用方針に限られたものではなかった。RSC は観衆が男女の力関係についてじっくり考えるよう促すために，劇の一部を実際に書き換えた。例えば，女性の役と男性の役が逆転されることがあった。『じゃじゃ馬ならし』では，原作では「娘」の役が「息子」の役に変更され，男性の俳優によって演じられた。同じ劇で，男性の使用人が女性の使用人に書き換えられた。この使用人の役は，車いすを使用する女性俳優のエイミー＝トリッグによって演じられた。トリッグはその役を演じてわくわくし，RSC の変化は他の舞台芸術団体に対して大きな影響を及ぼすであろうと信じていると述べた。RSC の他の劇団員も，あらゆる多様性に心を躍らせて，同じ希望を表明した──それは，「もっと多くの芸術団体が RSC の足跡をたどるよう促されるであろう」というものであった。

［第5段］　2019 年夏のシーズンにおける，多様性を反映させようとする RSC の決定は，組織を包括的なものにしたいと願う芸術団体にとっての新しいモデルとみなすことができる。古典劇の中に多様性を加味することを容認したがらない人もいるが，両手を広げてそれを歓迎する人もいる。一定の課題は残ってはいるが，RSC は進歩の ' 顔 '（象徴）としての評判を得ている。

語句・構文

［第1段］　▶ diversity「多様性」
　　　　　▶ performing art「舞台芸術」
　　　　　▶ play「劇」
　　　　　▶ *A* as well as *B*「*B* と同様に *A* も」　*A* に力点が置かれる。
　　　　　▶ council「評議会」
　　　　　▶ publicly funded「公的資金を受けている」

［第2段］　▶ based in ～「～に拠点を置いている」
　　　　　▶ when hiring「雇用の際に」　文末の分詞構文に接続詞 when を添えて主節との意味関係を明確にしたもの。hire「～を雇う」

［第3段］　▶ put on ～「（劇を）上演する」
　　　　　▶ cast「出演俳優たち，配役」
　　　　　▶ disability「（心身の）障害」
　　　　　▶ visually-impaired「視覚障害をもつ」

［第4段］　▶ hiring policy「雇用の方針」
　　　　　▶ reflect on ～「～についてよく考える」
　　　　　▶ be reversed「逆転される」
　　　　　▶ the original「元のもの」　ここではシェイクスピアの原作を指す。
　　　　　▶ servant「使用人」
　　　　　▶ follow in *one's* footsteps「～の足跡をたどる，～の先例にならう」

2021年度：英語(リーディング)/本試験(第2日程)〈解答〉 **67**

[第5段] ▶ challenge「課題，難題」

問1　39　正解は②

「この記事によると，RSC は 2019 年夏のシーズンで□□□」

2019 年夏のシーズンについては，第3段と第4段で具体的に述べられている。第3段最終文（The cast included …）に，このシーズンのために雇用した 27 人の中には「体に障害をもつ3人の俳優（現在では「異なった身体能力をもつ」俳優と呼ばれている）が含まれていた」とあるので，② **「3人の異なった能力をもつ俳優を雇用した」** が正解。

① 「有名な俳優に職の機会を与えた」

③ 「27 人の登場人物を含む劇を探し求めた」

④ 「シェイクスピアや他の作家の劇を上演した」

問2　40　正解は③

「この記事の筆者がエイミー＝トリッグに触れたのは，おそらく彼女が□□□からである」

第2段第2文（These days, the …）に「最近，RSC は多様性に焦点を合わせて，英国社会の全てを正確に表現しようと試みている」とあるので，第4段で述べられている原作の男性使用人を女性使用人に書き換えた役を，車いすを使用するエイミー＝トリッグが演じたことは，社会の多様性を表現しようとする RSC の試みの具体例として紹介されていると考えられる。したがって，① 「RSC が上演した劇の一つで上手に演じた」，② 「RSC の一員に選ばれるために努力した」，④ 「RSC の団員にとっての模範となる人物であった」は，トリッグの事例の意味を説明する文としては不適である。よって，③ **「包括的であろうとする RSC の努力の一つの好例であった」** が正解。inclusive という語は CEFR の B2 レベルを超える難語。「包括的な」とは「全体として，ひっくるめて」ということ。「包括的 (inclusive) であろうとする RSC の努力」とは，第5段第1文（The RSC's decision …）に「多様性を反映させようとする RSC の決定は，組織を inclusive なものにしたいと願う芸術団体にとっての新しいモデルとみなすことができる」とあるので，多様性を受け入れて，それを劇に反映させようとすることと考えられる。

68 2021年度：英語（リーディング）/本試験（第2日程）〈解答〉

問3　41　正解は③

「あなたは他の部員のためにこの記事を要約している。次の選択肢のうち，あなたの要約を最も適切に完成させるものはどれか」

［要約］

　英国のロイヤル・シェイクスピア・カンパニー（RSC）は劇を制作する際に，英国社会の住民を反映させようと努力している。これをやり遂げるために，RSCは様々な背景や能力をもつ男女の俳優やスタッフのバランスをとり始めた。RSCはまた，劇団が演じる劇にも変更を加えた。その結果，RSCは□□□。

選択肢を一つずつ検討する。

① 「世界中から多くの才能ある俳優を引きつけた」　本文中に記述がない。

② 「何の反対意見もなく2019年のシーズンをやり遂げた」　第5段第2文（While there are …）から，一定数の反対意見があったことがわかるので，不適。

③ 「社会の期待を行動に結びつける一因になった」　第1段第2・3文（While most people … those with disabilities.）より，多様性が舞台芸術団体に反映されておらず，身体障害者や様々な背景をもつ人々を映画や劇がきちんと表現することに対する需要が高まっているとわかる。RSCはその需要に積極的に応えた団体である。さらに第5段第1文（The RSC's decision …）にはRSCの行動は他の団体のモデルとなるとあることから，③は本文の内容に合うと判断できるので，これが正解。

④ 「保守的な（＝従来の慣習を守ろうとする立場の）劇団であるという評判を得た」　第5段最終文（Although certain challenges …）に「進歩の'顔'（象徴）としての評判を得ている」とあるのに反する。

問4　42　正解は④

「あなたの演劇部はRSCのアイデアに同意している。こうしたアイデアに基づいて，あなたの演劇部は□□□」

RSCは英国社会の多様性を反映する試みとして，第3段では性別などのバランスをとりつつ多様な背景をもつ俳優を雇用し，第4段では男女の力関係について考えさせるために原作の一部を書き換えて役柄の性別交替を行ったことがわかる。この第3・4段の内容を唯一反映している④「演技から性別の固定観念を取り除く」が最も適切である。

① 「国際的な新人作家が書いた劇を演じる」

② 「古典劇を原作のストーリーで上演する」

③ 「地元の人々に車いすを購入するための資金を調達する」

B 説明的な文章の読み取り・グラフの選択

訳 《口腔衛生を保つことの大切さを訴える発表の準備》
　あなたは市役所で開催される健康フェアでポスター発表をする生徒のグループの一員です。あなたのグループのタイトルは「地域社会でお口の健康の向上を目指そう」です。あなたはポスターを作るために以下の文章を使用しています。

口腔衛生：鏡を覗いてみる

[第1段]　最近では，世界中の政府が口腔衛生に対する意識を高めようと取り組んでいる。一日に何度も歯を磨くことはよい習慣であると聞いたことがある人は多いのだが，そうすることが重要である理由についてはあまり考えたことがない可能性が高い。端的に言うと，歯は大事である。歯は言葉を正確に発音するために必要とされるものである。実際に，口腔衛生が保たれていないと，話すことが難しくなることもありうる。さらに根本的な必要性は，よく噛むことができるということである。噛むことによって食品を砕いて，それを体が消化しやすくするのである。適切に噛むことはまた，食べ物を楽しむことにつながる。普通の人は歯科医の治療を受けたあとで，片側の歯で噛むことができない苛立ちを経験したことがある。歯の弱い人はこうした失望を常に経験しているかもしれない。つまり，口腔衛生は人々の生活の質に影響するのである。

[第2段]　歯の基本的な機能は明らかなのだが，口は身体を映す鏡を提供しているということを認識していない人は多い。研究によると，良好な口腔衛生状態は，体全体の良好な健康状態を明示する印なのである。口腔衛生が保たれていない人は，重い体の病気にかかる可能性が高まる。推奨される口腔衛生のための日課を怠ると，すでに病気で苦しむ人に対して悪い影響を及ぼす可能性がある。それとは反対に，口腔衛生を良好に保つことによって，病気を予防することさえあるかもしれない。強くて健康な体は，きれいでよく手入れがされている口腔状態の現れであることが多い。

[第3段]　口腔衛生を良好に保つことは，生涯にわたる使命である。フィンランド政府やアメリカ合衆国政府は，親に対して，幼児が1歳になる前に歯科に連れて行くことを推奨している。フィンランドでは実際に親に通知を発行している。ニュージーランドでは18歳までの全ての人に無料の歯の治療を提供している。日本政府は8020運動を展開している。年を重ねるにつれて，様々な理由で歯を失う可能性がある。この運動の目標は，80歳の誕生日を迎えてもなお最低20本の歯を口内に残しておくことである。

[第4段]　日本についてもっとよく見てみると，厚生労働省は長年にわたって，高

齢者が何本の歯を残しているかに関する調査データを分析している。ある研究者は，研究対象の高齢者を4つの年代別グループに分け，それぞれをA（70〜74歳），B（75〜79歳），C（80〜84歳），D（85歳以上）とした。1993年を除く毎回の調査において，最低でも20本の歯を残している人々の割合は，高いグループから低いグループの順に並べるとA-B-C-Dとなった。ところが，1993年から1999年までの間に，Aグループは約6ポイントしか向上しなかったのに対して，Bグループの向上はその数値をわずかに上回った。1993年にはAグループの25.5％が最低でも20本の歯を残していたが，2016年までにDグループの割合が，Aグループの最初の数値を実際に0.2ポイント上回った。Bグループは初めのうちは着実に数値を伸ばしていたが，2005年から2011年にかけては劇的に数値を伸ばした。意識の向上のおかげで，どのグループも長年にわたって著しく向上した。

[第5段] 歯科医は長年にわたり，食後の歯磨きを推奨してきた。非常に良好な口腔衛生を積極的に目指している人は，1日に何度も歯を磨くかもしれない。大半の人は寝る前に歯を磨き，それから翌朝のある時間にもう一度磨く。歯科医はまた，歯と歯の間に挟まっているものを除去するための特別な種類の糸を用いて，フロスで毎日歯をきれいにすることは大切であると考えている。もう一つの予防法は，歯の表面の周囲で固まって歯へのダメージを防ぐプラスチックジェル（シーラント）を用いて歯科医が歯の溝を埋めることである。シーラントは特に子ども向けの処置として人気を高めつつある。このシーラントは一度歯の溝を埋めるだけで，何と，よくある歯の問題の80％を予防することができる。

[第6段] 年に一回，あるいはそれ以上の頻度で歯科医を訪れることは重要である。歯の治療は痛みを伴うことがあるので，歯科医を受診するのを意図的に避ける人もいる。しかし，人々が歯科医のことを，生涯にわたって自分を文字通り笑顔にすることができる大切な味方であると考えるようになることが大切である。

あなたのプレゼンテーション・ポスター

地域社会でお口の健康の向上を目指そう

1. 歯の大切さ

A. きちんと話すために重要である
B. 食べ物を嚙み砕くために必要である
C. 食事を楽しむための役に立つ
D. よい印象を与えるために必要とされる
E. 快適な生活の質のために不可欠である

2.　44

フィンランドとアメリカ合衆国：1歳までの歯の治療を推奨
ニュージーランド：若者向けの無料の歯の治療
日本：8020運動（図1を参照）

45

図1　最低20本の歯を残している人の割合

3. 役立つアドバイス

46
47

語句・構文

[第1段] ▶ most likely ～「（最も高い可能性として）おそらく～だろう」
　　　　▶ simply stated「簡潔に言うと」　　▶ chew「嚙む」
　　　　▶ digest「～を消化する」　　▶ procedure「処置, 外科手術」
[第2段] ▶ those suffering from ～「～に苦しんでいる人々」
　　　　▶ conversely「逆に」　　▶ practice「～を実践する」
　　　　▶ well-maintained「よく維持された」
[第3段] ▶ infant「幼児」　　▶ turn「（年齢）になる」
　　　　▶ free「無料の」　　▶ treatment「治療」

72　2021年度：英語（リーディング）/本試験（第2日程）〈解答〉

[第4段] ▶ with the exception of ～「～を例外として」
　　　　▶ be in ～ order「～の順番になっている」
　　　　▶ slightly「わずかに」　　　　　　▶ initial figure「最初の数値」
　　　　▶ at first「初めのうちは」　　　　　▶ significantly「著しく」
[第5段] ▶ floss「歯をフロス（綿製の糸付きの歯間清掃具）できれいにする」
　　　　▶ string「糸」　　　　　　　　　　▶ substance「物質」
　　　　▶ seal「～を密閉する」　　　　　　▶ harden「固まる」
[第6段] ▶ ally「味方，仲間」　　　　　　　▶ literally「文字通りに」

問1　　43　　正解は④

「ポスターの1つ目の見出しの下で，あなたのグループは文章の中で説明されている歯の大切さを述べたいと思っている。ある一つの提案があまり適切ではないということで皆の意見が一致している。あなたが含めるべきではない**のは**，以下のうちのどれか」

選択肢を一つずつ検討する。

A．「きちんと話すために重要である」　第1段第4文（Teeth are required …）に「歯は言葉を正確に発音するために必要とされるものである」とあるのに一致。

B．「食べ物を噛み砕くために必要である」　第1段第6・7文（An even more … to digest it.）に，歯は食べ物を噛み砕くのに必要とあるのに一致。

C．「食事を楽しむための役に立つ」　第1段第8文（Proper chewing is …）に，歯できちんと噛むことが食べ物を楽しむことにつながるとあるのに一致。

D．「よい印象を与えるために必要とされる」　歯が人に与える印象については本文中に記述がない。

E．「快適な生活の質のために不可欠である」　第1段第9・10文（The average person … all the time.）で，よく噛むことができないと苛立ちや失望を抱えるとした上で，次の最終文（In other words, …）に「口腔衛生は人々の生活の質に影響する」とある。こうした内容に一致する。

以上から，正解は④D。

問2　　44　　正解は③

「あなたはポスターの2つ目の見出しを書くように頼まれている。以下のうち，最も適切なものはどれか」

ポスターの2つ目の見出しの下に挙がっているのは，第3段第2文（The Finnish and …）以降で紹介されている国別の政策である。これらの政策は，第3段第1文（Maintaining good oral …）に「口腔衛生を良好に保つことは，生涯にわたる使命である」とあるように，口腔衛生を良好に保つのを奨励するための国家政策であ

ると考えられる。したがって③「口腔ケアを奨励する国家的取り組み」が最も適切である。
① 「若者をターゲットにした国の 8020 運動」
② 「よりよい歯科治療のための国家的宣伝」
④ 「幼児を歯科に通わせる国のシステム」

問3　45　正解は④
「あなたは日本で研究者が行った調査の結果を掲載したいと思っている。以下のグラフのうち，あなたのポスターのために最も適切なものはどれか」

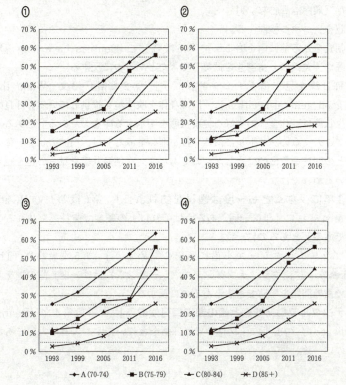

第4段第3文（In each survey, …）に，「1993年を除いて」割合が高い順にA-B-C-Dになったとあるので，1993年で上から順にA-B-C-Dと並んでいる①は不適。
次に，同段第5文（In 1993, 25.5％ …）に「1993年にはAグループの25.5％が最低でも20本の歯を残していたが，2016年までにDグループの割合が，Aグループの最初の数値（1993年の数値）を0.2ポイント上回った」とある。よって，2016

74 2021年度：英語(リーディング)/本試験(第2日程)〈解答〉

年のDグループの数値が，Aグループの1993年の数値（25.5％）をわずかに上回っている③と④が残る。

さらに同段第6文（Group B increased …）に，Bグループが「2005年から2011年にかけては劇的に数値を伸ばした」とあるので，この期間のBグループの伸びが鈍い③は不適である。一方，④では急激に伸びているので，これが正解。

問4 　46　　47　　正解は③，⑤（順不同）

「ポスターの最後の見出しの下に，あなたは本文に基づいた具体的なアドバイスを加えたいと思っている。以下の文のうち，あなたが使用するべきである2つの文はどれか（順序は問わない）」

選択肢を一つずつ検討する。

① 「朝食をとる前に歯を磨こう」 第5段第1文（Dentists have long …）に，歯科医が「食後の」歯磨きを推奨してきたとあるのに反する。

② 「毎日鏡を見て歯をチェックしよう」 第2段第1・2文（While the basic … good general health.）に「口は身体を映す鏡を提供している」，「良好な口腔衛生状態は，体全体の良好な健康状態を明示する印なのである」とある。したがってこの文章のタイトルにある「鏡を覗いてみる」は，口腔の状態と体の健康状態との関連を象徴的に表したものであって，文字通り鏡を見ることを読者に勧めているわけではない。

③ 「1年に少なくとも一度は歯科を訪れよう」 第6段第1文（Visiting the dentist …）に「年に一回，あるいはそれ以上の頻度で歯科医を訪れることは重要である」とあるのに一致。

④ 「プラスチックジェルを歯に頻繁に詰めよう」 第5段最終文（This only takes …）に，プラスチックジェル（シーラント）は「一度」歯の溝を埋めるだけで歯の問題を予防できるとあるのに反する。

⑤ 「デンタルフロスを歯と歯の間に毎日使おう」 第5段第4文（Dentists also believe …）の前半に「フロスで毎日歯をきれいにすることは大切である」とあるのに一致。

第2回 試行調査：英語（筆記［リーディング］）

問題番号 （配点）	設問		解答番号	正解	配点	チェック
第1問 (10)	A	問1	1	②	2	
		問2	2	①	2	
	B	問1	3	②	2	
		問2	4	②	2	
		問3	5	③	2	
第2問 (20)	A	問1	6	③	2	
		問2	7	②	2	
		問3	8	③	2	
		問4	9	①	2	
		問5	10	②	2	
	B	問1	11	④	2	
		問2	12	②	2	
		問3	13	③	2	
		問4	14	①	2	
		問5	15	③	2	
第3問 (10)	A	問1	16	②	2	
		問2	17	③	2	
	B	問1	18	③	2	
		問2	19	①	2	
		問3	20	②	2	

問題番号 （配点）	設問		解答番号	正解	配点	チェック
第4問 (16)		問1	21	②	3	
		問2	22	①	3	
		問3	23	②, ③	4*1	
	問4		24	②	3*2	
			25	④		
		問5	26	②	3	
第5問 (20)	問1		27	③	5*2	
			28	②		
			29	⑤		
			30	④		
			31	①		
	問2		32	②, ③, ⑥	5*1	
	問3		33	③	5	
	問4		34	①, ③, ⑥	5*1	
第6問 (24)	A	問1	35	④	3	
		問2	36	②	3	
		問3	37	②	3	
		問4	38	①	3	
	B	問1	39	③	3	
		問2	40	②	3	
		問3	41-42	③-④	3*2	
		問4	43	②	3	

（注）
1 ＊1は，過不足なく解答した場合のみ点を与える。
2 ＊2は，全部正解の場合のみ点を与える。
3 －（ハイフン）でつながれた正解は，順序を問わない。

● 正解および配点は，大学入試センターから公表されたものをそのまま掲載しています。

※ 2018年11月の試行調査の受検者のうち，3年生の得点の平均値を示しています。

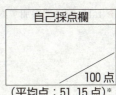

自己採点欄 /100点
（平均点：51.15点）※

2 第2回 試行調査：英語（筆記[リーディング]）〈解答〉

第1問

A 伝言メモの読み取り

訳 《英語部のお別れ会の計画》

　あなたは英語部の部員です。あなたは部員の1人である，マレーシア出身のヤスミンのためにお別れ会を開く予定です。あなたは英語教員助手で部活の顧問であるアメリアから伝言メモを受け取りました。

> 英語部の部員の皆様へ
> 　そろそろいつヤスミンの英語部のお別れ会を開くかを決める頃です。彼女は12月15日に日本を発つ予定なので，部員は来週のどこかで集まるべきです。ヤスミンにどの日が彼女にとってパーティーに来るのに都合がいいか聞いて私に知らせてくれますか？　日取りが決まったら，私はいくつかの素敵なサプライズを計画してあなたたちを手伝うつもりです。また，私が他の生徒を招待しても大丈夫でしょうか？　参加したいと思っているテニス部の生徒を何人か知っています。なぜなら彼らはここ6カ月にわたって彼女とテニスをして楽しんでいたからです。
> 敬具
> アメリア

語句・構文

▶ farewell party「お別れ会」
▶ convenient「（物事が）都合のよい」
▶ take part「参加する」

第2回 試行調査：英語〔筆記［リーディング］〕〈解答〉　**3**

問1　　1　　正解は②

「先生はあなたたちにヤスミンに□□□を尋ねてほしいと思っている」

第3文（Can you ask …）で「ヤスミンにどの日が彼女にとってパーティーに来るのに都合がいいか聞いて私に知らせてくれますか？」と尋ねていることから，正解は②**「彼女がいつパーティーに出席することができるか」**となる。

① 「彼女がパーティーで何を食べたいか」

③ 「彼女がどこでパーティーを開きたいと思っているか」

④ 「彼女が誰をパーティーに招待したいと思っているか」

問2　　2　　正解は①

「先生は□□□も招待したいと思っている」

第5・6文（Also, is it …）で，「また，私が他の生徒を招待しても大丈夫でしょうか？　参加したいと思っているテニス部の生徒を何人か知っています」とあることから，正解は①**「英語部に所属していない数人の生徒」**となる。

② 「英語部とテニス部のすべての部員」

③ 「ヤスミンの他の英語教員のうちの数人」

④ 「マレーシアに留学したいと思っている生徒」

4　第2回 試行調査：英語〔筆記［リーディング］〕〈解答〉

B　ウェブサイトの読み取り

訳 《姉妹都市交流会への参加募集》
　あなたはあなたの街の英語のウェブサイトに，興味深い掲示を見つけました。

参加者募集：姉妹都市青少年交流会
「共に生きることを学ぶ」

　私たちの街のドイツ，セネガル，そしてメキシコの3つの姉妹都市がそれぞれ，15歳から18歳の10人の若者を来年の3月に私たちの街に派遣します。「共に生きることを学ぶ」という8日間の青少年交流会が開催される予定です。それは私たちの招待客の日本への初めての訪問となる予定です。

　私たちは参加してくれる人を探しています：私たちは私たちの街の高校から30人の生徒の主催チーム，訪問する青少年のための30世帯のホームステイファミリー，そしてイベントを管理する20人のスタッフを必要としています。

進行スケジュール

3月20日	オリエンテーション，歓迎パーティー
3月21日	少人数の4カ国合同グループで観光
3月22日	伝統舞踊に関する2つのプレゼンテーション： ⑴セネガルの学生，⑵日本の学生
3月23日	伝統的食生活に関する2つのプレゼンテーション： ⑴メキシコの学生，⑵日本の学生
3月24日	伝統的衣装に関する2つのプレゼンテーション： ⑴ドイツの学生，⑵日本の学生
3月25日	少人数の4カ国合同グループで観光
3月26日	ホストファミリーと自由時間
3月27日	お別れパーティー

- パーティーとプレゼンテーションはコミュニティーセンターで開催されます。
- 交流会の言語は英語になります。私たちの訪問客は英語のネイティブスピーカーではありませんが，彼らは基本的な英語のスキルを持っています。

　登録するには12月20日午後5時までに**ここ**をクリックしてください。

▶▶市役所国際交流課

第 2 回 試行調査：英語（筆記［リーディング］）〈解答〉 **5**

■ 語句・構文 ■

▶ sister city「姉妹都市」
▶ youth meeting「青少年交流会」
▶ participate「参加する」

問1 ☐3☐ 正解は②

「この掲示の目的は開催都市から☐☐する人を見つけることである」

第2段第1文に「私たちは参加してくれる人を探しています」とあることから，正
解は②「イベントに参加する」となる。

① 「活動のスケジュールを決める」
③ 「すべての姉妹都市を訪ねる」
④ 「交流会に関するレポートを書く」

問2 ☐4☐ 正解は②

「交流会の間，学生たちは☐☐予定である」

進行スケジュールを見ると，「伝統舞踊に関するプレゼンテーション」「伝統的食生
活に関するプレゼンテーション」「伝統的衣装に関するプレゼンテーション」をそ
れぞれ招待国のうちの一国と日本の学生が行う予定であることがわかる。したがっ
て正解は②「自分たちの文化についてプレゼンテーションを行う」となる。

① 「国際問題について議論をする」
③ 「ほとんどの時間を観光に使う」
④ 「言語を教えるために地元の高校を訪れる」

問3 ☐5☐ 正解は③

「その交流会はよいコミュニケーションの機会になるだろう。なぜならすべての学
生は☐☐からである」

進行スケジュールの下の注意書きに，「交流会の言語は英語になります。私たちの
訪問客は英語のネイティブスピーカーではありませんが，彼らは基本的な英語のス
キルを持っています」とあることから，正解は③「英語でお互いと話をする」。

① 「異なった年齢のグループに分けられる」
② 「日本語と英語のレッスンを受ける」
④ 「3つの姉妹都市からの家庭に滞在する」

第2問

A　レシピとコメントの読み取り

> 訳　《ミートポテトパイのレシピ》
> あなたは学校で料理部の部員であり，何か違うものを作りたいと思っています。ウェブサイトで，あなたはよさそうな料理のレシピを見つけました。

簡単なオーブンレシピ

ここに，私たちのウェブサイトで上位10品に評価されたオーブンで焼く料理の一つがあります。あなたはこの料理を健康的で満足のいくものだと思うでしょう。

ミートポテトパイ

材料（4人分）

A	玉ねぎ1個	にんじん2本	牛ひき肉500グラム
	小麦粉 2杯	トマトペースト 1杯	ウスターソース 1杯
	ベジタブルオイル 1杯	出し汁 2杯	塩・胡椒
B	ゆでたじゃがいも3個	バター40グラム	
C	スライスチーズ		

作り方

ステップ1：**A**を作る

1. 野菜をみじん切りにして，油を熱して，5分間火を通す。
2. 肉を加えて色が変わるまで炒める。
3. 小麦粉を入れて2分間かき混ぜる。
4. 出し汁，ウスターソース，そしてトマトペーストを加える。30分ほど煮詰める。
5. 塩・胡椒で味付けをする。

ステップ2：**B**を作る

1. その間（**A**を作る間）に，じゃがいもを薄くスライスする。
2. フライパンを熱してバターを溶かす。じゃがいもを加えて3分間炒める。

ステップ3：**A**，**B**そして**C**を合わせて，オーブンで焼く

1. オーブンを200度に温める。
2. 耐熱皿に**A**を入れて，**B**を上に乗せて，**C**をその上にかける。
3. 10分間オーブンで焼く。熱いうちに召し上がってください。

第 2 回 試行調査：英語（筆記［リーディング］）〈解答〉 **7**

〰〰〰〰〰〰〰〰〰〰〰〰〰〰〰〰〰〰〰〰〰〰〰〰〰〰〰

レビューとコメント

👤 cooking@master さん　2018 年 1 月 15 日 15 時 14 分
　これは本当においしいです！　雪の降る日には完璧です。

👤 Seaside Kitchen さん　2018 年 2 月 3 日 10 時 03 分
　うちの子供たちはこの料理が大好きです。作るのは全く難しくないし，私は
　子供たちのために何度も作りました。

語句・構文

▶ minced beef「牛ひき肉」
▶ Worcestershire sauce「ウスターソース」
▶ soup stock「出し汁」
▶ stir「かき混ぜる」

問 1 　 6 　　正解は③
「このレシピはあなたが 　　　　 したいのであればよいだろう」
作り方の最後に「熱いうちに召し上がってください」とあること，cooking@master さんのコメントに「雪の降る日には完璧です」とあることから，正解は③「**寒い日に温かい料理を楽しむ**」となる。
① 「昼食に鶏を調理する」
② 「甘いものを食べる」
④ 「火を使わずに簡単な料理を準備する」

問 2 　 7 　　正解は②
「作り方に従えば，その料理はおよそ 　　　　 で食べる準備ができるはずである」
作り方の中で時間が明記されているものは，「野菜をみじん切りにして，油を熱して，5 分間火を通す」「小麦粉を入れて 2 分間かき混ぜる」「30 分ほど煮詰める」「じゃがいもを加えて 3 分間炒める」「10 分間オーブンで焼く」で，**A** を作る間に行う「じゃがいも…3 分間」以外を足して合わせると 47 分になり，他の作業にも多少の時間がかかるとすると，正解は②「**1 時間**」となる。
① 「30 分」
③ 「20 分」
④ 「2 から 3 時間」

8　第2回　試行調査：英語（筆記［リーディング］）〈解答〉

問3　　8　　正解は③

「生のにんじんが好きではない人はこの料理を食べるかもしれない。なぜなら□□□□だからである」

にんじんが含まれているのは **A** であり，ステップ1を見ると，「野菜をみじん切りにして，油を熱して，5分間火を通す」とあるので，にんじんが加熱調理されていることがわかる。したがって正解は③**「にんじんが加熱調理されている」**だと推測できる。

①「にんじんは使われていない」

②「多くの種類の香辛料が使われている」

④「にんじんがとても新鮮である」

問4　　9　　正解は①

「ウェブサイトによると，このレシピに関するある**事実**（意見ではない）は□□□□ということである」

①**「ウェブサイトで高い評価を得ている」**は冒頭で述べられており，また事実であるので，これが正解となる。

②「ベジタリアンのために作られた」　本文の内容と一致しない事実。

③「パーティーに持っていくのに最適」　本文にない意見。

④「とてもおいしい」　本文の内容と一致する意見。

問5　　10　　正解は②

「ウェブサイトによると，このレシピに関するある**意見**（事実ではない）は□□□□ということである」

Seaside Kitchen さんのコメントで，「作るのは全く難しくない」と言っていることから，②**「調理しやすい」**はこのレシピに対する意見であり，これが正解となる。

①「ある親が何度もこの料理を作った」　本文の内容と一致する事実。

③「友人と料理をするのは楽しい」　本文と全く関係がない意見。

④「そのレシピはある有名な料理家によって考案された」　本文の内容と一致しない事実。

第 2 回 試行調査：英語（筆記 [リーディング]）〈解答〉　**9**

B　記事とコメントの読み取り

訳　《携帯電話禁止の記事》
　　あなたの英語の先生が次の授業での討論の準備の参考になるように，ある記事を
あなたにくれました。この記事の一部分とコメントの一つが以下に示されています。

フランスの学校で携帯電話禁止

パリのトレーシー=ウルヴより
2017 年 12 月 11 日・午後 4 時 7 分

[第 1 段]　フランス政府は 2018 年 9 月から学校で生徒が携帯電話を使うことを禁
止する予定です。生徒は学校に携帯電話を持ってくることは許可されますが，特別
の許可なしに校内でそれらを使うことはいかなるときも許可されません。この規則
は国内の小学校と中学校のすべての生徒に適用されます。

[第 2 段]　フランスの国民教育大臣であるジャン=ミシェル=ブランケは「この頃生
徒たちは休み時間に遊ばなくなりました。彼らは皆スマートフォンを見ていて，教
育的観点からそれには問題があります」と発言しました。彼はまた「携帯電話は緊
急の場合には必要とされるかもしれませんが，それらの使用は何らかの方法で制御
されなくてはなりません」と言いました。

[第 3 段]　しかしながら，すべての親がこの規則に喜んでいるわけではありません。
数人の親は「人は時代とともに生きなくてはなりません。私たちが過ごしたのと同
じ子供時代を子供たちに強制することは意味をなしません」と言いました。さらに
他の親は「誰が携帯電話を集めて，そしてどこでそれらを保管するのでしょうか？
それらはどのようにして持ち主に返されるのでしょう？　もしすべての学校が子供
たちが携帯電話を保管できるロッカーを提供しなくてはならないのであれば，多く
の費用と場所が必要とされるでしょう」と付け加えました。

21 件のコメント

最新

ダニエル=マッカーシー　2017 年 12 月 19 日・午後 6 時 11 分
よくやった，フランス！　学校はただ生徒たちに物事の計算の仕方を学ばせようと
しているわけではない。彼らが学校で学ぶべきことは他にたくさんある。若者は他
人とうまくやっていく方法のような社会的な技術を身につける必要がある。

10 第2回 試行調査：英語（筆記[リーディング]）〈解答〉

語句・構文

［第2段］▶ education minister「教育担当大臣」
［第3段］▶ store「～を保管する」

問1 　11 　正解は④

「記事で説明された規則によると，フランスの小学校と中学校の生徒は□□□こと
を許されないだろう」
第1段第2・3文（Students will be …）に「生徒は学校に携帯電話を持ってく
ることは許可されますが，特別の許可なしに校内でそれらを使うことはいかなると
きも許可されません。この規則は国内の小学校と中学校のすべての生徒に適用され
ます」とあるので，正解は④**「特別な場合を除いて学校で携帯電話を使う」**となる。
① 「親に自分たちの携帯電話の料金を払ってもらうよう頼む」
② 「自分たちの携帯電話を学校に持ってくる」
③ 「卒業後まで自分自身の携帯電話を持つ」

問2 　12 　正解は②

「あなたのチームは『携帯電話の学校での使用は制限されるべきである』という討
論の議題を支持する予定である。記事であなたのチームにとって役に立つある**意見**
（事実ではない）は□□□ということである」
第2段の国民教育大臣の発言内容に「この頃生徒たちは休み時間に遊ばなくなりま
した。彼らは皆スマートフォンを見ていて，教育的観点からそれには問題がありま
す」とあるので，正解は②**「生徒は休み時間に友達と遊ぶべきである」**となる。①
も necessary という主観性を表す形容詞が用いられているため「意見」と考えら
れるが，本文では授業中に勉強に集中すべきという意見は述べられていないため誤
りである。
① 「生徒は授業中に勉強に集中することが必要である」
③ 「政府は学校での携帯電話の使用に関して新しい規則を導入する予定がある」
④ 「携帯電話を長く使いすぎることは生徒の目を悪くするかもしれない」

問3 　13 　正解は③

「他方のチームは討論の議題に反対する予定である。記事において，そのチームに
とって役に立つある**意見**（事実ではない）は□□□ということである」
第3段の最終文（If all schools …）に「もしすべての学校が子供たちが携帯電話
を保管できるロッカーを提供しなくてはならないのであれば，多くの費用と場所が
必要とされるでしょう」とあるので，正解は③**「生徒の携帯電話を保管する費用は
高すぎるだろう」**となる。

① 「生徒に携帯電話の使用の制御の仕方を教えたほうがよい」

② 「生徒は日々のコミュニケーションに携帯電話を使うべきである」

④ 「その規則は国内の小学校と中学校のすべての生徒に適用されるだろう」

問4 　14 　正解は①

「記事の第3段において，『人は時代とともに生きなくてはならない』が意味するのは人々は□□□□べきであるということである」

当該文直後に「私たちが過ごしたのと同じ子供時代を子供たちに強制することは意味をなしません」とあるので，正解は①「**彼らがいつ生きているかに応じて生活様式を変える**」となる。

② 「人気のある流行に関係なく自分のやり方で生きる」

③ 「子供の頃の思い出を覚えておく」

④ 「学校に遅刻しないようにする」

問5 　15 　正解は③

「ダニエル=マッカーシーのコメントによれば，彼は記事で述べられた規則□□□□」

ダニエル=マッカーシーのコメントを見ると，「よくやった，フランス！…若者は他人とうまくやっていく方法のような社会的な技術を身につける必要がある」とあり，規則の方針と同調しているので，正解は③「**〜に強く同意している**」となる。

① 「〜に対して特別な意見を持っていない」

② 「〜に部分的に同意している」

④ 「〜に強く反対している」

第3問

A ブログの読み取り

> 訳 《高校の学園祭での経験》
> あなたはあなたの学校の女子交換留学生によって書かれたブログの中で，以下の話を見つけました。

学園祭
9月15日，日曜日
[第1段] 私は私の友人のタクヤと彼の高校の学園祭に行きました。私は日本の学園祭にそれまで行ったことがありませんでした。私たちはまずお化け屋敷を試しました。それはよくできていて，プロジェクターといい音響を使って怖い雰囲気を醸し出していました。
[第2段] それから私たちは学生によって演じられたダンスショーを見ました。彼らはかっこよくて踊りが上手でした。天気が悪かったことが残念でした。もし晴れていたのなら，彼らは屋外で踊ることができていたでしょう。昼食時に，私たちはハワイアンパンケーキとタイカレーとメキシカンタコスを屋台で食べました。それらは皆おいしかったのですが，私たちがピザの屋台を見つけた頃にはイタリアンピザはすでに売り切れでした。
[第3段] 午後に，2人とも歌うことが大好きだったので，私たちは一緒にカラオケ大会に参加しました。驚いたことに，私たちはもう少しで優勝するところでした。大会には20組の参加者がいたのでそれは驚くべきことでした。

私たちは多くの人が私たちの歌を気に入ってくれたことをとても嬉しく思いました。私たちはまた学生が作ったデジタルペインティングやショートムービーを楽しみました。
[第4段] 私は学生が自分たちでこのような大きなイベントを組織し準備したことが信じられません。学園祭はかなり印象的でした。

語句・構文

[第1段] ▶ atmosphere「雰囲気」
[第2段] ▶ food stall「屋台」
[第3段] ▶ entry「参加者」

第 2 回 試行調査：英語（筆記［リーディング］）〈解答〉　**13**

問1　16　正解は②

「学園祭では，[　]」

第2段で「天気が悪かったことが残念でした。もし晴れていたのなら，彼らは屋外で踊ることができていたでしょう」とあることから，正解は②「**天気が悪かったためダンスショーは屋内で行われた**」となる。

① 「昼食時間の前に屋台のほとんどの食べ物は売り切れだった」
③ 「お化け屋敷は電気装置を使わずに運営されていた」
④ 「カラオケ大会は午前中に開催された」

問2　17　正解は③

「あなたはこのブログの筆者が[　]ということを学んだ」

第2段で，「昼食時に，私たちはハワイアンパンケーキとタイカレーとメキシカンタコスを屋台で食べました」とあり，第3段で「私たちは一緒にカラオケ大会に参加しました。驚いたことに，私たちはもう少しで優勝するところでした」とあることから，正解は③「**様々な料理を試しカラオケ大会で2位になった**」となる。なお，カラオケ大会の結果については，イラストも参考になる。

① 「お化け屋敷，ダンスショー，そして先生の美術作品を楽しんだ」
② 「カラオケ大会で歌い3等賞を勝ち取った」
④ 「彼女のダンスと学園祭についての彼女のショートムービーに満足した」

14 第2回 試行調査：英語〈筆記[リーディング]〉〈解答〉

B エッセイの読み取り

> 訳 《病院へのお見舞いにおける異文化体験》
>
> あなたは留学雑誌の中で以下の話を見つけました。
>
> ---
>
> 花とそれらの持つ隠された意味
> マエヤマナオコ（教員助手）
> ［第1段］　花を贈ることは間違いなく素敵なことです。しかし，あなたが外国にいるときには，あなたは文化の違いについて知っておくべきです。
> ［第2段］　デボラは3週間の語学プログラムで日本の私たちの学校に来ていて，最初は彼女の母国であるカナダ出身の学生は一人もいなかったので緊張していました。しかし彼女はすぐに多くの友人を作り，そして教室の中と外で素晴らしい時間を過ごしていました。ある日，彼女は彼女の日本語の先生である林先生が駅の階段で転んで入院しているということを聞きました。彼女はとても驚き心配して，そしてできるだけ早くお見舞いに行きたいと思いました。デボラはクラスメートとともに病院に行くことに決め，先生を喜ばせるために植木鉢に赤いベゴニアを入れて持っていきました。彼女たちが病院の部屋に入ったとき，彼はにっこり笑って彼女たちを歓迎しました。しかしながら，彼の表情はデボラが赤い花を彼に渡したとき，急に変わりました。デボラは少し困惑しましたが，彼女は彼を困らせたくなかったので理由は尋ねませんでした。
> ［第3段］　後になって，デボラは彼女の初歩的な日本語で，辞書の助けを借りながら，彼女が病院にお見舞いに行ったこと，そして彼女が彼女の先生にベゴニアを渡したとき，どのように彼の表情が変わったかについて私に話してくれました。デボラは「赤は情熱の色なので，それは私の一番好きな花なのです。私は私の先生もいつも教えることに関して熱心なので，それをきっと気に入るだろうと思っていました」と言いました。
> ［第4段］　残念なことに，植木鉢に植えてある花は日本では病院に持っていくべきではないものです。その理由は植木鉢に植えてある植物には根があり，したがって簡単に動かすことができないからです。日本の文化ではこれらの事実から入院が長引くことを連想する人がいます。デボラは植木鉢に植えたベゴニアの隠された意味を聞いたすぐ後，林先生のもとへ謝りに再びお見舞いに行きました。

語句・構文

［第1段］▶ definitely「間違いなく」
［第2段］▶ flower pot「植木鉢」
［第4段］▶ associate *A* with *B*「*A* と *B* を結びつける」

第2回 試行調査：英語〔筆記［リーディング］〕〈解答〉 **15**

問1 ___18___ 正解は③

「話によると，デボラの感情は次の順番で変化した：_____」

デボラの心情は，第2段で，「デボラは…最初は彼女の母国であるカナダ出身の学生は一人もいなかったので緊張していました」（緊張），「しかし彼女はすぐに多くの友人を作り，そして教室の中と外で素晴らしい時間を過ごしていました」（幸せ），「彼女はとても驚き心配して…」（驚き），「デボラは少し困惑しました」（困惑）と移っていき，最終段で「彼女は林先生のもとへ謝りに再びお見舞いに行きました」（申し訳ない）となるので，正解は③となる。選択肢が6つなので少しややこしく，本文で用いられている感情表現と選択肢の感情形容詞を正しく結びつけられるかどうかが鍵である。(nervous→having a great time〔⇒happy〕→surprised and upset〔⇒shocked〕→puzzled〔⇒confused〕→apologize〔⇒sorry〕)

問2 ___19___ 正解は①

「デボラが選んだ贈り物は日本では適切ではなかった。なぜならそれは_____を暗に意味するからである」

最終段に，「植木鉢に植えてある植物には根があり，したがって簡単に動かすことができないからです。日本の文化ではこれらの事実から入院が長引くことを連想する人がいます」とあることから，正解は①「長期の入院」となる。remaining in the hospital を選択肢では a long stay と言いかえていることを見抜くこと。

② 「祝福」　　③ 「怒りの増大」　　④ 「生きることへの情熱」

問3 ___20___ 正解は②

「この話から，あなたはデボラが_____ということを知った」

第3段で，「デボラは彼女の初歩的な日本語で，辞書の助けを借りながら…私に話してくれました」とあり，ベゴニアの件について話すために日本語を練習したことがわかり，最終段で植木鉢に植えた花の持つ意味を学んでいるので，正解は②「**ベゴニアのために日本語を練習しただけでなく，日本の文化についても学んだ**」となる。

① 「彼女は授業で数種の花の意味を学んだので，彼女の先生にベゴニアを選んだ」

③ 「教員助手とともに病院にお見舞いに行って先生に会い，会話を楽しんだ」

④ 「林先生からベゴニアについての説明を受け，その隠された意味を学んだ」

第4問

説明的な文章・グラフの読み取り

> **訳** 《読書の習慣》
> あなたは生徒の読書の習慣について調査をしています。あなたは2つの記事を見つけました。
>
> ---
>
> 生徒の間の読書の習慣　　　　　　　　　　　　　　デイヴィッド=ムーアより
> 　　　　　　　　　　　　　　　　　　　　　　　　　　　　　　2010年7月
>
> [第1段] 趣味で読書をすることは，学校の課題や勉強のためにというよりはむしろ楽しみのためだけに読書をすることです。趣味で読書をすることと教育的成果を結びつける確かな証拠があります。研究によると日常的に趣味で読書をする生徒はそうでない生徒よりもテストの成績がよいそうです。研究者たちはまた，たとえ毎日少しであったとしても，楽しみのために読書をすることは，勉強や情報収集のために何時間も読書に費やすことよりも，実際はより有益であるということを発見しました。さらに頻繁に楽しみのために読書をすることは，紙の書籍を読むかデジタル書籍を読むかにかかわらず，教養の向上と強く関係しています。
>
> [第2段] 2009年の国際的研究によると，15歳の生徒の3分の2が日常的に楽しみのために読書をします。グラフは6カ国における趣味で読書をする生徒の割合を表しています。読書の習慣は国によって異なり，そしていくつかの国においては読書においてジェンダー間で大きな差がありました。
>
>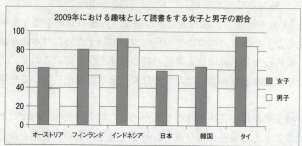
>
> [第3段] 多くの国において，日常的に趣味で読書をする生徒の割合は前回の2000年の研究から減少していました。2000年当時は，平均で女子生徒の77％と男子生徒の60％が趣味で読書をしていました。2009年までには，これらの割合がそれぞれ74％と54％へ下がっていました。

[第4段]　私の意見では，今日の多くの生徒がどの本を読むべきなのかがわからないのだと思います。彼らが言うには，彼らには好きなジャンルやシリーズがないそうです。だから日常的に趣味で読書をする生徒の割合は下がってきているのです。親や教師は，趣味で読書をすることを日常的な習慣とするために，生徒が興味深いと思う本を見つけることを助けるべきです。

「生徒の間の読書の習慣」についての意見　　　　　Y. T. より
2010 年 8 月

[第5段]　学校の司書として，私は多くの異なった国で働いてきました。私は世界中で日常的に趣味として読書をする生徒が以前よりも少なくなっているということを知って少し悲しくなりました。デイヴィッド=ムーアの記事によると，私の母国の女子生徒のおよそ 60％が趣味で読書をすると答え，そしてジェンダー間の差はおよそ 20％だったということです。私はこれを残念に思います。

[第6段]　より多くの生徒が読書の利点を知る必要があります。デイヴィッド=ムーアが言及したように，趣味で読書をすることは生徒の学力によい影響があります。日常的に多くの本を読む生徒は読解，数学，そして論理的な問題解決における成績がよいのです。また，趣味で読書をすることは生徒の精神的健康にも肯定的な影響があります。研究は，日常的に楽しみのために読書をすることとストレスや鬱の度合いの低下との間の強い関係を示しています。

[第7段]　これらの利点にもかかわらず，生徒は一般的に読書に十分な時間を費やしません。私たちの日々の生活は今や画面に基づいた娯楽で満たされています。生徒はテレビゲームをしたり，ソーシャルメディアを使ったり，テレビを見ることに多くの時間を費やします。私は，生徒は画面を見る時間を減らし，毎日たとえ短い時間の間でも本を読むべきだと思います。子供の頃に読書をする習慣を形成することは後の読解力と関係があると言われています。学校の図書館は生徒が多くの情報源を見つけるのによい場所です。

語句・構文

[第1段] ▶ rather than 〜「〜よりむしろ」
　　　　▶ regardless of 〜「〜にかかわらず」
[第2段] ▶ gender gap「ジェンダーギャップ，男女の性差による違い」
[第3段] ▶ respectively「それぞれ」
[第4段] ▶ genre「ジャンル」
[第5段] ▶ school librarian「学校司書」
[第6段] ▶ depression「鬱」
[第7段] ▶ reading proficiency「読解力」

18 第2回 試行調査：英語（筆記［リーディング］）〈解答〉

問1 21 正解は②

「デイヴィッド＝ムーアも司書も[　　]については言及していない」

①「読書の習慣におけるジェンダー間の差」については，第2段に「いくつかの国においては読書においてジェンダー間で大きな差がありました」，第5段に「ジェンダー間の差はおよそ20％だったということです」とある。③「生徒の間の読書の習慣における変化」については第3段で，「多くの国において，日常的に趣味で読書をする生徒の割合は前回の2000年の研究から減少していました」とある。④「子供の頃に定期的に読書をすることの重要性」については，最終段で，「子供の頃に読書をする習慣を形成することは後の読解力と関係があると言われています」とある。②「デジタル書籍を読むことに関係する問題」についてはどちらも言及していないので，これが正解となる。

問2 22 正解は①

「司書は[　　]出身である」

第5段に「私の母国の女子生徒のおよそ60％が趣味で読書をすると答え，そしてジェンダー間の差はおよそ20％だったということです」とあり，グラフより，女子生徒で趣味として読書をする人の割合がおよそ60％で，ジェンダー間の差がおよそ20％なのはオーストリアであるので，正解は①「オーストリア」となる。

②「フィンランド」

③「日本」

④「韓国」

問3 23 復 正解は②，③

「記事によると，趣味で読書をすることは生徒の[　　]へよい影響を持っている（2つ以上の選択肢を選んでもよい）」

第1段に「研究によると日常的に趣味で読書をする生徒はそうでない生徒よりもテストの成績がよいそうです」，第6段に「趣味で読書をすることは生徒の学力によい影響があります」とあることから②「教育上の成功」は正解となる。また，第6段最終文（Research has shown …）に「研究は，日常的に楽しみのために読書をすることとストレスや鬱の度合いの低下との間の強い関係を示しています」とあることから③「心の健康」も正解となる。

①「職業の選択」

④「ソーシャルメディアの見方」

第 2 回 試行調査：英語（筆記［リーディング］）〈解答〉 19

問 4 　24　　25　　正解は②，④

「デイヴィッド＝ムーアは生徒が　24　と述べ，そして司書は，彼らが　25　と述べ
ている（それぞれの空所には異なる選択肢を選びなさい）」

デイヴィッドは第 4 段で「私の意見では，今日の多くの生徒がどの本を読むべきな
のかがわからないのだと思います」と述べていることから，　24　の正解は②「ど
の本を読むべきか決められない」となる。司書は最終段で「私たちの日々の生活は
今や画面に基づいた娯楽で満たされています。生徒はテレビゲームをしたり，ソー
シャルメディアを使ったり，テレビを見ることに多くの時間を費やします」と述べ
ているので，　25　の正解は④「電子機器で遊ぶことを楽しんでいる」となる。

① 「これまでよりも忙しい」
③ 「親と似たような本を選ぶ」
⑤ 「テレビから有用な情報を得ている」

問 5 　26　　正解は②

「両方の記事からの情報に基づいて，あなたは宿題のレポートを書くつもりです。
あなたのレポートに最もよい題名は『　　』だろう」

両者ともに，生徒が趣味で日常的に読書をすることの重要性を説いている。したが
って正解は②「娯楽のための読書をあなたの日常生活の一部にしなさい」となる。

① 「好むと好まざるとにかかわらず，古典小説を読むことは重要である」
③ 「趣味としての読書が様々な国で人気を博している」
④ 「学校の図書館：学校の課題を行うための素晴らしい情報源」

20　第２回 試行調査：英語（筆記[リーディング]）〈解答〉

第5問

伝記的な文章の読み取り・要約

訳 《ポスター発表のための準備》

　あなたのグループは，以下の雑誌の記事の情報を利用し，「アメリカのジャーナリズムに革命をもたらした人物」というタイトルのポスター発表をする準備をしています。

[第1段]　ニューイングランド出身の印刷工だったベンジャミン＝デイが，アメリカのジャーナリズムをその後ずっと変えることになったのは，彼がニューヨーク市の新聞『ザ・サン』を立ち上げたときであった。ベンジャミン＝デイは 1810 年 4 月 10 日，マサチューセッツ州のスプリングフィールドで生まれた。10 代の頃は印刷工として働き，20 歳のとき，ニューヨークの印刷所と新聞販売所で働き始めた。1831 年，彼は十分なお金を蓄え，自分自身で印刷業を始めたのだが，翌年，ニューヨーク市がコレラの流行に襲われると事業が苦しくなり始めた。会社が倒産するのを防ごうと，デイは新聞を創刊することを決意したのだ。

[第2段]　1833 年，アメリカには 650 の週刊新聞と 65 の日刊新聞があり，平均売上は 1,200 部ほどであった。アメリカの他の地域では安い新聞もあったが，ニューヨークでは，普通，新聞は 6 セントもするものだった。デイは多くの労働者階級の人々は新聞を読むことができるが，新聞には彼らの興味があることが書かれておらず，価格も高すぎるので買わないのだと考えていた。1833 年 9 月 3 日，デイは 1 部たったの 1 セントで，『ザ・サン』を刊行した。安価な新聞として知られている「ペニー・プレス」の登場は，アメリカのジャーナリズムの歴史において重要で画期的な出来事であった。

[第3段]　デイの新聞記事は当時の他の新聞記事とは異なるものであった。『ザ・サン』は，政治や本・演劇の批評について報じるのではなく，人々の日常生活に焦点を当てていた。『ザ・サン』は個人の出来事や犯罪を報じた最初の新聞だったのだ。『ザ・サン』が登場したおかげで，アメリカのジャーナリズムにパラダイムシフトが起き，新聞は地域社会と読者の生活の重要な一部となったのである。デイは街角で新聞を売る新聞売りというもう一つの斬新なアイデアも思いついた。人々は新聞を買うために販売所に立ち寄る必要さえなくなったのである。

[第4段]　簡単に手に入れられて価格も安い新聞の組み合わせは成功し，まもなくデイは『ザ・サン』の刊行で，豊かな生活を送るようになっていた。半年も経たないうちに『ザ・サン』の発行部数は 5,000 部になり，1 年後には 10,000 部に達し

た。1835 年までに『ザ・サン』の売り上げは 19,000 部になり，これは当時の他のどの日刊新聞よりも多い部数であった。その後数年にわたり，12 紙ほどの新たなペニー新聞が刊行され，各新聞が競い合う新しい時代が始まった。『ザ・サン』の成功は，他のジャーナリストたちがより安い価格で新聞を発行することを促した。南北戦争の時代までに，ニューヨーク市の新聞の標準価格はたった 2 セントにまで下がったのである。

[第 5 段] デイは成功したにもかかわらず，『ザ・サン』を運営して約 5 年で，新聞を発行する日々の仕事に興味を失ってしまった。1838 年，彼は義理の兄弟のモーゼ＝エール＝ビーチに『ザ・サン』を 40,000 ドルで売却したが，この新聞は何年にもわたり刊行され続けた。新聞販売の後，デイは雑誌の出版など，他のビジネス分野にも進出したが，1860 年代までに，実質的には一線を退いていた。彼は 1889 年 12 月 21 日に亡くなるまで，静かに暮らしていた。デイがアメリカの新聞業界に関わっていたのは比較的短期間であったが，彼は新聞が大衆の心に訴えかけられることを示した革命的な人物として記憶されているのだ。

アメリカのジャーナリズムに革命をもたらした人物

■ベンジャミン＝デイの生涯

時期	出来事
1810年代	スプリングフィールドで過ごした子供時代
1820年代	27
1830年代以降	28 ↓ 29 ↓ 30 ↓ 31

ベンジャミン＝デイ

■『ザ・サン』について

▶『ザ・サン』の刊行日：1833 年 9 月 3 日
▶この新聞は以下の理由から大成功だった： 32

■アメリカのジャーナリズムの転換：新しいモデル

▶『ザ・サン』のモットーは「 33 」
▶『ザ・サン』はアメリカのジャーナリズムと社会を多くの点から変えた： 34

22 第 2 回 試行調査：英語〈筆記[リーディング]〉〈解答〉

語句・構文

［第 1 段］▶ cholera epidemic「コレラの流行」
　　　　　▶ prevent *A* from *doing*「*A* が〜するのを防ぐ」
　　　　　▶ go under「倒産する」
［第 2 段］▶ address「〜を扱う」
　　　　　▶ milestone「画期的な出来事」
［第 3 段］▶ paradigm shift「パラダイムシフト」　ある時代の支配的な考え方が変わること。
　　　　　▶ come up with 〜「〜を思いつく」
　　　　　▶ novel「斬新な」
［第 4 段］▶ available「手に入れられる」
　　　　　▶ circulation「発行部数」
　　　　　▶ competition「競争」
　　　　　▶ the Civil War「(アメリカ) 南北戦争」
［第 5 段］▶ publication「出版」
　　　　　▶ be involved in 〜「〜に関わる」
　　　　　▶ relatively「比較的」
　　　　　▶ revolutionary「革命的な」
　　　　　▶ appeal to 〜「〜の心に訴える」
　　　　　▶ mass audience「大衆」

問 1　 27 　 28 　 29 　 30 　 31 　正解は③, ②, ⑤, ④, ①
「あなたのグループのメンバーがデイの生涯の重要な出来事を列挙した。出来事を起こった順に 27 〜 31 の空所に入れなさい」
第 1 段第 2・3 文（Benjamin Day was …）で 1810 年に生まれたベンジャミン＝デイが 10 代の頃は印刷工として働いていたと述べられているので, 27 は③「デイは地元で印刷工として経験を積んだ」が適切。続く同段第 4 文（In 1831, when …）では, 1831 年にデイが自分自身で印刷業を始めたが, 翌年, コレラの流行に襲われて事業が苦しくなったと述べられているので, 28 は②「デイは印刷会社を設立した」, 29 は⑤「デイの会社は死に至る病によって脅威にさらされた」がそれぞれ正解となる。また同段最終文（In an attempt …）ではデイは会社が倒産するのを防ぐため, 新聞を創刊する決意をしたとあるので, 30 は④「デイは新聞社を立ち上げた」が適切。さらに最終段第 3 文（After selling the …）では新聞販売の後, 雑誌の出版なども行ったという内容が述べられているので, 31 は①「デイは他の出版物もつくった」が正解となる。

第 2 回　試行調査：英語〔筆記［リーディング］〕〈解答〉　**23**

問 2　　32　　複　　正解は②，③，⑥

「ポスターを完成させる最も適切な文章を選びなさい（2 つ以上の選択肢を選んでもよい）」

デイが創刊した新聞の『ザ・サン』が成功した理由を選ぶ問題で，2 つ以上の選択肢が当てはまる可能性があり，**当てはまる選択肢をすべて選ばなければならない**。

① 「デイは労働者階級の識字レベルを向上させることに集中した」　本文中にこのような内容が述べられている部分はない。

② 「デイは新聞を配る新しい方法を導入した」　第 3 段第 5 文（Day also came …）で，デイが街角で新聞を売る新聞売りという斬新なアイデアを思いついたとあるので正解。

③ 「デイは手頃な価格の新聞に対する潜在的な需要を理解していた」　第 2 段第 3 文（Day believed that …）で，デイは多くの労働者階級の人々は新聞の価格が高すぎるため買わないと考えていたとあるので正解。

④ 「デイはわかりやすい方法で政治情勢を報じた」　第 3 段第 2 文（Instead of reporting …）でデイの新聞は政治について報じるのではなく，人々の日常生活に焦点を当てていたとあるので不適。

⑤ 「デイは多くの新聞をすべての家庭に配達した」　デイの新聞はよく売れたが，すべての家庭に配られたわけではないので不適。

⑥ 「デイはどのような記事が読者を惹きつけるのかを理解していた」　第 3 段第 2 ～ 4 文（Instead of reporting …）でデイの新聞は他の新聞と異なり，個人の出来事や犯罪を報じ，それによってパラダイムシフトが起き，新聞が読者の生活の重要な一部となったと述べられているので正解。

問 3　　33　　正解は③

「以下のうち『ザ・サン』のモットーであった可能性が一番高いのはどれか」

第 2 段で，『ザ・サン』は労働者階級の人々でも購入しやすいように価格を安く設定したとある。第 3 段で，記事の内容も人々の日常生活に焦点を当て，個人の出来事を報じた最初の新聞だったと述べられているので，③ 「『ザ・サン』：すべての人のために光輝く」が最も適切。

① 「政治よりも重要なことは何もない」

② 「アメリカンドリームについての日々の日誌」

④ 「トップの人々は『ザ・サン』を購読する」

24 第2回 試行調査：英語〔筆記［リーディング］〕〈解答〉

問4　**34**　㊰　正解は①, ③, ⑥

「ポスターを完成させる最も適切な文章を選びなさい（2つ以上の選択肢を選んでもよい）」

デイが創刊した新聞の『ザ・サン』が，どのような点でアメリカのジャーナリズムと社会を変えたのかを選ぶ問題で，2つ以上の選択肢が当てはまる可能性があり，当てはまる選択肢はすべて選ばなければならない。

① 「一般の人々にとって情報が幅広く手に入れられるようになった」　第2段では労働者階級の人々も購入できるよう『ザ・サン』の価格を従来の新聞よりもかなり安く設定したと述べられており，一般の人々も新聞を購入して情報を得られやすくなったことがわかるので正解。

② 「ジャーナリストたちは政治的関心についてより意識するようになった」　第3段第2文（Instead of reporting …）から『ザ・サン』が登場する前の新聞が政治について報じることが多かったとわかるので不適。

③ 「ジャーナリストたちは地域社会にとって興味がある話題について書くことがより多くなった」　第3段第2文（Instead of reporting …）では，『ザ・サン』が人々の日常生活に焦点を当てたとあり，同段第4文（It led to …）でも，新聞が地域社会にとって重要なものとなったと述べられている。この新聞が登場したことで，地域社会にとっての関心ごとが新聞に掲載されることが多くなったことが読み取れるので正解。

④ 「新聞は以前よりも中流階級の読者に人気がなくなった」　本文中にこのような内容が述べられている部分はない。

⑤ 「識字教育の提供において，新聞が学校に取って代わった」　本文中にこのような内容が述べられている部分はない。

⑥ 「新聞の役割は以前よりもはるかに重要なものになった」　第2段最終文（The introduction of …）では，『ザ・サン』という安価な新聞が登場したことはアメリカのジャーナリズムにおいて重要で画期的な出来事であったとあり，第3段第4文（It led to …）でも『ザ・サン』が登場したおかげで新聞は地域社会と読者の生活の重要な一部となったと述べられているので正解。

第2回 試行調査：英語（筆記［リーディング］）〈解答〉 25

第6問

A 説明的な文章の読み取り

訳 《ジェンダーとキャリア形成に関するグループ発表の準備》

　あなたは授業でジェンダーとキャリア形成に関するグループ発表を行う準備をしています。あなたは以下の記事を見つけました。

女性パイロットはアジアのパイロット危機を救えるのか？

［1］　アジアでは飛行機の旅が急激に増え，航空機のパイロット不足が深刻な問題になりつつある。統計によると，現在，アジアにおいて飛行機で移動する乗客の数は，年間で約1億人ずつ増加している。もしこの傾向が続けば，アジアではこの先20年の間に226,000人の新たなパイロットが必要となる。その職務をすべて満たすためには，航空会社はより多くの女性を雇用する必要があるのだが，現在のところ，世界のすべてのパイロットのうち女性が占めるのは3％で，日本やシンガポールなどのアジア諸国ではわずか1％にすぎない。多くの新しいパイロットを見つけ出すには，女性パイロットの数が非常に少ないことを説明できる要因を調査し，可能な解決策を探す必要がある。

［2］　女性がパイロットになるうえでの潜在的な障害の一つは，多くの社会に長きにわたり存在してきた，女性はこの職業に適していないという固定観念かもしれない。これは男子のほうが女子よりも機械工学に強い傾向があり，身体的にもより強いという考えに起因している部分があるように思われる。最近の調査では，若い女性は成功する見込みが少ない職業を避ける傾向があることがわかっている。したがって，このジェンダーに関する固定観念によって女性は挑戦することさえ思いとどまっているのかもしれない。これは，たとえばマレーシア航空専門学校で，多くの場合，入学したすべての訓練生のうち女性が占める割合がわずか10％にとどまっている理由の説明になるかもしれない。

［3］　さらに，もう一つの問題としては安全性の問題も伴っている。人々は女性パイロットが操縦する飛行機の安全性に不安を感じるかもしれないが，その不安はデータで立証されているわけではない。たとえば，以前アメリカで行われた大規模なパイロットのデータベースの分析では，男性パイロットと女性パイロットの事故率において大きな違いは見られなかった。それよりも，その調査から，パイロットの年齢やフライト経験といった他の要因のほうが，その人物が事故を起こす可能性があるかどうかを予測するとわかったのである。

26 第2回 試行調査：英語（筆記［リーディング］）〈解答〉

［4］　男性パイロットのほうが高い操縦技術を持っているという予想はあるものの，男性パイロットと女性パイロットは，この仕事においてそれぞれ異なる強みとなるスキルを持ち合わせているのかもしれない。まず一つは，男性パイロットは，女性パイロットよりも，飛行機の操縦方法を習得しやすい場合が多い。コックピット内の操縦装置は，たいてい大柄な人のほうが手が届きやすく，使いやすくなっている。平均的に男性のほうが女性よりも体が大きい傾向がある。実際，ほとんどの国が採用している最低身長の条件をクリアできる可能性は，男性よりも女性のほうが低い。その一方で，ある航空会社の日本人女性の機長が述べているように，女性パイロットのほうが乗務員の間で円滑にコミュニケーションを図るのが得意なように思われる。

［5］　若い乗客は女性が自分たちの乗る飛行機を操縦するのを見て，女性パイロットを普通のことだと受け入れるようになっている。女性には家族と一緒に家にいることを求めるといった固定観念やこれまでの慣習を打ち破るうえで，今日の女性パイロットは優れた模範的人物となっている。すでにベトナム国営航空で行われているように，柔軟な労働形態を導入することで，女性パイロットの数を増やし，彼女たちがその仕事を続けられるように後押しができるかもしれない。

［6］　男性も女性も航空機のパイロットとして同じようにうまく仕事を行うことができると思われる。航空機のパイロットは男性であるべきだという根拠のない信仰をなくすためにも，この点に関しては若い世代に強いメッセージを届けなければならない。

語句・構文

［第1段］▶ issue「問題」
　　　　　▶ concern「心配」
　　　　　▶ statistics「統計」
　　　　　▶ account for ～「～の割合を占める」
　　　　　▶ sought「seek（～を探す）の過去形・過去分詞」

［第2段］▶ obstacle「障害」
　　　　　▶ stereotype「固定観念」
　　　　　▶ excel「優れている」
　　　　　▶ discourage *A* from *doing*「*A* に～することを思いとどまらせる」
　　　　　▶ no more than ～「わずか～（数・量）」

［第3段］▶ flown「fly（～を操縦する）の過去分詞」
　　　　　▶ previous「以前の」
　　　　　▶ predict「～を予測する」

［第4段］▶ expectation「予想」
　　　　▶ control「操縦装置」
　　　　▶ minimum height requirement「最低身長の条件」
　　　　▶ as noted by ～「～が述べているように」
　　　　▶ facilitate「～をやりやすくする」
［第5段］▶ come to *do*「～するようになる」
　　　　▶ role model「模範的人物，ロールモデル」
　　　　▶ flexible「柔軟な」
［第6段］▶ eliminate「～を排除する」
　　　　▶ unfounded「根拠のない」

問1　　35　　正解は④
「この記事によると筆者はアジアの現在の状況を危機と呼んでいる。なぜなら　　　　　だからである」
第1段第1～3文では，アジアでは航空機のパイロット不足が深刻な問題となっており，将来的に多くの新しいパイロットが必要になるという内容が述べられているので，④「**将来必要とされるパイロットの数は現在よりもはるかに多くなる**」が正解。
①「以前よりもはるかに多くの航空機の男性パイロットが仕事を辞めている」
②「男性パイロットと女性パイロットの両方の間で事故率が上昇している」
③「女性パイロットの数はここ数十年の間，それほど変わっていない」

問2　　36　　正解は②
「この記事によると　　　　　という点において男性と女性の間にほとんど違いはない」
第3段第3文（For example, a …）でパイロットのデータベースの分析において，男性パイロットと女性パイロットの事故率に大きな違いは見られなかったと述べられているので，②「**事故を起こす可能性がどれくらい高いか**」が正解。
①「どれくらい容易に航空機の操縦を習得できるか」
③「どれくらい多くの時間を仕事に費やすことができるか」
④「仕事に対する適性を人々はどのように理解しているか」

問3　　37　　正解は①
「第4段で，筆者はおそらく　　　　　の例を示すために，ある航空会社の日本人女性の機長について言及している」
第4段では，航空機のパイロットという職業における男性パイロットと女性パイロットの強みについて説明されており，同段最終文（On the other …）の，女性パ

28　第2回 試行調査：英語（筆記［リーディング］）〈解答〉

イロットのほうが乗務員と円滑にコミュニケーションを図ることができるという日本人女性の機長の意見は女性パイロットの強みを示すものである。したがって，① **「女性パイロットが職場で貢献できること」** が適切。

② 「卓越した航空機の操縦技術を持つ女性パイロット」

③ 「航空機のパイロットを訓練する現在のシステムにおける問題」

④ 「素晴らしい業績を上げた航空会社の従業員」

問4　　38　　正解は①

「この記事を最もよく要約したものは以下のうちどれか」

最終段では，男性も女性も航空機のパイロットとして同じようにうまく仕事を行うことができ，パイロットは男性であるべきだという根拠のない信仰をなくすため，若い世代に強いメッセージを届けるべきだとまとめられているので，① **「女性パイロットに対する否定的な考えはあるが，彼女たちは男性パイロットと同様にうまくやっていける」** が最も適切。

② 「財政的な問題が原因で，アジアにおけるパイロット専門学校の女子学生の割合は非常に少ない」

③ 「将来，世界の多くの国々が，アジア諸国のように，より多くの女性パイロットを雇用しなければならなくなるかもしれない」

④ 「大部分の障害は取り除かれているので，将来，女性パイロットを増やすことに関してほとんど心配はない」

B 説明的な文章の読み取り・グラフの選択

訳 《自然のバランスに関連する問題への取り組み》

　あなたは世界の生態学の問題について学習しています。イエローストーン国立公園で起こったことを理解するために以下の記事を読むところです。

[第1段]　アメリカ合衆国北部に位置するイエローストーン国立公園は，1872年，世界で初めての国立公園となった。この220万エーカーの公園の主要な呼び物の一つは多くの種類の動物たちである。イエローストーンはオオカミを見るには世界最高の場所だと言う人たちもいる。2016年12月の時点で，この公園には少なくとも108頭のオオカミと11の群れ（群居する家族）が存在していた。しかし，1940年代までに，オオカミはイエローストーン国立公園からほぼ姿を消していた。今日，そのオオカミたちはそこに戻り，うまく暮らしている。なぜオオカミは戻って来たのであろう？

[第2段]　オオカミの数は，1920年代までに狩猟によって減っていたが，政府によって狩猟規制はされていなかった。牛，馬，ヒツジを飼育している大きな牧場の経営者は，オオカミが自分たちの家畜を殺すので，オオカミのことをよく思っていなかった。オオカミが狩猟によって全滅しそうになっていたとき，もう一つの問題が生じた——ヘラジカの群れの数が増えたのだ。シカの大型の種であるヘラジカは，オオカミにとって冬場の主要な食料源である。ヘラジカの個体数は大きく増加し，多くの植物が食べられることで，その地域の生態系のバランスが崩れてしまったのである。人々はヘラジカを見かけるのは好きかもしれないが，科学者たちは過度に増えた個体数によって引き起こされる悪影響について心配していた。

[第3段]　この問題を解決するため，アメリカ政府はカナダから連れて来た若いオオカミを公園に放つ意向を発表した。オオカミがヘラジカを狩ることで個体数が減少することが期待された。しかし，多くの牧場経営者がオオカミを連れ戻すことに反対したので，政府と牧場経営者が計画に合意するのに約20年かかった。1974年，あるチームがオオカミの再野生化の監視を任命された。政府は1982年，1985年，そして最後は1987年に公式の再野生化計画を発表した。長い調査期間を経て，公式の環境影響評価報告書が発表され，1995年から1996年の間に31頭のオオカミがイエローストーンに放たれた。

[第4段]　ヘラジカの数を減らすこの計画は大成功だった。2006年までに，イエローストーン国立公園のオオカミの推定個体数は100頭を超えていた。さらに観察者たちは，オオカミを放った後，最初の10年間でヘラジカの個体数が約20,000頭から10,000頭未満に減少したのはオオカミのおかげだと確信している。結果的に，

30　第2回　試行調査：英語（筆記［リーディング］）〈解答〉

多くの植物が再び増え始めている。オオカミは牧場の家畜にとって危険要因であるため，実際のところ，オオカミの狩猟は再び許可されている。オオカミは脅威と考えられているのでオオカミの狩猟はわかりやすい解決策のように思えるが，それは新たな問題を引き起こす可能性もある。2014年に発表されたある研究が示すように，オオカミの狩猟には，オオカミが牧場の家畜を殺す頻度を増やしてしまう可能性があるのだ。あるオオカミの群れのリーダーが殺されると，その群れはバラバラになってしまう可能性がある。そうすると，より小さな群れや個々のオオカミが牧場の家畜を襲うようになるかもしれない。したがって，現在，オオカミを何頭狩ることができるのか制限が設けられている。長期間にわたってオオカミの個体数を管理するためには，そういった対策は重要なことなのである。

語句・構文

［第1段］▶ located in ～「～に位置する」
　　　　▶ attraction「呼び物」
　　　　▶ pack「群れ」
［第2段］▶ regulate「～を規制する」
　　　　▶ rancher「牧場経営者」
　　　　▶ wipe out ～「～を全滅させる」
　　　　▶ elk「ヘラジカ」
　　　　▶ herd「群れ」
　　　　▶ principal「主要な」
　　　　▶ population「個体数」
　　　　▶ upset「～をだめにする」
　　　　▶ ecosystem「生態系」
［第3段］▶ intention「意向，意図」
　　　　▶ oversee「～を監視する」
　　　　▶ reintroduction「再野生化，再導入」
　　　　▶ environmental impact statement「環境影響評価報告書」
［第4段］▶ be responsible for ～「～の原因となる，～に責任がある」
　　　　▶ perceive「～だと解釈する，～を理解する」
　　　　▶ threat「脅威」
　　　　▶ frequency「頻度」
　　　　▶ restriction「制限」

問1　39　正解は③

「1900年代前半におけるイエローストーン国立公園のオオカミの数の減少は□□□という結果をもたらした」

第2段では1920年代までに狩猟によってオオカミの数が減少し，それによってヘラジカの個体数が増えたという内容が説明され，同段第5文（The elk populations …）には，ヘラジカの個体数の増加で多くの植物が食べられ，その地域の生態系のバランスが崩れたと述べられている。したがって，③「その地域の生態系を損なう，ヘラジカの数の増加」が適切。

① 「オオカミにとっては都合のよい，狩猟者の数の減少」
② 「人口を減らすこととなった，牧場経営者の数の減少」
④ 「ヘラジカが身を隠すのを助けてくれる，木や植物の数の増加」

問2　40　正解は②

「以下の4つのグラフのうち，状況を最もよく説明しているのはどれか」

①　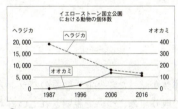

②　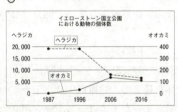

③　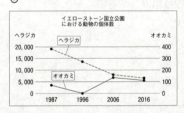

④　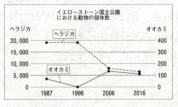

オオカミとヘラジカの個体数の変化を示す適切なグラフを選ぶ問題。第3段最終文（After a long …）では1995年から1996年の間に31頭のオオカミが公園に放たれたとあるので，1996年の時点でオオカミの個体数が0となっている③と④は不適。また最終段第3文（Furthermore, observers believe …）ではオオカミを放った後，最初の10年間でヘラジカの個体数が約20,000頭から10,000頭未満に減少したと述べられているので，1996年の時点でヘラジカの個体数が約20,000頭となっている②のグラフが正解となる。

32 第2回 試行調査：英語（筆記［リーディング］）〈解答〉

問3 41 42 正解は③，④

「記事によると，以下のうちどの2つが現在の公園の状況を述べているか（2つの選択肢を選びなさい。順序は問わない）」

イエローストーン国立公園の現在の状況を伝えている選択肢を選ぶ問題。

① 「30年前より多くの旅行者が公園を訪れている」 本文中にこのような内容が述べられている部分はない。

② 「一つの種が救われたが，代わりに別の種が絶滅してしまった」 本文中にこのような内容が述べられている部分はない。

③ 「この地域周辺でオオカミの狩猟が再び始まっている」 最終段第5文（The hunting of …）でオオカミは牧場の家畜にとって危険要因であるため，オオカミの狩猟は再び許可されていると述べられているので正解。

④ 「公園には豊かな植物だけでなく，オオカミもヘラジカもいる」 最終段第4文（As a result, …）ではオオカミを公園に放ったことで，ヘラジカの個体数が減り，多くの植物が再び増え始めているという内容が述べられているので正解。

⑤ 「公園のヘラジカの個体数を減らすための新しいルールがある」 本文中にこのような内容が述べられている部分はない。

問4 43 正解は②

「この記事に最も適切なタイトルは　　　　」

本文全体を通して，狩猟によりオオカミの個体数が減ったことで生態系のバランスが崩れてしまったイエローストーン国立公園の取り組みについて説明されているので，② 「自然のバランスに関連する問題への取り組み」が適切。

① 「牧場経営者たちが所有する家畜の数の減少」

③ 「世界各国での自然保護」

④ 「国立公園にヘラジカを放つこと」

第1回 試行調査：英語（筆記［リーディング］）

問題番号	設問		解答番号	正解	配点	チェック
第1問	A	問1	1	④		
		問2	2	①		
	B	問1	3	②		
		問2	4	③		
		問3	5	①		
第2問	A	問1	6	②		
		問2	7	②		
		問3	8	①		
		問4	9	①, ③	*1	
	B	問1	10	④		
		問2	11	①		
		問3	12	②		
		問4	13	③		
		問5	14	②		
第3問	A	問1	15	②		
		問2	16	②		
	B	問1	17	④		
		問2	18	③		
		問3	19	④		

問題番号	設問		解答番号	正解	配点	チェック
第4問		問1	20	③		
		問2	21	③		
		問3	22	③		
		問4	23	④		
		問5	24	③		
第5問	A	問1	25	④		
		問2	26	④		
		問3	27	④		
	B		28	④		
		問1	29	①	*2	
			30	②		
		問2	31	②, ④	*3	
			32	③, ⑤, ⑥		
		問3	33	③		
第6問		問1(a)	34	③	*2	
		問1(b)	35	①		
		問2	36	④		
		問3	37	①		
		問4	38	③		

（注）
1 *1は，過不足なくマークしている場合のみ正解とする。
2 *2は，全部を正しくマークしている場合のみ正解とする。
3 *3は，解答番号31と32の両方をそれぞれ過不足なくマークしている場合のみ正解とする。

● 配点は非公表。

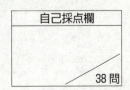

自己採点欄

／38問

第1問

A　ウェブサイトの読み取り

> **訳**　《香港のアミューズメントパーク》
> あなたは香港のアミューズメントパークに行く計画を立てています。あなたはそのウェブサイトを見ています。
>
> 　　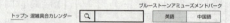
>
> このウェブサイトを見れば，ブルーストーンアミューズメントパークを訪れる最もよい日取りが見つかりやすくなります。
>
> | 新着情報 |
> |---|
>
> 「海賊の冒険」というタイトルの新しいショーが11月13日に始まります。
>
> | 混雑具合カレンダー |
> |---|
>
> ［第1段］　次のカレンダーで，開園時刻と閉園時刻，そして混雑具合が見られます。各欄の中のパーセンテージは来園が見込まれる人数の推定です。最大，つまり100％は顔のアイコンで示されています。パーセンテージは前売り券の売上数と過去のデータに基づいて自動的に算出されています。
>
> ［第2段］　顔のアイコンのある日は入場が難しくなります。前売り券を持っていない来園者は入場口で長い間待たなくてはならないかもしれません。前売り券は1週間前までオンラインのみで購入可能です。
>
> ［第3段］　カレンダーのそれぞれの日付をクリックすると，各アトラクションの平均待ち時間に関する詳細情報が見られます。
>
> | 11月の混雑具合カレンダー（毎日情報更新されます） ||||||||
> |---|---|---|---|---|---|---|---|
> | 月曜日 | 火曜日 | 水曜日 | 木曜日 | 金曜日 | 土曜日 | 日曜日 |
> | **5** | **6** | **7** | **8** | **9** | **10** | **11** |
> | 55% | 65% | 70% | 70% | 85% | 90% | ☹ |
> | 9:00-17:00 | 9:00-19:00 | 9:00-19:00 | 9:00-19:00 | 9:00-21:00 | 9:00-21:00 | 9:00-21:00 |
> | **12** | **13** | **14** | **15** | **16** | **17** | **18** |
> | 55% | ☹ | ☹ | 90% | 85% | ☹ | 90% |
> | 9:00-16:00 | 9:00-21:00 | 9:00-21:00 | 9:00-21:00 | 9:00-21:00 | 9:00-21:00 | 9:00-21:00 |

第 1 回 試行調査：英語（筆記［リーディング］）〈解答〉 **3**

語句・構文

［第 1 段］▶ based on ~「~に基づいて」
［第 2 段］▶ visitor without an advance ticket「前売り券を持っていない来園者」
［第 3 段］▶ detailed information「詳細情報」
　　　　　▶ average waiting time「平均待ち時間」

問 1 ⬚1⬚　正解は④

「もしあなたが 11 月 13 日に前売り券なしでパークに行けば，入場口であなたはおそらく⬚⬚だろう」

カレンダーから，11 月 13 日は顔のアイコンがあるので混雑具合が 100 ％であることがわかる。第 2 段第 1・2 文に「顔のアイコンのある日は入場が難しくなります。前売り券を持っていない来園者は入場口で長い間待たなくてはならないかもしれません」とあることから，④「**長い列に並ぶ**」が正解。

① 「まっすぐ入る」
② 「入るために 55 ％多く払わなくてはならない」
③ 「駐車券を見せなくてはならない」

問 2 ⬚2⬚　正解は①

「カレンダー上の日付をクリックすると，あなたは⬚⬚についての情報を見つけるだろう」

第 3 段に「カレンダーのそれぞれの日付をクリックすると，各アトラクションの平均待ち時間に関する詳細情報が見られます」とあることから，①「**来園者がどれくらい長くアトラクションを待たなくてはならないか**」が正解。

② 「アトラクションのための前売り券の価格」
③ 「各種パークレストランの食べ物と飲み物」
④ 「ブルーストーンで来園者がどこに車を停められるか」

4 第Ⅰ回 試行調査：英語（筆記［リーディング］）〈解答〉

B 告知ポスターの読み取り

訳 《休日計画調査部（HPRC）》
あなたは日本の大学をオープンキャンパス中に訪問しています。あなたは興味深い
イベントについてのポスターを見つけました。

オープンキャンパス イベント

休日計画調査クラブ HPRC

高校生のための HPRC ミーティング

HPRC とは何か？
大学生活の最高の部分のひとつは素晴らしい長期休暇です。休日計画調査部
（HPRC）は日本人学生と留学生によって運営されています。我々のクラブ
はすべての学年とすべての学部の学生を歓迎します。我々の目的はお互いに
助け合って興味深い休日計画を立てられるようにすることです。

日時：10 月 27 日，土曜日，午後 2 時から 3 時 30 分まで
場所：個別学習センター
イベント内容：4 人の学生が休暇中の自身の最近の体験について話します。プレ
ゼンテーションの概要は以下の表を見てください。

講演者	概要	場所
1．マリー＝マクドナルド 農学部	＊田んぼや野菜畑で重労働 ＊ホストファミリーとの生活は無料	石川県の農場
2．シマヅフミヒロ 日本語文化学部	＊日本語教師のために教材を 準備 ＊航空運賃と保険代は自己負担	カンボジアの小学校
3．ニシウラリサ 観光学部	＊料理と通訳で外国人シェフ を補佐 ＊良い給料	東京のスペイン料理店
4．コバヤシヒロキ 教育学部	＊柔道を教えた ＊航空運賃と宿泊費は無料	ブルガリアのジュニアオリン ピックのトレーニング合宿

大学の学生から
メッセージ

12 月の HPRC ミーティングに講演者として参加してください！
持ち時間は全部で 12 分です。講演は英語で行い，およそ 8 分
ほどです。写真付きのスライドを用意してください。各講演後，
4 分間の質問時間があり，聴衆はたいていたくさんの質問をします。我々のウェブ
サイトでより多くの情報が得られます（http://www.hprc-student.net/）。

第 I 回 試行調査：英語（筆記［リーディング］）〈解答〉 **5**

語句・構文 ▶ department「学部」
▶ teaching materials「教材」
▶ airfare「航空運賃」

問1 ☐3 正解は②
「HPRC は☐☐☐によって組織，運営されている」
ポスター上部の「HPRC とは何か？」の欄に，「休日計画調査部（HPRC）は日本人学生と留学生によって運営されています」とある。したがって②**「学生」**が正解。
① 「NGO 職員」
③ 「教員」
④ 「大学職員」

問2 ☐4 正解は③
「あなたは4人の講演者のそれぞれから☐☐☐について学べる」
ポスター中ほどに，「イベント内容：4人の学生が休暇中の自身の最近の体験について話します」とある。したがって③**「大学の休暇中の授業外の体験」**が正解。
① 「大学のさまざまな学部の興味深いコース」
② 「世界の他の国への低予算旅行」
④ 「発展途上国の子供たちとのボランティア活動」

問3 ☐5 正解は①
「12月のミーティングでは，HPRC の講演者は☐☐☐べきだ」
ポスター下部を参照。「各講演後，4分間の質問時間があり，聴衆はたいていたくさんの質問をします」とある。よって，①**「質問に答えられるよう準備する」**が正解。
② 「自分の講演原稿をウェブサイトに載せる」
③ 「英語と日本語で話す」
④ 「20分程度話す」

第2問

A ウェブサイトの読み取り

訳 《レストランのレビュー》
あなたは海外旅行に行ってインターネットで食べる場所を探そうとしています。以下は店を訪れたことのある人によって書かれたレストランのレビューです。

シローズラーメン

★★★★☆　ブーツの投稿（3週間前）
おすすめ：チャーシュー麺。安く，混んでいて，うるさい。とてもカジュアル。食べていると急かされているように感じる。午後5時から午前6時まで営業。

アニーズキッチン

★★★☆☆　キャリーの投稿（2週間前）
いろいろなものが食べたい気分だったので，アニーズキッチンは期待通り。メニューは13枚にわたる素晴らしいページで，世界中の食べ物がある。実際，私はメニューを読むだけで25分も費やした。残念ながら料理が出てくるのはとても遅い。「シェフの今日のおすすめ」は素晴らしいが，この種のカジュアルなスタイルのレストランにしては価格が少し高い。

ジョニーズハット

★★★☆☆　メイソンの投稿（2日前）
たくさん食べたいなら完璧な選択。しかし少し待つ必要があるかもしれない。

★★★★★　ルーズベルトの投稿（5日前）
ステーキ好きにはここが最高！　シェフはどんな客の好みにも合うようにステーキ料理を用意します。私のお気に入りはカウボーイプレート，素晴らしい！

★☆☆☆☆　けんちゃんの投稿（2週間前）
悲しいことに，平均以下で，二度と行かないでしょう。ステーキは長く焼かれすぎ！　魚料理もがっかりでした。

第 1 回 試行調査：英語（筆記［リーディング］）〈解答〉 7

語句・構文　▶ rushed「急かされている」
　　　　　　▶ in the mood for 〜「〜の気分である」
　　　　　　▶ meal-of-the-day「今日の料理，本日のおすすめ」

問1　　6　　正解は②
「あなたは［　　　　］とき，シローズラーメンに行く可能性が最も高いだろう」
ブーツの投稿に，「午後5時から午前6時まで営業」とある。したがって，②「**真夜中に空腹である**」が正解。
① 「会話をするための静かな場所を探している」
③ 「きちんとした食事をする必要がある」
④ 「カジュアルなランチを食べたい」

問2　　7　　正解は②
「あなたは［　　　　］とき，アニーズキッチンに行く可能性が最も高いだろう」
キャリーの投稿に，「残念ながら料理が出てくるのはとても遅い」とあり，時間に余裕があるときに適していることがわかる。したがって，②「**自由な時間がたくさんある**」が正解。
① 「屋外で食べたい」
③ 「手早く朝食を取らなければならない」
④ 「安い料理を食べたい」

問3　　8　　正解は①
「ジョニーズハットに関する意見はすべて［　　　　］」
メイソンは「たくさん食べたいなら完璧な選択。しかし少し待つ必要があるかもしれない」と長所と短所をともに述べていて中立。ルーズベルトは「ステーキ好きにはここが最高！　シェフはどんな客の好みにも合うようにステーキ料理を用意します。私のお気に入りはカウボーイプレート，素晴らしい！」と述べていて好意的。けんちゃんは「悲しいことに，平均以下で，二度と行かないでしょう。ステーキは長く焼かれすぎ！　魚料理もがっかりでした」と述べていて否定的。したがって，①「**異なっている**」が正解。
② 「好意的である」
③ 「否定的である」
④ 「中立的である」

8 第1回 試行調査：英語（筆記［リーディング］）〈解答〉

問4　　9　　複　正解は①，③

「レビューに基づいて，以下のどれが個人的意見ではなく事実であるか（複数選択可）」

個人の感じ方によらないものを選ぶ。①「アニーズキッチンは多くの国の料理を提供している」はキャリーの投稿と一致するし，これはキャリーの感想ではなく事実である。また，③「ジョニーズハットは魚料理も出している」もけんちゃんの投稿と一致しており，けんちゃんの感想ではなく事実である。②は本文からは判断できない。また，④〜⑥は個人的意見である。

②「ジョニーズハットはシローズラーメンほど混んでいない」
④「ジョニーズハットのシェフは腕がよい」
⑤「アニーズキッチンでは『シェフの今日のおすすめ』が最高だ」
⑥「アニーズキッチンのメニューは素晴らしい」

第 I 回 試行調査：英語（筆記［リーディング］）〈解答〉　**9**

B 記事の読み取り

訳 《学生がアルバイトをすることの是非》
あなたはアルバイトをしている学生に関する討論をする予定です。討論の準備をするために，あなたのグループは下の記事を読んでいます。

学生とアルバイト

［第1段］　最近の調査によると，日本の高校生と大学生のおよそ 70 パーセントがアルバイトをした経験がある。調査はまた，学生がアルバイトをする理由は，友人と出かけるため，洋服を買うため，家族を経済的に助けるためにお金がいるからであるということも報告している。このような一般的な理由があってさえも，私たちは以下の疑問を考えるべきである：学生がアルバイトをするのはよいことか悪いことか？

［第2段］　学生はアルバイトで働くことからいくつかのことを学ぶと思っている人もいる。彼らはお金の価値と同様に働くことの重要性と難しさを理解するようになる。さらには，彼らは人々とうまくやっていく方法を学ぶ。学生は彼らのコミュニケーション技術を向上させ自信を得ることができる。

［第3段］　学生がアルバイトをすることに関して否定的な点があると思っている人もいる。まず，それは彼らの学業を損なうかもしれない。働きすぎる学生は授業中あまりに疲れていて学校での成績が悪くなるかもしれない。第二に，学生が仕事と学業を両立させるのは難しいように思える。これはストレスを引き起こしうる。第三に，学生は働きすぎることにより働くこと自体への否定的な見解を抱くようになるかもしれない。彼らは卒業後一生懸命働くことへの意欲が少なくなるかもしれない。

［第4段］　あなたはどう思いますか？　私の意見では，アルバイトは常に学生に悪いとは限らない。私が言いたいことは，学生はアルバイトをしすぎるべきではないということである。学生が週に 20 時間以上アルバイトをすると，彼らはおそらく上で述べられたような否定的な体験をいくつかするだろうということを研究は示唆している。

語句・構文

［第1段］▶ according to ～「～によると」
［第2段］▶ as well as ～「～と同様に」
［第3段］▶ become less motivated to *do*「～することへの意欲が少なくなる」
［第4段］▶ mentioned above「上で述べられた」

10 第 1 回 試行調査：英語〈筆記[リーディング]〉〈解答〉

問 1 10 正解は④

「記事の中で言及された調査において，学生たちは『[___]』と聞かれた」

文中に出てくる調査結果から聞かれた質問がわかる。第 1 段に「調査はまた，学生がアルバイトをする理由は，友人と出かけるため，洋服を買うため，家族を経済的に助けるためにお金がいるからであるということも報告している」とあるため，アルバイトをする理由が聞かれたことがわかる。したがって正解は④「**どうしてあなたはアルバイトをするのですか**」。

① 「あなたはこれまで海外でアルバイトをしたことがありますか」
② 「あなたは 1 週間にアルバイトをしてどれだけのお金を稼ぎますか」
③ 「どんな種類のアルバイトがあなたにとってよいでしょうか」

問 2 11 正解は①

「あなたのグループはアルバイトをしている学生を支持するような意見を集めたいと思っている。記事中のこのような意見の一つは学生が[___]ということである」

学生がアルバイトをすることに対して肯定的な意見は第 2 段に書かれている。第 2 段最終文に「学生は彼らのコミュニケーション技術を向上させ自信を得ることができる」とあることから，正解は①「**意思疎通の上手な人になることができる**」。

② 「たいていアルバイトをしたことがある」
③ 「正規の仕事を得るよりよい機会を持つだろう」
④ 「適切な身だしなみを学ぶだろう」

問 3 12 正解は②

「あなたのグループはアルバイトをしている学生に反対するような意見を集めたいと思っている。記事中のこのような意見の一つは学生が[___]ということである」

学生がアルバイトをすることに対して否定的な意見は第 3 段に書かれている。第 3 段第 3 文（Students who work …）に「働きすぎる学生は授業中あまりに疲れていて学校での成績が悪くなるかもしれない」とあることから，正解は②「**授業での成績が悪くなるかもしれない**」。

① 「職場で役に立つことができない」
③ 「家族とより多くの時間を過ごすべきである」
④ 「欲しいものを買うためにアルバイトをする」

第 1 回 試行調査：英語（筆記［リーディング］）〈解答〉　**11**

問4　　13　　正解は③

「もし学生が週に 20 時間以上働けば，彼らは□□□□かもしれない」

第 4 段に「学生が週に 20 時間以上アルバイトをすると，彼らはおそらく上で述べられたような否定的な体験をいくつかするだろうということを研究は示唆している」とあり，その否定的な体験とは第 3 段の内容である。第 3 段を見ると，「彼らは卒業後一生懸命働くことへの意欲が少なくなるかもしれない」と書かれていることから，正解は③「学校を出た後に一生懸命働くことに興味を失う」。

① 「給料のよい仕事が必要であると感じ始める」

② 「アルバイトで一生懸命働き続ける」

④ 「家族から独立したいと思う」

問5　　14　　正解は②

「この記事の筆者は学生がアルバイトをすること□□□□」

筆者の意見は第 4 段で述べられており，「私の意見では，アルバイトは常に学生に悪いとは限らない。私が言いたいことは，学生はアルバイトをしすぎるべきではないということである」とある。筆者は，学生は過度でなければアルバイトをしてもよいと考えていることがわかるので，正解は②「に部分的に賛同している」。

① 「について特定の意見を持っていない」

③ 「に強く賛同している」

④ 「に強く反対している」

第3問

A　ブログの読み取り

> 訳　《トマトリー島についてのブログ》
> あなたはヴェジェトニアと呼ばれる国を訪れたいと思っていて以下のブログを見つけました。

トマトリー島での私の春休み
3月23日日曜日

[第1段]　私はトマトリー島を訪れるためにヴェジェトニアという名前の国に家族と行きました。トマトリー島はヴェジェトニアの本島の南西に位置しています。トマトリーへ行く最も速い方法は，ポテノから飛行機に乗ることですが，私たちはそのほうがずっと安いということからフェリーに乗りました。私たちがその島に到着したときに雨が降り出したので，私たちは美術館と城を訪れました。それから，私たちは温泉を楽しみました。夕方には，私たちはおいしい夕食を食べました。すべてがとても新鮮でした！

[第2段]　幸運にも，次の日の朝は晴れていました。私たちは自転車を借りて，海岸沿いにサイクリングをして楽しみました。その後，私たちは浜辺に釣りに行きましたが何も釣ることができませんでした。まぁ仕方がない，多分次回に！　夕方に，私たちは美しい夕日を見て，その後たくさんの星を見ました。

[第3段]　最後の日に，私たちはプライベートタクシーツアーを申し込んで，運転手が私たちを島中のたくさんの興味深い場所に連れて行ってくれました。彼女はまたその島の自然や文化について私たちにたくさん教えてくれました。私たちは素晴らしい休暇を過ごし，そして結果として，私はその小さな島の美しさや文化により興味を持つようになりました。

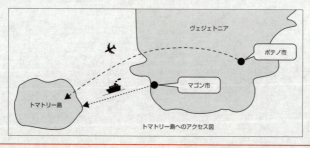

第1回 試行調査：英語〔筆記［リーディング］〕〈解答〉 **13**

語句・構文

［第1段］ ▶ be located to ～「～に位置している」
　　　　 ▶ hot spring bath「温泉」
［第2段］ ▶ have fun *doing*「～して楽しむ」
［第3段］ ▶ become more interested in ～「～により興味を持つ」

問1 15 正解は②

「その家族は◯◯◯◯◯からトマトリー島へ行った」

第1段第2文（The fastest way …）に「トマトリーへ行く最も速い方法は，ポテノから飛行機に乗ることですが，私たちはそのほうがずっと安いということからフェリーに乗りました」とあり，その家族がフェリーを使ったことがわかる。地図から，フェリーが出ているのはマゴンであることがわかるので，正解は②「船でマゴン」となる。

① 「飛行機でマゴン」
③ 「飛行機でポテノ」
④ 「船でポテノ」

問2 16 正解は②

「このブログから，あなたは◯◯◯◯◯ということがわかった」

第1段第3（It started to …）～最終文に，「私たちがその島に到着したときに雨が降り出したので，私たちは美術館と城を訪れました。それから，私たちは温泉を楽しみました。夕方には，私たちはおいしい夕食を食べました。すべてがとても新鮮でした！」とある。したがって，正解は②「たとえ天気が悪いとしてもその島であなたが楽しむことのできるいくつかのものがある」となる。

① 「トマトリー島を訪れる最もよい月は3月だろう。なぜならそのほうが混んでいないから」
③ 「あなたは妥当な値段でさまざまな野外活動や地元の食べ物を楽しむことができる」
④ 「あなたはその島の自然や文化について説明してくれる島中を巡るバスツアーに参加することができる」

B 新聞記事の読み取り

訳 《自動販売機と人間》
あなたは新聞にセールスマンによって書かれた以下の記事を見つけました。

機械の行進
ニック゠ライトフィールド

[第1段] トロントの大学を卒業した後，私は貿易会社で働き始めた。このことは私がさまざまな街に住んで仕事をしなければならないということを意味している。私の最初の赴任地は，そのオフィス街，ショッピング街，そしてナイトライフで有名な街，ニューヨークだった。自由時間には，私は歩き回って興味深い品物を売っている店を探すことがとても好きだった。夜になっても，私は店から店へと歩き回ったものだ。

[第2段] それから2年が経ち，私は東京に転勤になった。私の東京の第一印象は，それはニューヨークにとてもよく似た忙しい街であるということだった。しかしながら，私が新宿の通り沿いに夜の散歩をした初日に，私は違いに気づいた。仕事帰りの人や買い物客らの人混みの中で，私は何列もの明るく照らされた自動販売機がキャンディーのような色の光を放っているのを見つけた。ニューヨークでは，たいていの自動販売機はオフィス街や地下鉄の駅に設置されている。しかし私は自動販売機の列が，ほとんどすべての通りに兵士のように立っていて，コーヒー，ジュース，そしてカップラーメンさえも1日24時間売っているなどということを一度も想像したことがなかった。

[第3段] 新宿で立ちながら，私はバンクーバーについて考えていた。私はそこで生まれ育ったのである。私にとってそこは素晴らしい街であったが，ニューヨークや東京の都市生活を経験してしまった今，私はバンクーバーにいた頃，いかに世間を知らなかったかということを認めざるをえない。私がこれまでの自分の人生について考えていると，雨が降り出した。コンビニエンスストアに走り出そうとしたとき傘の自動販売機に気づいた。助かった！そして私はもしかしたら科学技術が進歩するにつれて，私たちは機械からすべてのものを買うことができるようになるのだろうと思った。自動販売機はコンビニエンスストアに取って代わるのだろうか？　機械は私のようなセールスマンの代わりになるのだろうか？私はその夜よく眠ることができなかった。それは時差ぼけのせいかそれとも別の何かのせいだろうか？

第 1 回 試行調査：英語（筆記[リーディング]）〈解答〉 **15**

語句・構文

［第1段］ ▶ wander from store to store「店から店へと歩き回る」
［第2段］ ▶ brightly-lit「明るく照らされた」
［第3段］ ▶ replace「～に取って代わる」

問1 　17　 正解は④
「筆者は以下の順番である場所から他の場所へと引っ越した」
第1段に「トロントの大学を卒業した後，私は貿易会社で働き始めた」「私の最初の赴任地は，…ニューヨークだった」とあり，第2段に「それから2年が経ち，私は東京に転勤になった」とあり，さらに第3段で「私はバンクーバーについて考えていた。私はそこで生まれ育ったのである」とある。以上のことから，筆者のたどった経路は④「バンクーバー→トロント→ニューヨーク→東京」となる。
① 「トロント→ニューヨーク→東京→バンクーバー」
② 「トロント→バンクーバー→ニューヨーク→東京」
③ 「バンクーバー→ニューヨーク→東京→トロント」

問2 　18　 正解は③
「筆者は　　　　ということを言っている」
第2段で東京とニューヨークの類似点と相違点について述べており，相違点として，ニューヨークの自動販売機がオフィス街や地下鉄の駅に設置されているのに対して，東京では自動販売機が24時間稼動しながら繁華街で列をなしている様子を挙げている。したがって，正解は③「ニューヨークと東京における自動販売機の設置場所は違う」となる。
① 「ニューヨークでの生活は東京での生活よりもより快適である」
② 「東京での生活はニューヨークでの生活ほど面白くない」
④ 「ニューヨークと東京では自動販売機で同じ商品が売られている」

問3 　19　 正解は④
「筆者が東京にいた頃，彼は　　　　」
第3段で，自動販売機が進化している様を目の当たりにして，機械が人間の仕事を奪う未来を連想し，「機械は私のようなセールスマンの代わりになるのだろうか？私はその夜よく眠ることができなかった」と続く。したがって，正解はこれの言いかえとなる④「突然自分の仕事の未来について心配になった」となる。
① 「自動販売機を売ることについて考え出した」
② 「バンクーバーのほうがよいと気づいた。なぜならそこは彼の故郷だから」
③ 「街から街へと引っ越してきたことを後悔し始めた」

第4問

レポート＋グラフの読み取り

> 訳 《ボランティア活動に対する興味についてのレポート》
> クラスで全員が下の2つのグラフに基づいてレポートを書きました。あなたは今からアミとグレッグによって書かれたレポートを読みます。
>
> 調査は13歳から29歳の間の人々に行われました。グラフ2の質問に答えるのに，参加者は1つ以上の理由を選ぶことができました。
>
>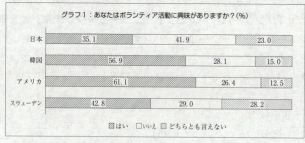
>
>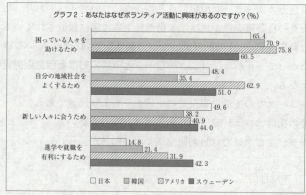
>
> キタムラアミ
>
> ［第1段］　私はグラフ1を見たときに驚きました。なぜならボランティア活動に興味がある日本人回答者の割合が，私が予想していたよりも高かったからです。私が知る限りでは，私の友人でボランティア活動をしている人は誰もいません。だから，私は日本の学生にもっとボランティアをするように私たちが働きかけるべきであると思います。

第1回 試行調査：英語（筆記[リーディング]）〈解答〉 **17**

[第2段]　そうするためには，ボランティア活動をすることのメリットを考えることが重要です。グラフ2によると，日本人回答者の65.4%が，困っている人々を助けたいからボランティアに興味があると言いました。また「新しい人々に会うため」を選んだ日本人回答者の割合は4カ国の中で最も高かったのです。

[第3段]　私はより多くの日本人学生がボランティア活動の利益について学ぶべきであると思います。そこで，学園祭に向けて私は「あなたは困っている人々を助け，同時に新しい友達を作ることができます！」というポスターを作る計画をしています。私はたくさんの学生がそれを見てボランティア活動により興味を持ってくれることを望んでいます。

グレッグ=テイラー

[第4段]　アメリカでは，ボランティア活動が一般的で，だから私はアメリカがボランティア活動に興味がある人の割合が最も高いことに驚きませんでした。グラフ2は多くのアメリカ人回答者が，ボランティア活動に興味があるのは困っている人々を助けたいからであると回答したということを示しています。私はこの理由は重要であると思います。なぜなら学生は人々を助けることによって達成感を感じるだろうからです。

[第5段]　しかしながら，私は日本人回答者の35.1%しかボランティア活動に興味がないということを見て驚きました。私は，ボランティアは日本ではもっと一般的であろうと思っていました。グラフ2の情報によると，日本では少数の回答者しか進学や就職への利点を認識していません。私は日本の大学や企業が現在，以前よりもボランティア経験を重視していると最近聞きました。もしより多くの学生がこれらの利点を理解すれば，私は彼らのボランティア活動への興味は増すだろうと思います。

[第6段]　学生は以下の2つの理由のためにボランティア活動すべきです。第一に，困っている人々を助けることは学生に達成感を与えるでしょう。第二に，ボランティア活動は彼らに将来のキャリアにとっての利点をももたらすでしょう。したがって，私はボランティア活動をすることのこれら2つの利点についての通信を書き，そしてそれを学校で学生に配布するつもりです。

語句・構文

[第1段]　▶ as far as S know(s)「Sが知る限りでは」

[第2段]　▶ in order to *do*「～するために」

　　　　▶ people in need「助けを必要としている人々，困っている人々」

[第4段]　▶ a sense of achievement「達成感」

[第5段]　▶ put value on ～「～を重視する」

[第6段]　▶ a feeling of accomplishment「達成感」（＝a sense of achievement）

18 第 I 回 試行調査：英語(筆記[リーディング])〈解答〉

問1 　20 　正解は③

「□□□は，ボランティア活動に興味を持っている日本人回答者の割合が予想していたよりも低かったと感じた」

第5段第1文に「私は日本人回答者の35.1％しかボランティア活動に興味がないということを見て驚きました。私は，ボランティアは日本ではもっと一般的であろうと思っていました」とある。したがって，正解は③「グレッグ」。

① 「アミ」　第1段に「ボランティア活動に興味がある日本人回答者の割合が，私が予想していたよりも高かった」とある。

② 「アミとグレッグの両者」

④ 「アミとグレッグのどちらでもない」

問2 　21 　正解は③

「アミとグレッグの両者が日本人学生は□□□すべきであると言っている」

第3段第1文に「私はより多くの日本人学生がボランティア活動の利益について学ぶべきであると思います」，第5段第3文（According to the …）以降に「日本では少数の回答者しか進学や就職への利点を認識していません。…もしより多くの学生がこれらの利点を理解すれば，私は彼らのボランティア活動への興味は増すだろうと思います」とあることから，二人ともボランティア活動の当人への利点を知るべきと思っていることがわかる。したがって，正解は③「ボランティア活動することはそれをする人々によい影響をもたらすということを知る」。

① 「ボランティア活動の利益について他の国から来た学生と議論する」

② 「学業に集中して，卒業してからボランティア活動することを考える」

④ 「ボランティア活動が他の国では人気が増しているということを認識する」

問3 　22 　正解は③

「アミもグレッグもどちらもレポートの中で『□□□』について言及していない」

正解は③「自分の地域社会をよりよくすること」で，これについては本文中に言及がない。

① 「進学と就職への利点を得ること」　第5段第4文（I recently heard …）に，「私は日本の大学や企業が現在，以前よりもボランティア経験を重視していると最近聞きました」とある。

② 「困っている人々を助けること」　第2段第2文（According to Graph …）に，「日本人回答者の65.4％が，困っている人々を助けたいからボランティアに興味があると言いました」とある。また，第4段第2文（Graph 2 shows …）に，「多くのアメリカ人回答者が，ボランティア活動に興味があるのは困っている人々を助けたいからであると回答した」とある。

④「新しい人々に出会うこと」 第2段最終文（Also, the percentage …）に，「また『新しい人々に会うため』を選んだ日本人回答者の割合は4カ国の中で最も高かった」とある。

問4 　23　 正解は④

「レポートの中で，アミは［　a　］だろうと言い，そしてグレッグは［　b　］つもりだと言っている」

第3段第2文（Thus, for the …）に「学園祭に向けて私は『あなたは困っている人々を助け，同時に新しい友達を作ることができます！』というポスターを作る計画をしています」とあり，第6段最終文（Therefore, I will …）に「私はボランティア活動をすることのこれら2つの利益についての通信を書き，そしてそれを学校で学生に配布するつもりです」とある。したがって，正解は④「**ａ．ポスターを作る，ｂ．通信を書く**」。

① 「ａ．調査を行う，ｂ．演説をする」

② 「ａ．調査を行う，ｂ．通信を書く」

③ 「ａ．ポスターを作る，ｂ．演説をする」

問5 　24　 正解は③

「あなたはインターネット上で4つの記事を見つけた。下のタイトルに基づくと，アミとグレッグの両方の計画にとって最も役に立つ記事は『　　　　　』だろう」

二人ともボランティア活動をすることの意義をより多くの人に認識してもらい，ボランティア活動を普及させたいと考えている。したがって，最も適切なものは③「**ボランティア活動を通して困っている人々を助けること**」である。

① 「ボランティア活動と社会奉仕活動の違い」

② 「海外でボランティアをしながら友達を作る方法」

④ 「ボランティア経験とあなたの将来のキャリア」

20 第1回 試行調査：英語（筆記［リーディング］）〈解答〉

第5問

A 記事の読み取り

> 訳 《折り紙がもたらす好ましい影響》
> あなたは学校新聞の編集者です。あなたはメアリーというアメリカ人の学生が書いた折り紙に関する記事についてコメントを求められています。

折り紙

［1］　日本に暮らす多くの人々は，正方形の紙が動物や花のような美しい形に変わる折り紙に関する幼少期の記憶を持っている。折り紙は何世紀にもわたり，あらゆる年代の人たちに幅広く楽しまれてきた。

［2］　最近のある出来事で，海外では折り紙が日本の伝統的な芸術形態だと考えられていることに気づかされた。2016年にバラク＝オバマ大統領が広島を訪れたとき，彼は4羽の折り鶴を丁寧に折っていた。そして彼はその折り鶴を広島市に贈った。これは両国の友好と世界平和への誓いの象徴と見なされた。

［3］　高齢者向けのケアやリハビリにおいて，折り紙には2つの好ましい影響が見られる。折り紙で，紙をある形に折るためには，高い集中力に加え，正確に指の動きを調整することも求められる。これはアルツハイマー病のような疾患と関連する記憶障害の進行を遅らせると考えられている。また折り紙は運動技能の維持と，脳の活動の向上を促すため，ケガから回復しつつある人の助けになると考えられている。これらの理由から，日本国内および国外の両方において，折り紙を使った高齢者ケアとリハビリテーションプログラムが数多くあるのだ。

［4］　子供たちもまた折り紙から恩恵を受けている。折り紙は楽しみながら，創造性と芸術的感覚を育てることができる。このことが理由で，非常に多くの団体（国内および海外の）が，折り紙のコンテストや展示会のような幼児向けのイベントを定期的に開催することになった。この分野で積極的に活動している団体が海外で数多く見られるのは驚くべきことではないだろうか？

［5］　　A　さらに折り紙を折る技術的方法には，医療での応用が期待できる。　B　2016年，ある国際研究チームが，治療に利用できる非常に小さくて紙のように薄いロボットを開発した。そのロボットはブタ由来の物質から作られており，折り紙のように折りたたまれ，氷でできたカプセルに入っている。患者がそのカプセルを飲み込み，患者の胃に到達すると，カプセルが溶け，ロボットは周囲から水を吸収して広がる。　C　この後，ロボットは体の外から操作されて作業を行う。作業が完了すると，ロボットは自然に体外へと排出される。　D　このロボット

第 I 回　試行調査：英語〔筆記[リーディング]〕〈解答〉　**21**

の開発者たちは，たとえば，偶然小さな電池を飲み込んでしまった子供の胃から，その電池を取り出す際にこの技術を利用できると語っている。

[6]　上記の例に見られるように，もはや折り紙は，多くの人が幼少期に余暇の活動として経験した単なる伝統的な日本の芸術形態ではない。実際のところ，折り紙は世界中であらゆる世代の人々の生活に好ましい変化をもたらしうる影響力の強いものとなっている。折り紙の美しさの評価は来たる世代にも続いていくだろうが，今日では，折り紙は私たちの生活のさまざまな側面に影響を及ぼすようになっているのだ。

語句・構文

[第[1]段] ▶ be transformed into ～「～に変わる」

[第[2]段] ▶ paper crane「折り鶴」
　　　　　 ▶ commitment「誓約，約束」

[第[3]段] ▶ rehabilitation「リハビリ」
　　　　　 ▶ coordination「調整」
　　　　　 ▶ intense「極度の」
　　　　　 ▶ Alzheimer's disease「アルツハイマー病」

[第[4]段] ▶ foster「～を育てる」
　　　　　 ▶ association「団体，協会」

[第[5]段] ▶ promising「有望な，期待できる」
　　　　　 ▶ application「応用」
　　　　　 ▶ swallow「～を飲み込む」

[第[6]段] ▶ as seen in ～「～に見られるように」
　　　　　 ▶ agent「ある作用を持つもの，仲介者」
　　　　　 ▶ appreciation「評価，理解」

問1　　25　　正解は④

「メアリーの記事は主に　　　　　について論じている」

記事全体を通して，折り紙がもたらす好ましい影響について論じられており，第[2]段では，折り紙が日本の伝統的な芸術形態であると述べられ，第[3]段および第[5]段では医療分野での折り紙の利用例や応用例が示されている。また第[4]段では子供にとっての折り紙の効用についても述べられているので④**「文化的，医学的，教育的目的での折り紙の利用」**が正解。

① 「他の分野よりも医療における折り紙の重要性」

② 「多くの諸外国における新しい種類の折り紙の考案」

③ 「世界の平和と協力を促進する際に折り紙が果たしている主な役割」

22　第 I 回　試行調査：英語〈筆記［リーディング］〉〈解答〉

問2　　26　　正解は④

「第［3］段および第［4］段におけるメアリーの意図はおそらく◻︎◻︎◻︎◻︎ことである」

第［3］段では高齢者向けのケアやリハビリにおける折り紙の効用について述べられ，第［4］段では子供の教育における折り紙の効用について述べられているので④「異なる年代の人々の生活に対する折り紙の貢献を紹介する」が正解。

① 「日本の外で折り紙が発展した歴史を説明する」

② 「病気の治療に折り紙を使うことの難しさについて議論する」

③ 「リハビリ，高齢者のケア，教育のために折り紙を使うことに関する懸念を表明する」

問3　　27　　正解は④

「あなたはこの話題に関連する追加情報を見つけ，メアリーに下記の文を記事に付け加えるよう提案したい。第［5］段の◻︎A◻︎，◻︎B◻︎，◻︎C◻︎，◻︎D◻︎の4カ所の中で，その文を挿入する最も適切な場所はどこか」

挿入する文は「このロボットの開発者たちは，たとえば，偶然小さな電池を飲み込んでしまった子供の胃から，その電池を取り出す際に，この技術を利用できると語っている」という意味。the はすでに出た名詞に付くため，文中にある the robot は第［5］段第2文の a tiny paper-thin robot を指す。この表現が出てくる前の◻︎A◻︎と◻︎B◻︎は不適。また，for instance「たとえば」という表現と this technology「この技術」が指している内容に着目すると，この挿入する文がロボットの技術の具体的な利用場面の説明であると判断できるため，ロボットの説明がまだ途中である◻︎C◻︎ではなく，一通りの説明が終わった◻︎D◻︎が適切だと判断できる。したがって④が正解。

B 記事＋メモの読み取り

> 訳 《黒コショウと白コショウの比較》
> あなたは香辛料の特徴に関するプレゼンテーションの準備をしています。あなたは黒コショウと白コショウに関する記事を見つけました。その記事を読んでメモを取ることにしました。

黒コショウと白コショウ

[**Part 1**] 最近のいくつかの研究から，香辛料には私たちが長生きをする手助けとなる働きがあることがわかってきた。世界にはさまざまな香辛料があるが，おそらく馴染み深いのは黒コショウと白コショウの2つだろう。黒コショウと白コショウの両方とも同じコショウの植物の実からとれる。しかし，両者ではその製造工程が異なる。黒コショウはコショウの植物の熟す前の実から作られる。一つ一つの実は，小さな緑色のボールのような形で，直径は3～6ミリほどの大きさである。収穫された実は，太陽の下で乾燥させられると黒くなる。乾燥した実は「コショウの実」と呼ばれる。粉末の黒コショウの色はコショウの実の皮の色から生じたものなのだ。一方，白コショウを作るには，コショウの実がサクランボ色になってから収穫される。その実の皮は天日干しする前に取り除かれる。その実の中の種の色が白色なのだ。これが白コショウの実の製造工程である。皮が非常に薄いため，黒コショウの実と白コショウの実の大きさはよく似ている。通常，黒コショウよりも白コショウのほうが値段が高いのだが，これは白コショウの製造のほうが多くの処理工程を経るためである。

[**Part 2**] コショウの風味は何から生じているのであろう？ コショウの辛くてスパイシーな味は「ピペリン」と呼ばれる天然化合物によるものである。コショウの実の種だけではなく外側の皮の部分にも多くのピペリンが含まれている。したがって，黒コショウのほうが白コショウよりも辛いと言われている。また黒コショウには，その味をより複雑なものにしているその他の物質が数多く含まれている。さまざまな物質が混ざることで生み出される黒コショウ独特の風味は，多くの種類の料理に合う。白コショウの風味は黒コショウよりも上品だと評価されることが多いが，ステーキのような肉料理の味を引き立てるには風味が弱すぎる。その色のおかげで，白コショウは淡い色の料理に使われることが多い。マッシュポテト，ホワイトソース，白身魚は，白コショウで味付けされれば，見た目がよりよくなるだろう。

[**Part 3**] 歴史的に見ると，コショウは民間療法に使われてきた。たとえば，咳や風邪の治療法としてよく知られていた。コショウの健康への影響はピペリンに起因するところがある。ビタミンCのように，ピペリンは強力な抗酸化物質である。

24 第 1 回 試行調査：英語（筆記［リーディング］）〈解答〉

これは，この化合物を含む食べ物を食べることで，有害な化学反応を防ぐ可能性が
あることを意味する。さらに，最近の研究から，コショウはいくつかの種類の病気
の影響を軽減することもわかっている。ピペリンを含むあらゆる香辛料には人間の
体に対するこの効果が見られる。黒コショウと白コショウの両方に同じ健康上の効
果があるのだ。

語句・構文

［**Part 1**］ ▶ fruit「実，果実」
　　　　　 ▶ process「〜を加工処理する」
　　　　　 ▶ unripe「熟していない」
　　　　　 ▶ peppercorn「コショウの実」
　　　　　 ▶ skin「皮」
［**Part 2**］ ▶ compound「化合物」
　　　　　 ▶ layer「皮，層」
　　　　　 ▶ substance「物質」
　　　　　 ▶ refined「上品な」
［**Part 3**］ ▶ folk medicine「民間療法」
　　　　　 ▶ remedy「治療法」
　　　　　 ▶ potent「強力な」
　　　　　 ▶ antioxidant「抗酸化物質」

第 1 回 試行調査：英語(筆記[リーディング])〈解答〉 **25**

「 28 から 33 を埋めてメモを完成させなさい」

メモ

概要：
    Part 1:   28

    Part 2:   29

    Part 3:   30

表：黒コショウと白コショウの比較

共通点	相違点
31	32

主なポイント：   33

問1   28   29   30   正解は④，①，②

「Part 1，2，3 の最も適切な見出しはそれぞれ 28   29   30 である（各選択肢は1度のみ使える）」

各パートの要旨を理解し，適切な見出しをそれぞれ選ぶ問題。

Part 1 では黒コショウおよび白コショウの製造工程について述べられているので，28 は④「黒コショウと白コショウの製造」が適切。

Part 2 では黒コショウと白コショウの風味の特徴について対比的に説明されているので，29 は①「香辛料としてのコショウの特徴」が適切。

Part 3 では人間の体の健康に対するコショウの効果について説明されているので，30 は②「健康に対するコショウの効果」が適切。

なお③「黒コショウと白コショウの原産地」について述べられている部分はない。

26 第1回 試行調査：英語〔筆記［リーディング］〕〈解答〉

問2　31　複　正解は②, ④　32　複　正解は③, ⑤, ⑥

「以下の中で, 記事で述べられた共通点と相違点はそれぞれ　31　32　である（複数選択可）」

黒コショウと白コショウを比較し, その共通点と相違点を選ぶ問題で, それぞれに2つ以上の選択肢が当てはまる可能性がある。

① 「ビタミンCの量」　本文中で黒コショウと白コショウのビタミンCの含有量について述べられている部分はない。

② 「病気に対する効果」　Part 3 最終文で黒コショウと白コショウの両方に同じ健康上の効果があると述べられている。

③ 「風味」　Part 2 の第4文（Therefore, some people …）で白コショウよりも黒コショウのほうが辛いとあり, 第5文以降（Black pepper also …）でも両者の違いが説明されている。

④ 「植物」　Part 1 の第3文（Black and white …）で黒コショウと白コショウの両方が同じコショウの植物の実からとれると述べられている。

⑤ 「価格」　Part 1 の最終文で, 黒コショウよりも白コショウのほうが値段が高いと述べられている。

⑥ 「皮の除去」　Part 1 の第9文（The color of the powdered …）で黒コショウの色はコショウの実の皮の色から生じるものだとあるので, 皮が除去されていないことがわかる。第10文（On the other …）から白コショウの製造方法の説明がされ, 続く第11文（The skin of …）では白コショウの実の皮は天日干しをする前に取り除かれると述べられている。

問3　33　正解は④

「この記事は主に　　　　について論じている」

Part 1 では黒コショウと白コショウが同じ植物の実から作られることと, その製造工程の違いが述べられ, Part 2 では両者の風味の違いが対比的に説明されている。また Part 3 では両者の健康に対する効果が述べられているので, ④ 「白コショウと黒コショウの類似点と相違点および両者の健康に対する効果」が正解。

① 「他の香辛料と比較し, 黒コショウと白コショウを使うことの長所と短所」

② 「人々が黒コショウと白コショウを作り始めた理由とその人気がなくなった理由」

③ 「白コショウが黒コショウよりも優れている理由と, 白コショウのほうが私たちにとってよい理由」

第6問

物語＋メモの読み取り

訳 《『オスカーのキャンプ・キャニオンでの経験』という物語の感想》
あなたは授業で『オスカーのキャンプ・キャニオンでの経験』という物語の感想を書いています。

オスカーのキャンプ・キャニオンでの経験

［第1段］　12歳のオスカーはキャンプ・キャニオンでの素晴らしい1週間を終えたところだ。新しい友達を作り、新たなスキルを磨き、数ある中でも特に科学の楽しさに気づくなど、彼はとても楽しいときを過ごした。そしてオスカーはある大切な教訓を学んだ：困難な状況に直面したとき、時にはただ何も反応しないことが最善の策になることもあるのだ。また彼は物事が必ずしも見かけどおりとは限らないことも学んだ。

［第2段］　キャンプ・キャニオンは8歳から16歳の少年少女を対象としたサマーキャンプだ。アメリカには数多くの種類のキャンプがある。そこでは子供たちが特定の技術の習得に重点的に取り組んだり、宗教的な本や伝統から価値観を学んだりすることが多い。しかし、キャンプ・キャニオンは違う。その主な目的は、子供たちが、コミュニケーションとお互いを尊重することの大切さに基づいた考えを働かせて、困難な状況の対処法を自分たち自身で発見することである。キャンプでの1週間の間、泳いだり、遊んだり、科学体験や自然に関する学習課題に取り組みながら、子供たちは判断力と善悪を分別する力を高めていくのだ。

［第3段］　今回はオスカーにとってキャンプ・キャニオンでの2度目の夏だったので、彼は新しく参加した人たちを案内して楽しんでいた。彼は初日に、同い年の男の子で、初めてこのキャンプに参加したディランに自己紹介をした。オスカーはディランが新しい環境に慣れる手助けをして多くの時間を過ごしていたので、彼らはすぐに親しい友達になった。二人でテレビゲームをしたり木に登ったりして楽しみ、このキャンプで、ドッジボールの一種であるガガボールが二人とも大好きだと気づいた。オスカーとディランは他の子たちめがけてボールを投げ、笑いながら大声を上げ、クタクタになるまでガガボールをしていた。その後、二段ベッドの上に座って、自分たちの家庭や学校生活、そしてキャンプ・キャニオンをどれだけ楽しんでいるのか何時間も語り合ったものだ。

［第4段］　キャンプの他の参加者の一人にクリストファーという名の男の子がいた。最初、クリストファーは行儀がよく、楽しいことが好きな男の子のように思えた。

28 第 1 回 試行調査：英語（筆記 [リーディング]）〈解答〉

オスカーは彼と知り合いになることが待ち遠しかった。しかしクリストファーの態度が変わり始めるのにさほど時間はかからなかった。彼はわざわざベッドを整えたりもしなかった。彼はゲームや他の持ち物も床に散らかしたままだった。彼は思いやりがなく，自己中心的だった。そして程なくしてオスカーとディランが気づくように，彼は意地悪だったのだ。

［第5段］　朝食のとき，「ディランは歯を磨かなかったんだ。それに臭いんだ！今日はシャワーも浴びてないんだ」とクリストファーは他の子供たち全員に聞こえるように大声で言った。

［第6段］　オスカーとディランはクリストファーの言葉を聞いてショックを受けた。オスカーは常にみんなが歓迎されていると感じるようにしようと最善を尽くしてきた。クリストファーは二人を動揺させるようなことを言うのをとても楽しんでいるようだった。昼食のときに列に並んでいると，彼はオスカーの前に割り込んでくることさえあった。オスカーが怒って抗議をしても，彼はただ笑っているだけだった。

［第7段］　オスカーはクリストファーの問題についてキャンプのカウンセラーに相談した。彼女はクリストファーに厳しく注意をしたが，むしろ彼の態度はさらに悪くなっていった。他の子供たちも彼を避け，キャンプでの楽しい活動を台無しにしないように決めていた。

［第8段］　キャンプでの楽しい活動の一つに科学の先生とのディスカッションの時間があった。オスカーは学校では科学にほとんど興味を示さなかったが，キャンプで彼はこのディスカッションを本当に楽しんでいた。子供たちは先生と語り合い，自分たちが新しく知る科学的真理にますます興奮していった。オスカーは特に反射光と色がどのように見えるのかについて学ぶことに夢中になった。たとえば，赤色の物体は，虹のあらゆる色を吸収するが，私たちの目に赤の光だけを反射するのだ。

［第9段］　「だからね」とオスカーは息をはずませてディランに語りかけ，「赤い物は，実際は反射されている赤色以外のあらゆる色なんだよ！　これってすごくない？　科学が大好きになったよ！」と続けた。彼は物事が必ずしも見かけどおりとは限らないことに気づいたのである。

［第10段］　またキャンプの参加者たちは，1週間をともに過ごし，自分たちのグループにとって最善の倫理と規則についても議論した。意見の相違があるときにはいつでも立ち止まって，それぞれの状況に応じて，何が正しくて，何が間違っているのかを考えてみた。こうして，彼らは仲のいい集団として，協力しながら活動することを学んだのである。

［第11段］　こうした議論を通して，オスカーはある問題に対して一つの明確な解決法があるとは限らないことを学んだ。クリストファーのひどい振る舞いのケースのように，時として何も反応しないことが解決策になることもあるのかもしれない。取り乱しても何も変わらず，劇的なことを起こさず事態を解決する最善の方法は，

その場から離れることだとオスカーは気づいた。彼とディランは冷静になり，クリストファーの侮辱に反応するのをやめた。これはうまくいったようだった。程なくして，クリストファーは彼らに嫌な思いをさせることに興味を失ったのである。

[第12段]　オスカーにとって1週間の終わりはあまりにも早くやってきた。家に戻って数日後にクリストファーからハガキが届いたとき，彼のキャンプの記憶はまだ鮮明に残っていた。

> オスカーへ
>
> 　キャンプでの僕の振る舞いについては本当にごめんなさい。君とディランが本当に楽しそうに見えたんだ！　僕はスポーツが得意じゃないから，仲間外れにされているように感じたんだ。しばらくして君たちが僕のひどい振る舞いを気にしなくなったとき，自分がなんてバカだったのかに気づいたよ。だから君に謝りたかったけど，本当に恥ずかしかったんだ。来年もキャンプに参加するのかい？　僕は参加するつもりなので，友達になれたらいいなと思っています！
>
> さようなら
> クリストファー

[第13段]　「そうか」驚きから落ち着きを取り戻したとき，オスカーは思った。「クリストファーには何も反応しないことが正しかったんだ」彼はハガキを置くと，キャンプで学んだ別のことも思い出した：時として物事は見かけどおりとは限らない。

語句・構文

[第1段] ▶ have the time of *one's* life「楽しく過ごす」
　　　　 ▶ let it go「何も反応しない，放っておく」
　　　　 ▶ what S seem「Sの見かけ」

[第2段] ▶ mutual「相互の」
　　　　 ▶ hands-on「実際に体験できる」

[第3段] ▶ newcomer「新人」
　　　　 ▶ get used to ～「～に慣れる」
　　　　 ▶ bunk beds「二段ベッド」

[第4段] ▶ initially「最初は」
　　　　 ▶ belonging「持ち物」
　　　　 ▶ inconsiderate「思いやりのない」
　　　　 ▶ mean「意地悪な」

[第6段] ▶ take great delight in ～「～を大いに喜ぶ」
　　　　▶ upset「～を動揺させる」
[第7段] ▶ if anything「それどころか」
[第8段] ▶ reflect「～を反射する」
[第9段] ▶ breathlessly「息をはずませて」
[第10段] ▶ ethic「倫理，道徳」
　　　　 ▶ according to ～「～に応じて」
[第11段] ▶ as with ～「～のように」
　　　　 ▶ drama「劇的な事態」

「34 から 38 を埋めて感想を完成させなさい」

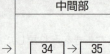

物語の感想	題名：オスカーのキャンプ・キャニオンでの経験

概要
冒頭：オスカーの2度目のキャンプ・キャニオンは新しい参加者を歓迎することで始まった。　→　中間部：34 → 35　→　結末：オスカーは問題の解決策を見つけるためにキャンプで学んだことを用いた。

主な登場人物
ーオスカーは活発で社交的である。 ークリストファーは友好的ではないように見えたかもしれないが，実際は 36 であった。

あなたの意見
私はオスカーが問題の解決方法を本当に理解したとは思えない。彼がしたのは 37 ことだけであった。クリストファーの振る舞いがさらに悪くならなくて彼は運がよかった。

この物語を最も気に入りそうなのは…
38 したいと思っている読者。

第 I 回 試行調査：英語（筆記 [リーディング]）〈解答〉　**31**

問 1 (a)　|34|　正解は③

　物語の Middle「中間部」の概要について述べられている選択肢を選ぶ問題。Be-ginning「冒頭」では，オスカーの 2 度目のキャンプ・キャニオンは新しい参加者を歓迎することで始まったという内容が述べられており，これは第 3 段第 1 文の内容と一致するので，それよりも後ろに書かれている内容を選べばよい。第 4 段第 4 文（However, it wasn't …）では，キャンプの参加者であるクリストファーの態度が変わったと述べられているので③**「キャンプの参加者の一人が驚いたことにその態度を変えた」**が適切。

① 「キャンプの参加者全員がすぐに仲のいい友達になった」

② 「たいていのキャンプの参加者が楽しい活動を楽しまなくなった」

④ 「キャンプのカウンセラーは何とか深刻な問題を解決した」

問 1 (b)　|35|　正解は①

　|34| に続く Middle「中間部」の概要について述べられている選択肢を選ぶ問題。第 5 段および第 6 段では，クリストファーのひどい振る舞いについて述べられ，第 7 段では，オスカーがクリストファーの問題についてカウンセラーに相談したが，彼の態度はさらに悪くなったと続いているので，①**「クリストファーはとてもひどく振る舞い続けた」**が適切。

② 「ディランは光がどのように反射するのかを理解することができた」

③ 「オスカーはグループディスカッションで指導的な役割を果たした」

④ 「カウンセラーは自分の見解を再検討した」

問 2　|36|　正解は①

　物語の登場人物であるクリストファーに関する説明で，空所を含む文は「クリストファーは友好的ではないように見えたかもしれないが，実際は＿＿＿＿＿であった」という意味。キャンプ終了後，オスカーに届いたクリストファーからのハガキには，自分の振る舞いについての謝罪が述べられ，オスカーとディランの楽しそうな様子を見て，スポーツが苦手な自分が仲間外れにされているように感じたという内容が述べられている。したがって①**「すべての活動には参加できなかったので，不満があっただけ」**が適切。

② 「初めて家を離れたのでおそらく不安になった」

③ 「自分の正直な意見を隠そうとしていたので，たいていのキャンプの参加者より賢い」

④ 「友達と一緒に使うためのゲームを持ってきたほど思いやりがある」

32 第 1 回 試行調査：英語（筆記［リーディング］）〈解答〉

問 3 37 正解は①

Your opinions「あなたの意見」の空所を含む文は「私はオスカーが問題の解決方法を本当に理解したとは思えない。彼がしたのは□□□ことだけであった。クリストファーの振る舞いがさらに悪くならなくて彼は運がよかった」という意味。第11 段第 3・4 文（Oscar realized that …）では，クリストファーの問題に関して，最善の解決法は to walk away from it「その場から離れること」であると気づいたとあり，オスカーとディランはクリストファーの侮辱に反応するのをやめたという内容が述べられている。したがって①「厄介な状況を避ける」が適切。

②「倫理と規則について議論する」

③「他人を困らせる」

④「さらに親切になろうとする」

問 4 38 正解は③

この物語に最も興味を持ちそうなのは，どのようなことを望んでいる読者なのかを答える問題。タイトルにもあるように，この物語はキャンプでの子供たちの経験について書かれたものなので③「自分の子供時代の友達との経験を思い出す」が適切。

①「夏の野外活動について詳細な情報を得る」

②「さまざまなスポーツで子供たちが成功する感動的な物語を読む」

④「子供と大人の関係を理解する」

2020年度：英語（筆記）/本試験〈解答〉　1

英語（筆記）　センター試験　本試験

2020年度　筆記

問題番号 （配点）	設　問		解答番号	正　解	配　点	チェック
第1問 （14）	A	問1	1	②	2	
		問2	2	③	2	
		問3	3	④	2	
	B	問1	4	②	2	
		問2	5	①	2	
		問3	6	①	2	
		問4	7	②	2	
第2問 （47）	A	問1	8	③	2	
		問2	9	①	2	
		問3	10	③	2	
		問4	11	③	2	
		問5	12	①	2	
		問6	13	①	2	
		問7	14	①	2	
		問8	15	④	2	
		問9	16	②	2	
		問10	17	①	2	
	B	問1	18	④	4 ＊	
			19	②		
		問2	20	④	4 ＊	
			21	③		
		問3	22	⑤	4 ＊	
			23	②		
	C	問1	24	③	5	
		問2	25	①	5	
		問3	26	③	5	

（注）　＊は，全部正解の場合のみ点を与える。

問題番号 （配点）	設　問		解答番号	正　解	配　点	チェック
第3問 （33）	A	問1	27	②	5	
		問2	28	②	5	
		問3	29	②	5	
	B		30	③	6	
			31	③	6	
			32	④	6	
第4問 （40）	A	問1	33	④	5	
		問2	34	④	5	
		問3	35	②	5	
		問4	36	④	5	
	B	問1	37	①	5	
		問2	38	①	5	
		問3	39	②	5	
		問4	40	④	5	
第5問 （30）		問1	41	①	6	
		問2	42	④	6	
		問3	43	④	6	
		問4	44	②	6	
		問5	45	②	6	
第6問 （36）	A	問1	46	①	6	
		問2	47	③	6	
		問3	48	②	6	
		問4	49	④	6	
		問5	50	②	6	
	B		51	②	6 ＊	
			52	④		
			53	③		
			54	①		

自己採点欄

200 点

（平均点：116.31 点）

2 2020年度：英語〈筆記〉/本試験〈解答〉

第1問

A 発音

問1 　1 　正解は②

問	① **sc**arce	② **sc**enery	③ **sc**ratch	④ **sc**ream
発音	① [skéərs]	② [sí:nəri]	③ [skrǽtʃ]	④ [skrí:m]

②の sc は [s] で「ス」に近い音。①・③・④は [sk] で「スク」に近い音。
①「乏しい」 ②「風景」 ③「ひっかく」 ④「金切り声を出す」

問2 　2 　正解は③

問	① ari**s**e	② de**s**ire	③ loo**s**e	④ re**s**emble
発音	① [əráiz]	② [dizáiər]	③ [lú:s]	④ [rizémbl]

③は [s] で「ス」に近い音。①・②・④は [z] で「ズ」に近い音。
①「生じる」 ②「要望，要求する」 ③「解放された，ゆるんだ」 ④「〜に似ている」

問3 　3 　正解は④

問	① acc**u**se	② c**u**be	③ c**u**cumber	④ c**u**ltivate
発音	① [əkjú:z]	② [kjú:b]	③ [kjú:kʌmbər]	④ [kʌ́ltəvèit]

④は [ʌ] で短い「ア」。①・②・③は [ju:] で「ユー」に近い音。
①「非難する」 ②「立方体」 ③「キュウリ」 ④「耕す」

2020年度：英語（筆記）/本試験〈解答〉　**3**

B　第1アクセントの位置

問1　4　正解は②

問	① **allergy**	② **objective**	③ **physical**	④ **strategy**
発音	① [ǽlərdʒi]	② [əbdʒéktiv]	③ [fízikl]	④ [strǽtədʒi]

②は第2音節にアクセント。①・③・④は第1音節にアクセント。

①「アレルギー」　②「目標，客観的な」　③「物理的な，身体の」　④「戦略」

問2　5　正解は①

問	① **alcohol**	② **behavior**	③ **consider**	④ **magnetic**
発音	① [ǽlkəhɔ̀ːl]	② [bihéivjər]	③ [kənsídər]	④ [mægnétik]

①は第1音節にアクセント。②・③・④は第2音節にアクセント。

①「アルコール」　②「ふるまい」　③「～を考慮する」　④「磁気を帯びた」

問3　6　正解は①

問	① **canal**	② **instance**	③ **island**	④ **workshop**
発音	① [kənǽl]	② [ínstəns]	③ [áilənd]	④ [wə́ːrkʃɑ̀p]

①は第2音節にアクセント。②・③・④は第1音節にアクセント。

①「運河」　②「例」　③「島」　④「作業場，研修会」

問4　7　正解は②

問	① **administer**	② **beneficial**	③ **competitor**	④ **democracy**
発音	① [ədmínistər]	② [bènifíʃl]	③ [kəmpétitər]	④ [dimákrəsi]

②は第3音節にアクセント。①・③・④は第2音節にアクセント。

①「～を管理する」　②「有益な」　③「競争相手」　④「民主主義」

第2問

A　短文の空所補充

問1　8　正解は③

> 問　Due to the rain, our performance in the game was ☐ from perfect.
> ① apart ② different ③ far ④ free
> 訳　雨のせいで，試合での私たちの出来栄えはまったく完璧ではなかった。

far from ～ で「まったく～ではない」の意。「～からほど遠い」と考えるとわかりやすい。③が正解。

問2　9　正解は①

> 問　Emergency doors can be found at ☐ ends of this hallway.
> ① both ② each ③ either ④ neither
> 訳　非常口はこの廊下の両端にあります。

空所の後の「端」が ends と複数形であることに注意。複数形をとるのは both「（2つの）両方の」のみ。each「おのおのの」，either「（2つのうち）どちらの～でも」，neither「（2つの）どちらも～ない」は単数形をとる。①が正解。

問3　10　正解は③

> 問　My plans for studying abroad depend on ☐ I can get a scholarship.
> ① that ② what ③ whether ④ which
> 訳　私の留学計画は，奨学金をもらえるかどうかにかかっている。

depend on ～「～に左右される，～で決まる」とあるので，まだ留学は決定事項ではない。「～かどうか」の意にするのが妥当。③の whether が正解。

2020年度：英語〈筆記〉/本試験〈解答〉　**5**

問4　11　正解は③

> 問　**Noriko can speak Swahili and □ can Marco.**
> ① **also**　　② **as**　　③ **so**　　④ **that**
> 訳　ノリコはスワヒリ語が話せるし，マルコもそうだ。

so do S（疑問文の語順）で，前述の肯定文を受けて「〜もまたそうだ，〜も同様だ」の意。先行節に助動詞が使われている場合は do ではなく，その助動詞が使われる。③が正解。

問5　12　正解は①

> 問　**To say you will go jogging every day is one thing, but to do it is □.**
> ① **another**　　② **one another**　③ **the other**　　④ **the others**
> 訳　毎日ジョギングをすると言うのと，実際にするのとは別だ。

A is one thing and〔but〕*B* is another. で「*A* と *B* は別だ，*A* と *B* はまったく違う」の意。①が正解。

問6　13　正解は①

> 問　**Our boss is a hard worker, but can be difficult to get □.**
> ① **along with**　② **around to**　③ **away with**　④ **down to**
> 訳　私たちの上司は仕事熱心だが，うまくやっていくのが難しいこともある。

get along with 〜 で「〜とうまくやっていく，〜と仲良くしていく」の意。①が正解。*A* is difficult to *do*「*A* は〜するのが難しい」の不定詞句の目的語は書かない。Our boss is difficult to get along with. ≒ It is difficult to get along with our boss.

問7　14　正解は①

> 問　**When Ayano came to my house, □ happened that nobody was at home.**
> ① **it**　　② **something**　③ **there**　　④ **what**
> 訳　アヤノが私の家に来たとき，たまたま誰も家にいなかった。

it happens that S V で「たまたま S は V する」の意。①が正解。

6　2020年度：英語（筆記）/本試験〈解答〉

問8　15　正解は④

> 問　We'll be able to get home on time as（　A　）as the roads are（　B　）.
> ① A：far　　B：blocked　　② A：far　　B：clear
> ③ A：long　B：blocked　　④ A：long　B：clear
> 訳　道が空いてさえいれば，時間どおりに家に着けるだろう。

「～しさえすれば，～する限りは」と条件を表すのに使えるのは as long as。「時間どおりに家に着ける」という内容から，「道が空いている」の意になる方を選ぶ。clear は「妨げるものがない」の意をもつ。④「A：long　B：clear」が正解。

問9　16　正解は②

> 問　I know you said you weren't going to the sports festival, but it is an important event, so please（　A　）it a（　B　）thought.
> ① A：give　　B：first　　② A：give　　B：second
> ③ A：take　　B：first　　④ A：take　　B：second
> 訳　スポーツフェスティバルに行くつもりはないと言っていたのは知っていますが，とても大事な行事なので，どうか考え直してください。

give A a second thought で「A を再考する，もう一度考える」の意。give A another thought とも言う。②「A：give　B：second」が正解。

問10　17　正解は①

> 問　I didn't recognize（　A　）of the guests（　B　）the two sitting in the back row.
> ① A：any　　　B：except for　② A：any　　　B：rather than
> ③ A：either　B：except for　④ A：either　B：rather than
> 訳　後ろの列に座っている二人を除いて，客のうちの一人も誰かわからなかった。

not … either of the guests では「二人の客のどちらも誰かわからなかった」となり，後が続かない。（　A　）は any に決まる。また，A rather than B は「B よりもむしろ A」なので，これを入れると「二人よりむしろ，一人も誰かわからなかった」となり意味がとれない。よって，except for ～「～を除いて，～以外は」を補えばよいとわかる。①「A：any　B：except for」が正解。「二人以外は誰もわからなかった」という意味になる。

2020年度：英語〈筆記〉/本試験〈解答〉 **7**

B 語句整序

問1　18　19　正解は④—②

> 問　Tony : Those decorations in the hall look great, don't they ? I'm
> 　　　　　glad we finished on time.
> 　　Mei : Yes, thank you so much. Without your help, the prepara-
> 　　　　　tions ⑥ would not ④ have ① been ③ completed ② by ⑤ the
> 　　　　　time all the guests arrive this afternoon.
> 訳　トニー：ホールのあの装飾，すごく見映えがいいよね。時間どおりに終わって
> 　　　　　よかった。
> 　　メイ：ええ，本当にありがとう。あなたの助けがなかったら，今日の午後お
> 　　　　　客さまがみんな到着するまでに，準備を済ませることはできなかった
> 　　　　　でしょう。

Without your help「あなたの助けがなかったら」とあり，与えられた語句からも
仮定法過去完了と推測できる。帰結節の動詞部分は助動詞の過去形＋have *done*
なので，まず⑥ would not ④ have と並び，① been と③ completed の２つの過
去分詞は受動態として④の後に続けられる。残る② by ⑤ the time で「〜するま
でに」の意の接続詞になるので，これを最後に置くと空所の後の all the guests
arrive がうまくつながる。

問2　20　21　正解は④—③

> 問　　Ichiro : Mr. Smith has two daughters in school now, right ?
> 　Natasha : Actually, he has three, the ⑥ youngest ④ of ⑤ whom
> 　　　　　② is studying ③ music ① in London. I don't think you've
> 　　　　　met her yet.
> 訳　イチロウ：スミスさんには，現在，学校に通っているお嬢さんがお二人いま
> 　　　　　すよね。
> 　ナターシャ：実は三人なの。末のお嬢さんはロンドンで音楽の勉強中です。あ
> 　　　　　なたは彼女にはまだ会ったことがないと思います。

he has three の後がカンマであることに注意。与えられた語句の中に接続詞がな
いので，関係代名詞 whom が非制限用法で使われていると考えられる。three
(daughters) が先行詞になるので，「そのうちのいちばん年下（の娘）」を the
⑥ youngest ④ of them とし，them を⑤ whom に置き換えればうまくつながる。

8　2020年度：英語(筆記)/本試験〈解答〉

これを主語として，② is studying ③ music ① in (London) とすれば意味を成す文になる。

問3　<u>22</u>　<u>23</u>　正解は⑤ー②

> 問　Peter : It might rain this weekend, so I wonder if we should still
> 　　　　　 have the class barbecue in the park.
> 　　Hikaru : Yeah, we have to decide now whether to hold it ① as
> 　　　　　 ⑤ planned ④ or ⑥ put ② it ③ off until some day next
> 　　　　　 week. We should have thought about the chance of rain.
> 訳　ピーター：今週末は雨かもしれないね。それでもまだ公園でクラスのバーベキ
> 　　　　　　　ューをやるべきなのかな。
> 　　ヒカル：そうね，予定どおり開催するか，来週のいつかに延期するか，今決
> 　　　　　　めなくちゃね。雨が降るかもって，考えておくべきだったわね。

空所の前の whether to hold it は「バーベキューを開催すべきかどうか」の意。whether *A* or *B*「*A* か *B* か」のパターンになると考えられる。開催か延期かという内容が妥当なので，まずは選択肢からその意味になる熟語を作ることを考える。put *A* off／put off *A*「*A* を延期する」から，後半の④ or ⑥ put ② it ③ off「それを延期する」というまとまりが作れる。put off は目的語が代名詞の場合，間にはさむことに注意。put off it の語順は不可。残る① as，⑤ planned はこの順序で「計画されたとおりに」の意になるので，「開催する」を修飾するように，hold it の直後に置く。

C　応答文の完成

問1　<u>24</u>　正解は③

> 問　Chisato : I heard a new amusement park will be built in our
> 　　　　　 neighborhood.
> 　　Luke : Really ? That will be great for the kids in our area.
> 　　Chisato : Yes, but nobody is happy about the increased traffic near
> 　　　　　 their houses.
> 　　Luke : But ⎯⎯ young people. It will definitely have a positive
> 　　　　　 economic effect on our city.

| (A) according to the experts, | → | (A) it will create less noise | → | (A) for |
| (B) thanks to the neighbors, | | (B) it will create more jobs | | (B) in |

訳　チサト：この近くに新しいアミューズメントパークが建設されるんですって。

　　ルーク：本当？　この地域の子どもたちにはすごくいいことだよね。

　　チサト：ええ，でも家の近くの交通量が増えて喜ぶ人なんていないわ。

　　ルーク：だけど，専門家に言わせると，若い人たちの働き口が増えるって。この町の経済には絶対いい影響があるよ。

ルークの発言の最終部分に「この町の経済によい影響がある」とあることから，2番目のブロックは(B)の「それはより多くの働き口を生み出すだろう」が適切。空所の後に young people「若い人たち」とあるので，最後のブロックの前置詞は(A) for「〜のための」が適切。最初のブロックは，後の内容から考えて(A)の「専門家によると」が適切。③ (A)→(B)→(A)が正解。

問2　　25　　正解は①

問　Yu : I heard Emma is planning to quit her full-time job.

　　Lee : Yeah, she's going to start her own company.

　　Yu : Wow! Her husband must be angry because they need money for their new house.

　　Lee : Very much so. But ☐ to Emma's plan. They always support each other in the end.

| (A) although | → | (A) he is quite upset, | → | (A) he doesn't object |
| (B) because | | (B) he isn't so upset, | | (B) he objects |

訳　ユウ：エマがフルタイムの仕事をやめるつもりだって聞いたんだけど。

　　リー：そうそう，自分の会社を始めるんだって。

　　ユウ：うわあ！　彼女のだんなさんは，怒っているだろうなあ。新居にお金が要るんだから。

　　リー：本当にそのとおり。でも，彼はとても動揺しているけれど，エマの計画に反対はしていないって。2人は，いつも結局は支え合うからね。

リーの発言の最終部分に「彼らは，いつも結局は支え合う」とあることから，最後のブロックは(A)「彼は（エマの計画に）反対していない」が適切。ユウの2番目の発言に「夫は怒っているに違いない」とあり，リーも同意しているので，2番目の

10 2020年度：英語〈筆記〉/本試験〈解答〉

ブロックには(A)の「彼はとても動揺している」が当てはまる。「動揺している」と「計画に反対していない」の相反する内容をつなぐためには，最初のブロックを(A)「～だが，～にもかかわらず」にすればよい。① (A)→(A)→(A)が正解。

問3　　26　　正解は③

> 問
>
> **Kenjiro :** Why are there fire trucks in front of the school ?
>
> **Ms. Sakamoto :** It's because there is a fire drill scheduled for this morning.
>
> **Kenjiro :** Again ? We just had one last semester. I already know what to do.
>
> **Ms. Sakamoto :** Even if you think you do, the drill is ☐ help each other in case of a disaster. We should take it seriously.
>
> | (A) essential | (A) even so | (A) we can |
> |---|---|---|
> | (B) meaningless | (B) so that | (B) we cannot |
>
> 訳
>
> ケンジロウ：なぜ学校の前に消防車が停まっているんですか？
>
> サカモト先生：今日の午前中に消防訓練が予定されているからですよ。
>
> ケンジロウ：またですか？　前の学期にもやったばかりなのに。どうすればいいか，もうわかっています。
>
> サカモト先生：そう思っていても，災害時に助け合えるようにするには，訓練が欠かせませんよ。真剣に取り組まなければ。

もう訓練は不要だと思っているケンジロウに対して，先生は「わかっていると思っていても」と言っているので，最初のブロックは(A) essential「(訓練は) 欠かせない」とするのが適切。we 以降は SVO がそろった節になるため，2 番目のブロックは接続詞でなくてはならない。(A) even so「たとえそうでも」は副詞句で，接続詞の働きはない。これを入れるなら，前の文をピリオドで切るか，カンマで区切るかする。よって，(B) so that を選ぶ。so that S can V で「S が V できるように」の意の目的構文であり，最後のブロックで(A) we can を選べば，「災害時に助け合えるように」の意になる。③ (A)→(B)→(A)が正解。

2020年度：英語〈筆記〉／本試験〈解答〉　**11**

第3問　文脈把握

A　不要文指摘

問1　　27　　正解は②

> 訳　北米最大のプロバスケットボールリーグである NBA の歴史の初期，試合では得点が低いことが多く，その結果，いつも試合が盛り上がったわけではなかった。①そのよい例が，1950 年のレイカーズとピストンズの試合だった。試合結果は 19 対 18 でピストンズの勝利だった。こうした試合は，当時のファンを失望させ，これが各ショット（シュート）を 24 秒までに制限するという，得点を増やすための新しいルールの導入の大きなきっかけとなった。②時間制限のプレッシャーで，選手はショットをミスすることがより多くなった。③大いに議論を重ねた後，そのルールは 1954 年 10 月 30 日の公式戦で初めて使われた。④それ以来，それぞれのチームが一試合で 100 点以上取ることがよくあるようになった。こうした簡単な変更で，試合はよりおもしろくなり，リーグは存続したのだ。

　文章全体では，簡単なルール変更で NBA がよりおもしろくなったと述べられている。②は「選手がミスすることが増えた」となっており，試合をつまらなくする内容。この文が不必要である。

問2　　28　　正解は②

> 訳　「姿勢を正して座らないと腰痛になる」と言われたことがあるかもしれない。しかし，それは本当だろうか。人々はずっと前から，姿勢が腰痛になんらかの働きをしていると考えてきた。意外にも，姿勢と腰痛を関連付ける研究から得られた証拠は，説得力に欠けるものかもしれない。①人間の背中はもともと湾曲しており，横から見ると S 字を描いている。②人には，彼らの体型を決定する，その人に独自の骨の大きさがある。③よい姿勢とは，この湾曲の一部をまっすぐにすることだと考えられてきた。④医師の意見を検証したある研究によると，適切な姿勢に関して意見が一致する単一の基準というものはないことがわかった。ある研究者は，特に座っているときに姿勢を頻繁に変えることのほうが，腰痛の予防には重要だとさえ言う。腰痛の主な原因は，ストレスや睡眠不足であって，座り方ではないかもしれない。

　文章全体では，姿勢と腰痛の関係について述べている。②は体型と骨の大きさについて述べており，文章のテーマに沿った内容ではない。この文が不必要である。

12 2020年度：英語〈筆記〉/本試験〈解答〉

問3 　29 　正解は②

> 訳　文明の発達の最も重要な特徴の一つは，食料の保存だった。豚の足をハムとして保存することはそうした例の一つである。今日，世界の多くの国がハムを製造しているが，それはいつどこで始まったのだろうか。①多くの人は，中国人が生の豚肉を塩漬けにしたことを記録した最初の人々だと考えているが，ヨーロッパ西部で暮らしていた古代人であるガリア人を挙げる人もいる。②もう一つのよく使われる調味料は胡椒で，これは食料の保存に同じようによく機能する。③それは，ローマ時代には十分確立された方法だったことはほぼ確実なようである。④古代ローマのある有名な政治家は，早くも紀元前 160 年に，「塩漬けハム」について多く書き残している。起源はともかく，ハムのような保存食は，人間の文化が発展する一助となり，歴史に深く根付いている。

　文章全体で塩漬けハムの起源について述べている。②は胡椒について述べており，塩漬けハムの起源とは無関係。この文が不必要である。

B 意見の要約

| 30 | 31 | 32 |　正解は ③，③，④

訳　アキラ：やあ，みんな。来てくれてありがとう。毎年恒例のチャリティイベ
　　　　　　ントの資金をどう募るかについて考えるために今日ここに集まって
　　　　　　くれるよう，みんなにお願いしていました。できるだけたくさん集
　　　　　　められるように，この夏は約１カ月取ります。何か考えはあります
　　　　　　か？
　　テレサ：近所でオッドジョブをするのはどうかしら。
　　アキラ：それは何かな？　聞いたことがないんだけれど。
　ジェンナ：ああ，ここ日本ではあまり一般的じゃないわよね。まあ，何でもい
　　　　　　いのよ。芝生を刈るとか，窓を洗うとか，ガレージを片付けるとか，
　　　　　　家回りのことをするの。アメリカで高校に通っていたとき，近所の
　　　　　　庭仕事をして，ひと夏に 300 ドル稼いだことがあるわ。それから，
　　　　　　クリーニングを取りに行ったり，食料雑貨の買い物をしたりで，町
　　　　　　のあちこちに行ってくれるように頼んでくる人もいるでしょうね。
　　　　　　若者が追加で幾らかのお金を手に入れる，とても一般的な手段なの。
　　アキラ：つまり，ジェンナ，| 30 | ということだね？

① 「庭を片付けることはとても価値のある仕事だ」
② 「家族の間で家事を分担するのがいちばんよい」
③ 「何かできる雑用があればそれをすることは，お金を稼ぐ方法の一つだ」
④ 「庭仕事は，合衆国ではきっともうけになるだろう」

　ジェンナ：そうよ。日本でもうまくいくと思うわ。
　　ルディ：日本では，地元の企業でアルバイトをしている学生がたくさんいる
　　　　　　よね。レストランとかコンビニエンスストアとかで働いていると思
　　　　　　う。オッドジョブはそれとは違うんだ。一種のヘルパーに近いね。
　　　　　　臨時的な働き方なんだよ。会社からじゃなくて，手伝ってあげた人
　　　　　　から直接お金をもらう。それに，どの仕事をしたいか自分で決めら
　　　　　　れるしね。
　　　　マヤ：でも危なくない？　ふつう，知らない人の家に入るのは気が進まな
　　　　　　いわ。それに，もしお金を払ってもらえなかったらどうするの？
　　　　　　どうやって稼いだお金をもらえばいいの？

14 2020年度：英語〈筆記〉/本試験〈解答〉

ルディ：家の中の仕事ばかりじゃないよ。やりやすい仕事を選べるんだ。僕の経験では，だまされたことはないよ。基本的に，自分の住んでいる地域の人の手伝いをするから，多少はその人のことを知っているし。多くの場合，そういう人は近所に長年暮らしているお年寄りなんだ。それで，いつも現金でもらえて，使えるお金が手に入って嬉しかったよ。

テレサ：私たちの地域にはお年寄りがたくさんいるわ。重い物を運んでくれる人がいたり，ただ親しく接してくれる人がそばにいるだけでも，きっと嬉しいわよね。そういう人がつけこんだりするなんて，ないと思う。一般的な話として，たいていの人は正直で親切だと思わない？

アキラ： 31 から，心配しすぎるべきではなさそうだね。

① 「お年寄りは僕たちの作業に関して落ち着かない気持ちになるだろう」
② 「近所の人に仕事をくれるように頼むのは気まずい」
③ 「自分たちの地域で仕事をすることに危険はほとんどない」
④ 「町の企業で働けば安全でいられる」

ダン：ボランティアでお金をもらってもいいのかな？　お年寄りに対しては，善意から仕事をするべきじゃない？　人の手助けをすること自体が報酬だと思うよ。

カナ：チャリティのためのお金を募るという私たちの目的を初めからはっきり説明すれば，喜んで手伝ってくれると思うな。それに，時給5000円くださいなんて言うわけではないし。1時間500円と提示するのはどうかしら？　同じ仕事をどこかの会社に頼むよりずっとお得よ。

マヤ：税金を払わなくていいのかしら？　行政が気づいたらどうなるの？

ジェンナ：法律に違反しているとは思わないわ。ともかく合衆国ではきちんとした方法よ。でも念のために，市の税務署の人に聞いてみましょう。

アキラ：わかった。みんなよい考えをありがとう。ずいぶん進んだと思うよ。今日出された提案にしたがえば，次のステップは 32 ことだ。そうだよね？

① 「互いに完全に正直であることを考える」

② 「賃金の高いアルバイトを探す」
③ 「有益なサービスを近所の人に無料で提供する」
④ 「地元地域でうまくいく計画を考える」

　ジェンナ：いいわね。

　30　ジェンナはテレサが言った odd jobs を説明している。ジェンナは最初の発言第2文（It can be …）で「芝生を刈るとか，窓を洗うとか，ガレージを片付けるとか，何でもいいから家回りのことをする」，第3文（When I was …）で自身の経験として「庭仕事をした」，第4文（And sometimes people …）で「クリーニングを取りに行ったり，食料雑貨の買い物をしたりする」と述べている。doing odd jobs とは，決まった仕事を行うのではなく，求められる仕事・作業を引き受けることと言える。③「何かできる雑用があればそれをすることは，お金を稼ぐ方法の一つだ」が適切。なお，odd job は「臨時の仕事，片手間の仕事」の意。

　31　ルディの2番目の発言第3・4文（In my experience, …）に「僕の経験では，だまされたことはない。基本的に，自分の住んでいる地域の人の手伝いをするから，多少はその人のことを知っている」，テレサの2番目の発言第3・4文（I really doubt …）に「そういう人（＝近所のお年寄り）がつけこんだりすることはない。一般的に，たいていの人は正直で親切だと思わないか」とある。③「自分たちの地域で仕事をすることに危険はほとんどない」が適切。

　32　ここまでの話し合いで，慈善活動の資金を得るために「オッドジョブ」をすることに決まった。これから話し合うべきことは，どのように実行するかについての計画を立てることだと考えられる。②は part-time jobs「アルバイト」，③は for free「無料で」と言っていることが，「オッドジョブ」とは相容れない。④「地元地域でうまくいく計画を考える」が適切。

第4問 資料読解

A 説明的な文章・図の読み取り

[訳] 《練習の順序が成果に与える影響》

[第1段] スポーツのコーチも選手も，パフォーマンスを高めるためにどのようにトレーニングプログラムが設計できるかに関心を抱く。練習の順序は，練習量を増やさずに学習成果を促進する可能性がある。トレーニングスケジュールが異なることが，投球成績にどのように影響するか調べるために，ある調査が行われた。

[第2段] この調査では，床に置かれた的を狙って小学生がテニスボールを投げた。彼らは，的から3メートル，4メートル，5メートル離れた3つの投球場所からボールを投げた。的は，中心部（幅20センチ）とそれを取り巻くより大きな9つの輪から成るものだった。それは投球の正確さを示すゾーンとしての役割を果たした。ボールが的の中心に落ちれば100ポイントが与えられた。それより外のゾーンの1つに落ちると，落ちたところに応じて，90，80，70，60，50，40，30，20，10のポイントが記録された。ボールが的の外に落ちた場合，ポイントは与えられなかった。2つのゾーンを分けている線の上にボールが落ちたときには，高いほうの点が与えられた。

[第3段] 生徒たちは Blocked（固定），Random（無作為），Combined（複合）の3つの練習グループのどれかに振り分けられた。生徒たちは全員，ボールで的の中心を狙うのに上手投げの投球動作を使うように指示された。調査の第1日目に，生徒たちはそれぞれ合計81回の投球練習を行った。Blocked グループの生徒たちは，3つの投球場所の1つから27回，続いて次の場所から27回，最後の場所から27回投げて練習を終えた。Random グループでは，各生徒は研究者が示した投球場所の順序で81回ボールを投げた。このグループでは，同じ場所から連続で投げるのは2回まで許された。Combined グループでは，まず Blocked グループのスケジュールで始めて，徐々に Random グループのスケジュールに移行した。翌日，生徒全員が12投球の成果テストを完了した。

[第4段] 結果は，81回の投球練習の間では，Blocked グループの出来栄えが他の2つのグループより劣っていることを示していた。成果テストの点数も分析された。Combined グループが3つのグループの中で最も出来栄えがよく，Randomグループがそれに続き，それから Blocked グループだった。ボウリング，野球，バスケットボールで見られるような他の投球動作のトレーニングプログラムで，大人についても似た結果が得られるかどうかはまだ不確かである。このことは次のセクションで取り扱われる。

語句・構文

[第1段] ▶ facilitate「〜を手助けする，〜を容易にする」
[第2段] ▶ consist of 〜「〜から成る，〜で構成される」
[第3段] ▶ be assigned to 〜「〜に割り当てられる，〜に指定される」
　　　　 ▶ specify「〜を指定する」
　　　　 ▶ consecutive「連続した」
[第4段] ▶ address「(問題など) を取り扱う」

問1　33　正解は④
「この図の5回の投球で得られた合計点はいくらか」

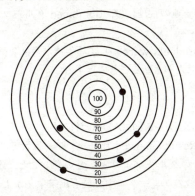

第2段第5文（If the ball landed in the center …）以下に「的の中心は100ポイント…それより外のゾーンは落ちたところに応じたポイント…的の外はポイントは与えられず…2つのゾーンを分けている線の上にボールが落ちたときには，高いほうの点が与えられた」とある。図にある印は上から順に80と70の線上（80ポイント），50のゾーン（50ポイント），50と40の線上（50ポイント），30のゾーン（30ポイント），20と10の線上（20ポイント）。80＋50＋50＋30＋20＝230。④が正解。

問2　34　正解は④
「実験に関して，次の文のうち正しいのはどれか」
第3段第6文（No more than …）に「このグループ（＝Random グループ）では，同じ場所から連続で投げるのは2回まで許された」とあるので，3回以上は許されなかったとわかる。④「同じ場所から連続で3回以上投げることは，Random グループでは規則違反だった」が正解。
①「Blocked グループでは，同じ最初の投球場所から81回の投球が行われた」

18 2020年度：英語（筆記）／本試験〈解答〉

第3段第4文（Students in the Blocked …）に「Blocked グループの生徒たちは，3つの投球場所の1つから27回，続いて次の場所から27回，最後の場所から27回投げた」ことが述べられているのに反する。

② 「Combined グループでは，実験全体で的からの距離に変化がなかった」

第3段第7文（In the Combined …）に「Combined グループでは，まず Blocked グループのスケジュールで始めて，徐々に Random グループのスケジュールに移行した」とある。Blocked グループは①で見たように，3カ所から投げている。また，Random グループも第3段第6文（No more than …）に「同じ投球場所から連続で投げるのは2回まで許された」とあるとおり，投球場所はいずれも複数箇所であるから，実験内容と一致しない。

③ 「同じ場所からの一連の投球には，Combined グループではさまざまな投げ方が含まれていた」

第3段第2文（All students were …）に「生徒たちは全員…上手投げの投球動作を使うように指示された」とあることに反する。

問3　　35　　正解は②

「結果に関して，次の文のうち正しいのはどれか」

第4段第1〜3文（Results showed that …）に，練習では「Blocked グループの出来栄えが他の2つのグループより劣っていた」こと，成果テストでは「Combined グループが3つのグループの中で最も出来栄えがよく，Random グループがそれに続き，それから Blocked グループだった」ことが述べられている。②**「Blocked グループは，成果テストにおいて3つのグループの中で最も点が悪かった」**が正解。

① 「Blocked グループは練習と成果テストの両方で最も点がよかった」
③ 「Combined グループは成果テストで Random グループよりも精度が低かった」
④ 「Random グループは，練習でも成果テストでも精度が最も低かった」

問4　　36　　正解は④

「この報告において，次に論じられる可能性が最も高いことは何か」

第4段第4・最終文（It is still …）に「他の投球動作…についても似た結果が得られるかどうかはまだ不確かである。このことは次のセクションで取り扱われる」とある。④**「さまざまな種類の投球動作」**が正解。

① 「下手投げのイメージトレーニング」
② 「もっと年齢が下の生徒たちの動きの観察」
③ 「目を閉じての上手投げ」

B 情報の読み取り

訳 《フリーマーケットの出店募集》

グリーンリー秋のフリーマーケット

目下，グリーンリー=スポーツセンターで行われる秋のフリーマーケットへの応募を受け付けております！ 中古のものと手作りのもの，あるいはそのいずれかをお持ちください。区画の数が限られており，申し込みは到着順で受け付けますので，応募のメールはお急ぎください。ペット同伴可のマーケットですが，ペットを連れてくる予定の方は，屋外区画に申し込んでください。屋外区画では，主催者がテントの設営を追加料金なしでお手伝いいたします。品物を運搬するのにトラックが必要であれば，追加料金でご利用いただけます。

	10月3日土曜日 （13：00—17：00）	10月4日日曜日 （10：00—15：00）
屋内区画 （2×2メートル）	8ドル	10ドル
屋外区画 （4×4メートル）	9ドル	11ドル

➤ 屋内区画では水が使えます。
➤ 土曜日と日曜日の両方に応募する場合は，1日につき2ドルの割引があります。

注意事項

1. 区画の位置は主催者が決定します。要望や変更は受け付けられません。
2. 開始時間，終了時間のいかなる変更も，2日前にお知らせします。
3. 申し込みをキャンセルする場合は，全料金の80パーセントを払い戻します。
4. ゴミは分別して，各日の終わりに適切なゴミ箱に入れてください。
5. たき火や裸火は禁止されています。

20　2020年度：英語〈筆記〉/本試験〈解答〉

問1　　37　　正解は①

「フランは手作りのアクセサリーを2日とも売るつもりである。小さな区画しか必要ではない。いくらかかるか」

「小さな区画」なので，屋内区画でよい。土曜日が8ドル，日曜日が10ドルだが，表下の但し書き2つめに「土曜日と日曜日の両方に応募する場合は，1日につき2ドルの割引」とあるので，(8−2)＋(10−2)＝14となる。①「14ドル」が正解。

②「16ドル」　　　　③「18ドル」　　　　④「20ドル」

問2　　38　　正解は①

「パットは冷蔵庫を含む大きめの家庭用品をいくつか売りたいと思っているので，屋外区画が必要である。彼女はどんなサービスを利用できるか」

表上の案内文第5文（For outdoor spaces, …）に「屋外区画では，主催者がテントの設営を追加料金なしで手伝う」とある。①の「テントの設営時の無料支援」が正解。

②「キャンセルに対する全額返金」

注意事項3に「80パーセントの払い戻し」とあることと一致しない。

③「自分の区画の場所の選択」

注意事項1に「区画の位置は主催者が決定し，要望や変更は受け付けない」とあることと一致しない。

④「無料の大型トラック使用」

表上の案内文最終文（Trucks are available …）に「トラックは追加料金で利用可」とあることと一致しない。

問3　　39　　正解は②

「マークはハーブの石鹸とロウソクを作っている。彼は屋内区画を選んだ。彼が行うことが許されるのは次のどれか」

表下の但し書き1つめに「屋内区画では水が使える」とある。②「客が彼の石鹸を試せるように水を入れたボウルを置く」が正解。

①「水が簡単に使えるように流しに近い区画を選ぶ」　注意事項1に反する。

③「自分のブースに，かごに入れたペットのハムスターを置いておく」

案内文第4文（We are a pet-friendly …）に「ペットを連れてくる予定の方は，屋外区画に」とあることに反する。

④「客にサンプルのロウソクに火を灯させる」

注意事項5に「たき火や裸火は禁止」とあることに反する。

問4 　40　 正解は④

「このフリーマーケットに関して，次のうち正しいのはどれか」

注意事項2に「開始時間，終了時間のいかなる変更も，2日前に知らせる」とある。

④「**主催者はスケジュールについての情報を更新する**」が正解。

①「人々は自分が作った品物を販売することは勧められていない」

案内文第2文（Please bring your …）に「中古のものと手作りのもの，あるいはそのいずれかをお持ちください」とあることと一致しない。

②「人々は何でも同じゴミ箱に捨てることができる」

注意事項4に「ゴミは分別して…適切なゴミ箱に入れてください」とあることと一致しない。

③「主催者は両日ともに申し込む応募者を選ぶ」

案内文第3文（We have only …）に「申し込みは到着順で受け付ける」とあるので，主催者が応募者を選ぶことはない。また「両日ともに申し込む人」については「1日につき2ドルの割引がある」と書いてあるだけである。よって一致しない。

22 2020年度：英語〈筆記〉/本試験〈解答〉

第5問 物語文の読解

> 訳 《山で起きた不思議な出来事》
>
> ［第1段］ 数週間前，私は飼い犬と一緒に山へハイキングに出かけたが，そのとき思いがけないことが起きて，私は彼の姿を見失ってしまった。探しに探したが，見つけることはできなかった。彼とは長い間一緒だったので，自分の魂の一部を失っているみたいな気持ちだった。
>
> ［第2段］ その日からずっと，なんだか変な気持ちだった。悲しみを超えた──あまりうまく理解できない感じで，まるで何かが私を山へと引き戻しているみたいだった。だから，機会がある度に，私は自分のバックパックをつかむと，山が私に何か安堵感を与えてくれるか確かめに行った。
>
> ［第3段］ ある晴れた朝，私は山のふもとに立っていた。この日は何かが違って感じられた。「お願い，私を許して！」 私はそう声に出して言った。「あなたを見つけるから！」 私は深呼吸をして，旅を始めた。この不思議な牽引力はだんだんと強くなっていった。よく知っているはずの道に沿ってしばらく進んで行くと，どういうわけか馴染みのない場所にいるのに気づいた。少しパニックになって足をすべらせて転んでしまった。どこからともなく，一人のおじいさんが私のほうに走ってくると，私を助け起こした。
>
> ［第4段］ おじいさんの優しい笑顔を見て，私は安堵を感じた。おじいさんは，山の頂上へ続く道を探していると言った。それで，私たちは一緒に登ることにした。
>
> ［第5段］ すぐに，道はまた馴染みのあるものに感じられ始めた。私たちは，私の犬のことも含めていろいろなことを話した。私は，犬はジャーマンシェパードだと彼に言った。私の犬は，若いころちょっとの間，警察犬として働いたことがあるが，けがのせいでやめなくてはならなかった。おじいさんは笑い声を立てて，自分は短期間警察官だったが，やめたと言った。理由は言わなかった。その後，彼は長いことボディーガードとして過ごした。彼のルーツもまたドイツだった。私たちはこうした類似点を笑った。
>
> ［第6段］ いつのまにか，私たちは広く開けた場所にたどり着き，休憩をした。私はおじいさんに自分の犬の身に起きたことを話した。「クマ除けに首輪に小さなベルがついていたの。一緒に，まさにこの場所まで来たらクマの姿が見えたのよ。クマは私たちのほうを見返していたわ。犬をしっかり押さえておけばよかった。だって，危険を感じて，彼はクマの後を追って行ってしまったから。その後彼を見つけることができなかったの。もっと注意していればよかった」
>
> ［第7段］ 私がその話をしていると，おじいさんの表情が変わった。「あなたのせ

いではなかったんですよ。あなたの犬は，あなたを危ない目に遭わせたくなかっただけです」と彼は言った。「きっとトモはこのことをあなたに言いたいだろうと思いますよ。それに，あきらめずにいてくれることを感謝していますよ」

[第8段] トモは私の犬の名前だ。このことをおじいさんに言ったっけ？ おじいさんの言葉が空中に残った。

[第9段] 私が何も聞けないうちに，おじいさんは山の頂上へ急ごうと提案した。私は，数週間前に自分の犬と一緒にこうしようとしていたのだ。さらに2時間歩いて，私たちは頂上に到達した。私はバックパックをおろし，私たちは座って壮大な景色に見入っていた。おじいさんは私を見ると言った。「山は本当に不思議な経験をさせてくれます」

[第10段] 私は，休める場所を探してあたりを見まわした。とても疲れていたのだと思う。すぐに寝入ってしまったのだから。目が覚めたとき，おじいさんの姿が見えなくなっているのに気づいた。待ったが，戻ってくることはなかった。

[第11段] 突然，陽射しの中で，何かが私の視線をとらえた。私がそこまで歩いて行くと，小さな金属のタグが私のバックパックのそばにあるのが見えた。それは，もともと両親が私の犬に与えた銀の名札と同じものだった。「トモ」と書いてあった。

[第12段] よく知っている音が背後に聞こえたのはそのときだった。それは小さなベルのチリンチリンという音だった。私はふり返った。目にしたものから，数々の感情が押し寄せてきた。

[第13段] 頂上にしばらくいた後，私は名札を旧友につけると，山の贈り物をそばに従えて，注意深く家路についた。私の魂はすっかり満たされていた。

語句・構文

[第1段] ▶ lose sight of ～「～を見失う，～の消息がわからなくなる」

[第2段] ▶ not quite「あまり～ない，完全には～ない」（部分否定）
▶ as if something were …「まるで何かが…のように」 were は仮定法過去。

[第3段] ▶ with this mysterious pull growing stronger「この神秘的な牽引力がだんだん強くなっていく状態で」が直訳。with O C「OがCの状態で」の意の付帯状況。

[第5段] ▶ due to ～「～のせいで，～が原因で」

[第6段] ▶ before *one* knows it「知らぬ間に，気づかないうちに」
▶ should have *done*「～すべきだった（のにしなかった）」

[第7段] ▶ It is *one's* fault.「（起きた出来事は）～のせいである」 直訳は「～の責

24 2020年度：英語〈筆記〉/本試験〈解答〉

任だ」。

［第9段］ ▶ propose (that) S *do*「Sが〜することを提案する」 動詞は原形（仮定法現在）。

［第12段］ ▶ It was then that I heard …「私が…を聞いたのはそのときだった」強調構文。

▶ *A* cause *B* to *do*「*A*が*B*に〜させる，*A*が原因で*B*は〜する」

［第13段］ ▶ attach *A* to *B*「*A*を*B*に（取り）つける」

問1 　41　 正解は①

「著者が何度も山へ行き続けたのは＿＿＿からだ」

第2段第2・3文（It was beyond …）に「あまりうまく理解できない感じで，まるで何かが私を山へと引き戻しているみたいだった。だから機会がある度に…山…に行った」とある。①「**彼女は説明できない衝動を感じた**」が正解。

②「彼女はそのおじいさんと会う計画をしていた」

③「彼女は魔法をかけることができると思った」

④「彼女はそのクマについて調べたかった」

問2 　42　 正解は④

「著者の直近の旅で最初に起きたことは次のどれか」

第3段が直近の旅の様子の最初の部分にあたる。第6文（After making my way …）以降に「よく知っているはずの道に沿ってしばらく進んで行くと，何故か馴染みのない場所に出る→少しパニックになって足をすべらせて転ぶ→どこからともなく一人のおじいさんが私（著者）のほうに走ってきて助け起こす」とある。④「**一人のおじいさんに助けられた**」が正解。

①「広く開けた場所に着いた」

第6段第1文（Before we knew …）で述べられている場面。

②「山の頂上まで登った」

第9段第3文（After two more …）で述べられている場面。

③「クマが走り去って行くのを見た」

第6段第4〜6文（We came to …）にクマのことが述べられているが，これは以前に著者が犬と一緒に来たときのことである。

問3 　43　 正解は④

「著者の犬とおじいさんの共通点で，どんなことが話題になったか」

第5段第3・4文（I told him …）に著者の犬について「ジャーマンシェパード

で…ちょっとの間警察犬として働いたことがあるが，けがのせいでやめなくてはならなかった」とある。同段第5・6文（The man let …）におじいさんが「短期間警察官だったが，やめたと言った。理由は言わなかった」，第8文（He also had …）に「彼のルーツもまたドイツだった」とある。よって，共通点で話題になったのは，警察に勤めていたことと，ドイツにルーツがあることである。④「彼らは一般人を守る手助けをする仕事をしていた」が，警察の仕事を表していると言える。これが正解。

① 「彼らは職場での負傷を経験した」　おじいさんはやめた理由を話していない。

② 「彼らは最近家族ぐるみの親しい友人を失った」

③ 「彼らは著者の知り合いだった」

問4　44　正解は②

「下線が引かれている rang in the air という表現の，文章中で使われている意味に最も近いのは次のどれか」

直訳は「空中に残った」。ring には「鳴り響く」以外に，その残響のイメージと思われる，「（言葉などが）残る」の意がある。in は場所を表す前置詞。下線部は，著者が自分の犬の名前をおじいさんに教えていないはずなのに，彼がその名を口にした後の部分にある。つまり，彼が著者の犬の名前を言ったことが引っかかったということである。②「ある印象を残した」が正解。

① 「幸せをもたらした」

③ 「大きな音を立てた」

④ 「不快に思えた」

問5　45　正解は②

「最近のハイキングでの経験の間に，著者の心情はどのように変化したか」

第3段第2～5文（Something felt different …）に「この日は何かが違って感じられた。…『あなたを見つけるから！』　私は深呼吸をして，旅を始めた」とある。今日こそは，いなくなった犬を見つけるという決意が感じられる。第13段最終文（My soul felt …）には，山からの帰途で「私の魂はすっかり満たされていた」とある。②「彼女は決然とし，その後元気づけられた」が正解。

① 「彼女は落ち込み，その後もっと悲しくなった」

③ 「彼女は希望に満ちていたが，その後家が恋しくなった」

④ 「彼女は惨めな気持ちだったが，その後楽しくなった」

26 2020年度：英語〈筆記〉／本試験〈解答〉

第6問 説明的な文章の読解

訳 《歴史的観点から見た自動販売機の発達》

(1) 自動販売機は日本ではとてもありふれたものなので，行くところ，ほとんどどこでも見つけられる。こうした販売機の中には電車の切符や食券を販売するものもあれば，スナックや飲み物を販売するものもある。自動販売機は，何かを素早く便利に手に入れたい人にとってとりわけ有用だ。

(2) 今日，自動販売機は日本全国にあるが，もともと日本で開発されたものではない。最初の自動販売機は，約2200年前にギリシアの数学教師が作ったと一般には考えられている。この機械は，寺院で祈りを捧げるときに使う特別な水を売っていた。その水を買いたい人は硬貨を入れるが，この硬貨が紐に取り付けられた金属のレバーに当たる。すると，硬貨の重さで特定の量の水が，硬貨が落下するまで出てくるのである。これで，人々は同じ量の特別な水を間違いなく受け取れた。

(3) およそ1000年前，鉛筆を売る自動販売機が中国で開発された。後の1700年代に，硬貨で作動するタバコボックスがイギリスの酒場に登場した。こうしたボックスで販売されている品物が欲しいときには，硬貨を投入してレバーを回した。すると客がそれを拾い上げられるように品物が落ちてきた。しかし，自動販売機が世界中に普及したのは，1880年代になってからのことである。1883年，あるイギリスの発明家が，ハガキや紙類を売るものを作った。これが人気になり，すぐに紙類，切手，その他の品物を売る自動販売機が多くの国で見られるようになった。1904年に，日本でも自動販売機が使われるようになった。1926年には，技術が発達し，価格の異なる品物を売るように自動販売機を設定できるようになった。その後，より幅広い品物が販売されるようになった。このような状況が起こったとき，自動販売機産業は急速に拡大した。

(4) 世界中の自動販売機産業が，その拡大において直面した最大の問題は，硬貨を使うことではなかった。問題は紙幣だった。これが課題になったのは，機械をだませるお金を不正直な人間が簡単に作れると判明したからだった。このため，自動販売機産業は，より優れた検知方法を作り上げなくてはならなくなり，また，このことは偽造の困難なお金を開発するために各国が対策を取った理由の一つだった。今では，自動販売機は技術的に進歩し，現金に関する問題を防ぐだけでなく，クレジットカードやさらに最近のさまざまな電子支払いにも対応できるようになっている。

(5) 自動販売機が最も普及しているのは日本だ。現在，日本には420万を超える自動販売機があり，その約55パーセントはお茶，コーヒー，ジュースなどの飲み物を販売している。日本が自動販売機に関して世界の中心地になった主な理由の一つ

は，日本の治安の全般的な水準である。窃盗を防止するために自動販売機を監視しなくてはならない多くの地域と異なり，日本では実質的にどこにでも自動販売機を設置できる。こうした際立った公共の安全の水準は，購入できる製品の幅広さと同様に，外国からの訪問者には驚くべきことだと考えられている。バナナや生卵，袋詰めの米といった予想外の品物を売っている自動販売機の写真を旅行者が写真に収めることがよくある。観光客が自動販売機を日本文化特有の側面の一つだと見なすのはよくわかる。

(6) 自動販売機の普及と便利さを考えると，近い将来のどの時点でも，自動販売機が姿を消すことはなさそうである。自動販売機は，販売員を必要とせずにさまざまな品物が売られる場を提供してくれる。次に寒い日に温かい飲み物を買いたいと思ったら，少なくとも日本では，ちょっと次の角を曲がればそこには十中八九，自動販売機があるであろうことを思い出そう。

語句・構文

[第(2)段] ▶ prayer「祈り，祈願」 発音に注意。[préər]

[第(3)段] ▶ it is not until … that ～「…になってやっと～する，～するのは…になってからのことである」

▶ come into service「（公に）使われるようになる」

[第(4)段] ▶ take steps to *do*「～するために対策を取る」

[第(5)段] ▶ It is in Japan that ～「～するのは日本においてである」
It is … that は強調構文。

▶ capital「中心地」

▶ unlike「～と違って，～とは異なり」

▶ particular to ～「～に特有の，～独特の」

[第(6)段] ▶ given「～を考えると」

▶ just around the corner「すぐそこの角のところに，すぐそこに」
ここでは next があるので「次の角を曲がった先に」という文字通りの意味だが，物理的な場所だけではなく，時期が近いことも表せる。

28 2020年度：英語〈筆記〉/本試験〈解答〉

A 内容説明，内容真偽，同意表現，主題

問1 　46　 正解は①

「第(2)段によると，最初の自動販売機には何ができたか」

第(2)段最終文（This ensured that …）に「人々は同じ量の特別な水を間違いなく受け取れた」とある。①「人々が決まった量の液体をその機械から得られるようにすること」が正解。

②「古代ギリシアの数学原理に関する書物を提供すること」

③「訪問者がお祈りをしたいときに寺院に入れるようにすること」

④「その機械を作った人に定期的な収入を与えること」

問2 　47　 正解は③

「第(3)段によると，次の自動販売機に関する文のうち正しいのはどれか」

第(3)段第1文（About 1,000 years …）に「およそ1000年前，鉛筆を売る自動販売機が中国で開発された」とある。③「何世紀も前のアジアで，自動販売機の技術が見られた」が正解。

①「あるイギリスの発明家の自動販売機は，さまざまな価格の品物を売っていた」

第(3)段第6文（In 1883, …）に「1883年，あるイギリスの発明家が，ハガキや紙類を売るものを作った」とあるのに対し，第9文（In 1926, …）に「1926年には…価格の異なる品物を売るように自動販売機を設定できるようになった」とある。時期を比べると，この発明家の自動販売機がさまざまな価格の品物を売っていたとは考えられないので，本文の内容と一致しない。

②「自動販売機での売り上げは，高額の硬貨が現れたときに増加した」

本文にこのような記述はない。

④「自動販売機は，18世紀までには世界中で見られるようになった」

第(3)段第5文（However, it was …）に「自動販売機が世界中に普及したのは，1880年代になってから」とある。19世紀のことなので，本文の内容と一致しない。

問3 　48　 正解は②

「第(4)段の下線が引かれた語 counterfeit の意味に最も近いのは次のどれか」

下線のある文は「このことが，…各国が counterfeit するのが困難なお金を開発するために対策を取った理由の一つだった」となっている。文の主語である This が指すのは，直前の同段第2文（This was a challenge …）の「機械をだませるお金を不正直な人間が簡単に作れる（こと）」，つまり，「お金（紙幣）の偽造が簡単なこと」である。counterfeit することを難しくするのが対策になるという流れか

ら，counterfeit は「偽造する」の意味で使われていると考えられる。② **「公認さ
れていない模造品を作る」**が正解。
① 「違法な両替を受け入れる」
③ 「認可されていない技術を制限する」
④ 「不必要な支援を取り下げる」

問4　49　正解は④

「第(5)段によると，日本の自動販売機に関して正しいものはどれか」
第(5)段第5文（This extraordinary degree …）に「購入できる製品の幅広さ…，
外国からの訪問者には驚くべきことだと考えられている」，続く第6文（Tourists
often take …）に「バナナや生卵，袋詰めの米といった予想外の品物を売ってい
る自動販売機の写真を旅行者が写真に収めることがよくある」とある。④ **「多様な
品物がそれらを世界でも類を見ないものにしている」**が正解。
① 「外国人旅行者は，それらから品物を買うのをためらう」
本文にこのような記述はない。
② 「その4分の3以上がさまざまな飲み物を売っている」
第(5)段第2文（Currently, Japan has …）に「その約55パーセントは飲み物を販
売している」とあることと一致しない。
③ 「それらで売られる安全性の高い品物が客を引きつける」
日本の治安のよさには第(5)段で言及しているが，品物の安全性に言及した記述は本
文にない。

問5　50　正解は②

「この文章に最も適した表題は何か」
第(1)段で自動販売機がテーマであることを示した後，第(2)段では史上初の自動販売
機について，第(3)段ではその後の世界各地での自動販売機の発明や普及について述
べられている。第(4)段ではその普及に伴って生じた問題とその対策のことが述べら
れている。第(5)段では日本の自動販売機の現状に触れ，第(6)段では自動販売機が今
後も利用されるだろうという予測を述べている。全体として，自動販売機の歴史が
語られていると言える。② **「歴史的観点から見た自動販売機の発達」**が正解。
① 「日本社会における自動販売機の文化的利益」
③ 「国際比較による自動販売機の経済的影響」
④ 「現代技術を通じた自動販売機のグローバル化」

30 2020年度：英語〈筆記〉/本試験〈解答〉

B 段落要旨の選択

51 52 53 54 正解は②，④，③，①

段落	内容
(1)	導入
(2)	51
(3)	52
(4)	53
(5)	54
(6)	結論

　第(2)段では，自動販売機の発祥が古代ギリシアであり，お祈りのための水を売っていたことが述べられている。 51 には②「ある自動販売機の創造とその装置の使われ方の説明」が適切。

　第(3)段では，およそ1000年前の中国の自動販売機の話に始まり，その後18世紀から20世紀にわたる世界各地の自動販売機と，販売された品物や技術の発展について述べられている。 52 には④「過去にさまざまな地域で，自動販売機で販売された品物の種類」が適切。

　第(4)段では，自動販売機の普及に伴って偽造紙幣の使用が問題になったこととその対策が述べられている。 53 には③「異なる形態のお金が導入された後の自動販売機製造における困難」が適切。

　第(5)段では，日本が自動販売機の最も普及している国であり，治安のよさがその理由の一つであると述べられている。 54 には①「ある国で自動販売機を広範囲に設置できるようにしている要因」が適切。

英語（筆記） 追試験

問題番号 (配点)	設 問	解答番号	正 解	配 点	チェック
第1問 (14)	A	問1	1	③	2	
		問2	2	①	2	
		問3	3	①	2	
	B	問1	4	④	2	
		問2	5	④	2	
		問3	6	③	2	
		問4	7	①	2	
第2問 (47)	A	問1	8	④	2	
		問2	9	②	2	
		問3	10	①	2	
		問4	11	④	2	
		問5	12	④	2	
		問6	13	④	2	
		問7	14	②	2	
		問8	15	①	2	
		問9	16	④	2	
		問10	17	②	2	
	B	問1	18	⑥	4 *	
			19	④		
		問2	20	②	4 *	
			21	①		
		問3	22	④	4 *	
			23	⑤		
	C	問1	24	⑥	5	
		問2	25	③	5	
		問3	26	④	5	

問題番号 (配点)	設 問	解答番号	正 解	配 点	チェック
第3問 (33)	A	問1	27	③	5	
		問2	28	③	5	
		問3	29	④	5	
	B		30	④	6	
			31	④	6	
			32	③	6	
第4問 (40)	A	問1	33	②	5	
		問2	34	②	5	
		問3	35	③	5	
		問4	36	①	5	
	B	問1	37	②	5	
		問2	38	③	5	
		問3	39	②	5	
		問4	40	④	5	
第5問 (30)		問1	41	②	6	
		問2	42	④	6	
		問3	43	①	6	
		問4	44	④	6	
		問5	45	④	6	
第6問 (36)	A	問1	46	④	6	
		問2	47	④	6	
		問3	48	③	6	
		問4	49	④	6	
		問5	50	②	6	
	B		51	②	6 *	
			52	①		
			53	③		
			54	④		

（注） ＊は，全部正解の場合のみ点を与える。

第1問

A 発音

問1 　1　　正解は③

問	① **clear**	② **disappear**	③ **heard**	④ **nearly**
発音	① [klíər]	② [dìsəpíər]	③ [hə́:rd]	④ [níərli]

③は [ə:r] でこもる「アー」に近い音。①・②・④は [iər] で「イアー」に近い音。

①「明白な」　②「消える」　③「聞いた」　④「ほとんど」

問2 　2　　正解は①

問	① **cha_mber**	② **de_bt**	③ **su_btle**	④ **tom_b**
発音	① [tʃéimbər]	② [dét]	③ [sʌ́tl]	④ [tú:m]

①は [b] と発音する。②・③・④は黙字で発音しない。

①「会議所」　②「借金」　③「かすかな」　④「墓」

問3 　3　　正解は①

問	① **brow_se**	② **collap_se**	③ **fal_se**	④ **ten_se**
発音	① [bráuz]	② [kəlǽps]	③ [fɔ́:ls]	④ [téns]

①は [z] で「ズ」に近い音。②・③・④は [s] で「ス」に近い音。

①「拾い読みする」　②「崩壊する」　③「誤った」　④「緊張した」

B 第1アクセントの位置

問1 4 正解は④

	①	accident	②	generous	③	justify	④	substantial
発音	①	[ǽksidənt]	②	[dʒénərəs]	③	[dʒʌ́stəfài]	④	[səbstǽnʃl]

④は第2音節にアクセント。①・②・③は第1音節にアクセント。
① 「事故」 ② 「気前のよい」 ③ 「正当化する」 ④ 「実質的な」

問2 5 正解は④

	①	career	②	degree	③	evolve	④	measure
発音	①	[kəríər]	②	[digríː]	③	[ivάlv]	④	[méʒər]

④は第1音節にアクセント。①・②・③は第2音節にアクセント。
① 「経歴」 ② 「程度」 ③ 「進化する」 ④ 「寸法」

問3 6 正解は③

	①	disappoint	②	interrupt	③	prejudice	④	underneath
発音	①	[dìsəpɔ́int]	②	[ìntərʌ́pt]	③	[prédʒədis]	④	[ʌ̀ndərníːθ]

③は第1音節にアクセント。①・②・④は第3音節に第1アクセント。
① 「がっかりさせる」 ② 「じゃまをする」 ③ 「偏見」 ④ 「〜の真下に」

問4 7 正解は①

	①	academic	②	apologize	③	particular	④	significance
発音	①	[æ̀kədémik]	②	[əpάlədʒàiz]	③	[pərtíkjələr]	④	[signífikəns]

①は第3音節に第1アクセント。②は第2音節に第1アクセント。③・④は第2音節にアクセント。
① 「学問的な」 ② 「謝る」 ③ 「特定の」 ④ 「重要性」

34 2020年度：英語〈筆記〉/追試験〈解答〉

第2問

A 短文の空所補充

問1 8 正解は④

問 Some parents are opposed ☐ children watch TV at dinner time.
① let ② letting ③ to let ④ to letting
訳 夕食時に子どもがテレビを見るのを反対する親もいる。

be opposed to ~ で「~に反対である」の意。この to は不定詞ではなく前置詞なので，動作を続けるときは動名詞にする。④ to letting が正解。

問2 9 正解は②

問 ☐ hard it may seem to be, we have to do the job.
① How ② However ③ What ④ Whatever
訳 たとえどれほど難しく思えても，私たちはその仕事をしなくてはならない。

however＋形容詞・副詞＋ＳＶで「たとえどれほどＳがＶすることが…でも」の意。④ whatever は後ろに名詞を伴って，whatever＋名詞＋ＳＶで「どんな…（名詞）をＳがＶしても」の意。② However が正解。

問3 10 正解は①

問 I met Shigeo at the supermarket by ☐.
① chance ② happening ③ occasion ④ possibility
訳 私はスーパーマーケットで偶然シゲオに会った。

by chance で「偶然に」の意。① chance が正解。

問4 11 正解は④

問 This plan needs the support of at least ☐ of the members present at this meeting.
① three second ② three seconds
③ two third ④ two thirds
訳 この計画には，会議出席者の少なくとも3分の2の支持が必要だ。

2020年度：英語(筆記)/追試験〈解答〉　**35**

分数は分子を基数（one, two, …），分母を序数で表し，日本語とは逆に分子から言う。また分子が2以上になる場合，分母は複数形にする。④ **two thirds** が正解。

問5　12　正解は③

問　**Peace Memorial Park** ☐ **in the center of the city.**
　　① **is locating**　② **is lying**　③ **lies**　④ **locates**
訳　平和記念公園はその市の中心にある。

lie には「位置する，ある」の意がある。状態動詞なので，②のように進行形にはしない。locate はこの意では be located と受動態にする。③ **lies** が正解。

問6　13　正解は④

問　**Does getting together on Friday** ☐ **you?**
　　① **fit**　　　② **match**　　　③ **meet**　　　④ **suit**
訳　金曜日に集まるので都合はいいですか？

いずれも「〜に合う」の意は持つが，「人の都合に合う」の意で使えるのは④の **suit** のみ。

問7　14　正解は②

問　**It was in her garden** ☐ **she found the buried treasure.**
　　① **how**　　② **that**　　③ **what**　　④ **which**
訳　彼女が埋蔵された宝を見つけたのは，自分の家の庭だった。

It was のあとに in her garden「彼女の（家の）庭で」と副詞句が続いており，It is … that 〜「〜（の）は…だ」の強調構文だと考えられる。② **that** が正解。

問8　15　正解は①

問　(**A**) **did you go to Tokyo** (**B**) **during the Golden Week holiday?**
　　① **A：What**　　**B：for**　　② **A：What**　　**B：from**
　　③ **A：Why**　　**B：for**　　④ **A：Why**　　**B：from**
訳　ゴールデンウィークの休暇中に，どうして東京に行ったんですか？

What 〜 for? は「何のために〜？」で，理由や目的を尋ねる。①「**A：What**

36 2020年度：英語〈筆記〉/追試験〈解答〉

B：for」が正解。

問9　16　正解は④

問　The beginning of today's board meeting was the（　A　）moment I wanted to make（　B　）of to announce our new project.
① A：most　　B：advantage　　② A：most　　B：use
③ A：very　　B：advantage　　④ A：very　　B：use
訳　今日の役員会の始めこそ，私たちの新しい計画を公表するのに私が使いたいと思っていた瞬間だった。

the very＋名詞は「まさにその～」とその名詞を強調する表現（この very は形容詞）。make use of ～で「～を使う」の意。advantage なら動詞は take。④「A：very　B：use」が正解。

問10　17　正解は②

問　We tried to（　A　）Satoru（　B　）buying such an expensive sports car.
① A：talk　　B：off　　　　② A：talk　　B：out of
③ A：tell　　B：off　　　　④ A：tell　　B：out of
訳　私たちはサトルを説得して，そんな高価なスポーツカーを買うのをやめさせようとした。

talk *A* out of *doing* で「*A* を説得して～するのをやめさせる」の意。この talk は他動詞。②「A：talk　B：out of」が正解。

2020年度：英語〈筆記〉/追試験〈解答〉 **37**

B 語句整序

問1 　18　19　正解は⑥―④

> 問 **Hiroshi : Bruce looks exhausted. He's been working long hours this**
> **whole month preparing for our presentation at the trade**
> **conference next week.**
> **Janet : I don't want him to get sick beforehand, so we might ①**
> **as ⑥ well ③ let ② him ④ take ⑤ the day off tomorrow.**
> **We can practice the presentation while he's gone.**
>
> 訳 　ヒロシ：ブルースは疲れ切っているようだね。今月ずっと，来週の通商会
> 　　　　　　議でのプレゼンテーションの準備で長時間働き続けているよね。
> 　ジャネット：その前に病気になったりしてほしくないから，明日一日休みを取
> 　　　　　　ってもらったほうがよさそうね。彼がいない間，私たちでプレゼ
> 　　　　　　ンテーションの練習ができるわ。

might ① as ⑥ well *do* で「～してもいい（のではないか），～してはどうか」と
控えめな提案を表す。④ take は空所直後にある off と合わせて，take *A* off「*A*
（時間）の間休みにする，休暇を取る」の意にできる。この take を let *A do*「*A*
（人）に～させ（てや）る」のパターンに使って，③ let ② him ④ take ⑤ the
day（off）「彼にその日休ませる」とできる。

問2 　20　21　正解は②―①

> 問 **Misae : Did you hear that the president cut the budget for our new**
> **project ?**
> **Clint : Maybe we should ④ do ② away ⑥ with ⑤ the current plan**
> **① and ③ decide on a cheaper one.**
>
> 訳 　ミサエ：社長が私たちの新しい企画の予算を削減したこと，聞いた？
> 　クリント：たぶん，今の計画は捨てて，もっと費用のかからないものに決めた
> 　　　　　　ほうがいいね。

④ do ② away ⑥ with ～ で「～を捨てる，廃止する」の意の成句。会話の内容か
ら，これに⑤ the current plan「現在の計画」が続けられる。空所直後の on と③
decide を合わせて decide on ～「～に決定する」ができる。これら2つの動詞の
表現を① and でつなぐ。

問3 　22　 　23　 正解は④―⑤

> Steve : Did you try any new sports while you were in Canada?
> Hideki : I sure did. Ice skating was easy to pick up, but curling was ② far ④ more ① difficult ⑥ to do ⑤ than ③ I had thought.

〈訳〉　スティーブ：カナダにいる間に，何か新しいスポーツをやってみた？
　　　ヒデキ：もちろんやったよ。アイススケートは覚えるのが簡単だったけれど，カーリングは思っていたよりもするのがずっと難しかったな。

文脈と空所のあとの語句から，④ more ① difficult ⑤ than ③ I (had thought)「私が（思っていた）より難し（かった）」という並びになることは容易にわかる。② far は「（～より）ずっと，はるかに」の意で比較級を強調するのに使える。be difficult to do で「（主語は）～するのが難しい」となるので，⑥ to do を difficult に続ける。なお，この表現では，不定詞の動詞の意味上の目的語＝主語の関係になる。ヒデキの発言の前半にある be easy to do「～するのが簡単だ，～しやすい」も同様。

C　応答文の完成

問1　　24　 正解は⑥

> Miwa : I've decided to take dance lessons once a week to improve my health.
> Rick : That's a good idea. I wish I had more time to exercise.
> Miwa : Didn't you work out all the time?
> Rick : Well, I ＿＿＿. I'm too busy with my kids.

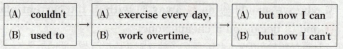

〈訳〉　ミワ：健康増進のために，週に1回ダンスのレッスンを受けることにしたの。
　　　リック：それはいい考えだね。運動する時間がもっとあったらなあ。
　　　ミワ：ずっと運動していたんじゃないの？
　　　リック：実は，前は毎日運動していたけれど，今はできていないんだ。子どもの世話で忙しくて。

ミワの2番目の発言でリックが以前は運動をしていたとわかる。また，空所の直後に「子どもの世話で忙しい」とあることから現在は運動ができていないことが推測

できる。最初のブロックで(B) used to「以前は〜したものだった」，2番目のブロックで(A) exercise every day「毎日運動する」，最後のブロックで(B) but now I can't「でも今はできない」を選べば，話の流れに合う。⑥(B)→(A)→(B)が正解。

問2　25　正解は③

問　Clark : The party last weekend was great! You must have been really busy with all the preparations.
　　Chiaki : Thanks! We had to make a long shopping list so we could remember what to get.
　　Clark : It sounds like you had a lot to buy.
　　Chiaki : Yes, and after all that, we ☐ for the kids. Luckily, Lois brought other things to drink.

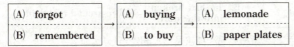

訳　クラーク：先週末のパーティーはよかったよ！　あの準備には本当に忙しかっただろうね。
　　チアキ：ありがとう！　何を買わなくちゃいけないか思い出せるように，長い買い物リストを作らなくちゃならなかったわ。
　　クラーク：たくさん買うものがあったようだね。
　　チアキ：ええ，で，それなのに子どもたちにレモネードを買うのを忘れちゃったのよ。運よく，ロイスが他の飲み物を持ってきてくれたの。

空所の次の文に「運よく，ロイスが他の飲み物を持ってきてくれた」とあることから，チアキが飲み物を買い忘れたと推測できる。「〜するのを忘れる，〜し忘れる」は forget to do なので，最初のブロックで(A) forgot，2番目のブロックで(B) to buy，最後のブロックで(A) lemonade を選べば，話の流れに合う。③(A)→(B)→(A)が正解。なお，after all 〜 で「〜にもかかわらず」の意。

問3 26 正解は④

問　Detective: I heard you caught the guy who stole the diamonds from the jewelry store.
　　Police officer: Yeah, we recognized his face on that night's video from the security camera.
　　Detective: Did he confess?
　　Police officer: Well, at first he claimed he was in a bar all night. But after seeing himself on the video, he ____. And he even cooperated with the investigation by telling us where he had hidden the stolen diamonds.

(A) reluctantly admitted	(A) he had been in the bar	(A) all day
(B) strongly insisted	(B) he had broken into the store	(B) around midnight

訳　刑事：宝石店から宝石を盗んだ男を捕まえたと聞きました。
　　警官：ええ，防犯カメラのあの夜の映像から顔を特定しました。
　　刑事：自白はしたんですか？
　　警官：えー，初めは一晩中バーにいたと主張していました。でも，ビデオで自分の姿を見たあと，真夜中頃，店に押し入ったことをしぶしぶ認めました。それに，盗んだダイヤモンドをどこに隠したか話して，捜査に協力さえしましたよ。

空所の前に「初めは否定したが，ビデオで自分の姿を見たあと」とあるので，犯行を認めたと推測できる。最初のブロックで(A) reluctantly admitted，2番目のブロックで(B) he had broken into the store，最後のブロックで(B) around midnight「真夜中頃」を選べば，文脈に合う。④(A)→(B)→(B)が正解。

2020年度：英語〈筆記〉/追試験〈解答〉 **41**

第3問 文脈把握

A 不要文指摘

問1　27　正解は③

訳　犬は色を識別するのが困難だということはご存知かもしれないが，ではどの色なのだろうか。ある調査の結果は，犬は黄色と青，そしてそれらを組み合わせた色調は認識できることを示唆していた。①目の中の細胞が，どの色を見ることができるかを決定している。人間は3種類の細胞を持っている。赤に反応するもの，緑に反応する別のもの，そして残りが青に反応するものである。②しかし，犬は2種類しか持っていない。青と黄色（に反応するもの）である。③犬の視力は悪く，遠くにあるものは見えない。それでも犬は，緑の葉の間にある鮮やかな赤色のベリーといった，黄色と青以外のものを見ることができることがわかった。④色のコントラストが弱いと，犬はもう，緑を背景とした赤いものに気づかなかった。もし緑の草原で赤いボールを使って犬と遊ぶなら，鮮やかな色のボールを使おう。

第1・2文にあるように，この文章は犬の色の識別を話題にしている。③は犬の視力そのものについて述べている。この文が不必要である。

問2　28　正解は③

訳　研究者たちは，大学生の日常の行動を追跡した。①授業のない日の活動に基づいて，大学生は3種類に分類された。朝型，昼型，夜型である。それから研究者たちは，学生の時間割と彼らの学問的な成果を比較した。②彼らは，24時間のリズムと時間割が調和していない学生は，成績が悪いことに気づいた。③大学が午前中の授業を始めるのが早すぎると，大学を批判する学生もいる。④夜型と分類された学生は，日中のどの時間でも力をしっかりと発揮できなかった。朝型あるいは昼型と分類され，遅い時間帯の授業を取っている学生も，不適合の悪影響を受けていた。この研究は，もし学生が授業のない日と似たような時間割にすることができれば，良い学業成績をあげられる傾向があることを示している。1日のサイクルは，人によってさまざまなので，すべての人にとって完璧な時間割などないのである。

第1・3文（Then, the researchers …）・8文（The research indicates …）から，この文章は学生の授業のない日の1日の活動パターンを調べ，授業の時間割と学業の成果の相関関係について調査して，その結果が示すことを述べたものと言える。③は大学に対する学生の不満であり，文章の内容とは無関係である。この文が

42   2020年度：英語〈筆記〉/追試験〈解答〉

不必要である。

問3   29   正解は④

訳　推論するためには言語が必要なのかどうかを問題にしたある研究によると，赤ん坊は完全に話せるようになる前に論理的に思考しているそうだ。生後 12 カ月から 19 カ月の幼児が実験に選ばれた。①幼児は言語の知識や技能を発達させ始めてはいるが，この段階では，それらを複雑に操ることはできない。その実験では，非言語的な反応を調べるために，幼児は論理的関連のないものも含む 2 つの絵の組み合わせを示された。②非論理的な組み合わせの絵を示されると，幼児は混乱した様子を見せた。③これは，幼児が高度な言語的知識なしで，論理的思考の技術を発揮することを示唆している。④これはまた，私たちの論理が，言語能力が発達するにつれて向上することも示唆している。実験の結果は，人間の論理的推論能力の初期段階を明らかにした。

この文章は，言語が操れるようになる前の幼児に論理的思考ができるかどうかを調べた実験とその結果について述べている。言語能力が発達したあとのことは調査されておらず，④のようなことはこの実験からはわからない。この文が不必要である。

2020年度：英語（筆記）/追試験〈解答〉　**43**

B　意見の要約

30　31　32　正解は④，④，③

訳　　　　　　　ナオ：なんていい天気なのかしら！　雲一つない青空の晴れた日っ
　　　　　　　　　　　て，本当に気分を明るくするわ。
　　　　　　　ケビン：おい！　泥の中のあれ，何だ？　女物の財布に見えるけれど。
　　　　　　　　ナオ：違うわ。革のケースに入ったスマートフォンだと思うわ。
　　　ジョセフィーン：そのまま置いておきましょう。これまでどこにあったのか，
　　　　　　　　　　　だれが触ったのかわからないし。それに，昨日は雨が降った
　　　　　　　　　　　から，本当に泥だらけに違いないわ。ケースはまだちょっと
　　　　　　　　　　　濡れているようだし。一晩中あそこにあったに違いないわよ。
　　　　　　　　　　　ともかく，ケースの中に水が入っていたら，スマートフォン
　　　　　　　　　　　はたぶん壊れているわ。
　　　　　　　　ナオ：じゃあ，ジョセフィーン，　30　ということ？

① 「私たちの一人が責任を持つべきだ」
② 「だれかが今それを捜している」
③ 「泥を拭い落とすべきだ」
④ 「私たちはただ無視したほうがいい」

　　　ジョセフィーン：そうよ。そう思わない？
　　　　　　　チナミ：言っていることはわかるけれど，もう今は私たちの責任よ。
　　　　　　　　　　　何かすべきだわ。（自分がスマートフォンを落としたとした
　　　　　　　　　　　ら）だれかに自分のスマートフォンを返してもらいたいと思
　　　　　　　　　　　うんじゃない？　私ならそういうの，とてもありがたいと感
　　　　　　　　　　　じると思うわ。スマートフォンがなくなった自分なんて想像
　　　　　　　　　　　できるかしら？
　　　　　　　　ティム：本当に汚く見えるけれど，チナミは良いこと言っているよ。
　　　　　　　　　　　ボーイスカウトにいた頃，毎日人のために何か良いことをす
　　　　　　　　　　　るように教えられたよ。それは社会の役に立つだけじゃなく
　　　　　　　　　　　て，自分も誇りと満足感を感じられる。このスマートフォン
　　　　　　　　　　　を返そうとすることは，そういうことになるよね。
　　　　　　　ケビン：賛成だな。それに，ともかくまだ動くかもしれないしね。水
　　　　　　　　　　　が中に入ったって，乾かしたらまだ電源が入ることもあるよ。

電源が入らなくても，まだ望みはあるかもしれない。修理に
いくらかお金がかかるかもしれないけれど，完全な損にはな
らないだろうしね。

ナオ：その場合は，| 31 |。

① 「リサイクルするためお店に持っていかなくてはならないわね」
② 「自分の義務だから，面倒を見てくれるボーイスカウトもいるでしょうね」
③ 「持ち主はそれを見つける希望をもう完全にあきらめているわね」
④ 「気の毒な持ち主に対して，私たちは何か手助けになるようにすべきね」

チナミ：この状況に対処するのにはそれが一番良い方法だと思うわ。
ナオ：わかった，私がちょっと見てみるね。カバーは開けたほうが
いい？
ケビン：それって，プライバシーの侵害にならないか？　そのまま警
察署に持っていく必要があると思うよ。それで十分なはずだ。
だれかが僕のスマートフォンを見つけたとしたら，僕が望む
のはそういうことだろうな。ケースの中には運転免許証とか，
個人的なものを全部入れているから。自分の個人情報を人が
見るなんていやだよね。
チナミ：ちょっと待って。これ，私たちで対処できると思うわ。もし
私が自分のスマートフォンを失くしたら，できるだけ早く手
元に戻ってほしいと思うわ。もちろん，警察に持っていくの
は安全な選択肢よ。でも警察に持っていったら，持ち主には
すごく面倒なことになるかもしれない。書類をいっぱい書い
て，警察の質問に答えなくちゃならないんじゃないかしら。
今ここで開いて，何が入っているか見てはどうかしら？　そ
のほうが簡単かもしれないでしょ。
ジョセフィーン：ここはキャンパスからほんの数分よね。きっと私たちの大学
の学生か，ひょっとしたら教授のものよ。私たちの大学に関
係があるものが見つかったら，大学の遺失物係を通じて，持
ち主に返すのは簡単よ。スマートフォンのボタンには一切触
らずに，ケースの中を見ましょう。電源を入れたら，壊した
責任を問われるかもしれないしね。
ナオ：いいわ，中を見てみましょう。カードが２，３枚あるけれど，
持ち主が大学の人だとわかる名前はないわね。写真のシール

2020年度：英語（筆記）/追試験〈解答〉　**45**

もないわ。どうやら　32　と思うんだけれど。どう？

① 「もともと見つけたところに戻しておくべきだ」
② 「残る選択肢は電源を入れて待つことだけだ」
③ 「この件は警察に面倒を見てもらう必要がある」
④ 「大学の遺失物係に持っていくべきだ」

　　　チナミ：いいわ。
　ジョセフィーン：もうみんな，それがいちばん良い考えだということで意見が
　　　　　　　　　一致するわよね。

30　　ジョセフィーンの最初の発言第1文（Just leave it …）に「そのまま置い
ておこう」とあり，その後も落とし物のスマートフォンに触りたくないことを表す
発言が続いている。④**「私たちはただ無視したほうがいい」**が適切。

31　　チナミの最初の発言第1文（I see what …）後半に「今はもうそれは私た
ちの責任だ」，ティムの最初の発言最終文（Trying to …）に「スマートフォンを
返すことは，そういう（人のために何か良いことをし，誇りと満足感を感じる）こ
とになる」，ケビンの2番目の発言第1文（I agree.）に「賛成だ」とあり，3人
とも落とし物のスマートフォンが持ち主の手元に戻るように自分たちが何かをすべ
きだと考えていることがわかる。④**「気の毒な持ち主に対して，私たちは何か手助
けになるようにすべきだ」**が適切。

32　　ケビンの3番目の発言第2文（I think we …）に「警察署に持っていく必
要がある」，チナミの3番目の発言第4〜6文（Of course, …）に「警察に持って
いくのは安全な選択肢だが，持ち主が面倒な手続きを求められるかもしれない」，
ジョセフィーンの3番目の発言第3文（If we find …）に「持ち主が大学の関係者
なら，大学の遺失物係から返してもらえる」とある。つまり，持ち主が大学関係者
なら遺失物係へ渡せばよいので，警察に持っていく前に中を見ているのである。ナ
オの6番目の発言第1〜3文（OK, let's see …）から，大学関係者であることを
示すものはないことがわかる。③**「この件は警察に面倒を見てもらう必要がある」**
が適切。

46　2020年度：英語〈筆記〉/追試験〈解答〉

第4問　資料読解

A　説明的な文章・表の読み取り

> 訳　《オンラインの風景画像の正確性》
>
> ［第1段］　公共交通機関は，目の見えない人や弱視の人たちが一人で出かけるのに非常に重要である。こうした乗客は，他の手段よりバスで出かけるのが好きだが，バス停を見つけるのがしばしば大きな問題であると訴えた。バス停の位置に関する情報がもっとあることが，彼らがより容易にバス交通網を使う手助けになるかもしれない。バス停のベンチや標識のような目印がバス停の位置を認識するのに役立つかもしれないが，通常こうしたものはバス路線図に示されていない。研究者たちは今，目の見えない人や弱視の人が目印を特定しやすくなるように取り組んでいる。
>
> ［第2段］　最近では，世界中のどこからでも目印が見られる。これは，ストリートビュー（SVs）と呼ばれる，オンラインの地図アプリで利用できる360度の視野の写真のおかげである。目印を調べるためにSVsを使うことは，世界中のバス停に行って調べるより，研究者にとっては効率が良く経済的だろう。この調査手段は，目印やバス停への方向に関する音声ガイドを提供するアプリのような技術の進歩に向けての一歩になりうる。
>
> ［第3段］　SVsが情報を集めるのに信頼できる情報源かどうかを審査するために，ある調査が行われた。SVsの中に見つかる目印の数が，同じ場所で撮られた写真（フィジカルビュー（PVs）と呼ばれる）の中の目印の数と比較され，それらがどの程度一致するか調べられた。PVsは，研究者たちが合衆国の複数の都市の179のバス停それぞれで，さまざまな角度から撮影した7枚から10枚の写真から成っていた。主要な目印は6つに分類された。(a)バス停の標識，(b)バス停の雨除け，(c)ベンチ，(d)通常のごみ入れやリサイクル用のごみ入れ，(e)郵便ポストや新聞受け，そして(f)交通標識やその他の看板柱である。3人の人がSVとPV両方のデータにある目印の数を数えた。3人の間で数に違いがあったとき，それらは最少から最多の順に並べられ，中間の数が使われた。
>
> ［第4段］　表1は，PVsとSVs両方に見つかった目印の数をまとめたものである。たとえば，PVsでは133個のベンチが見つかったが，SVsでは121個見つかった。全体として，SVsよりPVsのほうが，目印の合計数は多かった。

2020年度：英語〈筆記〉/追試験〈解答〉 **47**

表1　PVs と SVs について，数とその一致率

目印の種類	PV	SV	一致率
バス停の標識	167	152	0.61
バス停の雨除け	102	98	0.88
ベンチ	133	121	0.88
通常ごみ・リサイクル用ごみ入れ	100	95	0.72
郵便ポストや新聞受け	69	56	0.78
交通標識や他の看板柱	162	153	0.81

　[第5段]　PV と SV のデータ間の観察結果の整合性を計算し検討してもう一つの
分析が行われた。結果は表1の一致率として示されており，数値が大きいほど一致
率が高いことを表している。研究者たちは，0.60 を超える値を一致していると見
なした。バス停の雨除けとベンチは一致率が 0.88 で，最も高い一致率を示した。
　[第6段]　要するに，SVs を使うことは，目印を識別するのに役立つ。次の調査
では，この方法をさらに評価するために，異なる人々のグループがオンラインで募
集された。彼らは，短時間の訓練を受けたあとに同じ SV のデータの目印を数え，
それからその正確さが検証された。

語句・構文

[第1段]　▶ vital「きわめて重要な」　▶ independent「人に頼らない」
[第3段]　▶ consist of ～「～から成っている」
[第4段]　▶ summarize「～をまとめる」
[第5段]　▶ consistency「一貫性，整合性，一致，調和」
[第6段]　▶ in conclusion「要するに」
　　　　　▶ recruit「～を新しく（集団に）入れる，募る」

問1　　33　　正解は②
「この文章によると，SVs の便利な点は何か」
　第2段第1・2文（These days, …）に「最近では，世界中のどこからでも目印
が見られる。これは，SVs と呼ばれる，オンラインの地図アプリで利用できる 360
度の視野の写真のおかげである」と述べられている。②「それは，遠く離れた場所
から目印を見つけるのに使える」が正解。第6段第1文も根拠となる。
①「それは，360 度の視野の写真にある目印を自動的に確認できる」
③「それは，360 度の視野の写真を撮るときに役に立ちうる」
④「それは，人々が現場に新しい目印を作る手助けになりうる」

48 2020年度：英語〈筆記〉/追試験〈解答〉

問2 　34 　正解は②

「もし SV のデータの中に，一人の人が 82 個の郵便ポストを見つけ，別の人が 89 個見つけ，もう一人の人が 84 個見つけたとしたら，郵便ポストの数はどうなるか」

第3段最終文（When the numbers were …）に「3人の間で数に違いがあったとき，それらは最少から最多の順に並べられ，中間の数が使われた」とある。②「84」が正解。

① 「82」　　　　　③ 「85」　　　　　④ 「89」

問3 　35 　正解は③

「この報告にある情報に基づくと，正しいのは次のどれか」

① 「実際の場所では，95 個の通常のごみ入れとリサイクル用のごみ入れが見つかった」

表1の該当欄には，SV に 95 とある。SV は「ストリートビュー」，つまりオンラインで見られるものである。この選択肢は表の数値と一致しない。

② 「PV の写真は，バス停の目印の位置を特定するのには役に立たなかった」

第4段最終文（Overall, the total …）に「全体として，SVs より PVs のほうが，目印の合計数は多かった」とあり，表1でもそれがわかる。特定に役立つといえるので，この選択肢は本文の内容・表と一致しない。

③ 「SV と PV のバス停の標識の率は，一致していると見なされた」

第5段第3文（The researchers regarded …）に「研究者たちは，0.60 を超える値を一致していると見なした」とあり，表1のバス停の標識の一致率は 0.61 なので，一致していると見なされる値である。この選択肢が正解。

④ 「目印の数は，PVs より SVs のほうがずっと多かった」

②で検討した第4段最終文と表1から，この選択肢は正しくないことがわかる。

問4 　36 　正解は①

「次の研究では，どれほどよく□□□かが調査された」

第6段第2・最終文（In the next study, …）に「次の調査では…異なる人々のグループが…同じ SV のデータの目印を数え，それからその正確さが検証された」とある。①「別の人々の集団が，オンラインの地図アプリからの写真を使って目印を特定した」が正解。

② 「別の人々の集団が，自分のカメラでバス停の場所の写真を撮った」

③ 「研究者たちが，バス停で撮られたオンラインの写真で目印を見つけた」

④ 「研究者たちが現場を訪れ，オンラインの地図に目印に関する情報を追加した」

B 情報の読み取り

訳 《新しい制服の販売》

セントラル高校ブルドッグニュース！

新しい制服の発表ができることをうれしく思っています。以前のデザインもまだ入手可能ですが，新しいデザインができました。色は以前と同じですから，どの季節でも，制服リストから着る服を選ぶことができます。制服は以下のリストに挙がっている4つの店舗で販売されています。加えて，学校の精神を示すために，先生方も週に一度，学校のシャツを着用されます！

店舗情報

店	営業時間	入手可能なデザイン	注
セントラル高校組合（校内店）	7:30－16:30 月曜日－金曜日	新デザイン	学生証の提示で5パーセント割引
ジャックス制服店	11:00－20:00 火曜日－日曜日	新デザイン	3点以上の購入で10ドル割引
制服オンライン	24時間 毎日	新デザインと旧デザイン	送料7ドル
ブルドッグ・アウトレット	13:00－21:00 月曜日－土曜日	旧デザイン	ブルドッグ・アウトレットのみの特典！レシートの提示で制服修繕無料

全店購入後8日以内の返品可能。

制服価格リスト

	半袖シャツ	長袖シャツ	長ズボン	スカート	体操服セット（短パンとTシャツ）
価格*	30ドル	40ドル	45ドル	40ドル	50ドル

*5ドルでどの商品にもブルドッグのロゴ追加。

50 2020年度：英語〈筆記〉/追試験〈解答〉

問1　37　正解は②

「ブルドッグニュースによると，次のうち正しいのはどれか」

①「以前の制服は，４つの店舗で販売されている」

店舗情報の表の「入手可能なデザイン」の欄を見ると，セントラル高校組合とジャックス制服店では新デザインしか入手できない。この選択肢はニュースの内容と一致しない。

②「学生は，制服のリストから商品の服を組み合わせられる」

案内文第３文（The colors are …）に「どの季節でも，制服リストから着る服を選ぶことができる」とある。これが正解。

③「教師は経費を削減するために学校のシャツを着るだろう」

案内文最終文（Plus, in order …）に「学校の精神を示すために，先生方も週に一度，学校のシャツを着用する」とあることと一致しない。

④「制服は，スクールカラーが変わったために別のものに変えられた」

色については，案内文第３文（The colors are …）に「（制服の）色は以前と同じ」とあるだけで，スクールカラーが変わったという内容はない。ニュースの内容と一致しない。

問2　38　正解は③

「メアリーは両親と一緒に制服を買いたいと思っているが，両親は日曜日しか時間がない。彼女は，新旧の制服のいずれも良いと思っているが，両親は送料を払うのには気が進まない。どの店を彼女は選ぶだろうか」

両親が日曜日以外は時間がないので，日曜日は営業していないセントラル高校組合とブルドッグ・アウトレットは除外。また両親は送料を払いたくないと思っているので，送料が必要な制服オンラインも除外。残るのはジャックス制服店である。③「ジャックス制服店」が正解。

①「ブルドッグ・アウトレット」

②「セントラル高校組合」

④「制服オンライン」

問3　39　正解は②

「トニーはロゴの入った長袖シャツ１枚，半袖シャツ１枚，体操服１セットをジャックス制服店で買いたいと思っている。彼はいくら払うことになるか」

制服価格リストの表とその下の注意書きから，ロゴ入り長袖シャツは40＋5＝45ドル，半袖シャツ30ドル，体操服のセットは50ドル。ジャックス制服店は３点以上の購入で10ドルの割引なので，45＋30＋50－10＝115ドル。②「115 ドル」が正解。

2020年度：英語〈筆記〉/追試験〈解答〉　**51**

① 「110 ドル」　　③ 「120 ドル」　　④ 「125 ドル」

問4　　40　　正解は②

「制服販売店に関する次の文のどれが正しいか」

① 「新しくデザインされた制服商品は無料で修繕してもらえる」
　　店舗情報の表の「注」の欄を見ると，無料の修繕をしてくれるのはブルドッグ・
　　アウトレットのみであるが，ここでは以前のデザインしか売られていない。よっ
　　て一致しない。

② 「校内店は，学生証を持っている学生に割引をしてくれる」
　　店舗情報の表で，校内店であるセントラル高校組合の「注」の欄に「学生証の提
　　示で5パーセント割引」とあることと一致する。これが正解。

③ 「アウトレット店は，授業前に買い物ができるように，午前中に営業している」
　　店舗情報の表に，ブルドッグ・アウトレットの営業時間が 13 時からとあること
　　と一致しない。

④ 「制服商品は購入後2週間まで返品できる」
　　店舗情報の表の下に「購入後8日以内の返品可能」とあることと一致しない。

52 2020年度：英語〈筆記〉/追試験〈解答〉

第5問 日常的な文章の読解

訳 《メールのやりとり》

[1通目]

To：カリン=タケダ

件名：ありがとう!!!!

こんにちは，カリン。私たちは昨日帰宅しました。ちょっと待って。もしかしたら一昨日かも。まだ時差に慣れていません。

市内巡りのあのバスツアーに参加したまさに初日から楽しかったです。両親は本当に素晴らしい時間を過ごしました。父は来年の夏にもう一度日本に行きたがっています。今度は東京以外のところに行くつもりだと思うので，父の食事の世話を気にかける必要はありませんと，あなたのご両親に伝えてね！ あらためて，ありがとう。

ラナ

[2通目]

To：ラナ=ブラウン

件名：Re：ありがとう!!!!

みなさんに会えて，家族はとても楽しんでいました。初めてあなたに会ったとき，あなたの家でのホームステイ中，あなたのご家族は私の面倒をとてもよく見てくださいました。だから，その好意のお返しをしたかったんです。ところで，お父さん，もらった賞品を置き忘れていっていると思います。

カリン

[3通目]

To：カリン=タケダ

件名：Re：Re：ありがとう!!!!

えーっと，最後の日のあのお祭りで父がもらったTシャツのことを言っているのかしら？ 漢字で「東京」って書いてあるものでしょう？ 飛行機に乗っているときに父が着ていると思ったけれど，聞いてみます。

ラナ

[4通目]

To：カリン=タケダ

件名：質問

また私です。調べてみたの。父は例の「東京」Tシャツを持っていると言っていました。東京ワンダーランドでもらったクマのぬいぐるみのことかしら？ 父は，そ

れはあなたの妹さんにあげると伝えてくれと言っていました。

そうそう，それと父はワンダーランドで私たちが食べた食べ物の名前を知りたがっています。パンケーキに似ていました。

今日，両親は友達と日本のことを話していました。両親は，人々がよく互いに同じ服装をしているのがおもしろいと思っていました。制服を着ている学生だけじゃなくて，会社員もとても似た服装でした。ワンダーランドでさえ，若い人たちのグループは，一種のユニフォームみたいに，同じキャラクターの服を着ていました。

ラナ

［5通目］

To：ラナ=ブラウン

件名：Re：質問

「お好み焼き」です。お父さんが気に入ったかどうかわからなかったけれど。ご両親はとてもお元気でしたね。ワンダーランドの次の日の朝に，まだあのお祭りに行きたがるなんて信じられませんでした。もし家にいて休んでいたら，あなたのお父さんはあの「東京」Tシャツをもらえなかったと思います。

そうそう，グループが似通っていることについて，言っていることはわかります。でも私はアメリカで見られる個性もおもしろいと思います。あなたの家にステイして，あなたの高校で勉強していたとき，だれもが自分の独自性を示すことが大事なのだなとわかりました。同じようなことが日本でも見られますよ。都市や町でも，みんな他との違いを生み出す食べ物や伝統を持とうとしています。広島には，独自の「お好み焼き」があります。お父さんは，来年広島に行きたいと思うかもしれませんね。

カリン

［6通目］

To：カリン=タケダ

件名：来年？

はは！　父は今「お好み焼き」の言い方を覚えようとしていますが，できていません。ねえ，もし来年，私が父と一緒に日本へ行ったら，あなたも一緒に旅行できますか？　もしできたら一緒に出かける3回目の冒険になりますね！

ところで，母があなたのご両親に私たちが負担をかけすぎているのを心配していました。母は，あなたのお母さんとお父さんが，食事の準備をしたり，私たちを車であちこち連れて行ってくれたり，私たちの世話をしてくれたりするのにいつも忙しくしているのに当惑していたそうです。たぶん，母がこんなふうに感じるのは，あなたがうちに滞在していたとき，私たちはそんなふうではなかったからでしょう。

ラナ

54 2020年度：英語〈筆記〉/追試験〈解答〉

［7通目］
To：ラナ゠ブラウン
件名：Re：来年？
日本では，お客さまの世話で忙しくしているのを見せるのは普通のことだと思います。アメリカでは，迎える側はもっと肩の力を抜いて，客が自由にして，自分の望むことをするのを許してくれます。
正直に言うと，私があなたの家にいたとき，このことに慣れるのに少し時間がかかりました。あなたとあなたの家族に会ったばかりで，気楽にくつろぐような気持ちにはなれませんでした。でも，しばらくしたら，それに慣れて，家族の一員のように感じる手助けになりましたよ。
添付したのは，おいしい「お好み焼き」のレシピです。お父さんに見せてあげてください。
世界よ，ご注目！ 「ラナとカリンの冒険パート3」の計画進行中。
カリン

> **語句・構文**

［1通目］ ▶ be used to ~「~に慣れている」
　　　　 ▶ the very＋名詞「まさにその~，ほかならぬ~」 この very は形容詞。
［2通目］ ▶ leave behind ~「~を置き忘れる，忘れていく」
［4通目］ ▶ stuffed toy「ぬいぐるみ」
［5通目］ ▶ S all V「S はみんな V する」 文中で not を置く位置に all を入れるとこの意味になる。
［7通目］ ▶ don't feel comfortable *doing*「~する気になれない」

問1 　41　 正解は②
「ラナとカリンはもともとどのようにして知り合ったか」
［2通目］のカリンのメール第2文（When I first met …）に「初めてあなたに会ったとき，あなたの家でのホームステイ中…」とある。②「カリンのアメリカ留学で」が正解。
① 「カリンの家族のアメリカ旅行で」
③ 「ラナの家族の日本旅行で」
④ 「ラナの日本留学で」

2020年度：英語〈筆記〉/追試験〈解答〉 **55**

問2 　42 　正解は④

「ラナの父親がおそらく日本で最後にしたのは次のどれか」

[3通目] のラナのメール第1文（So, are you talking …）に「最後の日のあの
お祭りで父がもらったTシャツのこと？」とある。④「**祭りでTシャツをもらっ
た**」が正解。4，5通目のやり取りから，東京ワンダーランドには祭りの前の日に
行っていて，クマのぬいぐるみはそこでもらったものである。

① 「市内巡りのバスツアーに行った」

② 「東京ワンダーランドに行った」

③ 「賞品のクマのぬいぐるみをもらった」

問3 　43 　正解は①

「カリンは，個性という考え方は＿＿＿と言った」

[5通目] のカリンのメール第2段第3・4文（You can find …）に「同じような
ことが日本でも見られ…都市や町でも，みんな他との違いを生み出す食べ物や伝統
を持とうとしている」とある。①「**日本社会にも見られる**」が正解。

② 「世界中の学校で見られる」

③ 「アメリカの10代の文化に限られる」

④ 「会社員は避けるものだ」

問4 　44 　正解は④

「下線が引かれた disconcerted という語の，本文で使われている意味に最も近い
のは次のどれか」

下線部のある文の直前の文（By the way, …）に「母があなたの両親に私たちが
負担をかけすぎていると心配して（concerned）いた」とあり，下線部は，この母
親の気持ちを述べていることから，concerned に類似した意味を持つ④ **worried**
「**心配そうな**」が正解。辞書的にも disconcerted は「当惑して」で，worried にも
同様の意味がある。

① 「おびえて」　　　　　② 「喜んで」　　　　　③ 「満足して」

56 2020年度：英語〈筆記〉/追試験〈解答〉

問5 　45 　正解は④

「アメリカの家庭で客の立場でいることについて，カリンは何と言ったか」

［7通目］のカリンのメール第1段第2文（In America, hosts …）に「アメリカ
では，迎える側は…客が自由に…望むことをするのを許す」，第2段第2・最終文
（I had just met …）に「会ったばかりで，気楽にくつろぐような気持ちにはなれ
なかった…が，しばらくしたら，それに慣れて，家族の一員のように感じる手助け
になった」とある。④「その自由さにはなじみがない感じがしたが，次第に好きに
なった」が正解。

① 「彼らがいつも忙しそうに見えたので面倒だった」

② 「1日目からほぼすべてが気に入っていた」

③ 「その家族は彼女に彼らが言うことを何でもしてほしいと思った」

第6問　説明的な文章の読解

訳 《さまざまな種類のミルクの特徴》

(1)　ミルクは世界中で重要な食品と考えられている。ミルクを「完璧な食品」とさえうたっている広告もある。ミルクは筋肉を作るタンパク質や骨を強くするカルシウム，健康に欠かせないビタミンを含んでいるので，これにはいくぶん真実味がある。私たちの食事におけるミルクの重要性には長い歴史がある。実際，家畜を育て始めたときからずっと，人は動物のミルクを食事に使ってきたのである。

(2)　ミルクの消費の最古の証拠は，1万年以上前の遺跡で見つかった。驚くべきことに，それはウシのミルク（牛乳）ではなく，ヒツジのミルク（羊乳）だった。人々は，肉，羊毛，ミルクを手に入れるために，ウシを育て始めるよりずっと前にヒツジを育てていたのだ。彼らはこのミルクを初期の種類のチーズにしていた。ヒツジのミルクは，ウシのミルクと比べてタンパク質含有量がおよそ2倍であるのに加えて，脂肪分が50パーセント以上多い。脂肪量はチーズ作りに重要な役割を果たすので，ヒツジのミルクは数多くのチーズの製造によく使われる。ヤギは，ウシよりも前に飼育されていたもう一つの動物だが，これもまたミルクを提供してくれる。ヤギのミルクは，脂肪はウシのミルクと同程度だが，糖分が少ない。動物のミルクのもっと最近の例は，シカのミルクやウマのミルクである。シカのミルクは，ウシのミルクよりもタンパク質と脂肪を多く含んでいる。ウマのミルクは，ウシのミルクよりタンパク質は少ないが，ビタミンCは6倍である。

(3)　今日，店で販売されているミルクのほとんどはウシのものである。世界中の酪農業がウシに依存しているが，これはウシが他の動物よりはるかに多くのミルクを安定して出してくれるからである。そのミルクは，飲用に販売されたり，チーズ，バター，ヨーグルト，アイスクリームといった乳製品に加工されたりする。どのように使われるかにかかわらず，今日ほとんどの生乳は有害なバクテリアを取り除くために加熱される。現代のミルクの処理方法や乳製品の注意深い検査は，私たちが今日消費するミルクを安全なものだと保証するのに役立っている。ミルクは，多くの国で最も高度に管理されている食品の一つになっている。

(4)　しかし，すべての人がミルクを消化できるわけではない。乳幼児は簡単にミルクを摂取できるが，この力は特定の割合の大人で低下する。彼らの中には，それでもチーズやアイスクリームのようなミルクから作られた製品を食べられる人もいるが，どんな種類の乳製品も消化できない人もいる。彼らは，おいしい1杯のアイスクリームを食べることは，彼らに苦痛を与えることになるだけだとわかっている。こうした人たちにとっては，ミルクが完璧な食品ではないことは確かだ。

58 2020年度：英語〈筆記〉/追試験〈解答〉

⑸　最近，植物から作られる異なる種類のミルクがスーパーマーケットに姿を見せている。これらは，より良い健康を求める人たちだけでなく，動物性ミルクを消化できない人たちに特に人気がある。さまざまな種類の植物が使われており，それぞれの植物性ミルクは，元の状態が異なっている。最もよくある種類の植物性ミルクは，ダイズから作られている。ソイミルク（豆乳）は，タンパク質の量はウシのミルクと同様だが，カルシウムを含んでいない。ライスミルク（米粉と水を煮つめた乳状の飲み物）はウシのミルクと比べると糖分が低く，タンパク質が少ない。ココナッツミルクは東南アジアではよく見られるもので，カロリーがウシのミルクの半分ほどで，タンパク質が少ない。要するに，こうした植物性ミルクのそれぞれは，異なる栄養分を消費者に提供しているということだ。

⑹　現在のところ，ミルクを飲む決定をすることは，私たちが選択肢を検討し，自分にとって最善のものを選ぶことを必要とする。それぞれの良いところは違っており，自分の栄養上の必要量を満たすために，望むタンパク質や脂肪の量を選ぶことができる。こうした必要性がどんなものであれ，ありとあらゆる種類のミルクが人々の食事の一部であり続けるだろう。

■ **語句・構文** ■

［第⑵段］▶ turn *A* into *B*「*A* を *B* に変える」
　　　　 ▶ content「含有量」
［第⑶段］▶ dairy［déri/déəri］「酪農の」　発音注意。daily「日々の」との混同にも注意。
［第⑹段］▶ no matter what *A be*「*A* が何であれ，*A* がどんなものでも」

A　内容真偽，内容説明，同意表現，主題

問1　46　正解は④

「第⑵段によると，次のどれが正しいか」

第⑵段第5・6文（Sheep's milk has …）に「ヒツジのミルクは，ウシのミルクと比べて…脂肪分が 50 パーセント以上多い。脂肪量はチーズ作りに重要な役割を果たすので，ヒツジのミルクは数多くのチーズの製造によく使われる」とある。④**「ヒツジのミルクの脂肪含有量は，チーズを作るのに適している」**が正解。

①「人々は，およそ 10 世紀前に，動物のミルクを食品として使い始めた」

　10 世紀前は 1000 年前である。第⑵段第1文（The oldest evidence …）に，ミルクの消費の最古の証拠が 1 万年以上前のものだとある。この文から，食品として使い始めたのは 1000 年前よりもずっと前のことだと考えられる。一致しない。

② 「ヒツジの飼育は，ウシやヤギよりも最近に始まった」

　ヒツジとヤギの順はわからないが，第(2)段第3文（People raised sheep …）より，ヒツジよりもウシの飼育の方が新しいことがわかるので，一致しない。

③ 「ウシのミルクの脂肪含有量のおかげで，ウシのミルクはヤギのミルクより健康的である」

　第(2)段第8文（Goat's milk has …）より，両者の脂肪量は同程度なので，このようなことはいえない。

問2　　47　　正解は④

「第(3)段によると，ウシがミルクを供給する能力は　　　　」

第(3)段第2文（The worldwide dairy …）に「世界中の酪農業が，他の動物よりはるかに多くのミルクを安定して出してくれるウシに依存している」とある。④ **「世界中の消費に向けた，安定したミルク供給源を保証している」**が正解。

① 「消費者にとってより安価な製品を製造するのを遅らせている」

② 「ミルクから作られる食品の質を保証している」

③ 「人々が有害な乳製品を消費するのを防いでくれている」

問3　　48　　正解は③

「第(4)段の下線が引かれた torment という語の意味に最も近いのは次のどれか」

当該箇所は「彼らは，おいしい1杯のアイスクリームを食べることは，彼らに torment を与えることになるだけだとわかっている」となっている。「彼ら」とは直前の文の後半にある「どんな種類の乳製品も消化できない人」。消化できないのだから，お腹をこわすことになる。③ **「苦しみ」**が正解。

① 「情熱」　　　　② 「満足」　　　　④ 「不本意」

問4　　49　　正解は④

「第(5)段によると，ウシのミルクと比べると　　　　」

第(5)段第5文（Soy milk is …）に「ソイミルクは，タンパク質の量はウシのミルクと同様だ」とある。④ **「ソイミルクは，タンパク質量がほぼ同じだ」**が正解。

① 「ココナッツミルクは，タンパク質がわずかに多い」

② 「植物性ミルクははるかに栄養価が高い」

　カルシウムが含まれない，タンパク質が少ないなど，それぞれの栄養価が異なるので，このようなことはいえない。

③ 「ライスミルクは糖分がほぼ同じだ」

60 2020年度：英語〈筆記〉/追試験〈解答〉

問5 　50 　正解は②

「この文章に最もふさわしい表題は何か」

文章全体にわたって，さまざまな種類の動物性ミルク，植物性ミルクを挙げ，それらの栄養価について述べている。②「さまざまな種類のミルクの特徴」が正解。

① 「動物性ミルクを上回る植物性ミルクの良さ」

③ 「世界的ミルク供給の源」

④ 「乳幼児のための栄養価の高いミルクの基準」

B　段落要旨の選択

51 　52 　53 　54 　正解は②，①，③，④

段落	内容
(1)	導入
(2)	51
(3)	52
(4)	53
(5)	54
(6)	結論

第(2)段では，発見されている人類最古のミルク消費がヒツジのミルクであることを示し，さらにウシよりも前に家畜化されたもう一つの動物であるヤギのミルクについても触れている。シカ，ウマのことにも触れているが，第(1)段からの展開で，第(2)段の大半を占めるのは，昔のミルクのことである。 51 には②「最初期のミルクの種類間の違いを論じている」が適切。

第(3)段では，現在販売されているミルクのほとんどがウシのものであり，飲むためだけでなく，さまざまな乳製品に加工されていることと，その安全な処理について述べている。 52 には①「酪農業と生産されたミルクの使われ方を説明している」が適切。

第(4)段では，ミルク（文脈上，牛乳）を消化できない人がいると説明されている。 53 には③「動物性ミルクがすべての人にとって良い選択ではないかもしれないことを説明している」が適切。

第(5)段では，さまざまな植物性ミルクを取り上げ，それぞれの栄養価について説明している。 54 には④「動物性ミルクのさまざまな代替品の特質を示している」が適切。

英語(筆記) 本試験

2019年度

筆記

問題番号 (配点)	設問		解答番号	正解	配点	チェック
第1問 (14)	A	問1	1	②	2	
		問2	2	①	2	
		問3	3	②	2	
	B	問1	4	③	2	
		問2	5	②	2	
		問3	6	②	2	
		問4	7	①	2	
第2問 (47)	A	問1	8	②	2	
		問2	9	③	2	
		問3	10	①	2	
		問4	11	②	2	
		問5	12	④	2	
		問6	13	③	2	
		問7	14	③	2	
		問8	15	②	2	
		問9	16	④	2	
		問10	17	④	2	
	B	問1	18	②	4 *	
			19	⑤		
		問2	20	⑥	4 *	
			21	②		
		問3	22	②	4 *	
			23	⑥		
	C	問1	24	⑥	5	
		問2	25	②	5	
		問3	26	③	5	

問題番号 (配点)	設問		解答番号	正解	配点	チェック
第3問 (33)	A	問1	27	①	5	
		問2	28	②	5	
		問3	29	④	5	
	B		30	①	6	
			31	③	6	
			32	③	6	
第4問 (40)	A	問1	33	②	5	
		問2	34	④	5	
		問3	35	②	5	
		問4	36	③	5	
	B	問1	37	③	5	
		問2	38	②	5	
		問3	39	①	5	
		問4	40	②	5	
第5問 (30)		問1	41	①	6	
		問2	42	②	6	
		問3	43	①	6	
		問4	44	③	6	
		問5	45	③	6	
第6問 (36)	A	問1	46	②	6	
		問2	47	③	6	
		問3	48	④	6	
		問4	49	①	6	
		問5	50	④	6	
	B		51	①	6 *	
			52	④		
			53	②		
			54	③		

(注) *は, 全部正解の場合のみ点を与える。

自己採点欄 / 200点
(平均点:123.30点)

2 2019年度：英語(筆記)／本試験〈解答〉

第1問

A 発音

問1　1　正解は②

問	① **cough**	② **frighten**	③ **laughter**	④ **tough**
発音	① [kɔ́:f]	② [fráitn]	③ [lǽftər]	④ [tʌ́f]

②の gh は黙字で発音しない。①・③・④は [f] と発音する。
①「咳 (をする)」　②「おびえさせる」　③「笑い」　④「丈夫な」

問2　2　正解は①

問	① **blood**	② **choose**	③ **mood**	④ **proof**
発音	① [blʌ́d]	② [tʃú:z]	③ [mú:d]	④ [prú:f]

①は [ʌ] で弱い「ア」。②・③・④は [u:] で「ウー」に近い音。
①「血」　②「選ぶ」　③「気分」　④「証明」

問3　3　正解は②

問	① **stone**	② **story**	③ **total**	④ **vote**
発音	① [stóun]	② [stɔ́:ri]	③ [tóutl]	④ [vóut]

②は [ɔ:] で「オー」に近い音。①・③・④は [ou] で「オウ」に近い音。
①「石」　②「話」　③「総計 (の)」　④「投票 (する)」

B 第1アクセントの位置

問1　4　正解は③

問	① agree	② control	③ equal	④ refer
発音	① [əgríː]	② [kəntróul]	③ [íːkwəl]	④ [rifə́ːr]

③は第1音節にアクセント。①・②・④は第2音節にアクセント。

① 「同意する」　② 「制御 (する)」　③ 「等しい」　④ 「言及する」

問2　5　正解は②

問	① approval	② calendar	③ remember	④ successful
発音	① [əprúːvl]	② [kǽləndər]	③ [rimémbər]	④ [səksésfl]

②は第1音節にアクセント。①・③・④は第2音節にアクセント。

① 「是認」　② 「カレンダー」　③ 「覚えている」　④ 「成功した」

問3　6　正解は②

問	① character	② delicious	③ opposite	④ tragedy
発音	① [kǽriktər]	② [dilíʃəs]	③ [ápəzit]	④ [trǽdʒədi]

②は第2音節にアクセント。①・③・④は第1音節にアクセント。

① 「性格」　② 「とてもおいしい」　③ 「正反対の」　④ 「悲劇」

問4　7　正解は①

問	① architecture	② biology	③ spectacular	④ surprisingly
発音	① [áːrkitèktʃər]	② [baiálədʒi]	③ [spektǽkjələr]	④ [sərpráiziŋli]

①は第1音節にアクセント。②・③・④は第2音節にアクセント。

① 「建築 (物)」　② 「生物学」　③ 「壮観な」　④ 「驚くほど」

第2問

A 短文の空所補充

問1　8　正解は②

> 問　Casey was getting worried because the bus going to the airport was clearly ☐ schedule.
> ① after　　② behind　　③ late　　④ slow
> 訳　空港へ向かうバスが明らかに予定より遅れていたので，ケーシーは心配になってきた。

behind schedule で「予定より遅れて」の意。②が正解。

問2　9　正解は③

> 問　If you are in a hurry, you should call Double Quick Taxi because they usually come in ☐ time.
> ① any　　② few　　③ no　　④ some
> 訳　急いでいるのなら，ダブルクイック・タクシーを呼ぶといい。たいていすぐに来てくれるから。

in no time で「すぐに，即座に」の意。文字どおりには「ゼロ時間で」となる，間を置かないことを強調した表現。③が正解。

問3　10　正解は①

> 問　After ☐ dropping the expensive glass vase, James decided not to touch any other objects in the store.
> ① almost　　② at most　　③ most　　④ mostly
> 訳　高価なガラスの花瓶を落としかけたあと，ジェームズは店の中にある他の物には一切触らないことにした。

almost は動詞を修飾すると「ほとんど〜しそうになる，〜しかける」の意。①が正解。

2019年度：英語〈筆記〉/本試験〈解答〉 **5**

問4 ┃ 11 ┃ 正解は②

問 We should make the changes to the document quickly as we are ┃　┃ out of time.
① going　②　running　③　spending　④　wasting

訳 時間がなくなってきているので，急いで書類の変更をすべきだ。

run out of 〜 で「〜を使い果たす，切らす」の意。進行形にすると「(主語は) 〜がなくなりかけている」の意になる。②が正解。

問5 ┃ 12 ┃ 正解は④

問 It was impossible to ┃　┃ everyone's demands about the new project.
① carry　②　complete　③　hold　④　meet

訳 その新しい計画に関するすべての人の要求を満たすのは不可能だった。

meet には「(必要・要求・期待など) を満たす，〜に応じる」の意味がある。④が正解。

問6 ┃ 13 ┃ 正解は③

問 Write a list of everything you need for the camping trip. ┃　┃, you might forget to buy some things.
① As a result　②　In addition　③　Otherwise　④　Therefore

訳 キャンプ旅行に必要なものを全部リストにしなさい。そうでないと，いくつか買い忘れるかもしれない。

otherwise には，前述の内容を受けて「もしそうしなければ」の意味がある。③が正解。

問7 ┃ 14 ┃ 正解は③

問 Text messaging has become a common ┃　┃ of communication between individuals.
① mean　②　meaning　③　means　④　meant

訳 メールは，個人間の通信の普通の手段になった。

means「手段」は単複同形の語。単数でも mean とはならない。③が正解。

6 2019年度：英語（筆記）/本試験〈解答〉

問8 　15　 正解は②

> 問 I was（　A　）when I watched the completely（　B　）ending of
> the movie.
> ① 　A：shocked　　　B：surprised
> ② 　A：shocked　　　B：surprising
> ③ 　A：shocking　　　B：surprised
> ④ 　A：shocking　　　B：surprising
> 訳 その映画の完全に予想外な結末を見たときは，衝撃だった。

shock は「（人に）衝撃を与える」の意なので，ショックを受けている人が主語の
場合，受け身で表す。surprise も同様の発想の「（人を）驚かせる」の意なので，
驚きを与えるもののことを言う場合は能動を表す現在分詞を使う。②「**A：
shocked　B：surprising**」が正解。

問9 　16　 正解は④

> 問 （　A　）is no（　B　）the increase in traffic on this highway
> during holidays.
> ① 　A：It　　　　B：avoid　　② 　A：It　　　　　B：avoiding
> ③ 　A：There　B：avoid　　④ 　A：There　　　B：avoiding
> 訳 祝日中は，この幹線道路の交通量が増すのは避けられない。

There is no *doing* で「〜することはできない」の意。文字どおりには「〜するこ
とは（この世に）存在しない」となり，つまり「ありえない」ことを表す。It is
impossible to *do* と同意。④「**A：There　B：avoiding**」が正解。

問10 　17　 正解は④

> 問 The police officer asked the witness（　A　）the situation as
> （　B　）as possible.
> ① 　A：describing　　　B：accurate
> ② 　A：describing　　　B：accurately
> ③ 　A：to describe　　　B：accurate
> ④ 　A：to describe　　　B：accurately
> 訳 警察官は目撃者に，状況をできるだけ正確に説明してくれるように頼んだ。

ask *A* to *do* で「*A* に〜してくれるように頼む」の意。（　B　）には，describe

を修飾する副詞が必要なので accurately が入る。④「A：to describe　B：**accurately**」が正解。

B　語句整序

問1　18　19　正解は②─⑤

問　Yukio：Did you hear that a new entrance ID system will be introduced next month ?

Lucas：Really ? Do we need it ? I ⑥ **wonder** ❷ **how** ④ **much** ③ **it** ❺ **will** ① **cost** to replace the current system.

訳　ユキオ：来月，入館の身分証明の新しいシステムが導入されるって聞いた？
ルーカス：本当？　そんなの必要なのかな。今のシステムと取り替えるのにどのくらいの費用がかかるんだろう。

① cost，② how，④ much から，「どのくらい費用がかかるか」という内容が考えられるが，ルーカスの当該発言は疑問文ではない。I wonder を主節とし，how much が導く間接疑問文を続けるのが妥当。語順は平叙文と同じになるので，it will cost となる。it は空所直後にある to replace … を真主語とする形式主語である。

問2　20　21　正解は⑥─②

問　David：What's the plan for your trip to England ?

Saki：I'll spend the first few days in London and then be in Cambridge ① **for** ❻ **the** ④ **rest** ③ **of** ❷ **my** ⑤ **stay**.

訳　デイビッド：君のイギリス旅行の計画はどうなっているの？
サキ：最初の２，３日はロンドンで過ごして，それから滞在の残りはケンブリッジよ。

the rest of ～ で「～の残り」の意になる。② my は所有格で必ず名詞を伴うため，⑤ stay と合わせて「私の滞在」ができる。残る① for は前置詞なので，名詞 the rest の前に置けば，for the rest of my stay「私の滞在の残りの間」となり，意味をなす。

8 2019年度：英語〈筆記〉/本試験〈解答〉

問3　22　23　正解は②−⑥

> 問　Junko : The party we went to last night was very noisy. My
> 　　　　　　 throat is still sore from speaking loudly the whole time.
> 　　Ronald : Yeah. It can sometimes ① be ② difficult ⑤ to ④ make
> 　　　　　　 ⑥ yourself ③ heard in such a crowded place.
> 訳　ジュンコ：私たちが昨日行ったパーティーはすごく騒がしかったわね。ずっと
> 　　　　　　 大声でしゃべっていたからまだのどが痛いわ。
> 　　ロナルド：そうだね。あんな混雑した場所だと，声を届かせるのが難しいこと
> 　　　　　　 があるよね。

make *oneself* heard で「（相手に）声を届かせる，声が届く」の意。make your-
self heard の並びができる。文の冒頭に It can とあり，これに続く原形動詞が①
の be，その補語が② difficult となる。残る⑤の to を make の前に置いて不定詞
句を作れば，It can sometimes be difficult to make yourself heard と，It が形
式主語，to make … が真主語の文ができる。

C　応答文の完成

問1　24　正解は⑥

> 問　Museum guide : The number of visitors has dropped this month.
> 　　Museum guard : It's probably because of the construction on the
> 　　　　　　　　　 second floor.
> 　　Museum guide : Yes, the "Treasures of Egypt" exhibit there always
> 　　　　　　　　　 attracted so many people.
> 　　Museum guard : So, ☐ the most popular area is closed.

| (A) I can't help | → | (A) that there are fewer people | → | (A) during |
| (B) it can't be helped | | (B) that there are more people | | (B) while |

> 訳　博物館ガイド：今月は来館者数が減少しましたね。
> 　　博物館警備員：たぶん2階の工事のせいでしょう。
> 　　博物館ガイド：そうですね。あそこで展示されている「エジプトの至宝」はい
> 　　　　　　　　 つも多くの人を呼び込んでいましたから。
> 　　博物館警備員：では，いちばん人気のあるエリアが閉まっている間は，人がい
> 　　　　　　　　 つもより少ないのは仕方がありませんね。

2番目のブロックの that 節を真主語とする形式主語 it が使われている(B) it can't be helped を用いれば，最初のブロックが「(that 以下のことは) 仕方がない，どうしようもない」の意になる。(A)の I can't help では「私にはどうしようもない」の意。警備員は入館者数の多寡には何も関与しないので不自然。ガイドの最初の発言で入館者数が減少していることがわかるので，2番目のブロックは(A)「人が (いつもより) 少ない」が適切。空所の後には節 (SV のあるまとまり) が続いているので，最後のブロックでは接続詞の(B) while を使う。(A)の during は前置詞なので，節を続けられない。⑥(B)→(A)→(B)が正解。

問2   25   正解は②

問 | Masa：I heard that last night's baseball game was the longest this season. You were there, weren't you?

Alice：That's right. It was so exciting watching it live at the stadium.

Masa：It must have been late when it finished. How did you get home?

Alice：Yes, it was really late. ☐ It was crowded, but riding with hundreds of other fans was fun.

(A) I was barely able to	→	(A) catch	→	(A) a taxi.
(B) I was seldom able to		(B) miss		(B) the last train.

訳 | マサ：昨日の晩の野球の試合は，今季最長だと聞いたよ。君は現地にいたんだよね。

アリス：そうよ。スタジアムで生で見ているのはとても興奮したわ。

マサ：終わったときは遅かっただろうね。どうやって家に帰ったの？

アリス：ええ，とても遅くなったわ。かろうじて終電に間に合ったの。混んでいたけれど，他の何百人ものファンと一緒に乗っているのは楽しかったわ。

空所の後に「何百人もの他のファンと乗っていた」とあることから，アリスが電車に乗って帰ったことがわかる。よって，最初のブロックが(A)の barely「かろうじて，なんとか…(する)」なら「かろうじて…できた」の意になり，意味をなす。(B)の seldom は「めったに…しない」の意。2番目のブロックは「(乗り物) に間に合う」の意の(A) catch，最後のブロックは(B) the last train「最終電車」となる。②(A)→(A)→(B)が正解。

10 2019年度：英語（筆記）／本試験〈解答〉

問3　26　正解は③

> **問** Tetsuya : I haven't seen John today.
>
> Brent : I heard that he's sick and will be absent from work for a few days.
>
> Tetsuya : That's too bad. Isn't he in charge of the meeting later today ?
>
> Brent : Yes. ☐ Without him, we can't talk about those issues.

(A)　I'm afraid	(A)　the meeting will have to be held	(A)　until next week.
(B)　I'm afraid of	(B)　the meeting will have to be put off	(B)　until this evening.

> **訳**　テツヤ：今日はジョンを見かけていないな。
>
> 　ブレント：具合が悪くて，２，３日仕事を休むそうだよ。
>
> 　テツヤ：それは気の毒に。彼は今日この後の会議を担当しているんじゃなかったっけ。
>
> 　ブレント：そうだよ。会議は来週まで延期しなくちゃいけないだろうね。彼がいなかったら，例の問題を話し合うことはできないからな。

　２番目のブロックがいずれも節（SV のあるまとまり）なので，最初のブロックは(A)の I'm afraid を使う。接続詞 that が省略されていると考えられる。(B)は前置詞 of で終わっており，節は続けられない。担当者のジョンが仕事を休んでおり，会議は開けないので，２番目のブロックには(B)の「会議は延期されなければならないだろう」が適切。最後のブロックは，ジョンの病欠は数日間であるため，(A)の「来週まで」となる。③(A)→(B)→(A)が正解。

2019年度：英語〈筆記〉/本試験〈解答〉 **11**

第3問 文脈把握

A 不要文指摘

問1 27 正解は①

訳 合衆国を飛行機で横断するとき，コンクリートで作られた巨大な矢印が地上に見えるかもしれない。今ではこうした矢印は，基本的に物珍しい場所だが，かつてはこの国の一方の側からもう一方の側に飛ぶとき，パイロットにはそれらが絶対に必要だった。①矢印は，非常によい結果をもたらしたので，大西洋に矢印を浮かべようと提案する人たちもいた。②パイロットはその矢印をニューヨーク・サンフランシスコ間の飛行の際に案内標識として使っていたのである。③ 16 キロメートルごとに，パイロットは，鮮やかな黄色に塗られた長さ 21 メートルの矢印の上を通過していた。④真ん中にある回転する照明と，それぞれの端に一つずつある照明のおかげで，夜でも矢印が見えた。1940 年代から，他のさまざまな飛行技術が導入され，矢印は今日，一般には使われていない。しかし，モンタナ州の山間部を飛行するパイロットは，今でもまだそのうちのいくつかを頼りにしている。

第 1 文にあるように，「地上にある巨大な矢印」の説明をしている文章。①は海上への応用という内容で，一連の説明とは直接関係ない。この文が不必要である。

問2 28 正解は②

訳 都会で暮らすのと田舎で暮らすのとでは必要な技能は異なる。もちろん，このことは人間に当てはまることだが，鳥にも当てはまる。ある研究で，科学者たちはカリブ諸島のひとつであるバルバドスの都市地域と田舎の地域から 53 羽の鳥を連れてきてさまざまな試験を行い，彼らのもともとの環境に戻るように放して，わかったことを報告した。①都市地域から連れてきた鳥は，田舎の環境の鳥よりも，問題解決がうまかった。②研究者たちは鳥の集団間での違いを調べるためにいくつかの実験を準備した。③都市部の鳥は，田舎の鳥よりも病気に対する抵抗力が強かった。④研究者たちは，田舎の鳥に比べて都市部の鳥のほうが賢いが弱いだろうと思っていた。賢くもあり丈夫でもあるということはないだろうと考えられていたのである。しかし，都市部の鳥はすべてを備えているようである。

①の前に「わかったこと（findings）を報告した」とある。①・③はそれぞれそのfindings のひとつである。④は findings ではないが，直後の文が，④の内容を言い換えたものであり，④がなければ文章の流れが不自然になる。②は「実験を準備

12 2019年度：英語〈筆記〉/本試験〈解答〉

した」とあり，findings のひとつでもなく，前後の文とのつながりもない。この文が不必要である。

問3 　29 　正解は④

> 訳　チューダー朝時代（1485-1603）のイングランドでの正式な晩餐会は，大宴会（feasts）と呼ばれていた。そうした晩餐会は壮麗で，その人の富と社会的地位を示すために，すべてが注意深く執り行われた。①大宴会で起こることは何であれ，人々が部屋に入ってくる順番さえ，社会階級を反映したものだった。②上席があり，最も高位の客が王や女王の右側に座ることになっていた。③金銀の皿もその一族がどれほど裕福であるかを強調するために並べられた。④チューダー朝時代の大宴会が行われる様子は，さまざまな映画で華麗に描かれている。客たちは，支配者よりも前に食事を始めることを許されておらず，支配者が食べ終えると食事をやめなくてはならなかった。いつ食べてよいのか，あるいは食べてはいけないのかは，大宴会のあらゆる点と同じく，厳格で複雑な規則に従っていた。

この文章は，チューダー朝時代の大宴会がどのように行われていたかを説明したもの。④は，それが映画に取り上げられていることを述べているだけであり，実際の大宴会の様子を表してはいない。この文が不必要である。

B 意見の要約

30 | 31 | 32 | 正解は ①, ③, ③

訳　ショーン：みなさん，土曜日に集まってくださってありがとうございます。僕たち全員が落ち着いて話をする時間を見つけるのは簡単ではありませんでした。ご存知のとおり，ジロー先生が今年で退職されます。在校生，卒業生全員を代表して，先生のために何か贈り物を用意するのが僕たちの責任です。先生のパーティーまであまり時間がないので，ぜひ今日最終的な決定をしたいと思います。何かいいアイデアを思いつきましたか？

アレックス：はっきりとは決まっていないけれど，退職後，退屈になってしまう先生が多いと聞いたことがあるよ。先生に絵みたいなものを贈るのがいいとは思わない。ただ壁にかかっているだけだろうから。日常的に活用できるものを買ってあげたら，生徒全員が先生に対して抱いている感謝の気持ちをより頻繁に感じてもらえるんじゃないかな。

ショーン：ありがとう，アレックス。つまりあなたは先生に何か 30 ものを贈るのが適切だと思うということですね？

① 「彼女が日常的に使える」
② 「彼女の家を素敵に見せる」
③ 「退職記念パーティーで分け合える」
④ 「僕たち生徒が自分たちで作った」

アレックス：うん。それがいちばんいいと思う。

トーマス：ジロー先生は退職後の生活で退屈するとは思わないな。先生がとても活動的だということは僕たちみんなが知っているよ。先生はよくスポーツのイベントに参加しているし，外で時間を過ごすのが大好きだ。土曜日や日曜日は，午前中に走って，夜はテニスをしていると聞いたよ。家でじっとしていることはほとんどないし，雨が降っていても毎日の散歩は欠かさないんだ。

アン：それに，先生は庭仕事をするのも大好きよ。先生の家の写真を何枚か見たことがあるの。きれいな庭と大きなデッキがあるのよ。すごくいろいろな花や野菜があるわ。ただ庭の眺めを楽しみなが

14　2019年度：英語〈筆記〉/本試験〈解答〉

　　　　　ら，デッキでのんびりして時間を過ごすことも多いのよ。

ショーン：トーマス，アン，あなたたちは2人とも，贈り物を買うときには，
　　　　　ジロー先生の　31　を考慮するべきだと考えているようですね。

① 「芸術作品」
② 「庭」
③ 「余暇」
④ 「週末」

　　アン：そのとおりよ。でも具体的な品物を考えつくのはちょっと難しい
　　　　　わよね？

　　ミミ：先生が人をもてなすのに使えるものを贈ったらいいんじゃないか
　　　　　しら。ジロー先生はお料理が大好きだし，2，3週間ごとに家で
　　　　　ちょっとしたパーティーをしているって聞いたわ。うーん，台所
　　　　　で使うものを贈る必要はないわよね。先生は，そういうものはも
　　　　　うたくさん持っているようだから。それにふつう，料理好きの人
　　　　　って，そういうものとなると自分自身の好みがあるわよね。

　サリー：そうよね。先生は，自分のパーティーのことを私たちに話してく
　　　　　れていたわよね。パーティーを開くときはいつも，座りたいなら
　　　　　みんな家の中に入って食事しないといけないということをよく言
　　　　　っていたわよね。たぶん，お客さんをもてなすときに使えるもの
　　　　　がいちばんいいんじゃないかしら。

　　アン：それって，大事な点だと思うわ。退職したら，きっとそういうパ
　　　　　ーティーをもっと開くわよね。ひょっとしたら，先生は私たちを
　　　　　招待してくれさえするかもしれないわ！

ショーン：それは素敵ですね，アン？　えー，アイデアをありがとう。話し
　　　　　合ったことを考慮すると，　32　のような贈り物が，ジロー先生
　　　　　についてみんなが言ってくれたことに合うようだから，いちばん
　　　　　いいでしょうね。

① 「大きな花束」
② 「庭に置く彫像」
③ 「何か屋外用の家具」
④ 「料理のためのひとそろいの器具」

2019年度：英語（筆記）/本試験〈解答〉 **15**

30　アレックスの最初の発言第3文（If we buy …）に「日常的に活用できるものを買ってあげたら…感謝の気持ちをより頻繁に感じてもらえるのではないか」とある。① 「彼女が日常的に使える」が適切。

31　トーマスの発言第3文（She often participates …）以降にジロー先生が日常的にスポーツにいそしんでいることが述べられており，アンの最初の発言では，ジロー先生が庭仕事をするのが好きであることが全体的に述べられている。いずれも，先生が学校以外でしていることに注目している。③ 「余暇」が適切。

32　サリーの発言第3文（She often mentions …）に「パーティーを開くときはいつも，座りたいならみんな家の中に入って食事しないといけないということをよく言っていた」とある。その後も，先生が自宅で開くパーティーの話が続いている。調理器具については，ミミの発言第3文（Hmm …）に「台所で使うものを買う必要はない。先生は，そういうものはもうたくさん持っているようだ」とあるので④は不適切。③ 「何か屋外用の家具」が適切。

16 2019年度：英語（筆記）／本試験〈解答〉

第4問 資料読解

A 表の読み取り

訳 《絵画に描かれた食物が持つ意味》

［第1段］ 芸術は人々が暮らした様子を反映するものかもしれない。研究者たちは芸術がどのように衣服や社会的背景を描いているかを論じてきた。この考えが家庭の食事を題材にした絵画にも及ぶかどうか判断するために，ある研究が行われた。この研究の結果は特定の種類の食物が描かれた理由を説明する助けになるかもしれない。

［第2段］ 研究者たちは，1500年から2000年の間に描かれた，140枚の家庭の食事の絵画を調べた。これらの絵画は5つの国，つまり合衆国，フランス，ドイツ，イタリア，オランダのものだった。研究者たちは，それぞれの絵画について91の食物が描かれているかどうかを調べ，描かれていなければ0，描かれていれば1とコード化した。たとえば，ある絵画にひとつ以上のタマネギが描かれていれば，それを1とコード化したのである。その後，研究者たちはこれらの国の絵画のうち，各食物が描かれているものの割合を計算した。

［第3段］ 表1は，選択された食物が描かれた絵画の割合を示している。研究者たちはわかったことをいくつか吟味した。まず，これらの国の絵画の中には，研究者たちが予想していた食物が描かれていたものがあった。貝は，オランダの絵画の中では最もよく描かれているもので，予想どおりだったが，それは同国の国境のほぼ半分が海と接しているためである。次に，研究者たちが予想していた食物が含まれていない絵画もあった。合衆国，フランス，イタリアの絵画では，これらの国の広い部分が大洋や海に接しているにもかかわらず，貝と魚はいずれも12パーセント未満しか登場していなかった。ありふれた食物である鶏肉は，絵画にはほとんど現れていなかった。第3の点は，研究者たちが予想していなかった食物が描かれていた絵画もあったということだった。たとえば，ドイツの絵画では，同国の6パーセントしか海に接していないにもかかわらず，絵画の20パーセントに貝が描かれていた。また，オランダの絵画ではレモンが最もよく描かれているが，同国でレモンは自生しない。

2019年度：英語〈筆記〉/本試験〈解答〉 **17**

表1
選ばれた食物が絵画に登場する割合

項目	合衆国	フランス	ドイツ	イタリア	オランダ
リンゴ	41.67	35.29	25.00	36.00	8.11
パン	29.17	29.41	40.00	40.00	62.16
チーズ	12.50	5.88	5.00	24.00	13.51
鶏肉	0.00	0.00	0.00	4.00	2.70
魚	0.00	11.76	10.00	4.00	13.51
レモン	29.17	20.59	30.00	16.00	51.35
タマネギ	0.00	0.00	5.00	20.00	0.00
貝	4.17	11.11	20.00	4.00	56.76

［第4段］ 研究者たちは，これらの結果を以前の調査と比較し，食物を描いた芸術が必ずしも実際の生活を表しているわけではないと結論づけた。研究者たちは，このことの説明をいくつか挙げた。説明のひとつは，画家たちがある食物を描くのは（自分が暮らしている世界より）もっと大きな世界に対する彼らの関心を表現するためだということである。もうひとつは，（描くのが）より難しい食物を描くことで，画家たちが自分の技量を示したいと思っていたということだ。たとえば，レモンの表面や内部の複雑さは，特にオランダの画家の間ではそうだが，レモンがよく描かれている理由になるかもしれない。他の解釈もあり得るため，さまざまな観点から絵画を検討する必要がある。その観点とは，絵画が完成された時期や，文化によるある食物に関する連想である。どちらの問題もこの後の節で取り上げられる。

語句・構文

［第1段］ ▶ illustrate「～を説明する，例証する」

［第2段］ ▶ the Netherlands「オランダ」
　　　　 ▶ code「～を符号化〔記号化〕する」

［第3段］ ▶ border「国境，～と（境界が）接する」

［第4段］ ▶ the cultural associations of foods「食物の文化的連想」が直訳。ある食物に対して，「高級品」だと思ったり，「食べ物とは思えない」と考えたりするのは，その人が暮らす国や社会の文化によって異なるということ。たとえば，昆虫食が一般的で重要なたんぱく源となっている文化もあるが，日本では「虫を食べる」ことに嫌悪感を抱く人は多いだろう。逆に，今でこそ寿司や刺身を食べる外国人も増えたが，数十年前なら「生の魚」が料理であるどころか，食べられるものだと考えもしない人たちもいた。

18 2019年度：英語〈筆記〉/本試験〈解答〉

問1　33　正解は②

「この研究で『リンゴ』のカテゴリーに関して，まるごとのリンゴ2つと半分に切ったリンゴ1つが描かれている絵画は，□□□とラベル付けされるだろう」

第2段第3文（The researchers examined …）に「研究者たちは…食物が…描かれていなければ0，描かれていれば1とコード化した」とあり，続く第4文（For example, …）に「ひとつ以上のタマネギが描かれていれば，それを1とコード化した」という例が挙がっている。つまり，描かれている個数は関係なく，描かれているなら1，描かれていなければ0というコード化である。②の「1」が正解。

問2　34　正解は④

「表1によると，□□□の絵画は□□□」

① 「フランス（の絵画）はドイツの絵画より，リンゴを描いている割合が低い」

フランスは35.29，ドイツは25.00で，フランスのほうが高く，表1と不一致。

② 「フランス（の絵画）はオランダの絵画より，チーズを描いている割合が高い」

フランスは5.88，オランダは13.51で，フランスのほうが低く，表1と不一致。

③ 「イタリア（の絵画）はアメリカの絵画より，パンを描いている割合が低い」

イタリアは40.00，アメリカは29.17で，イタリアのほうが高く，表1と不一致。

④ 「イタリア（の絵画）はドイツの絵画より，タマネギを描いている割合が高い」

イタリアは20.00，ドイツは5.00で，イタリアのほうが高く，表1と一致する。これが正解。

問3　35　正解は②

「文章と表1によると，□□□」

① 「鶏肉がアメリカの絵画によく登場するのは，アメリカ人がよく鶏肉を食べるからである」

表1でアメリカの鶏肉の欄を見ると0.00である。第4段第1文（Comparing these results …）にも「食物を描いた芸術が必ずしも実際の生活を表しているわけではない」とある。この選択肢は表・本文の内容と一致しない。

② 「イタリアは，その多くの部分が海に面しているのに，イタリアの絵画の10分の1未満にしか，魚は登場していない」

第3段第6文（Shellfish and fish each …）に「合衆国，フランス，イタリアの絵画では，これらの国の広い部分が大洋や海に接しているにもかかわらず，貝と魚はいずれも12パーセント未満しか登場していなかった」とあり，表1でイタリアの魚の欄を見ると4.00である。この選択肢は本文の内容・表と一致してい

る。これが正解。

③「レモンがオランダの絵画の半分以上に登場するのは，レモンがオランダ原産だからである」

第3段最終文（Also, lemons were …）に「オランダ…でレモンは自生しない」とある。この選択肢は本文の内容と一致しない。

④「貝が5カ国それぞれの絵画の半分に登場しているのは，これらの国が海と接しているからである」

表1を見ると，貝が半分（以上）の絵画に登場しているのはオランダだけである。この選択肢は表と一致しない。

問4　　36　　正解は③

「文章によると，これらの絵画の中に描かれた食物は　　　　可能性がある」

第4段第4文（Another is that …）に「（描くのが）より難しい食物を描くことで，画家たちが自分の技量を示したいと思っていた」とある。③「画家の芸術的な技量や能力を示している」が正解。

①「歴史に関する画家の知識を証明している」

②「自分の国にとどまりたいという画家の願望を表している」

④「地元の食物に対する画家の愛着を反映している」

20 2019年度：英語〈筆記〉/本試験〈解答〉

B　情報の読み取り

> 訳 《城の見学案内》

グランドルフォークの城

クレストヴェイル城

この廃墟となった13世紀の城は，グランドルフォークの北の境界を防御するために築かれたもので，現在は研究者たちによる調査が行われている。公開期は，日曜日を除き，地元の歴史について調査で明らかになりつつあることをガイドが説明する。

ホームステッド城

ホームステッド城は，南部の境界域の防衛のために12世紀に築かれたが，16世紀に廃墟と化した。入口にはその歴史を説明した看板がある。この城の広々とした空間は，音楽の演奏や劇の上演に適している。

キングズ城

11世紀にさかのぼるキングズ城は，国内で最も壮大な城のひとつである。絵画や家具の膨大なコレクションはこの地域の過去を窺わせてくれる。ガイドは毎日つく。

ローズブッシュ城

城とは呼ばれているが，完全に保存されたこの15世紀の建造物は，純粋にある一族の居宅として建設されたものである。月曜日から金曜日まで，ガイドが一族の歴史の物語を語り，その近代彫刻のコレクションの説明をしてくれる。部屋の一部は，公開の催し物に利用できる。

	公開期		1日の入場料	
	月	時間	大人	子ども （5～16歳）*
クレストヴェイル城	4～10月	10：00-16：00	3ユーロ	1ユーロ
ホームステッド城	4～9月	10：00-17：00	5ユーロ	2ユーロ
キングズ城	4～11月	10：00-18：00	7ユーロ	3ユーロ
ローズブッシュ城	4～7月	9：00-12：00	10ユーロ	5ユーロ

＊5歳未満の子どもの入場は無料。

2019年度：英語〈筆記〉/本試験〈解答〉　**21**

問1　　37　　正解は③

「4つすべての城に共通の特徴は何か」

建築時期は，クレストヴェイル城が 13 世紀，ホームステッド城が 12 世紀，キングズ城が 11 世紀，ローズブッシュ城が 15 世紀である。③「**500 年を超える歴史**」が正解。

① 「傷みの程度」
② 「絵画と武器の展示」
④ 「建築の目的」

問2　　38　　正解は②

「グランドルフォーク大学のギター部の部員 3 人が，4 月のある午後にコンサートを開きたいと思っている。彼らが最も選びそうな城はどれか」

ホームステッド城とローズブッシュ城の説明のそれぞれ最終文に「この城の広々とした空間は，音楽の演奏や劇の上演に適している」，「部屋の一部は，公開の催し物に利用できる」とあるが，表の公開時間を見ると，ローズブッシュ城は 9 時から 12 時までで，午後は開いていない。10 時から 17 時まで公開している②「**ホームステッド城**」が正解。

① 「クレストヴェイル城」
③ 「キングズ城」
④ 「ローズブッシュ城」

問3　　39　　正解は②

「ある学校の教師たちが，5 月のある土曜日に生徒たちをグランドルフォークに連れて行きたいと思っている。目的は，城を訪れて城の職員の説明を聞くことによって，地域の歴史に関する生徒たちの知識を広げることである。教師たちが最も選びそうな 2 つの城はどれか」

クレストヴェイル城とキングズ城の説明のそれぞれ最終文，ローズブッシュ城の説明の第 2 文に「ガイドがつく」とあるが，ローズブッシュ城は「（ガイドがつくのは）月曜日から金曜日」とある。②「**クレストヴェイル城とキングズ城**」が正解。

① 「クレストヴェイル城とホームステッド城」
③ 「ローズブッシュ城とホームステッド城」
④ 「ローズブッシュ城とキングズ城」

22 2019年度：英語〈筆記〉/本試験〈解答〉

問4 　40　 正解は②

「母親と父親と，4歳と8歳の2人の子どもが，9月のある日にグランドルフォークの城のひとつを訪れ，美術品を見たいと思っている。いくらかかるか」

キングズ城とローズブッシュ城の説明のそれぞれ第2文に「絵画や家具の膨大なコレクション」，「近代彫刻のコレクション」とあり，美術品が見られるのはこの2つだが，表の公開期によるとローズブッシュ城が見られるのは4月から7月まで。よって，この家族が訪れることになるのはキングズ城。両親は大人料金7ユーロ×2＝14ユーロ，8歳の子どもは3ユーロ，5歳未満は無料なので，14＋3＝17ユーロで，②**「17ユーロ」**が正解。

① 「14ユーロ」
③ 「20ユーロ」
④ 「25ユーロ」

第5問 物語文の読解

訳 《地道な努力の大切さ》

[第1段] 「クリスティーン，庭に手伝いに来てくれ。今日中に種を全部植えたいんだ」 父が私に呼びかけていた。「忙しいのよ」と私は言った。父は自分の庭を愛しているが，当時私は，土にまみれて仕事をすることがなぜそんなに楽しいのかわからなかった。

[第2段] 4月の終わりまでに，父の植物たちはいくつものきちんとした列になって芽を出しており，父は野菜の名前を書いた木の棒を，それぞれの列に刺した。不運なことに，5月の初めに父は事故で重傷を負った。2カ月ほど入院し，その間父は私に庭のことをしきりに尋ねた。退院してからも，しばらく寝ていなくてはならなかった。母は出張に出かけて行くことが何度かあったので，庭の世話はできなかった。私は父を心配させたくなかったので，頼まれなくても，父さんが良くなるまで私が庭の世話をするわ，と言った。水さえやっていれば，あの小さな植物たちは成長しつづけるだろうと，勝手に思っていたし，幸い，雨が降ることがよくあったので，庭のことはたいして考えていなかったのだ。

[第3段] 7月のある土曜日の朝，父が私に言った。「クリスティーン，そろそろ野菜は収穫できるころだと思うんだ。今日はサラダを食べよう！」 私はボウルを持って庭に出た。リーフレタスを見てうろたえた。葉の多くは半分食べられてしまっていた。何百という虫が葉のいたるところについていたのだ！ 払い落とそうとしたが，あまりにも多すぎた。次にニンジンを見てみたが，元気に育っているようには見えなかった。ニンジンを1本抜いてみたが，小さくて，何かがちょこちょことかじったように見えた。

[第4段] 私はしばらく頭が真っ白になっていたが，いいことを思いついた。財布を手に取ってそっと玄関を出ると，自転車に乗って一番近い店に野菜をいくらか買いに行った。家に帰るとそれを切って，父のためにサラダを作った。

[第5段] 父にそれを差し出すと，父は言った。「おお，クリスティーン，なんてきれいなサラダなんだ！ ニンジンがもうこんなに大きくなっているなんて信じられないよ。レタスは本当にぱりぱりしていておいしいね。私の庭を本当によく世話してくれているんだね」 父は嬉しそうだったが，私は少し後ろめたかった。

[第6段] 私が台所に戻り片付けをしていると，母が直近の出張から帰ってきた。母は，スーパーの袋を見た。母が私のほうを見たとき，私はどぎまぎした。それで私は打ち明けた。「父さんがサラダを食べたがったんだけれど，庭がとんでもないことになっていたの。父さんをがっかりさせたくなかったからお店に行ったの」

24　2019年度：英語〈筆記〉/本試験〈解答〉

母は笑ったが，庭で私の手助けをする時間を作ると約束してくれた。それで私たちは次の2，3週間，一生懸命作業をした。私たちは刻んだ生のトウガラシを水に混ぜたものを作り，それを野菜に吹きかけた。これは素晴らしい考えだと思った。そのスプレーは人間にも動物にも，虫にとってさえも害がなかったからだ。虫はただスパイスのきいた水が好きではないのだ。虫のついていない野菜は成長するのが速く，やっと私はいくらか収穫することができた。

［第7段］　私は注意深くサラダを作って，父のところに持って行った。父は少し微笑みを浮かべてそれを見た。「クリスティーン，このサラダのニンジンは前のより小さいけれど，もっとおいしいよ」　私が買い物に行ったことを父は最初から知っていたのだと，私は気づいた。私は父に微笑み返した。

［第8段］　何かを世話することに多くの努力を注ぐことが，たとえどんなに小さい結果でも，いかにそれをありがたく思えるようにしてくれるか，今では前よりもよくわかる。たぶんこれは，父が庭いじりを愛する理由のひとつだったのだろう。

［第9段］　2，3日もしたら，父はまた庭に出られるだろう。私は父のすぐそばで，私にできるどんなことでも父の手伝いをしようと思う。

語句・構文

［第1段］▶ come and *do*（＝come to *do*）「～しに来る」

［第2段］▶ in rows「いく列にもなって」
　　　　　▶ as long as S V「SがVしさえすれば」

［第3段］▶ take small bites from ～「～から少しずつかじり取る」

［第4段］▶ cut up ～「～を細かく〔薄く〕切る」　目的語が代名詞のときは cut ～ up の語順になる。

［第5段］▶ this big「これほど大きい」　this は big を修飾する副詞。
　　　　　▶ feel guilty「後ろめたく感じる」

［第6段］▶ make time to *do*「～する時間を作る，都合をつける」

［第7段］▶ all along「ずっと，最初から」

［第8段］▶ put effort into ～「～に努力を注ぐ」

［第9段］▶ in a few days「2，3日後に，2，3日したら」「～以内」ではないので注意。

2019年度：英語（筆記)/本試験〈解答〉　**25**

問1　41　正解は①

「クリスティーンがもともと庭の手入れをすると言ったのは，彼女が　　　からだった
た」

第1段最終文（My father loves …）に「父は自分の庭を愛している」，第2段第
6文（I didn't want …）に「私は父を心配させたくなかった」とある。①「庭が
父親にとって大切なものだと知っていた」が正解。

②「自分の庭仕事の技術を向上させたかった」

③「父親にそうするように頼まれた」

④「野菜を育てることに興味があった」

問2　42　正解は②

「庭で起きた問題は次のどれか」

第3段第4・5文（I looked at …）に「リーフレタスの葉の多くは半分食べられ
てしまっていた。何百という虫が葉のいたるところについていた」，同段最終文（I
pulled up …）に「ニンジンを1本抜いてみたが…何かがちょこちょことかじった
ように見えた」とある。②「**虫がレタスやニンジンを食べた**」が正解。

①「動物がしょっちゅう庭に穴を掘った」

③「植物に水をやりすぎていた」

④「野菜に間違った印がつけられていた」

問3　43　正解は①

「クリスティーンが店で買った野菜で，こっそりとサラダを作ることができたのは
　　　からである」

第2段第4文（Even after he …）から，サラダを作ったのは父親が退院してから
であること，第6段第1文（I went back to the kitchen …）から，母親が帰宅
したのはサラダを作った後であることがわかる。消去法で考えると，①「**父親には
庭で起きていることが見えなかった**」が正解。

②「そのとき父親は入院していた」

③「彼女が野菜を買うのを母親が手伝ってくれた」

④「彼女がスプレーを作るのを母親が手伝ってくれた」

問4　44　正解は③

「下線が引かれた bug-free という語の意味に最も近いのは次のどれか」

第6段第7・8文（We made a mixture …）に，筆者と母親がトウガラシ入りの
生き物に無害のスプレーを作り，野菜に吹きかけたことが述べられている。続く第

9文（They simply don't like …）に「虫はスパイスのきいた水が好きではない」
とあり、野菜に吹きかけたのは虫よけが目的であるとわかる。③「**虫がまったく見
つからない**」が正解。

① 「虫がすべて死んだ」

② 「虫が好きなことをできる」

④ 「虫には何の費用もかからない」

問5 45 正解は③

「庭いじりの経験からクリスティーンは何を学んだか」

第8段第1文（Now, I better understand …）に「何かを世話することに多くの
努力を注ぐことが…いかに結果をありがたく思えるようにしてくれるか、今では前
よりもよくわかる」とある。③「**懸命な努力は見返りがあるものになりうる**」が正
解。

① 「常にまさかの時に備えよ」

② 「虫にがっかりするな」

④ 「ひとりで作業することが結果を生む」

第6問　説明的な文章の読解

訳　《道が人類の発展に果たした役割》

⑴　森の中の小川に沿った静かな小道から，都市部を貫いて走る車の多い道路まで，人はさまざまな場所にいろいろな種類の道を作ってきた。こうしたものは現在，私たちの周りのいたるところに存在し，それらを使うのは社会にとって必須のことだ。こうした経路のおかげで，人々はある場所から別の場所へ素早く安全に移動し，ものを輸送し，情報を送ることができる。歴史を通じて，道は私たちの日常生活において重要なものであり続けている。

⑵　初期の道は，多くの場合，地面に自然に形成された。そうした経路は，人々が徒歩や馬で移動するうちに，長い時間をかけて徐々に出来上がっていった。その歴史の重要な転換点は，古代に最初の車輪付き馬車が登場したときにやってきた。このことが起こるとすぐに，人々はよく整備された道の重要性に気づいた。そのため，町や都市，国全体も，繁栄するために道を改善した。その結果，生活はより便利になり，共同体は成長し，経済は発展し，文化が発達した。陸路の重要性はさらに増し，特に自動車の登場ののちはそうだった。

⑶　人々は，水上にも道を作ってきた。川や運河は，人々が動き回り，ものを運ぶための効率のよい経路として役立ってきた。たとえば，日本の昔の都市である江戸では，水路は農作物，海産物，木材の運搬に利用され，それがこの都市の生活や経済を支えていた。人々はまた，海を渡る経路も開いた。海路は，風，波，水深，沿岸部の地勢に基づいて発達したが，船の航行には非常に重要だった。とりわけ，船が主に風力で動いていた時代にはそうである。こうした海路を利用して，人々は長距離を旅し，以前には到達することができなかった場所に行くことができるようになった。数多くの重要な海路が出現し，天然資源，生産物，思想の交換へとつながったのである。このことは，次には，都市や町の繁栄を促進した。

⑷　人々はさらに，空の道も開いた。飛行機の発明以降，こうした経路のおかげで，人々は長距離を簡単に移動することができるようになっている。人々は，風や気流といった条件を考慮することによって，最善の経路を見つけた。最終的に，人々は空の高いところを，安全で快適に旅することができるようになり，また膨大な距離を移動するのにも少しの時間しかかからない。実際，日本からヨーロッパまで船で移動するには，かつては1カ月以上必要だったが，今日では飛行機でその間を1日で移動できる。このような空路の確立のおかげで，今や非常に多くの人々が，観光をしたり，友達に会ったり，取引をしたりするために，世界中を旅している。

⑸　今日，私たちは新しい種類の道を持っている。インターネットである。これは，

28 2019年度：英語〈筆記〉/本試験〈解答〉

情報の電子的な交換に特化したものだ。人々は，この世界規模の経路を使って，かつては主に書物や対面でのやりとりから得ていた情報を簡単に得ることができる。瞬時に，大勢の人に一斉にメッセージを送ることもできる。ある調査によると，世界人口の約半数にあたる 35 億人を超える人たちが，今日この電子経路を利用している。技術が進歩するにつれ，情報を収集したり，意思疎通したりするためにこの道を活用する人がますます増えるだろう。

⑹　人間がいる限り，彼らをつなぐ道がある。こうした経路は，人々やもの，情報の移動だけでなく，私たちの社会や経済，文化の発展に貢献してきた。さまざまな経路が人類の発展と繁栄に重要な役割を果たしてきたのである。今はまだ知られていない道が，将来きっと私たちをさらに遠くへ連れて行ってくれるだろう。

語句・構文

［第⑴段］▶ S enable O to *do*「S は O が～するのを可能にする，S のおかげで O は～できる」　無生物主語の代表的なパターン。

［第⑵段］▶ once S V「いったん S が V すると，S が V するとすぐに」

［第⑶段］▶ effective routes for people to …「人々が…するための効率的な経路」for people は不定詞の意味上の主語。不定詞は routes を修飾する形容詞用法。

　　　　　▶ a number of ～「多くの～」　*cf.* the number of ～「～の数」

［第⑷段］▶ make it possible for O to *do*（＝ enable O to *do*）「O が～するのを可能にする」　it は，不定詞を真の目的語とする形式目的語。

［第⑸段］▶ specialize in ～「～を専門とする，～に特化する」

　　　　　▶ have access to ～「～を利用できる」

［第⑹段］▶ contribute to ～「～に貢献する，～の一助となる」

A　同意表現，内容真偽，内容説明，主旨

問1　　46　　正解は②

「第⑴段の下線が引かれた imperative という語の意味に最も近いのは次のどれか」当該箇所は「それら（＝道）を使うのは社会にとって imperative だ」となっている。直後の 2 文で「こうした経路のおかげで，人々は…移動し，ものを輸送し，情報を送ることができる。歴史を通じて，道は私たちの日常生活において重要なものであり続けている」と述べられており，「道」の重要性が示されている。②「きわめて重要な，不可欠の」が正解。

　①「偶然の」　　　　　③「産業の」　　　　　④「伝統的な」

問2　47　正解は③

「第(2)段によると，次の文のどれが正しいか」

第(2)段第6文（As a result, life …）に「その（＝道が整備された）結果，生活はより便利になり，共同体は成長し，経済は発展し，文化が発達した」とある。③ **「陸路の発達は，社会の多くの領域の進歩につながった」**が正解。

① 「初期の道は，車輪付きの馬車で移動した人々によって作られた」

② 「人々の最初の陸路は，町や都市の発達に続いてできた」

④ 「道の改善は，自動車の発明という結果を生んだ」

問3　48　正解は④

「第(3)段で，江戸の例が紹介されたのはなぜか」

第(3)段第2文（Rivers and canals …）に「川や運河は，人々が動き回り，ものを運ぶための効率のよい経路として役立ってきた」，第3文（For instance, …）で「江戸では，水路…がこの都市の生活や経済を支えていた」とあり，水路のおかげで都市の生活や経済が発展したことがわかる。④ **「都市にとっての水路の重要な役割を例証するため」**が正解。

① 「水上に道を作ることの難しさを説明するため」

② 「江戸が重要な都市だったという事実を強調するため」

③ 「海岸線に沿って移動するための水路の利用を説明するため」

問4　49　正解は①

「第(5)段は，経路について，私たちに何を語っているか」

第(5)段はインターネットについて述べており，第1文（Today, we have …）にあるように，これは情報の交換に特化したものである。情報は，車や船，飛行機，またそれが運ぶ人や物品のような目に見えるものとは異なり，形がない。形のない情報を運ぶ目に見えない経路がインターネットなのだから，① **「さまざまな経路が，目に見えない形で世界に存在していると考えることができる」**が正解。

② 「情報を移動させるさまざまな経路は，危険だとみなすことができる」

③ 「さまざまな経路の根本的な機能が低下している」

④ 「種類の異なるさまざまな経路の重要性は同じである」

問5　50　正解は④

「この文章の要点は何か」

第(1)段最終文（Throughout history, …）で「歴史を通じて，道は私たちの日常生活において重要なものであり続けている」と述べ，第(2)段では陸路，第(3)段では水

30 2019年度：英語(筆記)/本試験〈解答〉

路・海路，第(4)段では空路，第(5)段では，インターネットという目に見えない情報の経路について論じ，第(6)段第3文（Routes have played …）で「さまざまな経路が人類の発展と繁栄に重要な役割を果たしてきた」とまとめている。④「人類の進歩は，経路の発達に助けられた」が正解。

① 「人類は，初めに，さまざまな種類の便利な経路を陸地に作った」
② 「輸送の改善には，たいへん費用がかかった」
③ 「世界中の経路を開くのに，技術が邪魔をしてきた」

B 段落要旨の選択

51 52 53 54 正解は①，④，②，③

段落	内容
(1)	導入
(2)	51
(3)	52
(4)	53
(5)	54
(6)	結論

第(2)段では，道は人々が徒歩や馬で通ることでまず自然にでき，車輪が発明されてからはいっそう整備されたことが述べられている。 51 には①「人々，動物，乗り物によって使われた道路の創造」が適切。

第(3)段は，川や運河といった水上の経路，また海路の利用や発達のことが述べられている。 52 には④「船が移動したりものを運搬したりするための航路の開設」が適切。

第(4)段は，第1文（People have gone on …）に「人々はさらに，空の道も開いた」とあるように，飛行機による空路の旅について述べている。 53 には②「人々が場所から場所へ飛ぶ〔飛行機で移動する〕方法の発展」が適切。

第(5)段は，第1文（Today, we have …）に「今日，私たちは情報の電子的な交換に特化した新しい種類の道，インターネットを持っている」とあり，その実情を述べている。 54 には③「情報の移動のための地球規模の経路の確立」が適切。

英語(筆記) 本試験

問題番号 (配点)	設問		解答番号	正解	配点	チェック
第1問 (14)	A	問1	1	④	2	
		問2	2	③	2	
		問3	3	②	2	
	B	問1	4	①	2	
		問2	5	④	2	
		問3	6	③	2	
第2問 (47)	A	問4	7	②	2	
		問1	8	③	2	
		問2	9	②	2	
		問3	10	①	2	
		問4	11	④	2	
		問5	12	①	2	
		問6	13	③	2	
		問7	14	①	2	
		問8	15	③	2	
		問9	16	③	2	
		問10	17	③	2	
	B	問1	18	③	4 *	
			19	②		
		問2	20	④	4 *	
			21	②		
		問3	22	③	4 *	
			23	②		
	C	問1	24	②	5	
		問2	25	④	5	
		問3	26	⑧	5	

問題番号 (配点)	設問		解答番号	正解	配点	チェック
第3問 (33)	A	問1	27	②	5	
		問2	28	③	5	
		問3	29	②	5	
	B		30	①	6	
			31	③	6	
			32	④	6	
第4問 (40)	A	問1	33	②	5	
		問2	34	③	5	
		問3	35	②	5	
		問4	36	④	5	
	B	問1	37	④	5	
		問2	38	②	5	
		問3	39	③	5	
		問4	40	④	5	
第5問 (30)		問1	41	③	6	
		問2	42	②	6	
		問3	43	②	6	
		問4	44	①	6	
		問5	45	③	6	
第6問 (36)	A	問1	46	④	6	
		問2	47	②	6	
		問3	48	①	6	
		問4	49	①	6	
		問5	50	②	6	
	B		51	④	6 *	
			52	②		
			53	③		
			54	①		

(注) *は,全部正解の場合のみ点を与える。

自己採点欄 / 200点
(平均点:123.75点)

2 2018年度：英語（筆記）/本試験〈解答〉

第1問

A 発音

問1 [1] 正解は④

問	① **commit**	② **convince**	③ **insist**	④ **precise**
発音	① [kəmít]	② [kənvíns]	③ [insíst]	④ [prisáis]

④は [ai] で「アイ」に近い音。①・②・③は [i] で「イ」に近い音。
① 「(罪など) を犯す」 ② 「確信させる」 ③ 「主張する」 ④ 「正確な」

問2 [2] 正解は③

問	① **helped**	② **laughed**	③ **poured**	④ **searched**
発音	① [hélpt]	② [lǽft]	③ [pɔ́:rd]	④ [sə́:rtʃt]

③は [d] で「ドゥ」に近い音。①・②・④は [t] で「トゥ」に近い音。
① 「助けた」 ② 「笑った」 ③ 「注いだ」 ④ 「捜した」

問3 [3] 正解は②

問	① **bird**	② **hard**	③ **journey**	④ **work**
発音	① [bə́:rd]	② [há:rd]	③ [dʒə́:rni]	④ [wə́:rk]

②は [ɑ:r] で口が大きく開いた「アー」に近い音。①・③・④は [ə:r] でこもった「ウー」と「アー」の中間のような音。
① 「鳥」 ② 「硬い」 ③ 「旅」 ④ 「仕事」

2018年度：英語〈筆記〉/本試験〈解答〉 **3**

B 第1アクセントの位置

問1 4 正解は①

問	① **advance**	② **danger**	③ **engine**	④ **limit**
発音	① [ədvǽns]	② [déindʒər]	③ [éndʒin]	④ [límit]

①は第2音節にアクセント。②・③・④は第1音節にアクセント。
① 「前進」 ② 「危険」 ③ 「エンジン」 ④ 「限界」

問2 5 正解は④

問	① **deposit**	② **foundation**	③ **opinion**	④ **register**
発音	① [dipázit]	② [faundéiʃn]	③ [əpínjən]	④ [rédʒistər]

④は第1音節にアクセント。①・②・③は第2音節にアクセント。
① 「預金」 ② 「創設」 ③ 「意見」 ④ 「登録」

問3 6 正解は③

問	① **agency**	② **frequently**	③ **introduce**	④ **officer**
発音	① [éidʒənsi]	② [frí:kwəntli]	③ [intrədjú:s]	④ [ɔ́:fisər]

③は第3音節にアクセント。①・②・④は第1音節にアクセント。
① 「代理店」 ② 「頻繁に」 ③ 「紹介する」 ④ 「役人」

問4 7 正解は②

問	① **championship**	② **delivery**	③ **relatively**	④ **supermarket**
発音	① [tʃǽmpiənʃip]	② [dilívəri]	③ [rélətivli]	④ [sú:pərmà:rkit]

②は第2音節にアクセント。①・③・④は第1音節にアクセント。
① 「選手権」 ② 「配達」 ③ 「比較的」 ④ 「スーパーマーケット」

4 2018年度：英語〈筆記〉/本試験〈解答〉

第2問

A 短文の空所補充

問1　8　正解は③

> 問　Jeff didn't accept the job offer because of the ☐ salary.
> ①　cheap　　　②　inexpensive　③　low　　　　④　weak
> 訳　給料が安かったので，ジェフはその仕事の申し入れを受けなかった。

salary「給料」の「高い・安い」には high, low を使う。③が正解。(in) expensive「高い（高くない）」，cheap「安い」は品物などの価格に使う。

問2　9　正解は②

> 問　Brenda went ☐ to get something to drink.
> ①　at downstairs　　　　　　　②　downstairs
> ③　the downstairs　　　　　　④　to downstairs
> 訳　ブレンダは何か飲み物を取りに，階下に行った。

downstairs は「階下へ」の意の副詞で使える。②が正解。名詞として使うなら，to the downstairs となる。

問3　10　正解は①

> 問　After I injured my elbow, I had to quit ☐ for my school's badminton team.
> ①　playing　　　　　　　②　to be playing
> ③　to have played　　　④　to play
> 訳　ひじをけがしたあと，私は学校のバドミントンのチームでプレーするのをやめなければならなかった。

quit は stop や give up と同様，目的語に動名詞を取り，quit *doing* で「～するのをやめる」の意になる。①が正解。

2018年度：英語（筆記）/本試験〈解答〉 **5**

問4 　11　 正解は④

問 It's ▢ my understanding why he decided to buy such an old car.
　① **against**　② **behind**　③ **beneath**　④ **beyond**

訳 なぜ彼がそんな古い車を買うことにしたのか，私には理解できない。

beyond *one's* understanding「（人）の理解を超えている」というところから，「（人）には理解できない」の意。④が正解。

問5 　12　 正解は①

問 Nicole ▢ novels for about seven years when she won the national novel contest.
　① **had been writing**　　② **has been writing**
　③ **has written**　　　　④ **is writing**

訳 　ニコルは，全国小説コンテストで優勝したときには7年ほど小説を書き続けていた。

「コンテストで優勝したとき」という過去の時点よりも前の7年間なので，過去完了進行形が適切。①が正解。

問6 　13　 正解は③

問 Our boss was sick at home, so we did ▢ we thought was needed to finish the project.
　① **how**　　　② **that**　　　③ **what**　　　④ **which**

訳 　私たちの上司が病気で自宅にいたので，私たちはそのプロジェクトを終えるのに必要だと思うことをした。

did の目的語になる名詞節を作り，was の主語にもなるのは，関係代名詞の **what**。③が正解。① how は副詞なので主語になれない。② that は「こと」と訳す場合は「〜ということ」の意味の接続詞であり，完全文が続かなくてはならない。④ which は先行詞がなければ使えない。

6 2018年度：英語〈筆記〉/本試験〈解答〉

問7　　14　　正解は①

問　　　　　I didn't notice it, but there was a huge spider in the bathroom.
① At first　　② Beginning　　③ Besides　　④ Firstly
訳　初めは気づかなかったが，浴室に大きなクモがいた。

「初め（のうち）は」の意の熟語は **at first**。①が正解。のちに異なる事態になることを表す。

問8　　15　　正解は③

問　Rafael （　A　） a pair of swallows （　B　） a nest in the tree in front of the house.
① A：looked　　B：making　　② A：looked　　B：to make
③ A：saw　　　B：making　　④ A：saw　　　B：to make
訳　ラファエルは，ひとつがいのツバメがその家の前にある木に巣を作っているのを見た。

（　A　）の後に at がないので，「見た」に使えるのは saw。see *A doing* で「*A* が〜しているのを見る」の意の第5文型になる。③「A：**saw**　B：**making**」が正解。

問9　　16　　正解は③

問　It （　A　） be long （　B　） the plum blossoms come out. They may even bloom this coming weekend.
① A：should　　　B：before　　② A：should　　　B：enough
③ A：shouldn't　　B：before　　④ A：shouldn't　　B：enough
訳　梅の花はもう間もなく咲くはずだ。今週末にも開花するかもしれない。

It will not be long before S V で「S が V する前の時間は長くないだろう」が直訳の構文。これから起こる事態の前に時間が長くないということは「もう間もなく S は V する」ということ。この問題では will の代わりに should を用い，「間もなく〜するはずだ」の意になっている。なお，before S V は時を表す副詞節なので，未来のことでも現在形を用いる。③「A：**shouldn't**　B：**before**」が正解。

2018年度：英語〈筆記〉/本試験〈解答〉 7

問10 | 17 | 正解は③

問 Melissa said she（　A　）rather go snowboarding next weekend
（　B　）go ice-skating.
① A：could　　B：than　　② A：could　　B：to
③ A：would　　B：than　　④ A：would　　B：to

訳 メリッサは，アイススケートに行くよりも今度の週末にはスノーボードをしに
行きたいと言った。

would rather do_1 than do_2 で「do_2 するよりむしろ do_1 したいと思う」の意の慣
用表現。③「A：would　B：than」が正解。

B 語句整序

問1 | 18 | 19 | 正解は③—②

問 Student：What are we going to do with the Australian students
after they arrive？
Teacher：The first night, we'll have a barbecue by the river so
that you all ① can ③ get ⑥ to ④ know ② each ⑤ other
quickly.

訳 学生：オーストラリアの学生さんたちが到着したあと，一緒に何をする予定で
すか？
先生：最初の晩は，あなたたちみんなが早くお互いのことを知り合えるように，
川べりでバーベキューをします。

so that S can V で「SがVできるように」の目的構文。そのVに③ get を置き，
get to do「～するようになる」を使えば，⑥ to ④ know ② each ⑤ other「お互
いを知る」を続けることができる。

問2 | 20 | 21 | 正解は④—②

問 Bridget：How was your basketball season last year？
Toshi：I ⑥ was ④ the second ① highest ③ scorer ② on ⑤ the
team.

訳 ブリジット：去年のバスケットボール・シーズンはどうだったの？
トシ：チームで2番目に高い得点者だったよ。

8 2018年度：英語〈筆記〉/本試験〈解答〉

I に続く述語動詞は⑥ was。「私は…だった」の補語になるのは③ scorer「得点者」である。序数＋最上級で「〜番目に…な」となるので，④ the second ① highest (scorer)「2番目に高い（得点者）」とできる。残る② on ⑤ the team で「チームで」と続けると最上級の範囲指定になり，意味を成す。

問3　22　23　正解は③—②

> 問 Evan : I want to buy my first computer, but I don't know which one I should get.
>
> 　Sam : Don't worry. Electronic stores always have experts available to give advice ④ to ③ those ⑤ who ① aren't ② familiar ⑥ with using computers.
>
> 訳 エバン：初めてのコンピュータを買いたいんだけれど，どれを買えばいいのかわからないんだ。
>
> 　サム：心配いらないよ。家電店には，コンピュータを使い慣れていない人たちに助言をしてくれる専門家がいつでもいてくれるからね。

give advice のあとには to＋人「（人）に」が続く。④ to ③ those ⑤ who で「〜する人たちに」とできる。who に続く動詞以下は① aren't ② familiar ⑥ with 〜「〜をよく知らない」とすれば，空所のあとの using computers「コンピュータを使うこと」とうまくつながる。

C　応答文の完成

問1　24　正解は②

> 問 Shelly : I can't wait till next Tuesday.
>
> 　Lisa : What's happening next Tuesday?
>
> 　Shelly : Don't you remember? There's going to be a jazz concert after school.
>
> 　Lisa : Really? I thought it ☐

(A)　was going to be	(A)　on Thursday,	(A)　because I'm wrong.
(B)　was planning to be	(B)　on Tuesday,	(B)　but maybe I'm wrong.

訳　シェリー：今度の火曜日が待ちきれないわ。
　　　　リサ：今度の火曜日に何があるの？
　　シェリー：覚えていないの？　放課後にジャズのコンサートがあるのよ。
　　　　リサ：本当？　木曜日だと思っていたんだけれど，たぶん私の勘違いね。

空所直前の it はコンサートを指すと考えられる。最初のブロックが(B)だと「コンサートが計画を立てている」ことになり，意味を成さない。したがって最初のブロックは(A)。リサはコンサートが火曜日だと聞いて驚いているので，2番目のブロックではそれとは異なる曜日である(A)「木曜日に」が適切。最後のブロックは，(B)「しかし，たぶん私が間違っている」が適切。(A)「なぜならば私が間違っているから」では意味を成さない。②(A)→(A)→(B)が正解。

問2　　25　　正解は④

問　Tomohiro：Hi, Casey. I'm glad you made it in time. Our flight's scheduled to depart soon.
　　Casey：Thank you for telling me not to take the bus. I never thought the traffic would be so heavy at this time of day.
　　Tomohiro：I always check traffic and railroad conditions when I have a plane to catch.
　　Casey：You're so helpful. ____

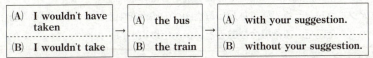

訳　トモヒロ：やあ，ケーシー。間に合ってよかったよ。僕たちの乗る便はもうじき出発だからね。
　　ケーシー：バスに乗らないように言ってくれてありがとう。この時間帯に道がこんなに混むとは思っていなかったよ。
　　トモヒロ：僕は，飛行機に乗らなくちゃいけないときはいつでも，道路の交通状況や鉄道の運行状況をチェックしているんだ。
　　ケーシー：君って頼りになるなあ。君の提案がなかったら，電車には乗らなかったよ。

バスに乗らないように言われていたケーシーは電車で来たはずである。最初のブロックのいずれにもある wouldn't は仮定法と考えられる。すでに終わったことについて述べる仮定法過去完了の帰結節の形になっている(A)が適切。事実に反する内容

10 2018年度：英語〈筆記〉/本試験〈解答〉

になるので，2番目のブロックは実際に乗った(B)「電車」。最後のブロックは(B)の without your suggestion が「あなたの提案がなかったら」の意で，文の内容と合う。④(A)→(B)→(B)が正解。

問3　　26　　正解は⑧

<u>問</u> Hoang : The typhoon over the weekend was pretty strong, wasn't it ?
　　Nao : Yeah, and my club's soccer match in Fukuoka Park was canceled.
　Hoang : We can never predict what the weather will bring.
　　Nao : I agree. Did the typhoon also go through Shizuoka ?
　Hoang : Yes, it did. ⬚ I hope we get another chance to do it.

(A) It's because	(A) we didn't cancel our trip to Mt. Fuji,	(A) fortunately.
(B) That's why	(B) we had to cancel our trip to Mt. Fuji,	(B) unfortunately.

<u>訳</u>　ホアン：週末の台風は，相当強かったでしょう？
　　　ナオ：うん，福岡公園で予定されていた僕たちのサッカー部の試合も中止になったよ。
　　ホアン：天気で何がどうなるか，予測するのは無理だね。
　　　ナオ：本当にね。あの台風は静岡も通過したの？
　　ホアン：うん。それで残念ながら富士山への旅行を中止しなくちゃいけなかったんだ。また機会があるといいんだけれどね。

空所のあとで「また機会があればよいと思う」とあることから，2番目のブロックは(B)「富士山への旅行は中止しなければならなかった」が適切。それと合わせて最後のブロックも(B)は「残念ながら」がふさわしい。最初のブロックは台風の通過が中止の原因であるという意味にするべきなので，(B) That's why「それ（台風通過）が～の理由だ」を選ぶ。(A)の It's because は「それは～だからだ」と後続の内容が理由になる。⑧(B)→(B)→(B)が正解。

2018年度：英語〈筆記〉/本試験〈解答〉 **11**

第3問 文脈把握

A 不要文指摘

問1 | 27 | 正解は②

> 訳 新しい環境でなじみのない物事に出会うと，自分の国の中でさえもカルチャーショックを受けることがある。ツバサが家族と離れて大学生活を始めたとき，彼にとってはすべてがわくわくする新鮮なことに思えた。しかし，その後，彼は自分を取り巻く環境に関して，予想していなかった不安を感じ始めた。①彼の地方なまりと方言の表現のせいで，時に人々が彼の言っていることを誤解することがあるのに彼は気づいた。②彼は一人っ子だったので，彼がいないことを両親がたいへん寂しがっているのはわかっていた。③彼はまた，自分が聞いたこともないようなさまざまなことを，クラスメートの多くが高校のときに学んでいたことにも気づいた。だれもが，自分より頭が良く，もっと大人で，格好よくさえ思えた。④彼は，自分が何かにつけてすでにかなりの遅れをとっているのではないかと心配に思った。しかし，結局は，他の学生のほとんどが，彼が抱いていたのと同じ不安感を，多かれ少なかれ抱いていることがわかった。今では，彼はそのような気持ちを感じることなく，大学での勉強を楽しんでいる。

第2文後半（but then he … about his surroundings）に「自分を取り巻く環境に関して予想しなかった不安を感じた」とあり，以下それについて具体的に述べている。②は「両親の気持ち」のことであり「彼の抱いている不安」ではない。この文が不必要である。

問2 | 28 | 正解は③

> 訳 トマトは野菜なのだろうか，果物なのだろうか。1890年代には，この件について，合衆国である訴訟事件があった。当時，人々は野菜の輸入には税金を払わなければならなかったが，果物の輸入には払う必要がなかった。生物学的には，果物とは花の基底部の一部から発達し，中に種を含むものである。①この科学的な定義によれば，トマトは，キュウリ，カボチャ，ピーマンと同様に，果物である。②科学の述べていることに反して，たいていの人はトマトを野菜だと考え，野菜として使っている。③たとえば，トマトが「金のリンゴ」や「愛のリンゴ」といった名前をつけられてきた国もある。④トマトは，多くの野菜と同様に加熱しても生のままでも食されており，伝統的には果物のようにデザートとして供されることはない。

12 2018年度：英語〈筆記〉/本試験〈解答〉

法廷は，たいていの人たちがそれを野菜と見なしているという単純な事実に基づいて，トマトは野菜であるという結論を下した。

③は「たとえば」で始まっており，②の具体例になっているはずであるが，③はトマトが果物と見なされている，という内容。③は，②の例にはなっておらず，この文が不必要であると考えられる。③を取ると，②と④以降の文脈がうまくつながる。

問3 　29 　正解は②

訳　動物性たんぱく質の需要が世界的に増加しているという問題に対応して，ブタ，ニワトリ，ウシの代わりとなる食料源として，昆虫を使用することのさまざまな利点を議論する会議が開かれた。①それほど知られていることではないが，昆虫はたんぱく質，ビタミン，ミネラルが豊富なので，非常に健康に良い食品である。②昆虫は何百万年もの間地球上に存在しており，恐竜と同じ時代を生き，その後はごく初期の人類とも同じ時代を生きてきた。③昆虫は場所をとりすぎず，エサもそれほど多く食べることもなく，多くの温室効果ガスを排出することもないため，昆虫を飼育することは，環境に優しいものでありうる。④ほとんどが，わずかな水で生き延びることができるため，水不足が深刻な地域での理想的な代替食料になる。証拠によれば，昆虫を食料として使うことには多くの利点がある。ただ，昆虫を食べるということに関する人々の気持ちを変えるのには時間がかかるかもしれない。

文章全体としては「昆虫を食料として使う利点」が述べられている。②は昆虫が地球上で長い歴史を持っていることを述べており，食料としての利点とは直接関係がない。この文が不必要である。

2018年度：英語〈筆記〉/本試験〈解答〉　**13**

B　意見の要約

30　31　32　正解は①，③，④

訳　ジェニファー：じゃあ，始めましょう。映画制作クラスのグループ・プロジェクトのための映画を1本制作することになっています。グループのリーダーとして，私は始めるのが早ければ早いほど，私たちの映画はよりよいものになると思います。映画のアイデアが何かある人はいますか。

　　　マイケル：はい。より幸せな気持ちになるために映画を見る人が多いと思うので，人々をよい気分にできるものを作ってはどうでしょうか。昨年，このクラスのある学生グループは，この大学のバスケットボール・チームのドキュメンタリーを作りました。彼らは，選手へのインタビューやそのトレーニングを3カ月にわたって何度も撮影しました。観客にとっては，そのドキュメンタリーを見ることが，選手の懸命な努力，背景の異なるチームメイト同士の友情，選手とコーチの間の信頼関係，そして最後には全国大会での勝利の喜びを体験する手段となりました。彼らの勝利という驚くべきストーリーは，幅広い観客の心に訴え，映画に携わったすべての人は大いに称賛を受けました。私は，懸命に努力し，目標を達成する人たちを記録する同様の映画を作りたいと思います。

　　ジェニファー：では，30ということですね？

① 「観客は，成功をおさめる人々の物語を楽しんで見る」
② 「観客は，懸命に努力している運動選手へのインタビューを見たがる」
③ 「ドキュメンタリー映画は，観客を非常に容易に幸せにすることができる」
④ 「映画を作るのに長い時間をかけることが私たちにとって重要だ」

　　　マイケル：ええ，そうです。

　　　　　キム：スター選手や成功している人々を映像に収めることは興味深いですが，そうした並外れたストーリーに登場する人と自分を同一視するのは，普通の人たちにとっては難しいかもしれません。人は，自分と結びつけて考えられる映画を見るときのほうが満足を感じると思います。だから，人々はラブストーリーが好き

なんです。人は，「どうやって彼女の気を引こうか」，「どうやって彼をデートに誘おうか」，あるいは「最初のデートにはどこへ行こうか」などと想像するのが好きです。

メアリー：私も同じ意見です。人は，自分になじみがあって自分自身がそれをしているのを想像できることをスクリーン上に見たいと思うものです。そして，日常的な状況で「もしそうしたらどうなるか」という問いを観客に対して発することで，この先どうなるかという緊張感や興奮をちょっと加えることができます。たとえば，キャンパスのどこかで宝の地図を見つけたらどうなるだろうか，といったような。こういうことは，素敵な面白いストーリーの出だしになりえますし，わくわくする映画を作れる可能性があります。

ジェニファー：キムとメアリーは2人とも，私たちが　31　映画を作るべきだと考えているんですね。

① 「観客に多くの並外れた問いを投げかける」
② 「驚くべきことを行っている成功した人たちに焦点を当てる」
③ 「普通の人たちが自分を関連づけることができる状況を描く」
④ 「楽しみやサスペンスを生み出すためにキャンパスを舞台として使う」

メアリー：そのとおりです。

タケシ：でも，創造的な作品としては，制作者独自の見方，つまり，独創的な世界観を反映すべきです。素晴らしい映画は，通常，その監督の創造的なビジョンを，ストーリーやストーリーの語り方において反映しているものです。忘れてはいけないのは，観客は，何か新奇なものを見たいとも思っているということです。ですから，私たち独自の切り口をどのようなものにできるかを考える必要があると思います。

アリサ：そうですよね。普通のことを普通のやり方で見せても，人は興味を持たないかもしれません。たとえば，私たちはただの大学生にすぎません。私たちの中には，生活の支援を親に頼っている人もいますし，初めて一人暮らしをしている人もいます。小さな町から来た人もいれば，大都市から来ている人もいます。自分の進路を気に病んでいる人もいます。こうしたことはすべて，ごく平凡で，それほど特別なことには思えません。ですか

ら，私たちの世界を，観客の心に訴えるような独特の方法で見せることは可能なのでしょうか。

ジョン：私は可能だと思います。こうしたことは，それぞれ別個では特別なことではありません。しかし，こうしたことをすべて組み合わせれば，私たちの作品を独特なものにできます。それこそが，人が見たいと思うものだと思います。つまり，人が自分と結びつけて考えることができるけれども，独自の切り口から語られる映画ということです。

ジェニファー：えー，私たちは映画に関して異なる考えをいくらか持っていますが，だれもが私たちの映画を作るときには 32 が大事だと言っているようですね。

① 「人々の現実の生活を記録すること」
② 「内容をきわめて独創的なものにすること」
③ 「私たちの異なる背景を見せること」
④ 「観客の好みを考えること」

ジェニファー：では，このことをもっと深く議論しましょう。

30 マイケルの最初の発言最後の2文（Their amazing story …）に「彼らの勝利という驚くべきストーリーは，幅広い観客の心に訴え，…称賛を受けた。私は，懸命に努力し，目標を達成する人たちを記録する同様の映画を作りたい」とある。① 「観客は，成功をおさめる人々の物語を楽しんで見る」が適切。

31 キムの発言第2文（I think people …）に「人は，自分と結びつけて考えられる映画を見るときのほうが満足を感じると思う」，メアリーの最初の発言第2文（People want to …）に「人は，自分になじみがあることだから自分自身がそれをしているのを想像できることをスクリーン上に見たいと思う」とある。③ 「普通の人たちが自分を関連づけることができる状況を描く」が適切。

32 マイケルの最初の発言第2文（I think many …）「人々をよい気分にできるものを作っては」，キムの発言第2文（I think people …）「人は，自分と結びつけて考えられる映画を見るときのほうが満足を感じる」，メアリーの最初の発言第2文（People want to …）に「人は…想像できることをスクリーン上に見たいと思う」，タケシの発言第3文（Remember, the audience …）に「観客は，何か新

16 2018年度：英語〈筆記〉/本試験〈解答〉

奇なものを見たい」，アリサの発言最終文（So, is it possible …）に「私たちの世界を，観客の心に訴えるような独特の方法で見せることは可能なのか」，ジョンの発言最終文前半（I think that's …）に「それこそが，人が見たいと思うものだと思う」とある。全員が，観客が何を見たいと思うかについて言及している。④「観客の好みを考えること」が適切。

第4問 資料読解

A グラフの読み取り

訳 《製品の色が消費者に及ぼす影響》

[第1段] 色は，消費者がさまざまな製品を買い求める際に考慮する重要な特徴である。マーケティング会社は，購入しようという気持ちや小売店の望ましい雰囲気を作り出す色を特定する必要がある。しかし，個々の品物に対してどの色が人気になるかを予想するのは簡単ではない。なぜなら，消費者には製品の種類によって異なる好みがあるからだ。ここで報告された調査を通じて，色が消費者に及ぼす影響に関する理解を深めることができる。

[第2段] この調査で，研究者たちは，調査の参加者は買い物のときに色が重要だと考えているか，さまざまな製品を購入する際に色にどれほど影響されるか，そして，さまざまな色に対してどのような気持ちや連想が結びついているかに関する情報を得るために，ドイツ人の消費者を調べた。まず，研究者たちはデータを検討し，色は買い物をするときに参加者にとって実際に重要だと気づいた。参加者の68パーセントが，購入するつもりの製品を選ぶときに決定を促す要素として，色のことを挙げていたのである。

[第3段] 次に，研究者たちは，購入する製品によって，消費者が色を重視する度合いが変わるのかどうかを調べた。図1は，6つの日用品と，それらを購入するときに色を大いに重視した参加者の割合を示している。上位2つの製品はいずれも参加者が着用するもので，下位3つはすべて電子機器だった。参加者のうち計36.4パーセントが，携帯電話では色を重視した。これは電子製品の中でも最も高かったが，ひとつ上のランクに来たバッグの半分をわずかに超えるにすぎない率だった。

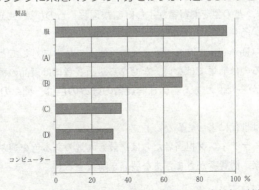

図1．6つの日用品を購入する際に，色を重視した参加者の割合

18 2018年度：英語〈筆記〉/本試験〈解答〉

[第4段] 三番目に，研究者たちは参加者の色に対する認識と色で連想するものを見てみた。結果は，赤が，愛，危険，怒り，力といった，さまざまな意味を持つことを示した。緑は，自然，幸運，そして健康との関連があった。さらに，白色は安定，健康，静けさが連想された。結果は，それぞれの色が異なるいくつかの意味を持つことを示した。

[第5段] これまでの文章にまとめられている結果は，色がどのようにドイツ人の消費者に影響を及ぼしているかを説明してくれた。しかし，この影響は，国によって異なる可能性がある。このグローバル化の進んだ世界では，一部にはインターネットの使用が増加していることもあり，製品を国際的に販売することは以前より容易になっている。したがって，世界の他の地域の消費者が，製品を選択する際に色に対して抱く重要性を考慮する必要がある。この文章の次の部分では，この話題を検討する。

語句・構文

[第1段] ▶ create an intention to *do*「〜しようという気持ちを起こさせる」
▶ the influence of *A* on *B*「*A* が *B* に及ぼす影響」

[第2段] ▶ with 68 % of them mentioning …「彼らの 68 パーセントが…に言及して」 with O C「O が C の状態で」が直訳の付帯状況の表現。

[第3段] ▶ put〔place〕importance on 〜「〜を重視する」

[第4段] ▶ the participants' perceptions of and associations with colors「参加者の色に対する認識と色で連想するもの」 of と with の共通の目的語が colors であることに注意。

[第5段] ▶ vary from country to country「国によって異なる，変わる」

問1　　33　　正解は②

「この文章では，どの色を消費者がより好むか理解するのが難しいのは　　からであると述べている」

第1段第3文（However, it is not …）に「個々の品物に対してどの色が人気になるかを予想するのは簡単ではない。なぜなら，消費者には製品の種類によって異なる好みがあるからだ」とある。②「消費者の好みの色は，種々の製品ごとに変わる」が正解。

① 「色の好みは世代によって異なる」
③ 「製品のマーケティング担当者たちは，最も人気のある色を選ぶ」
④ 「買い物の際，消費者がさまざまな製品を購入する」

2018年度：英語〈筆記〉/本試験〈解答〉　**19**

問2　34　正解は③

「図1で，(A)，(B)，(C)，(D)は次のうちどれを表しているか」

第3段第3文前半（The top two …）に「上位2つの製品はいずれも参加者が着用するもの」とある。(A)は「着用するもの」なので Footwear「履物」が適切。同文後半（and the three …）に「下位3つはすべて電子機器」，第4文（A total of 36.4 % …）に「36.4パーセントが，携帯電話では色を重視」，最終文前半（This was the …）に「これ（＝携帯電話の36.4パーセント）は電子製品の中でも最も高かった」とあるので，(C)が Cellphones「携帯電話」となる。最終文後半（but only slightly …）に「これ（＝携帯電話の36.4パーセント）は…ひとつ上のランクに来たバッグの半分をわずかに超える…率だった」とあり，(B)が Bags「バッグ」となる。③「(A)履物　(B)バッグ　(C)携帯電話　(D)音楽プレーヤー」が正解。

問3　35　正解は②

「この文章によると，次の文のうち正しいのはどれか」

第4段では「参加者の色に対する認識と色で連想するもの」について述べられているが，最終文（Results showed each …）に「結果は，それぞれの色が異なるいくつかの意味を持つことを示した」とある。②「ドイツ人の消費者は，ひとつの色を複数のイメージを持つものと認識している」が正解。

① 「ドイツの企業は，緑が消費者にとって情熱を表すと見なしている」
③ 「ドイツ人は，赤い服より緑の服のほうを好むようである」
④ 「ドイツの製造業者は，売り上げを見たあと，製品にはひとつの色を選択する」

問4　36　正解は④

「最後の段落には，どのような話題が続く可能性が最も高いか」

第5段第4文（Therefore, it is …）に「世界の他の地域の消費者が，製品を選択する際に色に対して抱く重要性を考慮する必要がある」とある。④「他の国々の消費者にとっての色の重要性」が正解。

① 「グローバル化が国際的なビジネスにおける色の選択に及ぼす影響」
② 「他の国々における電子機器の販売の重要性」
③ 「国際的ビジネスにおける製品選択に対するインターネットの影響」

B 情報の読み取り

訳 《料理学校の広告》

パパ・ベア料理学校
お父さんたちのための料理講座

パパ・ベア料理学校は1992年にラルフ=ベアリソンによって創立されました。彼は，料理が好きなお父さんたちはたくさんいるのに，食事を準備するための時間がないことが多いことに気づいていました。彼は，おいしくて家族のためによい食事を，短時間で料理することに対する関心を共有したいと思いました。パパ・ベア料理学校では，プロの調理師の指導のもとで，さまざまな料理を作ることが学べます。それであなたは，あなたの家族や友人のあこがれの的となるでしょう。以下の料理講座は，5月の第1週から始まります。

料理講座	曜日	時間	講座料金
イタリア料理	火曜日	10：00 ― 12：00	150ドル
フランス料理	水曜日	9：00 ― 12：00	250ドル
日本料理	木曜日	15：00 ― 18：00	250ドル
中華料理	土曜日	17：00 ― 19：00	200ドル
日曜の家族朝ごはん*	日曜日	8：00 ― 10：00	150ドル

＊10歳から15歳のお子さんは，お一人様100ドルで，日曜の家族朝ごはんの講座にお父様と一緒の参加を歓迎いたします。

➢ 講座はすべて10週あります。
➢ 料金には材料費がすべて含まれます。
➢ 料理包丁やフォーク，スプーンなどのカトラリー，お皿は学校でご用意いたします。

持ち物
➢ エプロンとタオル（エプロンとタオルのセットは1週につき6ドルで借りることができます。あるいは学校のストアで新しいセットを50ドルで購入できます。）
➢ ペコペコのお腹！

設備やその他の料理講座の詳細については，パパ・ベア料理学校のウェブサイトをご覧ください。

講座料金
10パーセント割引
パパ・ベア料理学校

問1 　37　 正解は④

「ラルフ=ベアリソンにパパ・ベア料理学校を始めることを促したのは何か」

表の上にある学校の紹介文第2・3文（He recognized that …）に「彼は，料理が好きなお父さんたちはたくさんいるのに，食事を準備するための時間がないことが多いことに気づいていた。彼は，おいしくて家族のためによい食事を，短時間で料理することに対する関心を共有したいと思った」とある。④「**彼は，手早く，おいしくて健康によい食事を作ることを父親たちに教えたかった**」が正解。

① 「彼は，家族や友人が，自分の料理の腕前をうらやましがっていることを知っていた」

② 「彼は，父親たちが十分には料理に関心を抱いていないと知っていた」

③ 「彼は，父親たちにプロの調理師になる機会を与えたかった」

問2 　38　 正解は②

「トニーは，フランス料理の講座に参加する予定で，ついていた割引クーポンを使うつもりである。彼はまた，エプロンとタオルのセットを学校から購入する予定である。彼は合計でいくら支払うことになるか」

フランス料理の講座料金は 250 ドル。10 パーセントの割引で 225 ドルになる。エプロンとタオルのセットを購入すると 50 ドルなので，225 ＋ 50 ＝ 275 ドル。②が正解。

① 「270 ドル」

③ 「285 ドル」

④ 「300 ドル」

問3 　39　 正解は③

「エドは家族のために作れる料理の種類を増やしたいと思っている。彼は週末と午前中には空いている時間がない。彼はどの料理講座を選ぶ可能性が最も高いか」

土曜日の中華料理，日曜日の日曜の家族朝ごはんの講座は除外。イタリア料理とフランス料理は午前中に開かれる講座なので除外。残る日本料理の講座が木曜日の 15 時から 18 時に開かれることになっており，条件に合う。③「**日本料理**」が正解。

① 「中華料理」

② 「イタリア料理」

④ 「日曜の家族朝ごはん」

22 2018年度：英語〈筆記〉/本試験〈解答〉

問4　40　正解は④

「この広告は，□□□ことを示唆している」

① 「12歳の子どもは，費用なしで日曜の講座に参加できる」　表の下の＊の部分に「一人100ドルで」とあることと一致しない。

② 「父親のための料理講座は3カ月以上続く」　表に続く➤のひとつめの項目に「講座はすべて10週間の長さ」とある。約2カ月半にあたるので一致しない。

③ 「パパ・ベア料理学校は生徒に，食材を授業に持ってくるように求めている」　表に続く➤の2つめの項目に「材料費はすべて講座料金に含まれている」とあることと一致しない。

④ 「パパ・ベア料理学校の生徒は自分で作った料理を食べることができる」　「持ち物」の項の2つめに「ペコペコのお腹」とあることから，作った料理を食べると考えられる。これが正解。

第5問 物語文の読解

> 訳 《惑星Xの探検日誌からの抜粋》

[第1日目] ─────────────────────

　我々の科学的発見の任務は継続中であり，報告するのに心の躍ることがある。ついに生命を支える力のある惑星を発見したかもしれないのである。付近の惑星は高温すぎるか乾燥しすぎているかで，生命を支えられなかったが，この惑星は違っているようだ。その表面は，緑と茶色の部分が点在しているものの，大部分が青い液体であり，何らかの白い物質が，この惑星の周囲を回っているようだ。

[第4日目] ─────────────────────

　現在，我々は惑星の軌道上を回っている。我々の推測は正しかったようだ！　2，3の機械仕掛けのものがその周りを回っており，その作りはかなり複雑だ。それらは間違いなく，何らかの知的存在によって作られたものである。これらの機械はモニターシステムの一部なのだろうか。それらは我々の接近を信号で伝えたのだろうか。脅威となるようなものは何もなさそうなので，それらを無視し，惑星にさらに近づいてみることにした。それらの発明者が友好的であることを望む。

[第8日目] ─────────────────────

　我々の生命を維持してくれる貴重な液体に完全に覆われている我々の惑星とは異なり，この惑星の緑と茶色の部分は生命を維持するのには乾燥しすぎている。青い部分はほとんどが液体の状態の H_2O である。それは液体ではあるが，我々の故郷の惑星にある液体と完全に同じというわけではない。それでも，ここに生命を発見できるかもしれない。少なくとも，我々の機器によれば，下に見えるその場所には何かが生存しているようである。直接の観察を開始する準備はできており，まもなく突入する。私は気持ちが高ぶって今夜は眠れそうにない！

[第9日目] ─────────────────────

　未探検のこの液体への突入に無事成功した。周囲の眺めは，柔らかい植物が優しくゆらゆらと揺れて，我々の惑星のものとたいへん似ていた。さまざまな体の薄い，泳ぐ生物も認めた。なんとわくわくしたことか！　この惑星に，生命を発見したのだ！　しかし，進んだ文明を生み出せるような生物は見られない。これらの泳ぐ生物は，腕がない以上，たとえ賢くても，複雑な機械を作れないだろう。この惑星の指導者たちは，我々から姿を隠しているのだろうか。我々に会うことに不安を抱いているのだろうか？　それで，宇宙を調べるために，あの飛ぶ物体を使っているのだろうか？　何か答えが見つけられればよいのだが。

[第12日目] ─────────────────────

水底に大きな物体が横たわっているのを発見した。その長い胴体は，我々の宇宙船と幾分似ていた。音もなくじっとしていて，たいへん古く傷んでいるようだった。どうやらもう使われてはいないようだ。おそらく，この惑星の古代文明の遺物であろう。

[第19日目]────────────────────────

潜水を開始してから，さらに多くの珍しい生物を目にしてきた。我々とたいへん似た様子の生物を見つけたときには，とりわけ驚いた。その体の上部は丸くて柔らかかった。その下には2つの大きな目と数本の長い腕があった。それは素早く逃げ，あとには黒い煙幕のような物質を残していった。それがこの惑星上で最も知的な生物かどうかはわからないが，新しい発見への期待はますます大きくなっている。

[第39日目]────────────────────────

今回の我々の調査はもうじき終了する。我々は，以前に見つけたものと似た遺物や遺棄された物体をさらに見つけたが，それらを作った生物の痕跡は何もない。おそらく，この惑星の指導者たちは絶滅したのだろう。いずれにしても，この惑星に生命を見つけた。これはたいへん大きな発見だ。今はこの惑星を離れなくてはならないが，いずれきっと戻って来て調査を継続しよう。我々は驚くべき報告を携えて，故郷に帰還する。

[第40日目]────────────────────────

我々は静かに水面に上がり，空中へと上昇した。まさにこの惑星を離れようとしたとき，乾燥した地域に多くの奇妙な生物が見えた。何ということだろう！　我々，液体の中で暮らす生物は，そのような生物のことなどまったく想像していなかった！　宇宙船内の液体の中で安全に漂いながら，我々は自分たちの常識が我々を間違った結論に導いていたことに気づいたのである。

語句・構文

[第1日目]　▶ be spotted with ～「～が点在している」

[第4日目]　▶ orbit「軌道に沿って～の周りを回る」

[第8日目]　▶ not quite the same as ～「～と完全に同じというわけではない」

[第9日目]　▶ a variety of ～「種々さまざまな～」

[第12日目]　▶ remains「遺物」

[第19日目]　▶ Underneath that were … 「その下には…があった」　位置を表す副詞句が文頭に出て，ＶＳの順の倒置が起きている。

[第39日目]　▶ come to an end「終わる」

　　　　　　▶ for now「さしあたって，今のところは」

[第40日目]　▶ lead *A* to the wrong conclusion「*A* を間違った結論に導く」

問1 　41 　正解は③
「探検家たちの旅の目的は何だったか」
［第1日目］第2文（We may have finally …）に「ついに生命を支える力のある惑星を発見したかもしれない」，［第8日目］第4文（Still, we might be …）に「ここに生命を発見できるかもしれない」などとある。③「**彼らの故郷の惑星外部に生命を探すこと**」が正解。
① 「その惑星の知的生命を支援すること」
② 「ある惑星を侵略し，彼らの居留地を拡大すること」
④ 「彼らの新しい宇宙船の性能を試すこと」

問2 　42 　正解は②
「探検家たちが宇宙からその惑星を観察していたとき，彼らはその惑星上の知的生命は □ だろうと想像した」
［第4日目］第3・4文（There are a few …）に「2，3の機械仕掛けのものがその周りを回っており，その作りはかなり複雑だ。それらは間違いなく，何らかの知的存在によって作られたものである」とある。②「**進んだ技術を持っている**」が正解。
① 「他者に対して攻撃的である」
③ 「宇宙には関心がない」
④ 「もうそこには住んでいない」

問3 　43 　正解は②
「［第9日目］で使われている reservations という語は， □ に最も意味が近い」
下線部のある文の直前に「この惑星の指導者たちは，我々から姿を隠しているのだろうか」，直後に「それで，宇宙を調べるために，あの飛ぶ物体を使っているのだろうか」とあり，外部から来る者に対する警戒心から，この星の知的生命体は隠れているのではないかと疑っている文脈である。②「**懸念，心配**」が正解。
① 「（人と会う）約束」
③ 「期待」
④ 「保護」

問4 　44 　正解は①
「日誌の著者を最もよく描写しているのは次のどれか」
［第19日目］第2〜4文（We were especially …）に「我々とたいへん似た様子の生物を見つけた…その体の上部は丸くて柔らかく…その下には2つの大きな目と

26 2018年度：英語〈筆記〉/本試験〈解答〉

数本の長い腕があった」とある。① **「タコに似た姿の生物」** が正解。

② 「他の惑星を探検している人間の科学者」

③ 「人間に似た姿の宇宙生物」

④ 「腕のない平坦な形の知的動物」

問5 ⑤ 45 正解は③

「探検家たちは，間違って，知的生物はすべて□□□と考えていた」

[第40日目] 第2文（Just as we were …）に「乾燥した地域に多くの奇妙な生物が見えた」，第4文（We, creatures living …）に「我々，液体の中で暮らす生物は，そのような生物のことなどまったく想像していなかった」とある。③ **「何らかの種類の液体の中で暮らしている」** が正解。

① 「彼ら自身の種より創造性が劣る」

② 「地上に進出した」

④ 「彼らの言語を理解する」

第6問 説明的な文章の読解

訳 《世界の理解を変える技術機器》

(1) 歴史は，技術とそれに関連する発見が，私たちの世界の理解の仕方を変えてきたということを教えてくれる。多くの技術機器は，五感といった私たちが自然に持っている能力にさらなる幅や力を与えてくれる。これらの機器のうち，多くのものが，私たちが肉眼では見ることのできないものを見ることを可能にしてくれる。「見えない」から「見える」へのこの変化は，世界についての私たちの理解を大きく増大させたし，考え方に強く影響を及ぼしてきた。

(2) 17世紀に，ある科学者が，2枚のレンズをあるやり方で組み合わせると，ものを大きく見せられることに気づいた。彼はこの技法を使って最初の単純な望遠鏡を作製した。この旧式の望遠鏡を使って，初期の科学者たちは月の表面を詳細に描写し，木星にはそのような衛星が少なくとも4つあるのを見て取ることができた。そのとき以来，人々は視界の範囲を広げるさまざまな機器を開発し，そうして地球の外にある宇宙について多くの事実を明らかにしてきた。望遠鏡は，私たちの能力で直接触れられる範囲を超えた物事に関する新しい見方を提供し続けている。

(3) のちに，望遠鏡と似た原理を使って，顕微鏡が開発された。顕微鏡のおかげで，小さすぎて通常は見ることができないものを私たちは研究することができる。顕微鏡を通して見ることで，科学者にはまったく新しい世界が開かれた。顕微鏡が発明される以前には，彼らは人間の組織や植物や動物の細胞の構造を見ることはできなかった。こうしたものを見たとき，彼らはそれが全体でそれ以上分割できないと思っていたものの中には，実際にはもっと小さな部分から構成されているものがあるのを知った。こうしたものは，顕微鏡の助けがあって初めて見えるようになった。今日では，電子顕微鏡のおかげで，私たちは分子のようなさらに小さなものまで調べられるようになっている。このような進歩で，この世界のさまざまなものの構成に関する概念は変わった。

(4) カメラの発明もまた，見えない世界を見えるようにした。世界では，すべてのものが変化している。中には，私たちが見て取れるよりも素早く変化するものもある。カメラは，異なる時点での変化を凍結する力を与えてくれる道具だ。一連の写真は，飛んでいるとき鳥はどのような動きをするのか，運動選手はどのように走るのかを明らかにした。カメラはまた，あまりにも徐々に進むため通常は気づかない変化を，私たちが見る手助けもできる。たとえば，何カ月も，あるいは何年も間をおいて撮られた同じ場所の写真を比べると，社会がどのように変化するかに関する洞察を得られる。こうしたこと以外にも，カメラが世界に関する私たちの認識を変

28　2018年度：英語〈筆記〉/本試験〈解答〉

えた方法がたくさんある。

⑸　19世紀の終わりごろには，新しく発見されたエックス線を使った機械が，私たちのものの見方に大変革をもたらした。ものの表面だけを見るのではなく，その内部やそれを通過して見る力を得て，多くのものの内部の要素が，私たちの見える範囲に入ってきた。この能力は，職場では実際に役立ち，研究室や博物館では有用で，大学では教育に役立つことが明らかになった。その最も重要な応用の一つは，医学におけるものだった。医師たちは，病気の診断をしたり，体内の問題を見つけたりするのに苦労することが多かった。エックス線のおかげで，彼らは患者の体内を調べ，問題がどこにあるのか特定し，それらを治療することができるようになった。エックス線のこうした利用が，診断と治療に，新しい理解と手法をもたらした。

⑹　さまざまに異なる技術機器が，肉眼では見ることのできなかったものを観察することを可能にしてきた。このことは，私たちを取り巻く世界についての私たちの理解を大幅に変えてきた。個々の技術的進歩は，予想もつかない方法で私たちを変え，個々の発見は世界に関する私たちの知識を増やす。上記の機器が行ってきたのと同じように，今後，新しい機器は私たちの生活に強い影響を及ぼし，私たちの考え方を変え続けることだろう。

語句・構文

[第⑴段]　▶ naked eye「肉眼，裸眼」

[第⑵段]　▶ beyond *one's* reach「～の手の届く範囲を超えた」

[第⑶段]　▶ consist of ～「～で構成されている」

[第⑷段]　▶ other *A* besides *B*「*B* 以外の *A*」

[第⑸段]　▶ have difficulty *doing*「～するのに苦労する」

A　同意表現，内容説明，主旨

問1　46　正解は④

「第⑵段で使われている archaic の意味に最も近いのは次のどれか」

直前の同段第2文（He used this technique …）に「最初の単純な望遠鏡」とある。下線部を含む these archaic telescopes はそれを言い換えたものであるので，④「原始的な，旧式の」が正解。

①「進歩した」

②「現代の」

③「普通の」

問2　47　正解は②

「第(3)段によると，人々は顕微鏡を使って何を知ったか」

第(3)段第5文（When they saw …）には「彼ら（＝科学者たち）はそれが全体でそれ以上分割できないと思っていたものの中には…もっと小さな部分から構成されているものがあるのを知った」とある。②「物質はもっと小さなもので構成されていた」が正解。

① 「細胞は，小さすぎて顕微鏡では見ることができなかった」

③ 「分子は最も小さな構成要素だった」

④ 「レンズの組み合わせは，ものの大きさを小さくした」

問3　48　正解は①

「第(4)段によると，カメラのおかげで私たちは何ができるようになったか」

第(4)段第4文（The camera is …）には「カメラは，異なる時点での変化を凍結する力を与えてくれる」とある。①「時間の中の一瞬一瞬を正確にとらえること」が正解。

② 「急速な社会の変化を比較すること」

③ 「見えないものをいっそう速く動くようにすること」

④ 「何が起こるのか予測すること」

問4　49　正解は①

「第(5)段によると，エックス線はどのように使われているか」

第(5)段第6文（X-rays allowed them …）に「エックス線のおかげで，患者の体内を調べ，問題がどこにあるのか特定…することができるようになった」とある。①「体内の問題のある場所を見つけるため」が正解。

② 「ものの表面の見える範囲を改善するため」

③ 「いつ絵画が描かれたかを知るため」

④ 「化合物の性質を調べるため」

問5　50　正解は②

「この文章の主旨は何か」

第(6)段第1・2文には「さまざまに異なる技術機器が，肉眼では見ることのできなかったものを観察することを可能にしてきた。このことは，私たちを取り巻く世界についての私たちの理解を大幅に変えてきた」とある。「新しい機器のおかげで見えるものが変わり，考え方が変わった」という意味のことは，第(1)～(5)段それぞれの最終文にも述べられている。②「技術の進歩は，私たちの考え方に影響を及ぼ

30 2018年度：英語〈筆記〉/本試験〈解答〉

す」が正解。

① 「2枚のレンズの応用は，人々の視力を改善できる」

③ 「人々は技術の持つさまざまな危険に気づく必要がある」

④ 「技術は，私たちの五感を変えるのにきわめて重要な役割を果たす」

B 段落要旨の選択

51 52 53 54   正解は④，②，③，①

段落	内容
(1)	導入
(2)	51
(3)	52
(4)	53
(5)	54
(6)	結論

　第(2)段は，望遠鏡の開発によって，天体の観測が進んだことが述べられている。
51 には④「宇宙を調べるためのレンズの使用」が適切。

　第(3)段は，顕微鏡の発明で，それまでそれが全体だと考えられていたものがさらに
小さな部分から構成されていることがわかるようになったことが述べられている。
52 には②「小さなものの世界を探求すること」が適切。

　第(4)段では，カメラによって，止まらない時の一瞬をとどめることができることが
述べられており，あまりにも素早く動くものの変化も，あまりにもゆっくりであるた
め気づきにくい変化も，カメラのおかげで認識できることが述べられている。 53
には③「一連の変化の間の一瞬一瞬を見ること」が適切。

　第(5)段は，エックス線の発見のおかげで，ものの内部を見ることができるようにな
ったことが述べられている。 54 には①「ものの内部を検査すること」が適切。

英語（筆記） 本試験

2017年度：英語（筆記）/本試験〈解答〉

問題番号 (配点)	設問		解答番号	正解	配点	チェック
第1問 (14)	A	問1	1	④	2	
		問2	2	③	2	
		問3	3	④	2	
	B	問1	4	②	2	
		問2	5	①	2	
		問3	6	②	2	
		問4	7	①	2	
第2問 (44)	A	問1	8	①	2	
		問2	9	②	2	
		問3	10	④	2	
		問4	11	①	2	
		問5	12	②	2	
		問6	13	③	2	
		問7	14	④	2	
		問8	15	①	2	
		問9	16	③	2	
		問10	17	①	2	
	B	問1	18	②	4*	
			19	⑥		
		問2	20	⑤	4*	
			21	①		
		問3	22	⑥	4*	
			23	②		
	C	問1	24	⑤	4	
		問2	25	②	4	
		問3	26	⑦	4	

（注） ＊は，全部正解の場合のみ点を与える。

問題番号 (配点)	設問		解答番号	正解	配点	チェック
第3問 (41)	A	問1	27	②	4	
		問2	28	③	4	
	B	問1	29	③	5	
		問2	30	②	5	
		問3	31	③	5	
	C		32	③	6	
			33	④	6	
			34	②	6	
第4問 (35)	A	問1	35	③	5	
		問2	36	①	5	
		問3	37	④	5	
		問4	38	②	5	
	B	問1	39	④	5	
		問2	40	②	5	
		問3	41	④	5	
第5問 (30)		問1	42	①	6	
		問2	43	②	6	
		問3	44	④	6	
		問4	45	①	6	
		問5	46	②	6	
第6問 (36)	A	問1	47	④	6	
		問2	48	②	6	
		問3	49	④	6	
		問4	50	④	6	
		問5	51	①	6	
	B		52	④	6*	
			53	②		
			54	③		
			55	①		

自己採点欄 ／200点

（平均点：123.73点）

第1問

A 発音

問1 　1　 正解は④

問	① **appear**	② **fear**	③ **gear**	④ **swear**
発音	① [əpíər]	② [fíər]	③ [gíər]	④ [swéər]

④は［eər］で「エア」に近い音。①・②・③は［iər］で「イア」に近い音。
①「現れる」　②「恐れ（る）」　③「歯車」　④「誓う」

問2 　2　 正解は③

問	① **attach**	② **channel**	③ **chorus**	④ **merchant**
発音	① [ətǽtʃ]	② [tʃǽnl]	③ [kɔ́ːrəs]	④ [mə́ːrtʃənt]

③は［k］で「ク」に近い音。①・②・④は［tʃ］で「チ」に近い音。
①「貼り付ける」　②「海峡」　③「合唱（曲）」　④「商人」

問3 　3　 正解は④

問	① **assert**	② **association**	③ **impress**	④ **possess**
発音	① [əsə́ːrt]	② [əsòusiéiʃn]	③ [imprés]	④ [pəzés]

④は［z］で「ズ」に近い音。①・②・③は［s］で「ス」に近い音。
①「断言する」　②「協会，連想」　③「感銘を与える」（名詞では［ímpres］となる）　④「所有する」

B 第1アクセントの位置

問1 4 正解は②

問	① **marine**	② **rapid**	③ **severe**	④ **unique**
発音	① [mərí:n]	② [rǽpid]	③ [səvíər]	④ [ju:ní:k]

②は第1音節にアクセント。①・③・④は，いずれも第2音節にアクセント。
① 「海の」 ② 「速い」 ③ 「厳しい」 ④ 「類のない」

問2 5 正解は①

問	① **enormous**	② **evidence**	③ **satellite**	④ **typical**
発音	① [inɔ́:rməs]	② [évidəns]	③ [sǽtəlàit]	④ [típikl]

①は第2音節にアクセント。②・③・④は，いずれも第1音節にアクセント。
① 「莫大な」 ② 「証拠」 ③ 「衛星」 ④ 「典型的な」

問3 6 正解は②

問	① **assembly**	② **correspond**	③ **distinguish**	④ **expensive**
発音	① [əsémbli]	② [kɔ̀:rəspánd]	③ [distíŋgwiʃ]	④ [ikspénsiv]

②は第3音節に第1アクセント。①・③・④は，いずれも第2音節にアクセント。
① 「集会」 ② 「一致する」 ③ 「区別する」 ④ 「値段が高い」

問4 7 正解は①

問	① **definitely**	② **democratic**	③ **independence**	④ **resolution**
発音	① [défənitli]	② [dèməkrǽtik]	③ [ìndipéndəns]	④ [rèzəlú:ʃn]

①は第1音節にアクセント。②・③・④は，いずれも第3音節に第1アクセント。
① 「確実に」 ② 「民主主義の」 ③ 「独立」 ④ 「決意」

第2問

A 短文の空所補充

問1 [8] 正解は①

問 Today, in science class, I learned that salt water doesn't freeze ☐ 0℃.
① at ② in ③ on ④ with

訳 今日，理科の授業で，塩水は0度では凍らないと習った。

温度や速度が「〜で」という場合には① at を使う。数値が「〜で」というように一点を指し示すときには at が使われることが多い。

ex. at the age of thirty「30歳で」

問2 [9] 正解は②

問 Many experts think that we need to create more job opportunities for ☐.
① a young ② the young ③ young ④ younger

訳 多くの専門家が，若者の就職の機会をもっと創出する必要があると考えている。

the＋形容詞で「〜な人々」の意になる。② the young が正解。the young＝young people の意。③ young は「（動物や鳥の）子たち」の意。

問3 [10] 正解は④

問 The leaves in my neighborhood have recently ☐ yellow.
① come ② developed ③ led ④ turned

訳 私の家の近所にある（木々の）葉が，最近黄葉した。

色や質の変化を表す「〜になる」には turn がよく使われる。④ turned が正解。

ex. The milk turned sour.「ミルクがすっぱくなった」

2017年度：英語〈筆記〉/本試験〈解答〉 5

問4 　11　 正解は①

問 **I think eating at home is often ▢ more economical than eating at a restaurant.**
　① **far**　　　② **high**　　　③ **too**　　　④ **very**
訳 多くの場合，家で食事をするほうが，レストランで食べるよりもはるかに経済的だと思う。

比較級を強調して差が大きいことを表すのには，much「ずっと」や far「はるかに」が使われる。④ very は原級および最上級を強調する。① **far** が正解。

問5 　12　 正解は②

問 **▢ as the leading actor in the film, Ramesh soon became a star.**
　① **Choosing**　　　　　　② **Having been chosen**
　③ **Having chosen**　　　 ④ **To choose**
訳 その映画の主役に抜擢されたので，ラメシュはすぐにスターになった。

空所のすぐあとに as の句が続いており，目的語がないことは，受動態であることを表している。選択肢中，受動態になっているのは② **Having been chosen**「選ばれたので」のみ。分詞構文で理由を表せるので，内容面でも適切。

問6 　13　 正解は③

問 **Please give me ▢ information you get as soon as possible.**
　① **as if**　　　② **even if**　　　③ **whatever**　　　④ **whenever**
訳 あなたが得た情報なら何でも，できるだけすぐに私に教えてください。

give A B「A に B を与える」の文型から，information が B にあたると考えられる。選択肢中，名詞を修飾することができるのは③ **whatever** のみ。whatever ＋名詞＋S V で「S が V する…は何でも」の意。① as if ～「あたかも～かのように」，② even if ～「たとえ～だとしても」では，意味の上で通らないだけでなく，information you get という語順も説明がつかない（you get information であるはず）。④は，whenever S V「S が V するときはいつでも」となり，whenever が名詞を修飾することはない。

6 2017年度：英語〈筆記〉/本試験〈解答〉

問7 　14 　正解は④

> 問 The typhoon suddenly became weaker, ☐ was good news for the village.
> ① it 　　　② that 　　　③ what 　　　④ which
> 訳 台風は突然勢力を弱めたが，それはその村にとってはよい知らせだった。

was の主語にあたり，かつ，接続詞のはたらきができるもの，つまり関係代名詞が入る。空所の前にカンマがあり，非制限用法であるが，② that と③ what には非制限用法がない。④ **which** が正解。…, which は前述の内容を受けることができる。

問8 　15 　正解は①

> 問 He (A) his umbrella (B) in the door by accident when he boarded the rush hour train.
> ① A：got 　　B：caught 　　② A：got 　　　B：to catch
> ③ A：made 　B：caught 　　④ A：made 　　B：to catch
> 訳 ラッシュ時の電車に乗るとき，彼は誤って傘を扉にはさまれてしまった。

get *A done* で「*A* を～される」の意になる。②の組み合わせ get *A* to *do* は「*A* に～させる」，③の組み合わせ make *A done* は「意図的に *A* を～の状態にする」で，内容上不可。④の組み合わせ make *A* to *do* という，make に to 不定詞を用いる語法はない。① 「**A：got 　B：caught**」が正解。

問9 　16 　正解は③

> 問 (A) in this class is as kind (B) Abbie. She always helps people who are in trouble.
> ① A：Anybody 　B：as 　　② A：Anybody 　B：than
> ③ A：Nobody 　B：as 　　④ A：Nobody 　B：than
> 訳 アビーほど親切な人は，このクラスにはいない。彼女は困っている人をいつでも助ける。

No … as ～ as *A* で「*A* ほど～な…は（い）ない」の構文。②・④のBの than は必ず比較級とともに用いる。肯定文の anybody は「だれでも」の意であり，内容上不可。③ 「**A：Nobody 　B：as**」が正解。

2017年度：英語（筆記）/本試験〈解答〉 **7**

問10 　17　 正解は①

問 Angelina （　A　） me whether I （　B　） enjoyed the festival last
Saturday.
① 　A：asked 　　B：had 　　② 　A：asked 　　B：have
③ 　A：said to 　　B：had 　　④ 　A：said to 　　B：have
訳 アンジェリーナは私に，先週の土曜日の催しを楽しんだかどうか尋ねた。

空所Aのあとの me に続いて whether があり，アンジェリーナの発言が疑問文の
内容であることがわかる。使える動詞は asked「尋ねた」になる。ask *A*
whether〔if〕S V で「*A*（人）に～かを尋ねる」の意。また，尋ねた時点よりも
催しが行われた時点のほうが前になるので，空所Bは，過去のある時点よりもさら
に前の時点を表す過去完了を用いる。①「A：asked　B：had」が正解。

B 語句整序

問1 　18　 　19　 正解は②−⑥

問 Keita：You have so many things in your room.
　　Cindy：I know. Actually, ③ I ② find ④ it ① difficult ⑥ to ⑤ keep it
　　　　　　neat and clean.
訳 　　ケイタ：君の部屋は，とても物が多いね。
　　シンディ：わかっているわ。実は，部屋を整理整頓してきれいにしておくのが
　　　　　　　たいへんなのよ。

文末に it neat and clean「それ（＝部屋）を整理整頓してきれいに」とあり，直
前に⑤ keep を置けば keep O C で「O を C にしておく」となる。SV が③ I ②
find となるので，④ it を形式目的語に使い，真の目的語を⑥ to で不定詞にして
find it difficult to keep とすれば「部屋を…にしておくのが難しいと思う」とい
う find O C「O が〔を〕C だとわかる，気づく，思う」の文型が使える。

問2 　20　 　21　 正解は⑤−①

問 Ted：Professor Jones suggested that I rewrite this essay.
　　Jack：Oh, well, ④ it ⑤ may ② cost ⑥ you ① a few ③ hours, but
　　　　　I'm sure you'll get a higher grade on it.
訳 　　テッド：ジョーンズ教授が，僕にこのレポートを書き直してはどうかって言
　　　　　　　うんだ。
　　ジャック：ああ，そうか。数時間かかるかもしれないけれど，きっともっとい
　　　　　　　い評価がもらえるよ。

8 2017年度：英語（筆記）/本試験〈解答〉

it costs A＋時間＋to *do* で「A が〜するのに時間がかかる」の意。この場合，「〜
する」にあたる内容はレポートを書き直すことであるのが自明であり，省略されて
いる。これに助動詞 may を加えることになる。なお，「時間がかかる」は基本的
に take で表し，cost は「お金がかかる」の意で用いることが多いが，cost も「時
間や労力を要する」の意で使うことができる。訳は同じだが，cost は「代償，犠
牲を払う」といった意味合いが強い。

問3　22　23　正解は⑥—②

圊 　Rita : Daniel and I have to go home now.
　Father : Oh, ③ how come ⑥ you ① are ④ leaving ② earlier ⑤ than
　　　　　usual ? I thought you were going to stay for dinner.

訳 　リタ：ダニエルと私はもう帰らなくちゃいけないわ。
　父親：おや，どうしていつもより早く帰るんだい？　夕食を一緒に食べるつも
　　　　りだと思っていたよ。

How come S V？で「なぜ〔どうして〕…」となり，why とほぼ同じ意味だが，
直後には平叙文と同じ語順の SV が続くことに注意。比較級＋than usual で「い
つもより〜」の意。

C 応答文の完成

問1　24　正解は⑤

圊 　Worker : I can't do all of these jobs at the same time. Which do
　　　　　you think I should do first ?
　Co-worker : Well, the monthly report is very important and ▭

| (A) you have to realize | → | (A) to turn it in | → | (A) by five o'clock. |
| (B) you have to remember | | (B) turning it in | | (B) till five o'clock. |

訳 　従業員：これらの仕事を全部同時にはできないよ。どれを最初にするべきだと
　　　　　思う？
　　同僚：そうね，月例報告書はとても大事だし，５時までに提出しないといけ
　　　　　ないことを忘れないでね。

　２番目のブロックは(A)不定詞，(B)動名詞だが，最初のブロック(A)にある realize は
いずれも目的語に取らない。(B)の remember はどちらも目的語に取るが，不定詞
で「〜するのを覚えている，忘れずに〜する」，動名詞で「〜したのを覚えている」
の意。これから行う仕事に関する会話なので，不定詞の(A)が適切。最後のブロック

の(A) by は「～までに」（完了），(B) till は「～までずっと」（継続）の意。2番目のブロックの turn it in は「それ（＝月例報告書）を提出する」の意なので，(A) by five o'clock「5時までに」が適切。⑤(B)→(A)→(A)が正解。

問2　25　正解は②

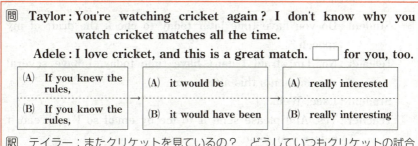

問　Taylor : You're watching cricket again? I don't know why you watch cricket matches all the time.
　　Adele : I love cricket, and this is a great match. ☐ for you, too.

訳　テイラー：またクリケットを見ているの？　どうしていつもクリケットの試合を見ているのかわからないな。
　　アデル：クリケットが大好きなのよ，それにこれすごい試合なの。ルールを知っていたら，あなたにも本当に面白いと思うけどなあ。

2番目のブロックにはいずれも過去形の助動詞 would があり，仮定法だとわかる。したがって，最初のブロックは仮定法過去になっている(A)が適切。同時に，2番目のブロックも仮定法過去の形を取っている(A)に決まる。この部分の主語 it はクリケットを表すので，最後のブロックは「物事が人にとって面白い」の意味になる interesting を使った(B)が適切。②(A)→(A)→(B)が正解。

問3　26　正解は⑦

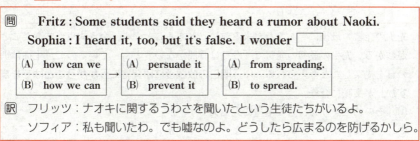

問　Fritz : Some students said they heard a rumor about Naoki.
　　Sophia : I heard it, too, but it's false. I wonder ☐

訳　フリッツ：ナオキに関するうわさを聞いたという生徒たちがいるよ。
　　ソフィア：私も聞いたわ。でも嘘なのよ。どうしたら広まるのを防げるかしら。

最初のブロックは wonder に続く目的語にあたる間接疑問文なので，平叙文と同じ語順になる。(B)が適切。2番目のブロックにある it は文脈上，ナオキに関する間違ったうわさであり，(A)の persuade「～を説得する」では意味を成さない。(B)なら prevent A from doing「A が～するのを防ぐ」という語法を，最後のブロック(A)とともに使うことができ，内容上も適切。⑦(B)→(B)→(A)が正解。

第3問 会話・文脈把握

A 対話文の空所補充

問1 [27] 正解は ②

問 Student : Do you have time later today to check the draft of my speech?

Teacher : No, I'm afraid I don't have time today. I have several appointments this afternoon.

Student : I see. Well.... [ ]

Teacher : Yes. And please send it to me by email so I can read it before you come.

① Are you sure you can skip the appointments?

② Could I come to your office after school tomorrow?

③ Shall I make an appointment with you for today?

④ Would you kindly give me the draft to look at?

訳 生徒：今日あとでスピーチの草案を見ていただくお時間はありますか。

先生：いや，残念ながら今日は時間がありません。今日の午後は約束がいくつかあるので。

生徒：そうですか。えーっと，明日の放課後に研究室にうかがうことはできますか。

先生：いいですよ。それと，あなたが来る前に読めるように，メールで草案を送ってください。

先生の発言の最後に「あなたが来る前に」とあることから，会う約束ができたことがわかる。先生の最初の発言で「今日は時間がない」と言っているので，生徒は別の日を提案したと考えられる。**② 「明日の放課後に研究室にうかがうことはできますか」** が文脈に合う。

① 「その約束をなしにして本当に大丈夫ですか」

③ 「今日に約束させていただいてよろしいですか」

④ 「見るべき草案をいただけますか」

問2 　28　 正解は③

> Ken : How about going to Memorial Park this weekend ?
> Ethan : How far is it from here ?
> Ken : Well, it takes about two hours by express train.
> Ethan : Oh, that's a bit far. How much is it to get there ?
> Ken : About 6,000 yen. But I've heard it's really beautiful.
> Ethan : I know, but ⬚. Let's find somewhere else to go.
>
> ① I don't feel like going out
> ② it helps us to get there
> ③ that's much too expensive
> ④ we can't miss this chance
>
> 訳　　ケン：今週末に記念公園に行くのはどうだい？
> 　イーサン：ここからどのくらいのところにあるの？
> 　　　ケン：えーっと，急行列車で２時間くらいかかるね。
> 　イーサン：えー，ちょっと遠いな。そこまで行くのにお金はいくらかかる？
> 　　　ケン：6,000円くらい。でも，本当にきれいだって聞いたよ。
> 　イーサン：それはわかるけど，高すぎるよ。どこか他に行くところを探そうよ。

イーサンの発言の最後に「どこか他に行くところを探そう」とあり，記念公園に行くのには賛成していないことがわかる。直前で記念公園に行くのにかかる金額の話をしているので，③「高すぎる」が文脈に合う。

① 「出かけたくはないなあ」
② 「それは僕たちがそこに行く手助けになるね」
④ 「この機会を逃す手はないよ」

12 2017年度：英語〈筆記〉/本試験〈解答〉

B 不要文指摘

問1 　29　 正解は③

> 訳 適切な靴をはくことで，足の悩みを軽減できる。正しい靴を選ぶために考える
> べき重要な点をいくつか挙げよう。①中敷き，つまり靴内部の底の部分は，歩くと
> きに足にかかる衝撃を吸収する素材でできていなければならない。②靴の上部は革
> や布といった通気性のある素材でできているのがよい。③流行のデザインで有名な
> ブランド品の革靴もある。④靴の試し履きをするときは，長さだけでなく，深さや
> 幅にも注意を払うこと。正しい靴を履いていれば，問題が減り，楽しく歩くことが
> できる。

第2文（Here are some …）に「正しい靴を選ぶための重要な点を挙げる」とあ
る。①・②は適切な素材について，④は試し履きのときの注意点について述べてい
る。③の流行のデザインや有名なブランド品は，足の悩みを軽減するための助言と
は無関係。この文が不要である。

問2 　30　 正解は②

> 訳 日本では，荷物の輸送にはいくつかの方法がある。それぞれの方法には，それ
> ぞれの利点と欠点がある。①空輸は費用がかかるが，素早い送付を要する品を運ぶ
> のに適している。②バスは多くの乗客を運ぶことができ，日常生活に便利である。
> ③一方，船は少ない経費で大量のものを運べるが，目的地に届くのに多くの時間が
> かかる。列車は駅にしか止まれないが，到着時刻を見積もるのが容易である。④ト
> ラックは列車に比べるとたいした量は運べないが，一軒ずつに運ぶには便利である。
> こうした，それぞれの輸送手段の長所・短所を考慮すべきであり，そうすれば必要
> に応じて最善の方法が選べる。

第1文に「荷物の輸送にはいくつかの方法がある」，第2文（Each method …）
に「それぞれの利点と欠点がある」とあるように，荷物の輸送手段とその利点，欠
点を述べている文章。①は「空輸」，③は「船舶」，④は「トラック」について述べ
ている。②の「バス」は「荷物」の輸送方法ではなく「人」の移動手段。この文が
不要である。

2017年度：英語(筆記)/本試験〈解答〉 **13**

問3 31 正解は③

> 訳 もし以前に覚えたことを忘れたら，もともとそれを覚えた場所に戻りなさい。複数の実験的研究がこの考えを裏付けている。たとえば，2つのグループのダイバーが海に潜った。①水中で単語のリストを聞いたあと，彼らは陸に戻り，思い出せる限り多くの単語を書き留めた。②1日後，一方のグループは陸上で座り，もう一方はまた海に潜った。③研究者たちは慎重に単語のリストを選び，ダイバーは潜る場所を選び出した。④それぞれのグループは前日に覚えた単語を思い出して書くように言われた。結果的に，海の中のダイバーのほうが，陸にいたダイバーよりもよく単語を思い出すということがわかった。このように，人の記憶の能力は，覚えるのと思い出すのが同じ環境で行われると，より良いようである。

第1文に「覚えたことを忘れたら，もともとそれを覚えた場所に戻れ」とあり，第3文（For instance, …）以下は，第2文（Experimental studies …）にある「実験的研究」の一例。下線部のいずれも実験の内容を説明してはいるが，③は実験を始める準備に関する記述である。これを取り除けば，実験2日目に一方のグループは単語を覚えたのとは違う場所で，他方は単語を覚えた場所で思い出して書くという手順のつながりが自然になる。この文が不要である。

14　2017年度：英語〈筆記〉/本試験〈解答〉

C　意見の要約

32 33 34 　正解は③，④，②

〔訳〕　アリス：市長から，私たちの町を発展させる方法を議論するこの会議を取り
　　　　　　　仕切るよう，私に依頼がありました。トム，あなたから始めていた
　　　　　　　だけますか。

　　　　トム：はい。もし新しい工場がここに建設されれば，もっと多くの人たち
　　　　　　　が私たちの町に引っ越してくるでしょう。このことは，地元の店や
　　　　　　　レストランの助けになります。お客さんが増えますからね。また，
　　　　　　　ここの住民で隣町で働いている人たちも，ここで仕事を見つけるこ
　　　　　　　とができるでしょう。車で長距離を通勤することに関して，不満を
　　　　　　　述べてきた人たちはたくさんいます。家にもっと近い所で働ければ，
　　　　　　　家族と一緒に過ごす時間をもっと取ることができますから，家庭生
　　　　　　　活の改善にもなるでしょう。

　　　　アリス：トム，あなたは 32 ということをおっしゃっているんですね？

① 「この町の住民の多くが他の町に仕事に行くほうを好んでいる」
② 「新しい企業は売り上げを伸ばすためにもっとたくさんすべきことがある」
③ 「私たちの町の人々は，ここでの新しい働き口から恩恵を受けるだろう」
④ 「隣町で仕事をすれば，人々の暮らしが良くなるかもしれない」

　　　　トム：ええ，その通りです。

　　　キャロル：そうですね，私はショッピングモールを建設するほうが良いのでは
　　　　　　　ないかと思います。ショッピングモールはお客さんにも店主にも良
　　　　　　　いでしょう。町の北東部に新しい住宅団地が完成すれば，そこで暮
　　　　　　　らす人たちは，買い物ができる近くのモールに満足するでしょう。
　　　　　　　私と同じように商いをしている仲間の多くも，以前から新しい場所
　　　　　　　に移れたらと願っています。そのようなモールは，もっと多くの人
　　　　　　　が店に来てくれるようになるので，店主たちは恩恵を受けます。

　　　　リック：私も同じ意見です。モールは，一つの場所で買い物が全部できるの
　　　　　　　で，町の他の地域の人たちにも便利です。だれもが時間を節約でき
　　　　　　　ますし，家族はもっと自分たちの生活を楽しめます。それに，幹線
　　　　　　　道路の出口が同じ地域にあります。ですから，そこに建設されるモー
　　　　　　　ルで私たちの町の人たちが買い物をするだけでなく，他の町の人

たちも簡単にそこに行けます。それは，地元の店舗の利益を増加させるでしょう。

キャロル：そうですよね。私たちの町にもっと多くのお客さんが来るようになるだけではなく，ここでの家庭生活がずっと良くなります。

アリス：では，お二人ともモールは 33 手助けになると感じているのですね。

① 「幹線道路を修復するお金を私たちの町にもたらす」
② 「繁華街と北東地域を発展させる」
③ 「多くの論争や議論を引き起こす」
④ 「私たちの町の経済と利便性を向上させる」

レスリー：私は，モールの建設や店を開くことだけが，町の経済の成長を助ける唯一の方法だとは思いません。自然の美しさを活用する方法を探るべきだと思います。私たちの町はすでにその美しさで有名ですからね。そのおかげで私たちの町は，家族が暮らすのに素晴らしいところなのです。

エレン：私もそう思います。ここで暮らしている家族や訪れる人たちが楽しんでいるものを変えることなく発展する努力をすべきです。私たちの町の美しい風景をもっと創造的な方法で活用すれば，人々はこの町にやって来て住む気になるでしょう。それが町にもっと多くのお金を呼び込むことになります。

レスリー：まったくその通りだと思います。長い目で見れば，ここの自然環境が保持されなければ，町の痛手になります。

アリス：では，レスリーとエレンは私たちの町の地勢を維持する大切さについて述べているのですね。さて，ここまでの議論から，どなたも，町を発展させる場合，私たちは 34 べきだと考えているようですね。では，考慮する必要のある何か他の点があるかどうか見ていきましょう。

① 「大型のショッピングセンターを建設する」
② 「住民の家庭生活を考慮する」
③ 「被雇用者の数を増やす」
④ 「自然環境のことを考える」

16 2017年度：英語〈筆記〉/本試験〈解答〉

32 　トムの最初の発言第2文（If a new …）に「新しい工場がここに建設され
れば，もっと多くの人たちが私たちの町に引っ越してくる」とあり，その結果とし
て「地元の店やレストランの客が増える」（第3文），「長距離を移動して隣町に仕
事に行っている人たちがこの町で働ける」（第4・5文），「職場が近ければ，家族
と過ごす時間も増える」（最終文）と，町の住民にとって良いことが列挙されてい
る。③「私たちの町の人々は，ここでの新しい働き口から恩恵を受けるだろう」が
適切。

33 　キャロルの最初の発言第2文（It would be …）に「ショッピングモール
はお客さんにも店主にも良い」とあり，第3文（When the new …）でモールが
建設される地区の人たちは「買い物ができる近くのモールに満足する」，最終文で
「モールは，より多くの人が店に来るようになるので，店主たちは恩恵を受ける」
としている。リックの発言第2文（A mall would …）に「モールは，一つの場所
で買い物が全部できるので，町の他の地域の人たちにも便利」とあり，第4文
（And the highway …）以降で，モールの建設地が幹線道路の出口と同じ地域で
あり，他の町の人たちも気軽に訪れられるようになり，地元の店の利益につながる
ことを述べている。④「私たちの町の経済と利便性を向上させる」が適切。

34 　トムは工場の建設，キャロルとリックはショッピングモールの建設，レス
リーとエレンは自然の美しさの活用を中心に述べているが，トムの最初の発言最終
文「家族と一緒に過ごす時間をもっと取ることができ，家庭生活の改善にもなる」，
キャロルの2番目の発言第2文（It would make …）「ここでの家庭生活がずっと
良くなる」，リックの発言第3文後半（and families …）「家族はもっと自分たちの
生活を楽しめる」，レスリーの最初の発言最終文「私たちの町は，家族が暮らすの
に素晴らしいところ」，エレンの発言第2文（We should try …）「ここで暮らし
ている家族…が楽しんでいるものを変えることなく発展する努力をすべき」という
ように，5人とも住民の家族の利益になることに触れている。②「住民の家庭生活
を考慮する」が適切。

第4問 資料読解

A グラフの読み取り

訳 《生徒が校庭で過ごす時間と活動性の調査》

[第1段] 子ども時代の，スポーツをしたり体操をしたりするといった身体的活動は，年齢が上がったときに大きく健康に恩恵をもたらす可能性がある。したがって，健康のために子ども時代の身体的活動を推進することは重要だ。校庭は，子どもや青少年が身体的活動に参加するように促せる場所の一つである。したがって，校庭が生徒たちにどのように使われているかを知ることは，彼らの身体的活動を推進するのに役立つ考えを与えてくれるかもしれない。

[第2段] 校庭の異なる種類の場所がどれだけ使われ，また，それらの場所で生徒たちが活動的か活動的でないかを調べるために，デンマークの4つの学校で，ある調査が行われた。その調査では，校庭のさまざまな場所が，その主な特徴によって分類，定義された。「芝生」は，運動場や天然の緑の芝の場所を表し，多くの場合サッカーに使われるが，印となる線やゴールはない。「マルチコート」は，人工芝やゴムなどさまざまな表面の，テニスやその他の球技のために設計された，フェンスで囲まれた場所のことである。「自然」は，たとえば茂みや木々，天然石のある場所を表した。「遊び場」は，砂のような安全な表面の上に，ブランコや滑り台のような遊具のある場所を表した。「硬い表面」は，コンクリートのような最も硬い表面の場所を表した。こうした場所は平らで開けた空間が特徴で，多くの場合，競技のための数多くの印が描かれており，いろいろなところにベンチが設置されていた。

[第3段] GPS装置やその他の器械を使って，研究者たちは生徒たちの身体的活動の程度だけでなく，校庭の異なる場所で彼らが過ごした時間の長さも測定した。図1は，「全生徒」がそれぞれの場所で1日に過ごした平均時間と，「子ども（12歳以下）」と「青少年（13歳以上）」に分けた場合の平均時間を表している。「硬い表面」は明らかに「全生徒」が大半の時間を過ごした場所であり，その次に「マルチコート」，そして「芝生」が続く。「自然」と「遊び場」は「全生徒」で似たような平均値を示したが，「全生徒」の「遊び場」の平均は2分を少し超えていた。

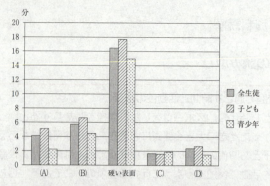

図1．全生徒，子ども，青少年が，それぞれの場所で過ごした平均時間

[第4段]　さらに，この調査では，「子ども」と「青少年」が校庭で過ごす平均時間にさまざまな違いがあることがわかった。「青少年」と比較して，「自然」を除く校庭のすべての場所で「子ども」のほうがより多くの時間を過ごしていた。「子ども」のほうが過ごす時間が長いことは，4校すべてでの規則により，昼食時間中に「子ども」は校庭を離れることができないが，「青少年」は好きなときにそれができるという事実で説明がつくかもしれない。

[第5段]　身体的活動の度合いを見て，研究者たちは校庭の場所による違いに気づいた。生徒たちは「芝生」と「遊び場」にいるときに最も活動的だった。一方，生徒たちは「硬い表面」にいるときはきわめて非活動的で，「青少年」では，身体的に活動的に過ごしていたのはそこにいる時間の7パーセントに過ぎなかった。

[第6段]　この調査で明らかになったことは，校庭のさまざまな環境と特性の可能性を調べることの大切さである。生徒たちの健康を増進するためには，「子ども」と「青少年」がするさまざまな遊びが，身体的活動に参加する時間の長さにどのように影響するかを観察することも有益である。今度はこの関連性を見よう。

語句・構文

[第1段] ▶ adolescent「青春期の人，10代の若者」adolescent と sc と並ぶ綴りに注意（いずれかを書き忘れやすい）。

[第2段] ▶ classify「〜を分類する」
▶ artificial「人工的な」[à:rtəfíʃl] アクセントに注意。

[第3段] ▶ with the average … being just over two minutes「平均が2分を少し超えて」 with O C は「OがCの状態で」の意で，付帯状況を表す。being は現在分詞。第5段最終文の with Adolescents spending … も同様。[第5段]の欄も参照。

2017年度：英語(筆記)/本試験〈解答〉　**19**

［第4段］▶ in comparison with ～「～と比べて，～と比較すると」

［第5段］▶ spending only 7% of their time there being physically active は
spend＋時間＋*doing*「時間を～して過ごす」の構文。「そこでの時間の
7パーセントしか身体的に活動的であることに使わない」が直訳。

［第6段］▶ take a look at ～「～を（ちょっと）見る」

問1　35　正解は③

「文章によると，『マルチコート』と『硬い表面』の違いは何か」
第2段第4文（*Multi-court* referred …）に「『マルチコート』は，人工芝やゴム
などさまざまな表面の…フェンスで囲まれた場所」，同段第7文（*Solid Surface*
described …）に「『硬い表面』は，コンクリートのような最も硬い表面の場所」
とある。**③「『硬い表面』と違って，『マルチコート』はさまざまな素材でできた比
較的柔らかい表面になっている」が正解。**

① 「『マルチコート』と違って，『硬い表面』には比較的幼い生徒たちが遊ぶための
人工芝が含まれる」　人工芝があるのは「マルチコート」（第2段第4文）。

② 「『マルチコート』と違って，『硬い表面』には生徒の競技のために記した境界線
がない」「硬い表面」にはさまざまな印が記してある（第2段最終文）。

④ 「『硬い表面』と違って，『マルチコート』は何にも囲われておらず，入りやす
い」「マルチコート」にはフェンスがある（第2段第4文）。

問2　36　正解は①

「図1では，次のどれが(A)，(B)，(C)，(D)を表しているか」
第3段第3文（Solid Surface was …）に「『硬い表面』は明らかに『全生徒』が
大半の時間を過ごした場所であり，その次に『マルチコート』，そして『芝生』が
続く」とある。グラフ中，過ごす時間の長さを見ると，(B)が2番目，(A)が3番目で
あることは明らか。(B)が「マルチコート」，(A)が「芝生」である。第3段最終文に
は「『自然』と『遊び場』は『全生徒』で似たような平均値を示したが，『全生徒』
の『遊び場』の平均は2分を少し超えていた」とあることから，(D)が「遊び場」と
なり，残る(C)が「自然」に決まる。**①「(A)芝生　(B)マルチコート　(C)自然　(D)遊び
場」が正解。**

問3　37　正解は④

「この文章の主な目的は…ことである」
第1段最終文に「校庭が生徒たちにどのように使われているかを知ることは，彼ら
の身体的活動を推進するのに役立つ考えを与えてくれるかもしれない」とあり，第

6段第1文には「校庭のさまざまな環境と特性の可能性を調べることの大切さ」とある。文章全体を通じて，校庭のさまざまな場所の特徴とそこで生徒が活動的かどうかについて述べており，④「校庭の種類がそこでの生徒の行動に影響を及ぼすことを示す」が正解。

① 「子ども時代に学校で身体的に活発であることの恩恵を論じる」

② 「身体的に活発な青少年の数を増やすための助言をする」

③ 「生徒たちに芝生を植えた場所で遊ぶように促している学校を紹介する」

問4　38　正解は②

「どのような話題が，最終段に続く可能性が最も高いか」

第6段第2文（To promote …）に「『子ども』と『青少年』がするさまざまな遊びが，身体的活動に参加する時間の長さにどのように影響するかを観察することも有益である」とあり，最終文では「今度はこの関連性を見よう」と述べている。②「遊びの種類と活動的である時間の長さの関係」が正解。

① 「異なる活動に対するさまざまな学校環境を研究することの利点」

③ 「校庭の環境が『青少年』の身体的活動に与える影響」

④ 「身体的活動をするのに費やされる時間に，校庭の表面がどのように影響するか」

B 情報の読み取り

訳 《短編動画コンテストの募集広告》

国際若手プロデューサー協会（IAYP）では，今年も年次短編動画コンテストを開催できることを誇らしく思っています。これは，幅広い視聴者とあなたの作品を共有する素晴らしい方法です。25歳以下の方ならどなたでも参加できます。IAYPは以下の4部門での投稿をお待ちしております。

	テーマ	上限時間
A部門	チームスポーツに関係する話題	3分
B部門	友情に関連する着想	5分
C部門	実話に基づく社会問題	5分
D部門	劇的な結末のミステリー	7分

締め切りは，2017年10月31日午後11時59分（日本標準時）です。優秀作品は各部門で3つ，著名な動画制作者から成る委員会によって選ばれ，12月にこのウェブサイトにアップされます。全部門での最優秀者には，オーストラリアのシドニーで開かれる次のIAYP大会のチケットが授与されます。ですから，ぜひこの機会を逃さないように！ ビデオカメラを取り出して，撮影を始めてください！

以下の手順を踏んでください。
- ▶ 動画を撮影し，コンピュータで，選んだ部門に合った長さに編集してください。
- ▶ ここ をクリックし，必要事項を記入の上，あなたの短編動画をアップロードしてください。

規則と条件
- ▶ 各個人あるいはグループが選べるのは1部門だけです。
- ▶ 締め切り前に送られた動画しかお受けできません。
- ▶ 動画はオリジナルのもので，コンテストに初めて投稿されるものに限ります。

22 2017年度：英語〈筆記〉/本試験〈解答〉

問1 　39 　正解は④

「IAYP の短編動画コンテストの目的は□□を提供することである」

表の上にある紹介部分の第2文（This is a …）に「これは，幅広い視聴者とあなたの作品を共有する素晴らしい方法だ」とある。④**「若い人たちが自分の作品を人に見せる機会」**が正解。

① 「同じ年齢の新しい友達に出会う場」

② 「短編動画を制作するためにオーストラリアへ行く航空券」

③ 「コンピュータで短編動画を制作するための助言」

問2 　40 　正解は②

「ある高校の野球部員たちが，海外の姉妹校の選手たちとの絆を扱った4分の短編動画を投稿する。この短編動画はどの部門に申し込むべきか」

長さが4分なのでA部門には合わない。テーマが姉妹校の選手たちとの絆なので，友情を扱ったものと言える。したがって②**「B部門」**が適切。

① 「A部門」

③ 「C部門」

④ 「D部門」

問3 　41 　正解は④

「このコンテストの投稿条件を満たしているのは次のどれか」

① 「若い日本人探偵が主役の，9分のミステリードラマ」

　上限時間は最も長いD部門でも7分であり，9分で応募できる部門はない。

② 「ラグビーの試合のために練習している学生たちを描いている6分の短編動画」

　長さが6分のものはD部門に応募できるが，これはテーマが「ミステリー」に限定されているので，内容が合わない。

③ 「地元の映画祭で3位になった3分の短編動画」

　「規則と条件」の3番目の項目に「コンテストに初めて投稿されるものに限る」とあることに反する。

④ **「2017年10月30日にこのウェブサイトにアップロードされた3分の短編動画」**

　表の下に下線で示してあるとおり，締め切りは2017年10月31日で，「手順」の説明の2番目の項目では，ウェブサイトに動画をアップロードするように指示している。また，3分ならいずれの部門にもあてはまる。これが正解。

第5問 物語文の読解

> 訳 《猫になった少年が見た自分自身》

[第1段]　あーーーーー！

[第2段]　大きなあくびとともに，僕は目を覚ました。なんて気持ちのいい朝なんだろう！　すごく鋭敏な感じがした。いつもよりずっとさえている。かつてないほどにくっきりと鳥のさえずりが聞こえた。階下から漂ってくるコーヒーの香りに気づいた。体の前に両腕を伸ばし，背中を持ち上げた。すごく気持ちがよかった。体を起こして座り，手をなめて，その手で顔を拭い始めた…。あれ？…　何か変だ。なんで舌で手をなめているんだろう。なんで体が毛で覆われているんだろう。何か言おうとしたが，僕の口から出てきた音は…「にゃー」だった。

[第3段]　僕がいるのは間違いなく自分の寝室だった。僕が座っているのは確かに僕のベッドだ。何もかも普段通りだった…違う生き物に変身してしまったらしいこと以外は。びっくりしすぎて動けなかった。何もできなかった。僕は思った――これからの人生ずっと動物として過ごさなくちゃいけないんだろうか。心配になりだした…。でもしばらくすると，そんな気持ちはどこかへ行ってしまった。それで，しっぽを揺らしながら，僕は自分の身の回りを探検し始めた。猫の気持ちはこんなふうに変わりやすいと言われている。

[第4段]　階段を下りていくと，コーヒーの香りが強くなり，朝食が何なのかにおいでわかった。たぶん，猫の感覚は人間よりも鋭いのだろう。食堂に着いたとき，目にしたもののせいで，心臓が止まるところだった。そこにいたのは「僕」だった！　人間の「僕」が食卓についていたのだ！　僕は「僕自身」から目が離せなかった。

[第5段]　人間の「僕」はスマートフォンに夢中だった。たぶん友達のメッセージに返信を書いているか，オンラインゲームをしているのだろう。「僕」の頭をスマホのほうにうつむけ，猫背で肩を丸めて「僕」は座っていた。「僕」はとても不快そうに見えた。

[第6段]　「僕」はときどきトーストをちょっとかじったが，「僕」の口の中の味に「僕」はちっとも気づいていないようだった。実際，僕の記憶の中のトーストの味はぼんやりしていた。他に何が最近朝食に出されていたかも思い出せなかった。人間の「僕」は，スマホをいじりながら，お皿に載っているものが何でも，気にもかけずにただ「僕」の口に入れていただけだった。「僕」はメールやゲームにあまりに集中していたから，「僕」の周りで起きていることには，ほとんど関心を払っていなかった。実際，「僕」の顔には，まったく何の表情もなかった。

24 2017年度：英語〈筆記〉/本試験〈解答〉

[第7段] 「ユウジ，ここのところ全然勉強していないでしょ。期末試験の準備はできているの？　ちょっと心配だわ」と，母さんが言った。

[第8段] 「うーん」と「僕」は言った。いらいらしている気配がちょっと「僕」の顔に現れたけれども，すぐに消えた。「僕」の顔は，また前のように無表情になった。

[第9段] 「こいつ，気に入らないな」と僕は思った。でもこいつは僕なのだ。それは否定できなかった。初めて，僕は自分が他の人たちに実際どんなふうに見えているのか気づいた。

[第10段] そのとき，「僕」が食卓を離れようとして，僕たちの目が合った。「わあ！　母さん，見て！　食堂に猫がいる！」

[第11段] なぜかはわからないけれども，僕は走っていた。逃げなくてはと感じた。階段を駆け上がって，自分の部屋の窓が開いているのに気づいた。僕は跳んだ！　変な感じがした。世界が突然すり替わったみたいだった。自分の体が落下していくのを感じて…。

[第12段] どすん！

[第13段] 目が覚めた。僕は自分の部屋の床に横たわっていた。ゆっくりと体を起こして，あたりを見まわした。すべてがいつも通りに見えた。僕は自分の手を見た。もう毛で覆われていないのを見てほっとした。立ち上がって，あくびをしながら，背中をまっすぐにするのに両腕を頭の上に伸ばした。いつもの朝の習慣通り，何も考えずに，スマホの充電が完了している机のほうに歩きだし，そして…足を止めた。

[第14段] 少しの間立ち止まってから，僕は背を向けて，朝食を摂りに階下へ下りた。

語句・構文

[第2段] ▶ yawn「あくび」 [jɔ́ːn] 発音注意。

[第3段] ▶ It was (certainly) my bedroom that I was in. 「僕がいたのは（間違いなく）自分の寝室だった」 It is … that ～「～（なの）は…だ」は強調構文。同段第2文も同様。
　　　　▶ as usual「いつも通り」

[第4段] ▶ the senses of a cat are sharper than those of a human「猫の感覚は人間のそれらよりも鋭い」 those は the senses を受ける代名詞。

[第5段] ▶ be absorbed in ～「～に夢中になる，～に没頭する」

[第6段] ▶ take a bite of ～「～を（ちょっと）かじる」

[第8段] ▶ in an instant「瞬時に」

2017年度：英語〈筆記〉/本試験〈解答〉 **25**

[第9段] ▶ for the first time「初めて」

[第13段] ▶ as was my usual habit in the morning「朝のいつもの習慣通りに〔習慣なのだが〕」 as は主節の内容を先行詞とする疑似関係代名詞で，主節は I started to 以下の部分。

問1 42 正解は①

「自分が猫になってしまったことに気づいたとき，ユウジは最初____」

第3段第4文（I was so surprised …）に「びっくりしすぎて動けなかった」とある。①「**驚いた**」が正解。

② 「当惑した」

③ 「興奮した」

④ 「満足した」

問2 43 正解は②

「ユウジの母親が彼に話しかけたとき，彼がいらいらしたのは____からだ」

第6段第5文（I was so focused …）に「メールやゲームにあまりに集中していたから，『僕』の周りで起きていることには，ほとんど関心を払っていなかった」とあるように，ユウジがスマートフォンの操作に夢中になっているところへ母親が話しかけた上に，第7段の母親の言葉（"Yuji, you never … worried"）は彼が勉強していないことに対する小言である。②「**彼女の言葉が彼の邪魔をした**」が正解。

① 「彼が彼女を喜ばせたかった」

③ 「彼が口に食べ物をほおばっていた」

④ 「彼女が彼の勉強の邪魔をした」

問3 44 正解は④

「猫が『こいつ，気に入らないな』と思ったのは，ユウジが____からだ」

第6段第1文（I sometimes took …）に「食べているトーストの味を感じていない」様子，第8段第1文に母親が話しかけても "Mmm"「うーん」と言うだけである様子が述べられている。④「**周りの人や物事に敬意を示していなかった**」が正解。

① 「朝食で食べた物の味を思い出せなかった」

② 「期末試験のための勉強をしている努力を隠そうとした」

③ 「彼の将来に対する母親の心配をからかっていた」

26 2017年度：英語〈筆記〉/本試験〈解答〉

問4　45　正解は①

「物語の最後で，ユウジがスマートフォンを手に取らなかったのは，彼が□□からだ」

第5～9段（The human *I* … to other people.）より，第三者的な目で見ることで，スマートフォンに夢中で，周りのことに注意を払わない無表情な自分の姿に初めて気づいたとわかる。①「自分の態度を改めるべき時期だと判断した」が正解。

②「まだスマートフォンが完全に充電できていないと気づいた」

③「以前の優先事項に従いたかった」

④「母親に叱られるのが怖かった」

問5　46　正解は②

「この物語の主題は何か」

猫に変身した主人公が，自分を客観的に観察するという設定であり，第9段最終文（For the first time, …）に「初めて，僕は自分が他の人たちに実際どんなふうに見えているのか気づいた」と述べられている。それまでスマートフォンの操作に熱中していた主人公が，物語の最後でスマートフォンを手に取らなかったことから，②「自分自身を観察することは自己変革につながることがある」が正解。

①「猫は人間よりもずっと優れた感覚を持っている」

③「スマートフォンを使っている人たちは奇妙に見える」

④「夢の中では信じられないことが起こりうる」

第6問 説明的な文章の読解

[訳] 《長く続く友情のための助言》

(1) ほとんどの人にとって，友情は自分がどのような人間であるかということの価値ある，そして重要な部分である。心理学者たちは，しっかりと確立された友情は，自分自身のより良い理解に私たちを導いてくれることを指摘してきた。彼らはまた，私たちが，知人とだけでなく，親友とでさえ，友人関係のいくつかを終わらせる結果になる可能性のある争いに直面するかもしれないと指摘している。さいわい，そのような争いが生じても，友情を維持する，あるいは守る方法を見つけることはできる。

(2) 困難をきたした友人関係を守る手助けになる方法の一つは，連絡を取り続けることである。友達が何か私たちの気持ちを傷つけるようなことをしたと思うとき，私たちの最初の反応は連絡を絶つことかもしれない。しかし，自尊心を抑えて，そんなことをするのを避けるほうが良いかもしれない。たとえば，メアリーは友達のスーザンが夜間学校を修了し卒業するまで，彼女の子どもたちの面倒を毎週見た。しかしその後，数カ月にわたってメアリーにはスーザンからの連絡がなかった。そのため，彼女はスーザンがただ自分を利用していただけだと感じた。メアリーはもうスーザンとは口をきかないことにした。しかし，結局，メアリーは自分自身の感情を無視するように自分に言い聞かせて，スーザンに自分の落胆について話した。スーザンはすぐに謝り，学業を修了したあと，滞っていた物事を片付けようとしていただけなのだと言った。もしメアリーがそのことについて話さなかったら，スーザンは問題が生じていたことをまったく知らずにいたことだろう。腹を立てているようなときでも，連絡を絶ってしまわないことは，良い関係を維持するために非常に大切なのである。

(3) 友情の助けになるもう一つ別の方法は，友達の観点から物事を見ることである。たとえば，マークは仲の良い友達のケイトに非常に腹を立てたが，それは入院していた彼の見舞いに彼女が来なかったからである。あとになって，彼はケイトの友達から，彼女が幼いころに重い病気にかかって入院して以来，病院が怖いと思っていたことを知った。それでマークはなぜケイトが来なかったかを理解し，腹を立てるのではなく，彼女に思いやりの気持ちを抱いた。

(4) 友情に対処することのうちで重要な部分は，私たちに必要な物事や生活様式が進展するにつれて友情も変わることがあることを認識し，受け入れることである。たとえば，高校で親友がいるかもしれないが，いったん卒業し，仕事や学業のために他の都市へ引っ越したり，結婚したりすると，その友達に会うことが減り，気持

ちも変わるかもしれない。言い換えると，親密な友情も性質が変わることがあるかもしれないということだ。それでも友達であること，ただ以前とは違った仕方でそうなのだということを心に留めておくべきである。

⑸　人々はどのようにして長期にわたって友情を維持しているのだろうか。ある調査で，研究者たちがその秘訣を探るために，長い間友人関係でいる多くの人たちに話を聞いた。そのような人たちは小さな誤解が，彼らの友情を終わらせるかもしれない大きな争いに膨らむのを防いでいることに，研究者たちは気づいた。友達の視点に立ち，自分の正直な気持ちを恐れずに表すことで，調査で話を聞かれた人たちは小さなことが大きな論争になるのを防ぐことができていたのである。

⑹　私たちはみんな，友情が貴重なものだと知っているが，友情はいつも一定不変なわけではないということもまた理解している。友情を維持することにおける苦労は，あらゆる人間関係で起こる山や谷のときに，つながりを強く保つことである。物事が順調なときには，友人関係を楽しめる。もし，物事がまずい事態になったら，上に述べた要点を思い出したい。関係をもとの軌道に戻せるときもあるが，関係が変わりうることを受け入れ，正しく認識すべきときもある。しかし，どのような状態であろうと，友情が私たちの人生の重要な部分であることは変わらない。

語句・構文

［第⑴段］ ▶ result in ～「～という結果になる」

［第⑵段］ ▶ catch up with ～「（仕事・勉強など）の遅れを取り戻す」

［第⑶段］ ▶ be hospitalized「入院する」

［第⑷段］ ▶ keep in mind that …「…ということを心に留めておく」

［第⑸段］ ▶ keep A from *doing*「A が～するのを防ぐ」

［第⑹段］ ▶ challenge in *doing*「～することにおける苦労，困難」

　　　　　 ▶ ups and downs「（物事の）浮き沈み，良い時と悪い時，変動」

A　内容説明，同意表現

問1　　47　　正解は④

「第⑴段によると，心理学者たちは友情について何と言っているか」

第⑴段第2文（Psychologists have pointed …）に「心理学者たちは，しっかりと確立された友情は，自分自身のより良い理解に私たちを導いてくれることを指摘してきた」，第3文（They have also noted …）に「彼らはまた…親友とでさえ…争いに直面するかもしれないと指摘している」とある。④「友情は私たちが自分自身を知る手助けになるが，問題も起こりうる」が正解。

① 「友情は，しばしば人の財産にたとえられる」

② 「友情は，不安定になったとき，修復が不可能である」

③ 「友情は，知人たちと争うことにつながる可能性がある」

問2　48　正解は②

「第(2)段の swallow our pride の意味に最も近いのは次のどれか」

当該文では，友達との間に問題が生じた場合に，swallow our pride して連絡を絶つのを避けるのが良いと述べている。この後の文では，メアリーとスーザンの例を挙げ，同段第8文（In the end, …）で，一度はスーザンと口をきかないと決めたメアリーが「自分自身の感情を無視して（ignore her own feelings）」スーザンと話をしたことで，2人の関係を維持したとある。②「自分の感情を抑える」が正解。

① 「誰かに自分の感謝を捧げる」　　③「問題が起こることを認識する」

④ 「誰かに会うことをやめる」

問3　49　正解は④

「第(5)段によると，調査で□□□ことが大切だとわかった」

第(5)段第3文（They found that …）に「小さな誤解が，彼らの友情を終わらせるかもしれない大きな争いに膨らむのを防いでいる」とある。同段最終文にはその手段として「友達の視点に立ち，自分の正直な気持ちを恐れずに表すこと」が挙がっている。④「問題が小さいうちに解決する」が正解。

① 「自分の本当の気持ちを表すことをためらう」

② 「誤解や言い争いを無視する」

③ 「可能なときはいつでも，問題を我慢する」

問4　50　正解は④

「第(6)段によると，友情を維持することに関して難しいのは何か」

第(6)段第2文（The challenge …）には「友情を維持することにおける苦労は，あらゆる人間関係で起こる山や谷のときに，つながりを強く保つことである」とある。④「問題のあるときに親しいままでいること」が正解。

① 「新しい，興味深い友達を見つけること」

② 「いつ関係を変えるべきかを知ること」

③ 「友達が問題を抱えているかどうかを知ること」

問5　51　正解は①

「この文章に最もふさわしい表題は何か」

第(1)段最終文で「争いが生じても，友情を維持する，あるいは守る方法を見つけることはできる」と述べ，第(2)・(3)段はそれぞれ，「困難をきたした友人関係を守る手助けになる方法の一つは」，「友情の助けになるもう一つ別の方法は」で始まっている。第(4)・(5)段も，それぞれ第1文に「友情に対処することのうちで重要な部分は」，「人々はどのようにして長期にわたって友情を維持しているのだろうか」とある。①「長く続く友情のための助言」が正解。
②「あなたとあなたの友達を守ること」　③「友情のカギとしての強さ」
④「友情の変化する性質」

B　段落要旨の選択

52　53　54　55　　正解は④，②，③，①

段落	内容
(1)	友情が大切であるという認識
(2)	52
(3)	53
(4)	54
(5)	55
(6)	心に留めておくべき重要なこと

第(2)段は，第1文に「困難をきたした友人関係を守る手助けになる方法の一つは，連絡を取り続けることである」，最終文に「連絡を絶ってしまわないことは，良い関係を維持するためには非常に大切だ」とある。52には④「友達と連絡を取り続け，ふれ合うことの価値」が適切。

第(3)段は，第1文に「友情の助けになるもう一つ別の方法は，友達の観点から物事を見ることだ」とある。53には②「友達の観点から状況を見ることの大切さ」が適切。

第(4)段では，第1文に「友情に対処することのうちで重要な部分は…友情も変わることがあることを認識し，受け入れることだ」，第3文（In other words, …）に「親密な友情も性質が変わることがあるかもしれない」とある。54には③「友情は変化すると理解することの意義」が適切。

第(5)段は，第2文（In one study, …）に「ある調査で，研究者たちが…長い間友人関係でいる多くの人たちに話を聞いた」とあり，その聞き取り調査でわかったことが続いている。55には①「長期にわたる友情に関する研究結果の報告」が適切。

英語(筆記)　本試験

2016年度 筆記

問題番号 (配点)	設 問		解答番号	正 解	配 点	チェック
第1問 (14)	A	問1	1	②	2	
		問2	2	④	2	
		問3	3	②	2	
	B	問1	4	③	2	
		問2	5	③	2	
		問3	6	④	2	
		問4	7	①	2	
第2問 (44)	A	問1	8	①	2	
		問2	9	①	2	
		問3	10	②	2	
		問4	11	④	2	
		問5	12	②	2	
		問6	13	①	2	
		問7	14	①	2	
		問8	15	③	2	
		問9	16	①	2	
		問10	17	④	2	
	B	問1	18	⑤	4 *	
			19	①		
		問2	20	③	4 *	
			21	⑤		
		問3	22	④	4 *	
			23	⑥		
	C	問1	24	②	4	
		問2	25	②	4	
		問3	26	④	4	

問題番号 (配点)	設 問		解答番号	正 解	配 点	チェック
第3問 (41)	A	問1	27	④	4	
		問2	28	②	4	
	B	問1	29	①	5	
		問2	30	②	5	
		問3	31	①	5	
	C		32	④	6	
			33	④	6	
			34	①	6	
第4問 (35)	A	問1	35	②	5	
		問2	36	①	5	
		問3	37	③	5	
		問4	38	②	5	
	B	問1	39	②	5	
		問2	40	③	5	
		問3	41	①	5	
第5問 (30)		問1	42	②	6	
		問2	43	③	6	
		問3	44	②	6	
		問4	45	③	6	
		問5	46	②	6	
第6問 (36)	A	問1	47	①	6	
		問2	48	①	6	
		問3	49	①	6	
		問4	50	③	6	
		問5	51	③	6	
	B		52	③	6 *	
			53	①		
			54	④		
			55	②		

(注) *は，全部正解の場合のみ点を与える。

自己採点欄　／200点

(平均点：112.43点)

第1問

A 発音

問1 ┃1┃ 正解は②

問	① **illegal**	② **logical**	③ **tiger**	④ **vague**
発音	① [ilíːgl]	② [ládʒikl]	③ [táigər]	④ [véig]

②は [dʒ]「ジ」に近い音。①・③・④は [g] で「グ」に近い音。
①「違法の」 ②「論理的な」 ③「トラ」 ④「あいまいな」

問2 ┃2┃ 正解は④

④は [uː]「ウー」。①・②・③は [au]「アウ」。
①「制限された」 ②「設立された」 ③「取り囲まれた」 ④「傷ついた」

問3 ┃3┃ 正解は②

問	① **church**	② **curious**	③ **curtain**	④ **occur**
発音	① [tʃə́ːrtʃ]	② [kjúəriəs]	③ [kə́ːrtn]	④ [əkə́ːr]

②は [juər] で「ユア」に近い音。①・③・④は [əːr] で、こもる「アー」の音。
①「教会」 ②「好奇心の強い」 ③「カーテン」 ④「起こる」

2016年度：英語〈筆記〉/本試験〈解答〉 **3**

B 第1アクセントの位置

問1 ☐4 正解は③

問	① civil	② purchase	③ unite	④ valid
発音	① [sívl]	② [pə́ːrtʃəs]	③ [ju(ː)náit]	④ [vǽlid]

③は第2音節にアクセント。①・②・④は，いずれも第1音節にアクセント。
① 「民間の」 ② 「購入（する）」 ③ 「結合する」 ④ 「妥当な」

問2 ☐5 正解は③

問	① abandon	② decision	③ politics	④ potential
発音	① [əbǽndən]	② [disíʒn]	③ [pálitiks]	④ [pəténʃl]

③は第1音節にアクセント。①・②・④は，いずれも第2音節にアクセント。
① 「断念する」 ② 「決定」 ③ 「政治」 ④ 「可能性（のある）」

問3 ☐6 正解は④

問	① charity	② continent	③ demonstrate	④ opponent
発音	① [tʃǽriti]	② [kántənənt]	③ [démənstrèit]	④ [əpóunənt]

④は第2音節にアクセント。①・②・③は，いずれも第1音節に第1アクセント。
① 「慈善」 ② 「大陸」 ③ 「論証する」 ④ 「対抗者」

問4 ☐7 正解は①

問	① agriculture	② discovery	③ material	④ philosophy
発音	① [ǽgrikʌ̀ltʃər]	② [diskʌ́vəri]	③ [mətíriəl]	④ [filásəfi]

①は第1音節に第1アクセント。②・③・④は，いずれも第2音節にアクセント。
① 「農業」 ② 「発見」 ③ 「材料」 ④ 「哲学」

4　2016年度：英語（筆記）/本試験〈解答〉

第2問

A　短文の空所補充

問1　　8　　正解は①

問　The train 　　　　 when I reached the platform, so I didn't have to wait in the cold.
　① had already arrived　　　② has already arrived
　③ previously arrived　　　④ previously arrives

訳　私がプラットフォームに着いたとき，電車はすでに到着していた。それで，寒い中を待たなくてよかった。

　過去の出来事であり，「待たなくてよかった」という内容から，「私が着いたときに，すでに電車が来ていた」と考えられる。過去の時点よりさらに前のことは過去完了で表す。① had already arrived が正解。

問2　　9　　正解は①

問　　　　　 Tokyo has a relatively small land area, it has a huge population.
　① Although　　② But　　③ Despite　　④ However

訳　東京の土地面積は比較的小さいが，人口は非常に多い。

　2つの節（SV）をつないで1文にまとめるはたらきをする接続詞を補う必要がある。①か②に絞られるが，② But はつなぐものどうしの間に位置しなくてはならない等位接続詞であるため，従属接続詞の① Although が正解。④ However は接続副詞で，節どうしを1文にまとめるはたらきはない。

問3　　10　　正解は②

問　Children 　　　　 by bilingual parents may naturally learn two languages.
　① bringing up　　　　② brought up
　③ have brought up　　④ were brought up

訳　バイリンガルの両親に育てられた子どもは，自然に2つの言語を身につけるかもしれない。

述語動詞は may learn なので，空所には Children を修飾するものが入る。bring up ~ は「~を育てる」であり，子どもは「育てられる」側なので過去分詞の ② **brought up** が正解。

問4　11　正解は④

問　My sister was not a serious high school student, and ☐.
① either I was　　　　　② either was I
③ neither I was　　　　④ neither was I
訳　私の姉はまじめな高校生ではなかったし，私もそうではなかった。

否定文の後に「~もまた…ない」と続ける場合，nor か（and）neither でつなぎ，その後は疑問文の語順になる。この条件に合うのは④ **neither was I**。これが正解。

問5　12　正解は②

問　Before the movie begins, please ☐ your mobile phone is switched off.
① keep　　　② make sure　　　③ never fail　　　④ remind
訳　映画が始まる前に，必ず携帯電話の電源を切っておいてください。

空所の後に SV のあるまとまり（節）が続いている。節を続けられるのは，② **make sure** のみ。make sure (that) S V「必ず S が V するようにする」

問6　13　正解は①

問　We have made good progress, so we are already ☐ schedule.
① ahead of　　② apart from　　③ far from　　④ out of
訳　ずいぶんはかどったので，私たちはすでに予定より早く進んでいる。

前半の内容から，schedule「予定」に先んじている意味にするのが妥当。① **ahead of ~**「~より早く」が正解。

6 2016年度：英語〈筆記〉/本試験〈解答〉

問7 　14　 正解は①

> 問　Thanks to their ☐ comments after my presentation, I felt very relieved.
> ①　friendly 　②　nicely 　③　properly 　④　warmly
> 訳　私の発表の後に彼らが好意的な論評をくれたおかげで，私はとてもほっとした。

名詞の comment「論評」を修飾する形容詞を選ぶ。名詞＋ly で形容詞，形容詞＋ly で副詞になるのが基本。したがって① friendly のみが形容詞で，これが正解。

問8 　15　 正解は③

> 問　(　A　) you've completed this required class, you (　B　) be able to graduate.
> ①　A：If 　　 B：won't 　　②　A：Unless 　B：would
> ③　A：Until 　B：won't 　　④　A：While 　　B：would
> 訳　この必修科目を修了するまで，卒業はできない。

前半の「この必修科目を修了する」と後半の「卒業できる（できない）」の内容を考え合わせると，前半が後半の条件と考えられるが，①では「修了したら卒業できない」，②では「修了しない限り，卒業できる」となり，意味を成さない。④はAの「期間」を表す While と you've completed の「完了」の組み合わせが意味を成さない。③「A：Until　B：won't」は「修了するまで卒業できない」となり，これが正解。

問9 　16　 正解は①

> 問　Wood (　A　) be used as the main fuel, but nowadays fossil fuels (　B　) widely.
> ①　A：used to 　　　 B：are used
> ②　A：used to 　　　 B：have been used
> ③　A：was used to 　 B：are used
> ④　A：was used to 　 B：have been used
> 訳　かつては薪が主な燃料として使われていたが，今日では化石燃料が広く使われている。

「かつては〜だった」は used to *do*。was used to *do* では「〜するために使われた」になり，直後の be used と意味が重複する。なお，be used to 〜 は「〜に慣

2016年度：英語（筆記）/本試験〈解答〉　**7**

れている」の意。Bは，nowadays が現在形とともに使われるため，are used が
正しい。① 「**A：used to　B：are used**」が正解。

問10　17　正解は④

> 問　（　A　）so considerate（　B　）him to come and see his grand-
> mother in the hospital every day.
> ① A：He is　　B：for　　　② A：He is　　B：of
> ③ A：It is　　B：for　　　④ A：It is　　B：of
> 訳　入院しているおばあさんに毎日会いに来るとは，彼は本当に思いやりがある。

Bの後に him があるため，AにはIt is を補い，形式主語の文にするのが妥当。そ
の is の後に〈人の性質〉を表す語があるときは，不定詞の意味上の主語に使う前
置詞は of になる。④ 「**A：It is　B：of**」が正解。

8 2016年度：英語（筆記）/本試験〈解答〉

B 語句整序

問1 | 18 | 19 | 正解は⑤—①

> 問 Hotel clerk : Good evening, Mr. and Mrs. Gomez. How can I help
> you ?
> Mrs. Gomez : Well, ④ we're ⑤ wondering ② if ⑥ you ① could
> ③ tell us how to get to the theater.
> 訳 ホテルの係員：こんばんは，ゴメス様。御用をお伺いいたしましょうか。
> ゴメス夫人：あの，劇場にはどのように行けばよいか教えていただけますか。

④ we're に続くのは⑤ wondering のみ。また，① could には③ tell が続き，この主語としては⑥ you しかない。空所の後にある us how to … が tell＋人＋物事のパターンに当てはまる。we're wondering と you could tell us … の2つの SV をつなぐ接続詞として② if「～かどうか」が使える。wonder if ～「～かどうかと思う」が丁寧な依頼を表す。

問2 | 20 | 21 | 正解は③—⑤

> 問 Student : Excuse me. I'd like to know what we will be discussing
> in next week's seminar.
> Professor : I haven't decided yet, so ② let ③ me ④ send ⑥ you
> ⑤ the details ① by email.
> 訳 学生：すみません。来週のゼミで何を議論するのか教えていただきたいのですが。
> 教授：まだ決めていませんから，メールで詳細を送らせてください。

② let の使い方には let *A do*「*A* に～させる」が考えられ，動詞の原形は④ send のみ。また send は〈O（人）＋O（物）〉が続く第4文型が取れ，「物」は文脈上⑤ the details「詳細」となる。誰が誰に詳細を送るかを考えると，「私」が「あなた」に送るとするのが妥当。したがって，let me send you the details と並ぶ。残る① by は空所の後の email と合わせて「（電子）メールで」の意になる。

2016年度：英語（筆記）/本試験〈解答〉 **9**

問3　22　23　正解は④－⑥

問　Interviewer : How did you change after becoming the head of such a large company ?

President : I ① came to ④ realize ⑤ the ③ need ⑥ to ② manage my time more effectively.

訳　記者：このような大企業のトップになってから，あなたはどのように変わりましたか。

社長：自分の時間をもっと効果的に管理する必要性を認識するようになりました。

主語 I に続く述語動詞は過去形になっている① came to のみ。come to *do* で「～するようになる」の意。原形動詞と考えられるのは② manage，③ need，④ realize だが，need は⑤ the に続ける名詞として使う。この need の後に⑥ to を置けば the need to *do*「～する必要性」とすることができ，ここにも原形が必要。それぞれの原形の箇所に manage と realize を当てはめて意味を成すのは，came to realize the need to manage（my time）という並びである。

C　応答文の完成

問1　24　正解は②

問　Maika : How about having a campfire on the last night of summer camp ?

Naomi : It's been very dry recently, so □

| (A)　I don't think | → | (A)　our teachers will allow | → | (A)　us lighting a fire. |
| (B)　I suppose | | (B)　out teachers won't agree | | (B)　us to light a fire. |

訳　マイカ：サマーキャンプの最終日の夜にキャンプファイヤーをするのはどうかしら。

ナオミ：このところとても乾燥しているから，私たちが火を燃やすのを先生が許してくれるとは思わないわ。

「とても乾燥している」という発言から，最後のブロックの「火を燃やす」のを否定する内容の文だと考えられる。最初のブロックにある think と suppose はともに，「～ないと思う」のように，考えていることが否定的な内容である場合には通例述部ではなく，think や suppose 自体を否定するため，(A) I don't think が適切。

したがって，2番目のブロックは否定語のない(A) our teachers will allow が続き，最後のブロックは allow A to do「A が〜するのを許す」という語法に合う(B)となる。②(A)→(A)→(B)が正解。

問 2　25　正解は②

> George: Sometimes I feel that I am not a very good musician.
> Robin: Come on! ☐
>
> | (A) No one is | (A) more talented | (A) in all the other people. |
> | (B) You are | (B) the most talented | (B) than you. |
>
> 訳　ジョージ：ときどき，自分がそれほど優れた音楽家ではないような気がするよ。
> 　　ロビン：しっかりしろよ！　君ほど才能のある人はいないよ。

最後のブロックの(A)については，all the other people と複数名詞があるが，最上級を用いるのであれば前置詞が in ではなく of でなくてはならない。of all などであれば可。最後は(B) than you に決まる。したがって，2番目は比較級の(A)になる。これらに合う主語・動詞は(A)の No one is である。②(A)→(A)→(B)が正解。

問 3　26　正解は④

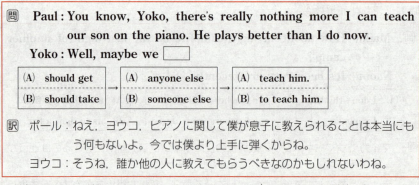

> Paul: You know, Yoko, there's really nothing more I can teach our son on the piano. He plays better than I do now.
> Yoko: Well, maybe we ☐
>
> | (A) should get | (A) anyone else | (A) teach him. |
> | (B) should take | (B) someone else | (B) to teach him. |
>
> 訳　ポール：ねえ，ヨウコ，ピアノに関して僕が息子に教えられることは本当にもう何もないよ。今では僕より上手に弾くからね。
> 　　ヨウコ：そうね，誰か他の人に教えてもらうべきなのかもしれないわね。

最初のブロック(B)の take には，take A do や take A to do の語法がないので，最初は(A)の should get。get には get A to do で「A に〜してもらう」の語法があるので，最後のブロックは(B) to teach him になる。肯定文なので2番目のブロックは，(B)の someone else が妥当。(A) anyone else では「他の誰でも」の意になり，意味を成さない。④(A)→(B)→(B)が正解。

第3問 会話文・文脈把握

A 対話文の空所補充

問1 27 正解は④

Sue : You know, Peter's birthday is coming soon. Is everything going well for the surprise party ?

Polly : Yes. I've already bought and wrapped his present. Here, look.

Sue : ☐ He might walk in at any moment.

Polly : OK. I'll put it away until the party.

① He doesn't like the color of the wrapping.

② I don't have the slightest idea what to buy.

③ Show him what you bought when he comes.

④ You should hide it so that he won't see it.

訳

スー：ねえ，もうすぐピーターの誕生日が来るわね。サプライズパーティーの準備は全部うまく進んでる？

ポリー：ええ。プレゼントはもう買って包んだわ。ほら，見て。

スー：彼に見つからないように隠しておくのがいいわ。いつなんどき入ってくるかもしれないから。

ポリー：わかったわ。パーティーまでしまっておくわね。

ピーターの誕生日のサプライズパーティーに備えて用意した贈り物を見せるポリーに対して，スーが「いつなんどきピーターが入ってくるかもしれないから」と言っている。その状況からすると，④「彼に見つからないように隠しておくべきだ」が文脈に合う。

① 「彼はその包装紙の色が好きではないわ」

② 「何を買えばよいか，さっぱりわからないわ」

③ 「彼が来たらあなたが買ったものを見せなさいよ」

問2 28 正解は②

Diego : Did you do the English homework ? It was difficult, wasn't it ?

Fred : Oh ! I totally forgot about it.

12 2016年度：英語〈筆記〉/本試験〈解答〉

Diego : You can do it during lunch time.

　Fred : There's little point in even trying. ☐

Diego : Don't give up. You need to pass English, right ?

① I'm sure I can make it.

② It'd be a waste of time.

③ Let me see what you can do.

④ You don't want to miss it.

訳 ディエゴ：英語の宿題はやった？　難しかったよね。

　　フレッド：あっ！　すっかり忘れてた。

　　ディエゴ：昼休みの間にできるよ。

　　フレッド：やってみてもほとんど意味がないよ。時間の無駄さ。

　　ディエゴ：あきらめちゃだめだ。英語は及第する必要があるんだろ？

忘れていた宿題を昼休みの間にできると言うディエゴに対して，フレッドは「試してみるのもほとんど意味がない」と答えている。その後にディエゴが「あきらめるな」と励ましていることから，空所には努力を放棄している発言が入ると考えられる。②「時間の無駄だ」が文脈に合う。

①「きっとできると思うよ」

③「君に何ができるか見させてよ」

④「君はそれを逃したくないんだよね」

B　不要文指摘

問1　　29　　正解は①

訳　日本の学生は今授業で，実際的な活動に携わることのほうが多く，事実を暗記することはあまりしない。学生は実地の経験を通して科学の法則を学んでいるのである。①彼らは世界の他の学生と比べて理科がよくできる。②彼らは針金，磁石，クリップといった日用品を使って電動モーターを組み立てる。③塩と氷でアイスクリームを手作りする。④学生たちは，新しい勉強法が好きなのは，楽しくて教育的であるとともに実用的だからだと言う。この新しい方法で学生たちがもっと科学に興味を持つようになることが望まれている。

第2文に「学生は実地の経験を通して科学の法則を学ぶ」とある。②・③はその具体例であり，④はそうした方法が好まれる理由が述べられている。①は日本の学生の優秀さを述べており，この文章の主旨からは外れている。この文が不必要である。

2016年度：英語〈筆記〉/本試験〈解答〉 **13**

問2 　30 　正解は②

訳　試行錯誤は，科学で使われる手法だが，日常生活でもよく見つかる。それは人々の体の具合がよくないときに見受けられる。彼らには，以前使ったいくつかの治療法がすでにあるかもしれない。また，新たな治療法を求めて，医学関係の書物を調べたり，インターネットを見てみるかもしれない。そうした治療法のどれかを使うことに決めるかもしれない。①もしその治療法で状態が改善しなければ，別のものを試してみる。②彼らは，その治療法がどれほど科学的であるか気にかけている。これが，日常生活でどのようにこの手法が採用されているかを表す一例である。③問題を解決するとき，科学者は複数の計画を考え出し，可能性のある選択肢の一つを使うのである。④ある計画がうまくいかなかった場合には，代案を検討する。このように，科学と日常生活で使われている手法にはいくつかの共通点があるのだ。

　第1文にあるように，この文章は「試行錯誤」という手法が日常生活と科学の世界でどのように使われているかを述べたもの。②は，治療法の性質に一般の人が関心を持つことを述べており，試行錯誤とは無関係。この文が不必要である。

問3 　31 　正解は①

訳　食べ物は私たちの胃を満たす以上のことをしてくれる。気持ちも満たしてくれるのだ。もし空腹ではないときにそうした気持ちを食べ物で満たそうとするなら，これは情緒的摂食として知られているものだ。情緒的空腹と身体的空腹にはいくつか重要な違いがある。①情緒的空腹と身体的空腹はともに，食べ物で取り除こうとする空虚感の合図である。②情緒的空腹は突然生じるが，一方で身体的空腹は徐々に起こる。③情緒的空腹は，食べたい食べ物ですぐに対処する必要があるように感じるが，身体的空腹は先延ばしにできる。④情緒的摂食は，あとに罪悪感が残ることがあるが，身体的空腹が理由となる摂食にそのようなことはない。情緒的空腹は食べ物では完全に満たすことができない。食べているときにはいい気分かもしれないが，空腹を引き起こした感情はまだ残っているのである。

　下線部の直前には「情緒的空腹と身体的空腹には重要な違いがある」と述べられているが，①は共通点を挙げており，話の流れに合わない。この文が不必要である。

14 2016年度：英語〈筆記〉/本試験〈解答〉

C　意見の要約

32　33　34　正解は④．④．①

訳 教授：おはようございます。みんな家であらかじめ本は読んできたことと思いますので，異文化理解に関する今日の授業を始めたいと思います。最初の質問は「なぜ異文化理解を研究する必要があるのか」というものです。どなたか答えたい人はいますか。

学生1：はい，それに答えてみようと思います。人は，自分の物事のやり方や世界の見方を「自然で」「正しい」ものだと考えているかもしれません。そういう人は誰かが物事を違ったふうにしているのに出会うと，それを「奇妙だ」とか「間違っている」と見なします。異文化理解を認識していると，誤解が生じたときにそれを理解したり，それに対処したりする手助けになります。私は最近それがとりわけ重要だと思います。なぜなら，仕事や勉強や休暇といった，さまざまな理由で人々は海外へ行くからです。他の国出身の人と出会う機会は非常に増えています。このように接触が増えているので，異なる文化圏の人たちの間でもめごとが起こる可能性が増しています。

教授：そうですね。あなたの言うように，異文化理解を研究することが有益なのは 32 からです。

① 「異文化の知識は外国で勉強するよう人々を促す」
② 「ある生活様式が他のものよりも正しいと見なされている」
③ 「過去においては，はるかに多くの異文化理解の例があった」
④ 「文化的な誤解に対してより容易に，またより円滑に対処できる」

教授：「文化」という概念に話を進めましょう。文化は常に私たちの周りにあるからこそ定義するのが難しいということを知っておくべきです。そのため，私たちは文化を特徴という観点から論じる傾向があります。文化的特徴の例をどなたか挙げてくれますか。

学生2：私が面白いと思った特徴は，ある文化に属する人たちは，同じ価値観，信念，行動様式を持っているということです。価値観とは，日本人の「もったいない」という概念のような，価値があると感じられる物事のことです。信念とは，人々が真実であると信じている物事であり，これは幅広い分野にわたっています。たとえば，ある文化の人たちは，

受け入れられない類の食べ物についての信念を共有しているかもしれません。行動様式とは，人々の行為に関するもので，同じ文化に属する人は，同様の振る舞いをしているのがよく見られます。

教授：いい説明ですね。それは 33 ということを意味していますね。

① 「他の文化集団と同じ信念を持つことが大切だ」
② 「同じ文化集団の人たちは，通常異なる振る舞いをする」
③ 「人々の食べ物に対する態度は，彼らがどの文化の出身かを決定する」
④ 「共通の行動様式で，人はある文化集団の一員になるかもしれない」

学生3：質問してもよろしいですか。

教授：もちろんです。

学生3：周囲の人たちといつも違って見える人についてはどうなのでしょう。私は，友達と同じようなやり方で物事をしないことがあります。ですから，集団の一員であるために同じ行動様式で振る舞う必要があるとしたら，同じではない人たちは，その人の文化集団の一員ではないということでしょうか。

教授：いい質問ですね。それに答えるためには，個々の事例よりもむしろ，文化的規範という観点から考える必要がありますね。

学生3：文化的規範とは何ですか。

教授：そうですね，文化的規範とは，ある文化集団の人たちが共有している行動様式の決まりや基準のことです。

学生3：それでは，文化的規範に従わない人はどうなるんでしょうか。

教授：えー，そういう人は，もっと小さな集団，つまり下位文化集団に属しているかもしれませんが，その集団もやはりその文化の一部と見なされます。このことは，彼らの行動が，その特定の文化で受け入れられる行動様式の範囲内にある限り，当てはまります。

学生3：では， 34 と考えるのは正しいですか。

① 「ひとつの文化は，複数の集団を含んでおり，それらがひとつのより大きな集団を構成している」
② 「違ったふうに行動することは，集団の一員として許されない」
③ 「文化的規範に従う集団の中にいることが重要だ」
④ 「下位文化集団の数は制限されるべきである」

16　2016年度：英語〈筆記〉/本試験〈解答〉

　　教授：ええ，正しいですよ。これで物事がはっきりしたことと思います。い
　　　　　いですね。先に進んで，文化の別の特徴について考える準備ができた
　　　　　のではないでしょうか。

　32　　学生1の発言第4文に「異文化理解を認識していると，誤解が生じたとき
にそれを理解したり，それに対処したりする手助けになる」とある。④「文化的な
誤解に対してより容易に，またより円滑に対処できる」が適切。

　33　　学生2は，その発言第1文で，同じ文化に属する人たちは同じ価値観，信
念，行動様式を持っていると述べている。その内容に合致するのは，④「共通の行
動様式で，人はある文化集団の一員になるかもしれない」のみ。第4文には「受け
入れられない食べ物についての信念が共通しているかもしれない」とはあるが，③
のように「どの文化の出身かを決定する」とまでは述べていない。

　34　　教授の最後から2番目の発言第1文には「そういう人（＝文化的規範に従
わない人）は，もっと小さな集団，つまり下位文化集団に属しているかもしれない
が，その集団もやはりその文化の一部と見なされる」とある。①「ひとつの文化は，
複数の集団を含んでおり，それらがひとつのより大きな集団を構成している」が適
切。

第4問 資料読解

A グラフの読み取り

> 訳 ≪合衆国のオレンジ生産と輸入量≫
>
> [第1段] 合衆国の消費者は，とりわけ1990年代以降，生鮮果物の輸入の量と種類が増加したことで恩恵を受けている。今日の食料雑貨店の果物と野菜のコーナーには，多くの場合何十ものさまざまな新鮮な果物が1年中並んでおり，それらは国産の生鮮果物に加えて，世界中のありとあらゆるところから来ている。
>
> [第2段] 生鮮果物の輸入が急激に増加したことは，合衆国の生鮮果物市場の多くの面に影響を及ぼしている。たとえば，オレンジは合衆国内で栽培されている主要な果物だが，合衆国のオレンジの輸入量は，1990年代から着実に増加してきており，合衆国の作物が凍るような天候に見舞われたときには急増したこともある（図1を見よ）。
>
>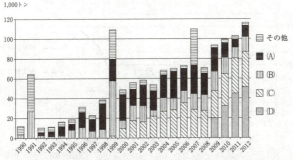
>
> 図1．合衆国の生鮮オレンジの国別輸入量
>
> [第3段] 合衆国内の市場は，さまざまな国や地域から輸入されるオレンジを迎え入れている。主な供給国の中で，メキシコは長年にわたる輸入元である。しかし，合衆国の新鮮なオレンジに対する需要が年間を通して高いため，南半球の国々もまた，とりわけ国内のネーブルオレンジが採れない夏の数カ月の間は，大きな供給元になっている。オーストラリアはそのような国の最初であり，合衆国政府からネーブルオレンジを合衆国に輸出する許可を得たのち，1990年代初期に開始した。1990年代後期に南アフリカが，また，ごく最近ではチリもオーストラリアに続いた。
>
> [第4段] 合衆国では，主に2種類のオレンジが国内生産されている。「ネーブルオレンジ」と「バレンシアオレンジ」である。ネーブルオレンジは，ほぼ種がなく，

容易にはがれる，果汁が多いというよりしっかりした果肉で，生で食べるのに最も人気のあるオレンジである。生鮮市場の合衆国産のオレンジでネーブルオレンジが占める割合は，2010年から2012年では76パーセントだった。比べてバレンシアオレンジは，皮が薄く，種が入っていることもある，果汁が多くて甘い果肉で，同じ時期に24パーセントを占めていた。生鮮市場のオレンジの合衆国首位供給元として，カリフォルニアは，生鮮市場のネーブルオレンジの87パーセント，生鮮市場のバレンシアオレンジの81パーセント以上を生産していた。

［第5段］　国内産の生鮮市場のオレンジの主な収穫時期は，11月から5月であり，カリフォルニアのネーブルオレンジが旬の時期である。しかし，国内で生産，出荷されるオレンジの量は，6月から10月までの間，著しく減少する。初期の頃には，まだ生鮮オレンジの輸入は，国内消費のごく一部しか占めておらず，ネーブルオレンジが季節外れの時期にはバレンシアオレンジが代わりになるものとして人気があった。しかし，図2に見られるように，南半球諸国からのネーブルオレンジの輸入は夏季の合衆国で優位を占めるようになっている。

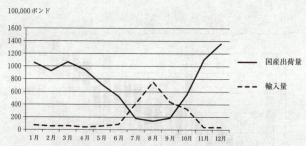

図2．輸入オレンジと国産オレンジの季節ごとの関係
（2010-2012年の平均）

［第6段］　季節による生産傾向のため，メキシコ産のオレンジの大半は12月から6月の間に合衆国市場に入ってくるが，これは，合衆国内の供給量が比較的高い時期である。対照的に，南半球諸国からの輸入のシーズンは，主に7月から10月であり，この時期には，合衆国内での供給量が比較的低い。この傾向は，他の多くの果物にも見られるものと類似している。

語句・構文

［第1段］▶ dozens of ~「何十もの~，多数の~」
　　　　▶ domestic「国内の，国産の」
［第2段］▶ crop「作物，収穫（高）」
［第3段］▶ due to ~「~のせいで，~が原因で」

2016年度：英語〈筆記〉/本試験〈解答〉　**19**

［第4段］▶ flesh「果肉」 fresh「新鮮な」と見間違わないよう注意。
　　　　 ▶ account for ～「～（の割合）を占める」
［第5段］▶ in season「旬で，盛りで」
　　　　 ▶ come to *do*「～するようになる」 become にはこの用法はない。
［第6段］▶ pattern「様式，（行動などの）傾向」 ＊アクセント注意［pǽtərn］

問1　35　正解は②
「図1で，以下のどれが(A)，(B)，(C)，(D)を表しているか」
　第3段第2文に「メキシコは長年の（オレンジの）輸入元である」とあり，図1の
1990・1991 年で Others「その他」以外に示されているのは(B)なので，これがメキ
シコと考えられる。同段第3文で「南半球諸国も主な供給元になった」とあり，続
く第4文には「オーストラリアはそのような国の最初であり，1990 年代初期に開
始した」とある。よって図1の 1992 年に初めて現れる(A)がオーストラリア。同段
最終文に「1990 年代後期に南アフリカが，また，ごく最近ではチリもオーストラ
リアに続いた」とあり，図1の 1999 年に初めて現れる(C)が南アフリカ，また，
2009 年に初めて現れる(D)がチリということになる。したがって，②「**(A)オースト
ラリア　(B)メキシコ　(C)南アフリカ　(D)チリ**」が正解。

問2　36　正解は①
「文章によると，次のどれがネーブルオレンジとバレンシアオレンジの違いの一つ
を正しく説明しているか」
　①「**ネーブルオレンジは，バレンシアオレンジほど種が多くない**」
　　第4段第2文にネーブルオレンジの特徴として「種がほぼない」，同段第4文に
　　バレンシアオレンジの特徴として「ときどき種がある」と述べられている。これ
　　が正解。
　②「ネーブルオレンジはバレンシアオレンジよりも果汁が多い」
　　第4段第2・4文に，ネーブルオレンジは「果肉は果汁が多いというよりしっか
　　りしている」，バレンシアオレンジは「果汁が多く甘い」と述べられていること
　　と一致しない。
　③「バレンシアオレンジは，冬にはネーブルオレンジよりも人気がある」
　　第5段第3文には「ネーブルオレンジが季節外れの時期にはバレンシアオレンジ
　　が人気だった」とあるが，ネーブルオレンジの旬は同段第1文にあるように「11
　　月から5月」と冬から春であり，冬に人気があるのはネーブルオレンジだと考え
　　られる。
　④「バレンシアオレンジはネーブルオレンジよりも生で食べるのに適している」

20 2016年度：英語〈筆記〉/本試験〈解答〉

どちらが生食に適しているかを示す記述は本文にはない。生食に関しては，第4段第2文最終部分に「ネーブルオレンジは，生食で最も人気のあるオレンジだ」とあるのみ。

問3 ┃ 37 ┃ 正解は③

「この文章の主な目的は何か」

第1段では，合衆国の消費者が生鮮果物の輸入量と多様性が増していることに恩恵を受けており，年中何十種類もの新鮮な果物が食料品店に並んでいると述べ，文章のテーマを大まかに述べている。以下，第2段は増加する輸入果物のうちオレンジについての説明，第3段はオレンジの具体的な輸入元，第4段は国産の2種類のオレンジの説明，第5段はそれらのオレンジの生産時期・供給量と輸入量の関係，最終段は第5段の詳細の説明である。全体を通して，合衆国の国産オレンジと輸入オレンジについて述べていることがわかる。③「合衆国のオレンジの生産と輸入の関係を説明すること」が正解。

① 「合衆国のオレンジ生産の季節による変化を説明すること」

② 「ネーブルオレンジとバレンシアオレンジの違いを説明すること」

④ 「合衆国で生産されるネーブルオレンジの質を改善すること」

問4 ┃ 38 ┃ 正解は②

「どのような話題が最終段に続く可能性が最も高いか」

最終段最終文に「この傾向は，他の多くの果物にも見られるものと類似している」とある。「この傾向」とは，同段によれば季節によるオレンジの輸入量の傾向のことである。したがって，②「他の果物の輸入の季節による変化を示す統計」が正解。

① 「合衆国から南半球への他の果物の輸出割合」

③ 「南半球からのネーブルオレンジの出荷方法」

④ 「合衆国とメキシコで一般的に栽培されている果物の種類」

B 情報の読み取り

≪美術館の広告≫

オクタゴン美術館　OMA

オクタゴン美術館（OMA）は，絵画，彫刻，写真といった現代美術を取り上げた展覧会やプログラムを提供しています。オクタゴン財団によって1972年に設立され，多くの常設展示品を含む膨大な収蔵品を有し，また，特別展，プロの芸術家や評論家による講演，小学生向けの教室，専門家がご案内するツアーを設けております。

入館料：5ドル／お一人様（6歳以下のお子様―無料）

プログラム参加料

ショートツアー（90分）	大人（18歳以上）	10ドル	毎日2回 午前9時と午後2時
	学生（7〜17歳）	8ドル	
	小人（6歳以下）	無料	
全体ツアー（3時間）	大人（18歳以上）	20ドル	火曜日と土曜日 午前10時
	学生（7〜17歳）	15ドル	
	小人（6歳以下）	無料	
絵画教室（90分）	大人（18歳以上）	15ドル	月曜日，午後7時
	学生（7〜17歳）	8ドル	水曜日，午後4時
	小人（6歳以下）	無料	水曜日，午前10時
写真講習（2時間）	大人（18歳以上）	17ドル	日曜日，午後7時
	学生（7〜17歳）	12ドル	日曜日，午前10時

注意事項

―ツアー，教室，講習の参加料には入館料が含まれています。
―ツアー，教室，講習は，少なくとも1週間前に こちら でご登録ください。
―当館では，隔週土曜日にはOMAホールにて，お招きしたゲストによる大人向けの講話，『アート・トークス』も行っております。ご予約や追加の料金は不要です。今月のスケジュールは こちら をクリックしてください。

22 2016年度：英語(筆記)/本試験〈解答〉

問1　 39 　正解は②

「カズコは 19 歳の店員で，美術館の活動に参加したいと思っているが，時間があるのは平日の夕方だけである。彼女が選ぶ可能性が最も高いのはどの活動か」

「プログラム参加料」の右端にある開催曜日と時刻の欄から，18 歳以上向けに平日の夕方行われているのは，月曜日の午後 7 時からの絵画教室のみ。**②「絵画教室」**が正解。

① 「全体ツアー」

③ 「写真講習」

④ 「ショートツアー」

問2　 40 　正解は③

「退職した夫婦とその 6 歳の孫が，平日の午後の活動に一緒に参加したいと思っている。彼らが選ぶ可能性が最も高いのはどの活動で，合計いくら払うことになるか」

「プログラム参加料」の右端にある欄から，平日の午後に行われ，6 歳の子どもと大人が一緒に参加できるのは「ショートツアー」のみ。料金は大人一人が 10 ドルで，6 歳以下は無料であるため，夫婦 2 人分の 20 ドルを払うことになる。**③「ショートツアー，20 ドル」**が正解。

① 「全体ツアー，20 ドル」

② 「全体ツアー，40 ドル」

④ 「ショートツアー，28 ドル」

問3　 41 　正解は①

「ウェブサイトによると，次のどれが正しいか」

① **「『アート・トークス』には，事前予約は必要ない」**

　　「注意事項」の 3 つめの項目に『アート・トークス』のことが述べられており，その第 2 文に「予約や追加料金は不要である」とある。これが正解。

② 「全体ツアーは毎日行われている」

　　「プログラム参加料」の右端の欄に「火曜日と土曜日」とある。

③ 「ツアーの料金に，入館料は含まれていない」

　　「注意事項」の 1 つめの項目に「ツアー，教室，講習の参加料には入館料が含まれている」とある。

④ 「アマチュアの芸術家による講演がある」

　　講演に関しては，「プログラム参加料」の表の上にある案内文の最終部分に「プロの芸術家による講演」とあるが，アマチュアの芸術家によるものについては記述がない。

第5問 物語文の読解

訳 《おじさんがシェフになったわけ》

[第1段] 「誰も私がたいした人物になるとは思っていなかったよ」と，ジョンおじさんは台所に立って，賞をもらった4品のコースディナーをどのように作るか私に見せながら言った。私は大学を卒業したばかりで，このディナーは，おじさんから私への贈り物だった。自分のために，著名なシェフに料理を作ってもらっているというのは，素晴らしい気分だった。その上，数日後には彼が全国的なテレビの料理コンテストである『ザ・ビッグタイム・クックオフ』に参加することになっていたので，私はわくわくしていた。

[第2段] ジョンおじさんが若いころ，彼の一家は田舎に暮らしていた。彼の母親は地元の学校で教鞭を取っていたが，ジョンが10歳のときに彼女は年老いた自分の母親の世話をするために仕事を辞めなくてはならなくなった。そのときまでは，彼の父親は優しくて，ジョンや2人の妹たちと一緒に遊ぶ時間がたっぷりあった。ところが，請求書が山のようにたまり続けたため，一家は苦しい状況に陥った。ジョンの父親はとうとう遠く離れた街での仕事に就かざるをえなくなり，家に帰って来られるのは週末だけになってしまった。

[第3段] 徐々に，仕事の予定が忙しくなったため，ジョンの父親は，家に帰って来たときはいつでも疲れた様子に見え始めた。実のところ，彼は陽気な人からいつも不機嫌な人間に変わってしまっていた。家にいるときは，ただ休んでいたいと思っていた。ちょっとしたことでジョンを叱ることが多くなった。父親に認めてもらいたくて，ジョンはできるだけ頑張ったが，十分だと感じたことは決してなかった。とうとう，彼は父親を避け始めた。友達とショッピングモールをぶらぶらするようになり，時には授業をさぼることもあった。少しずつジョンの成績は悪くなっていった。彼の両親や先生たちは，彼の将来を心配した。

[第4段] ある日曜日の朝，ジョンの母親が自分の母親の世話をするために出かけている間，父親はテレビのある部屋で昼寝をしていた。ジョンの妹たちがお腹を空かせていたので，ジョンは彼女たちのために何か作ってやり始めた。料理の仕方はよくわからなかったが，父親をわずらわせたくなかったのである。

[第5段] 突然，台所のドアが開き，父親がそこに立っていた。「お父さん，起こしたのならごめんなさい。チェルシーとジェシカがお腹を空かせていて，卵を料理してやろうとしていたんだ」 父親は彼をちょっとの間まじまじと見つめた。「卵だって？ 今日のようにいいお天気の日曜日に，お昼ご飯が卵というのはよくないな。裏庭でステーキを焼こう」「本当に？ 疲れているんでしょう」「大丈夫だよ。お父

さんは料理するのが好きなんだ。アルバイトでコックをしていた大学時代を思い出すよ。おいしいステーキの焼き方を教えてあげよう」

［第6段］　ジョンが驚いたことに，父親は料理をし始めると元気いっぱいになった。彼はジョンをそばに連れてきて，料理はある意味，理科の実験のようなものだということを細かく説明してくれた。「材料は正確に量って，どの食品が調和するか知っておく必要があるんだ。これを身につけたら，とても多くの人に喜びを与えることができるんだ」　ジョンは久しぶりに父親に親近感を覚えた。そのときから，ジョンはもっと多くの時間を家で過ごすようになった。普段から家族のために料理を作り始め，のちには大学の友人たちのためにも作るようになった。ジョンは料理を作るといつも幸せを感じ，この幸せが彼の生活の他の領域にもあふれていった。

［第7段］　ジョンおじさんはレストランで仕事をしながら大学を卒業し，とうとう有名レストランのシェフになった。彼は本当にその仕事が好きで，一所懸命に働き，自分独自の特別な技術を磨いた。最後には，独自のスタイルの料理を出す自分のレストランを開くことができた。いくつかの賞を取り，裕福な人や有名人のために料理を作った。

［第8段］　ここで話をコンテストに戻す。ジョンおじさんと私は，彼が選ばれたことで興奮していた。それでも，彼は本当に胸を打つことを，その台所で私に打ち明けてくれた。「ねえ，マイク」とジョンおじさんは言った。「『ザ・ビッグタイム・クックオフ』の出演者としてテレビに出られるのはわくわくしているよ。でも，いちばん幸せに感じるのは，自分が気にかけている人たちの一人である君とここに立って，そしておしゃべりすることだよ。2人きりでね。ずっと昔，夏のある晴れた日に父が私にしてくれたのとちょうど同じだ。そして，それが私の人生をすっかり変えてくれたんだ」

語句・構文

［第1段］　▶ amount to much「たいした（人）物になる」
　　　　　▶ have *A doing*「*A* に〜させ（てい）る」
［第2段］　▶ bill「請求書」
［第3段］　▶ hang out at 〜「〜でぶらぶらして時を過ごす，〜に入り浸る」
［第5段］　▶ work part-time「アルバイトをする」
［第6段］　▶ to *one's* surprise「人が驚いたことに」
　　　　　▶ in a way「ある点で，ある意味で」
　　　　　▶ from then on「そのとき以降（ずっと）」
［第7段］　▶ work *one's* way through college「働きながら大学を卒業する」
［第8段］　▶ touching「感動的な，胸を打つ」

▶ make all the difference「(事態を) がらりと変える」

問1　42　正解は②

「話の最初の部分で，ジョンおじさんは＿＿」

第1段第1文に「ジョンおじさんは台所に立って，賞をもらった4品のコースディナーをどのように作るか私に見せていた」，同段第2文には「このディナーは，おじさんから私への贈り物だった」とある。②「マイクへの特別な食事を作っていた」が正解。

① 「『ザ・ビッグタイム・クックオフ』のための料理を作っていた」

③ 「コンテストに向けてマイクを訓練していた」

④ 「自分の調理法を改善しようとしていた」

問2　43　正解は③

「ジョンおじさんの父親が街で働き始めたのは＿＿からだ」

第2段第2文に母親が教師の職を辞したこと，同段第4文に請求書がたまり続け，一家は苦しい状況になったことが述べられているので，経済的に厳しい状態であったと考えられる。③「一家は生活のためのお金がもっと必要になった」が正解。

① 「彼は田舎暮らしにうんざりしていた」

② 「家族と一緒に時間を過ごす方が容易だった」

④ 「ジョンおじさんの母親が病気になった」

問3　44　正解は②

「なぜジョンおじさんの両親や先生たちは，彼の将来を心配したか」

「両親や先生が彼の将来を心配した」という記述は第3段最終文にあり，その直前の2文に，ジョンが時折授業をさぼり，成績が少しずつ下がったとある。②「彼が勉強への関心を失った」が正解。

① 「彼はただ家で休んでいたかった」

③ 「彼は父親を避けるのをやめた」

④ 「彼はもはや陽気ではなくなった」

問4　45　正解は③

「ジョンおじさんの人生を変えるのに最も手助けとなったのは何か」

最終段最終文に「それが私の人生をすっかり変えた」とあり，「それ」とは直前の文にある「父親が，ずっと昔，夏のある晴れた日にジョンにしてくれたこと」である。これは第6段で父親が自ら料理をし，調理法をジョンに教えてくれたことを表

26 2016年度：英語〈筆記〉/本試験〈解答〉

す。そのとき、「ジョンは久しぶりに父親に親近感を抱いた」（第5文），「それ以降，家で過ごす時間が増え，家族のために料理をするようになった」（第6・7文）とある。③「料理を通じて，父親とつながりを持ったこと」が正解。

① 「友人と一緒に，受賞した料理を食べたこと」

② 「『ザ・ビッグタイム・クックオフ』のような料理コンテストに参加したこと」

④ 「台所でマイクとおしゃべりして過ごしたこと」

問5 　46　 正解は②

「ジョンおじさんが最も価値があると思っていることは何か」

最終段第5文に「いちばん幸せに感じるのは，自分が気にかけている人たちの一人である君とここに立って，おしゃべりすることだ」とある。②「身近な人たちと意義深い関係を持つこと」が正解。

① 「有名人のために独特な4品のコースディナーを作り出すこと」

③ 「テレビ番組で料理することを通じて，人々を幸せにすること」

④ 「自分のレストランで多くの人々においしい食事を出すこと」

第6問 説明的な文章の読解

訳 《オペラが直面している困難》

[第1段]　オペラは，最も高い表現水準にある人間の肉声を称える芸術形式である。オペラのように興奮を生み出し，心を動かす芸術形式は他になく，優れた歌手によって歌われる場合にはとりわけそうである。そのような歌手は訓練をして，これまで人間の声のために作曲されてきた中で最も素晴らしく，最も困難な音楽のいくつかを上演する。

[第2段]　オペラは西洋クラシック音楽の伝統の重要な部分である。オペラは，劇的な物語に命を吹き込むために，音楽と言葉と演技を使う。オペラは16世紀の終わりごろ，イタリアで生まれ，のちにヨーロッパ中に広まった。以降の年月，オペラは世界中のさまざまな音楽上，演劇上の発展に反応してきたし，そうし続けている。この数十年では，現代の録音技術を通じて，ずっと幅広い鑑賞者がオペラに接するようになっている。歌手の中には，ラジオ，テレビ，映画で歌ったおかげで，有名人になった人もいる。

[第3段]　しかし，近年，オペラは深刻な課題に直面している。こうした問題のいくつかについての原因は，どうにもならないものである。オペラにとっての現在の問題の一つは経済的なものである。現在の世界経済の景気後退は，文化機関や芸術家に使えるお金が少なくなったということを意味する。こうした資金不足は，オペラ歌手やその他の芸術家を支えるのにどれだけの金額を払うべきなのかという，より大きな問題を提起する。社会は，企業経営者に支払われる莫大な給料や，スポーツ選手に与えられる何百万ドルもの契約は認めるようだ。しかし，オペラ歌手についてはどうだろうか。どういうわけか，人々は，芸術家は貧しさの中で苦しんでこそ創造的になれるという考えを抱いているのだが，これは非現実的である。もしオペラ歌手も含めて芸術家が必要な支援を欠いていれば，価値ある才能は無駄になってしまう。

[第4段]　資金不足だけでなく，オペラ界でのお金の運用方法も困窮につながっている。主演歌手は一般に，一公演を終えれば出演料が支払われる。通常彼らは，公演が始まる前の何週間にも及ぶリハーサルの間は何も受け取らない。役の準備をするために，彼らはレッスンや指導を受けるための費用を払わなければならない。もし病気になったり，出演をキャンセルしたりすれば，彼らは出演料を受け取ることができない。この仕組みの不安定さが，オペラの将来を危機にさらしている。

[第5段]　オペラが直面している別の問題は，大衆娯楽に影響されている観客の要求にどのように応えればよいかということだ。ポピュラー歌手は，歌声がどうかと

28　2016年度：英語〈筆記〉/本試験〈解答〉

いうのと同じくらい，見た目がどうかということを基準に評価されることが多い。そのため，オペラ歌手は，こうした大衆文化に影響を受けている観客に向かって公演を行うとなると，今では「歌うモデル」であることが期待されるのである。こうした要求は，非現実的で，もしかすると有害かもしれない。オペラ歌手は体重があまりに軽いと，マイクなしで大きな劇場やコンサートホールに声を響かせるだけの大きな声を出すことができない。歌唱能力よりも身体的な外見を重視することで，観客が最高の人間の肉声を楽しめなくなるかもしれない。

［第6段］　オペラが抱える問題には簡単な解決策はなく，オペラの価値についてはさまざまに異なる意見が多数ある。しかし，毎年多くの若者が，この特別な芸術形式で自分の才能を伸ばす希望と夢を抱いて，音楽課程に登録している。オペラが多くの障害を乗り越えて生き延び，青年層の心をひきつけ続けているという事実は，オペラが価値に満ちた立派な芸術形式のままであるということを実証している。

語句・構文

［第1段］ ▶ challenging「骨の折れる，きつい，能力が試される」

［第2段］ ▶ bring *A* to life「*A* を生き生きさせる」
　　　　　▶ introduce *A* to *B*「*A* を *B* に触れさせる，*A* を *B* に紹介する」

［第3段］ ▶ beyond *one's* control「～にはどうにもできない」

［第4段］ ▶ *A* lead to *B*「*A* が（結果として）*B* になる〔つながる〕」
　　　　　▶ put *A* at risk「*A* を危険にさらす」

［第5段］ ▶ on the basis of ～「～に基づいて」
　　　　　▶ emphasize *A* over *B*「*B* よりも *A* を重要視する」

［第6段］ ▶ the rising generation「青年層」

A　内容説明，同意表現

問1　47　正解は①

「第2段によると，次の文のどれが正しいか」

第2段第4文に「オペラは世界中のさまざまな音楽上，演劇上の発展に反応してきたし，そうし続けている」とある。①「オペラは，新しい状況に適応することで発展する」が，本文の内容と一致する。これが正解。

②「オペラファンは，有名人に上演を感謝している」

③「オペラ歌手は，テレビや映画で歌うことを避ける」

④「オペラ歌手の人生の物語は劇的である」

問2 　48　 正解は③

「第3段の『しかしオペラ歌手についてはどうだろうか』という問いを言い換えるものはどれか」

第3段では，オペラが直面する経済的な問題を述べており，下線部の直前では「企業経営者やスポーツ選手には高額の給料や契約金が支払われるのを社会は容認するようだ」とある。これを受けて「オペラ歌手はどうだろう」と言っているので，「オペラ歌手には高額の報酬を払えるかどうか，オペラ歌手にはどれほどのお金を払う価値があるのか」と問うていることになる。③「**オペラ歌手はどれほどの価値があるか**」が正解。

① 「オペラ歌手はどのように準備をするか」

② 「私たちはどのようにオペラ歌手を使うべきか」

④ 「どれだけの額をオペラ歌手は払うか」

問3 　49　 正解は①

「第3・4段によると，どの文が正しいか」

第3段第3・4文に「オペラにとっての現在の問題の一つは経済的なもので，現在の世界経済の景気後退で，文化機関や芸術家に使えるお金が少なくなっている」とある。また，それに加えて第4段では第1文に「オペラ界でのお金の扱われ方も困窮につながっている」，最終文に「この仕組みの不安定さが，オペラの将来を危機にさらしている」とある。①「**オペラ歌手は経済的に不安定である**」が正解。

② 「オペラ歌手は裕福な人にだけ聞いてくれるように頼む」

③ 「オペラ歌手は公演の前に給料を支払われる」

④ 「オペラ歌手は貧しいと，よりうまく演じる」

問4 　50　 正解は③

「第5段の筆者の意見を最もよく表しているのはどの文か」

第5段第1〜3文に，オペラの抱えるもう一つの問題は，大衆娯楽の影響を受けた観客が，オペラ歌手にモデルのような外見を求めてしまうことだとあるが，それに対して筆者は，同段最終文で「歌唱能力よりも身体的な外見を重視することで，観客が最高の人間の肉声を楽しめなくなるかもしれない」と述べている。③「**オペラ歌手の外見よりも，彼らの声のほうがより高く評価されるべきである**」が正解。

① 「観客はオペラがどのように上演されるべきか一番よく知っている」

② 「オペラをいっそう楽しめるものにするために，マイクが使われるべきである」

④ 「大衆文化は，オペラによい影響を及ぼしてきた」

30 2016年度：英語〈筆記〉/本試験〈解答〉

問5 　51 　正解は③

「この文章に最もふさわしい表題は何か」

第1・2段は，オペラの簡単な紹介と歴史に充てられているが，第3段以降は，現在オペラが抱えている問題について，財政，給与，大衆の価値観といった面から述べられている。全体としては，西洋のクラシック音楽の伝統において重要な一部であるオペラが難しい局面にあることを伝えようとしていると考えられる。③「オペラが直面している困難」が正解。

① 「オペラでお金を稼ぐ方法」

② 「大衆文化の一部としてのオペラ」

④ 「オペラの歴史的背景」

B 段落要旨の選択

　52 　 53 　 54 　 55 　正解は③, ①, ④, ②

段落	内容
(1)	オペラの紹介
(2)	52
(3)	53
(4)	54
(5)	55
(6)	オペラの将来の見込み

第2段は，第1文でオペラが西洋のクラシック音楽の伝統の重要な一部であることを述べ，第3文ではその発祥と普及，第4文では現代までの発展の仕方，最終2文では近年の人気に言及している。 52 には③「過去から現在までのオペラ」が適切。

第3段は，第1文で近年オペラが深刻な課題に直面していると述べ，第4文で「現在の世界経済の景気後退は，文化機関や芸術家に使えるお金が少なくなったということを意味する」とある。 53 には①「世界財政のオペラへの影響」が適切。

第4段は，第1文に「資金不足だけでなく，オペラ界でのお金の運用方法（the way money is managed）も困窮につながっている」とある。 54 には④「お金の運用に関する問題」が適切。

第5段は，第1文に「オペラが直面している別の問題は，大衆娯楽に影響されている観客の要求にどのように応えればよいかということだ」とあり，オペラ歌手の本質的な価値ではない外見が重視される現在の傾向を述べている。 55 には②「大衆文化のオペラに対する影響」が適切。

英語(筆記) 本試験

2015年度 筆記

問題番号 (配点)	設問		解答番号	正解	配点	チェック
第1問 (14)	A	問1	1	②	2	
		問2	2	①	2	
		問3	3	①	2	
	B	問1	4	②	2	
		問2	5	④	2	
		問3	6	④	2	
		問4	7	③	2	
第2問 (44)	A	問1	8	①	2	
		問2	9	③	2	
		問3	10	③	2	
		問4	11	②	2	
		問5	12	①	2	
		問6	13	③	2	
		問7	14	①	2	
		問8	15	④	2	
		問9	16	②	2	
		問10	17	④	2	
	B	問1	18	⑤	4*	
			19	⑥		
		問2	20	⑤	4*	
			21	①		
		問3	22	④	4*	
			23	⑤		
	C	問1	24	⑦	4	
		問2	25	⑥	4	
		問3	26	①	4	

問題番号 (配点)	設問		解答番号	正解	配点	チェック
第3問 (41)	A	問1	27	④	4	
		問2	28	②	4	
	B	問1	29	②	5	
		問2	30	④	5	
		問3	31	①	5	
	C		32	②	6	
			33	②	6	
			34	①	6	
第4問 (35)	A	問1	35	④	5	
		問2	36	①	5	
		問3	37	②	5	
		問4	38	②	5	
	B	問1	39	②	5	
		問2	40	③	5	
		問3	41	①	5	
第5問 (30)		問1	42	③	6	
		問2	43	③	6	
		問3	44	④	6	
		問4	45	④	6	
		問5	46	④	6	
第6問 (36)	A	問1	47	④	6	
		問2	48	②	6	
		問3	49	②	6	
		問4	50	②	6	
		問5	51	①	6	
	B		52	③	6*	
			53	①		
			54	②		
			55	④		

(注) *は,全部正解の場合のみ点を与える。

自己採点欄 ／200点

(平均点:116.17点)

2 2015年度：英語(筆記)/本試験〈解答〉

第1問

A 発音

問1 ☐1☐ 正解は②

問	① **ancestor**	② **ancient**	③ **handle**	④ **handsome**
発音	① [ǽnsestər]	② [éinʃənt]	③ [hǽndl]	④ [hǽnsəm]

②は [ei]「エイ」。①・③・④は，少し長めに発音する強い [æ]「ア」。
①「祖先」 ②「古代の」 ③「扱う」 ④「美男子の」

問2 ☐2☐ 正解は①

問	① **flood**	② **hook**	③ **shook**	④ **wooden**
発音	① [flʌ́d]	② [húk]	③ [ʃúk]	④ [wúdn]

①は短く発音する弱い [ʌ]「ア」。②・③・④は，短く発音する [u]「ウ」。
①「洪水」 ②「留め金」 ③「振った」(shake の過去形) ④「木製の」

問3 ☐3☐ 正解は①

問	① **confusion**	② **expansion**	③ **mission**	④ **profession**
発音	① [kənfjúːʒn]	② [ikspǽnʃn]	③ [míʃn]	④ [prəféʃn]

①は [ʒ] で「ジュ」に近い濁る音。②・③・④は，[ʃ] で「シュ」に近い濁らない音。
①「混乱」 ②「拡大」 ③「使命」 ④「職業」

2015年度：英語(筆記)/本試験〈解答〉　**3**

B　第1アクセントの位置

問1　　4　　正解は②

問	① **admire**	② **modest**	③ **preserve**	④ **success**
発音	① [ədmáiər]	② [mάdist]	③ [prizə́:rv]	④ [səksés]

②は第1音節にアクセント。①・③・④は，いずれも第2音節にアクセント。
①「称賛する」　②「適度の」　③「保存する」　④「成功」

問2　　5　　正解は④

問	① **ambitious**	② **component**	③ **detective**	④ **dinosaur**
発音	① [æmbíʃəs]	② [kəmpóunənt]	③ [ditéktiv]	④ [dáinəsɔ̀:r]

④は第1音節に第1アクセント。①・②・③は，いずれも第2音節にアクセント。
①「野心的な」　②「部品」　③「探偵」　④「恐竜」

問3　　6　　正解は④

問	① **consequence**	② **discipline**	③ **residence**	④ **sufficient**
発音	① [kάnsikwèns]	② [dísəplin]	③ [rézidəns]	④ [səfíʃnt]

④は第2音節にアクセント。①・②・③は，いずれも第1音節にアクセント。
①「結果」　②「訓練」　③「住居」　④「十分な」

問4　　7　　正解は③

問	① **accompany**	② **appropriate**	③ **complicated**	④ **ingredient**
発音	① [əkʌ́mpəni]	② [əpróupriit]	③ [kάmplikèitid]	④ [ingrí:diənt]

③は第1音節に第1アクセント。①・②・④は，いずれも第2音節にアクセント。
①「同行する」　②「適切な」　③「複雑な」　④「成分」

第2問

A 短文の空所補充

問1　8　正解は①

問 **Did you make your grandfather angry again?　You should ☐ that.**
　① **know better than**　　　　② **know less than**
　③ **make do with**　　　　　④ **make up with**

訳 またおじいさんを怒らせたのですか？　そんなことをしないくらいの分別はもつべきです。

know better than ～ は「～（する）より分別がある，～（する）ほどばかではない」の意の慣用表現。than の後に to 不定詞を置くことも多い。①が正解。

問2　9　正解は③

問 **Scott went to the police station because he ☐.**
　① **caused his computer stolen**　　② **got stolen his computer**
　③ **had his computer stolen**　　　④ **was stolen his computer**

訳 コンピュータを盗まれてしまったので，スコットは警察へ行った。

have の語法は，have *A done* で「*A* を～される」の意。他にも「*A* を～させる，*A* を～してもらう」などの意味にも使う。③ **had his computer stolen** が正解。

問3　10　正解は③

問 **Last winter was rather unusual ☐ that very little snow fell in northern Japan.**
　① **about**　　　② **by**　　　③ **in**　　　④ **on**

訳 昨年の冬は，北日本で非常にわずかしか雪が降らなかったという点で，かなり異常だった。

in that Ｓ Ｖで「ＳがＶするという点で」の意の慣用表現。③ **in** が正解。

2015年度：英語（筆記）/本試験〈解答〉　5

問4　　11　　正解は②

問　My granddaughter has started a career as a singer, but I really
　　　　　　　an actress as well in the future.
　　① hope she became　　　　　　② hope she will become
　　③ wish she became　　　　　　④ wish she will become

訳　孫娘は歌手として仕事を始めたが，本当は彼女が将来女優にもなってくれるこ
　　とを私は望んでいる。

最後に in the future「将来は」とあり，今後の望みなので hope を使い，目的語
に当たる that 節（that 自体は省略されている）内を未来時制にするのが正しい。
② hope she will become が正解。wish は実現不可能あるいは実現の可能性が
低いことを望む場合に使い，通常仮定法で用いる。

問5　　12　　正解は①

問　I was fast asleep, so I didn't hear the car accident that　　　　at 2
　　a. m. this morning.
　　① happened　　　　　　② happens
　　③ was happened　　　　④ would happen

訳　私はぐっすり眠っていたので，今朝2時に起きた自動車事故の音は聞かなかっ
　　た。

過去の事実を述べており，過去時制がふさわしい。happen は「起こる」という意
味の自動詞なので，③のように受動態にはできない。また④のように would を入
れると，過去のある時点から見た未来のことになるので不可。① happened が正解。

問6　　13　　正解は③

問　I always walk my dog along the beach,　　　　the sea view.
　　① being enjoyed　　　　② enjoy
　　③ enjoying　　　　　　　④ with enjoying

訳　私はいつも，海の景色を楽しみながら，浜辺沿いに犬を散歩させている。

空所の前に接続詞がないので，②の enjoy だけでは前とつながらない。分詞構文
にするのが適切。文の主語「私」が楽しむという能動の関係なので，③ enjoying
が正解。また，「～しながら」という意味で④のように with *doing* とは言わない。
なお，without *doing* は「～せずに」の意で使う。

6 2015年度：英語(筆記)/本試験〈解答〉

問7　14　正解は①

> 問 Mt. Fuji stands impressively ☐ the blue sky.
> ① against ② among ③ behind ④ by
> 訳 富士山が，青空を背景に印象的な姿を見せている。

against で「～を背景にして」の意。② among「～の間で」，③ behind「～の後ろで」，④ by「～のそばで」はいずれも意味をなさない。① **against** が正解。

問8　15　正解は④

> 問 Sorry. We talked about it just now, but （ A ） did you say （ B ）?
> ① A：how B：the best solution
> ② A：how B：was the best solution
> ③ A：what B：the best solution
> ④ A：what B：the best solution was
> 訳 すみません。今話したばかりですが，何が最善の解決策だとおっしゃいましたか？

相手の意見や発言内容について問うときは，疑問詞＋did you say〔think〕(S) V…？となる。もとの疑問文は What is the best solution？「最善の解決策は何ですか」であり，時制の一致で was となる。副詞の how はそれを除いて完全文が続くため，選択肢①・②は不可。④「**A：what　B：the best solution was**」が正解。

問9　16　正解は②

> 問 The Internet has become （ A ） powerful a tool （ B ） people living anywhere can access any educational resource.
> ① A：so B：but ② A：so B：that
> ③ A：such B：but ④ A：such B：that
> 訳 インターネットはたいへん影響力の強い道具になっているので，どこに住んでいる人でも，あらゆる教育上の資源を利用できる。

空所の間の powerful a tool という語順から，副詞の so が A に入ることがわかる（such なら such a powerful tool）。B に続く内容から，that を補って，so … that ～「とても…なので～」の構文にするのがふさわしい。②「**A：so　B：that**」が正解。

2015年度：英語（筆記）/本試験〈解答〉 7

問10 　17　 正解は④

問 The manager said his team （　A　） win the soccer league and they actually did （　B　） season.
　① A：will 　　B：next 　　② A：will 　　B：the next
　③ A：would 　B：next 　　④ A：would 　B：the next

訳 監督は，彼のチームがサッカーのリーグで優勝すると言い，実際，翌シーズンに優勝した。

主節の動詞が said と過去形なので，時制の一致により，発言内容の未来の助動詞will は would とするのが正しい。「翌」の next は，現在から見て未来のことなら無冠詞だが，過去の一時点からの「翌」には the をつけるのが基本。④「A：would　B：the next」が正解。

B 語句整序

問1 　18　 19　 正解は⑤—⑥

問 Yuki：Have we met before？ You look very familiar to me.
　Anne：I don't think so. If we had met, ③ I ⑤ would ② have ④ recognized ⑥ you ① for sure！

訳 ユキ：前に会ったことがありましたか？ とても見覚えがあるように思うのですが。
　アン：そうではないと思いますよ。もし会ったことがあるのなら，間違いなくあなたのことがわかったでしょうから！

文の前半から仮定法過去完了であることがわかる。帰結節の形は「過去形の助動詞＋ have *done*」であり，それに続けて recognized の目的語 you を置く。残る for は文末の sure と合わせて for sure「確かに，間違いなく」の意。

問2 　20　 21　 正解は⑤—①

問 Customer：Could I extend the rental period for the car？
　Agent：Yes, but ⑥ you ⑤ will ② be ③ charged ❶ an extra fee ④ of $50 for each additional day.

訳 客：車のレンタル期間を延長できますか？
　係員：できますが，延長１日につき，50 ドルの追加料金がかかります。

8 2015年度：英語〈筆記〉/本試験〈解答〉

文末の「延長1日につき50ドル」が，① an extra fee「追加料金」と考えられるので，of でつないで「50ドルの追加料金」とする。それを「あなたが請求される」という未来時制の受動態で文の前半を整える。charge *A B*「*A* に *B* を請求する」

問3 [22] [23] 正解は④—⑤

> 問 **Reiko：Shall we cook tonight, or order some Chinese food?**
> **Kyoko：Let's order Chinese ① because ④ I'm ③ feeling ⑥ too tired ⑤ to start ② cooking.**
> 訳 レイコ：今夜は料理を作る？　それとも中華料理を何か注文する？
> キョウコ：中華料理を注文しましょうよ。だって，私とても疲れているから，料理を始めるのは無理だわ。

全体で because の節を作り，too … to *do*「とても…なので～できない」の構文になることは明らか。ポイントは③ feeling の使い方。I'm too tired でも意味をなすが，I'm feeling too tired としなくては，使える箇所が他にない。

C　応答文の完成

問1 [24] 正解は⑦

> 問 **Customer：I bought this book here last week, but a few pages in the middle are missing.**
> **Shop manager：Do you have the receipt?　Unless you can show it, [　]**
>
> | (A) I hesitate | (A) to have refused | (A) for a new copy. |
> |---|---|---|
> | (B) I'm afraid | (B) we can't exchange it | (B) your problem. |
>
> 訳 客：この本を先週ここで買ったのですが，中ほどの数ページが抜けているんです。
> 店長：レシートをお持ちでしょうか？　レシートを見せていただかなければ，新しいものとの交換には応じかねます。

最初のブロックで(A)を選ぶと hesitate to *do*「～するのをためらう」から，2番目のブロックが(A) to have refused で「拒否した（ことをためらう）」となり，意味をなさない。最初と2番目をいずれも(B)にして I'm afraid we can't exchange it「申し訳ありませんが，交換できません」とすれば，最後のブロックで(A) for a new copy「新しいものと」を選んで，意味の通る文にできる。⑦(B)→(B)→(A)が正解。

2015年度：英語〈筆記〉/本試験〈解答〉 9

問2　25　正解は⑥

問　Elena : I'm so relieved you're here. The plane is leaving in 40 minutes.
　　Yuko : I know! ☐

| (A)　Thanking | → | (A)　John driving me here, | → | (A)　I would be in time. |
| (B)　Thanks to | | (B)　John drove me here, | | (B)　I'm in time. |

訳　エレナ：あなたが到着して本当にほっとしたわ。飛行機は40分後に発つのよ。
　　ユウコ：ええ，そうよね！　ジョンがここまで車で送ってくれたおかげで間に合ったわ。

エレナの発言から，ユウコが遅れそうになりながらも間に合って到着したことがわかる。最後のブロックは(B)「間に合った」が適切。2番目のブロックから「ジョンが私（＝ユウコ）を車で送ってくれた」ことがわかる。これが間に合った理由であり，最初のブロックは(B) Thanks to ～「～のおかげで」がふさわしい。(A) Thanking では「～に感謝して」になる。Thanks to の to は前置詞で節（S V …）は続けられないため，2番目のブロックは動名詞を使った(A) John driving me here, が適切。John は動名詞の意味上の主語である。⑥(B)→(A)→(B)が正解。

問3　26　正解は①

問　Sophie : Look at those beautiful butterflies!　Let's try to catch one to take home.
　　Hideki : No way!　☐　Just enjoy watching them!

| (A)　I wouldn't | → | (A)　dream of doing | → | (A)　such a thing! |
| (B)　It wouldn't | | (B)　dream to do | | (B)　your best! |

訳　ソフィー：あのきれいなチョウを見て！　1匹捕まえて家に持って帰ろうよ。
　　ヒデキ：とんでもない！　僕ならそんなこと夢にも思わないな！　見て楽しもうよ！

No way!「とんでもない，冗談じゃない」とあり，2番目のブロックに dream があることから，「捕まえるなんて夢にも思わない」といった内容が考えられる。最初のブロックはヒデキを主語にする必要があるので，(A) I wouldn't となる。2番目のブロックは dream of *doing*「～することを夢見る」の語法にしたがって(A)を選び，最後のブロックは(A) such a thing!で「そんなことを（する）」と続けられる。①(A)→(A)→(A)が正解。

10 2015年度：英語〈筆記〉/本試験〈解答〉

第3問 会話・文脈把握

A 対話文の空所補充

問1 　27 　正解は④

> 問　Hiro : What did you do this weekend ?
>
> David : I went to the shopping mall. They were having a big spring sale.
>
> Hiro : Did you buy anything good ?
>
> David : Yeah, I bought a new jacket.
>
> Hiro : ☐ I have to go to the dry cleaner's. I need to pick up my own jacket.
>
> ①　I can't remember.　　　　②　I remember that.
>
> ③　Remind yourself.　　　　④　That reminds me.
>
> 訳　　　　　ヒロ：今週末は何をしたの？
>
> デイヴィッド：ショッピングモールへ行ったよ。春の大セールをやっていたんだ。
>
> 　　　　　　ヒロ：何かいいもの，買ったかい？
>
> デイヴィッド：うん，新しいジャケットを買ったよ。
>
> 　　　　　　ヒロ：それで思い出した。ドライクリーニング屋に行かなくちゃ。自分のジャケットを取りに行かなくちゃいけないんだ。

デイヴィッドの買い物の話から，空所の後で急にクリーニング店の話に変わっている。ヒロの発言の最後の部分に「自分のジャケットを取りに行く必要がある」とあることから，デイヴィッドがジャケットを買ったことで思い出したと考えられる。
④「それで思い出した」が文脈に合う。
①「覚えてないよ」
②「それは覚えているよ」
③「思い出してよ」

問2 　28 　正解は②

> 問　Amy : How was the tennis tournament ? Did you win the championship ?
>
> Miki : No. I lost the final match because I was exhausted and too nervous.

Amy : I'm sorry to hear that.

Miki : It's OK. ☐ Now I know it's important to rest and relax before a big match next time.

Amy : I'm sure you'll play better next year.

① I was very close to losing the final match.

② It turned out to be a good lesson for me.

③ It was the easiest game I've ever had.

④ I've totally given up playing tennis.

訳 エイミー：テニスの試合はどうだった？　優勝した？

　　　ミキ：ううん。決勝で負けたわ。とても疲れて，神経質になりすぎたの。

エイミー：残念だったわね。

　　　ミキ：大丈夫よ。結局は，いい教訓になったわ。次の大きな試合の前には，休息してリラックスするのが大切だってわかったから。

エイミー：来年はきっともっとうまくなるわね。

空所の後で「今では休息してリラックスするのが大事だとわかっている」とあることから，敗因から学んだことがうかがえる。②「それは結局私にとってよい教訓になった」が文脈に合う。

①「もうちょっとで決勝を落としそうになったわ」

③「これまででいちばん楽な試合だったわ」

④「テニスをするのは完全にあきらめたの」

B　不要文指摘

問 1　　29　　正解は②

訳　切手収集は，お金をかけずにいつでも好きなときに楽しめる，教育的な趣味である。①それは，世界中のさまざまな国の歴史，地理，著名人，習慣を学ぶための楽しく実際的な手段を与えてくれる。②この趣味は，1840 年に英国で世界初の切手が登場してからすぐに始まった。③受け取った封筒に貼ってある切手を取っておくことで，お金を全く使わずに始めることもできる。④さらに，天気にかかわらず，いつでも収集に取り組める。新たな趣味を探しているのなら，切手収集がよいかもしれないですよ！

文章全体で述べられているのは，切手収集がもつ趣味としての利点である。②は，切手収集の歴史に当たるもので，利点を述べている他の文とのつながりが不自然。この文が不必要である。

12 2015年度：英語〈筆記〉/本試験〈解答〉

問2 　30 　正解は④

> 訳 比較的最近まで，世界の一部の地域の人たちは，塩を一種の現金として使い続けていた。塩がお金として使われた理由はいくつかある。塩が経済的価値を与えられたのは，塩を大量に生産できる場所が非常に少なかったからである。①もう一つの理由は，塩はかなり軽く，取引の目的で持ち運ぶのが容易だということである。②加えて，塩は計量できるので，その重さで簡単に価値が計算できる。③さらに，塩は非常に長期にわたってよい状態を保つので，価値が変わらない。④最後に述べるが，重要性は上記に劣らないこととして，塩は，雪の多い地域で路上の氷を解かすといった，他の多くの使い方がある。要約すると，塩にはいくつかの特徴があり，それがもとで，お金の一形態として適したものになっているのである。

　　文章全体で述べられているのは，塩がお金として使われる理由である。④は，お金として以外の塩の使い方に関わり，文脈から外れるため，不必要である。

問3 　31 　正解は①

> 訳 昔は，日本のテレビ番組のほとんどは，開始と終了が正時ちょうどだった。①番組はテレビ局によってさまざまだが，だいたい，早朝の時間帯はニュース番組が占めており，夜の時間帯はバラエティー番組が占めている。②競争のせいで，一部の放送局が，自局の番組を少し早く始めることで，ライバル局より優位に立とうとした。③多くの人が，番組が終わりかけると，他のチャンネルをあれこれ見て回り始めるので，テレビ局側は，もし番組を数分早く始めれば，人々がそれを見始めるだろうと考えたのである。④別の戦略は，人々が同じチャンネルをずっとつけていた結果，他のチャンネルの番組の最初の部分を見逃すように，人気のある番組を正時より少し遅く終わらせるというものである。今ではこのような戦略を多くのテレビ局が採用するようになっているので，どの局の優位性も失われている。それでも，視聴者を失う恐れから，テレビ局はこの習慣を続けているのである。

　　文章全体で述べられているのは，テレビ番組の開始時間，終了時間が，現在では昔と異なっていることとその理由である。①は，時間帯によるテレビ番組の内容について述べており，放送の時間という文脈から外れるため，この文が不必要である。

C 意見の要約

32 33 34 正解は②, ②, ①

訳　司会者：今日の議論のタイトルは「迷信——それは何であり，なぜ人はそれを信じるのか」です。お招きした講演者は，ここ日本在住の大学教授のジョセフ=グラントさん，そして，カナダ出身の客員教授のリリー=ネルソンさんです。ジョセフさん，迷信とは何なのか，ご説明いただけますか。

ジョセフ：迷信とは，はっきりとした合理的根拠のないものを信じることです。たとえば，人々が迷信的に信じているさまざまな日付や数があります。多くの地域では，「13 日の金曜日」は不吉だと考えられており，ここ日本では 4 や 9 も縁起が悪いとみなされています。対照的に，7 は「ラッキーセブン」として知られていますよね。迷信を信じる人は，たとえ両者に直接の関係がなくても，ある数を選んだり避けたりするような行為が将来の出来事に影響しうると考えています。迷信を信じることは，人に運がいいとか悪いとか感じさせる，普段とは異なる一連の出来事を理解する方法の一つなのです。このことは，人種や文化的背景に関係なく，歴史を通じて当てはまるようです。

司会者：では，あなたのお考えは 32 ということですね。

① 「迷信は，ある日付や数に合理的に基づいている」
② 「迷信は，私たちの周りの奇妙な出来事を説明するのに使われうる」
③ 「迷信的な人は，人種や文化が幸運と関係があると信じている」
④ 「迷信的な人は，歴史に関して同じ考えをもつ傾向がある」

ジョセフ：その通りです。迷信は，原始的な信念体系と，符合，つまり偶然起こる出来事が合わさって生じる傾向があります。

司会者：その点について，もっとお話しいただけますか。

ジョセフ：原始的な信念体系は，私たちを取り囲む世界の中にパターンを見出そうとする人間の自然な傾向から生まれます。パターンに気づくことで，私たちは物事を素早く学ぶことができます。しかし，いつも同じ鉛筆を使って試験に合格し続けるといったような，偶然の出来事やたまたま一致した出来事が，パターンだと誤解されることがあります。その鉛筆は試験に合格することとは何の関係もないのですが，偶然のつな

がりのせいで「幸運の」鉛筆になるのです。そのように，私たちは，二つの出来事をつなぐ妥当な過程は何もないのに，一つの出来事がもう一つの出来事を引き起こしたと信じるようになることがあります。私自身も，日本人の友人たちに「雨男」つまり「レインマン」と呼ばれたとき，このことを経験しました。偶然，雨が降っている折に私が居合わせたことが何回かあり，それで「雨降りの名声」を得ました。合理的に言えば，空から雨を降らせることができる人などいないことを，私たちは知っています。ですが，私たちの原始的な信念体系が，偶然の出来事と合わさって，「レインマン」を巡る迷信を作り上げるのです。

司会者：面白いですね！　では，　33　とおっしゃっているのですね。

① 「『雨男』つまり『レインマン』は空から雨を降らせる」
② 「たまたま一致した出来事，つまり偶然のパターンが迷信を生むことがある」
③ 「パターンを探すことは，人間にとっては不自然な行動だ」
④ 「原始的な信念体系がたまたま一致する出来事を生じさせる」

司会者：あなたはどうですか，リリーさん。ジョセフさんと同じ考えですか。
リリー：ええ，そうです。特に，符合や偶然に関する考え方について賛成です。人間の行動をよりよく理解しようと，あるアメリカの心理学者が，お腹を減らした鳥の集団で，「ハトにおける迷信」という有名な実験を行いました。ハトたちはかごに入れられ，規則的な間を空けて，餌付け用の機械で自動的に少量のえさを与えられました。心理学者は，えさを与えられたときにいつもしていた特定の体の動きを，ハトたちが繰り返し始めるのを観察したのです。彼は，ハトたちが，反復される体の動きによって機械に影響を及ぼし，えさを出してもらおうとしているのだと考えました。彼は，私たち人間も同じことをし，非論理的な行動で未来の出来事に影響を及ぼそうとすると想定したのです。迷信的な人間は，「迷信的な」ハトとちょうど同じように，何ら合理的な関連はなくても，ある行動と何らかの結果を結び付けて考えるのです。

司会者：では，その心理学者は実験から　34　と考えたのですね。

① 「ハトも人間も迷信的な行動をとる」

② 「ハトも人間も機械に影響を及ぼす傾向がある」
③ 「ハトはえさが出てくるのがいつなのかを知っていた」
④ 「ハトが繰り返した行動は，えさを出してもらうことに影響した」

　リリー：ええ，まさしくその通りです。
　司会者：ジョセフさん，リリーさん，迷信について，そしてなぜ人々が迷信的
　　　　　なのかについての知識をご披露くださって，ありがとうございました。
　　　　　議論に進む前に，ここで少し休憩をとりましょう。

　[32]　ジョセフの最初の発言第6文（Believing in superstitions is …）に「迷信を信じることは，人に運がいいとか悪いとか感じさせる，普段とは異なる一連の出来事を理解する方法の一つである」とある。②「迷信は，私たちの周りの奇妙な出来事を説明するのに使われうる」が適切。

　[33]　ジョセフの3番目の発言第3文に「偶然の出来事やたまたま一致した出来事が，パターンだと誤解されることがある」，第4文に「偶然のつながりのせいで（ただの鉛筆が）『幸運の』鉛筆になる」，最終文に「原始的な信念体系が，偶然の出来事と合わさって…迷信を作り上げる」とある。こうしたことを合わせて考えると，②「たまたま一致した出来事，つまり偶然のパターンが迷信を生むことがある」が適切。

　[34]　リリーの最初の発言第6文（He assumed that we humans …）に「彼は，私たち人間も（ハトと）同じことをし，非論理的な行動で未来の出来事に影響を及ぼそうとすると想定した」とある。①「ハトも人間も迷信的な行動をとる」が適切。

第4問 資料読解

A グラフの読み取り

訳 ≪SNS利用の危険性に対する認識≫

［第1段］ ソーシャル・ネットワーキング・サービス（SNS），つまり利用者が他の人たちと連絡を取り合えるようにしてくれるオンラインのサービスは，友人や家族と連絡を取るために，ますます多くの若者に利用されている。しかし，若者によるSNSの利用のこうした増加と同時に，親や教師の間の不安も増している。彼らは，年若い利用者が，プライバシーの問題や望ましくない接触を始めとした，SNS利用に伴う危険性への心構えができているのかどうかを心配しているのである。

［第2段］ 2011年に行われたある調査では，オーストラリアの親，生徒，教師に，SNSを利用する際の危険度の認識について尋ねた。具体的には，彼らがSNSに対して「安全」，「少し危険」，「非常に危険」，「危険だがみんなしている」のうちどの印象をもっているかを尋ねた。図1は，4分の1を超える生徒が「安全」を選んだこと，言い換えると，SNSの利用には何の危険もないと感じていることを示している。さらに，生徒の19.6パーセントは危険性を知ってはいるが，それでも「みんなしていること」だからSNSを使っているとしている。生徒の反応とは対照的に，彼らの親や教師は，SNSの利用に伴う危険性についてより慎重であり，教師のほうがリスクが高いと見る傾向がやや強い。

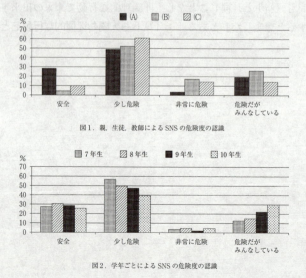

図1．親，生徒，教師によるSNSの危険度の認識

図2．学年ごとによるSNSの危険度の認識

2015年度：英語（筆記）/本試験〈解答〉　**17**

［第3段］　興味深いことに，すべての生徒が危険に対して同じ認識をしているわけではない。図2は，学年による生徒間の比較を示しており，「7年生」は中学1年生，「10年生」は高校1年生を表している。SNS利用を「安全」だと答えた生徒の割合は，学年に関係なくほぼ同じだが，「少し危険」を選んだ生徒の割合は学年が上がるごとに下がり，「危険だがみんなしている」を選んだ生徒は増加していた。

［第4段］　さらに，この調査では情報セキュリティーについて生徒に質問した。それで明らかになったのは，7年生から10年生の生徒は，プライバシーについてだんだんと慎重になり，学年を追うごとに，オンラインでだれが自分の個人情報を見ることができるのかに関していっそう注意深くなるということだった。7年生は，情報セキュリティーに関して最も警戒していないのに加えて，SNS利用を「安全」か，単に「少し危険」とみなす傾向があったため，最も危険にさらされていると考えられた。

［第5段］　調査では，その後，大人がSNSの危険性について若者と話し合っているかどうかを調べた。しかし，この結果ははっきりしなかった。調査では，91パーセントを超える親と68パーセントの教師は，生徒とSNSの問題を話し合っていると言ったが，ほぼ半数の生徒（46.1パーセント）は親とは話し合っていないと答え，生徒のほぼ4分の3（74.6パーセント）は教師とは話し合っていないと答えた。この不一致の説明として考えられることがいくつかある。

語句・構文

［第1段］　▶ come with ～「～に伴う」

［第2段］　▶ specifically「具体的に言えば，特に」

　　　　　▶ in contrast with ～「～とは対照的に」

［第3段］　▶ while S V「SはVするけれども，SがVする一方で」

　　　　　▶ regardless of ～「～に関係なく」

［第4段］　▶ see *A* as *B*「*A*を*B*とみなす，*A*を*B*と考える」

問1　 35 　正解は④

「図1では，(A)，(B)，(C)は次のどれを表しているか」

第2段第2・3文から，生徒の4分の1以上が「安全」，19.6パーセントが「危険だがみんなしている」と答えているとわかる。(A)が「生徒」にあたる。同段最終文では，「親や教師は危険性についてより慎重であり，教師のほうがリスクが高いと見る傾向がやや強い」とある。グラフの「非常に危険」「危険だがみんなしている」を見ると，(B)が(C)よりやや多く，(B)が「教師」，(C)が「親」であると言える。④「**(A)**生徒　**(B)**教師　**(C)**親」が正解。

18 2015年度：英語〈筆記〉/本試験〈解答〉

問2 　36 　正解は①

「7年生が最も危険であると考えられている理由の一つとして述べられているのは次のどれか」

第4段最終文の挿入部分から，7年生は，情報セキュリティーに関して最も警戒していないとわかる。①「彼らは SNS を使うとき，（情報）セキュリティーに関して最も注意していない」が正解。

②「彼らは，SNS は『安全』であると考える傾向が最も小さい」

③「彼らは，SNS は『非常に危険』であると考える傾向が最も強い」

④「彼らは，友達と連絡を取るために SNS を使う傾向が最も強い」

問3 　37 　正解は②

「この文章の主な目的は 　　 ことである」

第1段第2文には「若者による SNS の利用の増加と同時に，親や教師の間の不安も増している」とあり，第2段では SNS 利用の危険性に関する，生徒，親，教師の認識の違い，第3・4段では学年別の認識の差を説明している。②「SNS の危険性に対する認識の違いを論じる」が正解。

①「SNS を利用する際のさまざまな危険を示す」

③「なぜ生徒はより多く SNS を利用しているのかを説明する」

④「SNS に関する問題の解決策を提案する」

問4 　38 　正解は②

「最後の段落に続く話題は何だと考えられるか」

最終段最終文には「この不一致の説明として考えられることがいくつかある」とある。「この不一致」とは，SNS の危険性について話し合うかどうか，という質問に対する答えが，親や教師と生徒では食い違っていることを指している。②「生徒と大人の異なる回答の理由」が正解。

①「SNS を利用する際に生徒が直面するさまざまな危険の例」

③「生徒と大人のインターネット利用法における傾向」

④「SNS を利用している比較的低年齢の生徒の数を減らす方法」

B 情報の読み取り

訳 ≪キャンプ場の案内≫

グリーン国立公園キャンプ場案内

グリーン国立公園のキャンプ場は，4月1日から11月30日までご利用いただけます。

アプリコットキャンプ場

このキャンプ場から出ている遊歩道はグリーン山の頂上に続いています。頂上からの素晴らしい眺めをご堪能ください。また，森の中の自転車道でサイクリングもお楽しみいただけます。

メープルキャンプ場

メープルキャンプ場は，グリーン川がすぐ目の前です。釣りやボート，水泳といった活動をお楽しみください。川の側ではキャンプファイアも楽しめます。

オレンジキャンプ場

このキャンプ場はオレンジ湖の湖畔にあり，快適な野外体験を提供しております。この湖では水上スキーが人気です。他の活動としては，釣り，水泳，バードウォッチングなどがあります。

ストーンヒルキャンプ場

松の木の森林がストーンヒルキャンプ場を取り囲んでいます。巨大な松の木は圧巻です。自転車に乗ったりハイキングをしたりしながら森林を抜けていくと，野生動物をたくさん見ることができます。

キャンプ場情報

キャンプ場	施設の種類（利用可能なスペース）	一晩の料金	Max.人数	Max.日数	設備	制限条件
アプリコット	テント（15）	20ドル	4	15泊	BG	―
メープル	テント（20）	24ドル	5	12泊	BG PG	―
オレンジ	豪華バンガロー（5）	96ドル	7	7泊	K E HS	ペット不可
ストーンヒル	標準バンガロー（10）	32ドル	6	14泊	E HS	花火不可

一晩の料金＝施設単位の料金（最大利用人数まで）；Max.＝最大
K キッチン， E 電気， BG バーベキュー用コンロ， HS 温水シャワー， PG 遊び場

20　2015年度：英語〈筆記〉/本試験〈解答〉

問1　39　正解は②

「水辺の活動が好きな男性がウェブサイトを見ている。彼が最も関心を示しそうなキャンプ場の組み合わせはどれか」

案内を見ると，メープルキャンプ場では，川で釣り，ボート，水泳が楽しめる。オレンジキャンプ場は湖畔にあり，水上スキー，釣り，水泳ができるとある。②「メープルキャンプ場とオレンジキャンプ場」が正解。

① 「アプリコットキャンプ場とメープルキャンプ場」

③ 「オレンジキャンプ場とストーンヒルキャンプ場」

④ 「ストーンヒルキャンプ場とアプリコットキャンプ場」

問2　40　正解は③

「2人の人がグリーン国立公園で9泊する計画を立てている。彼らは自然を楽しみたいと思っているが，コンピュータを使うための電力供給が必要である。彼らが選ぶであろう場所に対して，彼らは一晩いくら払わなくてはならないか」

電気が使えるのは「設備」に E （電気）と記されているオレンジキャンプ場とストーンヒルキャンプ場。9泊するので，最大7泊しかできないオレンジキャンプ場は不可。したがって，最長14泊までできるストーンヒルキャンプ場を選ぶだろう。同キャンプ場の一晩の料金は32ドル。③「32ドル」が正解。

① 「20ドル」

② 「24ドル」

④ 「96ドル」

問3　41　正解は①

「4人家族が犬を連れて4日間のキャンプの計画を立てている。キャンプ施設のための予算は3泊で100ドル以下である。旅行の主な関心はバーベキューと国立公園内でのサイクリングである。この家族が選ぶ可能性の最も高いキャンプ場はどれか」

ペット不可で，3泊の料金が100ドルを超えるオレンジキャンプ場と，「設備」に BG 「バーベキュー用コンロ」のないストーンヒルキャンプ場は除外。キャンプ場の説明にサイクリングを挙げているのはアプリコットキャンプ場である。①「アプリコット」が正解。

② 「メープル」

③ 「オレンジ」

④ 「ストーンヒル」

第5問 カジュアルな文章の読解

訳 ≪娘を心配する父親と担任教師のやりとり≫
アンナの父親のメール

発信元：ジェフ=ホイットモア〈JeffW@ ××××××.com〉
宛先：岡本ケンジ〈okamoto@ ××××××.com〉
日付：2015 年 1 月 10 日
件名：助言の依頼

岡本先生へ

[第1段] 　私はジェフ=ホイットモアと申します。娘のアンナは先生の生徒の一人です。ご存知のように，私共はシカゴで 3 年間暮らし，6 カ月前に日本に戻って来たばかりです。娘はシカゴに行く前に日本の学校に通っておりましたが，今年はアンナにとって日本の中学校での初めての年になります。妻と私は娘のことが少々心配で，先生に助言をお願いできればと思っております。

[第2段] 　娘はだんだんと成績もよくなってきており，授業も先生方も好きです。特に数字には強い好みがあり，数学の授業が大好きです。先生の面白い英語の授業のこともよく話してくれます。ですが，ほぼ半年たっても友達ができた様子がありません。先週，娘は授業の合間の休憩時間に，他の女の子たちがうろついておしゃべりしている中で，たいてい一人で本を読んでいると言っていました。アンナは，毎日一人で学校に歩いて行っているということにも触れました。これはアメリカにいたときの様子とずいぶん違います。

[第3段] 　新しい学校で友達を作るのは時間がかかりうることは承知していますが，それでも娘は少し孤立しているのかもしれないと心配しております。娘ができるだけ早く，いい友達のグループを作れたほうがよいと思います。たった一人の親しい友達でも，よい第一歩でしょう。これまで娘の担任の先生に連絡したことは一度もなく，先生にご迷惑をおかけしていなければよいのですが。先生が娘の学校での生活についてもっとご存知かもしれないと思った次第です。娘が個人的な交流をどのようにすればもっと作れるかについて何かお考えがおありでしたら，お聞かせいただけると幸いです。

敬具

ジェフ=ホイットモア

22　2015年度：英語〈筆記〉/本試験〈解答〉

岡本先生の返信メール

発信元：岡本ケンジ〈okamoto@×××××.com〉
宛先：ジェフ=ホイットモア〈JeffW@××××××.com〉
日付：2015年1月11日
件名：返信：助言の依頼

ホイットモア様

[第1段]　生徒のご両親から連絡をいただくのはいつでも歓迎ですし，お手伝いできるなら喜んでいたします。これまで何度かアンナさんとは1対1で話をし，お嬢さんは自信にあふれ，親しみやすい素敵な人物であると思っています。実は，お父様のご心配を聞いて驚いております。というのも，お嬢さんはクラスの他の生徒たちとうまくいっているように見えるからです。おそらくお嬢さんはすぐに親しい友人関係を築くことと思いますが，お嬢さんがそうする手助けとなるかもしれない，ご検討いただける考えが2，3あります。

[第2段]　まず，私共の学校には，友人関係を築くのに適した環境を備えたさまざまなクラブがあります。お嬢さんは音楽がお好きですので，たぶんコーラス部なら入りたいと思われるのではないでしょうか。スポーツのほうがよろしければ，バレーボール部，サッカー部，それに空手部もあります。また，私は今，新しい英語クラブを創設しようとしているところです。週に一度集まって，英語で話をしたり，英語で音楽や映画を楽しんだりするつもりです。もしアンナさんが参加し，あるいはリーダー的役割を引き受けてくだされば，英語という共通の関心をもっている他の生徒たちとの関係が築けるでしょう。以前ニュージーランドにいて，当クラブに参加する予定の，他のクラスの日本人の生徒を私は知っています。2人は共通点がたくさん見つかるかもしれませんね。

[第3段]　もう一つの方法は，お嬢さんが注目の中心になれるような社交の場を作ることです。アンナさんは，あなたがアメリカのご自宅の庭で，よくバーベキューパーティーを開いたということを私に話してくれました。もし可能なら，アメリカ流のバーベキューパーティーを開いて，お嬢さんのクラスの生徒を何人か，招待してはどうでしょう。彼らにとって，きっとわくわくする経験になると思います。もしかすると，アンナさんもご自宅にいるほうがいっそう自分らしくしていられるかもしれませんし，他の生徒たちもお嬢さんのことをもっとよく知ることになるでしょう。

[第4段]　私の経験から申し上げれば，心配なさることは本当に何もないと思いま

すし，お嬢さんが遅かれ早かれご自分で友人関係を築けると確信しております。ですが，もし私の考えのどれかが役に立つとお感じなら，ご連絡ください。次にすべきことを一緒に検討しましょう。

敬具　　　　　　　　　　　　　　　　　　　　　　　　　　　　　岡本ケンジ

語句・構文

［父親のメール］

［第2段］▶ get good grades「成績がよい」　　　▶ by *oneself*「一人で」（＝ alone）

［第3段］▶ it takes time to *do*「～するのに時間がかかる」

［先生のメール］

［第1段］▶ hear from ～「～から連絡をもらう」　　　▶ one-on-one「1対1の」

　　　　　▶ get along well with ～「～と仲良くやっていく」

［第4段］▶ on *one's* own「自分で，独力で」

問1　42　正解は③

「シカゴの学校ではアンナはおそらくどのような様子だったか」

［父親のメール］第2段第5・6文で，休憩時間に一人で本を読んだり，学校に一人で行ったりするアンナの様子が述べられており，同段最終文には「これはアメリカにいたときの様子とずいぶん違う」とある。③「彼女は友達と一緒に多くの時間を過ごした」が正解。

① 「彼女は教室に一人でいるのが好きだった」

② 「彼女は自分の日本語の能力をひけらかした」

④ 「彼女は他の生徒たちをねたましく思っていた」

問2　43　正解は③

「ホイットモア氏のメールの第2段にある has a penchant for という表現は，□□□と最も意味が近い」

直前の文後半に「彼女は授業も先生も好きだ」とあり，当該文は「特に数字には has a penchant for で，数学の授業が大好きである」となっている。③「～が好きである」が正解。

① 「～を集めている」　　② 「～を交換している」　　④ 「～に確信がない」

問3　44　正解は④

「メールの情報によると，次のどれが正しいか」

① 「アンナは，自分の学校生活について，家で親に話さない」

24   2015年度：英語(筆記)/本試験〈解答〉

［父親のメール］第2段第3・5・6文の内容に反する。

② 「アンナは英語の授業より日本語の授業のほうが好きである」

英語の授業については，［父親のメール］第2段第3文で肯定的に述べられているだけで，日本語の授業との比較はされていない。

③ 「ホイットモア氏はアンナの学業成績を心配している」

［父親のメール］第2段第1文の内容に反する。

④ 「これはホイットモア氏が岡本先生に送った初めてのメールである」

［父親のメール］第3段第4文の内容と一致する。これが正解。

問4　 45 　正解は④

「ホイットモア氏と違って，岡本先生はアンナが□□□と思っている」

［先生のメール］第4段第1文後半に「お嬢さんが遅かれ早かれご自分で友人関係を築けると確信しております」とある。④ 「特別な手助けがなくても友達を作れるだろう」 が正解。

① 「クラスの他の生徒たちから孤立している」

② 「学校で多くの時間を読書をして過ごしている」

③ 「よい成績を取るのに苦労するだろう」

問5　 46 　正解は④

「次のうち，ホイットモア氏への岡本先生の提案ではないのはどれか」

① 「アンナをスポーツか音楽のクラブに参加させる」

［先生のメール］第2段第2・3文の内容と一致する。

② 「アンナのクラスメートをイベントに招待する」

［先生のメール］第3段第3文の内容と一致する。

③ 「アンナを英語クラブに参加させる」

［先生のメール］第2段第4・6文の内容と一致する。

④ 「アンナをニュージーランド旅行に連れていく」

［先生のメール］第2段第7文に，ニュージーランドにいたことがある他の生徒の話が出ているだけで，旅行に連れていくことは述べていない。これが正解。

第6問　説明的な文章の読解

訳　≪市民科学の実情≫

　　　ハチを捕まえ魚を数える：「市民科学」はどのように機能しているか

［第1段］　ここテキサス州は天気のよい午後であり，妻のバーバラは，また公園に

いて，オオカバマダラが産んだ卵の数を数えて記録している。データを集めると，彼女を採用したプロの科学者とそれを共有する。別の州では，私たちの友人アントニオが，年に4回，12の異なる場所に行って，カエルがいないか耳をすませる。彼はもう20年近くも，彼の発見を科学者たちに伝え続けている。そして，この国の反対側では，姪のエミリーが，在来種のハチを捕まえて小さなタグをつけ，地元の大学の生物学部に毎週報告書を提出している。バーバラ，アントニオ，エミリーの努力に対して，誰もお金を払ってはいないが，3人とも「市民科学者」であることで自分が幸運だと考えている。

[第2段]　こうした活動にボランティアが助手として参加するとき，彼らは市民科学，つまり，一般市民を情報収集の援助に招き入れるという有意義な研究技術に携わっていることになる。彼らの中には，理科の教師や学生もいるが，大半は，自然の中で過ごすのを楽しむまったくの素人である。彼らはまた，科学者の手伝いをし，間接的に環境を保護する手助けをすることに誇りを感じている。彼らが関わっている運動は，新しいものではない。実は，その始まりは100年以上前にさかのぼる。最も初期のこの種の活動の一つは，1900年に国立オーデュボン協会が始めた「クリスマス・バード・カウント」である。しかし，市民科学活動はますます増えている。つい先ごろのアメリカ生態学会のある会合では，60を超えるそうした活動について触れられた。

[第3段]　正式な研究では，プロの科学者や他の専門家たちは，可能な限り最高の水準を維持する必要がある。研究が妥当なものとして受け入れられるためには，細部にわたるものであるだけでなく，客観的で正確でもなければならない。市民科学者は細部に対する必要不可欠な注意力を維持できない，あるいは，素人は調査の背景を誤解し，情報を収集したりまとめたりするときに間違いを犯すと主張する人もいるかもしれない。つまり，市民科学は本当に信頼できるのだろうか。

[第4段]　最近の2つの調査が，市民科学は信頼できることを示している。第1の調査は，ボランティアの知識と技能に焦点を当てた。この調査では，ある科学者がボランティアの人たちに対して，アメリカ合衆国大西洋沿岸のカニの種類を特定するように求めた。その科学者は，成人ボランティアのほぼ全員がこの作業をこなすことができ，小学校3年生の児童たちでさえ，成功率は80パーセントであることを発見した。第2の調査では，プロとノンプロの手法を比較した。厳格な従来どおりの手順に従った際，12人のスキューバダイバーから成る集団は，カリブ海で106種の魚を特定した。ボランティアにとって，もっと緊張しない楽しいものとなるよう専門家が考案した手順を使って，第2グループのダイバー12人が同じ水域で同じ時間を過ごした。意外にも，第2の手法のほうがいっそううまくいった。このグループは合計137種を特定したのである。こうした結果からうかがえるのは，素人

26 2015年度：英語〈筆記〉/本試験〈解答〉

が手伝う研究は，科学者が組織立てれば信頼できるということである。

[第5段]　最善の市民科学活動は，両者とも満足できる状況である。一方では，科学界は，市民に手伝ってもらわない場合よりも，少ない費用ではるかに多くのデータを手に入れている。他方では，市民科学は一般の人たちにもよいものである。つまり，そのおかげで人々は自然界に出て行き，科学上の進展に関わることができるのである。加えて，器具の使い方，データの集め方，発見の共有法の訓練を受けることができる，しっかり計画された調査に人々が参加するとき，彼らは新しい考え方や科学技術について学ぶことで満足感を味わう。

[第6段]　市民科学者を活用している科学研究が急速に増えていることを，私は心強く思う。それでも，私たちはまだ市民科学の潜在能力に気づき始めたばかりである。さらに多くの科学者が，ボランティアがどれほど専門的な研究に貢献できるかを認識する必要がある。私の考えでは，「人民『のための』科学」という古い保守的な考え方を，「人民『による』科学」といういっそう民主的なものを含むところまで，私たちが広げるべき時期に来ている。

語句・構文

[第1段]　▶ listen for ～「～がいないかと耳をすませる，～に聞き耳を立てる」
[第2段]　▶ take pride in ～「～を誇りに思う」
[第3段]　▶ thorough「細部まで丁寧な，綿密な」＊発音注意 [θə́ːrou / θʌ́rə]
[第4段]　▶ design A to do「A を～するよう計画・設定する」
[第5段]　▶ otherwise「そうでなければ」は，「市民科学を利用しない場合」の意。
[第6段]　▶ the list of … is getting longer「…のリストが長くなっている」が直訳。数が増えていることを表す。

A　内容説明，語句意

問1　47　正解は④

「第1段の市民科学者たちは□□□」

バーバラはチョウの卵の数を数え，アントニオはカエルの調査をし，エミリーはハチにタグをつけて，それぞれ科学者や大学に報告している。最終文には，それに対する報酬は支払われていないことが述べられている。④「彼らの得た結果や活動を専門家に報告している」が適切。

① 「自分たちのデータを他のボランティアのデータと比較している」
② 「彼らが集めた情報でいくらかのお金を稼いでいる」
③ 「研究室で昆虫の生活環を観察している」

2015年度：英語〈筆記〉/本試験〈解答〉 **27**

問2 48 正解は②

「第2段にある burgeoning という語は□□□と最も意味が近い」

当該文の後半に「つい先ごろの…ある会合では，60を超えるそうした活動について触れられた」とある。こうした活動の歴史は古いが，衰えることがないという文意が読み取れる。②「**急速に増加している**」が適切。

①「議論を引き起こしている」 ③「人気を失っている」 ④「賞を受けている」

問3 49 正解は②

「第4段で，筆者はなぜ80パーセントの成功率を強調しているのか」

同段は，前段最終文の「市民科学は信頼できるか」という疑問に答えており，第1文で「信頼できる」としている。その根拠として，ボランティアに対して行った調査の結果を挙げ，「小学校3年生でさえ」80パーセントの成功率だったと述べていることから，②「**全体的な結果の質が高いことを実証するため**」が適切。

①「大人の成功率との否定的な対照性を示すため」

③「どれほど多くの種類のカニがいるかを強調するため」

④「小学生の技能の不足を明らかにするため」

問4 50 正解は②

「第6段で述べられている個人的な見解は何か」

同段第3文に「さらに多くの科学者が，ボランティアがどれほど専門的な研究に貢献できるかを認識する必要がある」とある。②「**市民科学の利点を正しく評価している科学者の数が十分ではない**」が適切。

①「最終的には，科学的知識は主に素人に由来することになるだろう」

③「ボランティアのデータに依存することへの最近の移行は，期待はずれのものである」

④「市民科学を利用する調査が，今ではあまりにも多く行われすぎている」

問5 51 正解は①

「この文章で筆者が主に伝えたいことは何か」

第6段第2～最終文で，もっと多くの科学者が市民科学の可能性と貢献度を認識するべきであり，今後「人民による科学」にしていくべきだと述べている。その根拠は，第5段にあるように，市民科学で科学者も一般の人たちも恩恵を受けられること。①「**市民科学は，ボランティア，専門家，社会に恩恵をもたらす**」が適切。

②「科学的研究は，専門家の手に委ねておくべきである」

③「魚の種を特定するボランティアの長い歴史がある」

28　2015年度：英語(筆記)/本試験〈解答〉

④「従来の科学は市民科学に取って代わられている」

B　段落要旨の選択

52　53　54　55　　正解は③，①，②，④

段落	内容
(1)	序論：筆者の個人的な具体例
(2)	52
(3)	53
(4)	54
(5)	55
(6)	結び：筆者の将来への希望

　第2段は，第1段の具体例を指して，第1文で「彼らは市民科学…に携わっていることになる」と述べている。つまり，ここで第1段で述べたような活動を，「市民科学」として定義している。また，第4～6文では，この種の活動がいつ頃始まったのかに言及している。したがって，52には③「説明：定義と歴史」が適切。

　第3段では，第1・2文で，正式な研究が高い水準を保ち，客観的で正確である必要があることを述べており，また，それを根拠に，第3文以降で，市民科学は本当に信頼できるのかという疑問を挙げている。53には①「懸念：ボランティアの技能と知識」が適切。

　第4段では，第3段で示された疑問に答えるために，ボランティアの知識と技能を試す調査と，その質の高い結果，および，科学者の監督があれば，素人が手伝う研究は信頼できることが述べられている。54には②「証拠：好結果のボランティアの努力」が適切。

　第5段では，第1文に win-win situations「双方が満足する状況」とあり，市民科学によって，科学者はより少ないお金で多くのデータを得，市民ボランティアは自然に触れ，科学の進展に関与し，新しい考えや技術を知ることができる，と述べられている。つまり，双方への恩恵があることが述べられているのだから，55には④「意見：関係者全員への利点」が適切。

赤本ノート
過去問演習の効果を最大化
共通テスト対策の必須アイテム

マークシートに慣れる！& 実力分析ができる！

「共通テスト赤本シリーズ」・「Smart Startシリーズ」とセットで使える！ ※全科目対応

詳しい使い方はこちら

Smart Start シリーズ

共通テスト スマート対策
3訂版

受験を意識し始めてから試験直前期まで
分野別の演習問題で基礎固め&苦手克服

共通テストを徹底分析！

選択科目もカバー
ラインナップ 全15点
2021年6月より順次刊行

苦手分野の重点対策に最適

目からウロコのコツが満載！

共通テスト 満点のコツ シリーズ

英語〔リスニング〕／古文／漢文

こんなふうに解けばいいのか！

2022年版 共通テスト過去問研究

英語

問題編

教学社

音声配信のご案内

本書に掲載のリスニングテストの音声は，下記音声専用サイトにて配信しております。

ストリーミング再生 & ダウンロード対応（PC推奨）

スマートフォンで聞く
akahon.net/kte/

- パソコンはもちろん，**スマホ**や**タブレット**でご利用いただけます。
- 音声の**再生スピード**を**4段階**で調整できます。
- **共通テスト**の音声「**1回読み**」に対応！センター過去問も，リピートなしで練習できます。

akahon.netでチェック！　赤本　リスニング　検索

色々なシーンで自由に使えます。

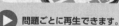
▶ 問題ごとに再生できます。

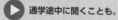
▶ 通学途中に聞くことも。

▶ 本番さながらに聞くことも。

対応ブラウザ
- ▶ PC　　Internet Explorer 11／Microsoft Edge※／Google Chrome※／Mozilla Firefox※／Apple Safari※
- ▶ スマートフォン・タブレット　Android 4.4 以上／iOS 9 以上

※ 最新版

* 音声はダウンロード（zip 形式）することも可能です。ダウンロードした音声の再生には MP3 を再生できる機器をご使用ください。また，ご使用の機器や音声再生ソフト，インターネット環境などに関するご質問につきましては，当社では対応いたしかねます。各製品のメーカーまでお尋ねください。

* 専用サイトのご利用やダウンロードにかかるパケット通信料は，お客様のご負担となります。

* **2022 年版の音声は，2022 年 3月末に配信を終了します。**なお，配信期間は予告なく変更する場合があります。

問題編

リスニングテスト

＜共通テスト＞
- 2021 年度　本試験(第 1 日程)
- 2021 年度　本試験(第 2 日程)
- 第 2 回　試行調査
- 第 1 回　試行調査

＜センター試験＞
- 2020 年度　本試験
- 2019 年度　本試験
- 2018 年度　本試験
- 2017 年度　本試験
- 2016 年度　本試験

リーディングテスト （センター試験では筆記試験）

＜共通テスト＞
- 2021 年度　本試験(第 1 日程)
- 2021 年度　本試験(第 2 日程)
- 第 2 回　試行調査
- 第 1 回　試行調査

＜センター試験＞
- 2020 年度　本試験・追試験
- 2019 年度　本試験
- 2018 年度　本試験
- 2017 年度　本試験
- 2016 年度　本試験
- 2015 年度　本試験

＊ 2021 年度の共通テストは，新型コロナウイルス感染症の影響に伴う学業の遅れに対応する選択肢を確保するため，本試験が以下の 2 日程で実施されました。
　第 1 日程：2021 年 1 月 16 日(土)および 17 日(日)
　第 2 日程：2021 年 1 月 30 日(土)および 31 日(日)
＊ 第 2 回試行調査は 2018 年度に，第 1 回試行調査は 2017 年度に実施されたものです。
＊ リスニングの第 1 回試行調査は，バージョン B を掲載しています。

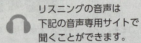

リスニングの音声は
下記の音声専用サイトで
聞くことができます。

赤本ウェブサイト
akahon.net/kte/
⇨詳細は次ページ

◎マークシート解答用紙
　リスニングテスト　　2 回分
　リーディングテスト　2 回分

※本書に付属のマークシートは編集部で作成したものです。実際の試験とは異なる場合がありますが，ご了承ください。

リスニングテスト 2021 共通テスト 本試験 （第1日程）

解答時間 30分　配点 100点

◎音声は下記の音声専用サイトで配信しています。使用している音声は，大学入試センターから公表されたものです。音声中のページ数は，問題編のそれぞれのページ下部を参照してください。

●音声専用サイトはこちら
akahon.net/kte/

2021年度 本試験
（第1日程）

2 2021年度：英語（リスニング）/本試験（第1日程）

英　語（リスニング）

$\left(\begin{array}{c}\text{解答番号}\ \boxed{1}\ \sim\ \boxed{37}\end{array}\right)$

第1問 （配点 25）　音声は2回流れます。

第1問はAとBの二つの部分に分かれています。

A　第1問Aは問1から問4までの4問です。英語を聞き，それぞれの内容と最もよく合っているものを，四つの選択肢（①～④）のうちから一つずつ選びなさい。

問1　　**1**

① The speaker does not want any juice.

② The speaker is asking for some juice.

③ The speaker is serving some juice.

④ The speaker will not drink any juice.

問2　　**2**

① The speaker wants to find the beach.

② The speaker wants to know about the beach.

③ The speaker wants to see a map of the beach.

④ The speaker wants to visit the beach.

— 4 —

2021年度：英語（リスニング）/本試験（第 I 日程）　**3**

問 3　　3

　① Yuji is living in Chiba.

　② Yuji is studying in Chiba.

　③ Yuji will begin his job next week.

　④ Yuji will graduate next week.

問 4　　4

　① David gave the speaker ice cream today.

　② David got ice cream from the speaker today.

　③ David will get ice cream from the speaker today.

　④ David will give the speaker ice cream today.

これで第 1 問 A は終わりです。

— 5 —

[B] 第1問Bは問5から問7までの3問です。英語を聞き，それぞれの内容と最もよく合っている絵を，四つの選択肢(①〜④)のうちから一つずつ選びなさい。

問5 5

問 6　　6

①

②

③

④

問 7 | 7 |

①

②

③

④

これで第１問Bは終わりです。

第2問 (配点 16) 音声は2回流れます。

第2問は問8から問11までの4問です。それぞれの問いについて，対話の場面が日本語で書かれています。対話とそれについての問いを聞き，その答えとして最も適切なものを，四つの選択肢(①~④)のうちから一つずつ選びなさい。

問8 Mariaの水筒について話をしています。 8

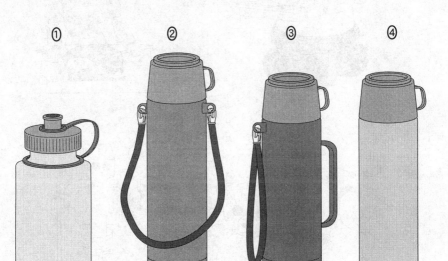

問 9 コンテストでどのロボットに投票するべきか，話をしています。　9

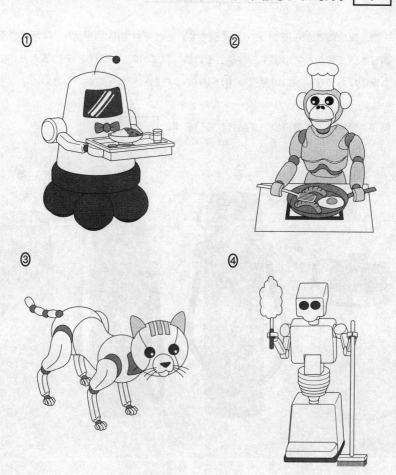

2021年度：英語（リスニング）／本試験（第１日程）　**9**

問10　父親が，夏の地域清掃に出かける娘と話をしています。　10

①

②

③

④

－ 12 －

問11 車いすを使用している男性が駅員に質問をしています。　11

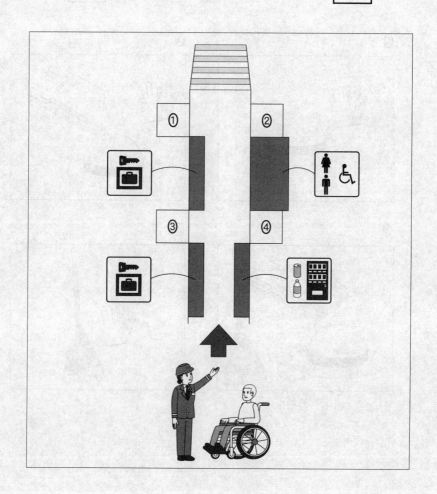

これで第2問は終わりです。

2021年度：英語(リスニング)/本試験(第 I 日程) **11**

第3問 (配点 18) <u>音声は 1 回流れます。</u>

第3問は問12から問17までの6問です。それぞれの問いについて，対話の場面が日本語で書かれています。対話を聞き，問いの答えとして最も適切なものを，四つの選択肢(①~④)のうちから一つずつ選びなさい。(問いの英文は書かれています。)

問12 同窓会で先生が卒業生と話をしています。

What does the teacher have to do on April 14th? 　12

① Attend a meeting
② Have a rehearsal
③ Meet with students
④ See the musical

問13 台所で夫婦が食料品を片付けています。

What will be put away first? 　13

① Bags
② Boxes
③ Cans
④ Containers

問14 職場で女性が男性に中止になった会議について尋ねています。

Which is true according to the conversation? 　14

① The man didn't make a mistake with the email.
② The man sent the woman an email.
③ The woman didn't get an email from the man.
④ The woman received the wrong email.

— 14 —

12　2021年度：英語（リスニング）／本試験（第１日程）

問15　イギリスにいる弟が，東京に住んでいる姉と電話で話をしています。

What does the woman think about her brother's plan?　15

① He doesn't have to decide the time of his visit.

② He should come earlier for the cherry blossoms.

③ The cherry trees will be blooming when he comes.

④ The weather won't be so cold when he comes.

問16　友人同士が野球の試合のチケットについて話をしています。

Why is the man in a bad mood?　16

① He couldn't get a ticket.

② He got a ticket too early.

③ The woman didn't get a ticket for him.

④ The woman got a ticket before he did.

問17　友人同士が通りを歩きながら話をしています。

What did the woman do?　17

① She forgot the prime minister's name.

② She mistook a man for someone else.

③ She told the man the actor's name.

④ She watched an old movie recently.

これで第３問は終わりです。

— 15 —

第4問 (配点 12) 音声は1回流れます。

第4問はAとBの二つの部分に分かれています。

A 　第4問Aは問18から問25の8問です。話を聞き，それぞれの問いの答えとして最も適切なものを，選択肢から選びなさい。**問題文と図表を読む時間が与えられた後，音声が流れます。**

問18～21　あなたは，授業で配られたワークシートのグラフを完成させようとしています。先生の説明を聞き，四つの空欄 18 ～ 21 に入れるのに最も適切なものを，四つの選択肢(①～④)のうちから一つずつ選びなさい。

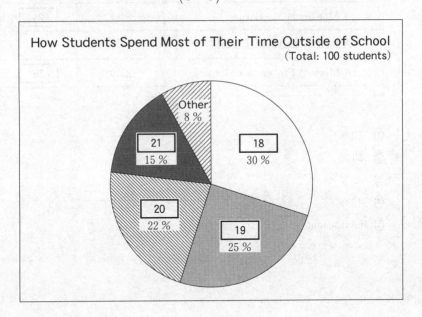

① Going out with friends
② Playing online games
③ Studying
④ Working part-time

14 2021年度：英語(リスニング)/本試験(第 I 日程)

問22～25　あなたは，留学先のホストファミリーが経営している DVD ショップで
手伝いをしていて，DVD の値下げについての説明を聞いています。話を聞
き，下の表の四つの空欄 | 22 | ～ | 25 | に入れるのに最も適切なものを，
五つの選択肢(①～⑤)のうちから一つずつ選びなさい。選択肢は 2 回以上使っ
てもかまいません。

Titles	Release date	Discount
Gilbert's Year to Remember	1985	
★　Two Dogs and a Boy	1997	22
Don't Forget Me in the Meantime	2003	23
★　A Monkey in My Garden	2007	24
A Journey to Another World	2016	
A Moment Frozen in a Memory	2019	25

① 　10 %

② 　20 %

③ 　30 %

④ 　40 %

⑤ 　no discount

これで第 4 問 A は終わりです。

－ 17 －

B 　　第4問Bは問26の1問です。話を聞き，示された条件に最も合うものを，四つの選択肢（①～④）のうちから一つ選びなさい。下の表を参考にしてメモを取ってもかまいません。**状況と条件を読む時間が与えられた後，音声が流れます**。

状況

あなたは，旅行先のニューヨークで見るミュージカルを一つ決めるために，四人の友人のアドバイスを聞いています。

あなたが考えている条件

A．楽しく笑えるコメディーであること

B．人気があること

C．平日に公演があること

	Musical titles	Condition A	Condition B	Condition C
①	It's Really Funny You Should Say That!			
②	My Darling, Don't Make Me Laugh			
③	Sam and Keith's Laugh Out Loud Adventure			
④	You Put the 'Fun' in Funny			

問26 " 26 " is the musical you are most likely to choose.

① It's Really Funny You Should Say That!

② My Darling, Don't Make Me Laugh

③ Sam and Keith's Laugh Out Loud Adventure

④ You Put the 'Fun' in Funny

これで第4問Bは終わりです。

16　2021年度：英語(リスニング)/本試験(第1日程)

第5問 （配点 15） 音声は1回流れます。

第5問は問27から問33の7問です。

最初に講義を聞き，問27から問32に答えなさい。次に続きを聞き，問33に答えなさい。**状況・ワークシート，問い及び図表を読む時間が与えられた後，音声が流れます。**

状況

あなたはアメリカの大学で，幸福観についての講義を，ワークシートにメモを取りながら聞いています。

ワークシート

○　**World Happiness Report**

・Purpose: To promote 〔　**27**　〕 happiness and well-being

・Scandinavian countries: Consistently happiest in the world（since 2012）

　Why?　⇒　**"Hygge"** lifestyle in Denmark

　　　　⬇　spread around the world in 2016

○　**Interpretations of Hygge**

	Popular Image of Hygge	Real Hygge in Denmark
What	**28**	**29**
Where	**30**	**31**
How	special	ordinary

― 20 ―

問27 ワークシートの空欄 27 に入れるのに最も適切なものを，四つの選択肢
(①~④)のうちから一つ選びなさい。

① a sustainable development goal beyond

② a sustainable economy supporting

③ a sustainable natural environment for

④ a sustainable society challenging

問28~31 ワークシートの空欄 28 ~ 31 に入れるのに最も適切なもの
を，六つの選択肢(①~⑥)のうちから一つずつ選びなさい。選択肢は2回以上
使ってもかまいません。

① goods   ② relationships   ③ tasks

④ everywhere   ⑤ indoors   ⑥ outdoors

問32 講義の内容と一致するものはどれか。最も適切なものを，四つの選択肢
(①~④)のうちから一つ選びなさい。 32

① Danish people are against high taxes to maintain a standard of living.

② Danish people spend less money on basic needs than on socializing.

③ Danish people's income is large enough to encourage a life of luxury.

④ Danish people's welfare system allows them to live meaningful lives.

第5問はさらに続きます。

問33 講義の続きを聞き，下の図から読み取れる情報と講義全体の内容からどのようなことが言えるか，最も適切なものを，四つの選択肢(①～④)のうちから一つ選びなさい。 33

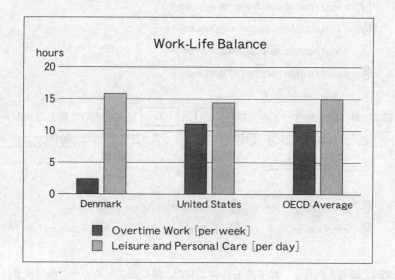

① People in Denmark do less overtime work while maintaining their productivity.
② People in Denmark enjoy working more, even though their income is guaranteed.
③ People in OECD countries are more productive because they work more overtime.
④ People in the US have an expensive lifestyle but the most time for leisure.

これで第5問は終わりです。

2021年度：英語(リスニング)/本試験(第1日程)　**19**

第6問 (配点 14) 音声は1回流れます。

第6問はAとBの二つの部分に分かれています。

A　第6問Aは問34・問35の2問です。二人の対話を聞き，それぞれの問いの答えとして最も適切なものを，四つの選択肢(①〜④)のうちから一つずつ選びなさい。(問いの英文は書かれています。) **状況と問いを読む時間が与えられた後，音声が流れます。**

状況

Jane が Sho とフランス留学について話をしています。

問34　**What is Jane's main point?**　　34

① A native French-speaking host family offers the best experience.

② Having a non-native dormitory roommate is more educational.

③ Living with a native speaker shouldn't be a priority.

④ The dormitory offers the best language experience.

問35　**What choice does Sho need to make?**　　35

① Whether to choose a language program or a culture program

② Whether to choose the study abroad program or not

③ Whether to stay with a host family or at the dormitory

④ Whether to stay with a native French-speaking family or not

---

これで第6問Aは終わりです。

— 24 —

20　2021年度：英語(リスニング)/本試験(第1日程)

B 第6問Bは問36・問37の2問です。会話を聞き，それぞれの問いの答えとして最も適切なものを，選択肢のうちから一つずつ選びなさい。下の表を参考にしてメモを取ってもかまいません。**状況と問いを読む時間が与えられた後，音声が流れます。**

状況

四人の学生(Yasuko, Kate, Luke, Michael)が，店でもらうレシートについて意見交換をしています。

Yasuko	
Kate	
Luke	
Michael	

問36　会話が終わった時点で，レシートの電子化に**賛成した人**は四人のうち何人でしたか。四つの選択肢(①~④)のうちから一つ選びなさい。　36

① 1人

② 2人

③ 3人

④ 4人

— 26 —

問37 会話を踏まえて，Luke の意見を最もよく表している図表を，四つの選択肢（①〜④）のうちから一つ選びなさい。 37

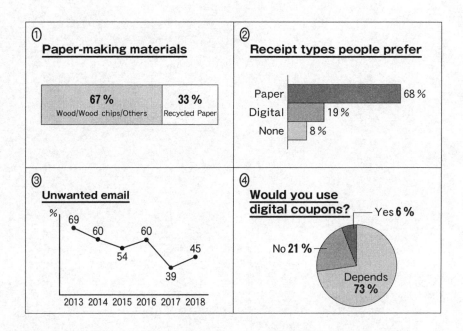

これで第6問Bは終わりです。

リスニングテスト 2021 共通テスト 本試験（第2日程）

解答時間 30分　配点 100点

◎音声は下記の音声専用サイトで配信しています。使用している音声は，大学入試センターから公表されたものです。音声中のページ数は，問題編のそれぞれのページ下部を参照してください。

●音声専用サイトはこちら
akahon.net/kte/

2021年度 本試験
（第2日程）

24 2021年度：英語（リスニング）/本試験（第2日程）

英　　語（リスニング）

$$\left(\text{解答番号}\quad\boxed{1}\sim\boxed{37}\right)$$

第1問 （配点 25） 音声は2回流れます。

第1問はAとBの二つの部分に分かれています。

A 　第1問Aは問1から問4までの4問です。英語を聞き，それぞれの内容と最もよく合っているものを，四つの選択肢（①～④）のうちから一つずつ選びなさい。

問1 　　　1

① The speaker wants to know how many members will come.

② The speaker wants to know how often the club meets.

③ The speaker wants to know the club's room number.

④ The speaker wants to know the time of the meeting.

問2 　　　2

① The speaker has only one blue tie.

② The speaker has only one red tie.

③ The speaker has blue ties.

④ The speaker has red ties.

— 4 —

2021年度：英語（リスニング）/本試験（第2日程）　25

問 3　　3

① The speaker is asking Kevin for an email.
② The speaker is reading an email from Kevin.
③ The speaker knows Kevin's email address.
④ The speaker wants Kevin's email address.

問 4　　4

① The speaker will finish baking a cake for Yoko.
② The speaker will finish wrapping a present for Yoko.
③ Yoko will not get a cake.
④ Yoko will not receive a present.

これで第1問Aは終わりです。

— 5 —

B 第1問Bは問5から問7までの3問です。英語を聞き，それぞれの内容と最もよく合っている絵を，四つの選択肢(①〜④)のうちから一つずつ選びなさい。

問5　　5

問 6　6

問 7 7

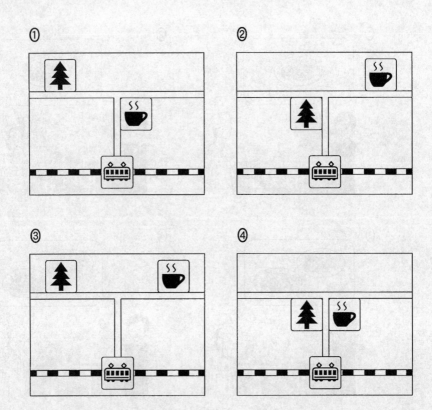

これで第１問Ｂは終わりです。

第2問 (配点 16) 音声は2回流れます。

第2問は問8から問11までの4問です。それぞれの問いについて，対話の場面が日本語で書かれています。対話とそれについての問いを聞き，その答えとして最も適切なものを，四つの選択肢(①～④)のうちから一つずつ選びなさい。

問8 部屋の片付けをしています。 8

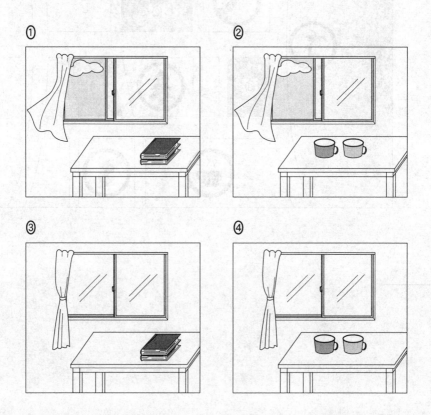

問 9 家族旅行で泊まるホテルの話をしています。 9

問10　ランチセットを選んでいます。　10

問11 Ayakaの家族の写真を見ながら，友人が質問をしています。　11

① ② ③ ④

これで第2問は終わりです。

2021年度：英語(リスニング)/本試験(第2日程) 33

第3問 (配点 18) 音声は1回流れます。

　第3問は問12から問17までの6問です。それぞれの問いについて，対話の場面が日本語で書かれています。対話を聞き，問いの答えとして最も適切なものを，四つの選択肢(①~④)のうちから一つずつ選びなさい。(問いの英文は書かれています。)

問12　友人同士が将来のことについて話をしています。

What do both friends plan to do? 　12

① Look for jobs abroad
② Save money to travel
③ Work to earn money
④ Write for a magazine

問13　教室で Karen が Paul と話をしています。

What is Paul likely to do first after this conversation? 　13

① Add a new post to his blog
② Comment on Karen's blog
③ Delete the photo from his blog
④ See the photo on Karen's blog

問14　夫婦が販売店で車を選んでいます。

Which car does the woman prefer? 　14

① The black one
② The blue one
③ The green one
④ The white one

－ 14 －

34 2021年度：英語(リスニング)/本試験(第2日程)

問15 カフェで Jane が Mike と話をしています。

Which is true according to the conversation? 　15

① Jane and Mike graduated four years ago.

② Jane and Mike were classmates before.

③ Jane had difficulty recognizing Mike.

④ Mike's hairstyle has changed a little.

問16 大学生が授業で使うテキストについて話をしています。

What does the girl need to do after this? 　16

① Ask Peter to lend her his textbook

② Contact Alex to ask for the book

③ Find another way to get the textbook

④ Take the same course once again

問17 男性がホテルのフロント係と話をしています。

What will the man do before getting a room? 　17

① Call the hotel before 3:00 p.m.

② Cancel his previous hotel reservation

③ Have some lunch at the hotel

④ Spend some time outside the hotel

これで第3問は終わりです。

— 15 —

第4問 (配点 12) 音声は1回流れます。

第4問はAとBの二つの部分に分かれています。

A 第4問Aは問18から問25の8問です。話を聞き、それぞれの問いの答えとして最も適切なものを、選択肢から選びなさい。**問題文と図表を読む時間が与えられた後、音声が流れます。**

問18〜21 あなたは、授業で配られたワークシートのグラフを完成させようとしています。先生の説明を聞き、四つの空欄 18 〜 21 に入れるのに最も適切なものを、四つの選択肢(①〜④)のうちから一つずつ選びなさい。

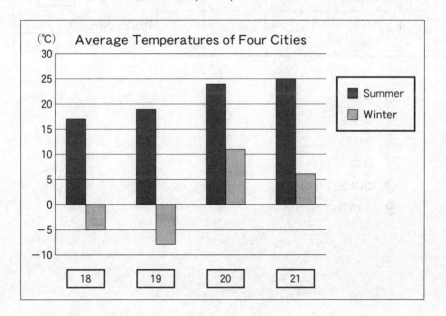

① Columbus
② Hopeville
③ Lansfield
④ Rockport

36 2021年度：英語（リスニング）/本試験（第2日程）

問22～25 あなたは，海外を旅行中に，バスターミナルでバスの時刻表の変更について の説明を聞いています。話を聞き，下の表の四つの空欄 | 22 | ～ | 25 | に入れるのに最も適切なものを，六つの選択肢(①～⑥)のうちから一 つずつ選びなさい。選択肢は2回以上使ってもかまいません。

Bus	Destination	Scheduled departure	Scheduled arrival	Current status
A 2	City Center	10:10	11:00	< 22 >
A 6	City Center	10:40	11:40	< 23 >
B 7	Eastern Avenue	10:30	11:05	< DELAYED > New departure time: 24
C 10	Main Street	10:10	11:00	< ADDITIONAL STOP > Arrival time at City Center: 25

① 10:10

② 11:00

③ 11:10

④ 11:35

⑤ CANCELED

⑥ ON TIME

これで第4問Aは終わりです。

2021年度：英語（リスニング)/本試験(第2日程)　37

B　　第4問Bは問26の1問です。話を聞き，示された条件に最も合うものを，四つの選択肢（①～④）のうちから一つ選びなさい。下の表を参考にしてメモを取ってもかまいません。**状況と条件を読む時間が与えられた後，音声が流れます。**

状況

あなたは，夏休み中にインターンシップ(internship)に参加します。インターン(intern)先を一つ決めるために，条件について四人から説明を聞いています。

あなたが考えている条件

A．コンピューターの知識を生かせること

B．宿泊先が提供されること

C．2週間程度で終わること

	Internship	Condition A	Condition B	Condition C
①	Hotel			
②	Language school			
③	Public library			
④	Software company			

問26　You are most likely to choose an internship at the ☐ 26 ☐.

①　hotel

②　language school

③　public library

④　software company

これで第4問Bは終わりです。

― 18 ―

第5問 (配点 15) 音声は1回流れます。

第5問は問27から問33の7問です。

最初に講義を聞き，問27から問32に答えなさい。次に続きを聞き，問33に答えなさい。**状況・ワークシート，問い及び図表を読む時間が与えられた後，音声が流れます。**

状況

あなたはアメリカの大学で，生態系(ecosystem)保全についての講義を，ワークシートにメモを取りながら聞いています。

ワークシート

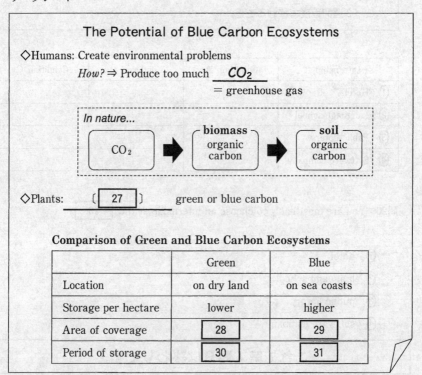

問27 ワークシートの空欄 27 に入れるのに最も適切なものを，四つの選択肢 (①〜④) のうちから一つ選びなさい。

① Break down organic carbon called
② Change carbon to CO_2 called
③ Produce oxygen and release it as
④ Take in CO_2 and store it as

問28〜31 ワークシートの空欄 28 〜 31 に入れるのに最も適切なものを，六つの選択肢 (①〜⑥) のうちから一つずつ選びなさい。選択肢は2回以上使ってもかまいません。

① larger   ② smaller   ③ equal
④ longer   ⑤ shorter   ⑥ unknown

問32 講義の内容と一致するものはどれか。最も適切なものを，四つの選択肢 (①〜④) のうちから一つ選びなさい。 32

① Necessary blue carbon ecosystems have been destroyed and cannot be replaced.
② Ocean coastline ecosystems should be protected to prevent further release of CO_2.
③ Recovering the ecosystem of the entire ocean will solve climate problems.
④ Supporting fish life is important for improving the blue carbon cycle.

第5問はさらに続きます。

問33 講義の続きを聞き，**下の図から読み取れる情報と講義全体の内容から**どのようなことが言えるか，最も適切なものを，四つの選択肢 ①〜④ のうちから一つ選びなさい。 33

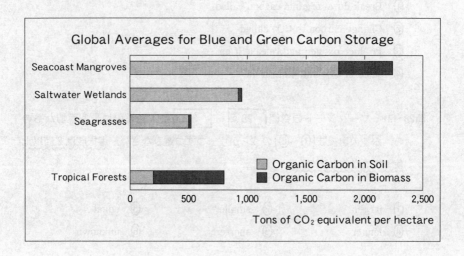

① Saltwater wetlands release CO_2 more easily from soil than from biomass.
② Seacoast mangroves release less CO_2 from layers of mud than from biomass.
③ Seagrasses offer more efficient long-term carbon storage in soil than in biomass.
④ Tropical forests are ideal for carbon storage due to their biomass.

これで第5問は終わりです。

2021年度：英語（リスニング）/本試験（第2日程）　41

第6問 （配点 14） 音声は1回流れます。

第6問はAとBの二つの部分に分かれています。

A　第6問Aは問34・問35の2問です。二人の対話を聞き，それぞれの問いの答えとして最も適切なものを，四つの選択肢(①〜④)のうちから一つずつ選びなさい。（問いの英文は書かれています。）状況と問いを読む時間が与えられた後，音声が流れます。

状況

Carol が Bob と手紙を書くことについて話をしています。

問34　What is Carol's main point?　　34

① Emails are cold and not very personal.

② Handwriting is hard to read.

③ Letter writing with a pen is troublesome.

④ Letters show your personality.

問35　Which of the following statements would Bob agree with?　　35

① Letter writing is too time-consuming.

② Typing letters improves your personality.

③ Typing letters is as good as hand writing them.

④ Writing a letter by hand is a heartfelt act.

これで第6問Aは終わりです。

－ 24 －

42　2021年度：英語(リスニング)/本試験(第2日程)

B　第6問Bは問36・問37の2問です。会話を聞き，それぞれの問いの答えとして最も適切なものを，選択肢のうちから一つずつ選びなさい。下の表を参考にしてメモを取ってもかまいません。**状況と問いを読む時間が与えられた後，音声が流れます。**

状況

四人の学生(Brad, Kenji, Alice, Helen)が，選挙の投票に行くことについて意見交換をしています。

Brad	
Kenji	
Alice	
Helen	

問36　会話が終わった時点で，選挙の投票に行くことに**積極的でなかった人**は四人のうち何人でしたか。四つの選択肢(①〜④)のうちから一つ選びなさい。
　　　36

① 1人

② 2人

③ 3人

④ 4人

— 26 —

問37 会話を踏まえて，Helen の意見を最もよく表している図表を，四つの選択肢(①〜④)のうちから一つ選びなさい。 37

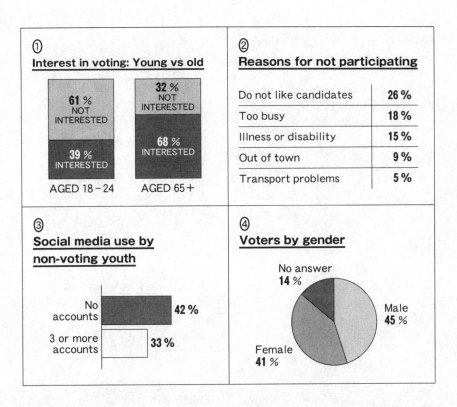

リスニングテスト 第2回 試行調査 共通テスト

解答時間 30分　配点 100点

◎音声は下記の音声専用サイトで配信しています。使用している音声は、大学入試センターから公表されたものです。音声中のページ数は、問題編のそれぞれのページ下部を参照してください。

● 音声専用サイトはこちら
akahon.net/kte/

第2回　試行調査

2 第2回 試行調査：英語(リスニング)

英　語(リスニング)

$$\left(\text{解答番号}\boxed{\ 1\ }\sim\boxed{\ 37\ }\right)$$

第1問 (配点 24)

第1問はAとBの二つの部分に分かれています。

A　第1問Aは問1から問4までの4問です。それぞれの問いについて，聞こえてくる英文の内容に最も近い意味のものを，四つの選択肢(①~④)のうちから一つずつ選びなさい。**2回流します。**

問1　　1

① The speaker does not want anything.

② The speaker wants both tea and cookies.

③ The speaker wants cookies.

④ The speaker wants tea.

問2　　2

① The speaker cannot go to the party.

② The speaker does not have work tomorrow.

③ The speaker has another party to go to.

④ The speaker's birthday is tomorrow.

— 4 —

第2回 試行調査：英語(リスニング) **3**

問 3 ☐ 3

① Junko got wet in the rain.

② Junko had an umbrella.

③ Junko ran to school in the rain.

④ Junko stayed at home.

問 4 ☐ 4

① The speaker is an English teacher.

② The speaker must study a lot.

③ The speaker needs to study outside of Japan.

④ The speaker teaches English abroad.

これで第1問Aは終わりです。

— 5 —

B 第1問Bは問1から問3までの3問です。それぞれの問いについて，聞こえてくる英文の内容に最も近い絵を，四つの選択肢(①～④)のうちから一つずつ選びなさい。2回流します。

問1　5

①

②

③

④

問 2　6

問 3　| 7 |

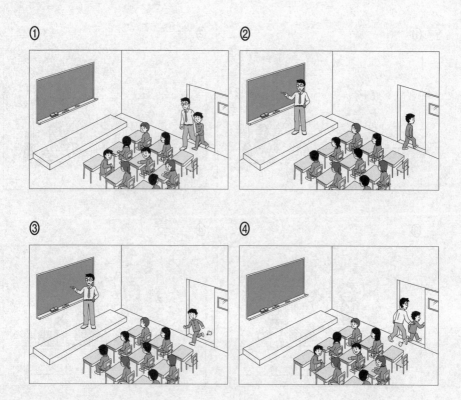

これで第１問Ｂは終わりです。

第2問 (配点 12)

第2問は問1から問4までの4問です。それぞれの問いについて，対話の場面が日本語で書かれています。対話とそれについての問いを聞き，その答えとして最も適切なものを，四つの選択肢(①〜④)のうちから一つずつ選びなさい。2回流します。

問1 居間でクリスマスツリーの置き場所について話をしています。　8

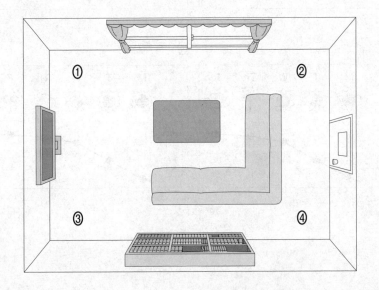

問2 来週の天気について話をしています。 9

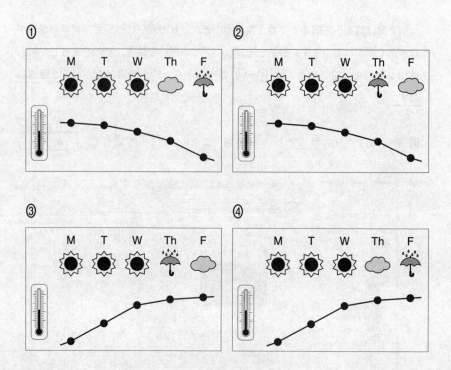

問 3　動物園で見てきた動物について話をしています。　10

10 第2回 試行調査：英語（リスニング）

問4 遊園地で乗り物の話をしています。 11

①

②

③

④

これで第2問は終わりです。

— 13 —

第2回 試行調査：英語（リスニング） 11

第3問 （配点 16）

第3問は問1から問4までの4問です。それぞれの問いについて，対話の場面が日本語で書かれています。対話を聞き，問いの答えとして最も適切なものを，四つの選択肢（①〜④）のうちから一つずつ選びなさい。（問いの英文は書かれています。）**2回流します。**

問1 夫婦が今夜の夕食について話をしています。

What is the couple going to eat for dinner?　12

① Pasta and salad

② Pasta and soup

③ Pizza and salad

④ Pizza and soup

問2 男性が通行人に話しかけています。

What will the man do?　13

① Ask for a ride.

② Take a bus.

③ Take a taxi.

④ Walk to the hotel.

— 14 —

12 第 2 回 試行調査：英語（リスニング）

問 3 友達同士が服装について話をしています。

How does the man feel about the shirt? 14

① He likes it very much.

② He wants to buy it.

③ It doesn't look nice on him.

④ It isn't worth the price.

問 4 友達同士が今観た映画について話をしています。

What do the two people agree about? 15

① The movie follows the book.

② The movie has a great cast.

③ The movie is based on a true story.

④ The movie is better than the book.

これで第 3 問は終わりです。

— 15 —

第2回 試行調査：英語（リスニング） **13**

第4問 （配点 12）

第4問はＡとＢの二つの部分に分かれています。

ⒶＡ 第4問Ａは問1・問2の2問です。話を聞き，それぞれの問いの答えとして最も適切なものを，選択肢のうちから選びなさい。**1回流します。**

問1 女の子がペットの猫（サクラ）について話しています。話を聞き，その内容を表したイラスト（①～④）を，聞こえてくる順番に並べなさい。

16 → 17 → 18 → 19

① ②

③ ④

― 16 ―

14 第2回 試行調査：英語（リスニング）

問2 あなたは海外インターンシップで旅行代理店の手伝いをしています。ツアーの料金についての説明を聞き，下の表の四つの空欄 **20** ～ **23** にあてはめるのに最も適切なものを，五つの選択肢（①～⑤）のうちから一つずつ選びなさい。選択肢は2回以上使ってもかまいません。

① $50　② $70　③ $100　④ $150　⑤ $200

Tour		Time (minutes)	Price
Hiking	Course A	30	**20**
	Course B	80	**21**
Picnicking	Course C	60	
	Course D	90	**22**
Mountain Climbing	Course E	120	**23**
	Course F	300	

これで第4問Aは終わりです。

— 17 —

第2回 試行調査：英語（リスニング） 15

B 　第4問Bは問1の1問です。四人の説明を聞き，問いの答えとして最も適切なものを，選択肢のうちから選びなさい。メモを取るのに下の表を使ってもかまいません。<u>1回流します。</u>

状況

　あなたは大学に入学した後に住むための寮を選んでいます。寮を選ぶにあたり，あなたが考えている条件は以下のとおりです。

条件

A．同じ寮の人たちと交流できる共用スペースがある。

B．各部屋にバスルームがある。

C．個室である。

	A. Common space	B. Private bathroom	C. Individual room
① Adams Hall			
② Kennedy Hall			
③ Nelson Hall			
④ Washington Hall			

問1　先輩四人が自分の住んでいる寮について説明するのを聞き，上の条件に最も合う寮を，四つの選択肢（①〜④）のうちから一つ選びなさい。　24

① Adams Hall

② Kennedy Hall

③ Nelson Hall

④ Washington Hall

これで第4問Bは終わりです。

— 18 —

第5問 (配点 20)

第5問は問1(a)〜(c)と問2の2問です。講義を聞き，それぞれの問いの答えとして最も適切なものを，選択肢のうちから選びなさい。状況と問いを読む時間(約60秒)が与えられた後，音声が流れます。1回流します。

状況

あなたはアメリカの大学で，技術革命と職業の関わりについて，ワークシートにメモを取りながら，講義を聞いています。

ワークシート

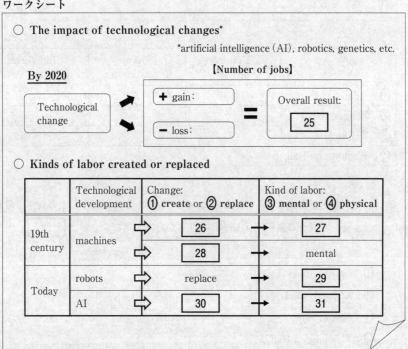

問 1 (a)　ワークシートの空欄 25 にあてはめるのに最も適切なものを，六つの選択肢(①〜⑥)のうちから一つ選びなさい。

① a gain of 2 million jobs　　② a loss of 2 million jobs
③ a gain of 5 million jobs　　④ a loss of 5 million jobs
⑤ a gain of 7 million jobs　　⑥ a loss of 7 million jobs

問 1 (b)　ワークシートの表の空欄 26 〜 31 にあてはめるのに最も適切なものを，四つの選択肢(①〜④)のうちから一つずつ選びなさい。選択肢は2回以上使ってもかまいません。

① create　　② replace　　③ mental　　④ physical

問 1 (c)　講義の内容と一致するものはどれか。最も適切なものを，四つの選択肢(①〜④)のうちから一つ選びなさい。 32

① Machines are beginning to replace physical labor with the help of robots.
② Mainly blue-collar workers will be affected by the coming technological changes.
③ Two-thirds of the number of women working at an office will lose their jobs.
④ White-collar workers may lose their present jobs because of AI developments.

問 2 は次のページにあります。

問 2 講義の続きを聞き，下の図から読み取れる情報と講義全体の内容から，どのようなことが言えるか，最も適切なものを，四つの選択肢(①〜④)のうちから一つ選びなさい。 33

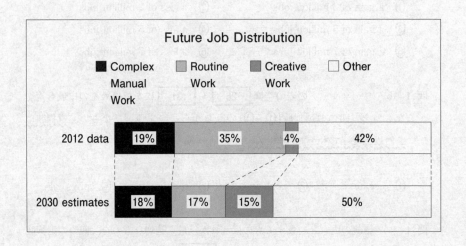

① Complex manual work will be automated thanks to the technological revolution.
② Jobs in the STEM fields will not increase even though they require creative work.
③ Mental work will have the greatest decrease in percentage.
④ Not all physical work will be replaced by robots and AI.

これで第5問は終わりです。

第2回 試行調査：英語（リスニング） 19

第6問 （配点 16）

第6問はAとBの二つの部分に分かれています。

A 　第6問Aは問1・問2の2問です。二人の対話を聞き，それぞれの問いの答えとして最も適切なものを，四つの選択肢（**①**〜**④**）のうちから一つずつ選びなさい。（問いの英文は書かれています。）**1回流します。**

状況
　二人の大学生が，ゲーム（video games）について話しています。

問1　What is Fred's main point?　　34

① Video games do not improve upper body function.

② Video games do not represent the actual world.

③ Video games encourage a selfish lifestyle.

④ Video games help extend our imagination.

問2　What is Yuki's main point?　　35

① It's necessary to distinguish right from wrong in video games.

② It's wrong to use smartphones to play video games.

③ Players can develop cooperative skills through video games.

④ Players get to act out their animal nature in video games.

これで第6問Aは終わりです。

— 24 —

20 第 2 回 試行調査：英語（リスニング）

B 第6問Bは問1・問2の2問です。英語を聞き，それぞれの問いの答えとして最も適切なものを，選択肢のうちから選びなさい。**1回流します。**

状況

Professor Johnson がゲーム (video games) について講演した後，質疑応答の時間がとられています。司会 (moderator) が聴衆からの質問を受け付けています。Bill と Karen が発言します。

問 1 四人のうち，ゲームに反対の立場で意見を述べている人を，四つの選択肢 (①～④) のうちから<u>すべて選びなさい</u>。 36

① Bill

② Karen

③ Moderator

④ Professor Johnson

— 26 —

問 2 Professor Johnson の意見を支持する図を，四つの選択肢(①〜④)のうちから一つ選びなさい。 37

①
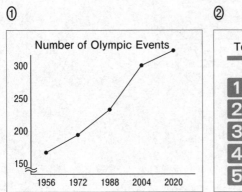

②

Top 5 Countries Selling Games	
	Sales in Billions
1 China	$32.54
2 United States	$25.43
3 Japan	$14.05
4 Germany	$4.43
5 United Kingdom	$4.24

③
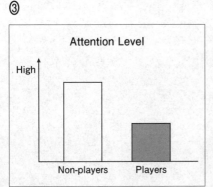

④

これで第6問Bは終わりです。

リスニングテスト 第1回 試行調査
共通テスト　バージョンB

解答時間 30分　配点は非公表

※リスニングの第1回試行調査には，放送回数がすべて2回のバージョンAと，1回と2回が混在しているバージョンBがあります。本書では，より問題数が多く放送回数にもバリエーションがあるバージョンBのみを取り上げます。

◎音声は下記の音声専用サイトで配信しています。使用している音声は，大学入試センターから公表されたものです。音声中のページ数は，問題編のそれぞれのページ下部を参照してください。

●音声専用サイトはこちら
akahon.net/kte/

第1回　試行調査

2 第 I 回 試行調査：英語（リスニング）

英　　語（リスニング）

$\left(\text{解答番号}\ \boxed{1}\ \sim\ \boxed{30}\right)$

第1問

第1問はAとBの二つの部分に分かれています。

A　　　第1問Aは問1から問5までの5問です。それぞれの問いについて，聞こえてくる英文の内容に最も近い意味の英文を，四つの選択肢(①〜④)のうちから一つずつ選びなさい。**2回流します。**

問1　　　 **1**

　① I called the police.
　② I have the bike key.
　③ The police found the key.
　④ The police lost the key.

問2　　　 **2**

　① She is asking for the menu.
　② She is cooking in the kitchen.
　③ She is serving some dishes.
　④ She is taking their order.

— 4 —

第 1 回 試行調査：英語（リスニング） **3**

問 3　3

① He did better on the science exam.

② He got poor scores on both tests.

③ He scored worse on the math exam.

④ He studied enough for the tests.

問 4　4

① She is sorry we can't see the view.

② She regrets having missed the view.

③ She should have enjoyed the view.

④ She suggests that we enjoy the view.

問 5　5

① He is asking her for a manual.

② He is asking her for some help.

③ He is asking her to help an Italian.

④ He is asking her to write in Italian.

これで第 1 問 A は終わりです。

4 第1回 試行調査：英語(リスニング)

B 第1問Bは問6から問9までの4問です。それぞれの問いについて，聞こえ
てくる英文の内容に最も近い絵を，四つの選択肢(①〜④)のうちから一つず
つ選びなさい。2回流します。

問6　6

問 7 7

①

②

③

④

問 8 | 8 |

①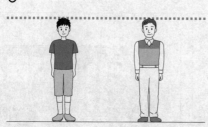

②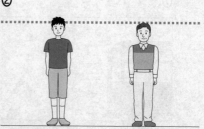

③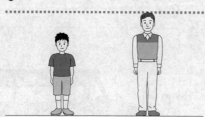

④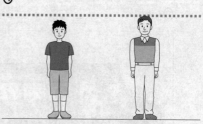

問9　9

①

②

③

④

これで第1問Bは終わりです。

第2問

第2問は問10から問14までの5問です。それぞれの問いについて、対話の場面が日本語で書かれています。対話とそれについての問いを聞き、その答えとして最も適切なものを、四つの選択肢(①〜④)のうちから一つずつ選びなさい。<u>2回流します。</u>

問10　友達同士で買い物の話をしています。　10

問11 観光中の二人が，高いタワーを見て話をしています。 11

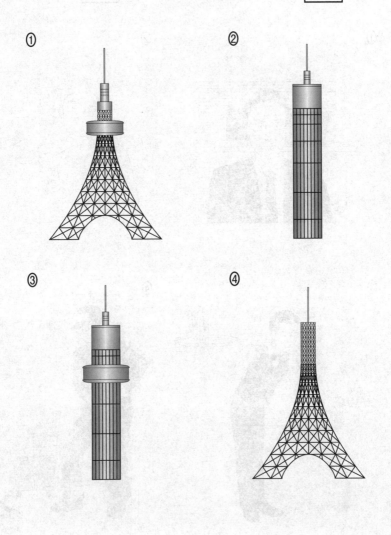

問12 男子大学生がアルバイトの面接を受けています。　12

問13　ケガをした患者と医者が話をしています。　13

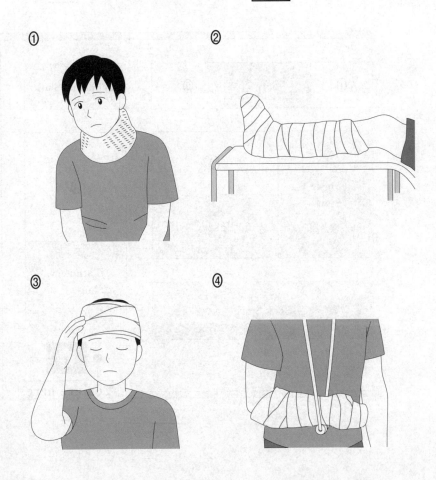

12 第１回 試行調査：英語(リスニング)

問14　買い物客がショッピングモールの案内所で尋ねています。　　14

①	Café	②		Cellphone Shop
Music Store	③		④	
	Bakery		Stationery Shop	
Book Store				

● **i**
↑
You are here.

これで第２問は終わりです。

－ 14 －

第3問

第3問は問15から問19までの5問です。それぞれの問いについて，対話の場面が日本語で書かれています。対話を聞き，問いの答えとして最も適切なものを，四つの選択肢(①～④)のうちから一つずつ選びなさい。**1回流します。**（問いの英文は書かれています。）

問15 友達同士が，これから出かけようとしています。

Which bus are the two friends going to catch? 　15

① 11:05
② 11:15
③ 11:20
④ 11:40

問16 テレビで野球の試合(The Crabs 対 The Porters)を見ているお母さんに，息子が話しかけています。

What is happening in the game? 　16

① The Crabs are behind.
② The Crabs are leading.
③ The game is being delayed.
④ The game is just beginning.

― 16 ―

14　第 I 回 試行調査：英語（リスニング）

問17　雨天の日に，高校生の男女が部活動について話をしています。

What can you guess from the conversation?　　17

① The boy and the girl agree not to go to the gym.

② The boy and the girl like working out.

③ The boy does not want to exercise today.

④ The boy has been gone since yesterday.

問18　男性がレストランで店員に話しかけています。

What is the man most likely to do?　　18

① Finish the food.

② Order again.

③ Start eating.

④ Wait for the food.

問19　語学学校に留学中の女子学生が，アドバイザーと話をしています。

What happened to the student?　　19

① Her question wasn't answered.

② Her request wasn't accepted.

③ She was told not to give advice.

④ She was unable to make a suggestion.

これで第 3 問は終わりです。

－ 17 －

第4問

第4問はAとBの二つの部分に分かれています。

A　第4問Aは問20・問21の2問です。それぞれの問いについて，話を聞き，問いの答えとして最も適切なものを，四つの選択肢(①～④)のうちから選びなさい。1回流します。

問20　授業でワークシートが配られました。グラフについて，先生の説明を聞き，以下の図の四つの空欄A～Dにあてはめるのに最も適切なものを，四つの選択肢(①～④)のうちから選びなさい。　20

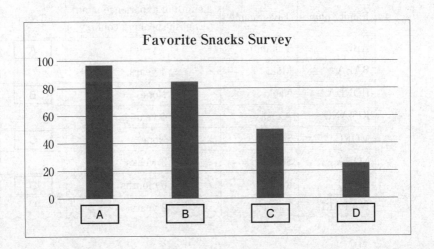

① Chocolate
② Fruit
③ Potato chips
④ Vegetables

16　第Ⅰ回 試行調査：英語（リスニング）

問21　こども向けの英語キャンプを開催するにあたり，参加者をチームに分けます。リーダーの説明を聞き，以下の表の四つの空欄**A～D**にあてはめるのに最も適切なものを，四つの選択肢(**①～④**)のうちから選びなさい。ただし，選択肢は二回以上使ってもかまいません。　21

Teams

① Blue

② Green

③ Red

④ Yellow

Family name	Given name	Length of experience in an English-speaking country	Team
ABE	Takahiro	3 years	A
BABA	Maki	4 years	
HONDA	Naoki	None	B
KITANO	Azusa	1 year	
MORI	Saki	None	C
NODA	Sho	3 weeks	
UENO	Rei	6 months	D
WATARI	Takeru	2 years	

これで第４問Aは終わりです。

— 19 —

第 1 回 試行調査：英語（リスニング） **17**

B 　第**4問B**は**問22**の１問です。四人の英語を聞き，問いの答えとして最も適切なものを，四つの選択肢（**①～④**）のうちから一つ選びなさい。下の表を使ってメモを取ってもかまいません。**1回流します。**

状況

日本の観光案内所で外国人観光客を案内する高校生ボランティアスタッフを１名募集しました。その結果，複数の応募があったため，以下のような条件に沿って選ぶことにしました。

条件

・観光案内や通訳をしたことのある人。
・外国人観光客に対応できる英語力（中級から上級）のある人。
・週末の午後１時から５時まで参加できる人。

メモ

Candidates	Experience	English level	Schedule
Akiko KONDO			
Hiroshi MIURA			
Keiko SATO			
Masato TANAKA			

問22　四人の応募者の録音された自己紹介を聞き，最も条件に合う人物を選びなさい。　| 22 |

① 　Akiko KONDO

② 　Hiroshi MIURA

③ 　Keiko SATO

④ 　Masato TANAKA

これで第４問Bは終わりです。

— 20 —

18 第Ⅰ回 試行調査：英語（リスニング）

第5問

第5問は問23から問26までの4問です。それぞれの問いの答えとして最も適切なものを，選択肢のうちから選びなさい。

状況と問いを読む時間（約60秒）→**問23〜問25**リスニング（**1回流します。**）→解答→**問26**リスニング（**1回流します。**）→解答

状況

　アメリカの大学で，服と環境の関わりについて，講義を聞いています。

ワークシート

○Today: 80 billion new pieces of clothing

　　↑　increased by 400%

　20 years ago

○Why? →(　　　　23　　　　)

○The life of cheaply-produced clothing—avg. 2.2 years

○The environmental impact: 24

Methods	Fibers	Impacts
burning	A	X
burying	non-natural	Y → earth
	B	methane during breakdown
	C	Z
		→ underground water

— 22 —

問23 ワークシートの空欄 23 を埋めるのに最も適切なものを，四つの選択肢(①〜④)のうちから一つ選びなさい。

① carefully produced and expensive clothes

② cheaply produced and inexpensive clothes

③ poorly produced and short-lasting clothes

④ reasonably produced and long-lasting clothes

問24 ワークシートの表 24 の空欄A〜C及びX〜Zを埋めるのに最も適切な語句はどれか。Fibersの空欄A〜Cのそれぞれにあてはまるものを二つの選択肢(①と②)のうちから，Impactsの空欄X〜Zのそれぞれにあてはまるものを三つの選択肢(③〜⑤)のうちから選びなさい。①と②は二回以上使われることがあります。

空欄A〜C：

① natural

② non-natural

空欄X〜Z：

③ chemicals used in production

④ many years to break down

⑤ CO_2 in the air

20 第１回 試行調査：英語(リスニング)

問25 講義で話されていると考えられる主張はどれか，四つの選択肢(①~④)の
うちから一つ選びなさい。 25

① Cotton clothes are better because they produce less CO_2 and are more
easily broken down than polyester clothes.

② It is better to burn textile waste than to bury it underground because
harmful chemicals can damage the earth.

③ Many clothes are not recycled or reused, so buying clothing wisely
could contribute to protecting the environment.

④ We should avoid buying unnecessary clothing because chemicals are
used during the production process.

問26 講義の続きを聞いて以下の図表から読み取れる情報と，先の講義の内容を総合して，どのようなことが示唆されるか，四つの選択肢(①〜④)のうちから一つ選びなさい。 26

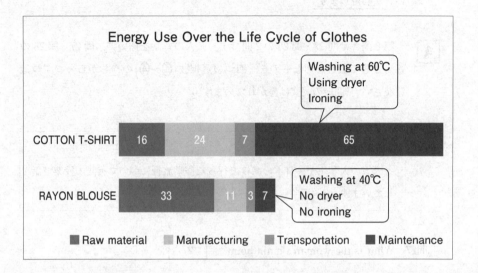

① Cotton T-shirts are better for the earth when they are made out of chemical-free fibers.
② It is important not only to think of what clothes to buy but how to take care of them.
③ Rayon blouses can be recycled and as a result, last longer than cotton T-shirts.
④ We should wear natural-fiber clothing as it is friendly to the environment.

これで第5問は終わりです。

22　第 1 回 試行調査：英語（リスニング）

第6問

　　第6問はAとBの二つの部分に分かれています。英文を聞き，二つの問いに答えなさい。 1回流します。

A　　第6問Aは問27・問28の2問です。二人の対話を聞いて，問27・問28の答えとして最も適切なものを，四つの選択肢（①～④）のうちから一つずつ選びなさい。（問いの英文は書かれています。）

状況
　　二人の大学生が，日本の高校で行った修学旅行について英語の授業で話しています。

問27　What is the woman's main point?　　27

① She found it difficult to use English in Australia.

② She thinks a school trip abroad is worthwhile.

③ She wanted more chances to travel outside Japan.

④ She wishes she had gone to Hiroshima instead.

問28　What is the man's main point?　　28

① He disliked being asked questions about Japan.

② He felt that domestic school trips should be longer.

③ He thought he wasn't able to appreciate his school trip.

④ He wanted to go to Australia instead of Nara.

これで第6問Aは終わりです。

― 26 ―

第 1 回 試行調査：英語（リスニング） **23**

B 　**第 6 問 B は問 29・問 30 の 2 問です。**

状況

　学生たちが授業で，炭水化物(carbohydrates)を積極的に摂取すること
に対して賛成か反対かを述べています。

問29　四人の意見を聞き，賛成意見を述べている人を四つの選択肢(①〜④)のうち
からすべて選びなさい。正解となる選択肢は一つとは限りません。　　29

① 　学生 1
② 　学生 2
③ 　学生 3
④ 　学生 4

— 28 —

問30 さらに別の学生の意見を聞き、その意見の内容と合う図を四つの選択肢（①〜④）のうちから一つ選びなさい。 30

図1

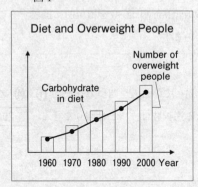

図2

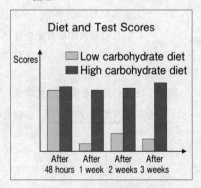

図3

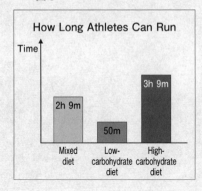

図4

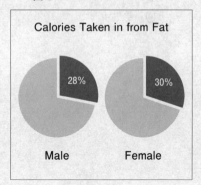

① 図1
② 図2
③ 図3
④ 図4

これで第6問Bは終わりです。

リスニングテスト 2020 センター試験 本試験

解答時間 30分　配点 50点

◎リスニングテストの質問文と選択肢は音声ではなく，すべて問題冊子に印刷されています。次のページから始まる問題編を見ながらリスニングしてください。

◎音声は下記の音声専用サイトで配信しています。使用している音声は，大学入試センターから公表されたものです。音声中のページ数は，問題編のそれぞれのページ下部を参照してください。

◎解答時間は30分ですが，解答開始前にICプレーヤーの作動確認・音量調節の時間がありますので，試験時間は60分となります。「音量調整用音声」は音声専用サイトで確認できます。

● 音声専用サイトはこちら
akahon.net/kte/

2020年度　本試験

英　　語（リスニング）

（解答番号　1　～　25　）

第1問　(配点 12)

第1問は問1から問6までの6問です。それぞれの問いについて対話を聞き，答えとして最も適切なものを，四つの選択肢（①～④）のうちから一つずつ選びなさい。

問1　Which picture matches the conversation?　1

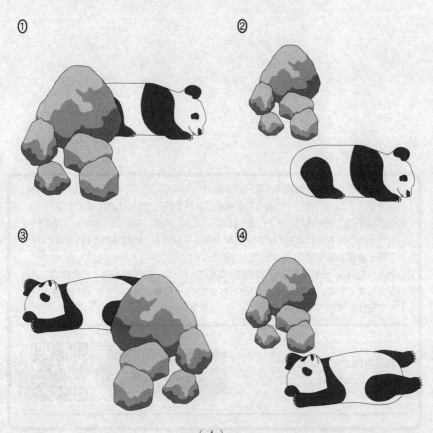

問 2 **What flight time did the woman choose?** 2

① 7:30
② 11:00
③ 14:00
④ 17:00

問 3 **What do they still need in order to finish the brochure?** 3

① Only the illustrations
② The illustrations and recipe
③ The text, photos, and illustrations
④ The text, photos, and recipe

問 4 **What will the woman do?** 4

① Ask Jim to come on time
② Find a place for Jim
③ Open the party room
④ Speak to start the party

問 5 **How many DVDs does the man own?** 5

① 120
② 150
③ 200
④ 220

(5)

問 6　Which line represents the salmon catch?　6

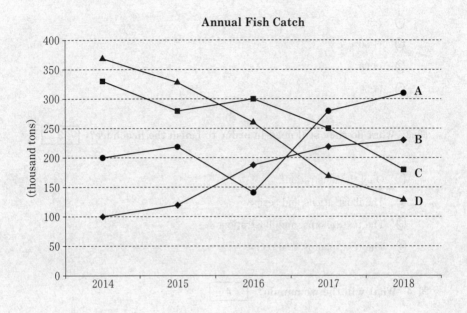

① A
② B
③ C
④ D

これで第１問は終わりです。

第2問 (配点 14)

第2問は問7から問13までの7問です。それぞれの問いについて対話を聞き，最後の発言に対する相手の応答として最も適切なものを，四つの選択肢(①〜④)のうちから一つずつ選びなさい。

問7 [7]

① Oh, it's already baked.

② Oh, it's so tasty.

③ Oh, that's a secret.

④ Oh, that's a walnut.

問8 [8]

① I'm afraid we'll be in the way.

② I'm not sure we can make it by then.

③ I'm sorry to keep you waiting long.

④ I'm surprised to see that.

問9 [9]

① Anyone.

② Anything.

③ Anytime.

④ Anywhere.

(8)

6　2020年度：英語（リスニング）/本試験

問10　☐ 10

① Can you see what's inside?

② Can you turn it in now?

③ OK, I'll be right back.

④ OK, I'll leave it to you.

問11　☐ 11

① I drop in on my parents.

② I pick you up by car.

③ My father drops me off.

④ My father picks her up.

問12　☐ 12

① I'll tell you when I finish it.

② I'm thinking about reading it.

③ To be honest, I can't afford it.

④ To tell the truth, I'm worth it.

問13　☐ 13

① But I can't be by myself.

② But I can't help it.

③ But I couldn't try it either.

④ But I couldn't have.

これで第2問は終わりです。

（ 9 ）

2020年度：英語(リスニング)/本試験　7

第3問 （配点　12）

第3問はAとBの二つの部分に分かれています。

A 　第3問Aは問14から問16までの3問です。それぞれの問いについて対話を聞き，答えとして最も適切なものを，四つの選択肢（①～④）のうちから一つずつ選びなさい。

問14　**Why was the man surprised?** 　14

① He had to bring his own bag.
② He had to go to the supermarket.
③ He had to pay money for a bag.
④ He had to think about the environment.

問15　**What did the man learn from the lecture?** 　15

① How to eat passion fruit
② How to feel happiness
③ How to find good food
④ How to motivate others

問16　**Where is this conversation most likely taking place?** 　16

① On the second floor
② On the third floor
③ On the fourth floor
④ On the fifth floor

これで第3問Aは終わりです。

（ 10 ）

B　第3問Bは問17から問19までの3問です。長めの対話を一つ聞き，問17から問19の答えとして最も適切なものを，四つの選択肢(①〜④)のうちから一つずつ選びなさい。

対話の場面
　友達同士が，夏休みのアルバイトについて話しています。

Summer Part-Time Jobs

Pizza Delivery Person

Weekdays 9:00-12:00
OR
Weekends 12:00-18:00
Motor scooter license required

Wait Staff

Weekdays 12:00-18:00
OR
Weekends 9:00-12:00
Experience required

Bicycle Messenger

Weekdays 9:00-12:00
OR
Weekends 9:00-12:00
Your own bicycle required

Dog Walker

Weekdays 12:00-18:00
OR
Weekends 12:00-18:00
Experience required

2020年度：英語（リスニング）/本試験　9

問17　**Why can't the man take the pizza delivery job?** ☐ 17

① Because he doesn't have a sense of direction

② Because he doesn't have his own motor scooter

③ Because he doesn't like delivered pizza

④ Because he doesn't meet one requirement

問18　**What did the man imply about the dog walker job?** ☐ 18

① He can't fit it into his schedule.

② He is unfamiliar with such a job.

③ He pays people for walking his dog.

④ He really wants the job.

問19　**Which part-time job will the man apply for?** ☐ 19

① Bike messenger from Monday to Friday

② Bike messenger on Saturday and Sunday

③ Wait staff from Monday to Friday

④ Wait staff on Saturday and Sunday

これで第3問Bは終わりです。

(13)

10 2020年度：英語(リスニング)/本試験

第4問 （配点 12）

第4問もＡとＢの二つの部分に分かれています。どちらも長めの英文を聞き，三つの問いに答えなさい。

A 第4問Ａは問20から問22までの3問です。長めの英文を一つ聞き，問20から問22の答えとして最も適切なものを，四つの選択肢（①～④）のうちから一つずつ選びなさい。

問20 **What did the speaker notice about buses in Nepal?** 20

① They came very often.
② They followed a timetable.
③ They left when they became full.
④ They served tea to passengers.

問21 **Why did the speaker's classes often start late in Nepal?** 21

① She was having tea with the principal.
② She was preparing for class.
③ The students were chatting.
④ The students were having tea.

問22 **What did the speaker learn from her teaching experiences?** 22

① Tea is as popular as coffee in Japan.
② Tea making is very different in Japan and Nepal.
③ Tea time helps develop relationships in Nepal.
④ Time is viewed similarly in Japan and Nepal.

これで第4問Ａは終わりです。

（ 14 ）

2020年度：英語(リスニング)/本試験　11

B 　第4問Bは**問23**から**問25**までの3問です。長めの会話を一つ聞き，**問23**
から**問25**の答えとして最も適切なものを，四つの選択肢(**①~④**)のうちから
一つずつ選びなさい。

会話の場面

　David が，最近通い始めたギター教室について Amy と Mark に相談し
ています。

問23　**What is David's main problem with his guitar lessons?**　23

① 　They are expensive.

② 　They are not convenient.

③ 　They are not very strict.

④ 　They are uninteresting.

問24　**Why does Amy think David should work with a teacher?**　24

① 　To be able to join a band

② 　To become a skillful player

③ 　To become a teacher

④ 　To learn many songs

問25　**What will David most likely do next?**　25

① 　Continue his lessons and form a band

② 　Continue his lessons but not form a band

③ 　Quit his lessons and form a band

④ 　Quit his lessons but not form a band

これで第4問Bは終わりです。

(15)

リスニングテスト **2019** 本試験

解答時間 30 分　配点 50 点

◎リスニングテストの質問文と選択肢は音声ではなく，すべて問題冊子に印刷されています。次のページから始まる問題編を見ながらリスニングしてください。

◎音声は下記の音声専用サイトで配信しています。使用している音声は，大学入試センターから公表されたものです。音声中のページ数は，問題編のそれぞれのページ下部を参照してください。

◎解答時間は 30 分ですが，解答開始前に IC プレーヤーの作動確認・音量調節の時間がありますので，試験時間は 60 分となります。「音量調整用音声」は音声専用サイトで確認できます。

●音声専用サイトはこちら
akahon.net/kte/

2019 年度　本試験

英　　語（リスニング）

（解答番号　1　~　25　）

第 1 問　（配点　12）

　第 1 問は問 1 から問 6 までの 6 問です。それぞれの問いについて対話を聞き，答えとして最も適切なものを，四つの選択肢（①~④）のうちから一つずつ選びなさい。

問 1　What might the character look like?　　1

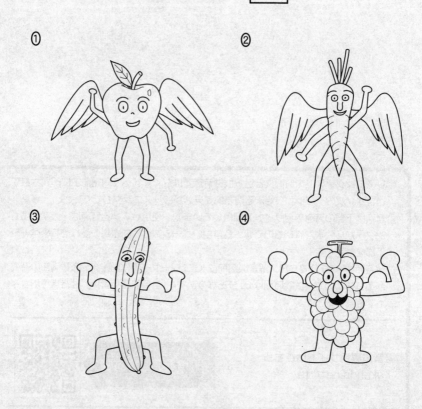

2019年度：英語(リスニング)/本試験 **3**

問 2 **For how many days will they be on their trip?** ☐ 2

① 5 days

② 7 days

③ 8 days

④ 10 days

問 3 **What activities did the woman do during the summer?** ☐ 3

① Hiking and fishing

② Hiking and playing golf

③ Surfing and fishing

④ Surfing and playing golf

問 4 **Where will the woman probably find the salt?** ☐ 4

① Beside the sink

② By the toaster

③ In the picnic basket

④ On the kitchen table

問 5 **How much will the woman have to pay?** ☐ 5

① 1,000 yen

② 2,000 yen

③ 3,000 yen

④ 4,000 yen

(5)

問 6　Which graph best shows the members' current opinions?　[6]

①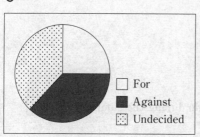

②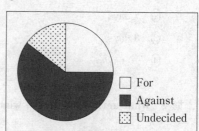

③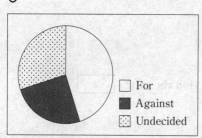

④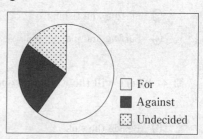

これで第１問は終わりです。

2019年度：英語(リスニング)/本試験　**5**

第2問 （配点 14）

第2問は問7から問13までの7問です。それぞれの問いについて対話を聞き，最後の発言に対する相手の応答として最も適切なものを，四つの選択肢（①〜④）のうちから一つずつ選びなさい。

問7 ☐ 7

① Did you get a new phone?

② Didn't you change it at the station?

③ No, I wasn't looking where I was going.

④ Yes, and now I did it again.

問8 ☐ 8

① Then it would be nice if your wife doesn't say no.

② Then you could give it a try and see what he says.

③ Well, I haven't gotten her passport yet.

④ Well, you should give me a broad selection.

問9 ☐ 9

① Better luck next time.

② Talk is cheap.

③ That was too bad.

④ We'd better hurry.

（8）

6 2019年度：英語（リスニング）/本試験

問10 10

① No. I don't think it's safe.

② No. You can't go to the game.

③ Yes. It looks like a traffic jam.

④ Yes. We can change places.

問11 11

① Could you possibly leave after he comes?

② Could you study in the library after 6?

③ I guess I should leave earlier.

④ I guess we could start the party sooner.

問12 12

① Sounds good. I'll be there in 30 minutes.

② Sounds good. So please deliver it.

③ Well, I don't need another pizza.

④ Well, I haven't decided my order.

問13 13

① Yes, just change platforms at the first station.

② Yes, just choose a different way.

③ Yes, just get on the next express night bus.

④ Yes, just take the elevator up one floor.

これで第2問は終わりです。

（ 9 ）

2019年度：英語(リスニング)/本試験　7

第3問　(配点　12)

第3問はAとBの二つの部分に分かれています。

A　第3問Aは問14から問16までの3問です。それぞれの問いについて対話を聞き，答えとして最も適切なものを，四つの選択肢(①〜④)のうちから一つずつ選びなさい。

問14　**Why was the woman late?**　　14

① Her phone was lost.

② Her watch was slow.

③ She forgot the time.

④ She was in a different place.

問15　**What is the woman going to do next?**　　15

① Help the man design a skirt

② Help the man go to India

③ Introduce someone to buy some cloth

④ Introduce someone who can sew a skirt

問16　**What will the man prepare?**　　16

① Coffee and lemon ginger tea

② Lemon ginger and green tea

③ Two cups of coffee

④ Two cups of lemon ginger tea

これで第3問Aは終わりです。

(10)

B 第3問Bは問17から問19までの3問です。長めの対話を一つ聞き，問17から問19の答えとして最も適切なものを，四つの選択肢(①〜④)のうちから一つずつ選びなさい。

対話の場面
博物館の入場券売り場で，来館者が展示について質問をしています。

The City Museum

Permanent Exhibitions

Greek and Roman Art
Hours: 10:00 – 17:00
　　　 (Friday: 11:30 – 20:00)
Lecture: 12:00/14:00
　　　 (Monday, Friday & Sunday)

The Age of Dinosaurs
Hours: 10:00 – 17:00
Lecture: 11:00/13:00
　　　 (Monday, Friday & Sunday)

Special Exhibitions

East Asian Pottery
Hours: 10:00 – 17:00
　　　 (Closed Monday)
Additional Fee: $22

Butterflies of the Amazon
Hours: 10:00 – 17:00
　　　 (Closed Friday)
Additional Fee: $15

問17 On what day of the week is the man at the museum? 　17

　① Monday

　② Wednesday

　③ Friday

　④ Saturday

問18 Which lecture will the man go to first? 　18

　① 11:00 lecture at The Age of Dinosaurs

　② 12:00 lecture at Greek and Roman Art

　③ 13:00 lecture at The Age of Dinosaurs

　④ 14:00 lecture at Greek and Roman Art

問19 How much will the man pay in total? 　19

　① $20

　② $22

　③ $42

　④ $57

これで第3問Bは終わりです。

10 2019年度：英語(リスニング)/本試験

第4問 (配点 12)

　第4問も**A**と**B**の二つの部分に分かれています。どちらも長めの英文を聞き，三つの問いに答えなさい。

A　第4問**A**は問20から問22までの3問です。長めの英文を一つ聞き，問20から問22の答えとして最も適切なものを，四つの選択肢(**①**～**④**)のうちから一つずつ選びなさい。

問20　Why was it important for the girl to know how to ride a bicycle?
　　20

　　① So that her friends would not make fun of her
　　② So that her parents could buy her a bicycle
　　③ So that she could go on rides with her brothers
　　④ So that she could ride her bicycle to school

問21　What made Brad and Marc laugh?　21

　　① Their sister ran into the garage.
　　② Their sister told a joke.
　　③ Their sister was pedaling slowly.
　　④ Their sister was spinning around.

問22　What did the girl learn through this childhood experience?
　　22

　　① To be tough and to keep on going
　　② To find the humor in bad situations
　　③ To support her older brothers
　　④ To work hard and have fun

これで第4問Aは終わりです。

---

(14)

2019年度：英語（リスニング）/本試験　11

B　第4問Bは問23から問25までの3問です。長めの会話を一つ聞き，問23
　　から問25の答えとして最も適切なものを，四つの選択肢（①～④）のうちから
　　一つずつ選びなさい。

会話の場面
　Ken，Nicholas，Janet が，新しく飼う犬をどのように探せば良いのか
話し合いをしています。

問23　According to Janet, what is the main reason for adopting dogs?
　　　23

① Shelter dogs need a health check.
② Shelter dogs need a loving home.
③ Shelter dogs need to be given up.
④ Shelter dogs need to be trained.

問24　Which of these concerns does Nicholas have with shelter dogs?
　　　24

① They might be too young.
② They might be unwanted.
③ They might have been abandoned.
④ They might have behavioral problems.

問25　What is the result of this conversation?　25

① Nicholas will get a young dog from the pet shop.
② Nicholas will get an older dog from the shelter.
③ They will all visit the animal shelter.
④ They will all visit the pet shop downtown.

これで第4問Bは終わりです。

（ 15 ）

リスニングテスト 2018 本試験

解答時間 30 分　配点 50 点

◎リスニングテストの質問文と選択肢は音声ではなく，すべて問題冊子に印刷されています。次のページから始まる問題編を見ながらリスニングしてください。
◎音声は下記の音声専用サイトで配信しています。使用している音声は，大学入試センターから公表されたものです。音声中のページ数は，問題編のそれぞれのページ下部を参照してください。
◎解答時間は 30 分ですが，解答開始前に IC プレーヤーの作動確認・音量調節の時間がありますので，試験時間は 60 分となります。「音量調整用音声」は音声専用サイトで確認できます。

●音声専用サイトはこちら
akahon.net/kte/

2018 年度　本試験

英　　語（リスニング）

（解答番号　1　〜　25　）

第1問　（配点　12）

　第1問は問1から問6までの6問です。それぞれの問いについて対話を聞き，答えとして最も適切なものを，四つの選択肢（①〜④）のうちから一つずつ選びなさい。

問1　Which picture are they looking at?　　1

①

②

③

④

2018年度：英語（リスニング）/本試験 **3**

問 2　How much of their own money will each person pay?　| 2 |

① 　10 dollars

② 　15 dollars

③ 　30 dollars

④ 　35 dollars

問 3　What does the woman say about her new job?　| 3 |

① 　Employees are free on weekends.

② 　It takes too much time to get to work.

③ 　She gets along with her colleagues.

④ 　The boss is often away on business.

問 4　What will the man do?　| 4 |

① 　Get a new model later.

② 　Get a new model now.

③ 　Get an old model later.

④ 　Get an old model now.

問 5　What time did the woman think it was?　| 5 |

① 　1:20

② 　1:30

③ 　1:40

④ 　1:50

(5)

問6 Which graph describes what they are talking about? ☐ 6

①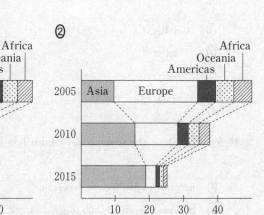

③ 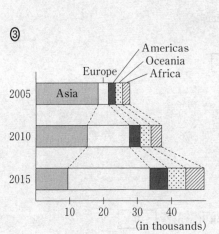   ④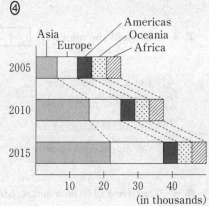

これで第1問は終わりです。

2018年度：英語（リスニング）/本試験　**5**

第2問　(配点　14)

第2問は**問7**から**問13**までの**7問**です。それぞれの問いについて対話を聞き，最後の発言に対する相手の応答として最も適切なものを，四つの選択肢(**①**～**④**)のうちから一つずつ選びなさい。

問7　| 7 |

① Oh, I forgot to go shopping.

② Oh, you should've reminded me.

③ Sure, anything but batteries.

④ Sure, the shop by the station.

問8　| 8 |

① OK, don't you have any?

② OK, give me another minute.

③ OK, is it your second time here?

④ OK, you can ask which is which.

問9　| 9 |

① Sure, they won the contest.

② What if you were?

③ Why don't they try?

④ You're not the only one.

(8)

6 2018年度：英語(リスニング)/本試験

問10   10

①   Oh, I didn't know any of them.

②   Oh, you can tell others.

③   Umm, they are not fast enough.

④   Umm, we could look it up.

問11   11

①   Right, for the time being.

②   Right, forty on white.

③   Well, let me choose white.

④   Well, the other way around.

問12   12

①   I think the class is pleasant.

②   I'm not really worried that much.

③   Luckily, there were no maps on the test.

④   Whatever grade you were in.

問13   13

①   Did I?

②   Did it?

③   Did we?

④   Did you?

これで第 2 問は終わりです。

(9)

2018年度：英語(リスニング)/本試験　7

第3問　(配点 12)

第3問はAとBの二つの部分に分かれています。

A　第3問Aは問14から問16までの3問です。それぞれの問いについて対話を聞き，答えとして最も適切なものを，四つの選択肢(①〜④)のうちから一つずつ選びなさい。

問14　What will they do about dinner?　14

① They'll eat curry at a restaurant.
② They'll eat curry at home.
③ They'll eat fried rice at a restaurant.
④ They'll eat fried rice at home.

問15　How long can a person extend online?　15

① One week
② Two weeks
③ Three weeks
④ Four weeks

問16　What will the man find out about his neighbor?　16

① How long he has been a doctor
② What hospital he works at
③ When he started the volunteer work
④ Who he volunteers for

これで第3問Aは終わりです。

B 第3問Bは問17から問19までの3問です。長めの対話を一つ聞き，問17から問19の答えとして最も適切なものを，四つの選択肢(①〜④)のうちから一つずつ選びなさい。

対話の場面
夫婦が駅前で地図を見ながら今日と明日の観光の予定について話をしています。

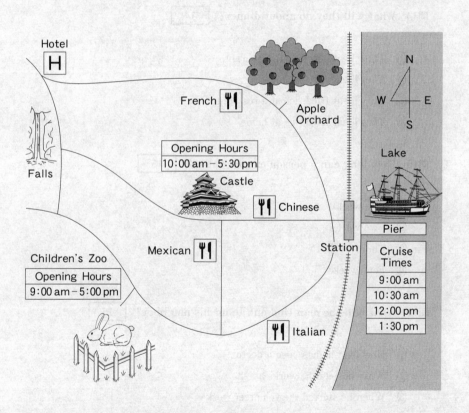

2018年度：英語(リスニング)/本試験　9

問17　Which cruise are they most likely going to take?　17

① 9:00 am

② 10:30 am

③ 12:00 pm

④ 1:30 pm

問18　Which restaurant are they going to go to for lunch?　18

① The Chinese restaurant

② The French restaurant

③ The Italian restaurant

④ The Mexican restaurant

問19　What places are they planning to go to tomorrow?　19

① The castle and the children's zoo

② The castle and the falls

③ The children's zoo and the orchard

④ The falls and the orchard

これで第3問Bは終わりです。

(13)

10　2018年度：英語(リスニング)/本試験

第4問　(配点　12)

　　第4問も**A**と**B**の二つの部分に分かれています。どちらも長めの英文を聞き，三
つの問いに答えなさい。

A　　第4問**A**は問20から問22までの3問です。<u>長めの英文を一つ聞き，問20
から問22</u>の答えとして最も適切なものを，四つの選択肢(①～④)のうちから
一つずつ選びなさい。

問20　**What bothered the speaker about cleaning?**　　20

　　① Following instructions
　　② Returning before 10 pm
　　③ Sweeping the floor
　　④ Waking up early

問21　**What was the speaker's opinion about phones in the dormitory?**
　　　21

　　① Mobile phones should have been allowed.
　　② Mobile phones should have been cheaper.
　　③ Phones should have been placed in each room.
　　④ Phones should have been placed on each floor.

問22　**Which of the following would be the best title for this story?**
　　　22

　　① How I challenged the strict Japanese dorm system
　　② How I improved the rules of a Japanese dorm
　　③ How I matured while living in a Japanese dorm
　　④ How I survived a Japanese dorm without a phone

これで第4問Aは終わりです。

(14)

2018年度：英語（リスニング）/本試験　11

B 第4問Bは問23から問25までの3問です。下線: 長めの会話を一つ聞き，問23から問25の答えとして最も適切なものを，四つの選択肢$\left(\text{①}\sim\text{④}\right)$のうちから一つずつ選びなさい。

会話の場面

　大学生の Tokiko，Justin，Karen が国際交流センターで話し合いをしています。

問23　**What is Justin most concerned about?**　23

① Academic preparations

② Cultural aspects

③ Personal safety

④ Travel arrangements

問24　**What is Tokiko's advice regarding what to pack?**　24

① Bring enough money to last the trip.

② Consider the climate of your destination.

③ Make sure your suitcases are not too heavy.

④ Take a journal to write about experiences.

問25　**Which of the following best describes the conversation?**　25

① They all shared personal episodes.

② They came to a definite conclusion.

③ They debated the value of studying abroad.

④ They each emphasized a different point.

これで第4問Bは終わりです。

(15)

リスニングテスト 2017 本試験

解答時間 30分　配点 50点

◎リスニングテストの質問文と選択肢は音声ではなく，すべて問題冊子に印刷されています。次のページから始まる問題編を見ながらリスニングしてください。
◎音声は下記の音声専用サイトで配信しています。使用している音声は，大学入試センターから公表されたものです。音声中のページ数は，問題編のそれぞれのページ下部を参照してください。
◎解答時間は 30 分ですが，解答開始前に IC プレーヤーの作動確認・音量調節の時間がありますので，試験時間は 60 分となります。「音量調整用音声」は音声専用サイトで確認できます。

●音声専用サイトはこちら
akahon.net/kte/

2017 年度　本試験

英　　語（リスニング）

（解答番号　1　～　25　）

第1問　（配点　12）

第1問は問1から問6までの6問です。それぞれの問いについて対話を聞き，答えとして最も適切なものを，四つの選択肢（①～④）のうちから一つずつ選びなさい。

問1　Which room does the woman decide to take?　1

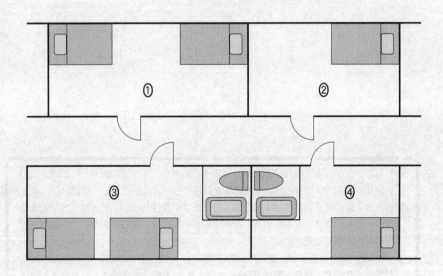

2017年度：英語(リスニング)/本試験 **3**

問 2 **How much did the boy spend on transportation?** `2`

① $5

② $10

③ $15

④ $25

問 3 **What will the man do today?** `3`

① Go to Jim's house.

② Go to the doctor.

③ Go to the mountains.

④ Go to work.

問 4 **What is the one thing the woman did NOT like about the movie?**
`4`

① The length

② The performances

③ The special effects

④ The story

問 5 **How many junk mail messages does the man usually get a day?**
`5`

① About 30

② About 60

③ About 90

④ About 120

(5)

問 6 Which is the woman's lunch?　　6

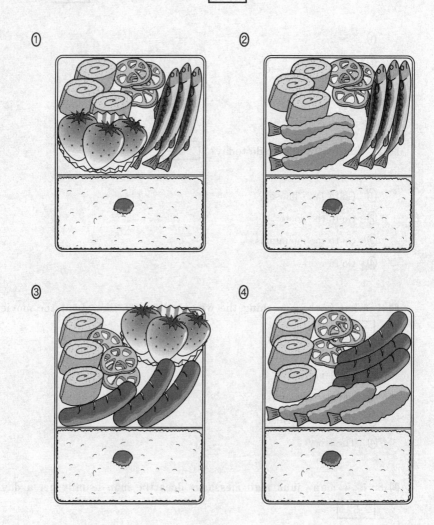

これで第１問は終わりです。

第2問 (配点 14)

第2問は**問7**から**問13**までの7問です。それぞれの問いについて対話を聞き，最後の発言に対する相手の応答として最も適切なものを，四つの選択肢(**①~④**)のうちから一つずつ選びなさい。

問7 ☐7☐

① Can I go instead of you?

② Can't you come?

③ Shall I go for it?

④ Would you like to look?

問8 ☐8☐

① Are most couples like that?

② Do you think so?

③ Don't mention it.

④ I'm not surprised, either.

問9 ☐9☐

① For sure.

② I fell down.

③ It will be.

④ Too bad.

(8)

6　2017年度：英語（リスニング）/本試験

問10　　10

① Haven't you seen him before?

② How did you forget about me?

③ I think you may be mistaken.

④ You have the wrong number.

問11　　11

① I don't, but I know I should.

② No thanks. I'm not thirsty.

③ We ought to sell two liters a day.

④ Yes, my backpack is waterproof.

問12　　12

① Could you please apply on your own?

② I was hoping you could recommend me.

③ Would you mind signing up for my class?

④ You had better complete your application.

問13　　13

① Well, the latest ad can be trusted.

② Well, the product sells well worldwide.

③ Well, the questions may be biased.

④ Well, the research seems accurate.

これで第2問は終わりです。

(9)

2017年度：英語（リスニング）/本試験　7

第3問　(配点　12)

第3問はAとBの二つの部分に分かれています。

A　　第3問Aは問14から問16までの3問です。それぞれの問いについて対話を聞き，答えとして最も適切なものを，四つの選択肢(①～④)のうちから一つずつ選びなさい。

問14　**Why did the woman get angry with her son?**　　14

① He fell in a hole.

② He missed the train.

③ He tore his pants.

④ He was late for school.

問15　**On what day does this conversation take place?**　　15

① Monday

② Tuesday

③ Wednesday

④ Thursday

問16　**Where is each person now?**　　16

① At a health food store and at a supermarket

② At a health food store and at an organic farm

③ At home and at a supermarket

④ At home and at an organic restaurant

これで第3問Aは終わりです。

(10)

B 第3問Bは問17から問19までの3問です。長めの対話を一つ聞き，問17から問19の答えとして最も適切なものを，四つの選択肢(①〜④)のうちから一つずつ選びなさい。

対話の場面

二人の学生が掲示板のポスターを見ながら，どのプログラムに応募するかを話しています。

Summer Volunteer Programs

Produce a music festival in INDONESIA	Dig wells in BOLIVIA

Dates: July 1 – August 10 **Requirements:** 　Intermediate level of English 　Leadership skills	**Dates:** July 30 – August 31 **Requirements:** 　Physical strength 　Willingness to work outdoors
Teach Japanese in AUSTRALIA	**Restore an old castle in POLAND**

Dates: August 1 – September 1 **Requirements:** 　Advanced level of Japanese 　Teaching experience	**Dates:** August 3 – September 10 **Requirements:** 　Interest in architecture/history 　Willingness to learn new skills

問17 Which program does the woman refer to first in the conversation?
17

① The one in Bolivia
② The one in Brazil
③ The one in Indonesia
④ The one in Portugal

問18 Which country is the man most likely to apply to go to? 18

① Australia
② Bolivia
③ Indonesia
④ Poland

問19 Which activity is the woman most likely to do? 19

① Dig wells.
② Produce a festival.
③ Restore a castle.
④ Teach Japanese.

これで第３問Ｂは終わりです。

(13)

10 2017年度：英語(リスニング)/本試験

第4問 (配点 12)

第4問もAとBの二つの部分に分かれています。どちらも長めの英文を聞き，三つの問いに答えなさい。

A 　第4問Aは問20から問22までの3問です。長めの英文を一つ聞き，問20から問22の答えとして最も適切なものを，四つの選択肢(①〜④)のうちから一つずつ選びなさい。

問20 What caused Wilson's blindness?　20

① A childhood accident

② A lack of vitamins

③ A sports injury

④ An eye disease

問21 Why did blindness in Africa shock Wilson?　21

① It was caused by drugs.

② Literacy might have been reduced.

③ Most cases were preventable.

④ There was no known cure.

問22 Which of the following did Wilson's organization do in Africa? 22

① It built hospitals for thousands of people.

② It carried out several million eye surgeries.

③ It discovered a new drug in 1960.

④ It reduced blindness by ten percent.

これで第4問Aは終わりです。

(14)

2017年度：英語（リスニング）/本試験　11

B　第4問Bは問23から問25までの3問です。長めの会話を一つ聞き，**問23**
から問25の答えとして最も適切なものを，四つの選択肢(**①~④**)のうちから
一つずつ選びなさい。

会話の場面
　英語の授業で，Eiji, Tomomi, Asako がアメリカへ持っていく手土産に
ついて話し合いをしています。

問23　**Which of the following does Tomomi suggest buying?**　| 23 |

① Expensive gifts
② Practical gifts
③ Seasonal gifts
④ Traditional gifts

問24　**Which of the following does Eiji suggest buying?**　| 24 |

① Japanese paintings
② Japanese pottery
③ Japanese stationery
④ Japanese sweets

問25　**What gifts do they decide on?**　| 25 |

① Kimonos, chopsticks, and fans
② Pencils, notebooks, and comic books
③ Pens, erasers, and folders
④ Staplers, bowls, and picture books

これで第4問Bは終わりです。

(15)

リスニングテスト 2016 本試験

解答時間 30分　配点 50点

◎リスニングテストの質問文と選択肢は音声ではなく，すべて問題冊子に印刷されています。次のページから始まる問題編を見ながらリスニングしてください。

◎音声は下記の音声専用サイトで配信しています。使用している音声は，大学入試センターから公表されたものです。音声中のページ数は，問題編のそれぞれのページ下部を参照してください。

◎解答時間は30分ですが，解答開始前にICプレーヤーの作動確認・音量調節の時間がありますので，試験時間は60分となります。「音量調整用音声」は音声専用サイトで確認できます。

●音声専用サイトはこちら
akahon.net/kte/

2016年度　本試験

2 2016年度：英語(リスニング)/本試験

英　　語(リスニング)

$$\left(\text{解答番号}\quad\boxed{1}\quad\sim\quad\boxed{25}\right)$$

第1問 (配点 12)

　第1問は問1から問6までの6問です。それぞれの問いについて対話を聞き，答えとして最も適切なものを，四つの選択肢(①～④)のうちから一つずつ選びなさい。

問1　Which is the new school flag?　　$\boxed{1}$

①

②

③

④

(4)

2016年度：英語(リスニング)/本試験　3

問 2　How many new students does the woman expect in total?　2

① 3
② 7
③ 10
④ 13

問 3　Which class does NOT interest the woman?　3

① Biology.
② Math.
③ Music.
④ Physics.

問 4　How much time do they have left to finish the report?　4

① 10 minutes.
② 20 minutes.
③ 30 minutes.
④ 50 minutes.

(5)

4 2016年度：英語（リスニング）/本試験

問 5 **What does the student want to know?** 5

① Where he can go to send an email.

② Where he can talk on his phone.

③ Where the lockers are located.

④ Where the pay phones are located.

(6)

問 6　Where should the woman write her telephone number?　6

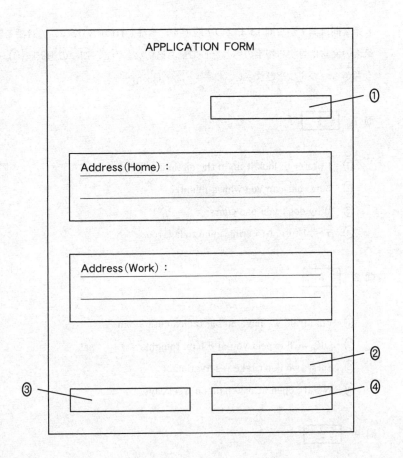

これで第１問は終わりです。

6　2016年度：英語(リスニング)/本試験

第2問 （配点　14）

　　第2問は問7から問13までの7問です。それぞれの問いについて対話を聞き，最後の発言に対する相手の応答として最も適切なものを，四つの選択肢 (①～④) のうちから一つずつ選びなさい。

問7　　7

①　I prefer to look it up in the dictionary.

②　Sure, but can you wait a minute?

③　Why don't you use yours?

④　Yes, I forgot to bring mine today, too.

問8　　8

①　I'm afraid we have no big tables until 9 p.m.

②　OK, we'll expect you at 8 p.m. tonight.

③　Sorry, we don't take reservations.

④　We are open at 5:30 p.m. on weekdays.

問9　　9

①　All right. Why were you running?

②　Didn't you recognize her?

③　Oh, right. So what did she say?

④　Why didn't you meet her yesterday?

(8)

2016年度：英語(リスニング)/本試験　**7**

問10　10

① Actually, I prefer jazz.

② In fact, I'm not always right.

③ It makes me feel like dancing.

④ Well, it's my favorite kind.

問11　11

① I'm not 20 years old yet.

② I'm not 21 years old yet.

③ I thought it was 18, like my country.

④ I thought it was 21, like my country.

問12　12

① But the party starts at 6:30.

② But the store closes at 7:30.

③ Yes, so let's buy it right away.

④ Yes, so let's wait until 6:00.

問13　13

① So will I.

② So will you.

③ Why won't I?

④ Why won't you?

これで第 2 問は終わりです。

（ 9 ）

8 2016年度：英語(リスニング)/本試験

第3問 (配点 12)

第3問はAとBの二つの部分に分かれています。

A 第3問Aは問14から問16までの3問です。それぞれの問いについて対話を聞き，答えとして最も適切なものを，四つの選択肢(①～④)のうちから一つずつ選びなさい。

問14 What is the man going to do for his mother's birthday? 14

① Cook her French dishes.
② Give her a bottle of wine.
③ Give her some nice flowers.
④ Take her out to a restaurant.

問15 Why is the woman unhappy with the man's new shirt? 15

① It's too expensive for him.
② It's too large for him.
③ It's too much like one he already has.
④ It's too similar to one of her shirts.

問16 What is the man most likely to do? 16

① Buy the CD at a shop immediately.
② Buy the CD at a shop next week.
③ Download the song immediately.
④ Download the song next week.

これで第3問Aは終わりです。

(10)

B 第3問Bは問17から問19までの3問です。長めの対話を一つ聞き，問17から問19の答えとして最も適切なものを，四つの選択肢(①～④)のうちから一つずつ選びなさい。

対話の場面
　夫婦が宅配ピザのちらし(flyer)を見ながら注文の相談をしています。

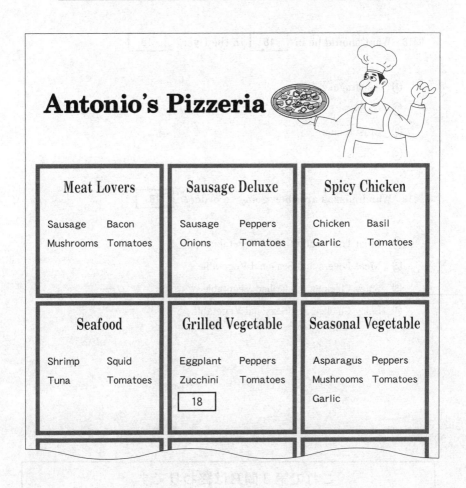

10 2016年度：英語（リスニング）/本試験

問17　**Which pizzas are available at a discount?**　17

① Sausage Deluxe and Meat Lovers

② Sausage Deluxe and Spicy Chicken

③ Seafood and Meat Lovers

④ Seafood and Spicy Chicken

問18　**What should be in** 18 **in the flyer?**　18

① Asparagus

② Garlic

③ Mushrooms

④ Onions

問19　**Which pizzas are they going to order?**　19

① Meat Lovers and Grilled Vegetable

② Meat Lovers and Seasonal Vegetable

③ Spicy Chicken and Grilled Vegetable

④ Spicy Chicken and Seasonal Vegetable

これで第３問Ｂは終わりです。

(13)

2016年度：英語(リスニング)/本試験　11

第4問 (配点 12)

　第4問もAとBの二つの部分に分かれています。どちらも長めの英文を聞き，三つの問いに答えなさい。

A　　第4問Aは問20から問22までの3問です。長めの英文を一つ聞き，問20から問22の答えとして最も適切なものを，四つの選択肢(①~④)のうちから一つずつ選びなさい。

問20　When Jane was out of the room, what did she think the speaker and her husband were doing?　　20

① Cheering.
② Cooking.
③ Fighting.
④ Laughing.

問21　How did the speaker find out how to cook a lobster?　　21

① By asking her husband.
② By checking the Internet.
③ By looking at a cookbook.
④ By talking to a neighbor.

問22　What happened to the lobster at the end of the story?　　22

① It was cooked.
② It was given away.
③ It was set free by the husband.
④ It was taken home by the boss.

これで第4問Aは終わりです。

(14)

12 2016年度：英語(リスニング)/本試験

B   第4問Bは**問23**から**問25**までの3問です。長めの会話を一つ聞き，**問23**から**問25**の答えとして最も適切なものを，四つの選択肢($①$〜$④$)のうちから一つずつ選びなさい。

会話の場面

　英語の授業で，500万円の予算があればどのように学校を改善できるのか Ichiro, Reina, Mayuko が討論しています。

問23 **Which of the following was proposed in the discussion?**　　23

$①$　Buying tablet PCs.

$②$　Installing solar panels.

$③$　Painting the picnic tables.

$④$　Sending students abroad.

問24 **What improvement do all the speakers like?**　　24

$①$　A bicycle parking roof.

$②$　Flowers near the entrance.

$③$　Grass in the school yard.

$④$　New picnic tables.

問25 **Which of the following do Ichiro and Mayuko have different opinions about?**　　25

$①$　Buying more library books.

$②$　Installing air conditioning.

$③$　The need for school-wide Wi-Fi.

$④$　The value of educational websites.

これで第4問Bは終わりです。

---

(15)

共通テスト

本試験
（第1日程）

リーディング

2021

解答時間 80分
配点 100点

2 2021年度：英語（リーディング）/本試験（第Ⅰ日程）

英　　語（リーディング）

各大問の英文や図表を読み，解答番号 $\boxed{1}$ ～ $\boxed{47}$ にあてはまるものとして最も適当な選択肢を選びなさい。

第1問 （配点 10）

A Your dormitory roommate Julie has sent a text message to your mobile phone with a request.

Help!!!
Last night I saved my history homework on a USB memory stick. I was going to print it in the university library this afternoon, but I forgot to bring the USB with me. I need to give a copy to my teacher by 4 p.m. today. Can you bring my USB to the library? I think it's on top of my history book on my desk. I don't need the book, just the USB. ♡

Sorry Julie, I couldn't find it. The history book was there, but there was no USB memory stick. I looked for it everywhere, even under your desk. Are you sure you don't have it with you? I'll bring your laptop computer with me, just in case.

You were right! I did have it. It was at the bottom of my bag.
What a relief!
Thanks anyway. ☺

問 1 What was Julie's request? ‖ 1 ‖

    ① To bring her USB memory stick

    ② To hand in her history homework

    ③ To lend her a USB memory stick

    ④ To print out her history homework

問 2 How will you reply to Julie's second text message? ‖ 2 ‖

    ① Don't worry. You'll find it.

    ② I'm really glad to hear that.

    ③ Look in your bag again.

    ④ You must be disappointed.

B Your favorite musician will have a concert tour in Japan, and you are thinking of joining the fan club. You visit the official fan club website.

TYLER QUICK FAN CLUB

Being a member of the **TYLER QUICK** (**TQ**) fan club is so much fun! You can keep up with the latest news, and take part in many exciting fan club member events. All new members will receive our New Member's Pack. It contains a membership card, a free signed poster, and a copy of **TQ**'s third album *Speeding Up*. The New Member's Pack will be delivered to your home, and will arrive a week or so after you join the fan club.

TQ is loved all around the world. You can join from any country, and you can use the membership card for one year. The **TQ** fan club has three types of membership: Pacer, Speeder, and Zoomer.

Please choose from the membership options below.

What you get (♪)	Membership Options		
	Pacer ($20)	Speeder ($40)	Zoomer ($60)
Regular emails and online magazine password	♪	♪	♪
Early information on concert tour dates	♪	♪	♪
TQ's weekly video messages	♪	♪	♪
Monthly picture postcards		♪	♪
TQ fan club calendar		♪	♪
Invitations to special signing events			♪
20% off concert tickets			♪

◇ Join before May 10 and receive a $10 discount on your membership fee!

◇ There is a $4 delivery fee for every New Member's Pack.

◇ At the end of your 1st year, you can either renew or upgrade at a 50% discount.

Whether you are a Pacer, a Speeder, or a Zoomer, you will love being a member of the **TQ** fan club. For more information, or to join, click *here*.

問 1 A New Member's Pack ☐3☐ .

① includes TQ's first album
② is delivered on May 10
③ requires a $10 delivery fee
④ takes about seven days to arrive

問 2 What will you get if you become a new Pacer member? ☐4☐

① Discount concert tickets and a calendar
② Regular emails and signing event invitations
③ Tour information and postcards every month
④ Video messages and access to online magazines

問 3 After being a fan club member for one year, you can ☐5☐ .

① become a Zoomer for a $50 fee
② get a New Member's Pack for $4
③ renew your membership at half price
④ upgrade your membership for free

6 2021年度：英語（リーディング）/本試験（第 I 日程）

第2問 （配点 20）

A As the student in charge of a UK school festival band competition, you are examining all of the scores and the comments from three judges to understand and explain the rankings.

<table>
<tr>
<td colspan="5" align="center">Judges' final average scores</td>
</tr>
<tr>
<td>Qualities
Band names</td>
<td>Performance
(5.0)</td>
<td>Singing
(5.0)</td>
<td>Song originality
(5.0)</td>
<td>Total
(15.0)</td>
</tr>
<tr>
<td>Green Forest</td>
<td>3.9</td>
<td>4.6</td>
<td>5.0</td>
<td>13.5</td>
</tr>
<tr>
<td>Silent Hill</td>
<td>4.9</td>
<td>4.4</td>
<td>4.2</td>
<td>13.5</td>
</tr>
<tr>
<td>Mountain Pear</td>
<td>3.9</td>
<td>4.9</td>
<td>4.7</td>
<td>13.5</td>
</tr>
<tr>
<td>Thousand Ants</td>
<td colspan="4">(did not perform)</td>
</tr>
</table>

<table>
<tr>
<td colspan="2" align="center">Judges' individual comments</td>
</tr>
<tr>
<td>Mr Hobbs</td>
<td>Silent Hill are great performers and they really seemed connected with the audience. Mountain Pear's singing was great. I loved Green Forest's original song. It was amazing!</td>
</tr>
<tr>
<td>Ms Leigh</td>
<td>Silent Hill gave a great performance. It was incredible how the audience responded to their music. I really think that Silent Hill will become popular! Mountain Pear have great voices, but they were not exciting on stage. Green Forest performed a fantastic new song, but I think they need to practice more.</td>
</tr>
<tr>
<td>Ms Wells</td>
<td>Green Forest have a new song. I loved it! I think it could be a big hit!</td>
</tr>
</table>

Judges' shared evaluation(summarised by Mr Hobbs)			

Judges' shared evaluation(summarised by Mr Hobbs)

Each band's total score is the same, but each band is very different. Ms Leigh and I agreed that performance is the most important quality for a band. Ms Wells also agreed. Therefore, first place is easily determined.

To decide between second and third places, Ms Wells suggested that song originality should be more important than good singing. Ms Leigh and I agreed on this opinion.

問 1 Based on the judges' final average scores, which band sang the best? 　6

① Green Forest
② Mountain Pear
③ Silent Hill
④ Thousand Ants

問 2 Which judge gave both positive and critical comments? 　7

① Mr Hobbs
② Ms Leigh
③ Ms Wells
④ None of them

8   2021年度：英語(リーディング)/本試験(第1日程)

問 3   One **fact** from the judges' individual comments is that ☐ 8 ☐ .

① all the judges praised Green Forest's song

② Green Forest need to practice more

③ Mountain Pear can sing very well

④ Silent Hill have a promising future

問 4   One **opinion** from the judges' comments and shared evaluation is that
☐ 9 ☐ .

① each evaluated band received the same total score

② Ms Wells' suggestion about originality was agreed on

③ Silent Hill really connected with the audience

④ the judges' comments determined the rankings

問 5   Which of the following is the final ranking based on the judges' shared
evaluation?   ☐ 10 ☐

	1st	2nd	3rd
①	Green Forest	Mountain Pear	Silent Hill
②	Green Forest	Silent Hill	Mountain Pear
③	Mountain Pear	Green Forest	Silent Hill
④	Mountain Pear	Silent Hill	Green Forest
⑤	Silent Hill	Green Forest	Mountain Pear
⑥	Silent Hill	Mountain Pear	Green Forest

B You've heard about a change in school policy at the school in the UK where you are now studying as an exchange student. You are reading the discussions about the policy in an online forum.

New School Policy < Posted on 21 September 2020 >
To: P. E. Berger
From: K. Roberts

Dear Dr Berger,

On behalf of all students, welcome to St Mark's School. We heard that you are the first Head Teacher with a business background, so we hope your experience will help our school.

I would like to express one concern about the change you are proposing to the after-school activity schedule. I realise that saving energy is important and from now it will be getting darker earlier. Is this why you have made the schedule an hour and a half shorter? Students at St Mark's School take both their studies and their after-school activities very seriously. A number of students have told me that they want to stay at school until 6.00 pm as they have always done. Therefore, I would like to ask you to think again about this sudden change in policy.

Regards,
Ken Roberts
Head Student

Re: New School Policy < Posted on 22 September 2020 >

To: K. Roberts

From: P. E. Berger

Dear Ken,

Many thanks for your kind post. You've expressed some important concerns, especially about the energy costs and student opinions on school activities.

The new policy has nothing to do with saving energy. The decision was made based on a 2019 police report. The report showed that our city has become less safe due to a 5% increase in serious crimes. I would like to protect our students, so I would like them to return home before it gets dark.

Yours,

Dr P. E. Berger

Head Teacher

問 1 Ken thinks the new policy [11].

① can make students study more

② may improve school safety

③ should be introduced immediately

④ will reduce after-school activity time

問 2 One **fact** stated in Ken's forum post is that [12].

① more discussion is needed about the policy

② the Head Teacher's experience is improving the school

③ the school should think about students' activities

④ there are students who do not welcome the new policy

問 3 Who thinks the aim of the policy is to save energy? [13]

① Dr Berger

② Ken

③ The city

④ The police

12 2021年度：英語(リーディング)/本試験(第Ⅰ日程)

問 4 Dr Berger is basing his new policy on the **fact** that ⌷14⌷.

① going home early is important

② safety in the city has decreased

③ the school has to save electricity

④ the students need protection

問 5 What would you research to help Ken oppose the new policy? ⌷15⌷

① The crime rate and its relation to the local area

② The energy budget and electricity costs of the school

③ The length of school activity time versus the budget

④ The study hours for students who do after-school activities

第 3 問 (配点 15)

A You are planning to stay at a hotel in the UK. You found useful information in the Q&A section of a travel advice website.

I'm considering staying at the Hollytree Hotel in Castleton in March 2021. Would you recommend this hotel, and is it easy to get there from Buxton Airport? (Liz)

- -

Answer

Yes, I strongly recommend the Hollytree. I've stayed there twice. It's inexpensive, and the service is brilliant! There's also a wonderful free breakfast. (Click *here* for access information.)

Let me tell you my own experience of getting there.

On my first visit, I used the underground, which is cheap and convenient. Trains run every five minutes. From the airport, I took the Red Line to Mossfield. Transferring to the Orange Line for Victoria should normally take about seven minutes, but the directions weren't clear and I needed an extra five minutes. From Victoria, it was a ten-minute bus ride to the hotel.

The second time, I took the express bus to Victoria, so I didn't have to worry about transferring. At Victoria, I found a notice saying there would be roadworks until summer 2021. Now it takes three times as long as usual to get to the hotel by city bus, although buses run every ten minutes. It's possible to walk, but I took the bus as the weather was bad.

Enjoy your stay! (Alex)

Access to the Hollytree Hotel

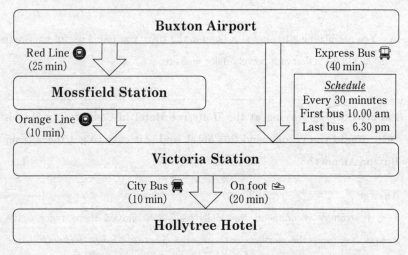

問 1 From Alex's answer, you learn that Alex ⬚16⬚ .

① appreciates the convenient location of the hotel
② got lost in Victoria Station on his first visit to Castleton
③ thinks that the hotel is good value for money
④ used the same route from the airport both times

問 2 You are departing on public transport from the airport at 2.00 pm on 15 March 2021. What is the fastest way to get to the hotel? ⬚17⬚

① By express bus and city bus
② By express bus and on foot
③ By underground and city bus
④ By underground and on foot

B Your classmate showed you the following message in your school's newsletter, written by an exchange student from the UK.

Volunteers Wanted!

Hello, everyone. I'm Sarah King, an exchange student from London. I'd like to share something important with you today.

You may have heard of the Sakura International Centre. It provides valuable opportunities for Japanese and foreign residents to get to know each other. Popular events such as cooking classes and karaoke contests are held every month. However, there is a serious problem. The building is getting old, and requires expensive repairs. To help raise funds to maintain the centre, many volunteers are needed.

I learnt about the problem a few months ago. While shopping in town, I saw some people taking part in a fund-raising campaign. I spoke to the leader of the campaign, Katy, who explained the situation. She thanked me when I donated some money. She told me that they had asked the town mayor for financial assistance, but their request had been rejected. They had no choice but to start fund-raising.

Last month, I attended a lecture on art at the centre. Again, I saw people trying to raise money, and I decided to help. They were happy when I joined them in asking passers-by for donations. We tried hard, but there were too few of us to collect much money. With a tearful face, Katy told me that they wouldn't be able to use the building much longer. I felt the need to do something more. Then, the idea came to me that other students might be willing to help. Katy was delighted to hear this.

Now, I'm asking you to join me in the fund-raising campaign to help the Sakura International Centre. Please email me today! As an exchange student, my time in Japan is limited, but I want to make the most of it. By working together, we can really make a difference.

Class 3 A
Sarah King (sarahk@sakura-h.ed.jp)

セーラ・キング

16 2021年度：英語（リーディング）/本試験（第 I 日程）

問 1 Put the following events (①～④) into the order in which they happened.

| 18 | → | 19 | → | 20 | → | 21 |

① Sarah attended a centre event.

② Sarah donated money to the centre.

③ Sarah made a suggestion to Katy.

④ The campaigners asked the mayor for help.

問 2 From Sarah's message, you learn that the Sakura International Centre 22 .

① gives financial aid to international residents

② offers opportunities to develop friendships

③ publishes newsletters for the community

④ sends exchange students to the UK

問 3 You have decided to help with the campaign after reading Sarah's message. What should you do first? 23

① Advertise the events at the centre.

② Contact Sarah for further information.

③ Organise volunteer activities at school.

④ Start a new fund-raising campaign.

第4問 (配点 16)

Your English teacher, Emma, has asked you and your classmate, Natsuki, to help her plan the day's schedule for hosting students from your sister school. You're reading the email exchanges between Natsuki and Emma so that you can draft the schedule.

Hi Emma,

We have some ideas and questions about the schedule for the day out with our 12 guests next month. As you told us, the students from both schools are supposed to give presentations in our assembly hall from 10:00 a.m. So, I've been looking at the attached timetable. Will they arrive at Azuma Station at 9:39 a.m. and then take a taxi to the school?

We have also been discussing the afternoon activities. How about seeing something related to science? We have two ideas, but if you need a third, please let me know.

Have you heard about the special exhibition that is on at Westside Aquarium next month? It's about a new food supplement made from sea plankton. We think it would be a good choice. Since it's popular, the best time to visit will be when it is least busy. I'm attaching the graph I found on the aquarium's homepage.

Eastside Botanical Garden, together with our local university, has been developing an interesting way of producing electricity from plants. Luckily, the professor in charge will give a short talk about it on that day in the early afternoon! Why don't we go?

Everyone will want to get some souvenirs, won't they? I think West Mall, next to Hibari Station, would be best, but we don't want to carry them around with us all day.

Finally, every visitor to Azuma should see the town's symbol, the statue in Azuma Memorial Park next to our school, but we can't work out a good schedule. Also, could you tell us what the plan is for lunch?

Yours,
Natsuki

Hi Natsuki,

Thank you for your email! You've been working hard. In answer to your question, they'll arrive at the station at 9:20 a.m. and then catch the school bus.

The two main afternoon locations, the aquarium and botanical garden, are good ideas because both schools place emphasis on science education, and the purpose of this program is to improve the scientific knowledge of the students. However, it would be wise to have a third suggestion just in case.

Let's get souvenirs at the end of the day. We can take the bus to the mall arriving there at 5:00 p.m. This will allow almost an hour for shopping and our guests can still be back at the hotel by 6:30 p.m. for dinner, as the hotel is only a few minutes' walk from Kaede Station.

About lunch, the school cafeteria will provide boxed lunches. We can eat under the statue you mentioned. If it rains, let's eat inside.

Thank you so much for your suggestions. Could you two make a draft for the schedule?

Best,
Emma

Attached timetable:

Train Timetable
Kaede — Hibari — Azuma

Stations	Train No.			
	108	109	110	111
Kaede	8:28	8:43	9:02	9:16
Hibari	8:50	9:05	9:24	9:38
Azuma	9:05	9:20	9:39	9:53

Stations	Train No.			
	238	239	240	241
Azuma	17:25	17:45	18:00	18:15
Hibari	17:40	18:00	18:15	18:30
Kaede	18:02	18:22	18:37	18:52

Attached graph:

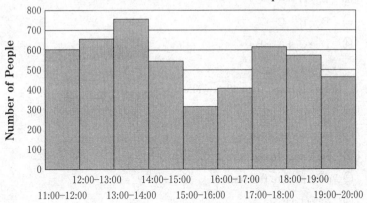

問 1 The guests from the sister school will arrive on the number 24 train and catch the number 25 train back to their hotel.

① 109   ② 110   ③ 111
④ 238   ⑤ 239   ⑥ 240

問 2 Which best completes the draft schedule? 26

A : The aquarium   B : The botanical garden
C : The mall   D : The school

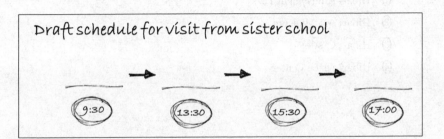

20　2021年度：英語（リーディング）/本試験（第1日程）

① D→A→B→C

② D→B→A→C

③ D→B→C→A

④ D→C→A→B

問 3　Unless it rains, the guests will eat lunch in the 　27　 .

① botanical garden

② park next to the school

③ park next to the station

④ school garden

問 4　The guests will **not** get around 　28　 on that day.

① by bus

② by taxi

③ by train

④ on foot

問 5　As a third option, which would be the most suitable for your program?
　29　

① Hibari Amusement Park

② Hibari Art Museum

③ Hibari Castle

④ Hibari Space Center

第5問 (配点 15)

Using an international news report, you are going to take part in an English oral presentation contest. Read the following news story from France in preparation for your talk.

Five years ago, Mrs. Sabine Rouas lost her horse. She had spent 20 years with the horse before he died of old age. At that time, she felt that she could never own another horse. Out of loneliness, she spent hours watching cows on a nearby milk farm. Then, one day, she asked the farmer if she could help look after them.

The farmer agreed, and Sabine started work. She quickly developed a friendship with one of the cows. As the cow was pregnant, she spent more time with it than with the others. After the cow's baby was born, the baby started following Sabine around. Unfortunately, the farmer wasn't interested in keeping a bull—a male cow—on a milk farm. The farmer planned to sell the baby bull, which he called Three-oh-nine (309), to a meat market. Sabine decided she wasn't going to let that happen, so she asked the farmer if she could buy him and his mother. The farmer agreed, and she bought them. Sabine then started taking 309 for walks to town. About nine months later, when at last she had permission to move the animals, they moved to Sabine's farm.

Soon after, Sabine was offered a pony. At first, she wasn't sure if she wanted to have him, but the memory of her horse was no longer painful, so she accepted the pony and named him Leon. She then decided to return to her old hobby and started training him for show jumping. Three-oh-nine, who she had renamed Aston, spent most of his time with Leon, and the two became really close friends. However, Sabine had not expected Aston to pay close attention to her training routine with Leon, nor had she expected Aston to pick up some tricks. The young bull quickly mastered walking, galloping, stopping, going backwards, and turning around on command. He responded to Sabine's voice just like a horse. And despite weighing 1,300 kg, it took him just 18 months to learn how to leap over one-meter-high horse jumps with Sabine on his back. Aston might never have learned those things without having watched Leon. Moreover, Aston understood distance and could adjust his steps before a jump. He also noticed his faults and corrected them without any help from Sabine. That's something only the very best Olympic-standard horses can do.

Now Sabine and Aston go to weekend fairs and horse shows around Europe to show off his skills. Sabine says, "We get a good reaction. Mostly, people are really surprised, and at first, they can be a bit scared because he's big—much bigger than a horse. Most people don't like to get too close to bulls with horns. But once they see his real nature, and see him performing, they often say, 'Oh he's really quite beautiful.'"

"Look!" And Sabine shows a photo of Aston on her smartphone. She then continues, "When Aston was very young, I used to take him out for walks on a lead, like a dog, so that he would get used to humans. Maybe that's why he doesn't mind people. Because he is so calm, children, in particular, really like watching him and getting a chance to be close to him."

Over the last few years, news of the massive show-jumping bull has spread rapidly; now, Aston is a major attraction with a growing number of online followers. Aston and Sabine sometimes need to travel 200 or 300 kilometers away from home, which means they have to stay overnight. Aston has to sleep in a horse box, which isn't really big enough for him.

"He doesn't like it. I have to sleep with him in the box," says Sabine. "But you know, when he wakes up and changes position, he is very careful not to crush me. He really is very gentle. He sometimes gets lonely, and he doesn't like being away from Leon for too long; but other than that, he's very happy."

Your Presentation Slides

30
Central High School
English Presentation Contest

Who's Who?
Main figures

☐ , ☐ , ☐ ⎫
                ⎬ 31
Minor figures ⎭

☐ , ☐

Pre-fame Storyline
Sabine's horse dies.
↓
32
↓
33
↓
34
↓
35
↓
Aston and Sabine start going to shows.

Aston's Abilities
Aston can:
- learn by simply watching Leon's training.
- walk, gallop, and stop when Sabine tells him to.
- understand distance and adjust his steps.
- 36 .
- 37 .

Aston Now
Aston today:
- is a show-jumping bull.
- travels to fairs and events with Sabine.
- 38 .

問 1 Which is the best title for your presentation? 30

- ① Animal-lover Saves the Life of a Pony
- ② Aston's Summer Show-jumping Tour
- ③ Meet Aston, the Bull who Behaves Like a Horse
- ④ The Relationship Between a Farmer and a Cow

問 2 Which is the best combination for the **Who's Who?** slide? 31

	Main figures	Minor figures
①	309, Aston, the farmer	Sabine, the pony
②	Aston, Aston's mother, Sabine	309, the farmer
③	Aston, Leon, the farmer	Aston's mother, Sabine
④	Aston, Sabine, the pony	Aston's mother, the farmer

問 3 Choose the four events in the order they happened to complete the **Pre-fame Storyline** slide. 32 ~ 35

- ① Aston learns to jump.
- ② Sabine and Aston travel hundreds of kilometers together.
- ③ Sabine buys 309 and his mother.
- ④ Sabine goes to work on her neighbor's farm.
- ⑤ Sabine takes 309 for walks.

2021年度：英語（リーディング）/本試験（第Ⅰ日程） **25**

問 4 Choose the two best items for the **Aston's Abilities** slide. (The order does not matter.) ⬛ 36 ⬛ ・ ⬛ 37 ⬛

① correct his mistakes by himself

② jump side-by-side with the pony

③ jump with a rider on his back

④ pick up tricks faster than a horse

⑤ pose for photographs

問 5 Complete the **Aston Now** slide with the most appropriate item. ⬛ 38 ⬛

① has an increasing number of fans

② has made Sabine very wealthy

③ is so famous that he no longer frightens people

④ spends most nights of the year in a horse trailer

第6問 (配点 24)

A You are working on a class project about safety in sports and found the following article. You are reading it and making a poster to present your findings to your classmates.

Making Ice Hockey Safer

Ice hockey is a team sport enjoyed by a wide variety of people around the world. The object of the sport is to move a hard rubber disk called a "puck" into the other team's net with a hockey stick. Two teams with six players on each team engage in this fast-paced sport on a hard and slippery ice rink. Players may reach a speed of 30 kilometers per hour sending the puck into the air. At this pace, both the players and the puck can be a cause of serious danger.

The speed of the sport and the slippery surface of the ice rink make it easy for players to fall down or bump into each other resulting in a variety of injuries. In an attempt to protect players, equipment such as helmets, gloves, and pads for the shoulders, elbows, and legs, has been introduced over the years. Despite these efforts, ice hockey has a high rate of concussions.

A concussion is an injury to the brain that affects the way it functions; it is caused by either direct or indirect impact to the head, face, neck, or elsewhere and can sometimes cause temporary loss of consciousness. In less serious cases, for a short time, players may be unable to walk straight or see clearly, or they may experience ringing in the ears. Some believe they just have a slight headache and do not realize they have injured their brains.

In addition to not realizing the seriousness of the injury, players tend to worry about what their coach will think. In the past, coaches preferred tough players who played in spite of the pain. In other words, while it would seem

---

logical for an injured player to stop playing after getting hurt, many did not. Recently, however, it has been found that concussions can have serious effects that last a lifetime. People with a history of concussion may have trouble concentrating or sleeping. Moreover, they may suffer from psychological problems such as depression and mood changes. In some cases, players may develop smell and taste disorders.

The National Hockey League (NHL), consisting of teams in Canada and the United States, has been making stricter rules and guidelines to deal with concussions. For example, in 2001, the NHL introduced the wearing of visors—pieces of clear plastic attached to the helmet that protect the face. At first, it was optional and many players chose not to wear them. Since 2013, however, it has been required. In addition, in 2004, the NHL began to give more severe penalties, such as suspensions and fines, to players who hit another player in the head deliberately.

The NHL also introduced a concussion spotters system in 2015. In this system, NHL officials with access to live streaming and video replay watch for visible indications of concussion during each game. At first, two concussion spotters, who had no medical training, monitored the game in the arena. The following year, one to four concussion spotters with medical training were added. They monitored each game from the League's head office in New York. If a spotter thinks that a player has suffered a concussion, the player is removed from the game and is taken to a "quiet room" for an examination by a medical doctor. The player is not allowed to return to the game until the doctor gives permission.

The NHL has made much progress in making ice hockey a safer sport. As more is learned about the causes and effects of concussions, the NHL will surely take further measures to ensure player safety. Better safety might lead to an increase in the number of ice hockey players and fans.

Making Ice Hockey Safer

What is ice hockey?
- Players score by putting a "puck" in the other team's net
- Six players on each team
- Sport played on ice at a high speed

Main Problem: A High Rate of Concussions

Definition of a concussion
An injury to the brain that affects the way it functions

Effects

Short-term	Long-term
· Loss of consciousness	· Problems with concentration
· Difficulty walking straight	· ⬚ 40 ⬚
· ⬚ 39 ⬚	· Psychological problems
· Ringing in the ears	· Smell and taste disorders

Solutions

National Hockey League (NHL)
- Requires helmets with visors
- Gives severe penalties to dangerous players
- Has introduced concussion spotters to ⬚ 41 ⬚

Summary
Ice hockey players have a high risk of suffering from concussions. Therefore, the NHL has ⬚ 42 ⬚ .

2021年度：英語（リーディング）/本試験（第 I 日程） **29**

問 1 Choose the best option for ⬛39⬛ on your poster.

① Aggressive behavior

② Difficulty thinking

③ Personality changes

④ Unclear vision

問 2 Choose the best option for ⬛40⬛ on your poster.

① Loss of eyesight

② Memory problems

③ Sleep disorders

④ Unsteady walking

問 3 Choose the best option for ⬛41⬛ on your poster.

① allow players to return to the game

② examine players who have a concussion

③ fine players who cause concussions

④ identify players showing signs of a concussion

問 4 Choose the best option for ⬛42⬛ on your poster.

① been expecting the players to become tougher

② been implementing new rules and guidelines

③ given medical training to coaches

④ made wearing of visors optional

30 2021年度：英語(リーディング)/本試験(第１日程)

B You are studying nutrition in health class. You are going to read the following passage from a textbook to learn more about various sweeteners.

Cake, candy, soft drinks—most of us love sweet things. In fact, young people say "Sweet!" to mean something is "good" in English. When we think of sweetness, we imagine ordinary white sugar from sugar cane or sugar beet plants. Scientific discoveries, however, have changed the world of sweeteners. We can now extract sugars from many other plants. The most obvious example is corn. Corn is abundant, inexpensive, and easy to process. High fructose corn syrup (HFCS) is about 1.2 times sweeter than regular sugar, but quite high in calories. Taking science one step further, over the past 70 years scientists have developed a wide variety of artificial sweeteners.

A recent US National Health and Nutrition Examination Survey concluded that 14.6% of the average American's energy intake is from "added sugar," which refers to sugar that is not derived from whole foods. A banana, for example, is a whole food, while a cookie contains added sugar. More than half of added sugar calories are from sweetened drinks and desserts. Lots of added sugar can have negative effects on our bodies, including excessive weight gain and other health problems. For this reason, many choose low-calorie substitutes for drinks, snacks, and desserts.

Natural alternatives to white sugar include brown sugar, honey, and maple syrup, but they also tend to be high in calories. Consequently, alternative "low-calorie sweeteners" (LCSs), mostly artificial chemical combinations, have become popular. The most common LCSs today are aspartame, Ace-K, stevia, and sucralose. Not all LCSs are artificial—stevia comes from plant leaves.

Alternative sweeteners can be hard to use in cooking because some cannot be heated and most are far sweeter than white sugar. Aspartame and Ace-K are 200 times sweeter than sugar. Stevia is 300 times sweeter, and sucralose has twice the sweetness of stevia. Some new sweeteners are even more intense. A Japanese company recently developed "Advantame," which is 20,000 times sweeter than sugar. Only a tiny amount of this substance is required to sweeten something.

When choosing sweeteners, it is important to consider health issues. Making desserts with lots of white sugar, for example, results in high-calorie dishes that could lead to weight gain. There are those who prefer LCSs for this very reason. Apart from calories, however, some research links consuming artificial LCSs with various other health concerns. Some LCSs contain strong chemicals suspected of causing cancer, while others have been shown to affect memory and brain development, so they can be dangerous, especially for young children, pregnant women, and the elderly. There are a few relatively natural alternative sweeteners, like xylitol and sorbitol, which are low in calories. Unfortunately, these move through the body extremely slowly, so consuming large amounts can cause stomach trouble.

When people want something sweet, even with all the information, it is difficult for them to decide whether to stick to common higher calorie sweeteners like sugar or to use LCSs. Many varieties of gum and candy today contain one or more artificial sweeteners; nonetheless, some people who would not put artificial sweeteners in hot drinks may still buy such items. Individuals need to weigh the options and then choose the sweeteners that best suit their needs and circumstances.

32 2021年度：英語（リーディング）/本試験（第Ⅰ日程）

問 1 You learn that modern science has changed the world of sweeteners by
　　 ▢43 .

① discovering new, sweeter white sugar types

② measuring the energy intake of Americans

③ providing a variety of new options

④ using many newly-developed plants from the environment

問 2 You are summarizing the information you have just studied. How should
the table be finished? ▢44

Sweetness	Sweetener
high	Advantame
	(A)
	(B)
	(C)
low	(D)

① (A) Stevia　　　　　　　　 (B) Sucralose

　 (C) Ace-K, Aspartame　　　 (D) HFCS

② (A) Stevia　　　　　　　　 (B) Sucralose

　 (C) HFCS　　　　　　　　 (D) Ace-K, Aspartame

③ (A) Sucralose　　　　　　　(B) Stevia

　 (C) Ace-K, Aspartame　　　 (D) HFCS

④ (A) Sucralose　　　　　　　(B) Stevia

　 (C) HFCS　　　　　　　　 (D) Ace-K, Aspartame

2021年度：英語（リーディング）/本試験（第１日程）　**33**

問 3　According to the article you read, which of the following are true?
(Choose two options. The order does not matter.)　45　・　46

① Alternative sweeteners have been proven to cause weight gain.

② Americans get 14.6% of their energy from alternative sweeteners.

③ It is possible to get alternative sweeteners from plants.

④ Most artificial sweeteners are easy to cook with.

⑤ Sweeteners like xylitol and sorbitol are not digested quickly.

問 4　To describe the author's position, which of the following is most appropriate?　47

① The author argues against the use of artificial sweeteners in drinks and desserts.

② The author believes artificial sweeteners have successfully replaced traditional ones.

③ The author states that it is important to invent much sweeter products for future use.

④ The author suggests people focus on choosing sweeteners that make sense for them.

共通テスト

本試験
（第2日程）

リーディング

解答時間 80分
配点 100点

2021

36 2021年度：英語(リーディング)/本試験(第2日程)

英　語(リーディング)

各大問の英文や図表を読み，解答番号 1 ～ 47 にあてはまるものとして最も適当な選択肢を選びなさい。

第1問 (配点 10)

A　You have invited your friend Shelley to join you on your family's overnight camping trip. She has sent a text message to your mobile phone asking some questions.

> Hi! I'm packing my bag for tomorrow and I want to check some things. Will it get cold in the tent at night? Do I need to bring a blanket? I know you told me last week, but just to be sure, where and what time are we meeting?

> Shelley, I'll bring warm sleeping bags for everyone, but maybe you should bring your down jacket. Bring comfortable footwear because we'll walk up Mt. Kanayama the next day. We'll pick you up outside your house at 6 a.m. If you're not outside, I'll call you. See you in the morning!

> Thanks! I can't wait! I'll bring my jacket and hiking boots with me. I'll be ready! ☺

2021年度：英語（リーディング）／本試験（第2日程）　37

問 1　Shelley asks you if she needs to bring ☐1☐ .

① a blanket

② a jacket

③ sleeping bags

④ walking shoes

問 2　You expect Shelley to ☐2☐ tomorrow morning.

① call you as soon as she is ready

② come to see you at the campsite

③ pick you up in front of your house

④ wait for you outside her house

B You have received a flyer for an English speech contest from your teacher, and you want to apply.

The 7th Youth Leader Speech Contest

The Youth Leader Society will hold its annual speech contest. Our goal is to help young Japanese people develop communication and leadership skills.

This year's competition has three stages. Our judges will select the winners of each stage. To take part in the Grand Final, you must successfully pass all three stages.

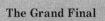
The Grand Final

Place: Centennial Hall
Date: January 8, 2022
Topic: *Today's Youth, Tomorrow's Leaders*

GRAND PRIZE
The winner can attend
The Leadership Workshop
in Wellington, New Zealand
in March 2022.

Contest information:

Stages	Things to Upload	Details	2021 Deadlines & Dates
Stage 1	A brief outline	Number of words: 150-200	Upload by 5 p.m. on August 12
Stage 2	Video of you giving your speech	Time: 7-8 minutes	Upload by 5 p.m. on September 19
Stage 3		Local Contests: Winners will be announced and go on to the Grand Final.	Held on November 21

Grand Final Grading Information

Content	Gestures & Performance	Voice & Eye Contact	Slides	Answering Questions from Judges
50%	5%	5%	10%	30%

2021年度：英語(リーディング)/本試験(第2日程) **39**

> You must upload your materials online. All dates and times are Japan Standard Time (JST).

> You can check the results of Stage 1 and 2 on the website five days after the deadline for each stage.

For more details and an application form, click *here*.

問 1 To take part in the first stage, you should upload a ⬚3⬚ .

① completed speech script

② set of slides for the speech

③ summary of your speech

④ video of yourself speaking

問 2 From which date can you check the result of the second stage? ⬚4⬚

① September 14

② September 19

③ September 24

④ September 29

問 3 To get a high score in the Grand Final, you should pay most attention to your content and ⬚5⬚ .

① expressions and gestures

② responses to the judges

③ visual materials

④ voice control

40 2021年度：英語(リーディング)／本試験(第2日程)

第 2 問 (配点 20)

A You are reading the results of a survey about single-use and reusable bottles that your classmates answered as part of an environmental campaign in the UK.

Question 1: How many single-use bottled drinks do you purchase per week?

Number of bottles	Number of students	Weekly subtotal
0	2	0
1	2	2
2	2	4
3	3	9
4	4	16
5	9	45
6	0	0
7	7	49
Total	29	125

Question 2: Do you have your own reusable bottle?

Summary of responses	Number of students	Percent of students
Yes, I do.	3	10.3
Yes, but I don't use it.	14	48.3
No, I don't.	12	41.4
Total	29	100.0

2021年度：英語（リーディング）／本試験（第2日程）　41

Question 3: If you don't use a reusable bottle, what are your reasons?

Summary of responses	Number of students
It takes too much time to wash reusable bottles.	24
I think single-use bottles are more convenient.	17
Many flavoured drinks are available in single-use bottles.	14
Buying a single-use bottle doesn't cost much.	10
I can buy drinks from vending machines at school.	7
I feel reusable bottles are too heavy.	4
My home has dozens of single-use bottles.	3
Single-use bottled water can be stored unopened for a long time.	2
(Other reasons)	4

問 1　The results of Question 1 show that ┃　6　┃.

① each student buys fewer than four single-use bottles a week on average

② many students buy fewer than two bottles a week

③ more than half the students buy at least five bottles a week

④ the students buy more than 125 bottles a week

問 2　The results of Question 2 show that more than half the students ┃　7　┃.

① don't have their own reusable bottle

② have their own reusable bottle

③ have their own reusable bottle but don't use it

④ use their own reusable bottle

42 2021年度：英語（リーディング）/本試験（第2日程）

問 3 One **opinion** expressed by your classmates in Question 3 is that ⎡ 8 ⎤.

① some students have a stock of single-use bottles at home

② there are vending machines for buying drinks at school

③ washing reusable bottles takes a lot of time

④ water in unopened single-use bottles lasts a long time

問 4 One **fact** stated by your classmates in Question 3 is that single-use bottles are ⎡ 9 ⎤.

① available to buy at school

② convenient to use

③ light enough to carry around

④ not too expensive to buy

問 5 What is the most likely reason why your classmates do not use reusable bottles? ⎡ 10 ⎤

① There are many single-use bottled drinks stored at home.

② There is less variety of drinks available.

③ They are expensive for your classmates.

④ They are troublesome to deal with.

B You need to decide what classes to take in a summer programme in the UK, so you are reading course information and a former student's comment about the course.

COMMUNICATION AND INTERCULTURAL STUDIES

Dr Christopher Bennet   3-31 August 2021

bennet.christopher@ire-u.ac.uk   Tuesday & Friday

Call: 020–9876–1234   1.00 pm – 2.30 pm

Office Hours: by appointment only   9 classes – 1 credit

Course description: We will be studying different cultures and learning how to communicate with people from different cultures. In this course, students will need to present their ideas for dealing with intercultural issues.

Goals: After this course you should be able to:

– understand human relations among different cultures

– present solutions for different intercultural problems

– express your opinions through discussion and presentations

Textbook: Smith, S. (2019). *Intercultural studies*. New York: DNC Inc.

Evaluation: 60% overall required to pass

– two presentations: 90% (45% each)

– participation: 10%

Course-takers' evaluations (87 reviewers) ★★★★★ (Average: 4.89)

Comment

☺ Take this class! Chris is a great teacher. He is very smart and kind. The course is a little challenging but easy enough to pass. You will learn a lot about differences in culture. My advice would be to participate in every class. It really helped me make good presentations.

問 1 What will you do in this course? | 11 |

① Discuss various topics about culture

② Visit many different countries

③ Watch a film about human relations

④ Write a final report about culture

問 2 This class is aimed at students who | 12 | .

① are interested in intercultural issues

② can give good presentations

③ like sightseeing in the UK

④ need to learn to speak English

問 3 One **fact** about Dr Bennet is that ⬚13⬚ .

① he has good teaching skills

② he is a nice instructor

③ he is in charge of this course

④ he makes the course challenging

問 4 One **opinion** expressed about the class is that ⬚14⬚ .

① it is not so difficult to get a credit

② most students are satisfied with the course

③ participation is part of the final grade

④ students have classes twice a week

問 5 What do you have to do to pass this course? ⬚15⬚

① Come to every class and join the discussions

② Find an intercultural issue and discuss a solution

③ Give good presentations about intercultural issues

④ Make an office appointment with Dr Bennet

第3問 (配点 15)

A Your British friend, Jan, visited a new amusement park and posted a blog about her experience.

Sunny Mountain Park: A Great Place to Visit
Posted by Jan at 9.37 pm on 15 September 2020

Sunny Mountain Park finally opened last month! It's a big amusement park with many exciting attractions, including a huge roller coaster (see the map). I had a fantastic time there with my friends last week.

We couldn't wait to try the roller coaster, but first we took the train round the park to get an idea of its layout. From the train, we saw the Picnic Zone and thought it would be a good place to have lunch. However, it was already very crowded, so we decided to go to the Food Court instead. Before lunch, we went to the Discovery Zone. It was well worth the wait to experience the scientific attractions there. In the afternoon, we enjoyed several rides near Mountain Station. Of course, we tried the roller coaster, and we weren't disappointed. On our way back to the Discovery Zone to enjoy more attractions, we took a short break at a rest stop. There, we got a lovely view over the lake to the castle. We ended up at the Shopping Zone, where we bought souvenirs for our friends and family.

Sunny Mountain Park is amazing! Our first visit certainly won't be our last.

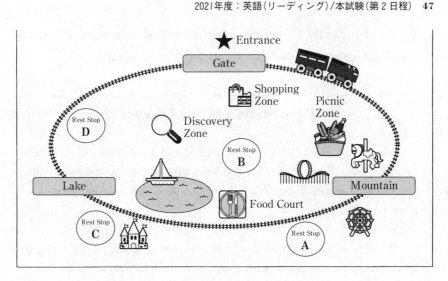

問 1 From Jan's post, you learn that ☐16☐.

① Jan skipped going to the Shopping Zone for gifts
② Jan waited for a while to enjoy the scientific attractions
③ the Food Court was more crowded than the Picnic Zone
④ the roller coaster did not meet Jan's expectations

問 2 At which rest stop did Jan and her friends take a break in the afternoon? ☐17☐

① Rest Stop A
② Rest Stop B
③ Rest Stop C
④ Rest Stop D

B Your friend in the UK introduced her favourite musician to you. Wanting to learn more, you found the following article in a music magazine.

Dave Starr, a Living Legend

At one time, Black Swan were the biggest rock band in the UK, and their dynamic leader Dave Starr played a large part in that achievement. Still performing as a solo singer, Dave's incredible talent has inspired generations of young musicians.

When he was a little boy, Dave was always singing and playing with toy instruments. He was never happier than when he was playing his toy drum. At age seven, he was given his first real drum set, and by 10, he could play well. By 14, he had also mastered the guitar. When he was still a high school student, he became a member of The Bluebirds, playing rhythm guitar. To get experience, The Bluebirds played for free at school events and in community centres. The band built up a small circle of passionate fans.

Dave's big break came when, on his 18th birthday, he was asked to become the drummer for Black Swan. In just two years, the band's shows were selling out at large concert halls. It came as a shock, therefore, when the lead vocalist quit to spend more time with his family. However, Dave jumped at the chance to take over as lead singer even though it meant he could no longer play his favourite instrument.

In the following years, Black Swan became increasingly successful, topping the music charts and gaining even more fans. Dave became the principal song writer, and was proud of his contribution to the band. However, with the addition of a keyboard player, the music gradually changed direction. Dave became frustrated, and he and the lead guitarist decided to leave and start a new group. Unfortunately, Dave's new band failed to reach Black Swan's level of success, and stayed together for only 18 months.

問 1 Put the following events (①~④) into the order in which they happened.

18 → 19 → 20 → 21

① Dave became a solo artist.

② Dave gave up playing the drums.

③ Dave joined a band as the guitarist.

④ Dave reached the peak of his career.

問 2 Dave became the lead singer of Black Swan because 22 .

① he preferred singing to playing the drums

② he wanted to change the band's musical direction

③ the other band members wanted more success

④ the previous singer left for personal reasons

問 3 From this story, you learn that 23 .

① Black Swan contributed to changing the direction of rock music

② Black Swan's goods sold very well at concert halls

③ Dave displayed a talent for music from an early age

④ Dave went solo as he was frustrated with the lead guitarist

第4問 (配点 16)

You are preparing a presentation on tourism in Japan. You emailed data about visitors to Japan in 2018 to your classmates, Hannah and Rick. Based on their responses, you draft a presentation outline.

The data:

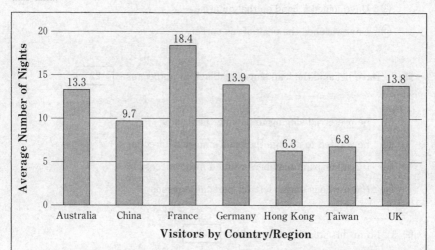

Figure 1. Length of stay in Japan.

(国土交通省観光庁による平成30年統計資料の一部を参考に作成)

Table 1

Average Amount of Money Spent While Visiting Japan

Visitors by country/region	Food	Entertainment	Shopping
Australia	58,878	16,171	32,688
China	39,984	7,998	112,104
France	56,933	7,358	32,472
Germany	47,536	5,974	25,250
Hong Kong	36,887	5,063	50,287
Taiwan	28,190	5,059	45,441
UK	56,050	8,341	22,641

(yen per person)

(国土交通省観光庁による平成30年統計資料の一部を参考に作成)

The responses to your email:

Hi,

Thanks for your email! That's interesting data. I know that the number of international visitors to Japan increased previously, but I never paid attention to their length of stay. I assume that visitors from Asia come for shorter stays since they can go back and forth easily.

Also, the table shows that Asian visitors, overall, tend to spend more on shopping compared to visitors from Europe and Australia. I guess this is probably because gift-giving in Asian cultures is really important, and they want to buy gifts for friends and family. For example, I have seen many Asian tourists shopping around Ginza, Harajuku, and Akihabara. Perhaps they don't have to spend so much money on accommodations, so they can spend more on shopping. I'd like to talk about this.

However, I've heard that visitors from Asia are now becoming interested in doing some other things instead of shopping. We may see some changes in this kind of data in the near future!

Best,
Hannah
P.S. This message is going to Rick, too.

Hi,

Thanks for sending your data! This will help us prepare for our presentation!

I notice from the data that Australians spend the most on entertainment. I'll present on this.

Also, the other day, on Japanese TV, I saw a program about Australian people enjoying winter sports in Hokkaido. I wonder how much they spend. I'll look for more information. If you find any, please let me know. This could be good for a future project.

In addition, I agree with Hannah that there seems to be a big difference in the length of stay depending on the country or region the visitor is from.

What about you? Do you want to talk about what Hannah found in relation to the spending habits? I think this is very interesting.

All the best,

Rick

P.S. This message is going to Hannah, too.

2021年度：英語（リーディング）／本試験（第2日程）　53

The presentation draft:

Presentation Title: _____ 24 _____

Presenter	Topic
Hannah:	25
Rick:	26

me: Relation to the length of stay

　　　　Example comparison:

　　　　People from 27 stay just over half the time in

　　　　Japan compared to people from 28 , but spend

　　　　slightly more money on entertainment.

Themes for Future Research: _____ 29 _____

問 1　Which is the best for 24 ?

① Money Spent on Winter Holidays in Hokkaido

② Shopping Budgets of International Tourists in Tokyo

③ Spending Habits of International Visitors in Japan

④ The Increase of Spending on Entertainment in Japan

問 2　Which is the best for 25 ?

① Activities of Australian visitors in Japan

② Asian visitors' food costs in Japan

③ Gift-giving habits in European cultures

④ Patterns in spending by visitors from Asia

問 3　Which is the best for 　26　?

① Australian tourists' interest in entertainment

② Chinese spending habits in Tokyo

③ TV programs about Hokkaido in Australia

④ Various experiences Asians enjoy in Japan

問 4　You agree with Rick's suggestion and look at the data.　Choose the best for 　27　 and 　28　.

① Australia

② China

③ France

④ Taiwan

問 5　Which is the best combination for 　29　?

A : Australians' budgets for winter sports in Japan

B : Future changes in the number of international visitors to Tokyo

C : Popular food for international visitors to Hokkaido

D : What Asian visitors in Japan will spend money on in the future

① A，B

② A，C

③ A，D

④ B，C

⑤ B，D

⑥ C，D

2021年度：英語(リーディング)／本試験(第2日程)　**55**

第5問　(配点 15)

You are going to give a talk on a person you would like to have interviewed if they were still alive. Read the following passage about the person you have chosen and complete your notes.

Vivian Maier

　　This is the story of an American street photographer who kept her passion for taking pictures secret until her death. She lived her life as a caregiver, and if it had not been for the sale of her belongings at an auction house, her incredible work might never have been discovered.

　　It was 2007. A Chicago auction house was selling off the belongings of an old woman named Vivian Maier. She had stopped paying storage fees, and so the company decided to sell her things. Her belongings—mainly old photographs and negatives—were sold to three buyers: Maloof, Slattery, and Prow.

　　Slattery thought Vivian's work was interesting so he published her photographs on a photo-sharing website in July 2008. The photographs received little attention. Then, in October, Maloof linked his blog to his selection of Vivian's photographs, and right away, thousands of people were viewing them. Maloof had found Vivian Maier's name with the prints, but he was unable to discover anything about her. Then an Internet search led him to a 2009 newspaper article about her death. Maloof used this information to discover more about Vivian's life, and it was the combination of Vivian's mysterious life story and her photographs that grabbed everyone's attention.

　　Details of Vivian's life are limited for two reasons. First, since no one had interviewed her while she was alive, no one knew why she took so many photographs. Second, it is clear from interviews with the family she worked

"film negative"

"printed image"

for that Vivian was a very private person. She had few friends. Besides, she had kept her hobby a secret.

Vivian was born in 1926 in the United States to an Austrian father and a French mother. The marriage was not a happy one, and it seems her mother and father lived apart for several years. During her childhood Vivian frequently moved between the US and France, sometimes living in France, and sometimes in the US. For a while, Vivian and her mother lived in New York with Jeanne Bertrand, a successful photographer. It is believed that Vivian became interested in photography as a young adult, as her first photos were taken in France in the late 1940s using a very simple camera. She returned to New York in 1951, and in 1956 she moved to Chicago to work as a caregiver for the Gensburg family. This job gave her more free time for taking photographs.

In 1952, at the age of 26, she purchased her first 6 × 6 camera, and it was with this that most of her photographs of life on the streets of Chicago were taken. For over 30 years she took photos of children, the elderly, the rich, and the poor. Some people were not even aware that their picture was being taken. She also took a number of self-portraits. Some were reflections of herself in a shop window. Others were of her own shadow. Vivian continued to document

Chicago life until the early 1970s, when she changed to a new style of photography.

An international award-winning documentary film called *Finding Vivian Maier* brought interest in her work to a wider audience. The film led to exhibitions in Europe and the US. To choose the photographs that best represent her style, those in charge of the exhibitions have tried to answer the question, "What would Vivian Maier have printed?" In order to answer this question, they used her notes, the photos she actually did print, and information about her preferences as reported by the Gensburgs. Vivian was much more interested in capturing moments rather than the outcome. So, one could say the mystery behind Vivian's work remains largely "undeveloped."

58 2021年度：英語（リーディング）/本試験（第2日程）

Presentation notes:

Vivian Maier

Vivian the photographer

☆ She took many pictures while she was working as a caregiver.

☆ Nobody interviewed her while she was alive, so we do not know much about her.

☆ ___30___

Vivian's work

☆ Her photographs mainly concentrated on:
· the young and old, and the rich and poor
· ___31___
· ___32___

How her work gained recognition

☆ Vivian's storage fees were not paid.

☆ ___33___

☆ ___34___

☆ ___35___

☆ ___36___

☆ The combining of information on her life and work increased people's interest.

How her work became known worldwide

☆ An award-winning documentary film about her life and work helped capture a new audience.

☆ ___37___

The 'BIG' unanswered question: ___38___

問 1　Choose the best statement for ［ 30 ］.

① Her work remained undiscovered until it was sold at auction.
② She is thought to have become attracted to photography in her thirties.
③ She took her camera wherever she went and showed her pictures to others.
④ The majority of her photos were taken in New York.

問 2　Choose the two best items for ［ 31 ］ and ［ 32 ］. (The order does not matter.)

① documentary-style pictures
② industrial landscapes
③ natural landscapes
④ pictures of herself
⑤ shop windows

問 3　Put the following events into the order in which they happened. ［ 33 ］ ~ ［ 36 ］

① A buyer linked his blog to some of her pictures.
② A report on Vivian's death was published in a newspaper.
③ An auction company started selling her old photographs and negatives.
④ Her work was published on the Internet.

問 4 Choose the best statement for ☐ 37 ☐.

① Exhibitions of her work have been held in different parts of the world.
② Her photography book featuring street scenes won an award.
③ She left detailed instructions on how her photographs should be treated.
④ The children of Vivian's employers provided their photographs.

問 5 Choose the best question for ☐ 38 ☐.

① "What type of camera did she use for taking photos?"
② "Where did she keep all her negatives and prints?"
③ "Why did she leave New York to become a caregiver?"
④ "Why did she take so many photos without showing them to anyone?"

第6問 (配点 24)

A You are an exchange student in the United States and you have joined the school's drama club. You are reading an American online arts magazine article to get some ideas to help improve the club.

Recent Changes at the Royal Shakespeare Company

By John Smith
Feb. 20, 2020

We are all different. While most people recognize that the world is made up of a wide variety of people, diversity—showing and accepting our differences—is often not reflected in performing arts organizations. For this reason, there is an increasing demand for movies and plays to better represent people from various backgrounds as well as those with disabilities. Arts Council England, in response to this demand, is encouraging all publicly funded arts organizations to make improvements in this area. One theater company responding positively is the Royal Shakespeare Company (RSC), which is one of the most influential theater companies in the world.

Based in Stratford-upon-Avon in the UK, the RSC produces plays by William Shakespeare and a number of other famous authors. These days, the RSC is focused on diversity in an attempt to represent all of UK society accurately. It works hard to balance the ethnic and social backgrounds, the genders, and the physical abilities of both performers and staff when hiring.

During the summer 2019 season, the RSC put on three of Shakespeare's comedies: *As You Like It, The Taming of the Shrew,* and *Measure for Measure.* Actors from all over the country were employed, forming a 27-member cast, reflecting the diverse ethnic, geographical, and cultural population of the UK today. To achieve gender balance for the entire season, half of all roles were given to male actors and half to female actors. The cast included three actors with disabilities (currently referred to as "differently-abled" actors)—one visually-impaired, one hearing-impaired, and one in a wheelchair.

Changes went beyond the hiring policy. The RSC actually rewrote parts of the plays to encourage the audience to reflect on male/female power relationships. For example, female and male roles were reversed. In *The Taming of the Shrew*, the role of "the daughter" in the original was transformed into "the son" and played by a male actor. In the same play, a male servant character was rewritten as a female servant. That role was played by Amy Trigg, a female actor who uses a wheelchair. Trigg said that she was excited to play the role and believed that the RSC's changes would have a large impact on other performing arts organizations. Excited by all the diversity, other members of the RSC expressed the same hope—that more arts organizations would be encouraged to follow in the RSC's footsteps.

The RSC's decision to reflect diversity in the summer 2019 season can be seen as a new model for arts organizations hoping to make their organizations inclusive. While there are some who are reluctant to accept diversity in classic plays, others welcome it with open arms. Although certain challenges remain, the RSC has earned its reputation as the face of progress.

問 1　According to the article, the RSC 　39　 in the summer 2019 season.

① gave job opportunities to famous actors

② hired three differently-abled performers

③ looked for plays that included 27 characters

④ put on plays by Shakespeare and other authors

2021年度：英語（リーディング）／本試験（第2日程）　**63**

問2　The author of this article most likely mentions Amy Trigg because she
　　　 40 　.

① performed well in one of the plays presented by the RSC

② struggled to be selected as a member of the RSC

③ was a good example of the RSC's efforts to be inclusive

④ was a role model for the members of the RSC

問3　You are summarizing this article for other club members.　Which of the following options best completes your summary?

[Summary]

The Royal Shakespeare Company (RSC) in the UK is making efforts to reflect the population of UK society in its productions.　In order to achieve this, it has started to employ a balance of female and male actors and staff with a variety of backgrounds and abilities.　It has also made changes to its plays.　Consequently, the RSC has 　 41 　.

① attracted many talented actors from all over the world

② completed the 2019 season without any objections

③ contributed to matching social expectations with actions

④ earned its reputation as a conservative theater company

問4　Your drama club agrees with the RSC's ideas.　Based on these ideas, your drama club might 　 42 　.

① perform plays written by new international authors

② present classic plays with the original story

③ raise funds to buy wheelchairs for local people

④ remove gender stereotypes from its performances

B You are one of a group of students making a poster presentation for a wellness fair at City Hall. Your group's title is *Promoting Better Oral Health in the Community*. You have been using the following passage to create the poster.

Oral Health: Looking into the Mirror

In recent years, governments around the world have been working to raise awareness about oral health. While many people have heard that brushing their teeth multiple times per day is a good habit, they most likely have not considered all the reasons why this is crucial. Simply stated, teeth are important. Teeth are required to pronounce words accurately. In fact, poor oral health can actually make it difficult to speak. An even more basic necessity is being able to chew well. Chewing breaks food down and makes it easier for the body to digest it. Proper chewing is also linked to the enjoyment of food. The average person has experienced the frustration of not being able to chew on one side after a dental procedure. A person with weak teeth may experience this disappointment all the time. In other words, oral health impacts people's quality of life.

While the basic functions of teeth are clear, many people do not realize that the mouth provides a mirror for the body. Research shows that good oral health is a clear sign of good general health. People with poor oral health are more likely to develop serious physical diseases. Ignoring recommended daily oral health routines can have negative effects on those already suffering from diseases. Conversely, practicing good oral health may even prevent disease. A strong, healthy body is often a reflection of a clean, well-maintained mouth.

Maintaining good oral health is a lifelong mission. The Finnish and US governments recommend that parents take their infants to the dentist before the baby turns one year old. Finland actually sends parents notices. New

Zealand offers free dental treatment to everyone up to age 18. The Japanese government promotes an 8020 (Eighty-Twenty) Campaign. As people age, they can lose teeth for various reasons. The goal of the campaign is still to have at least 20 teeth in the mouth on one's 80th birthday.

Taking a closer look at Japan, the Ministry of Health, Labour and Welfare has been analyzing survey data on the number of remaining teeth in seniors for many years. One researcher divided the oldest participants into four age groups: A (70-74), B (75-79), C (80-84), and D (85+). In each survey, with the exception of 1993, the percentages of people with at least 20 teeth were in A-B-C-D order from high to low. Between 1993 and 1999, however, Group A improved only about six percentage points, while the increase for B was slightly higher. In 1993, 25.5% in Group A had at least 20 teeth, but by 2016 the Group D percentage was actually 0.2 percentage points higher than Group A's initial figure. Group B increased steadily at first, but went up dramatically between 2005 and 2011. Thanks to better awareness, every group has improved significantly over the years.

Dentists have long recommended brushing after meals. People actively seeking excellent oral health may brush several times per day. Most brush their teeth before they go to sleep and then again at some time the following morning. Dentists also believe it is important to floss daily, using a special type of string to remove substances from between teeth. Another prevention method is for a dentist to seal the teeth using a plastic gel (sealant) that hardens around the tooth surface and prevents damage. Sealant is gaining popularity especially for use with children. This only takes one coating and prevents an amazing 80% of common dental problems.

Visiting the dentist annually or more frequently is key. As dental treatment sometimes causes pain, there are those who actively avoid seeing a dentist. However, it is important that people start viewing their dentist as an important ally who can, literally, make them smile throughout their lives.

Your presentation poster:

Promoting Better Oral Health in the Community

1. Importance of Teeth

A. Crucial to speak properly
B. Necessary to break down food
C. Helpful to enjoy food
D. Needed to make a good impression
E. Essential for good quality of life

2. [44]

Finland & the US: Recommendations for treatment before age 1
New Zealand: Free treatment for youth
Japan: 8020 (Eighty-Twenty) Campaign (see Figure 1)

[45]

Figure 1. The percentage of people with at least 20 teeth.

3. Helpful Advice

[46]
[47]

問 1 Under the first poster heading, your group wants to express the importance of teeth as explained in the passage. Everyone agrees that one suggestion does not fit well. Which of the following should you **not** include? 43

① A
② B
③ C
④ D
⑤ E

問 2 You have been asked to write the second heading for the poster. Which of the following is the most appropriate? 44

① National 8020 Programs Targeting Youth
② National Advertisements for Better Dental Treatment
③ National Efforts to Encourage Oral Care
④ National Systems Inviting Infants to the Dentist

問 3 You want to show the results of the researcher's survey in Japan. Which of the following graphs is the most appropriate one for your poster? 45

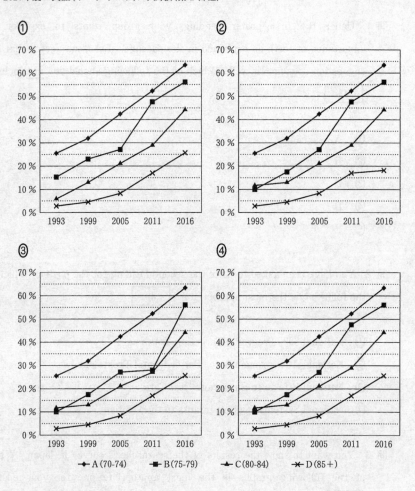

問 4 Under the last poster heading, you want to add specific advice based on the passage. Which two of the following statements should you use? (The order does not matter.) 46 ・ 47

① Brush your teeth before you eat breakfast.
② Check your teeth in the mirror every day.
③ Make at least one visit to the dentist a year.
④ Put plastic gel on your teeth frequently.
⑤ Use dental floss between your teeth daily.

第2回
試 行

共通テスト
第2回 試行調査

筆記

［リーディング］

解答時間 80分
配点 100点

英　　語（筆記［リーディング］）

（解答番号　1　～　43　）

第1問　（配点　10）

A　You are a member of the English club. You are going to have a farewell party for one of the members, Yasmin from Malaysia. You have received a note from Amelia, an Assistant Language Teacher (ALT) and the club advisor.

Dear members of the English club,
　It's about time we decide when to have the English club farewell party for Yasmin. She's leaving Japan on December 15, so the club members should meet sometime next week. Can you ask Yasmin which day is convenient for her to come to the party and let me know? When the day is fixed, I'll help you by planning a few nice surprises. Also, is it all right if I invite other students? I know some students from the tennis team who want to take part because they really had a good time playing tennis with her over the past six months.

Best wishes,
Amelia

問 1 The teacher wants you to ask Yasmin 　1　.

① what she would like to eat at the party

② when she can attend the party

③ where she would like to have the party

④ who she would like to invite to the party

問 2 The teacher would also like to invite 　2　.

① a few students who don't belong to the English club

② all the members of the English club and the tennis team

③ some of Yasmin's other English teachers

④ students who want to study abroad in Malaysia

4 第2回 試行調査：英語（筆記［リーディング］）

B You visited your town's English website and found an interesting notice.

<u>Call for Participants: Sister-City Youth Meeting</u>
<u>"Learning to Live Together"</u>

Our town's three sister cities in Germany, Senegal, and Mexico will each send ten young people between the ages of 15 and 18 to our town next March. There will be an eight-day youth meeting called "Learning to Live Together." It will be our guests' first visit to Japan.

We are looking for people to participate: we need a host team of 30 students from our town's high schools, 30 home-stay families for the visiting young people, and 20 staff members to manage the event.

Program Schedule

March 20	Orientation, Welcome party
March 21	Sightseeing in small four-country mixed groups
March 22	Two presentations on traditional dance: (1) Senegalese students, (2) Japanese students
March 23	Two presentations on traditional food: (1) Mexican students, (2) Japanese students
March 24	Two presentations on traditional clothing: (1) German students, (2) Japanese students
March 25	Sightseeing in small four-country mixed groups
March 26	Free time with host families
March 27	Farewell party

- Parties and presentations will be held at the Community Center.
- The meeting language will be English. Our visitors are non-native speakers of English, but they have basic English-language skills.

To register, click **here** before 5 p.m. December 20.

▶▶International Affairs Division of the Town Hall

問 1 The purpose of this notice is to find people from the host town to ☐3☐ .

① decide the schedule of activities
② take part in the event
③ visit all of the sister cities
④ write a report about the meeting

問 2 During the meeting the students are going to ☐4☐ .

① have discussions about global issues
② make presentations on their own cultures
③ spend most of their time sightseeing
④ visit local high schools to teach languages

問 3 The meeting will be a good communication opportunity because all of the students will ☐5☐ .

① be divided into different age groups
② have Japanese and English lessons
③ speak with one another in English
④ stay with families from the three sister cities

第2問 （配点 20）

A You are a member of the cooking club at school, and you want to make something different. On a website, you found a recipe for a dish that looks good.

EASY OVEN RECIPES
Here is one of the top 10 oven-baked dishes as rated on our website. You will find this dish healthy and satisfying.

Meat and Potato Pie
Ingredients （serves about 4 ）

A	1 onion	2 carrots	500g minced beef
	× 2 flour	× 1 tomato paste	× 1 Worcestershire sauce
	× 1 vegetable oil	× 2 soup stock	salt & pepper
B	3 boiled potatoes	40g butter	
C	sliced cheese		

Instructions
Step 1: Make **A**
1. Cut the vegetables into small pieces, heat the oil, and cook for 5 minutes.
2. Add the meat and cook until it changes color.
3. Add the flour and stir for 2 minutes.
4. Add the soup stock, Worcestershire sauce, and tomato paste. Cook for about 30 minutes.
5. Season with salt and pepper.

Step 2: Make **B**
1. Meanwhile, cut the potatoes into thin slices.
2. Heat the pan and melt the butter. Add the potatoes and cook for 3 minutes.

Step 3: Put **A**, **B**, and **C** together, and bake
1. Heat the oven to 200℃.
2. Put **A** into a baking dish, cover it with **B**, and top with **C**.
3. Bake for 10 minutes. Serve hot.

~~~~~~

REVIEW & COMMENTS

cooking@master *January 15, 2018 at 15:14*
This is really delicious! Perfect on a snowy day.

Seaside Kitchen *February 3, 2018 at 10:03*
My children love this dish. It's not at all difficult to make, and I have made it so many times for my kids.

問 1　This recipe would be good if you want to 　6　.

①　cook chicken for lunch

②　eat something sweet

③　enjoy a hot dish on a cold day

④　prepare a quick meal without using heat

問 2　If you follow the instructions, the dish should be ready to eat in about 　7　.

①　half an hour

②　one hour

③　twenty minutes

④　two to three hours

問 3　Someone who does not like raw carrots may eat this dish because 　8　.

①　carrots are not used

②　many kinds of spices are used

③　the carrots are cooked

④　the carrots are very fresh

8 第2回 試行調査：英語（筆記［リーディング］）

問 4 According to the website, one **fact** (not an opinion) about this recipe is that it is ☐9☐.

① highly ranked on the website

② made for vegetarians

③ perfect for taking to parties

④ very delicious

問 5 According to the website, one **opinion** (not a fact) about this recipe is that ☐10☐.

① a parent made this dish many times

② it is easy to cook

③ it is fun to cook with friends

④ the recipe was created by a famous cook

B Your English teacher gave you an article to help you prepare for the debate in the next class. A part of this article with one of the comments is shown below.

No Mobile Phones in French Schools

By Tracey Wolfe, Paris
11 DECEMBER 2017 • 4:07PM

The French government will prohibit students from using mobile phones in schools from September, 2018. Students will be allowed to bring their phones to school, but not allowed to use them at any time in school without special permission. This rule will apply to all students in the country's primary and middle schools.

Jean-Michel Blanquer, the French education minister, stated, "These days the students don't play at break time anymore. They are just all in front of their smartphones and from an educational point of view, that's a problem." He also said, "Phones may be needed in cases of emergency, but their use has to be somehow controlled."

However, not all parents are happy with this rule. Several parents said, "One must live with the times. It doesn't make sense to force children to have the same childhood that we had." Moreover, other parents added, "Who will collect the phones, and where will they be stored? How will they be returned to the owners? If all schools had to provide lockers for children to store their phones, a huge amount of money and space would be needed."

21 Comments

Newest

Daniel McCarthy 19 December 2017 • 6:11PM

Well done, France! School isn't just trying to get students to learn how to calculate things. There are a lot of other things they should learn in school. Young people need to develop social skills such as how to get along with other people.

10 第 2 回 試行調査：英語（筆記［リーディング］）

問 1 According to the rule explained in the article, students in primary and middle schools in France won't be allowed to ☐ 11 ☐ .

① ask their parents to pay for their mobile phones

② bring their mobile phones to school

③ have their own mobile phones until after graduation

④ use their mobile phones at school except for special cases

問 2 Your team will support the debate topic, "Mobile phone use in school should be limited." In the article, one **opinion** (not a fact) helpful for your team is that ☐ 12 ☐ .

① it is necessary for students to be focused on studying during class

② students should play with their friends between classes

③ the government will introduce a new rule about phone use at school

④ using mobile phones too long may damage students' eyes

問 3 The other team will oppose the debate topic. In the article, one **opinion** (not a fact) helpful for that team is that ☐ 13 ☐ .

① it is better to teach students how to control their mobile phone use

② students should use their mobile phones for daily communication

③ the cost of storing students' mobile phones would be too high

④ the rule will be applied to all students at the country's primary and middle schools

問 4 In the 3rd paragraph of the article, "One must live with the times" means that people should [14].

① change their lifestyles according to when they live
② live in their own ways regardless of popular trends
③ remember their childhood memories
④ try not to be late for school

問 5 According to his comment, Daniel McCarthy [15] the rule stated in the article.

① has no particular opinion about
② partly agrees with
③ strongly agrees with
④ strongly disagrees with

第3問 (配点 10)

A   You found the following story in a blog written by a female exchange student in your school.

School Festival
Sunday, September 15

   I went with my friend Takuya to his high school festival. I hadn't been to a Japanese school festival before. We first tried the ghost house. It was well-made, using projectors and a good sound system to create a frightening atmosphere.

   Then we watched a dance show performed by students. They were cool and danced well. It's a pity that the weather was bad. If it had been sunny, they could have danced outside. At lunch time, we ate Hawaiian pancakes, Thai curry, and Mexican tacos at the food stalls. They were all good, but the Italian pizza had already sold out by the time we found the pizza stall.

   In the afternoon, we participated in a karaoke competition together as both of us love singing. Surprisingly, we almost won, which was amazing as there were 20 entries in the competition. We were really happy that many people liked our  performance. We also enjoyed the digital paintings and short movies students made.

   I can't believe that students organized and prepared this big event by themselves. The school festival was pretty impressive.

第2回 試行調査：英語（筆記［リーディング］） 13

問 1　At the school festival, ☐ 16 ☐.

① most food at the stalls was sold out before lunch time

② the dance show was held inside due to poor weather

③ the ghost house was run without electronic devices

④ the karaoke competition was held in the morning

問 2　You learned that the writer of this blog ☐ 17 ☐.

① enjoyed the ghost tour, the dance show, and the teachers' art works

② sang in the karaoke competition and won third prize

③ tried different dishes and took second place in the karaoke contest

④ was pleased with her dancing and her short movie about the festival

14 第2回 試行調査：英語（筆記［リーディング］）

B You found the following story in a study-abroad magazine.

Flowers and Their Hidden Meanings

Naoko Maeyama (Teaching Assistant)

Giving flowers is definitely a nice thing to do. However, when you are in a foreign country, you should be aware of cultural differences.

Deborah, who was at our school in Japan for a three-week language program, was nervous at first because there were no students from Canada, her home country. But she soon made many friends and was having a great time inside and outside the classroom. One day she heard that her Japanese teacher, Mr. Hayashi, was in the hospital after falling down some stairs at the station. She was really surprised and upset, and wanted to see him as soon as possible. Deborah decided to go to the hospital with her classmates and brought a red begonia in a flower pot to make her teacher happy. When they entered the hospital room, he welcomed them with a big smile. However, his expression suddenly changed when Deborah gave the red flower to him. Deborah was a little puzzled, but she didn't ask the reason because she didn't want to trouble him.

Later, in her elementary Japanese and with the help of a dictionary, Deborah told me about her visit to the hospital, and how her teacher's expression changed when she gave him the begonia. Deborah said, "It's my favorite flower because red is the color of passion. I thought my teacher, who was always passionate about teaching, would surely love it, too."

Unfortunately, flowers growing in a pot are something we shouldn't take to a hospital in Japan. This is because a plant in a pot has roots, and so it cannot be moved easily. In Japanese culture some people associate these facts with remaining in the hospital. Soon after Deborah heard the hidden meaning of the potted begonia, she visited Mr. Hayashi again to apologize.

第 2 回 試行調査：英語（筆記［リーディング］） **15**

問 1 According to the story, Deborah's feelings changed in the following order: 18 .

① nervous → confused → happy → shocked → sorry
② nervous → confused → sorry → shocked → happy
③ nervous → happy → shocked → confused → sorry
④ nervous → happy → sorry → shocked → confused
⑤ nervous → shocked → happy → sorry → confused
⑥ nervous → sorry → confused → happy → shocked

問 2 The gift Deborah chose was not appropriate in Japan because it may imply 19 .

① a long stay
② congratulations
③ growing anger
④ passion for living

問 3 From this story, you learned that Deborah 20 .

① chose a begonia for her teacher because she learned the meanings of several flowers in her class
② not only practiced her Japanese but also learned about Japanese culture because of a begonia
③ visited the hospital with her teaching assistant to see her teacher and enjoyed chatting
④ was given an explanation about the begonia by Mr. Hayashi and learned its hidden meaning

第4問 (配点 16)

You are doing research on students' reading habits. You found two articles.

Reading Habits Among Students　　　　　**by David Moore**
July, 2010

　　Reading for pleasure is reading just for fun rather than for your school assignment or work. There is strong evidence linking reading for enjoyment and educational outcomes. Research has shown that students who read daily for pleasure perform better on tests than those who do not. Researchers have also found that reading for fun, even a little every day, is actually more beneficial than just spending many hours reading for studying and gathering information. Furthermore, frequent reading for fun, regardless of whether reading paper or digital books, is strongly related with improvements in literacy.

　　According to an international study, in 2009, two-thirds of 15-year-old students read for enjoyment on a daily basis. The graph shows the percentage of students who read for enjoyment in six countries. Reading habits differed across the countries, and there was a significant gender gap in reading in some countries.

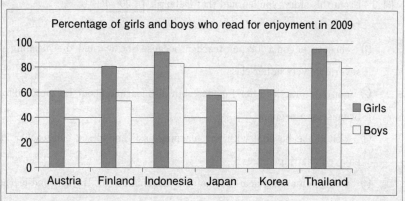

　　In many countries, the percentage of students who read for enjoyment daily had decreased since the previous study in 2000. Back in 2000, on average, 77% of girls and 60% of boys read for enjoyment. By 2009, these percentages had dropped to 74% and 54%, respectively.

In my opinion, many students today do not know what books they should read. They say that they have no favorite genres or series. That's why the percentage of students who read for pleasure daily has been decreasing. Parents and teachers should help students find interesting books in order to make reading for pleasure a daily routine.

Opinion on "Reading Habits Among Students"　　　　　**by Y. T.**

August, 2010

As a school librarian, I have worked in many different countries. I was a little sad to learn that fewer students around the world read for enjoyment daily than before. According to David Moore's article, approximately 60% of female students in my home country reported they read for enjoyment, and the gender gap is about 20%. I find this disappointing.

More students need to know the benefits of reading. As David Moore mentioned, reading for pleasure has good effects on students' academic skills. Students who regularly read many books get better scores in reading, mathematics, and logical problem solving. Also, reading for enjoyment has positive effects on students' mental health. Research has shown a strong relationship between reading for fun regularly and lower levels of stress and depression.

Regardless of these benefits, students generally do not spend enough time reading. Our daily lives are now filled with screen-based entertainment. Students spend a lot of time playing video games, using social media, and watching television. I think students should reduce their time in front of screens and should read books every day even for a short time. Forming a reading habit in childhood is said to be associated with later reading proficiency. School libraries are good places for students to find numerous resources.

18 第2回 試行調査：英語(筆記[リーディング])

問 1 Neither David Moore nor the librarian mentions ☐21☐ .

① gender differences in reading habits

② problems connected with reading digital books

③ the change in reading habits among students

④ the importance of reading regularly in childhood

問 2 The librarian is from ☐22☐ .

① Austria

② Finland

③ Japan

④ Korea

問 3 According to the articles, reading for pleasure has good effects on students'
☐23☐ . (You may choose more than one option.)

① choice of career

② educational success

③ mental well-being

④ views of social media

第2回 試行調査：英語（筆記［リーディング］）　19

問 4　David Moore states that students ⬛24⬛, and the librarian states that
they ⬛25⬛. (Choose a different option for each box.)

① are busier than ever before
② cannot decide what books to read
③ choose similar books as their parents
④ enjoy playing with electronic devices
⑤ get useful information from TV

問 5　Based on the information from both articles, you are going to write a report
for homework. The best title for your report would be " ⬛26⬛."

① Like It or Not, Reading Classic Novels is Important
② Make Reading for Entertainment a Part of Your Daily Life
③ Pleasure Reading is Becoming Popular in Different Countries
④ School Libraries: Great Resources for Doing School Projects

20 第 2 回 試行調査：英語(筆記[リーディング])

第 5 問 (配点 20)

Your group is preparing a poster presentation entitled "The Person Who Revolutionized American Journalism," using information from the magazine article below.

Benjamin Day, a printer from New England, changed American journalism forever when he started a New York City newspaper, *The Sun*. Benjamin Day was born in Springfield, Massachusetts, on April 10, 1810. He worked for a printer as a teenager, and at the age of 20 he began working in print shops and newspaper offices in New York. In 1831, when he had saved enough money, he started his own printing business, which began to struggle when the city was hit by a cholera epidemic the following year. In an attempt to prevent his business from going under, Day decided to start a newspaper.

In 1833, there were 650 weekly and 65 daily American newspapers, with average sales of around 1,200. Although there were cheap newspapers in other parts of the country, in New York a newspaper usually cost as much as six cents. Day believed that many working-class people were able to read newspapers, but chose not to buy them because they did not address their interests and were too expensive. On September 3, 1833, Day launched *The Sun* with a copy costing just one cent. The introduction of the "penny press," as cheap newspapers became known, was an important milestone in American journalism history.

Day's newspaper articles were different from those of other newspapers at the time. Instead of reporting on politics and reviews of books or the theater, *The Sun* focused on people's everyday lives. It was the first newspaper to report personal events and crimes. It led to a paradigm shift in American journalism, with newspapers becoming an important part of the community and the lives of the readers. Day also came up with another novel idea: newsboys selling the newspaper on street corners. People wouldn't even have to step into a shop to buy a paper.

The combination of a newspaper that was cheap as well as being easily available was successful, and soon Day was making a good living publishing *The Sun*. Within six months, *The Sun*'s circulation reached 5,000, and after a year, it had risen to 10,000. By 1835, sales of *The Sun* had reached 19,000, more than any of the other daily papers at that time. Over the next few years, about a dozen new penny papers were established, beginning a new era of newspaper competition. The success of *The Sun* encouraged other journalists to publish newspapers at a lower price. By the time of the Civil War, the standard price of a New York City newspaper had fallen to just two cents.

Despite his success, after about five years of operating *The Sun*, Day lost interest in the daily work of publishing a newspaper. In 1838, he sold *The Sun* to his brother-in-law, Moses Yale Beach, for $40,000, and the newspaper continued to publish for many years. After selling the paper, Day moved into other business areas, including the publication of magazines, but by the 1860s he was basically retired. He lived quietly until his death on December 21, 1889. Although he had been involved in the American newspaper business for a relatively short time, Day is remembered as a revolutionary figure who showed that newspapers could appeal to a mass audience.

The Person Who Revolutionized American Journalism

■ The Life of Benjamin Day

Period	Events
1810s	Day spent his childhood in Springfield
1820s	27
1830s and beyond	28 ↓ 29 ↓ 30 ↓ 31

Benjamin Day

■ About *The Sun*

▶ Day launched *The Sun* on September 3, 1833.
▶ This newspaper was highly successful for the following reasons: 32

■ A Shift in U.S. Journalism: A New Model

▶ The motto of *The Sun* was " 33 ."
▶ *The Sun* changed American journalism and society in a number of ways: 34

22 第2回 試行調査：英語(筆記[リーディング])

問 1 Members of your group listed important events in Day's life. Put the events into the boxes ⎡ 27 ⎤ ∼ ⎡ 31 ⎤ in the order that they happened.

① Day created other publications

② Day established a printing company

③ Day gained experience as a printer in his local area

④ Day started a newspaper business

⑤ Day's business was threatened by a deadly disease

問 2 Choose the best statement(s) to complete the poster. (**You may choose more than one option.**) ⎡ 32 ⎤

① Day focused on improving the literacy levels of the working class.

② Day introduced a new way of distributing newspapers.

③ Day realized the potential demand for an affordable newspaper.

④ Day reported political affairs in a way that was easy to understand.

⑤ Day supplied a large number of newspapers to every household.

⑥ Day understood what kind of articles would attract readers.

問 3 Which of the following was most likely to have been *The Sun*'s motto? ⎡ 33 ⎤

① Nothing is more valuable than politics

② The daily diary of the American Dream

③ *The Sun*: It shines for all

④ Top people take *The Sun*

第 2 回 試行調査：英語(筆記[リーディング]) 23

問 4 Choose the best statement(s) to complete the poster. (You may choose more than one option.) ☐34

① Information became widely available to ordinary people.

② Journalists became more conscious of political concerns.

③ Journalists started to write more on topics of interest to the community.

④ Newspapers became less popular with middle-class readers.

⑤ Newspapers replaced schools in providing literacy education.

⑥ The role of newspapers became much more important than before.

24 第2回 試行調査：英語（筆記［リーディング］）

第6問 （配点 24）

A You are preparing for a group presentation on gender and career development for your class. You have found the article below.

Can Female Pilots Solve Asia's Pilot Crisis?

[1]   With the rapid growth of airline travel in Asia, the shortage of airline pilots is becoming an issue of serious concern. Statistics show that the number of passengers flying in Asia is currently increasing by about 100,000,000 a year. If this trend continues, 226,000 new pilots will be required in this region over the next two decades. To fill all of these jobs, airlines will need to hire more women, who currently account for 3% of all pilots worldwide, and only 1% in Asian countries such as Japan and Singapore. To find so many new pilots, factors that explain such a low number of female pilots must be examined, and possible solutions have to be sought.

[2]   One potential obstacle for women to become pilots might be the stereotype that has long existed in many societies: women are not well-suited for this job. This seems to arise partly from the view that boys tend to excel in mechanics and are stronger physically than girls. A recent study showed that young women have a tendency to avoid professions in which they have little prospect of succeeding. Therefore, this gender stereotype might discourage women from even trying. It may explain why at the Malaysia Flying Academy, for instance, women often account for no more than 10% of all trainees enrolled.

[3]   Yet another issue involves safety. People may be concerned about the safety of aircraft flown by female pilots, but their concerns are not supported by data. For example, a previous analysis of large pilot databases conducted in the United States showed no meaningful difference in accident rates between male and female pilots. Instead, the study found that other factors such as a

第2回 試行調査：英語（筆記［リーディング］） **25**

pilot's age and flight experience better predicted whether that person is likely to be involved in an accident.

[4]   Despite the expectation that male pilots have better flight skills, it may be that male and female pilots just have skills which give them different advantages in the job. On the one hand, male pilots often have an easier time learning how to fly than do female pilots. The controls in a cockpit are often easier to reach or use for a larger person. Men tend to be larger, on average, than women. In fact, females are less likely than men to meet the minimum height requirements that most countries have. On the other hand, as noted by a Japanese female airline captain, female pilots appear to be better at facilitating communication among crew members.

[5]   When young passengers see a woman flying their plane, they come to accept female pilots as a natural phenomenon. Today's female pilots are good role models for breaking down stereotypical views and traditional practices, such as the need to stay home with their families. Offering flexible work arrangements, as has already been done by Vietnam Airlines, may help increase the number of female pilots and encourage them to stay in the profession.

[6]   It seems that men and women can work equally well as airline pilots. A strong message must be sent to younger generations about this point in order to eliminate the unfounded belief that airline pilots should be men.

問 1 According to the article, the author calls the current situation in Asia a crisis because ⬜ 35 ⬜ .

① many more male airline pilots are quitting their jobs than before

② the accident rates are increasing among both male and female pilots

③ the number of female pilots has not changed much for the last few decades

④ the number of future pilots needed will be much larger than at present

26 第2回 試行調査：英語(筆記[リーディング])

問2 According to the article, there is little difference between men and women in ☐ 36 ☐ .

① how easily they learn to operate airplanes

② how likely they are to be involved in accidents

③ how much time they can spend on work

④ how people perceive their suitability for the job

問3 In Paragraph [4], the author most likely mentions a Japanese female airline captain in order to give an example of ☐ 37 ☐ .

① a contribution female pilots could make to the workplace

② a female pilot who has excellent skills to fly a plane

③ a problem in the current system for training airline pilots

④ an airline employee who has made rare achievements

問4 Which of the following statements best summarizes the article? ☐ 38 ☐

① Despite negative views toward female pilots, they can be as successful as male pilots.

② Due to financial problems the percentage of female students in a pilot academy in Asia is too small.

③ In the future many countries worldwide may have to start hiring more female pilots like Asian countries.

④ There is little concern about increasing female pilots in the future because major obstacles for them have been removed.

第 2 回 試行調査：英語（筆記［リーディング］）　27

B　You are studying about world ecological problems. You are going to read the following article to understand what has happened in Yellowstone National Park.

Yellowstone National Park, located in the northern United States, became the world's first national park in 1872. One of the major attractions of this 2.2-million-acre park is the large variety of animals. Some people say that Yellowstone is the best place in the world to see wolves. As of December 2016, there were at least 108 wolves and 11 packs (social families) in the park. By the 1940s, however, wolves had almost disappeared from Yellowstone National Park. Today, these wolves are back and doing well. Why have they returned?

The wolves' numbers had declined by the 1920s through hunting, which was not regulated by the government. Ranchers on large farms raising cattle, horses, and sheep did not like wolves because they killed their animals. When the wolves were on the point of being wiped out by hunting, another problem arose—the elk herds increased in number. Elk, a large species of deer, are the wolves' principal source of food in the winter. The elk populations grew so large that they upset the balance of the local ecosystem by eating many plants. People may like to see elk, but scientists were worried about the damage caused by the overly large population.

To solve this problem, the U.S. government announced their intention to release young wolves brought from Canada. It was hoped that the wolves would hunt the elk and help bring down the population. However, because many ranchers were against bringing back wolves, it took about 20 years for the government and the ranchers to agree on a plan. In 1974, a team was appointed to oversee the reintroduction of wolves. The government published official recovery plans in 1982, 1985, and finally in 1987. After a long period of research, an official environmental impact statement was issued and 31 wolves were released into Yellowstone from 1995 to 1996.

This project to reduce the number of elk was a great success. By 2006, the estimated wolf population in Yellowstone National Park was more than 100. Furthermore, observers believe that the wolves have been responsible for a decline in the elk population from nearly 20,000 to less than 10,000 during the first 10 years following their introduction. As a result, a lot of plants have started to grow back. The hunting of wolves is even allowed again because of the risk from wolves to ranchers' animals. While hunting wolves because they are perceived as a threat may seem like an obvious solution, it may cause new problems. As a study published in 2014 suggested, hunting wolves might increase the frequency of wolves killing ranchers' animals. If the leader of a wolf pack is killed, the pack may break up. Smaller packs or individual wolves may then attack ranchers' animals. Therefore, there is now a restriction on how many wolves can be hunted. Such measures are important for long-term management of wolf populations.

問 1 The decline of wolves in Yellowstone National Park in the early 1900s resulted in ☐39☐ .

① a decrease in the number of hunters, which was good for the wolves

② a decrease in the number of ranchers, which reduced the human population

③ an increase in the number of elk, which damaged the local ecosystem

④ an increase in the number of trees and plants, which helped elk to hide

問 2 Out of the following four graphs, which illustrates the situation the best?
　　 40

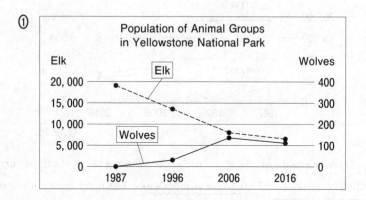

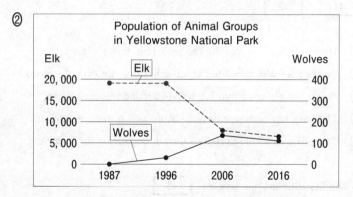

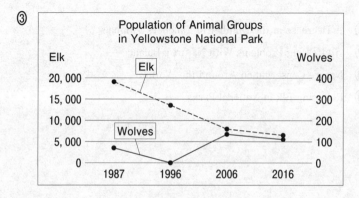

④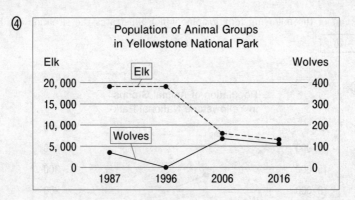

問3 According to the article, which two of the following tell us about the current situation in the park? (**Choose two options.** The order does not matter.)
　41 ・ 42

① More travelers are visiting the park than thirty years ago.
② One species was saved but another has become extinct instead.
③ People have started hunting wolves around this area again.
④ The park has both wolves and elk, as well as rich vegetation.
⑤ There is a new rule to reduce the elk population in the park.

問4 The best title for this article is　43　.

① A Decrease in the Number of Ranchers' Animals
② Addressing Problems With Nature's Balance
③ Nature Conservation Around the World
④ Releasing Elk in National Parks

共通テスト
第1回 試行調査

第1回
試 行

筆記

［リーディング］

解答時間 80 分
配点は非公表

2 第 I 回 試行調査：英語（筆記［リーディング］）

英　語（筆記［リーディング］）

（解答番号　1　～　38　）

第 1 問

A You are planning to go to an amusement park in Hong Kong. You are looking at its webpage.

Blue Stone
Hong Kong

BLUE STONE AMUSEMENT PARK

TOP > Crowd Calendar　🔍　　　　　　English　Chinese

This webpage will help you find the best dates to visit Blue Stone Amusement Park.

What's New

A new show titled "Pirates' Adventure" will start on November 13.

Crowd Calendar

On the following calendar, you can see the opening and closing times, and the crowd levels. The percentage in each box is an estimate of the number of people expected to be in the park. The maximum, 100%, is shown by the face icon. The percentage is calculated automatically based on advance ticket sales and past data.

On the days with the face icon, entrance to the park will be difficult. Visitors without an advance ticket may have to wait at the entrance gate for a long time. Advance tickets are only available online one week ahead.

By clicking each date on the calendar, you can see detailed information about the average waiting time for each attraction.

Crowd Calendar for November (information updated daily)						
Monday	Tuesday	Wednesday	Thursday	Friday	Saturday	Sunday
5	**6**	**7**	**8**	**9**	**10**	**11**
55%	65%	70%	70%	85%	90%	😖
9:00-17:00	9:00-19:00	9:00-19:00	9:00-19:00	9:00-21:00	9:00-21:00	9:00-21:00
12	**13**	**14**	**15**	**16**	**17**	**18**
55%	😖	😖	90%	85%	😖	90%
9:00-16:00	9:00-21:00	9:00-21:00	9:00-21:00	9:00-21:00	9:00-21:00	9:00-21:00

第 I 回 試行調査：英語（筆記［リーディング］）　**3**

問 1　If you go to the park on November 13 without an advance ticket, at the entrance gate you will probably 　1　.

① go straight in

② have to pay 55% more to enter

③ have to show your parking ticket

④ stand in a long line

問 2　When you click the dates on the calendar, you will find information about 　2　.

① how long visitors have to wait for the attractions

② the cost of the advance tickets for the attractions

③ the food and drinks at various park restaurants

④ where visitors can park their cars at Blue Stone

4　第 I 回 試行調査：英語(筆記[リーディング])

B　You are visiting a Japanese university during its open campus day. You have found a poster about an interesting event.

The Holiday Planning Research Club　**HPRC**

Open Campus Event

HPRC Meeting for High School Students

What is the HPRC?
One of the greatest parts of university life is the lovely long holiday breaks. The Holiday Planning Research Club (HPRC) is run by Japanese and international students. Our club welcomes students from all years and from every department. Our purpose is to help each other make interesting holiday plans.

Date:　Saturday, October 27 from 2:00 until 3:30 p.m.
Place:　The Independent Learning Center
Event:　Four students will tell you about their own recent experiences during their vacations. See the table below for outlines of the presentations.

Speaker	Description	Location
1. Mary MacDonald Department of Agriculture	＊Did hard work in rice and vegetable fields ＊No cost to live with a host family	A farm in Ishikawa Prefecture
2. Fumihiro Shimazu Department of Japanese Language and Culture	＊Prepared teaching materials for a Japanese language teacher ＊Paid his own airfare and insurance	A primary school in Cambodia
3. Risa Nishiura Department of Tourism	＊Assisted foreign chefs with cooking and translation ＊Good pay	A Spanish restaurant in Tokyo
4. Hiroki Kobayashi Department of Education	＊Taught judo ＊Free airfare and room	A junior Olympic training camp in Bulgaria

Message for University Students

Join Us as a Speaker at the December HPRC Meeting!
　　You have a total of 12 minutes. Your talk, in English, should be about 8 minutes. Please prepare slides with photos. After each talk, there is a 4-minute question period and the audience usually asks lots of questions. You can get more information on our website (http://www.hprc-student.net/).

問 1　The HPRC is organized and led by ☐ 3 ☐ .

① NGO staff

② students

③ teachers

④ university staff

問 2　You can learn from each of the four speakers about ☐ 4 ☐ .

① interesting courses in different departments of the university

② low-cost trips to other countries in the world

③ outside-of-class experiences during university breaks

④ volunteer work with children in developing countries

問 3　At the December meeting, the HPRC speakers should ☐ 5 ☐ .

① be ready to answer questions

② put their speech scripts on the website

③ speak in English and Japanese

④ talk for about 20 minutes

第2問

A You are traveling abroad and trying to find places to eat on the Internet. The following are reviews of some restaurants written by people who have visited them.

Shiro's Ramen

★★★★☆ by Boots (3 weeks ago)
Best choice: *cha-shu* noodles. Cheap, crowded & lots of noise. Very casual. Felt rushed while eating. Open 5 p.m. ~ 6 a.m.

Annie's Kitchen

★★★☆☆ by Carrie (2 weeks ago)
Was in the mood for variety, and Annie's Kitchen did NOT disappoint. The menu is 13 wonderful pages long with food from around the world. Actually, I spent 25 minutes just reading the menu. Unfortunately, the service was very slow. The chef's meal-of-the-day was great, but prices are a little high for this casual style of restaurant.

Johnny's Hutt

★★★☆☆ by Mason (2 days ago)
The perfect choice when you want to eat a lot. But you might need to wait for a bit.

★★★★★ by Roosevelt (5 days ago)
For a steak fan, this is the best! The chef prepares steak dishes to suit any customer's taste. My favorite was the Cowboy Plate—perfect!

★☆☆☆☆ by Ken-chan (2 weeks ago)
Sadly, below average, so won't be going back again. The steak was cooked too long! The fish dishes were also disappointing.

問 1　You would most likely visit Shiro's Ramen when you [6].

① are looking for a quiet place to have a conversation

② have an empty stomach at midnight

③ need to have a formal meal

④ want to have a casual lunch

問 2　You would most likely visit Annie's Kitchen when you [7].

① feel like eating outdoors

② have lots of free time

③ must have a quick breakfast

④ want to have cheap dishes

問 3　The opinions about Johnny's Hutt were all [8].

① different

② favorable

③ negative

④ neutral

8 第 I 回 試行調査：英語（筆記［リーディング］）

問 4 Based on the reviews, which of the following are facts, not personal opinions? （You may choose more than one option.） [9]

① Annie's Kitchen offers dishes from many countries.

② Johnny's Hutt is less crowded than Shiro's Ramen.

③ Johnny's Hutt serves some fish dishes.

④ The chef at Johnny's Hutt is good at his job.

⑤ The chef's meal-of-the-day is the best at Annie's Kitchen.

⑥ The menu at Annie's Kitchen is wonderful.

B You are going to have a debate about students working part-time. In order to prepare for the debate, your group is reading the article below.

Students and Part-Time Jobs

According to a recent survey, about 70% of Japanese high school and university students have worked part-time. The survey also reports that students have part-time jobs because they need money for going out with their friends, buying clothes, and helping their families financially. Even with such common reasons, we should consider the following question: Is it good or bad for students to work part-time?

Some people believe that students learn several things from working part-time. They come to understand the importance and difficulty of working as well as the value of money. Moreover, they learn how to get along with people. Students can improve their communication skills and gain confidence.

Others think that there are negative points about students working part-time. First, it may harm their studies. Students who work too hard are so tired during class that they might receive poor grades in school. Second, it seems difficult for students to balance work and school. This could cause stress. Third, students may develop negative views of work itself by working too much. They may become less motivated to work hard after graduation.

What do you think? In my view, part-time work is not always bad for students. My point is that students shouldn't do too much part-time work. Research suggests that if students work part-time over 20 hours a week, they will probably have some of the negative experiences mentioned above.

---

10 第 I 回 試行調査：英語（筆記［リーディング］）

問 1　In the survey mentioned in the article, the students were asked, " 10 "

① Have you ever worked part-time abroad?

② How much money per week do you make working part-time?

③ What kind of part-time jobs would be good for you?

④ Why do you work part-time?

問 2　Your group wants to collect opinions **supporting** students working part-time. One such opinion in the article is that students 11 .

① can become good communicators

② mostly have worked part-time

③ will have a better chance of getting a full-time job

④ will learn how to dress appropriately

問 3　Your group wants to collect opinions **opposing** students working part-time. One such opinion in the article is that students 12 .

① cannot be helpful in the workplace

② might perform poorly in class

③ should spend more time with their family

④ work part-time to buy what they want

問 4　If students work over 20 hours a week, they may 13 .

① begin to feel they need a well-paid job

② continue to work hard at part-time jobs

③ lose interest in working hard after leaving school

④ want to be independent of their families

問 5 The writer of this article ⬚14⬚ students working part-time.

① does not have any particular opinion about

② partly agrees with

③ strongly agrees with

④ strongly disagrees with

第3問

A You want to visit a country called Vegetonia and you found the following blog.

My Spring Holiday on Tomatly Island
Sunday, March 23

　I went with my family to a country named Vegetonia to visit Tomatly Island, which is located to the southwest of the main island of Vegetonia. The fastest way to get to Tomatly is to take an airplane from Poteno, but we took a ferry because it was much cheaper. It started to rain when we got to the island, so we visited an art museum and a castle. Then, we enjoyed a hot spring bath. In the evening, our dinner was delicious. Everything was so fresh!

　Luckily, the next morning was sunny. We rented bicycles and had fun cycling along the coast. After that, we went fishing on the beach but we didn't catch anything. Oh well, maybe next time! In the evening, we saw a beautiful sunset and later on, lots of stars.

　On the last day, we took a private taxi tour and the driver took us to many interesting places around the island. She also told us a lot about the nature and culture of the island. We had a great holiday, and as a result, I've become more interested in the beauty and culture of small islands.

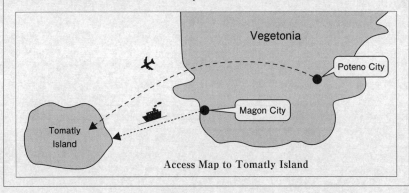

Access Map to Tomatly Island

第１回 試行調査：英語（筆記［リーディング］） **13**

問 1　The family went to Tomatly Island from ▢15▢ .

① Magon by air

② Magon by sea

③ Poteno by air

④ Poteno by sea

問 2　From this blog, you learned that ▢16▢ .

① the best month to visit Tomatly Island would be March because it is less crowded

② there are still some things you can enjoy on the island even if the weather is bad

③ you can enjoy various outdoor activities and local food at reasonable prices

④ you can join a bus tour around the island that explains the island's nature and culture

B You found the following story written by a salesperson in a newspaper.

March of the Machines

Nick Rightfield

After graduating from university in Toronto, I started working for a trading company. This means I have to live and work in various cities. My first post was in New York, a city famous for its office buildings, stores, and nightlife. In my free time, I loved to walk around and search for stores selling interesting items. Even into the night, I would wander from store to store.

Then after two years, I moved to Tokyo. My first impression of Tokyo was that it is a busy city very similar to New York. However, on the first day when I took a night-time walk down the streets of Shinjuku, I noticed a difference. Among the crowds of workers and shoppers, I found rows of brightly-lit vending machines giving off a candy-colored light. In New York, most vending machines are located in office buildings or subway stations. But I never imagined lines of vending machines—standing like soldiers on almost every street—selling coffee, juice, and even noodles 24 hours a day.

As I stood in Shinjuku, I thought about Vancouver, where I was born and raised. To me it was a great city, but having experienced city life in New York and Tokyo, I have to admit how little I knew back in Vancouver. As I was thinking about my life so far, it began to rain. I was about to run to a convenience store when I noticed an umbrella vending machine. Saved! Then I thought perhaps as technology improves, we will be able to buy everything from machines. Will vending machines replace convenience stores? Will machines replace salespeople like me? I didn't sleep well that night. Was it jet lag or something else?

問 1　The writer moved from place to place in the following order: 17 .

① Toronto → New York → Tokyo → Vancouver
② Toronto → Vancouver → New York → Tokyo
③ Vancouver → New York → Tokyo → Toronto
④ Vancouver → Toronto → New York → Tokyo

問 2　The writer says that 18 .

① life in New York is more comfortable than life in Tokyo
② life in Tokyo is less interesting than life in New York
③ the location of vending machines in New York and Tokyo differs
④ the same goods are sold in vending machines in New York and Tokyo

問 3　While the writer was in Tokyo, he 19 .

① began to think about selling vending machines
② realized Vancouver was better because it was his hometown
③ started to regret moving from city to city
④ suddenly worried about the future of his job

第4問

In class, everyone wrote a report based on the two graphs below. You will now read the reports written by Ami and Greg.

A survey was given to people between the ages of 13 and 29. To answer the question in Graph 2, the participants were able to choose more than one reason.

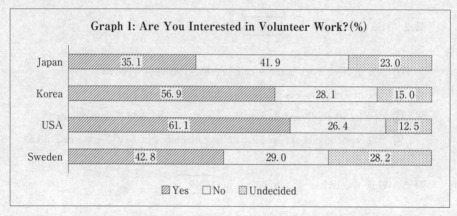

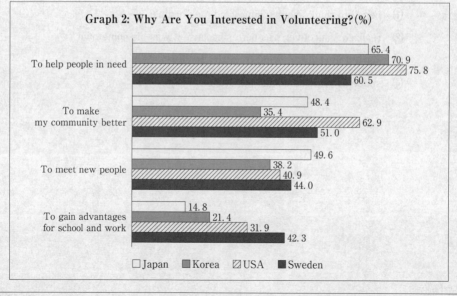

Ami Kitamura

I was surprised when I saw Graph 1 because the percentage of Japanese participants who are interested in volunteering was higher than I had expected. As far as I know, none of my friends are doing any volunteer activities. So, I think we should motivate students in Japan to do more volunteering.

In order to do that, it's important to consider the merits of doing volunteer work. According to Graph 2, 65.4% of Japanese participants said they are interested in volunteering because they want to help people in need. Also, the percentage of Japanese participants who chose "To meet new people" was the highest among the four countries.

I think more Japanese students should learn about the benefits of volunteering. Thus, for the school festival I plan to make a poster that says, "You can help people in need and make new friends at the same time!" I hope many students will see it and become more interested in volunteer work.

Greg Taylor

In the USA, volunteering is common, so I was not surprised that it has the highest percentage of people who are interested in volunteer work. Graph 2 shows that a lot of American participants answered they are interested in volunteer work because they want to help people in need. I think this reason is important because students would feel a sense of achievement by helping people.

However, I was shocked to see that only 35.1% of Japanese participants are interested in volunteer work. I thought it would be more common in Japan. According to the information in Graph 2, only a few participants in Japan recognize the advantages for school and work. I recently heard Japanese universities and companies now put more value on volunteer experience than before. If more students understand these advantages, I think their interest in volunteering will increase.

Students should do volunteer work for the following two reasons. First, helping people in need will give students a feeling of accomplishment. Second, volunteering will also provide them with advantages for their future career. Therefore, I will compose a newsletter about these two benefits of doing volunteer work, and distribute it to students at school.

18　第 I 回 試行調査：英語（筆記［リーディング］）

問 1　|　20　|　felt that the percentage of Japanese participants who were interested in volunteer work was lower than expected.

① Ami

② Both Ami and Greg

③ Greg

④ Neither Ami nor Greg

問 2　Both Ami and Greg say that Japanese students should　|　21　|　.

① discuss the benefits of volunteer work with students from other countries

② focus on studying and then consider doing volunteer work after graduating

③ know that doing volunteer work has good effects on those who do it

④ realize that volunteer work is becoming popular in other countries

問 3　Neither Ami nor Greg mentioned "　|　22　|　" in their reports.

① To gain advantages for school and work

② To help people in need

③ To make my community better

④ To meet new people

第 1 回 試行調査：英語(筆記[リーディング]) **19**

問 4 In their reports, Ami says she will [　a　] and Greg says he will [　b　]. | 23 |

① a. give a survey　　b. make a speech

② a. give a survey　　b. write a newsletter

③ a. make a poster　　b. make a speech

④ a. make a poster　　b. write a newsletter

問 5 You found four articles on the Internet. Based on the titles below, the most useful article for both Ami's and Greg's plans would be "| 24 |".

① Differences between Volunteer Work and Community Service

② How to Make Friends while Volunteering Abroad

③ Supporting People in Need through Volunteer Work

④ Volunteer Experiences and Your Future Career

20 第Ⅰ回 試行調査：英語（筆記［リーディング］）

第5問

A You are the editor of your school newspaper. You have been asked to provide comments on an article about origami written by an American student named Mary.

Origami

[1]　Many people in Japan have childhood memories of origami, where square sheets of paper are transformed into beautiful shapes such as animals and flowers. Origami has been enjoyed widely by people of all ages for centuries.

[2]　A recent event reminded us that origami is viewed as a traditional Japanese art form overseas. When President Barack Obama visited Hiroshima in 2016, he made four origami paper cranes neatly. He then presented them to Hiroshima City. This was seen as a symbol of his commitment to friendship between the two countries and to world peace.

[3]　Two positive influences of origami can be seen in care for the elderly and rehabilitation. Origami requires the precise coordination of fingers as well as intense concentration to fold the paper into certain shapes. It is thought to slow the progression of memory loss associated with such medical problems as Alzheimer's disease. It is also believed that origami helps keep motor skills and increases brain activity, which aid a person recovering from injuries. For these reasons, both inside and outside Japan, there are many elderly care and rehabilitation programs in which origami is used.

[4]　Children also benefit from origami. It fosters creativity and artistic sense while allowing them to have fun. This has resulted in a large number of associations—both domestic and international—regularly holding events for

young children such as origami competitions and exhibits. Isn't it surprising that many organizations that are active in these areas can be found overseas?

[5]   A   Furthermore, origami paper folding technology has promising applications in medicine.   B   In 2016, an international team of researchers developed a tiny paper-thin robot that can be used for medical treatment. The robot, made of material from pigs, is folded like origami paper and covered with a capsule made of ice. When the capsule is swallowed by a patient and reaches the patient's stomach, the capsule melts, and the robot unfolds as it absorbs water from the surrounding area.   C   After this, the robot is controlled from outside of the body to perform an operation. When the task is complete, the robot moves out of the body naturally.   D

[6]   As seen in the examples above, origami is no longer merely a traditional Japanese art form that many of us experienced as a leisure activity in childhood. In fact, it is a powerful agent that can bring positive change to the lives of all generations worldwide. While the appreciation of its beauty is likely to continue for generations to come, nowadays origami has come to influence various other aspects of our lives.

問 1 Mary's article mainly discusses   25   .

① the greater importance of origami in medicine than in other fields

② the invention of new types of origami in many foreign countries

③ the major role origami plays in promoting world peace and cooperation

④ the use of origami for cultural, medical, and educational purposes

22 第 I 回 試行調査：英語（筆記[リーディング]）

問 2 Mary's intention in Paragraphs [3] and [4] is probably to 　26　 .

① describe the history of origami's development outside Japan

② discuss the difficulties of using origami for treating diseases

③ express concerns about using origami for rehabilitation, elderly care, and education

④ introduce some contributions of origami to the lives of people of different ages

問 3 You found additional information related to this topic and want to suggest that Mary add the sentence below to her article. Where would the sentence best fit among the four locations marked 　A　 , 　B　 , 　C　 , and 　D　 in Paragraph [5]? 　27　

The developers of the robot say that this technology can be used, for instance, to remove a small battery from the stomach of a child who has accidentally swallowed it.

① 　A　

② 　B　

③ 　C　

④ 　D

B You are preparing for a presentation about the characteristics of spices. You have found an article about black and white pepper. You are going to read the article and take notes.

Black and White Pepper

[Part 1] Some recent studies have increased our understanding of the role of spices in helping us live longer. There are a variety of spices in the world, but most likely you are familiar with two of them, black and white pepper. Black and white pepper both come from the fruit of the same pepper plant. However, they are processed differently. Black pepper is made from the unripe fruit of the pepper plant. Each piece of fruit looks like a small green ball, just 3 to 6 millimeters across. The harvested fruit turns black when it is dried under the sun. Each piece of dried fruit is called a *peppercorn*. The color of the powdered black pepper comes from the skin of the peppercorn. On the other hand, to get white pepper, the pepper fruit is harvested when it is cherry-red. The skin of the fruit is removed before sun-drying. The color of the seed inside the pepper fruit is white. This is how white peppercorns are processed. Because the skin is very thin, the size of black and white peppercorns is similar. White pepper is usually more expensive than black because there are more steps in processing it.

[Part 2] Where does the flavor of pepper come from? The sharp spicy taste is caused by a natural compound called *piperine*. Not only the seed but also the outer layer of the peppercorn contains lots of piperine. Therefore, some people say black pepper tastes hotter than white. Black pepper also contains many other substances that make its taste more complex. The unique flavor of black pepper produced by the mixed substances goes well with many kinds of dishes. White pepper's flavor is often regarded as more refined than that of black pepper, but it is too weak to bring out the flavor of meat dishes such as steak. Thanks to its color, white pepper is often used in

24 第１回 試行調査：英語（筆記［リーディング］）

light-colored dishes. Mashed potatoes, white sauce, and white fish may look better when they are spiced with white pepper.

[Part 3] Historically, people have used pepper as a folk medicine. For instance, it was a popular remedy for coughs and colds. The health effect of pepper is partly caused by piperine. Like vitamin C, piperine is a potent antioxidant. This means that, by eating foods including this compound, we may prevent harmful chemical reactions. Furthermore, recent studies have found that pepper reduces the impact of some types of illnesses. All spices that include piperine have this effect on a person's body. Both black and white pepper have the same health benefits.

Complete the notes by filling in ☐ 28 ☐ to ☐ 33 ☐.

Notes

Outline:
    Part 1: _____ 28 _____

    Part 2: _____ 29 _____

    Part 3: _____ 30 _____

Table: Comparing Black and White Pepper

Common points	Differences
31	32

Main points: _____ 33 _____

第 I 回 試行調査：英語(筆記[リーディング])　25

問 1　The best headings for Parts 1, 2, and 3 are ⬚ 28 ⬚, ⬚ 29 ⬚, and ⬚ 30 ⬚, respectively. (You may use an option only once.)

① The characteristics of pepper as a spice

② The effects of pepper on health

③ The place of origin of black and white pepper

④ The production of black and white pepper

問 2　Among the following, the common points and differences described in the article are ⬚ 31 ⬚ and ⬚ 32 ⬚, respectively. (You may choose more than one option for each box.)

① the amount of vitamin C

② the effect on illnesses

③ the flavor

④ the plant

⑤ the price

⑥ the removal of the skin

問 3　This article mainly discusses ⬚ 33 ⬚.

① the advantages and disadvantages of using black and white pepper compared to other spices

② the reason why people started to make black and white pepper, and why they have lost popularity

③ the reason why white pepper is better than black pepper, and why it is better for us

④ the similarities and differences between white and black pepper, and also the health benefits of both

26　第 I 回 試行調査：英語（筆記［リーディング］）

第6問

You are writing a review of the story, "Oscar's Camp Canyon Experience," in class.

Oscar's Camp Canyon Experience

Twelve-year-old Oscar has just finished a wonderful week at Camp Canyon. He had the time of his life—making new friends, developing new skills, and discovering a love for science among many other things. And Oscar learned an important lesson: Sometimes, when faced with a difficult situation, it's best just to let it go. He learned, too, that things are not always what they seem.

Camp Canyon is a summer camp for boys and girls from eight to sixteen. In the U.S., there are many kinds of camps. Often, kids focus on particular skills or learn values from religious books and traditions. Camp Canyon, though, is different. Its main aim is for the kids to discover for themselves how to deal with difficult situations using ideas based on the importance of communication and mutual respect. During their week at the camp, the kids develop their powers of judgment and sense of right and wrong—all while having fun swimming, playing games, and doing hands-on science and nature projects.

This was Oscar's second summer at Camp Canyon, and he enjoyed showing newcomers around. On the first day, he introduced himself to Dylan, a boy of his age attending the camp for the first time. Oscar spent a lot of time helping Dylan get used to his new circumstances, and they quickly became close friends. They both enjoyed playing video games and climbing trees, and at the camp they discovered a shared love of Gaga Ball, a form of dodgeball. Oscar and Dylan played Gaga Ball until they were exhausted, throwing the ball at the other kids and screaming with laughter. Afterward, sitting on their bunk beds, they would talk for hours about their home and school lives, and how much they were enjoying Camp Canyon.

One of the other campers was a boy named Christopher. Initially, Christopher seemed like a well-behaved, fun-loving boy. Oscar couldn't wait to get to know him. However, it wasn't long before Christopher's behavior started to change. He didn't bother to make his bed. He left games and other belongings lying around on the floor. He was inconsiderate and self-centered. And he was mean, as Oscar and Dylan soon found out.

"Dylan didn't brush his teeth. And he's smelly! He didn't take a shower today," shouted Christopher at breakfast, making sure all the other kids could hear.

Oscar and Dylan were shocked to hear Christopher's comments. Oscar had always tried his hardest to make everyone feel welcome. Christopher seemed to take great delight in saying things that upset the other two boys. He even pushed in front of Oscar when they were lining up for lunch. He just laughed when Oscar angrily protested.

Oscar consulted the camp counselor about their problems with Christopher. She gave Christopher a strong warning, but, if anything, his behavior got worse. The other kids just kept out of his way, determined not to let anything spoil their fun activities at camp.

One of these activities was a discussion session with a science teacher. Although Oscar had shown little interest in science at school, this was something he really enjoyed at the camp. The kids talked with the teacher, growing increasingly excited with each new scientific fact they discovered. Oscar was particularly fascinated to learn about reflected light and how we see certain colors. A red object, for example, absorbs every color of the rainbow, but reflects only red light to our eyes.

"So," Oscar reported breathlessly to Dylan, "a red object is actually every color EXCEPT red—which is reflected! Isn't that amazing? I just love science!" Things, he had come to realize, are not always what they seem.

The campers also discussed ethics and the rules that would be best for the group as they experienced their week together. Whenever there was a disagreement, they stopped to consider what might be the right or wrong thing to do according to each situation. In this way, they learned to function together as a harmonious group.

Through these discussions, Oscar learned that there is not always an obvious solution to a problem. Sometimes, as with the case of Christopher's bad behavior, the answer might just be to let it go. Oscar realized that getting upset wasn't going to change anything, and that the best way to resolve the situation without drama would be to walk away from it. He and Dylan stayed calm, and stopped reacting to Christopher's insults. This seemed to work. Soon, Christopher lost interest in bothering the boys.

The end of the week came far too quickly for Oscar. His memories of the camp were still fresh when, a few days after returning home, he received a postcard from Christopher.

Dear Oscar,

I'm really sorry for the way I behaved at camp. You and Dylan seemed to be having so much fun! I felt left out, because I'm not very good at sports. Later, when you stopped paying attention to my bad behavior, I realized how silly I was being. I wanted to apologize then, but was too embarrassed. Are you going to the camp again next year? I'll be there, and I hope we can be friends!

So long,
Christopher

Yes, thought Oscar, when he had recovered from his surprise, with Christopher, he had been right to let it go. Putting down the postcard, he remembered something else he had learned at camp: Sometimes, things are not what they seem.

第 I 回 試行調査：英語（筆記[リーディング]） **29**

Complete the review by filling in | 34 | to | 38 | .

Story Review	**Title:** Oscar's Camp Canyon Experience

Outline

Beginning		*Middle*		*Ending*
Oscar's second time at Camp Canyon started with him welcoming newcomers.	→		34	→	35		→	Oscar applied what he had learned at camp to find a solution to the problem.

Main characters

- Oscar was active and sociable.
- Christopher might have seemed unfriendly, but actually he was | 36 | .

Your opinions

I don't think Oscar really knew how to deal with the problem. All he did was | 37 | . He was lucky Christopher's behavior didn't get worse.

This story would most likely appeal to...

Readers who want to | 38 | .

30 第 I 回 試行調査：英語（筆記［リーディング］）

問 1　(a)　| 34 |

  ① All the camp participants quickly became good friends.

  ② Most campers stopped enjoying the fun activities.

  ③ One of the campers surprisingly changed his attitude.

  ④ The camp counselor managed to solve a serious problem.

問 1　(b)　| 35 |

  ① Christopher continued to behave very badly.

  ② Dylan could understand how light is reflected.

  ③ Oscar played a leading role in group discussions.

  ④ The counselor reconsidered her viewpoint.

問 2　| 36 |

  ① just unhappy because he was unable to take part in all the activities

  ② probably nervous as he was staying away from home for the first time

  ③ smarter than most campers since he tried to hide his honest opinions

  ④ thoughtful enough to have brought games to share with his friends

問 3　| 37 |

  ① avoid a difficult situation

  ② discuss ethics and rules

  ③ embarrass the others

  ④ try to be even friendlier

第Ⅰ回 試行調査：英語（筆記［リーディング］） **31**

問 4　38

① get detailed information about summer outdoor activities
② read a moving story about kids' success in various sports
③ remember their own childhood experiences with friends
④ understand the relationship between children and adults

2020

センター試験

本試験

（筆記試験）

80分　200点

2 2020年度：英語（筆記）/本試験

英　　語（筆記）

$$\left(\text{解答番号}\ \boxed{1}\ \sim\ \boxed{54}\ \right)$$

第1問　次の問い（**A**・**B**）に答えよ。（配点　14）

A　次の問い（**問1 ～ 3**）において，下線部の発音がほかの三つと**異なるもの**を，それぞれ下の①～④のうちから一つずつ選べ。

問1　　\boxed{1}

① sc<u>a</u>rce　　② sc<u>e</u>nery　　③ scr<u>a</u>tch　　④ scr<u>ea</u>m

問2　　\boxed{2}

① ari<u>s</u>e　　② de<u>s</u>ire　　③ loo<u>s</u>e　　④ re<u>s</u>emble

問3　　\boxed{3}

① acc<u>u</u>se　　② c<u>u</u>be　　③ c<u>u</u>cumber　　④ c<u>u</u>ltivate

B 次の問い(問1〜4)において，第一アクセント(第一強勢)の位置がほかの三つと**異なる**ものを，それぞれ下の①〜④のうちから一つずつ選べ。

問1 ⬚4⬚

① allergy ② objective ③ physical ④ strategy

問2 ⬚5⬚

① alcohol ② behavior ③ consider ④ magnetic

問3 ⬚6⬚

① canal ② instance ③ island ④ workshop

問4 ⬚7⬚

① administer ② beneficial ③ competitor ④ democracy

4　2020年度：英語（筆記）/本試験

第2問　次の問い（A～C）に答えよ。（配点　47）

A　次の問い（問1～10）の　8　～　17　に入れるのに最も適当なものを，そ
れぞれ下の①～④のうちから一つずつ選べ。ただし，　15　～　17　につい
ては，（　A　）と（　B　）に入れるのに最も適当な組合せを選べ。

問1　Due to the rain, our performance in the game was　8　from perfect.

　　① apart　　　　② different　　　③ far　　　　④ free

問2　Emergency doors can be found at　9　ends of this hallway.

　　① both　　　　② each　　　　③ either　　　④ neither

問3　My plans for studying abroad depend on　10　I can get a scholarship.

　　① that　　　　② what　　　　③ whether　　④ which

問4　Noriko can speak Swahili and　11　can Marco.

　　① also　　　　② as　　　　　③ so　　　　④ that

問5　To say you will go jogging every day is one thing, but to do it is　12　.

　　① another　　② one another　③ the other　④ the others

問 6 Our boss is a hard worker, but can be difficult to get 13 .

① along with ② around to ③ away with ④ down to

問 7 When Ayano came to my house, 14 happened that nobody was at home.

① it ② something ③ there ④ what

問 8 We'll be able to get home on time as (A) as the roads are (B). 15

① A：far   B：blocked   ② A：far   B：clear
③ A：long   B：blocked   ④ A：long   B：clear

問 9 I know you said you weren't going to the sports festival, but it is an important event, so please (A) it a (B) thought. 16

① A：give   B：first   ② A：give   B：second
③ A：take   B：first   ④ A：take   B：second

問10 I didn't recognize (A) of the guests (B) the two sitting in the back row. 17

① A：any   B：except for   ② A：any   B：rather than
③ A：either B：except for   ④ A：either B：rather than

6 2020年度：英語(筆記)/本試験

B 次の問い(問1～3)において，それぞれ下の①～⑥の語句を並べかえて空所を補い，最も適当な文を完成させよ。解答は $\boxed{18}$ ～ $\boxed{23}$ に入れるものの番号のみを答えよ。

問1 Tony: Those decorations in the hall look great, don't they? I'm glad we finished on time.

Mei: Yes, thank you so much. Without your help, the preparations _____ $\boxed{18}$ _____ _____ $\boxed{19}$ _____ all the guests arrive this afternoon.

① been   ② by   ③ completed
④ have   ⑤ the time   ⑥ would not

問2 Ichiro: Mr. Smith has two daughters in school now, right?

Natasha: Actually, he has three, the _____ $\boxed{20}$ _____ _____ $\boxed{21}$ _____ London. I don't think you've met her yet.

① in   ② is studying   ③ music
④ of   ⑤ whom   ⑥ youngest

問3 Peter: It might rain this weekend, so I wonder if we should still have the class barbecue in the park.

Hikaru: Yeah, we have to decide now whether to hold it _____ $\boxed{22}$ _____ _____ $\boxed{23}$ _____ until some day next week. We should have thought about the chance of rain.

① as   ② it   ③ off
④ or   ⑤ planned   ⑥ put

C 次の問い(問1～3)の会話が最も適当なやりとりとなるように 24 ～ 26 を埋めるには，(A)と(B)をどのように組み合わせればよいか，それぞれ下の①～⑧のうちから一つずつ選べ。

問1 Chisato: I heard a new amusement park will be built in our neighborhood.
　　　Luke: Really? That will be great for the kids in our area.
　　　Chisato: Yes, but nobody is happy about the increased traffic near their houses.
　　　Luke: But 24 young people. It will definitely have a positive economic effect on our city.

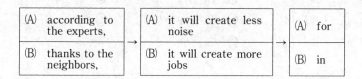

① (A)→(A)→(A)　　② (A)→(A)→(B)　　③ (A)→(B)→(A)
④ (A)→(B)→(B)　　⑤ (B)→(A)→(A)　　⑥ (B)→(A)→(B)
⑦ (B)→(B)→(A)　　⑧ (B)→(B)→(B)

問 2 Yu: I heard Emma is planning to quit her full-time job.

　　　Lee: Yeah, she's going to start her own company.

　　　Yu: Wow! Her husband must be angry because they need money for their new house.

　　　Lee: Very much so. But ⬚25 to Emma's plan. They always support each other in the end.

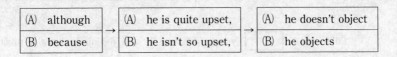

① (A)→(A)→(A)　　② (A)→(A)→(B)　　③ (A)→(B)→(A)

④ (A)→(B)→(B)　　⑤ (B)→(A)→(A)　　⑥ (B)→(A)→(B)

⑦ (B)→(B)→(A)　　⑧ (B)→(B)→(B)

問 3 Kenjiro: Why are there fire trucks in front of the school?

　　　Ms. Sakamoto: It's because there is a fire drill scheduled for this morning.

　　　Kenjiro: Again? We just had one last semester. I already know what to do.

　　　Ms. Sakamoto: Even if you think you do, the drill is ⬚26 help each other in case of a disaster. We should take it seriously.

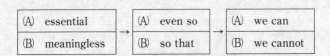

① (A)→(A)→(A)　　② (A)→(A)→(B)　　③ (A)→(B)→(A)

④ (A)→(B)→(B)　　⑤ (B)→(A)→(A)　　⑥ (B)→(A)→(B)

⑦ (B)→(B)→(A)　　⑧ (B)→(B)→(B)

第3問 次の問い（**A・B**）に答えよ。（配点 33）

A 次の問い（**問 1 ～ 3**）のパラグラフ（段落）には，まとまりをよくするために**取り除いた方がよい文が一つある**。取り除く文として最も適当なものを，それぞれ下線部①～④のうちから一つずつ選べ。

問 1 | 27 |

In the early history of the NBA, the biggest professional basketball league in North America, the games were often low scoring and, as a result, not always exciting. ①A prime example was a game between the Lakers and the Pistons in 1950. The result of the game was a 19–18 win for the Pistons. These games frustrated fans of the day, and this became a major motivation to introduce a new rule to increase scoring: a 24-second limit for each shot. ②The pressure of the time limit caused players to miss their shots more often. ③After much discussion, the rule was first used in an official game on October 30, 1954. ④Ever since, individual teams have often scored over 100 points in a game. This simple change made the game more exciting and saved the league.

10 2020年度：英語（筆記)/本試験

問 2 | 28 |

You might have been told, "Sit up straight or you'll get a backache." But is it true? People have long assumed that posture has played some role in back pain. Surprisingly, the evidence from research linking posture and backache may be weak. ①Our back is naturally curved—from the side it is S-shaped. ②Individuals have their own unique bone sizes that determine their body shapes. ③It has been thought that good posture meant straightening out some of the curves. ④According to a study examining doctors' opinions, it was found that there was no single agreed-upon standard of proper posture. One researcher even says that often changing your posture, especially when sitting, is more important for preventing back pain. The main source of back pain may be stress and lack of sleep, not the way someone is sitting.

問 3 | 29 |

One of the most important features in the development of civilization was the preservation of food. Preserving pork legs as ham is one such example. Today, many countries in the world produce ham, but when and where did it begin? ①Many credit the Chinese with being the first people to record salting raw pork, while others have cited the Gauls, ancient people who lived in western parts of Europe. ②Another common seasoning is pepper, which works just as well in the preservation of food. ③It seems almost certain that it was a well-established practice by the Roman period. ④A famous politician in ancient Rome wrote extensively about the "salting of hams" as early as 160 B.C. Regardless of the origin, preserved foods like ham helped human culture to evolve and are deeply rooted in history.

2020年度：英語（筆記）/本試験　**11**

B　次の会話は，慈善活動の企画に関して大学生たちが行ったやりとりの一部である。　30　～　32　に入れるのに最も適当なものを，それぞれ下の①～④のうちから一つずつ選べ。

Akira:　Hey, guys.　Thanks for dropping in.　I've asked you all to meet here today to come up with ideas about how to raise money for our annual charity event.　We'll have about a month this summer to earn as much as we can.　Any thoughts?

Teresa:　How about doing odd jobs around the neighborhood?

Akira:　What's that?　I've never heard of it.

Jenna:　Oh, I guess it's not common here in Japan.　It can be anything, you know, doing stuff around the house like cutting the grass, washing the windows, or cleaning out the garage.　When I was a high school student back in the US, I made 300 dollars one summer by doing yard work around the neighborhood.　And sometimes people will ask you to run around town for them to pick up the dry cleaning or do the grocery shopping.　It's a pretty typical way for young people to earn some extra money.

Akira:　So, Jenna, you're saying that　30　?

① cleaning up the yard is quite valuable work
② dividing housework among the family is best
③ doing random jobs is a way to make money
④ gardening will surely be profitable in the US

Jenna:　Yeah.　I think that it could work in Japan, too.

Rudy: Here, many students do part-time jobs for local businesses. They might work at a restaurant or convenience store. Odd jobs are different. You're more like a kind of helper. It's a casual style of working. You get paid directly by the people you help, not a company. And you can decide which jobs you want to do.

Maya: But isn't it dangerous? Usually, people are unwilling to enter a house of someone they don't know. And what happens if you don't get paid? How can you get the money you earned?

Rudy: Not all jobs are inside the house. You can choose the kind of work that you're comfortable with. In my experience, I never got cheated. Basically, we work for people in our own community, so we sort of know them. Often, they are older people who have lived in the neighborhood a long time. And I always got paid in cash, so I was excited to have money to spend.

Teresa: There are a lot of seniors in our community. I'm sure they'd be happy to have someone do the heavy lifting, or even just to see a friendly face around. I really doubt that they would take advantage of us. In general, don't you think most people are honest and kind?

Akira: It sounds like we shouldn't be too worried because   31   .

① elderly people would feel uneasy about our work

② it's embarrassing to ask our neighbors for work

③ there's little risk in working within our community

④ we can be safe if we work for a company in town

Dan: Is it OK to get paid for volunteer work? Shouldn't we work for elderly people out of the goodness of our hearts? I think helping people is its own reward.

Kana: If we explain our purpose clearly from the beginning, to raise money for the charity, I think people will be glad to help us. And it's not like we're charging 5,000 yen per hour. Why don't we suggest 500 yen per hour? It's a lot more reasonable than asking some company to do the job.

Maya: Don't you have to pay any taxes? What happens if the government finds out?

Jenna: I don't think we're breaking any laws. That's the way it works in the US, anyway. Just to be on the safe side, though, let's ask someone at the city tax office.

Akira: OK, thanks for all of your great ideas. I think we made a lot of progress. According to the suggestions made today, it looks like our next step is to ⬚ 32 ⬚. Right?

① consider being totally honest with each other
② look for part-time jobs that have high wages
③ provide useful services for free to neighbors
④ think of a plan that works for our local area

Jenna: Sounds good.

14 2020年度：英語（筆記）/本試験

第4問　次の問い（**A・B**）に答えよ。（配点　40）

A　次の文章はある説明文の一部である。この文章を読み，下の問い（**問1～4**）の
⎡ 33 ⎤ ～ ⎡ 36 ⎤ に入れるのに最も適当なものを，それぞれ下の**①～④**のうち
から一つずつ選べ。

　　　Sports coaches and players are interested in how training programs can be designed to enhance performance. The order of practice potentially facilitates learning outcomes without increasing the amount of practice. A study was conducted to examine how different training schedules influence throwing performance.

　　　In this study, elementary school students threw a tennis ball at a target laid on the floor. They threw the ball from three throwing locations at distances of 3, 4, and 5 meters from the target. The target consisted of the center (20 cm wide) and nine larger outer rings. They served as zones to indicate the accuracy of the throws. If the ball landed in the center of the target, 100 points were given. If the ball landed in one of the outer zones, 90, 80, 70, 60, 50, 40, 30, 20, or 10 points were recorded accordingly. If the ball landed outside of the target, no points were given. If the ball landed on a line separating two zones, the higher score was awarded.

　　　The students were assigned to one of three practice groups: Blocked, Random, or Combined. All students were instructed to use an overarm throwing motion to try to hit the center of the target with the ball. On the first day of this study, they each completed a total of 81 practice throws. Students in the Blocked group threw 27 times from one of the three throwing locations, followed by 27 throws from the next location, and ended practice with 27 throws from the final location. In the Random group, each student threw the ball 81 times in the order of throwing locations that the researchers had specified. No more than two consecutive throws were allowed from the same location for this group. In the Combined group, the students started with a blocked schedule and gradually shifted to a random schedule. On the next day, all students completed a performance test of 12 throws.

Results showed that during the practice of 81 throws, the Blocked group performed worse than the other two groups. Performance test scores were also analyzed. The Combined group showed the best performance among the three groups, followed by the Random group and then by the Blocked group. It is still uncertain if similar results can be obtained for adults in training programs for other throwing actions, such as those seen in bowling, baseball, and basketball. This will be addressed in the following section.

(Esmaeel Saemi 他(2012) *Practicing Along the Contextual Interference Continuum: A Comparison of Three Practice Schedules in an Elementary Physical Education Setting* の一部を参考に作成)

問1 What is the total score achieved by the five throws in this figure? 33

① 200
② 210
③ 220
④ 230

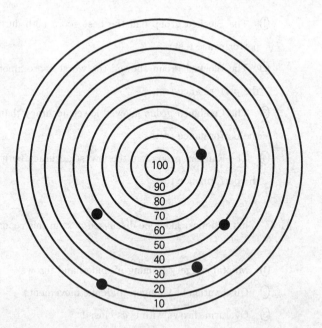

16 2020年度：英語(筆記)/本試験

問 2 Which of the following statements is true about the experiment? 　34

① Eighty-one throws were made from the same initial throwing location in the Blocked group.

② The distance from the target remained unchanged during the entire experiment for the Combined group.

③ The set of throws from the same location involved various ways of throwing for the Combined group.

④ Throwing three or more times in a row from the same location was against the rules for the Random group.

問 3 Which of the following statements is true about the results? 　35

① The Blocked group had the best score both during practice and on the performance test.

② The Blocked group showed the worst score among the three groups on the performance test.

③ The Combined group showed lower accuracy than the Random group on the performance test.

④ The Random group had the lowest accuracy both during practice and on the performance test.

問 4 What will most likely be discussed next in this report? 　36

① Mental imagery training of underhand throws

② Observation of younger students' movements

③ Overarm throws with eyes closed

④ Various kinds of throwing motions

B 次のページにあるフリーマーケットの出店申請の説明を読み，次の問い(**問** 1～4)の 37 ～ 40 に入れるのに最も適当なものを，それぞれ下の ①～④のうちから一つずつ選べ。

問 1 Fran will sell her handmade jewelry on both days. She needs only a small space. How much will it cost? 37

① $14 ② $16 ③ $18 ④ $20

問 2 Pat wants to sell some big household items, including a refrigerator, so she needs an outdoor space. What offer can she take advantage of? 38

① Free assistance in setting up her tent
② Full cash refund due to cancelation
③ Selection of the location of her space
④ Use of a large truck free of charge

問 3 Mark makes herbal soaps and candles. He has chosen an indoor space. Which of the following will he be allowed to do? 39

① Choose a space close to the sink to get water easily
② Have a bowl of water for customers to try his soaps
③ Keep his pet hamsters in a cage at his booth
④ Let his customers light some sample candles

問 4 Which of the following is true about this flea market? 40

① People are discouraged from selling items they created.
② People can throw away anything in the same trash can.
③ The organizers choose applicants who apply for both days.
④ The organizers provide information about schedule updates.

Greenly Fall Flea Market

We are now accepting applications for the Fall Flea Market at Greenly Sports Center! Please bring your used and/or handmade goods. We have only a limited number of spaces and accept applications in order of arrival, so email your application soon. We are a pet-friendly market, but if you are planning to bring your pet, you must apply for an outdoor space. For outdoor spaces, the organizers will help set up tents for no extra charge. Trucks are available for additional fees if you need to transport your goods.

	Saturday, October 3rd (13:00 − 17:00)	Sunday, October 4th (10:00 − 15:00)
Indoor space (2 × 2 meters)	$8	$10
Outdoor space (4 × 4 meters)	$9	$11

➢ Water is available for indoor spaces.

➢ If you apply for both Saturday and Sunday, you'll get a $2 discount each day.

Keep in Mind

1. Location of the spaces is decided by the organizers. No requests or changes are possible.

2. Any changes in opening and closing times are announced two days in advance.

3. If you cancel your application, 80% of all fees will be refunded.

4. Garbage must be separated and put into the appropriate garbage cans at the end of each day.

5. Fires and open flames are prohibited.

第5問 次の文章を読み，下の問い（問1～5）の　41　～　45　に入れるのに最も適当なものを，それぞれ下の①～④のうちから一つずつ選べ。（配点　30）

A couple of weeks ago, I was hiking with my dog on a mountain when something unexpected happened and I lost sight of him. I looked and looked but couldn't find him. He had been with me for so long that it was like I was missing part of my soul.

Ever since that day, I had a strange feeling. It was beyond sadness—a feeling that I didn't quite understand, as if something were pulling me to go back to the mountain. So every chance I got, I grabbed my backpack to see if the mountain could offer me some sense of relief.

One sunny morning, I stood at the foot of the mountain. Something felt different this day. "Please forgive me," I said out loud. "I'll find you!" I took a deep breath and began my journey with this mysterious pull growing stronger. After making my way along paths I thought I knew well, I realized I was somehow in an unfamiliar place. I panicked a little, lost my footing, and slipped. From out of nowhere, an elderly man came running towards me and helped me up.

Looking at his gentle, smiling face, I felt a sense of ease. The old man said he was looking for a way to the top of the mountain, so we decided to climb together.

Soon the path began to feel familiar again. We talked about many things, including my dog. I told him that he was a German shepherd. When he was younger, he served briefly as a police dog but had to stop due to an injury. The man let out a laugh saying he had been a police officer for a short time, but he quit. He didn't say why. Later, he spent a long time as a bodyguard. He also had German roots. We laughed at these similarities.

Before we knew it, we reached a large open area and took a break. I told the man what had happened to my dog. "He had a tiny bell on his collar to scare away bears. We came to this very spot and saw a bear. It was looking back at us. I should have held my dog because, sensing danger, he chased after the bear. I couldn't find him after that. I should have been more careful."

As I was telling the story, the man's expression changed. "It wasn't your fault. Your dog just wanted to keep you safe," he said. "I'm sure Tomo would want to tell you this. Also, thank you for not giving up."

Tomo is my dog's name. Did I tell him this? The old man's comment <u>rang in the air</u>.

Before I could ask anything, the man proposed we hurry to get to the top of the mountain. I was planning to do this with my dog a few weeks ago. After two more hours of hiking, we reached the peak. I set down my backpack and we sat taking in the magnificent view. The old man looked at me and said, "Mountains offer truly magical experiences."

I looked around for a place to rest. I guess I was pretty tired, because I fell asleep right away. When I woke up, I noticed that the old man had disappeared. I waited, but he never returned.

Suddenly, in the sunlight, something caught my eye. I walked over and saw a small metal tag beside my backpack. It was the same silver name tag that my parents originally gave to my dog. *Tomo* it said.

It was then that I heard a familiar noise behind me. It was the ringing of a tiny bell. I turned around. What I saw caused so many emotions to rush over me.

After a while on the mountaintop, I attached the name tag to my old friend and carefully made my way home with the mountain's gift beside me. My soul felt very much complete.

2020年度：英語（筆記）/本試験　21

問 1　The author kept returning to the mountain because 　41　.

① she felt an urge she couldn't explain

② she planned to meet the elderly man

③ she thought she could practice magic

④ she wanted to find out about the bear

問 2　Which of the following happened first on the author's most recent trip?
　42

① She arrived at a large open area.

② She climbed to the mountaintop.

③ She saw a bear running away.

④ She was assisted by an old man.

問 3　What similarity between the author's dog and the old man was talked about?　43

① They experienced workplace injuries.

② They recently lost close family friends.

③ They were acquaintances of the author.

④ They worked to help protect the public.

問 4　Which of the following is closest to the meaning of the underlined phrase rang in the air as used in the text?　44

① brought happiness

② left an impression

③ made a loud noise

④ seemed offensive

22 2020年度：英語(筆記)/本試験

問 5 How did the author's feelings change over the course of the last hiking experience? ☐45☐

① She was depressed and then became sadder.

② She was determined and then became comforted.

③ She was hopeful but then became homesick.

④ She was miserable but then became entertained.

第6問 次の文章を読み，下の問い（**A・B**）に答えよ。なお，文章の左にある(1)～(6)はパラグラフ（段落）の番号を表している。（配点 36）

(1)　　Vending machines are so common in Japan that you can find one almost anywhere you go. Some of these machines sell train or meal tickets, and others sell snacks or drinks. They are especially useful for people who want to get something quickly and conveniently.

(2)　　While vending machines are found throughout the country today, they were not originally developed in Japan. It is generally believed that the first one was constructed by a Greek mathematics teacher about 2,200 years ago. This machine sold special water used in prayers at temples. People who wanted to purchase the water put in a coin, which hit a metal lever attached to a string. Then, the weight of the coin let a specific amount of water pour out until the coin fell off. This ensured that people received an equal portion of the special water.

(3)　　About 1,000 years ago, a vending machine that sold pencils was developed in China. Later, in the 1700s, coin-operated tobacco boxes appeared in English bars. When people wanted the product sold by one of these boxes, they inserted a coin and turned a lever. The product then dropped down for the customer to pick up. However, it was not until the 1880s that vending machines spread around the world. In 1883, an English inventor created one that sold postcards and paper. This became popular, and soon vending machines selling paper, stamps, and other goods appeared in many countries. In 1904, vending machines came into service in Japan. In 1926, technology had advanced and machines could be set to sell products with different prices. After that, a wider variety of products were sold. When this happened, the vending machine industry expanded rapidly.

(4)   The greatest problem faced by the global vending machine industry in its expansion was not the use of coins; it was paper money. This was a challenge as it proved easy for dishonest individuals to make money that could fool machines. This forced the vending machine industry to establish better detection methods and was one reason countries took steps to develop money that was difficult to counterfeit. Now, vending machines have become technologically advanced, not only to prevent problems with cash but also to accept credit cards and more recent forms of electronic payment.

(5)   It is in Japan that vending machines have become most popular. Currently, Japan has more than 4.2 million vending machines, with about 55% of them selling beverages such as tea, coffee, and juice. One of the main reasons Japan has become the vending machine capital of the world is its overall level of safety. Unlike many places, where vending machines must be monitored to prevent theft, they can be placed virtually anywhere in Japan. This extraordinary degree of public safety is considered amazing by visitors, as well as the range of products available. Tourists often take pictures of machines that sell unexpected products like bananas, fresh eggs, and bags of rice. It is understandable that visitors see them as one aspect particular to Japanese culture.

(6)   Given the popularity and usefulness of vending machines, it is unlikely that they will disappear anytime in the near future. They provide a place where various goods can be sold without the need for a sales clerk. The next time you want to purchase a hot drink on a cold day, remember that, in Japan at least, there is probably a vending machine just around the next corner.

2020年度：英語（筆記）/本試験　**25**

A　次の問い（問 1 ～ 5 ）の　46 ～　50 に入れるのに最も適当なものを，そ
れぞれ下の①～④のうちから一つずつ選べ。

問 1　According to paragraph (2), what was the first vending machine capable of
doing?　46

① Allowing people to acquire a fixed amount of liquid from it

② Offering books of ancient Greek mathematical principles

③ Permitting visitors to enter temples when they wanted to pray

④ Providing a regular income to the person who created it

問 2　According to paragraph (3), which of the following statements about
vending machines is true?　47

① An English inventor's vending machine sold goods at various prices.

② Sales by vending machines increased when high value coins appeared.

③ Vending machine technology was found in Asia many centuries ago.

④ Vending machines were common in the world by the 18th century.

問 3　Which of the following is closest to the meaning of the underlined word
counterfeit in paragraph (4)?　48

① accept illegal exchanges

② create unauthorized imitations

③ restrict unapproved technology

④ withdraw unnecessary support

問 4　According to paragraph (5), what is true about vending machines in Japan? 49

① Foreign tourists hesitate to make purchases from them.
② Over three quarters of them sell a variety of drinks.
③ The highly safe products sold in them attract customers.
④ The variety of items makes them unique in the world.

問 5　What would be the best title for this passage? 50

① The Cultural Benefits of Vending Machines in Japanese Society
② The Development of Vending Machines From Historical Perspectives
③ The Economic Impact of Vending Machines by International Comparison
④ The Globalization of Vending Machines Through Modern Technology

B 次の表は，本文のパラグラフ（段落）の構成と内容をまとめたものである。

51 ～ 54 に入れるのに最も適当なものを，下の①～④のうちから一つ

ずつ選び，表を完成させよ。ただし，同じものを繰り返し選んではいけない。

Paragraph	Content
(1)	Introduction
(2)	51
(3)	52
(4)	53
(5)	54
(6)	Conclusion

① A certain factor that has allowed vending machines to exist widely in one country

② Creation of one vending machine and a description of how the device was used

③ Difficulties in building vending machines after introducing a different form of money

④ Types of vending machine goods sold at different locations in the past

2020

追試験

（筆記試験）

80分　200点

30 2020年度：英語（筆記）/追試験

英　　語（筆記）

$$\left(\text{解答番号}\ \boxed{1}\ \sim\ \boxed{54}\ \right)$$

第1問 次の問い（**A・B**）に答えよ。（配点　14）

A　次の問い（**問1～3**）において，下線部の発音がほかの三つと**異なるもの**を，それぞれ下の①～④のうちから一つずつ選べ。

問1　　　1

① cl**ear**　　　　② disapp**ear**　　　　③ h**ear**d　　　　④ n**ear**ly

問2　　　2

① cham**b**er　　　② de**b**t　　　　③ sub**t**le　　　　④ tom**b**

問3　　　3

① brow**s**e　　　② collap**s**e　　　③ fal**s**e　　　　④ ten**s**e

B 次の問い（**問 1 ~ 4**）において，第一アクセント（第一強勢）の位置がほかの三つ
と**異なる**ものを，それぞれ下の①~④のうちから一つずつ選べ。

問 1　　4

① accident　　② generous　　③ justify　　④ substantial

問 2　　5

① career　　② degree　　③ evolve　　④ measure

問 3　　6

① disappoint　　② interrupt　　③ prejudice　　④ underneath

問 4　　7

① academic　　② apologize　　③ particular　　④ significance

32 2020年度：英語（筆記）/追試験

第2問 次の問い（**A**～**C**）に答えよ。（配点　47）

A 次の問い（**問1～10**）の | 8 | ～ | 17 | に入れるのに最も適当なものを，そ
れぞれ下の①～④のうちから一つずつ選べ。ただし， | 15 | ～ | 17 | につい
ては，（　**A**　）と（　**B**　）に入れるのに最も適当な組合せを選べ。

問1 Some parents are opposed | 8 | children watch TV at dinner time.

　　① let　　　　　② letting　　　③ to let　　　④ to letting

問2 | 9 | hard it may seem to be, we have to do the job.

　　① How　　　② However　　③ What　　　④ Whatever

問3 I met Shigeo at the supermarket by | 10 | .

　　① chance　　② happening　③ occasion　④ possibility

問4 This plan needs the support of at least | 11 | of the members present
at this meeting.

　　① three second　② three seconds　③ two third　④ two thirds

問5 Peace Memorial Park | 12 | in the center of the city.

　　① is locating　　② is lying　　③ lies　　④ locates

問 6 Does getting together on Friday 　13　 you?

① fit ② match ③ meet ④ suit

問 7 It was in her garden 　14　 she found the buried treasure.

① how ② that ③ what ④ which

問 8 (A) did you go to Tokyo (B) during the Golden Week holiday?
　15　

① A：What　　B：for ② A：What　　B：from
③ A：Why　　B：for ④ A：Why　　B：from

問 9 The beginning of today's board meeting was the (A) moment I wanted to make (B) of to announce our new project. 　16　

① A：most　　B：advantage ② A：most　　B：use
③ A：very　　B：advantage ④ A：very　　B：use

問10 We tried to (A) Satoru (B) buying such an expensive sports car. 　17　

① A：talk　　B：off ② A：talk　　B：out of
③ A：tell　　B：off ④ A：tell　　B：out of

B 次の問い（**問1〜3**）において，それぞれ下の①〜⑥の語句を並べかえて空所を補い，最も適当な文を完成させよ。解答は 18 〜 23 に入れるものの番号のみを答えよ。

問1 Hiroshi: Bruce looks exhausted. He's been working long hours this whole month preparing for our presentation at the trade conference next week.

Janet: I don't want him to get sick beforehand, so we might _____ 18 _____ _____ 19 _____ off tomorrow. We can practice the presentation while he's gone.

① as   ② him   ③ let

④ take   ⑤ the day   ⑥ well

問2 Misae: Did you hear that the president cut the budget for our new project?

Clint: Maybe we should _____ 20 _____ _____ 21 _____ on a cheaper one.

① and   ② away   ③ decide

④ do   ⑤ the current plan   ⑥ with

問3 Steve: Did you try any new sports while you were in Canada?

Hideki: I sure did. Ice skating was easy to pick up, but curling was _____ 22 _____ _____ _____ 23 _____ had thought.

① difficult   ② far   ③ I

④ more   ⑤ than   ⑥ to do

2020年度：英語（筆記）/追試験　**35**

C　次の問い（**問1～3**）の会話が最も適当なやりとりとなるように　24　～
　26　を埋めるには，(A)と(B)をどのように組み合わせればよいか，それぞれ下
の①～⑧のうちから一つずつ選べ。

問1　Miwa:　I've decided to take dance lessons once a week to improve my
　　　　　　　health.
　　　　Rick:　That's a good idea.　I wish I had more time to exercise.
　　　　Miwa:　Didn't you work out all the time?
　　　　Rick:　Well, I　24　.　I'm too busy with my kids.

(A)　couldn't	(A)　exercise every day,	(A)　but now I can
(B)　used to	(B)　work overtime,	(B)　but now I can't

①　(A)→(A)→(A)　　　②　(A)→(A)→(B)　　　③　(A)→(B)→(A)

④　(A)→(B)→(B)　　　⑤　(B)→(A)→(A)　　　⑥　(B)→(A)→(B)

⑦　(B)→(B)→(A)　　　⑧　(B)→(B)→(B)

問 2 Clark: The party last weekend was great! You must have been really busy with all the preparations.

Chiaki: Thanks! We had to make a long shopping list so we could remember what to get.

Clark: It sounds like you had a lot to buy.

Chiaki: Yes, and after all that, we 25 for the kids. Luckily, Lois brought other things to drink.

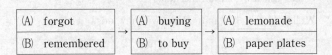

① (A)→(A)→(A)   ② (A)→(A)→(B)   ③ (A)→(B)→(A)
④ (A)→(B)→(B)   ⑤ (B)→(A)→(A)   ⑥ (B)→(A)→(B)
⑦ (B)→(B)→(A)   ⑧ (B)→(B)→(B)

問 3　　Detective: I heard you caught the guy who stole the diamonds from the jewelry store.

Police officer: Yeah, we recognized his face on that night's video from the security camera.

Detective: Did he confess?

Police officer: Well, at first he claimed he was in a bar all night. But after seeing himself on the video, he 　26　. And he even cooperated with the investigation by telling us where he had hidden the stolen diamonds.

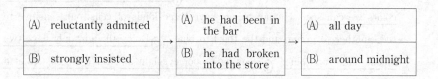

① (A)→(A)→(A)　　② (A)→(A)→(B)　　③ (A)→(B)→(A)
④ (A)→(B)→(B)　　⑤ (B)→(A)→(A)　　⑥ (B)→(A)→(B)
⑦ (B)→(B)→(A)　　⑧ (B)→(B)→(B)

38 2020年度：英語（筆記）/追試験

第3問 次の問い（**A**・**B**）に答えよ。（配点 33）

A 次の問い（**問1〜3**）のパラグラフ（段落）には，まとまりをよくするために**取り除いた方がよい文**が一つある。取り除く文として最も適当なものを，それぞれ下線部①〜④のうちから一つずつ選べ。

問1 | 27 |

　　You might know that dogs have difficulty in distinguishing colors, but which ones? The results of a study suggested that dogs can recognize yellow and blue, plus tones that combine them. ①Cells in the eyes determine what colors we can see. Human beings have three kinds of cells: one sensitive to red, another to green, and the third to blue. ②Dogs, though, only have two kinds: yellow and blue. ③Dogs have poor eyesight and can't see objects at a distance. It was found that dogs could still see objects other than yellow and blue, such as bright red berries among green leaves. ④When the color contrast was weaker, dogs no longer noticed the red objects on a green background. If you play with your dog in a field of green grass with a red ball, be sure to use a bright one.

2020年度：英語(筆記)/追試験 **39**

問 2 　 28

Researchers tracked the daily activities of college students. ①Based on their activities on non-class days, they were sorted into three categories: morning, day, and night people. Then, the researchers compared the students' class schedules with their academic outcomes. ②They found that students whose 24-hour rhythms did not correspond with their class schedules received lower grades. ③Some students criticize colleges for starting their morning classes too early. ④Students categorized as night people could not perform well at any time during the daytime. Students categorized as morning or day people taking later classes also suffered from the mismatch. The research indicates that if students can structure schedules resembling their non-class days, they tend to achieve academic success. Since daily cycles vary among individuals, there is no perfect schedule for everyone.

問 3 　 29

Babies think logically before they are fully able to speak, according to a study which calls into question whether we need language in order to reason. Infants aged between 12 and 19 months were selected for an experiment. ①Infants have started to develop language knowledge and skills but cannot control them in a complex way at this stage. In the experiment, they were shown a combination of two pictures, some with no logical connections, to check their non-verbal reactions. ②When presented with an illogical combination of pictures, the infants showed signs of confusion. ③This implies that infants develop their logical thinking skills without advanced language knowledge. ④This also suggests that our logic improves as our language ability develops. The results revealed early stages of the human ability to reason logically.

40 2020年度：英語（筆記）/追試験

B　次の会話は，公園で落とし物を見つけた大学生たちのやりとりの一部である。
　　30　〜　32　に入れるのに最も適当なものを，それぞれ下の①〜④のうち
から一つずつ選べ。

　　　　Nao:　What beautiful weather! A sunny day with clear blue skies
　　　　　　　definitely brightens the mood.

　　　Kevin:　Hey! What's that in the dirt? It looks like a woman's wallet.

　　　　Nao:　No, I think it's a smartphone in a leather case.

　Josephine:　Just leave it on the ground. You have no idea where it's been or
　　　　　　　who's touched it. Besides, since it rained yesterday, it must be really
　　　　　　　muddy. It looks like the case is still a little wet. So, it must have
　　　　　　　been there overnight. If water got into the case, the phone is
　　　　　　　probably broken anyway.

　　　　Nao:　So, Josephine, do you mean that　30　?

①　one of us should take charge

②　someone is looking for it now

③　the dirt should be wiped off

④　we'd better just ignore it then

Josephine:　Yes. Don't you think so?

　Chinami:　I see what you mean, but I think it's our responsibility now. We
　　　　　　　should do something. Wouldn't you want someone to return your
　　　　　　　smartphone? I know I would really appreciate that. Can you imagine
　　　　　　　yourself without your phone?

　　　　Tim:　It looks really dirty, but Chinami has a good point. When I was in
　　　　　　　the Boy Scouts, we were taught to do something good for others
　　　　　　　every day. Not only does it help society, but you can also feel a
　　　　　　　sense of pride and satisfaction. Trying to return this smartphone
　　　　　　　definitely qualifies.

Kevin: I agree. And anyway, it might still work. Even if water got inside, it could still be turned on after it dries out. If you can't turn it on, there might still be hope. It may cost some money to fix it, but it wouldn't be a total loss.

Nao: In that case, ___31___ .

① it must be taken to the shop in order to be recycled
② some Boy Scouts will take care of it as it's their duty
③ the owner has already given up all hope of finding it
④ we should try to be of some help to the poor owner

Chinami: I think it's the best way to deal with this situation.

Nao: OK, I'll have a look at it. Should I open the cover?

Kevin: Isn't that a violation of privacy? I think we need to take it to the police station as it is. Doing that should be enough. If someone found my phone, that's what I hope they would do. I keep all kinds of personal stuff in my case like my driver's license. You don't want people looking at your private information.

Chinami: Wait a minute. I think we can handle this ourselves. I know if I lost my phone, I'd want it returned as soon as possible. Of course, taking it to the police is a safe option. If we take it there, though, it might create a lot of trouble for the owner. She would have to fill out a lot of forms and answer questions from the police. Why don't we just open it now and see what we find? It may be easier that way.

Josephine: We're only a few minutes from campus. I bet it belongs to another student from our school, or maybe a professor. If we find something connected to our school, it will be easy to return it to the owner through the university lost and found. Let's look in the case without touching any of the buttons on the phone. If we turn it on, we could be responsible for breaking it.

Nao: OK, let's see what's inside. There are a few cards but no names to tell us the owner is a person at the university. There aren't any photo stickers, either. I guess it looks like ☐ 32 ☐. Agreed?

① it should be put back where we originally found it

② the only choice we have is to turn it on and wait

③ this matter needs to be taken care of by the police

④ we should take it to the university lost and found

Chinami: OK.

Josephine: I think we can now all agree that's the best idea.

2020年度：英語（筆記）/追試験　**43**

第4問　次の問い（**A**・**B**）に答えよ。（配点　40）

A　次の文章はある説明文の一部である。この文章と表を読み，下の問い（問1～
4）の　33　～　36　に入れるのに最も適当なものを，それぞれ下の①～④
のうちから一つずつ選べ。

Public transportation is vital for independent travel for blind and low-vision
people. These passengers reported that they preferred using buses, but that
finding bus stops was often a major challenge. Having more information about
the location of bus stops might help them use bus transportation systems more
easily. Landmarks, such as bus stop benches and signs, may be helpful to
recognize bus stop locations, but they are not usually indicated on bus route
maps. Researchers are now working to make it easier for blind and low-vision
people to identify landmarks.

These days, landmarks can be viewed from anywhere around the globe.
This is thanks to 360-degree photos available on an online map application,
called street views (SVs). Using SVs to check landmarks could prove to be
more efficient and cost-effective for researchers than visiting and checking
every bus stop in the world. This approach could be one step toward
development of technology such as applications that provide audio guides about
landmarks and directions to bus stops.

A study was conducted to examine whether SVs are reliable sources for
gathering information. The number of landmarks found in SVs was compared
with the number of landmarks in pictures taken at the same sites, called
physical views (PVs), to see to what degree they matched. The PVs consisted
of 7–10 photographs taken by the researchers from a variety of angles at each
of 179 bus stops in cities in the US. Key landmarks were classified into six
categories: （a） bus stop signs, （b） bus stop shelters, （c） benches,
（d） trash and recycling cans, （e） mailboxes and newspaper boxes, and
（f） traffic signs and other poles. Three people counted the numbers of
landmarks in both the SV and PV data sets. When the numbers were different
among the three, they were arranged from smallest to largest and the middle
number was used.

44 2020年度：英語(筆記)/追試験

Table 1 summarizes the numbers of landmarks found in both PVs and SVs. For example, there were 133 benches found in PVs, while 121 were found in SVs. Overall, the total counts of landmarks were higher in PVs than in SVs.

Table 1

Numbers and Consistency Rates for PVs and SVs

Type of Landmark	PV	SV	Consistency Rate
Bus Stop Signs	167	152	0.61
Bus Stop Shelters	102	98	0.88
Benches	133	121	0.88
Trash and Recycling Cans	100	95	0.72
Mailboxes and Newspaper Boxes	69	56	0.78
Traffic Signs and Other Poles	162	153	0.81

Another analysis was conducted by calculating and examining the consistency of observations between the PV and SV data sets. The results are shown as the consistency rates in Table 1 with larger numbers showing higher consistency. The researchers regarded any value over 0.60 as consistent. Bus stop shelters and benches showed the highest consistency at 0.88.

In conclusion, using SVs is useful for recognizing landmarks. In the next study, in order to further evaluate this method, a different group of people was recruited online. They counted landmarks in the same SV data set after a short training session, and then the accuracy was tested.

(Kotaro Hara 他(2015) *Improving Public Transit Accessibility for Blind Riders by Crowdsourcing Bus Stop Landmark Locations With Google Street View: An Extended Analysis* の一部を参考に作成)

問 1 According to the passage, what is the advantage of SVs? 　33

　① They can automatically confirm landmarks in 360-degree photos.

　② They can be used to detect landmarks from distant locations.

　③ They can be valuable when taking 360-degree photos.

　④ They can help people to make new landmarks on site.

問 2 If one person found 82 mailboxes in the SV data set, another found 89, and a third found 84, what would be the number of the count for mailboxes? 　34

　① 82

　② 84

　③ 85

　④ 89

問 3 Which of the following is true based on the information in this report? 　35

　① Ninety-five trash and recycling cans were found at the real sites.

　② PV pictures were ineffective for locating landmarks at bus stops.

　③ SV and PV ratings for bus stop signs were considered to be consistent.

　④ The number of landmarks was much larger in SVs than in PVs.

46 2020年度：英語（筆記）／追試験

問 4 In the next study, it was investigated how well 　36　 .

① another group of people identified landmarks using pictures from online map applications

② another group of people took pictures of bus stop locations with their cameras

③ the researchers found landmarks in the online pictures taken at bus stops

④ the researchers visited sites and added information about landmarks to online maps

B 次のページの制服販売に関する案内を読み，次の問い（**問 1 ～ 4**）の $\boxed{37}$ ～ $\boxed{40}$ に入れるのに最も適当なものを，それぞれ下の①～④のうちから一つずつ選べ。

問 1 According to the Bulldog News, which of the following is true? $\boxed{37}$

① Previous uniforms are available for sale in the four stores.

② Students can combine clothing items from the uniform list.

③ Teachers will wear school shirts in order to reduce costs.

④ The uniforms were replaced because the school colors changed.

問 2 Mary wants to shop for her uniform with her parents, but they are only free on Sundays. She thinks either new or previous uniforms are fine, but her parents are not willing to pay shipping fees. Which store will she choose? $\boxed{38}$

① Bulldog Outlet　　　　② Central High Union

③ Jack's Uniforms　　　　④ Uniforms Online

問 3 Tony wants to buy one long-sleeved shirt with a logo, one short-sleeved shirt, and one P.E. set from Jack's Uniforms. How much will he pay? $\boxed{39}$

① $110　　　② $115　　　③ $120　　　④ $125

問 4 Which of the following statements about the uniform shops is true? $\boxed{40}$

① Newly designed uniform items can be repaired free of charge.

② The in-school shop offers discounts for students with student cards.

③ The outlet store is open in the morning for shopping before classes.

④ Uniform items can be returned up to two weeks from purchase.

Central High School Bulldog News!

CENTRAL HIGH SCHOOL

We are happy to announce our new uniforms. While the previous design is still available, we now have a new design. The colors are the same as before, so you will be able to choose any items from the uniform list to wear in any season. Uniform items are sold at the four shops listed below. Plus, in order to show school spirit, teachers will also wear school shirts once a week!

Shop Information

Shop	Business Hours	Available Designs	Notes
Central High Union (in-school shop)	7:30 – 16:30 Monday – Friday	New	5% discount with student card
Jack's Uniforms	11:00 – 20:00 Tuesday – Sunday	New	$10 off when you buy three items or more
Uniforms Online	24 hours a day 7 days a week	New & Previous	$7 shipping fee
Bulldog Outlet	13:00 – 21:00 Monday – Saturday	Previous	Only at Bulldog Outlet! Free uniform repair upon presentation of your receipt

All shops allow returns within eight days of purchase.

Uniform Price List

	Short-sleeved shirt	Long-sleeved shirt	Long pants	Skirt	P.E. set (shorts and T-shirt)
Price*	$30	$40	$45	$40	$50

*Add the Bulldog logo to any item for $5.

第５問 次のメールのやりとりを読み，下の問い（問１～５）の □41□ ～ □45□ に入れるのに最も適当なものを，それぞれ下の①～④のうちから一つずつ選べ。（配点 30）

To: Karin Takeda

Subject: THANK YOU!!!!

Hi, Karin. We got home yesterday. Wait. Maybe it was the day before. I'm still not used to the time difference.

We enjoyed ourselves from the very first day, when we took that bus tour around the city. My parents had such a wonderful time. Now, my dad wants to go back to Japan next summer. I think he'll travel outside of Tokyo next time, so tell your parents they don't have to worry about feeding him! Thanks again.

Lana

To: Lana Brown

Subject: Re: THANK YOU!!!!

My family really enjoyed meeting everyone. When I first met you, your family took good care of me during my homestay at your house, so I wanted to return the favor. By the way, I think your father left behind the prize he won.

Karin

To: Karin Takeda

Subject: Re: Re: THANK YOU!!!!

So, are you talking about the T-shirt my dad won at that festival on our last day? It says Tokyo in Chinese characters, right? I thought he wore that on the airplane, but I'll ask him.

Lana

To: Karin Takeda

Subject: QUESTION

Me, again. I checked. My dad said he had the Tokyo T-shirt. You mean the stuffed toy bear he won at Tokyo Wonderland? He told me to tell you that he gave it to your little sister.

Oh, my dad also wants to know the name of that food we ate at Wonderland. It was like a pancake.

Today, my parents were talking with their friends about Japan. They thought it was interesting how people often dress identically to one another. Not just students in uniforms, but business people dress so much alike. Even at Wonderland groups of young people wore the same character's clothes, like a kind of uniform.

Lana

To: Lana Brown

Subject: Re: QUESTION

Okonomiyaki. I wasn't sure if your father liked it. Your parents had so much energy. I couldn't believe they still wanted to go to that festival the next morning after Wonderland. I guess your father wouldn't have won that Tokyo T-shirt if we had stayed home and rested.

Yeah, I understand what you mean about group identity, but I also find the individuality you see in America interesting. When I lived with you and studied at your high school, I could see it was important for everybody to show their uniqueness. You can find something similar in Japan, too. Even cities and towns all try to have some food or tradition that makes them different. Hiroshima has its own *okonomiyaki*. Your father might want to go there next year.

Karin

To: Karin Takeda

Subject: NEXT YEAR?

Ha! My dad is trying to remember how to say *okonomiyaki* now, but he can't. Hey, if I go to Japan again next year with my dad, will you be able to travel with us? It would be our third adventure together!

By the way, my mom was concerned that we were too much trouble for your parents. She said she felt <u>disconcerted</u> that your mother and father were always busy preparing meals, driving us around, and looking after us. Maybe she feels this way because when you stayed at our house, we weren't like that.

Lana

To: Lana Brown

Subject: Re: NEXT YEAR?

I guess it's common here to show guests that you're busy caring for them. In America, hosts are more relaxed and allow guests to be independent and help themselves to anything they want.

To be honest, when I was staying with your family, this took a while to get used to. I had just met you and your family, so I didn't feel comfortable making myself at home. After a while, though, I got used to it and it helped me feel like part of the family.

Attached is a good *okonomiyaki* recipe. Please show it to your father.

Look out, world! "The Adventures of Lana and Karin Part III" is being planned.

Karin

問 1　How did Lana and Karin originally get to know each other?　41

① From Karin's family trip to America
② From Karin's time studying in America
③ From Lana's family trip to Japan
④ From Lana's time studying in Japan

2020年度：英語(筆記)/追試験 **53**

問 2 Which of the following did Lana's father probably do last in Japan? ⬚42⬚

① He went on a bus tour of the city.

② He went to Tokyo Wonderland.

③ He won a stuffed toy bear prize.

④ He won a T-shirt at a festival.

問 3 Karin said the idea of individuality ⬚43⬚ .

① can also be found in Japanese society

② can be seen in schools around the world

③ is limited to American teenage culture

④ is something that business people avoid

問 4 Which of the following is closest to the meaning of the underlined word <u>disconcerted</u> as used in the text? ⬚44⬚

① frightened

② pleased

③ satisfied

④ worried

問 5 What did Karin say about being a guest in an American home? ⬚45⬚

① It was difficult because they usually looked busy.

② She loved almost everything from the first day.

③ The family wanted her to do whatever they said.

④ The freedom felt strange but she grew to like it.

54　2020年度：英語（筆記）/追試験

第6問　次の文章を読み，下の問い（**A・B**）に答えよ。なお，文章の左にある(1)～(6)はパラグラフ（段落）の番号を表している。（配点　36）

(1)　　　Milk is considered an important food around the world. Some advertisements even call it "the perfect food." This has some truth as milk contains protein to build muscles, calcium for strengthening bones, and vitamins that are essential for good health. The importance of milk in our diets has a long history. In fact, since people started to breed farm animals, they have consumed animal milk.

(2)　　　The oldest evidence of milk consumption was found at sites more than 10,000 years old. Surprisingly, it was not cow's milk but sheep's milk. People raised sheep for their meat, wool, and milk long before they began to raise cows. They turned this milk into the first types of cheese. Sheep's milk has over 50% more fat than cow's milk along with about twice the amount of protein. As fat content plays an important part in making cheese, sheep's milk is often used to produce a number of cheeses. Goats, another animal raised before cows, also provide milk. Goat's milk has a similar level of fat to cow's milk, but less sugar. More recent examples of animal milk include deer's milk and horse's milk. Deer's milk has higher levels of protein and fat than cow's milk. Horse's milk has less protein than cow's milk, but six times as much vitamin C.

(3)　　　At the present time, most milk sold in stores comes from cows. The worldwide dairy industry depends on cows, which consistently produce far more milk than other animals. The milk is sold to be drunk or turned into dairy products such as cheese, butter, yogurt, or ice cream. Regardless of how it is used, nowadays, most raw milk is heated to get rid of harmful bacteria. Modern methods of treating milk and careful inspection of milk products have helped to ensure that the milk we consume today is safe. It has become one of the most highly regulated foods in many countries.

2020年度：英語（筆記）/追試験　**55**

(4)　　Not all people, however, can digest milk. Although infants are able to take in milk easily, this ability declines in a certain percentage of adults. Some of them can still eat products made from milk, like cheese or ice cream, while others are unable to digest milk products in any form. They know that having a bowl of delicious ice cream is only going to cause them <u>torment</u>. For these people, milk is certainly not the perfect food.

(5)　　Recently, different kinds of milk made from plants have appeared in supermarkets. These are especially popular with people who cannot digest animal milk as well as with people seeking better health. A variety of plants are used, and each plant milk differs in its original state. The most popular type of plant milk is made from soybeans. Soy milk is similar in the amount of protein to cow's milk but lacks calcium. Rice milk has a lower sugar content and less protein than cow's milk. Coconut milk, which is common in Southeast Asia, has about half the calories of cow's milk and less protein. In short, each of these plant milks offers different amounts of nutrition to consumers.

(6)　　Currently, making the decision to drink milk requires that we examine our options and choose the ones that are best for us. Each offers different benefits, allowing us to select the levels of protein or fat we want in order to satisfy our nutritional needs. No matter what these requirements are, milk in all its forms will continue to find a place in people's diets.

56 2020年度：英語（筆記）/追試験

A 次の問い（問1〜5）の 46 〜 50 に入れるのに最も適当なものを，そ
れぞれ下の①〜④のうちから一つずつ選べ。

問1 According to paragraph (2), which of the following is true? 46

① People started to use animal milk as food about ten centuries ago.

② Raising sheep began more recently than raising cows and goats.

③ The fat amount in cow's milk makes it healthier than goat's milk.

④ The level of fat in sheep's milk is suitable for producing cheese.

問2 According to paragraph (3), the ability of cows to supply milk 47 .

① delays the manufacturing of cheaper products for consumers

② guarantees the quality of the food items made from milk

③ prevents people from consuming harmful milk products

④ secures a steady source of milk for global consumption

問3 Which of the following is closest to the meaning of the underlined word
torment in paragraph (4)? 48

① enthusiasm   ② satisfaction

③ suffering   ④ unwillingness

問4 According to paragraph (5), compared to cow's milk, 49 .

① coconut milk has slightly more protein

② plant milks offer much greater food value

③ rice milk is nearly the same in sugar level

④ soy milk is about equal in protein level

2020年度：英語（筆記）/追試験　**57**

問 5　What would be the best title for this passage?　| 50 |

① Benefits of Plant Milk Over Animal Milk

② Characteristics of Various Milk Types

③ Origins of the Worldwide Milk Supply

④ Standards of Nutritious Milk for Infants

B　次の表は，本文のパラグラフ（段落）の構成と内容をまとめたものである。
| 51 | ～ | 54 | に入れるのに最も適当なものを，下の①～④のうちから一つ
ずつ選び，表を完成させよ。ただし，同じものを繰り返し選んではいけない。

Paragraph	Content
(1)	Introduction
(2)	51
(3)	52
(4)	53
(5)	54
(6)	Conclusion

① Describing the dairy industry and how the milk produced is used

② Discussing the differences between the earliest types of milk

③ Explaining that animal milk might not be a good choice for everyone

④ Indicating the qualities of various substitutes for animal milk

2019

本試験

（筆記試験）

80分　200点

英　　語（筆記）

（解答番号　1　～　54）

第 1 問　次の問い（**A・B**）に答えよ。（配点　14）

A　次の問い（**問 1 ～ 3**）において，下線部の発音がほかの三つと**異なるもの**を，それぞれ下の①～④のうちから一つずつ選べ。

問 1　　1

① cou<u>gh</u>　　② fri<u>gh</u>ten　　③ lau<u>gh</u>ter　　④ tou<u>gh</u>

問 2　　2

① bl<u>oo</u>d　　② ch<u>oo</u>se　　③ m<u>oo</u>d　　④ pr<u>oo</u>f

問 3　　3

① st<u>o</u>ne　　② st<u>o</u>ry　　③ t<u>o</u>tal　　④ v<u>o</u>te

B 次の問い（**問1～4**）において，第一アクセント（第一強勢）の位置がほかの三つ
と**異なるもの**を，それぞれ下の①～④のうちから一つずつ選べ。

問 1 ☐ 4

　　① agree　　　② control　　　③ equal　　　④ refer

問 2 ☐ 5

　　① approval　　② calendar　　③ remember　　④ successful

問 3 ☐ 6

　　① character　　② delicious　　③ opposite　　④ tragedy

問 4 ☐ 7

　　① architecture　② biology　　③ spectacular　④ surprisingly

4 2019年度：英語（筆記)/本試験

第2問 次の問い(**A**～**C**)に答えよ。(配点 47)

A 次の問い(**問1**～**10**)の 8 ～ 17 に入れるのに最も適当なものを，そ
れぞれ下の①～④のうちから一つずつ選べ。ただし， 15 ～ 17 につい
ては，(A)と(B)に入れるのに最も適当な組合せを選べ。

問1 Casey was getting worried because the bus going to the airport was
clearly 8 schedule.

  ① after   ② behind   ③ late   ④ slow

問2 If you are in a hurry, you should call Double Quick Taxi because they
usually come in 9 time.

  ① any   ② few   ③ no   ④ some

問3 After 10 dropping the expensive glass vase, James decided not to
touch any other objects in the store.

  ① almost   ② at most   ③ most   ④ mostly

問4 We should make the changes to the document quickly as we are 11
out of time.

  ① going   ② running   ③ spending   ④ wasting

問5 It was impossible to 12 everyone's demands about the new project.

  ① carry   ② complete   ③ hold   ④ meet

2019年度：英語（筆記）/本試験　5

問 6　Write a list of everything you need for the camping trip.　　13　　, you might forget to buy some things.

① As a result　　② In addition　　③ Otherwise　　④ Therefore

問 7　Text messaging has become a common　　14　　of communication between individuals.

① mean　　② meaning　　③ means　　④ meant

問 8　I was (A) when I watched the completely (B) ending of the movie.　　15

① A : shocked　　B : surprised　　② A : shocked　　B : surprising
③ A : shocking　　B : surprised　　④ A : shocking　　B : surprising

問 9　(A) is no (B) the increase in traffic on this highway during holidays.　　16

① A : It　　B : avoid　　② A : It　　B : avoiding
③ A : There　　B : avoid　　④ A : There　　B : avoiding

問10　The police officer asked the witness (A) the situation as (B) as possible.　　17

① A : describing　　B : accurate
② A : describing　　B : accurately
③ A : to describe　　B : accurate
④ A : to describe　　B : accurately

6 2019年度：英語（筆記）/本試験

B 次の問い（問1～3）において，それぞれ下の①～⑥の語句を並べかえて空所を補い，最も適当な文を完成させよ。解答は 18 ～ 23 に入れるものの番号のみを答えよ。

問1 Yukio: Did you hear that a new entrance ID system will be introduced next month?

Lucas: Really? Do we need it? I _____ 18 _____ _____ 19 _____ to replace the current system.

① cost   ② how   ③ it

④ much   ⑤ will   ⑥ wonder

問2 David: What's the plan for your trip to England?

Saki: I'll spend the first few days in London and then be in Cambridge _____ 20 _____ _____ 21 _____ .

① for   ② my   ③ of

④ rest   ⑤ stay   ⑥ the

問3 Junko: The party we went to last night was very noisy. My throat is still sore from speaking loudly the whole time.

Ronald: Yeah. It can sometimes _____ 22 _____ _____ 23 _____ in such a crowded place.

① be   ② difficult   ③ heard

④ make   ⑤ to   ⑥ yourself

C 次の問い(問1～3)の会話が最も適当なやりとりとなるように 24 ～
26 を埋めるには，(A)と(B)をどのように組み合わせればよいか，それぞれ下
の①～⑧のうちから一つずつ選べ。

問1 Museum guide: The number of visitors has dropped this month.

Museum guard: It's probably because of the construction on the second floor.

Museum guide: Yes, the "Treasures of Egypt" exhibit there always attracted so many people.

Museum guard: So, 24 the most popular area is closed.

(A) I can't help	→	(A) that there are fewer people	→	(A) during
(B) it can't be helped		(B) that there are more people		(B) while

① (A)→(A)→(A)　　② (A)→(A)→(B)　　③ (A)→(B)→(A)

④ (A)→(B)→(B)　　⑤ (B)→(A)→(A)　　⑥ (B)→(A)→(B)

⑦ (B)→(B)→(A)　　⑧ (B)→(B)→(B)

問 2 Masa: I heard that last night's baseball game was the longest this season. You were there, weren't you?

Alice: That's right. It was so exciting watching it live at the stadium.

Masa: It must have been late when it finished. How did you get home?

Alice: Yes, it was really late. 25 It was crowded, but riding with hundreds of other fans was fun.

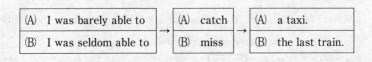

(A) I was barely able to	(A) catch	(A) a taxi.
(B) I was seldom able to	(B) miss	(B) the last train.

① (A) → (A) → (A)   ② (A) → (A) → (B)   ③ (A) → (B) → (A)
④ (A) → (B) → (B)   ⑤ (B) → (A) → (A)   ⑥ (B) → (A) → (B)
⑦ (B) → (B) → (A)   ⑧ (B) → (B) → (B)

問 3 Tetsuya: I haven't seen John today.

Brent: I heard that he's sick and will be absent from work for a few days.

Tetsuya: That's too bad. Isn't he in charge of the meeting later today?

Brent: Yes. 26 Without him, we can't talk about those issues.

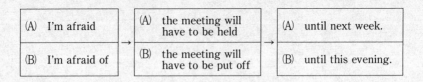

(A) I'm afraid	(A) the meeting will have to be held	(A) until next week.
(B) I'm afraid of	(B) the meeting will have to be put off	(B) until this evening.

① (A) → (A) → (A)   ② (A) → (A) → (B)   ③ (A) → (B) → (A)
④ (A) → (B) → (B)   ⑤ (B) → (A) → (A)   ⑥ (B) → (A) → (B)
⑦ (B) → (B) → (A)   ⑧ (B) → (B) → (B)

2019年度：英語（筆記）/本試験　9

第3問　次の問い（**A・B**）に答えよ。（配点　33）

A　次の問い（**問1～3**）のパラグラフ（段落）には，まとまりをよくするために**取り除いた方がよい文**が一つある。取り除く文として最も適当なものを，それぞれ下線部①～④のうちから一つずつ選べ。

問1　| 27 |

　　When flying across the United States, you may see giant arrows made of concrete on the ground.　Although nowadays these arrows are basically places of curiosity, in the past, pilots absolutely needed them when flying from one side of the country to the other.　①The arrows were seen as being so successful that some people even suggested floating arrows on the Atlantic Ocean.　②Pilots used the arrows as guides on the flights between New York and San Francisco.　③Every 16 kilometers, pilots would pass a 21-meter-long arrow that was painted bright yellow.　④A rotating light in the middle and one light at each end made the arrow visible at night.　Since the 1940s, other navigation methods have been introduced and the arrows are generally not used today.　Pilots flying through mountainous areas in Montana, however, do still rely on some of them.

10　2019年度：英語（筆記）/本試験

問 2 | 28 |

Living in the city and living in the country require different skills. This is true for humans, of course, but also for birds. In one study, scientists took 53 birds from urban and rural areas of Barbados, one of the Caribbean islands, conducted a variety of tests, released them back into their natural surroundings, and reported their findings. ①The birds from urban areas were better at problem-solving tasks than the ones from rural environments. ②The researchers prepared several experiments to check the differences between the groups of birds. ③The urban birds had more capacity to resist disease than the rural ones. ④The researchers had expected that in comparison to the rural birds, the urban birds would be smarter but weaker. Being both smart and strong was thought to be unlikely. However, it seems that urban birds have it all.

問 3 | 29 |

Formal dinners in England during the Tudor era (1485–1603) were called feasts. They were magnificent, and everything was done carefully in order to show one's wealth and place in society. ①Whatever happened at the feasts reflected social class, even the order in which people walked into the room. ②There was a top table and the highest ranking guest would sit on the right of the king or the queen. ③Gold and silver dishes were also laid out to emphasize how rich the family was. ④The way feasts were held during the Tudor era has been richly presented in various films. The guests were not allowed to start eating before the ruler and had to stop eating once he or she had finished. When you could and couldn't eat followed strict and complicated rules, like all aspects of the feast.

B 次の会話は，退職する恩師への贈り物について相談している生徒たちのやりとりの一部である。 30 ～ 32 に入れるのに最も適当なものを，それぞれ下の①～④のうちから一つずつ選べ。

Sean: Thanks for coming in on a Saturday, everyone. It wasn't easy to find a time for us all to sit down and talk. As you know, Ms. Guillot is retiring this year. It is our responsibility to arrange a gift for her on behalf of all current and former students. We don't have much time before her party, so I'd really like to reach a final decision today. Did you come up with any ideas?

Alex: Not exactly, but I've heard that many teachers get bored after retirement. I don't think we should get her something like a painting, because it would just sit on the wall. If we buy her something that she can make the most of on a daily basis, then she will feel the appreciation all her students have for her more often.

Sean: Thanks, Alex. So, you think giving her something 30 would be appropriate, right?

① she can use quite regularly

② to make her house look nice

③ to share at the retirement party

④ we students made ourselves

Alex: Yes. I think that would be best.

Thomas: I don't think Ms. Guillot will be bored in her retirement. We all know that she is very active. She often participates in sporting events and loves spending time outside. I heard that on Saturdays and Sundays, she runs in the mornings and plays tennis in the evenings. She hardly ever stays indoors and never misses her daily walk even if it is raining.

Anne: And, she loves doing work in her garden, too. I've seen some pictures of her house. She has a beautiful garden and a massive deck. She has a great variety of flowers and vegetables. She often spends time relaxing on her deck just enjoying the view of her garden.

Sean: Thomas and Anne, it seems that you both think we should consider Ms. Guillot's ☐31☐ when we buy her present.

① art works

② garden

③ leisure time

④ weekends

Anne: That's right. But it's a little hard to come up with an actual item, isn't it?

Mimi: Why don't we get her something she can use for entertaining people? Ms. Guillot loves cooking and I heard she has small parties at her house every couple of weeks. Hmm..., I don't think we need to get her anything to use in the kitchen, as she seems to have plenty of that kind of stuff already. And usually, people who like cooking have their own preferences when it comes to things like that.

Sally: I agree. She's told us about her parties. She often mentions that whenever she has them, everyone has to go inside to eat if they want to sit down. Perhaps something that she can use when entertaining her guests would be most appropriate.

Anne: I think that's a great point. Once she has retired, I'm sure she'll be having more of those parties. Who knows? Maybe she'll even invite us!

Sean: That would be nice, wouldn't it, Anne? Well, thank you for all your ideas. Considering what we have discussed, I think a present such as 　32　 will be best as it seems to match what everyone has said about Ms. Guillot.

① a large bunch of flowers
② a statue for her garden
③ some outdoor furniture
④ some sets for cooking

14   2019年度：英語（筆記）/本試験

第4問 次の問い（A・B）に答えよ。（配点　40）

A　次の文章はある説明文の一部である。この文章と表を読み，下の問い（問1～4）の　33　～　36　に入れるのに最も適当なものを，それぞれ下の①～④のうちから一つずつ選べ。

Art may reflect the ways people lived. Researchers have discussed how art portrays clothing and social settings. One study was conducted to determine if this idea could be extended to paintings featuring family meals. The results of this study might help illustrate why certain kinds of foods were painted.

The researchers examined 140 paintings of family meals painted from the years 1500 to 2000. These came from five countries: the United States, France, Germany, Italy, and the Netherlands. The researchers examined each painting for the presence of 91 foods, with absence coded as 0 and presence coded as 1. For example, when one or more onions appeared in a painting, the researchers coded it as 1. Then they calculated the percentage of the paintings from these countries that included each food.

Table 1 shows the percentage of paintings with selected foods. The researchers discussed several findings. First, some paintings from these countries included foods the researchers had expected. Shellfish were most common in the Netherlands' (Dutch) paintings, which was anticipated as nearly half of its border touches the sea. Second, some paintings did not include foods the researchers had expected. Shellfish and fish each appeared in less than 12% of the paintings from the United States, France, and Italy although large portions of these countries border oceans or seas. Chicken, a common food, seldom appeared in the paintings. Third, some paintings included foods the researchers had not expected. For example, among German paintings, 20% of them included shellfish although only 6% of the country touches the sea. Also, lemons were most common in paintings from the Netherlands, even though they do not grow there naturally.

Table 1

The Frequency of Selected Foods Shown in Paintings by Percentage

Item	USA	France	Germany	Italy	The Netherlands
Apples	41.67	35.29	25.00	36.00	8.11
Bread	29.17	29.41	40.00	40.00	62.16
Cheese	12.50	5.88	5.00	24.00	13.51
Chicken	0.00	0.00	0.00	4.00	2.70
Fish	0.00	11.76	10.00	4.00	13.51
Lemons	29.17	20.59	30.00	16.00	51.35
Onions	0.00	0.00	5.00	20.00	0.00
Shellfish	4.17	11.11	20.00	4.00	56.76

Comparing these results with previous research, the researchers concluded that food art does not necessarily portray actual life. The researchers offered some explanations for this. One explanation is that artists painted some foods to express their interest in the larger world. Another is that painters wanted to show their technique by painting more challenging foods. For example, the complexity of a lemon's surface and interior might explain its popularity, especially among Dutch artists. As other interpretations are possible, it is necessary to examine the paintings from different perspectives. These are the period in which the paintings were completed and the cultural associations of foods. Both issues will be taken up in the following sections.

(Brian Wansink 他 (2016) *Food Art Does Not Reflect Reality: A Quantitative Content Analysis of Meals in Popular Paintings* の一部を参考に作成)

16　2019年度：英語（筆記）/本試験

問 1　For the category "Apples" in this research, a painting with two whole apples and one apple cut in half would be labeled as ☐ 33 ☐.

① 0
② 1
③ 2
④ 3

問 2　According to Table 1, the paintings from ☐ 34 ☐.

① France included apples at a lower percentage than the German ones
② France included cheese at a higher percentage than the Dutch ones
③ Italy included bread at a lower percentage than the American ones
④ Italy included onions at a higher percentage than the German ones

問 3　According to the passage and Table 1, ☐ 35 ☐.

① chicken frequently appeared in the American paintings because people there often ate chicken
② fish appeared in less than one tenth of the Italian paintings though much of Italy lies next to seas
③ lemons appeared in more than half of the Dutch paintings as they are native to the Netherlands
④ shellfish appeared in half of the paintings from each of the five countries because they touch seas

問 4 According to the passage, foods in these paintings can 　36　 .

① demonstrate the painters' knowledge of history

② display the painters' desire to stay in their countries

③ indicate the painters' artistic skills and abilities

④ reflect the painters' love of their local foods

B 次のページの，ある地域の城に関する案内を読み，次の問い(問1〜4)の 37 〜 40 に入れるのに最も適当なものを，それぞれ下の①〜④のうちから一つずつ選べ。

問1 What is a common characteristic of all four castles?　37

① Amount of damage
② Displays of pictures and weapons
③ Histories of more than 500 years
④ Purposes of construction

問2 Three guitar club members from Grandlefolk University want to give a concert one afternoon in April. Which castle are they most likely to choose?　38

① Crestvale Castle
② Holmsted Castle
③ King's Castle
④ Rosebush Castle

問3 Teachers at one school want to take their students to Grandlefolk one Saturday in May. The purpose is to expand the students' knowledge of the area's history by visiting castles and listening to explanations from the castle staff. Which two castles are the teachers most likely to select?　39

① Crestvale Castle and Holmsted Castle
② Crestvale Castle and King's Castle
③ Rosebush Castle and Holmsted Castle
④ Rosebush Castle and King's Castle

問4 A mother, father, and their two children, ages 4 and 8, will visit one of the castles in Grandlefolk for one day in September and want to see fine arts. How much will it cost?　40

① €14　　② €17　　③ €20　　④ €25

Castles in Grandlefolk

Crestvale Castle

This ruined 13th-century castle, built to defend the northern border of Grandlefolk, is currently being studied by researchers. During the open season, except on Sundays, guides explain what the research is revealing about local history.

Holmsted Castle

Holmsted Castle, built in the 12th century to protect the southern border area, fell into ruin in the 16th century. At the entrance, signboards explain its history. This castle's open spaces are suitable for performances.

King's Castle

Dating back to the 11th century, King's Castle is one of the grandest in the country. Its large collection of paintings and furniture provide a look at the area's past. Guides are available every day.

Rosebush Castle

Though called a castle, this perfectly preserved 15th-century building was constructed purely as a family home. From Mondays to Fridays, guides tell the story of the family's history and explain their collection of modern sculptures. Some of its rooms are available for public events.

	Opening Times		Daily Admission	
	Months	Hours	Adults	Children (5-16 years old) *
Crestvale Castle	April - October	10:00 - 16:00	€3	€1
Holmsted Castle	April - September	10:00 - 17:00	€5	€2
King's Castle	April - November	10:00 - 18:00	€7	€3
Rosebush Castle	April - July	9:00 - 12:00	€10	€5

*Children under 5 years old are admitted free of charge.

第5問 次の文章を読み，下の問い（問1～5）の □41□ ～ □45□ に入れるのに最も適当なものを，それぞれ下の①～④のうちから一つずつ選べ。（配点 30）

"Christine, come and help me in the garden. I want to plant all of the seeds today." My father was calling to me. "I'm busy," I said. My father loves his garden, but at that time I didn't understand why working in the dirt excited him so much.

By the end of April, his plants had come up in neat rows, and he put wooden stakes marked with the name of the vegetable on each row. Unfortunately, in early May, my father was seriously injured in an accident. He was in the hospital for about two months and during that time he often asked me about his garden. Even after he came home, he had to stay in bed for a while. My mother had several business trips so she couldn't take care of the garden. I didn't want my father to worry, so without being asked, I said that I would take care of his garden until he recovered. I assumed that the little plants would continue to grow as long as they had water, and luckily it rained fairly often so I didn't think much about the garden.

One Saturday morning in July, my father said to me, "Christine, I think that the vegetables should be about ready to be picked. Let's have a salad today!" I took a bowl and went out to the garden. I looked at the leaf lettuce and was upset to see that many of the leaves had been half eaten. There were hundreds of bugs all over them! I tried to get them off, but there were just too many. I looked at the carrots next, but they didn't look healthy. I pulled up a carrot, but it was tiny and looked like something had taken small bites from it.

I panicked for a moment, but then thought of a good idea. I got my wallet, quietly went out the door, and rode my bicycle to the nearest store to buy some vegetables. I went back home and cut them up to make a salad for my father.

When I gave it to him, he said, "Oh, Christine, what a beautiful salad! I can't believe the carrots are this big already. The lettuce is so crisp and delicious. You must be taking very good care of my garden." My father looked happy, but I felt a little bit guilty.

I went back to the kitchen and was cleaning up when my mother came home from her most recent business trip. She saw the bag from the supermarket. I was embarrassed when she looked at me. So, I confessed, "Dad wanted a salad, but the garden was a disaster. I didn't want to disappoint him so I went to the store." She laughed but promised to make time to help me in the garden, and we worked hard for the next few weeks. We made a mixture of water with chopped-up fresh hot peppers and then sprayed it on the vegetables. I thought this was a great idea because the spray is not harmful to humans or animals, or even the bugs. They simply don't like the spicy water. The bug-free vegetables grew quickly, and finally I was able to pick some.

I carefully made a salad and took it to my father. He looked at it with a hint of a smile. "Christine, the carrots are smaller in this salad, but they taste better." I realized that he had known all along about my shopping trip. I smiled back at him.

Now, I better understand how putting a lot of effort into caring for something can help you appreciate the results more, however small they may be. Perhaps this was one of the reasons for my father's love of gardening.

In a few days he'll be back in the garden. I'll be right beside him helping him in any way I can.

22　2019年度：英語（筆記）/本試験

問 1　Christine originally said she would do the gardening because she 　41　 .

① knew it was important to her father

② wanted to improve her gardening skills

③ was asked by her father to do it

④ was interested in growing vegetables

問 2　Which of the following was a problem in the garden? 　42　

① Animals often dug in the garden.

② Insects ate the lettuce and carrots.

③ The plants were given too much water.

④ The vegetables were marked incorrectly.

問 3　Christine could secretly make the salad from store-bought vegetables because 　43　 .

① her father couldn't see the garden's progress

② her father was in the hospital at that time

③ her mother helped her to buy the vegetables

④ her mother helped her to make a spray

問 4　Which of the following is closest to the meaning of the underlined word bug-free? 　44　

① All bugs have been killed.

② Bugs can do what they like.

③ No bugs can be found.

④ The bugs don't cost any money.

問 5 What did Christine learn through her experience of gardening? 45

① Always prepare for a rainy day.

② Don't be disappointed by bugs.

③ Hard work can be rewarding.

④ Working alone produces results.

24 2019年度：英語（筆記）/本試験

第6問

次の文章を読み，下の問い（**A・B**）に答えよ。なお，文章の左にある(1)〜(6)はパラグラフ（段落）の番号を表している。（配点　36）

(1)　　From quiet paths by a stream in a forest to busy roads running through a city, people have created various forms of routes in different places. These now exist all around us, and their use is <u>imperative</u> for societies. These routes have enabled people to move, transport things, and send information from one place to another quickly and safely. Throughout history, they have been important in our daily lives.

(2)　　Early routes were often formed naturally on land. They gradually developed over long periods of time while people traveled them on foot or horseback. A significant turning point in their history arrived when the first wheeled carts appeared in ancient times. Once this happened, people recognized the importance of well-maintained routes. Therefore, towns, cities, and entire countries improved them in order to prosper. As a result, life became more convenient, communities grew, economies evolved, and cultures expanded. The importance of land routes increased further, especially after the appearance of automobiles.

(3)　　People have established routes on water, too. Rivers and canals have served as effective routes for people to move around and carry things. For instance, in the old Japanese city of Edo, water routes were used for the transportation of agricultural products, seafood, and wood, which supported the city's life and economy. People have also opened routes across the sea. The seaways, which developed based on winds, waves, water depths, and coastline geography, were critical for the navigation of ships, particularly in the days when they moved mainly by wind power. Using these sea routes, people could travel great distances and go to places they had not previously been able to reach. A number of important sea routes emerged, leading to the exchange of natural resources, products, and ideas. This, in turn, helped cities and towns thrive.

(4)　　People have gone on to open routes in the sky as well. Since the invention of the airplane, these routes have made it possible for people to travel long distances easily. They found the best routes by considering conditions such as winds and air currents. Eventually, people became able to travel safely and comfortably high in the sky, and going vast distances only took a small amount of time. In fact, people used to need more than one month to travel to Europe from Japan by ship, whereas today they can travel between them in a single day by airplane. Owing to the establishment of these sky routes, a great number of people now travel around the world for sightseeing, visiting friends, and doing business.

(5)　　Today, we have a new type of route, the Internet, which specializes in the electronic exchange of information. By using this worldwide route, people can easily obtain information that once was available mainly from books and face-to-face communication. They can also instantly send messages to large numbers of people all at once. According to one study, more than 3.5 billion people, which is about half of the global population, have access to this electronic route today. As technology advances, more and more people will take advantage of this route to gather information and communicate.

(6)　　As long as there have been people, there have been routes to connect them. These have contributed not only to the movement of people, things, and information, but also to the development of our communities, economies, and cultures. Routes have played significant roles in the development and prosperity of humankind. Currently unknown routes will surely take us even further in the future.

A 次の問い（問 1 ～ 5 ）の | 46 | ～ | 50 | に入れるのに最も適当なものを，それぞれ下の①～④のうちから一つずつ選べ。

問 1 Which of the following is closest to the meaning of the underlined word
imperative in paragraph (1)? | 46 |

① accidental
② essential
③ industrial
④ traditional

問 2 According to paragraph (2), which of the following statements is true?
| 47 |

① Early routes were created by people who traveled by wheeled carts.
② People's first routes on land followed the growth of towns and cities.
③ The development of land routes led to progress in many areas of society.
④ The improvement of routes resulted in the invention of the automobile.

問 3 Why is the example of Edo introduced in paragraph (3)? | 48 |

① To describe the difficulty of creating routes on the water
② To emphasize the fact that it was an important city
③ To explain the use of water routes to move along the coastlines
④ To illustrate the important roles of water routes for cities

問 4 What does paragraph (5) tell us about routes? | 49 |

① Routes can be thought of as existing invisibly in the world.
② Routes that move information can be regarded as dangerous.
③ The fundamental functions of routes are declining.
④ The importance of different kinds of routes is the same.

問 5　What is the main point of this article?　　50

① Humankind first created various types of convenient routes on land.

② Improvements in transportation have come at great cost.

③ Technology has interfered with opening up routes around the world.

④ The advancement of humanity was aided by the development of routes.

B　次の表は，本文のパラグラフ(段落)の構成と内容をまとめたものである。
　　51 ～ 54 に入れるのに最も適当なものを，下の①～④のうちから一つ
ずつ選び，表を完成させよ。ただし，同じものを繰り返し選んではいけない。

Paragraph	Content
(1)	Introduction
(2)	51
(3)	52
(4)	53
(5)	54
(6)	Conclusion

① Creation of roads used by people, animals, and vehicles

② Developing ways for people to fly from place to place

③ Establishment of global paths for information transfer

④ Opening of lanes for ships to travel and transport things

2018

本試験

（筆記試験）

80分　200点

英　語（筆記）

$$\left(\text{解答番号}\quad\boxed{1}\ \sim\ \boxed{54}\right)$$

第 1 問　次の問い（**A・B**）に答えよ。（配点　14）

A　次の問い（**問1～3**）において，下線部の発音がほかの三つと**異なる**ものを，それぞれ下の①～④のうちから一つずつ選べ。

問 1 　　　1

① comm<u>i</u>t　　② conv<u>i</u>nce　　③ ins<u>i</u>st　　④ prec<u>i</u>se

問 2 　　　2

① help<u>ed</u>　　② laugh<u>ed</u>　　③ pour<u>ed</u>　　④ search<u>ed</u>

問 3 　　　3

① b<u>ir</u>d　　② h<u>ar</u>d　　③ j<u>our</u>ney　　④ w<u>or</u>k

B 次の問い(**問1 ~ 4**)において，第一アクセント(第一強勢)の位置がほかの三つ
  と**異なる**ものを，それぞれ下の①~④のうちから一つずつ選べ。

問 1 $\boxed{4}$

  ① advance   ② danger   ③ engine   ④ limit

問 2 $\boxed{5}$

  ① deposit   ② foundation   ③ opinion   ④ register

問 3 $\boxed{6}$

  ① agency   ② frequently   ③ introduce   ④ officer

問 4 $\boxed{7}$

  ① championship   ② delivery
  ③ relatively   ④ supermarket

4　2018年度：英語（筆記）/本試験

第2問　次の問い（A～C）に答えよ。（配点　47）

A　次の問い（問1～10）の　8　～　17　に入れるのに最も適当なものを，そ
れぞれ下の①～④のうちから一つずつ選べ。ただし，　15　～　17　につい
ては，（　A　）と（　B　）に入れるのに最も適当な組合せを選べ。

問1　Jeff didn't accept the job offer because of the　8　salary.

① cheap　　　② inexpensive　　　③ low　　　④ weak

問2　Brenda went　9　to get something to drink.

① at downstairs　　　② downstairs
③ the downstairs　　　④ to downstairs

問3　After I injured my elbow, I had to quit　10　for my school's badminton
team.

① playing　　　② to be playing
③ to have played　　　④ to play

問4　It's　11　my understanding why he decided to buy such an old car.

① against　　　② behind　　　③ beneath　　　④ beyond

問5　Nicole　12　novels for about seven years when she won the national
novel contest.

① had been writing　　　② has been writing
③ has written　　　④ is writing

問 6 Our boss was sick at home, so we did [13] we thought was needed to finish the project.

① how ② that ③ what ④ which

問 7 [14] I didn't notice it, but there was a huge spider in the bathroom.

① At first ② Beginning ③ Besides ④ Firstly

問 8 Rafael (A) a pair of swallows (B) a nest in the tree in front of the house. [15]

① A：looked B：making ② A：looked B：to make
③ A：saw B：making ④ A：saw B：to make

問 9 It (A) be long (B) the plum blossoms come out. They may even bloom this coming weekend. [16]

① A：should B：before ② A：should B：enough
③ A：shouldn't B：before ④ A：shouldn't B：enough

問10 Melissa said she (A) rather go snowboarding next weekend (B) go ice-skating. [17]

① A：could B：than ② A：could B：to
③ A：would B：than ④ A：would B：to

6 2018年度：英語（筆記）/本試験

B 次の問い（**問1～3**）において，それぞれ下の①～⑥の語句を並べかえて空所を補い，最も適当な文を完成させよ。解答は $\boxed{18}$ ～ $\boxed{23}$ に入れるものの番号のみを答えよ。

問1 Student: What are we going to do with the Australian students after they arrive?

Teacher: The first night, we'll have a barbecue by the river so that you all ＿＿＿ $\boxed{18}$ ＿＿＿ ＿＿＿ $\boxed{19}$ ＿＿＿ quickly.

① can   ② each   ③ get

④ know   ⑤ other   ⑥ to

問2 Bridget: How was your basketball season last year?

Toshi: I ＿＿＿ $\boxed{20}$ ＿＿＿ ＿＿＿ $\boxed{21}$ ＿＿＿ .

① highest   ② on   ③ scorer

④ the second   ⑤ the team   ⑥ was

問3 Evan: I want to buy my first computer, but I don't know which one I should get.

Sam: Don't worry. Electronic stores always have experts available to give advice ＿＿＿ $\boxed{22}$ ＿＿＿ ＿＿＿ $\boxed{23}$ ＿＿＿ using computers.

① aren't   ② familiar   ③ those

④ to   ⑤ who   ⑥ with

C 次の問い(問1～3)の会話が最も適切なやりとりとなるように　24　～　26　を埋めるには，(A)と(B)をどのように組み合わせればよいか，それぞれ下の①～⑧のうちから一つずつ選べ。

問1　Shelly: I can't wait till next Tuesday.

　　　Lisa:　What's happening next Tuesday?

　　　Shelly: Don't you remember? There's going to be a jazz concert after school.

　　　Lisa:　Really? I thought it 　24　

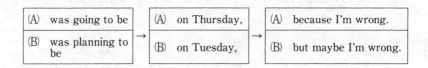

① (A)→(A)→(A)　　② (A)→(A)→(B)　　③ (A)→(B)→(A)
④ (A)→(B)→(B)　　⑤ (B)→(A)→(A)　　⑥ (B)→(A)→(B)
⑦ (B)→(B)→(A)　　⑧ (B)→(B)→(B)

問 2 Tomohiro: Hi, Casey. I'm glad you made it in time. Our flight's scheduled to depart soon.

　　　Casey: Thank you for telling me not to take the bus. I never thought the traffic would be so heavy at this time of day.

　　　Tomohiro: I always check traffic and railroad conditions when I have a plane to catch.

　　　Casey: You're so helpful. 25

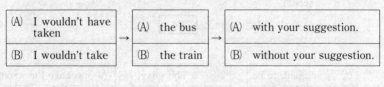

① (A)→(A)→(A)　② (A)→(A)→(B)　③ (A)→(B)→(A)
④ (A)→(B)→(B)　⑤ (B)→(A)→(A)　⑥ (B)→(A)→(B)
⑦ (B)→(B)→(A)　⑧ (B)→(B)→(B)

問 3 Hoang: The typhoon over the weekend was pretty strong, wasn't it?

　　　Nao: Yeah, and my club's soccer match in Fukuoka Park was canceled.

　　　Hoang: We can never predict what the weather will bring.

　　　Nao: I agree. Did the typhoon also go through Shizuoka?

　　　Hoang: Yes, it did. 26 I hope we get another chance to do it.

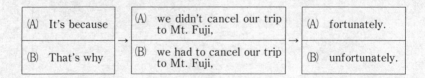

① (A)→(A)→(A)　② (A)→(A)→(B)　③ (A)→(B)→(A)
④ (A)→(B)→(B)　⑤ (B)→(A)→(A)　⑥ (B)→(A)→(B)
⑦ (B)→(B)→(A)　⑧ (B)→(B)→(B)

第3問　次の問い（**A**・**B**）に答えよ。（配点　33）

A　次の問い（**問1～3**）のパラグラフ（段落）には，まとまりをよくするために**取り除いた方がよい文**が一つある。取り除く文として最も適当なものを，それぞれ下線部①～④のうちから一つずつ選べ。

問1 　27

　　When you encounter unfamiliar things in a new environment, you may experience culture shock even in your own country.　When Tsubasa started college life away from his family, everything seemed exciting and new to him, but then he began to feel unexpected anxiety about his surroundings.　①He realized people sometimes misunderstood him because of his regional accent and expressions.　②He knew that his parents missed him very much because he was their only child.　③He also noticed many of his classmates had learned various things in high school that he had never even heard of.　Everyone seemed smarter, more mature, and even more fashionable than he was.　④He was afraid he was already too far behind in everything.　However, it turned out that most of the other students had more or less the same feelings of anxiety he had.　Now, he enjoys studying at college without such feelings.

10 2018年度：英語(筆記)/本試験

問 2 [28]

Is the tomato a vegetable or a fruit? There was a U.S. court case on this issue in the 1890s. At the time, people had to pay taxes for importing vegetables, but not for importing fruits. Biologically, fruits develop from a part in the base of a flower and contain seeds. ①According to this scientific definition, tomatoes, as well as cucumbers, pumpkins, and green peppers, are fruits. ②Contrary to what science says, most people consider the tomato a vegetable and use it as a vegetable. ③For example, in some countries the tomato has been given names such as "golden apple" and "love apple." ④Tomatoes are eaten cooked or raw as many vegetables are and not traditionally served for dessert like fruits. The court concluded that the tomato was a vegetable based on the simple fact that most people considered it a vegetable.

問 3 [29]

In response to the problem of the world's growing demand for animal protein, a conference was held to discuss the various benefits of using insects as an alternative source of food to pigs, chickens, and cows. ①It isn't well known, but insects are an extremely healthy food as they are full of protein, vitamins, and minerals. ②Insects have been around for millions of years, living with the dinosaurs and then very early human beings. ③Raising insects can be environmentally friendly as they neither take up much space, eat much food, nor release much greenhouse gas. ④Most are able to survive with little water, making them an ideal alternative food for locations with severe water shortages. The evidence shows that there are many benefits of using insects as food. It just may take time to change people's minds about eating them.

B 次の会話は，ある大学で映像制作の課題について学生たちが話し合いをしている場面の一部である。 30 ~ 32 に入れるのに最も適当なものを，それぞれ下の①~④のうちから一つずつ選べ。

Jennifer: Let's get started. We are supposed to create a film for a group project in our film-making class. As the group leader, I think the sooner we start, the better our movie will be. Does anyone have any ideas for our movie?

Michael: I do. I think many people watch movies to feel happier, so why don't we make something that can make people feel good? Last year, one group of students in this class made a documentary about our university basketball team. They filmed interviews with players and their training many times over a period of three months. For the audience, watching the documentary was a way of experiencing the hard work of the players, the friendships among the teammates from different backgrounds, the trust between the players and their coach, and finally the joy of their victory in the national tournament. Their amazing story of triumph appealed to a wide audience and everyone involved in the film received lots of praise. I would like to create a similar movie documenting people working hard and achieving their goals.

Jennifer: So, are you saying that 30 ?

① audiences enjoy watching stories of people achieving success
② audiences want to watch interviews of hardworking athletes
③ documentary films can make audiences happy very easily
④ it is important for us to spend a long time making our movie

Michael: Yes, that's right.

Kim: Filming star players or people who are successful sounds interesting, but it may be difficult for ordinary people to identify themselves with the people in these extraordinary stories. I think people feel more satisfied when they watch movies that they can connect with. That's the reason people like love stories. People like to imagine: "How would I get her attention?"; "How would I ask him out on a date?"; or "Where would we go on our first date?"

Mary: I agree. People want to watch something on the screen that they can imagine themselves doing because it's familiar to them. And we can add a little suspense or excitement by asking the audience a "what if" question in an everyday setting. For example, what if we found a treasure map somewhere on campus? This could be the beginning of a nice, fun story, and it could make an exciting movie.

Jennifer: Kim and Mary, both of you think we should make a movie that

<u>　31　</u> .

① asks the audience many extraordinary questions

② focuses on successful people doing amazing things

③ has situations that the average person can relate to

④ uses the campus setting to create fun and suspense

Mary: Exactly.

Takeshi: But as a creative work, it should reflect the creator's unique vision, namely, an original way of looking at the world. A great movie usually reflects its director's creative vision in the story or in the way it is told. Remember, the audience wants to watch something novel, too. So, I think we need to think about what our original perspective could be.

Alisa: Right. If we show something ordinary in an ordinary way, people might not be interested. For example, we are just college students. Some of us are dependent on our parents for support, whereas others are living by themselves for the first time. Some of us come from small towns, and others from big cities. Some of us may feel uneasy about our careers. All of these things sound very ordinary and not really special. So, is it possible to show our world in a unique way that will appeal to the audience?

John: I think so. These things are not special separately, but the combination of all those things together can make our work unique. I think that's what people would like to see: a movie that they can associate with but that is told from a unique perspective.

Jennifer: Well, we have some different ideas about our film, but it sounds like everyone is saying that ☐ 32 ☐ is important when making our film.

① documenting people's real lives
② making the content highly original
③ showing our different backgrounds
④ thinking of audiences' preferences

Jennifer: OK. Let's discuss this in more depth.

14　2018年度：英語（筆記）/本試験

第4問　次の問い（**A**・**B**）に答えよ。（配点　40）

A　次の文章はある説明文の一部である。この文章とグラフを読み，下の問い
（問1〜4）の　33　〜　36　に入れるのに最も適当なものを，それぞれ下の
①〜④のうちから一つずつ選べ。

Color is an important feature considered by consumers when shopping for various products. Marketing companies need to identify the colors that can create an intention to purchase and a desired atmosphere in retail stores. However, it is not easy to anticipate which colors will be popular for individual items, because consumers have different preferences depending on product types. Through the research reported here, we can deepen our understanding of the influence of color on consumers.

In this study, researchers surveyed German consumers to obtain information on whether the participants thought color was important when shopping, how much they were influenced by color when buying various products, and what emotions and associations were related to various colors. First, the researchers examined the data and found that color was indeed important for the participants when shopping, with 68% of them mentioning color as a determining factor when choosing the product they intended to purchase.

Next, the researchers investigated whether the degree of importance consumers put on color varied depending on the products purchased. Figure 1 shows six everyday products and the percentages of the participants who placed high importance on color when purchasing those products. The top two products were both those worn by the participants, and the three lowest were all electronic devices. A total of 36.4% of the participants placed importance on color for cellphones. This was the highest among the electronic products, but only slightly more than half of that for bags, which appeared one rank above.

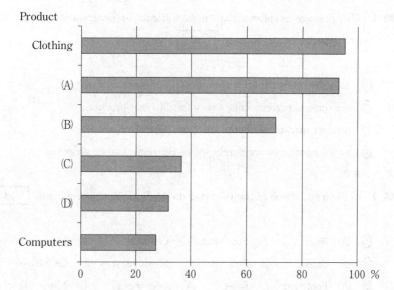

Figure 1. The percentages of the participants who placed high importance on color when purchasing six everyday products.

Third, the researchers looked at the participants' perceptions of and associations with colors. The results showed that red had various meanings: love, danger, anger, and power. Green produced a relationship with nature, good luck, and health. Furthermore, the color white was associated with balance, health, and calm. Results showed each color had several different meanings.

The findings summarized in the above passage explained how colors influenced German consumers. However, this influence may vary from country to country. In this globalized world, it has become easier to market products internationally, partly due to the increased use of the Internet. Therefore, it is necessary to consider the importance consumers in other parts of the world place on color in their choices of products. The next part of this passage will examine this topic.

(Okan Akcay (2013) *Product Color Choice and Meanings of Color: A Case of Germany* の一部を参考に作成)

16 2018年度：英語(筆記)/本試験

問 1 The passage mentions that it is difficult to understand which colors consumers like better because ☐ 33 ☐ .

① color preferences differ from generation to generation

② consumers' favorite colors vary for different products

③ product marketers choose the most popular colors

④ various products are purchased by consumers when shopping

問 2 In Figure 1, which of the following do (A), (B), (C), and (D) refer to? ☐ 34 ☐

① (A) Bags (B) Footwear (C) Cellphones (D) Music players

② (A) Bags (B) Footwear (C) Music players (D) Cellphones

③ (A) Footwear (B) Bags (C) Cellphones (D) Music players

④ (A) Footwear (B) Bags (C) Music players (D) Cellphones

問 3 Which of the following statements is correct according to the passage? ☐ 35 ☐

① German businesses consider green to represent passion to consumers.

② German consumers perceive one color as containing multiple images.

③ German people appear to prefer green clothing to red clothing.

④ German producers choose one color for products after observing their sales.

2018年度：英語(筆記)/本試験　17

問 4　What topic is most likely to follow the last paragraph?　　36

① The effects of globalization on color choices in international business

② The importance of marketing electronic devices in other countries

③ The influence of the Internet on product choices in international business

④ The significance of color for the consumers in other countries

B 次のページの料理教室に関する広告を読み，次の問い（**問 1 ～ 4**）の 37 ～ 40 に入れるのに最も適当なものを，それぞれ下の①～④のうちから一つずつ選べ。

問 1 What inspired Ralph Bearison to start Papa Bear Cooking School? 37

① He knew his family and friends were jealous of his cooking skills.

② He knew that fathers were not interested enough in cooking.

③ He wanted to give fathers opportunities to become professional cooks.

④ He wanted to teach fathers to cook quick, delicious, and healthy meals.

問 2 Tony is going to participate in the French Course and use the discount coupon provided. He will also buy an apron-and-towel set from the school. How much will he pay in total? 38

① $270　　② $275　　③ $285　　④ $300

問 3 Ed hopes to expand the variety of food he can cook for his family. He has no free time on weekends or mornings. Which cooking course would he most likely take? 39

① Chinese

② Italian

③ Japanese

④ Sunday Family Breakfast

問 4 The advertisement suggests that 40 .

① 12-year-old children can participate in the Sunday course at no cost

② Cooking Courses for Fathers will last longer than three months

③ Papa Bear Cooking School requires students to bring ingredients to classes

④ students at Papa Bear Cooking School can eat the food they cook

Papa Bear Cooking School:
Cooking Courses for Fathers

Papa Bear Cooking School was established in 1992 by Ralph Bearison. He recognized that many fathers liked to cook but often didn't have enough time to prepare meals. He hoped to share his interest in cooking meals in a short time that would taste good and be good for their families. At Papa Bear Cooking School, you can learn to create a variety of meals under the guidance of professional cooks, making you the envy of your family and friends. The following cooking courses start in the first week of May.

Cooking Course	Day	Time	Course Fee
Italian	Tuesday	10:00 – 12:00	$150
French	Wednesday	9:00 – 12:00	$250
Japanese	Thursday	15:00 – 18:00	$250
Chinese	Saturday	17:00 – 19:00	$200
Sunday Family Breakfast*	Sunday	8:00 – 10:00	$150

*Children aged 10 to 15 are welcome to join their fathers in the Sunday Family Breakfast Course for $100 per child.

- ➤ All courses are 10 weeks long.
- ➤ Fees include all ingredients.
- ➤ Cooking knives, silverware, such as forks and spoons, and plates will be provided by the school.

What to Bring
- ➤ An apron and towels (You can rent an apron-and-towel set for $6 per week or purchase a new set at our store for $50.)
- ➤ An empty stomach!

Check out our Papa Bear Cooking School website for details of our facilities and other cooking courses.

**10% Off
Course Fee
Papa Bear
Cooking School**
---

20 2018年度：英語（筆記）/本試験

第5問
次の日誌の抜粋を読み，下の問い（**問1～5**）の 41 ～ 45 に入れるのに最も適当なものを，それぞれ下の**①**～**④**のうちから一つずつ選べ。（配点 30）

Selections From the Exploration Journal for Planet X

DAY 1

Our mission of scientific discovery continues, and there is something exciting to report. We may have finally found a planet capable of supporting life. The nearby planets were either too hot or too dry to support life, but this planet seems to be different. Its surface is mostly a blue liquid, though it is spotted with some green and brown parts, and some kind of white substance seems to be moving around the planet.

DAY 4

Now we are orbiting the planet. It seems that our assumption was correct! There are a few mechanical devices circling around it and their designs are rather complex. They were certainly made by some kind of intelligent beings. Are these machines part of a monitoring system? Have they signaled our approach? There doesn't seem to be any threat, so we have decided to ignore them and get closer to the planet. I hope that their inventors are friendly.

DAY 8

Unlike our planet, which is totally covered with the precious liquid that sustains us, the green and brown parts of this planet are too dry to support life. The blue part is mostly H_2O in a liquid state. Although it is liquid, it is not quite the same as the liquid on our home planet. Still, we might be able to find life here. At least, according to our equipment, there seems to be something alive down there. We are ready to start direct observation and will soon dive in. I'm so excited that I won't be able to sleep tonight!

DAY 9

We succeeded in entering this unexplored liquid safely. The scenery around us was very similar to that of our planet, with soft plants gently waving back and forth. We also noticed a variety of thin swimming creatures. How exciting! We have found life on this planet! However, we cannot see any creatures capable of producing an advanced civilization. Without arms, these swimming creatures wouldn't be able to build complex machines even if they were smart. Are the leaders of this planet hiding from us? Do they have reservations about meeting us? Is that why they use those flying objects to check out space? Hopefully, we will be able to find some answers.

DAY 12

We found a big object lying on the bottom. Its long body looked somewhat like our spaceship. It sat silently looking very old and damaged. Apparently, it isn't being used anymore. Maybe it is a part of the remains of this planet's ancient civilization.

DAY 19

Since we started our dive, we have seen many more unusual creatures. We were especially surprised to find one that looked very similar to us. The upper part of its body was round and soft. Underneath that were two large eyes and several long arms. It escaped quickly, leaving a cloud of black substance. We don't know if it is the most intelligent life on this planet, but our expectations for new discoveries continue to grow.

DAY 39

This part of our investigation will soon come to an end. We have found more remains and abandoned objects like the one we found earlier, but there have been no signs of the creatures who made them. Perhaps the leaders of this planet have died out. Anyway, we found life on this planet, which is a very big discovery. We must leave this planet for now, but we will certainly come back someday to continue our research. We will return home with amazing reports.

DAY 40

We silently floated up to the surface and then into the air. Just as we were leaving the planet, we saw a lot of strange creatures on the dry areas. What a shock! We, creatures living in liquid, had never imagined creatures like them! Floating safely in our ship's liquid, we realized that our common sense had led us to the wrong conclusion.

問 1 What was the purpose of the explorers' journey? | 41 |

① To assist intelligent creatures on the planet

② To invade a planet and expand their colonies

③ To search for life outside their home planet

④ To test the performance of their new spaceship

問 2 When the explorers were observing the planet from space, they imagined that the intelligent creatures on it would ☐42☐ .

① be aggressive toward others
② have advanced technology
③ have no interest in space
④ no longer live there

問 3 The word reservations as used in DAY 9 is closest in meaning to ☐43☐ .

① appointments
② concerns
③ expectations
④ protections

問 4 Which of the following best describes the author of the journal? ☐44☐

① A being whose shape resembles an octopus
② A human scientist exploring other planets
③ A space creature which looks like a human
④ An intelligent flat animal with no arms

問 5 The explorers incorrectly assumed that all intelligent creatures would ☐45☐ .

① be less creative than their species
② have advanced to the land
③ live in some kind of liquid
④ understand their language

第6問 次の文章を読み，下の問い（**A・B**）に答えよ。なお，文章の左にある(1)〜(6)はパラグラフ（段落）の番号を表している。（配点　36）

(1)　　History teaches us that technology and associated discoveries have changed how we understand the world. Many technological devices provide additional range and power to our natural capacities, such as our five senses. Among these devices, many enable us to see things that we cannot see with the naked eye. This change from invisible to visible has led to tremendous growth in our comprehension of the world and has strongly influenced our ways of thinking.

(2)　　In the 17th century, a scientist noticed that by holding two lenses together in a certain way he could make an object appear larger. He used this technique to construct the first simple telescope. Using these archaic telescopes, early scientists were able to describe the surface of the Moon in detail and to see that Jupiter had at least four such satellites. Since that time, people have developed various devices that expand our range of sight, thus revealing facts about the universe that lies beyond the Earth. The telescope continues to offer us new views concerning things beyond our immediate reach.

(3)　　Later, the microscope was developed using principles similar to the telescope. The microscope allows us to study objects we normally cannot see because they are too small. Looking through a microscope opened up an entirely new world to scientists. Before the invention of the microscope, they couldn't see the structures of human tissues or cells in plants and animals. When they saw these things, they became aware that some things that they had thought were whole and could not be divided, actually consisted of smaller components. These were only visible with the assistance of microscopes. Today, electron microscopes allow us to investigate even smaller items, such as molecules. These advances have altered our concepts regarding the composition of things in the world.

(4)　　　The invention of the camera also made the invisible world visible. In the world, everything is changing. Some things change faster than we can see. The camera is a tool that gives us the power to freeze change at different points in time. Series of pictures have revealed how birds move in flight and athletes run. The camera can also help us see changes that are so gradual that we usually don't notice them. For example, by comparing photos of the same scene taken months or years apart, we can gain insights into how societies change. There are many other ways besides these in which the camera has changed our perceptions of the world.

(5)　　　In the late 19th century, machines that used the newly discovered X-rays revolutionized the way in which we looked at things. Rather than seeing only the surface of an object, we gained the ability to look into it or through it, bringing the inner elements of many things into our range of view. This capability proved practical in the workplace, useful in laboratories and museums, and instructive in universities. One of the most important applications was in medicine. Doctors often had difficulty diagnosing illnesses or finding problems inside the body. X-rays allowed them to look into their patients, identify where there were problems, and cure them. This use of X-rays brought new understandings and methods for diagnosis and treatment.

(6)　　　Different technological devices have made it possible to observe things that we could not see with the naked eye. This has significantly altered our understandings of the world around us. Each technological advance changes us in unpredictable ways, and each discovery increases our knowledge about the world. Just as the devices mentioned above have done, new devices will continue to impact our lives and change our ways of thinking in the future.

A 次の問い(問1～5)の $\boxed{46}$ ～ $\boxed{50}$ に入れるのに最も適当なものを，そ
れぞれ下の①～④のうちから一つずつ選べ。

問1 Which of the following is closest to the meaning of archaic as used in
paragraph (2)? $\boxed{46}$

① advanced

② contemporary

③ ordinary

④ primitive

問2 According to paragraph (3), what did people learn by using microscopes?
$\boxed{47}$

① Cells were too small to be seen with microscopes.

② Materials were made up of smaller things.

③ Molecules were the smallest components.

④ Sets of lenses decreased the size of items.

問3 According to paragraph (4), what do cameras enable us to do? $\boxed{48}$

① To capture moments in time accurately

② To compare rapid social changes

③ To make invisible things move faster

④ To predict what will happen

問 4　According to paragraph (5), how are X-rays used?　49

①　To find the locations of problems in the body

②　To improve visibility of objects' surfaces

③　To learn when paintings were created

④　To test the quality of chemical compounds

問 5　What is the main idea of this passage?　50

①　Applications of two lenses can improve people's sight.

②　Development of technology affects our ways of thinking.

③　People need to be aware of the dangers of technology.

④　Technology plays a vital role in changing our five senses.

B　次の表は，本文のパラグラフ（段落）の構成と内容をまとめたものである。
51 ～ 54 に入れるのに最も適当なものを，下の①～④のうちから一つ
ずつ選び，表を完成させよ。 ただし，同じものを繰り返し選んではいけない。

Paragraph	Content
(1)	Introduction
(2)	51
(3)	52
(4)	53
(5)	54
(6)	Conclusion

①　Examining the interiors of things

②　Exploring the universe of small things

③　Looking at instants during a series of changes

④　The use of lenses to look out into space

2017

本試験

（筆記試験）

80分　200点

英　語（筆記）

$$\left(\text{解答番号}\boxed{1}\sim\boxed{55}\right)$$

第1問 次の問い（**A・B**）に答えよ。（配点　14）

A 次の問い（**問1〜3**）において，下線部の発音がほかの三つと**異なるもの**を，それぞれ下の①〜④のうちから一つずつ選べ。

問1 　1

① app<u>ear</u>　　② f<u>ear</u>　　③ g<u>ear</u>　　④ sw<u>ear</u>

問2 　2

① atta<u>ch</u>　　② <u>ch</u>annel　　③ <u>ch</u>orus　　④ mer<u>ch</u>ant

問3 　3

① a<u>ss</u>ert　　② a<u>ss</u>ociation　　③ impre<u>ss</u>　　④ po<u>ss</u>ess

B 次の問い（**問1～4**）において，第一アクセント（第一強勢）の位置がほかの三つ
と**異なる**ものを，それぞれ下の①～④のうちから一つずつ選べ。

問 1 ☐4☐

① marine ② rapid ③ severe ④ unique

問 2 ☐5☐

① enormous ② evidence ③ satellite ④ typical

問 3 ☐6☐

① assembly ② correspond ③ distinguish ④ expensive

問 4 ☐7☐

① definitely ② democratic
③ independence ④ resolution

4　2017年度：英語（筆記）/本試験

第2問　次の問い（A～C）に答えよ。（配点　44）

A　次の問い（問1～10）の　8　～　17　に入れるのに最も適当なものを，そ
れぞれ下の①～④のうちから一つずつ選べ。ただし，　15　～　17　につい
ては，（　A　）と（　B　）に入れるのに最も適当な組合せを選べ。

問1　Today, in science class, I learned that salt water doesn't freeze　8
0℃.

　　① at　　　　　② in　　　　　③ on　　　　　④ with

問2　Many experts think that we need to create more job opportunities for
　　　9　.

　　① a young　　② the young　　③ young　　④ younger

問3　The leaves in my neighborhood have recently　10　yellow.

　　① come　　　② developed　　③ led　　　④ turned

問4　I think eating at home is often　11　more economical than eating at a
restaurant.

　　① far　　　　② high　　　　③ too　　　　④ very

問5　　12　as the leading actor in the film, Ramesh soon became a star.

　　① Choosing　　　　　　　② Having been chosen
　　③ Having chosen　　　　　④ To choose

2017年度：英語(筆記)/本試験 5

問 6 Please give me [13] information you get as soon as possible.

① as if   ② even if   ③ whatever   ④ whenever

問 7 The typhoon suddenly became weaker, [14] was good news for the village.

① it   ② that   ③ what   ④ which

問 8 He (A) his umbrella (B) in the door by accident when he boarded the rush hour train. [15]

① A：got   B：caught   ② A：got   B：to catch
③ A：made   B：caught   ④ A：made   B：to catch

問 9 (A) in this class is as kind (B) Abbie. She always helps people who are in trouble. [16]

① A：Anybody   B：as   ② A：Anybody   B：than
③ A：Nobody   B：as   ④ A：Nobody   B：than

問10 Angelina (A) me whether I (B) enjoyed the festival last Saturday. [17]

① A：asked   B：had   ② A：asked   B：have
③ A：said to B：had   ④ A：said to B：have

6 2017年度：英語（筆記）/本試験

B 次の問い（問 1 ～ 3 ）において，それぞれ下の①～⑥の語句を並べかえて空所を補い，最も適当な文を完成させよ。解答は ⎢ 18 ⎢ ～ ⎢ 23 ⎢ に入れるものの番号のみを答えよ。

問 1　Keita:　You have so many things in your room.

　　　Cindy:　I know.　Actually, _____ ⎢ 18 ⎢ _____ _____ _____ ⎢ 19 ⎢ _____ it neat and clean.

　　① difficult　　　② find　　　③ I

　　④ it　　　　　　⑤ keep　　　⑥ to

問 2　Ted:　Professor Jones suggested that I rewrite this essay.

　　　Jack:　Oh, well, _____ ⎢ 20 ⎢ _____ _____ _____ ⎢ 21 ⎢ _____ , but I'm sure you'll get a higher grade on it.

　　① a few　　　② cost　　　③ hours

　　④ it　　　　　⑤ may　　　⑥ you

問 3　Rita:　Daniel and I have to go home now.

　　　Father:　Oh, _____ ⎢ 22 ⎢ _____ _____ _____ ⎢ 23 ⎢ _____ usual?　I thought you were going to stay for dinner.

　　① are　　　　② earlier　　　③ how come

　　④ leaving　　⑤ than　　　　⑥ you

C 次の問い(問1～3)の会話の 24 ～ 26 において，二人目の発言が最も適当な応答となるように文を作るには，それぞれ(A)と(B)をどのように選んで組み合わせればよいか，下の①～⑧のうちから一つずつ選べ。

問1　Worker: I can't do all of these jobs at the same time. Which do you think I should do first?

　　　Co-worker: Well, the monthly report is very important and 24

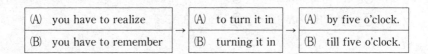

① (A) → (A) → (A)　　② (A) → (A) → (B)　　③ (A) → (B) → (A)
④ (A) → (B) → (B)　　⑤ (B) → (A) → (A)　　⑥ (B) → (A) → (B)
⑦ (B) → (B) → (A)　　⑧ (B) → (B) → (B)

問2　Taylor: You're watching cricket again? I don't know why you watch cricket matches all the time.

　　　Adele: I love cricket, and this is a great match. 25 for you, too.

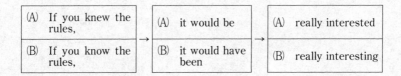

① (A) → (A) → (A)　　② (A) → (A) → (B)　　③ (A) → (B) → (A)
④ (A) → (B) → (B)　　⑤ (B) → (A) → (A)　　⑥ (B) → (A) → (B)
⑦ (B) → (B) → (A)　　⑧ (B) → (B) → (B)

問 3 Fritz: Some students said they heard a rumor about Naoki.
　　　Sophia: I heard it, too, but it's false. I wonder 　26　.

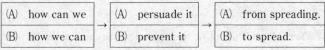

① (A)→(A)→(A)　　② (A)→(A)→(B)　　③ (A)→(B)→(A)
④ (A)→(B)→(B)　　⑤ (B)→(A)→(A)　　⑥ (B)→(A)→(B)
⑦ (B)→(B)→(A)　　⑧ (B)→(B)→(B)

2017年度：英語（筆記）/本試験　**9**

第3問　次の問い（A〜C）に答えよ。（配点　41）

A　次の問い（**問1・問2**）の会話の　27　・　28　に入れるのに最も適当なものを，それぞれ下の①〜④のうちから一つずつ選べ。

問1　Student:　Do you have time later today to check the draft of my speech?

　　　Teacher:　No, I'm afraid I don't have time today.　I have several appointments this afternoon.

　　　Student:　I see.　Well ....　27

　　　Teacher:　Yes.　And please send it to me by email so I can read it before you come.

　　① Are you sure you can skip the appointments?

　　② Could I come to your office after school tomorrow?

　　③ Shall I make an appointment with you for today?

　　④ Would you kindly give me the draft to look at?

問2　Ken:　How about going to Memorial Park this weekend?

　　　Ethan:　How far is it from here?

　　　Ken:　Well, it takes about two hours by express train.

　　　Ethan:　Oh, that's a bit far.　How much is it to get there?

　　　Ken:　About 6,000 yen.　But I've heard it's really beautiful.

　　　Ethan:　I know, but　28　.　Let's find somewhere else to go.

　　① I don't feel like going out

　　② it helps us to get there

　　③ that's much too expensive

　　④ we can't miss this chance

B 次の問い（問1～3）のパラグラフ（段落）には，まとまりをよくするために**取り除いた方がよい文**が一つある。取り除く文として最も適当なものを，それぞれ下線部①～④のうちから一つずつ選べ。

問 1　　29

Wearing proper shoes can reduce problems with your feet. Here are some important points to think about in order to choose the right shoes. ①Make sure the insole, the inner bottom part of the shoe, is made of material which absorbs the impact on your foot when walking. ②The upper part of the shoe should be made of breathable material such as leather or cloth. ③Some brand-name leather shoes are famous because of their fashionable designs. ④When you try on shoes, pay attention not only to their length but also to their depth and width. Wearing the right shoes lets you enjoy walking with fewer problems.

問 2　　30

In Japan, there are several ways of transporting goods. Each method has its own advantages and disadvantages. ①Transportation by air, though it can be expensive, is suitable for carrying goods which require speedy delivery. ②Buses can carry many passengers, and they are convenient for daily life. ③Ships, on the other hand, can carry large quantities at low cost, but it takes much time for them to reach their destinations. Trains can stop only at stations, but their arrival times can easily be estimated. ④Although trucks cannot carry much compared with trains, they are useful for carrying things from door to door. Such merits and demerits of each method of transportation should be taken into consideration, so the best way can be chosen, depending on the needs.

問 3 | 31 |

If you forget something you once learned, go back to the place where you originally learned it. Experimental studies support this idea. For instance, two groups of divers went into the sea. ①After listening to a list of words underwater, they came back on land and wrote down as many words as they could remember. ②A day later, one group sat on land, while the other went back into the sea. ③Researchers carefully chose the list of words, and the divers selected the diving site. ④Each group was asked to recall and write the words they had learned the day before. It turned out that the divers in the sea recalled words better than the divers on land. Thus, a person's ability to remember seems to be better if learning and recalling are done in the same environment.

C 次の会話は，「市の発展」をテーマとして，ある町で行われた住民による話し合いでのやりとりの一部である。 32 ～ 34 に入れるのに最も適当なものを，それぞれ下の①～④のうちから一つずつ選べ。

Alice: The mayor has asked me to lead this meeting to discuss ways to develop our town. Tom, how about beginning with you?

Tom: Sure. If a new factory is built here, more people will move to our town. This would help local shops and restaurants because there would be more customers. Also, some of our residents working in the next town could find jobs here. Many people have complained about their long drive back and forth to work. Working closer to home would improve their family life by giving them more time to spend together.

Alice: Tom, are you saying that 32 ?

① many of our residents prefer traveling to another town to work
② new businesses should do much more to increase their sales
③ people in our town would benefit from a new workplace here
④ working in the next town may make people's lives better

Tom: Yes, that's correct.

Carol: Well, I think it would be better to build a shopping mall. It would be good for both customers and shop owners. When the new housing complex is completed in the northeastern part of town, people living there would be pleased with a nearby mall to shop at. Lots of my fellow merchants have been wishing they could move to a new place. Such a mall would be a benefit to shop owners because more people would visit their shops.

Rick: I agree. A mall would also be useful for people in other parts of town because they could do all of their shopping at one place. It would save everyone time, and families would enjoy their lives more. And the highway exit is in the same area. So, not only would people in our town shop at a mall built there but people from other towns would also have easy access to it. That would increase our local businesses' profits.

Carol: Right. It would make family life here much better as well as bring more customers to our town.

Alice: So, you both feel that a mall would help ⬚ 33 ⬚.

① bring money into our town to fix the highway

② develop downtown and the northeastern areas

③ give rise to a lot of controversies and arguments

④ improve our town's economy and convenience

Leslie: I don't think building a mall or opening a business is the only way to help our economy grow. We should find ways of using the beauty of nature, which our town is already famous for. It makes our town a nice place for families to live in.

Ellen: I think so, too. We should try to develop without changing the things that families living here and visitors enjoy. Using the beautiful scenery of our town in more creative ways would encourage people to come and live here. That would bring more money into our town.

Leslie: I completely agree. In the long run, our town will be hurt if its natural surroundings are not preserved.

Alice: So, Leslie and Ellen are talking about the importance of maintaining the natural features of our town. Well, from our discussion so far, it seems everyone thinks, when developing our town, we should [34]. Let's see if there are any other points we need to take into account.

① build a large shopping center

② consider residents' family lives

③ increase the number of employees

④ think of the natural environment

2017年度：英語（筆記）/本試験　**15**

第4問　次の問い（**A・B**）に答えよ。（配点　35）

A　次の文章はある説明文の一部である。この文章と図を読み，下の問い（**問1〜4**）の　35　〜　38　に入れるのに最も適当なものを，それぞれ下の①〜④のうちから一つずつ選べ。

　Physical activity in your childhood, such as playing sports and exercising, can greatly benefit your health when you are older. Therefore, it is important to promote physical activity in childhood for one's good health. The schoolyard is one place where children and adolescents can be encouraged to take part in physical activity. Thus, knowing how schoolyards are used by students may give us some helpful ideas to promote their physical activity.

　A study was conducted at four schools in Denmark in order to investigate how much different types of schoolyard areas were used and whether students were active or passive in those areas. In the study, schoolyard areas were classified and defined by their primary characteristics. *Grass* represented playing fields and natural green lawn areas, often used for soccer, but without any marked lines or goals. *Multi-court* referred to fenced areas on various surfaces, like artificial grass and rubber, designed for tennis and other such ball games. *Natural* represented areas with, for example, bushes, trees, and natural stones. *Playground* represented areas with play equipment, such as swings and slides on safe surfaces like sand. *Solid Surface* described the areas with the hardest surfaces, like concrete. These areas were identified by flat open spaces, often having numerous markings painted for games and benches set in different places.

　Using GPS devices and other instruments, the researchers measured the lengths of time the students spent in the different schoolyard areas as well as the degrees of their physical activity. Figure 1 displays the average amounts of time spent per day in each area for All students and those averages divided into Children (aged 12 and under) and Adolescents (aged 13 and over). Solid Surface was clearly the area in which All students spent most of their time, followed by Multi-court then Grass. Natural and Playground showed similar averages for All students, with the average for All students in Playground being just over two minutes.

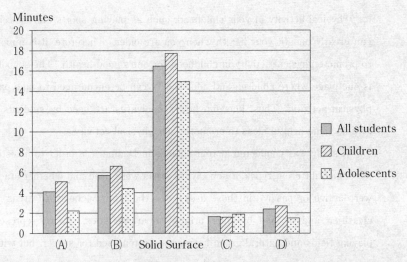

Figure 1. Average times spent in each area by All students, Children, and Adolescents.

Furthermore, the study revealed differences between the average amounts of time spent in schoolyards by Children and Adolescents. In comparison with Adolescents, Children spent more time in all schoolyard areas except for Natural areas. The greater amount of time spent by Children might be explained by the fact that, according to the regulations at all four schools, Children could not leave the schoolyard during lunch time, but Adolescents could when they wanted to.

When looking at the degree of physical activity, researchers discovered differences among the schoolyard areas. Students were most active in Grass and Playground areas. On the other hand, students were quite passive in Solid Surface areas, with Adolescents spending only 7% of their time there being physically active.

The findings of this study show the importance of investigating the potential of various environments and features in schoolyards. To promote students' health, it is also beneficial to observe how varieties of games Children and Adolescents play affect the length of time spent taking part in physical activity. Let us now take a look at these relationships.

(Henriette Bondo Andersen 他(2015) *Objectively Measured Differences in Physical Activity in Five Types of Schoolyard Area* を参考に作成)

問 1　According to the passage, what is the difference between Multi-court and Solid Surface? 　35

① Unlike Multi-court, Solid Surface contains artificial grass for younger students to play on.

② Unlike Multi-court, Solid Surface does not contain boundaries marked for students' games.

③ Unlike Solid Surface, Multi-court has a relatively soft surface made of various materials.

④ Unlike Solid Surface, Multi-court is not surrounded by anything, which makes it easy to access.

18 2017年度：英語(筆記)/本試験

問 2 In Figure 1, which of the following do (A), (B), (C), and (D) refer to? 36

① (A) Grass   (B) Multi-court (C) Natural   (D) Playground

② (A) Grass   (B) Multi-court (C) Playground   (D) Natural

③ (A) Multi-court (B) Grass   (C) Natural   (D) Playground

④ (A) Multi-court (B) Grass   (C) Playground   (D) Natural

問 3 The main purpose of this passage is to 37 .

① discuss the benefits of being physically active at school in childhood

② give advice to increase the number of physically active adolescents

③ introduce schools that encourage students to play on grassed areas

④ show that types of schoolyards affect students' behavior there

問 4 What topic is most likely to follow the last paragraph? 38

① The benefits of studying various school environments for different activities

② The connections between types of games and lengths of time being active

③ The influence of the schoolyard environment on Adolescents' physical activity

④ The way schoolyard surfaces affect the time spent doing physical activity

B 次のページのビデオ制作コンテストに関するウェブサイトを読み，次の問い（問1〜3）の | 39 | 〜 | 41 | に入れるのに最も適当なものを，それぞれ下の①〜④のうちから一つずつ選べ。

問1 The purpose of the IAYP Video Clip Competition is to provide | 39 | .

① a place to meet new friends of the same age

② an airplane ticket to Australia to create a video clip

③ instructions to create a video clip on a computer

④ opportunities for young people to exhibit their works

問2 Members of a high school baseball team will submit a four-minute video clip about their bonds with players from a sister school abroad. Under which category should the video clip be entered? | 40 |

① Category A

② Category B

③ Category C

④ Category D

問3 Which of the following meets the submission requirements for this competition? | 41 |

① A nine-minute mystery drama featuring a young Japanese detective

② A six-minute video clip showing students practicing for a rugby game

③ A three-minute video clip that won third prize at a local film festival

④ A three-minute video clip uploaded to this website on October 30, 2017

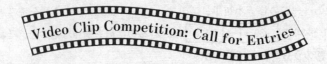

Video Clip Competition: Call for Entries

The International Association of Young Producers (IAYP) is proud to open its annual Video Clip Competition again this year. This is a great way to share your creations with a wide audience. Anyone aged 25 and under can participate. The IAYP invites submissions in the following four categories:

	Theme	Maximum length
Category A	A topic related to a team sport	3 minutes
Category B	An idea connected to friendship	5 minutes
Category C	A social problem based on a true story	5 minutes
Category D	A mystery with a dramatic ending	7 minutes

The deadline is 11:59 pm, October 31, 2017 (Japan Standard Time). The three best clips in each category will be selected by a committee of famous video creators and posted on this website in December. One overall grand champion will be awarded a ticket to the next IAYP Conference in Sydney, Australia. So, don't miss this chance! Get out your video camera and start filming!

Follow these steps:
- Shoot a video and edit it on a computer to an appropriate length for the category you choose.
- Click here to enter your details and upload your video clip.

Rules and conditions:
- Each person or group can choose only one category.
- Only clips sent before the deadline will be accepted.
- Clips must be original and submitted to a competition for the first time.

第5問 次の物語を読み，下の問い（問1〜5）の $\boxed{42}$ 〜 $\boxed{46}$ に入れるのに最も適当なものを，それぞれ下の①〜④のうちから一つずつ選べ。（配点 30）

Ahhhhhhhhhhh!

With a big yawn I woke up. What a fresh morning! I felt very sharp, much sharper than usual. I was able to hear the singing of birds more clearly than ever before. I noticed the smell of coffee coming up from downstairs. I stretched out my arms in front of myself and raised my back; it felt so good. I sat up straight, licked my hand, and started to clean my face with it.... Huh?... Something was strange. Why was I licking my hand with my tongue? Why was my body covered with fur? I tried to say something, but the sound that came out of my mouth was... "Meow."

It was certainly my bedroom that I was in. It was certainly my bed that I was sitting on. Everything was as usual except that... I seemed to have changed into a different creature. I was so surprised that I couldn't move. I couldn't do anything. I wondered — would I have to spend the rest of my life as an animal? I began to feel afraid.... But after a few moments those feelings passed. So, with a wave of my tail, I started to explore my surroundings. A cat's mind is said to be changeable like that.

As I went down the stairs, the smell of coffee grew stronger and I could tell what was for breakfast. Maybe the senses of a cat are sharper than those of a human. When I got to the dining room, what I saw almost stopped my heart. It was *me*! The human *I* was sitting at the dining table! I couldn't take my eyes off *myself*.

The human *I* was absorbed in a smartphone, maybe writing responses to friends' messages or playing an online game. Bending *my* head down toward the phone, *I* was sitting with rounded shoulders and a curved back. *I* looked very uncomfortable.

I sometimes took a little bite of toast, but it appeared that *I* was not noticing any taste in *my* mouth. Actually, the taste of toast in my memory was vague. I couldn't remember what else had been served for breakfast recently, either. The human *I* was just mindlessly putting in *my* mouth anything that was on the plate while handling the phone. *I* was so focused on the text messages or games that *I* took little interest in what was happening around *me*. In fact, *my* face had no expression on it at all.

"Yuji, you never study these days. Are you ready for your final exams? You're making me a little bit worried," said Mom.

"Mmm," said *I*. A sign of frustration briefly appeared on *my* face, but it disappeared in an instant. *My* face was again as expressionless as it had been before.

"I don't like this guy," I thought. But this guy was me. I couldn't deny it. For the first time, I realized how I really looked to other people.

Then, as *I* started to leave the table, our eyes met. "Wow! Mom, look! There's a cat in the dining room!"

I didn't know why, but I was running. I felt I had to escape. Running up the stairs, I found the window in my room was open. I jumped! I had a strange feeling. The world suddenly seemed to have shifted. I felt my body falling down and . . . .

Bump!

I was awake, lying on the floor of my room. I slowly sat up and looked around. Everything looked like it usually did. I looked at my hands. I was relieved to see they were no longer covered with fur. I stood up and, with a yawn, extended my arms above my head to stretch my back. Without thinking, as was my usual habit in the morning, I started to walk to my desk where my smartphone had completed charging and . . . I stopped.

After pausing for a moment, I turned around and went downstairs for breakfast.

問 1　When Yuji realized that he had turned into a cat, he first felt 　42　 .

① astonished

② embarrassed

③ excited

④ satisfied

問 2　When Yuji's mother spoke to him, he was annoyed because 　43　 .

① he wanted to please her

② her words disturbed him

③ his mouth was full of food

④ she interrupted his studies

問 3　The cat thought, "I don't like this guy," because Yuji 　44　 .

① could not recall the taste of food he had eaten at breakfast

② tried to hide his efforts to study for the final exams

③ was making fun of his mother's concern for his future

④ was not showing respect for people or things around him

24　2017年度：英語(筆記)/本試験

問 4　At the end of the story, Yuji did not pick up his smartphone because he
45 .

① decided it was time to improve his attitude

② realized that it was not yet fully charged

③ wanted to stick to his old priorities

④ was afraid of being scolded by his mother

問 5　What is the theme of this story?　46

① Cats have much better senses than humans.

② Observing yourself can lead to self-change.

③ People using smartphones look strange.

④ Unbelievable things can happen in dreams.

第 6 問 次の文章を読み，下の問い（**A・B**）に答えよ。なお，文章の左にある(1)～(6)はパラグラフ（段落）の番号を表している。（配点 36）

(1)　　　For most people, their friendships are a valuable and important part of who they are. Psychologists have pointed out that well-established friendships lead us to a better understanding of ourselves. They have also noted that we might face conflicts not only with acquaintances but even with our good friends, which could result in ends to some of our friendships. Fortunately, even when such conflicts occur, it is possible to find ways to maintain or save the friendships.

(2)　　　One way to help save a friendship in trouble is to keep in touch. When we think a friend has done something that hurt our feelings, our first response may be to cut off contact. However, it may be better to swallow our pride and avoid doing that. For example, Mary watched her friend Susan's children every week until Susan finished night school and graduated. But after that, Mary did not hear from Susan for several months. So, she felt that Susan had been just using her. She decided not to talk to her any more. In the end, however, Mary forced herself to ignore her own feelings and told Susan about her disappointment. Susan immediately apologized and told her that she had been just trying to catch up with things after completing her studies. Susan would never have known there was a problem if Mary had not mentioned it. Not cutting off contact, even when we may be angry, is very important for maintaining good relationships.

(3)　　　Another way to help a friendship is to see things from our friend's point of view. For example, Mark was very upset at his good friend, Kate, because she had not visited him in the hospital. Later, he learned from Kate's friend that she had been afraid of hospitals ever since she had been hospitalized as a little girl for a serious illness. Mark then understood why Kate hadn't come and, instead of being angry, he felt sympathy for her.

(4)　　　An important part of dealing with friendships is to recognize and accept that they can change as our needs and lifestyles evolve. For example, we may have a good friend in high school, but once we graduate, move to a different city for work or study, or get married, we may see that friend less frequently and our feelings may change. In other words, sometimes a close friendship may alter in nature. We should keep in mind that we may still be friends but not in the same way as before.

(5)　　　How do people keep friendships for a long time? In one study, researchers interviewed many people who had been friends for a long time in order to find out the secret. They found that those people kept small misunderstandings from growing into large disputes which might cause their friendships to end. By taking their friends' viewpoints and not being afraid to express their honest feelings, those who were interviewed were able to keep something minor from growing into a major argument.

(6)　　　We all know that friendships are precious, but we also understand that friendships are not always stable. The challenge in maintaining friendships is keeping the connections strong during the ups and downs that happen in all relationships. When things are going well, we enjoy our friendships. If things go bad, we should remember the points above. Sometimes we can get the relationship back on track, but at other times we should accept and appreciate that relationships can change. However, regardless of the states of our friendships, they will continue to be an important part of our lives.

A 次の問い(**問1～5**)の 47 ～ 51 に入れるのに最も適当なものを，そ
れぞれ下の①～④のうちから一つずつ選べ。

問1 According to paragraph (1), what do psychologists say about friendships?
47

① They are frequently compared to one's possessions.
② They are impossible to fix when they become unstable.
③ They can lead us to have conflicts with our acquaintances.
④ They help us know about ourselves but can have problems.

問2 Which of the following is closest to the meaning of swallow our pride in
paragraph (2)? 48

① Give our thanks to someone
② Hold back our feelings
③ Realize that problems happen
④ Stop seeing someone

問3 According to paragraph (5), research found it is important to 49 .

① hesitate to express one's true feelings
② ignore misunderstandings and disputes
③ put up with problems whenever one can
④ solve problems while they are small

問4 According to paragraph (6), what is difficult about maintaining friendships?
50

① Finding new and interesting friends
② Knowing when to change relationships
③ Seeing if friends have problems
④ Staying close during bad times

問 5　What would be the best title for this passage?　51

① Advice for Friendships That Will Last

② Defending Yourself and Your Friends

③ Strength as the Key to Friendships

④ The Changing Nature of Friendships

B　次の表は，本文のパラグラフ(段落)ごとの内容をまとめたものである。
52 ～ 55 に入れるのに最も適当なものを，下の①～④のうちから一つ
ずつ選び，表を完成させよ。ただし，同じものを繰り返し選んではいけない。

Paragraph	Content
(1)	The realization that friendships are important
(2)	52
(3)	53
(4)	54
(5)	55
(6)	What is important to keep in mind

① A report about the results of a study on long-term friendships

② The importance of looking at a situation from our friend's perspective

③ The significance of understanding that friendships undergo
transformations

④ The value of staying in contact and interacting with your friends

2016

本試験

（筆記試験）

80分　200点

英　語（筆記）

解答番号　1　～　55

第1問　次の問い（**A・B**）に答えよ。（配点　14）

A　次の問い（**問1～3**）において，下線部の発音がほかの三つと**異なるもの**を，それぞれ下の①～④のうちから一つずつ選べ。

問1　1

① illegal　　② logical　　③ tiger　　④ vague

問2　2

① bounded　　② founded　　③ surrounded　　④ wounded

問3　3

① church　　② curious　　③ curtain　　④ occur

2016年度：英語（筆記）/本試験　**3**

B　次の問い（**問1～4**）において，第一アクセント（第一強勢）の位置がほかの三つ
　　と**異なる**ものを，それぞれ下の**①～④**のうちから一つずつ選べ。

問1　**4**

　　① civil　　　　　**②** purchase　　　　**③** unite　　　　**④** valid

問2　**5**

　　① abandon　　　**②** decision　　　　**③** politics　　　　**④** potential

問3　**6**

　　① charity　　　　**②** continent　　　　**③** demonstrate　　　**④** opponent

問4　**7**

　　① agriculture　　**②** discovery　　　　**③** material　　　　**④** philosophy

4 2016年度：英語(筆記)/本試験

第2問　次の問い(**A～C**)に答えよ。(配点　44)

A　次の問い(問1～10)の 8 ～ 17 に入れるのに最も適当なものを，そ
れぞれ下の①～④のうちから一つずつ選べ。ただし， 15 ～ 17 につい
ては，(**A**)と(**B**)に入れるのに最も適当な組合せを選べ。

問1　The train 8 when I reached the platform, so I didn't have to wait in
the cold.

① had already arrived ② has already arrived

③ previously arrived ④ previously arrives

問2　 9 Tokyo has a relatively small land area, it has a huge population.

① Although ② But ③ Despite ④ However

問3　Children 10 by bilingual parents may naturally learn two languages.

① bringing up ② brought up

③ have brought up ④ were brought up

問4　My sister was not a serious high school student, and 11 .

① either I was ② either was I

③ neither I was ④ neither was I

問5　Before the movie begins, please 12 your mobile phone is switched
off.

① keep ② make sure ③ never fail ④ remind

問 6 We have made good progress, so we are already ☐13☐ schedule.

① ahead of ② apart from ③ far from ④ out of

問 7 Thanks to their ☐14☐ comments after my presentation, I felt very relieved.

① friendly ② nicely ③ properly ④ warmly

問 8 (A) you've completed this required class, you (B) be able to graduate. ☐15☐

① A：If B：won't ② A：Unless B：would
③ A：Until B：won't ④ A：While B：would

問 9 Wood (A) be used as the main fuel, but nowadays fossil fuels (B) widely. ☐16☐

① A：used to B：are used
② A：used to B：have been used
③ A：was used to B：are used
④ A：was used to B：have been used

問10 (A) so considerate (B) him to come and see his grandmother in the hospital every day. ☐17☐

① A：He is B：for ② A：He is B：of
③ A：It is B：for ④ A：It is B：of

6 2016年度：英語(筆記)/本試験

B 次の問い(問1～3)において，それぞれ下の①～⑥の語句を並べかえて空所を補い，最も適当な文を完成させよ。解答は 18 ～ 23 に入れるものの番号のみを答えよ。

問1　Hotel clerk:　Good evening, Mr. and Mrs. Gomez.　How can I help you?

　　　Mrs. Gomez:　Well, _____ 18 _____ _____ 19

　　　　　　　　　_____ us how to get to the theater.

　　　① could　　　　　　② if　　　　　　　③ tell

　　　④ we're　　　　　　⑤ wondering　　　⑥ you

問2　Student:　Excuse me.　I'd like to know what we will be discussing in next week's seminar.

　　　Professor:　I haven't decided yet, so _____ 20 _____ _____

　　　　　　　　21 _____ email.

　　　① by　　　　　　　② let　　　　　　　③ me

　　　④ send　　　　　　⑤ the details　　　⑥ you

問3　Interviewer:　How did you change after becoming the head of such a large company?

　　　President:　I _____ 22 _____ _____ 23 _____

　　　　　　　　my time more effectively.

　　　① came to　　　　② manage　　　　　③ need

　　　④ realize　　　　　⑤ the　　　　　　　⑥ to

C 次の問い(問1〜3)の会話の 24 〜 26 において，二人目の発言が最も適当な応答となるように文を作るには，それぞれ(A)と(B)をどのように選んで組み合わせればよいか，下の①〜⑧のうちから一つずつ選べ。

問1 Maika: How about having a campfire on the last night of summer camp?
　　　Naomi: It's been very dry recently, so 24 .

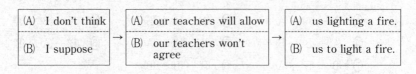

① (A)→(A)→(A)　　② (A)→(A)→(B)　　③ (A)→(B)→(A)
④ (A)→(B)→(B)　　⑤ (B)→(A)→(A)　　⑥ (B)→(A)→(B)
⑦ (B)→(B)→(A)　　⑧ (B)→(B)→(B)

問2 George: Sometimes I feel that I am not a very good musician.
　　　Robin: Come on! 25

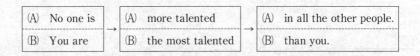

① (A)→(A)→(A)　　② (A)→(A)→(B)　　③ (A)→(B)→(A)
④ (A)→(B)→(B)　　⑤ (B)→(A)→(A)　　⑥ (B)→(A)→(B)
⑦ (B)→(B)→(A)　　⑧ (B)→(B)→(B)

問 3 Paul: You know, Yoko, there's really nothing more I can teach our son on the piano. He plays better than I do now.
　　　Yoko: Well, maybe we [26]

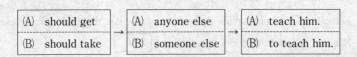

① (A)→(A)→(A)　　② (A)→(A)→(B)　　③ (A)→(B)→(A)
④ (A)→(B)→(B)　　⑤ (B)→(A)→(A)　　⑥ (B)→(A)→(B)
⑦ (B)→(B)→(A)　　⑧ (B)→(B)→(B)

第3問 次の問い(**A ～ C**)に答えよ。(配点 41)

A 次の問い(**問1・問2**)の会話の 27 ・ 28 に入れるのに最も適当なものを, それぞれ下の**①～④**のうちから一つずつ選べ。

問1 Sue: You know, Peter's birthday is coming soon. Is everything going well for the surprise party?

Polly: Yes. I've already bought and wrapped his present. Here, look.

Sue: 27 He might walk in at any moment.

Polly: OK. I'll put it away until the party.

① He doesn't like the color of the wrapping.

② I don't have the slightest idea what to buy.

③ Show him what you bought when he comes.

④ You should hide it so that he won't see it.

問2 Diego: Did you do the English homework? It was difficult, wasn't it?

Fred: Oh! I totally forgot about it.

Diego: You can do it during lunch time.

Fred: There's little point in even trying. 28

Diego: Don't give up. You need to pass English, right?

① I'm sure I can make it.

② It'd be a waste of time.

③ Let me see what you can do.

④ You don't want to miss it.

10 2016年度：英語(筆記)/本試験

B 次の問い(**問1～3**)のパラグラフ(段落)には，まとまりをよくするために**取り除いた方がよい文**が一つある。取り除く文として最も適当なものを，それぞれ下線部①～④のうちから一つずつ選べ。

問 1 | 29 |

Students in Japan are now engaging more in practical activities and less in memorization of facts in class. Students are learning scientific principles through actual experience. ①They do well in science in comparison with other students around the world. ②They build electric motors using everyday goods, such as wire, magnets, and paper clips. ③They make ice cream by hand with salt and ice. ④Students say that they like the new studying style because it is practical as well as enjoyable and educational. It is hoped that this new method will encourage students to become more interested in science.

問 2 | 30 |

Trial and error, an approach used in science, is often found in daily life. It can be observed when people do not feel well. They may already have a list of treatments they have used before. They can also consult a medical book or check the Internet for new treatments. They may decide to use any one of the treatments. ①If the treatment does not improve the condition, they try another one. ②They are concerned about how scientific the treatment is. This is an example of how this approach is adopted in everyday life. ③In solving problems, scientists come up with more than one idea and use one of the possible options. ④When an idea fails, they consider the alternatives. In this way, approaches used in science and daily life have some points in common.

問 3 　31

Food can do more than fill our stomachs — it also satisfies feelings. If you try to satisfy those feelings with food when you are not hungry, this is known as emotional eating. There are some significant differences between emotional hunger and physical hunger. ①Emotional and physical hunger are both signals of emptiness which you try to eliminate with food. ②Emotional hunger comes on suddenly, while physical hunger occurs gradually. ③Emotional hunger feels like it needs to be dealt with instantly with the food you want; physical hunger can wait. ④Emotional eating can leave behind feelings of guilt although eating due to physical hunger does not. Emotional hunger cannot be fully satisfied with food. Although eating may feel good at that moment, the feeling that caused the hunger is still there.

12 2016年度：英語(筆記)/本試験

C 次の会話は，「異文化理解」をテーマとして，ある大学で行われた授業でのやりとりの一部である。 32 ～ 34 に入れるのに最も適当なものを，それぞれ下の①～④のうちから一つずつ選べ。

Professor: Good morning. I'm sure everyone did the homework reading, so I want to begin today's class on intercultural communication. My first question is "Why do we need to study intercultural communication?" Would anyone like to answer?

Student 1: Yes, I'll try to answer that. People may think the way they do things or the way they view the world is "natural" and "correct." When they encounter someone doing things differently, they regard it as "strange" or "wrong." Having an awareness of intercultural communication can help us understand and deal with misunderstandings when they arise. I think it is especially important these days because people travel overseas for many reasons, such as work, study, or vacations. The opportunities to meet people from other countries have increased greatly. With this increased contact, there are more chances for trouble between people from different cultures.

Professor: Right. As you said, studying intercultural communication is useful because 32 .

① intercultural knowledge encourages people to study in a foreign country
② some ways of living are considered to be more correct than others
③ there were many more cases of intercultural communication in the past
④ we can cope with cultural misunderstandings more easily and smoothly

Professor: Let's move on to the concept of "culture." You should know that because culture is all around us all the time, it is difficult to define. Therefore, we tend to discuss culture in terms of characteristics. Can anyone give an example of a cultural characteristic?

Student 2: The characteristic I found interesting is that people belonging to a culture have the same values, beliefs, and behaviors. Values are things that are felt to be of worth, like the Japanese concept of "mottainai." Beliefs are things that people believe to be true, and these cover a wide variety of areas. For example, people in a culture might share beliefs about the kinds of foods that are unacceptable. Behavior is about people's actions, and people in the same culture can often be seen behaving similarly.

Professor: That's a good explanation. That means ⬚ 33 ⬚ .

① having the same beliefs as other cultural groups is important
② people from the same cultural group usually behave differently
③ people's attitudes to food determine which cultures they are from
④ shared behaviors may make you a member of a cultural group

Student 3: Can I ask a question?

Professor: Of course.

Student 3: What about people who always seem to be different from those around them? Sometimes I don't do things in the same way as my friends. So, if we need to have the same behavior for group membership, does that mean those who are not the same aren't members of their cultural group?

Professor: That's a good question. To answer it we need to think in terms of cultural norms rather than individual examples.

Student 3: What is a cultural norm?

Professor: Well, a cultural norm is a rule or standard of behavior shared by members of a cultural group.

14   2016年度：英語(筆記)/本試験

Student 3:   Then what happens to the people who do not follow the cultural norms?

Professor: Well, they may belong to a smaller group, or a sub-cultural group, but that group is still considered to be part of the culture. This is true as long as their actions are within the acceptable limits of behavior for that particular culture.

Student 3:   So, am I right in thinking that $\boxed{34}$?

①   a culture contains groups that make up one larger group

②   acting differently isn't allowed for group membership

③   it is important to be in the group that follows the cultural norms

④   the number of sub-cultural groups should be limited

Professor: Yes. I hope this has cleared things up for you. OK. I think we're ready to move on and think about another characteristic of culture.

第4問　次の問い(A・B)に答えよ。(配点　35)

A　次の文章はある説明文の一部である。この文章とグラフを読み，下の問い(問1～4)の　35　～　38　に入れるのに最も適当なものを，それぞれ下の①～④のうちから一つずつ選べ。

　US consumers have benefited from an increased volume and variety of fresh-fruit imports, particularly since the 1990s. The fruit and vegetable section in today's grocery store often has dozens of different fresh fruits on display all year around, which come from all corners of the globe as additions to domestic fresh fruit.

　The rapid growth of fresh-fruit imports has affected many aspects of the US fresh-fruit market. For example, while oranges are the US's leading domestically grown fruit, the volume of US orange imports has grown steadily since the 1990s, with occasional sudden increases when the US crop experienced freezing weather (see Figure 1).

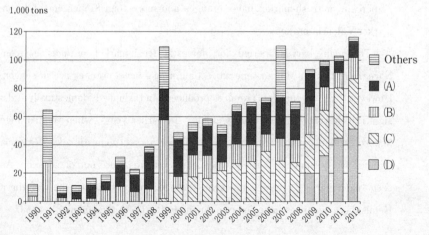

Figure 1. US fresh-orange imports by country.

The US domestic market receives orange imports from various countries and regions. Among the major suppliers, Mexico is a longtime source. However, due to the strong US demand for fresh oranges throughout the year, the Southern Hemisphere countries have also become major suppliers, especially during the summer months when domestic navel oranges are not available. Australia was the first such country, starting in the early 1990s after it obtained permission from the US government to export its navel oranges there. Australia was followed by South Africa in the late 1990s, and most recently by Chile as well.

In the US, two main types of oranges are produced domestically: "navel oranges" and "Valencia oranges." Navel oranges — virtually without seeds, with flesh that separates easily and is firm rather than watery — are the most popular oranges for eating fresh. The navel orange share of US production of fresh-market oranges was 76 percent during the years 2010-2012. In comparison, Valencia oranges — with thin skins, containing occasional seeds, and with juicy and sweet flesh — accounted for 24 percent during the same period. As the US's top supplier of fresh-market oranges, California produced 87 percent of fresh-market navel oranges and more than 81 percent of fresh-market Valencia oranges.

The main harvest period for domestic fresh-market oranges is from November through May, a time when California's navel oranges are in season. However, the amount of oranges produced and shipped domestically falls significantly from June through October. In earlier years, when fresh-orange imports still accounted for only a small portion of domestic use, Valencia oranges were a popular variety when navel oranges were out of season. As seen in Figure 2, however, navel orange imports from the Southern Hemisphere countries have come to dominate the US in the summer season.

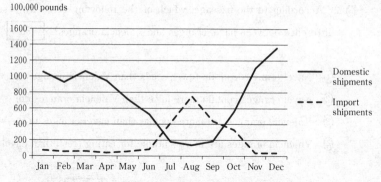

Figure 2. Seasonal relationship between imported and domestic oranges (2010-2012 average).

Because of seasonal production patterns, the majority of Mexico's oranges arrive in the US market from December through June, when US supplies are relatively high. In contrast, the season for imports from the Southern Hemisphere countries is mainly from July through October, when US supplies are relatively low. This trend is similar to that seen with many other fruits as well.

(Sophia Wu Huang (2013) *Imports Contribute to Year-Round Fresh Fruit Availability* を参考に作成)

問 1 In Figure 1, which of the following do (A), (B), (C), and (D) refer to?　35

① (A) Australia   (B) Chile   (C) Mexico   (D) South Africa
② (A) Australia   (B) Mexico   (C) South Africa   (D) Chile
③ (A) South Africa   (B) Chile   (C) Australia   (D) Mexico
④ (A) South Africa   (B) Mexico   (C) Australia   (D) Chile

18　2016年度：英語（筆記）/本試験

問 2　According to the passage, which of the following correctly describes one difference between navel oranges and Valencia oranges?　[36]

① Navel oranges contain fewer seeds than Valencia oranges do.

② Navel oranges contain more juice than Valencia oranges do.

③ Valencia oranges are more popular than navel oranges in the winter.

④ Valencia oranges are more suitable for eating fresh than navel oranges.

問 3　What is the main purpose of this passage?　[37]

① To account for the seasonal changes in the US production of oranges

② To explain the differences between navel oranges and Valencia oranges

③ To illustrate the relation between US production and imports of oranges

④ To improve the quality of the navel oranges produced in the US

問 4　What topic is most likely to follow the last paragraph?　[38]

① Export rates of other fruits from the US to the Southern Hemisphere

② Statistics showing the seasonal changes in imports of other fruits

③ The shipping methods of navel oranges from the Southern Hemisphere

④ The variety of fruits commonly grown in the US and Mexico

B 次のページの美術館に関するウェブサイトを読み，次の問い(問1〜3)の 39 〜 41 に入れるのに最も適当なものを，それぞれ下の①〜④のうちから一つずつ選べ。

問1 Kazuko, a 19-year-old shop assistant, wants to participate in a museum activity but is only free on weekday evenings. Which activity will she most likely choose? 39

① Comprehensive tour
② Drawing class
③ Photography workshop
④ Short tour

問2 A retired couple and their 6-year-old grandchild wish to participate together in a weekday afternoon activity. Which activity will they most likely choose and how much will they pay in total? 40

① Comprehensive tour, $20
② Comprehensive tour, $40
③ Short tour, $20
④ Short tour, $28

問3 Which of the following is true according to the website? 41

① Advance booking is not necessary for "Art Talks."
② Comprehensive tours are held every day.
③ The admission fee is not included in the fees of tours.
④ There are lectures given by amateur artists.

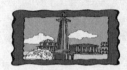

Octagon Museum of Art OMA

Octagon Museum of Art (OMA) offers exhibitions and programs featuring contemporary art such as paintings, sculptures, and photographs. Established in 1972 by the Octagon Foundation, it has a vast collection with many permanent exhibits, and also offers special exhibits, lectures by professional artists and critics, classes for school children, and tours guided by specialists.

Admission Fee: $5/person (Children 6 and under — **free**)

Program Fees:

Short tour (90 minutes)	Adult (18+)	$10	Twice daily 9 am & 2 pm
	Student (7-17)	$8	
	Child (6 and under)	free	
Comprehensive tour (3 hours)	Adult (18+)	$20	Tuesday & Saturday 10 am
	Student (7-17)	$15	
	Child (6 and under)	free	
Drawing class (90 minutes)	Adult (18+)	$15	Monday, 7 pm
	Student (7-17)	$8	Wednesday, 4 pm
	Child (6 and under)	free	Wednesday, 10 am
Photography workshop (2 hours)	Adult (18+)	$17	Sunday, 7 pm
	Student (7-17)	$12	Sunday, 10 am

Notes:
- The fees for tours, classes, and workshops include the admission fee.
- Sign up here at least a week in advance for tours, classes, and workshops.
- We also offer "Art Talks," where invited guest speakers talk to adult audiences in OMA Hall every other Saturday. No reservation or additional fee is required. For this month's schedule, click here .

第5問 次の物語を読み，下の問い（問1～5）の $\boxed{42}$ ～ $\boxed{46}$ に入れるのに最も適当なものを，それぞれ下の①～④のうちから一つずつ選べ。（配点 30）

"No one thought I would amount to much," Uncle John said, as he stood in the kitchen, showing me how he put together an award-winning four-course dinner. I had just graduated from university, and this dinner was his gift to me. It felt great to have a well-known chef cooking for me. On top of this, I was excited because in a few days he was going to compete in *The Big-Time Cook Off*, a nationwide TV cooking contest.

When Uncle John was young, his family lived in the countryside. His mother taught at a local school, but when John was 10, she had to quit to take care of her elderly mother. Until then, his father had been kind and had had enough time to play with John and his two younger sisters. But as bills kept piling up, the family got into trouble. John's father finally had to take a job in a city far away, so he could only come home on the weekends.

Gradually, because of his busy work schedule, John's father began looking tired whenever he came home. To tell the truth, he had changed from being good-humored to being in a bad mood all the time. When he was home, he just wanted to rest. He often scolded John for small things. Wanting to be accepted by his father, John tried to do his best but never felt he was good enough. Eventually, he started avoiding his father. He began hanging out at the shopping mall with friends, sometimes skipping his classes. Little by little John's grades got worse. His parents and teachers were worried about his future.

One Sunday morning, while John's mom was out taking care of her own mother, his father was napping in the TV room. John's sisters were hungry, so John started to cook something for them. He was not sure how to cook, but he did not want to bother his father.

Suddenly, the kitchen door opened, and his father was standing there.

"Dad, I'm sorry if I woke you up. Chelsea and Jessica are hungry, and I was trying to cook them some eggs." His dad looked at him seriously for a moment. "Eggs? Eggs aren't good for lunch on a beautiful Sunday like today. Let's grill some steaks in the backyard." "Are you sure? You must be tired." "It's OK. I like cooking. It reminds me of my college days when I worked part-time as a cook. I'll show you how to prepare delicious steaks."

To John's surprise, his father became energetic when he started cooking. He took John aside and explained to him in detail that cooking was, in a way, like a science project. "You need to measure the ingredients precisely and know which items go together. If you master this, you can provide pleasure for a great many people." John felt close to his father for the first time in a long time. From then on, John spent more time at home. He started cooking for his family regularly, and then later for his friends at college. John always felt happy when he cooked, and this happiness spilled over into other areas of his life.

Uncle John worked his way through college with jobs in restaurants, and eventually he became a chef at a famous restaurant. He really liked the job and worked hard developing his own special techniques. He was finally able to open his own restaurant serving his unique style of food. He won several awards and cooked for the rich and famous.

This brings us back to the contest. Uncle John and I were excited about his being selected. Yet, he shared something really touching with me there in the kitchen. "You know, Mike," Uncle John said, "I'm thrilled to be able to go on TV as part of *The Big-Time Cook Off*. But what makes me the happiest is to stand here with you, one of the people I care about, and talk ─ just you and me. It's exactly like what my dad did for me one fine day in summer, so many years ago. And that made all the difference in my life."

2016年度：英語（筆記）／本試験　**23**

問 1　At the beginning of the story, Uncle John was ⬚42 .

① cooking for *The Big-Time Cook Off*

② making a special meal for Mike

③ training Mike for the contest

④ trying to improve his recipes

問 2　Uncle John's father began working in the city because ⬚43 .

① he was tired of living in the countryside

② it was easier to spend time with his family

③ the family needed more money for living

④ Uncle John's mother had become sick

問 3　Why were Uncle John's parents and teachers worried about his future?
⬚44

① He just wanted to rest at home.

② He lost interest in studying.

③ He stopped avoiding his father.

④ He was no longer good-humored.

問 4　What helped to change Uncle John's life the most? ⬚45

① Eating an award-winning dinner with his friends

② Entering cooking contests such as *The Big-Time Cook Off*

③ Making a connection with his father through cooking

④ Spending time talking with Mike in the kitchen

24 2016年度：英語(筆記)/本試験

問 5 What does Uncle John find most rewarding? ☐46

① Developing unique four-course dinners for famous people

② Having meaningful relationships with people close to him

③ Making people happy through cooking on TV shows

④ Serving many people delicious meals in his restaurant

第 6 問 次の文章を読み，下の問い（**A・B**）に答えよ。なお，文章の左にある(1)～(6)はパラグラフ（段落）の番号を表している。（配点　36）

(1)　　Opera is an art form that celebrates the human voice at its highest level of expression. No other art form creates excitement and moves the heart in the way that opera does, especially when performed by a great singer. Such singers are trained to present some of the greatest and most challenging music that has ever been composed for the human voice.

(2)　　Opera is an important part of the Western classical music tradition. It uses music, words, and actions to bring a dramatic story to life. Opera started in Italy at the end of the 16th century and later became popular throughout Europe. Over the years, it has responded to various musical and theatrical developments around the world and continues to do so. In recent decades, much wider audiences have been introduced to opera through modern recording technology. Some singers have become celebrities thanks to performing on radio, on television, and in the cinema.

(3)　　However, in recent years, opera has been facing serious challenges. The causes of some of these are beyond its control. One current challenge to opera is economic. The current world economic slowdown has meant that less money is available for cultural institutions and artists. This shortage of money raises the broader question of how much should be paid to support opera singers and other artists. Society seems to accept the large salaries paid to business managers and the multi-million-dollar contracts given to sports athletes. <u>But what about opera singers?</u> Somehow, people have the idea that artists can be creative only if they suffer in poverty, but this is unrealistic: If artists, including opera singers, lack the support they need, valuable talent is wasted.

(4)　　Not only the shortage of money, but also the way money is managed in the opera world has led to hardships. Principal singers are generally paid performance fees once they complete a show. They typically receive nothing during the many weeks of rehearsal before a show starts. To prepare for a role, they must pay the costs of lessons and coaching sessions. If they become ill or cancel their performance, they lose their performance fee. The insecurity of this system puts the future of opera at risk.

(5)   Another problem faced by opera is how to meet the demands of audiences who are influenced by popular entertainment. Pop singers are often judged as much on the basis of how they look as how they sound. Therefore, opera singers, performing to audiences influenced by this popular culture, are now expected to be "models who sing." These demands may be unrealistic and possibly harmful. Opera singers simply cannot make a sound big enough to fill a large theater or concert hall without a microphone if their body weight is too low. Emphasizing physical appearance over singing ability may cause audiences to miss out on the human voice at its best.

(6)   There are no easy solutions to opera's problems and there are many different opinions about the value of opera. However, every year many young people register for music courses with hopes and dreams of developing their talents in this special art form. The fact that opera has survived many obstacles and continues to attract the rising generation demonstrates that it remains a respected art form full of value.

A　次の問い(問1〜5)の　47　〜　51　に入れるのに最も適当なものを，それぞれ下の①〜④のうちから一つずつ選べ。

問1　Which of these statements is true according to paragraph (2)?　47

①　Opera develops by adapting to new conditions.

②　Opera fans thank celebrities for performing.

③　Opera singers avoid singing on TV and in films.

④　Opera singers' life stories are dramatic.

2016年度：英語（筆記）/本試験 **27**

問 2 In paragraph (3), what is another way of asking the question "But what about opera singers?" 48

① How do opera singers prepare?

② How should we use opera singers?

③ What are opera singers worth?

④ What sums do opera singers pay?

問 3 According to paragraphs (3) and (4), which statement is true? 49

① Opera singers are financially unstable.

② Opera singers ask only the wealthy to attend.

③ Opera singers get paid before the show.

④ Opera singers perform better if they are poor.

問 4 Which statement best expresses the author's opinion in paragraph (5)? 50

① Audiences know best how opera should be performed.

② Microphones should be used to make opera more enjoyable.

③ Opera singers' voices should be valued more than their looks.

④ Popular culture has had a positive influence on opera.

問 5 What would be the best title for this passage? 51

① How to Make Money in Opera

② Opera as a Part of Popular Culture

③ The Difficulties Facing Opera

④ The Historical Context of Opera

B 次の表は，本文のパラグラフ(段落)ごとの内容をまとめたものである。 52 ~ 55 に入れるのに最も適当なものを，下の①~④のうちから一つ ずつ選び，表を完成させよ。ただし，同じものを繰り返し選んではいけない。

Paragraph	Content
(1)	Introducing opera
(2)	52
(3)	53
(4)	54
(5)	55
(6)	Prospects for opera

① Effect of world finance on opera

② Impact of popular culture on opera

③ Opera from the past to the present

④ Problems in money management

2015

本試験

（筆記試験）

80分　200点

2 2015年度：英語（筆記）/本試験

英　　語（筆記）

$$\left(解答番号 \boxed{1} \sim \boxed{55}\right)$$

第1問　次の問い（A・B）に答えよ。（配点　14）

A　次の問い（問1～3）において，下線部の発音がほかの三つと**異なるもの**を，それぞれ下の①～④のうちから一つずつ選べ。

問1　　$\boxed{1}$

　　① <u>a</u>ncestor　　② <u>a</u>ncient　　③ h<u>a</u>ndle　　④ h<u>a</u>ndsome

問2　　$\boxed{2}$

　　① fl<u>oo</u>d　　② h<u>oo</u>k　　③ sh<u>oo</u>k　　④ w<u>oo</u>den

問3　　$\boxed{3}$

　　① confu<u>si</u>on　　② expan<u>si</u>on　　③ mi<u>ssi</u>on　　④ profe<u>ssi</u>on

B 次の問い（**問 1 ～ 4**）において，第一アクセント（第一強勢）の位置がほかの三つと**異なるもの**を，それぞれ下の①～④のうちから一つずつ選べ。

問 1 [　4　]

① admire　　② modest　　③ preserve　　④ success

問 2 [　5　]

① ambitious　　② component　　③ detective　　④ dinosaur

問 3 [　6　]

① consequence　　② discipline　　③ residence　　④ sufficient

問 4 [　7　]

① accompany　　② appropriate　　③ complicated　　④ ingredient

4 2015年度：英語(筆記)/本試験

第2問 次の問い（**A ～ C**）に答えよ。（配点 44）

A 次の問い（**問 1 ～ 10**）の 8 ～ 17 に入れるのに最も適当なものを，そ
れぞれ下の①～④のうちから一つずつ選べ。ただし， 15 ～ 17 につい
ては，（ A ）と（ B ）に入れるのに最も適当な組合せを選べ。

問 1 Did you make your grandfather angry again? You should 8 that.

① know better than   ② know less than
③ make do with   ④ make up with

問 2 Scott went to the police station because he 9 .

① caused his computer stolen   ② got stolen his computer
③ had his computer stolen   ④ was stolen his computer

問 3 Last winter was rather unusual 10 that very little snow fell in
northern Japan.

① about   ② by   ③ in   ④ on

問 4 My granddaughter has started a career as a singer, but I really 11
an actress as well in the future.

① hope she became   ② hope she will become
③ wish she became   ④ wish she will become

問 5 I was fast asleep, so I didn't hear the car accident that 12 at 2 a.m.
this morning.

① happened   ② happens
③ was happened   ④ would happen

問 6　I always walk my dog along the beach, ▢13 the sea view.

① being enjoyed　　　② enjoy

③ enjoying　　　④ with enjoying

問 7　Mt. Fuji stands impressively ▢14 the blue sky.

① against　　② among　　③ behind　　④ by

問 8　Sorry. We talked about it just now, but （　A　） did you say （　B　）?
▢15

① A : how　　B : the best solution

② A : how　　B : was the best solution

③ A : what　　B : the best solution

④ A : what　　B : the best solution was

問 9　The Internet has become （　A　） powerful a tool （　B　） people living
anywhere can access any educational resource. ▢16

① A : so　　B : but　　② A : so　　B : that

③ A : such　　B : but　　④ A : such　　B : that

問10　The manager said his team （　A　） win the soccer league and they
actually did （　B　） season. ▢17

① A : will　　B : next　　② A : will　　B : the next

③ A : would　　B : next　　④ A : would　　B : the next

6 2015年度：英語(筆記)/本試験

B 次の問い(**問1～3**)において，それぞれ下の①～⑥の語句を並べかえて空所を補い，最も適当な文を完成させよ。解答は $\boxed{18}$ ～ $\boxed{23}$ に入れるものの番号のみを答えよ。

問1 Yuki: Have we met before? You look very familiar to me.

Anne: I don't think so. If we had met, ＿＿＿＿ $\boxed{18}$ ＿＿＿＿ ＿＿＿＿ $\boxed{19}$ ＿＿＿＿ sure!

① for ② have ③ I
④ recognized ⑤ would ⑥ you

問2 Customer: Could I extend the rental period for the car?

Agent: Yes, but ＿＿＿＿ $\boxed{20}$ ＿＿＿＿ ＿＿＿＿ ＿＿＿＿ $\boxed{21}$ $50 for each additional day.

① an extra fee ② be ③ charged
④ of ⑤ will ⑥ you

問3 Reiko: Shall we cook tonight, or order some Chinese food?

Kyoko: Let's order Chinese ＿＿＿＿ $\boxed{22}$ ＿＿＿＿ ＿＿＿＿ $\boxed{23}$ ＿＿＿＿ .

① because ② cooking ③ feeling
④ I'm ⑤ to start ⑥ too tired

C 次の問い(問 1 ~ 3)の会話の 24 ~ 26 において，二人目の発言が最も適当な応答となるように文を作るには，それぞれ(A)と(B)をどのように選んで組み合わせればよいか，下の①~⑧のうちから一つずつ選べ。

問 1　Customer:　I bought this book here last week, but a few pages in the middle are missing.

　　Shop manager:　Do you have the receipt?　Unless you can show it, 24

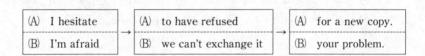

① (A) → (A) → (A)　② (A) → (A) → (B)　③ (A) → (B) → (A)
④ (A) → (B) → (B)　⑤ (B) → (A) → (A)　⑥ (B) → (A) → (B)
⑦ (B) → (B) → (A)　⑧ (B) → (B) → (B)

問 2　Elena:　I'm so relieved you're here.　The plane is leaving in 40 minutes.
　　Yuko:　I know!　 25

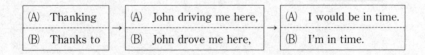

① (A) → (A) → (A)　② (A) → (A) → (B)　③ (A) → (B) → (A)
④ (A) → (B) → (B)　⑤ (B) → (A) → (A)　⑥ (B) → (A) → (B)
⑦ (B) → (B) → (A)　⑧ (B) → (B) → (B)

8　2015年度：英語（筆記）/本試験

問 3　Sophie:　Look at those beautiful butterflies!　Let's try to catch one to take
home.

　　　　Hideki:　No way!　　26　　Just enjoy watching them!

(A)　I wouldn't	→	(A)　dream of doing	→	(A)　such a thing!
(B)　It wouldn't		(B)　dream to do		(B)　your best!

① (A) → (A) → (A)　　　② (A) → (A) → (B)　　　③ (A) → (B) → (A)

④ (A) → (B) → (B)　　　⑤ (B) → (A) → (A)　　　⑥ (B) → (A) → (B)

⑦ (B) → (B) → (A)　　　⑧ (B) → (B) → (B)

2015年度：英語（筆記）/本試験　**9**

第3問　次の問い（**A～C**）に答えよ。（配点　41）

A　次の問い（**問1・問2**）の会話の　27　・　28　に入れるのに最も適当なものを，それぞれ下の①～④のうちから一つずつ選べ。

問1　Hiro:　What did you do this weekend?

David:　I went to the shopping mall.　They were having a big spring sale.

Hiro:　Did you buy anything good?

David:　Yeah, I bought a new jacket.

Hiro:　　27　　I have to go to the dry cleaner's.　I need to pick up my own jacket.

① I can't remember.

② I remember that.

③ Remind yourself.

④ That reminds me.

問2　Amy:　How was the tennis tournament?　Did you win the championship?

Miki:　No.　I lost the final match because I was exhausted and too nervous.

Amy:　I'm sorry to hear that.

Miki:　It's OK.　　28　　Now I know it's important to rest and relax before a big match next time.

Amy:　I'm sure you'll play better next year.

① I was very close to losing the final match.

② It turned out to be a good lesson for me.

③ It was the easiest game I've ever had.

④ I've totally given up playing tennis.

B 次の問い(**問 1 ～ 3**)のパラグラフ(段落)には, まとまりをよくするために**取り除いた方がよい文**が一つある。取り除く文として最も適当なものを, それぞれ下線部①～④のうちから一つずつ選べ。

問 1 ☐ 29

Stamp collecting is an educational hobby that can be inexpensive and enjoyed whenever you want. ①It provides a nice and practical way of learning about history, geography, famous people, and customs of various countries worldwide. ②This hobby began soon after the world saw the first postage stamp issued in Great Britain in 1840. ③You can also get started without spending money by saving the stamps on envelopes you receive. ④In addition, you are able to work on your collection any time, rain or shine. If you are looking for a new hobby, stamp collecting might be right for you!

問 2 ☐ 30

Until relatively recently, people in some parts of the world continued to use salt as a form of cash. There are several reasons why salt was used as money. Salt was given an economic value because there were so few places that produced it in large quantities. ①Another reason is that salt is fairly light and easy to carry for trading purposes. ②Additionally, salt can be measured, so we can easily calculate its value based on its weight. ③Furthermore, salt stays in good condition for a very long period of time, so it holds its value. ④Last but not least, salt has many other uses such as melting ice on roads in snowy regions. In short, salt has certain characteristics that make it suitable as a form of money.

問 3 | 31 |

In the past, most Japanese TV shows started and ended exactly on the hour. ①While TV shows vary from station to station, on the whole, early morning hours are dominated by news programs and evening hours by variety shows. ②Because of competition, some networks tried to gain an advantage over their rivals by starting their programs a little earlier. ③Many people start channel surfing near the end of a program, and the networks thought that if their show started a couple of minutes earlier, people would start watching it. ④Another strategy was to end a popular show a little after the hour so that people would stick to one channel and miss the beginning of shows on other channels. Now that many stations have adopted these strategies, the advantage for any one station is lost. Even so, they continue this practice because they are afraid of losing viewers.

12 2015年度：英語（筆記）/本試験

C 次の会話は，「迷信」をテーマとして，日本のある大学において行われた公開講座でのやりとりの一部である。 | 32 | ～ | 34 | に入れるのに最も適当なものを，それぞれ下の①～④のうちから一つずつ選べ。

Moderator: The title of today's discussion is "Superstitions — what they are, and why people believe in them." Our guest speakers are Joseph Grant, a university professor who lives here in Japan, and Lily Nelson, a visiting professor from Canada. Joseph, can you explain what a superstition is?

Joseph: Superstitions are beliefs for which there is no obvious rational basis. For example, there are various dates and numbers that people are superstitious about. In many places, "Friday the 13th" is thought to be unlucky, and here in Japan, *4* and *9* are also considered unlucky. In contrast, *7* is known as "Lucky 7." A superstitious person believes that actions such as choosing or avoiding certain numbers can influence future events even though there is no direct connection between them. Believing in superstitions is one of the ways humans can make sense of a set of unusual events which cause someone to feel lucky or unlucky. This seems to have been true throughout history, regardless of race or cultural background.

Moderator: So, it is your view that | 32 | .

① superstitions are rationally based on certain dates and numbers

② superstitions can be used to explain strange happenings around us

③ superstitious people believe race and culture are related to luck

④ superstitious people tend to have identical beliefs regarding history

2015年度：英語(筆記)/本試験 **13**

Joseph: That's right. Superstitions tend to come from a combination of primitive belief systems and coincidence — things that happen by chance.

Moderator: Could you tell us more about that?

Joseph: A primitive belief system develops from the natural human tendency to look for patterns in the world around us. Noticing patterns allows us to learn things quickly. However, sometimes chance or coincidental events are mistaken for a pattern, like passing a series of tests using the same pencil every time. The pencil is unrelated to passing the tests, but becomes a "lucky" pencil because of the coincidental connection. So, we may come to believe that one event causes another without any natural process linking the two events. I experienced this myself when I was called "Ame-otoko" or "Rain-man" by Japanese friends. By coincidence, I was present on occasions when it was raining and so gained a "rainy reputation." Rationally speaking, we know that nobody can make rain fall from the sky, but our primitive belief system, combined with coincidence, creates a superstition around the "Rain-man."

Moderator: How interesting! So, you are saying that ☐ 33 ☐.

① an "Ame-otoko" or "Rain-man" causes rain to fall from the sky

② coincidental events or chance patterns can create superstitions

③ looking for patterns is an unnatural action for humans

④ primitive belief systems create coincidental events

Moderator: How about you, Lily? Do you agree with Joseph?

Lily: Yes, I do, especially regarding the notion of coincidence or chance. In an attempt to better understand human behavior, an American psychologist conducted a famous experiment called

"Superstition in the Pigeon" on a group of hungry birds. The pigeons were in cages and a feeding machine automatically delivered small amounts of food at regular time intervals. The psychologist observed that the pigeons began to repeat the specific body movements that they had been making whenever the food was delivered. He believed that the pigeons were trying to influence the machine to deliver food by their repeated movements. He assumed that we humans also do the same and try to influence future events by performing non-logical actions. Superstitious humans, just like the "superstitious" pigeons, associate an action with an outcome even though there is no logical connection.

Moderator: So, that psychologist thought from the experiment that 　34　 .

① pigeons and humans both perform superstitious actions

② pigeons and humans both tend to influence machines

③ the pigeons knew when the food would be delivered

④ the pigeons' repeated actions influenced the food delivery

Lily: Yes, that's exactly right.

Moderator: Thank you, Joseph and Lily, for sharing your knowledge on superstitions and why people are superstitious. Let's take a quick break here before we move on with the discussion.

第4問 次の問い(A・B)に答えよ。(配点 35)

A 次の文章はある説明文の一部である。この文章とグラフを読み,下の問い(**問 1～4**)の 35 ～ 38 に入れるのに最も適当なものを,それぞれ下の ①～④のうちから一つずつ選べ。

　　Social Networking Services (SNS), online services that allow users to communicate with others, are used by a growing number of young people to keep in touch with friends and family. However, this rise in the use of SNS by young people has been accompanied by increasing anxiety among parents and teachers. They are concerned about whether young users are prepared for the risks that come with using SNS, including privacy issues and unwelcome contact.

　　A 2011 survey asked Australian parents, students, and teachers about their perceptions of the degree of risk when using SNS — specifically, whether they felt it to be "safe," "a little risky," "very risky," or "risky but what everyone does." Figure 1 shows that over a quarter of students chose "safe," in other words, that they felt SNS use was without risk. In addition, 19.6% of students reported that, though they knew the dangers, they still used SNS because that is "what everyone does." In contrast with the students' responses, their parents and teachers were more cautious about the risk associated with SNS use, with teachers slightly more likely to see high risk.

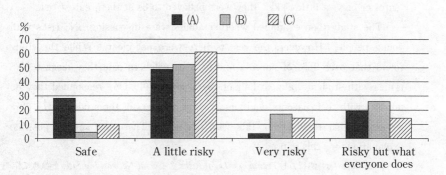

Figure 1. Perceptions of SNS risk by parents, students, and teachers.

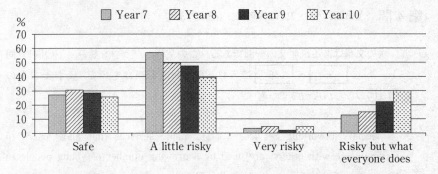

Figure 2. Perceptions of SNS risk by student year level.

Interestingly, not all students had the same perception of risk. Figure 2 shows a comparison between students by year — "Year 7" refers to first-year junior high school students and "Year 10" refers to first-year high school students. While the percentage of students who responded that SNS usage is "safe" was almost the same regardless of year, there was a drop by year in the percentage of students who chose "a little risky," and a rise in those who chose "risky but what everyone does."

Furthermore, the study asked students about information security. It found that students from years 7 to 10 were increasingly cautious about privacy, becoming more careful by year about who could see their personal information online. Because Year 7 students, in addition to being the least cautious about information security, also tended to see SNS use as either "safe" or only "a little risky," they were believed to be at the greatest risk.

The study then examined whether adults were discussing SNS risks with young people. However, the results here were not clear. While the study found that over 91% of parents and 68% of teachers said they discuss SNS issues with students, almost half of the students (46.1%) responded they do not talk with their parents, and almost three-quarters of the students (74.6%) responded that they do not talk with teachers. There are several possible explanations for this gap.

(Melissa de Zwart 他(2011) *Teenagers, Legal Risks & Social Networking Sites*を参考に作成)

問 1 In Figure 1, which of the following do (A), (B), and (C) refer to? | 35 |

① (A) Parents (B) Students (C) Teachers

② (A) Parents (B) Teachers (C) Students

③ (A) Students (B) Parents (C) Teachers

④ (A) Students (B) Teachers (C) Parents

問 2 Which of the following is mentioned as one of the reasons that Year 7 students are thought to have the highest risk? | 36 |

① They are the least careful about security when using SNS.

② They are the least likely to think SNS is "safe."

③ They are the most likely to think SNS is "very risky."

④ They are the most likely to use SNS to contact friends.

問 3 The main purpose of this passage is to | 37 | .

① describe the various dangers of using SNS

② discuss differences in awareness of SNS risk

③ explain why students are using SNS more

④ suggest solutions for the problems with SNS

問 4 What topic might follow the last paragraph? | 38 |

① Examples of the different risks students face in using SNS

② Reasons for the different responses from students and adults

③ Trends in how students and adults use the Internet

④ Ways to reduce the number of younger students using SNS

18　2015年度：英語（筆記）/本試験

B　次のページのキャンプ場に関するウェブサイトを読み，次の問い（**問1～3**）の
　　　39　～　41　に入れるのに最も適当なものを，それぞれ下の①～④のうち
　　から一つずつ選べ。

問1　A man who likes water activities is looking at the website. Which are the
campgrounds he is most likely to be interested in?　39

　① Apricot and Maple Campgrounds

　② Maple and Orange Campgrounds

　③ Orange and Stonehill Campgrounds

　④ Stonehill and Apricot Campgrounds

問2　Two people are making plans to stay in Green National Park for nine
nights. They want to enjoy nature, but they need a power supply to use
their computers. How much will they have to pay per night for the site they
are likely to choose?　40

　① $20

　② $24

　③ $32

　④ $96

問3　A family of four is planning a four-day camping trip with their dog. Their
budget for a camp site is under 100 dollars for three nights. Their main
interests for the trip are barbecuing and bicycle riding in the national park.
Which campground is this family most likely to choose?　41

　① Apricot　　② Maple　　③ Orange　　④ Stonehill

Green National Park Campground Guide

The campgrounds in Green National Park are open from April 1 to November 30.

Apricot Campground

Walking trails from this campground lead you to the top of Green Mountain. Enjoy the fantastic view from the top. You can also enjoy cycling on the bike trails in the woods.

Maple Campground

Maple Campground has direct access to Green River. Have fun doing such activities as fishing, boating, and swimming. You can also enjoy a campfire by the river.

Orange Campground

This campground is on Orange Lake, and offers a comfortable outdoor experience. Water skiing is popular on the lake. Other activities include fishing, swimming, and bird-watching.

Stonehill Campground

A pine tree forest surrounds Stonehill Campground. The giant pine trees are impressive. You can see a lot of wild animals while riding a bicycle or hiking through the forest.

Campground Information

Campground	Site Type (available spaces)	Site Rate/night	Max. People	Max. Stay	Facilities	Restrictions
Apricot	Tents (15)	$20	4	15 nights	BG	—
Maple	Tents (20)	$24	5	12 nights	BG PG	—
Orange	Deluxe Cabins (5)	$96	7	7 nights	K E HS	No pets
Stonehill	Standard Cabins (10)	$32	6	14 nights	E HS	No fireworks

Site Rate=Rate per site (up to the maximum number of people); Max.=Maximum

K Kitchen, E Electricity, BG Barbecue Grill, HS Hot Shower, PG Playground

20 2015年度：英語(筆記)/本試験

第5問 次の文章は，Anna の父親が担任の岡本先生に宛てて送ったメールと，岡本先生からの返信である。これらを読み，下の問い（問1～5）の 42 ～ 46 に入れるのに最も適当なものを，それぞれ下の①～④のうちから一つずつ選べ。（配点 30）

From: Jeff Whitmore ＜JeffW@×××××.com＞
To: Kenji Okamoto ＜okamoto@×××××.com＞
Date: January 10, 2015
Subject: Request for advice

Dear Mr. Okamoto,

My name is Jeff Whitmore, and my daughter, Anna, is one of your students. As you know, we just moved back to Japan six months ago after living in Chicago for three years. Although she had attended schools in Japan before we went to Chicago, it's Anna's first year at a Japanese junior high school. My wife and I are a little worried about her, and we're hoping that it would be okay to ask you for advice.

She's getting good grades and likes her classes and teachers. In particular, she <u>has a penchant for</u> numbers and loves her math class. She often talks about your fun English class, too. However, after almost half a year, it doesn't seem like she's made any friends. Last week, she said that she usually reads by herself during breaks between classes while other girls are hanging out and chatting. Anna also mentioned that she walks to school alone every day. This is very different from how she was in the US.

I understand that it can take time to make friends at a new school, but I still have concerns that she may be a bit isolated. I think it would be better for her to develop a group of good friends as soon as possible. Even just one close friend would be a good first step. I've never contacted one of my daughter's homeroom teachers before and hope that I'm not bothering you. I just thought that you might know more about her life at school. If you have any ideas about how she can make more personal connections, I would be happy to hear them.

Sincerely,
Jeff Whitmore

From: Kenji Okamoto < okamoto@×××××.com >
To: Jeff Whitmore < JeffW@×××××.com >
Date: January 11, 2015
Subject: Re: Request for advice

Dear Mr. Whitmore,

It's always nice to hear from a parent of one of my students, and I'll be happy to help you if I can. I've talked with Anna one-on-one on several occasions and find her to be a delightful person who is confident and friendly. Actually, I'm surprised to hear about your concerns as she seems to get along well with other students in the class. Probably, she'll soon form close friendships, but I do have a few ideas for you to consider that may help her do this.

First, our school has many different clubs that offer good environments for developing friendships. I know that she enjoys music, so perhaps she would like to join the chorus. If she prefers sports, we have a volleyball club, a soccer club, and even a karate club. Also, I'm currently organizing a new English club. We will meet once a week to talk and to enjoy music and movies in English. If Anna joins or even takes a leadership role, she can connect with other students who have a shared interest — English. I know of one Japanese student from another class who has spent time in New Zealand and is planning to participate. They may find a lot in common.

Another approach is to create social situations where she can be the center of attention. Anna told me you often had barbecue parties in your garden in the US. If it's possible, you could have an American-style barbecue party and invite some of the students in her class. I'm sure it would be an exciting experience for them. Possibly, Anna would be more herself at home and they would get to know her better.

From my experience, I honestly think you have nothing to worry about and feel confident she will establish friendships sooner or later on her own. But, if you feel that any of my ideas will help, please let me know, and we can consider the next step.

Best regards,
Kenji Okamoto

22　2015年度：英語（筆記）/本試験

問 1　What was Anna probably like at her school in Chicago?　42

① She liked to be alone in the classroom.

② She showed off her Japanese ability.

③ She spent a lot of time with friends.

④ She was jealous of the other students.

問 2　The phrase has a penchant for in the second paragraph of Mr. Whitmore's email is closest in meaning to　43　.

① is collecting

② is exchanging

③ is fond of

④ is unsure about

問 3　Which of the following statements is true according to the information in the email messages?　44

① Anna does not talk about her school life with her parents at home.

② Anna prefers her Japanese language class to her English class.

③ Mr. Whitmore is concerned about Anna's academic performance.

④ This is the first email message Mr. Whitmore has sent Mr. Okamoto.

問 4　Unlike Mr. Whitmore, Mr. Okamoto thinks that Anna　45　.

① is isolated from other students in her class

② spends a lot of time reading in school

③ will have trouble getting good grades

④ will make friends without any special help

2015年度：英語(筆記)/本試験 **23**

問 5　Which of the following is **NOT** one of Mr. Okamoto's suggestions for Mr. Whitmore?　46

① Have Anna join a sports or music club.

② Invite Anna's classmates to an event.

③ Let Anna participate in the English club.

④ Take Anna on a trip to New Zealand.

24 2015年度：英語（筆記）/本試験

第 6 問 次の文章を読み，下の問い（**A・B**）に答えよ。なお，文章の左にある(1)～
(6)は段落の番号を表している。（配点 36）

Catching Bees and Counting Fish: How "Citizen Science" Works

(1)　　It's a sunny afternoon here in Texas, and my wife Barbara is at the
park again, counting and recording the number of eggs laid by monarch
butterflies.　After collecting her data, she'll share it with the professional
scientist who recruited her.　In another state, our friend Antonio listens for
frogs by visiting 12 different sites, four times a year.　He has been
submitting his findings to scientists for almost 20 years now.　And on the
other side of the country, our niece Emily is catching native bees, putting
tiny tags on them, and handing in weekly reports to the biology department
at a local university.　Nobody is paying Barbara, Antonio, or Emily for their
efforts, but all three consider themselves lucky to be "citizen scientists."

(2)　　When volunteers participate as assistants in activities like these, they
are engaging in citizen science, a valuable research technique that invites
the public to assist in gathering information.　Some of them are science
teachers or students, but most are simply amateurs who enjoy spending time
in nature.　They also take pride in aiding scientists and indirectly helping to
protect the environment.　The movement they are involved in is not a new
one.　In fact, its roots go back over a hundred years.　One of the earliest
projects of this type is the Christmas Bird Count, started by the National
Audubon Society in 1900.　However, citizen science projects are <u>burgeoning</u>
more than ever:　over 60 of them were mentioned at a meeting of the
Ecological Society of America not long ago.

(3)　　In formal studies, professional scientists and other experts need to
maintain the highest possible standards.　For research to be accepted as
valid, it must not only be thorough, but also objective and accurate.　Some
might argue that citizen scientists cannot maintain the necessary attention

to detail, or that amateurs will misunderstand the context of the investigation and make mistakes when collecting and organizing information. In other words, can citizen science be considered truly reliable?

(4)   Two recent studies show that it can. The first focused on volunteer knowledge and skills. In this study, a scientist asked volunteers to identify types of crabs along the Atlantic coast of the US. He found that almost all adult volunteers could perform the task and even third graders in elementary school had an 80% success rate. The second study compared professional and nonprofessional methods. Following a strict traditional procedure, a group of 12 scuba divers identified 106 species of fish in the Caribbean. Using a procedure designed by professionals to be more relaxed and enjoyable for volunteers, a second group of 12 divers spent the same amount of time in the same waters. Surprisingly, the second method was even more successful: this group identified a total of 137 species. Results like these suggest that research assisted by amateurs can be trusted when scientists organize it.

(5)   The best citizen science projects are win-win situations. On the one hand, the scientific community gains access to far more data than they would otherwise have, while spending less money. On the other hand, citizen science is good for the general public: it gets people out into the natural world and involved in scientific processes. Additionally, when people take part in a well-designed study that includes training to use equipment, collect data, and share their findings, they have the satisfaction of learning about new ideas and technologies.

(6)   I find it encouraging that the list of scientific studies using citizen scientists is quickly getting longer. Still, we're just beginning to realize the potential of citizen science. More scientists need to recognize how much volunteers can contribute to professional research. As I see it, it's time for us to expand the old, conservative view of "science *for* people" to include a more democratic one of "science *by* people."

26 2015年度：英語(筆記)/本試験

A 次の問い(問1〜5)の 47 〜 51 に入れるのに最も適当なものを，それぞれ下の①〜④のうちから一つずつ選べ。

問1 The citizen scientists in Paragraph (1) 47 .

① compare their data with that of other volunteers

② earn some money for the information they gather

③ monitor the life cycles of insects in laboratories

④ report on their results or activities to professionals

問2 The word burgeoning in Paragraph (2) is closest in meaning to 48 .

① causing arguments

② increasing rapidly

③ losing popularity

④ receiving awards

問3 Why does the author emphasize an 80% success rate in Paragraph (4)?
49

① To contrast negatively with the adults' success rate

② To demonstrate the high quality of the overall results

③ To emphasize how many types of crabs there are

④ To reveal the elementary students' lack of skills

問4 What personal view is expressed in Paragraph (6)? 50

① Eventually, scientific knowledge will come mainly from amateurs.

② Not enough scientists appreciate the advantages of citizen science.

③ The recent shift toward relying on volunteer data is disappointing.

④ Too many studies using citizen science are now being conducted.

問 5　What is the author's main message in this article? 　51

① Citizen science benefits volunteers, professionals, and society.

② Scientific research should be left in the hands of specialists.

③ There is a long history of volunteers identifying fish species.

④ Traditional science has been replaced by citizen science.

B　次の表は，本文の段落構成と内容をまとめたものである。　52 ～ 55
に入れるのに最も適当なものを，下の①～④のうちから一つずつ選び，表を完成
させよ。ただし，同じものを繰り返し選んではいけない。

Paragraph	Content
(1)	Introduction: Author's personal examples
(2)	52
(3)	53
(4)	54
(5)	55
(6)	Conclusion: Author's hope for the future

① Concerns: Volunteer skills and knowledge

② Evidence: Successful volunteer efforts

③ Explanation: Definition and history

④ Opinion: Merits for everyone involved

外国語 解答用紙

注意事項
1 訂正は、消しゴムできれいに消し、消しくずを残してはいけません。
2 所定欄以外にはマークしたり、記入したりしてはいけません。
3 汚したり、折り曲げたりしてはいけません。

解答科目欄				
英語（リスニング）	ドイツ語	フランス語	中国語	韓国語
○	○	○	○	○

・解答科目欄が無マーク又は複数マークの場合は、0点となることがあります。

英語（リスニング）解答用紙

解答番号	解答欄 1 2 3 4 5 6		解答番号	解答欄 1 2 3 4 5 6
1	① ② ③ ④ ⑤ ⑥		21	① ② ③ ④ ⑤ ⑥
2	① ② ③ ④ ⑤ ⑥		22	① ② ③ ④ ⑤ ⑥
3	① ② ③ ④ ⑤ ⑥		23	① ② ③ ④ ⑤ ⑥
4	① ② ③ ④ ⑤ ⑥		24	① ② ③ ④ ⑤ ⑥
5	① ② ③ ④ ⑤ ⑥		25	① ② ③ ④ ⑤ ⑥
6	① ② ③ ④ ⑤ ⑥		26	① ② ③ ④ ⑤ ⑥
7	① ② ③ ④ ⑤ ⑥		27	① ② ③ ④ ⑤ ⑥
8	① ② ③ ④ ⑤ ⑥		28	① ② ③ ④ ⑤ ⑥
9	① ② ③ ④ ⑤ ⑥		29	① ② ③ ④ ⑤ ⑥
10	① ② ③ ④ ⑤ ⑥		30	① ② ③ ④ ⑤ ⑥
11	① ② ③ ④ ⑤ ⑥		31	① ② ③ ④ ⑤ ⑥
12	① ② ③ ④ ⑤ ⑥		32	① ② ③ ④ ⑤ ⑥
13	① ② ③ ④ ⑤ ⑥		33	① ② ③ ④ ⑤ ⑥
14	① ② ③ ④ ⑤ ⑥		34	① ② ③ ④ ⑤ ⑥
15	① ② ③ ④ ⑤ ⑥		35	① ② ③ ④ ⑤ ⑥
16	① ② ③ ④ ⑤ ⑥		36	① ② ③ ④ ⑤ ⑥
17	① ② ③ ④ ⑤ ⑥		37	① ② ③ ④ ⑤ ⑥
18	① ② ③ ④ ⑤ ⑥		38	① ② ③ ④ ⑤ ⑥
19	① ② ③ ④ ⑤ ⑥		39	① ② ③ ④ ⑤ ⑥
20	① ② ③ ④ ⑤ ⑥		40	① ② ③ ④ ⑤ ⑥

注意事項

1 解答は、設問ごとに解答用紙にマークしなさい。問題用紙に記入しておいて、途中や最後にまとめて解答用紙に転記してはいけません（まとめて転記する時間は用意されていません。）。

2 訂正は、消しゴムできれいに消し、消しくずを残してはいけません。

3 所定欄以外にはマークしたり、記入したりしてはいけません。

4 汚したり、折りまげたりしてはいけません。

外 国 語 解 答 用 紙

注意事項

1 訂正は、消しゴムできれいに消し、消しくずを残してはいけません。
2 所定欄以外にはマークしたり、記入したりしてはいけません。
3 汚したり、折り曲げたりしてはいけません。

・解答科目欄が無しマーク又は複数マークの場合は、0点となることがあります。

解 答 科 目 欄					
①英語（リスニング）	②ドイツ語	③フランス語	中国語	韓国語	
○	○	○	○	○	

英語 (リスニング) 解答用紙

解答番号	解答欄 1 2 3 4 5 6
1	① ② ③ ④ ⑤ ⑥
2	① ② ③ ④ ⑤ ⑥
3	① ② ③ ④ ⑤ ⑥
4	① ② ③ ④ ⑤ ⑥
5	① ② ③ ④ ⑤ ⑥
6	① ② ③ ④ ⑤ ⑥
7	① ② ③ ④ ⑤ ⑥
8	① ② ③ ④ ⑤ ⑥
9	① ② ③ ④ ⑤ ⑥
10	① ② ③ ④ ⑤ ⑥
11	① ② ③ ④ ⑤ ⑥
12	① ② ③ ④ ⑤ ⑥
13	① ② ③ ④ ⑤ ⑥
14	① ② ③ ④ ⑤ ⑥
15	① ② ③ ④ ⑤ ⑥
16	① ② ③ ④ ⑤ ⑥
17	① ② ③ ④ ⑤ ⑥
18	① ② ③ ④ ⑤ ⑥
19	① ② ③ ④ ⑤ ⑥
20	① ② ③ ④ ⑤ ⑥

解答番号	解答欄 1 2 3 4 5 6
21	① ② ③ ④ ⑤ ⑥
22	① ② ③ ④ ⑤ ⑥
23	① ② ③ ④ ⑤ ⑥
24	① ② ③ ④ ⑤ ⑥
25	① ② ③ ④ ⑤ ⑥
26	① ② ③ ④ ⑤ ⑥
27	① ② ③ ④ ⑤ ⑥
28	① ② ③ ④ ⑤ ⑥
29	① ② ③ ④ ⑤ ⑥
30	① ② ③ ④ ⑤ ⑥
31	① ② ③ ④ ⑤ ⑥
32	① ② ③ ④ ⑤ ⑥
33	① ② ③ ④ ⑤ ⑥
34	① ② ③ ④ ⑤ ⑥
35	① ② ③ ④ ⑤ ⑥
36	① ② ③ ④ ⑤ ⑥
37	① ② ③ ④ ⑤ ⑥
38	① ② ③ ④ ⑤ ⑥
39	① ② ③ ④ ⑤ ⑥
40	① ② ③ ④ ⑤ ⑥

注意事項

1 解答は、設問ごとに解答用紙にマークしなさい。問題用子に記入しておいて、途中や最後にまとめて解答用紙に転記してはいけません(まとめて転記する時間は用意されていません。)。

2 訂正は、消しゴムできれいに消し、消しくずを残してはいけません。

3 所定欄以外にはマークしたり、記入したりしてはいけません。

4 汚したり、折りまげたりしてはいけません。